전략적 브랜드 관리 |제5판|

브랜드자산의 구축, 측정 및 관리

Kevin Lane Keller, Vanitha Swaminathan 지음

김가은, 김지영, 박상일, 서주환, 송정미 옮김

Σ 시그마프레스

전략적 브랜드 관리, 제5판

발행일 | 2022년 9월 20일 1쇄 발행

지은이 | Kevin Lane Keller, Vanitha Swaminathan
옮긴이 | 김가은, 김지영, 박상일, 서주환, 송정미
발행인 | 강학경
발행처 | ㈜시그마프레스
디자인 | 김은경, 우주연
편   집 | 문승연, 김은실, 이호선, 윤원진
마케팅 | 문정현, 송치헌, 김인수, 김미래, 김성옥

등록번호 | 제10-2642호
주소 | 서울특별시 영등포구 양평로 22길 21 선유도코오롱디지털타워 A401~402호
전자우편 | sigma@spress.co.kr
홈페이지 | http://www.sigmapress.co.kr
전화 | (02)323-4845, (02)2062-5184~8
팩스 | (02)323-4197

ISBN | 979-11-6226-407-2

Strategic Brand Management: Building, Measuring, and Managing Brand Equity, Fifth Edition

역자 서문

브랜드는 기업의 가장 가치 있는 자산 중 하나지만 개발 및 육성이 가장 어려운 자산 중 하나이기도 하다. 특히 디지털 시대에 브랜드에 대한 중요성이 더욱 커지고 있기 때문에 다양한 개념을 정확하게 전달할 필요가 있다. 그러나 마케팅이라는 학문이 미국에서 시작되어 그 내용을 정확하게 전달하는 데 어려움이 있다.

이에 마케팅 브랜드 분야에서 가장 많이 채택되는 교재로 브랜드 분야의 최고 권위자인 케빈 켈러(Kevin Lane Keller)와 바니타 스와미나탄(Vanitha Swaminathan)이 출간한 책을 원문의 의미를 최대한 살리면서 이해할 수 있도록 번역판을 출간하게 되었다.

이 책을 번역하면서 역자들은 원문의 의미를 최대한 유지하며 독자가 브랜드를 쉽게 이해하고 도움이 될 수 있도록 하기 위해 최선을 다했다. 그리하여 새로운 다양한 용어를 원어와 함께 표기함으로써 독자의 이해를 돕고자 했다. 하지만 새롭게 등장하는 많은 용어를 우리말로 번역하는 과정에서 독자의 입장에서 고민하는 것은 항상 많은 어려움과 시간적인 인내가 필요하다는 것을 절감했다. 좋은 책의 원문을 완벽하게 번역하는 데 어려움이 있고 여전히 미비한 부분이 있을 것으로 생각되지만 역자들은 최선을 다해 독자들에게 다가가고자 했다.

한편으로 역자들은 기회가 닿아서 브랜드 분야에서 세계 최고의 교재를 번역했다는 자부심도 느끼고 있다. 이 책을 통해 독자들이 마케팅 및 브랜드에 대해 깊이 이해할 수 있기를 진심으로 바란다.

2022년 9월 초 가을을 맞이하는 길목에서
역자들을 대표하며 서주환

이 책은 무엇에 관한 것인가

이 책은 브랜드가 왜 중요한지, 브랜드가 소비자에게 무엇을 나타내는지, 기업이 브랜드를 적절하게 관리하기 위해 무엇을 해야 하는지에 대해 다루고 있다. 많은 기업 경영진이 인식하고 있듯이 기업이 가진 가장 가치 있는 자산 중 하나는 시간이 지남에 따라 투자하고 개발한 브랜드일 것이다. 브랜드는 귀중한 무형자산을 대표할 수 있지만, 강력한 브랜드를 만들고 육성하는 데는 상당한 어려움이 따른다.

이 책의 주요 목적은 브랜드, 브랜드자산 및 전략적 브랜드 관리 주제에 대한 포괄적이며 최신의 정보를 제공하는 것이다. 즉 브랜드자산을 구축, 측정, 관리하기 위한 마케팅 프로그램과 활동의 설계 및 구현이다. 이 책의 중요한 목표 중 하나는 관리자에게 브랜드 전략의 장기적 수익성을 개선할 수 있는 개념과 기술을 제공하는 것이다.

우리는 학계와 업계 참가자 모두의 이러한 주제에 대한 현재의 사고와 발전을 통합하고, 일상적이고 장기적인 브랜드 결정에서 관리자를 지원하기에 충분한 실용적인 통찰력과 포괄적인 이론적 토대를 결합한다. 그리고 우리는 미국 및 전 세계에서 판매되는 브랜드의 예시적인 실례와 사례 연구를 활용한다.

우리는 세 가지 중요한 부분을 다룬다.

1. 브랜드 자산은 어떻게 창출할 수 있는가?
2. 브랜드 자산은 어떻게 측정할 수 있는가?
3. 어떻게 브랜드 자산을 유지하며 비즈니스 기회를 확장할 수 있는가?

이 책의 차이점은 무엇인가

비록 브랜드에 관한 훌륭한 책이 많이 있지만 어떠한 책도 폭과 깊이, 관련성을 극대화하는 작업을 하지는 못했다. 우리는 브랜드자산의 정의를 제공하고, 브랜드자산의 출처와 결과를 확인하며, 브랜드자산의 구축, 측정 및 관리 방법에 대한 전술적 지침을 제공하는 프레임워크를 개발했다. 이러한 프레임워크는 소비자의 관점에서 브랜드에 접근하는 것으로 **고객 기반 브랜드자산**이라고 한다.

이 책은 누구에게 적당한가

다양한 독자들이 이 책을 통해 다음과 같은 이점을 얻을 수 있을 것이다.

- 기본 브랜딩 원칙에 대한 이해를 높이고 고전 및 현대 브랜딩 응용 프로그램 및 사례 연구에 대한 노출을 늘리는 데 관심이 있는 학생
- 일상적인 마케팅 결정이 브랜드 성과에 미치는 영향에 관심이 있는 관리자 및 분석가

- 브랜드 프랜차이즈와 제품 또는 서비스 포트폴리오의 장기적인 번영에 관심이 있는 고위 경영진
- 마케팅 전략 및 전술에 영향을 미치는 새로운 아이디어에 관심이 있는 모든 마케터

우리가 채택하는 관점은 모든 유형의 조직(공공 또는 민간, 대규모 또는 소규모)과 관련이 있으며, 그 예는 광범위한 산업 및 지역을 포함한다.

5판에서 달라진 내용

우리 모두가 알고 있듯이 마케팅 세계는 급격한 변화를 겪고 있다. 디지털 및 모바일 기술의 성장으로 소비자는 이전에 경험하지 못한 엄청난 속도로 서로를 연결할 수 있게 되었다. 오늘날 세계는 정보에 대한 접근성이 타의 추종을 불허하며, 브랜드 마케터는 소비자와 연결하기 위해 수많은 새로운 디지털 채널을 사용해 브랜드에 대한 새로운 도전과 함께 흥미진진한 새로운 기회를 창출하고 있다.

새로운 분야 : 디지털 브랜딩에 대한 더 큰 초점

이러한 배경에서 이번 5판은 디지털 렌즈를 통해 브랜딩 패러다임과 관행을 새롭게 살펴보는 동시에 중요하고 관련성이 높은 전통적인 브랜드 관리 측면도 고려하고 있다. 우리는 최신 개발 내용을 통합하기 위해 기존 자료를 업데이트하고 새로운 사례를 추가해 이를 달성했다. 더 중요한 것은 '디지털 시대의 브랜딩'이라는 완전히 새로운 7장을 추가한 점이다. 이 장에서는 브랜드 세계를 바꾼 주요 변화에 대한 개요를 제공하고, 이러한 변화를 강조하기 위해 다양한 새로운 사례 연구를 통합했으며, 브랜드 인게이지먼트(brand engagement)를 사용해 브랜드가 소비자에게 미치는 영향을 평가하는 새로운 방법을 제안했다. 뿐만 아니라 이 장에서는 주요 디지털 채널에 대한 포괄적인 개요를 제공하고 그 장단점을 논의한다.

또한 거의 모든 기존 사례를 업데이트하고 오래된 사례는 삭제했으며 이를 통해 새로운 통찰력과 정보를 제공했다. 디지털에 초점을 맞춘 새로운 브랜드뿐만 아니라 큰 변화를 겪은 브랜드에 집중함으로써 아마존, 구글, 애플, 마운틴듀(Mountain Dew), 할리데이비슨(Harley Davidson), 버버리를 비롯한 혁신적인 브랜드와 기업에 대한 심층적인 타임라인도 제공할 수 있었다. 이러한 타임라인은 독자가 이러한 브랜드 역사의 주요 발전을 추적하는 데 도움이 될 것이다.

새로운 브랜딩 주제

이 책은 또한 브랜딩과 관련된 새로운 주제에 대한 통찰력을 제공하려고 시도한다. 새로운 주제의 몇 가지 예는 다음과 같다.

- 기여 모형
- 소셜 리스닝
- 연구 기법으로서 넷노그래피(Netnography)
- 인플루언서 마케팅

- 온라인 브랜드 인게이지먼트
- 브랜드 마케터를 위한 새로운 기능
- 디지털 플랫폼 브랜드
- 디지털 네이티브 수직 브랜드
- 이중문화 소비자를 대상으로 한 마케팅
- 소셜 미디어 시대의 브랜드 위기 관리

교재 교수법 및 학습과제 해결

이 책은 진로와 관련된 것이기 때문에 브랜드 관리에 집중하는 학생과 이 주제에 지적으로 호기심이 많은 학생 모두를 대상으로 한다. 이 과정을 둘러싼 교수 및 학습의 주요 과제는 학생들이 제기하는 네 가지 주요 질문으로 구성될 수 있다.

1. 브랜드의 여러 개념이 실제 세계와 어떻게 관련이 있는가?
2. 이것이 사실인지 어떻게 알 수 있는가? 우리는 이 현상이 존재하거나 사실이라는 증거를 가지고 있는가?
3. 여기서 제안된 프레임워크가 의사결정에서 실무 관리자에게 어떻게 유용할 수 있는가?
4. 교수는 학생들이 이 책의 프레임워크를 평가할 때 비판적 사고 기술을 적용할 수 있도록 어떻게 해야 하는가?

우리는 실제 적용 가능성을 다루는 두 가지 기능을 가지고 있다. 이것이 모든 장에 있는 사례와 브랜딩 브리프이다. 책에 실린 모든 사례는 각 절의 주요 아이디어에 연결되며, 일반적으로 특정 브랜드 또는 브랜드가 직면한 문제를 강조한다.

애니즈 홈그로운

애니즈 홈그로운(Annie's Homegrown)은 자사의 음식이 당신이 좋은 삶을 살 수 있도록 도와준다고 광고함으로써 브랜드 이미지를 성공적으로 만들어냈다. 'Choose Good'은 'Good은 어려울 수 있지만, Good은 또한 쉬울 수 있다'로 끝나는 광고 주제이다. 애니의 사명은 영양분이 풍부하고 건강한 음식을 통해, 그들이 하는 모든 일에서, 사람들과 지구를 어떻게 대하는지에 대한 건강한 행동 강령을 통해 세상을 더 건강하고 행복하게 만드는 것이다.

애니는 포장된 파스타 시장에서 크래프트(Kraft) 다음으로 두 번째로 큰 시장 점유율을 가지고 있다. 냉동피자, 크래커, 샐러드 드레싱, 조미료 시장 등 다양한 분야에도 진출했다. 그렇다면, 애니즈 홈그로운은 크래프트와 같은 대기업이 장악하고 있는 시장에서 어떻게 독보적인 위치를 차지했을까? 애니즈 홈그로운은 기업의 사회적 책임에 초점을 맞췄다. 애니즈 홈그로운이 기업의 사회적 책임에 초점을 맞춘 것은 적절한 시기에 적절한 조치였으며, 지속가능성과 기업

애니즈 홈그로운은 고객이 좋은 삶을 살도록 도울 수 있는 영양가 있고 건강한 음식의 포지셔닝에 초점을 맞추어 특별한 브랜드 이미지를 구축했다.

브랜딩 브리프(Branding Brief)는 브랜드 전략을 깊이 있게 살펴볼 수 있는 좀 더 긴 실제 사례 시나리오로, 주요 개념을 현실로 구현해 특정 주제에 대한 학생들의 이해를 높이는 데 도움이 된다.

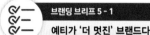

브랜딩 브리프 5 - 1
예티가 '더 멋진' 브랜드다

예 티(Yeti)는 사냥꾼이나 낚시꾼 같은 핵심 목표고객의 사회적 위치의 상징이 된 고급 쿨러 제조업체이다. 이 브랜드는 진실된 메시지 전달로 유명하며, 쿨러의 가격은 250달러에서 수천 달러에 이른다. 가장 많이 팔리는 모델은 트럭이나 자동차 뒷좌석에 들어가는 중소형 하드 케이스 쿨러다. 예티는 이 카테고리를 재발명하고 목표고객들 사이에서 야심 찬 브랜드를 만든 것으로 인정받고 있다.

브랜드가 극복해야 하는 주요 마케팅 과제는 일상적인 제품(즉 쿨러)과 관련된 높은 가격이다. 그렇다면, 예티의 성공의 열쇠는 무엇일까? 쿨러는 실제로 작동하며, 며칠 동안 온도를 차갑게 유지한다. 그러나 예티는 고객에게 제품의 가치를 납득시킬 필요가 있었고, 그렇게 하기 위해 사냥과 낚시 커뮤니티에서 잘 알려진 사람들의 전문적인 보증에 의존했다. 예티는 전통적인 인쇄 광고를 사용했고, 스포츠맨(Sportsman), 월드피싱 네트워크(World Fishing Network) 등과 같은 전문 네트워크에서의 마케팅과 함께 아웃도어채널(Outdoor Channel)의 사냥과 낚시 프로그램에 이 광고들을 배치했다. 회사의 신뢰도는 그 회사가 IGBC(Interagency Grizzly Bear Committee)로부터 쿨러가 'grizzly proof'라는 승인을 받았을 때 더욱 높아졌다.

목표고객 사이에서 인지도를 높이기 위해 예티는 소셜 미디어에 상당한 투자를 했다. 브랜드에 대한 관심을 더욱 높이기 위해 예티는 브랜드

예티 브랜드 쿨러는 고품질의 진정성 있는 메시지와 비전통적/소셜 미디어 마케팅의 사용으로 사회적 지위의 상징으로 여겨진다.

언 가이드와 같은 거칠고 대담한 야외 활동을 묘사함으로써 사냥꾼, 낚시꾼 같은 브랜드의 핵심 고객을 유지하고자 하였다(물론 예티는 이미 이러한 핵심고객을 넘어 성장하였다). 예티 제품은 이 영상에 잠깐 등장

학생들이 자주 묻는 또 다른 질문은 다음과 같다 : 이러한 브랜드가 소비자에게 어떤 영향을 미치는지 어떻게 알 수 있는가? 이것에 대한 증거는 무엇인가? 이 문제를 해결하기 위해 우리는 **브랜딩 과학**(Science of Branding)을 통합했다. 이 코너는 이 책 전체에 걸쳐 있으며, 주제는 최근의 학문적 연구를 강조한다. 우리는 가능한 전문 용어가 없는 언어를 사용해 학계, 실무자, 컨설턴트 등 모든 유형의 독자가 자료에 더 쉽게 접근할 수 있도록 했다.

브랜딩 과학 7 - 1
브랜드와 제품의 공동제작은 항상 좋은 것인가?

소 비자의 관점에서 소셜 미디어는 무엇을 의미하는가? 실제로 소비자가 브랜드와 제품의 공동제작에 참여하는 동기는 무엇인가? 소비자가 브랜드와 제품을 공동 제작하는 것이 기업에 이익이 되는 경우는 언제인가? 긍정적 측면에서 공동제작은 심리적 소유감을 촉진해 충성도를 높일 수 있고, 또한 소비자에게 권한을 부여해준다는 연구 결과가 나왔다. 뿐만 아니라 소비자가 제품을 공동제작하는 과정에서 경험하는 노력과 즐거움은 공동제작 제품 자체에 대한 소비자 선호도를 높일 수 있다.

공동제작에 도움이 되는 제품에 대한 소비자의 선호도에 긍정적인 영향을 미칠 수 있지만, 모든 소비자가 똑같이 참여하거나 그러한 참여로 혜택을 받는 것은 아니다. 마찬가지로 브랜드에 대한 혜택도 불균형하고 다양한 요인에 따라 달라진다. 연구자들은 광고 환경에서 시청자가 메시지를 자세히 살펴보는 능력이 떨어지거나, 광고 제작자와 시청자의 정체성이 비슷하거나, 시청자의 브랜드 충성도가 높을 때 공동제작이 브랜드에 도움이 될 수 있음을 보여주었다. 품질이 매우 중요한 제품 범주나 고급 제품의 경우는 공동제작 노력이 덜 성공적이다. 그뿐만 아니라 소비자의 문화적 성향이 권력 거리에 대한 높은 믿음(또는 불평등이나 위계질서에 대한 믿음)을 포함할 때 공동제작 제품을 구매하는 경향도 낮아진다.

공동제작 노력에 잘못된 제품 범주 또는 고객 그룹이 포함되는 경우 심각한 단점도 있다.

출처 : C. Fuchs, E. Prandelli, and M. Schreier, "The Psychological Effects of Empowerment Strategies on Consumers' Product Demand," *Journal of Marketing* 74, no. 1 (2010): 65–79; Christoph Fuchs and Martin Schreier, "Customer Empowerment in New Product Development," *Journal of Product Innovation Management* 28, no. 1 (2011): 17–32; Christoph Fuchs, Emanuela Prandelli, Martin Schreier, and Darren W. Dahl, "All That Is Users Might Not Be Gold: How Labeling Products as User Designed Backfires in the Context of Luxury Fashion Brands," *Journal of Marketing* 77, no. 5 (2013): 75–91; Debora Thompson and Prashant Malaviya, "Consumer-Generated Ads: Does Awareness Co-Creation Help or Hurt Persuasion?" *Journal of Marketing* 77, no. 3 (May 2013): 33–47; Martin Schreier, Christoph Fuchs, and Darren W. Dahl, "The Innovation Effect of User Design: Exploring Consumers' Innovation Perceptions of Firms Selling Products Designed by Users," *Journal of Marketing* 76, no. 5 (2012): 18–32; N. Franke and M. Schreier, "Why Customers Value Self-Designed Products: The Importance of Process Effort and Enjoyment," *Journal of Product Innovation Management* 27, no. 7 (2010): 1020–1031; Susan Fournier and Jill Avery, "The Uninvited Brand," *Business Horizons* 54, no. 3 (2011): 193–207; Neeru Paharia and Vanitha Swaminathan, "Who Is Wary of Cocreation?"

각 장 끝에는 자체상표, 법적 문제 등 특정 브랜딩 관련 주제를 자세히 설명하는 부록 코너인 **브랜드 포커스(Brand Focus)**가 있다.

브랜드 포커스 9.0
롤렉스 브랜드 감사 샘플

한 세기가 넘는 시간 동안 롤렉스는 세계에서 가장 인정받고 사랑받는 명품 브랜드 중 하나로 자리 잡았다. 2017년 브랜드Z(BrandZ)가 선정한 '가장 가치 있는 글로벌 100대 브랜드'[칸타 밀워드 브라운(Kantar Millward Brown, KMB)이 선정한 세계 시계 브랜드 중에서 가장 가치 있는 시계 브랜드]는 80억 5,300만 달러의 브랜드 가치를 가진 롤렉스이다.[39] 추정치는 재무 정보와 소비자 조사를 결합한 복잡한 공식을 기반으로 한다. KMB는 50개 이상의 글로벌 시장에서 약 100,000개 브랜드에 대하여 300만 명의 소비자를 인터뷰한다. 블룸버그 및 칸타월드패널(Kantar Worldpanel)의 데이터를 사용하여 회사의 재무 및 비즈니스 성과를 분석한다.

분명히 롤렉스는 KMB의 100대 브랜드에 포함되지 않는다. (브랜드가 목록에 오르려면 최소 113억 달러의 가치가 필요했다.) 롤렉스는 브랜드Z 럭셔리 톱 10(BrandZ Luxury Top 10) 목록의 보고서에서 5위를 차지했다. 롤렉스는 10대 명품 브랜드 중 유일하게 시계만을 취급한다. 다른 시계 전용 브랜드는 브랜즈 보고서에 포함되지 않는다. 철저한 감사는 역사적으로 브랜드자산이 많은 롤렉스가 위기에 처한 만큼 기회와 과제를 정확히 찾아내는 데 도움이 될 수 있다.

나사 크라운을 개발하고 특허를 얻었다. 이 메커니즘은 물, 먼지, 흙에 대한 최초의 진정한 보호 장치가 되었다. 이 시계의 홍보를 위해 보석상들은 오이스터 시계를 완전히 물에 넣은 채 창문에 어항을 전시했다. 오이스터는 1927년 10월 7일 메르세데스 글리츠(Mercedes Gleitze)가 착용하고 영국 해협을 헤엄쳤을 때 테스트를 거쳤다. 그녀는 15시간 후에 시계가 완벽하게 작동하는 모습으로 나타나 미디어와 대중을 크게 놀라게 했다. 글리츠는 롤렉스가 손목시계를 홍보하기 위해 사용한 '홍보 대사(ambassadors)'의 긴 목록 중 첫 번째가 되었다.

수년에 걸쳐 롤렉스는 시계의 혁신을 새로운 차원으로 끌어올렸다. 1931년에 회사는 시계를 감을 필요가 없는 영구 자동 와인딩 로터 메커니즘을 도입했다. 1945년 회사는 최초로 3시 위치에 숫자 날짜를 표시하는 시계를 발명했고 그것을 데이트저스트(Datejust)라고 이름 붙였다. 1953년 롤렉스는 방수 및 수심 100미터의 입력 저항을 갖춘 최초의 다이빙 시계인 서브마리너(Submariner)를 출시했다. 스포티한 시계는 1950년대 다양한 〈제임스 본드〉 영화에 등장했으며 명성과 내구성의 즉각적인 상징이 되었다.

수십 년 동안 스위스 산 시계는 중급 및 고가 시장을 장악했으며,

취업역량 기술 개발

브랜드 관리는 변화를 겪고 있으며, 이 책의 각 장은 브랜드 관리의 다양한 측면과 브랜드 관리자의 변화하는 역할을 조명했다. 브랜드를 관리하는 데 필요한 기술 중 상당수는 회사 및 조직 내에서 리더십 역할에 필요한 기술이기도 하다.

케빈 레인 켈러(Kevin Lane Keller)

케빈 레인 켈러는 미국 다트머스대학교 터크경영대학원(Tuck School of Business)의 석좌교수(E.B. Osborn Professor of Marketing)이며 코넬대학교 학사, 카네기멜론대학교 석사, 듀크대학교에서 경영학 박사 학위를 받았다. 그는 다트머스대학교 MBA 과정에서 마케팅 관리, 전략적 브랜드 관리를 강의하고 최고 경영자 과정에서는 이러한 주제로 강연을 하고 있다.

켈러 교수는 스탠퍼드대학교 마케팅그룹 책임교수, 캘리포니아대학교 버클리캠퍼스와 노스캐롤라이나대학교 교수, 듀크대학교와 오스트레일리아경영대학의 방문교수로 재직했으며, 뱅크오브아메리카(Bank of America)에서 2년 동안 마케팅 컨설턴트로도 활동했다.

그의 연구 관심 분야는 소비자 행동에 관련된 콘셉트와 이론에 대한 이해가 어떻게 마케팅과 브랜딩 전략을 향상할 수 있는지다. 그의 연구는 주요 마케팅 저널(*Journal of Marketing, Journal of Marketing Research, Journal of Consumer Research*)에 발표되었으며 이 저널들의 편집위원도 담당하고 있다. 현재까지 대략 120편 이상의 논문을 발표했으며, 많은 곳에서 인용되고 다양한 상도 수상했다.

켈러 교수는 다양한 산업군에서 수많은 마케팅 프로젝트를 수행하고 있으며 세계에서 가장 성공한 브랜드의 마케터(액센츄어, 아메리칸익스프레스, 디즈니, 포드, 인텔, 리바이스트라우스, P&G, 삼성)로서 컨설팅과 자문을 했다. 이 외에 브랜드컨설팅 활동을 한 회사로는 올스테이트, 니베아, BJs, 블루크로스 블루실드, 캠벨, 콜게이트, 해즈브로, 하이네켄, 엘리릴리, 엑슨모빌, 제너럴밀스, GfK, 굿이어, 인튜이트, 존슨앤드존슨, 코닥, 엘엘빈, 메이요클리닉, MTV, 노드스트롬, 오션스프레이, 레드햇, SAB 밀러, 쉘오일, 스타벅스, 타임워너케이블, 유니레버, 영앤드루비컴이 있다. 2013년부터 2015년까지는 Marketing Science Institute의 학술지 이사로도 활동했다.

그는 매우 인기 있는 강연자로 시스코, 코카콜라, 도이치텔레콤, GE, 구글, IBM, 메이시스, 마이크로소프트, 네슬레, 노바티스, 펩시코, 와이스(Wyeth) 등 다양한 비즈니스 조직에서 최고경영진을 대상으로 마케팅 교육을 실시하고 있다. 또한 서울에서 요하네스버그, 시드니에서 스톡홀름, 상파울루에서 뭄바이까지 전 세계에서 강연을 하며, 대규모 회의에서 기조연설자로도 활동한다.

켈러 교수는 현재 브랜드자산 구축, 측정과 관리를 위한 전략을 다루는 다양한 연구를 진행하고 있다. '브랜딩의 바이블'로 일컬어지는 이 전략적 브랜드 관리를 집필했으며, 필립 코틀러(Philip Kotler)와 공동으로 역대 베스트셀러 마케팅 교재인 *Marketing Management* 15판을 출간했다.

바니타 스와미나탄(Vanitha Swaminathan)

바니타 스와미나탄은 피츠버그대학교 카츠경영대학원의 토머스 마셜(Thomas Marshall) 마케팅 석좌교수이다. 그녀는 카츠브랜딩연구소(Katz Center for Branding)의 대표 교수로서, 브랜드 전략과 소비자–브랜드 관계를 촉진하는 조건에 중점을 두고 연구 중이다.

그녀는 기업이 공동 브랜딩, 브랜드 확장, 브랜드 인수, 마케팅 제휴와 같은 브랜드 전략을 성공적으로 설계해 고객 충성도를 강화하고 주식시장을 분석해 성과를 강화하는 방법을 연구한다. 최근에는 브랜드 관리자가 소셜 미디어의 힘을 활용해 고객과 더 강력한 관계를 구축하는 방법을 이해하는 데 중점을 두고 있다.

스와미나탄 교수는 현재 *Journal of Marketing*의 분야편집자(area editor), *Journal of Consumer Psychology*의 부편집장(associate editor)으로 일하고 있으며, *Journal of Marketing*, *Journal of Marketing Research*, *Journal of Consumer Research*, *Marketing Science*, *Strategic Management Journal* 등 최고의 마케팅 저널에도 기고하고 있다. 그녀는 최고의 논문을 쓴 학자에게 수여하는 레만(Lehmann)상을 포함해 다양한 상을 수상했으며 Marketing Science Institute의 신진학자(Young Scholar)로도 선정되었다. 또한 2014년부터 미국마케팅학회(American Marketing Association) 학술위원회에서 활동하고 있으며 2018–2019년에는 회장을 역임했다.

스와미나탄 교수의 연구와 브랜드 및 디지털 마케팅에 대한 논평은 《포브스》, 《워싱턴포스트》, 《마이애미헤럴드》, 《로스앤젤레스타임스》, 《US뉴스앤드월드리포트》, NPR, 시리우스 라디오, 《사이언스데일리》, 《슬레이트》, 《피츠버그포스트가제트》 등 다양한 국제 매체에 인용되었다.

그녀는 허쉬컴퍼니, 크래프트하인즈, 스타키스트, AC닐슨, 글락소스미스클라인, 프록터앤드갬블 등의 회사에서 마케팅 및 브랜드 컨설팅 프로젝트를 진행하는 한편, 소규모 기업들과도 광범위하게 협력해 그들의 디지털 마케팅 노력에 대해 조언하고 있다.

요약 차례

PART 1   브랜드 개요

제1장   브랜드와 브랜드 관리

PART 2   브랜드 전략 개발

제2장   고객 기반 브랜드자산과 브랜드 포지셔닝
제3장   브랜드 공명과 브랜드 가치사슬

PART 3   브랜드 마케팅 프로그램 설계와 실행

제4장   브랜드자산 구축을 위한 브랜드 요소의 선택
제5장   브랜드자산 구축을 위한 마케팅 프로그램 설계
제6장   브랜드자산 구축을 위한 통합 마케팅 커뮤니케이션
제7장   디지털 시대의 브랜딩
제8장   브랜드자산 구축을 위한 2차적 브랜드연상 활용하기

PART 4   브랜드 성과의 측정 및 해석

제9장   브랜드자산 측정 및 관리시스템 개발
제10장   브랜드자산 원천 측정 : 고객 사고방식 포착하기
제11장   브랜드자산 성과 측정 : 시장 성과 포착하기

PART 5   브랜드자산의 강화 및 유지

제12장   브랜드 아키텍처 전략의 설계 및 실행
제13장   신제품 출시와 브랜드 확장
제14장   브랜드 강화 및 재활성화
제15장   지리적 경계와 세분시장을 넘어선 브랜드 관리

차례

PART 1   브랜드 개요

제1장   브랜드와 브랜드 관리

개요 2

브랜드의 정의 2
브랜드 요소 3
브랜드 대 제품 3
브랜딩 브리프 1 - 1 | 코카콜라의 브랜딩 교훈 6

브랜드는 왜 중요한가 7
소비자 7
기업 9

모든 것이 브랜드화될 수 있는가 10
브랜딩 브리프 1 - 2 | 물품 브랜딩 11
물리적 제품 12
브랜딩 과학 1 - 1 | 브랜딩 역사 12
브랜딩 과학 1 - 2 | B2B 브랜딩 이해하기 13
서비스 15
브랜딩 브리프 1 - 3 | 어도비 15
소매업자와 유통업자 17
디지털 브랜드 17
사람과 조직 19
스포츠, 예술, 연예 21
브랜딩 브리프 1 - 4 | 장소 브랜딩 23
지리적 위치 23
아이디어와 공익 24

가장 강력한 브랜드란 무엇인가 24

브랜딩 과제와 기회 25
브랜딩 과학 1 - 3 | 브랜드 관련성과 브랜드 차별화 26
역사상 유례없는 정보와 신기술에 대한 접근 27
가격 인하 압력 27
유비쿼터스 연결 및 소비자의 반란 27
정보 및 재화의 공유 28
예상치 못한 경쟁의 원천 28
중개자 제거 및 중개자 재도입 29
제품 품질에 관한 정보의 대체 원천 29
승자 독식 시장 30
매체의 변화 30
고객 중심의 중요성 32

브랜드자산의 개념 32

전략적 브랜드 관리 과정 33
브랜드 계획의 규명 및 개발 33
브랜드 마케팅 프로그램의 설계 및 실행 34
브랜드 성과의 측정 및 해석 35
브랜드자산의 강화 및 유지 36

요약 37

토의 문제 37

브랜드 포커스 1.0 | 디지털 네이티브 브랜드의 비밀
누설 37

참고문헌 39

PART 2   브랜드 전략 개발

제 2 장   고객 기반 브랜드자산과 브랜드 포지셔닝

개요 44

고객 기반 브랜드자산 44

고객 기반 브랜드자산의 정의 45
연결고리로서 브랜드자산 46

브랜드 강력하게 만들기 : 브랜드지식 48

브랜드자산의 원천   49
　브랜드 인지도   50
　브랜드 이미지   54

브랜드 포지셔닝 확인하고 구축하기   56
　기본 개념   56
　표적시장   57
　경쟁의 본질   60
　유사점과 차별점   61
　브랜딩 브리프 2 - 1 | 스바루는 숲을 찾는다   62

포지셔닝 가이드라인   64
　준거의 경쟁 프레임 정의와 커뮤니케이션   64
　차별점 선택하기   66
　유사점과 차별점 구축하기   68
　브랜딩 브리프 2 - 2 | 정치인 포지셔닝   69

양다리 포지셔닝   71
시간에 따른 포지셔닝 갱신   71
브랜딩 과학 2 - 1 | 브랜드 가치 피라미드   74
적절한 포지셔닝 개발하기   75

브랜드 만트라 정의하기   76
　브랜드 만트라   76
　브랜딩 브리프 2 - 3 | 나이키 브랜드 만트라   78
　브랜딩 브리프 2 - 4 | 디즈니 브랜드 만트라   79
　브랜딩 과학 2 - 2 | 기업 내부 브랜딩   80

요약   81

토의 문제   82
　브랜드 포커스 2.0   강력한 브랜드의 마케팅 장점   82

참고문헌   85

제 3 장　브랜드 공명과 브랜드 가치사슬

개요   92

강력한 브랜드 구축하기 : 브랜드 구축의
　4단계   92
　브랜드 현저성   94
　브랜드 성과   98
　브랜드 심상   99
　브랜딩 과학 3 - 1 | 고객 경험이 브랜드를 정의하는
　　방법   103
　브랜드 판단   104
　브랜드감정   105
　브랜드 공명   107
　브랜딩 브리프 3 - 1 | 브랜드 공동체 구축하기   109

브랜드 구축의 시사점   110
브랜딩 브리프 3 - 2 | 디지털 플랫폼 기반 브랜드가 고객
　참여를 유도하는 방법   115

브랜드 가치사슬   116
　가치 단계   117
　시사점   121

요약   122

토의 문제   123
　브랜드 포커스 3.0   고객가치 창출   124

참고문헌   126

PART 3　　**브랜드 마케팅 프로그램 설계와 실행**

제 4 장　브랜드자산 구축을 위한 브랜드 요소의 선택

개요   132

브랜드 요소의 선택 기준   132
　기억 용이성   133
　유의미성   133
　호감성   133
　전이성   134
　적용성   134
　법적 보호성   135

브랜딩 과학 4 - 1 | 모조품 시장의 성장   136

브랜드 요소에 대한 선택 사항 및 전술   137
　브랜드네임   138
　URL   146
　로고와 심벌   147
　캐릭터   149
　브랜딩 브리프 4 - 1 | 스타키스트의 찰리 더 튜나   150
　브랜딩 브리프 4 - 2 | 베티 크로커 업데이트   152

슬로건 153
징글 156
패키징 157
브랜드 요소의 통합 161
   브랜딩 브리프 4 - 3 ｜ 브랜드 메이크오버로 재도전 162

요약 164
토의 문제 165
   브랜드 포커스 4.0 ｜ 법적 브랜딩 고려사항 165
참고문헌 168

제 5 장　브랜드자산 구축을 위한 마케팅 프로그램 설계

개요 174

마케팅의 새로운 관점 174

마케팅 통합화 176
개인화 마케팅 176
브랜딩 브리프 5 - 1 ｜ 예티가 '더 멋진' 브랜드다 177
다른 마케팅 방식의 조정 183

제품 전략 184
지각된 품질 184
사후 마케팅 185

가격 전략 188
브랜딩 과학 5 - 1 ｜ 소비자 물가 인식 이해 188
소비자 가격 지각 및 가격 수립 189
요약 195

채널 전략 196
채널 디자인 196
브랜딩 과학 5 - 2 ｜ 옴니채널에 관한 연구 199
간접채널 199
브랜딩 브리프 5 - 2 ｜ 밀크본 브러싱 츄가 고객과 어떻게
연결되는지 자세히 생각해보자 202
직접채널 203
온라인 전략 206
요약 207

요약 207

토의 문제 208
   브랜드 포커스 5.0 ｜ 자체 상표 전략 및 대응 208

참고문헌 211

제 6 장　브랜드자산 구축을 위한 통합 마케팅 커뮤니케이션

개요 220

새로운 미디어 환경 221
브랜드 구축 커뮤니케이션 디자인의 과제 221
다양한 마케팅 커뮤니케이션 역할 223

세 가지 주요 마케팅 커뮤니케이션 대안 224
광고 224
브랜딩 과학 6 - 1 ｜ 데이터베이스 마케팅의 중요성 232
판매 촉진 235
온라인 마케팅 커뮤니케이션 239
이벤트와 경험 239
브랜딩 브리프 6 - 1 ｜ X게임을 통한 브랜드 구축 243

브랜드 증폭기 245

PR과 퍼블리시티 245
구전 245

통합 마케팅 커뮤니케이션 프로그램 개발 246
IMC 프로그램의 기준 247
브랜딩 과학 6 - 2 ｜ 브랜드자산 구축을 위한 미디어
조정 249
IMC 선택 기준 사용하기 251

요약 252

토의 문제 253
   브랜드 포커스 6.0 ｜ 광고의 실증적 일반화 254

참고문헌 256

제 7 장　디지털 시대의 브랜딩

개요 262

디지털 시대 브랜딩의 핵심 이슈 262

소비자 의사결정 단계의 변화 263
온라인 소매업의 성장 264
브랜딩 브리프 7 - 1 ｜ 아마존의 경이로운 성장 265

디지털 채널을 이용한 광고 및 프로모션   267

브랜딩 브리프 7 - 2 ┃ 디지털로의 빠른 전환   267

'일대다'에서 '다대다' 채널   268

소비자 접점의 증가   269

데이터 가용성 증가   270

디지털 개인화   271

브랜드 메시지에 대한 통제력 상실과 브랜드 의미의 공동

창출   273

브랜딩 과학 7 - 1 ┃ 브랜드와 제품의 공동제작은 항상

좋은 것인가?   275

사용자 경험은 디지털 브랜드 성공의 핵심   275

문화적 상징으로서 브랜드   276

브랜드 인게이지먼트   277

브랜드 인게이지먼트 피라미드   278

브랜딩 브리프 7 - 3 ┃ 면도기의 가격 인하   279

브랜딩 과학 7 - 2 ┃ 브랜드 인게이지먼트의 원동력   280

부정적인 브랜드 인게이지먼트   280

디지털 커뮤니케이션   281

회사 웹사이트   283

이메일 마케팅   283

브랜딩 브리프 7 - 4 ┃ 구글 애드워즈에서 클릭을 사용한

캠페인   285

소셜 미디어 유료 채널 개요   287

페이스북   288

트위터   290

인스타그램   290

핀터레스트   291

비디오   292

소셜 미디어의 글로벌 사용   293

모바일 마케팅   293

브랜딩 브리프 7 - 5 ┃ 중국의 소셜 미디어   294

브랜딩 브리프 7 - 6 ┃ 항공편 지연을 마케팅 기회로

전환   296

인플루언서 마케팅 및 소셜 미디어 유명인사   297

콘텐츠 마케팅   298

좋은 콘텐츠 마케팅을 위한 지침   299

사례연구   299

법적 · 윤리적 고려사항   301

유료 채널의 장단점과 통합의 필요성   301

브랜드 관리 구조   301

요약   303

토의 문제   303

브랜드 포커스 7.0 ┃ 온라인 입소문이 브랜드 및 브랜드

관리에 미치는 영향 이해   304

참고문헌   305

제 8 장   브랜드자산 구축을 위한 2차적 브랜드연상 활용하기

개요   310

레버리징 과정의 개념화   312

새로운 브랜드연상의 생성   312

기존 브랜드지식에 있어서의 영향   312

가이드라인   314

회사   315

브랜딩 브리프 8 - 1 ┃ 더 똑똑한 지구를 촉진하는

IBM   315

원산지 및 기타 지리적 영역   318

브랜딩 브리프 8 - 2 ┃ 뉴질랜드 방식으로 브랜드

판매   320

유통채널   322

공동 브랜딩   322

브랜딩 과학 8 - 1 ┃ 소매업체의 브랜드 이미지 이해   323

가이드라인   325

브랜딩 과학 8 - 2 ┃ 브랜드 제휴 이해   326

구성요소 브랜딩   327

브랜딩 브리프 8 - 3 ┃ 구성요소 브랜딩인 듀폰의 길   331

라이선싱   332

가이드라인   333

유명인 보증   335

잠재적인 문제   336

브랜딩 브리프 8 - 4 ┃ 레이첼 레이의 뉴트리시   337

가이드라인   339

브랜딩 브리프 8 - 5 ┃ 사용자 브랜드 관리   341

새로운 유명인으로서 소셜 인플루언서   341

스포츠, 문화, 기타 이벤트   342

제3자의 평가자료   342

요약   344

토의 문제   344

브랜드 포커스 8.0 ┃ 올림픽 단체전 금메달 획득   345

참고문헌   346

PART 4 **브랜드 성과의 측정 및 해석**

제 9 장   브랜드자산 측정 및 관리시스템 개발

개요 352

새로운 책임 352

브랜드 감사 실시 353
브랜드 인벤토리 355
브랜드 탐색 357
브랜드 포지셔닝과 마케팅 프로그램 지원 362
브랜딩 과학 9 - 1 | 브랜드 페르소나의 역할 363

브랜드 추적 연구 설계 364
무엇을 추적할 것인가 365
브랜딩 브리프 9 - 1 | 샘플 브랜드 추적 설문조사 366

빅데이터 및 마케팅 분석 대시보드 368
마케팅 분석 대시보드 369
브랜딩 브리프 9 - 2 | 타코벨이 고객의 인게이지먼트

유도를 위해 데이터 기반 소셜 미디어 마케팅을 사용
하는 방법 370

브랜드자산 관리시스템 구축 371
브랜드 헌장 또는 바이블 372
브랜딩 브리프 9 - 3 | 메이요클리닉 브랜드 이해 및
관리 373
브랜드자산 보고서 375
브랜드자산 책임 376
브랜딩 과학 9 - 2 | 내부 브랜딩 극대화 377

요약 379

토의 문제 380

브랜드 포커스 9.0 | 롤렉스 브랜드 감사 샘플 381

참고문헌 388

제 10 장   브랜드자산 원천 측정 : 고객 사고방식 포착하기

개요 392
브랜딩 브리프 10 - 1 | 소비자 행동 이해를 위한 수면 아래
파헤치기 393

정성적 조사 기법 394
자유 연상법 395
투사 기법 397
브랜딩 과학 10 - 1 | 텍스트 마이닝을 사용해 브랜드
연상과 포지셔닝 파헤치기 397
브랜딩 브리프 10 - 2 | 네스카페 인스턴트커피 실험 399
잘트먼 은유 유도 기법 400
신경 연구 방법 402
브랜드 개성 및 가치 403
에스노그래피와 경험적 방법 405
브랜딩 브리프 10 - 3 | 소비자 인사이트 최대한으로 활용
하기 405
브랜딩 브리프 10 - 4 | 디지털 조사 기법으로서 넷노
그래피 407
브랜딩 브리프 10 - 5 | 정성적 조사 데이터를 사용한

P&G의 혁신 408

정량적 조사 기법 409
브랜드 인지도 409
브랜드 이미지 413

소셜 미디어 청취 및 모니터링 415
브랜딩 브리프 10 - 6 | 게토레이의 소셜 미디어 관리
센터 416
브랜드 반응 417
브랜딩 브리프 10 - 7 | 기여 모형 이해하기 418
브랜드 관계 420

소비자 기반 브랜드자산 종합 모형 424

요약 424

토의 문제 425

브랜드 포커스 10.0 | 영앤드루비컴 브랜드자산 가치
평가 모형 425

참고문헌 431

제11장　브랜드자산 성과 측정 : 시장 성과 포착하기

개요　436

비교 평가 방법　437
　브랜드 중심적 비교 접근법　437
　마케팅 중심적 비교 접근법　439
　컨조인트 분석　441

종합적 평가 방법　442
　잔여 접근 방법　443
　가치 평가 접근 방법　445

브랜드 가치 평가 : 주요 접근법 개관　449
　인터브랜드　449

브랜드Z　450
브랜드파이낸스　451
주요 브랜드 가치 평가 방식 비교　451
　브랜딩 과학 11 - 1 ｜ 브랜드 가치 평가 이해하기　454

요약　454

토의 문제　456
　브랜드 포커스 11.0 ｜ 브랜드와 브랜드 가치사슬의
　　재무적 관점　456

참고문헌　459

PART 5　브랜드자산의 강화 및 유지

제12장　브랜드 아키텍처 전략의 설계 및 실행

개요　466

브랜드 아키텍처 전략의 개발　466
　브랜딩 과학 12 - 1 ｜ 브랜드–제품 매트릭스　467
　1단계 : 브랜드 잠재력 파악　469
　브랜딩 브리프 12 - 1 ｜ 구글 : 검색엔진을 넘어 무한
　　확장　470
　2단계 : 브랜드 확장 기회 확인　473
　3단계 : 신제품 브랜딩을 위한 브랜드 요소 결정　473
　요약　474

브랜드 포트폴리오　474
　브랜딩 브리프 12 - 2 ｜ 메리어트 브랜드의 확장　475

브랜드 하이어라키　479
　브랜드 하이어라키의 위계수준　480
　브랜드 하이어라키 설계　483
　브랜딩 브리프 12 - 3 ｜ 넷플릭스 : 브랜드 아키텍처
　　혁신을 통한 브랜드 성장　483

기업브랜딩　492
　브랜딩 브리프 12 - 4 ｜ 기업 평판 : 가장 존경받는 미국
　　기업　493
　기업이미지 차원　493
　브랜딩 과학 12 - 2 ｜ 브랜드 아키텍처 전략 : HOB,
　　아니면 BH?　494
　브랜딩 브리프 12 - 5 ｜ 3M의 기업혁신　496
　기업브랜드 관리　499
　브랜딩 과학 12 - 3 ｜ 브랜드를 거래하다!　504

브랜드 아키텍처 가이드라인　506

요약　507

토의 문제　509
　브랜드 포커스 12.0 ｜ 기업의 사회적 책임(CSR)과
　　브랜드 전략　509

참고문헌　513

제13장　신제품 출시와 브랜드 확장

개요　518

신제품과 브랜드 확장　518
　브랜딩 브리프 13 - 1 ｜ 맥도날드 브랜드의 성장　519

브랜드 확장의 이점　522

소비자의 신제품 수용 촉진　522
모브랜드와 기업에 긍정적인 피드백 제공　526

브랜드 확장의 잠재적 위험 요인　528
　소비자 혼란과 불만 야기　528
　소매업자 저항 촉발　528

확장제품 실패에 따른 모브랜드 이미지 손상   529

확장제품이 성공하더라도 모브랜드의 다른 제품 매출 잠식   529

확장제품이 성공하더라도 모브랜드의 특정 제품군과의 연계성 약화   530

브랜딩 브리프 13 - 2 | '버진'이라는 브랜드네임에 경계란 존재하는가?   530

확장제품이 성공하더라도 모브랜드의 이미지 손상   532

브랜드 의미 희석   532

신규 브랜드 개발 기회 상실   533

브랜드 확장에 대한 소비자 평가의 이해   533

브랜드 확장의 기본 전제   533

브랜드 확장과 브랜드자산   534

수직적 브랜드 확장   536

브랜딩 과학 13 - 1 | 브랜드 확장 점수 매기기   537

브랜딩 브리프 13 - 3 | 리바이스, 브랜드를 확장하다   540

브랜드 확장 기회의 평가   542

소비자가 실제 갖고 있는 브랜드지식과 기업이 원하는 브랜드지식 파악   542

확장 후보제품군의 식별   542

확장 후보제품군의 잠재력 평가   543

확장제품을 위한 마케팅 프로그램 설계   546

확장제품과 모브랜드자산에 미치는 효과   547

학술연구에 기반한 브랜드 확장 가이드라인   547

요약   558

토의 문제   559

브랜드 포커스 13.0 | 애플 : 테크 메가브랜드 만들기   560

참고문헌   564

제 14 장 브랜드 강화 및 재활성화

개요   572

브랜드 강화   572

브랜드 일관성 유지   575

브랜딩 브리프 14 - 1 | 파타고니아   577

브랜드자산 원천의 보호   580

브랜딩 브리프 14 - 2 | 팹스트   581

브랜딩 브리프 14 - 3 | 폴크스바겐   582

브랜딩 과학 14 - 1 | 브랜드위기의 이해   583

브랜드 강화 vs. 브랜드 활용   584

마케팅 프로그램의 세부 조정   584

브랜드 재활성화   588

브랜딩 브리프 14 - 4 | 할리데이비슨모터컴퍼니   589

브랜딩 브리프 14 - 5 | 마운틴듀의 새 아침   591

브랜딩 브리프 14 - 6 | 버버리의 이미지 리메이크   592

브랜드 인지도 확대   595

브랜드 이미지 개선   598

브랜드 포트폴리오 조정   602

브랜드 마이그레이션 전략   602

신규 고객 획득   602

브랜드 철수   603

기존 제품의 진부화   604

요약   605

토의 문제   607

브랜드 포커스 14.0 | 브랜드위기 대응   607

참고문헌   609

제 15 장 지리적 경계와 세분시장을 넘어선 브랜드 관리

개요   614

지역 세분시장   614

기타 인구통계학적 · 문화적 세분시장   616

연령별 마케팅   616

인종별 마케팅   618

글로벌 브랜딩   619

브랜딩 브리프 15 - 1 | 인종별 마케팅   620

브랜드가 글로벌 시장에 주목해야 하는 이유   622

글로벌 마케팅 프로그램의 장점   622

글로벌 마케팅 프로그램의 단점   623

브랜딩 과학 15 - 1 | 연구 결과가 보여주는 글로벌 브랜드 전략의 핵심   625

글로벌 브랜드 창출 및 관리 전략   628

글로벌 브랜드자산 창출   628

글로벌 브랜드 포지셔닝   629

글로벌 브랜드의 현지 시장 내 마케팅 믹스 요소 맞춤화   630

제품 전략   630

커뮤니케이션 전략   631

유통 전략   632

가격 전략   632

**개발도상국과 선진국 시장 내 소비자에게
마케팅하기**   633

**글로벌 고객 기반 브랜드자산 구축을 위한
십계명**   633
브랜딩 브리프 15 - 2 ┃ 이중언어 광고로 이중문화 소비자
에게 마케팅하기   636

요약   642

토의 문제   643
브랜드 포커스 15.0 ┃ 글로벌 브랜드를 향한 중국의
열망   643

참고문헌   645

■ **찾아보기**   649

브랜드와 브랜드 관리

1

학습목표

이 장을 읽은 후 여러분은 다음을 할 수 있을 것이다.

1. '브랜드'를 정의하고, 브랜드가 제품과 어떻게 다르며, 브랜드 자산이 무엇인지 설명한다.
2. 브랜드가 중요한 이유를 요약한다.
3. 브랜딩이 거의 모든 것에 어떻게 적용되는지 설명한다.
4. 주요한 브랜딩 도전 과제와 기회를 설명한다.
5. 전략적 브랜드 관리 프로세스의 단계를 파악한다.

브랜드는 사람, 조직, 장소, 회사가 될 수 있다.

개요

기업과 조직의 가장 가치 있는 자산 중 하나는 그들의 제품이나 서비스를 나타내는 브랜드네임이라는 것을 많은 기업과 조직이 자각하고 있다. 점점 복잡해져 가는 세계에서 개인과 기업은 선택에 주어지는 시간이 점점 줄어들고 있으며 더 많은 선택을 해야만 한다. 따라서 소비자의 의사결정을 쉽게 해주고, 위험을 감소시키며, 기대감을 갖게 해주는 강력한 브랜드 능력은 매우 가치 있다. 제안한 약속을 전달하는 강력한 브랜드를 만들고, 시간이 지남에 따라 브랜드의 강력함을 유지하고 강화해가는 것이 바로 브랜드 관리자의 의무이다.

이 책은 이와 같은 브랜딩 목표를 어떻게 달성할 것인지 심층적으로 이해하는 데 도움을 줄 것이다. 이 책의 기본 목적은 다음과 같다.

1. 브랜드 전략의 계획, 실행, 평가에 관한 중요한 문제를 탐구한다.
2. 더 나은 브랜딩 의사결정에 적합한 개념, 이론, 모델과 기타 방법론을 제시한다.

브랜드와 관련된 더 나은 의사결정을 하기 위해 개인이나 기업 차원에서 심리학적 원리를 이해하는 데 주안점을 두었다. 이 책의 목표는 기업 규모, 사업 종류나 수익 지향성 등에 상관없이 모든 형태의 기업에 활용되는 것이다.[1]

이러한 목표를 염두에 두고 이 첫 번째 장에서는 브랜드가 무엇인지 정의한다. 우리는 소비자와 기업 관점에서 브랜드의 기능을 고려하고 브랜드가 왜 양쪽 모두에게 중요한지 논의한다. 브랜드가 될 수 있는 것과 될 수 없는 것을 살펴보고 강력한 브랜드를 규명한다. 이 장은 브랜드자산의 개념과 전략적 브랜드 관리 프로세스에 대한 소개로 마무리한다. 이 장 마지막에 소개하는 브랜드 포커스 1.0은 브랜딩의 역사적 기원을 추적한다.

브랜드의 정의

브랜딩은 한 생산자의 제품을 다른 생산자의 제품과 구별하기 위한 수단으로써 수 세기 동안 사용되었다. 실제로 **브랜드**라는 단어는 '태우다'란 의미의 옛 노르웨이어인 brandr에서 유래되었다. 이때 브랜드는 가축 소유주가 자신의 가축을 식별하기 위해 표시하는 수단으로 사용했으며, 지금도 이러한 수단으로 계속 사용되고 있다.[2]

미국마케팅협회(AMA)에 따르면, **브랜드**(brand)란 '판매자의 제품이나 서비스를 식별할 수 있게 하고 이들을 경쟁자의 제품 및 서비스와 차별화할 의도로 만든 명칭, 용어, 표시, 상징, 디자인 혹은 이들의 조합'이라고 정의한다. 이는 마케터가 신제품을 위한 새로운 명칭, 로고, 상징을 만들 때마다 새로운 브랜드를 만든 것이다.

하지만 많은 실무 담당자가 브랜드를 새로운 명칭, 로고, 상징 그 이상으로 정의한다. 그들은 브랜드를 시장에서의 인지도, 명성, 탁월함 등을 창출해온 것 이상으로 평가한다. 브랜드란 단순 상품과 독특한 제공물의 차이인 것이다. 그래서 소문자 *b* 브랜드로 정의하는 AMA의 브랜드 정의와 대문자 *B* 브랜드로 정의하는 산업 현장에서의 브랜드 정의 간에는 명확한 차이가 있을 수 있다. 그러한 차이는 브랜드 관리자에게 매우 중요하다. 그 이유는 브랜드('brand' 대 'Brand')에 부여하는 의미에 따라 브랜딩 원리나 지침이 달라지기 때문이다.

브랜드 요소

AMA의 정의에 따르면, 브랜드 창출의 핵심은 하나의 제품을 알아보고 그 제품을 다른 제품과 차별화하는 명칭, 로고, 패키지 디자인, 기타 속성을 선택할 수 있는 것이다. 이러한 것들이 **브랜드 요소**(brand element)가 되는 것이다. 4장에서 볼 수 있듯이 브랜드 요소에는 여러 가지 다른 형태가 있다.

다양한 브랜드네임 전략의 예를 살펴보자. 제너럴일렉트릭(General Electric)과 삼성의 경우처럼 어떤 기업은 기업명을 모든 제품에 사용한다. P&G의 제품 브랜드인 타이드(Tide), 팸퍼스(Pampers), 팬틴(Pantene)의 경우처럼 어떤 기업은 신제품에 그들의 기업 이름과는 상관없는 개별 브랜드 이름을 부여한다. 소매업자는 자신의 상점 이름이나 그 외 다른 요소를 바탕으로 자신들만의 브랜드를 창출하기도 한다. 예를 들면 메이시스(Macy's)는 알파니(Alfani), INC, 차터클럽(Charter Club)이라는 자체 브랜드를 소유하고 있다.

브랜드네임의 또 다른 형태를 보면[3] 에스티로더 화장품, 포르쉐 자동차, 오빌레던바커(Orville Redenbacher) 팝콘처럼 사람 이름을 적용한 브랜드네임, 산타페 향수, 쉐보레 타호 SUV, 브리티시항공처럼 장소를 적용한 브랜드네임, 머스탱 자동차, 도브 비누, 그레이하운드 버스처럼 동물이나 새를 적용한 브랜드네임도 있다. 애플 컴퓨터, 다이아몬드 식품, 쉘 휘발유처럼 다른 사물을 적용하는 경우도 있다.

린퀴진(Lean Cuisine), 오션스프레이 100% 주스, 티켓트론(Ticketron)과 같이 브랜드네임에 제품 고유의 의미를 가진 단어를 사용하기도 하고, 다이하드(DieHard) 자동차 배터리, 몹앤드글로(Mop & Glo) 바닥 세제, 뷰티레스트(Beautyrest) 매트리스같이 중요한 속성이나 편익을 제시하는 단어를 브랜드네임에 사용하기도 한다. 렉서스 자동차, 펜티엄 마이크로프로세서, 비스테온(Visteon) 자동차 부품같이 브랜드네임에 접두어나 접미사를 붙여서 과학적, 자연적 혹은 고급스럽게 들리게 하려는 브랜드네임도 있다.

브랜드네임뿐만 아니라 로고 등 다른 브랜드 요소도 사람, 장소, 물건, 추상적 이미지 등을 토대로 만들어질 수 있다. 따라서 브랜드를 만드는 데 있어서 마케터는 그들의 제품을 식별할 수 있도록 하기 위해 사용하는 브랜드 요소의 수와 특성에 관해 다양한 선택의 범위를 갖는다.

브랜드 대 제품

브랜드와 제품은 어떻게 다른가? **제품**(product)은 시장의 욕구를 충족시킬 수 있기 때문에 주의, 획득, 사용 혹은 소비해야 할 대상물로 정의된다. 따라서 제품이란 시리얼, 테니스 라켓, 자동차 같은 물리적인 제품이 될 수도 있고 항공사, 은행, 보험회사 같은 서비스가 될 수도 있다. 제품은 백화점, 전문점, 슈퍼마켓 같은 소매 판매점이나 정치인, 연예인, 운동선수 같은 사람, 비영리 조직, 무역기구, 예술단체 같은 조직, 군, 시, 나라 같은 장소, 정치적 또는 사회적 명분 같은 아이디어가 될 수도 있다. 이 책에서는 제품에 관한 이러한 광의의 정의를 사용한다. 이렇게 다양한 카테고리에서 브랜드의 역할을 1장 후반부와 16장에서 더 상세하게 다룰 것이다.

제품의 5단계 편익 수준은 다음과 같이 정의할 수 있다.[4]

1. **핵심적 편익 수준**(core benefit level)은 제품이나 서비스를 소비함으로써 소비자가 만족하는 본원적인 필요와 욕구를 말한다.

2. **기본적 편익 수준**(generic product level)은 제품이 기본적으로 기능을 발휘하기 위한 필수적인 기능적 속성과 특성을 포함한 개념이다. 기본적인 제품은 제품의 기능이 적절히 수행되기 위해 가장 기본적이며 불필요한 것을 모두 뺀 제품 형태를 의미한다.

3. **기대된 편익 수준**(expected product level)은 구매자가 제품을 구매할 때 그 제품에 대해 정상적으로 기대하고 동의하는 제품 속성과 특성이 하나로 결합된 상태이다.

4. **확장된 편익 수준**(augmented product level)은 자사의 제품을 경쟁사들과 차별화하는 부가적 속성과 편익 또는 관련된 서비스를 포함한다.

5. **잠재적 편익 수준**(potential product level)은 미래에 일어날 제품의 확장과 변화를 의미한다.

그림 1-1은 에어컨에 적용된 다섯 가지 서로 다른 편익 수준 단계를 설명하고 있다. 많은 시장에서 대부분의 경쟁은 본질적으로 제품의 확장된 편익 수준에서 일어나는데, 그 이유는 대부분의 기업이 기대된 편익 수준에서 만족스러운 제품을 만들어낼 수 있기 때문이다. '새로운 경쟁은 기업이 공장에서 생산한 제품들의 경쟁이 아니라 포장, 서비스, 광고, 고객 조언, 금융, 배송 계약, 보관 등을 활용한 최종생산물과 사람들이 중요하게 생각하는 것의 경쟁'이라고 하버드대학교의 테드 레빗(Ted Levitt)은 주장한다.[5]

브랜드는 같은 니즈(needs)를 충족시키는 경쟁사 제품과 비교해 차별적 요소를 갖고 있기 때문에 제품 그 이상의 의미가 있다. 이러한 차별점은 그 브랜드의 제품 성능과 관련된 합리적이고 유형적인 것일 수도 있고, 브랜드가 나타내는 것과 관련된 것으로 더욱 상징적이고 감성적이며 무형적인 것일 수도 있다.

위의 예를 확장해보면, 브랜드화된 제품은 켈로그 콘플레이크 시리얼, 프린스(Prince) 테니스 라켓, 포드 머스탱 자동차 같은 물리적 재화일 수도 있고, 델타항공, 뱅크오브아메리카, 올스테이트보험(Allstate insurance) 같은 서비스, 매치닷컴(Match.com), 스포티파이(Spotify), 아이튠즈 같은 디지털 상품이나 서비스일 수도 있다. 또한 아마존닷컴, 블루밍데일(Bloomingdale) 백화점, 바디샵(Body Shop) 같은 전문점, 세이프웨이(Safeway) 슈퍼마켓 같은 온라인이나 오프라인 상점, 오

단계	에어컨
핵심적 편익	시원함과 편안함.
기본적 편익	충분한 냉각 용량(시간당 BTU), 허용 가능한 에너지 효율 등급, 적절한 흡기 및 배기 등.
기대된 편익	《컨슈머리포트》에 따르면, 일반적인 대형 에어컨의 경우 소비자는 적어도 두 가지 냉각 속도, 즉 확장 가능한 플라스틱 사이드 패널, 조절 가능한 루버, 탈착식 공기 필터, 배기가스 배출용 환구, 환경 친화적인 R-410A 냉매, 최소 약 150cm 길이의 전원 코드, 전체 제품에 대해 1년 부품 및 인건비 보증, 냉방 시스템에 대한 5년 부품 및 인건비 보증을 기대한다.
확장된 편익	옵션 기능으로는 전기 터치 패드 컨트롤, 실내 및 실외 온도를 표시하는 디스플레이, 서모스탯 설정, 서모스탯 설정 및 실내 온도에 따라 팬 속도를 조정하는 자동 모드, 고객 서비스 무료통화 번호 등이 있다.
잠재적 편익	조용히 작동하고, 방 전체에 걸쳐 냉기가 완전히 균형을 잡으며, 에너지를 자급자족한다.

그림 1-1
제품 편익 수준의 단계

1. 애플	6. 파타고니아
2. 넷플릭스	7. CVS 헬스
3. 스퀘어	8. 워싱턴포스트
4. 텐센트	9. 스포티파이
5. 아마존	10. NBA

그림 1-2
상위 10대 혁신 기업

출처 : Fast Company's 2018 List of Most Innovative Companies.

프라 윈프리(Oprah Winfrey), 테일러 스위프트(Taylor Swift), 톰 행크스(Tom Hanks) 같은 인물, 런던, 캘리포니아주, 국가로는 호주 같은 장소, 적십자, 미국자동차협회, 롤링스톤스 같은 기관, 기업 책임, 자유무역, 언론의 자유 같은 아이디어가 될 수도 있다.

어떤 브랜드는 제품 성능을 통해서 경쟁 우위를 창출한다. 예를 들어 질레트(Gillette), 머크(Merck) 등과 같은 브랜드는 부분적으로 지속적인 혁신의 결과로 수십 년 동안 자사가 속해 있는 제품군에서 리더의 지위를 누렸다. 연구개발에 대한 꾸준한 투자로 시장을 선도하는 제품을 만들었고, 정교한 매스 마케팅 실례들이 소비자 시장에서 새로운 기술을 신속하게 받아들일 수 있게 했다. 다양한 언론매체가 혁신능력과 관련해 기업 순위를 매기고 있다. 그림 1-2는 2017년 기준 상위 10대 혁신 기업을 보여주고 있다.

또 다른 브랜드는 제품의 성능과 관련이 없는 수단을 활용해 경쟁 우위를 창출한다. 예를 들어 코카콜라, 샤넬 No. 5 등은 소비자 동기와 욕구를 이해하고 그들 제품에 적합하고 호소력 있는 이미지를 창출함으로써 그들이 속한 제품군 내에서 수십 년 동안 선도자가 되었다. 종종 이러한 무형적인 이미지 연상은 하나의 제품군 내에서 상이한 브랜드들을 구분해낼 수 있는 유일한 방법일 수도 있다.

브랜드, 특히 강력한 브랜드는 많은 차별화된 형태의 연상을 갖고 있기에 마케터는 마케팅 의사결정 시 이 모든 연상을 고려해야 한다. 일부 브랜드 마케터는 이 교훈을 어렵게 배웠다. 코카콜라가 '뉴코크(New Coke)'를 처음 출시했을 때 직면했던 문제를 살펴보면, 그 당시 코카콜라는 코카콜라의 브랜드 이미지가 갖고 있었던 다른 측면을 모두 고려하지는 못했다.

브랜드와 연결된 다양한 형태의 연상이 있을 뿐만 아니라, 연상을 만들기 위한 다양한 수단이 있다. 전체 마케팅 프로그램은 소비자가 브랜드를 이해하는 데 도움을 줄 뿐만 아니라 브랜드 및 마케팅이 통제 불가능한 요인을 얼마나 가치 있게 여길지에 기여할 수 있다.

브랜딩을 통해 제품들 간의 지각된 차이점을 만들고, 충성 고객층을 개발함으로써 마케팅 관리자는 궁극적으로 기업에 재무적인 이익을 가져다줄 수 있는 가치를 창출한다. 실제로 많은 기업이 보유하고 있는 가장 가치 있는 자산은 공장, 기계, 부동산 같은 유형 자산이 아니라 경영 기법, 마케팅, 재무와 운영 전문성, 그리고 가장 중요한 브랜드 같은 **무형** 자산이다. 애플의 공동창업자이자 CEO였던 스티브 잡스는 '매우 복잡하고 시끄러운 세상에 사람들이 우리를 기억할 수 있는 기회가 많이 주어지지 않을 것'이라고 했다. 사람들 기억 속에 남을 수 있는 것이 바로 그 기회이며, 그것이 브랜드 마케팅의 본질이다.[6] 잡스는 다음과 같은 말을 남겼다.

우리 고객은 애플이 누구이며 애플이 무엇을 나타내는지 알고 싶어 한다. 애플은 이 세상 어디와 부합하는가? 우리는 박스 포장을 잘하지만 그것이 애플을 상징하진 않는다. 애플은 그 누구보다 박스 포장을 잘한다. 하지만 애플은 그 이상의 무엇이며, 그것은 바로 핵심 가치이다. 우리의 핵심 가치는 더 나은 세상을 위해 열정적인 사람들이 세상을 바꿀 수 있음을 믿는다는 것이다. 이것이 우리가 믿는 것이다.

1922부터 1965년까지 퀘이커오츠(Quaker Oats)의 CEO였던 존 스튜어트(John Stuart)도 이 가

브랜딩 브리프 1 - 1
코카콜라의 브랜딩 교훈

대표적인 마케팅 실수 중 하나는 1985년 4월 코카콜라가 자사의 대표 콜라 브랜드를 새로운 맛으로 대체했을 때 일어났다. 그 변화의 배경에는 주로 경쟁적인 것이 있었다. 펩시콜라의 '펩시 챌린지' 프로모션은 코카콜라의 콜라 시장 지배력에 강력한 도전장을 던졌다. 처음에 텍사스에서 시작한 이 프로모션은 코카콜라와 펩시콜라 사이의 소비자 블라인드 테스트를 보여주는 광고와 매장 내 시식을 포함했다. 펩시는 언제나 이 테스트에서 이겼다. 이 프로모션이 전국적으로 확대된다면 코카콜라의 매출, 특히 콜라를 마시는 젊은 사람들 사이에서 큰 타격을 입을 수 있다는 점을 우려하여 코카콜라는 어쩔 수 없이 조치를 취해야 한다고 느꼈다.

코카콜라의 전략은 펩시의 약간 달콤한 맛에 더 가깝게 콜라 제조법을 바꾸는 것이었다. 새로운 맛에 도달하기 위해 코카콜라는 놀랍게도 19만 명이라는 많은 소비자를 대상으로 맛 실험을 실시했다. 이번 연구 결과는 소비자들이 기존 제조법보다 새로운 비법의 맛을 '강력하게' 선호한다는 것을 분명히 보여주었다. 자신감에 넘친 코카콜라는 대대적으로 광고하며 제조법 변화를 발표했다.

소비자 반응은 빨랐지만 불행하게도 코카콜라에게는 부정적인 것이었다. 시애틀에서는 은퇴한 부동산 투자자인 게이 멀린스(Gay Mullins)가 '올드 콜라 드링커스 오브 아메리카(Old Cola Drinkers of America)'를 설립하고 성난 소비자들을 위한 핫라인을 개설했다. 비벌리힐스의 한 와인 상인은 빈티지 콜라 500상자를 구입해 프리미엄을 붙여 팔았다. 한편 코카콜라 본사는 하루에 약 1,500통 정도의 항의 전화와 회사의 행동을 비난하는 트럭 가득한 우편물로 넘쳐났다. 몇 달간의 판매 부진 끝에 코카콜라는 결국 예전 제조법의 '코카콜라 클래식'으로 돌아왔고 시장에서 '뉴' 콜라와 함께 두 종류의 콜라로 판매될 것이라고 발표했다.

뉴코크 사태는 비록 고통스럽고 대중적으로 잘 알려졌지만 코카콜라에게 브랜드에 대한 매우 중요한 교훈을 가르쳐주었다. 콜라는 소비자에게 단순히 음료나 갈증을 해소하는 것으로만 비춰지지 않는다. 오히려 그것은 미국의 아이콘에 더 가깝고, 콜라의 매력은 상당 부분 성분뿐만 아니라 미국적임, 향수, 유산, 소비자와의 관계 같은 상징성에 있다. 코카콜라의 브랜드 이미지는 확실히 감성적인 요소를 가지고 있으며 소비자들은 이 브랜드에 매우 강한 감정을 가지고 있다.

뉴코크의 실패는 코카콜라에 가치 있는 브랜딩 교훈을 주었다.

출처 : Al Freni/Time & Life Pictures/Getty Images

비록 코카콜라가 뉴코크(광고와 포장 모두 브랜드를 명확하게 구별하고 더 달콤한 품질을 전달하지 못했을 것이다)를 출시하면서 다른 실수를 많이 했지만, 가장 큰 실수는 브랜드 전체가 소비자에게 무엇을 의미하는지 잘 알지 못한 것이었다. 브랜드에 대한 심리적 반응은 제품에 대한 생리학적 반응만큼이나 중요할 수 있다. 동시에 미국 소비자들도 코카콜라 브랜드가 자신들에게 얼마나 큰 의미를 갖는지에 대한 교훈을 얻었다. 코카콜라의 마케팅 실패의 결과로, 앞으로 어느 한쪽이 다른 쪽을 당연하게 생각할 것 같진 않다.

출처 : Patricia Winters, "For New Coke, 'What Price Success?'" *Advertising Age*, March 20, 1989, S1-S2; Jeremiah McWilliams, "TwentyFive Years Since Coca-Cola's Big Blunder," *Atlanta Business News*, April 26, 2010; Abbey Klaassen, "New Coke : One of Marketing's Biggest Blunders Turns 25," April 23, 2010, www.adage.com.

치를 강조했다. 그는 "우리 회사가 망하면 당신에게 부동산, 공장, 장비를 모두 줄 수 있지만 브랜드와 트레이드마크는 내가 가져갈 것이며, 난 당신보다 더 잘한 거래가 될 것이다"라고 했다.[7] 그렇다면 왜 브랜드가 그렇게 중요한지 살펴보자.

브랜드는 왜 중요한가

한 가지 분명한 질문은 브랜드가 왜 중요한지, 브랜드가 어떤 기능을 수행하기에 마케팅 관리자에게 그렇게 가치가 있는지다. 고객과 기업 모두에게 브랜드 가치를 밝혀주는 몇 가지 견해를 살펴보자. 그림 1-3은 브랜드가 고객과 기업에 제공하는 서로 다른 역할을 개략적으로 정리한 것이다. 소비자부터 먼저 다루도록 하겠다.

소비자

제품이라는 용어처럼, 이 책에서는 **소비자**(consumer)라는 용어도 광의의 의미로서 개인뿐만 아니라 기업을 포함한다. 소비자에게 브랜드는 중요한 기능을 제공한다. 브랜드는 소비자에게 제품 생산자나 제품 출처를 확인해주고, 소비자들로 하여금 특정 제조업자나 유통업자에게 책임을 부여하게 해준다. 가장 중요한 것은 브랜드가 소비자에게 특별한 수단이 된다는 점이다. 수년간의 제품에 대한 경험과 그 제품의 마케팅 프로그램 때문에 소비자는 어떤 브랜드가 자신의 필요를 만족시켜 주고 어떤 브랜드가 그렇지 못한지를 알게 된다. 그 결과 브랜드는 소비자의 제품 의사결정을 단순화해주는 신속한 수단과 방법을 제시한다.[8]

만일 소비자가 하나의 브랜드를 인지하고 그 브랜드에 대한 지식을 어느 정도 갖고 있다면, 소비자는 제품과 관련된 의사결정을 내리기 위해 여러 가지 부가적인 생각이나 정보 처리를 할 필요가 없게 된다. 그러므로 경제적인 관점에서 보면, 브랜드는 소비자로 하여금 내적(얼마나 많이 생각해야 하는지), 외적(얼마나 많이 살펴보아야 하는지)으로 제품에 대한 탐색 비용을 줄일 수

소비자

제품 출처 식별
제품 제조업체에 대한 책임 부과
위험 감소제
검색비용을 낮춰줌
제품 제조업체와의 약속, 유대, 협정
상징적 장치
품질의 신호

제조업체

취급 또는 추적을 단순화하는 식별 수단
고유한 기능을 법적으로 보호하는 수단
만족한 고객에 대한 품질 수준의 신호
제품에 고유한 연관성을 부여하는 수단
경쟁 우위의 원천
재정적 수익의 원천

그림 1-3
브랜드의 역할

있게 해준다. 소비자들은 그 브랜드에 대해 이미 알고 있는 것(품질, 제품 특성 등)을 토대로 그 브랜드에 대해 모르고 있는 부분에 대해서 합리적 기대를 형성하고 가정을 만들 수 있다.

브랜드에 내포된 의미가 브랜드와 소비자의 관계를 일종의 유대나 조약으로 생각할 수 있게 하는 아주 심오한 것일 수 있다. 소비자는 자신이 선택한 브랜드가 특정한 방향으로 행동할 것이고, 일관성 있는 제품 성능과 적절한 가격 설정, 촉진, 유통 프로그램과 행동 등을 통해 자신에게 효용성을 제공할 것이라는 암묵적인 이해를 가지고 있는 브랜드에 신뢰와 충성도를 제공한다. 소비자는 그 브랜드를 구입함으로써 얻는 이익과 편익의 정도를 알고, 그 제품을 소비함으로써 만족을 얻는 한 그 브랜드를 계속 구매할 가능성이 높다.

이러한 편익들은 사실상 순수하게 기능적 편익이 아닐 수도 있다. 브랜드는 소비자가 자신의 자아 이미지를 투사하게 해주는 상징적 도구로서 역할을 할 수 있기 때문이다. 일부 브랜드는 특정한 유형의 사람들과 연관되어 서로 다른 가치나 특징을 나타내기도 한다. 그러한 제품을 소비하는 것은 소비자가 자신의 현재 모습이나 되고 싶었던 모습을 다른 사람에게, 심지어는 자신에게 전달할 수 있는 수단이 된다.[9]

브랜드가 어떤 사람에게는 일종의 종교적인 역할을 하며 종교적 교리를 대신하고 자부심을 강화해준다고 믿는 브랜드 전문가도 있다.[10] 브랜드의 문화적 영향은 크며 소비자 문화와 브랜드의 내적 역할 이해도 최근 수년 동안 흥미를 불러일으켰다.[11]

브랜드는 제품의 특징을 소비자에게 알려주는 중요한 역할을 한다. 마케팅 연구자들은 제품, 그리고 그 제품과 연관된 속성 혹은 편익을 탐색재, 경험재, 신용재로 분류했다.[12]

- **탐색재**(search goods) : 견고함, 크기, 색상, 스타일, 무게, 제품 구성성분 같은 제품 속성은 시각적인 검사로 평가할 수 있다(예 : 식료품).
- **경험재**(experience goods) : 내구성, 서비스 품질, 안전성, 취급 및 사용 용이성 같은 제품 속성은 검사로 쉽게 평가할 수 없기 때문에 실제로 제품에 대한 시험과 경험이 필요하다(예 : 자동차 타이어).
- **신용재**(credence goods) : 제품 속성을 알기가 어렵다(예 : 보험 보장).

경험재와 신용재의 제품 속성 및 편익을 평가하고 해석하는 데 따른 어려움 때문에 브랜드는 소비자에게 경험재와 신용재의 품질과 특성을 나타내주는 아주 중요한 단서가 될 수도 있다.[13]

브랜드는 제품의 구매 결정 시 그 위험을 줄여줄 수 있다. 소비자는 제품을 구매하고 소비할 때 여러 가지 형태의 위험을 지각한다.[14]

- **기능적 위험** : 제품의 성능이 기대만큼 좋지 않다.
- **물리적 위험** : 제품이 사용자나 다른 사람의 건강이나 신체적인 안정에 위협을 가한다.
- **재무적 위험** : 제품이 지불한 가격만큼의 가치가 없다.
- **사회적 위험** : 제품이 다른 사람을 당혹스럽게 할 수 있다.
- **심리적 위험** : 제품이 사용자의 정신적인 안정에 영향을 준다.
- **시간적 위험** : 제품의 실패는 다른 만족스러운 제품을 찾는 데 소요되는 기회비용을 유발할 수 있다.

비록 소비자가 이러한 위험을 해결할 수 있는 수단이 많이 있지만, 소비자가 대처할 수 있는 확실한 방법은 잘 알려진 브랜드, 특히 자신이 과거에 호의적으로 경험했던 브랜드를 구매하는 것이다. 이와 같이 브랜드는 특히 위험이 매우 심각한 결과를 가져올 수 있는 B2B 거래에서는 매우 중요한 위험 대처 수단이 될 수 있다.

요약하면, 브랜드가 갖고 있는 특별한 의미가 제품에 대한 소비자 지각과 경험을 변화시킬 수 있다. 동일한 제품이라도 그 제품이 갖는 브랜드 아이덴티티 혹은 속성에 따라서 소비자들에게 서로 다른 평가를 받을 수 있다. 브랜드는 소비자의 일상 활동을 용이하게 해주고 삶을 풍요롭게 해주는 독특한 개인적 의미를 갖는다. 소비자의 삶이 점점 더 복잡해지고 시간적 여유가 부족해짐에 따라, 의사결정을 단순화하고 위험을 감소시켜 주는 브랜드의 능력은 매우 유용한 것이 된다.

기업

브랜드는 기업에도 가치 있는 많은 기능을 제공한다.[15] 기본적으로 브랜드는 그 기업의 제품 관리나 추적을 간소화하기 위한 식별화 목적에 기여한다. 기업 운영 면에 있어서도 브랜드는 재고와 회계 기록을 관리하는 데 도움이 된다. 또한 브랜드는 자사 제품의 독특한 특징이나 외관을 법적으로 보호할 수 있게 해준다.[16] 브랜드는 그 브랜드 소유자에게 법적 권리를 부여하는 지적 재산권을 확보할 수 있다. 브랜드네임은 등록된 트레이드마크를 통해 보호되고, 제조 과정은 특허를 통해 보호받을 수 있으며, 패키징은 저작권과 디자인을 통해 보호를 받을 수 있다. 이러한 지적 재산권은 기업이 브랜드에 안전하게 투자해서 가치 있는 자산의 혜택을 얻을 수 있게 해준다.

이러한 투자를 통해 브랜드는 하나의 제품이 다른 제품과 차별화될 수 있도록 제품의 독특한 연상과 의미를 확보할 수 있다. 브랜드는 특정 수준의 품질을 나타낼 수도 있기 때문에 제품에 대해 만족한 소비자들은 쉽게 다시 선택할 수 있다.[17] 이러한 브랜드 로열티는 그 기업에 대한 수요를 예측하고 보장해주며 다른 기업이 시장에 진입하는 것을 어렵게 하는 진입장벽을 만들어준다.

비록 제조 과정과 제품 디자인이 쉽게 모방될 수 있다 하더라도, 수년간의 마케팅활동과 제품 경험을 통해 소비자들의 마음속에 각인된 지속적인 감동은 그리 쉽게 재현되지 않는다. 크레스트(Crest) 치약, 나이키 운동화, 리바이스 청바지 같은 브랜드가 가진 이점은 소비자가 사실상 이 브랜드들과 함께 성장했다는 것이다. 이런 의미에서 브랜딩은 경쟁 우위를 확보할 수 있는 강력한 수단이 되어 왔다.

요약하면, 기업에게 브랜드는 소비자 행동에 영향을 줄 수 있고, 매매할 수 있으며, 미래의 지속된 수입을 보장해주는 엄청난 가치가 있는 법적 재산권을 의미한다. 이러한 이유로 1980년대 중반 경제 호황기가 시작되던 시기에 기업이 인수·합병을 할 때 브랜드를 획득하기 위해 엄청난 금액을 지불했다. 이 기간 동안에 발생한 광적인 인수·합병 현상으로 투자나 경영권 확보에 이득이 있는 저평가된 기업을 찾으려는 월스트리트 금융인이 생겨났다.[18] 저평가된 주요 자산 중 하나는 저평가된 기업들이 보유한 브랜드였으며, 이 브랜드들은 대차대조표 항목에서 제외되었다. 월가의 관심에 대한 함축적 의미는 강력한 브랜드는 기업에 더 나은 수익과 이익 성과를 가져다주고, 주주들에게는 더 큰 가치를 창출해준다고 믿고 있다는 것이다.

기업에 지불된 가격 프리미엄은 브랜드로부터 창출하고 유지될 수 있는 추가 이익에 대한 기회뿐만 아니라 맨 처음부터 유사한 브랜드를 만드는 데 있어서 무수한 어려움과 비용에 의해 명확하게 정당화된다. 전형적인 유행형 소비재 기업은 순수한 유형 자산이 전체 기업 가치의 약 10%도 안 된다(그림 1-4 참조). 가치의 대부분은 무형 자산과 영업권에 있으며 무형 자산의 60%

기업	브랜드 가치(10억 달러)	시가총액(10억 달러)	시가총액 대비 브랜드 가치
애플	184.1	868.88	21%
구글	141.7	729.1	19%
마이크로소프트	79.9	659.9	12%
코카콜라	69.7	195.5	36%
아마존	64.7	563.5	11%
삼성	56.2	300	19%
토요타	50.3	188.2	27%
페이스북	48.2	420.8	11%
메르세데스	47.8	79.3	60%
IBM	46.8	142	33%

그림 1-4
시가총액 대비 브랜드 가치 비율
(2017년)

출처 : Interbrand, "Best Global Brands 2010." Yahoo! Finance, February 11.

정도는 브랜드에 의해 제공된다.

모든 것이 브랜드화될 수 있는가

브랜드는 확실히 소비자와 기업 모두에게 중요한 이점을 제공한다. 그렇다면 한 가지 분명한 의문은 브랜드는 어떻게 창출되며 하나의 제품을 어떻게 '브랜드화'하는지에 관한 것이다. 비록 기업이 마케팅 프로그램과 그 외 활동들을 통해서 브랜드 창출을 위한 원동력을 제공하지만, 궁극적으로 하나의 브랜드는 현실성에 뿌리를 둔 지각체일 뿐만 아니라, 소비자들의 지각과 심지어 성향을 반영하는 것 그 이상이다.

하나의 제품을 브랜드화하려면 그 제품의 기능이 '무엇'이고 '왜' 소비자가 관심을 가져야만 하는지뿐만 아니라, 제품을 식별하는 데 도움을 주는 이름과 다른 브랜드 요소를 이용함으로써 제품이 '누구인지' 소비자에게 가르치는 것이 필요하다. 다시 말해 마케터는 소비자에게 그 제품을 위한 라벨을 제시해야 하며('제품을 어떻게 식별할 수 있는가') 그 브랜드가 갖고 있는 의미('특별한 제품이 당신을 위해 무엇을 할 수 있는가, 그리고 다른 브랜드네임의 제품과 비교해서 왜 특별하고 다른가')도 제시해야 한다.

브랜딩은 정신적 구조를 창출해내고, 소비자가 자신의 의사결정을 분명히 하고 그 과정에서 기업에 대한 가치를 부여하는 방식으로 제품과 서비스에 대한 자신의 지식을 체계화할 수 있게 도와준다. 브랜딩의 핵심은 소비자가 제품 범주에서 브랜드 간의 차이점을 인식한다는 것이다. 이러한 브랜드 간의 차이는 제품 혹은 서비스 자체의 속성이나 편익과 관계되어 있거나, 더 무형적인 이미지 고려요소와 관련되어 있기도 하다.

소비자가 여러 대안 중에서 의사결정을 할 때마다 브랜드는 중요한 역할을 할 수 있다. 따라서 마케터는 소비자가 선택 상황에 있을 때마다 브랜딩으로부터 혜택을 받을 수 있다. 매일 매 순간 소비자에게 무수한 선택이 주어질 때 브랜드가 얼마나 설득력이 있게 되었는지는 놀라운 일이 아니다. 브랜딩 브리프 1-2는 과거에 평범한 상품들이 어떻게 브랜드화되었는지 실제 사례를 제시하고 있다.

앞에서 정의했던 물리적 제품, 서비스, 소매점, 온라인 비즈니스, 사람, 조직, 장소, 아이디어 같은 범주에서 서로 상이한 제품의 적용 예를 살펴봄으로써 브랜딩의 보편성을 알 수 있다. 서로 다른 형태의 제품 각각에 대해 몇 가지 기본적인 고려사항을 검토해보고 그 실례를 볼 것이다.

브랜딩 브리프 1-2

물품 브랜딩

물품(commodity)은 너무나 기초적인 제품이라 소비자의 마음속에서 다른 경쟁사와 물리적으로 차별화되지 않았다. 수년간 한때 물품으로 간주되었던 다수의 제품이 강력한 브랜드로 차별화가 이루어지면서 각 제품 카테고리에서 부상하기 시작했다. 주목할 만한 예는 커피[맥스웰하우스(Maxwell House)], 소금[몰튼(Morton)], 목욕비누[아이보리(Ivory)], 밀가루[골드메달(Gold Medal)], 맥주[버드와이저(Budweiser)], 오트밀[퀘이커오츠(Quaker Oats)], 피클[블라식(Vlasic)], 바나나[치키타(Chiquita)], 닭고기[퍼듀(Perdue)], 파인애플[Dole(돌)], 물[페리에(Perrier)]이 있다.

이 제품들은 다양한 방법으로 브랜드화가 이루어졌다. 그러나 각 사례의 성공요인을 살펴보면 각 카테고리에 속한 제품의 제공물이 동일하지 않았으며, 의미 있는 차이점이 존재했다. 농산물의 경우 마케터는 단순한 상품이 아니며 품질 면에서 많은 차이점이 있다고 소비자를 납득시켰다. 위 사례의 경우 브랜드는 소비자가 의존할 수 있는 각 제품군에서의 일관성 있는 고품질을 보증할 수 있는 것으로 간주하였다. 하지만 페리에 미네랄 생수의 경우 타사 대비 제품 차이는 거의 없었지만 이미지나 제품과 직접적인 관련이 없는 요소들로 브랜드를 창조했다.

상품 브랜딩의 가장 좋은 예는 다이아몬드이다. 드비어스그룹(De Beers Group)은 1888년에 다이아몬드 공급업체로 출발해서 현재 시장점유율은 33%이다. 1948년에 'A Diamond is Forever(다이아몬드는 영원히)'라는 구절을 광고 슬로건에 추가해 더 많은 감성과 상징적 의미를 다이아몬드 구매에 부여하고 싶어 했다. 'A Diamond is Forever'는 광고계에서 가장 많이 알려진 슬로건이 되었으며 현재 연간 시장 규모가 250억 달러인 미국 다이아몬드 산업을 성장시키는 데 기여했다.

다이아몬드 산업 전체의 화제를 불러일으키는 데 도움이 되었던 수년간의 성공적인 광고 캠페인 후, 드비어스는 자사 브랜드에 초점을 맞추기 시작했다. 2009년 캠페인은 새로운 에버론(Everlon) 라인을 강조했다. 불경기에 대응하는 차원에서 드비어스의 마케팅은 다이아몬드의 장기적 가치와 지속력을 강조했으며, 새로운 광고 캠페인은 'Fewer Better Things', 'Here Today, Here Tomorrow'라는 슬로건을 채택했다. 사실 이 슬로건은 드비어스가 심어주고 싶었던 감정을 담아냈으며

드비어스의 고전적인 슬로건 'A Diamond Is Forever'는 시간의 시련을 견뎠다.

사람들이 다이아몬드를 재판매하는 것을 단념시켰다. 이 예에서 알 수 있듯이 브랜드는 이미지나 제품과 무관한 요인에 의해서 만들어질 수 있다. 브랜드 '드비어스'는 강력한 감성과 상징적 가치(영원한 사랑)를 전달한다.

출처 : Theodore Levitt, "Marketing Success Through Differentiation — of Anything," *Harvard Business Review* (January-February 1980): 83–91; Sandra O'Loughlin, "Sparkler on the Other Hand," *Brandweek*, April 19, 2004; Blythe Yee, "Ads Remind Women They Have *Two* Hands," *The Wall Street Journal*, August 14 2003; Lauren Weber, "De Beers to Open First U.S. Retail Store," *Newsday*, June 22, 2005; "De Beers Will Double Ad Spending," *MediaPost*, November 17, 2008, https://blog.hubspot.com/marketing/diamond-de-beers-marketing-campaign, accessed April 7, 2018.

물리적 제품

물리적 제품은 전통적으로 브랜드와 연관이 있으며 메르세데스-벤츠(Mercedes-Benz), 네스카페, 소니 같이 가장 유명하고 높이 평가되는 많은 소비재가 포함되어 있다. 다른 회사에 산업재나 내구재를 판매하고 있는 아주 많은 회사가 강력한 브랜드 개발에 따른 혜택을 인지하고 있다. 이제까지 브랜드가 전혀 뒷받침되지 못했던 특정한 형태의 물리적 제품들에 있어서도 브랜드가 확산하고 있다. 브랜딩은 다양한 산업에서 채택되었다. B2B 제품(산업재)과 기술 집약적인 첨단 제품에 대한 브랜딩의 역할을 생각해보자.

B2B 제품 B2B(business-to-business) 시장은 세계 경제의 거대한 부분을 차지하고 있다. 기업 간

브랜딩 과학 1-1

브랜딩 역사

브랜딩은 다양한 형태로 수 세기 동안 존재했다. 브랜딩이나 트레이드마크의 기원은 수공예로 만든 물건의 출처를 밝히기 위해 적용된 고대 도기 및 석공의 표식이다. 도기와 점토 램프는 가끔은 만들어진 곳에서 멀리 떨어진 상점에서 팔렸으며, 구매자들은 품질의 표시로 신뢰할 수 있는 도공들의 도장을 찾았다. 브랜딩의 또 다른 예는 1266년에 통과된 영국 법안으로 빵 한 덩이가 팔릴 때마다 제빵사들이 그들의 인장을 새기도록 한 것이다. 유럽인은 북아메리카에 정착하기 시작했을 때 브랜딩의 관습과 관행을 가져왔다. 특허 의약품과 담배 제조업자는 초기 미국 브랜딩의 개척자였다. 1800년대 초까지 제조업자는 스미스플러그(Smith's Plug), 브라운(Brown), 블랙트위스트(Black's Twist)와 같은 상표로 담배 보루를 포장했다. 1800년대 후반과 1900년대 초반에는 대량 생산된 상품이 대량 컨테이너에서 판매된 현지에서 생산된 상품을 대체했다. 이러한 브랜드의 개발과 관리는 주로 회사 소유주와 최고경영진이 주도했다. 예를 들어 내셔널비스킷(National Biscuit)의 초대 회장은 1898년 최초의 전국 브랜드인 유니더 비스킷(Uneeda Biscuits) 출시에 크게 관여했다. H. J. 하인즈(H. J. Heinz)는 생산혁신과 화려한 프로모션을 통해 하인즈(Heinz)라는 브랜드 이름을 만들었다. 코카콜라는 광범위한 유통망의 성장을 적극적으로 감독했던 아사 캔들러(Asa Candler)의 노력으로 전국 최강 브랜드가 되었다. 1915년에 제조업체 브랜드는 미국에서 지역적, 국가적 차원에서 잘 확립되었다.

1929년 대공황이 시작되면서 제조업체 브랜드들은 새로운 시험대에 오르게 되었다. 가격 민감도가 높아지면서 실적이 저조한 제조업체 브랜드를 밀어내고 자체 브랜드를 지원한 소매업자들에게 권력의 추가 넘어갔다. 이 기간 동안 P&G는 첫 번째 브랜드 관리 시스템을 도입했고, 각각의 브랜드는 그것의 재정적 성공을 책임지는 해당 브랜드에만 관리자를 배정했다. 브랜드 관리 시스템에서는 한 브랜드 관리자가 브랜드를 '소유'했다. 브랜드 관리자는 자신의 브랜드에 대한 연간 마케팅 계획을 개발하고 실행하는 것은 물론 새로운 사업 기회를 파악하는 일을 담당했

다. 브랜드 관리자는 내부적으로 제조, 영업 인력, 마케팅 연구, 재무 계획, 연구 개발, 인력, 법률, 홍보 담당자, 그리고 외부적으로는 광고 대행사, 조사업체, PR 대행사의 도움을 받을 수 있다.

1940년과 1980년 사이, 고품질 브랜드에 대한 억압된 수요는 판매의 폭발로 이어졌다. 개인소득은 경제가 도약하면서 성장했고, 인구증가율이 폭발적으로 높아지면서 시장수요가 심화했다. 국내 브랜드에 대한 수요는 급증한 신제품과 수용적이고 성장하는 중산층으로 인해 치솟았다. 이 기간 동안 기업체들은 브랜드 관리 시스템을 채택했다.

1980년대 중반에 인수합병 붐이 일어나면서 브랜드의 재무적 가치에 대한 최고경영진과 이사진의 관심이 증가했다. 이러한 깨달음과 함께 가치 있는 무형 자산으로서 브랜드 관리가 중요하다는 것을 인식하게 되었다. 동시에, 더 많은 다른 유형의 기업이 강력한 브랜드의 장점과 약한 브랜드의 단점을 알게 되었다. 지난 20년 동안 브랜드 개념을 도입한 기업이 늘어나면서 브랜드에 대한 관심과 적용이 폭발적으로 증가했다.

21세기 브랜딩은 데이터 중심 마케팅 접근법의 사용과 소통 및 유통을 위해 디지털 채널에 대한 의존도가 증가하는 것을 목격했다. 브랜드 포커스 1.0에서 논의한 바와 같이 와비파커(Warby Parker)와 보노보스(Bonobos) 같은 디지털 토종 브랜드의 성장은 소비자에게 직접 다가갈 수 있는 새로운 모델을 만들었다. 점점 더 다양한 종류의 제품이 소비자에게 직접 판매되거나 광고되면서, 현대 마케팅 관행과 브랜딩의 채택은 더욱 확산되었다.

출처 : George S. Low and Ronald A. Fullerton, "Brands, Brand Management, and the Brand Manager System: A Critical-Historical Evaluation," *Journal of Marketing Research* 31 (May 1994): 173–190; Hal Morgan, *Symbols of America* (Steam Press, 1986); Steven Wolfe Pereira, "Are You Building a 21st Century Brand?," Advertising Age.com, March 5, 2018, http://adage.com/article/quantcast/building-a-21st-century-brand/312554/.

거래에서 강한 기업브랜드의 보유가 갖는 가치에 대해 인식하는 기업이 증가하고 있다. 국제적으로 기량이 있고 존경받는 브랜드가 ABB, 캐터필러(Caterpillar), 듀폰(DuPont), 페덱스, GE, HP, IBM, 인텔, 마이크로소프트, 오라클, SAP, 지멘스(Siemens) 같은 비즈니스 마케터에 속해 있다.

B2B 브랜딩은 전반적으로 기업에 대한 긍정적 이미지와 명성을 창출한다. 기업 고객과 좋은 관계를 창출하는 것은 더 많은 판매 기회와 이익 관계를 이끌어내는 것으로 여겨진다. 강한 브랜드는 기업의 운명을—그리고 성공까지도—좌우할지 모르는 비즈니스 고객에게 가치 있는 확신과 명확성을 준다. 따라서 강한 B2B 브랜드는 강력한 경쟁 우위를 제공할 수 있다.

그러나 어떤 B2B 기업은 자사 제품의 구매자가 매우 박식하고 전문적이어서 브랜드가 중요하지 않다고 믿는다. 똑똑한 비즈니스 마케터는 그 추론을 받아들이지 않고 그들의 브랜드 중요성과 시장에서 성공을 거두기 위해 많은 영역에서 어떻게 잘 실행해야만 하는지 인지하고 있다.

여객기부터 인공위성까지 모든 것을 만드는 보잉(Boeing)은 모든 상이한 영업 활동을 단일 브랜드 문화로 통합하기 위해 '단일 기업' 브랜드 전략을 시행하고 있다. 그 전략은 부분적으로 '삼중나선' 표현에 기본을 두고 있다. 이는 (1) 기업정신(보잉이 무엇을 하고 왜 하는가), (2) 성과 정확도(보잉이 그것을 어떻게 얻는가), (3) 미래 결정(보잉이 기업으로서 무엇을 성취하는가)이다.[19]

성공적인 B2B 브랜딩의 또 다른 예는 시스코(Cisco)이다. 네트워크 통신 장비 제조업체인 시스코는 서비스가 충분하지 못한 중소기업(SMB) 고객에게 상당한 연구 및 마케팅 자원을 투입해 성장을 추구했다. 시스코는 네트워킹 지출 및 구매 패턴에 따라 전체 SMB 시장을 4개 계층으로 분할하는 고객 조사를 실시했다. 네트워킹을 비즈니스의 핵심으로 보는 1단계 및 2단계 기업은 SMB의 30%를 차지했지만, 총 네트워킹 지출의 75%를 차지했다. 3단계 및 4단계 기업은 시장의 70%를 점유했지만 네트워킹 기술에 집중적으로 투자하길 주저했다. 이러한 시장 이해를 바탕으로 시스코는 특별히 설계된 제품과 서비스를 통해 시장을 공략할 수 있었다. 브랜딩 과학 1-2에서는 B2B 브랜딩에 대한 몇 가지 추가적인 중요한 지침을 제시한다.

브랜딩 과학 1-2
B2B 브랜딩 이해하기

B2B 구매 결정은 복잡하고 위험 부담이 큰 경우가 많아 브랜딩이 B2B 시장에서 중요한 역할을 한다. B2B 브랜드 마케팅 담당자를 위한 여섯 가지 구체적인 지침(나중에 더 자세히 설명)을 정의할 수 있다.

1. **전체 조직이 반드시 브랜딩 및 브랜드 관리를 이해하고 지원하게 하라.**
직급을 막론하고 모든 직원과 부서는 브랜드 비전과 이를 지원하는 역할에 대한 최신 정보를 완전히 이해해야 한다. 특히 중요한 분야는 영업사원이다. 인적판매는 B2B 조직의 수익을 창출한다. 영업사원을 적절히 배치해 해당 부서가 브랜드 약속을 보다 효과적으로 활용하고 강화할 수 있도록 해야 한다. 브랜딩이 제대로 이루어지면, 영업사원은 표적고객이 브랜드의 잠재적 가치에 상응하는 가격을 지불할 수 있을 만큼 충분히 브랜드의 혜택을 인식하게 할 수 있다.

2. **가능한 기업 브랜딩 전략을 채택하고 브랜드 계층 구조를 명확하게 만**

들라.
제품 또는 서비스 믹스가 광범위하고 복잡하기 때문에 B2B를 판매하는 기업은 기업브랜드(예 : 시스코, GE, 캐터필러)를 강조할 가능성이 높다. 이상적으로는 델EMC(DellEMC)나 GE와 같이 제품을 설명하는 수식어와 기업브랜드 이름을 결합한 간단한 하위브랜드도 만들 수 있다. 하지만 기업이 고유한 사업 라인을 가지고 있는 경우, 이를테면 IBM 서비스 부서와 같이 고객을 돕기 위해 기술을 적용하는 데 중점을 두었다면 보다 명확하게 구분된 하위브랜드가 개발되어야 할 수도 있다. IBM 서비스 사업부는 인프라와 기술지원 서비스를 제공하기 위해 IBM Global Business Services와 IBM Global Technology라는 2개의 하위 사업부로 나뉜다. IBM Global Business Services는 인프라와 기술지원 서비스를, IBM Global Technology는 고객에게 정보기술 서비스 및 인공지능 보유능력을 제공한다.

3. 프레임의 가치 지각

B2B 시장의 높은 경쟁 수준을 감안할 때, 마케팅 담당자는 고객이 자사 제품이 어떻게 다른지 충분히 인식할 수 있도록 해야 한다. 프레이밍(framing)은 고객에게 브랜드가 최선을 다하고 있다는 관점을 제공할 때 일어난다. 프레이밍은 고객이 브랜드에서 제공하는 모든 이점 또는 비용 절감 효과를 실현하도록 하는 것만큼 간단할 수 있으며, 고객이 브랜드를 구매, 소유, 사용, 폐기하는 경제성을 바라보는 관점을 적극적으로 형성할 수 있다. 프레이밍은 고객이 현재 브랜드를 어떻게 생각하고 어떤 제품 및 서비스를 선택하는지에 대한 이해가 요구되며, 그들이 어떻게 이상적으로 생각하고 선택해야 할지를 결정한다.

4. 제품과 관련이 없는 적절한 브랜드 연관성을 연결하라.

B2B 환경에서 브랜드는 우수한 고객 서비스 또는 존경받는 고객의 보유와 같이 제품 성능을 넘어서는 요인에 기초해 차별화될 수 있다. 기타 관련 브랜드 이미지는 회사 규모나 유형과 관련이 있을 수 있다. 예를 들어 마이크로소프트와 오라클은 '공격적' 기업으로 간주될 수 있지만 애플과 구글은 '혁신적'으로 보일 수 있다. 이미지는 회사가 판매하는 다른 조직의 '기능'일 수도 있다. 가령 고객은 고객이 많은 회사가 저명하고 시장을 선도한다고 믿을 수 있다.

5. 브랜드와 관련된 감성적 연관성을 찾아라.

B2B 마케팅 담당자는 브랜딩에서 감정의 힘을 간과하는 경우가 많다. 안정감, 사회적 또는 동료의 인정, 자존감과 관련된 감정적 연관성은 브랜드와 연결이 되며 브랜드자산의 핵심 원천 역할을 한다. 즉 고객의 안정감을 향상하기 위해 위험을 줄이는 것이 많은 의사결정의 강력한 동인이 될 수 있으며, 브랜드자산의 중요한 원천이 될 수 있다. 다른 최고 기업들과 일하는 사람으로 비치는 것은 조직 내에서 동료의 인정 및 개인적 인정을 고취할 수 있다. 그리고 타인의 존경과 찬탄을 넘어 사업 의사결정권자는 최고의 조직 및 브랜드와 함께 일함으로써 더 만족감을 느낄 수 있다.

6. 기업 내부와 기업 간에 고객을 신중하게 세분화하라.

B2B 환경에서는 조직 내부와 조직 간에 서로 다른 고객층이 존재할 수 있다. 조직 내에서 서로 다른 사람이 구매 결정 과정에서 다양한 역할(개시인, 사용자, 인플루언서, 의사결정자, 승인자, 구매자, 정보통제자)을 맡을 수 있다. 기업 간 사업은 업계 및 회사 규모, 사용된 기술 및 기타 능력, 구매 정책, 심지어 위험 및 충성도 프로파일에 따라 달라질 수 있다. 맞춤형 마케팅 프로그램을 구축하는 데 있어서 브랜드 개발은 위에서 언급한 각각 다른 세분화 관점을 유념해야 한다.

7. 디지털 기술과 소셜 미디어 마케팅 접근방식을 활용하라.

B2B 환경에서 디지털 마케팅은 기업이 현재 및 잠재 고객을 효율적으로 공략할 수 있도록 하는 데 점점 더 중요한 역할을 할 수 있다. 디지털 채널(경로)을 전체 마케팅활동에 통합하면 프로모션 믹스를 최적화하는 데 도움이 될 수 있다. 특히 링크드인, 트위터, 페이스북은 기업 간 마케팅 담당자가 제품을 선보이고 청중과 소통하기 위해 사용하는 가장 인기 있는 소셜 미디어 도구 중 하나이다. 소셜 미디어는 잠재 고객 발굴 도구로 유용할 뿐만 아니라 기업이 청중과 소통하고 관계를 강화할 수 있도록 지원한다. 콘텐츠 마케팅은 소비자와 연결하는 또 다른 효과적인 방법이며, B2B 기업은 청중과 소통하기 위해 점점 더 많은 비디오 콘텐츠를 사용하고 있다.

출처 : James C. Anderson and James A. Narus, *Business Market Management: Understanding, Creating, and Delivering Value*, 3rd ed. (Upper Saddle River, NJ: Prentice Hall, 2009); Kevin Lane Keller and Frederick E. Webster, Jr., "A Roadmap for Branding in Industrial Markets," *Journal of Brand Management*, 11 (May 2004): 388–40; Philip Kotler and Waldemar Pfoertsch, *B2B Brand Management* (Berlin-Heidelberg, Germany: Springer, 2006); Kevin Lane Keller, "Building a Strong Business-to-Business Brand," in *Business-to-Business Brand Management: Theory, Research, and Executive Case Study Exercises, in Advances in Business Marketing & Purchasing* series, Volume 15, ed. Arch Woodside (Bingley, UK: Emerald Group Publishing Limited, 2009), 11–31; Kevin Lane Keller and Philip Kotler, "Branding in Business-to-Business Firms," in *Business to Business Marketing Handbook*, eds. Gary L. Lilien and Rajdeep Grewal (Northampton, MA: Edward Elgar Publishing, 2012); IBM.Com, (2017), "IBM Delivers First Cognitive Services Platform to Transform Business," https://www-03.ibm.com/press/us/en/pressrelease/52781.wss, accessed May 2, 2018; Dave Chaffey, "Using Social Media Marketing in B2B Markets?," www.smartinsights.com/b2b-digital-marketing/b2b-social-media-marketing/b2bsocialmediamarketing/, accessed May 1, 2018; Douglas Burdett, "The 3 Social Media Networks That Are Best for B2B Marketing," www.artillerymarketing.com/blog/bid/195560/the-3-social-media-networks-that-are-best-for-b2b-marketing, accessed May 1, 2018; Olsy Sorokina, "9 B2B Social Media Marketing Tips for Social Media Managers," February 12, 2015, https://blog.hootsuite.com/b2b-social-media-marketing-tips/, accessed May 1, 2018.

첨단기술 제품   많은 기술 집약 회사가 브랜딩을 어려워하고 있다. 기술자가 경영하는 이러한 기업은 브랜드 전략이 종종 부족하며 때때로 브랜딩을 제품에 이름을 붙이는 정도로 여긴다. 그러나 첨단기술제품 시장에서의 재무적인 성공은 제품 혁신 한 가지만으로, 혹은 최신·최고 제품의 설명서와 기능만을 제공한다고 해서 이루어지지는 않는다. 첨단기술제품의 채택과 성공에 마케팅 기량의 역할이 점점 더 중요해지고 있다.

첨단기술제품의 제품수명주기 속도와 간결성은 독특한 브랜딩 과제를 만든다. 신뢰가 중요하며, 고객은 종종 제품 못지않게 기업을 믿는다. 첨단기술 기업의 고전적 소비자 마케팅 기술의 채택이 마케팅 커뮤니케이션 지출을 증가시켰다고 해도 마케팅 예산은 적을 것이다.

서비스

아메리칸익스프레스(American Express), 영국항공(British Airways), 리츠칼튼(Ritz-Carlton), 메릴린치(Merrill Lynch), 페덱스 같은 강력한 서비스 브랜드가 오랫동안 존재해왔지만, 서비스 브랜딩의 보편화와 세련됨은 지난 10년 동안의 일이었다.

서비스의 브랜딩 역할 서비스를 마케팅하는 데 있어서의 과제는 서비스가 제품보다 덜 유형적이며 서비스를 제공하는 특정 개인이나 사람에 따라 그 품질이 다양하게 변할 가능성이 크다는 것이다. 이러한 이유로 브랜딩은 잠재적인 무형성과 가변성이라는 문제를 안고 있는 서비스 회사에 특히 더 중요하다. 브랜드 심벌은 추상적인 서비스 성질을 보다 구체화하는 데 도움이 되기 때문에 특히 중요하다. 브랜드는 동일한 회사가 제공하는 서로 다른 서비스를 식별하고 의미를 부여하는 데도 도움을 준다. 예를 들어 금융 서비스 회사에서는 고객이 어느 정도 이해할 수 있도록 무수한 신제품을 체계화하고 분류하는 데 도움을 주기 위해 브랜딩이 특히 중요하게 되었다.

서비스를 브랜딩하는 것은 회사가 특별하고 이름에 걸맞은 특정 서비스 제공물을 개발했다는 것을 소비자에게 알리는 효과적인 방법이 될 수 있다. 예를 들어 브리티시항공은 자사의 프리미

브랜딩 브리프 1-3

어도비

어도비(Adobe)는 포토샵, 이미지 편집 소프트웨어, 아크로뱃 리더(Acrobat Reader), PDF(Portable Document Format), 어도비, 크리에이티브 스위트, 어도비 크리에이티브 클라우드로 잘 알려진 멀티미디어 및 창의성 소프트웨어 분야의 세계적인 선두 기업이다. 어도비는 2017년에 73억 달러의 기록적인 연간 매출을 달성했으며, 그해 인터브랜드(Interbrand)의 베스트 글로벌 브랜드(Best Global Brands) 설문조사에서 가장 빠르게 성장하는 브랜드로 인정받았다. 이 설문조사에 따르면 어도비의 2017년 브랜드 가치 평가는 90억 달러로 전년 대비 19% 성장했다. 어도비 성공의 비결은 무엇일까? 어도비의 혁신과 고객 중심적인 마인드로 인해 제품이 혁신적이지만 고객 친화적인 제품 포트폴리오를 개발할 수 있었다. 또한 어도비는 우수한 디자인이 기술 제품 마케팅의 핵심이라는 것을 보여주었다. 이러한 제품을 지원하기 위한 어도비의 광고 및 홍보 캠페인은 관객과 감정적인 수준에서 연결되어 있다. 어도비의 '미래는 당신의 것'이라는 캠페인에 따라, 자원봉사단체들과 함께 일하는 텍사스의 고등학생들은 어도비 제품을 사용해 희생자들의 가족사진을 복원하고, 실제로 새로운 사진보다 더 나은 형태로 되돌려주는 프로젝트에 착수했다. 이런저런 방법으로 어도비는 고객과의 관계를 강화하고 회사의 이익을 창출하기 위해 새롭고 잘 실행되는 브랜드 전략을 사용했다.

출처 : Interbrand's Best Global Brands 2017, https://www.interbrand.com/best-brands/best-global-brands/2017/ranking/, accessed September

어도비 브랜드 구축의 핵심은 고객 중심의 혁신에 초점을 맞추고 있다.

29, 2018; Tim Nudd, "Ad of the Day: Adobe's Delightful Ads Imagine if Bob Ross Had Painted on an iPad," February 17, 2016, www.adweek.com/brand-marketing/ad-dayadobe-honors-bob-ross-fun-and-funny-digital-paintingtutorials-169689/; Jack Alexander, "Students Help Digitally Restore Photos for Hurricane Harvey Victims," *Fstoppers*, January 31, 2018, https://fstoppers.com/photoshop/students-help-digitally-restore-photos-hurricane-harvey-victims-216824.

메이플라워 같은 서비스 기업의 경우에는 신뢰할 수 있는 고품질 서비스가 매우 중요하다.

출처 : Bohemian Nomad Picturemakers/Getty Images

엄 비즈니스 클래스 서비스를 '클럽 월드(Club World)'로 브랜드화했을 뿐만 아니라 일반 좌석 서비스도 역시 '월드 트래블러(World Traveller)'로 브랜드화했는데, 이것은 일반 승객이 어떤 면에서는 특별하다는 것, 그리고 고객이 당연한 대상으로 여겨져 소홀히 취급당하지 않을 것이라는 사실을 자사 승객들에게 알려주는 좋은 방법이다. 브랜딩은 분명히 서비스산업에 있어 경쟁적인 무기가 되었다.

전문적인 서비스   액센츄어(Accenture, 컨설팅), 골드만삭스(Goldman Sachs, 투자은행), 언스트앤드영(Ernst & Young, 회계) 같은 전문 서비스 기업은 전문화된 전문가를 제공하고 다른 비즈니스와 조직을 지원한다. 전문 서비스 브랜딩은 B2B 브랜딩과 전통적인 소비자 서비스 브랜딩의 흥미로운 결합이다.

기업 신용도는 전문성, 신뢰성, 호감도 측면에서 핵심 요소이다. 가변성은 전문 서비스에서는 오히려 문제가 된다. 그 이유는 메이플라워(Mayflower) 이삿짐센터나 올킨(Orkin) 해충방제회사 같은 전형적인 소비자 서비스 기업보다 컨설팅 기업의 서비스를 표준화하기가 더 어렵기 때문이다. 장기적인 관계가 중요하며, 한 명의 고객을 잃는 것이 만일 충분히 큰 고객이라면 재난이 될 것이다.

전문 서비스에서 하나의 큰 차이는 브랜드라는 것이다. 그러므로 과제는 개개인의 말과 행동이 그들 자신의 브랜드일 뿐만 아니라 기업브랜드의 구축을 돕는다. 그래서 기업이 직원들이 구축한 자산이 어떤 것인지 알고 있는 것이 매우 중요하다.

소개와 추천은 제공되는 서비스가 매우 무형적이고 주관적일 때 효과적일 수 있다. 반면에 감성은 보안과 사회적 승인의 측면에서 매우 중요한 역할을 한다.

소매업자와 유통업자

브랜드는 제품을 유통시키는 소매업자나 그 외 다른 유통사업자에게 여러 가지 중요한 기능을 제공한다. 브랜드는 한 상점에 대한 소비자의 관심, 단골 거래, 충성도를 창출해낼 수 있고, 소비자는 한 상점에서 특정 브랜드와 제품을 살 수 있을 것이라고 예상할 수 있게 된다. '당신이 판매하는 것은 당신이다'라고 할 정도로 브랜드는 그 상점에 대한 이미지를 창출하고 포지셔닝을 하는 데 도움이 된다. 또한 소매업자는 자신이 제공하는 서비스의 질, 제품 구색과 판매촉진, 가격 책정과 신용거래 정책에 독특한 연상들을 부여함으로써 자신만의 브랜드 이미지를 창출할 수 있다. 결국 제조업자 브랜드이든 소매업자 브랜드이든 간에 브랜드의 호소력과 매력도는 보다 높은 가격마진, 판매량 증가, 더 큰 이익을 만들어준다.

소매업자는 상점 이름을 이용하거나 새로운 이름, 혹은 이 두 가지를 조합함으로써 자신만의 브랜드를 도입할 수 있다. 특히 유럽에서는 많은 유통업자가 실제로 그들 자신만의 브랜드를 도입해 제조업자 브랜드와 함께 자신들의 브랜드를 판매하고 있으며, 때로는 제조업자 브랜드 대신 자신들의 브랜드만을 판매하기도 한다. **스토어 브랜드**(store brand) 또는 **자체 브랜드**(private label brand)로 불리는 이러한 제품은 소매업자가 소비자의 충성도를 증가시키고 보다 높은 마진과 이익을 창출해내는 또 하나의 수단이 되고 있다.

2016년 유통업체 브랜드 매출은 약 1,181억 달러로 미국 전체 소비재(consumer packaged goods, CPG) 매출의 약 15%에 달한다.[20] 영국에서는 자체브랜드를 판매하는 세인즈버리(Sainsbury), 테스코(Tesco) 등 5~6개 식료품 체인점이 영국 식품 및 포장 제품 판매의 약 절반을 차지한다.[21] (5장에서는 유통업체 스토어 브랜드에 대해 더 자세히 설명한다.)

소매업체가 비즈니스에 '오프라인과 온라인(bricks and clicks)' 접근 방식을 채택하거나 많은 경우 웹에서만 운영되는 순수 온라인 소매업체가 됨에 따라 인터넷은 최근 몇 년 동안 소매업을 변화시켰다. 정확한 형태와 상관없이 온라인 경쟁력을 갖추기 위해 많은 소매업체는 고객 서비스 에이전트를 실시간으로 제공하고, 제품을 신속하게 배송하며, 업데이트 추적 및 무료 반품 정책을 채택함으로써 온라인 서비스를 개선해야 했다.

디지털 브랜드

최근에 가장 강력한 브랜드 중 어떤 것은 온라인에서 탄생했다. 구글, 페이스북, 트위터가 세 가지 주목할 만한 예이다. 항상 그랬던 것은 아니다. 이 무모한 시기에 많은 온라인 마케터가 심각한—때로는 치명적인—실수를 저질렀다. 몇몇 온라인 마케터는 브랜딩 과정을 지나치게 단순화했고 플래시 광고나 특이한 광고를 브랜드 구축과 동일한 것으로 간주했다. 비록 그러한 마케팅노력이 가끔 소비자의 관심을 끌었을지라도 브랜드가 상징하는 제품이나 서비스가 무엇인지, 이 제품이나 서비스가 왜 독특한지 또는 왜 다른지, 그리고 가장 중요한 점인 왜 소비자가 그들의 웹사이트를 방문해야 했는지를 인지해내는 데 종종 실패했다.

온라인 마케터는 브랜드 구축의 현실성을 인식했다. 첫째, 어떤 브랜드이든 편리성, 가격, 다양성 등 소비자에게 중요한 차원을 브랜드의 독특한 특징으로 창출하는 것이 중요하다. 동시에 브랜드는 고객 서비스, 신용, 개성과 같은 차원에서 만족을 이끌어내는 것도 필요하다. 예를 들면 고객들은 웹사이트를 방문하는 동안 또는 방문한 후에 더 높은 서비스 수준을 점차적으로 요구하기 시작했다.

성공한 디지털 브랜드는 소비자의 미충족 욕구를 충족시키기 위해 독특한 방법을 찾아 잘 포지셔닝했다. 브랜드 포커스 1.0에서는 디지털 네이티브 수직 브랜드(digital native vertical brand), 즉 온라인에서 탄생해 소비자에게 직행하는 브랜드 현상을 심도 있게 살펴본다. 소비자에게 고유한 기능과 서비스를 제공함으로써 최고의 온라인 브랜드는 입소문과 홍보에 더 의존하면서 광범위한 광고나 화려한 마케팅 캠페인을 피할 수 있다.

- 훌루(Hulu)는 소비자가 편리한 시간에 과거 및 현재 좋아하는 TV 프로그램의 비디오를 볼 수 있게 해준다.
- 스포티파이는 고객이 온라인 라디오 방송국을 그들이 좋아하는 밴드 및 장르에 맞춰 꾸밀 수 있게 해주며, 동시에 고객이 어떤 음악을 좋아할지 배울 수 있다.
- 온라인 백과사전 위키피디아는 소비자에게 실질적으로 모든 것에 대한 광범위하고 지속적이며 최신의 사용자 생성 정보를 제공한다.

에어비앤비(Airbnb)는 성공적인 온라인 브랜드를 구축하는 방법의 한 예다.

에어비앤비

에어비앤비(Airbnb)는 2008년에 설립된 회사로, 10년 이내에 4,000만 명이 사용하는 거대한 플랫폼을 구축했다. 이 회사는 짧은 기간 동안 임대할 공간을 찾고 있는 사람과 임시 숙소를 찾고 있는 관광객을 연결시킨다. 에어비앤비는 연매출 9억 달러에 직원 수는 2,000명이며 34,000개 도시에 서비스를 제공하는 것으로 알려졌다. 비록 몇몇 사람은 호텔 체인들과 경쟁하고 있다고 주장하지만, 에어비앤비는 그들의 성장이 일반적으로 호텔로 가는 사업을 제한했다고 생각하지 않는다.

에어비앤비에서 실시한 내부 연구는 브랜드 구축이 기업에 미치는 영향을 정량화했다. 회사의 CMO는 코카콜라의 전직 임원으로 기술 회사에 브랜드 가치를 창출하는 데 있어 감정적 연결의 가치를 더 잘 이해했다. 에어비앤비가 극복해야 했던 근본적인 가정은 브랜드 강점은 가치를 제공할 수 없고 기술만으로는 가치를 창출할 수 없다는 마음가짐이었다. 조사를 통해 에어비앤비는 그 장벽을 극복할 수 있었고 그 결과 강력한 브랜드를 구축할 수 있었다.[22]

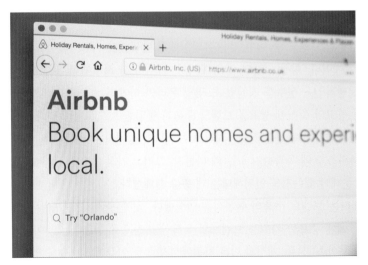

에어비앤비는 스토리텔링을 사용해 메시지를 전달하고 고객과 강한 감정적 유대감을 형성한다.

에어비앤비는 스토리텔링으로 메시지를 전달했고, 그 내용은 집을 소유한 사람뿐만 아니라 그곳에 가는 여행객에게 초점을 맞췄다. 이러한 연결고리가 브랜드 가치에 얼마나 중요한지, 그리고 브랜드 자체가 이를 가능하게 하는 방법을 설명한다. 에어비앤비는 에어비앤비의 대가족이 공유하고자 했던 이야기의 플랫폼으로 묘사된 파인애플이라는 브랜드 잡지를 만들었다. 이 출판물은 독자들이 오늘날 도시에서 어떻게 살고 있고 어떻게 연결고리를 형성하고 있는지를 볼 수 있게 해준다.[23]

또한 온라인 브랜드는 자사의 웹사이트로 고객을 끌어 모으는 데 오프라인 활동이 중요함을 배웠다. 이것은 오프라인에서 판매되는 새로운 제품을 소개하거나 실제 오프라인 유통 채널(brick-and-mortar)에 접근하는 것을 포함할 수 있다. 예를 들어 에코(Echo, 아마존 제품)는 오프라인 매장의 소비자에게 제공된다. 아마존의 홀푸드(Whole Foods) 인수는 물리적 위치에 접근할 기회를 제공했다. 홈페이지 웹 주소 또는 URL이 관련된 모든 부속물과 마케팅 자료에 표시되기 시작했다. 파트너십은 온라인 파트너들의 네트워크와 링크를 개발한 온라인 브랜드로서 중요해졌다. 온라인 마케터는 브랜드가 독특한 가치 제안을 할 수 있는—종종 지리적으로 넓게 분포된—특정한 고객 집단을 타깃으로 삼기 시작했다. 6장에서 자세히 설명하겠지만, 웹사이트 디자인은 상호작용, 고객 맞춤, 적시성의 편익과 모든 정보를 알리고, 설득하고, 판매할 수 있게 해주는 이점을 동시에 극대화하기 시작했다.

사람과 조직

제품군이 사람이나 조직일 때 브랜드 네이밍 양상은 일반적으로 간단하다. 이 경우 사람과 조직을 다른 사람이 쉽게 이해하고 좋아하는 (혹은 싫어하는) 것으로 명확하게 정의된 이미지를 종종 갖게 된다. 이는 특히 정치인, 연예인, 프로 운동선수 같은 대중 인사들의 경우 사실 그대로이다. 이들 모두가 대중의 인정과 호응을 얻기 위해 경쟁을 벌이게 되며, 강력하고 바람직한 이미지를 전달함으로써 경쟁상의 혜택을 얻게 된다.

단지 잘 알려졌거나 유명하다고 해서 브랜드로 생각되지는 않는다. 확실한 것은, 거의 모든 영역에서 성공적인 경력을 쌓기 위한 한 가지 핵심 요소는 동료, 상급자, 회사 밖의 중요한 사람들이 당신이 누구인지, 그리고 당신의 기술, 재능, 태도 등을 인지하고 있어야 한다는 것이다. 비

레이디 가가

레이디 가가(Lady Gaga)는 최근 가장 화려하고 매우 별난 연예인 브랜드 중 하나이다. 그녀는 독특한 음악적 재능, 상식을 벗어난 연기, 관심을 끄는 패션으로 많은 팬을 얻었으며, 포브스 셀러브리티 100인 명단에서 25위를 차지했다.[24] 레이디 가가는 2000년대 후반 강력한 목소리와 함께 팬들을 매혹하고 충격을 주는 듯한 스타일로 유명해졌다. 고기에서 영감을 받은 드레스든, 달걀 껍데기에서 나온 그래미 쇼든, 피로 얼룩진 공연이든 이 예술가는 특별한 브랜드를 만들었다. 그녀의 라이브 공연에는 정교한 세트가 있으며, 그녀의 익살은 다른 어떤 것들과도 같은 경험을 만들어내기 위한 것이다. 다른 연예인들과는 달리, 터무니없는 의상과 논란의 여지가 있는 순간에도 불구하고, 그녀는 사과하지 않고 자신의 브랜드와 메시지를 매우 잘 통제하고 있다. 많은 추종자를 끌어들이는 것은 사명과 메시지의 명확성이다. 레이디 가가는 또한 그녀의 팬, 팔로워들과 친밀한 관계를 유지하며 그들의 지지와 격려에 지속적으로 감사해한다. 라이브 공연에서 그녀는 종종 팬들의 이름을 큰 소리로 부르며 무대 뒤로 그들을 초대해서 직접 만난다. 레이디 가가는 공연 내내 스토리텔링을 활용하며 그녀의 다양한 노래에 누가 또는 무엇이 영감을 주었는지 설명한다.[25] 레이디 가가는 그녀의 새로움을 유지하고 청중들에게 호소하기 위해 그녀의 외모를 가꾸고 유지한다. 레이디 가가는 또한 그녀의 브랜드

를 다른 영역으로 확장 중이며 대표적으로 곡물이 없는 유기농 식품 등 반려동물 제품군[26]과 함께 '하우스 뷰티(Haus Beauty)'[27]라는 브랜드를 출시할 예정이다.

레이디 가가는 그녀의 음악적 재능, 독특한 스타일, 소셜 미디어에 정통한 덕분에 가장 잘 알려진 연예인 브랜드 중 하나이며, 이로 인해 충성스러운 추종자층을 확보했다.

스니스 상황에서 이름과 명성을 구축함으로써 당신은 브랜드를 본질적으로 창출하고 있는 것이다.[28] 올바른 인지와 이미지는 사람들이 당신을 어떻게 대하고, 당신의 말과 행동 등을 어떤 식으로 받아들이느냐 하는 측면에서 아주 중요하다.[29] 레이디 가가는 마케팅 담당자에게 많은 교훈을 주는 유명인사 중 한 명이다.

  마찬가지로, 조직은 때때로 자신의 프로그램, 활동, 제품을 통해 의미를 갖는다. 시에라클럽(Sierra Club), 미국 적십자사, 국제사면위원회(Amnesty International) 같은 비영리조직이 마케팅을 점점 더 중시하고 있다. 아동을 지원하는 비영리단체인 유니세프도 수년 동안 많은 마케팅활동과 프로그램을 진행했다.

유니세프

유니세프는 2007년에 'Tap Project' 캠페인을 시작했는데, 이 캠페인은 손님들에게 식당에서 뉴욕시의 수돗물 한 잔에 1달러 지불을 요청했고, 이 돈을 유니세프의 깨끗한 물 프로그램에 지원할 계획이었다. 이것은 유니세프가 50년 만에 처음으로 소비자 캠페인을 펼친 것이었다. 유니세프 로고는 매년 200만 달러를 기부하는 협정에 따라 2006년부터 2011년까지 바르셀로나 축구팀 유니폼에 부착되었다.

  유니세프는 2010년 2월 영국에서 또 다른 소비자 캠페인을 시작했다. 5년 동안 진행한 'Put it Right' 캠페인은 이 단체의 연예인 홍보대사들을 선보였으며 어린이의 권리를 보호하는 것을 목표로 한다. 유니세프의 가장 성공적인 기업 관계 중 하나는 이케아(IKEA)와 맺은 것이다. 이 파트너십은 아동의 권리를 강조하는 것으로 2000년 설립되었으며, 매년 이케아의 기부금과 유니세프 프로그램에 직접적인 재정적 혜택을 주는 장난감 캠페인을 포함한다.[30] 2016년 이케아는 유니세프와의 제휴를 통해 'Let's Play for Change'라는 새로운 시도를 했는데, 이것은 기금 모금과 어린아이가 최적의 두뇌 발달에 도달할 수 있도록 돕기 위한 놀이의 역할을 촉진하기 위한 것이다.[31]

유니세프와 같은 비영리단체는 조직의 목표와 사명을 위해 자금을 조달하고 충족시킬 수 있도록 도와줄 강력한 브랜드와 현대적인 마케팅 관행이 필요하다.

출처 : ton koene/Alamy Stock Photo

스포츠, 예술, 연예

브랜드로서 사람과 조직을 마케팅하는 특별한 경우가 스포츠, 예술, 연예 산업에도 존재한다. 전통적인 소비재 기법을 이용한 스포츠 마케팅은 최근에 더욱 정교해졌다. 더는 승패기록에 의존하거나 입장객 수와 재정 수입을 올리는 데 만족하지 않고, 많은 스포츠팀이 광고, 판매촉진, 스폰서십, DM(direct mail), 디지털, 기타 형태의 커뮤니케이션의 창의적 통합을 통해 스스로를 마케팅하고 있다. 이와 같은 스포츠 프랜차이즈는 인지도, 이미지, 로열티를 구축함으로써 자신들의 팀 성적에 상관없이 티켓 판매를 확보할 수 있다. 특히 브랜드 로고는 라이선싱 협정을 통해 프로스포츠의 주요한 재정적 기여자가 되었다.

브랜딩은 영화, TV, 음악, 서적을 제공하는 예술 및 연예 산업에서 특히 가치 있는 기능을 수행한다. 이러한 제공물은 경험재의 좋은 예다. 예상 구매자들은 조사를 통해서 품질을 판단할 수 없고 특별히 관련 있는 사람, 프로젝트의 콘셉트 혹은 합리성, 구진 및 평가기사 같은 단서를 이용해야만 한다.

제품으로 영화를 살펴보자. 영화의 '성분'은 줄거리, 배우, 감독이다.[32] 〈제임스 본드〉, 〈트랜스포머〉, 〈스타워즈〉 같은 영화는 위의 모든 구성요소를 하나의 공식으로 합쳐서 소비자에게 어필했고 영화사로 하여금 제1편의 인기를 토대로 그 후속편(브랜드 확장)을 제작할 수 있게 해주는 강력한 브랜드를 구축했다. 수년간 가장 수익이 많이 남는 영화 판매 계약 중 일부는 영화 주인공을 재등장시켜 이야기를 계속 진행해나가는 것과 관련되어 있으며, 최근 흥행에 성공한 많은 영화가 후속편이었다. 후속편의 성공은 관객이 제목에서, 그리고 배우, 제작자, 감독, 기타 참여자로부터 관객들이 특정 경험을 기대할 수 있다는 사실로부터 온다.

해리 포터

원작인 책 형식을 뛰어넘는 능력으로 〈해리 포터〉 영화 시리즈는 〈스타워즈〉 시리즈에 비유되어 왔다. 7편의 인기 소설은 모두 블록버스터 영화로 만들어졌다. 〈해리 포터〉 장난감 출시 첫해에 마텔(Mattel)은 1억 6,000만 달러의 매출을 올렸다. 그리고 2010년에 유니버설스튜디오(Universal Studio)는 해리 포터 이야기에 바탕을 둔 플로리다 테마파크를 열었는데 이 테마파크는 프랜차이즈 팬들에게 큰 볼거리가 되었다. 해리 포터 제국은 우수한 제품, 소비자의 감성적 참여, 입소문 홍보, '티즈(tease)' 마케팅, 브랜드 일관성 등 핵심 마케팅 기술에 관심을 기울인 것으로 찬사를 받았다. 해리 포터 브랜드는 2016년 현재 250억 달러의 가치를 지닌 것으로 추정되고 있으며,[33] 70억 달러의 영화 매출과 그에 맞먹는 서적 판매도 달성했다. 이 외에도, 마텔과 해즈브로(Hasbro)는 포터 프랜차이즈와 관련된 장난감과 게임으로 총 약 70억 달러를 벌어들였다. NBC 유니버설(NBC Universal)은 워너브라더스(Warner Bros.)로부터 2025년까지 〈해리 포터〉와 〈판타스틱 비스트〉 영화의 TV 판권을 2억 5,000만 달러에 취득했다. 존슨앤드존슨, 코카콜라, 파슬그룹(Fossil Group), 일렉트로닉아츠(Electronic Arts)는 해리 포터의 트레이드마크가 있는 다양한 제품을 만들었다. 해리 포터는 또한 고객에게 해리 포터 브랜드를 새로운 방법으로 경험할 수 있게 수많은 계열 확장을 통해 다양한 제품을 출시했다. 예를 들어 해리 포터 테마 파크 외에도, 이 브랜드는 브로드웨이에서 공연도 한다. 이러한 라인 확장을 통해 브랜드는 소비자의 기억 속에 남을 수 있으며, 동시에 소비자 마음속에 이미지를 새롭게 할 수 있다. 종합해보면, 해리 포터 브랜드는 미래에도 꽤 오랫동안 지속될 것으로 보인다.

〈해리 포터〉만큼 전 세계적으로 충성 고객 확보와 수익을 창출한 브랜드는 거의 없었다.

출처 : WARNER BROS. PICTURES/Album/Newscom

브랜딩 브리프 1-4

장소 브랜딩

브랜딩은 휴가 목적지로만 국한되지 않는다. 크고 작은 국가, 주, 도시는 방문객을 끌어모으거나 이전을 장려하면서 각각의 이미지를 브랜드화하기 시작했다. 몇몇 유명한 장소 브랜딩의 초기 예로는 '버지니아는 연인을 위한 것이다(Virginia Is For Lovers)'와 '바비 위에 새우(Shrimp on the Barbie)'(호주)가 있다. 이제는 사실상 모든 물리적 위치, 지역, 구역이 장소 브랜딩을 고려한다.

라스베이거스는 2003년부터 '여기서 일어나는 일은 여기에 남는다(What Happens Here, Stays Here)' 캠페인을 크게 성공시켰다. 그 광고는 라스베이거스를 경험으로 판매하기 위한 것이었다. 2008년 라스베이거스는 경제상황을 고려해 다른 길을 택했는데, 좀 다르고 실질적인 방법으로 도시를 팔기 시작했다. 라스베이거스는 2017년 많은 사람에게 슬픔과 고통을 안겨준 비극적인 총기 난사 현장이었다. 비극 직후, 도시는 소비자들에게 도시의 힘과 회복력에 대해 상기시키고 방문객들이 계속 돌아오도록 격려하기 위해 '베이거스는 강하다(Vegas Strong)'라는 새로운 태그라인을 사용했다. 2018년, 라스베이거스는 고객들이 'their Vegas back'을 원한다는 시장의 의견을 토대로 '여기서 일어나는 일은 여기에 남는다' 캠페인으로 복귀했다.

관광객에게 장소의 매력을 높이기 위해 국가를 브랜딩하는 것은 최근 추세이다. 최근의 성공 사례로는 스페인의 예술가 호안 미로(Joan Miró)가 디자인한 '인크레더블 인디아' 캠페인, 그리고 〈반지의 제왕〉 영화 프랜차이즈와 관련된 뉴질랜드의 마케팅이 있다. 다른 관광 슬로건으로는 코스타리카의 'Essential Costa Rica. My Choice, Naturally'와 벨리즈의 'A Curious Place'가 있다. 브랜드 컨설팅 및 리서치 회사인 퓨처브랜드(Future Brand)는 각 브랜드의 강점을 기준으로 국가를 평가한다. 2017년에는 스위스, 캐나다, 일본, 스웨덴, 뉴질랜드가 상위 5개 국가 브랜드로 꼽혔다.

출처 : Roger Yu, "Cities Use Destination Branding to Lure Tourists," *USA Today*, February 12, 2010; Yana Polikarpov, "Visitors Bureau Lures Tourists to 'Happy' San Diego," *Brandweek*, April 23, 2009; Liz Benston, "Will Vegas Advertising That Worked Before, Work Again?," *Las Vegas Sun*, September 27, 2009; Sean O'Neill, "Careful with Those Tourist Slogans," *Budget Travel*, September 24, 2009; John Cook, "Packaging a Nation," *Travel + Leisure*, January 2007; Forbes.com, "Top 25 Country Brands," www.forbes.com/pictures/efkk45lgim/5-new-zealand/#12d5581e7b58, accessed April 11, 2018; Katie Richards, "MGM's First Ad Following the Las Vegas Shootings Draws Swift Criticism on Social," *Adweek*, October 18, 2017, www.adweek.com/brandmarketing/mgms-first-ad-following-the-las-vegasshootings-draws-swift-criticism-on-social/; Richard Velotta, "Las Vegas 'What Happens Here, Stays Here' Ads Revived," *Review Journal*, January 3, 2018, www.reviewjournal.com/business/tourism/las-vegas-what-happens-here-stays-here-ads-revived/.

강력한 브랜드는 연예 산업에서 가치가 있는데 그 이유는 과거의 즐거운 경험을 통해 그 브랜드네임이 강력한 느낌을 지니게 할 수 있기 때문이다. 로버트 플랜트(Robert Plant)가 낸 새 앨범은 아마도 음반 시장에 큰 반응을 일으키지는 못할 것이다. 심지어는 레드 제플린(Led Zeppelin) 밴드의 창립 멤버였다고 마케팅했어도 결과는 마찬가지였을 것이다. 그러나 만일 레드 제플린 이름으로 실제로 발매하고 마케팅했다면 더 많은 언론의 관심과 매출이 사실상 보장되었을 것이다.

지리적 위치

사람 및 사업의 유동성 증가와 관광산업의 성장 등이 장소 마케팅 성장에 기여했다. 지금은 도시, 주, 지방 및 국가가 광고, DM, 기타 커뮤니케이션 수단을 통해 적극적으로 홍보되고 있다. 이러한 유형의 캠페인이 추구하는 목적은 개인이나 기업과 마찬가지로 잠시 방문하거나 영구 이주하고 싶은 생각이 들도록 한 지역에 대한 인지도와 호의적인 이미지를 창출하는 것이다. 비록 브랜드네임은 어떤 지역의 이름에 의해 보통 어느 정도 이미지가 고정된다고 해도 장소 브랜드를 구축하는 데 활용할 수 있는 많은 다른 고려 요소가 있을 것이다.

아이디어와 공익

마지막으로 많은 아이디어와 공익 관련 사항이 브랜드화되었으며 특히 비영리조직에 의해서 아이디어와 공익 관련 사항이 브랜드화되었다. 이러한 아이디어와 공익사항은 문구나 슬로건에 드러날 수도 있고 심지어 에이즈 리본처럼 심벌로 표현될 수도 있다. 아이디어와 공익사항을 보다 가시적이고 구체적으로 만듦으로써 브랜딩은 많은 가치를 제공할 수 있다. 12장에서 언급하듯이 대의명분 마케팅은 소비자에게 공익과 관련된 이슈에 대해 알리거나 설득하기 위한 정교한 마케팅 사례에 점차적으로 의존하고 있다.

가장 강력한 브랜드란 무엇인가

앞의 예에서 보면, 사실상 모든 것이 브랜드화될 수 있고 또 브랜드화되어 왔음이 분명하다. 어떤 브랜드가 가장 강력한, 다시 말해 가장 잘 알려진, 가치 있다고 여겨지는 브랜드인가? 그림 1-5는 인터브랜드(Interbrand)가 선정한 2017년 세계에서 가장 가치 있는 25개 브랜드 순위로, 브랜드 가치 평가 방법론(11장 참조)을 바탕으로 하며 이 순위는 '최고의 글로벌 브랜드(Best Global Brands)' 보고서에 발표되었다.[34]

슈퍼마켓 안을 그냥 걸어 다니다 보면 가장 잘 알려진 브랜드들을 발견할 수 있을 것이다. 또한 수십 년간 각 제품군에서 시장 선도자로 놀랄 만한 유지력을 가진 많은 다른 브랜드를 쉽게 확인할 수 있다. 브랜드는 여전히 회사에서 소유할 수 있는 가장 귀중한 자산 중 하나다.

그림 1-4에서 언급한 바와 같이, 기업 가치의 최대 60%는 브랜드와 같은 무형자산에 기인한다. 많은 브랜드가 세월의 시험을 견뎌낸다. 예를 들어 1933년에 영국에서 1등이었던 많은 브랜드, 이를테면 호비스(Hovis) 빵, 스토크(Stork) 마가린, 켈로그 콘플레이크, 캐드버리(Cadbury) 초콜릿, 질레트 면도기, 슈웹스(Schweppes) 믹서, 브룩본드(Brooke Bond) 차, 콜게이트 치약, 후버(Hoover) 진공청소기 등이 오늘까지 강력한 브랜드로 남아 있다. 그러나 이 브랜드 중 많은 브랜드가 오랫동안 변화와 발전을 거듭해왔다. 그들 대부분이 초기 형태와는 거의 다르다.

동시에 겉보기에 강력한 브랜드였던 몽고메리워드(Montgomery Ward), 폴라로이드(Polaroid), 제록스(Xerox) 같은 브랜드도 어려움에 직면했고 기존의 시장 우위가 위협받거나 없어지게 되었다. 이러한 실패는 어떤 경우에는 그 기업이 통제할 수 없는 요소, 예를 들면 기술적 진보 혹은 소비자 선호 변화와 관련이 있을 수도 있고, 또 다른 경우에서는 이들 브랜드를 지원하는 마케터의 대책이나 무대책 때문일 수도 있다. 이 기업들 가운데 일부는 변화하는 시장 환경에 대처하지 못하고 전과 같은 안일한 태도를 취했거나, 더 심한 경우 변화가 절실함을 인식하고도 불충분하고 부적절한 대응을 했다.

분명히 브랜드의 성공에는 브랜드 관련성과 차별성을 유지하는 것이 중요하다. 브랜딩 과학 1-3은 브랜드 관련성과 브랜드 차별화에 대한 학문적 통찰력을 제공하고 이러한 주제에 대한 다양한 저자의 참신한 견해를 요약한다.

결론은 어느 한 시점에 아무리 강력한 브랜드라도 브랜드 관리에 취약하고 민감하다는 것이다. 다음 절에서는 오늘날 환경에서 브랜드를 관리하는 것이 어려운 이유를 설명한다. 이 장 끝에 있는 브랜드 포커스 1.0은 브랜드에서 새로운 유형의 실체를 설명한다. 즉 디지털 네이티브 수직

2017년 순위	브랜드	부문	브랜드 가치 (백만 달러)	브랜드 가치 변화
1	애플	기술	184,154	+3%
2	구글	기술	141,703	+6%
3	마이크로소프트	기술	79,999	+10%
4	코카콜라	음료	69,733	−5%
5	아마존	소매	64,796	+29%
6	삼성	기술	56,249	+9%
7	토요타	자동차	50,291	−6%
8	페이스북	기술	48,188	+48%
9	메르세데스	자동차	47,829	+10%
10	IBM	비즈니스 서비스	46,829	−11%
11	GE	복수사업	44,208	+3%
12	맥도날드	요식	41,533	+5%
13	BMW	자동차	41,521	0%
14	디즈니	미디어	40,772	+5%
15	인텔	기술	39,459	+7%
16	시스코	기술	31,930	+3%
17	오라클	기술	27,466	+3%
18	나이키	스포츠용품	27,021	+8%
19	루이비통	명품	22,919	−4%
20	혼다	자동차	22,696	+3%
21	SAP	기술	22,635	+6%
22	펩시	음료	20,491	+1%
23	H&M	의류	20,488	−10%
24	ZARA	의류	18,573	+11%
25	이케아	소매	18,472	+4%

그림 1-5
가장 가치 있는 25대 글로벌 브랜드

출처 : Interbrand, "The 100 Most Valuable Global Brands," 2017.

브랜드는 온라인에서 탄생한 후 나중에 소비자에게 직접 다가간다. 기업이 디지털 마케팅의 힘을 활용해 고객과의 유대 관계를 강화하기 시작함에 따라 이러한 유형의 브랜드는 고유한 도전 과제와 기회를 제시할 수 있다.

브랜딩 과제와 기회

비록 브랜드가 여전히 소비자에게 중요하다 할지라도 실제로 브랜드 관리는 그 어느 때보다 어려워졌다. 마케팅 실무를 매우 복잡하게 하고 브랜드 관리자에게 과제를 부여하는 최근의 현상을 살펴보자(그림 1-6 참조).[35]

브랜딩 과학 1 - 3

브랜드 관련성과 브랜드 차별화

시장에서 승리하기 위한 브랜드 관련성의 중요성

브랜드 관련성은 핵심 개념이며 시장에서 고객을 확보하고 유지하는 데 중요하다. 차별화 또한 브랜드자산의 핵심이며 성공적인 브랜드를 만드는 데 결정적인 요소이다. 관련성과 차별화 모두 이 책에서 제시한 모델과 추후 이 책에서 설명할 다른 브랜드 구축 및 브랜드 관련 모델(예 : 영앤드 루비컴의 브랜드자산 평가자 모형)에 있어서 중요하다. 다양한 브랜드 구축 모델에서의 중요성에도 불구하고, 관련성과 차별성은 많은 대안적 해석과 관점의 주제가 되어 왔다. 먼저 브랜드 관련성에 대한 아커(Aaker)의 관점을 설명한다. 그런 다음 샤프(Sharp)와 그의 동료들이 제시한 아커와 대조를 이루는 차별화의 역할과 브랜드자산에 있어서 차별화의 중요성에 관한 주장을 검토한다.

아커는 브랜드 관련성을 여러 단계를 포함하는 것으로 정의한다. 먼저 한 사람이 범주를 선택한 다음, 그 안에 있는 집합을 추가 검토를 위해 선택한다. 후속 단계에서는 기능적 속성이나 정서적 또는 자기 표현적 편익(혜택)을 전달하는 능력에 대한 차별적 강점 때문에 브랜드를 선택한다. 마지막으로 브랜드 평가는 사용자 경험을 기반으로 한다.

아커가 개발한 브랜드 관련성은 일관성이 없진 않지만 브랜드 관련성에 대한 전통적인 개념과 동일하지 않다는 점에 유의해야 한다. 전통적으로 브랜드 관련성은 브랜드가 개인적인 유용한 혜택을 제공한다고 소비자가 생각하기 때문에 브랜드를 고려할 가치가 있는지를 나타낸다. 아커의 관점에서 브랜드 관련성은 카테고리 선택과 브랜드 선택 단계를 결합하며, 브랜드 선택 단계뿐만 아니라 카테고리 선택 단계에서 중요한 역할을 수행하는 것으로 브랜드를 본다. 인지도가 높은 브랜드는 카테고리 전반에 대한 인지도를 높일 수 있다.

예를 들어 2009년에 창립된 우버(Uber)는 모바일 앱으로 쉽게 접근할 수 있는 승차 공유 서비스로 잘 알려지게 되었다. 3년 후, 승차 서비스를 제공하는 경쟁 브랜드인 리프트(Lyft)가 등장했다. 승차 서비스 범주 내에서 우버의 명성은 의심할 여지 없이 새로운 경쟁자들을 끌어들였다. 시장 선도자로서 우버의 지위는 해당 분야에서 대표적인 브랜드가 될 수 있었으며 승차 공유 서비스 분야를 개척할 수 있게 도와준 산업을 지배할 수 있음으로써 관련성을 증대시켰다. 에어비앤비, 자포스(Zappos), 테슬라(Tesla) 등 다른 혁신 기술 분야 기업도 기존 카테고리를 획기적으로 재창조하고 지배적인 기업으로 거듭났다. 이에 따라 아커는 다음과 같이 주장한다. "브랜드 선호도는 브랜드 관련성에 영향을 줄 수 있다. 설득력 있는 브랜드 제안, 강한 브랜드 개성, 만족스러운 사용자 경험, 긍정적인 고객 관계 때문에 브랜드를 선호한다면, 이것은 고려집합군과 해당 분야 또는 하위 분야에 관한 태도에 영향을 미친다.

브랜드 제품 또는 서비스 제공의 혁신성은 카테고리 또는 하위 카테고리 내에서 지배적인 존재인지 여부를 결정할 수 있다. 인지도가 높고 이미지가 강한 브랜드는 해당 카테고리의 인지도를 높일 수 있으므로 카테고리가 선택되고 고려 대상에 들어갈 가능성이 높아진다. 아커는 이러

한 유형의 '브랜드 관련성'이 오늘날의 환경에서 중요한 성공 요인이라고 믿고 있다.

성장전략과 틈새 마케팅 vs. 대중 마케팅의 역할

브랜드 성장 방법에 관한 샤프 등(Sharp et al.)의 연구는 관리자에게 색다른 조언을 제공하고 다양한 포장 소비재 분야 연구 결과를 토대로 그들의 주장을 뒷받침한다. 그들의 연구에서 제시한 핵심은 (1) 샤프와 그의 동료들은 충성도와 기존고객 유지에 지나치게 중점을 두는 것을 비판하며, 대신 신규고객 유치가 더 중요하다고 주장한다. 그들은 또한 대형 브랜드와 소규모 브랜드의 차이가 평균 구매의 차이보다는 시장 침투의 차이에 의해 설명된다고 제안함으로써 이러한 주장을 뒷받침한다. 이를 뒷받침하기 위해 샴푸, 세탁 세제와 같은 범주의 데이터가 사용된다. (2) 샤프와 그의 동료들은 브랜드 차별화에 너무 중점을 두고 있으나, 브랜드 차별화가 브랜드 간 주요 고객 프로파일의 차별성으로 바뀌지 않는다고 주장한다. 저자들에 따르면 주요 경쟁사 간의 구매자 프로파일 차이가 없다는 것은 차별화가 효과가 없다는 것을 의미할 것이다. 대신, 그들은 브랜드들이 일관된 주제와 메시지, 즉 틈새 마케팅보다는 대중 마케팅에 관심을 집중해야 한다고 주장한다.

틈새 마케팅은 특정 니즈를 가진 시장의 하위 집합에 마케팅노력을 집중하는 것을 의미한다. 반면에 대중 마케팅은 표준화된 제품, 유통 방식, 광고 캠페인을 이용해 전체 시장에 소구한다. 위 전략 중 어느 것이 더 효과적인가? 특정 조건하에서 더 나은 전략이 있는가? 브랜드 마케팅 담당자는 일련의 핵심 질문을 해야 할 수 있으며, 이에 대한 답변은 특정 제품 범주 및 브랜드 수명주기의 특정 단계 내에서 대량 마케팅 또는 틈새 마케팅이 적합할지 결정한다. 질문은 다음과 같다.

1. 특정 세분시장에 소구할 수 있는 설득력 있는 가치 제안이 있는가?
2. 특정 표적시장은 차별화되지 않은 제품에 대해 가격 프리미엄을 지불할 의향이 있는가?
3. 더 많은 고객에게 차별화되지 않은 제품을 제공하기보다 틈새 시장을 공략하는 것이 비용적인 측면에서 효율적인가?
4. 틈새전략 대비 대중 마케팅 전략의 경쟁 우위는 무엇인가? 기존 시장에서 한 가지 또는 다른 방식을 사용하는 기존 기업이 있는가? 회사의 자원과 기업문화가 대중 마케팅 또는 틈새 마케팅 전략 중 어느 것과 부합하는가?

출처 : David A. Aaker, *Brand Relevance: Making Competitors Irrelevant* (John Wiley & Sons, 2010); Byron Sharp, John Gerard Dawes, Jennifer Therese Romaniuk, and John Scriven, *How Brands Grow: What Marketers Don't Know* (Oxford University Press, 2010); Frederick F. Reichheld, *The Loyalty Effect* (Boston: Harvard Business School Press, 1996).

역사상 유례 없는 정보와 신기술에 대한 접근

가격 인하 압력

유비쿼터스 연결 및 소비자의 반란

정보 및 재화의 공유

예상치 못한 경쟁의 원천

중개자 제거 및 중개자 재도입

제품 품질에 관한 정보의 대체 원천

승자 독식 시장

매체의 변화

고객 중심의 중요성

그림 1-6
브랜드 개발자의 어려움

역사상 유례없는 정보와 신기술에 대한 접근

기술은 거의 모든 주제에 대한 방대한 정보에 접근할 수 있는 능력을 만들어냈다. 구글 검색과 같은 알고리즘은 답을 찾는 사람과 답 사이에 중재자 역할을 한다. 마케팅 담당자는 검색어를 이용해 소비자의 마음을 들여다볼 수 있는 창으로 접근할 수 있으며, 검색 광고는 인터넷에서 더 많은 정보를 탐색하는 소비자들의 필요와 욕구에 대한 깊은 이해를 활용할 수 있게 진화했다.

기술이 성장하고, 확장되고, 물리적 세계에 내장됨에 따라 물리적 세계에서도 정보 검색이 한 측면이 될 것이다.[36] 예를 들어 박물관은 다양한 방식으로 박물관 경험을 향상시키기 위해 새로운 디지털 도구를 받아들일 것이다. 박물관의 증강현실 같은 새로운 기술은 방문객 경험을 증대시키고, 스마트 어시스턴트를 이용해 예술작품에 대한 추가 자료를 스마트폰으로 전송할 수 있으며, 3D기술을 활용해 소비자가 물체의 정확한 복제품을 생산하고 보유하고 느끼게 해준다.[37] 시간이 지남에 따라 이러한 기술이 더욱 표준화되어, 브랜드 마케터는 고객을 위해 더 나은 브랜드 경험을 설계하는 데 있어 이러한 혁신적인 기능을 활용할 기회를 찾을 수 있을 것이다.

가격 인하 압력

정보 검색 비용이 낮아짐에 따라 소비자는 몇 번의 클릭만으로 가격을 비교하고 가장 저렴한 대안으로 전환하는 것이 쉬워졌다. 이러한 추세는 제품과 서비스의 범용화를 촉진할 수 있으며, 타사 비교 쇼핑 웹사이트[예 : 카약(Kayak), 바야마(Vayama)]의 등장으로 브랜드들이 차별화와 고가격 부과 능력을 유지하기가 더욱 어려워진다.[38]

유비쿼터스 연결 및 소비자의 반란

디지털 기술의 성장은 소비자들에게 하루 종일 멀티미디어 모바일 서비스와 같은 기술을 사용하면서 서로 연결할 수 있는 능력을 제공했다. 연결성이 증가하면서 소비자의 주의를 떨어뜨리고 침입에 더욱 취약하게 만든다. 그 결과 소비자들

메트로폴리탄 미술관과 다른 박물관들은 박물관 경험을 변화시키는 데 도움을 주기 위해 기술을 사용한다.

출처 : Sherbien Dacalanio/Pacific Press/LightRocket/Getty Images

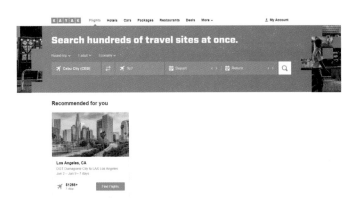

카약(가격 정보에 쉽게 접근할 수 있는)과 같은 여행 검색 사이트가 많아짐에 따라 여행 브랜드는 품질 및 서비스와 같은 다른 속성으로 점점 더 차별화되어야 한다.

이 점점 더 마케팅 담당자의 접근권한을 얻으려는 시도에 저항하면서 반발이 심해질 수 있으며, 커뮤니케이션 침해에 맞서기 위해 다양한 유형의 소프트웨어를 사용할 수 있게 되었다. 애플은 최근 소비자들이 운전하는 동안 휴대전화 문자 메시지를 받지 못하게 하는 기술을 도입했다. 광고 차단 서비스는 한동안 존재해 왔기 때문에 소비자가 광고의 침해로부터 벗어날 수 있는 독특한 방법을 제공한다. 따라서 마케팅 담당자는 소비자에게 비할 데 없는 접근을 할 수 있는 반면, 소비자는 시간을 보호하게 되어 이러한 원치 않는 관심을 피할 방법을 찾을 수 있다.

정보 및 재화의 공유

새로운 기술로 인해 소비자들은 정보를 공유하고 재화를 서로 교환한다. 이러한 경향은 두 가지 유형의 관련 현상을 낳았다. 소셜 미디어 플랫폼은 소비자가 서로 만나 정보를 공유하는 수단이 되었다. 이 플랫폼은 다양한 종류의 기능 및 형식(예 : 사진, 글, 비디오)으로 소비자들이 온라인 친구가 되고 정보를 공유할 수 있게 해준다. 소비자는 점점 더 콘텐츠 생산자가 되고 있다. 페이스북, 인스타그램과 같은 소셜 플랫폼은 온라인상에서 사회적 상호작용을 가능하게 하며, 사용자가 자신의 일상과 활동에 대한 근황을 게시할 수 있게 해준다. 유튜브와 같은 플랫폼은 소비자가 텍스트, 오디오, 비디오 등 다양한 형태의 콘텐츠를 전 세계 시청자에게 방송할 수 있는 능력을 키워주었다.

이러한 플랫폼을 통해 마케팅 담당자는 정치적 견해와 엔터테인먼트 선호도를 포함해 표적고객에 대한 매우 정확한 정보를 얻을 수 있으므로 소비자의 전체적인 관점을 알 수 있다. 하지만 이러한 플랫폼은 점점 더 규제 기관의 집중적인 조사에 직면해 있으며, 통제되지 않은 고객 데이터에 대한 접근으로 소비자의 사생활 침해가 우려되고 있다. 또한 미국에서는 전통적으로 소셜 미디어 회사가 고객 데이터 사용 허가를 받지 않아도 되었다. 페이스북은 최근 의원들로부터 상세한 고객 정보 이용과 그에 따른 법적 결과에 대해 많은 조사를 받고 있다.[39] 유럽에서는 기업이 마케팅 목적으로 소비자 정보를 사용하기 전에 명시적 허가를 받도록 요구하는 개인정보 보호법이 이미 시행되고 있다.

다른 유형의 플랫폼은 특정 종류 재화를 공유할 수 있게 하고 있다. 냅스터(Napster)는 P2P(peer-to-peer) 파일 공유를 가능하게 하는 반면 에어비앤비, 집카(Zipcar), 우버와 같은 플랫폼은 특정 상품(렌터카 또는 자동차)을 가진 소비자가 다른 소비자에게 대가를 받고 공유할 수 있도록 한다.

공유경제는 특정 물품(자동차, 주택)을 보유한 개인이 수수료를 받는 대가로 이를 다른 고객에게 임대할 수 있도록 하는 집카, 에어비앤비와 같은 기업의 부상을 목격했다.

예상치 못한 경쟁의 원천

디지털 세계의 역학관계는 기업이 물리적 세계에 일반적으로 존재하는 진입 장벽(예 : 유통을 위한 잘 구축된 시스템의 필요성)에 직면하지 않고도 새로운 범주에 더 쉽게 진입할 수 있도록 한다. 이는 새로운 경쟁자들이 예상치 못한 장소에서 나타날 수 있다는 것을 의미하며, 디지털 브랜드는 새로운 경쟁의 원천을 경계해야 한다.[40] 예를 들어 아마존 무비(Amazon Movies)는 고객에게 스트리밍 서비스를 제공하기 시작했을 때 넷플릭스, 애플 아이튠즈 같은 기존 업체들과 직접적인 경쟁을 하게 되었다.

온라인 리뷰 사이트(트립어드바이저, 옐프)는 고객이 입소문을 타며 제품 품질을 빠르게 알 수 있는 강력한 플랫폼으로 자리 잡으면서 전통적인 자문 서비스(예 : 여행사)의 쇠퇴를 가져왔다.

중개자 제거 및 중개자 재도입

인터넷의 빠른 성장은 중개자 제거와 중개자 재도입이라는 두 가지 추세를 동반했다. **중개자 제거**(disintermediation)란 대리점, 중개업자, 도매업자 등 유통경로에서 중개인을 줄이거나 없애는 것을 말한다. 예를 들어 여행 업계는 한때 자문 서비스를 제공하고 적은 수수료나 수수료에 대한 대가로 예약을 도왔던 여행사에 대한 수요가 현저하게 감소하는 것을 목격했다. **중개자 재도입**(reintermediation)이란 같은 기능을 수행하거나 유통경로에서 추가적인 역할을 하는 새로운 중개자를 도입하는 것을 의미한다. 또한 소비자의 의사결정을 돕기 위해 리뷰를 제공하는 새로운 유형의 중간상이 크게 성장했다. 이러한 정보 중재자(infomediaries)는 옐프(Yelp), 온라인 소비자 가이드(ConsumerReports.com), 영향력 있는 블로거 등과 같은 온라인 리뷰 사이트를 제공한다. 중개자 재도입의 예로서 온라인 웹사이트인 트립어드바이저(TripAdvisor)는 여행사가 제공하던 서비스 중 일부를 제공하고 여행자에게 귀중한 자료로 활용된다.

제품 품질에 관한 정보의 대체 원천

인터넷의 성장과 제품에 대한 방대한 정보의 가용성 및 온라인 브랜드들은 소비자가 제품 품질에 대해 배울 수 있는 많은 새로운 방법이 있다고 제안한다. 그림 1-7은 현재 소비자가 정보를 수집하는 몇 가지 방법을 보여준다. 더 많은 소비자 의사결정이 온라인 입소문과 리뷰를 기반으로 하기 때문에 생산자와 소비자의 정보 비대칭성이 감소한다.[41] 제품 품질에 대한 정보의 증가는 품질 신호로서 브랜드에 대한 의존도를 감소시켰다.

인터넷의 성장과 온라인 리뷰 및 정보의 가용성이 어느 정도 브랜드 역할을 변화시켰다는 것

정보 출처	출처를 신뢰할 수 있다고 평가한 응답자 비율
친구와 가족	83%
TV 광고	63%
신문 광고	60%
잡지 광고	58%

그림 1-7

소비자 정보 출처를 얼마나 신뢰할 수 있는가?

출처 : Andrew McCaskill, "Recommendations from Friends Remain Most Credible Form of Advertising Among Consumers; Branded Websites Are the Second-Highest-Rates Form," Press Room, September 28, 2015.

에는 의심의 여지가 없다. 브랜드들은 단순히 품질에 대한 신호의 역할에 국한될 것이 아니라 더 많은 것을 해야 한다. 고객의 취향과 욕구 변화에 대한 정보를 거의 즉각적으로 파악해 트렌드를 해석해야 한다. 또한 소비자가 실제 품질에 대해 배울 수 있는 속도를 고려할 때, 브랜드들이 입소문이 날 만한 탁월한 고객 경험을 만들어내는 데 많은 투자를 하는 것도 매우 중요하다. 이 책의 뒷부분에서 이러한 몇 가지 예를 강조한다.

승자 독식 시장

제품 품질에 대한 방대한 양의 정보를 이용할 수 있다는 것은 소비자가 품질에 훨씬 더 민감해질 수 있음을 시사한다. 분야 내에서 시장을 선도하는 브랜드(즉 소비자에게 높은 품질을 제공하는 브랜드)는 선택될 가능성이 훨씬 더 높다. 저비용으로 명확한 품질 정보가 제공되기 때문에, 소비자들은 높은 평균 품질의 변화가 많지 않은 브랜드에 끌리게 될 것이다. 이를 통해 분야에서 선두 자리를 차지하지 않는 브랜드의 퇴출이 가속화할 것이다. 따라서 브랜드는 고품질 제품을 제공해야 하거나 특정 측면(예 : 가격, A/S)에서 시장 지배적인 위치를 차지해야 하는 압박을 더 많이 받게 될 것이다. 스포츠 및 엔터테인먼트 산업에서 쉽게 볼 수 있는 이러한 승자 독식 경쟁 결과는 다른 산업에서도 점점 더 흔해질 것이다.[42] 이러한 현상은 항공사, 자동차, 석유 생산자, 유럽 반도체 산업, 유아 식품 등과 같은 다양한 다른 산업에서도 입증되었으며, 3대 주요 업체가 일반적으로 모든 특정 산업을 지배하고 있는 것으로 나타났다.[43] 앞으로 3대 강자의 독주에 걸리는 시간이 크게 단축되고 낮은 비용으로 제품 품질 정보를 손쉽게 이용할 수 있기 때문에 약한 기업들의 이탈은 가속화할 것으로 예상된다.

매체의 변화

마케팅 환경의 또 다른 중요한 변화는 전통적인 광고 매체의 붕괴 또는 균열, 대화형 및 비전통적인 미디어, 홍보 및 기타 커뮤니케이션 대안의 출현이다. 6장에 요약된 미디어 비용, 어수선함, 균열과 관련한 여러 가지 이유로 마케터는 전통적인 광고 매체, 특히 공중파 TV에 환멸을 느끼게 되었다. 7장에서 디지털 및 소셜 채널에 대한 미디어 균열화의 의미를 자세히 살펴본다.

전통적인 광고에 할당된 커뮤니케이션 예산의 비율은 해가 갈수록 줄어들었다. 그 대신 마케팅 담당자는 비전통적인 커뮤니케이션 방식에 더 많은 돈을 쓰고 있다. 광고를 위한 소셜 미디어 플랫폼(온라인 소셜 인플루언서를 통해 입소문 생성)을 포함하는 이러한 새로운 커뮤니케이션 옵션은 점점 더 효과적이다.

P&G가 최근 마케팅 커뮤니케이션을 어떻게 크게 변화시켰는지 생각해보자. 한때 주간 TV 연속극의 여왕이었던 P&G는 방송 기간 동안 쇼를 제작하고 광고를 내보냈다. P&G는 자사의 브랜드 마케팅 방식을 대폭 개선했다. P&G는 더 이상 어떤 연속극도 방송하지 않고 대신 소셜 미디어에 더 많은 중점을 둔다. 이 회사는 페이스북에서 팸퍼스 기저귀를 팔고, 여성들이 생리 주기를 추적하고 질문을 할 수 있도록 해주는 올웨이즈(Always) 여성용 아이폰 앱을 제공하고, 소셜 미디어를 사용해 전통적으로 주고객층이 남성인 올드스파이스(Old Spice) 개인 위생용품을 판매한다.[44]

새로운 형태의 커뮤니케이션을 효과적으로 활용해 고객과의 유대 관계를 강화하는 비교적 새로운 브랜드의 좋은 예로는 라크로이(LaCroix)가 있다.

라크로이

라크로이는 미국 브랜드의 탄산수로 인공 감미료, 설탕, 나트륨이 없으며, 라크로이(플레인맛, 라임맛, 오렌지맛, 베리맛)와 2개의 하위브랜드인 라크로이 큐레이트(LaCroix Cúrate)(멜론 포멜로맛, 키위 산디아맛, 무레 페피노맛)와 라크로이 니콜라(LaCroix NiCola, 천연 콜라 맛의 탄산수)로 시판되며 다양한 천연 향료로 판매된다.[45] 라크로이는 내셔널 베버리지(National Beverage Corp.)의 자회사인 선댄스베버리지컴퍼니(Sundance Beverage Company)에서 유통시킨다. 라크로이는 스스로를 '모든 경우에 어울리는' 음료로 포지셔닝해 표적고객을 대상으로 제품을 출시한다.[46]

라크로이의 마케팅에는 브랜드 포지셔닝, 소셜 미디어 마케팅 활용, 브랜드 인지도와 참여도를 높이기 위한 비전통적 광고 및 소셜 인플루언서 활용 등 브랜드 성공에 박차를 가한 많은 요소가 있다. 이 브랜드는 건강한 식사에 초점을 맞추고 있는 밀레니얼 세대에게 특히 매력적인 탄산음료의 대체 음료로 자리매김했다. 라크로이의 포장은 칼로리, 설탕, 인공 성분, 유전자 변형 유기체, 인산 첨가 등이 없음을 나타내며, 이것은 건강에 매우 민감한 소비자 사이에서 탄산음료의 가능한 대안이 될 수 있다.

라크로이는 전통적인 광고보다는 소셜 미디어 마케팅에 더 집중함으로써 유명해졌다. 이는 특히 음료 산업의 기준에서 크게 벗어난 것이었다. 이는 표적시장(즉 밀레니얼 세대)이 특히 인스타그램과 같은 소셜 미디어 채널에서 시간을 보낼 가능성이 높기 때문에 노력을 집중했다. 또한 이 브랜드는 라크로이 브랜드를 중심으로 공동체 의식을 형성함으로써 브랜드 참여도를 높인다. 이 브랜드는 회원들의 소셜 미디어에 대한 모든 언급에 감사를 표함으로써 참여를 지속하고 있다. 소셜 미디어에서 유행하는 테마와 주제로의 연결을 통해 소셜 미디어 소비자의 참여를 독려하고 있다. 소비자의 관심과 참여를 유도하기 위해 라크로이는 다양한 마케팅 기법을 사용한다. 건강에 민감한 소비자들의 마음에 들기 위해, 이 브랜드는 소비자가 다이어트 캔이나 설탕이 든 탄산음료를 40일 동안 라크로이와 교환하고 소셜 미디어에서 그들의 경험에 대한 이야기를 올리고 사진을 공유하도록 장려했다.[47] 다채로운 패키지와 소비자가 후원하는 스토리를 통해 브랜드 자체가 인스타그램과 같은 소셜 미디어에서 '톡톡 튈' 수 있다. 이는 또한 브랜드에 많은 진정성과 발견을 제공한다.[48]

마지막으로 라크로이는 소셜 미디어에서 마이크로 인플루언서를 효과적으로 활용해 고객 참여를 유도했다.[49] 라크로이는 또한 브랜드를 다양한 피트니스 프로그램과 연계했다. 예를 들어 한 달간 Whole30 Program이라고 불리는 깨끗한 먹거리 캠페인의 후원자가 되었다. 라크로이는 #라크로이러브와 #라이브라크로이와 같은 해시태그를 사용해 팔로워들이 칵테일과 비알코올 칵테일 조리법을 배포하도록 장려한다. 많은 브랜드가 온라인 인플루언서에만 집중하지만, 라크로이의 독특한 접근방식은 마이크로 인플루언서(또는 추종자는 적지만 참여도는 높은 인플루언서)를 장려하는 것이다. 예컨대 켈리 폭스(Kelly Fox)라는 인플루언서가 2,500명 이상의 팔로워에게 라크로이의 사진을 게시했을 때, 이 브랜드는 그녀에게 라크로이 음료 교환 쿠폰을 보내줬다.[50]

전통 음료 대비 건강한 대체재로서 라크로이의 독특한 포지셔닝과 효과적인 소셜 미디어 광고 사용은 시장에서 라크로이의 성공을 가능하게 하는 핵심 요소이다.

고객 중심의 중요성

디지털 채널과 유비쿼터스 정보통신 연결성의 성장은 제품 품질 정보를 온라인에서 쉽게 접할 수 있는 시대로 이끌었다. 이는 제품 및 서비스에 관한 주장이 실제 경험에 의한 것이 아니라면 브랜드자산이 파괴되기 쉽다는 것을 의미한다. 리뷰 포럼은 제품 품질을 빠르게 공개할 수 있으며, 소비자는 동료나 온라인 입소문을 통해 제품 품질을 배울 수 있다. 브랜드에 대한 부정적인 뉴스는 빠르게 확산해 브랜드 가치를 파괴할 수 있다. 브랜드 가치를 창출하는 데 있어 제품의 역할이 축소되는 것은 브랜드 마케터에게 많은 시사점을 제공한다. 그 결과 브랜드는 고객의 일상 및 전체 사회와 관련된 문제와 관심사에 초점을 맞추는 고객 중심적 마케팅을 강조하기 시작했다.

브랜드자산의 개념

마케팅 담당자는 분명히 여러 가지 경쟁 과제에 직면해 있으며, 일부 비평가는 많은 사람의 대응이 효과적이지 못했거나 문제가 더욱 악화했다고 느끼고 있다. 이후 장들에서는 유용한 관리 지침을 제공하고 미래의 사고와 연구에 새로운 방향을 제시하기 위해 그동안의 새로운 발전을 집약하고 반영한 이론, 모델, 구조 등을 제시할 것이다. 특히 브랜드자산 개념에 기반 한 '공통분모' 혹은 통합적인 개념적 구조가 다양한 브랜드 전략의 잠재적인 효과를 해석하는 도구로서 소개될 것이다.

최근에 널리 알려지고 잠재적으로 아주 중요한 마케팅 개념 중 하나가 **브랜드자산**(brand equity)이다. 그러나 브랜드자산의 등장은 마케터에게는 좋은 뉴스와 나쁜 뉴스를 동시에 의미한다. 좋은 소식은 브랜드자산이 마케팅 전략에서 브랜드의 중요성을 높였고 경영상 관심과 연구 활동에 초점을 맞췄다는 것이다. 나쁜 뉴스는 브랜드자산의 개념이 각기 다른 많은 목적을 위해 많은 다른 방식으로 정의되어 왔다는 것이다. 브랜드자산이 어떻게 개념화되어야 하고 측정되어야 하는지에 대한 공통된 견해는 제시되지 않았다.

기본적으로 브랜딩은 제품과 서비스에 브랜드자산의 힘을 부여하는 것이다. 많은 다른 관점에도 불구하고 대부분의 관찰자는 브랜드자산이 특정 브랜드에 기인하는 마케팅 효과로 이루어진다는 것에 동의한다. 즉 브랜드자산은 동일한 제품이나 서비스가 브랜드화되지 않을 경우보다 브랜드화된 제품이나 서비스의 마케팅으로부터 얻은 결과가 다르다는 이유를 설명한다. 브랜딩의 변신의 힘을 보여주는 명확한 예로 그림 1-8의 경매 판매를 들 수 있다. 유명인사와의 연관성이 없다면, 벼룩시장에서 이 물건 중 하나라도 몇백 달러 이상에 판매가 될지는 의문이다.[51]

브랜딩은 차별점을 만들어내는 것이 핵심이다. 또한 대부분의 마케터는 브랜드 및 브랜드자산의 다음과 같은 기본 원칙에 동의한다.

- 결과의 차이는 브랜드에 대한 과거 마케팅활동 결과로서 제품에 부여된 '부가가치'로부터 창출되는 것이다.
- 이러한 가치는 많은 다양한 방법으로 만들어질 수 있다.
- 브랜드자산은 마케팅 전략을 해석하고 브랜드 가치를 평가하기 위한 공통분모를 제공한다.
- 브랜드 가치를 증명하거나 기업의 이익을 위해 개발하는 방법에는 여러 가지가 있다(더 많

- J.K. 롤링의 의자는 394,000달러에 판매되었다.
- 〈카사블랑카〉의 피아노는 340만 달러에 팔렸다.
- 〈오즈의 마법사〉 의상은 300만 달러에 판매되었다.
- 존 레논(John Lennon)의 기타는 240만 달러에 팔렸다.
- 앤디 워홀(Andy Warhol)의 가발은 10,800달러에 팔렸다.
- 키스 문[Keith Moon, 더 후(The Who)의 드러머]의 드럼 세트는 예상가치의 9배인 252,487달러에 팔렸다.
- 버디 홀리(Buddy Holly)의 안경은 80,000달러에 판매되었다.
- 저스틴 팀버레이크(Justin Timberlake)의 먹다 남은 프렌치토스트는 이베이에서 1,025달러에 판매되었다.

그림 1-8
주목할 만한 최근 경매

출처 : Zoe Henry, "8 Famous Items That Sold for Ridiculous Amounts of Money," April 8, 2016.

은 수익 또는 더 낮은 비용 또는 둘 모두의 측면에서).

기본적으로 브랜드자산 개념은 마케팅 전략에 있어 브랜드의 중요성을 강조한다. 제2부의 2장과 3장에서는 브랜드자산의 개요 및 책의 나머지 부분에 대한 청사진을 제시할 것이다. 책의 나머지 부분은 브랜드자산 구축(제3부 4~8장), 브랜드자산 측정(제4부 9~11장), 브랜드자산 관리(제5부 12~15장)에 대해 심도 있게 논의할 것이다.

이 장의 나머지 부분에서는 이러한 다양한 개념을 종합하는 데 도움이 되는 전략적 브랜드 관리 과정에 대해 개략적으로 설명한다.

전략적 브랜드 관리 과정

전략적 브랜드 관리(strategic brand management)는 마케팅 프로그램의 설계와 실행, 그리고 브랜드자산을 구축하고 실행하고 관리하기 위한 활동을 포함한다. 이 책에서 **전략적 브랜드 관리 과정**(strategic brand management process)은 다음과 같은 네 가지 주요 단계를 포함하는 것으로 정의된다(그림 1-9 참조).

1. 브랜드 계획의 규명 및 개발
2. 브랜드 마케팅 프로그램의 설계 및 실행
3. 브랜드 성과의 측정 및 해석
4. 브랜드자산의 성장 및 유지

4단계를 하나씩 간단히 살펴보자.[52]

브랜드 계획의 규명 및 개발

전략적 브랜드 관리 과정은 브랜드가 무엇을 대표하는지 그리고 경쟁사 대비 어떻게 포지셔닝될 수 있는지에 대한 명확한 이해에서 출발한다.[53] 2장과 3장에 설명한 것처럼 브랜드 계획은 다음의 세 가지 연동 모델을 사용한다.

- **브랜드 포지셔닝 모델**(brand positioning model)은 경쟁 우위를 극대화하기 위해 통합 마케팅을 어떻게 인도할 것인지를 나타낸다.

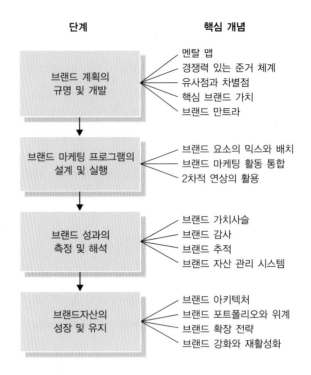

단계 | 핵심 개념

브랜드 계획의 규명 및 개발
- 멘탈 맵
- 경쟁력 있는 준거 체계
- 유사점과 차별점
- 핵심 브랜드 가치
- 브랜드 만트라

브랜드 마케팅 프로그램의 설계 및 실행
- 브랜드 요소의 믹스와 배치
- 브랜드 마케팅 활동 통합
- 2차적 연상의 활용

브랜드 성과의 측정 및 해석
- 브랜드 가치사슬
- 브랜드 감사
- 브랜드 추적
- 브랜드 자산 관리 시스템

브랜드자산의 성장 및 유지
- 브랜드 아키텍처
- 브랜드 포트폴리오와 위계
- 브랜드 확장 전략
- 브랜드 강화와 재활성화

그림 1-9
전략적 브랜드 관리 과정

- **브랜드 공명 모델**(brand resonance model)은 강력한 충성도와 고객관계를 어떻게 구축할지를 제시한다.
- **브랜드 가치사슬**(brand value chain)은 브랜드의 가치 창출 과정을 추적하고 브랜드 마케팅 지출과 투자에 대한 재정적 효과를 더 잘 이해하기 위한 수단을 의미한다.

브랜드 마케팅 프로그램의 설계 및 실행

2장에서 다루어지는 브랜드자산의 구축은 소비자의 마음속에 브랜드를 적절히 포지셔닝하고 가능한 한 많은 브랜드 공명 달성이 요구된다. 일반적으로 이러한 지식 구축 과정은 세 가지 요소에 달려 있다.

1. 브랜드를 구성하는 브랜드 요소에 관한 초기 선택과 어떤 방법으로 요소들이 혼합되고 어울리는지
2. 마케팅활동과 마케팅지원 프로그램 및 브랜드가 어떻게 통합되는지
3. 일부 다른 개체(예 : 회사, 원산지, 유통경로, 또는 다른 브랜드)에 브랜드를 연결함으로써 브랜드에 간접적으로 전이되는 다른 연상들

세 가지 요소 각각의 중요한 고려사항은 다음과 같다.

브랜드 요소의 선택 가장 일반적인 브랜드 요소는 브랜드네임, URL, 로고, 심벌, 캐릭터, 패키징, 슬로건이다. 브랜드 구성요소가 브랜드 구축에 어떻게 기여하는지 가장 잘 파악하는 방법은 소비자가 오직 브랜드네임과 연상된 로고 등만을 알고 있을 때 과연 제품이나 서비스에 대해 어떤 생각을 하고 있는지를 파악하는 것이다. 각 요소는 각각 다른 이점을 가지고 있기 때문에 가능한 브랜드 요소의 일부 혹은 전부가 사용된다. 4장은 세부적으로 브랜드자산 구축에 도움이 되는

브랜드 요소의 선택과 설계를 다룬다.

브랜드를 마케팅활동 및 지원 마케팅 프로그램에 통합　브랜드 요소의 신중한 선택이 브랜드자산 구축에 기여하지만, 가장 중요한 성과는 브랜드와 관련된 마케팅활동으로부터 온다. 이 책에서는 브랜드자산 구축을 위한 몇 가지 특별히 중요한 마케팅 프로그램 고려사항을 강조한다. 5장에서는 제품 전략, 가격 전략, 채널 전략 이슈뿐만 아니라 마케팅 프로그램을 설계하는 데 있어 새롭게 개발된 점들을 논의할 것이다. 6장은 커뮤니케이션 전략에 관련된 주제를 다룬다. 7장에서는 다양한 디지털 및 소셜 미디어 채널의 장단점에 대한 심층적인 평가와 함께 디지털 환경에 대한 개요를 제시한다.

2차적 연상의 활용　브랜드자산 구축을 위한 세 번째이자 마지막 방안은 2차적인 연상을 효과적으로 활용하는 것이다. 브랜드연상은 그들 스스로의 연상을 보유하는 다른 개체들과 연결되어 2차적인 연상을 창출해낼 수도 있다. 브랜드 회사(브랜딩 전략을 통해), 국가나 다른 지역(제품 원산지 표시를 통해), 유통망(채널 전략을 통해)뿐만 아니라 다른 브랜드(구성요소 브랜딩 혹은 공동 브랜딩을 통해 삽입), 캐릭터(라이선싱을 통해), 대변인(추천을 통해), 스포츠나 문화적 이벤트(후원을 통해), 제3자적 정보원(수상이나 리뷰를 통해)과 같은 특정한 요소들과 연결될 수도 있다.

비록 그러한 개체가 제품, 서비스 수행에 직접적으로 관련되어 있지 않을 수도 있지만, 브랜드가 다른 개체와 동일시되었기 때문에 소비자는 브랜드가 그러한 개체와 연상을 공유한다고 할 수도 있다. 그리하여 브랜드에 대한 간접적 또는 이차적 연상을 만들어낸다. 본질적으로 마케터는 어떤 고유한 연상을 창출하고자 하는 브랜드를 위해 어떤 연상을 차용하고 레버리지함으로써 브랜드자산을 구축하도록 돕는다. 8장은 브랜드자산 활용 방법을 서술한다.

브랜드 성과의 측정 및 해석

브랜드가 이익이 되게 관리하기 위해서는 브랜드자산 측정 시스템을 성공적으로 설계하고 실행해야 한다. **브랜드자산 측정 시스템**(brand equity measurement system)은 적시에 정확하고 실행 가능한 정보를 제공하도록 설계된 연구 절차의 집합이다. 그래서 마케터가 단기적으로는 최적의 전술적 결정을 하고, 장기적으로는 최적의 전략적 결정을 할 수 있도록 해준다. 9장에서 언급한 것처럼 이러한 시스템을 실행하는 것은 **브랜드 감사**(brand audit)의 수행, **브랜드 추적 연구**(brand tracking study)의 설계, **브랜드자산 관리 시스템**(brand equity management system)의 실행이라는 핵심적인 세 단계를 포함한다.

브랜드 포지셔닝을 결정하거나 평가하는 업무는 브랜드 감사를 통해 혜택을 누린다. 이것은 브랜드의 건강상태를 평가하고 브랜드자산의 원천을 밝혀내며 브랜드자산을 개선하고 레버리지하는 브랜드의 포괄적인 시험이다. 브랜드 감사는 기업과 소비자 모두의 관점에서 브랜드자산 원천에 대한 이해가 필요하다.

마케터가 브랜드 포지셔닝 전략을 결정하는 즉시 브랜드연상을 창출하고, 강화하거나 유지하는 실제 마케팅 프로그램을 실행할 준비가 되어 있어야 한다. **브랜드 추적 연구**는 마케터가 브랜드 감사나 다른 수단으로 확인할 수 있는 많은 핵심 차원 측면에서 브랜드 성과의 정량적 측정을 통해 소비자 정보를 시간이 지남에 따라 정기적으로 수집한다. 10장과 11장은 브랜드 성과를 측정하기 위한 다양한 방법을 살펴볼 것이다.

브랜드자산 관리 시스템은 기업에서 브랜드자산 개념의 이해와 사용을 개선하기 위해 설계된 전체 조직 프로세스이다. 브랜드자산 관리 시스템 실행에 도움을 주는 세 가지 주요 단계는 브랜드자산 헌장 만들기, 브랜드자산 보고서 조합하기, 브랜드자산 책임 정의하기이다.

브랜드자산의 강화 및 유지

브랜드자산을 유지하고 확장하는 것은 매우 어려울 수 있다. 브랜드자산 관리 활동은 브랜드자산에 대한 보다 넓고 다양한 관점을 의미한다. 이는 어떻게 브랜딩 전략이 시간의 흐름이나 지역적 경계 혹은 세분시장에 따라 기업의 관심사를 반영하고 조정되는지 이해하는 것이다.

브랜드 아키텍처 정의하기　회사의 브랜드 아키텍처는 브랜드 전략과 회사가 판매하는 모든 다양한 제품에 적용할 브랜드 요소에 대한 일반적인 지침을 제공한다. 회사의 브랜드 아키텍처를 정의하는 데 있어서 두 가지 주요 도구는 브랜드 포트폴리오와 브랜드 위계이다. **브랜드 포트폴리오**(brand portfolio)는 회사에 의해 판매되는 모든 브랜드를 설명하는 도표이다. **브랜드 하이어라키**(brand hierarchy)는 회사의 제품들을 망라해 일반적이거나 차별적인 브랜드 요소의 수 및 종류를 보여줌으로써 명백한 브랜드 순위를 나타내준다. 12장은 브랜드 아키텍처의 3단계 방식과 브랜드 포트폴리오, 브랜드 하이어라키와 관련된 주제를 검토한다. 13장은 다른 제품군 혹은 하위 제품군에 제품을 출시하기 위해 현존하는 브랜드가 사용되는 브랜드 확장이라는 주제를 집중적으로 다룬다.

오랜 시간에 걸쳐 브랜드자산 관리하기　효과적인 브랜드 관리는 마케팅 의사결정에 대해 장기적인 관점을 갖는 것이 필요하다. 브랜드 관리에 대한 장기적인 관점은 브랜드를 지원하기 위한 마케팅 프로그램이 소비자 지각을 변화시킴으로써 앞으로 전개될 마케팅 프로그램 성공에 영향을 미친다는 것을 인식해야 한다는 것이다. 덧붙여, 장기적 관점은 오랜 시간에 걸쳐 고객 중심적 브랜드자산을 유지하고 확대하기 위해 설계된 적극적인 전략과 브랜드가 어려움이나 문제에 직면했을 때 재활성화하기 위한 수동적 전략을 생산한다. 시간 경과에 따른 브랜드자산 관리와 관련된 이슈는 14장에서 검토한다.

지리적 경계, 문화, 세분시장을 고려한 브랜드자산 관리　브랜드자산 관리에 있어서 또 다른 중요한 요소는 브랜딩과 마케팅 프로그램을 개발하는 데 있어서 다양한 유형의 소비자를 인지하고 고려하는 것이다. 국제적 요인과 글로벌 브랜딩 전략이 이러한 의사결정에 특히 중요하다. 브랜드를 해외시장에 출시하는 경우 관리자는 해외 세분시장의 경험과 행동에 관한 특별한 지식에 의존해 브랜드자산을 구축하는 것이 필요하다. 15장은 글로벌 세분시장을 넘어서 브랜드자산 확장에 관련된 이슈를 다룰 것이다.

요약

이 장은 브랜드를 개인이나 단체가 그들의 제품 또는 서비스를 식별하고 경쟁자의 제품 및 서비스와 차별화할 의도로 만들어진 이름, 용어, 사인, 심벌, 또는 이러한 요소들의 조합으로 정의하면서 시작되었다. 하나의 브랜드를 구성하는 다양한 요소, 즉 브랜드네임, 로고, 포장 디자인 등이 브랜드 구성요소로 정의된다. 브랜드 요소는 여러 형태로 나타난다. 브랜드는 제품과도 구별된다. 제품은 니즈 혹은 욕구를 만족시켜주는 주의, 구입, 사용, 소비를 위해 시장에 제공되는 것이다. 제품은 물질적 재화, 서비스, 소매상점, 개인, 조직, 장소, 아이디어일 수 있다.

브랜드는 제품이지만 동일한 욕구를 충족시킬 목적으로 만들어진 타 제품과 어떤 방식으로든 차별화될 수 있도록 다른 어떤 면을 추가한 제품이다. 이런 차별점은 브랜드의 제품 성능과 연관된 이성적이고 유형적인 것일 수도 있고, 브랜드가 의미하는 것과 연관된 보다 더 상징적이고 감성적이며 무형적인 것일 수도 있다. 브랜드는 그 자체로 신중하게 취급되어야 할 가치 있는 무형 자산이다. 브랜드는 소비자와 그 기업에 많은 이익을 제공한다.

브랜딩의 핵심은 소비자가 한 제품군에 속해 있는 브랜드들 간의 차별점을 지각한다는 점이다. 그 제품이 어떤 기능을 제공하는지 그리고 경쟁 제품과 어떻게 차별화되는가 하는 측면에서 그 제품에 이름과 의미를 부여함으로써, 결국에는 모든 제품이 어떻게 브랜드화될 수 있는지를 보여주는 여러 가지 사례가 제시되었다. 그리고 현재의 마케터가 직면하고 있는 많은 브랜딩 과제와 기회에 대한 고객 태도와 행동, 경쟁력, 마케팅 효율과 효과 그리고 자사의 내적 역동 변화에 대해 서술했다.

전략적 브랜드 관리 과정의 네 가지 단계는 (1) 브랜드 계획의 규명 및 개발, (2) 브랜드 마케팅 프로그램의 설계 및 실행, (3) 브랜드 성과의 측정 및 해석, (4) 브랜드자산의 성장 및 유지이다.

토의 문제

1. 당신에게 브랜드는 어떤 의미인가? 가장 좋아하는 브랜드는 무엇이고 그 이유는 무엇인가? 브랜드에 대한 당신의 인식이 다른 사람과 어떻게 다른지 논의하라.

2. 누가 가장 강한 브랜드를 가지고 있다고 생각하는가? 이유는 무엇인가? 그림 1-5에 제시된 인터브랜드 선정 25대 브랜드 목록에 대해 어떻게 생각하는가? 당신은 그 순위에 동의하는가? 그 이유를 설명하라.

3. 브랜드화될 수 없는 것이 존재하는가? 제공된 각 분야(서비스, 소매점 및 유통업체, 사람 및 조직, 스포츠, 예술 및 엔터테인먼트)에서 논의되지 않은 예를 선택하고 그것이 왜 브랜드인지 설명하라.

4. 당신은 스스로를 브랜드라고 생각할 수 있는가? 자신을 '브랜드화'하기 위해 무엇을 하는지 설명하라.

5. 1장에 나열된 새로운 브랜드 과제와 기회에 대해 어떻게 생각하며, 다른 문제는 없는지 논의하라.

브랜드 포커스 1.0
디지털 네이티브 브랜드의 비밀 누설

디지털 네이티브 수직 브랜드(digitally native vertical brand, DNVB)는 웹에서 시작되며 주로 디지털 채널을 통해 고객과 소통하는 브랜드다. 이러한 브랜드의 주요 특징은 소비자에게 직접 간다는 것이다. 성공적인 DNVB의 예로는 와비파커, 달러쉐이브클럽(Dollar Shave Club), 보노보스가 있다. 이들은 각 업계의 현재 구조 및 가치를 혼란에 빠뜨린 것으로 알려져 있다. 이 코너에서는 디지털 네이티브 브랜드 연구를 통해 배운 몇 가지 주요 내용과 브랜드 관리에 미치는 영향을 중점적으로 다룬다.

'디지털 네이티브 수직 브랜드'라는 용어는 앤디 던(Andy Dunn, 보노보스 창업자)이 만든 것으로, 주로 인터넷상에서 소비자와 소통하고 거래하는 브랜드다. 또한 유통경로가 엄격하게 통제되긴 하지만, 협력관계를 통해 오프라인 매장까지 확장할 수 있다.[54] 디지털 네이티브 브랜드의 이러한 성장은 우리가 전자상거래의 성장을 전반적으로 고려한다면 이해할 수 있다. 전체적으로 전자상거래는 2015~2020년에 50% 이상 성장해 230억 달러에 이를 것으로 예상되며 2022년에는 전체 소매 매출의 17%를 차지할 것으로 예상된다.[55] 소비자 직접 판매는 2015년의 66억 달러에서 2020년에는 160억 달러의 매출을 달성할 것으로 예상된다. 전자상거래의 빠른 성장 속도(연평균 성장률 9.3%),[56] 아마존의 지배력, 소비자 직접 판매의 증가로 볼 때 디지털 브랜딩이 미래 성공의 핵심이 될 수 있는 여건이 마련되었다고 할 수 있다.

성공적인 DNVB의 몇 가지 특성은 다음과 같다.

1. 많은 잠재 고객에게 다가가기 위한 다양한 마케팅 전략에 대한 투자와 고객 확보에 끊임없이 집중함
2. 원자재의 직접 구매
3. 특유의 제품 제공물과 탁월한 고객 서비스 및 사용자 경험을 결합해 고객경험 증대
4. 소셜 미디어, 온라인 커뮤니티 및 소셜 인플루언서를 통한 고객과의 강력한 유대관계 구축
5. 직접 경로를 활용해 소비자에게 제품이나 서비스 판매

소비자에게 직접 판매하는 것은 기업들에게 네 가지 주요한 이점을 제공한다. 첫째, 소비자 친화력을 높이고 제품 및 서비스에 대한 피드백을 수집해 간접 유통 채널을 사용하는 경쟁업체보다 고객에게 더 가까이 다가갈 수 있다. 둘째, 직접 경로를 이용하는 회사들은 아마존에 덜 의존할 수 있고, 소매 마진을 제거함으로써 상당한 비용 절감 효과를 누릴 수 있다.[57] 셋째, 기업들은 전체적인 고객경험을 제어할 수 있으며, 고객 문제에 더 민첩하게 대응할 수 있다. 넷째, 메시지를 보다 효과적으로 제어하고 보다 신뢰할 수 있는 소비자 중심의 브랜드를 개발할 수 있다.[58]

디지털 네이티브 브랜드가 전통적인 소비재 브랜드 시스템에서 탄생한 전통적인 브랜드의 규모와 성공에 도달할지는 불확실하지만, 일부 핵심 통계는 그들의 성공을 예상한다.[59] 디지털 네이티브 브랜드가 기존 브랜드보다 더 빠르게 새 매장을 열 수 있다. 예를 들어 사업을 시작한 지 10년 이내에 와비파커는 나이키에 비해 61개 점포를 가지고 있었다. 나이키는 처음 10년의 비슷한 기간 동안 1개의 점포만 가지고 있었다. 디지털 네이티브 브랜드는 기존 브랜드만큼 수익성이 높거나 독립적이지 않지만, 더 많은 벤처 캐피털 투자를 유치할 수 있기 때문에 이전 브랜드나 기존 브랜드보다 빠르게 1억 달러 매출을 달성할 수 있다.[60]

관련 동향은 많은 디지털 네이티브 브랜드가 오프라인 상점으로 확대되는 것이다. 이러한 매장을 고객에게 판매할 수 있는 기회로 취급하기보다는 일반적으로 재고가 없지만 제품 제공물을 보여주는 역할을 한다. 경우에 따라 매장은 개별 고객의 니즈와 욕구에 따라 제품의 주문 제작이 가능하며, 이것은 결국 브랜드에 대한 고객 참여를 더욱 강화할 수 있다. 매장 내 판매가 수반되는 경우에도 모바일 체크아웃 장비를 가진 영

디지털 네이티브 브랜드인 와비파커는 상대적으로 짧은 기간에 신뢰할 수 있는 브랜드이자 전통적인 안경 회사의 대안으로 자리 잡았다.

업사원이 있어 프로세스가 훨씬 간편해진다. 다음 절은 와비파커에 관한 심층분석이다.

와비파커 : 미래는 매우 밝다

와비파커는 안경, 선글라스, 기프트 카드를 제조하고 소매하는 회사이다. 이 회사는 2009년에 설립되었고 뉴욕에 본사를 두고 있다. 와비파커는 캘리포니아, 플로리다, 조지아, 일리노이, 루이지애나, 매사추세츠, 뉴욕, 오클라호마, 펜실베이니아, 테네시, 텍사스, 버지니아에 쇼룸이 있다.[61] 2018년 기준으로 와비파커는 총 3,020만 달러의 매출을 올렸으며 전 세계적으로 679명의 직원을 고용했다. 창립자(및 공동 CEO) 닐 블루멘탈(Neil Blumenthal)과 데이비드 길보아(David Gilboa), 그리고 공동 창립자 앤드루 헌트(Andrew Hunt)와 제프리 라이더(Jeffrey Raider)는 세계에서 가장 빠르게 성장하는 디지털 브랜드 중 하나를 만들기 위해 간단한 아이디어를 떠올렸다. 그들은 어떻게 이것을 했을까?

와비파커는 설립자 중 한 명이 700달러짜리 안경을 잃어버렸을 때 시작되었으며, 이러한 개인적 경험을 통해 설립자들은 왜 안경이 그렇게 비싼지, 왜 안경을 온라인상에서 구할 수 없는지에 의문을 품게 되었다. 와비파커는 당신이 온라인으로 주문한 뒤 집 앞까지 안경을 배달 받을 수 있다는 단순한 전제에 바탕을 두고 있다.[62] 와비파커의 안경은 일반적으로 95달러이며, 회사는 판매된 한 쌍에 대해 자선 기부금으로 한 쌍을 기부한다. 회사는 출시 1년 만에 안경 2만 쌍을 판매해 그해 판매 목표를 크게 초과 달성했고, 이는 시장에서 통하는 제품을 발견했음을 암시했다.

안경산업은 전통적으로 오프라인 소매점이 주도하고 있다. 그리고 소매점에서 제공되는 다양한 브랜드는 오프라인 회사인 룩소티카(Luxottica)가 소유하고 있다. 룩소티카는 오클리(Oakley), 레이밴(Ray-Ban), 룩소티카 브랜드를 포함한 안경 업계에서 많은 선도적인 브랜드를 보유하고 있다.[63] 룩소티카는 또한 렌즈크래프터스(LensCrafters), 펄비전(Pearle Vision), 선글라스허트(Sunglass Hut) 등 주요 소매점을 소유하고 있다. 또한 룩소티카는 앤클라인(Anne Klein), 샤넬(Chanel), 랄프로렌(Ralph Lauren), 코치(Coach) 아이웨어와 같은 다양한 브랜드에 라이선스를 부여했다. 에실러(Essilor)와의 합병으로

2016년 에실러룩소티카의 총매출은 160억 달러, 평가액은 500억 달러였다. 전적으로 룩소티카는 업계에서 지배적인 입지를 가진 엄청난 경쟁자이다.[64] 어떻게 와비파커가 업계 선두업체인 룩소티카가 판매하는 전통적인 브랜드에 대한 신뢰할 수 있는 대안으로 자리매김할 수 있었을까?

우세한 경쟁자와 높은 제품 가격대가 형성되어 있는 상황에서 와비파커는 밀레니얼 세대의 취향에 맞는 독특한 제품, 매력적인 가격, 탁월한 고객 서비스를 제공하는 라이프스타일 브랜드로 포지셔닝했다. 와비파커는 고객이 안경을 가상으로 사용해볼 수 있도록 하며, 고객 서비스 담당자는 안경 모양에 대한 피드백을 제공할 수 있다. 또한 고객은 집에서 착용할 수 있는 최대 5쌍의 안경을 주문할 수 있으며, 가장 마음에 드는 제품을 선택할 수 있다. 와비파커는 또한 더 넓은 목적과 사회적 사명을 포함시킴으로써 타사와 차별화했다. 소셜 미디어와 온라인 소셜 인플루언서의 강력한 기능을 활용해 입소문도 냈다. 와비파커가 뉴욕 패션 위크에 참여하는 것처럼 뉴욕 공공도서관에 모델들을 초대하고 그들에게 와비파커의 안경을 쓰게 하는 등의 행사는 와비파커를 유명하게 만들었다. 와비파커는 일찍이 고객 서비스의 중요성과 고객 문제에 세심한 주의를 기울였다. 온라인에서의 존재감 외에도, 와비파커는 서서히 그들의 물리적인 존재감을 확장했다. 와비파커의 물리적 소매점은 매력적인 분위기, 잘 훈련된 판매 사원, 맞춤화 서비스를 갖추고 있다. 이러한 것들로 인해 오프라인 매장은 웹사이트를 보완하는 훌륭한 장소가 된다.

마지막으로, DNVB의 성공을 위한 또 다른 열쇠는 적절한 유형의 직원을 고용하고 훈련하는 데 초점을 맞추는 것이다. DNVB의 직원들이 많은 경우에 소비자와 직접 소통하고 있다는 점을 고려할 때 직원들에 대한 이러한 투자는 매우 중요하다. 예를 들어 보노보스라는 또 다른 디지털 네이티브 브랜드는 남성을 위한 맞춤 의류를 제공한다.[65] 이 회사는 뛰어난 서비스를 제공하지만 그 성공은 사람 중심의 기업 문화 덕분이다. 창립자이자 CEO인 앤디 던은 젊고 활기찬 독특한 기업 문화를 만드는 데 도움을 주었으며, 공감하고 자각하며 긍정적인 에너지로 가득 찬 직원을 고용했다. 앤디 던은 직원 중심 문화에 대한 근거를 다음과 같이 요약한다. "만약 여러분의 팀이 이 브랜드를 좋아한다면, 여러분의 고객이 이 브랜드를 좋아할 가능성이 큽니다. 왜냐하면 사람들은 그들이 자랑스러워하지 않는 어떤 일을 하고 싶어 하지 않기 때문입니다. 그런 점에서 그 문화가 정말 소중해집니다."[66] 보노보스는 직원 만족을 핵심 과제로 삼았으며, 직원 간 팀워크와 리더십 향상을 위해 '최고직원담당자(Chief People Officer)'를 만들었다.

디지털 네이티브 브랜드인 와비파커와 보노보스의 매력과 성공을 고려했을 때, 미래는 디지털 네이티브 브랜드의 것이 될 가능성 높다. 와비파커 설립자인 전 와튼비즈니스스쿨 마케팅 교수인 데이비드 벨(David Bell)은 "만약 여러분이 부엌, 침실, 화장실, 거실에 있는 모든 것들을 살펴봤다면, 그것은 모두 와비파커 제품일 수 있다"고 했다.[67]

더욱 광범위하게 말하자면 브랜딩은 일상적인 언어가 되었다. 사회 각계각층의 사람이 브랜딩과 브랜딩 개념에 대해 이야기하는 것을 듣는 것은 드문 일이 아니다. 브랜딩에 대한 관심이 긍정적인 결과를 많이 가져오지만, 사람들은 브랜딩이 어떻게 작동하는지 혹은 브랜딩 개념을 올바르게 적용하는지를 항상 이해하는 것 같지는 않다. 디지털 마케팅과 소셜 미디어 마케팅의 성장과 함께 일어나는 변화들을 고려할 때 이는 특히 사실이다. 브랜딩 성공을 위해서는 적절한 브랜딩 개념(이 책의 초점)을 사용하는 데 대한 공감과 적성이 중요하다.

참고문헌

1. For general background and in-depth research on a number of branding issues, consult the *Journal of Brand Management* and *Journal of Brand Strategy*, Henry Stewart publications.

2. Interbrand Group, *World's Greatest Brands: An International Review* (New York: John Wiley, 1992).

3. Adrian Room, *Dictionary of Trade Greatest Brands: An International Review* (New York: John Wiley, 1992); Adrian Room, *Dictionary of Trade Name Origins* (London: Routledge & Kegan Paul, 1982).

4. The second through fifth levels are based on a conceptualization in Theodore Levitt, "Marketing Success Through Differentiation—of Anything," *Harvard Business Review* (January–February 1980): 83–91.

5. Theodore Levitt, "Marketing Myopia," *Harvard Business Review* (July–August 1960): 45–56.

6. Drake Baer, "Timeless Branding Lessons From A Young Steve Jobs," *Fast Company*, August 12, 2013, https://www.fastcompany.com/3015526/timeless-branding-lessons-from-a-young-steve-jobs.

7. Thomas J. Madden, Frank Fehle, and Susan M. Fournier, "Brands Matter: An Empirical Demonstration of the Creation of Shareholder Value through Brands," *Journal of the Academy of Marketing Science* 34, no. 2 (2006): 224–235; Frank Fehle, Susan M. Fournier, Thomas J. Madden, and David G. Shrider, "Brand Value and Asset Pricing," *Quarterly Journal of Finance & Accounting* 47, no. 1 (2008): 59–82.

8. Jacob Jacoby, Jerry C. Olson, and Rafael Haddock, "Price, Brand Name, and Product Composition Characteristics as Determinants of Perceived Quality," *Journal of Consumer Research* 3, no. 4 (1971): 209–216; Jacob Jacoby, George Syzbillo, and Jacqueline Busato-Sehach, "Information Acquisition Behavior in Brand Choice Situations," *Journal of Marketing Research* 11 (1977): 63–69.

9. Susan Fournier, "Consumers and Their Brands: Developing Relationship Theory in Consumer Research," *Journal of Consumer Research* 24, no. 3 (1997): 343–373.

10. Susan Fournier, "Consumers and Their Brands: Developing Relationship Theory in Consumer Research," *Journal of Consumer Research* 24, no. 3 (1997): 343–373; Aric Rindfleisch, Nancy Wong, and James E. Burroughs, "God and Mammon: The Influence of Religiosity on Brand Connections," in *The Connected Customer: The Changing Nature of Consumer and Business Markets*, eds. Stefan

H. K. Wuyts, Marnik G. Dekimpe, Els Gijsbrechts, and Rik Pieters (Mahwah, NJ: Lawrence Erlbaum, 2010), 163–201; Ron Shachar, Tülin Erdem, Keisha M. Cutright, and Gavan J. Fitzsimons, "Brands: The Opiate of the Nonreligious Masses?," *Marketing Science* 30 (January–February 2011): 92–110.

11. For an excellent example of the work being done on culture and branding, consult the following: Grant McCracken, *Culture and Consumption II: Markets, Meaning and Brand Management* (Bloomington, IN: Indiana University Press, 2005) and Grant McCracken, *Chief Culture Officer: How to Create a Living, Breathing Corporation* (New York: Basic Books, 2009). For a broader discussion of culture and consumer behavior, see Eric J. Arnould and Craig J. Thompson, "Consumer Culture Theory (CCT): Twenty Years of Research," *Journal of Consumer Research* 31 (March 2005): 868–882.

12. Philip Nelson, "Information and Consumer Behavior," *Journal of Political Economy* 78 (1970): 311–329; and Michael R. Darby and Edi Karni, "Free Competition and the Optimal Amount of Fraud," *Journal of Law and Economics* 16 (April 1974): 67–88.

13. Allan D. Shocker and Richard Chay, "How Marketing Researchers Can Harness the Power of Brand Equity." Presentation to New Zealand Marketing Research Society, August 1992.

14. Ted Roselius, "Consumer Ranking of Risk Reduction Methods," *Journal of Marketing* 35 (January 1971): 56–61.

15. Leslie de Chernatony and Gil McWilliam, "The Varying Nature of Brands as Assets," *International Journal of Advertising* 8 (1989): 339–349.

16. Constance E. Bagley and Diane W. Savage, *Managers and the Legal Environment: Strategies for the 21st Century*, 6th ed. (Mason, OH: Southwestern-Cengage Learning, 2010).

17. Tülin Erdem and Joffre Swait, "Brand Equity as a Signaling Phenomenon," *Journal of Consumer Psychology* 7, no. 2 (1998): 131–157.

18. Charles Bymer, "Valuing Your Brands: Lessons from Wall Street and the Impact on Marketers," ARF Third Annual Advertising and Promotion Workshop, February 5–6, 1991.

19. Elisabeth Sullivan, "Building a Better Brand," *Marketing News* 15 (September 2009): 14–17.

20. "Total Store Brand Dollar Sales Volume in the United States from 2013 to 2016 (in billion U.S. dollars)," Statista, accessed April 7, 2018, www.statista.com/statistics/627597/total-store-brand-dollar-sales-in-the-us/.

21. Stewart Hodgson (2017), "Quintessentially British brands: It's not just branding, it's Marks & Spencer branding," November 30, 2017, http://fabrikbrands.com/marks-and-spencer-branding/, accessed September 26, 2019.

22. Leigh Gallagher, "The Education of Brian Chesky," *Fortune*, June 26, 2015, http://fortune.com/brian-chesky-airbnb, accessed October 21, 2018; Robert Safian, "What Airbnb Has Discovered About Building A Lasting Brand," *Fast Company*, April 18, 2017, https://www.fastcompany.com/40407506/what-airbnb-has-discovered-about-building-a-lasting-brand, accessed October 21, 2018.

23. Jarom McDonald, "How Airbnb and Apple Build Their Brands with Storytelling Marketing," *Lucidpress*, February 17, 2016, www.lucidpress.com/blog/how-airbnb-and-apple-use-storytelling-marketing-to-build-their-brands.

24. "Lady Gaga," Profile, Forbes, www.forbes.com/profile/lady-gaga/, accessed October 21, 2018.

25. Denise Lee Yohn, "Lady Gaga Is Still Schooling Marketers," *Forbes*, July 15, 2014, www.forbes.com/sites/deniselyohn/2014/07/16/lady-gaga-is-still-schooling-marketers/#6ed46d6e7c29.

26. Shira Karsen, "Lady Gaga's Newest Venture Is Four-Legged Friendly," *Billboard*, May 28, 2015, www.billboard.com/articles/columns/pop-shop/6582885/lady-gaga-pet-products-miss-asia-kinney-dog.

27. Marci Robin, "Lady Gaga Is Launching Her Own Makeup Brand, Called 'Haus Beauty'," *Allure*, May 9, 2018, www.allure.com/story/lady-gaga-makeup-brand-haus-beauty.

28. David Lidsky, "Me Inc.: the Rethink," *Fast Company*, March 2005, 16.

29. University professors are certainly aware of the power of the name as a brand. In fact, one reason many professors choose to have students identify themselves on exams by numbers of some type instead of by name is so they will not be biased in grading by their knowledge of which student's exam they are reading. Otherwise, it may be too easy to give higher grades to those students the professor likes or, for whatever reason, expects to have done well on the exam.

30. UNICEF, www.unicef.org; Ariel Schwartz, "The UNICEF TAP Project Charges Cash for Tap Water to Raise Funds, Awareness," *Fast Company*, March 22, 2011; "UNICEF Aims to 'Put It Right' with a Five-Year Plan to Raise £55m," *Mail Media Centre*, February 6, 2010; Rosie Baker, "UNICEF Brings Campaign to London Streets," *Marketing Week*, February 15, 2010; IKEA, www.ikea.com.

31. "IKEA & IKEA Foundation, UNICEF and Partners Launch the 'Let's Play for Change' Initiative for Children," *Unicef*, November 17, 2016, www.unicef.org/corporate_partners/index_93336.html.

32. Joel Hochberg, "Package Goods Marketing vs. Hollywood," *Advertising Age*, January 20, 1992.

33. Katie Meyer, "Harry Potter's $25 Billion Magic Spell," *Time*, April 6, 2016, http://time.com/money/4279432/billion-dollar-spell-harry-potter/, accessed October 21, 2018; Nick Wells and MarkFahey, "Harry Potter and the $25 Billion Franchise," *CNBC*, October 13, 2016, www.cnbc.com/2016/10/13/harry-potter-and-the-25-billion-franchise.html.

34. For an illuminating analysis of top brands, see Francis J. Kelley III and Barry Silverstein, *The Breakaway Brand: How Great Brands Stand Out* (New York; McGraw-Hill, 2005).

35. Allan D. Shocker, Rajendra Srivastava, and Robert Ruekert, "Challenges and Opportunities Facing Brand Management: An Introduction to the Special Issue," *Journal of Marketing Research* 31, no. 2 (May 1994): 149–158.

36. John Deignton and Leora Kornfeld, "Interactivity's Unanticipated

Consequences for Marketers and Marketing." *Journal of Interactive Marketing* 23, no. 1 (2009): 4–10.

37. Steve Lohr, "Museums Morph Digitally," *The New York Times*, October 26, 2014, www.nytimes.com/2014/10/26/arts/artsspecial/the-met-and-other-museums-adapt-to-the-digital-age.html.

38. Martin Hirt and Paul Willmott, "Strategic Principles for Competing in the Digital Age," *McKinsey Quarterly*, May 2014, www.mckinsey.com/business-functions/strategy-and-corporate-finance/our-insights/strategic-principles-for-competing-in-the-digital-age.

39. The Times Editorial Board, "Facebook Finally Steps Up on Privacy. Now It's Congress's Turn," *Los Angeles Times*, April 8, 2018, www.latimes.com/opinion/editorials/la-ed-facebook-privacy-rights-20180406-story.html.

40. Martin Hirt and Paul Willmott (2014), "Strategic principles for competing in the digital age," https://www.mckinsey.com/business-functions/strategy-and-corporate-finance/our-insights/strategic-principles-for-competing-in-the-digital age.

41. Itamar Simonson and Emanuel Rosen, *Absolute Value: What Really Influences Customers in the Age of (Nearly) Perfect Information* (New York: Harper Collins, 2014).

42. Ronnie Phillips, "Rock and Roll Fantasy?: The Reality of Going from Garage Band to Superstardom" (Berlin: *Springer Science & Business Media*). *ISBN 9781461459002*; Randy R. Grant, John C. Leadley, and Zenon X. Zygmont *The Economics of Intercollegiate Sports* (Singapore: World Scientific Publishing Co Inc.). *ISBN 9789814583398*.

43. Jagdish Sheth and Rajendra Sisodia. *The Rule of Three: Surviving and Thriving in Competitive Markets* (New York: Simon and Schuster, 2002).

44. Dan Sewell, "Procter & Gamble Moves from Soap Operas to Social Media," *USA Today*, December 11, 2010.

45. "Nutritional FAQs," LaCroix, accessed April 29, 2018, www.lacroixwater.com/nutritional-faqs/.

46. "Meridan Success Story: 8, LaCroix," Meridian Associates Inc., accessed April 29, 2018, www.meridianai.com/success_product_lacroix.html.

47. Mike Esterl, "LaCroix Bubbles Up in Sparkling Water Brand Competition," *The Wall Street Journal*, April 7, 2016, www.wsj.com/articles/lacroix-bubbles-up-in-sparkling-water-brand-competition-1460047940.

48. Tanya Dua, "The LaCroix Guide to Tapping 'Micro-influencers'," *Digiday*, May 18, 2016, https://digiday.com/marketing/the-lacroix-guide-micro-influencers/.

49. Ibid.

50. Ibid.

51. Jem Aswad, "Single Michael Jackson Glove Sold for over $300K," *Rolling Stone*, December 6, 2010; Jerry Garrett, "Putting a Price on Star Power," *The New York Times*, January 28, 2011; Christies, www.christies.com; For an academic treatment of the topic, see George E. Newman, Gil Diesendruck, and Paul Bloom, "Celebrity Contagion and the Value of Objects," *Journal of Consumer Research* 38 (August 2011): 215–228.

52. For discussion of some other approaches to branding, see David A. Aaker, *Managing Brand Equity* (New York: Free Press, 1991); David A. Aaker, *Building Strong Brands* (New York: Free Press, 1996); David A. Aaker and Erich Joachimsthaler, *Brand Leadership* (New York: Free Press, 2000); Jean-Noel Kapferer, *Strategic Brand Management*, 2nd ed. (New York: Free Press, 2005); Scott M. Davis, *Brand Asset Management* (New York: Free Press, 2000); Giep Franzen and Sandra Moriarty, *The Science and Art of Branding* (Armonk, NY: M. E. Sharpe, 2009). For an overview of current research findings, see *Brands and Brand Management: Contemporary Research Perspectives*, eds. Barbara Loken, Rohini Ahluwalia, and Michael J. Houston (New York: Taylor and Francis, 2010) and *Kellogg on Branding*, eds. Alice M. Tybout and Tim Calkins (Hoboken, NJ: John Wiley & Sons, 2005).

53. For a very practical brand-building guide, see David Taylor and David Nichols, *The Brand Gym*, 2nd ed. (West Sussex, UK: John Wiley & Sons, 2010).

54. Juliet Carnoy, "The Rise of the Digitally Native Vertical Brand," *The Huffington Post*, February 28, 2017, www.huffingtonpost.com/entry/the-rise-of-the-digitally-native-vertical-brand_us_58b4c830e4b0658fc20f9965.

55. Daniel Keyes, "E-Commerce Will Make Up 17% of All U.S. Retail Sales by 2022-And One Company Is The Main Reason." *Business Insider*, August 11, 2017, www.businessinsider.com/e-commerce-retail-sales-2022-amazon-2017-8.

56. "The Top 25 Digitally Native Vertical Brands 2017," ANA, accessed May 17, 2018, www.ana.net/getfile/24698.

57. "A Guide to Building Digitally Native Vertical Brands," *TechStyle Fashion Group*, January 5, 2018, https://techstylefashiongroup.com/guide-building-digitally-native-vertical-brands/.

58. Tom Foster, "Over 400 Startups Are Trying to Become the Next Warby Parker. Inside the Wild Race to Overthrow Every Consumer Category," *Inc. Magazine*, May 2018, www.inc.com/magazine/201805/tom-foster/direct-consumer-brands-middleman-warby-parker.html.

59. Richie Siegel, "Will the Digitally Native Brand Building Playbook Produce Results?," *Business of Fashion*, November 29, 2017, www.businessoffashion.com/articles/opinion/op-ed-will-the-digital native-brand-building-playbook-produce-results.

60. Ibid.

61. Capital IQ, www.capitalIQ.com.

62. "A Guide to Building Digitally Native Vertical Brands," *TechStyle Fashion Group*, January 5, 2018, https://techstylefashiongroup.com/guide-building-digitally-native-vertical-brands/.

63. Ana Gotter, "What Your Brand Can Learn from Warby Parker's Massive Success," *Pixlee*, www.pixlee.com/blog/what-your-brand-can-learn-from-warby-parkers-massive-success/; Claire Cain Miller, "Defying Conventional Wisdom to Sell Glasses Online," *The New*

York Times, January 16, 2011, www.nytimes.com/2011/01/17/technology/17glasses.html.

64. Chad Bray and Elizabeth Paton, "Luxottica, Owner of Ray-Ban, in $49 Billion Merger With Essilor," *The New York Times*, January 16, 2017, www.nytimes.com/2017/01/16/business/dealbook/luxottica-essilor-merger.html.

65. Barbara Thau, "Why a Store You've Likely Never Heard of Hints at Retail's Future," *Forbes*, July 8, 2015, www.forbes.com/sites/barbarathau/2015/07/08/bonobos/#370a6528359b.

66. Sarah Lawson, "Bonobos Just Hired a New Chief People Officer to Scale Company Culture," *Fast Company*, September 25, 2015, www.fastcompany.com/3051429/bonobos-just-hired-a-new-chief-people-officer-to-scale-company-culture.

67. Tom Foster, "Over 400 Startups Are Trying to Become the Next Warby Parker. Inside the Wild Race to Overthrow Every Consumer Category," *Inc. Magazine*, May 2018, www.inc.com/magazine/201805/tom-foster/direct-consumer-brands-middleman-warby-parker.html.

고객 기반 브랜드자산과 브랜드 포지셔닝

2

학습목표

이 장을 읽은 후 여러분은 다음을 할 수 있을 것이다.

1. 고객 기반 브랜드자산을 정의한다.
2. 고객 기반 브랜드자산의 출처와 결과를 간략하게 설명한다.
3. 브랜드 포지셔닝의 네 가지 구성요소를 파악한다.
4. 좋은 브랜드 포지셔닝을 개발하기 위한 지침을 설명한다.
5. 브랜드 만트라와 브랜드 만트라 개발 방법을 설명한다.

독특한 브랜드 포지셔닝은 스타벅스의 놀랄 만한 성장의 원동력이었다.

출처 : AP Photo/Ted S. Warren

개요

1장에서 브랜드에 관한 기본적인 개념(특히 브랜드자산)과 마케팅 전략에서 브랜드의 역할을 소개했다. 제2부에서는 브랜드 전략이 어떻게 개발되는지 탐색해볼 것이다. 위대한 브랜드는 우연히 만들어지는 것이 아니라 세심하고 창의적인 계획의 결과물이다. 따라서 브랜드 관리자는 창의적인 브랜드 전략을 정성 들여 개발하고 실행해야 한다.

그러한 계획을 위해 아래 세 가지 모델이 단계별로 필요하며 이 세 가지 모델은 성공적인 브랜드 구축에서 매우 중요한 미시적·거시적 관점을 제시할 것이다.

1. 브랜드 포지셔닝 모델 : 시장에서 고객의 마음속에 어떻게 경쟁 우위를 세울 것인지 설명한다.
2. 브랜드 공명 모델 : 어떻게 경쟁 우위를 가질 것인지, 어떻게 고객과 긴밀하고 적극적인 충성 관계를 만들어낼 것인지 설명한다.
3. 브랜드 가치사슬 모델 : 충성 고객과 강력한 브랜드를 만들기 위한 마케팅 비용과 투자의 재무적 영향을 더 잘 이해하기 위해 가치 창출 과정을 어떻게 추적할 것인지 설명한다.

종합적으로 이 세 모델은 마케터가 이익과 장기 브랜드자산을 최대화하고 모델 진행 과정을 추적하기 위한 브랜딩 전략과 전술의 고안을 도울 것이다. 2장은 브랜드 포지셔닝 모델을 개발하고 3장에서는 브랜드 공명과 브랜드 가치사슬 모델을 살펴볼 것이다.

이 장에서는 브랜드자산 개념을 보다 공식적으로 검토해 이 책의 나머지 부분에서 유용한 구조적 틀을 구성하는 특별한 관점인 고객 기반 브랜드자산 개념을 소개한다.[1] 아울러 브랜드 포지셔닝 논의의 초석이 될 고객 기반 브랜드자산의 원천을 고찰할 것이다.

포지셔닝(positioning)은 올바른 브랜드 정체성과 이미지를 창출하기 위해 유사점과 차별점을 규명하고 바람직하고 이상적인 브랜드 지식구조를 정의하는 것을 요구한다. 독특하고 의미 있는 차별점은 경쟁 우위와 소비자가 그 브랜드를 사야만 하는 '이유'를 제공한다. 반면에, 브랜드의 어떤 연상들은 경쟁 브랜드의 연상만큼 호의적이어서 소비자의 마음에서는 유사점으로 작용하고 경쟁자의 차별점을 무력화한다. 다시 말해 이러한 연상들은 소비자들이 그 브랜드를 선택하지 않을 수 없는 이유를 제공하도록 설계된다.

이어서 브랜드 포지셔닝을 어떻게 규정하고 정립하는지 그리고 브랜드 포지셔닝의 간결한 표현인 브랜드 만트라를 어떻게 만드는지 살펴볼 것이다.[2] 마지막으로 브랜드 포커스 2.0 및 강력한 브랜드 창출의 많은 편익을 검토하며 이 장을 마무리할 것이다.

고객 기반 브랜드자산

브랜드 마케팅과 관련해서 두 가지 질문이 종종 제기된다. 무엇이 브랜드를 강력하게 만드는가? 그리고 어떻게 강력한 브랜드를 구축할 수 있는가? 이 두 질문에 답하기 위해 **고객 기반 브랜드자산**(customer-based brand equity, CBBE)의 개념을 소개한다. 브랜드자산과 관련해 다양하고 유용한 관점이 제시되었지만, CBBE 개념은 브랜드자산이 무엇이며 어떻게 가장 잘 구축하고 측정하고 관리해야 하는지에 대한 독특한 관점을 제공한다.

고객 기반 브랜드자산의 정의

고객 기반 브랜드자산(CBBE) 개념은 브랜드자산을 소비자 ─ 개인이든 조직이든, 기존 고객이든 미래 고객이든 간에 ─ 관점에서 접근한다는 것이다. 소비자의 니즈와 요구를 이해하고 소비자를 만족시키기 위한 제품과 프로그램을 개발하는 것은 성공적인 마케팅의 핵심이다. 특히 마케팅 관리자는 근본적으로 중요한 두 가지 문제에 직면한다 ─ 소비자의 브랜드 지식은 마케팅활동에 대한 그들의 반응에 어떤 영향을 미치는가?

CBBE 개념은 브랜드의 힘은 시간이 지남에 따라 고객이 경험의 결과로 브랜드에 대해 알고, 느끼고, 보고, 들은 바에 달려 있다는 것을 기본 전제로 한다. 다시 말해 강력한 브랜드 구축을 위해 마케터에게 주어진 과제는 고객이 제품과 서비스 그리고 그것들에 동반된 마케팅 프로그램에 대해 올바른 형태의 경험을 갖게 함으로써 바람직한 생각, 느낌, 이미지, 믿음, 지각, 의견, 경험이 브랜드와 연결되도록 하는 것이다.

고객 기반 브랜드자산은 브랜드에 대한 마케팅활동을 통해서 형성된 브랜드지식이 고객 반응을 창출하는 차별적인 효과라고 정의된다. 브랜드가 식별되지 않았을 때(제품의 이름이 없거나 가상으로 이름이 붙여진 경우)보다 식별되었을 때 소비자가 제품 및 마케팅 방식에 더욱 호감을 가지고 반응하며, 고객에 기초한 긍정적인 브랜드자산을 갖게 된다고 말할 수 있다. 따라서 소비자는 긍정적인 CBBE를 가진 브랜드의 브랜드 확장을 더 잘 받아들이며, 가격 인상 및 광고 지원 중지에 훨씬 덜 민감하고, 또한 새로운 유통채널에서 그 브랜드를 기꺼이 찾으려고 할 것이다. 반면에, 브랜드가 없거나 가상으로 이름 붙여진 제품에 비유되어 소비자가 그 브랜드의 마케팅활동에 덜 호의적으로 반응한다면 그 브랜드는 부정적인 CBBE를 가지고 있는 것이다.

이러한 정의에 있는 세 가지 핵심 요소, 즉 (1) '차별적 효과', (2) '브랜드지식', (3) '마케팅에 대한 소비자 반응'을 살펴보자. 첫째, 브랜드자산은 소비자 반응에서 차별화된 요소를 통해 부각된다. 만약 차별화가 일어나지 않는다면, 브랜드화 제품은 그저 하나의 제품이나 일반적 제품의 형태로 취급될 것이다. 그때의 경쟁은 아마도 대부분 가격에 기초할 것이다. 둘째, 소비자 반응의 이러한 차이는 브랜드에 대한 소비자의 지식, 즉 시간이 경과함에 따라 그들이 경험을 통해 브랜드에 대해 알고, 느끼고, 보고, 들은 바의 결과이다. 따라서 기업의 마케팅활동에 의해 강하게 영향을 받는다 하더라도 브랜드자산은 소비자의 마음속에 존재하고 있는 지식에 궁극적으로 의존하게 된다. 셋째, 브랜드자산을 구성하는 소비자의 차별적 반응은 브랜드의 선택, 광고로부터 소구점의 비보조 상기, 판매촉진에 대한 반응, 제안된 브랜드 확장에 대한 평가 같은 브랜드 마케팅활동의 모든 측면과 관련된 지각, 선호, 행동 등으로 나타나게 된다. 브랜드 포커스 2.0은 그림 2-1에 요약된 바와 같이 이러한 이점에 대해 자세히 설명한다.

고객 기반 브랜드자산이 의미하는 바를 설명하는 가장 간단한 방법은 제품 샘플링이나 비교 테스트 결과를 살펴보는 것이다. 블라인드 맛 테스트에서 두 집단의 소비자는 하나의 제품을 시음한다 ─ 한 그룹은 브랜드를 알고 제품을 시음한 반면, 다른 그룹은 브랜드를 모르고 제품을 시음했다. 동일한 제품을 시음했음에도 불구하고, 두 그룹 간 결과에는 항상 차이가 있다.

소비자가 동일한 제품의 브랜드 유무에 따라 다른 의견을 가지고 있을 때, 그 의견들이 과거 경험이나 브랜드에 대한 마케팅활동에 의해 생겼든 구전 같은 방법에 의해 생겼든 간에 브랜드에

제품 성능에 대한 인식 개선

더 높은 충성도

경쟁사 마케팅활동에 대한 취약점 감소

마케팅 위기에 대한 취약점 감소

더 큰 마진

가격 인상에 대한 소비자의 가격 민감도 감소

가격 하락에 대한 소비자의 가격 민감도 증가

무역 협력 및 지원 확대

마케팅 커뮤니케이션 효과 향상

라이선싱 기회 확대

추가 브랜드 확장 기회

그림 2-1
강력한 브랜드의 마케팅 장점

대한 지식이 소비자의 제품 지각을 변화시켰다. 이러한 결과는 거의 모든 종류의 제품에서 나타나며, 이는 제품의 성능에 대한 소비자 지각이 그들이 지각하고 있는 브랜드의 영향력에 많이 의존하고 있다는 결정적 증거이다. 다시 말해 연관된 특정 브랜드에 따라 옷이 더 잘 어울리고, 자동차가 좀 더 부드럽게 굴러가는 것처럼 느낄 수도 있으며, 은행 대기 시간이 더 짧게 느껴질 수도 있다는 것이다.

연결고리로서 브랜드자산

이처럼 고객 기반 브랜드자산 개념에 따르면, 소비자 지식은 브랜드의 관점에서 그들 스스로를 명백하게 하는 차이를 발생시킨다. 이러한 사실은 브랜드 관리 측면에서 중요한 의미가 있다. 우선 첫째로, 브랜드자산은 마케터에게 과거로부터 미래에 이르는 중요한 전략적 연결고리를 제공한다.

과거의 반영으로서 브랜드 마케터는 제품 제조 및 마케팅에 사용되는 모든 금액을 '비용'이라기보다 소비자가 브랜드에 대해 보고, 듣고, 배우고, 느끼고, 경험하는 것에 대한 '투자'로 인식해야한다. 이러한 지출이 적절하게 설계되고 수행되지 못할 경우 소비자의 마음속에 올바른 지식구조를 형성하지 못했다는 점에서 이 지출은 좋은 투자가 되지 못하지만, 그럼에도 불구하고 마케터는 투자를 고려해야만 한다.

따라서 브랜드 구축에 대한 투자의 **품질**은 가장 중요한 요소이며, 최소 기준치를 초과하는 단순 수량이나 숫자가 아니다. 사실, 돈이 현명하게 쓰이지 않는다면 브랜드 구축에 과다 지출할 수 있다. 반대로, 책 전반에 걸쳐 보겠지만, 몇몇 브랜드는 브랜드 구축에 과다 지출을 하고 있지만, 넷플릭스처럼 소비자 마음속에 소중하고 지속적인 기억의 흔적을 만드는 마케팅활동을 통해 상당한 브랜드자산을 축적하고 있다.

넷플릭스

DVD 발송 사업에서 최고의 오리지널 콘텐츠 제작과 기기 간 스트리밍 서비스에 이르기까지 넷플릭스는 주요 스튜디오와 경쟁하고 있으며, 이제는 소비자가 오리지널 콘텐츠 포트폴리오를 시청할 수 있도록 마케팅활동에 집중하고 있다.[3] 넷플릭스는 성공의 열쇠가 된 몇 가지 마케팅 전략을 채택했다. 고객의 요구를 파악하고 이해하는 능력은 넷플릭스가 고유한 역량을 효과적으로 활용한 것이다. 넷플릭스는 독창적인 프로그램을 제공하기 위해 소비자가 언제, 어떻게, 어떤 콘텐츠를 보는 것을 좋아하는지 추적해 소비자의 취향과 행동에 맞는 새로운 콘텐츠를 만들 수 있다. 〈블랙 미러(Black Mirror)〉와 〈기묘한 이야기(Stranger Things)〉 같은 오리지널 흥행작에서 성공을 거둔 것은 부분적으로 이 드라마를 홍보하고 관객들과 소통하기 위해 새로운 방식으로 기술을 사용할 수 있는 회사의 능력에 기인할 수 있다. 예를 들어 〈기묘한 이야기〉를 홍보하기 위해 넷플릭스는 사용자들이 웹 도구를 사용해 콘텐츠를 만들 수 있는 앱을 개발했다. 마찬가지로, 이 회사는 〈블랙 미러〉와 함께 레이트미(RateMe)라는 앱을 사용했다. 넷플릭스가 큰 성공을 거둔 것은 놀랄 일이 아니며, 2016년 말 가입자 수는 9,380만 명으로 2016년 한 해에만 2,000만 명을 추가했다. 넷플릭스는 브랜드네임이 넷플릭스에서 드라마나 시리즈 영상물 몰아 보기라는 의미의 '넷플릭스 빈지(Netflix Binge)'라는 문구가 일상 어휘가 될 정도로 고객과의 관계가 돈독해졌다.

넷플릭스에서 드라마나 시리즈 영상물 몰아 보기(binge-watching)는 인기 있는 오락이 되었고, '넷플릭스 몰아 보기(Netflix Binge)'는 우리 일상 어휘의 일부가 되었다.

미래 방향으로서 브랜드   오랜 시간에 걸쳐 마케터가 창출한 브랜드지식은 브랜드를 위한 적절하거나 부적절한 미래의 방향들을 제시한다. 소비자는 브랜드지식에 근거해 그들이 생각하는 브랜드의 나아가야 할 방향과 마케팅활동이나 프로그램에 대해 허용할지 여부를 결정할 것이다. 이렇듯 결국 가장 중요한 것은 브랜드의 진정한 가치와 미래 전망은 소비자와 브랜드에 대한 소비자의 지식에 달려 있다.

브랜드자산을 어떻게 정의하든 간에 마케터에게 있어 하나의 개념으로서 브랜드자산의 가치는 궁극적으로 마케터가 그것을 어떻게 이용하는지에 달려 있다. 기업이 행하는 모든 것은 브랜드자산을 높이거나 떨어뜨릴 수 있다. 강력한 브랜드를 만드는 마케터는 이러한 개념을 받아들여 그들의 마케팅활동을 명확히 하고 의사소통하며 수행하는 방법으로 그것을 최대한 이용한다.

디스커버리 채널

디스커버리 채널은 '여러분의 세계를 탐험하세요'라는 모토와 모험, 탐험, 과학, 호기심이라는 명확한 브랜드 가치를 가지고 시작되었다. 범죄와 과학 수사 쇼, 자전거와 자동차 콘텐츠가 등장하는 리얼리티 프로그램으로 우회한 후, 디스커버리 채널은 회사가 자랑스러워할 만한 고품질의 작업을 하고 사람과 환경의 지속가능성에 도움이 되는 프로그램 제작이라는 본연의 임무로 돌아왔다.[4] 디스커버리 채널은 〈샤크 위크(Shark Week)〉, 〈미스버스터즈(MythBusters)〉, 〈골드러시(Gold Rush)〉와 같은 인기 있는 쇼와 함께 미국 내 케이블 채널 상위 5개 중 하나로 손꼽히며, 특정 소비자 계층 (예 : 35~54세 남성)에게 특히 매력적이다.[5] 고객과의 관계를 강화하고 환경에 대한 브랜드의 헌신을 재확인하기 위해 디스커버리는 인기 프로그램인 〈샤크 위크〉의 힘을 활용해 오세아나(Oceana)라는 해양 대화 단체에 대한 기부를 지지 했다.[6] 오늘날 디스커버리 채널은 미국 내에서 누적 9,400만 가구에 다가간다.[7] 국제적으로 디스커버리 채널은 220개 이상의 국가 및 지역에서 30억 명 이상의 누적 시청자를 보유하고 있다.[8]

다른 요소도 브랜드 성공에 영향을 줄 수 있으며, 브랜드자산은 고객 외에 종업원, 공급자, 경로 구성원, 미디어, 정부 같은 다른 요소에도 의미를 갖는다.[9] 그럼에도 불구하고 고객과의 성공은 기업을 위한 성공에 중요하므로 다음 절에서는 브랜드지식과 CBBE를 자세히 살펴볼 것이다.

브랜드 강력하게 만들기 : 브랜드지식

CBBE 개념의 관점에서 보면 브랜드지식은 브랜드자산을 창출하는 핵심이다. 그 이유는 브랜드 지식이 브랜드자산을 이끌어내는 차별적인 효과를 창출하기 때문이다. 마케터에게 필요한 것은 소비자의 기억 속에 브랜드지식이 어떻게 존재하고 있는지를 표현해내는 통찰력 있는 방법이다. 심리학자에 의해 개발된 기억 모델이 이 목적을 달성하는 데 도움을 줄 것이다.[10]

연상 네트워크 기억 모델(associative network memory model)은 기억을 노드와 고리가 연결된 네트워크로 구성되어 있다고 보는데, 노드는 저장된 정보와 개념을 나타내고 고리는 노드들 사이의 연상 강도를 나타낸다. 언어적, 추상적 또는 문맥상으로 파악되는 모든 형태의 정보가 기억 네트워크에 저장될 수 있다.

연상 네트워크 기억 모델에서처럼 브랜드지식을 기억 속에서 브랜드와 연결된 다양한 연상을 지닌 브랜드 노드로 구성되는 것으로 생각해보자. 브랜드지식은 브랜드 인지도와 브랜드 이미지라는 두 가지 구성요소로 이루어져 있다. **브랜드 인지도**(brand awareness)는 소비자의 기억 속에 형성되는 브랜드 노드의 강도나 흔적과 관련되어 있으며 다양한 조건에서 브랜드를 식별할 수 있는 소비자의 능력으로 측정할 수 있다.[11] 브랜드 인지도는 브랜드자산을 구축하는 데 필요한 단계지만 항상 충분한 것은 아니다. 브랜드 이미지와 같은 다른 요소가 종종 역할을 맡게 된다.

브랜드 이미지는 오랫동안 마케팅에서 중요한 개념으로 인식되었다.[12] 마케팅 담당자가 항상 측정 방법에 동의한 것은 아니지만 일반적으로 받아들여지는 한 가지 견해는 우리의 연상 네트워크 기억 모델과 일관되게 **브랜드 이미지**(brand image)는 소비자 기억 속에 있는 브랜드연상에 의해 반영되는 브랜드에 대한 소비자의 인식이라는 것이다.[13] 다시 말해 브랜드연상은 기억 속에서 브랜드 노드에 연결되어 있는 또 다른 정보의 노드이며, 소비자를 위한 브랜드의 의미를 포함하고 있다. 연상은 모든 형태로 제공되며 제품과 무관하게 제품의 특성을 반영할 수 있다.

예를 들어 누군가가 당신에게 애플 컴퓨터를 생각하면 마음속에 무엇이 떠오르냐고 묻는다면 당신은 뭐라고 답할 것인가? 당신은 '잘 설계된', '사용하기 쉬운', '독보적인 기술' 등과 같은 연상을 대답할 것이다. 그림 2-2는 애플 컴퓨터에 대해 과거에 소비자가 표현했던 공통적으로 언급되는 몇 가지 연상을 나열하고 있다.[14] 당신의 마음속에 떠오르는 연상들이 애플에 대한 당신의 브랜드 이미지를 형성하고 있다. 혁신적 제품과 숙련된 마케팅활동을 통해서 애플은 많은 브

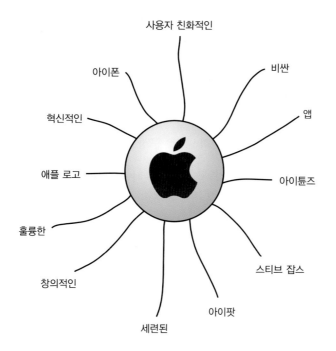

그림 2-2
애플 브랜드와 관련된 가능한 연상

출처 : Staff/MCT/Newscom;
Hyoryung Nam, Yogesh V. Joshi,
and P. K. Kannan, "Harvesting
Brand Information from Social
Tags," *Journal of Marketing* 81, no.
4 (2017): 88–108.

랜드연상으로 이루어진 풍부한 브랜드 이미지를 만들어낼 수 있었다. 많은 연상이 대다수의 소비자에게 공유되기 쉬워서 이를 애플의 브랜드 이미지로 언급할 수 있으나, 소비자나 세분시장에 따라 이러한 이미지가 상당히 다를 수도 있다는 사실을 인지해야 한다.

물론 다른 브랜드는 또 다른 연상 집합을 수반한다. 예를 들어 맥도날드의 마케팅 프로그램은 소비자의 마음속에 '질', '서비스', '청결', '가치'에 관한 연상을 창출하고자 노력하고 있다. 맥도날드의 풍부한 브랜드 이미지는 '로날드 맥도날드', '황금빛 아치', '어린이용', '편의성'에 대한 강한 연상뿐만 아니라 아마도 '패스트푸드'와 같은 잠재적으로 부정적인 연상도 포함한다. 메르세데스–벤츠는 '성능'과 '지위'에 관한 강한 연상을 창출해온 반면에, 볼보는 '안전'에 관한 강한 연상을 창출해왔다. 후반부에서 다양한 형태의 연상과 그 연상의 강도를 어떻게 측정하는지에 대해 살펴볼 것이다.

브랜드자산의 원천

무엇이 브랜드자산을 존재하게 하는가? 마케터는 브랜드자산을 어떻게 창출할 수 있는가? 고객에 기초한 브랜드자산은 몇몇 경우에 있어서는 브랜드 인지도만으로 호의적인 소비자 반응을 충분히 얻을 수도 있다(예를 들면 저관여 의사결정에서 소비자가 친숙함에만 의존해 선택을 하려고 할 때). 그러나 대부분의 다른 상황에서는 브랜드연상의 강도, 호감도, 독특성이 브랜드자산을 구성하는 차별적 반응을 결정하는 데 중요한 역할을 한다. 만약 소비자가 특정 브랜드를 제품군 혹은 서비스군에서 유일한 대표로 지각한다면 그땐 소비자가 마치 그 제공물이 브랜드화되지 않은 것처럼 반응할 것이다.

따라서 마케터는 브랜드들 사이에 의미 있는 차별성이 있다는 것을 소비자에게 확신시켜야만 한다. 소비자는 특정 제품군 혹은 서비스군 내에 있는 모든 브랜드가 같다고 생각하지는 않는다. 소비자의 기억 속에 강하고 호의적이며 독특한 연상의 긍정적 브랜드 이미지를 확립한다는 것은 고객 기반 브랜드자산을 구축하기 위한 브랜드 인지도를 창출하는 것과 제휴해가는 것이다.

브랜드 인지도

브랜드 인지도는 브랜드 재인과 브랜드 회상으로 구성된다.

- **브랜드 재인**(brand recognition)은 특정 브랜드가 하나의 단서로 주어졌을 때, 전에 그 브랜드를 접해본 적이 있다고 확신하는 소비자의 능력이다. 다시 말해 소비자가 가게에 갔을 때, 그 브랜드를 전에 접해본 적이 있는 브랜드로 인지할 수 있을까?
- **브랜드 회상**(brand recall)은 제품군이나 그 제품군이 충족시키는 니즈 혹은 구매나 사용 상황이 단서로 주어졌을 때 기억 속에서 그 브랜드를 인출해내는 소비자의 능력이다. 다시 말해 켈로그 콘플레이크에 대한 소비자의 브랜드 회상은 가게에서 구매를 결정할 때건 집에서 무엇을 먹을 것인지를 결정할 때건 간에 소비자가 시리얼 제품군에 대해 생각할 때 혹은 아침이나 간식으로 무엇을 먹어야 할지에 대해 생각할 때 그 브랜드를 인출해내는 소비자의 능력에 달려 있다.

소비자 의사결정이 브랜드네임, 로고, 포장 등이 실제로 제시되고 볼 수 있는 구매 시점에서 이루어진다면 브랜드 재인이 중요하다는 연구가 있다. 반면에 소비자 의사결정이 구매 시점이 아닌 상황에서 주로 만들어진다면 브랜드 회상이 더 중요할 것이다.[15] 이러한 이유 때문에 서비스와 온라인 브랜드의 경우 브랜드 회상을 창출하는 것이 매우 중요하다. 소비자는 브랜드를 적극적으로 탐색함으로써 적절한 때 기억으로부터 그 브랜드를 인출해낼 수 있는 것이다.

그러나 브랜드 회상이 구매 시점에서 덜 중요하다고 해도 여전히 소비자의 브랜드 평가와 선택은 구매 시점에서 알아보는 브랜드에 관하여 그 밖에 다른 무엇을 기억해내는지에 달려 있다. 기억 속에 있는 대부분의 정보가 그렇듯이 기억 속에서 브랜드를 인출해내는 것보다는 그 브랜드를 알아보는 것이 일반적으로 더 쉽다.

브랜드 인지도의 장점 브랜드 인지도를 높은 수준으로 창출해냄으로써 얻을 수 있는 장점은 무엇인가? 학습의 장점, 고려의 장점, 선택의 장점 세 가지가 있다.

학습의 장점 브랜드 인지도는 브랜드 이미지를 구성하는 브랜드연상의 형성과 강도에 영향을 준다. 브랜드 이미지 창출을 위해서 마케터는 먼저 소비자가 어떻게 부가적인 브랜드연상을 쉽게 학습하고 저장하는지에 영향을 주는 것의 본질로서 기억 속에 하나의 브랜드 노드를 만들어야 한다. 브랜드자산을 구축하는 첫 단계는 그 브랜드를 소비자의 마음속에 새기는 것이다. 올바른 브랜드 요소가 선택되었다면 그 일은 더 쉬워질 것이다.

고려의 장점 소비자는 구매 결정을 내릴 때마다 니즈를 만족시키거나 충족시켜줄 브랜드를 고려해야 한다. 브랜드 인지도를 높이면 그 브랜드가 주요 구매 고려대상이 되는 소수의 브랜드로 구성된 **고려군**(consideration set)에 속하게 될 가능성이 높아진다.[16] 여러 연구 조사에 따르면, 소비자는 하나의 브랜드에만 충성하는 경우는 드물며 대신에 구매 고려대상이 되는 일련의 브랜드와

주기적으로 실제 구매하는—아마도 더 적은—또 다른 일련의 브랜드를 갖고 있다. 소비자는 전형적으로 소수의 브랜드만을 구매대상으로 고려하기 때문에, 그 브랜드가 구매 고려군에 속해 있다고 확신하는 것은 다른 브랜드가 고려대상이 되거나 인출될 가능성이 더 낮아진다는 것을 의미한다.[17]

선택의 장점　브랜드 인지도를 높은 수준으로 창출함으로써 갖는 세 번째 장점은 브랜드 인지도가 비록 구매 고려군에 속해 있는 브랜드들과 다른 연상이 없다 할지라도, 그 브랜드들 가운데서 선택에 영향을 줄 수 있다는 것이다.[18] 예를 들면 소비자는 경우에 따라 좀 더 친숙하고 확립된 브랜드만을 구매한다는 의사결정 규칙을 채택하는 것으로 알려져 있다.[19] 따라서 저관여 결정 상황에서는 브랜드 인지도의 최저 수준이 제품 선택을 하는 데 충분하며, 심지어는 잘 확립된 태도가 없는 경우에도 그렇다.[20]

　태도 변화와 설득에 대한 한 가지 영향력 있는 모델은 소비자가 관여도가 낮을 때 브랜드 인지도를 고려해 선택을 할 수 있다는 개념과 일치한다. 저관여 현상은 소비자의 구매 동기(소비자가 그 재화나 서비스에 관심이 없을 때)나 구매 능력(소비자가 한 카테고리 안에 있는 브랜드에 대해 잘 알지 못할 때)이 부족할 때 생긴다.[21]

1. **소비자 구매 동기** : 제품 및 브랜드가 마케터에게 아주 중요하다고는 하지만, 많은 제품군에서 하나의 브랜드를 선택하는 것이 많은 소비자에게는 생사가 걸린 결정은 아니다. 예를 들어 제품 차별점에 대해 소비자를 설득하기 위해 수년간 TV 광고에 수백만 달러를 쏟아부었음에도 불구하고, 소비자의 40%가 모든 휘발유 브랜드가 거의 똑같다고 믿고 있거나 어떤 브랜드의 휘발유가 최고인지 모르고 있다는 것이 조사에서 밝혀졌다. 하나의 제품군 내에 있는 브랜드들 간에 소비자가 지각하는 차이점이 없기 때문에, 선택 과정에서 동기를 부여받지 못하는 소비자가 생겨날 가능성이 있다.

2. **소비자 구매 능력** : 소비자는 일부 제품군에 있는 제품의 품질을 판단하는 데 필요한 지식이나 경험을 반드시 갖고 있지는 않다. 첨단 기능을 갖춘 이동통신장비 같은 고도의 기술 집약형 제품의 경우가 그러한 예이다. 그러나 소비자는 낮은 수준의 기술 제품군에서마저도 품질 판단을 못할 수 있다. 요리나 청소를 해본 적이 전혀 없었던 대학생이 처음으로 본격적으로 슈퍼마켓에서 쇼핑을 하거나 혹은 고가의 자본 구매를 해야만 하는 신입 매니저를 생각해보자. 종종 제품 품질은 아주 애매모호해서 전에 많은 경험을 하지 못했거나 전문지식이 없으면 판단하기가 매우 어려운 것이 사실이다. 이러한 경우에 소비자는 가능한 한 최선의 방식으로 자신의 의사결정을 하기 위해 제시할 수 있는 간단하거나 손쉬운 방법은 무엇이든 사용할 것이다. 때때로 소비자는 자신이 가장 잘 알고 있고 친숙한 브랜드를 그냥 선택한다.

3. **소비자 구매 기회** : 비록 소비자가 좋은 브랜드를 선택하고 싶고 그렇게 할 수 있을 만큼 충분히 알아도 시간, 에너지, 또는 그렇게 하는 데 필요한 다른 요소가 부족하기 때문에 그들은 여전히 고관여 결정을 내리지 못할 수도 있다. 시장 자체가 세부적인 의사결정을 못하게 막는 특정한 장벽이 있을 수 있다. 어떤 이유에서든 소비자가 브랜드 제공물을 신중하고 사려 깊게 평가할 기회가 없다면 브랜드 인지도와 같은 휴리스틱에 의존해 브랜드를 선택할 수 있다.

브랜드 인지도 구축하기　당신은 브랜드 인지도를 어떻게 창출하는가? 개략적으로, 브랜드 인지도를 높이는 것은 반복적인 노출을 통해 브랜드 친숙도를 높이는 것을 의미하지만, 일반적으로 브랜드 회상보다는 브랜드 인지도를 높이는 것이 더 효과적이다. 즉 소비자가 브랜드를 보거나 듣거나 생각하면서 더 많이 경험할수록 브랜드를 기억 속에 강하게 등록할 가능성이 높아진다.

　따라서 소비자들로 하여금 브랜드네임, 로고, 캐릭터, 포장, 슬로건을 접할 수 있게 해주는 광고와 판매 촉진, 후원과 이벤트 마케팅, 퍼블리시티와 PR, 옥외광고 등 모든 것이 브랜드 요소에 대한 친숙성과 인지도를 증대할 수 있다. 그리고 마케터가 더 많은 요소를 강화할수록 인지와 친숙성은 더욱 좋아진다. 예를 들어 브랜드네임에 더하여 인텔은 인지도를 높이기 위해 'Intel Inside' 로고를 사용하고 독특한 심벌뿐만 아니라 유명한 4계명의 징글을 TV 광고에 사용하고 있다.

이트레이드

이트레이드(E*TRADE)를 리브랜딩하면서 처음에 회사는 현명한 이트레이드 아기를 내세우는 캠페인을 진행했으며, 까부는 마케팅으로 유명했다. 이 광고는 2008~2013년 사이 슈퍼볼 방송 중 유명세를 탄 미디어 사이트에 소개되었다. 브랜드가 입지를 굳히면서 이트레이드는 전략을 전환하고 광고 목표를 브랜드 재인 향상에서 잠재 고객 발굴 및 기존 고객 충성도 강화로 다시 정의했다.[22] 아기는 브랜드에 재미, 접근성, 호감도와 같은 바람직한 특성을 제공했지만, 브랜드의 진화를 알리는 광고의 변화가 중요했다. 그들은 스스로를 냉철하고 현명한 조언자로 브랜드화했다. 이트레이드는 구식의 '하이 터치(high touch)' 관계를 구축해 경쟁 우위를 확보하고자 했으며 기술 중심 혁신 기업으로 명성을 얻은 것은 아이러니한 일이었다. 광고 캠페인은 자신감 있고 자기주도적이며 독립적인 새로운 유형의 투자자나 브랜드가 'E형' 고객이라고 부르는 새로운 유형의 투자자에 초점을 맞추기 시작했다.[23] 오늘날 이트레이드의 광고는 농담을 과소평가하기 시작했고 고객을 운에 맡기지 않는 신중한 기획자로 묘사했다. 이트레이드의 CEO는 다음과 같이 말한다. "우리는 투자자들과 함께 성장해 그들을 교육시키고 그들이 더 똑똑해지도록 돕고 싶습니다. 이 경우 수익에 도움이 됩니다."[24]

유머러스한 TV 광고에 등장한 재치 있는 이트레이드 아기와 슈퍼볼 경기 중 광고 배치는 이 회사에 대한 높은 수준의 브랜드 인지도를 구축하는 데 도움이 되었다.

반복은 인식 능력을 증가시키는 반면, 브랜드 회상 향상을 위해서는 기억 속에서 적절한 제품 군이나 그 밖의 구매 상황, 소비단서와 연결되어야 한다. 슬로건이나 시엠송은 브랜드와 적절한 단서들(긍정적인 브랜드 이미지를 창출한다는 점에서 이상적인 브랜드 포지셔닝)과 짝을 이룬 다. 또한 로고, 캐릭터, 포장과 같은 다른 브랜드 요소가 브랜드 회상을 지원한다.

광고 슬로건의 경우처럼 브랜드와 그에 해당하는 제품군이 결합되는 방식은 제품군 연결 강도 를 결정짓는 데 큰 영향을 미친다. 포드 자동차처럼 경쟁 시장에서나 혹은 브랜드가 제품군에 처음 진입할 때의 상황에서 마케팅 프로그램을 통해 제품 카테고리와 연결시키는 것을 강조하는 것 이 더 중요하다. 만약 브랜드가 갖는 제품의 의미가 브랜드 확장이나 통합 또는 획득을 통해 변하 게 되면, 그 브랜드를 적절한 제품군이나 그 외의 관련 단서들과 강력하게 연결하는 것이 매우 중 요하다.

많은 마케터가 기이한 주제의 소위 충격광고를 통해 브랜드 인지도를 창출하려 했다. 예를 들 어 닷컴 붐이 절정일 때 온라인 소매상인 아웃포스트닷컴(Outpost.com)은 대포로 쏘아 올린 쥐, 밴드부를 공격하는 늑대들, 이마에 브랜드네임이 새겨진 유치원생들이 등장하는 광고를 선보였 다. 이러한 방식의 문제는 광고 속에서 제품이 충분히 부각되지 못함으로 인해 특정 제품군에 강 력한 연결을 창출하는 데 늘 실패하고 있다는 것이다. 이 방식은 많은 반감을 야기할 수도 있다. 종종 궁여지책의 이러한 방식은 장기간의 브랜드자산을 위한 기반을 거의 제공하지 못한다.

애니즈 홈그로운

애니즈 홈그로운(Annie's Homegrown)은 자사의 음식이 당신이 좋은 삶을 살 수 있도록 도와준다고 광고함으로써 브 랜드 이미지를 성공적으로 만들어냈다. 'Choose Good'은 'Good은 어려울 수 있지만, Good은 또한 쉬울 수 있다'로 끝나는 광고 주제이다. 애니의 사명은 영양분이 풍부하고 건강한 음식을 통해, 그들이 하는 모든 일에서, 사람들과 지구 를 어떻게 대하는지에 대한 건강한 행동 강령을 통해 세상을 더 건강하고 행복하게 만드는 것이다.

애니는 포장된 파스타 시장에서 크래프트(Kraft) 다음으로 두 번째로 큰 시장 점유율을 가지고 있다. 냉동피자, 크래 커, 샐러드 드레싱, 조미료 시장 등 다양한 분야에도 진출했다. 그렇다면, 애니즈 홈그로운은 크래프트와 같은 대기업이 장악하고 있는 시장에서 어떻게 독보적인 위치를 차지했을까? 애니즈 홈그로운은 기업의 사회적 책임에 초점을 맞췄 다. 애니즈 홈그로운이 기업의 사회적 책임에 초점을 맞춘 것은 적절한 시기에 적절한 조치였으며, 지속가능성과 기업

애니즈 홈그로운은 고객이 좋은 삶을 살도록 도울 수 있는 영양가 있고 건강한 음식의 포지셔닝에 초점을 맞추어 특별한 브랜드 이미지를 구축했다.

의 사회적 책임에 대한 소비자의 관심이 변화하고 있다는 것을 떠올리게 했다. 애니즈 홈그로운의 포장은 설립자인 애니 위티(Annie Withey)가 손으로 쓴 편지들로 구성되어 있었고 재활용 종이로 만들어졌다.[25] 넥타이 염료 상자에 담긴 '유기농 평화 파스타 & 파르메잔' 같은 애니의 맛은 그들에게 독특한 느낌을 주었다. 대표 브랜드 캐릭터 '버니 더 버니(Bernie the Bunny)'는 브랜드를 따뜻하고 사랑스러워 보이게 했다.[26] 애니즈 홈그로운 홈페이지는 미국 가족 농장 전용 3분짜리 비디오를 특집으로 다루었다. 따라서 여러 가지 면에서, 애니즈 홈그로운이 소규모 가족농을 지원하는 것과 같은 주제와 지속가능한 농업을 공부하는 학생들을 위한 대학 장학금 같은 사회적 약속은 소비자들에게 반향을 불러일으켰다.

2014년, 애니즈 홈그로운은 제너럴밀스(General Mills)에 8억 2,000만 달러에 인수되었다. 인수에도 불구하고 애니즈는 포지셔닝과 가치를 유지하면서 다른 제품 범주(예 : 시리얼)로 영역을 넓혔다. 주목할 점은 제너럴밀스의 인수가 코카콜라, 켈로그, 제너럴밀스와 같은 대형 식품 제조업체가 건강하고 환경 친화적인 포지셔닝을 갖춘 소규모 브랜드를 인수하는 일반적인 흐름의 일부라는 점이다. 애니즈 홈그로운은 인수에 이어 점점 더 인기를 얻고 있는 깨끗하고 환경 친화적이며 건강에 좋은 식품 부문에서 낮지만 안정적인 시장 점유율을 유지하고 있다.[27]

브랜드 이미지

반복적인 노출(브랜드 재인을 위한)을 이용한 브랜드 친숙성 제고와 적절한 제품 범주 또는 기타 관련 구매나 소비 신호와 강력한 연관성 형성(브랜드 회상을 위한)을 통한 브랜드 인지도 창출은 브랜드자산을 구축하는 데 있어서 중요한 첫 번째 단계이다. 일단 충분한 브랜드 인지도가 형성되면 마케팅 담당자는 브랜드 이미지 형성에 더욱 집중할 수 있다.

긍정적인 브랜드 이미지를 만드는 것은 강하고 호의적이며 독특한 연관성을 기억 속에 있는 브랜드에 연결하는 마케팅 프로그램을 사용한다. 브랜드 연관성은 브랜드 속성 또는 이점 중 하나일 수 있다. **브랜드 특성**(brand attributes)은 제품 또는 서비스의 특성을 설명하는 기능이다. **브랜드 혜택**(brand benefit)은 소비자가 제품 또는 서비스 속성에 부여하는 개인적 가치와 의미이다.

소비자는 브랜드 특성과 브랜드 혜택(편익)에 대한 믿음을 상이한 방식으로 형성한다. 그러나 고객 기반 브랜드자산의 정의는 브랜드연상의 원천과 그 형성 방식을 구분하지 않고 브랜드연상의 호감도, 강도, 독특함만을 중요시한다. 이는 소비자가 마케팅활동 외에 다양한 방식, 이를테면 직접적 경험에 의해서, 온라인 서핑, 《컨슈머 리포트》나 기타 매체 수단 같은 상업적 또는 객관적 원천의 정보를 통해서, 구전에 의해, 그리고 회사, 국가, 유통채널, 인물, 장소, 이벤트가 가진 브랜드 그 자체, 브랜드네임, 브랜드 로고나 브랜드 아이덴티티에 관해 소비자가 만드는 가정과 추론을 통해 브랜드연상을 형성할 수 있다는 것을 말한다.

마케터들은 커뮤니케이션 전략을 수립할 때 이러한 정보 원천을 가능한 한 적절하게 관리해야 하고, 브랜드에 영향을 미칠 수 있는 또 다른 정보 원천에 대해서도 파악해야 한다. 예를 들어 애니즈 홈그로운이 어떻게 브랜드자산을 구축할 수 있었는지 살펴보자.

요약컨대, 고객 기반 브랜드자산을 이끌어내는 상이한 반응을 창출하기 위해 마케터는 브랜드연상을 강하게 유지해주는 어떤 것이 호의적인 것일 뿐만 아니라 독특한 것이며 경쟁 브랜드들과는 공유하지 않은 것이라는 사실을 확신할 필요가 있다. 독특한 연상은 소비자가 브랜드를 선택하는 것을 돕는다. 브랜드에 강하게 연결시키는 호의적이며 독특한 연상을 선택하기 위해서는 마케터가 브랜드를 위한 가장 좋은 포지셔닝을 결정하기 위해 소비자와 경쟁자를 면밀히 분석해야 한다. 일반적으로 브랜드연상의 강도, 호감도, 독특함에 영향을 주는 요소들을 살펴보자.

브랜드연상의 강도 소비자가 제품 정보에 관해 깊이 생각하고 그것을 기존 브랜드지식에 강하게 연결시킬수록 브랜드연상은 더 강해질 것이다. 정보에 대한 연상을 강하게 하는 두 가지 요인은 개인적 연관성과 시간의 흐름에 따라 제시되는 일관성이다. 비보조 상기되는 특별한 연상과 그 연상의 현저성은 연상의 강도뿐만 아니라 브랜드가 고려되는 맥락 및 제시되는 인출단서에도 달려 있다.

일반적으로 가장 강력한 브랜드 속성과 편익 연상들을 창출하며 소비자가 연상들을 정확하게 해석할 때 직접적인 경험들이 소비자의 의사결정에 특별히 영향력이 있다. 구전은 레스토랑, 연예계, 금융 및 개인 서비스 사업 등에 특히 중요하다. 스타벅스, 구글, 레드불, 아마존은 집중적인 광고 프로그램의 이점 없이 놀라울 정도로 풍부한 브랜드 이미지를 창출한 회사들의 대표적인 사례이다. 마이크스하드레모네이드(Mike's Hard Lemonade)는 구전에 힘입어 발견된 브랜드가 되었기 때문에 어떤 광고도 없이 시장 출시 첫해에만 1,000만 케이스를 팔았다.[28]

반면에 광고처럼 기업이 영향을 주는 정보 원천은 종종 가장 약한 연상을 만들 가능성이 있으며 그래서 가장 쉽게 변한다. 이러한 문제를 해결하기 위해 마케팅 커뮤니케이션 프로그램은 소비자가 브랜드 관련 정보를 정교화하고 기존 지식과 적절히 관련시키도록 하는 창의적인 커뮤니케이션을 사용한다. 마케팅 커뮤니케이션 프로그램은 소비자를 커뮤니케이션에 반복적으로 노출시키고 많은 인출단서가 상기자(reminder)로 존재하는 것을 보장한다.

브랜드연상의 호감도 마케터는 브랜드가 소비자의 니즈와 요구를 충족시킬 수 있는 관련된 속성 및 편익을 가지고 있다는 것을 소비자에게 확신시킴으로써 호의적인 브랜드연상을 창출한다. 소비자는 모든 브랜드연상이 균등하게 중요하다고 여기지 않을 뿐만 아니라 모든 상이한 구매 혹은 소비 상황에서도 그러한 모든 연상이 균등하게 호의적이거나 가치가 있다고 여겨지는 않을 것이다. 브랜드연상은 상황 혹은 문맥 의존적이며 구매 혹은 소비 의사결정에서 소비자가 성취하고자 하는 것이 무엇인가에 따라 각기 다르다.[29] 그래서 특정 연상이 어떤 상황에서는 가치가 있지만 다른 상황에서는 가치가 없을 수 있다.[30]

예를 들어 소비자가 페덱스(FedEx)를 생각할 때 마음속에 떠오르는 연상은 '보라색과 오렌지색 패키지'의 '빠른', '믿을 만한', '편리한' 것일 것이다. 물론 색깔이 브랜드 인지 기능에 중요한 역할을 했을 수도 있지만 실제로 익일 배송 서비스를 선택하는 데 있어서 대부분의 소비자에게 패키지 색깔은 그다지 중요한 것이 아니다. 빠르고 믿을 만하며 편리한 서비스가 더 중요하며 특정한 상황에서는 더욱 그렇다. 단지 '가능한 한 곧' 배달을 필요로 하는 소비자는 하루 내지 이틀이 소요되는 우체국의 우선 취급 우편과 같은 덜 비싼 옵션을 생각할 것이다.

브랜드연상의 독특함 브랜드 포지셔닝의 본질은 소비자가 특정 브랜드를 왜 구매해야만 하는지에 대한 설득력 있는 이유를 소비자들에게 제시해주는 '지속가능한 경쟁우위'나 '고유한 강점(USP)'을 갖고 있는 것이다.[31] 마케터는 이러한 독특한 차별점을 경쟁사들과의 직접적인 비교를 통해서 명시적으로 만들거나 암묵적으로 강조할 수도 있다. 마케터는 이러한 차별점을 성과 관련 또는 비성과 관련 속성이나 편익에 근거를 두고 있다.

독특한 연상들이 브랜드 성공에 중요하다고는 하지만 브랜드가 경쟁을 하고 있는 한 일부 연상을 다른 브랜드와 공유할 가능성이 크다. 공유된 연상의 기능은 제품군 멤버십을 형성하고 다른 제품 및 서비스와의 경쟁 범위를 정의하는 것이다.[32]

하나의 제품군이나 서비스군은 그 범주 안에 있는 모든 구성원에 대한 전반적인 태도뿐만 아니라 특정 구성원에 대한 구체적인 믿음을 포함하는 일련의 연상을 공유할 수도 있다. 이러한 믿음에는 그 범주에 속해 있는 브랜드들에 적합한 성과 관련 속성뿐만 아니라 케첩의 빨간색처럼 제품의 색상같이 반드시 제품이나 서비스 성과와 관련이 없는 보다 묘사적인 속성이 포함된다.

소비자는 특정 속성이나 편익이 그 범주에 속한 모든 브랜드에 전형적이고 필수불가결한 것으로 고려할 수도 있고, 특정 브랜드를 전형적이며 가장 대표적인 것으로 간주할 수도 있다.[33] 예를 들어 소비자는 러닝화가 신축성과 편안함을 주고 반복되는 마모를 견딜 만큼 잘 만들어져 있을 것으로 기대하며 아식스(Asics), 뉴발란스(New Balance) 혹은 그 외 선도 브랜드가 러닝화를 가장 잘 대표한다고 믿는다. 이와 마찬가지로 소비자는 쉬운 내비게이션, 다양한 제공물, 합리적인 배송 옵션, 안전한 구매 과정, 신속한 고객 서비스, 엄격한 사생활 방침을 제공하는 온라인 소매상을 기대하면서, 온라인 소매상의 훌륭한 예로 아마존, 웨이페어(wayfair) 혹은 그 외 다른 시장 선도자를 떠올릴 것이다.

브랜드가 제품군과 연관되어 있기 때문에 어떤 제품군에 대한 연상 역시 특정한 믿음 혹은 전반적인 태도 측면에서 그 브랜드와 연관이 될 수도 있다. 제품군에 대한 태도는 소비자의 반응을 결정짓는 아주 중요한 요소가 될 수 있다. 예를 들어 만약 소비자가 모든 중개업소는 기본적으로 탐욕스럽고 중개업자는 자신의 이익만 취한다고 생각한다면, 그 소비자는 아마도 어떤 특정한 중개업자가 그 범주 안에 속해 있다는 이유만으로 그 중개업자에 대해 비호의적인 믿음과 부정적인 태도를 갖게 될 것이다.

따라서 거의 모든 경우에 해당 브랜드와 관련된 어떤 제품군에 대한 연상 역시 그 제품군 속 다른 브랜드들과 공유될 것이다. 제품군에 대한 브랜드연상의 강도가 브랜드 인지도를 결정하는 중요한 요소가 된다는 점에 주목해야 한다.[34]

브랜드 포지셔닝 확인하고 구축하기

이제까지는 CBBE 개념을 살펴보았고 이제는 마케터가 어떻게 브랜드 포지셔닝에 접근해야 하는지를 살펴보자.

기본 개념

브랜드 포지셔닝(brand positioning)은 마케팅 전략의 핵심이다. 이는 '표적고객의 마음에 뚜렷하고 가치 있는 자리를 차지하도록 회사의 제공물과 이미지를 설계하는 행위'이다.[35] 이름에서 알 수 있듯이 포지셔닝이란 소비자 집단이나 세분시장의 마음에서 적절한 위치를 찾아 기업이 잠재적 이윤을 극대화하기 위해 소비자나 세분시장이 올바른 혹은 원하는 방식으로 제품이나 서비스에 대해 생각하는 것을 의미한다. 올바른 브랜드 포지셔닝은 브랜드의 모든 것, 브랜드의 고유성, 경쟁 브랜드와 유사점, 왜 소비자가 브랜드를 구매하고 사용해야 하는지를 명확히 함으로써 마케팅 전략을 수립하는 데 도움이 된다.

포지셔닝을 결정하려면 (표적시장과 경쟁의 특성을 파악해) 준거의 틀, 최적 유사점(point-of-parity, POP)과 차별점(point-of-difference, POD)을 포함한 브랜드 연관성을 결정해야 한다. 다시 말해 마케터는 (1) 표적고객은 누구인지, (2) 주요 경쟁사는 누구인지, (3) 경쟁사 브랜드와의 유사점, (4) 경쟁사 브랜드와의 차이점을 알아야 한다. 이러한 요소를 자세히 살펴보자.

표적시장

소비자마다 서로 다른 브랜드 지식구조를 가질 수 있고 그에 따라서 그 브랜드에 대한 각기 다른 지각과 선호도를 가질 수 있기 때문에 표적고객을 확실히 구분하는 것이 중요하다. 이러한 이해 없이는 마케터가 어떤 브랜드연상이 강력하고 호의적이며 독특한지를 얘기하기 어렵다. 시장을 정의 및 세분화하고 표적시장을 선정하는 방법을 살펴보자.

   시장(market)은 제품에 대한 충분한 관심, 수입 및 접근을 가진 모든 실제 및 잠재적 구매자의 집합이다. **시장 세분화**(market segmentation)는 시장을 니즈와 소비자 행동이 비슷하고 따라서 유사한 마케팅 프로그램과 전술이 필요한 동종 소비자 집단으로 나눈다. 시장 세분화에는 비용과 편익 간에 상호 절충이 필요하다. 시장이 세분화될수록 하나의 세분시장에서 소비자 니즈를 충족하는 마케팅 프로그램을 실행할 가능성이 높아진다. 그러나 이러한 이점은 표준화 감소에 따른 더 큰 비용으로 상쇄될 수 있다.

세분화의 주요 변수   그림 2-3과 그림 2-4에는 소비재 시장과 산업재 시장에 대해 가능한 세분화 기본 요소가 나와 있다. 일반적으로 이러한 기본 요소는 설명적이거나 소비자 지향적인 요소(소비자가 어떤 종류의 사람 혹은 조직인지에 관련된)와 행위적 또는 제품 지향적인 요소(고객이 그 브랜드나 제품을 어떻게 생각하거나 혹은 어떻게 사용하는지와 관련된)로 분류할 수 있다.

   행위적 세분화 기준은 더 명확한 전략적 의미를 갖고 있기 때문에 브랜딩 이슈들을 이해하는 데 있어서 종종 가장 가치 있는 기준이다. 예를 들어 편익 세분시장을 정의하는 것은 그 포지셔닝

행위적 기준
사용자 지위
사용률
사용 상황
브랜드 충성도
추구 편익

인구통계학적 기준
소득
나이
성별
인종
가족

사회심리학적 기준
가치관, 의견, 태도
활동 및 라이프스타일

지리적 기준
국제적
지역적

그림 2-3
고객 세분화 기준

제품의 본질
종류
사용 장소
구매 유형

구매 조건
구매 장소
구매 주체
구매 유형

인구통계학적
표준산업분류(SIC) 코드
직원 수
생산직 근로자 수
연간 판매량
영업소 수

그림 2-4
B2B 세분화 기준

을 설정하기 위한 이상적인 차별점이나 바람직한 편익이 무엇인지를 명확하게 해준다. 치약 시장을 예로 들어보자. 한 연구에 따르면 다음과 같은 네 가지 주요 세분시장이 있다.[36]

1. **감각형 세분시장** : 향과 제품 외관 추구
2. **사교형 세분시장** : 치아 미백 추구
3. **전사형 세분시장** : 충치 예방 추구
4. **독립형 세분시장** : 저렴한 가격 추구

이러한 시장 세분화 체계를 고려할 때, 하나 또는 그 이상의 세분시장을 공략하기 위한 마케팅 프로그램이 실행될 수 있다. 예를 들어 클로즈업(Close-Up)은 처음에 첫 번째와 두 번째 세분시장을 목표로 설정한 반면, 크레스트(Crest)는 주로 세 번째 세분시장에 집중했다. 요행에 기대지 않고 아쿠아프레시(Aquafresh)는 세 가지 제품 편익을 하나하나 생생하게 표현해주는 세 가지 줄을 가진 치약을 디자인해 세 가지 세분시장을 표적시장으로 진입했다. 콜게이트 토털(Colgate Total)과 같은 다목적 치약의 성공으로부터 알 수 있듯이, 현재 거의 모든 치약 브랜드는 다양한 성능을 강조하는 제품을 제공한다.

다른 세분화 방식은 어떤 면에서 브랜드 충성도를 구축한다. 고전적인 깔때기 모델은 가장 많이 사용한 브랜드를 통한 초기 인지도 측면에서 소비자 행동을 찾아낸다. 그림 2-5는 결과들의 가설적 패턴을 보여준다. 브랜드 구축 목적을 위해 마케터는 (1) 각 단계에서 나타나는 표적시장의 백분율과 (2) 한 단계에서 다음 단계로의 전환을 촉진 또는 억제하는 요인을 모두 이해하기를 원한다. 가설에 기반을 둔 사례에서 핵심 병목은 특정 브랜드를 전에 사용해본 적이 있는 소비자들에서 절반 이하(46%) '환산'으로 최근에 사용해본 적이 있는 소비자들로 변환되는 것으로 나타난다. 그 브랜드를 다음에 또 사용할 것이라 생각하고 있는 더 많은 소비자를 확인하기 위해 마케터는 브랜드 현저성을 높이거나 브랜드가 표적고객의 레퍼토리에 더 많이 받아들여지게 만드는 것이 필요하다.

마케터는 종종 소비자를 그들의 행동으로 세분화한다. 예를 들어 기업은 연령을 근거로 시장을 세분해 특정한 연령층을 표적시장으로 삼을 수도 있다. 그러나 이런 특정한 연령층이 매혹적인 세분시장이 될 수 있는 근본적인 이유는 그들이 특별히 그 제품의 다량 사용자거나, 특별한 브랜드 충성도를 가지고 있거나, 그 제품이 가장 잘 전달해줄 수 있는 편익을 추구할 가능성이 가장 높기 때문이다. 학생들을 위한 디스커버(Discover) 신용카드는 주유소, 식료품점, 식당 등 학생들에게 소구할 수 있는 제품군에서 구입한 경우 캐시백을 제공한다. 그들은 또한 3.0 이상의 학점을 유지하는 학생들에게 '좋은 성적 보상(Good Grades reward)'을 제공한다. 마찬가지로, 바클레이카드 어라이벌 플러스(Barclaycard Arrival Plus)는 여행을 좋아하는 노년층을 위한 신용카드이다. 카드 소지자는 구매할 때마다 2배의 마일리지를 적립할 수 있으며, 이는 여행 경비로 사용할 수 있다.[37]

그러나 경우에 따라 광범위한 인구통계 설명자는 중요한 근본적인 차이를 가릴 수 있다.[38] 40~54세의 꽤 구체적인 표적시장에는 완전히 다른 마케팅 믹스가 필요한 매우 다양한 세분시장이 포함될 수 있다[셀린 디온(Celine Dion) 대 코트니 러브(Courtney Love)라고 생각하라]. 밀레니얼 세대는 그들의 태도와 생활방식에 따라 구별될 수 있는 다양한 하위 세분시장으로 구성되어 있다. 예를 들어 한 연구는 뉴하트랜드(New Heartland, 미국 중서부, 남서부, 남동부)에 살았던 프

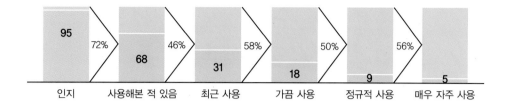

| 인지 | 사용해본 적 있음 | 최근 사용 | 가끔 사용 | 정규적 사용 | 매우 자주 사용 |

그림 2-5
깔때기 단계와 전이의 가설적
예시

로 밀레니얼(Pro-Millenials) 세대(22~34세)와 미국 동부 또는 서부 해안에 사는 코스털 프로 밀레니얼(Coastal Pro-Millenials) 세대를 대조했고, 두 집단 간에 극명한 차이가 있다는 것을 발견했다. 이들은 다른 가치와 관심사를 가지고 있으므로 완전히 다른 세분시장으로 취급될 수 있다.[39]

인구통계학적 세분화 변수의 주요 장점은 전통적인 매체의 인구통계가 소비자 조사를 통해 일반적으로 잘 알려져 있다는 것이다. 그 결과 매체를 구매하는 것이 더 쉬워졌다. 행동 또는 미디어 사용 기반에 대한 고객 프로파일링의 새로운 방식이 통합됨에 따라 인구 세분화에 대한 중요성이 축소되었다. 현재 구매 결정 단계에 따라 소비자를 표적고객으로 삼을 수 있는 가능성이 점차 높아지고 있다. 이는 그림 2-5에 설명되어 있다.

예를 들어 페이스북 광고는 그들의 생활방식, 정치적 성향, 다양한 사회적 현안(예 : 흑인의 생명은 중요하다)에 대한 그들의 지지 등에 의해 구분되는 매우 구체적인 표적시장을 하이퍼타깃하는 데 사용될 수 있다. 페이스북이 제공하는 기능은 2016년 미국 대선 당시 러시아 로봇들이 여러 사회 이슈에 대한 생각과 인식에 영향을 미칠 수 있는 다양한 뉴스(일부는 '가짜 뉴스'로 여겨짐)를 통해 개인들을 공략했다.

시장 세분화 기준　시장 세분화와 표적시장 의사결정을 돕기 위해 제시된 여러 가지 평가 기준은 다음과 같다.[40]

- **식별성** : 세분시장의 식별이 쉽게 결정될 수 있는가?
- **규모** : 세분시장에 충분한 매출 잠재력이 존재하는가?
- **접근성** : 전문화된 유통망과 커뮤니케이션 매체가 세분시장에 접근 가능한가?
- **반응성** : 세분시장이 맞춤화된 마케팅 프로그램에 얼마나 호의적으로 반응할 것인가?

세분시장을 정의하는 데 있어서 가장 중요한 고려사항은 수익성이다. 많은 경우 수익성은 행동적 변수와 관련이 있을 수 있다. 고객생애가치 관점에서 시장 세분화 설계를 개발하는 것은 매우 유용할 수 있다. 고객 기반의 장기 수익성을 향상시키기 위해서 드러그스토어 체인인 CVS는 다음의 가설적 프로파일 혹은 모습들로 나타낸 생애의 세 가지 다른 단계에서 미용제품의 역할을 고려했다.[41]

- 캐롤라인은 활동적인 사회생활을 하는 20대 후반의 미혼이며 새롭게 시작한 직장 여성이다. 그녀는 일주에 한 번 CVS를 방문하는 매우 중요한 미용 고객이다. 그녀의 쇼핑의 즐거움은 새로운 미용제품을 사는 것이며 CVS가 적정한 가격에 그녀의 외모를 관리할 수 있게 해준다고 본다.
- 캐롤라인이 세 아이를 가진 사커맘 바네사로 성장한다. 직장이나 학교에 가고 오는 도중에 CVS에 들르기 위해 짬을 내며 드라이브 스루 약국 같은 편리한 기능을 통해 CVS 쇼핑을 하

CVS파머시(CVS Pharmacy)는 다양한 세분시장에 다양한 제품을 판매할 수 있으며
이러한 세분시장은 서로 다른 생애주기에 있는 고객을 나타낼 수 있다.

는 것이 바네사의 일과이다.

● 바네사가 소피로 되었다. 소피는 더 이상 미용 고객이 아니라 CVS의 가장 수익성 있는 인구
통계학적 고객으로 핵심 OTC 아이템을 적극적으로 쇼핑해주는 일반 의약품 고객이다.

경쟁의 본질

최소한 암묵적으로, 특정 유형의 소비자를 표적시장으로 결정하는 것은 종종 경쟁의 본질을 정의
한다. 왜냐하면 다른 기업도 과거에 해당 표적시장을 선정했거나 미래에 그렇게 할 계획을 세웠
거나 해당 표적시장의 소비자가 이미 구매 결정 단계에서 다른 브랜드를 고려했을 수 있기 때문
이다. 물론 경쟁은 유통경로와 같은 다른 기반에서 일어난다. 경쟁사 분석은 마케팅 담당자가 소
비자에게 수익성 있는 서비스를 제공할 수 있는 시장을 선택하기 위해 경쟁사의 자원, 역량, 의도
와 같은 다양한 요소를 고려한다.[42]

간접 경쟁 많은 마케팅 전략가가 강조하는 한 가지 교훈은 경쟁 범위를 너무 좁게 정의해서는 안
된다는 것이다. 비교될 수 없는 대안들에 관한 연구에 따르면 제품군에서 브랜드가 직접적으로
경쟁하지 않아서 다른 브랜드와 성과 관련 속성을 공유하지 않는다고 해도 더 많은 추상적인 연
상들을 공유할 수 있고 더 넓게 정의된 제품군에서 간접 경쟁을 할 수도 있다.[43]

경쟁이 속성 수준에서보다는 오히려 편익 수준에서 일어날 수도 있다. 따라서 스테레오 장치
같은 강력한 쾌락적 편익을 지닌 사치성 소비재는 가구 같은 다른 내구재 제품과 경쟁하는 것처
럼 휴가 관련 제품과도 경쟁할 가능성이 있다. 교육적 소프트웨어 제품 제조사는 책, 비디오, TV,
잡지, 모바일 앱 같은 교육과 오락의 모든 다른 형태와 암묵적으로 경쟁한다. 이러한 이유로 브랜
딩 원칙은 예를 들어 은행, 가구, 카펫, 볼링, 기차 같은 많은 다른 제품군을 시장에 내놓는 데 현
재 사용되고 있다.

불행하게도 많은 기업이 경쟁을 제한적으로 정의하고 가장 주목해야 하는 위협과 기회를 파
악하는 데 실패한다. 예를 들어 소비자가 실내 장식품, 전자제품, 삶을 풍요롭게 해주는 기타 제
품에 지출을 함으로써 의류산업 판매가 최근 수년 동안 침체되었다.[44] 앞서가는 의류 생산자들은

다른 의류 브랜드와 경쟁하는 것이 아니라 다른 자유재량 가처분 구매에 경쟁하기 위한 그들 제품의 차별점을 고려하려고 노력했다.

3장에서 보여주고 있듯이 제품들은 소비자의 마음속에 계층적인 방식으로 체계화되어 경쟁의 본질이 서로 다른 여러 단계로 정의될 수 있다. 닥터페퍼(Dr. Pepper)의 예를 들어보자. 제품 유형 단계에서 닥터페퍼는 콜라가 아닌 착향 음료들과 경쟁을 한다. 제품군 단계에서는 모든 청량음료와 경쟁한다. 그리고 제품 계층 단계에서는 모든 음료와 경쟁한다.

복수의 준거 틀   한 브랜드가 1개 이상의 준거 틀을 갖는 것은 흔한 일이다. 이것은 더 광범위한 경쟁 범주 혹은 브랜드의 의도된 미래 성장의 결과물이거나 같은 기능이 상이한 형태의 제품에 의해 수행될 때 발생한다. 예를 들어 캐논(Canon)의 EOS 레벨(Rebel) 디지털카메라는 니콘(Nikon), 코닥(Kodak) 등의 디지털카메라와 경쟁할 뿐만 아니라 사진을 찍을 수 있는 휴대전화와도 경쟁을 한다. 페이스북과 같은 소셜 네트워크를 통해 쉽게 사진을 공유하거나 HD 비디오 촬영 능력을 가진 휴대전화에 대비되는 그들의 장점은 다른 디지털카메라 브랜드들에 비해 반드시 장점이 아닐 수도 있다.[45]

또 다른 예로 스타벅스는 매우 다른 유사점과 차별점을 제공하는 경쟁자들의 아주 뚜렷한 형태를 정의할 수 있다.

1. 퀵서브 레스토랑 및 편의점(quick-serve restaurants and convenience shops)(맥도날드와 던킨도너츠). 차별점은 품질, 이미지, 경험, 다양성이고 유사점은 편리함과 가치이다.
2. 가정용 슈퍼마켓 브랜드(supermarket brands for home consumption)[네스카페와 폴저스(Folgers)]. 차별점은 품질, 이미지, 경험, 다양성, 신선함이고 유사점은 편리함과 가치이다.
3. 지역 카페(local café). 차별점은 편리함과 서비스 품질이고 유사점은 품질, 다양성, 가격, 지역사회이다.

어떤 유사점과 차별점은 경쟁자들과 공유되고 어떤 유사점과 차별점은 특정 경쟁자에게는 독특한 것임을 주목하자. 그러한 환경하에서 마케터는 무엇을 해야 하는지 결정해야 한다. 여기에는 두 가지 옵션이 있다. 첫 번째는 이상적으로 강력한 포지셔닝은 어떻게든 복수의 틀에 걸쳐 효과적이어야 한다. 그렇지 못하다면 그땐 경쟁 프레임이 될 수 있는 경쟁자들의 우선순위를 정하고 선택하는 것이 필요하다. 하지만 중요한 것은 일반적으로 '가장 낮은 공통분모'의 포지셔닝은 비효과적인 만큼 모든 사람에게 모든 것을 하려고 노력하지 않도록 주의하는 것이다.

두 번째는 상이한 제품군에 많은 경쟁자가 있다면 연관된 모든 제품군(패스트푸드 레스토랑 혹은 '슈퍼마켓 판매용' 스타벅스) 제품군 수준에서 포지셔닝을 개발하는 것이 유용하다.

유사점과 차별점

선택된 준거의 타깃과 경쟁 프레임은 브랜드 인지도의 폭과 브랜드에 밀접하게 관련되어야 하는 상황과 단서의 종류에 영향을 준다. 일단 표적고객이 되는 표적시장과 경쟁의 본질을 정의함으로써 포지셔닝에 적합한 경쟁력 있는 논리적 준거체계가 확정되면 포지셔닝의 기본 사항이 정의될 수 있다. 적절한 포지셔닝에 도달하기 위해서는 올바른 차별점 연상과 유사점 연상을 확립해야 한다.

차별점 연상　　**차별점**(points-of-difference, POD)은 공식적으로 소비자가 브랜드와 강하게 연계하고, 긍정적으로 평가하고, 경쟁 브랜드와 동일한 정도로 찾을 수 없다고 판단하는 속성 또는 이점으로 정의된다.[46] 다양한 유형의 브랜드 연관성이 가능하지만 기능적, 성능 관련 고려사항 또는 추상적, 이미지 관련 고려사항으로 광범위하게 분류할 수 있다.

　　소비자의 실제적인 브랜드 선택은 때때로 브랜드연상의 지각된 독특함에 따라 결정된다. 스웨덴의 소매상인 이케아는 가정용 비품과 가구라는 홈 퍼니싱 용품을 들여와 그것을 대중 시장에 합리적인 가격으로 내놓았다. 이케아는 소비자들로 하여금 구입한 제품을 스스로 배달, 조립하게 함으로써 저가정책을 뒷받침했다. 또한 이케아는 제품을 통해 하나의 차별점도 획득했다. "이케아는 스웨덴이 대중을 위해 훌륭하고 안전하며 튼튼한 물건을 만든다는 인식을 통해 그들의 명성을 구축했다. 그들은 초저가 시장에서 가장 혁신적인 몇 가지 디자인을 가지고 있다"고 어떤 방송 해설자는 말했다.[47] 또 다른 예로 브랜드 브리프 2-1에 소개한 스바루(Subaru)를 살펴보자.

　　차별점은 성능 속성(테슬라의 오토파일럿 기능은 운전자의 도움 없이 차선 변경이 가능함)이나 성능 편익(애플 제품은 화면 선명도를 보장하는 독특한 레티나 디스플레이를 가지고 있음)과 관련되어 있다. 그 외의 경우에서는 차별점은 이미지 연상(사치스럽고 신분적 이미지의 루이비통)에서 발생하거나 성능과 이미지 모두에 관련될 수 있다(예 : 싱가포르항공의 'A Great Way to Fly' 광고). 많은 상위브랜드가 '전반적으로 우수한 품질' 차원에서 차별점을 창출하려고 하는 반면에, 그 외 다른 회사들이 채택한 포지셔닝 전략은 제품이나 서비스를 '낮은 가격'으로 제공하는

브랜딩 브리프 2-1

스바루는 숲을 찾는다

1993년까지 스바루는 미국에서 연간 104,000대의 자동차만을 판매하고 있었는데, 이는 이전의 최고 판매량보다 60%나 감소한 수치이다. 미국 내 누적 손실액은 10억 달러에 육박했다. '품질에 비해 가격이 비싸지 않고 그 방식이 유지되도록 만들어진 차'로 광고된 스바루는 토요타, 혼다 등 다른 경쟁자들과 차별화되지 않는 미투(me-too) 자동차로 보여졌다. 분명하고 독특한 이미지를 제공하기 위해 스바루는 그들의 승용차 모델 중 사륜구동 차량만을 판매하기로 결정했다. 고급스럽게 이미지를 개선하고 가격을 인상한 후 스바루는 2004년까지 187,000대 이상을 판매했다. 최근에는 재미, 모험, 경험과 고객의 강한 열정과 충성도에 초점을 맞춘 광고 캠페인으로 '사랑을 나눠요(Share the Love)'도 시행했다. '사랑 나눔 이벤트'로 스바루는 고객이 새 차를 리스하거나 살 때 5개 자선단체 중 하나를 지정해 기부하는 프로그램을 만들었다. 자유와 검소함을 지향하는 비교적 상류층인 구매자들을 위한 스바루의 독특하고 감성적인 이벤트는 자동차 산업군에 기록적인 판매 저조가 발생했던 2008~2010년의 경기침체기에도 성과를 올렸다.

　　최근에는 상대적으로 부진한 매출을 되돌리기 위해 매출의 50% 이상을 차지하는 4개 부문을 공략했다. 여기에는 교사 및 교육자, 의료 전문가, IT 전문가, 야외 활동 유형 등이 포함되었다. 조사 결과 스바루는

트럭이나 SUV만큼 크지 않고 야외 여행이나 운반에 적합하다는 이유로 마음에 들어 하는 다섯 번째 세분시장을 추가로 발견했다. 이러한 고객에 대한 이해를 바탕으로 마케팅 캠페인이 없는 표적시장이라는 것을 깨달은 스바루는 특정 미디어를 구매하고 표적고객에게 특별한 의미를 지닌 태그라인을 가진 광고 캠페인을 통해 레즈비언 고객을 대상으로 한 다양한 마케팅 프로그램을 개발했다(예 : 'Get Out and Stay Out'이라는 태그라인은 야외 탐사 활동을 돕거나 의도된 표적고객인 게이/레즈비언과 교묘하게 소통할 수 있는 스바루의 능력과 관련이 있다). 스바루는 아무도 공개적으로 공략하지 않는 독보적인 표적고객을 파악함으로써 상당한 시장 점유율을 달성하고 고객 충성도를 보장할 수 있었다.

출처 : Jeff Green and Alan Ohnsman, "At Subaru, Sharing the Love Is a Market Strategy," *Bloomberg Businessweek*, May 24-30, 2010, 18-20; Jean Halliday, "Subaru of America: An America's Hottest Brands Case Study," *Advertising Age*, November 16, 2009; "Love Guru: How Tim Mahoney Got Subaru Back on Track," *Brandweek*, September 13, 2010; "Subaru Announces Third Annual Share the Love Event," *PR Newswire*, November 8, 2010; Alex Mayyasi, "How Subarus Came to Be Seen as Cars for Lesbians," *The Atlantic*, June 22, 2016.

브랜드로 차별점을 창출하는 것이다.

따라서 많고 다른 유형의 차별점이 가능하다. 차별점은 일반적으로 소비자 편익 측면에서 정의된다. 이러한 이점은 종종 중요한 근거 또는 **신뢰할 이유**(reason to believe, RTB)를 가지고 있다. 이러한 입증 포인트는 기능적 디자인(독보적인 면도 시스템 기술, 면도를 더욱 가깝게 하는 전기 면도), 핵심 속성(독보적인 트레드 디자인, 안전한 타이어의 이점), 핵심 성분(불소 함유로 충치 예방 혜택), 유명인사의 보증(우수한 원음 재생력의 편익을 선도하는 더 많은 오디오 기술자들의 추천) 등 여러 형태로 나타난다.[48] POD의 실현 가능성 측면에서 설득력 있는 입증 자료와 RTB를 확보하는 것이 매우 중요한 경우가 많다.

유사점 연상　반면에 **유사점 연상**[points-of-parity(POP) association]은 반드시 그 브랜드의 독특함일 필요는 없으며 실제로 다른 브랜드와 공유될 수도 있다. 이러한 연상의 유형은 제품군 유사점, 경쟁 유사점, 상호관계적 유사점 세 가지 형태로 나타난다.

제품군 유사점(category points-of-parity)은 브랜드 선택을 위해 반드시 충분하지는 않지만 필요한 조건들을 의미한다. 이러한 제품군 유사점은 최소한의 일반적인 제품 수준이고, 대부분 기대되는 제품 수준 단계에 있을 가능성이 크다. 따라서 소비자는 은행이 다양한 당좌예금과 저축예금 서비스를 제공하지 않으며, 안전한 예금 보관 창구, 여행자 수표 등의 서비스를 제공하지 않고, 이용하기 편리한 시간과 자동 입출금기 등이 갖춰져 있지 않는 한 그 은행을 진정한 '은행'으로 생각하지 않는다. 제품군 유사점은 기술 진보와 법 발달, 소비자 트렌드 때문에 시간이 지남에 따라 변할 수 있지만, 이러한 속성과 편익은 마케팅 게임을 하기 위한 사용료 같은 것이다.

경쟁적 유사점(competitive points-of-parity)은 경쟁사의 차별점을 무력화하기 위해 설계된 연상들이다. 다시 말해 만약 소비자의 눈에 경쟁사의 차별점으로 만들어진 브랜드연상(예를 들면 특정 유형의 제품 편익)이 그 경쟁사 브랜드에 대해 인식되어 있는 만큼 목표 브랜드에 인식되어 있고, 그 목표 브랜드가 자신의 차별점을 강력하고 호의적이며 독특한 또 하나의 연상으로 확립할 수 있다면 그 브랜드는 우월한 경쟁적 지위를 확보하고 있을 것이다. 요약하자면, 어떤 브랜드가 자신의 경쟁자들이 우위를 확보하려는 영역에서 '동등하게 경쟁'할 수 있고 그 외 다른 영역에서 우위를 확보할 수 있다면, 그 브랜드는 강력하고 경쟁력 있는 위치를 차지하고 있는 것이다.

상호관계적 유사점(correlational points-of-parity)은 브랜드의 다른 긍정적인 연상들로부터 발생하는 잠재적이며 부정적인 연상들이다. 마케터가 직면한 과제는 이러한 유사점과 차별점을 구성하는 많은 속성과 편익이 서로 반대로 관계되어 있다는 것이다. 다시 말해 소비자는 그 브랜드의 어떤 속성이나 편익에 있어서 좋게 평가를 했다면, 다른 속성이나 편익에 있어서는 좋게 평가하지 않을 수 있다는 것이다. 예를 들어 어떤 브랜드가 '비싸지 않으며' 동시에 '최고의 품질을 지닌' 것으로 믿는 것이 어렵다는 것이다. 그림 2-6은 부정적으로 상관된 속성과 편익의 예를 보여준다.

더군다나 개개의 속성과 편익은 종종 긍정적, 부정적 측면을 모두 가진다. 오랜 유산은 경험, 지혜, 전문성을 함축할 수 있기 때문에 긍정적인 속성으로 보일 수 있다. 반면에 유산은 그것이 구식이고 동시대적이며 최근의 것이 아님을 의미할 수 있기 때문에 부정적인 속성으로 인식될 수 있다. 아래에서 이러한 상충관계를 해결하기 위한 전략을 살펴본다.

유사점 vs. 차별점　유사점은 차별점을 약화할 수 있기 때문에 중요하다 — 유사점이 잠재적인 약

낮은 가격 vs. 높은 품질

맛 vs. 저칼로리

영양가 vs. 맛

효과적인 vs. 순한

강력한 vs. 안전한

강력한 vs. 정교한

유비쿼터스 vs. 전용의

다양한 vs. 단순한

그림 2-6
부정적인 상호 관계적 속성 및 편익의 예

점을 극복해내지 않는 한 차별점은 그다지 중요하지 않게 된다. 브랜드가 특별한 속성이나 편익으로부터 유사점을 얻기 위해서는 많은 소비자가 그 브랜드가 속성이나 편익의 측면에서 매우 충분하다고 믿어야만 한다.

유사점에는 '영역'과 '관용 및 수용의 범위'가 있다. 그 브랜드가 경쟁자와 동등하게 보일 필요는 없지만, 소비자로 하여금 그 브랜드가 특별한 속성이나 편익에서 충분히 잘 해낸다고 느끼게 만들어 그것을 부정적인 것이나 문제로 생각하지 않게 해야 한다. 소비자가 그런 식으로 느낀다고 가정하면, 소비자는 잠재적으로 그 브랜드가 더 유리한 다른 요소들을 토대로 그 브랜드에 대한 평가와 의사결정을 하려고 할 것이다.

따라서 유사점은 브랜드가 확실한 우월성을 입증해야만 하는 차별점보다 달성하기가 더 쉽다. 종종 포지셔닝을 위한 열쇠는 차별점을 달성하는 것에 있다기보다 필수적이고 경쟁적인, 상호 관계적인 유사점을 달성하는 데 달려 있다.

포지셔닝 가이드라인

차별점과 유사점 개념은 포지셔닝을 가이드하는 데 매우 귀중한 도구가 된다. 최적의 경쟁력을 가진 브랜드 포지셔닝에 이르는 데 있어 두 가지 핵심적인 이슈는 (1) 준거의 경쟁 프레임을 정의하고 커뮤니케이션하는 것과 (2) 유사점과 차별점을 선택하고 정립하는 것이다.[49]

준거의 경쟁 프레임 정의와 커뮤니케이션

브랜드 포지셔닝을 위한 경쟁력 있는 준거의 경쟁 프레임을 정의하는 데 있어 출발점은 제품군(이하 '서비스군' 포함) 멤버십을 결정하는 것이다. 어떤 제품 혹은 제품군과 그 브랜드가 경쟁하는가? 언급했듯이, 상이한 제품군에서 경쟁을 선택하는 것은 종종 다른 준거의 경쟁 프레임과 그에 따른 상이한 유사점과 차별점을 고려해야 한다.

제품군 멤버십은 소비자에게 제품군 사용을 통해 달성하려는 목적을 알려준다. 높이 평가되어 있는 제품과 서비스에 있어 제품군 멤버십은 초점의 대상이 아니다. 소비자는 코카콜라가 청량음료의 선도 브랜드이며 켈로그 콘플레이크가 시리얼의 선도 브랜드이고, 매킨지(McKinsey)가 선도적인 전략 컨설팅 회사라는 사실을 알고 있다.

그러나 소비자에게 브랜드의 제품군 멤버십을 알리는 것이 중요한 많은 상황이 있다. 아마도 가장 확실한 상황은 새로운 제품을 소개할 때라고 할 수 있는데, 이 경우 제품군 멤버십이 늘 명확한 것은 아니다.

때때로 소비자가 어떠한 브랜드의 제품군 멤버십을 알고는 있지만, 그 브랜드가 제품군의 진정하고 유효한 구성원인지는 확신하지 못하는 상황도 있다. 예를 들어 소비자는 소니가 컴퓨터를 생산한다는 사실은 알고 있을지라도 소니의 바이오컴퓨터가 델, HP, 레노버와 같은 등급인지는 확신하지 못할 수도 있다. 이 경우에는 제품군에 대해 멤버십을 강화하는 것이 유용할 수 있다.

브랜드는 때때로 그들이 멤버십을 가지고 있는 제품군보다는 멤버십을 갖지 않은 제품군에 가입될 수 있다. 이러한 접근은 만일 소비자가 그 브랜드의 실제 멤버십을 알고 있다면 어떤 브랜드가 경쟁자와의 차별점에 초점을 맞추는 확실한 방법이다. 예를 들어 브리스톨–마이어스 스큅(Bristol-Myers Squibb)은 엑시드린(Excedrin) 아스피린을 출시하면서 통증과 고통에 관해 타이레놀에 대한 소비자의 지각된 승인을 인정하면서, 한편으로 그들의 브랜드를 '최고의 두통약'으로 크게 선전하는 광고를 했다. 그러나 소비자가 그 브랜드가 단지 무엇이 아닌지만이 아니라 무엇을 상징하는지를 이해하는 것은 중요하다.

포지셔닝에 있어 선호되는 접근방식은 다른 제품군 구성원과 관련해 차별점을 명시하기 이전에 브랜드의 제품군 멤버십을 소비자에게 알리는 것이다. 아마도 소비자는 그것이 경쟁하고 있는 브랜드들을 압도하는지 평가하기에 앞서 제품이 무엇인지, 어떠한 기능을 제공하는지에 대해 알 필요가 있을 것이다. 일반적으로 신제품의 경우 소비자에게 멤버십을 알리고 브랜드 차별점을 소비자에게 교육시키기 위한 별개의 마케팅 프로그램이 요구된다. 한정된 자원을 가진 브랜드의 경우, 이것은 어떠한 차별점을 명시하기 이전에 제품군 멤버십을 정립하는 마케팅 전략의 개발을 시사한다. 많은 자원을 가진 브랜드의 경우, 하나는 제품군 멤버십을 특징짓고 다른 하나는 차별점을 특징짓는 동시발생적인 마케팅 프로그램을 개발할 수 있다. 그러나 같은 광고를 통해 소비자에게 멤버십과 차별점을 알리려는 노력은 종종 효과적이지 못하다.

브랜드의 제품군 멤버십을 전달하는 방법에는 크게 세 가지가 있다. 제품군 혜택을 전달하고, 모범적인 브랜드와 비교하며, 제품의 핵심 단어에 의존하는 것이다.

제품군 혜택 전달하기 브랜드가 제품군을 사용해 근본적인 이유를 전달한다는 것을 소비자에게 납득시키기 위해서, 마케터는 제품군 멤버십을 알리는 데 종종 편익을 사용한다. 따라서 산업용 차량은 힘이 있다고 주장하며, 진통제는 그들의 효능을 알리는 것이다. 이러한 편익은 브랜드 우월성을 시사하지 않고, 제품군 유사점을 정립하기 위한 수단으로서 그 브랜드가 이러한 편익을 보유하고 있다는 것을 단순히 주장하는 방식으로 표현된다. 성과와 이미지 연상이 믿게 하는 증거를 제공하기 위해 사용될 수 있다. 케이크 믹스는 뛰어난 맛의 편익을 주장하고 고품질 성분(성과)을 보유한 사실이나 소비 상황에서 즐거워하는 사용자들을 보여주는 것을 통해(이미지) 이러한 편익 주장을 지지함으로써 케이크 제품군에서 멤버십을 획득할 수 있다.

모범적인 브랜드와 비교하기 제품군에서 잘 알려지고 주목할 만한 브랜드는 또한 브랜드 제품군 멤버십을 구체화하는 데 사용될 수 있다. 토미 힐피거(Tommy Hilfiger)가 무명 디자이너였을 때, 광고는 그 제품군 내 구성원으로 인식되던 제프리 빈(Geoffrey Beene), 스탠리 블래커(Stanley Blacker), 캘빈 클라인(Calvin Klein), 페리 엘리스(Perry Ellis)와 토미 힐피거를 연결함으로써 하나의 위대한 미국 디자이너로서 그의 멤버십을 소개했다. 미국돈육협회가 지난 20년 동안 닭고기의 인기에 편승해 돼지고기도 '다른 흰살코기'라고 한 광고도 성공적이었다.[50]

제품의 핵심 단어 브랜드네임에 뒤따르는 제품 서술어는 종종 제품군의 기원을 알리는 매우 효과적인 수단이 된다. 예를 들어 US항공은 저조한 명성을 가진 지역 항공사에서 강력한 국내, 더나아가 국제적 브랜드로 탈바꿈하기 위한 노력의 일환으로 최고경영자인 스테판 울프(Stephen Wolf)의 뜻에 따라 이름을 'USAir'에서 'US Airways'로 바꿨다. 문제는 다른 주요 항공사가 이름에 일반적으로 더 작고 지역적인 운송업자로 연상되도록 느껴지는 'air'보다는 'airlines'나 'airways'라는 단어를 쓰고 있다는 것이다.[51] 다음 예를 살펴보자.

- 캠벨(Campbell)이 V8 스플래시(V8 Splash) 음료라인을 출시했을 때, '당근'이 주요 성분임에도 불구하고 회사는 브랜드네임에 당근이라는 단어가 들어가는 것을 고의적으로 피했다. 이는 건강에 좋다는 편익은 알리고 당근의 부정적인 지각은 피하도록 선정한 것이다.[52]
- 캘리포니아의 말린 자두 재배인들과 마케팅 관리자들은 그들 제품인 '말린 자두'에 대한 대안적인 이름을 정립하고자 했는데, 그것은 말린 자두가 35~50세 여성의 표적시장에서 '노인을 위한 변비 완화제'로 인식되고 있었기 때문이다.[53]

브랜드의 제품군 멤버십을 정립하는 것은 대개 효과적인 브랜드 포지셔닝을 하는 데 충분하지는 않다. 만약 많은 회사가 제품군 구축 전술에 종사하게 될 경우 결과는 소비자 혼동으로 다가올 것이다. 예를 들어 한창 닷컴 붐이 일었을 때 수많은 닷컴 기업이 그들의 제품군에 대해 멤버십 광고를 했다. 아메리트레이드, 이트레이드, 데이텍과 그 외의 기업들은 그들이 전통적인 중개회사보다 주식 거래를 할 때 소비자가 더 낮은 수수료를 내면 된다고 광고했다. 하나의 건전한 포지셔닝 전략은 마케터가 제품군뿐만 아니라 브랜드가 제품군 내의 다른 브랜드들을 어떻게 압도하는지 명확하게 하는 것이 필요하다. 따라서 주목할 수밖에 없는 차별점을 개발하는 것이 효과적인 브랜드 포지셔닝을 위해 매우 중요하다.[54]

차별점 선택하기

브랜드는 다른 옵션보다 더 설득력 있고 확실한 선택 이유를 제시해야 한다. 브랜드 특성이나 이점이 차별점으로 작용할 수 있는지 여부를 결정할 때 세 가지 주요 고려사항이 있다. 브랜드연상은 바람직하고, 제공 가능하며, 차별적이어야 한다. 최적의 포지셔닝을 개발하기 위한 이러한 세 가지 고려사항은 브랜드를 평가해야 하는 세 가지 관점, 즉 소비자, 회사, 경쟁업체와 일치한다. 바람직함은 소비자의 관점에서 결정되며, 제공 가능성은 회사의 고유 능력에 기반하고, **차별점**은 경쟁업체에 의해 결정된다.

POD의 기능을 발휘하기 위해 소비자는 속성이나 이점을 매우 중요하게 보고, 이를 제공할 수 있는 역량을 보유하고 있다고 확신하며, 다른 어떤 브랜드도 POD를 동일하게 제공할 수 없다는 확신을 갖는 것이 이상적이다. 이 세 가지 기준이 충족될 경우, 효과적인 POD가 되기 위해서 브랜드연상은 충분한 강도, 선호도 및 고유성을 가져야 한다. 세 가지 기준 관련 고려사항을 살펴보자.

바람직함 기준 표적고객은 POD가 개인적으로 적절하고 중요하다는 것을 깨달아야 한다. 소비자와 함께 트렌드에 편승하는 브랜드는 종종 매력적인 POD를 발견한다. 예를 들어 애플앤드이브(Apple & Eve)의 천연 과일 주스는 점점 더 건강에 민감한 소비자들이 많은 음료 시장에서 성공을 거두기 위하여 천연 식품 움직임의 물결을 타고 있다.[55]

단지 다르다는 것으로는 충분하지 않다. 다르다는 것이 소비자에게 중요해야 한다. 예를 들어 한때 상이한 제품군(콜라, 주방세제, 맥주, 방향제, 휘발유) 내의 많은 브랜드가 자신들을 더욱 차별화하기 위해 사용한 제품의 '깨끗함' 연상은 차별점으로서 지속가능한 것이나 지속적인 가치가 되는 것으로 보이지 않았다. 대부분의 경우 이러한 브랜드들은 시장 점유율이 줄어들거나 한꺼번에 시장에서 사라져버리는 경우를 경험했다.

제공 가능성 기준 브랜드 속성 혹은 편익 연상의 전달 가능성은 제품이나 서비스를 만들 수 있는 기업의 실제 능력(실행 가능성)뿐만 아니라 그렇게 할 수 있다는 기업의 능력을 확인시켜 주는 효과성(소통 가능성)에 달려 있다.[56]

- **실행 가능성** : 기업은 실제로 차별점의 편익을 제공할 수 있는가? 제품과 마케팅은 바람직한 연상을 뒷받침하기 위해 하나의 방식으로 고안되어야 한다. 제품을 변화시킨 다음 소비자에게 그러한 변화를 확인시키는 것보다는 소비자가 모르고 있거나 간과해온 그 브랜드에 대한 몇 가지 사실을 확인시켜 주는 것이 분명히 더 쉽다는 것이다. 앞서 언급했듯이 가장 간단하고 효과적인 방법은 제품의 독특한 속성을 입증하거나 믿을 만한 이유를 제시하는 것이다. 그래서 마운틴 듀(Mountain Dew)는 다른 음료보다 더 활력적이며 더 많은 수준의 카페인을 함유하고 있다고 주장함으로써 그들의 주장을 지지하고 있다. 반면, 차별점이 추상적이거나 이미지 기반인 경우는 시간이 지남에 따라 개발하고 있는 회사에 대한 보다 일반적인 연결이 있을 수 있다. 따라서 샤넬 No.5 향수는 우아한 프랑스 향수의 정수라고 주장할 수 있으며, 샤넬과 오뜨 꾸뛰르(haute couture) 사이의 오랜 연관성을 언급함으로써 이 주장을 뒷받침한다.
- **소통 가능성** : 소통 가능성의 핵심적인 이슈는 그 브랜드에 대한 소비자의 지각과 그 결과로 생기는 브랜드연상이다. 어떤 이유에서든 마케터가 기존의 소비자 지식과 일치하지 않거나, 소비자가 믿기 어려워하는 연상을 창출해내는 것은 아주 어려운 일이다. 브랜드연상의 소통 가능성은 여러 가지 요인에 따라 결정될 수 있지만, 가장 중요한 것은 그 브랜드가 원하는 이점을 가져다줄 수 있는지에 대한 설득력 있는 이유와 납득할 만한 논리적 근거를 소비자에게 제시할 수 있는지 여부이다. 이러한 믿을 만한 이유는 잠재 POD에 대한 소비자의 수용에 매우 중요하다. 어떤 주장도 법적 조사를 통과해야 한다. 석류 제조회사 POM 원더풀과 POMx 보충제인 제품들은, 석류 주스가 심장 질환의 위험성을 치료, 예방, 감소시키고 전립선암 위험을 완화하는 능력이 있다는 그들의 주장에 이의를 제기하는 공정위의 정밀 조사와 소송의 대상이었다. 나중에 이러한 주장들은 근거 없는 것으로 판단되었고, 법원은 POM 원더풀(POM Wonderful)의 주장이 소비자를 오도했다고 판결했다.[57]

차별점 기준 마지막으로 표적 소비자는 독특하고 뛰어난 차별점을 찾아야 한다. 마케터가 한 제품군에서 브랜드를 만들 때, 과제는 차별화를 위한 성공 가능하고 장기적인 근거를 찾는 것이다. 그 포지셔닝은 공격에 있어 선제적인가, 방어적인가, 어려운가? 시간이 지남에 따라 어떤 브랜드 연상은 강화되고 강력해질 수 있는가? 이들이 그러한 경우라면, 포지셔닝은 오랫동안 지속될 것이다.

지속가능성은 내부적인 노력과 자원의 활용뿐만 아니라 외부적인 시장 요소에 따라 결정된다. 지속가능성은 내부 헌신과 자원의 사용 및 외적 환경 요인에 달려 있다. 클라우드 컴퓨팅과 분석 솔루션의 시장 리더로 자리매김하기 위해 IBM은 특히 해외 시장에서 중소기업을 공략했다.[58] 경쟁자가 거의 없는 새로운 시장을 개척하는 전략을 '블루오션 전략(Blue Ocean Strategy)'이라고 한다.[59]

유사점과 차별점 구축하기

브랜딩 성공의 열쇠는 유사점(POP)과 차별점(POD)을 모두 구축하는 것이다. 브랜딩 브리프 2-2는 2개의 주요 미국 정당이 선출직을 추구하는 데 기본 브랜딩 및 포지셔닝 원칙을 적용한 방법을 설명한다.

유사점과 차별점을 창출하는 데 있어서 포지셔닝 과제 중 하나는 많은 소비자의 마음속에 존재하는 역관계이다. 앞서 언급했듯이, 불행하게도 소비자는 부정적으로 상관된 속성과 편익을 극대화하기를 원한다. 여기서 경쟁자들은 타깃 브랜드의 차별점에 부정적으로 상관된 속성에 대해 종종 자신들의 차별점을 만들려고 할 것이다.

마케팅 예술과 과학의 많은 부분은 상충관계를 다루고 있고, 포지셔닝도 다르지 않다. 가장 좋은 접근은 분명 이 두 척도 모두에서 잘 해내는 제품이나 서비스를 개발하는 것이다. 예를 들어 고어텍스(Gore-Tex)는 기술의 진보를 통해 '통기성'과 '방수'라는 겉보기에는 모순되는 제품 이미지를 극복할 수 있었다.

부정적으로 상관된 유사점과 차별점의 문제를 처리하는 몇 가지 추가적인 방법이 있다. 아래에 효과 수준을 증가시키고 어려움 수준도 증가시키는 세 가지 방법을 제시한다.

속성을 분리하라   비용이 많이 들긴 하지만 때때로 효과적인 방법은 2개의 다른 마케팅 캠페인을 전개하는 것인데, 각 캠페인은 하나의 다른 브랜드 속성이나 편익을 다루게 된다. 이러한 캠페인은 동시에 또는 순차적으로 집행된다. 예를 들어 헤드앤숄더(Head & Shoulders)는 비듬 제거 효과를 강조한 광고와 사용 후 두발의 아름다움이나 외모를 강조한 광고를 담은 이중 캠페인을 통해 유럽에서 성공을 거두었다. 기대하는 바는 부정적인 상관관계가 덜 명확하기 때문에 소비자로 하여금 유사점과 차별점 편익을 따로 분리해 판단할 때 덜 비판적이도록 하는 것이었다. 이러한 방식의 안 좋은 면은 하나가 아닌 두 가지 강력한 캠페인이 전개되어야 한다는 점이다. 더욱이 직면하고 있는 부정적 상관관계에 대처하지 않음으로 인해서 소비자는 바라는 만큼의 긍정적인 연상을 발전시키지 않는다.

다른 기업의 자산 활용하기   브랜드는 잠재적으로 유사점이나 차별점과 같은 속성이나 편익을 정립하는 수단으로서 올바른 종류의 자산을 가진 어떤 실체(사람, 다른 브랜드, 이벤트 등)에 그 자신을 연결시킬 수 있다. 스스로 브랜드화된 요소는 또한 소비자의 마음속에 있는 미심쩍은 속성에 신뢰도를 제공할 수 있다.

브랜딩 브리프 2-2
정치인 포지셔닝

정치인에게도 마케팅의 중요성은 사라지지 않았다. 정치인의 말과 행동을 해석하는 방법에는 여러 가지가 있지만 캠페인 전략을 해석하는 방법 중 하나는 브랜딩 관점에서 보는 것이다. 예를 들어 정치 후보자에게 컨설턴트는 '높은 이름'을 갖는 것 또는 높은 수준의 브랜드 인지도를 갖는 것의 중요성을 강조한다. 주요 선거에서는 최소 90%의 인지도가 필요하다. 컨설턴트는 또한 후보자를 긍정적으로 생각하는지 부정적으로 생각하는지 묻는 질문에 '긍정적-부정적', 즉 유권자들의 답변을 강조한다. 3:1의 비율이 바람직하다(그리고 4:1이 더 좋음). 이 조치는 마케팅 측면에서 브랜드태도에 해당한다.

지난 30년간의 대통령 선거운동은 정치인을 적절히 포지셔닝하는 것의 중요성을 드러내고 있다. 조지 H. W. 부시는 1988년에 교과서적인 대통령 선거 캠페인을 벌였다. 그 목적은 이 후보를 정치적 스펙트럼의 중심으로 이동시켜 그를 안전한 선택안으로 만들고, 상대인 민주당의 마이클 듀카키스(Michael Dukakis) 매사추세츠 주지사를 왼쪽으로 이동시켜 보다 진보적이고 위험한 선택으로 보이게 하는 것이었다.

1992년, 민주당의 새 후보인 빌 클린턴(Bill Clinton)은 한 가지 주요 이슈인 경제에 대한 핵심적 차별점(POD)을 만들어내기 위해 집중적인 노력을 기울인 열렬한 선거운동가였다. 재선에 나선 부시 대통령은 이 문제에 대해 양자 대결을 시도하기보다 가족의 가치와 같은 다른 문제들에 대해 캠페인을 벌였다. 민주당에 핵심적 차별점을 양보하고 그들 자신의 것을 만드는 데 실패함으로써 부시와 공화당은 쉽게 패배했다.

실수로부터 배우지 못한 공화당은 1996년 종잡을 수 없는 유세를 펼쳤고 대선 후보 밥 돌(Bob Dole)은 현직 빌 클린턴에게 결정적으로 졌다. 앨 고어(Al Gore)와 조지 W. 부시(George W. Bush) 사이의 2000년 선거의 근접성은 어느 후보도 선거인단과 강력한 차별점을 만들어내지 못했다는 것을 반영했다. 2004년에도 비슷하게 팽팽한 선거가 있었다. 왜냐하면 조지 W. 부시도 존 케리(John Kerry)도 유권자들의 마음속에서 강력한 위치를 개척하는 데 성공하지 못했기 때문이다.

그러나 2008년 대통령 선거는 버락 오바마(Barack Obama)가 매우 정교하고 현대적인 마케팅 캠페인을 실행함에 따라 브랜딩의 또 다른 교과서적인 적용이었다. 공화당 후보인 존 매케인(John McCain)은 경험과 전통적 공화당 가치에 대한 차별점을 만들려고 시도했지만 오바마는 새로운 아이디어와 희망에 대한 차별점을 만들려고 노력했다. 오바마 선거운동팀은 효과적으로 그의 메시지를 철저히 이해시켰다. 멀티미디어 전술은 무료 및 유료 미디어뿐만 아니라 오프라인과 온라인 미디어를 결합했다. 전통적인 인쇄, 방송, 옥외 광고 외에도 페이스북, 미트업(Meetup), 유튜브, 트위터와 같은 소셜 미디어와 긴 형식의 비디오를 이용해 사람들이 오바마에 대해 더 많이 알 수 있게 되었다. 오바마의 구호("Yes We Can", "Change We Can Believe In")와 선거 포스터('Progress', 'Hope', 'Change'가 눈에 띄게 새겨진 오바마의 스텐실 초상화)도 우상의 상징이 되었고 오바마는 승리를 향해 가볍게 움직였다.

2016년 대통령 선거운동은 정치의 새로운 시대를 열었다. 도널드 J. 트럼프(Donald J. Trump)는 많은 전문가와 여론조사를 깜짝 놀라게 한 선거에서 힐러리 클린턴(Hillary Clinton)을 누르고 당선되었다. 도널드 트럼프는 대선 후보 시절 '아웃사이더'라는 차별점에 주력하면서 워싱턴에서 '현상 타파'를 선언했다. 트럼프의 메시지와 전달 방식은 러스트벨트(Rust Belt) 지역에 거주하는 중산층, 백인, 블루칼라 유권자 등 트럼프가 자신의 고통을 이해한다고 느낀 유권자들에게도 효과가 컸다. 이는 그의 경쟁자인 힐러리 클린턴 후보와 대조될 수 있는데, 클린턴 후보자는 그녀의 이전 정치 경험에서 차별화를 두었다. 트럼프 지지자 중 상당수는 메시지와 감정적 차원에서 힐러리 클린턴 후보와 소통하지 못했다. 트럼프의 대선 공약인 '미국을 다시 위대하게(Make America Great Again, 트위터 해시태그 #MAGA)'는 단순한 포지셔닝 진술문으로, 경제 번영의 시대로 돌아가자는 외침으로 해석되었다. 이 슬로건은 여러 번 사용되었고, 종종 청중이 듣고 싶어 하는 것에 맞춰 연주되는 감정 가득한 집회와 함께 소개되었다. 소셜 미디어(주로 트위터)와 유세 집회는 트럼프 후보에게 아이디어 확산을 위한 자유로운 플랫폼을 제공했다. 이런 점에서 트럼프의 캠페인은 특정 POD 세트(대상 고객이 호의적으로 보았다)를 강조하고 POD를 중심으로 브랜드를 구축하는 것이 중요하다는 것을 보여주는 좋은 예로 볼 수 있다. 힐러리 클린턴은 미국 전역에서 총득표수에서는 앞섰지만, 트럼프의 당선은 그가 선거인단에서 더 많은 표를 얻었기 때문에 가능했다.

출처 : "Gore and Bush Are Like Classic Brands," *The New York Times*, July 25, 2000, B8; Michael Learmonth, "Social Media Paves Way to White House," *Advertising Age*, March 30, 2009, 16; Noreen O'Leary, "GMBB," *AdweekMedia*, June 15, 2009, 2; John Quelch, "The Marketing of a President," *Harvard Business School Working Knowledge*, November 12, 2008; Steven Ma, "Lessons from Donald Trump's Marketing Campaign Success," https://sparkflow.co/7-lessons-donald-trumps-marketing-campaign-success/, accessed February 28, 2018; Gil Press, "6 Trump Marketing Lessons," November 11, 2016, www.forbes.com/sites/gilpress/2016/11/11/6-trump-marketing-lessons/#322bbeef68e1, accessed February 28, 2018.

밀러 라이트

필립모리스(Philip Morris)가 밀러브루잉(Miller Brewing)을 인수했을 때 주력브랜드인 하이라이프(High Life) 브랜드는 특히 경쟁력이 별로 없었기에 회사는 가벼운 맥주를 도입하기로 결정했다. 밀러 라이트(Miller Lite)의 초기 광고 전략은 '맛이 좋다'고 언급함으로써 카테고리에서 필요하고 중요한 고려사항과 동등함을 보장하는 동시에 밀러 라이트가 칼로리가 1/3 더 낮다는 사실을 차별점으로 구축했다. 더 낮은 칼로리(기존의 12온스 일반 맥주의 경우 150칼로리, 밀러 라이트는 96칼로리)로 인해 '포만감을 덜 주게 되었다.' 소비자가 맛을 칼로리와 동일시하는 경향이 있기 때문에 유사점과 차별점이 다소 상충했다. 이러한 관점에 대한 소비자의 잠재적 저항을 극복하기 위해 밀러는 신뢰할 수 있는 대변인, 특히 맛이 좋지 않으면 맥주를 마시지 않을 것으로 추정되는 전직 운동선수들을 고용했다. 이 선수들은 광고에서 두 가지 제품 중 어떤 것이 맥주 맛이 더 좋은지, 아니면 덜 포만감이 느껴지는지를 논의하는 재미있는 상황에 놓였고, 두 가지 제품의 이점이 가치 있는 유사점과 차별점을 만들어냈다. 이 광고는 "당신이 항상 맥주에서 원했던 모든 것을 보다 적게"라는 기발한 태그라인으로 끝을 맺었다. 최근 밀러 라이트의 광고 캠페인은 경쟁사인 버드 라이트(Bud Light)에 대항해 차별점에 초점을 맞추고 있다. 밀러의 새로운 광고는 밀러 라이트가 버드 라이트 코스터 꼭대기에 설수 있다는 것을 보여주며, 반면 목소리는 라이트를 '더 많은 맛, 더 적은 칼로리, 절반의 탄수화물'로 양조한 것으로 설명하고 'Holds True'라는 태그 라인으로 마무리한다. 'Holds True' 메시지는 '진정한 오리지널 라이트 맥주를 포장에 미니멀한 그래픽으로 담다' 등 다양한 의미를 전달해 가치 있는 유사점과 차별점을 만들어낸다. 밀러 라이트는 경쟁 제품 대비 맛의 POD를 강조하고 있다. 라이트 맥주는 또한 버드 라이트보다 14칼로리 낮고 POD가 절묘하다. 전반적으로, 밀러 라이트의 독창적인 광고 캠페인은 한 브랜드가 서로 부정적인 상관관계를 가진 혜택 중 하나에 신뢰성을 부여하기 위해 호감도가 높은 연예인들의 객관성을 활용할 수 있는 방법의 예를 제공한다. 그러나 이것은 비용이 들지도 않고 위험하지도 않다. 8장에서는 이러한 고려사항을 상세히 검토하고 자산 활용의 장단점을 간략히 설명한다.

관계를 재정의하라   마지막으로 소비자 마음속에 있는 속성과 편익의 부정적 관계를 처리하는 데 있어 잠재적으로 강력할 수 있지만 어려운 방법 중 하나는, 실제로는 그 관계가 긍정적이라는 것을 소비자에게 확인시키는 것이다. 마케터는 이러한 재정의를 소비자에게 다른 관점을 제공하거나 그들이 특정 요소나 다른 고려 요인을 간과하거나 무시하고 있을지도 모른다는 것을 제시함으로써 달성할 수 있다. 애플은 또 다른 고전적인 예를 보여준다.

달성하기는 어렵지만 두 연상이 서로 보강될 수 있기 때문에 이 같은 전략은 강력할 수 있다. 소비자가 공감하고 신뢰할 수 있는 스토리를 개발하는 것이 과제다.

애플

애플이 1980년대(개인용 컴퓨터의 초창기 시절)에 매킨토시 컴퓨터를 출시했을 때, 핵심 차별점은 '사용자 친화적'이라는 것이었다. 윈도우 이전 시대에 도스용 PC는 복잡하고 편리하지 않기 때문에 많은 소비자, 특히 집에서 사용하는 개인용 컴퓨터를 구입한 사람이 사용의 용이성을 가치로 여겼다. 애플에 대한 그러한 연상의 약점은 업무용으로 PC를 구입한 고객은 PC가 사용하기에 편하다면 또한 그다지 강력하지는 않을 것이라고 추론한다는 사실이었다 — 그리고 비즈니스 시장 내에서 파워는 선택에 있어 핵심 고려 요인이었다. 이러한 잠재적인 문제점을 인식하고, 애플은 강력한 컴퓨터가 무엇을 의미하는지를 재정의하기 위한 시도로 '당신의 최고가 되는 파워'라고 하는 슬로건으로 독창적인 광고 캠페인을 진행했다. 이 광고의 숨겨진 메시지는 애플은 사용이 쉽기 때문에 사람들이 사용했다는 단순하지만 중요한 '파워'의 지적이었다. 다시 말해 가장 강력한 컴퓨터는 사람들이 실제로 사용한 컴퓨터라는 것이다.

애플은 자사의 컴퓨터 제품이 강력하고 사용하기 쉽다고 소비자를 설득하기 위해 여러 해 동안 부단히 노력했다.

출처 : Piero Cruciatti/Alamy Stock Photo

양다리 포지셔닝

때때로 한 회사는 차별점과 유사점의 한 세트를 가진 2개 틀의 준거체계에 의존할 수도 있다. 이러한 경우 한 제품군에서의 차별점이 다른 제품군에서 유사점이 되고 반대의 경우도 된다. 예를 들어 액센츄어는 (1) 전략적 통찰, 비전, 사고 리더십 그리고 (2) 고객 솔루션을 개발하는 정보기술 전문가를 결합하는 회사로서 그 자체를 정의한다. 이 전략은 주요 경쟁자인 매킨지와 IBM이 유사점을 갖게 하지만 동시에 차별점을 달성하게 해준다. 특히 액센츄어는 매킨지에 대해 기술과 실행의 차별점을 갖지만 전략과 비전의 유사점도 갖는다. 역으로 하면 IBM에 대해서도 사실이다 —기술과 실행은 유사점이지만 전략과 비전은 차별점이다. 양다리 포지셔닝(straddle positioning)을 성공적으로 도입한 또 다른 브랜드는 BMW이다.

양다리 포지셔닝은 종종 모순된 소비자 목표를 조화시키는 수단으로서 매력적일 수 있지만, 그것은 추가적인 부담을 제공한다. 만약 두 범주에 관해 유사점과 차별점이 확실하지 않다면, 브랜드는 양쪽 범주 어디에서도 적합한 플레이어로서 보이지 못하게 될 것이다. 많은 새로운 태블릿 브랜드[예 : 아이패드, 킨들(Kindle)]는 더 큰 휴대전화처럼 보이는 더 작은 버전을 선보였다 ['패블릿(phablets)'이라고도 함]. 스마트폰에서 노트북 컴퓨터에 이르기까지 범주를 넘나드는 시도에 실패한 이러한 제품은 이러한 위험을 생생하게 보여준다.

시간에 따른 포지셔닝 갱신

앞 절은 어떤 새로운 브랜드를 출시하는 데 특히 유용한 몇 가지 포지셔닝 지침을 기술했다. 정립된 브랜드에 있어 가장 중요한 문제는 그 브랜드의 포지셔닝을 얼마나 자주 갱신해야 하는지다. 일반적으로 포지셔닝은 매우 드물게 그리고 상황이 기존의 유사점과 차별점 효과성을 현저히 감소시킬 때만 근본적으로 바꾸어야 한다.

그러나 시장 기회 혹은 도전을 더 잘 반영하기 위해 포지셔닝은 시간이 지남에 따라 진화해야 한다. 어떤 차별점 혹은 유사점은 상황을 반영하는 것으로 정제되고, 추가되거나 삭제되어야 한다. 한 가지 공통된 시장 기회는 추가 확장을 위해서 브랜드 의미를 심화하기 위한 필요이다[**사다리타기**(laddering)]. 한 가지 공통된 시장 과제는 현재 포지셔닝을 위협하는 경쟁적인 도전에 어떻게 반응할 것인가이다[**반응하기**(reacting)]. 이들을 차례로 살펴보자.

사다리 기법   소비자가 중요하다고 하는 편익 측면에서 경쟁 우위를 확보하기 위해 차별점을 명확히 하는 것은 최초의 포지션을 구축하기 위한 좋은 방법을 제공하지만, 일단 표적시장에서 브랜드가 제품군 내 대안들과 어떻게 관련되어 있는지에 대해 기본적인 이해를 하고 나면 그 브랜드 포지셔닝과 관련된 의미를 심화할 필요가 있다. 때로는 적절한 연상을 찾기 위해 하나의 제품군 속에 있는 잠재적인 소비자 동기를 찾아보는 것도 도움이 된다. 예를 들어 매슬로(Maslow)의 욕구 5단계 이론에 따르면, 소비자는 서로 다른 욕구단계와 우선순위를 갖고 있다.[60]

가장 낮은 우선순위에서 가장 높은 우선순위는 다음과 같다.

1. 생리적 요구(음식, 물, 공기, 쉼터, 성)
2. 안전 및 보안 욕구(보호, 질서, 안정성)
3. 사회적 필요(애정, 우정, 소속감)
4. 자아 욕구(명예, 지위, 자존감)
5. 자기실현(자기충족)

매슬로에 의하면 하위 수준의 욕구가 충족되면 상위 수준의 욕구가 관련이 생긴다. 브랜딩 과학 2-1은 브랜드 이름과 관련된 이점을 매슬로의 욕구 위계와 일치하는 가치 계층과 연결하는 연구를 강조한다. 이 연구는 브랜드와 카테고리에 따라 브랜드가 고객에게 어필하는 요소가 무엇인지에 대한 뚜렷한 차이를 지적한다.

마케터는 보다 높은 수준의 욕구에 대한 중요성을 인지하게 되었다. 예를 들어 **가치-목표 사슬**(means-end chain)은 브랜드 특징들이 갖는 보다 높은 단계의 중요성을 이해하는 하나의 수단으로서 고안되었다. 가치-목표 사슬은 다음과 같은 구조를 갖고 있다. 속성(제품을 특징짓는 기술적인 특징)은 이익(제품 속성에 부여된 개인적 가치와 의미)으로 이어지며, 이는 다시 가치(개인의 목표나 동기를 부여하고 지속시키는 것)로 이어진다.[61]

다시 말해 소비자는 편익을 제공하는 속성(A)을 지닌 제품이나 가치(V)를 충족시키는 특정한 결과(B/C)를 가져다줄 제품을 선택한다. 예를 들면 짭짤한 스낵에 대한 한 연구에서 한 응답자가 강한 맛을 가진(A) 맛있는 칩(A)은 적게 먹고(B/C) 살찌지 않게 됨으로 해서(B/C) 더 좋은 몸매(B/C)를 갖게 될 것이고, 결국 이 모든 것이 자신의 자존감을 고양(V)하게 될 것이라는 의미를 갖는다고 말했다.

BMW

BMW는 1980년대 초 처음 미국 시장에 경쟁적으로 진출했을 때 럭셔리함과 성능을 동시에 갖춘 유일한 자동차로 포지셔닝했다. 당시 캐딜락(Cadillac) 같은 미국 고급차는 성능이 떨어진다는 평가를 받았고, 쉐비 콜벳(Chevy Corvette) 같은 고성능차는 고급스러움이 부족하다는 평가를 받았다. BMW는 자동차 디자인, 독일 유산 및 잘 설계된 다른 측면의 마케팅 프로그램에 의존함으로써 (1) 고급 자동차에 대한 성능 차별점과 고급 자동차의 럭셔리함에 대한 유사점, (2) 고성능 차 대비 성능 측면에서의 유사점을 달성했다. 'The Ultimate Driving Machine'이라는 기발한 슬로건은 새롭게 탄생한 럭셔리 고성능 자동차 부문을 효과적으로 사로잡았다.

'Ultimate Driving Machine'이라는 슬로건으로 고급스러움과 성능이라는 브랜드의 두 특성을 확보한 BMW

출처 : BMW AG

따라서 사다리 기법은 속성에서 편익, 더 추상적인 가치 또는 동기로 진행된다. 실제로 사다리 기법은 속성이나 혜택이 소비자에게 무엇을 의미하는지 반복적으로 묻는다. 사다리의 위로 올라가지 못하는 것은 브랜드에 있어 이용 가능한 전략적 대안을 감소시키게 된다.[62] 예를 들어 P&G는 전면으로 넣는 식기세척기를 사용하는 사용자를 유혹하기 위해 거품이 덜 일어나는 대시(Dash) 주방세제를 소개했다. 이러한 방식을 사용한 대시의 광고는 수십 년간 다른 브랜드가 침투해 들어올 수 없는 포지션을 구축했다. 그러나 대시는 전면으로 넣는 식기세척기로 너무 잘 연상되었기 때문에 이러한 세척기가 유행이 지났을 때 대시도 마찬가지로 구식이 되어버렸다. 이러한 결과는 대시가 P&G의 가장 효과적인 주방세제였고 브랜드를 재포지셔닝하기 위해 많은 노력을 했음에도 불구하고 발생했다.

어떠한 속성과 편익은 그들 자신을 다른 것들보다 더 쉽게 사다리탈 수 있게끔 빌려줄 수 있다. 예를 들어 베티크로커(Betty Crocker) 브랜드는 많은 종류의 제빵용 제품을 내놓았고 그에 따라 빵 굽기와 연상된 물리적인 따뜻함에 의해 특징지어졌다. 그러한 연상은 다른 사람들로 하여금 빵 굽기를 통해 얻는 좋은 느낌이나 즐거움, 감성적인 따뜻함에 대해 비교적 말하기 쉽게 만든다.

따라서 일부 가장 강력한 브랜드는 편익과 가치 연상을 창출하기 위해 그들의 차별점을 심화하는데, 예를 들면 볼보와 미쉐린(안전과 마음의 평화), 인텔(성능과 호환성), 말보로(서부 이미지), 코크(미국적임과 상쾌함), 디즈니(흥미, 마법, 가족 오락), 나이키(혁신적인 제품과 최고의 운동 성과), BMW(스타일과 주행 성능) 등이 그것이다.

브랜드 가치 피라미드

앨름퀴스트(Almquist), 시니어(Senior), 블락(Bloch)의 최근 연구는 피라미드 하단의 기능성부터 피라미드 상단의 사회적 영향에 이르는 피라미드로 구성된 일련의 브랜드 가치를 제안한다. 저자는 매슬로의 욕구단계설을 따르는 브랜드 포지셔닝의 30가지 요소를 구분해 기능적, 정서적, 삶을 변화시키는, 사회적 영향으로 분류했다. 이러한 아이디어를 뒷받침하기 위해 수집된 데이터를 보면 네 가지 이상의 가치 요소에서 우수한 성과를 거둔 기업은 충성도가 높은 고객, 순추천고객 지수 및 매출 증가율이 4배 이상 높다는 것을 알 수 있다. 이러한 브랜드의 예로는 애플, USAA, 탐스(TOMS), 아마존 등이 있다. 또한 아마존 등 매우 높은 성장률을 보이는 순수 소매업체는 8가지 가치 요소에서 강점을 보이고 있다.

다음으로 앨름퀴스트 등이 설명한 가치 구축 블록의 다양한 측면을 브랜드 가치 피라미드의 네 가지 단계에서 기능적, 정서적 이점, 삶을 변화시키는 가치, 사회적 영향으로 재분류한다.

기능 : 시간과 비용 절감(예 : 노력 감소, 번거로움 방지, 비용 절감), 기본 이점(품질, 다양성)을 제공하고 일상생활의 효율성과 편리함을 창출한다(간단화, 알림, 연결, 통합, 정리).

정서 : 자기향상(예 : 불안, 향수, 배지 가치, 매력 감소), 쾌락적 혜택 및 보상(예 : 재미/오락, 치료적 가치, 웰니스).

삶을 변화시키는 가치 : 동기부여, 미래에 대한 투자, 소속/소속, 희망 제공 및 자기실현을 포함한다.

사회적 영향 : 자기초월을 포함한다.

가치 피라미드의 위 요소들은 여러 범주에 걸쳐 중요도에 따라 크게 다르다. 품질은 전반적으로 소비자 보호에 영향을 미치는 데 중요한 것으로 여겨지지만, 저자들은 또한 음식과 음료의 성공을 위해서는 감각적인 매력이 중요하고 금융 서비스에서는 접근성을 제공하는 것이 중요하다는 것을 알게 되었다. 자포스(Zappos) 같은 브랜드네임은 시간을 절약하고 번거로움(기능적 이점)을 피하는 데 탁월할 뿐만 아니라, 기존 경쟁사보다 2배 이상 뛰어난 것으로 나타났다. 넷플릭스는 비용 절감, 치료 가치, 향수 등에서 경쟁사(전통 TV 서비스 제공업체)보다 3배 높은 점수를 받았다.

고객에게 가치 전달을 개선하기 위해 기업은 기존 제품에 이점을 추가할 수 있다. 저자들은 뱅가드(Vanguard)가 저렴한 자동 자문 플랫폼을 추가한 것은 고객에게 더 나은 정보를 제공하고 위험을 줄이려는 욕구에서 비롯되었을 수 있다고 지적한다. 아이폰의 많은 기능에 애플페이(Apple Pay)가 추가됨으로써 고객들은 결제 경험을 원활히 할 수 있다. 마찬가지로 아마존 프라임(Amazon Prime)은 1년 동안 1박 2일 무제한 배송을 제공하므로 번거로움이 없어지고 1년 내내 배송비를 부담하는 비용이 절감된다. 아마존의 스트리밍 서비스는 많은 프로그래밍 컬렉션에 접근할 수 있게 함으로써 브랜드가 제공하는 재미/엔터테인먼트 가치를 높인다. 최근에 앨름퀴스트 등(Almquist et al.)은 가치 계층에 대한 아이디어를 비즈니스 대 비즈니스 환경으로 확장해 B2B 브랜드 마케팅에 사용할 수 있는 가치 동인 세트를 제공했다. 따라서 앨름퀴스트 등이 제안한 모형은 다양한 분야에 걸쳐 고객에게 가치가 어떻게 전달되는지에 대한 유용한 접근법이며 매슬로의 욕구 단계에 확고히 뿌리를 두고 있다.

출처 : Eric Almquist, John Senior, and Nicolas Bloch, " The Elements of Value" *Harvard Business Review*, September 2016, https://hbr.org/2016/09/the-elements-of-value, accessed February 1, 2016; Mike Owen, "How to Create Value for Customers? A New Model Gives Useful Pointers and Adds to Existing Insights about Customer Value Marketing," November 21, 2016, https://stratminder.wordpress.com/2016/11/21/how-to-create-value-for-customers-a-new-model-gives-useful-pointers-and-adds-to-existing-insights-about-customer-value-marketing/, accessed March 5, 2018; Eric Almquist, Janie Cleghorn, Lori Sherer, "The B2B Elements of Value*," Harvard Business Review,* March-April 2018, https://hbr.org/2018/03/the-b2b-elements-of-value, accessed March 5, 2018.

어떠한 브랜드는 더 많은 제품과 연상되고 제품 위계구조의 상위로 이동함에 따라 브랜드 의미는 더 추상적이 될 수 있다. 동시에, 특정 브랜드네임하에서 판매되는 특별한 제품을 위해 적절한 제품군 멤버십 그리고 유사점과 차별점이 소비자의 마음속에 존재하는 것이 중요하다. 이는 11장에서 다룬다.

반응하기 경쟁적인 행동은 종종 차별점을 유사점으로 만들기 위해 차별점을 제거하거나, 새로운 차별점을 강화하거나 정립하는 방향으로 행해진다. 경쟁 우위는 경쟁자가 그들과 대등해지기 이전의 짧은 기간 동안만 존재하기도 한다.

디스커버

디스커버(Discover)는 일정 기간 동안 고유한 다양한 기능을 갖춘 올인원 신용카드를 출시했다.[63] 예를 들어 디스커버 카드는 현대적인 파란색 금속 마감 처리가 되어 있고 0달러 사기 책임 보증과 같은 다양한 기능이 있어 승인되지 않는 요금은 회원들에게 청구되지 않았다. 디스커버에는 카드 회원이 직접 결제일을 선택할 수 있도록 하고 결제일 자정까지 결제를 할 수 있도록 하는 등의 기능이 추가되었다. 고객은 모바일 앱과 이메일 미리 알림을 포함한 다양한 온라인 관리 도구를 통해 계정을 관리할 수 있었다. 이러한 방식으로 디스커버는 광고 캠페인 'It Pays to Discover'를 효과적으로 활용했다.[64] 하지만 디스커버의 차별화된 기능은 공격적인 경쟁자인 비자(Visa)와 마스터카드(Mastercard)에 의해 빠르게 복제했고, 한때 혁신적이었던 기능 중 일부는 이제 업계에서 표준으로 여겨지고 있다.

디스커버 신용카드는 후에 경쟁사들이 복제한 독특한 혜택을 특징으로 하는 올인원 카드를 선보였다.

경쟁사가 기존 POD에 도전하거나 POP를 극복하려는 경우, 타깃 브랜드에는 기본적으로 다음과 같은 세 가지 대안이 있다.

- **무대응**. 만약 경쟁자의 행동이 어떠한 차별점을 탈환하지 못하거나 새로운 차별점을 창출하지 못할 것 같으면, 가장 좋은 반응은 아마도 브랜드 구축 노력을 계속하는 것이다.
- **방어 대응**. 만약 경쟁자의 행동이 시장을 다소 혼란시킬 잠재력이 있는 것처럼 보인다면 방어적 자세를 취할 필요가 있다. 포지셔닝을 방어하는 한 가지 방법은 유사점과 차별점을 강화하기 위해 제품이나 광고를 통해서 일종의 확신을 덧붙이는 것이다.
- **공격 대응**. 경쟁자의 행동이 잠재적으로 매우 치명적인 것으로 보이면, 위협을 처리하기 위해 더 공격적인 자세를 취하거나 브랜드를 재포지셔닝할 필요가 있다. 한 가지 접근 방법은 브랜드의 의미를 근본적으로 바꾸는 제품 확장이나 광고 캠페인에 착수하는 것이다.

브랜드 감사는 마케터가 경쟁자로부터 위협의 강도와 적절한 경쟁적 자세를 평가하는 데 도움이 될 것이다. 이는 9장에서 자세히 다룬다.

적절한 포지셔닝 개발하기

몇 가지 최종 의견은 포지셔닝 작업을 안내하는 데 유용하다. 첫째, 좋은 포지셔닝은 현재에 발이 있고 미래에 발이 있다. 브랜드가 성장하고 발전할 수 있는 여지를 갖도록 어느 정도 포부가 있어야 한다. 시장의 현재 상태를 기반으로 하는 포지셔닝은 충분히 미래지향적이지 않지만, 동시에 본질적으로 달성할 수 없을 정도로 현실과 너무 동떨어진 포지셔닝도 바람직하지 않다. 포지셔닝의 진정한 비결은 브랜드가 무엇이고 무엇이 될 수 있는가에 대한 적절한 균형을 맞추는 것이다.

둘째, 적절한 포지셔닝은 모든 관련 유사점(POP)을 식별하기 위해 주의해야 한다. 마케팅 담당자는 브랜드가 잠재적으로 약점을 가지고 있는 중요한 영역을 간과하거나 무시하는 경우가 너무 많다. 차별점(POD)은 필수 유사점(POP) 없이는 중요하지 않기 때문에 둘 다 분명히 필요하다. 주요 경쟁자의 유사점을 발견하는 한 가지 좋은 방법은 경쟁자의 포지셔닝 역할을 수행하고 의도한 차이점을 추론하는 것이다. 경쟁사의 POD가 다시 브랜드의 POP가 될 것이다. 소비자의 마음속에 존재하는 의사결정의 상충 관계에 대한 소비자 연구도 도움이 될 수 있다.

셋째, 좋은 포지셔닝은 소비자가 브랜드로부터 얻는 편익이라는 측면에서 소비자 관점을 반영해야 한다. 버라이즌(Verizon)이 미국 광고에서 주장했듯이 당신이 '가장 큰 무선 네트워크'라고 광고하는 것만으로는 충분하지 않다. 효과적인 POD는 소비자에게 왜 그렇게 바람직한지 명확해야 한다. 다시 말해 소비자는 그 고유한 속성에서 어떤 이점을 얻을 수 있을까? 더 많은 고객이 더 많은 장소에서 버라이즌을 사용할 수 있다는 의미일까, 아니면 더 넓은 범위가 규모의 경제로 인해 더 낮은 가격을 청구할 수 있는 능력과 같은 다른 이점으로 이어질까? 이러한 이점이 분명하다면 포지셔닝의 기초가 되어야 하며 증거 포인트 또는 RTB(reason to believe)가 가장 큰 무선 네트워크의 속성이 되어야 한다.

마지막으로 다음 장에서 브랜드 공명 모델에 대해 더 자세히 살펴보겠지만 브랜드 포지셔닝에는 이성적 요소와 감성적 요소가 포함되도록 이중성이 존재하는 것이 중요하다. 즉 좋은 포지셔닝에는 머리와 마음 모두에 호소하는 차별점 및 유사점이 포함된다.

브랜드 만트라 정의하기

브랜드 포지셔닝은 한 브랜드가 어떠한 특수한 시장에서 구체적인 경쟁자들에 대항해 얼마나 효과적으로 경쟁할 수 있는지를 설명한다. 그러나 많은 경우 브랜드는 다수의 제품군에 걸쳐 있고 그러므로 다수의 독특한 — 그러나 관련된 — 포지셔닝을 갖게 될 것이다. 브랜드가 진화하고 제품군을 넘어 확장됨에 따라, 마케터는 브랜드의 본질적인 '마음과 혼'을 반영하는 브랜드 만트라를 공들여 만들기를 원할 것이다.

브랜드 만트라

어떤 브랜드가 무엇을 표현하는지 더 잘 정리하기 위해 마케터는 브랜드 만트라를 정의하기도 한다.[65] **브랜드 만트라**(brand mantra)는 브랜드 포지셔닝의 반박할 수 없는 본질과 정신을 담은 3~5개 단어로 이루어진 문구이다. 브랜드 만트라는 '브랜드 본질'이나 '핵심 브랜드 약속'과 비슷한 것이며 목적은 외부의 모든 마케팅 파트너뿐 아니라 조직 내 모든 근로자가 가장 근본적으로 그 브랜드가 무엇인지를 소비자에게 말할 수 있을 정도로 이해해, 그에 따라 그들의 행동을 조절할 수 있도록 하는 것이다. 예를 들면 '음식, 가족, 재미'라는 맥도날드의 브랜드 철학은 그 브랜드의 본질과 핵심 브랜드 약속을 훌륭하게 담고 있다.

브랜드 만트라는 강력한 장치이다. 브랜드 만트라는 브랜드로 어떤 제품을 소개할 것인지, 어떤 광고 캠페인을 실행할 것인지, 브랜드를 어디서 어떻게 판매해야 하는지에 대한 지침을 제공할 수 있다. 브랜드 만트라는 심지어 접견장소의 외관, 전화 응대방식 등 외관상으로는 가장 관계가 없거나 일상적인 결정에 대한 지표가 될 수도 있다. 요컨대 브랜드 만트라는 브랜드에 대한 고객의 인상에 부정적인 영향을 끼칠 수 있는, 브랜딩에 있어 부적절한 어떤 종류의 활동이나 행동도 걸러내게 하는 지적 여과장치를 창출하도록 고안되었다.

브랜드 만트라는 브랜드가 일관된 이미지를 표현하도록 돕는다. 소비자나 고객이 브랜드와 마주칠 때마다—어떠한 방식이나 양상, 형태로든—브랜드에 대한 그들의 지식은 변화할 수 있으며 브랜드자산에 영향을 줄 수 있다. 무수히 많은 근로자가 직간접적으로 소비자와 접촉해 브랜드와 관련된 소비자 지식에 영향을 줄 수 있으므로, 그들의 말과 행동이 브랜드 의미를 일관성 있게 강화하고 뒷받침하는 것은 매우 중요할 것이다. 광고대행사 직원과 같은 마케팅 파트너는 자산에 영향을 끼치는 그들의 역할조차 인식하지 못할 수 있다. 브랜드 만트라의 실제와 이해는 경영에 있어서 근로자와 마케팅 파트너의 중대한 역할뿐 아니라 조직에 대한 브랜드의 중요성과 그 의미의 이해를 나타낸다. 또한 그것은 가장 부각되고 최초로 상기되어야만 할 브랜드의 중대한 고려 요인이 무엇인지에 관해 기억에 남는 기록을 제공한다.

브랜드 만트라 설계 무엇이 훌륭한 브랜드 만트라를 만드는가? 2개의 강력한 브랜드인 나이키와 디즈니는 명확한 프로파일과 성공적인 브랜드 만트라의 예를 제시한다. 브랜드 만트라는 브랜드가 무엇이고 무엇이 아닌지를 경제적으로 전달해야 한다. 나이키와 디즈니의 예는 잘 고안된 브랜드 만트라를 가짐으로써 얻는 힘과 효용을 보여준다. 또한 무엇이 훌륭한 브랜드 만트라를 특징지을 수 있을지를 제안한다. 두 가지 예는 본질적으로 같은 방식으로 구조화되었는데, 아래에 나와 있는 것처럼 3개의 용어를 가지고 있다.

	감성 수식어	서술 수식어	브랜드 기능
나이키	진정한	운동경기의	성과
디즈니	재미	가족	오락

브랜드 기능(brand function)은 제품이나 서비스의 본질이나 그 브랜드가 제공하는 경험 혹은 편익을 나타낸다. 이것은 단지 제품군 자체를 반영하는 확고한 언어에서부터 나이키와 디즈니에서처럼 다양한 제품을 통해 전달될 수 있는 고차적 경험이나 편익을 가리키는 추상적인 개념까지 다양하다. **서술 수식어**(descriptive modifier)는 그것의 본질을 더 명확하게 한다. 따라서 나이키의 성과는 모든 종류(예 : 예술적 성과)가 아니라 단지 경기만의 성과이며, 디즈니의 오락은 모든 종류의 오락(예 : 성인용 오락)이 아니라 오락이다. 브랜드 기능어와 서술 수식어는 결합되어 브랜드 경계의 윤곽을 그리는 역할을 한다. 마지막으로 **감성 수식어**(emotional modifier)는 그 브랜드가 어떠한 방식으로 그리고 얼마나 정확하게 이들 편익을 전달하는지 측면에서 또 다른 수식어를 제공한다.

브랜드 만트라가 반드시 이와 일치하는 구조를 따를 필요는 없지만 채택된 구조에 상관없이 그

브랜딩 브리프 2 - 3

나이키 브랜드 만트라

소비자에게 무엇을 표현하는 데 있어 예리한 감각을 가진 브랜드가 나이키다. 나이키는 소비자에게 풍부한 일련의 연상을 지니고 있는데, 혁신적인 제품 디자인과 정상급 운동선수에 대한 스폰서십, 광고 수상, 경쟁력 있는 진취성, 무례한 태도와 같은 고려 요인을 떠올릴 수 있다. 내부적으로 나이키의 마케팅 관리자는 자신들의 마케팅노력을 안내하기 위해 '진정한 운동 성과(authentic athletic performance)'라고 하는 세 단어의 브랜드 만트라를 채택했다. 따라서 나이키의 관점에서 보면 전체 마케팅 프로그램 — 제품과 그것이 판매되는 방식 — 은 그 브랜드 만트라에 의해 전달된 핵심 브랜드 가치를 반영해야만 한다.

나이키의 브랜드 만트라는 마케팅을 위한 심오한 의미를 담고 있다. 나이키의 전 마케팅 전문가였던 스콧 베드버리(Scott Bedbury)와 제롬 콘론(Jerome Conlon)의 말을 빌리면 브랜드 만트라는 그 브랜드가 올바른 방향으로 계속해서 이동하고, 그것에서 벗어나지 않는지 확인하기 위한 '지적 가드레일'을 제공한다. 제품 개발 관점에서 보면 나이키의 브랜드 만트라는 어디서 그 브랜드를 얻을지에 영향을 주었다. 수십 년에 걸쳐 나이키는 그것의 브랜드 의미를 '조깅화'에서 '운동화', '운동화와 운동복', '운동과 관련된 모든 것(장비 포함)'으로 확장했다.

그러나 과정의 각 단계는 '진정한 운동 성과'라는 브랜드 만트라에 의해 관리되었다. 예를 들어 나이키가 의복 라인에 진출할 때 중요한 장애물 중 하나로 등장한 것은 정상급 운동선수들에게 진정으로 이점을 줄 수 있을 만큼 충분히 혁신적으로 만들어져야 한다는 사실이었다. 그와 동시에, 회사는 그 브랜드 만트라가 적합하지 않은 브랜드 제품들에 나이키의 이름을 사용하는 것을 피하기 위해 고심했다(예 : 캐주얼화).

나이키가 마케팅 프로그램으로 인해 문제를 겪은 것은 브랜드 만트라를 마케팅 과제로 어떻게 전달할지에 대해 이해하는 데 실패한 결과였다. 예를 들어 유럽으로 진출하면서 나이키는 몇 가지 잘못된 출발점을 경험하며 그곳에서의 '진정한 운동 성과'는 다른 의미가 있고, 특히 그중에서 축구와 중요한 방식으로 연결되어야 함을 비로소 인식할 수 있었다. 이와 유사하게, 나이키는 그들의 ACG 야외용 신발과 의류의 서브

'진정한 운동 성과'라는 나이키 브랜드 만트라는 로저 페더러(Roger Federer) 같은 운동선수를 통해 전형적으로 보여준다.

출처 : Jean Catuffe, PacificCoastNews/Newscom

브랜드를 개발하고 브랜드 만트라를 덜 경쟁적인 영역으로 옮기는 과정에서 잇따라 실패를 겪었다.

브랜드가 무엇을 나타내기로 되어 있는지, 최소한 암묵적으로 그 브랜드가 무엇이 아닌지를 나타내기로 되어 있는지 명확히 설명할 수 있어야 한다. 몇 가지 추가 사항은 주목할 가치가 있다.

1. 브랜드 만트라는 그들의 공통 의미로부터 힘과 유용성을 얻어내야 한다. 다른 브랜드는 브랜드 만트라를 구성하는 1개 또는 심지어 여러 개의 브랜드연상에서 강력할 수 있다. 브랜드 만트라가 효과적이기 위해서는 어떠한 다른 브랜드도 모든 척도에서 매우 뛰어나서는 안 된다. 나이키와 디즈니 성공의 핵심은 수년 동안 다른 경쟁자들이 브랜드뿐 아니라 자신들이 브랜드 만트라에 의해 제안한 약속을 사실상 전달하지 못했다는 점에 있었다.

2. 브랜드 만트라는 일반적으로 브랜드의 차별점, 다시 말해 브랜드의 독특한 점이 무엇인지

브랜딩 브리프 2-4

디즈니 브랜드 만트라

디즈니는 1980년대 중반에 라이선스 및 제품 개발을 통한 놀라운 성장에 대응해 브랜드 만트라를 개발했다. 1980년대 후반에 디즈니는 미키 마우스와 도널드 덕 같은 일부 캐릭터가 부적절하게 사용되고 과다 노출되는 것을 우려하게 되었다. 문제의 심각성을 조사하기 위해 디즈니는 광범위한 브랜드 감사에 착수했다. 브랜드 재고관리의 일환으로, 이 회사는 미국 전역 및 전 세계 상점에서 이용할 수 있는 모든 디즈니 제품(라이선스 및 회사 제조)과 모든 타사 프로모션[구매시점 판매촉진(point of purchase display) 및 관련 상품 포함] 목록을 우선 작성했다. 동시에 디즈니는 소비자가 디즈니 브랜드에 대해 어떻게 느끼는지 조사하기 위한 주요 소비자 조사 연구(브랜드 탐구)를 시작했다.

브랜드 재고 조사 결과는 잠재적으로 심각한 문제를 드러냈는데, 디즈니 캐릭터가 너무 많은 제품에 등장하고 너무 많은 방법으로 마케팅되었기 때문에 어떤 경우에는 거래의 이면에 있는 본질을 분간하기가 어려웠다. 소비자 연구는 디즈니의 우려를 증폭시켰다. 시장에서 캐릭터가 광범위하게 노출되어 많은 소비자가 디즈니가 그 이름을 악용하고 있다고 느끼기 시작했다. 어떤 경우에는 소비자가 캐릭터가 제품에 거의 가치를 부여하지 않는다고 느꼈고, 더 나쁜 것은 그들이 일반적으로 무시할 구매 결정에 어린이를 참여시키는 것이었다.

공격적인 마케팅노력 덕분에 디즈니는 많은 공원 참가자와 공동 프로모션이나 라이선스 계약을 체결했다. 디즈니 캐릭터는 기저귀부터 자동차, 맥도날드 햄버거까지 모든 것을 팔고 있었다. 그러나 디즈니는 소비자 연구에서 소비자가 모든 디즈니 캐릭터가 들어간 제품을 구별하지 않는다는 것을 알게 되었다. 영화, 음반, 테마파크, 소비재 등에서 캐릭터를 본 소비자에게 '디즈니는 디즈니'였다. 결과적으로 디즈니 이름이나 캐릭터를 사용한 모든 제품과 서비스는 디즈니의 브랜드자산에 영향을 미쳤다. 소비자는 그들이 캐릭터 및 디즈니와 특별하고 개인적인 관계가 있다고 느꼈기 때문에 디즈니 제품 홍보 중 일부에 대해 분개했다. 그래서 소비자는 디즈니가 캐릭터를 부주의하게 다루어서는 안 된다고 말했다.

브랜드 감사 결과, 디즈니는 브랜드 프랜차이즈를 보다 잘 관리하고 라이선싱 및 기타 타사 프로모션 기회를 보다 신중하게 평가할 수 있는 브랜드자산 팀을 신속하게 구성했다. 이 팀의 임무 중 하나는 주요 브랜드연상을 강화하는 디즈니의 일관된 이미지가 모든 타사 제품 및 서비스에 전달되도록 하는 것이었다. 이러한 감독을 용이하게 하기 위해 디즈니는 제안된 벤처들을 선별하는 장치로서 '재미있는 가족 오락'이라는 내부 브랜드 만트라를 채택했다.

브랜드 만트라와 일치하지 않는 기회는 아무리 매력적이더라도 거부했다. 예를 들어 한 투자회사가 유럽에서 부모들이 자녀의 대학 학비를 저축할 수 있는 방법으로 설계된 뮤추얼 펀드의 공동브랜드화를 위해 디즈니에 접근했다. 디즈니는 금융계나 은행과의 연결이 브랜드 이미지와 일치하지 않고 다른 관계를 암시한다고 믿었기 때문에 일관된 가족과의 관련성에도 불구하고 기회를 거부했다(뮤추얼 펀드는 오락을 목적으로 하는 경우가 거의 없다).

'재미있는 가족 오락'이라는 디즈니의 브랜드 만트라는 마케터에게 비일관된 행동을 피하도록 가드레일을 제공했다.

출처 : Todd Anderson/Handout/Getty Images

포착하도록 설계되었다. 특히 유사점과 같은 브랜드 포지셔닝의 다른 측면도 마찬가지로 중요하며 다른 방식으로 강화될 필요가 있다.

3. 빠른 성장을 하는 제품군 브랜드의 경우에서 브랜드 기능어는 확장이 적절한 제품군 혹은 부적절한 제품군인지에 대한 주요한 가이드라인을 제공한다. 더 안정적인 제품군의 브랜드의 경우에서 브랜드 만트라는 브랜드 기능어에 전혀 포함되어 있지 않은 서술 수식어와 감성 수식어에 의해 표현되는 차별점에 더욱 집중할 것이다.

브랜드 만트라 실행하기 브랜드 만트라는 브랜드 포지셔닝과 동시에 개발되어야 한다. 앞서 보았듯이 브랜드 포지셔닝은 일반적으로 어떠한 형태의 브랜드 감사나 다른 활동을 통한 브랜드의 심도 있는 조사 결과이다. 브랜드 만트라는 그러한 활동을 통해 얻은 교훈으로부터 이점을 얻을 수 있지만, 동시에 더 내적인 조사가 요구되고 회사 근로자, 마케팅 직원과 같은 더 넓은 범위로부터의 정보를 필요로 한다. 이러한 내적 활동의 일부는 개별 또는 모든 근로자가 현재 브랜드자산에 영향을 미치고 있는지, 그들이 브랜드 운명에 긍정적인 방식으로 어떻게 기여할 수 있는지에 대

브랜딩 과학 2-2
기업 내부 브랜딩

브랜드 만트라는 내부 브랜딩 — 조직 구성원이 브랜드 및 그것이 표현하는 바와 동일한 태도를 취할 수 있도록 하는 것 — 의 중요성을 지적한다. 많은 브랜딩 문헌이 외부 관점에서 회사가 고객과 더불어 브랜드자산을 구축하고 관리하기 위해 취해야 할 전략과 전술에 초점을 맞추었다. 두 말할 나위 없이 모든 마케팅활동의 핵심은 소비자에게 브랜드와 브랜드의 본질을 포지셔닝하는 것이다.

그러나 브랜드를 포지셔닝하는 것이 마찬가지로 중요하다.[66] 특히 서비스 회사의 경우 사실상 모든 내부 고객이 브랜드에 대해 최근의 그리고 심도 있는 이해를 하는 것이 중요하다. 최근에는 많은 회사에서 그들의 내부 브랜딩 개선에 대한 관심이 증가하고 있다.

미국에서 가장 빠르게 성장하고 가장 성공적인 레스토랑 체인 중 하나인 판다익스프레스(Panda Express)는 직원을 위한 내부 교육과 개발에 상당한 자원을 투자한다. 개인 소유인 이 회사는 서비스 교육 외에도 건강하고 행복한 직원이 매출과 수익성을 높일 수 있다는 믿음으로 체중 조절, 의사소통기술, 조깅, 세미나 참석 등 직원의 개인적 개선 노력을 지원한다.

싱가포르항공 역시 직원 교육에 막대한 투자를 하고 있다. 신입 사원은 업계 평균의 두 배인 4개월의 교육을 받는다. 이 회사는 또한 14,500명의 기존 직원을 재교육하는 데 연간 약 7,000만 달러를 지출한다. 훈련은 품질, 에티켓, 와인 시음 및 문화적 감수성에 중점을 둔다. 객실 승무원은 일본, 중국, 미국 승객과 다르게 상호작용하는 방법과 승객을 '아래로 내려다보지 않고' 눈높이에서 의사소통하는 것의 중요성을 배운다.

회사는 내부 고객들과 함께하는 지속적인 열린 대화에 나설 필요가 있다. 브랜딩은 참여로 인식되어야 한다. 몇몇 회사는 회사 인트라넷이나 다른 수단을 통한 직원과 기업 간(B2E) 프로그램을 후원해오고 있다. 디즈니는 내부 브랜딩에 있어 매우 성공적이고 그들의 브랜드를 뒷받침하는 내부 고객을 가진 것으로 인식되어 왔으며 디즈니연구소(Disney Institute)는 다른 회사로부터 이직해온 내부 고객에게 창의성, 서비스, 충성도라고 하는 '디즈니 스타일'을 주제로 한 세미나를 제공한다.

요약하면, 내부 고객을 고양하고 외부 고객의 마음을 끌 수 있는 내부 브랜딩은 매우 주요한 경영 우선순위이다.

출처 : Karl Taro Greenfeld, "The Sharin' Huggin' Lovin' Carin' Chinese Food Money Machine," *Bloomberg Businessweek*, November 28, 2010, 98–103; Loizos Heracleous and Joachen Wirtz, "Singapore Airlines' Balancing Act," *Harvard Business Review*, July-August 2010, 145–149; James Wallace, "Singapore Airlines Raises the Bar for Luxury Flying," www.seattlepi.com, January 16, 2007. For some seminal writings in the area, see Hamish Pringle and William Gordon, *Brand Manners: How to Create the Self-Confident Organization to Live the Brand* (New York: John Wiley & Sons, 2001); Thomas Gad, *4-D Branding: Cracking the Corporate Code of the Network Economy* (London: Financial Times Prentice Hall, 2000); Nicholas Ind, *Living the Brand: How to Transform Every Member of Your Organization into a Brand Champion*, 2nd ed. (London, UK: Kogan Page, 2004); Scott M. Davis and Kenneth Dunn, *Building the Brand-Driven Business: Operationalize Your Brand to Drive Profitable Growth* (San Francisco: Jossey-Bass, 2002); Mary Jo Hatch and Make Schultz, *Taking Brand Initiative: How Companies Can Align Strategy, Culture, and Identity Through Corporate Branding* (San Francisco, CA: Jossey-Bass, 2008); Andy Bird and Mhairi McEwan, *The Growth Drivers: The Definitive Guide to Transforming Marketing Capabilities* (West Sussex, UK: John Wiley & Sons, 2012).

한 다양한 방법을 실제로 결정하는 것이다.

　마케터는 소비자가 보유해야 할 이상적인 핵심 브랜드연상을 제시하는 몇 개의 문장이나 짧은 단락으로 브랜드 포지셔닝을 요약한다. 이러한 핵심 브랜드연상에 근거한 브레인스토밍 회의는 차별점, 유사점, 기타 브랜드 만트라 후보를 확인하기 위한 시도이다. 브랜드 만트라를 만드는 마지막 단계는 다음과 같은 사항의 역할을 고려해야 한다.

- **소통** : 좋은 브랜드 만트라는 브랜드 영역을 설정함으로써 사업의 범주(혹은 범주들)를 정의하고 브랜드에 있어 무엇이 독특한지를 명확히 해야 한다.
- **단순화** : 효과적인 브랜드 만트라는 기억할 수 있어야 한다. 따라서 그것은 짧고 분명하며 생생해야 한다. 여러모로 볼 때 세 단어 만트라가 이상적인데 왜냐하면 그것이 브랜드 포지셔닝을 전달하는 데 가장 경제적이기 때문이다.
- **감정 불어넣기** : 이상적으로 브랜드 만트라는 개인적으로 의미가 있고 가능한 많은 직원과 관련된 기반을 확보해야 한다. 브랜드 만트라는 알리고 안내하는 것 이상을 할 수 있다. 브랜드 가치가 소비자뿐만 아니라 직원들에게도 높은 수준의 의미를 끌어낸다면 브랜드 만트라는 영감을 줄 수 있을 것이다.

　하지만 얼마나 많은 단어가 만트라를 구성하는지에 상관없이, 사실 어느 단어든 다중적인 해석이 가능하다. 예를 들어 디즈니의 브랜드 만트라인 재미, 가족, 오락은 디즈니로 하여금 더 강력한 기초를 제공하기 위해 만트라를 더 깊게 파내려가 볼 필요를 느낄 만큼 각각 다중적인 의미를 가진다. 그리하여 이 세 단어 각각을 명확하게 하기 위한 2~3개의 짧은 구절이 나중에 추가되었다.

요약

고객 기반 브랜드자산은 브랜드지식이 갖는 특정 브랜드의 마케팅활동에 대한 소비자 반응의 차별화된 결과이다. 소비자가 제품에 더 호의적으로 반응할 때 그리고 브랜드화되지 않을 때보다 브랜드화되었을 때 마케팅 방식에 따라 브랜드는 긍정적인 고객 기반 브랜드자산을 갖는다.

　브랜드지식은 브랜드연상의 노드와 연결고리 네트워크, 즉 기억장치 속에서 브랜드 노드에 연결된 다양한 연상을 보유하고 있는 연상 네트워크 기억 모델이라는 관점에서 정의된다. 브랜드지식은 브랜드 인지도와 브랜드 이미지라는 두 가지 구성요소의 관점에서 특징지을 수 있다. 브랜드 인지도는 다양한 상황하에서 브랜드를 비보조 상기하거나 보조 상기하는 소비자 능력에 의해 나타나는 것처럼 기억 속에서의 브랜드 노드나 흔적의 강도와 관련되어 있다. 브랜드 인지도는 깊이와 폭에 의해 특징지을 수 있다. 브랜드 인지도의 깊이는 소비자가 브랜드를 보조 상기 혹은 비보조 상기할 수 있는 가능성을 측정한다. 브랜드 인지도의 폭은 브랜드가 마음속에 떠오를 수 있는 구매 및 소비 상황의 다양성을 측정한다. 브랜드 이미지는 소비자 기억 속에 있는 브랜드연상에 의해 나타나는 브랜드에 대한 소비자의 지각이라고 정의된다.

　고객 기반 브랜드자산은 브랜드에 대해 소비자가 높은 인지도와 친숙성을 가지고 있을 때, 그리고 기억 속에 강하고 호의적이며 독특한 브랜드연상을 보유하고 있을 때 생겨난다. 몇 가지 예로, 소비자가 단지 친숙한 브랜드에만 기초해 선택하고자 하는 저관여 의사결정 상황과 같은 경우 브랜드 인지도만으로도 더욱 호의적인 소비자 반응을 이끌어내기에 충분하다. 반면, 다른 경우에는 브랜드자산을 구성하는 차별적인 반응을 결정하는 데 있어서 브랜드자산의 강도, 호감도, 독특함 등이 중요한 역할을 한다.

포지셔닝을 결정하는 것은 준거 체계(표적시장과 경쟁의 본질을 확실히 함)와 최적의 유사점과 차별점을 가진 브랜드 연상, 전반적인 브랜드 만트라 결정을 요구한다. 첫째, 마케터는 소비자 행동과 소비자가 브랜드 선택 시 채택하는 고려 요인에 대한 이해가 필요하다. 준거 체계가 만들어지고 나면 마케터는 최고의 유사점과 차별점을 식별하는 작업을 시작해야 한다.

차별점(POD)은 소비자에게 강력하게 새겨져 있고 호의적으로 평가되는 브랜드의 고유한 연상들이다. 마케터는 바람직함, 전달 가능성, 차별점 요인을 기반으로 하는 강력하고 호의적이며 독특한 차별점 연상뿐만 아니라 차별점 달성으로 기대될 수 있는 판매와 원가의 예측할 수 있는 수준을 알아야 한다.

반면에 유사점(POP)은 그 브랜드의 독특함일 필요는 없으며, 다른 브랜드의 실제로 공유될 수 있는 연상이다. 제품군 유사점 연상은 소비자가 하나의 특정한 제품군 내에서 원칙에 맞고 신뢰할 수 있는 제품이 되기 위해 반드시 필요하다고 생각하는 연상들이다. 경쟁적 유사점 연상이란 경쟁자의 차별점을 무력화하기 위해 만들어진 연상이다. 상호관계적 유사점 연상은 차별점으로부터 발생할 수 있는 가능한 단점과 부정적 측면을 무효화시킨다.

마지막으로 브랜드 만트라는 브랜드의 마음과 혼을 나타내는 명확한 표현이며 브랜드 포지셔닝과 브랜드 가치의 떼어낼 수 없는 본질과 정신을 담은 3~5개 단어로 이루어진 짧은 문구이다. 브랜드 만트라의 목적은 외부의 모든 마케팅 파트너뿐 아니라 내부 고객이 가장 근본적으로 그 브랜드가 무엇인지를 소비자에게 말할 수 있을 정도로 이해를 확인하는 것이다.

위 네 가지 요소의 선택은 브랜드 포지셔닝과 바람직한 브랜드 지식구조를 결정한다.

토의 문제

1. 음료 이외의 제품군에 분류 모델을 적용하라. 소비자가 제품 구입 여부를 어떻게 결정하며 최종 브랜드 결정에 어떻게 도달하는지 설명하라. 해당 범주의 브랜드에 대한 브랜드자산 관리는 어떤 의미가 있는지 논의하라. 예를 들어 포지셔닝에 어떤 영향을 미치는지 설명하라.

2. 기본적으로 2개의 주요 브랜드가 지배하는 카테고리를 선택하고 각 브랜드의 포지셔닝을 평가하라. 그들의 표적시장은 누구인가? 주요 유사점과 차별점을 제시하라. 포지셔닝을 올바르게 정의했는지와 개선의 여지가 있는지 설명하라.

3. 당신의 지역에 있는 서점을 고려해 그 서점이 어떤 경쟁적 준거 틀에 직면하고 있는지 설명하라. 포지셔닝을 위한 준거 틀의 의미를 토의하라.

4. 그림 2-6에 나와 있는 속성 및 이점 외에 다른 부정적인 상관관계가 있는 속성 및 이점을 생각하라. 부정적으로 상관된 속성 및 이점을 처리하기 위한 다른 전략이 있는지 설명하라.

5. 브랜딩 과학 2-1에서 베인앤드컴퍼니(Bain & Company) 컨설턴트가 제안한 브랜드 가치 피라미드를 어떻게 생각하는가? 특정 브랜드에 프레임워크를 어떻게 적용할 것인가? 당신은 이 요소들이 전통적인 매슬로의 욕구 단계 이론과 관련된 독특한 통찰력을 제공한다고 생각하는가?

브랜드 포커스 2.0
강력한 브랜드의 마케팅 장점

고객 기반 브랜드자산은 소비자가 브랜드를 알고 있을 때와 알지 못할 때 마케팅활동에 대한 소비자의 반응이 다를 경우에 발생한다. 그 반응이 어떻게 다른지는 브랜드 인지도의 정도와 소비자가 브랜드 연관성을 얼마나 호의적이고 독특하게 평가하는가는 물론 고려 중인 특정 마케팅활동에 따라 달라질 것이다.

강력한 브랜드를 통해 매출 증대와 비용 절감이라는 여러 가지 이점을 얻을 수 있다.[67] 예를 들어 한 마케팅 전문가는 강력한 브랜드의 재무적 가치를 창출하는 요인을 성장과 관련된 요소(신규 고객을 유치할 수 있는 브랜드 능력, 경쟁자 활동에 저항하는 브랜드 능력, 라인 확장이 가능한 브랜드 능력, 국경을 초월하는 브랜드 능력)와 수익성 요소(브랜드 충성도, 고가격 전략, 낮은 가격 탄력성, 낮은 광고/매출 비율, 무역 레버리지)를 범주화했다.[68]

이 코너는 브랜드 인지도가 높고 긍정적인 브랜드 이미지를 가진 브랜드를 보유하는 회사가 누릴 수 있는 몇 가지 이점을 자세히 소개한다.[69]

경쟁적 마케팅활동 및 위기에 대한 충성도 향상과 취약성 감소

연구에 따르면 다양한 유형의 브랜드연상이 호의적이라면 소비자 제품 평가, 품질 인식 및 구매율에 영향을 미칠 수 있다.[70] 이러한 영향은 특히 평가하기 어려운 경험 제품과[71] 브랜드연상의 고유성이 증가함에 따라 분명해질 수 있다.[72] 또한 브랜드에 대한 친숙도는 소비자 신뢰, 브랜드에 대한 태도 및 구매 의도를 높이고[73] 좋지 않은 체험 경험의 부정적인 영향을 완화하는 것으로 나타났다.[74]

이러한 이유로, 브랜드자산이 높은 브랜드의 한 가지 특징은 소비자가 브랜드에 대한 충성도를 크게 느낀다는 것이다. 일부 최고의 브랜드는 시간이 지남에 따라 소비자 태도와 경쟁 활동 모두에서 상당한 변화가 있었음에도 불구하고 수년 동안 시장을 주도했다. 그 모든 것을 통해 소비자는 브랜드를 고수하고 경쟁자의 제안을 거부할 만큼 충분히 이러한 브랜드를 가치 있게 여겼고, 회사에 안정적인 수익 흐름을 창출했다. 연구에 따르면 시장 점유율이 높은 브랜드는 시장 점유율이 낮은 브랜드보다 충성도가 높은 고객을 가질 가능성이 더 높은데, 이를 *이중 위험*이라고 한다.[75] 한 연구에 따르면 브랜드자산은 후속 시장 점유율 및 수익성과 강한 상관관계(.75)가 있는 것으로 나타났다.[76]

또한 긍정적인 브랜드 이미지를 가진 브랜드는 브랜드위기나 운명의 침체를 성공적으로 극복할 가능성이 더 높다.[77] 아마도 가장 주목할 예는 존슨앤드존슨의 타이레놀 브랜드일 것이다. 브랜드 포커스 2.0은 존슨앤드존슨이 1980년대 초 비극적인 제품 변조 에피소드와 어떻게 싸웠는지 설명한다. 하룻밤 사이에 시장 점유율이 37%에서 거의 0으로 떨어지는 것을 보고 타이레놀이 미래가 없는 브랜드로 기록될 것을 두려워했음에도 불구하고 존슨앤드존슨은 위기에 대한 능숙한 대응과 우수한 브랜드자산을 통해 위기를 극복할 수 있었다. 좀 더 최근에는 두 자동차 브랜드, 즉 토요타(Toyota)와 정도는 덜하지만 폭스바겐(Volkswagen)이 브랜드자산에 심각한 위협이 되는 위기를 성공적으로 극복했다.

마케팅 위기의 효과적인 대처는 신속하고 성실한 행동, 뭔가 잘못되었다는 즉각적인 인정, 효과적인 해결책이 마련될 것이라는 확신이 필요하다는 교훈을 준다. 브랜드자산이 클수록 회사가 위기 해결에 착수할 때 이러한 조치는 고객의 이해와 인내심을 유지하기에 충분할 가능성이 높아진다. 그러나 근본적인 브랜드자산이 없다면, 아무리 잘 짜인 복구 계획이라도 의심스럽거나 정보를 알 수 없는 대중에게는 효과적이지 못할 수 있다.[78] 마지막으로, 위기가 없더라도 강력한 브랜드는 마케팅 침체나 브랜드 쇠퇴에 보호 기능을 제공한다.

더 큰 마진

긍정적인 고객 기반 브랜드자산을 가진 브랜드는 가격 프리미엄을 받을 수 있다.[79] 또한 소비자도 가격 인상에 대해 상당히 비탄력적인 대응을 해야 하며, 시간이 지남에 따라 가격 인하나 할인 등에 대해서도 탄력적인 대응을 해야 한다.[80] 이러한 논리와 일관되게, 연구에 따르면 브랜드에 충성하는 소비자는 가격 상승에 직면했을 때 타사 브랜드로 전환할 가능성이 낮고, 가격 하락에 직면했을 때 브랜드 구매량이 증가할 가능성이 더 높다.[81] 경쟁적인 의미에서 브랜드 선도자는 점유율이 낮은 경쟁업체로부터 불균형한 양의 시장 점유율을 끌어낸다.[82] 동시에 시장 선도기업들은 이러한 소규모 브랜드와의 가격 경쟁에 상대적으로 영향을 받지 않는다.[83]

인텔리퀘스트(Intelliquest)는 고전적인 초기 연구에서 비즈니스 컴퓨터 구매자의 구매 결정에서 브랜드 이름과 가격의 역할을 조사했다.[84] 설문 응답자는 "아래에 있는 브랜드 컴퓨터를 '이름 없는' 복제 컴퓨터 브랜드에 대비해 지불할 의향이 있는 추가적인 달러 가치는 얼마입니까?"라는 질문을 받았다. IBM이 가장 높은 가격 프리미엄을 차지했으며 컴팩(Compaq)과 휴렛팩커드(Hewlett-Packard)가 그 뒤를 이었다. 일부 브랜드는 부정적인 브랜드자산을 가지고 있었다. 그들은 실제로 마이너스 점수를 받았다. 분명히 이 연구에 따르면 브랜드는 개인용 컴퓨터 시장에서 소비자가 가치 있게 여기고 비용을 지불할 의향이 있는 특정한 의미를 가지고 있다.

브랜드 충성도가 높은 고객일수록 영향력이 높은 경우가 많아 충성도가 낮은 고객보다 낮은 가격을 누릴 수 있다는 점에서 현재 상반된 흐름이 나타나고 있는 점은 주목할 만하다. 한 연구는 기업의 가장 충성도가 높은 고객 사이에서 돈을 덜 지불하려는 이러한 현상을 조사했다.[85] 이는 특히 대규모 구매와 영업사원들이 충성도가 높은 고객에게 가격 협상에서 더 큰 할인을 제공하는 경우가 많은 기업 간 거래에서 더욱 두드러진다. 충성 고객이 가격 할인이 아닌 다른 방식으로 보상을 받도록 하는 한 가지 방법은 충성 고객이 급격한 할인을 받지 않게 하도록 사은품이나 고객 서비스 같은 다양한 보상을 제공하는 것이다. 영업사원은 높은 품질의 브랜드는 브랜드 선택에 수반되는 품질 차이를 강조함으로써 가격을 유지할 수 있다.

중간상의 협력 및 지원 확대

유통 경로의 도매상, 소매상, 기타 중간상은 많은 제품을 판매하는 데 중요한 역할을 한다. 따라서 그들의 활동은 브랜드의 성공을 촉진하거나 저해할 수 있다. 브랜드가 긍정적인 이미지를 가지고 있다면 소매업체와 기타 중간상이 소비자의 요구에 부응하고 브랜드를 적극적으로 홍보하고 판매할 가능성이 높아진다.[86] 유통경로 구성원은 제조업체에게 마케팅지원(push)을 요구할 가능성이 낮아지고, 제조업체 제품의 취급과 재주문, 진열뿐만 아니라 중간상 판촉비(trade promotion)를 요구하지 않으며,[87] 더 낮은 진열공간 확보 비용 요구, 더 유리한 선반 공간이나 위치의 제공 등 제조업체의 제안에 더 수용적일 것이다. 매장 내에서 소비자 결정이 많이 이루어진다는 점에서 유통업체의 추가 마케팅지원 가능성이 중요하다.

마케팅 커뮤니케이션 효과 증대

브랜드에 대한 인지도와 긍정적인 이미지를 창출함으로써 많은 광고와 커뮤니케이션 혜택이 발생할 수 있다. 마케팅 커뮤니케이션에 대한 소비자 반응에 관한 잘 확립된 관점 중 하나는 효과의 계층구조 모델(hierarchy of effects models)이다. 이러한 모델은 소비자가 마케팅 커뮤니케이션(예 : 마케팅 커뮤니케이션에 대한 노출, 주의, 이해, 양보, 유지, 동작)에 근거해 일련의 단계나 심리 상태를 이동한다고 가정한다.

자산이 큰 브랜드는 이미 소비자의 마음속에 일부 지식구조를 만들어 놓았기 때문에 소비자가 다양한 단계의 계층 구조를 통과할 가능성이 높아진다. 예를 들어 긍정적인 브랜드 이미지가 광고의 설득력에 미치는 영향을 고려해보자. 소비자는 광고를 더 쉽게 인지하고 브랜드에 대해 더 쉽게 배우고 호의적인 의견을 형성할 수 있으며, 시간이 지남에 따라 이러한 신념을 유지하고 이에 따라 행동할 수 있다.

친숙하고 호감이 가는 브랜드는 경쟁 광고의 간섭과 혼란에 덜 민감하고[88] 유머 감각과 같은 창의적인 전략에 즉각 대응할 수 있으며[89] 집중된 반복 일정으로 인한 부정적인 반응에 덜 취약하다.[90] 또한 브랜드에 대한 충성도가 높은 패널 다이어리 회원들은 브랜드 광고가 증가하면 구매를 늘렸다.[91] 더 많은 광고와 관련된 다른 이점으로는 관심의 초점이 될 가능성이 높아지고 브랜드 관심이 증가한다.[92]

강력한 브랜드연상이 존재하기 때문에 더 낮은 수준의 반복이 필요할 수 있다. 예를 들어 광고 가중치에 대한 고전적 연구에서 안호이저부시(Anheuser-Busch)는 서로 다른 일치된 테스트 시장의 소비자에게 버드와이저 광고의 양을 다양하게 보여주는 신중한 현장 실험을 실행했다.[93] 이전 광고 지출 수준에서 증가 및 감소를 나타내는 일곱 가지 다른 광고 지출 수준을 조사했다: −100%(광고 없음), −50%, 0%(동일 수준), +50%, +100%(광고비 수준의 2배) +150%, +200%. 이러한 지출 수준은 1년 동안 실행되었으며 '광고 없음' 수준에서 현재 프로그램과 동일한 금액의 매출이 발생하는 것으로 나타났다. 사실, 광고 지출의 50% 삭감으로 인해 실제로 매출이 증가했는데, 이는 버드와이저와 같은 강력한 브랜드는 적어도 짧은 기간 동안 덜 알려지거나 잘 선호되는 브랜드와 동일한 광고 수준을 요구하지 않는다는 개념과 일치한다.[94]

마찬가지로, 기존의 브랜드지식 구조 때문에 소비자는 판매 프로모션, 다이렉트 메일 오퍼링, 기타 판매 지향 마케팅 커뮤니케이션에 더 주목하고 호의적으로 반응할 가능성이 더 높다. 예를 들어 몇몇 연구에서 고품질 브랜드의 경우 판매촉진 효과가 떨어지는 것으로 나타났다.[95]

가능한 라이선싱 및 브랜드 확장 기회

강력한 브랜드에는 종종 다른 제품 범주에서 바람직할 수 있는 연상이 있다. 이 가치를 활용하기 위해 8장에서 논의하는 것처럼 기업은 로열티 비용의 대가로 제품 및 상품에 사용할 이름, 로고, 기타 상표 항목을 다른 회사에 사용 허가를 할 수 있다. 라이선시(licensee, 상표를 사용할 수 있는 권리를 획득하는 회사)의 근거는 상표가 부여한 인지도와 이미지 때문에 소비자가 제품에 대해 더 많은 비용을 지불하게 된다는 것이다. 11장에서 개략적으로 설명하는 것처럼 한 선도적인 평가 회사[예 : 브랜드파이낸스(Brand Finance)]는 브랜드 가치를 측정하는 방법으로 로열티 요율을 사용한다.

12장에서 설명하는 것처럼, 기업이 새로운 시장에 진출하기 위해 확립된 브랜드 이름을 사용할 때 **브랜드 확장**(brand extension)이 발생한다. **라인 확장**(line extension)은 현재 브랜드 이름을 사용해 새로운 품종, 새로운 맛, 새로운 크기로 기존 제품 계열의 새로운 세분시장에 진입한다.

학술 연구에 따르면 잘 알려진 유명 브랜드는 다른 브랜드보다 더 성공적으로 더 다양한 범주로 확장할 수 있다.[96] 또한 브랜드자산의 정도는 수직적 제품 확장을 위한 제품 라인의 최고 또는 최저 품질 구성원과 상관관계가 있는 것으로 나타났다.[97] 연구에 따르면 전반적인 브랜드태도 자체가 반드시 높지 않아도 긍정적인 상징적 연상이 이러한 가치 평가의 기초가 될 수 있다.[98]

과거 확장을 통해 다양한 제품 범주 연관성을 가진 브랜드는 특히 확장 가능한 것으로 나타났다.[99] 그 결과, 기존 브랜드로부터의 확장을 위한 입문 마케팅 프로그램이 다른 프로그램보다 더 효율적일 수 있다.[100] 여러 연구에 따르면 확장 활동이 지배 브랜드에 대한 브랜드자산에 도움을 주거나 적어도 희석되지는 않았다. 예를 들어 브랜드 확장은 모브랜드연상을 강화했고, '주력브랜드'는 확장에 대한 부정적 경험으로 인한 희석이나 기타 잠재적인 부정적 영향에 대한 저항력이 높았다.[101] 연구에 따르면 소유권 효과의 증거도 발견되었는데, 현재 소유주들은 일반적으로 브랜드라인 확장에 대해 더 호의적인 반응을 보였다.[102] 마지막으로 친숙함과 긍정적인 태도를 동시에 지닌 브랜드 확장은 다른 브랜드보다 초기 증시 반응이 높은 것으로 나타났다.[103]

기타 혜택

긍정적인 고객 기반 브랜드자산을 가진 브랜드는 회사가 더 나은 직원을 유치하거나 동기를 부여하고, 투자자로부터 더 많은 관심을 받고, 주주로부터 더 많은 지원을 얻을 수 있도록 제품 자체와 직접적 관련이 없는 다른 이점을 기업에 제공할 수 있다.[104] 후자와 관련해 브랜드자산이 기업 주가와 직접적인 관련이 있다는 여러 연구 결과가 있다.[105]

참고문헌

1. Kevin Lane Keller, "Conceptualizing, Measuring, and Managing Customer-Based Brand Equity," *Journal of Marketing* 57, no. 1 (January 1993): 1–29.

2. Much of this chapter is based on Kevin Lane Keller, Brian Sternthal, and Alice Tybout, "Three Questions You Need to Ask About Your Brand," *Harvard Business Review* 80, no. 9 (September 2002): 80–89.

3. Danya Sargen, "Marketing Takeaways from Netflix's Content Strategy," *American Marketing Association*, www.ama.org/publications/MarketingNews/Pages/netflix-content-strategy.aspx; Dennis Williams, "4 Content Marketing Lessons to Learn from Netflix," *Entrepreneur*, May 22, 2017, www.entrepreneur.com/article/294050.

4. Kevin Lane Keller, "Discovery Channel Looks to Bring New Energy, Focus to Brand Identity," *Art & Business in Motion*, August 26, 2011, www.dennytu.wordpress.com; Dan Butcher, "Discovery Channel Launches Cross-Network Ad Campaign with Microsoft," *Mobile Marketer*, April 26, 2009; www.dsc.discovery.com.

5. Rick Kissell, "Ratings: Discovery Channel Delivers Biggest May Ever," *Variety*, June 5, 2015, http://variety.com/2015/tv/ratings/ratings-discovery-channel-best-ever-1201513568/.

6. US News.com, "Discovery Channel Asks Shark Week Viewers to Be Donors, Too," *U.S. News & World Report*, June 19, 2017,

7. Broadcastingcable.com, "Cable Network Coverage Area Household Universe Estimates: January 2016," *Broadcasting & Cable*, 2016, www.broadcastingcable.com/content/cable-network-coverage-area-household-universe-estimates-january-2016/153590.

8. "Business & Brands," Discovery, accessed February 2, 2018, https://corporate.discovery.com/businesses-and-brands/.

9. Richard Jones, "Finding Sources of Brand Value: Developing a Stakeholder Model of Brand Equity," *Journal of Brand Management* 13, no. 1 (October 2005): 10–32.

10. John R. Anderson, *The Architecture of Cognition* (Cambridge, MA: Harvard University Press, 1983); Robert S. Wyer Jr. and Thomas K. Srull, "Person Memory and Judgment," *Psychological Review* 96, no. 1 (1989): 58–83.

11. John R. Rossiter and Larry Percy, *Advertising and Promotion Management* (New York: McGraw-Hill, 1987).

12. Burleigh B. Gardner and Sidney J. Levy, "The Product and the Brand," *Harvard Business Review* 33, no. 2 (March–April 1955): 33–39.

13. H. Herzog, "Behavioral Science Concepts for Analyzing the Consumer," in *Marketing and the Behavioral Sciences,* ed. Perry Bliss (Boston: Allyn & Bacon, 1963), 76–86; Joseph W. Newman, "New Insight, New Progress for Marketing," *Harvard Business Review* 35, no. 6 (November–December 1957): 95–102.

14. Jim Joseph, "How Do I Love Thee, Apple? Let Me Count the Ways," *Brandweek*, May 24, 2010; Michael Learmonth, "Can the Apple Brand Survive Without Steve Jobs?," *Advertising Age*, January 14, 2009; Miguel Helft and Ashlee Vance, "Apple Passes Microsoft as No. 1 in Tech," *The New York Times*, May 26, 2010; Sarah Vizard, "Why Apple is looking to shift brand perceptions to become more than just 'the iPhone maker'," *Marketing Week*, January 27, 2016, www.marketingweek.com/2016/01/27/why-apple-is-looking-to-shift-brand-perceptions-to-become-more-than-just-the-iphone-maker/; Hyoryung Nam, Yogesh V. Joshi, and P. K. Kannan, "Harvesting Brand Information from Social Tags," *Journal of Marketing* 81, no. 4 (2017): 88–108.

15. James R. Bettman, *An Information Processing Theory of Consumer Choice* (Reading, MA: Addison-Wesley, 1979); John R. Rossiter and Larry Percy, *Advertising and Promotion Management* (New York: McGraw-Hill, 1987).

16. William Baker, J. Wesley Hutchinson, Danny Moore, and Prakash Nedungadi, "Brand Familiarity and Advertising: Effects on the Evoked Set and Brand Preference," in *Advances in Consumer Research,* Vol. 13, ed. Richard J. Lutz (Provo, UT: Association for Consumer Research, 1986), 637–642; Prakash Nedungadi, "Recall and Consumer Consideration Sets: Influencing Choice without Altering Brand Evaluations," *Journal of Consumer Research* 17, no. 3 (December 1990): 263–276.

17. For seminal supporting memory research, see Henry L. Roediger, "Inhibition in Recall from Cuing with Recall Targets," *Journal of Verbal Learning and Verbal Behavior* 12, no. 6 (1973): 644–657; and Raymond S. Nickerson, "Retrieval Inhibition from Part-Set Cuing: A Persisting Enigma in Memory Research," *Memory and Cognition* 12, no. 6 (November 1984): 531–552.

18. Rashmi Adaval, "How Good Gets Better and Bad Gets Worse: Understanding the Impact of Affect on Evaluations of Known Brands," *Journal of Consumer Research* 30, no. 3 (December 2003): 352–367.

19. Jacob Jacoby, George J. Syzabillo, and Jacqeline Busato-Schach, "Information Acquisition Behavior in Brand Choice Situations," *Journal of Consumer Research* 3, no. 4 (1977): 209–216; Ted Roselius, "Consumer Ranking of Risk Reduction Methods," *Journal of Marketing* 35, no. 1 (January 1977): 56–61.

20. James R. Bettman and C. Whan Park, "Effects of Prior Knowledge and Experience and Phase of the Choice Process on Consumer Decision Processes: A Protocol Analysis," *Journal of Consumer Research* 7, no. 3 (December 1980): 234–248; Wayne D. Hoyer and Steven P. Brown, "Effects of Brand Awareness on Choice for a Common, Repeat-Purchase Product," *Journal of Consumer Research* 17, no. 2 (September 1990): 141–148; C. W. Park and V. Parker Lessig, "Familiarity and Its Impact on Consumer Biases and Heuristics," *Journal of Consumer Research* 8, no. 2 (September 1981): 223–230.

21. Richard E. Petty and John T. Cacioppo, *Attitudes and Persuasion:*

Classic and Contemporary Approaches. (Boulder, CO: Westview, 1996).

22. Shareen Pathak, "It's Official: E-Trade Is Ending Its Super Bowl Streak," *Ad Age,* December 11, 2013, http://adage.com/article/special-report-super-bowl/e-trade-ends-super-bowl-streak/245630/.

23. Jeff Beer, After The Baby: E-Trade Trades Its Long-Running Campaign For "Type-E" Personalities, Kevin Spacey," *Fast Company,* April 3, 2014, www.fastcompany.com/3028672/after-the-baby-e-trade-trades-its-long-running-campaign-for-type-e-personalities-kevin-space.

24. Matthew Heimer, "How E*Trade Came Back from a Wipeout," *Fortune,* May 20, 2016, http://fortune.com/2016/05/20/etrade-online-investing/.

25. Jesse Dorris, "The Cheese Stands Alone," *Slate,* October 21, 2013, www.slate.com/articles/business/when_big_businesses_were_small/2013/10/annie_s_homegrown_profits_how_the_company_recast_selling_out_as_buying_in.html.

26. Ted Mininni, "Annie's Hops into Consumers' Hearts, Minds and Hands," *Design Force,* June 18, 2012, www.designforceinc.com/annies-homegrown-packaging-as-advertising.

27. David Gianatasio, "Annie's Homegrown Says Its Food Can Help You Live the 'Good' Life," *Adweek,* October 14, 2015, www.adweek.com/brand-marketing/annies-homegrown-says-its-food-can-help-you-live-good-life-167553/.

28. Heather Landi, "When Life Gives You Lemons," *Beverage World,* November 2010, 18–22.

29. George S. Day, Allan D. Shocker, and Rajendra K. Srivastava, "Customer-Oriented Approaches to Identifying Products-Markets," *Journal of Marketing* 43, no. 4 (Fall 1979): 8–19.

30. K. E. Miller and J. L. Ginter, "An Investigation of Situational Variation in Brand Choice Behavior and Attitude," *Journal of Marketing Research* 16, no. 1 (February 1979): 111–123.

31. David A. Aaker, "Positioning Your Brand," *Business Horizons* 25 (May/June 1982): 56–62; Al Ries and Jack Trout, *Positioning: The Battle for Your Mind* (New York: McGraw-Hill, 1979); Yoram Wind, *Product Policy: Concepts, Methods, and Strategy* (Reading, MA: Addison-Wesley, 1982).

32. Dipankar Chakravarti, Deborah J. MacInnis, and Kent Nakamoto, "Product Category Perceptions, Elaborative Processing and Brand Name Extension Strategies," in *Advances in Consumer Research* 17, eds. M. Goldberg, G. Gorn, and R. Pollay (Ann Arbor, MI: Association for Consumer Research, 1990): 910–916; Mita Sujan and James R. Bettman, "The Effects of Brand Positioning Strategies on Consumers' Brand and Category Perceptions: Some Insights from Schema Research," *Journal of Marketing Research* 26, no. 4 (November 1989): 454–467.

33. Joel B. Cohen and Kanul Basu, "Alternative Models of Categorization: Towards a Contingent Processing Framework," *Journal of Consumer Research* 13, no. 4 (March 1987): 455–472; Prakash Nedungadi and J. Wesley Hutchinson, "The Prototypicality of Brands: Relationships with Brand Awareness, Preference, and Usage," in *Advances in*

Consumer Research, Vol. 12, eds. Elizabeth C. Hirschman and Morris B. Holbrook (Provo, UT: Association for Consumer Research, 1985), 489–503; Eleanor Rosch and Carolyn B. Mervis, "Family Resemblance: Studies in the Internal Structure of Categories," *Cognitive Psychology* 7, no. 4 (October 1975): 573–605; James Ward and Barbara Loken, "The Quintessential Snack Food: Measurement of Prototypes," in *Advances in Consumer Research,* Vol. 13, ed. Richard J. Lutz (Provo, UT: Association for Consumer Research, 1986), 126–131.

34. Prakash Nedungadi and J. Wesley Hutchinson, "The Prototypicality of Brands"; Ward and Loken, "The Quintessential Snack Food."

35. Phillip Kotler and Kevin Lane Keller, *Marketing Management,* 14th ed. (Upper Saddle River, NJ: Prentice Hall, 2012).

36. Russell I. Haley, "Benefit Segmentation: A Decision-Oriented Research Tool," *Journal of Marketing* 32, no. 3 (July 1968): 30–35.

37. Maryalene LaPonsie, "3 Best Rewards Credit Cards for Seniors," *U.S. News,* August 13, 2015, https://money.usnews.com/money/retirement/articles/2015/08/13/3-best-rewards-credit-cards-for-seniors.

38. Also, it may be the case that the actual demographic specifications given do not fully reflect consumers' underlying perceptions. For example, when the Ford Mustang was introduced, the intended market segment was much younger than the ages of the customers who actually bought the car. Evidently, these consumers felt or wanted to feel younger psychologically than they really were.

39. Paul Jankowski, "Which Group of Millenials Are You Targeting," https://www.forbes.com/sites/pauljankowski/2018/05/09/which-group-of-millennials-are-you-targeting/, accessed August 21, 2018.

40. Ronald Frank, William Massey, and Yoram Wind, *Market Segmentation* (Englewood Cliffs, NJ: Prentice Hall, 1972); Malcolm McDonald and Ian Dunbar, *Market Segmentation: How to Do It, How to Profit from It* (Oxford, UK: Elsevier Butterworth-Heinemann, 2004).

41. Kevin Lane Keller. "CVS' Goal: Attract Customers for Life," *DSN Retailing Today,* May 23, 2005; Kevin Lane Keller. "Women Making a Difference at CVS," *Chain Drug Review,* April 18, 2005.

42. A complete treatment of this material is beyond the scope of this chapter. Useful reviews can be found in any good marketing strategy text. For example, see David A. Aaker, *Strategic Market Management,* 9th ed. (New York: John Wiley & Sons, 2011) or Donald R. Lehmann and Russell S. Winer, *Product Management,* 4th ed. (New York: McGraw-Hill/Irwin, 2005).

43. James R. Bettman and Mita Sujan, "Effects of Framing on Evaluation of Comparable and Noncomparable Alternatives by Expert and Novice Consumers," *Journal of Consumer Research* 14, no. 2 (September 1987): 141–154; Michael D. Johnson, "Consumer Choice Strategies for Comparing Noncomparable Alternatives," *Journal of Consumer Research* 11, no. 3 (December 1984): 741–753; C. Whan Park and Daniel C. Smith, "Product Level Choice: A Top-Down or Bottom-Up Process?" *Journal of Consumer Research* 16, no.

3 (December 1989): 289–299.

44. Teri Agins, "As Consumers Find Other Ways to Splurge, Apparel Hits a Snag," *The Wall Street Journal,* February 4, 2005, A1, A6.

45. Isaac Arnsdorf, "The Best Shot: Cell or Camera?," *The Wall Street Journal,* June 23, 2010.

46. Patrick Barwise and Sean Meehan, *Simply Better: Winning and Keeping Customers by Delivering What Matters Most* (Cambridge, MA: Harvard Business School Press, 2004).

47. Richard Heller, "Folk Fortune," *Forbes,* September 4, 2000, 66–69; Lauren Collins, "House Perfect," *New Yorker,* October 3, 2011.

48. Leonora Polansky, Personal correspondence, June 16, 2011.

49. Interestingly, when Miller Lite was first introduced, the assumption was that the relevant motivation underlying the benefit of "less filling" for consumers was that they could drink more beer. Consequently, Miller targeted heavy users of beer with a sizable introductory ad campaign concentrated on mass-market sports programs. As it turned out, the initial research showed that the market segment they attracted was more the moderate user—older and upscale. Why? The brand promise of "less filling" is actually fairly ambiguous. To this group of consumers, "less filling" meant that they could drink beer and stay mentally and physically agile (sin with no penalty!). From Miller's standpoint, attracting this target market was an unexpected but happy outcome because it meant that there would be less cannibalization with their more mass-market High Life brand. To better match the motivations of this group, there were some changes in the types of athletes in the ads, such as using ex-bullfighters to better represent mental and physical agility.

50. Robert Klara, "'The Other White Meat' Finally Cedes Its Place in the Pen," *Brandweek,* March 4, 2011.

51. Richard A. Melcher, "Why Zima Faded So Fast," *Business Week,* March 10, 1997, 110–114.

52. Keith Naughton, "Ford's 'Perfect Storm,'" *Newsweek,* September 17, 2001, 48–50.

53. Elizabeth Jensen, "Campbell's Juice Scheme: Stealth Health," *The Wall Street Journal,* April 18, 1997, B6.

54. David A. Aaker, *Brand Relevance: Making Competitors Irrelevant* (San Francisco: John Wiley & Sons, 2011).

55. Heather Landi, "Good to the Core," *Beverage World,* August 2010, 35–42.

56. For a thorough examination of how an organization can improve its marketing capabilities, see Andy Bird and Mhairi McEwan, *The Growth Drivers: The Definitive Guide to Transforming Marketing Capabilities* (West Sussex, UK: John Wiley & Sons, 2012).

57. Chloe Sorvino, "The Verdict: POM Wonderful Misled Its Customers, A Blow to Its Billionaire Owners," *Forbes,* May 2, 2016, www.forbes.com/sites/chloesorvino/2016/05/02/the-verdict-pom-wonderful-misled-its-customers-a-blow-to-its-billionaire-owners/#56ae05024b94; Goeffrey Mohan, "Pom Wonderful case not wonderful enough, Supreme Court says" *L.A. Times,* May 4, 2016, www.latimes.com/business/la-fi-pom-wonderful-20160503-snap-

story.html.

58. Lalatendu Mehra, "IBM Cloud Eyes 'Small Business,'" *The Hindu,* May 12, 2017, www.thehindu.com/todays-paper/tp-business/ibm-cloud-eyes-small-business/article18587190.ece.

59. W. Chan Kim and Renee Mauborgne. "How to create uncontested market space and make the competition irrelevant." *Harvard Business Review* 4, no. 13 (2005): 1–2.

60. Abraham Maslow, *Motivation and Personality,* 2nd ed. (New York: Harper & Row, 1970).

61. Thomas J. Reynolds and Jonathan Gutman, "Laddering Theory: Method, Analysis, and Interpretation," *Journal of Advertising Research* (February/March 1988): 11–31; Thomas J. Reynolds and David B. Whitlark, "Applying Laddering Data to Communications Strategy and Advertising Practice," *Journal of Advertising Research* (July/August 1995): 9–17.

62. Brian Wansink, "Using Laddering to Understand and Leverage a Brand's Equity," *Qualitative Market Research* 6, no. 2 (2003): 111–118.

63. Lance Cothern, "Bold Move by Discover—The Discover it™ Credit Card," *Money Manifesto,* January 9, 2014, www.moneymanifesto.com/bold-move-by-discover-the-discover-it-credit-card-2793/.

64. *Business Wire,* "Discover Launches Game-Changing New "it" Credit Card," January 2, 2013, accessed February 1, 2018.

65. Marco Vriens and Frenkel Ter Hofstede, "Linking Attributes, Benefits, and Consumer Values," *Marketing Research* 12, no. 3 (Fall 2000): 3–8.

66. Kevin Lane Keller, "Brand Mantras: Rationale, Criteria, and Examples," *Journal of Marketing Management* 15, no. 1-3 (1999): 43–51.

67. Brand Focus 2.0 is based in part on Steven Hoeffler and Kevin Lane Keller, "The Marketing Advantages of Strong Brands," *Journal of Brand Management* 10, no. 6 (August 2003): 421–445.

68. Ian M. Lewis, "Brand Equity or Why the Board of Directors Needs Marketing Research," paper presented at the ARF Fifth Annual Advertising and Promotion Workshop, February 1, 1993.

69. The following sections review seminal research in each of the areas. For more recent research on these topics, see Philip Kotler and Kevin Lane Keller, *Marketing Management,* 15th ed. (Upper Saddle River, NJ: Prentice Hall, 2016).

70. Peter A. Dacin and Daniel C. Smith, "The Effect of Brand Portfolio Characteristics on Consumer Evaluations of Brand Extensions," *Journal of Marketing Research* 31, no. 2 (May 1994): 229–242; George S. Day and Terry Deutscher, "Attitudinal Predictions of Choices of Major Appliance Brands," *Journal of Marketing Research* 19, no. 2 (May 1982), 192–198; W. B. Dodds, K. B. Monroe, and D. Grewal, "Effects of Price, Brand, and Store Information on Buyers' Product Evaluations," *Journal of Marketing Research* 28, no. 3 (August 1991): 307–319; France Leclerc, Bernd H. Schmitt, and Laurette Dube, "Foreign Branding and Its Effects on Product Perceptions and Attitudes," *Journal of Marketing Research* 31, no. 5 (1994): 263–270; Akshay R. Rao and K. B. Monroe, "The Effects of Price, Brand Name, and Store Name on Buyers' Perceptions of Product Quality: An Integrative Review," *Journal of Marketing Research* 26, no. 3 (August 1989): 351–357.

71. B. Wernerfelt, "Umbrella Branding as a Signal of New Product Quality: An Example of Signaling by Posting a Bond," *Rand Journal of Economics* 19, no. 3 (1988): 458–466; Tullin Erdem, "An Empirical Analysis of Umbrella Branding," *Journal of Marketing Research* 35, no. 8 (1998): 339–351.

72. Fred M. Feinberg, Barbara E. Kahn, and Leigh McAllister, "Market Share Response When Consumers Seek Variety," *Journal of Marketing Research* 29, no. 2 (May 1992): 227–237.

73. Michel Laroche, Chankon Kim, and Lianxi Zhou, "Brand Familiarity and Confidence as Determinants of Purchase Intention: An Empirical Test in a Multiple Brand Context," *Journal of Business Research* 37, no. 2 (1996): 115–120.

74. Robert E. Smith, "Integrating Information from Advertising and Trial," *Journal of Marketing Research* 30, no. 2 (May 1993): 204–219.

75. Andrew S. C. Ehrenberg, Gerard J. Goodhardt, and Patrick T. Barwise, "Double Jeopardy Revisited," *Journal of Marketing* 54, no. 3 (July 1990): 82–91.

76. Ipsos-ASI, January 30, 2003.

77. Rohini Ahluwalia, Robert E. Burnkrant, and H. Rao Unnava, "Consumer Response to Negative Publicity: The Moderating Role of Commitment," *Journal of Marketing Research* 37, no. 2 (May 2000): 203–214; Narij Dawar and Madam M. Pillutla, "Impact of Product-Harm Crises on Brand Equity: The Moderating Role of Consumer Expectations," *Journal of Marketing Research* 37, no. 2 (May 2000): 215–226.

78. Susan Caminit, "The Payoff from a Good Corporate Reputation," *Fortune,* February 10, 1992, 74–77.

79. Deepak Agrawal, "Effects of Brand Loyalty on Advertising and Trade Promotions: A Game Theoretic Analysis with Empirical Evidence," *Marketing Science* 15, no. 1 (1996): 86–108; Chan Su Park and V. Srinivasan, "A Survey-Based Method for Measuring and Understanding Brand Equity and Its Extendability," *Journal of Marketing Research* 31, no. 2 (May 1994): 271–288; Raj Sethuraman, "A Model of How Discounting High-Priced Brands Affects the Sales of Low-Priced Brands," *Journal of Marketing Research* 33, no. 4 (November 1996): 399–409.

80. Hermann Simon, "Dynamics of Price Elasticity and Brand Life Cycles: An Empirical Study," *Journal of Marketing Research* 16, no. 4 (November 1979): 439–452; K. Sivakumar and S. P. Raj, "Quality Tier Competition: How Price Change Influences Brand Choice and Category Choice," *Journal of Marketing* 61, no. 3 (July 1997): 71–84.

81. Lakshman Krishnamurthi and S. P. Raj, "An Empirical Analysis of the Relationship Between Brand Loyalty and Consumer Price Elasticity," *Marketing Science* 10, no. 2 (Spring 1991): 172–183. See also, Garrett Sonnier and Andrew Ainsle, "Estimating the Value of Brand-Image Associations: The Role of General and Specific Brand Image," *Journal of Marketing Research* 48, no. 3 (June 2011): 518–531;

William Boulding, Eunkyu Lee, and Richard Staelin, "Mastering the Mix: Do Advertising, Promotion, and Sales Force Activities Lead to Differentiation?" *Journal of Marketing Research* 31, no. 2 (May 1994): 159–172. See also Vinay Kanetkar, Charles B. Weinberg, and Doyle L. Weiss, "Price Sensitivity and Television Advertising Exposures: Some Empirical Findings," *Marketing Science* 11, no. 4 (Fall 1992): 359–371.

82. Greg M. Allenby and Peter E. Rossi, "Quality Perceptions and Asymmetric Switching Between Brands," *Marketing Science* 10, no. 3 (Summer 1991): 185–204; Rajiv Grover and V. Srinivasan, "Evaluating the Multiple Effects of Retail Promotions on Brand Loyal and Brand Switching Segments," *Journal of Marketing Research* 29, no. 1 (February 1992): 76–89; Gary J. Russell and Wagner A. Kamakura, "Understanding Brand Competition Using Micro and Macro Scanner Data," *Journal of Marketing Research* 31, no. 2 (May 1994): 289–303.

83. Albert C. Bemmaor and Dominique Mouchoux, "Measuring the Short-Term Effect of In-Store Promotion and Retail Advertising on Brand Sales: A Factorial Experiment," *Journal of Marketing Research* 28, no. 2 (May 1991): 202–214; Robert C. Blattberg and Kenneth J. Wisniewski, "Price-Induced Patterns of Competition," *Marketing Science* 8, no. 4 (Fall 1989): 291–309; Randolph E. Bucklin, Sunil Gupta, and Sangman Han, "A Brand's Eye View of Response Segmentation in Consumer Brand Choice Behavior," *Journal of Marketing Research* 32, no. 1 (February 1995): 66–74; K. Sivakumar and S. P. Raj, "Quality Tier Competition: How Price Change Influences Brand Choice and Category Choice," *Journal of Marketing* (1997): 71–84.

84. Kyle Pope, "Computers: They're No Commodity," *The Wall Street Journal,* October 15, 1993, B1.

85. Jan Wieseke, Sascha Alavi and Johannes Habel," Willing to Pay More, Eager to Pay Less, The Role of Customer Loyalty in Price Negotiations." Journal of Marketing 78, no. 6 (2014): 17–27.

86. Peter S. Fader and David C. Schmittlein, "Excess Behavioral Loyalty for High-Share Brands: Deviations from the Dirichlet Model for Repeat Purchasing," *Journal of Marketing Research* 30, no. 11 (1993): 478–493; Rajiv Lal and Chakravarthi Narasimhan, "The Inverse Relationship Between Manufacturer and Retailer Margins: A Theory," *Marketing Science* 15, no. 2 (1996): 132–151; Mark S. Glynn, "The Moderating Effect of Brand Strength in Manufacturer-Reseller Relationships," *Industrial Marketing Management* 39, no. 8 (2010): 1226–1233.

87. David B. Montgomery, "New Product Distribution: An Analysis of Supermarket Buyer Decisions," *Journal of Marketing Research* 12, no. 3 (1978): 255–264.

88. Robert J. Kent and Chris T. Allen, "Competitive Interference Effects in Consumer Memory for Advertising: The Role of Brand Familiarity," *Journal of Marketing* 58, no. 3 (July 1994): 97–105.

89. Amitava Chattopadyay and Kunal Basu, "Humor in Advertising: The Moderating Role of Prior Brand Evaluation," *Journal of Marketing*

Research 27, no. 4 (November 1990): 466–476; D. W. Stewart and David H. Furse, *Effective Television Advertising: A Study of 1000 Commercials* (Lexington, MA: D.C. Heath, 1986); M. G. Weinburger and C. Gulas, "The Impact of Humor in Advertising: A Review," *Journal of Advertising* 21, no. 4 (1992): 35–60.

90. Margaret Campbell and Kevin Lane Keller, "Brand Familiarity and Ad Repetition Effects," *Journal of Consumer Research* 30, no. 2 (September 2003), 292–304.

91. S. P. Raj, "The Effects of Advertising on High and Low Loyalty Consumer Segments," *Journal of Consumer Research* 9, no. 1 (June 1982): 77–89.

92. Ravi Dhar and Itamar Simonson, "The Effect of the Focus of Comparison on Consumer Preferences," *Journal of Marketing Research* 29, no. 4 (November 1992): 430–440; Karen A. Machleit, Chris T. Allen, and Thomas J. Madden, "The Mature Brand and Brand Interest: An Alternative Consequence of Ad-Evoked Affect," *Journal of Marketing* 57, no. 4 (October 1993): 72–82; Itamar Simonson, Joel Huber, and John Payne, "The Relationship between Prior Brand Knowledge and Information Acquisition Order," *Journal of Consumer Research* 14, no. 4 (March 1988): 566–578.

93. Russell L. Ackoff and James R. Emshoff, "Advertising Research at Anheuser-Busch, Inc. (1963–1968)," *Sloan Management Review* 16, no.2 (Winter 1975): 1–15.

94. These results should be interpreted carefully, however, as they do not suggest that large advertising expenditures did not play an important role in creating equity for the brand in the past, or that advertising expenditures could be cut severely without some adverse sales consequences at some point in the future.

95. See Robert C. Blattberg, Richard Briesch, and Edward J. Fox, "How Promotions Work," *Marketing Science* 14, no. 3 (1995): G122–G132. See also Bart J. Bronnenberg and Luc Wathieu, "Asymmetric Promotion Effects and Brand Positioning," *Marketing Science* 15, no. 4 (1996): 379–394. This study shows how the relative promotion effectiveness of high- and low-quality brands depends on their positioning along both price and quality dimensions.

96. David A. Aaker and Kevin Lane Keller, "Consumer Evaluations of Brand Extensions," *Journal of Marketing* 54, no. 1 (1990): 27–41; Kevin Lane Keller and David A. Aaker, "The Effects of Sequential Introduction of Brand Extensions," *Journal of Marketing Research* 29, no. 1 (February 1992): 35–50; A. Rangaswamy, R. R. Burke, and T. A. Oliva, "Brand Equity and the Extendibility of Brand Names," *International Journal of Research in Marketing* 10, no. 3 (1993): 61–75.

97. Taylor Randall, Karl Ulrich, and David Reibstein, "Brand Equity and Vertical Product Line Extent," *Marketing Science* 17, no. 4 (1998): 356–379.

98. Srinivas K. Reddy, Susan Holak, and Subodh Bhat, "To Extend or Not to Extend: Success Determinants of Line Extensions," *Journal of Marketing Research* 31, no. 5 (1994): 243–262; C. Whan Park, Sandra Milberg, and Robert Lawson, "Evaluation of Brand Extensions: The Role of Product Feature Similarity and Brand Concept Consistency," *Journal of Consumer Research* 18, no. 9 (1991): 185–193; Susan M. Broniarcysyk and Joseph W. Alba, "The Importance of the Brand in Brand Extension," *Journal of Marketing Research* 31, no. 5 (1994): 214–228.

99. Peter A. Dacin and Daniel C. Smith, "The Effect of Brand Portfolio Characteristics on Consumer Evaluations of Brand Extensions," *Journal of Marketing Research* 31, no. 2 (May 1994): 229–242; Keller and Aaker, "The Effects of Sequential Introduction of Brand Extensions"; Daniel A. Sheinin and Bernd H. Schmitt, "Extending Brands with New Product Concepts: The Role of Category Attribute Congruity, Brand Affect, and Brand Breadth," *Journal of Business Research* 31, no. 1 (1994): 1–10.

100. Roger A. Kerin, Gurumurthy Kalyanaram, and Daniel J. Howard, "Product Hierarchy and Brand Strategy Influences on the Order of Entry Effect for Consumer Packaged Goods," *Journal of Product Innovation Management* 13, no. 1 (1996): 21–34.

101. Maureen Morrin, "The Impact of Brand Extensions on Parent Brand Memory Structures and Retrieval Processes," *Journal of Marketing Research* 36, no. 4 (November 1999): 517–525; John Roedder, Barbara Loken, and Christopher Joiner, "The Negative Impact of Extensions: Can Flagship Products Be Diluted?" *Journal of Marketing* 62, no. 1 (January 1998): 19–32; Daniel A. Sheinin, "The Effects of Experience with Brand Extensions on Parent Brand Knowledge," *Journal of Business Research* 49, no. 1 (2000): 47–55.

102. Amna Kirmani, Sanjay Sood, and Sheri Bridges, "The Ownership Effect in Consumer Responses to Brand Line Stretches," *Journal of Marketing* 63, no. 1 (January 1999): 88–101.

103. Vicki R. Lane and Robert Jacobson, "Stock Market Reactions to Brand Extension Announcements: The Effects of Brand Attitude and Familiarity," *Journal of Marketing* 59, no. 1 (1995): 63–77.

104. Douglas E. Hughes and Michael Ahearne, "Energizing the Reseller's Sales Force: The Power of Brand Identification," *Journal of Marketing* 74, no. 4 (July 2010): 81–96; V. Kumar and Denish Shah, "Can Marketing Lift Stock Prices?," *MIT Sloan Management Review* 52, no. 4 (Summer 2011): 24–26.

105. David A. Aaker and Robert Jacobson, "The Financial Information Content of Perceived Quality," *Journal of Marketing Research* 31, no. 5 (1994): 191–201; David A. Aaker and Robert Jacobson, "The Value Relevance of Brand Attitude in High-Technology Markets," *Journal of Marketing Research* 38, no. 4 (November 2001): 485–493; M. E. Barth, M. Clement, G. Foster, and R. Kasznik, "Brand Values and Capital Market Valuation," *Review of Accounting Studies* 3, no. 1–2 (1998): 41–68.

브랜드 공명과 브랜드 가치사슬

학습목표

이 장을 읽은 후 여러분은 다음을 할 수 있을 것이다.

1. 브랜드 공명을 정의한다.
2. 브랜드 공명 구축 단계를 설명한다.
3. 브랜드 가치사슬을 정의한다.
4. 브랜드 가치사슬의 단계를 식별한다.
5. 브랜드자산과 고객 자산을 대조한다.

미국 수입 맥주의 리더가 되기 위해 '병 안의 해변'이라는 강력한 브랜드 이미지를 사용한 코로나

출처 : AP Photo/Amy Sancetta

개요

2장에서는 고객 기반 브랜드자산의 개념을 자세히 서술했고 유사점과 차별점 개념을 기반으로 하는 브랜드 포지셔닝 모델을 제시했다. 이어서 브랜드 계획 시스템을 구성하는 2개의 다른 상호 연결 모델을 논의할 것이다.

첫 번째는 **브랜드 공명 모델**(brand resonance model)이다. 이 모델은 고객과 긴밀하고 적극적인 충성 관계를 어떻게 창출해내는지 설명한다. 브랜드 공명 모델은 소비자가 생각하고, 느끼고, 행동하는 것에 그리고 소비자가 공명하는 정도 혹은 브랜드와 연결되는 정도에 브랜드 포지셔닝이 어떻게 영향을 주는지를 고려한다. 이 모델의 주요 영향을 살펴본 후에 브랜드 공명과 충성 관계가 어떻게 브랜드자산 혹은 브랜드 가치를 창출하는지를 차례로 논의할 것이다.

브랜드 가치사슬 모형(brand value chain model)은 마케터가 마케팅 지출과 투자의 재무적 영향을 더 잘 이해하기 위해 브랜드의 가치 창출 과정을 추적할 수 있게 해주는 수단이다. 이 모델은 2장에서 개발된 고객 기반 브랜드자산을 바탕으로 브랜드가 어떻게 가치를 창출하는지 보여주는 전체적인 통합 방식이다.

이 장 끝에 있는 브랜드 포커스 3.0은 고객 자산 관련 주제에 대한 자세한 개요를 제공한다.

강력한 브랜드 구축하기 : 브랜드 구축의 4단계

브랜드 공명 모델은 브랜드를 구축하는 일련의 연속적인 단계로서 살펴볼 수 있는데, 각 단계는 이전 단계 목표의 성공적인 달성을 통해 부수적으로 따르게 된다. 이 단계들은 다음과 같다.

1. 고객과 브랜드의 동일시와 특별한 제품군, 제품 편익, 고객 니즈에 있어 고객의 마음속에 있는 브랜드에 대한 연상을 확립하기
2. 다수의 유·무형 브랜드연상을 전략적으로 연결함으로써 소비자의 마음속에 브랜드 의미의 전체 상을 확고히 정립하기
3. 브랜드에 대한 고객의 적절한 반응 이끌어내기
4. 브랜드 공명과 고객과 브랜드 간의 강력하고 적극적인 충성 관계를 창출하기 위해 브랜드 반응 전환하기

이 4단계는 소비자가 브랜드에 대해 예외 없이 또는 암묵적으로 묻는 근본적인 질문을 나타내고 있다. 네 가지 질문(괄호 안은 대응하는 브랜드 단계)은 다음과 같다.

1. 당신은 누구입니까? (브랜드 정체성)
2. 당신은 무엇입니까? (브랜드 의미)
3. 당신은 어떻습니까? 내가 당신에 대해 어떻게 생각하거나 느낍니까? (브랜드 반응)
4. 당신과 나는 어떻습니까? 나는 당신과 어떤 종류의 연상과 어느 수준의 관계를 갖고 싶어 합니까? (브랜드 관계)

이 **브랜딩 사다리**(branding ladder)에는 정체성, 의미, 반응, 관계라고 하는 뚜렷한 단계의 순서가

있다. 즉 의미는 정체성이 창출되지 않고는 정립될 수 없고, 올바른 의미가 개발되지 못하면 반응은 일어나지 않으며, 적절한 반응을 이끌어내지 않는다면 관계는 형성되지 못한다.

체계적인 이해를 돕기 위해 고객을 염두에 둔 여섯 가지 **브랜드 구축 블록**(brand building block)을 순차적으로 정립해보는 것이 유용하다. 브랜드 구축 블록은 순차적인 관련성을 나타내는 하나의 피라미드 모습으로 조립될 수 있으며, 피라미드의 최상위 단계에 이르는 것이 가장 의미 있는 브랜드자산이 창출되었다는 것을 말한다. 브랜드 구축 과정은 그림 3-1과 그림 3-2에 묘사되어 있으며, 이들 각 단계와 그에 대응하는 브랜드 구축 블록, 하위척도는 다음 절에서 살펴볼 것이다. 피라미드 왼쪽 블록의 구축은 브랜드 구축에 더 '이성적인 경로'를 나타내며 오른쪽 블록의 구축은 '감성적인 경로'를 나타낸다. 대부분의 강력한 브랜드는 피라미드의 양면이 같이 올라감으로써 구축되었다.

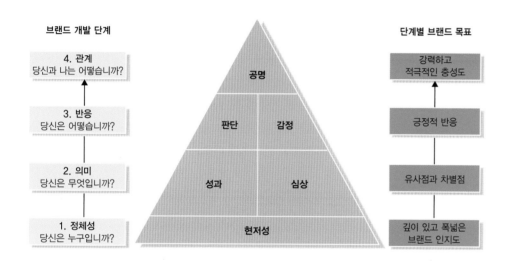

그림 3-1
브랜드 공명 피라미드

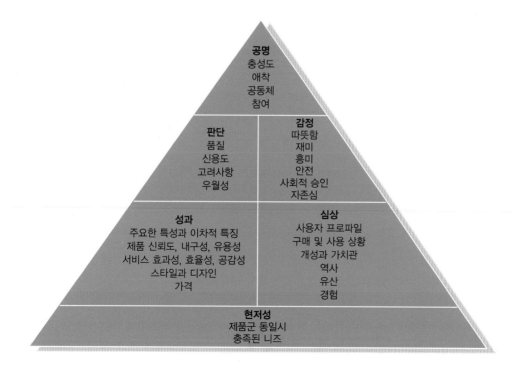

그림 3-2
브랜드 구축 블록의 하위척도

브랜드 현저성

올바른 브랜드 정체성을 달성하는 것은 고객에게 **브랜드 현저성**(brand salience)을 창출하는 것과 관련이 있다. 브랜드 현저성은 브랜드 인지도의 다양한 측면과 다양한 상황이나 정황에서 브랜드가 얼마나 쉽고 자주 연상되는지를 측정한다. 브랜드 최초 상기는 어느 정도 되는가? 비보조 상기 또는 보조 상기가 어느 정도 용이하게 되는가? 어떠한 형태의 단서와 회상물이 필요한가? 이 브랜드 인지도는 얼마나 침투력이 있는가?

앞서 정의한 대로, 브랜드 인지도는 다양한 상황하에서 브랜드를 비보조 상기하고 보조 상기하는 고객의 능력 그리고 기억 속에 있는 특정 연상에 브랜드네임, 로고 등을 연결하는 고객의 능력을 말한다. 특히 브랜드 인지도를 구축하는 것은 고객들로 하여금 브랜드가 경쟁하고 있는 제품이나 서비스 카테고리를 이해하도록 돕는다. 브랜드 인지도는 또한 고객이 '니즈'를 만족시키기 위해 고안된 브랜드가 어느 것인지를 고객들이 알게끔 하도록 하는 것을 의미한다. 다시 말해 브랜드가 고객에게 어떠한 기본 기능을 제공하는지다.

인지도의 폭과 깊이 따라서 브랜드 인지도는 브랜드 요소를 하나의 제품군과 그와 연관된 구매 및 소비 또는 사용 상황과 연관시킴으로써 그 제품에 아이덴티티를 부여한다. 브랜드 인지도의 깊이는 하나의 브랜드 요소가 마음속에 떠오를 가능성 및 용이성과 관련이 있다. 쉽게 비보조 상기될 수 있는 브랜드는 단순히 보조 상기만 될 수 있는 것보다 더 깊은 수준의 브랜드 인지도를 갖는다. 브랜드 인지도의 **폭**은 그 브랜드 요소가 마음속에 떠오르게 될 구매 및 사용 상황의 범주를 측정하며 기억 속에 있는 브랜드 및 제품 지식의 구조에 많은 부분을 의존한다.[1] 이와 관련된 문제 중 몇 가지를 살펴보기 위해 트로피카나(Tropicana) 오렌지 주스에 대한 브랜드 인지의 폭과 깊이를 고찰해보자.

제품군 구조 트로피카나의 예에서 설명했듯이 브랜드 비보조 상기를 완전히 이해하기 위해서는 **제품군 구조**(product category structure)나 제품군이 기억 속에서 어떻게 체계화될 수 있는지를 잘 이해하는 것이 중요하다. 일반적으로 마케터는 제품이 다양한 특이성 수준에 따라 분류되고 또 계층적인 방식으로 체계화될 수 있다고 가정한다.[2] 따라서 소비자의 마음속에 있는 제품 계층구조에서는 제품 등급 정보가 가장 높은 곳에 위치해 있고 제품군 정보가 두 번째로 높은 곳에 위치해 있으며, 제품 유형 정보가 그다음 단계에 위치해 있고, 맨 아래에 브랜드 정보가 자리를 차지하게 된다.

음료 시장은 제품군 구조의 문제점과 브랜드 인지도가 브랜드자산에 미치는 영향을 고찰하기에 좋은 조건을 제공한다. 그림 3-3은 소비자의 마음속에 존재할 수 있는 계층구조를 도식적으로 설명한 것이다. 여기에 기술된 바에 따르면, 소비자는 먼저 독특한 맛이 있는 음료수인지 아니면 무미한 음료수(물)인지를 구분한다. 그리고 나서 알코올 음료인지 무알코올 음료인지를 구분하게 된다. 더 나아가 무알코올 음료는 그것이 커피나 차 같은 뜨거운 음료인지 아니면 우유, 주스, 청량음료 같은 차가운 음료인지에 따라 소비자의 마음속에서 좀 더 세밀하게 분류된다. 알코올 음료는 그것이 와인인지 맥주인지 증류주인지에 따라 더욱 세부적으로 분류할 수 있다. 예를 들어 맥주 제품군은 무알코올 맥주, 저알코올(혹은 '라이트') 맥주, 독한 맥주로 분류할 수 있다. 독한 맥주는 종류에 따라 에일이나 라거로 나눌 수 있고, 양조 방식에 따라 드래프트, 아이스, 드라이

트로피카나

트로피카나 브랜드가 제시되었을 때 소비자는 그 브랜드를 적어도 보조 상기를 해야 한다. 그 외에 소비자는 오렌지 주스에 대해 생각할 때마다, 특히 그 제품군에서 구매를 고려하고 있을 때 트로피카나를 생각해내야 한다. 이상적으로 소비자는 어떤 종류의 음료수를 마실지 결정할 때, 특히 오렌지 주스에 의해 충족될 것으로 생각되는 욕구 중 일부인 '맛있고 건강에도 좋은' 음료수를 찾을 때 언제든지 트로피카나를 생각해내야만 한다. 그러므로 소비자는 니즈가 발생할 때마다 니즈를 만족시켜 주는 관점에서 트로피카나를 생각해야만 한다. 오렌지 주스 공급자의 과제는 오렌지 주스를 전통적인 아침식사 상황 이외의 사용 상황과 연결하는 것이었다. 이 때문에 플로리다 오렌지 주스의 소비를 촉진하기 위한 캠페인으로 '더 이상 아침을 위한 것이 아니다(It's Not Just for Breakfast Anymore)' 같은 슬로건을 사용했다.

트로피카나의 경우 소비자가 아침식사 외의 다른 소비 상황에서 브랜드를 생각하는 것이 중요하다.

출처 : Keri Miksza

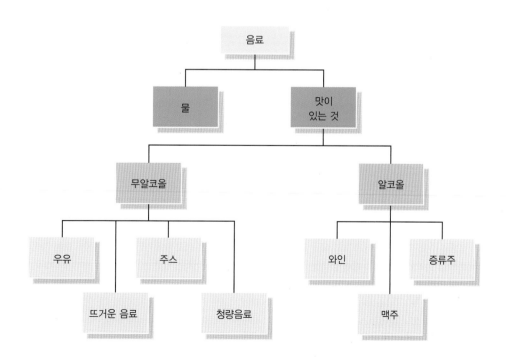

그림 3-3
음료 제품군 계층구조

로 구분되며, 가격과 품질에 따라 디스카운트, 프리미엄, 슈퍼 프리미엄 등으로 분류할 수 있다.

일반적으로 기억 속에 넓게 퍼져 있는 제품군 계층구조의 조직화는 브랜드 인지도, 브랜드 고려, 소비자 의사결정에서 중요한 역할을 한다. 예를 들어 소비자는 종종 하향식(top-down)으로 의사결정을 한다. 이와 같은 간단한 방식을 기초로 소비자는 먼저 물을 구입할 것인지 아니면 독특한 맛이 있는 음료수를 구입할 것인지를 결정하게 된다. 만약 그 소비자가 맛을 가진 음료수를 선택하게 된다면, 그다음 결정사항은 알코올 음료수를 마실 것인가 무알코올 음료수를 마실 것인가에 관한 것이다. 그러고 나서 마지막으로 소비자는 자신이 관심을 갖고 있는 특정한 제품군 내의 특정 브랜드를 선택할 수 있다.

브랜드 인지도의 **깊이**는 그 브랜드가 마음속에 떠오를 가능성과 관련되어 있는 반면에, 브랜드 인지도의 **폭**은 그 브랜드가 마음속에 떠오를 수 있는 서로 다른 유형의 상황들과 연관되어 있다. 일반적으로 청량음료는 서로 다른 다양한 소비 상황에서 마음속에 떠오를 수 있다는 점에서 넓은 인지의 폭을 갖고 있는 것이다. 소비자는 언제 어디서나 코카콜라의 여러 종류 중 하나를 마실 수 있다. 그 외 알코올 음료, 우유, 주스 같은 다른 음료수들은 그 소비 상황이 훨씬 더 제한적으로 인식되어 있다.

전략점 시사점   제품 계층구조는 인지도의 깊이뿐만 아니라 폭도 중요하다는 것을 보여준다. 다시 말해 브랜드는 최초 상기되어야 하고 충분한 '마인드 공유'를 할 뿐만 아니라, 적절한 시기와 장소에서 그렇게 되어야만 한다는 것이다.

브랜드 인지도의 폭은 제품군의 선도 브랜드들조차도 자주 무시되는 고려사항이다. 다수의 브랜드와 관련하여 핵심이 되는 문제는 소비자가 그 브랜드를 비보조 상기할 수 있는지 여부가 아니라 소비자가 언제, 얼마나, 쉽게, 얼마나 자주 그 브랜드를 생각하는지다. 많은 브랜드와 제품이 가능한 사용 상황 동안에 무시되거나 잊힌다. 그러한 브랜드들에 있어서 판매를 증진하는 최상의 방법은 브랜드에 대한 소비자의 태도를 개선하려고 노력하는 것이 아니라, 브랜드의 중요성을 높이고 브랜드 인지도의 폭을 넓히며 소비자가 브랜드를 사용해 소비를 촉진하고 판매량을 늘리는 것을 고려할 상황을 높이는 것일 수 있다.

세무 대행사인 H&R블록(H&R Block)은 납세기간뿐 아니라 고객과 식사할 때, 새 노트북을 살 때 혹은 새로운 일자리를 찾을 때 언제든지 소비자의 마음속에 1년 내내 재무 서비스를 제공하는 기업[3]으로 최초 상기되는 브랜드가 되려고 혼신의 노력을 하고 있다. 캠벨 수프(Campbell's Soup)의 브랜드 현저성 문제를 고려해보라.

다시 말해 소비자들이 가진 브랜드에 대한 기존의 태도를 **바꾸려** 하는 것은 부가적인, 그렇지만 적절한 소비 상황에서 브랜드에 대한 기존 태도를 상기시키는 것보다 더 어려울 수 있다.

캠벨 수프

수년간 캠벨의 수프 광고는 '절대 수프의 힘을 과소평가하지 말라'는 오랜 광고 슬로건인 "음, 음, 좋아" 또는 영양과 함께 때때로 맛을 강조했다. 캠벨의 매출 증대를 위한 도전과제 중 일부는 이러한 슬로건이 언급하는 소비자 태도에 있지 않고 기억에 대한 고려와 사람들이 특정 식사 기회에 수프를 사용하거나 먹는 것에 대해 생각하지 않는다는 사실에 있다. 2010년 캠벨은 "It's Amazing What Soup Can Do"라는 새로운 광고 캠페인을 시작했는데, 이 수프는 다양한 음식과 함께 고기, 파스타, 쌀에 소스로 붓거나 요리 재료로 사용된다. 브랜드에 대해 이미 호의적인 태도를 갖고 있는 소비자를 위해 보다 다양한 소비 환경에서 브랜드를 기억하는 데 도움이 되는 커뮤니케이션 프로그램을 만드는 것이 캠벨의 수프 프랜차이즈를 성장시키는 가장 수익성 있는 방법일 수 있다.[4] 캠벨은 광고 캠페인에서 이 주제를 계속 발전시켰다. 최근 캠벨 수프는 실제 가족과 실제 날씨 패턴을 묘사하여 수프 소비를 소비자 삶의 다양한 이벤트와 연결했다. 예를 들어 한 광고는 폭풍우가 임박했다는 일기예보를 들을 때 식료품점에서 아이들과 함께 있는 엄마를 보여준다. 이 말을 듣자마자 그녀는 집에서 주식에 추가할 수 있도록 수프 캔을 추가로 산다. 이러한 방식으로 "Made for Real, Real Life"라는 새로운 슬로건은 '인생의 순간에 중요한 진짜 음식'이라는 회사의 기업 목적과 잘 부합한다.[5] 캠벨 수프가 소비되는 경우의 범위를 넓히는 것은 소비자가 캠벨 수프를 바라보는 시각을 강화하는 데 도움이 되고, 기업이 브랜드 인지도를 높일 수 있게 해준다.

캠벨 수프의 최고의 성장 전망은 소비자가 수프를 먹을 수 있는 더 많은 상황을 만드는 것이다.

출처 : Campbell Soup Company

매우 두드러진 브랜드는 고객이 항상 충분한 구매를 하고 브랜드가 사용되거나 소비될 수 있는 다양한 환경에서 브랜드를 생각하도록 브랜드 인지도의 깊이와 폭을 모두 가진 브랜드이다. 브랜드 현저성은 브랜드자산 구축에 있어서 중요한 첫 단계지만 대개 충분하지는 않다. 다양한 상황에서 많은 고객에게 여타의 고려요인, 이를테면 브랜드의 의미나 이미지 같은 것도 역시 작용하게 된다.

브랜드 의미를 창출하는 것은 하나의 브랜드 이미지 그리고 브랜드를 특징지을 수 있는 것, 고객의 마음속에 상징해야 할 것을 정립하는 것과 관련이 있다. 브랜드 의미는 성과와 심상에 관련된 브랜드연상의 주요한 두 가지 범주로 이루어져 있다. 이 연상들은 고객 자신의 경험과 브랜드와의 접촉을 통해 직접적으로 형성될 수 있고 광고 혹은 구전과 같은 다른 형태의 정보원을 통해 간접적으로 형성될 수도 있다.

다음 절은 브랜드 의미의 주요한 두 가지 형태인 브랜드 성과와 브랜드 심상 그리고 각각의 하위범주를 설명한다.

브랜드 성과

제품은 그 자체가 브랜드자산의 핵심이라고 할 수 있는데, 왜냐하면 그것은 소비자들이 브랜드를 가지고 경험하는 것, 다른 사람들로부터 브랜드에 대해 듣는 것, 회사가 그들의 커뮤니케이션을 통해 브랜드에 대해 고객에게 말하는 것에 일차적으로 영향을 미치는 요인이기 때문이다. 소비자의 니즈와 욕구를 완전히 충족시킬 수 있는 제품을 고안하고 전달하는 것은 그 제품이 유형 제품, 서비스, 기업, 사람인지 여부에 상관없이 성공적인 마케팅에 있어 필수 전제 조건이다. 브랜드 충성도와 브랜드 공명을 불러일으키기 위해서는 소비자의 제품 경험이 그들의 기대치를 사실상 능가하지는 못하더라도 최소한 충족되어야 한다. 1장에서 언급한 것처럼, 많은 연구에서 고품질 브랜드가 재무적으로 보다 훌륭한 성과를 나타내며 투자 대비 높은 투자 수익률을 내는 것으로 나타났다.

써브웨이

써브웨이(Subway)는 건강하고 맛있는 샌드위치를 제공한다는 기발한 포지셔닝을 통해 가장 많이 팔리는 퀵서브 레스토랑으로 1위를 차지했다. 이러한 사다리 기법(straddle) 포지셔닝을 통해 써브웨이는 맥도날드, 버거킹과 같은 퀵서브 레스토랑 대비 POP는 맛, POD는 건강을 만들었다. 동시에 써브웨이는 건강 음식점 및 카페와 비교했을 때 POP는 건강, POD는 맛을 구축할 수 있었다. 써브웨이의 매우 성공적인 제품 출시 중 하나는 5달러짜리 30cm 길이 샌드위치였다. 마이애미의 한 프랜차이즈 운영자가 생각해낸 이 아이디어는 빠르게 인기를 끌었고 경기 침체기에 굶주리고 자금 사정이 좋지 않은 소비자를 위한 완벽한 해결책이었다. 이러한 강력한 성과 및 가치 메시지를 통해 써브웨이는 시장 범위와 잠재 고객 기반을 크게 확장할 수 있었다.[6]

브랜드 성과(brand performance)는 제품이나 서비스가 고객들의 기능적인 니즈를 얼마나 잘 충족해주는지를 설명한다. 브랜드가 객관적인 품질 평가에서 어떤 평가를 받는가? 그 브랜드는 제품군이나 서비스군 내에서 실용적이고 심미적이며 경제적인 고객의 니즈와 욕구를 어느 정도 만족시키는가?

브랜드 성과는 제품이나 서비스를 구성하고 있는 성분이나 특성을 넘어 이러한 특성을 확대하는 브랜드의 측면을 포함한다. 종종 가장 강력한 브랜드 포지셔닝은 일종의 성과 편익과 관련되어 있으며, 어떠한 브랜드가 이들 척도에 있어서의 심각한 결핍을 극복하는 것은 드물다. 브랜드 성과의 기반이 되는 속성과 편익의 다섯 가지 주요한 형태는 다음과 같다.[7]

1. **기본 재료와 보조 기능** : 고객은 종종 제품이 기능하는 주요 특징 수준에 대해 믿음을 가진다(낮음, 중간, 높음, 매우 높음). 더 나아가 그들은 주요 성분을 보충하는 특징이나 제품의 이차적인 요소에 관해 믿음을 가질 수도 있다. 따라서 어떤 특성은 제품 작동을 위해 필수적인 성분인 반면 어떤 속성은 주문 제작과 다기능의 개인화된 용도를 고려한 선택 사양이다. 물론 제품 관련 속성은 제품군이나 서비스군에 따라 다양한 차이가 있다.

2. **제품 신뢰성, 내구성, 용이성** : **신뢰성**(reliability)은 구매와 그다음 구매할 때까지의 시간 동안 제품 성과의 일관성을 말한다. **내구성**(durability)은 제품의 기대되는 경제적 수명을 말한다. **유용성**(serviceability)은 수리가 필요할 때 제품을 서비스 받을 수 있는 용이성을 가리킨다. 따라서 제품 성능에 대한 지각은 제품 배달과 설치에 있어서의 속도, 정확성, 주의 깊음, 고객 서비스와 교육에 있어서의 민첩성과 공손함, 유용성, 수리 서비스에 있어서 질과 소요시간 등과 같은 요인의 영향을 받는다.

3. **서비스 효과성, 효율성, 공감성** : 고객은 자주 그들이 브랜드와 함께 가지는 서비스 상호작용과 관련된 성과 관련 연상을 가진다. **서비스 효과성**(service effectiveness)은 그 브랜드가 고객의 서비스 요구를 얼마나 완벽하게 만족시키는지를 말한다. **서비스 효율성**(service efficiency)은 속도, 반응 가능성 등의 측면에서 이러한 서비스들이 전달되는 방식을 말한다. **서비스 공감성**(service empathy)은 서비스 제공자가 고객의 마음속에 있는 관심사를 믿고 유념하며 지니고 있다고 보이는 정도를 말한다.

4. **스타일과 디자인** : 디자인은 제품이 어떻게 작동하는지 그리고 성과 연상에 어떻게 영향을 주는지 측면에서 기능적인 면을 갖는다. 고객은 제품의 기능적인 측면을 뛰어넘어 크기, 모양, 재료, 색깔과 같은 제품의 심미적인 고려 요인을 통해 제품의 연상을 가질 수 있다. 따라서 성과는 제품이 어떻게 보이고 느껴지는지, 심지어 어떻게 들리고 어떤 냄새가 나는지와 같은 감각적인 측면에도 의존하고 있다.

5. **가격** : 브랜드의 가격 정책은 브랜드가 상대적으로 얼마나 비싼지(혹은 비싸지 않은지) 또는 자주 혹은 많이 할인하는지 여부에 대한 소비자 마음속의 연상을 창출할 수 있다. 가격은 특히 중요한 성과 연상이다. 그 이유는 소비자가 서로 다른 브랜드의 가격 수준을 토대로 자신의 제품군에 대한 지식을 체계화할 수 있기 때문이다.[8]

브랜드 심상

브랜드 의미의 또 다른 주요 형태는 브랜드 심상이다. 브랜드 심상은 브랜드가 고객의 심리적 · 사회적 니즈를 충족하는 방식을 포함해 제품이나 서비스의 외적 특성에 달려 있다. 브랜드 심상은 사람들이 생각하는 브랜드의 기능이라기보다는 브랜드에 대해 추상적으로 생각하는 바를 가리킨다. 따라서 심상은 브랜드의 무형적인 측면을 말하며 심상 연상은 소비자가 제품, 브랜드, 표적시장, 사용 상황에 대해 겪은 고유한 경험이나 접촉을 통해 직접적으로, 또는 브랜드 광고나 구전과 같은 다른 정보원과 의사소통함으로써 이들 고려 요인의 묘사를 통해 간접적으로 형성될 수 있다. 많은 종류의 무형요소가 브랜드에 연결될 수 있으나 4개의 주요 요소는 다음과 같다.

1. 사용자 프로파일
2. 구매 및 사용 상황
3. 개성 및 가치
4. 역사, 유산, 사용자 경험

예를 들어 유럽의 니베아(Nivea) 같은 풍부한 브랜드 이미지를 가진 브랜드, 다양한 피부 관리 및 개인 관리 제품을 만드는 회사들을 예로 들어보자. 더 주목할 만한 무형의 연관성으로는 (1) 가족/공유 경험/모성, (2) 다목적, (3) 고전적/시대를 초월한 기억, (4) 어린 시절의 추억이 있다.

사용자 이미지 브랜드 심상 연상의 한 가지 형태는 브랜드를 사용하는 사람이나 조직의 형태다. 이 심상은 실제 사용자나 이상적인 사용자로서 고객의 정신적 이미지로 나타나게 된다. 전형적이고 이상적인 브랜드 사용자에 대한 연상은 인구통계학적 요소나 보다 심리통계학적인 요소에 근거를 둘 수 있다. 인구통계학적 요소에는 다음 사항이 포함될 수 있다.

- **성** : 비너스(Venus) 면도기와 시크릿(Secret) 데오도란트는 '여성'이라는 연상을, 반면에 질레트(Gillette) 면도기와 액스(Axe) 데오도란트는 좀 더 '남성'다운 연상을 갖는다.[9]
- **나이** : 펩시, 언더아머(Under Armour) 신발은 자신들의 이미지를 코카콜라, 나이키보다 상대적으로 더 신선하고 젊게 포지셔닝한다.
- **인종** : 고야(Goya) 식품과 유니비전(Univision) 방송은 히스패닉 시장과 강한 일체감을 갖고 있다.
- **소득** : 스페리(Sperry's) 신발, 폴로 셔츠, BMW 자동차는 젊고 부유한 도시의 전문직 종사자인 '여피(yuppies)'가 연상되었다.

심리통계학적 요인은 삶, 경력, 부, 사회 문제, 정치제도에 대한 태도를 포함할 수 있으며 그에 따라 어떤 브랜드 사용자는 인습을 타파하는 사람으로, 또는 더욱 전통적이고 보수적으로 사람으로 그려지게 된다.

B2B 상황에서 사용자 이미지는 조직 크기 또는 형태와 관련될 수 있다. 예를 들어 마이크로소프트는 '공격적인' 기업으로 보이는 반면, 시스코(Cisco)는 기술 리더로 보인다. 사용자 이미지는 단지 한 가지 형태의 개인적 특징 이상에 초점을 맞추고, 전체적으로 하나의 그룹에 대한 지각 측면에서 폭넓은 이슈에 집중한다. 예를 들어 고객은 어떤 브랜드가 많은 사람이 사용하기 때문에 그 브랜드를 '인기 있다'거나 '시장 선도자'로 간주한다.

구매 및 사용 이미지 두 번째 연상은 어떠한 조건과 상황하에서 브랜드가 판매되고 사용되는지다. 구매 상황의 연상은 백화점이나 전문점, 인터넷 같은 채널 형태와 메이시스(Macy's), 풋로커(Foot Locker), 노드스트롬(Nordstrom) 같은 전문점, 그리고 구매와 관련된 보상의 용이함(가능하다면)과 관련될 수 있다.

전형적인 사용 상황에 대한 연상은 브랜드 사용을 위한 어떤 날, 주, 달, 연도의 특정한 시간과 브랜드를 사용하는 지리적 위치(집 안 혹은 집 밖), 브랜드가 사용되는 활동의 형태(공식 혹은 비공식)와 관련되어 있다. 피자 체인점은 오랫동안 유통채널과 고객이 피자를 구매하고 먹는 방식에 대한 강력한 연상을 가지고 있었지만—도미노는 배달로 유명해졌고, 리틀시저(Little Caesar)는 테이크아웃으로, 피자헛은 매장 내 서비스로—최근 몇 년 사이에 주요 경쟁사들은 다른 경쟁사의 전통적인 시장을 잠식해가고 있다.

브랜드 개성 및 가치 소비자 경험 혹은 마케팅활동을 통해서 브랜드는 개성 특성 혹은 인간의 가치관을 가질 수 있으며 사람처럼 브랜드도 '현대적', '구식', '생동감', '이국적' 등으로 특징지어질 수 있다.[10] 명시된 브랜드 개성의 다섯 가지 척도(대응하는 하부척도와 함께)는 진지함(철저한, 정직한, 건전한, 즐거운), 흥미(용감한, 활력 있는, 상상력 넘치는, 최신식), 능력(신뢰감 있는, 지적인, 성공적인), 세련됨(상류층의, 매력적인), 강인함(야외에 어울리는, 거친)이다.[11]

브랜드 개성은 어떻게 형성되는가? 마케팅 프로그램의 모든 측면이 브랜드 개성에 영향을 미칠 수 있다. 비영리기업은 영리기업보다 '따뜻하다'고 소비자들은 지각하지만 영리기업이 비영리기업보다 유능하다고 지각한다. 또한 소비자는 기업이 역량이 부족하다는 인식 때문에 비영리기업이 만든 제품을 구매하고자 하지 않았지만《월스트리트저널》과 같은 신뢰할 수 있는 후원으로 비영리기업의 역량에 대한 인식이 개선되면서 구매 불안은 사라졌다.[12]

마케팅 커뮤니케이션 혹은 광고에 나오는 배우들처럼 그 브랜드를 묘사하는 방식이나 크리에이티브 전략의 분위기나 스타일, 그 브랜드가 불러일으키는 감정 또는 느낌이 브랜드 개성에 영향을 미친다. 비록 사용자 이미지, 특히 광고에 의해 전달되는 사용자 이미지가 브랜드 개성의 가장 중요한 요소이기는 하지만, 사용자 이미지와 브랜드 개성이 항상 일치할 수만은 없다. 소비자 의사결정에 있어서 성과 관련 속성이 보다 중요시되는 제품군에서는 브랜드 개성과 사용자 이미지는 보다 관련이 적을 수 있다. 물론 개성과 이미지 간의 차이점은 또 다른 이유 때문일 수도 있다. 예를 들어 어떤 한 시기에 페리에(Perrier)의 브랜드 개성은 '교양 있고', '세련된'이었으나 실제 소비자 이미지는 '돋보이게 하는' 또는 '절제된' 것이 아니라 '번지르르하고', '유행에 민감한' 것이었다.

그러나 브랜드 개성과 사용자 이미지가 소비자 의사결정 시 중요하게 생각되는 제품군에서는 브랜드 개성과 사용자 이미지가 서로 관련되어 있을 가능성이 더 높다. 예를 들면 자동차, 맥주, 주류, 담배, 화장품 등이다. 따라서 소비자들은 자아개념과 일치하는 브랜드 개성을 갖고 있는 브랜드를 선택해 사용하지만, 가끔씩 그러한 브랜드 연결과 선택이 소비자들의 실제 이미지보다는 오히려 자신들이 갖고자 하는 이상적 자아 이미지에 근거를 두는 경우도 있다.[13] 또한 이 결과들은 개인적으로 소비되는 제품들보다 대중적으로 소비되는 제품들에 있어 더욱 확연하다.[14] 반면에 '자기모니터링'을 잘하는, 다시 말해 타인이 자신을 어떻게 보는지에 대해 민감한 소비자들은 개성이 소비 상황에 부합하는 브랜드를 선택할 가능성이 높다.[15]

브랜드 역사, 유산, 경험 마지막으로, 브랜드는 역사상 그들의 과거나 어떤 주목할 만한 행사에 대한 연상을 가질 수 있다. 이러한 연상들의 형태는 개인적인 경험이나 에피소드와 뚜렷하게 관련되어 있거나 혹은 과거 친구나 가족 또는 타인의 행동 및 경험과 관련되어 있을 수도 있다. 이러한 연상은 더욱 대중적이 되며 따라서 많은 사람과 공유될 수 있다. 예를 들어 브랜드 마케팅 프로그램의 양상에 대한 모습이 있을 수 있는데, 이를테면 제품의 색깔이나 포장의 외관, 판매된 상점의 형태, 브랜드가 후원하는 이벤트, 브랜드를 추천한 사람들이 그것이다. 복고를 테마로 한 패키징과 복고 광고는 나이 든 관객, 특히 베이비붐 세대에게 어필하고자 하는 브랜드가 자주 사용하는 전략이 되었다.

하얏트

하얏트호텔(Hyatt Hotel)은 다양한 제품 포트폴리오에 걸쳐 고유한 방식으로 자체 브랜딩을 통해 고객과의 정서적 연계를 구축했다. 강력한 고객관계를 구축하기 위한 하얏트의 전략은 포트폴리오 내의 각 호텔을 전문화하여 특정 세분시장에 초점을 맞추고 호텔 숙박이 해당 세분시장의 니즈를 충족하도록 맞춤화하는 것이다. 예를 들어 파크하얏트(Park Hyatt)는 하얏트 포트폴리오 내의 고급 호텔 중 하나로, 럭셔리 여행자에게 희귀하고 친밀한 경험을 절제된 방식으로 제공한다. 반면 그랜드하얏트(Grand Hyatt)는 다양한 지점에서 인생보다 더 큰 경험을 제공하는 전통적인 고급 호텔이다. 하얏트플레이스(Hyatt Place)와 하얏트하우스(Hyatt House)는 멀티태스킹을 하는 야심 찬 고객을 목표로 하고 있다. 하얏트플레이스와 하얏트하우스 광고는 야망이라는 아이디어를 활용하고 정착하기를 원하지 않는 소비자에 초점을 맞춘다. 광고 캠페인은 전직 대학 미식축구 선수가 전문 오페라 가수로 변신한 것처럼 자신의 삶에 정착하고 싶지 않은 실제 사람들의 모습을 담고 있다. 특징과 기능을 넘어 하얏트플레이스와 하얏트하우스 광고는 고객에게 더 나은 매력을 선사하기를 희망하고 있다. 이러한 방식으로 하얏트 라인업의 각 호텔은 특정 하위 세분시장이 찾고 있는 지식을 활용하고 고객과의 정서적 유대감을 구축하기 위해 특정 세분시장에 탁월한 경험을 제공하는 고유한 사명과 서비스를 제공한다.[16]

그랜드하얏트는 다양한 위치에서 실제보다 더 큰 경험을 제공하는 보다 전통적인 고급 호텔이며 하얏트 호텔 포트폴리오에서 중요한 위치를 차지하고 있다.

출처 : EQRoy/Shutterstock.

이러한 유형의 연관성은 강력한 차별점을 만드는 데 도움이 될 수 있다. 최근의 주요 경기침체 속에서 노던트러스트(Northern Trust)는 130년이 넘었고 수년 동안 많은 금융위기를 겪었다는 사실을 활용하여 부유한 고객의 신뢰와 안정성을 강화했다.[17] 어쨌든 역사, 유산, 경험에 대한 연관성은 사용 이미지를 구성하는 일반화를 초월하는 보다 명확하고 구체적인 예를 활용한다. 극단적인 경우, 브랜드는 이러한 모든 유형의 연관성을 신화 속에 결합해 지속적인 소비자의 희망과 꿈을 실현함으로써 상징화된다.[18] 브랜드와 관련된 전반적인 서비스 또는 고객 경험도 전체 브랜드이미지의 필수 요소가 될 수 있다. 브랜딩 과학 3-1에서는 브랜드 이미지에 필수적인 훌륭한 고객 경험의 몇 가지 예를 간략하게 설명한다.

성과나 이미지와 관련된 여러 가지 다양한 형태의 연상이 브랜드에 결합될 수 있다. 브랜드 이미지와 의미를 형성하는 브랜드연상은 관련된 형태와 상관없이 브랜드자산 구축을 위한 단서를 제공하는 세 가지 중요한 척도(강도, 호감도, 독특함)에 따라 특징지어질 수 있다. 이들 세 가지 척도에서 성공적인 결과는 가장 긍정적인 브랜드 반응을 낳는데, 이는 강력하고 활동적인 브랜드 충성도의 기반이다.

강력하고 호의적이며 독특한 연상을 창출해내는 것은 마케터의 실제 과제이며, 고객 기반 브랜드자산 구축의 관점에서는 필수적이다. 강력한 브랜드는 일반적으로 고객에게 호의적이고 독특한 브랜드연상을 확고히 정립시키고 있다. 브랜드 의미는 **브랜드 반응**(brand response)의 생산을 돕는 것이며 고객들이 브랜드에 대해 어떻게 생각하고 느끼는지를 말한다. 다음 절에서 논의하겠지만, 브랜드 반응은 브랜드 판단과 브랜드감정, 즉 그것들이 '머리'로부터 오는지 혹은 '마음'으로부터 오는지 여부의 측면에서 구별될 수 있다.

브랜딩 과학 3-1
고객 경험이 브랜드를 정의하는 방법

한 컨설팅 회사의 브랜드 관련성 지수(Brand Relevance Index)에 따르면 아마존은 가장 관련성이 높은 브랜드 중 하나로 선정되었다. 아마존은 소매 부문에서 탁월한 고객 경험을 제공하는 능력으로도 유명하다. 아마존의 고객 경험은 주문 배치, 제품 배송, 제품 반품 등 다양한 측면에 초점을 맞춘 고객 여정의 모든 측면의 세부사항에 대한 관심을 통해 신중하게 개발되었다. 고객 경험의 한 가지 주요 측면은 저렴한 태블릿과 스마트 스피커와 같은 기술에 투자하여 고객의 가정에 설치할 수 있으며, 이는 아마존이 고객의 요구와 행동에 대한 더 풍부한 이해를 개발할 수 있는 방법이 된다.

알렉사(Alexa)는 아마존의 에코 스마트 스피커를 구동하는 음성 서비스이다. 알렉사와 같은 디지털 음성 서비스의 출현은 대규모 기술 회사의 고객 경험이 천천히 증가하고 있음을 나타낸다. 알렉사는 기계 학습 및 인공 지능을 사용하여 고객의 요구, 선호도 및 행동을 파악하여 고객이 아마존에서 쇼핑하거나 애플 장치와 이용할 때 고객 경험을 안내할 수 있도록 한다. 원활한 고객 경험을 위한 또 다른 투자는 아마존의 프라임 서비스로, 79달러라는 저렴한 가격으로 고객이 1년 내내 2일 무료 배송을 즐길 수 있다. 프라임 고객은 아마존의 일반 고객보다 연간 700달러 이상 지출하므로 아마존 고객 기반의 거의 50%를 차지하는 매우 가치 있는 고객이다. 따라서 아마존 프라임은 고객이 원활하고 마찰이 없는 경험을 할 수 있도록 끊임없이 성장하고 있는 아마존의 무기고 중 또 다른 무기이다.

이러한 현상은 아마존과 애플에만 국한된 것은 아니다. 우버, 리프트(Lyft), 스포티파이(Spotify), 드롭박스(Dropbox), 그럽허브(Grubhub), 트립어드바이저(TripAdvisor), 자포스(Zappos) 같은 회사는 고객 경험을 재정의하고 매끄럽고 독특한 경험으로 변형시킨 다른 디지털 전용 브랜드의 예다. 이러한 유형의 고객 경험은 이러한 디지털 브랜드의 본질에 필수적이다. 기술은 이러한 브랜드와 상호작용할 때 고객이 경험하는 것을 가능하게 하는 핵심 요소지만 두 번째 핵심 요소 역시 공감이다. 자포스의 사례는 고객 경험이 어떻게 탁월한지 보여준다.

자포스 고객이 이사하는 동안 실수로 아내의 보석을 여분의 자포스 상자에 포장했다고 한다. 아내는 보석이 상자에 들어 있다는 것을 모르고 상자를 자포스로 보냈다. 상자를 받은 자포스 직원은 오류를 즉시 인지하고 내용물을 다시 우편으로 보내는 대신 항공편을 예약해 부부에게 상자의 내용물을 직접 전달함으로써 행복한 결말을 보장했다. 이를 통해 자포스는 직원들이 자신을 대신하여 행동하고 고객의 니즈를 항상 모든 업무의 중심에 두도록 권한을 부여함으로써 충성 고객 기반을 확보하는 데 성공했다.

사우스웨스트항공(Southwest Airlines)은 고객 경험 개선에 대한 탁월한 헌신으로 종종 찬사를 받는 또 다른 회사이다. 한 가지 핵심은 직원 권한 부여와 결합된 고객 서비스를 위한 시스템 및 프로세스이다. 예를 들어 사우스웨스트항공의 한 승객은 (탑승 수속 중에 체크인 한) 자신의

알렉사는 아마존이 고객의 요구, 선호도 및 행동에 대한 고유한 통찰력을 얻을 수 있게 해주는 디지털 음성 서비스이다.

여행 가방 손잡이가 손상된 채로 도착한 것을 발견했다. 승객은 수하물 파손에 따른 전형적인 청구와 함께 통상적인 산더미 같은 서류작업을 예상하고 있었다. 하지만 새 가방이 있는 방으로 안내되어 교체할 가방을 선택하고 모든 짐을 새 가방에 넣고 공항을 나왔을 때 그 승객의 놀라움을 상상해보라. 사우스웨스트항공은 일반적인 문제 상황을 처리할 수 있는 시스템과 프로세스에 투자하여 직원이 고객 불만을 해결할 수 있도록 권한을 부여함으로써 항공 업계의 고객 경험을 재정의했다. 이처럼 탁월한 사용자 경험은 브랜드 이미지의 핵심 요소가 되었다.

출처 : Megan Webb-Morgan, "Southwest Airlines: A Case Study in Great Customer Service," February 22, 2017, accessed February 1, 2018; Southwest Airlines Co. (2018) "Southwest Airlines Again Among Fortune's Top10 World's Most Admired Companies," January 19, 2018, *PR Newswire*, accessed February 1, 2018; Shep Hyken, "Southwest Airlines Customer Experience Leads to Loyalty," January 9, 2016, *Forbes.com*, accessed February 1, 2018. Scott Davis, "How Amazon's Brand and Customer Experience Became Synonymous," July 14, 2016, Forbes.com, accessed February 1, 2018; Eric Feinberg, "How Amazon Is Investing In Customer Experience By Reimagining Retail Delivery," January 4, 2018, www.forbes.com/sites/forbescommunicationscouncil/2018/01/04/how-amazon-is-investing-in-customer-experience-by-reimagining-retail-delivery/#3164b3d42c2e, accessed April 5, 2018; Micah Solomon, "Three Wow Customer Service Stories From Zappos, Southwest Airlines and Nordstrom," August 1, 2017, www.forbes.com/sites/micahsolomon/2017/08/01/three-wow-customer-service-stories-from-zappos-southwest-airlines-and-nordstrom/#355076582aba, accessed April 5, 2018.

브랜드 판단

브랜드 판단(brand judgment)은 소비자의 브랜드에 대한 개인적인 의견과 평가로서, 다양한 브랜드 성능과 이미지 연관성을 종합해 형성한다. 고객은 브랜드에 대한 모든 유형의 판단을 내릴 수 있지만 품질, 신뢰성, 고려, 우월성의 네 가지 유형이 특히 중요하다.

브랜드 품질 브랜드태도는 브랜드에 대한 소비자의 전반적인 평가이며 종종 브랜드 선택의 기준이 된다.[19] 일반적으로 소비자의 브랜드태도는 그 브랜드의 특정한 속성 및 편익에 따라 결정된다. 예를 들어 힐튼호텔(Hilton Hotel)을 생각해보자. 한 소비자의 힐튼에 대한 태도는 그 소비자가 중요하다고 믿는 그 호텔 체인에 대한 특정 연상—위치, 안락한 방, 디자인, 외관, 종업원의 서비스 품질, 여가 시설, 음식, 안전성, 가격 등—에 의해 그 브랜드가 특징지어진다는 것을 소비자가 어느 정도 믿느냐에 따라 결정된다.

　고객이 브랜드에 대해 가질 수 있는 여러 가지 태도가 존재하지만 가장 중요한 것은 브랜드의 지각된 품질과 고객 가치, 만족이다. 지각된 품질 측정은 브랜드자산에 대한 많은 접근 방식에 내재되어 있다. 해리스인터렉티브(Harris Interactive)가 진행한 연례 이퀴트렌드(EquiTrend) 연구에서 미국 소비자 100,000명이 자동차에서 기술, 뉴스 미디어에 이르기까지 450개 이상의 범주에서 4,000개 이상의 브랜드를 평가했다. 이퀴트렌드 브랜드자산 지수(EquiTrend Brand Equity Index)는 친숙도, 품질 및 고려도의 세 가지 주요 요소로 구성되어 있으며, 이는 각 브랜드에 대한 브랜드자산 등급을 결정한다. 자산에서 가장 높은 순위를 기록한 브랜드는 해당 카테고리에서 해리스폴이퀴드렌드(Harris Poll EquiTrend)가 수여하는 '올해의 브랜드(Brand of the Year)'상을 수상한다.[20]

브랜드 신뢰성 고객은 브랜드 뒤에 있는 기업과 조직에 관해 판단을 형성할지도 모른다. **브랜드 신뢰성**(brand credibility)은 세 가지 척도, 즉 지각된 전문성, 신뢰성, 호감도의 관점에서 브랜드가 전체적으로 신뢰성 있게 보이는 정도를 말한다. 그 브랜드가 (1) 유능하고 혁신적이며 시장 선도자로 보이는가(브랜드 전문성)? (2) 신뢰할 만하고 고객의 관심사를 유념하고 있는가(브랜드 신뢰성)? (3) 재미있고 흥미로우며 함께 시간을 보낼 가치가 있는가(브랜드 호감도)? 달리 말해 신뢰도는 소비자가 브랜드 뒤에 있는 기업이나 조직이 그들이 하는 것에 능숙하다고 보고, 그들 고객에 대해 관심이 있고, 단지 아주 호감이 가는지에 관한 것이다.[21]

페덱스

페덱스는 초창기 광고 '절대적으로, 긍정적으로 하룻밤 사이에 도착해야 할 때'부터 속도와 기술, 배송 및 배송에 대한 신뢰성을 강조했다. 2011년 시작된 브랜드 캠페인 'Solutions That Matter'는 페덱스가 화물 배송부터 서류, 특이한 물건이나 특별한 물건 배송 등 다양한 고객 문제를 해결해주는 이야기를 들려줄 수 있는 완벽한 플랫폼을 제공한다.[22] 페덱스는 고객이 믿을 수 있고 비용 효율적인 전 세계 배송을 위해 자사를 신뢰할 수 있는 파트너로 생각하기를 원한다. 그러나 페덱스 광고는 종종 유머와 높은 생산 가치를 사용한다. 슈퍼볼 기간 동안 진행되는 페덱스 광고는 종종 소비자가 가장 즐기는 광고로 평가된다. 최근 페덱스는 페이스북, 트위터 등 소셜 미디어 채널을 통해 고객 참여와 서비스 제공을 확대하고, 페덱스 고객이 서비스를 받을 수 있는 다양한 방법을 제공하고 있다.[23] 또한 페덱스는 콘텐츠 개발 및 공유를 포함하는 온라인 채널을 통해 콘텐츠 마케팅을 사용하여 고객과 더 강력한 관계를 구축했다.[24] 페덱스의 "In the Wild" 콘텐츠 마케팅 캠페인은 인스타그램 팔로워가 다양한 위치에서 페덱스 차량의 사진을 찍도록 권장하고 가장 매력적인 사진을 신중하게 선별하여 인스타그램에 게시한다. 이 접근방식을 통해 페덱스는 인스타그램에서 많은 팔로워를 얻을 수 있었고 캠페인 결과 팔로워 수는 거의 400% 증가했다.[25] 완벽한 서비스 제공과 창의적인 마케팅 커뮤니케이션을 통해 페덱스는 전문성, 신뢰성, 호감도 세 가지 차원의 신뢰성을 모두 구축할 수 있다.[26]

페덱스와 같은 브랜드는 전문성, 신뢰성, 호감도로 인해 매우 신뢰할 수 회사로 여겨진다.

출처 : Adam Slinger/Alamy

브랜드 고려 호의적인 브랜드태도와 신용할 만하다는 지각을 이끌어내는 것은 중요하지만 고객이 해당 브랜드의 구매 또는 사용 가능성에 대해 고려하지 않는다면 충분히 중요하지 않다. 2장에서 언급했듯이 브랜드 고려는 단순한 인지 이상이며, 고객이 구매하거나 사용할 브랜드의 가능한 대안에 그 브랜드가 포함될 가능성을 나타내고 브랜드자산 구축의 관점에서 중요한 여과장치이다. 브랜드가 얼마나 많이 고려되고 믿을 만한 것인지에 관계없이 그 브랜드가 관련 있다고 생각되지 못하고 진지한 고려를 받지 못한다면, 고객은 그 브랜드에 거리를 두고 절대 그것을 채택하지 않을 것이다. 브랜드 고려는 많은 부분 강력하고 호의적인 브랜드연상이 브랜드 이미지의 부분으로서 창출될 수 있는 정도에 크게 의존하고 있다.

브랜드 우월성 우월성은 고객이 브랜드를 다른 브랜드보다 독특하고 우수하다고 보는 정도를 측정한다. 고객이 그 브랜드가 다른 브랜드가 제공할 수 없는 이점을 제공한다고 믿는가? 브랜드 우월성은 고객과 강력하고 활동적인 관계를 구축하는 데 절대적으로 중요하고, 많은 부분 브랜드 이미지를 형성하는 독특한 브랜드연상의 수와 본질에 의존한다.

브랜드감정

브랜드감정(brand feeling)은 고객이 그 브랜드에 관하여 느끼는 감성적 반응이다. 또한 브랜드감정은 그 브랜드에 의해 회상되는 사회적 평판과도 관련이 있다. 브랜드를 위한 마케팅 프로그램이나 다른 수단에 의해서 어떠한 감정이 회상될까? 브랜드는 고객 자신과 다른 사람들과의 관계에 어떻게 영향을 줄까? 이러한 감정은 온화하거나 강렬할 수 있으며, 긍정적이거나 부정적일 수 있다.

예를 들어 사치앤드사치(Saatchi & Saatchi)의 케빈 로버츠(Kevin Roberts)는 기업이 고객의 욕망과 열망을 감성적으로 결속시키는 이름 또는 상징인 '신뢰마크(trustmark)'와 궁극적으로 '러브마크(lovemark)'를 만들기 위해 브랜드를 초월해야 한다고 주장한다. 그는 브랜드가 존중받는 것만으로는 충분하지 않다고 주장한다.

> 오늘날에는 거의 모든 것을 사랑-존중 축과 연관 지어 볼 수 있다. 당신은 어떤 관계든(사람과의 관계, 브랜드와의 관계) 그것이 사랑에 근거하든 존경에 근거하든 간에 그릴 수 있다. 예전에는 높은 존중이 승리하는 것이었다. 하지만 요즘은 높은 사랑률이 이긴다. 당신이 나에게 제안한 것이 마음에 들지 않는다면, 관심조차 없다.[27]

이 개념을 열렬히 신봉하는 로버츠는 신뢰마크가 브랜드에 사랑을 주는 사람들의 진정한 소유물이며, 감정적인 연결고리가 중요하다는 점을 강조한다.[28]

브랜드에 의해 유발되는 감정은 제품 소비나 사용 중에 접근할 수 있을 정도로 강하게 연관될 수 있다. 연구진은 **혁신광고**(transformational advertising)를 제품의 실제 사용 경험에 대한 소비자의 인식을 변화시키기 위해 고안된 광고로 정의했다.[29] 코로나엑스트라(Corona Extra)는 '병 안의 해변' 광고를 통해 하이네켄을 제치고 미국 최고의 수입 맥주로 자리매김했다. 이 캠페인은 '일상에서 멀리 떨어진(Miles Away from Ordinary)'라는 꼬리표로 술꾼들을 최소한 정신적으로나마 맑고 조용한 해변으로 이동시키기 위해 고안되었다.[30]

점점 더 많은 회사가 그들의 브랜드로 더 많은 소비자의 감정을 이용하려고 시도하고 있다. 다음은 브랜드 구축 감정에 대한 여섯 가지 중요한 유형이다.[31]

1. **따뜻함** : 브랜드는 마음을 진정시키는 유형의 감정을 불러일으키고 소비자에게 차분함이나 평온함을 느끼게 한다. 소비자는 브랜드에 대해 감성적이거나, 마음이 따뜻하거나, 애정을 느낄 수 있다. 웰치스(Welch's) 젤리, 퀘이커(Quaker) 오트밀, 앤트제미마(Aunt Jemima) 팬케이크 믹스 및 시럽과 같은 많은 전통 브랜드는 따뜻한 느낌을 준다.

2. **재미** : 흥겨운 감정은 소비자로 하여금 즐겁고, 마음이 가볍고, 장난스럽고, 명랑함을 느끼게 한다. 디즈니는 상징적인 캐릭터와 놀이공원의 놀이기구로 재미와 자주 연관된 브랜드이다. 마이크로소프트의 엑스박스와 유튜브는 또한 재미와 엔터테인먼트와 연관된 브랜드 연상을 불러일으킨다.

3. **흥분** : 브랜드는 소비자에게 활력을 주고 특별한 것을 경험하게 한다. 흥분을 불러일으키는 브랜드는 의기양양함, 살아 있음, 시원함, 섹시함 등을 유발할 수 있다. 레드불(Red Bull)은 많은 청소년과 젊은이에게 흥미로움을 주는 브랜드다.

4. **안전** : 브랜드는 안전함, 편안함, 자신감을 제공한다. 브랜드의 결과로 소비자는 다른 방식으로 느꼈을 수 있는 걱정이나 우려를 경험하지 않는다. 올스테이트보험의 "You're in Good Hands", 스테이트팜(State Farm)의 "Like Good Neighbor", 네이션와이드(Nationwide)의 "On Your Side"는 모두 소비자에게 안전, 보안, 신뢰를 전달하는 것을 슬로건으로 하는 보험 브랜드이다.

5. **사회적 승인** : 브랜드는 소비자에게 자신의 외모, 행동 등을 다른 사람들이 좋게 본다는 믿음을 준다. 이 승인은 다른 사람들이 소비자의 브랜드 사용을 직접 인정한 결과일 수도 있고

덜 명백하고 제품 사용을 소비자에게 귀속시킨 결과일 수도 있다. 기성세대 소비자에게 캐
딜락(Cadillac)은 역사적으로 사회적 승인의 신호였던 브랜드이다.

6. **자기존중** : 브랜드는 소비자 스스로에 대한 자부심, 성취감을 느끼게 한다. 타이드(Tide) 세
탁 세제와 같은 브랜드는 자사 브랜드를 많은 주부에게 '가족을 위해 최선을 다하는 것'으로
연결할 수 있다.

이 여섯 가지 감정은 크게 두 영역으로 나눌 수 있다―처음 세 가지 형태의 감정은 경험적이고
즉각적인 것으로 강렬함의 수준이 증가한다. 나머지 세 가지 감정 형태는 개인적이고 지속적인
것으로 중요도 수준이 증가한다.

고객 반응의 모든 형태가 가능하겠지만―이성과 감성 모두로부터 일어난―궁극적으로 중요
한 것은 이 감정이 얼마나 긍정적인지다. 게다가 그 반응이 접근 가능하고 소비자가 그 브랜드를
떠올릴 때 마음속에 다가오는 것이 중요하다. 브랜드 판단과 감정은 소비자가 브랜드와 만났을
때의 긍정적인 반응을 내면화하거나 생각할 때만 소비지에게 호의적인 영향을 끼칠 수 있다.

브랜드 공명

모델의 마지막 단계는 브랜드에 대해 고객이 갖는 궁극적인 관계와 동일시하는 수준에 초점을 맞
춘다.[32] **브랜드 공명**(brand resonance)은 이러한 관계의 본질과 고객이 브랜드와 '하나가 되었다'고
느끼는 정도를 말한다. 높은 공명을 가진 브랜드의 예로는 할리데이비슨(Harley-Davidson), 애플,
아마존 등을 들 수 있다.

공명은 이러한 충성도에 의해 유발되는 **활동** 수준(반복 구매율과 고객이 브랜드 정보, 이벤트
및 기타 충성 고객을 찾는 정도)뿐만 아니라 브랜드와 고객이 갖는 심리적 유대감이나 **강도**의 특
징을 갖고 있다. 이러한 두 가지 차원의 브랜드 공명을 네 가지 범주로 나눌 수 있다.

1. 행동적 충성도
2. 태도적 애착
3. 공동체 의식
4. 능동적 관여

행동적 충성도 재구매와 브랜드에 의해 귀착된 제품군 규모의 점유율이나 양의 관점에서 **행동적
충성도**(behavioral loyalty)를 측정할 수 있으며, 그것은 '제품군 요건 점유율'을 말한다. 다시 말해
고객이 브랜드를 얼마나 자주 구매하고 구매 시에 얼마나 많이 구입하는지에 관한 것이다. 금전
적으로 이득이 되는 결과를 위해 브랜드는 충분한 구매 빈도와 양을 만들어내야 한다.

행동적인 충성 고객의 평생 가치는 거대할 수 있다.[33] 예를 들어 제너럴모터스(GM)의 충성 고
객은 일생에 걸쳐 276,000달러의 가치가 있을 수 있다(11대 또는 그 이상의 자동차를 구입하고
친구나 친지들이 GM 제품에 대해 더 고려하기 쉽도록 하는 구전을 통한 추천을 가정하여). 혹은
갓 부모가 된 사람들을 생각해보자. 매달 기저귀 구매에 100달러를 24~30개월 동안 지출한다면
그들은 단지 1명의 아기를 위해 3,000달러의 평생 가치를 창출한다.

태도적 애착 행동적 충성도는 필요하지만, 공명이 일어나는 데 충분하지는 않다.[34] 어떤 고객은
브랜드가 재고로 있거나, 즉시 접근할 수 있는 유일한 제품이거나, 그들이 구입할 능력이 있는 유

일한 제품이기 때문에 부득이하게 구매를 할 수 있다. 공명을 창출하기 위해서는 강력한 개인적 **애착**(attachment)도 필요하다. 고객은 브랜드를 바라보는 긍정적인 태도를 갖는 것을 뛰어넘어 더 넓은 상황에서 특별한 무언가가 되어야 한다. 예를 들어 특정 브랜드에 강한 태도적 애착을 가진 고객은 그 브랜드를 '사랑'하며, 자신의 가장 소중한 소유물 중 하나로 묘사하거나, 자신들이 기다리는 '작은 즐거움'으로 바라본다는 것이다.

이전의 연구는 단순한 만족은 충분치 않음을 보여준다.[35] 제록스는 고객 만족을 1점(매우 불만족)에서 5점(매우 만족) 척도로 측정했을 때, 그들의 제품과 서비스를 4점(만족)에 체크한 고객은 5점에 체크한 고객보다 6배나 더 쉽게 경쟁자에게 돌아서는 것을 발견했다.[36] 더 큰 충성도를 창출하는 것은 소비자의 니즈를 충분히 만족시키는 마케팅 프로그램과 제품 및 서비스를 통한 더 깊은 태도적 애착의 창출을 요구한다.[37]

공동체 의식 브랜드는 또한 **공동체 의식**(sense of community)의 관점에서 고객에게 넓은 의미를 가져야 한다.[38] 브랜드 공동체와의 동일시는 고객이 특정 브랜드에 연관된 다른 사람들과의 유대감 혹은 소속감을 느끼는 중요한 사회적 현상을 반영한다. 브랜드 공동체는 온라인 혹은 오프라인에 존재한다.[39] 충성 사용자들 간의 더 강력한 공동체 의식은 호의적인 브랜드태도와 구매 의도를 불러일으킨다.[40]

능동적 관여 마지막으로 브랜드 충성도의 가장 강력한 확신은 고객이 특정 브랜드의 구매와 소비기간 동안 지출한 것을 넘어서 그 브랜드에 대한 시간, 에너지, 돈, 다른 자원을 기꺼이 투자하려고 할 때이다.[41] 예를 들어 고객은 특정 브랜드를 중심으로 하는 클럽에 가입해 최신 정보를 받고 다른 브랜드 사용자나 공식적인 혹은 비공식적인 대표들과 정보 교환을 할 수 있다. 기업은 고객이 말 그대로 충성심를 표현할 수 있도록 더 쉽게 다양한 브랜드 상품을 구매할 수 있게 만들고 있다.

BMW

BMW의 라이프스타일 사업은 15년 전 브랜드 입지를 넓히고 충성도를 강화하는 것을 목표로 하는 마케팅 이니셔티브로 시작되었다. 라이프스타일 부문은 주로 어린이용 자전거와 스케이트보드 등 모빌리티 제품 판매에 주력하고 있으며 BMW가 자동차 판매로 창출하는 수익률(7%)과 비슷한 목표다. 39유로(52달러)짜리 미니(Mini) 레인부츠부터 BMW M 퍼포먼스 유닛의 2,750유로(3,620달러)짜리 경량 M 카본 레이서 자전거까지 2,000개 이상의 제품이 판매되고 있다. 하지만 이것들은 평범한 제품이 아니다. BMW의 79유로(105달러)짜리 스노 레이서(Snow Racer) 썰매에는 교체 가능한 금속 러너와 빨간색 스티어링 스키의 서스펜션 시스템, 부주의한 통행자에게 경고하는 경적 등이 장착되어 있다. BMW 디자인웍스(BMW Designworks)에서 내부적으로 설계한 배터리로 구동되는 베이비 레이서(Baby Racer)는 세 가지 모델로 제공되며 가격은 79유로(106달러)이다. 여러 디자인상을 수상하고 뉴욕 현대 미술관에 전시된 이 작품은 연간 60,000대가 판매된다. 현재 전 세계 자동차 판매 시장 3위인 중국에서 BMW는 중국 내 자동차 조립을 시작하기 1년 전에 상품 판매 매장을 열었고 2012년 말까지 50개 이상의 BMW 매장을 운영했다.[42]

고객은 브랜드 관련 웹사이트를 방문하기도 하고, 채팅에 참여하기도 하고, 토론을 하기도 한다. 이 경우에, 고객들 스스로는 브랜드 전도사 및 홍보대사가 되어 브랜드에 대해 의사소통하는 것을 돕고, 다른 이들의 브랜드 결합을 강화한다. 하지만 브랜드에 대한 적극적인 참여가 발생하

브랜딩 브리프 3 - 1

브랜드 공동체 구축하기

할리데이비슨

세계적으로 유명한 이 오토바이 회사는 전 세계 지부 그룹의 멤버들이 '타고 즐기는 것'이라는 매우 간단한 미션을 공유하고 있는 할리 오너즈 그룹(Harley Owners Group, H.O.G)을 후원하고 있다. H.O.G는 연회비 약 49달러로 100만 명 이상의 회원이 가입할 정도로 성장했다. 할리데이비슨 커스터마이징, H.O.G 잡지 구독, 긴급출동 지원, 안전한 라이더 프로그램, 휴가 중 회원이 할리를 대여할 수 있는 플라이 앤드 라이드(Fly & Ride) 프로그램 이용 등 H.O.G에 가입하며 얻을 수 있는 혜택이 많다.

이러한 혜택 외에도 H.O.G 소유자는 운디드 워리어 프로젝트(Wounded Warriors Project)에 기여하며 H.O.G 웹사이트를 통해 특수(예 : 아이언 엘리트) 커뮤니티에 접근할 수 있다. 더욱 중요한 것은 커뮤니티가 할리 소유주 간의 할리 체험 공유를 촉진하여 공동체 의식을 높이고 보다 깊은 브랜드 참여를 유도한다는 점이다. 회사는 또한 H.O.G. 전용 웹사이트를 운영하고 있으며, 이 사이트에는 클럽 지부와 이벤트에 대한 정보가 포함되어 있고 회원 전용 코너가 마련되어 있다.

세포라

세포라(Sephora)는 온라인 브랜드 커뮤니티를 후원하고 다양한 기능을 내장하여 활기찬 커뮤니티를 만들었다. 예를 들어 세포라 브랜드 커뮤니티는 사회적 존재감 및 로열티 카드와 연계된 고객 계정을 만들 수 있도록 해 고객의 쇼핑 습관과 미디어 소비 행태를 알 수 있게 해준다. 세포라의 브랜드 커뮤니티[뷰티토크(BeautyTalk)라고 함]는 오프라인에서도 고객들이 서로 적극적으로 참여할 수 있도록 장려한다. 또한 세포라는 새로운 디지털 커뮤니티 플랫폼인 '뷰티 인사이더(Beauty Insiders)'를 출시해 참여자(Sephora.com 홈페이지에서)에게 개인 메이크업 프

120만 명의 회원을 보유한 할리 오너즈 그룹은 브랜드 커뮤니티의 전형적인 예다.

출처 : Adam Slinger/Alamy

세포라의 온라인 브랜드 커뮤니티는 고객이 다양한 방식으로 브랜드에 참여하도록 장려한다.

로필 작성, 그룹 가입, 다른 뷰티 인사이더와의 질의응답, 전문가와의 뷰티 및 메이크업 조언 등을 요청한다.

뷰티 인사이더 커뮤니티 참여자들은 뷰티 팁을 다른 사용자들과 공유할 수 있어 관심사가 비슷한 사람들의 네트워크를 조성할 수 있다. 회원들이 제품 추천과 함께 룩과 동영상을 올릴 수 있는 대화형 '뷰티보드(Beauty Board)'도 있으며, 다른 사람들의 접근이 가능하다. 커뮤니티 회원은 구매가 진행되는 동안 다른 사용자가 실시간으로 입력하도록 허용할 수 있으며, 세포라 앱을 통해서도 커뮤니티에 접속할 수 있다. 이러한 다양한 혁신적인 기능을 통해, 세포라는 뷰티 마니아들의 커뮤니티를 구축하고 브랜드와 고객관계를 더 긴밀하게 만들었다.

지프

지프(Jeep) 소유주들은 전 세계 수백 곳의 지프 애호가 클럽에 가입할 뿐만 아니라 회사의 공식 지프 잼버리의 일부로 미국 전역 황야 지대에서 차량을 가지고 모임을 할 수 있다. 1953년부터 이어져 온 지프 잼버리는 매년 봄부터 가을까지 미국 전역 34개 지역에서 이틀 동안 지프 소유주와 가족을 불러서 오프로드 모험을 선사한다. 난이도 측면에서 트레일과 장애물은 1~10등급으로 평가된다. 지프 소유주는 'My Jeep Story' 디지털 및 소셜 캠페인에 참여할 수 있다. 이 캠페인은 지프의 고객이 회사 창립 75주년을 축하할 수 있도록 해주었다. 이 캠페인은 "We Don't Make Jeep, You Do"라는 태그라인을 사용하여 고객에게 브랜드에 참여하도록 촉구하는 광고에 사용되는 보다 광범위한 테마의 한 예였다.

'My Jeep Story' 캠페인의 장점은 고객이 브랜드에 어떤 의미가 있는지 회사와 대화할 수 있도록 유도할 수 있다는 것이었다. 이 캠페인은 인스타그램, 페이스북, 트위터 등 다양한 소셜 미디어 채널을 통해 활성화되었다. 팬들은 그들의 이야기를 담은 동영상을 게시하기 위해 웹사이

트(www.jeep.com/myjeepstory)에 접속하라는 안내를 받았다. 이번 캠페인은 여름의 즐거움, 군대 감상 등을 브랜드로 담아낸 '스토리 세션(Story Session)'도 선보였다. 지프는 충성도가 높은 사용자들이 소셜 미디어에서 자신의 브랜드 스토리를 공유하도록 장려함으로써 고객과의 관계를 강화했다.

여기에 묘사된 브랜드 커뮤니티의 사례 연구는 공통 주제를 가지고 있다. 즉 기존 고객 기반이 브랜드 홍보대사 및 전도사 역할을 할 수 있도록 한다. 한 기업은 브랜드 커뮤니티가 구성원을 활용해 브랜드에 참여할 수 있는 정도를 측정하기 위해 '참여 브랜드 지수(Participation Brand Index, PBI)'라는 메트릭스를 개발했다. 애플과 마찬가지로 아마존, 구글, 넷플릭스, BMW는 PBI에서 매우 높은 점수를 받고 있으며, 지프는 PBI나 브랜드 능력 측면에서 두 번째로 높은 평가를 받은 브랜드다.

출처 : Mailys Reslinger, "How Does Harley Davidson Gather Its Riders," May 26, 2015, https://potion.social/en/blog/the-phenomenon-of-harley-davidsons-online-community-study-case, accessed February 1, 2018; Jonathan Salem Baskin, "Harley-Davidson Will Be a Case History in Social Branding," July 12, 2013, Forbes.com, accessed February 1, 2018; FCA US LLC (2016), "Jeep Brand Launches Global "My Jeep Story" Digital and Social Campaign," PR Newswire, March 28, 2016, accessed February 1, 2018; Julian Thumm, "Sephora Learns the Importance of Online Brand Communities," October 12, 2015, PowerRetail, accessed February 1, 2018; BusinessWire (2017), "Sephora's New Beauty Insider Community Is Poised to Be the World's Most Trusted and Beauty-Obsessed Social Platform," August 17, 2017, accessed February 1, 2018; PR Newswire, Luttner, Kathryn (2017), "How Brands Like Jeep and Airbnb Get Their Fans to Do Their Marketing for Them," February 15, 2017, www.campaignlive.com/article/brands-jeep-airbnb-fans-marketing/1424286#vQ-JQpqGS8rUPfFLT.99, accessed February 1, 2018.

기 위해서는 반드시 강력한 태도적 애착이나 사회적 정체성 또는 두 가지 모두가 필요하다.

요컨대 브랜드 공명과 소비자가 브랜드와 갖는 관계는 두 가지 척도, 즉 **강렬함**(intensity)과 **활동성**(activity)을 갖는다. 강렬함은 태도적 애착과 공동체 의식의 강도를 측정한다. 활동성은 소비자가 그 브랜드를 얼마나 사고 사용하는지뿐만 아니라 구매나 소비에 관련되지 않은 다른 행동에 참여하는지를 말한다.

브랜드 구축의 시사점

브랜드 공명 모델은 브랜드 구축을 위한 로드맵과 지침을 제공한다. 이 모델은 마케팅 연구의 실행을 위한 길잡이뿐 아니라 브랜드 구축 노력의 진척을 평가하는 척도를 제공한다. 전자와 관련해, 이 모델은 브랜드 구축 노력 성공의 정량적 측정을 제공하고 브랜드 트래킹을 지원한다. 그림 3-4는 6개 브랜드 구축 블록을 위한 일련의 가능한 측정 방법을 포함하고 있다.

브랜드 공명 모델은 또한 많은 중요한 브랜딩 방침을 강화하고, 그중 5개는 특히 주목할 만하며 다음 절에서 논의된다.

소비자가 브랜드를 소유한다. 브랜드 공명 모델의 기본 전제는 브랜드 강도의 제대로 된 측정은 소비자가 그 브랜드에 대해 생각하고 느끼고 행동하는 바에 의존한다는 것이다. 특히 가장 강력한 브랜드는 소비자가 그 브랜드에 매우 애착이 있고 열정적이며 결과적으로 선도자나 전도사가 되어 그들의 신념을 공유하려 하고 브랜드에 대한 평을 퍼트리는 것이다.

회사로 하여금 브랜드자산의 편익을 거두어들이도록 하는 어떠한 방식으로 생각하고 행동하게 하는 것은 브랜드에 대해 배우고 경험하는 고객을 통해서이다. 마케터는 가능한 가장 효과적이고 능률적인 브랜드 구축 마케팅 프로그램을 고안하고 수행하는 데 책임을 져야 함에도 불구하고, 그러한 마케팅노력의 성공은 궁극적으로 소비자가 어떻게 반응하느냐에 달려 있다. 바꾸어 말하면, 이 반응은 브랜드에 대해 고객들 마음속에 형성된 지식에 의존한다.

브랜드에는 지름길이 없다 브랜드를 구축하는 데 지름길은 없다는 사실은 브랜드 공명 모델이 말하고 있다. 위대한 브랜드는 우연히 만들어지는 것이 아니라 소비자와 연결된 논리적인 일련의

I. 현저성

- 제품군 혹은 서비스군의 어느 브랜드를 떠올릴 수 있는가?
  (점점 구체적인 제품군 단서를 사용해서)
- 이들 브랜드에 대해 들어본 적이 있는가?
- 다음의 상황에서 … 어느 브랜드를 사용할 것인가?
- 얼마나 자주 이 브랜드를 떠올릴 것 같은가?

II. 성과

- 제품군 내 다른 브랜드와 비교해, 이 브랜드는 제품 및 서비스군의 기본 기능을 얼마나 잘 제공하는가?
- 제품군 내 다른 브랜드와 비교해, 이 브랜드는 제품 및 서비스군의 기본적인 욕구나 니즈를 얼마나 잘 충족시키는가?
- 이 브랜드는 어느 정도까지 특별한 특징을 가지는가?
- 이 브랜드는 얼마나 신뢰할 만한가?
- 이 브랜드는 얼마나 내구성이 있는가?
- 이 브랜드는 얼마나 쉽게 서비스받을 수 있는가?
- 이 브랜드의 서비스는 얼마나 효과적인가? 이것은 당신의 요구사항을 완벽히 충족하는가?
- 속도, 반응도 등의 관점에서 이 브랜드는 얼마나 효율적인가?
- 이 브랜드의 서비스 제공자는 얼마나 예의 바르고 도움이 되는가?
- 이 브랜드가 얼마나 멋지다고 생각하는가?
- 이 브랜드의 외형, 분위기, 기타 디자인 측면을 얼마나 좋아하는가?
- 이 브랜드가 경쟁하고 있는 제품군 내 다른 브랜드와 비교해, 이 브랜드의 가격은 일반적으로 높은가, 낮은가, 비슷한 수준인가?
- 이 브랜드가 경쟁하고 있는 제품군 내 다른 브랜드와 비교해, 이 브랜드의 가격은 자주 변하는 편인가, 덜 변하는가, 비슷한 정도로 변하는가?

III. 심상

- 이 브랜드를 사용하는 사람은 어느 정도 인정받고 존경받는가?
- 이 브랜드를 사용하는 사람을 얼마나 좋아하는가?
- 다음의 단어들은 이 브랜드를 얼마나 잘 묘사하는가?(철저한, 정직한, 용감한, 최신식의, 신뢰할 수 있는, 성공적인, 상류층의, 매력적인, 야외와 어울리는)
- 이 브랜드를 많은 장소에서 구입할 수 있는가?
- 다양한 상황에서 사용할 수 있는 브랜드인가?
- 어느 정도 즐거운 기억을 되살려주는 브랜드라고 생각하는가?
- 당신이 이 브랜드와 함께 성장하고 있다고 어느 정도 느끼는가?

IV. 판단

품질

- 이 브랜드에 대한 당신의 전반적인 의견은 무엇인가?
- 이 브랜드의 제품 품질에 대한 평가는 무엇인가?
- 이 브랜드는 당신의 제품 니즈를 어느 정도까지 만족시켜 주는가?
- 이 브랜드의 가치는 얼마나 좋은가?

신뢰도

- 이 브랜드의 제조업자는 얼마나 지식이 해박한가?
- 이 브랜드의 제조업자는 얼마나 혁신적인가?
- 당신은 이 브랜드의 제조업자를 얼마나 믿을 수 있는가?
- 이 브랜드의 제조업자는 당신의 니즈를 어디까지 이해하고 있는가?
- 이 브랜드의 제조업자는 당신의 의견을 어느 정도까지 신경 쓰고 있는가?
- 이 브랜드의 제조업자는 당신의 관심사를 어느 정도까지 유념하고 있는가?
- 당신은 이 브랜드를 얼마나 좋아하는가?
- 당신은 이 브랜드를 얼마나 높이 평가하는가?
- 당신은 이 브랜드를 얼마나 존중하는가?

그림 3-4
브랜드 구축 기본 원칙의 가능한 측정 방법

(계속)

고려

- 이 브랜드를 다른 사람에게 추천할 가능성은 어느 정도인가?
- 이 브랜드군에서 당신이 가장 좋아하는 제품은 무엇인가?
- 이 브랜드는 개인적으로 당신과 어느 정도 관련성이 있는가?

우월성

- 이 브랜드는 얼마나 독특한가?
- 어느 정도까지 이 브랜드는 다른 브랜드가 주지 못하는 이점을 제공하는가?
- 이 브랜드는 제품군 내 다른 것에 비해 얼마나 우월한가?

V. 감정

- 이 브랜드는 당신에게 따뜻한 감정을 주는가?
- 이 브랜드는 당신에게 재미있는 감정을 주는가?
- 이 브랜드는 당신에게 흥미로운 감정을 주는가?
- 이 브랜드는 당신에게 안전한 감정을 주는가?
- 이 브랜드는 당신에게 사회적 승인의 감정을 주는가?
- 이 브랜드는 당신에게 자기존중의 감정을 주는가?

VI. 공명

충성도

- 나는 스스로 이 브랜드에 충성한다고 생각한다.
- 나는 가능하다면 언제든 이 브랜드를 구매한다.
- 나는 가능한 이 브랜드를 많이 구매한다.
- 나는 이 브랜드가 내가 필요로 하는 제품의 유일한 브랜드라고 느낀다.
- 이것은 내가 구매 또는 사용하기를 선호하는 유일한 브랜드이다.
- 이 브랜드를 사용하지 않을 때, 내가 다른 브랜드를 사용한다 해도 내겐 차이점이 거의 없을 것이다.
- 나는 이 브랜드를 계속 사용할 것이다.

애착

- 나는 이 브랜드를 정말 사랑한다.
- 만약 이 브랜드가 없어지면 나는 이 브랜드가 정말 그리울 것이다.
- 이 브랜드는 나에게 특별하다.
- 이 브랜드는 나에게 있어 제품 그 이상이다.

공동체

- 나는 이 브랜드를 사용하는 사람들과 실제로 일체감을 느낀다.
- 나는 이 브랜드의 다른 사용자들과 하나의 클럽에 속해 있는 것처럼 느낀다.
- 이 브랜드는 나 같은 사람들이 사용하는 브랜드이다.
- 나는 이 브랜드를 사용하는 다른 사람들과 깊이 연결되어 있음을 느낀다.

참여

- 나는 다른 사람들과 이 브랜드에 대해 얘기하는 것을 정말 좋아한다.
- 나는 이 브랜드에 대해 더 많은 것을 배우는 데 항상 관심이 있다.
- 나는 이 브랜드네임이 붙은 제품에 관심을 가질 것이다.
- 나는 이 브랜드를 사용한다는 사실을 다른 이들이 알게 되는 것이 자랑스럽다.
- 나는 소셜 미디어에 이 브랜드에 대한 의견을 게시하는 것을 정말 좋아한다.
- 나는 그 브랜드의 페이스북 페이지를 정기적으로 방문한다.
- 나는 이 브랜드의 웹사이트를 방문하는 것을 좋아한다.
- 다른 사람들에 비해 나는 이 브랜드에 대한 소식에 관심이 있다.

피라미드의 최하위 2개 수준(브랜드 특징, 성능 및 이미지)에 있는 핵심 브랜드 가치는 일반적으로 다른 브랜드 가치보다 제품 및 서비스 범주에 더 독특하고 고유하다는 점을 인식해야 한다.

단계의 완성을 통한 산유물이다. 그 단계가 분명한 목적으로 명확하게 인식되고 정의될수록 더욱 적절한 관심을 받으며, 그렇게 됨으로써 완전히 인지되고 브랜드 구축에 더 큰 기여를 하게 된다. 따라서 강력한 브랜드를 구축하는 데 걸리는 시간은 브랜드자산의 기반이 될 수 있는 브랜드에 대한 확고한 신념과 태도가 형성되도록 충분한 인식과 이해를 하는 데 걸리는 시간과 정비례할 것이다.

브랜드 구축의 각 단계가 동일한 어려움을 갖지는 않는다. 특히 브랜드 정체성 만들기는 효과적으로 설계된 마케팅 프로그램이 비교적 단기간에 완성될 수 있는 단계이다. 불행하게도 이 단계는 많은 브랜드 마케터가 브랜드 이미지를 순식간에 만들어내려고 서두르는 실수를 범하는 경향이 있는 단계이기도 하다. 그 브랜드가 무엇을 해줄 것이며, 누구와 경쟁을 하고 있는지에 관한 정보의 창을 통하여 소비자가 브랜드의 이점과 톡특함을 쉽게 식별하게 해준다. 마찬가지로, 소비자에게 높은 긍정적 평가를 받기 위해서는 브랜드의 차원과 특성의 이성적이며 완전한 이해가 요구된다.

시장에서 환경 때문에 소비자가 실제로 매우 주요한 느낌, 판단 혹은 연상 없이 브랜드를 재구매하거나 행동적 충성도 관계를 갖고 있을지도 모른다. 그럼에도 불구하고 브랜드 구축장벽들이 진실한 공명을 만들어내는 시점에 이를 것이다. 다시 말해 출발점은 달라도 사실상 강력한 브랜드를 만들기 위해서는 궁극적으로 브랜드 구축에서 같은 단계들이 진행되어야만 한다.

브랜드는 이중성을 가져야 한다   브랜드 공명 모델에 의해 강화되는 한 가지 중요한 점은 강력한 브랜드는 이중성을 가지고 있다는 것이다. 브랜드 충성도와 공명을 구축하는 상이한 두 가지 방법—피라미드의 오른쪽을 따라 올라가는 방법과 왼쪽을 따라 올라가는 방법—이 있다 하더라도 강력한 브랜드는 두 측면 모두를 갖는다. 강력한 브랜드는 제품 성능과 이미지를 결합해 풍부하고 다양하지만 상호 보완적인 소비자 반응을 만들어낸다.

강력한 브랜드는 합리적인 우려와 감정적인 우려 모두에 호소함으로써 소비자에게 다양한 접근점을 제공하는 동시에 경쟁의 취약성을 줄인다. 이성적인 관심사는 공리적인 욕구를 충족할 수 있는 반면, 감정적인 관심은 심리적 또는 정서적 욕구를 충족할 수 있다. 이 두 가지를 결합하면 브랜드가 강력한 브랜드 위치를 만들 수 있다. 매킨지(Mckinsey)가 51개 기업 브랜드를 대상으로 조사한 결과, 독특한 신체적, 정서적 이점이 있는 경우, 특히 두 가지가 연결되어 있을 때 주주 가치가 더 높아진다.[43]

마스터카드

마스터카드(MasterCard)는 수상 경력에 빛나는 'Priceless' 광고 캠페인에서 표현된 감정적 이점뿐만 아니라 전 세계 사업장에서 사용 가능한 신용카드의 합리적인 이점을 모두 강조하기 때문에 이중성이 많은 브랜드의 예다. 광고는 사람들이 매우 실용적인 목표와 더 중요한 정서적 목표를 모두 달성하기 위해 품목을 구매하는 것을 묘사한다. 예를 들어 첫 번째 광고는 아버지가 아들을 야구 경기에 데려가는 모습을 보여주었다. 좌석으로 가는 길에 구매를 하는 동안 화면과 음성 해설로 그들이 구매한 다양한 품목(티켓, 핫도그, 친필 야구공)과 각 비용이 강조 표시되었다. 그러나 마지막으로 강조된 항목은 제품이 아니라 '11세 아들과의 진짜 대화'였고, 이 경우 비용은 '값을 매길 수 없는' 것으로 기재됐다. "돈으로 살 수 없는 것이 있습니다. 다른 모든 것에는 마스터카드가 있습니다." 및 "미 전역 야구장에서 사용 가능합니다." 캠페인은 매우 성공적이어서 적절한 문화적 현지화 전략을 통해 전 세계에서 사용되었다. 예를 들어 야구장을 호주의 크리켓 광고로 다시 만들었다. 캠페인은 효율성에 대한 미국마케팅협회의 여러 EFFIES를 포함하여 많은 상을 받았다.[44] 마스터카드는 Priceless 캠페인을 계속 사용하여 디지털 및 소셜 미디어 공간에 도입했다. 이를 통해 마스터카드는 Priceless 테마(예 : Priceless 도시)를 사용하여 흥미로운 프로모션을 고안하고 디지털 채널을 활용하여 브랜드 참여를 강화할 수 있다.[45]

브랜드에는 풍부함이 있어야 한다 브랜드 공명 모델의 세부항목 수준은 소비자와의 의미를 창출하기 위한 가능한 방법의 수와 소비자 반응을 이끌어내기 위한 가능한 방법의 범위를 제시한다. 총괄적으로, 이 다양한 브랜드 의미와 발생하는 반응은 브랜드에 대해 강력한 소비자 결속을 만들어낸다. 브랜드 이미지를 만드는 다양한 연상은 증진되어 다른 브랜드연상의 호감도를 강화하고 증가시키는 것을 돕거나, 또는 독특하게 차이점을 더하거나 몇몇 잠재적인 결함을 차감하는 데 도움을 줄 수 있다. 따라서 강력한 브랜드는 이중성 측면에서의 폭과 풍부함 측면에서의 깊이를 모두 가지고 있다.

동시에 브랜드가 각 핵심 브랜드 가치를 구성하는 모든 다양한 차원과 범주에서 반드시 높은 점수를 받을 것으로 기대해서는 안 된다. 블록을 구축하는 것은 그들 고유의 권리 내에서 위계를 가지고 있다. 예를 들어 브랜드 인지도와 관련해, 욕구 충족이나 편익 제공을 통해 브랜드 폭을 확장하는 전략을 고려하기 이전에 우선 제품군을 명확하게 정립하는 것이 대체로 중요하다. 브랜드 성과에 있어 부가적이고 더 주변적인 연상을 연결하려 하기 전에 우선 일차적인 특징과 관련된 특성을 연결하는 것이 종종 필수적이다.

마찬가지로, 브랜드 심상은 사용자 및 사용 이미지에 대한 상당히 구체적이고 명확한 표현으로 시작되어 시간이 지남에 따라 개성, 가치, 역사, 유산, 경험과 같은 보다 넓고 추상적인 브랜드 연상을 이끈다. 브랜드감정은 대개 경험적인 감정(따뜻함, 재미, 흥미)이나 내적 감정(보안, 사회적 승인, 자기존중)에서 시작된다. 마지막으로, 브랜드 공명은 명확한 순서를 가지고 있다. 행동적 충성도가 출발점이지만 적극적인 참여가 일어나려면 거의 항상 태도적 애착이나 공동체 의식이 필요하다.

브랜드 공명은 중요한 초점을 제공한다 그림 3-1에서 보여주듯이 브랜드 공명은 브랜드 공명 모델의 최상위에 위치하고 있으며, 마케팅 관련 의사결정에 중요한 초점과 우선권을 제공한다. 브랜드를 구축하는 마케터는 브랜드 공명을 브랜드 관련 마케팅활동을 해석하는 목적과 수단으로 이용해야 한다. 여기에 필요한 질문은 다음과 같다. 소비자 충성도, 애착, 공동체, 브랜드 참여와 같은 브랜드 공명의 핵심 척도에 영향을 끼치는 마케팅활동은 어느 정도까지인가? 마케팅활동은 이들 브랜드 공명 척도를 지지하는 브랜드 성과와 심상 연상, 소비자 판단과 감정을 창출하는가?

고객 네트워크는 브랜드 공명을 강화한다 고객 네트워크로 구성된 디지털 플랫폼(예 : 드롭박스 고객의 고객 기반)은 비교적 최근의 현상이지만, 고객 네트워크가 브랜드 공명을 구축하기 위한 자원이 될 수 있다는 생각은 오래전부터 있었다. 예를 들어 암웨이(Amway)와 같은 기업은 수년 동안 고객 대 고객 상호작용을 활용하여 브랜드를 강화했다.

최근 몇 년 동안 많은 디지털 네이티브 브랜드가 고객관계 네트워크에 의존하여 새로운 고객을 유치하고 기존 고객과의 관계를 심화하는 등 많은 긍정적인 결과를 생성했다. 추천을 통해 새로운 고객을 모집하는 것은 고객이 기존 광고에서 받은 정보보다 동료와 공유하는 정보와 행동을 더 잘 수용하는 것으로 나타났기 때문에 더 효과적이다.[48] 또한 플랫폼은 기업이 고객과 함께 다

브랜딩 브리프 3 - 2
디지털 플랫폼 기반 브랜드가 고객 참여를 유도하는 방법

그럽허브

복잡하고 혼란스러운 음식 배달 환경에 맞서 그럽허브는 브랜드를 위한 독특한 공간을 개척했으며 그 공간은 계속해서 성장했다. 그럽허브는 2004년 운영을 시작한 디지털 음식 배달 서비스이다. 2013년 심리스(Seamless, 경쟁사)와 합병한 후 미국 내 1,000여 개 도시에서 사용할 수 있으며, 현재 700만 명 이상에게 매일 267,000건의 주문을 제공하는 44,000개 레스토랑 네트워크와 제휴를 맺고 있다.

그렇다면 그럽허브의 성공 비결은 무엇일까? 회사의 성공 비결은 다양한 레스토랑 포트폴리오와 고객의 식습관에 대한 깊은 이해를 이끌어내는 방법이다. 이러한 장점을 활용하기 위해 회사는 네 가지 주요 전략을 사용한다. 첫째, 그럽허브 네트워크의 일부를 구성하는 시설을 홍보하여 레스토랑에 대한 호의를 만드는 동시에 식당의 요구사항과 음식 경험의 균형을 유지한다. 고객이 선호하는 지역 레스토랑을 선택하는 것과 함께 제공되는 호감도 및 브랜드연상의 이전은 궁극적으로 그럽허브에 혜택을 주고 브랜드자산에 기여한다. 둘째, 여러 고객 구매 및 접점에서 축적된 데이터를 활용하여 전체 고객 결정 여정에서 개인화된 경험을 제공한다. 셋째, 그럽허브는 단순히 음식을 제공하는 것에서 보다 강력한 고객-브랜드 관계에 중요한 양질의 경험과 순간을 만드는 것으로 사명을 재정립했다. 테이크아웃 서비스 외에도 고품질 배달에 중점을 둔 그럽허브는 경험 전반에 걸쳐 높은 수준을 유지할 수 있다. 넷째, 그럽허브가 고객의 다양한 니즈를 충족시키기 위해 테이크아웃 및 배달 경험을 맞춤화할 수 있도록 하는 방식으로 사용자를 다양한 페르소나로 분류한다. 이러한 전략은 그럽허브가 잠재적인 신규 고객과 소통하고 기존 고객을 유지하는 데 효과적이었다.

트립어드바이저

트립어드바이저(TripAdvisor)는 세계에서 가장 큰 여행 사이트로, 12억 달러 이상의 매출을 자랑하며 많은 참여자를 보유하고 있다. 트립어드바이저는 네 가지 주요 전략을 사용한다. 첫째, 회사는 고객, 고객의 동기 및 고충에 대한 깊은 이해를 발전시켜야 한다고 믿는다. 그렇게 함으로써 회사는 데이터를 넘어서 출장 예약이든 신혼여행 티켓 구매든 여행 사이트와 상호작용할 때 고객이 찾고 있는 것이 무엇인지 공감하는 관점을 개발한다. 둘째, 트립어드바이저는 커뮤니티 참가자에게 트립어드바이저를 사용하는 이유에 대한 통찰력을 제공하도록 요청하여 브랜드 대화에 고객을 포함시키고 온라인에서 의견을 제공하도록 권장한다. 또한 트립어드바이저는 여행 파트너가 자체 마케팅활동의 일환으로 트립어드바이저를 홍보하여 브랜드 노출을 극대화하도록 권장한다. 셋째, 트립어드바이저는 투자 수익률(ROI)을 극대화하기 위해 기술을 활용하는 방법을 배웠다. 마케팅 부서는 3억 5,000만 명의 월간 방문자가 브랜드와 상호작용하고 참여할 수 있도록 온라인 지출을 지속적으로 최적화하는 데이터 과학자와 엔지니어로 구성된다. 넷째, 트립어드바이저는 고객

트립어드바이저와 같은 디지털 플랫폼 기반 브랜드는 기술력과 데이터 기반 통찰력을 활용해 고객을 위한 가치를 창출했다.

상호작용 및 거래 데이터에서 생성된 통찰력을 고려한 후 커뮤니케이션을 개인화한다. 예를 들어 고객이 여행을 시작하기 직전에 트립어드바이저는 모바일 앱이 고객에게 큰 가치가 있을 것이라는 사실을 알고 있다. 특히 고객이 근처에서 식사할 수 있는 레스토랑을 찾을 수 있도록 하는 '내 근처에 지금(near me now)'과 같은 기능이 있다. 트립어드바이저는 이전 검색 정보를 활용하고 회사가 각 개별 고객에게 서비스를 개인화할 수 있는 기능인 마이트립스(MyTrips)를 도입했다. 모바일 앱의 강력한 기능을 더욱 활용함으로써 트립어드바이저는 고객 참여를 구축하는 데 매우 효과적이었다. 이러한 기능 외에도 트립어드바이저는 여행 지향적인 고객의 참여를 촉진할 고유한 콘텐츠를 추가하는 실험도 하고 있다. 트립어드바이저는 후기로 신뢰받는 브랜드에서 고객이 가장 저렴하게 원하는 호텔을 찾을 수 있는 브랜드로 브랜드 전략을 수정하고 있다. 이러한 방식으로 디지털 플랫폼인 트립어드바이저는 브랜드를 지속적으로 발전시키고 브랜드 가치를 창출하며 지속적인 소비자-브랜드 관계를 구축할 수 있었다.

출처 : Zach Brooke, "Grubhub Aims to Redefine Food Delivery with Rebrand," *Marketing News Weekly*, May 24, 2016, https://www.ama.org/publications/eNewsletters/Marketing-News-Weekly/Pages/grubhub-aims-to-redefine-food-delivery-with-rebrand---.aspx, accessed February 1, 2018; Alison Griswold, "Grubhub Is Fending Off Copycats by Doubling Down on Delivery," March 14, 2016, https://qz.com/637471/grubhub-is-chasing-silicon-valleys-delivery-success-story/, accessed February 28, 2018; Jessica Wohl, "Pho, Anyone? Grubhub Suggests People Try Something New," November 14, 2017, http://adage.com/article/cmo-strategy/grubhub-suggests-people/311295/, accessed February 28, 2018; Corinne Bagish, "The Marketing Savvy Powering TripAdvisor's Global Growth," December 21, 2015, Marketo.com, accessed February 2, 2018; "8 Interesting Things We Learned from TripAdvisor's Recent Brand Strategy Update," June 13, 2017, www.siteminder.com/r/hotel-distribution/hotel-metasearch/8-things-learned-tripadvisor-brand-strategy-update/, accessed February 28, 2018.

양한 이니셔티브를 시작할 수 있는 귀중한 자원이 될 수 있다.

예를 들어 여기에는 기업이 플랫폼의 일부를 구성하는 사용자와 높은 수준에서 상호작용할 수 있도록 허용하는 제품 및 브랜드 콘텐츠의 공동 제작이 포함될 수 있다. 또한 공동 제작 과정은 브랜드와 고객의 인지도를 높여 소비자 브랜드 공명을 강화한다.[47] 브랜딩 브리프 3-2에서는 두 플랫폼 기반 디지털 네이티브 브랜드(예 : 그럽허브, 트립어드바이저)가 플랫폼의 강점을 활용하여 소비자–브랜드 관계와 강력한 브랜드 공명을 구축하는 방법을 강조한다.

그러나 소비자가 구매하고 소비하는 모든 브랜드와 강렬하고 적극적인 충성도 관계를 경험하는 것은 사실상 불가능하다. 따라서 일부 브랜드는 관련 제품이나 서비스의 특성, 소비자의 특성 등으로 인해 다른 브랜드보다 소비자에게 더 의미가 있다. 일부 브랜드는 다른 브랜드보다 더 많은 공명 잠재력을 가지고 있다. 다양한 감정과 이미지 연상을 만드는 것이 어려울 때 마케터는 적극적인 참여와 같은 브랜드 공명의 더 깊은 측면을 얻지 못할 수 있다. 그럼에도 불구하고, 브랜드 충성도를 더 넓게 봄으로써 마케터는 브랜드와 브랜드가 소비자에게 어떻게 연결되는지에 대해 더 전체적으로 이해를 할 수 있다. 그리고 브랜드에 대한 적절한 역할을 정의함으로써 마케터는 더 높은 수준의 브랜드 공명을 얻을 수 있을 것이다.

브랜드 가치사슬

강력한 포지셔닝과 브랜드 공명을 구축하는 것은 주요한 마케팅 목표이다. 그러나 마케팅 투자에 대한 투자 수익률을 더 잘 이해하기 위해서는 또 다른 도구가 필요하다. **브랜드 가치사슬**(brand value chain)은 브랜드자산의 원천, 성과 및 마케팅활동이 브랜드 가치를 창출하는 방식을 평가하기 위한 구조화된 접근법이다.[48] 브랜드 가치사슬은 조직 내 수많은 개인이 잠재적으로 브랜드자산에 영향을 미칠 수 있으며, 관련된 브랜딩 효과를 인지하고 있어야만 한다. 따라서 브랜드 가치사슬은 브랜드 매니저, 최고 마케팅 경영자, 대표이사, 최고경영자처럼 상이한 형태의 정보를 필요로 하는 모든 이를 보좌하는 통찰력을 제공한다.

브랜드 가치사슬은 몇 가지 기본적인 전제가 있다. 이는 브랜드 공명 모델과 일치하는 것으로, 첫 번째 단계는 이러한 통찰력에 근거하여 브랜드 가치 창출 과정은 기업이 실제 혹은 잠재 고객을 겨냥한 마케팅 프로그램에 투자했을 때 시작된다고 가정한다. 두 번째 단계로 그 프로그램과 관련된 마케팅활동은 브랜드에 관한 고객의 사고방식—고객이 그 브랜드에 대해 알고 느끼는 바—에 영향을 미친다. 세 번째 단계로 다양한 영역의 고객집단에 걸친 이러한 사고방식은 시장에서 그것이 어떻게 기능할 것인지의 관점에서 브랜드를 위한 특정한 성과, 이를테면 그들이 구매하는 양과 시점, 그들이 지불하는 가격 등과 관련한 개별 고객 행동의 집합적 영향 등을 가져온다. 마지막 단계로 투자 공동체는 이러한 시장 성능과 일반적인 주주 가치와 특별한 그 브랜드의 가치 평가에 도달하기 위한 습득에 드는 교체비용과 구매가격 같은 다른 요인을 고려한다.

이 모델은 또한 많은 관련 요인이 이 단계들에 개입한다고 가정한다. 세 가지 '승수' 세트, 즉 프로그램 품질 승수, 시장조건 승수, 투자심리 승수가 그 마케팅 프로그램과 세 가치 단계 사이의 이동을 조정한다. 브랜드 가치사슬 모델은 그림 3-5에 요약되어 있다. 다음으로 가치 단계와 승수 요인을 자세히 알아보고 긍정적 · 부정적 승수 효과의 예를 살펴보자.

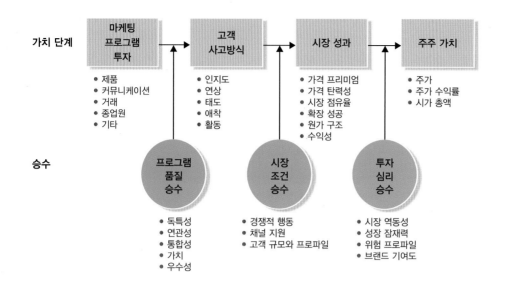

그림 3-5
브랜드 가치사슬

가치 단계

브랜드 가치 창출은 기업의 마케팅활동에서 시작된다.

마케팅 프로그램 투자 잠재적으로 브랜드 가치 개발에 기여할 수 있는 마케팅 프로그램 투자는 그것이 계획된 것이든 아니든 상관없이 첫 번째 가치 단계로의 진입이다. 4장부터 8장까지는 제품 조사, 개발, 설계, 거래 및 중간상인 지원, 광고, 판매촉진, 후원, 직접 또는 쌍방향적 마케팅, 인적 판매, 퍼블리시티, PR을 포함하는 마케팅 커뮤니케이션, 내부고객 교육 같은 많은 마케팅활동에 대해 서술한다. 마케팅 프로그램에 대한 많은 투자가 브랜드 가치 창출의 측면에서 성공을 보장하지는 않는다. 따라서 마케팅 프로그램 투자가 사슬의 아래 단계로 더 이동하거나 증식할 수 있는 능력은 프로그램 승수에 의한 마케팅 프로그램 측면에 의존할 것이다.

프로그램 품질 승수 마케팅 프로그램이 고객의 사고방식에 영향을 줄 수 있는 능력은 그 프로그램 투자의 품질에 의존할 것이다. 이 책 전체에서 마케팅 프로그램의 품질을 판단하기 위한 많은 다양한 요인이 있음을 살펴본다. 그중 특히 중요한 다섯 가지 요인은 다음과 같다.

1. **독특함** : 마케팅 프로그램은 얼마나 독창적인가? 얼마나 창의적이거나 차별화되는가?
2. **적절성** : 고객에게 마케팅 프로그램이 얼마나 의미 있는 것인가? 소비자는 그 브랜드가 그들이 진지하게 고려해야 할 브랜드라고 느끼는가?
3. **통합성** : 마케팅 프로그램이 특정 시점과 시간이 지남에 따라 얼마나 잘 통합되어 있는가? 모든 측면이 결합되어 가능한 한 고객에게 가장 큰 영향을 주는가? 마케팅 프로그램이 과거의 마케팅 프로그램과 효과적으로 관련되고 연속성과 변화의 균형을 적절하게 유지하여 브랜드를 올바른 방향으로 발전시키는가?
4. **가치** : 마케팅 프로그램이 얼마나 많은 단기 및 장기 가치를 창출하고 있는가? 단기적으로 수익성을 창출하는가? 장기적으로 브랜드자산을 구축하는 것인가?
5. **탁월함** : 개인적인 마케팅활동이 가장 높은 수준의 기준을 만족시키도록 설계되어 있는가? 그 특별한 마케팅활동의 성공 요인으로 최신의 사고와 기업의 지혜를 개인적인 마케팅활동

이 반영하고 있는가?

신중히 설계되고 고객에게 매우 적절하고 독특하게 만들기 위해 수행된 잘 통합된 마케팅 프로그램이 마케팅 프로그램 지출로부터 보다 많은 투자 수익을 달성하는 것은 어찌 보면 당연한 일이다. 예를 들어 코카콜라, 펩시, 버드와이저 같은 거대한 음료 브랜드에 의해 과다한 지출이 이루어지고 있음에도 불구하고, 캘리포니아 유가공위원회는 그들의 잘 계획되고 수행된 '우유 마시기' 캠페인을 통해 수십 년간이나 지속된 캘리포니아의 우유 소비량 감소를 전환할 수 있었다.

반면에 수많은 마케터들은 예를 들어 미켈롭(Michelob), 미닛메이드(Minute Maid), 세븐업(7Up) 등의 브랜드는 상당한 양의 마케팅지원에도 불구하고 적절하지 못한 타기팅과 마케팅 캠페인 때문에 최근 몇 년 동안 판매 감소를 경험했다.

고객 사고방식 마케팅 프로그램의 결과 고객은 어떤 식으로 변화했는가? 그러한 변화는 고객 사고방식 내에서 그들 스스로 어떻게 자리 잡고 있는가?

고객 사고방식은 브랜드와 관련해 고객 마음속에 존재하는 모든 것(사고, 감정, 경험, 이미지, 지각, 믿음, 태도)을 포함하고 있음을 기억하라. 전체적으로 브랜드 공명 모델은 고객 사고방식의 광범위한 면을 담고 있다. 간결하게 요약해보면 '5A' 리스트는 공명 모델에 의해 제시되는 중요한 고객 사고방식의 측정 방법으로 조명되기도 한다.

1. **브랜드 인지도**(brand awareness) : 고객이 브랜드를 비보조 상기 또는 보조 상기하고 연상되는 그 제품이나 서비스를 식별할 수 있는 정도 및 용이성을 말한다.
2. **브랜드연상**(brand association) : 브랜드를 통해 지각된 속성 및 편익의 강도, 호감도, 독특함. 브랜드연상은 브랜드 가치의 핵심 원천으로 표현되기도 하는데, 이는 그것에 따라 소비자가 브랜드가 그들의 니즈를 충족시킨다고 느끼게 해주는 수단이기 때문이다.
3. **브랜드태도**(brand attitude) : 품질 및 품질이 만들어내는 만족의 측면에서 브랜드에 대한 전반적인 평가를 나타낸다.
4. **브랜드 애착**(brand attachment) : 고객이 브랜드에 대해 갖는 충성도 정도. 애착의 강력한 형태인 고수(adherence) 변화에 대한 소비자의 저항 그리고 제품이나 서비스의 결함 같은 나쁜 소식에 견딜 수 있는 브랜드의 능력을 말한다. 극단적으로, 애착은 심지어 **중독**될 수 있다.
5. **브랜드 활동**(brand activity) : 고객이 브랜드를 사용하고, 브랜드에 관해 타인에게 말하며, 브랜드 정보 및 판매촉진, 이벤트 등을 탐색하는 정도를 말한다.

이 다섯 가지 척도는 브랜드 공명 모델에 용이하게 연결된다(인식은 현저성과 관련이 있고, 연관은 성과 및 이미지와 관련이 있으며, 태도는 판단 및 느낌과, 애착 및 활동은 공명과 관련이 있다). 브랜드 공명 모델에서처럼, 브랜드 가치 척도에는 명백한 위계가 존재한다 — 브랜드 인지도는 브랜드태도를 이끌어내는 브랜드연상을 뒷받침하고, 브랜드태도는 다시 브랜드 애착과 활동을 이끌어낸다. 브랜드 가치는 이 단계에서 고객이 (1) 깊고 폭넓은 브랜드 인지도, (2) 적절하게 강력하고 호의적이며 독특한 유사점과 차별점, (3) 긍정적인 브랜드 판단과 감정, (4) 강렬한 브랜드 애착과 충성도, (5) 높은 수준의 브랜드 활동을 가질 때 창출된다.

올바른 고객 사고방식을 창출하는 것은 브랜드자산 및 가치의 구축이라는 측면에서 매우 중요하다. 1998년 AMD와 사이릭스(Cyrix)는 인텔의 마이크로프로세서와 유사한 성능을 보이지만 자사의 브랜드가 소비자에게 강력한 브랜드 이미지를 주고 있지 못하기 때문에 컴퓨터 제조업자가 새로운 칩을 채택하기를 꺼린다는 것을 알았다. 더군다나 소비자 또는 고객에 있어서의 성공은 다른 조건이 효과적이지 못하다면 시장에서의 성공으로 전이되지 않을 것이다. 이러한 고객 사고 방식이 다음 단계에서 가치를 창출하는 능력은 다음에 나오는 시장 조건 승수라는 외부적 요인에 의존한다.

시장 조건 승수. 고객의 마음속에서 창출된 가치가 시장 성과에 영향을 주는 정도는 개별 고객을 넘어서는 요인들에 의존한다. 그러한 세 가지 요인은 다음과 같다.

1. **경쟁적 우수성** : 다른 경쟁 브랜드의 마케팅 투자는 얼마나 효과적인가?
2. **채널 및 다른 중간상인의 지원** : 얼마나 많은 브랜드 강화와 판매 노력이 다양한 마케팅 파트너에 의해 나오고 있는가?
3. **고객 규모 및 프로파일** : 얼마나 많은 그리고 어떤 부류의 고객이 브랜드에 끌리는가? 그들은 이익이 되는가?

고객의 마음속에 창출된 가치가 호의적인 시장 성과로 전이되는 경우는 (1) 경쟁자들이 별로 위협적이지 않을 때, (2) 채널 구성원 및 다른 중간상인이 강력한 지원을 제공할 때, (3) 큰 이익이 되는 고객이 자사 브랜드에 끌릴 때이다.

어떤 브랜드가 경쟁 상황에 직면하는 것은 그 브랜드의 이익에 큰 영향을 미칠 수 있다. 예를 들어 나이키와 맥도날드는 과거에 그들 각자의 주요 경쟁자였던 리복과 버거킹의 마케팅상 어려움으로부터 이익을 얻었다. 리복과 버거킹은 수많은 리포지셔닝과 경영 변화에서 어려움을 겪었다. 반면에 마스터카드는 지난 10년간 강력하고 잘 마케팅된 브랜드인 비자, 아메리칸익스프레스(American Express)와 경쟁하고 시장 점유율을 얻기 위한 반면에 마스터카드는 지난 10년간 강력하고 잘 마케팅된 브랜드인 비자, 아메리칸익스프레스와 경쟁해야 했으며 이 장 앞부분에서 설명했듯이, 결과적으로 호평을 받은 'Priceless' 광고 캠페인에도 불구하고 시장 점유율을 확보하기 위한 힘든 싸움에 직면했다.

시장 성과 2장에서 보았듯이, 고객 사고방식은 시장 내에서 고객이 여섯 가지 방식에서 어떻게 반응하는지에 영향을 준다. 처음 두 척도는 가격 프리미엄과 가격 탄력성이다. 고객들은 브랜드로 인해 비교 가능한 제품에 대해 얼마나 많은 추가 요금을 기꺼이 지불하려고 하는가? 그리고 가격이 오르거나 떨어졌을 때 그들의 수요는 얼마나 많이 감소 또는 증가할 것인가? 세 번째 척도는 시장 점유율로, 마케팅 프로그램이 브랜드 판매를 이끌어내는 데 얼마나 성공적이었는지를 평가하는 기준이 된다. 이 세 가지 척도는 시간이 지남에 따라 그 브랜드에 직접적으로 기여하는 수입원을 결정한다. 브랜드 가치는 더 높은 시장 점유율, 더 높은 가격 프리미엄, 가격 인하에 대한 보다 탄력적인 반응과 가격 인상에 대한 비탄력적 반응을 통해 창출된다.

네 번째 척도는 브랜드 확장으로, 라인 및 제품군 확장 그리고 관련된 제품군에서의 신제품 출시 지원에서 브랜드의 성공을 말한다. 따라서 이 척도는 수입원에 강화를 추가하는 능력을 포함한다. 다섯 번째 척도는 고객 사고방식에서 성공함으로써 마케팅 프로그램 지출을 줄이는 능력의 측면에서 원가 구조, 혹은 더 구체적으로 말하면 절약이다. 고객들이 이미 어떠한 브랜드에 대해 호의적인 의견과 지식을 가지고 있기 때문에 마케팅 프로그램의 어떤 측면이든 같은 비용을 지출해도 보다 더 효과적일 것이다. 달리 말해서 광고가 보다 기억에 남거나, 판매가 보다 생산적이었 거나 하는 등으로 인해 같은 수준의 효과를 더 낮은 원가로 달성할 수 있다. 이들 다섯 가지 요인 이 결합되었을 때 여섯 번째 척도인 브랜드 수익성으로 이끌 수 있다.

주식 시장 평가라는 마지막 단계에 이르기 위해 이 단계에서 창출되는 브랜드 가치의 능력은 투자심리 승수에 따르는 외부적인 요인에 의존한다.

투자심리 승수   금융 분석가 및 투자가는 브랜드 평가 및 투자 결정을 위해 많은 요인을 고려한 다. 이들 고려 요인 중 몇 가지는 다음과 같다.

- **시장 역동성** : 전체적으로 금융 시장의 역동성(이자율, 투자심리, 자본 공급)은 무엇인가?
- **성장 잠재력** : 브랜드 및 브랜드가 기능하는 산업에 있어 성장 잠재력 및 전망은 무엇인가? 예를 들어 촉진 요인은 얼마나 유용하며, 기업의 경제적, 사회적, 심리적, 법적 환경을 구성 하는 외부 방해 요인은 얼마나 억제력이 있는가?
- **리스크 프로파일** : 브랜드에 있어 위험 프로파일은 무엇인가? 브랜드가 그러한 촉진 또는 억 제 요인에 있어 얼마나 취약할 것 같은가?
- **브랜드 기여** : 브랜드는 기업의 브랜드 포트폴리오에 얼마나 중요한가?

시장 내에서 브랜드가 창출하는 가치가 주주 가치에 완벽하게 반영되는 경우는 기업이 심각한 환 경적 방해나 장벽 없이 건강한 산업에서 기능하고 있을 때, 그리고 그 브랜드가 기업 수입에서 주 요한 역할을 하고 밝은 전망을 가지고 있는 것처럼 보일 때이다.

강력한 시장 승수를 통해 이익을 얻은—잠시 동안이라도—브랜드의 뚜렷한 예들로 펫츠닷컴 (Pets.com), 이토이즈(eToys), 부닷컴(Boo.com), 웹밴(Webvan) 같은 수많은 닷컴 브랜드를 들 수 있 다. 그러나 그들의 (사실상 부정적인) 시장 성과에 부과된 거대한 프리미엄이 빠르게 사라져 버렸 다—그리고 몇몇 경우에는 회사 전체가 사라졌다. 때로는 강력한 경쟁자의 진입이 기업의 존립 을 위협할 수 있다. 예를 들어 드롭박스(Dropbox)는 온라인 스토리지 솔루션 제공의 선구자였지 만 클라우드 컴퓨팅의 발전으로 구글, 애플, 마이크로소프트를 포함한 수많은 강력한 경쟁업체 가 생겨났다. 이 모든 경쟁업체는 이제 파일 스토리지 애플리케이션과 포트폴리오 내의 다른 앱 과 동기화할 수 있는 기능을 제공한다.[49]

반면, 많은 기업들은 시장에서 저평가되고 있다는 사실에 안타까워한다. 예를 들어 코닝 (Corning)과 같이 재포지셔닝된 기업들은 과거에 투자자 인식을 망설임으로써 그들의 진정한 시 장 가치가 무엇인지 깨닫기 어렵다는 것을 알았다. 코닝의 유산은 접시와 조리도구에 있다. 그리 고 최근에는 통신, 평판 디스플레이, 생명과학, 반도체 산업에 중점을 두고 있다.

주주 가치   다양한 기타 고려 요인뿐 아니라 브랜드에 대한 현재 또는 예상할 수 있는 모든 가용 한 정보에 근거하여 금융 시장은 브랜드 가치에 매우 직접적인 재정적 시사점을 갖는 다양한 의 견과 평가를 만든다. 특히 세 가지 중요한 지표는 기업에 대한 주가, 주가 수익률, 전체 시가 총액 이다. 연구에 따르면 강력한 브랜드는 주주들에게 더 큰 수익을 제공할 수 있을 뿐만 아니라 위험 을 덜 감수할 수 있다.[50]

시사점

브랜드 가치사슬에 따르면, 마케터는 먼저 마케팅 프로그램에 빈틈없는 투자를 함으로써 가치를 창출하고, 그다음에 투자를 수익으로 전환하는 프로그램, 고객 및 시장 승수를 최대한 극대화한다. 따라서 브랜드 가치사슬은 관리자가 가치가 창출되는 장소와 방법, 프로세스를 개선하기 위해 찾아야 할 위치를 이해할 수 있는 구조화된 수단을 제공한다. 특정 단계는 조직의 다른 구성원에게 더 큰 관심을 불러일으킨다.

브랜드 및 카테고리 마케팅 관리자는 고객의 사고방식이나 태도, 마케팅 프로그램이 고객에 미치는 영향에 관심이 있을 것이다. 반면에 최고 마케팅 책임자(CMO)는 시장 성과와 고객의 사고방식이나 태도가 실제 시장 행동에 미치는 영향에 더 관심이 있다. 마지막으로 전무이사나 CEO는 주주 가치와 시장 성과가 투자 결정에 미치는 영향에 중점을 둘 가능성이 높다.

브랜드 가치사슬에는 여러 가지 의미가 있다. 첫째, 가치 창출은 마케팅 프로그램 투자에서 시작된다. 따라서 가치 창출을 위한 필요하지만 충분하지 않은 조건은 자금이 충분하고 잘 설계되고 잘 구현된 마케팅 프로그램이다. 마케터가 공짜로 무언가를 얻을 수 있는 경우는 드물다.

둘째, 가치 창출은 초기 마케팅 투자보다 더 많은 것을 필요로 한다. 세 가지 승수 각각은 단계에서 단계로 이동함에 따라 시장 가치를 높이거나 낮출 수 있다. 즉 가치 창출은 가치가 단계에서 단계로 이전된다는 것을 의미하기도 한다. 불행히도, 가치 창출을 저해할 수 있는 많은 요소는 투자자의 업계 심리와 같이 대부분 마케터의 손에 달려 있지 않을 수 있다. 이러한 통제할 수 없는 요인의 특성을 인식하는 것은 브랜드 가치를 창출하기 위한 마케팅 프로그램의 상대적인 성공 또는 실패를 이해하는 데 중요하다. 스포츠 코치가 주요 선수의 부상과 최고의 인재를 유치하기 어렵게 만드는 재정적 제약과 같은 예기치 않은 상황에 책임을 질 수 없는 것처럼 마케터는 특정 시장의 힘과 역학에 반드시 책임을 질 수는 없다.

셋째, 9~11장에서 개략적으로 설명하는 것처럼 브랜드 가치사슬은 마케팅 연구 및 인텔리전스 노력을 더 쉽게 만들 수 있는 가치 창출 추적을 위한 자세한 로드맵을 제공한다. 각 단계와 승수에는 평가할 수 있는 일련의 측정값이 있다. 일반적으로 정보 출처는 세 가지이며, 각 출처는 하나의 가치 단계와 하나의 승수를 사용한다. 마케팅 프로그램 투자의 첫 번째 단계는 간단하며 마케팅 계획과 예산에서 나올 수 있다. 정량적 및 정성적 고객 조사를 통해 고객 사고방식과 프로그램 품질 승수를 평가할 수 있다. 시장 성과 및 시장 상황 승수는 시장 스캔 및 내부 회계 기록에 나타난다. 마지막으로 투자자 분석과 인터뷰를 통해 주주 가치와 투자자 심리 승수를 추정할 수 있다.

브랜드 가치사슬에 대한 수정은 관련성과 적용 가능성을 확장할 수 있다. 첫째, 여러 피드백 회로가 있다. 예를 들어 주가는 직원의 사기와 동기부여에 중요한 영향을 미칠 수 있다. 둘째, 경우에 따라 가치 창출이 순차적으로 이루어지지 않을 수 있다. 예를 들어 주식 분석가는 개인적으로 또는 대중의 인정을 받아 브랜드 광고 캠페인에 반응하고 이러한 반응을 투자 평가에 직접 반영할 수 있다. 셋째, 일부 마케팅활동은 장기적으로 나타나는 매우 분산된 효과만 가질 수 있다. 예를 들어 대의명분 또는 사회적 책임 마케팅활동은 시간이 지남에 따라 고객 또는 투자자 감정에 천천히 영향을 미칠 수 있다. 넷째, 일부 브랜드 가치사슬 측정의 평균과 분산이 모두 중요할 수 있다. 예를 들어 틈새(niche) 브랜드는 매우 높은 점수를 받을 수 있지만 매우 좁은 범위의 고객에게만 적용된다.

요약

그림 3-6에 제시된 것처럼 브랜드 계획은 정성적으로 안내하고 가능한 마케팅활동을 해석할 뿐만 아니라 정량적으로 마케팅 효과의 측정을 가능하게 하는 세 가지 연동 모델로 지원된다. 브랜드 포지셔닝 모델은 2장에서 설명했고 이 장에서는 브랜드 계획 모델의 두 번째 및 세 번째 변인인 브랜드 공명 모델과 브랜드 가치사슬 모델을 자세히 설명했다.

브랜드 공명 모델은 강력한 브랜드 구축을 위한 일련의 단계, 즉 (1) 고유한 브랜드 정체성 정립하기, (2) 적절한 브랜드 의미 창출하기, (3) 올바른 브랜드 반응 이끌어내기, (4) 고객과의 적절한 브랜드 관계 형성하기를 제시한다. 특히 이 모델에 따르면 강력한 브랜드를 만드는 것은 브랜드 인지도의 폭과 깊이를 정립하는 것―강력하고 호의적이며 독특한 브랜드연상 창출하기, 긍정적이며 접근이 용이한 브랜드 반응 이끌어내기, 강력하고 적극적인 브랜드 관계 구축하기―과 관련이 있다. 바꾸어 말하면 이들 네 단계를 완성하는 것은 6개의 브랜드 구축 블록(브랜드 현저성, 브랜드 성과, 브랜드 심상, 브랜드 판단, 브랜드감정, 브랜드 공명)을 정립하는 것을

의미한다.

가장 강력한 브랜드는 이들 여섯 가지 척도에서 월등하며 그로 인하여 브랜드 구축의 4단계를 완벽히 수행하게 되는 것이다. 브랜드 공명 모델 내에서 가장 가치 있는 브랜드 구축 원칙인 브랜드 공명은 다른 모든 핵심 브랜드 가치가 고객의 니즈와 욕구에 대해 완벽하게 '한 목소리'를 낼 때 일어난다. 달리 말하면, 브랜드 공명은 고객과 브랜드의 완벽하게 조화된 관계를 반영한다. 진정한 브랜드 공명을 가지면, 고객은 브랜드와의 밀접한 관계에 의해 부여받은 높은 충성도를 갖게 되어 브랜드와 상호작용할 수단을 활발히 찾고, 다른 이들과 그 경험을 공유하게 된다. 고객과 함께 공명, 친화를 이룰 수 있게 된 기업은 더 높은 가격 프리미엄과 더 효율적이고 효과적인 마케팅 프로그램과 같은 많은 가치와 이점을 얻게 될 것이다.

따라서 브랜드 공명 모델의 기본 전제는 브랜드의 강력함을 제대로 측정하는 것은 소비자가 그 브랜드를 어떻게 생각하고, 느끼고, 행동하는지에 달려 있다는 점이다. 브랜드 공

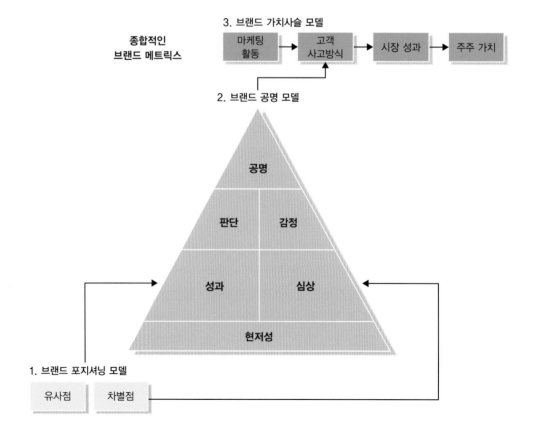

그림 3-6
브랜드 계획 모델

명을 이루는 것은 고객으로부터 그 브랜드에 대한 적절한 인지적 평가와 감성적 반응들을 이끌어내는 것을 요구한다. 바꾸어 말하면, 브랜드 성과와 브랜드 심상의 관점에서 브랜드 정체성을 정립하고 올바른 의미를 창출하는 것은 필수적이다. 올바른 정체성과 의미를 가지고 있는 브랜드는 고객들로 하여금 그 브랜드가 나와 관련 있으며 '내가 쓰는 제품'이라고 믿게끔 한다. 아마도 가장 강력한 브랜드는 소비자가 매우 애착을 갖고 열정적이어서 결과적으로는 그들의 믿음을 나누려 하며 브랜드에 대한 칭찬을 널리 퍼뜨리는 전도사와 선도자가 될 것이다.

브랜드 가치사슬은 브랜드에 대한 가치 창출 과정을 추적함으로써 브랜드 마케팅 비용 및 투자의 재무적인 영향을 보다 잘 이해할 수 있게 하는 하나의 수단이다. 브랜드 가치사슬에서 브랜드 가치 창출 과정은 브랜드 가치에 대해 고객의 관점을 취함으로써 기업이 실제 또는 잠재적인 고객을 타깃으로 하는 마케팅 프로그램에 투자함으로써 시작된다고 가정한다. 잠재적으로 브랜드 가치 발전에 기여할 수 있는 제품 조사 및 개발, 설계, 거래 및 중간 상인 지원, 마케팅 커뮤니케이션 같은 마케팅 프로그램 투자는 이 범주로 분류된다.

그러한 마케팅 프로그램과 관련된 마케팅활동은 브랜드에 대한 고객의 사고방식(고객이 브랜드에 대해 알고 느끼는 것)에 영향을 준다. 고객의 사고방식에는 브랜드에 관해 고객의 마음속에 존재하는 모든 것(사고, 감정, 경험, 이미지, 지각, 믿음, 태도 등)을 포함한다. 브랜드 공명 모델과 일관되게 고객 사고방식을 측정하는 데 있어 특히 중요한 다섯 가지 핵심 척도는 브랜드 인지도, 브랜드연상, 브랜드태도, 브랜드 애착, 브랜드 활동 혹은 경험이다.

고객의 사고방식은 고객이 시장에서 반응하는 방식에 다양하게 영향을 주게 된다. 그 반응의 여섯 가지 핵심 성과는 가격 프리미엄, 가격 탄력성, 시장 점유율, 브랜드 확장, 원가 구조, 브랜드 수익성이다. 브랜드에 대한 과거, 현재, 미래 전망뿐만 아니라 다른 정보에 대한 완벽한 이해에 근거하여 재무적 시장은 의견을 공식화하고 브랜드의 가치를 위한 직접적인 재무적 시사점을 갖는 다양한 평가를 만들게 된다. 특히 중요한 세 가지 지표는 주가, 주가 수익률, 기업의 전체 시가 총액이다.

또한 이 모델은 수많은 연결 요인이 이들 단계에 개입한다고 가정한다. 이들 연결 요인은 한 단계로 이동할 때 발생하는 가치나 다음 단계로의 '승수' 정도를 결정한다. 그러므로 마케팅 프로그램과 그 후의 세 가지 가치 단계 사이의 전이를 조절하는 세 가지 승수(프로그램 승수, 고객 승수, 시장 승수)가 있다.

마케팅 담당자가 브랜드 기획을 결정하면 실제 마케팅 프로그램을 시행하여 브랜드연상을 창출, 강화, 유지할 수 있다. 3부 4~8장에서는 브랜드 구축 마케팅 프로그램 설계 시 중요한 마케팅 이슈를 설명한다.

토의 문제

1. 하나의 브랜드를 정해 브랜드자산의 출처를 파악하라. 브랜드 인지도의 수준과 연상 강도, 선호도 및 독특성을 평가하라.
2. 가장 공감(공명)이 가는 브랜드와 그 이유는 무엇인가?
3. 모든 브랜드가 고객과 공감할 수 있는가? 그 이유는 무엇인가?
4. 하나의 브랜드를 선택해 해당 브랜드가 브랜드자산의 다양한 이점을 달성하고 있는 정도를 평가하라.
5. 어떤 기업이 고객 관리를 잘하는가? 이유는 무엇인가?
6. 강력한 브랜드 인지도를 구축한 디지털 플랫폼(예 : 트립어드바이저, 에어비앤비)은 무엇인가? 그들의 성공에 기여한 핵심 요소는 무엇인가?

브랜드 포커스 3.0

고객가치 창출

많은 기업이 현재 잠재 고객과 실제 고객의 재무적 가치를 보다 신중하게 정의하고 그 가치를 최적화하기 위한 마케팅 프로그램을 고안하고 있다. 고객-브랜드 관계는 브랜드 공명과 강력한 브랜드 구축의 기초다. 마케터는 강력한 소비자 및 고객 지향성을 채택하는 것의 중요성을 오랫동안 인식해 왔다. 고객 기반 브랜드자산 개념은 확실히 그 개념을 전면에 내세우고 브랜드의 힘이 소비자와 고객의 마음과 가슴에 있음을 분명히 한다.

그러나 너무 많은 기업이 여전히 고객 중심 부족으로 대가를 치르고 있다. 아무리 큰 회사라도 휘청거릴 수 있다. 예를 들어 애플, 삼성, GE와 같은 기업은 고객에게 집중하기 위한 노력을 꾸준히 했다. 다른 업체들은 고객 중심 유지에 성공하지 못했다. 예를 들어 한때 HP는 성공적인 실적을 기록했다. 2000년 이후, 혁신적인 시장 리더는 효율성과 비용 절감에 초점을 맞춘 시장 추종자가 되었다. HP CEO의 연속 교체로 문제가 해결되지 않았고, 고객 중심 혁신이 결여되어 회사의 재산에 큰 타격을 입혔다.[51]

HP만이 고객 경험의 재무적 가치를 인식하는 것이 아니다. 많은 기업이 현재 잠재 고객과 실제 고객의 재무적 가치를 보다 신중하게 정의하고 그 가치를 최적화하기 위한 마케팅 프로그램을 고안하고 있다.

고객 자산

많은 기업이 고객 상호작용 개선을 위해 고객 관계 마케팅 프로그램을 도입했다. 일부 마케팅 관찰자는 기업이 고객의 가치를 공식적으로 정의하고 관리하도록 권장한다. 고객 자산의 개념은 그런 점에서 유용할 수 있다. 고객 자산을 다양한 방식으로 정의할 수 있지만 한 정의에서는 이를 '모든 고객의 생애 가치의 합'이라고 한다.[52] 고객생애가치(customer lifetime value, CLV)는 수입과 고객 획득, 유지, 교차 판매비용의 영향을 받는다. 이러한 개념과 접근방식은 무엇인가? 아래를 참조하라.

블래트버그와 디튼   블래트버그와 디튼(Blattberg and Deighton)은 마케터가 고객 확보에 지출하는 금액과 고객 유지에 지출하는 금액 간의 최적 균형으로 고객 자산을 정의했다.[53] 그들은 다음과 같이 고객 자산을 계산했다.

> 먼저 해당 고객의 예상 수명 동안 회사의 고정 비용을 상쇄하는 데 각 고객의 예상 기여도를 측정한다. 그런 다음 마케팅 투자에 대한 회사의 목표 수익률로 순현재가치에 대한 예상 기여도를 할인한다. 마지막으로 모든 현재 기여금의 할인된 예상 기여금을 합산한다.

저자들은 고객 획득이나 유지에만 초점을 두는 것이 잘못될 수 있다고 본다. 대신에 그들은 고객 자산의 극대화에 초점을 맞추는 것이 관리자에게 더 많은 방향을 제공할 수 있다고 주장한다. 고객 자산의 극대화는 취득과 보유 노력의 신중한 균형을 필요로 할 것이다.

블래트버그와 디튼은 고객 자산을 극대화하기 위한 수단으로 다음과 같은 8가지 지침을 제공한다.

1. 가장 가치가 높은 고객에게 먼저 투자한다.
2. 제품 관리를 고객 관리로 전환한다.
3. 추가 판매 및 교차 판매가 고객 자산을 증가시킬 방법을 고려한다.
4. 획득 비용을 줄이는 방법을 찾는다.
5. 마케팅 프로그램에 대한 고객 자산 손익을 추적한다.
6. 브랜딩을 고객 자산과 연관시킨다.
7. 고객의 본질적인 보유 가능성을 모니터링한다.
8. 획득 및 유지 노력을 위해 별도의 마케팅 계획을 작성하거나 2개의 마케팅 조직을 구축하는 것을 고려한다.

러스트, 자이타믈, 레몬   러스트, 자이타믈, 레몬(Rust, Zeithaml, and Lemon)은 고객 자산을 회사 고객 기반의 할인된 평생 가치로 정의한다.[54] 그들의 견해에 따르면 고객 자산은 세 가지 구성요소와 주요 동인으로 구성된다.

- **가치 자산** : 받은 것을 위해 포기한 것에 대한 인식을 바탕으로 한 브랜드 효용에 대한 고객의 객관적인 평가. 가치 자산의 세 가지 동인은 품질, 가격, 편의성이다.
- **브랜드자산** : 객관적으로 인식된 가치를 넘어선 브랜드에 대한 고객의 주관적, 무형적 평가. 브랜드자산의 세 가지 주요 동인은 고객 브랜드 인식, 고객 브랜드 태도, 브랜드 윤리에 대한 고객 인식이다.
- **관계 자산** : 브랜드에 대한 객관적이고 주관적인 평가를 넘어 브랜드를 고수하려는 고객의 성향. 관계 자산의 네 가지 주요 동인은 로열티 프로그램, 특별 인정 및 대우 프로그램, 커뮤니티 구축 프로그램, 지식 구축 프로그램이다.

이러한 브랜드자산의 정의는 강력한 브랜드가 생산하는 마케팅활동에 대한 유익한 차별적 반응에 초점을 맞춘 이 책에서 제안한 고객 기반 브랜드자산 정의와 다르다.

이 저자들은 고객 자산의 세 가지 구성요소가 회사와 산업에 따라 중요도가 다르다고 제안한다. 예를 들어 그들은 브랜드자산이 단순한 의사결정 과정(예 : 얼굴 티슈)과 관련된 저관여 구매, 제품이 다른 사람들에게 잘 보일 때, 제품과 관련된 경험이 한 개인 또는 세대에서 다음 세대로 전달될 수 있을 때, 소비 전 제품이나 서비스의 품질을 평가하기 어려울 때 더 중요하다고 제안한다. 반면, 가치 자산은 B2B 환경에서 더 중요할 것이지만, 보유(유지) 가치는 동일한 고객에게 다양한 제품과 서비스를 판매하는 기업에 더 중요할 것이다.

러스트와 동료들은 현재의 경영 관행에 어긋나는 다음과 같은 지침으로 기업에 고객 중심 브랜드 관리를 옹호한다.

1. 고객 관계에 대한 결정에 따라 브랜드 결정을 내린다.

2. 브랜드를 중심으로 세분시장을 구축하지 않고 세분시장을 중심으로 브랜드를 구축한다.
3. 브랜드를 가능한 한 좁게 만든다.
4. 구성요소의 유사성이 아닌 고객의 요구에 따라 브랜드 확장을 계획한다.
5. 고객을 회사의 다른 브랜드에 넘기는 능력과 마인드를 개발한다.
6. 비효율적인 브랜드를 구하기 위해 영웅적인 조치를 취하지 않는다.
7. 브랜드자산을 측정하는 방법을 변경해 개별 수준 계산을 수행한다.

쿠마르와 동료들 일련의 연구에서 쿠마르(Kumar)와 동료들은 고객생애가치(CLV)와 기업이 마케팅 지출을 고객 확보 및 유지 노력에 할당하는 방법에 관한 여러 질문을 살펴본다.[55] 저자는 다양한 채널에 걸친 마케팅 접촉이 CLV에 비선형적으로 영향을 미친다는 것을 보여준다. 생애가치를 기준으로 선택된 고객은 다른 여러 고객 기반 척도를 기반으로 선택한 고객보다 미래 기간에 더 높은 수익을 제공한다. 쿠마르와 동료들은 각 고객이 회사에 대한 자신의 생애가치가 어떻게 달라지는지, 그리고 고객생애가치 계산에 비즈니스 애플리케이션에 따라 다른 접근방식이 필요한 방법을 보여준다. 또한 생애 기간 계산에 고객의 예상 수익성을 통합하는 모형이 최근성, 빈도, 금전적 가치 모형 및 과거 고객 가치와 같은 기존 방법보다 우수할 수 있음을 보여준다.

고객 자산을 주주 가치와 연결 일련의 연구는 고객 자산의 개념을 주식시장에서 기업의 가치와 연결하는 것을 목표로 하고 있다. 굽타, 레만, 스튜어트(Gupta, Lehmann, and Stuart)는 기업의 고객 자산(전체 고객에 대한 CLV의 합계)을 사용해 기업의 주식 시가총액을 도출하는 실현 가능성을 보여주었다. 쿠마르와 샤(Kumar and Shah)의 연구는 또한 고객 자산과 확정 가치 사이의 연관성을 입증했다.[56] 또 다른 연구에서는 고객 자산이 시가총액의 대용으로 사용이 가능한 것을 제안해 넷플릭스의 심층 사례 연구를 활용한 이 접근법의 타당성을 입증했다.[57] 나아가 연구는 고객에 대한 가치관이 전적으로 고객의 거래에만 있는 것이 아니라 입소문을 낼 수 있다는 개념에서 탄생한 새로운 기준인 고객추천가치(customer referral value, CRV)를 제시했다.[58]

고객 자산과 브랜드자산의 관계 브랜드자산 관리는 다양한 방식으로 고객 자산 관리와 관련될 수 있다. 두 가지 관점을 조화시키는 한 가지 방법은 기업이 제공하는 모든 브랜드와 하위브랜드 및 변형이 행이고, 그 브랜드를 구매하는 모든 다양한 세분시장 또는 개별 고객이 열인 매트릭스를 생각하는 것이다(그림 3-7 참조). 효과적인 브랜드 및 고객 관리는 최적의 마케팅 솔루션에 도달하기 위해 반드시 행과 열을 모두 고려해야 한다. 사실 학자들은 브랜드자산과 고객 자산을 동시에 관리하는 것이 풍부한 보상으로 이어질 수 있다고 제안해 왔다.[59]

두 관점의 차이점 그러나 개념적으로 개발되고 실행됨에 따라 두 가지 관점은 서로 다른 측면을 강조하는 경향이 있다(그림 3-8 참조). 고객

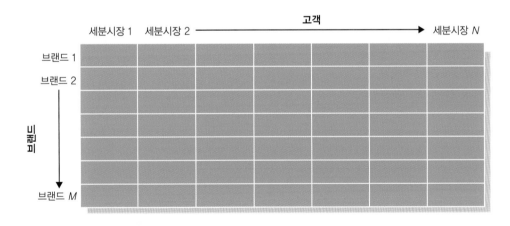

그림 3-7
브랜드와 고객 관리

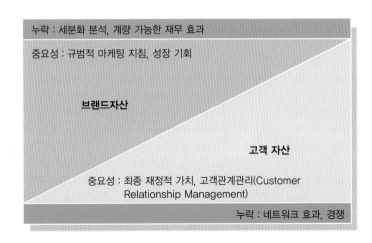

그림 3-8
브랜드자산과 고객 자산

자산 관점은 고객이 창출한 최종 재무적 가치에 많은 초점을 맞춘다. 그것의 분명한 이점은 그것이 제공하는 재무 성과의 정량화가 가능한 측정이다. 그러나 계산 과정에서 고객 자산 관점은 우수한 직원을 유치하고, 채널 및 공급사슬 파트너로부터 더 강력한 지원을 이끌어내고, 카테고리 확장 및 라이선스 등을 통한 성장 기회를 창출하는 강력한 브랜드의 능력을 대체로 무시한다.

또한 고객 자산 관점은 고객 유치, 보유 및 교차 판매에 대한 일반적인 권장 사항을 넘어서 특정 마케팅활동에 대해 관행으로 인정되지 않는 경향이 있다. 고객 자산 관점은 항상 경쟁적 대응과 그에 따른 움직임 및 대응 움직임을 완전히 설명하는 것은 아니며 소셜 네트워크 효과, 입소문, 고객 대 고객 추천 사항도 완전히 설명하는 것은 아니다.

따라서 고객 자산 접근방식은 브랜드의 옵션 가치와 현재 마케팅 환경을 넘어 매출 및 비용에 대한 잠재적 영향을 간과할 수 있다. 반면에 브랜드자산은 브랜드 관리와 고객과의 브랜드 인지도 및 이미지를 만들고 활용하기 위해 마케팅 프로그램을 설계할 때 전략적 문제에 더 중점을 두는 경향이 있다. 브랜드자산은 특정 마케팅활동에 대한 실질적인 지침을 제공한다.

그러나 브랜드에 중점을 둔 관리자는 특정 소비자 또는 소비자 그룹과 함께 달성한 브랜드자산 및 결과적으로 창출되는 장기적 수익성 측면에서 상세한 고객 분석을 항상 개발하지는 않는다. 브랜드자산 접근방식은 더 명확한 세분화 계획의 이점을 얻을 수 있다.

두 가지 관점의 조화 고객 자산과 브랜드자산이 연관되어 있다는 것은 의심의 여지가 없다. 이론적으로 두 접근방식은 다른 관점을 통합하도록 확장될 수 있으며 명확히 분리될 수 없이 연결되어 있다. 고객이 브랜드의 성공을 주도하지만 브랜드는 기업이 고객과 연결해야 하는 필수 접점이다. 고객 기반 브랜드자산은 브랜드가 마케팅활동에 대한 차별화된 고객 반응을 이끌어냄으로써 가치를 창출한다고 주장한다. 브랜드에 의해

발생한 높은 가격 프리미엄과 충성도는 현금 흐름을 증가시킨다.

브랜드자산을 증가시키는 많은 행동은 고객 자산을 증가시킬 것이며 그 반대의 경우도 마찬가지다. 실제로 고객 자산과 브랜드자산은 서로 다른 고려 사항을 강조하는 경향이 있다는 점에서 보완적인 개념이다. 브랜드자산은 마케팅 프로그램의 '앞쪽'과 마케팅 프로그램에 의해 잠재적으로 창출되는 무형의 가치에 더 중점을 두는 경향이 있다. 고객 자산은 마케팅 프로그램의 '뒤쪽'과 수익 측면에서 실현된 마케팅활동의 가치에 더 중점을 두는 경향이 있다.

두 가지 개념, 즉 고객이 브랜드를 필요로 하고 가치 있게 생각하지만, 궁극적으로 브랜드는 고객 유치에 못지않게 좋은 것이다. 이러한 이중성의 증거로 소매업체가 기업과 소비자 사이의 중개자 역할을 한다고 생각해보자. 소매업체는 브랜드와 고객 모두의 중요성을 분명히 인식하고 있다. 소매업체는 유치하려는 고객에게 가장 적합한 브랜드를 판매하기로 선택한다. 소매업체는 본질적으로 브랜드 포트폴리오를 조합해 수익성 있는 고객 포트폴리오를 구축한다. 제조업체는 고객 프랜차이즈를 극대화하기 위해 브랜드 포트폴리오와 계층 구조를 개발하면서 유사한 결정을 내린다.

그러나 효과적인 브랜드 관리는 매우 중요하며, 기업의 장기적인 수익원을 개발하는 데 있어 중요한 역할을 무시하는 것은 실수다. 일부 마케팅 관찰자는 강력한 브랜드의 도전과 가치를 최소화해 고객 자산 관점을 지나치게 강조했다. 예를 들어 "브랜드가 왔다 갔다 하는 태도가 되어야 하지만 고객은 남아 있어야 합니다"라고 주장했다.[60] 그러나 이 주장은 쉽게 논리적이지만 정반대의 결론으로 받아들여질 수 있다—"몇 년 동안 고객은 오고 갈 수 있지만, 강한 브랜드는 지속될 것이다." 아마도 요점은 두 가지 모두 매우 중요하며, 두 가지 관점이 기업의 마케팅 성공을 개선하는 데 도움이 될 수 있다는 것이다. 고객 기반 브랜드자산 개념은 바로 이것을 위한 시도다.

참고문헌

1. Elizabeth Cowley and Andrew A. Mitchell, "The Moderating Effect of Product Knowledge on the Learning and Organization of Product Information," *Journal of Consumer Research* 30 (December 2003): 443–454.

2. Mita Sujan and Christine Dekleva, "Product Categorization and Inference Making: Some Implications for Comparative Advertising," *Journal of Consumer Research* 14, no. 3 (December 1987): 372–378.

3. Elaine Wong, "For H&R Block's CMO, It's Tax Time Year-Round," *Brandweek*, August 23, 2009, https://www.adweek.com/brand-marketing/hr-blocks-cmo-its-tax-time-year-round-106300/, accessed October 24, 2018.

4. Campbell Soup Company, "Campbell Launches 'It's Amazing What Soup Can Do' Ad Campaign to Promote Campbell's US Soup Brands," *Business Wire*, September 7, 2010, https://www.businesswire. com/news/home/20100907006087/en/Campbell-Launches_"It's-Amazing-Soup-Do"-Ad; Al Lewis, "Soup's Suffering Sales," *The Wall Street Journal*, September 12, 2010; Elaine Wong, "Campbell Gets Happy in 100 Mil. Push," *Brandweek*, September 7, 2010.

5. Jessica Wohl, "Campbell Soup "Shows 'Real, Real Life' in New Brand Campaign," *Advertising Age*, October 5, 2015, http://www. adageindia.in/marketing/cmo-strategy/campbell-soup-shows-real-real-life-in-new-brand-campaign/articleshow/49227670.cms.

6. Chip Heath and Dan Heath, *Made to Stick: Why Some Ideas Survive and Others Die* (New York: Random House, 2007); Matthew Boyle, "The Accidental Hero," *Businessweek*, November 5, 2009, https://www.bloomberg.com/news/articles/2009-11-05/the-accidental-hero

7. David Garvin, "Product Quality: An Important Strategic Weapon," *Business Horizons* 27, no. 3 (May–June 1984): 40–43; Philip Kotler

and Kevin Lane Keller, *Marketing Management,* 14th ed. (Upper Saddle River, NJ: Prentice Hall, 2012).

8. Robert C. Blattberg and Kenneth J. Wisniewski, "Price-Induced Patterns of Competition," *Marketing Science* 8, no. 4 (Fall 1989): 291–309; Raj Sethuraman and V. Srinivasan, "The Asymmetric Share Effect: An Empirical Generalization on Cross-Price Effects," *Journal of Marketing Research* 39, no. 3 (August 2002): 379–386.

9. Bianca Grohmann, "Gender Dimensions of Brand Personality," *Journal of Marketing Research* 46, no. 1 (February 2009): 105–119.

10. Joseph T. Plummer, "How Personality Makes a Difference," *Journal of Advertising Research* 24, no. 6 (December 1984/January 1985): 27–31.

11. See Jennifer Aaker, "Dimensions of Brand Personality," *Journal of Marketing Research* 34, no. 3 (August 1997): 347–357.

12. Jennifer Aaker, Kathleen Vohs, and Cassie Mogilner, "Nonprofits Are Seen as Warm and For-Profits as Competent: Firm Stereotypes Matter," *Journal of Consumer Research* 37, no. 2 (August 2010): 277–291.

13. M. Joseph Sirgy, "Self-Concept in Consumer Behavior: A Critical Review," *Journal of Consumer Research* 9, no. 3 (December 1982): 287–300; Lan Nguyen Chaplin and Deborah Roedder John, "The Development of Self-Brand Connections in Children and Adolescents," *Journal of Consumer Research* 32, no. 1 (June 2005): 119–129; Lucia Malär, Harley Krohmer, Wayne D. Hoyer, and Bettina Nyffenegger, "Emotional Brand Attachment and Brand Personality: The Relative Importance of the Actual and the Ideal Self," *Journal of Marketing* 75, no. 4 (July 2011): 35–52; Alexander Chernev, Ryan Hamilton, and David Gal, "Competing for Consumer Identity: Limits to Self-Expression and the Perils of Lifestyle Branding," *Journal of Marketing* 75, no. 3 (May 2011): 66–82.

14. Timothy R. Graeff, "Consumption Situations and the Effects of Brand Image on Consumers' Brand Evaluations," *Psychology & Marketing* 14, no. 1 (1997): 49–70; Timothy R. Graeff, "Image Congruence Effects on Product Evaluations: The Role of Self-Monitoring and Public/Private Consumption," *Psychology & Marketing* 13, no. 5 (1996): 481–499. See also, Ji Kyung Park and Deborah Roedder John, "Got to Get You into My Life: Do Brand Personalities Rub Off on Consumers?," *Journal of Consumer Research* 37, no. 4 (December 2010): 655–669.

15. Jennifer L. Aaker, "The Malleable Self: The Role of Self-Expression in Persuasion," *Journal of Marketing Research* 36, no. 2 (1999): 45–57. See also, Vanitha Swaminathan, Karen Stilley, and Rohini Ahluwalia, "When Brand Personality Matters: The Moderating Role of Attachment Styles," *Journal of Consumer Research* 35, no. 6 (April 2009): 985–1002.

16. Sarah Steimer, "Recap: Why Hyatt Is Making an Emotional Connection with Customers and Differentiating Its Properties," October 6, 2016, Marketing News Weekly, accessed February 1, 2018; Katie Richards, "Hyatt Celebrates All the Business Travelers Who Never Settle in New Integrated Campaign," www.adweek.com/brand-marketing/hyatt-celebrates-all-businesstravelers-who-never-set2016), tle-new-integrated-campaign-173323/, accessed February 27, 2018; Tanya Gazdik, "Hyatt Launches First Dual-Branded Effort," September 12, 2016, www.mediapost.com/publications/article/284368/hyatt-launches-first-dual-brandedeffort.html, accessed February 28, 2018.

17. Northern Trust, "Top Performers: World's Most Admired Companies," *Fortune*, August 16, 2010, 16.

18. Douglas B. Holt, *How Brands Become Icons* (Cambridge, MA: Harvard Business School Press, 2004). Holt has a number of other thought-provoking pieces, including "Why Do Brands Cause Trouble? A Dialectical Theory of Consumer Culture and Branding," *Journal of Consumer Research* 29, no. 1 (June 2002): 70–90; Douglas B. Holt and Craig J. Thompson, "Man-of-Action Heroes: The Pursuit of Heroic Masculinity in Everyday Consumption," *Journal of Consumer Research* 31, no. 2 (September 2004): 425–440.

19. William L. Wilkie, *Consumer Behavior,* 3rd ed. (New York: John Wiley & Sons, 1994).

20. "Equitrend," The Harris Poll, www.theharrispoll.com/equitrend/#.

21. For an insightful examination of credibility and the related concept of truth, see Lynn Upshaw, *Truth: The New Rules for Marketing in a Skeptical World* (New York: AMACOM, 2007).

22. Stuart Elliott, "Delivered Just in Time for Kickoff," *The New York Times,* September 7, 2011, www.nytimes.com/2011/09/08/business/media/fedex-to-introduce-new-campaign.html.

23. Ekaterina Walter, "The Big Brand Theory: How FedEx Achieves Social Customer Service Success," *Social Media Today*, May 28, 2013, www.socialmediatoday.com/content/big-brand-theory-how-fedex-achieves-social-customer-service-success.

24. Andrea Fryrear, "A Content Success Story: How FedEx Operations Now Delivers a Better Customer Experience," *Content Marketing Institute*, August 16, 2017, http://contentmarketinginstitute.com/2017/08/fedex-content-operations/.

25. Izea, "15 Top B2C Content Marketing Examples," *IZEA*, August 28, 2017, https://izea.com/2017/08/28/b2c-content-marketing-examples/.

26. Elaine Wong, "FedEx Rolls with Changes in Global Campaign," *Brandweek*, October 29, https://www.adweek.com/brand-marketing/fedex-rolls-changes-global-campaign-106604/; Elaine Wong, "CPG Brands Top Most Trusted List," *Brandweek*, February 22, 2010, https://www.adweek.com/brand-marketing/cpg-brands-top-most-trusted-list-107079/, accessed October 23, 2018.

27. Alan M. Webber, "Trust in the Future," *Fast Company*, September 2000, 210–220.

28. Kevin Roberts, *Lovemarks: The Future Beyond Brands* (New York: Powerhouse Books, 2004).

29. For seminal research, see William D. Wells, "How Advertising Works," unpublished paper, 1980; Christopher P. Puto and William D. Wells, "Informational and Transformational Advertising: The

Differential Effects of Time," in *Advances in Consumer Research* 11, ed. Thomas C. Kinnear (Ann Arbor, MI: Association for Consumer Research, 1983), 638–643; Stephen J. Hoch and John Deighton, "Managing What Consumers Learn from Experience," *Journal of Marketing* 53, no. 2 (April 1989): 1–20; for a current application, see also Gillian Naylor, Susan Bardi Kleiser, Julie Baker, and Eric Yorkston, "Using Transformational Appeals to Enhance the Retail Experience," *Journal of Retailing* 84, no. 1 (April 2008): 49–57.

30. Elizabeth Olson, "Corona Light Sets Sights on a Younger Party Crowd," *The New York Times*, August 1, 2010, https://www.nytimes.com/2010/08/02/business/media/02adco.html.

31. Lynn R. Kahle, Basil Poulos, and Ajay Sukhdial, "Changes in Social Values in the United States During the Past Decade," *Journal of Advertising Research* (February/March 1988): 35–41.

32. For a stimulating and comprehensive set of readings, see Deborah J. MacInnis, C. Whan Park, and Joseph R. Priester, eds. *Handbook of Brand Relationships* (Armonk, NY: M. E. Sharpe, 2009).

33. Greg Farrell, "Marketers Put a Price on Your Life," *USA Today*, July 7, 1999, 3B.

34. Arjun Chaudhuri and Morris B. Holbrook, "The Chain of Effects from Brand Trust and Brand Affect to Brand Performance: The Role of Brand Loyalty," *Journal of Marketing* 65, no. 2 (April 2001): 81–93.

35. Thomas A. Stewart, "A Satisfied Customer Is Not Enough," *Fortune*, July 12, 1997, 112–113.

36. Thomas O. Jones and W. Earl Sasser Jr. "Why Satisfied Customers Defect," *Harvard Business Review* (November–December 1995): 88–99.

37. Faith Logan, "Are Your Customers 'Attitudinally-Loyal' and Why Should You Care?," *CBC*, September 28, 2017, www.cbcads.com/attitudinal-loyalty/.

38. James H. McAlexander, John W. Schouten, and Harold F. Koenig, "Building Brand Community," *Journal of Marketing* 66, no. 1 (January 2002): 38–54; Albert Muniz and Thomas O'Guinn, "Brand Community," *Journal of Consumer Research* 27, no. 4 (March 2001): 412–432.

39. Gil McWilliam, "Building Stronger Brands Through Online Communities," *MIT Sloan Management Review* 41, no. 3 (Spring 2000): 43–54.

40. Rene Algesheimer, Utpal M. Dholakia, and Andreas Hermann, "The Social Influence of Brand Community: Evidence from European Car Clubs," *Journal of Marketing* 69, no. 3 (July 2005): 19–34.

41. Rob Walker, *Buying In* (New York: Random House, 2008).

42. Chris Reiter, "For Luxury Automakers, Selling Toys Is No Game," *Bloomberg Businessweek*, November 29–December 5, 2010, 26–28; Markus Seidel, "BMW Uses Lifestyle Products as a Strategic Differentiating Factor in the Automotive Industry," *PDMA Visions*, July 2004, 24–25; BMW, www.shopbmwusa.com.

43. Nikki Hopewell, "Generating Brand Passion," *Marketing News*, May 15, 2005, 10.

44. "Creative: Inside Priceless MasterCard Moments," *Adweek*, April 12, 1999; Marc De Swaan Arons, "MasterCard—Finding a Compelling Global Positioning," *All About Branding*, August 6, 2005; www.effie.org.

45. Giselle Abramovich, "Three Lessons from MasterCard's 'Priceless' Campaign," *CMO*, August 21, 2013, www.cmo.com/features/articles/2013/8/19/three_lessons_from_m.html#gs.jICbWtI.

46. The Nielsen Company, "Under the Influence: Consumer Trust in Advertising." *Nielson*, September 17, 2013, www.nielsen.com/us/en/insights/news/2013/under-the-influence-consumer-trust-in-advertising.html.

47. Darren W. Dahl, Christoph Fuchs, and Martin Schreier. "Why and When Consumers Prefer Products of User-Driven Firms: A Social Identification Account," *Management Science* 61, no. 8 (2014): 1978–1988; Roderick J. Brodie, Linda D. Hollebeek, Biljana Juric´, and Ana Ilic´, "Customer Engagement: Conceptual Domain, Fundamental Prepositions, and Implications For Research," *Journal of Service Research* 14, no. 3 (2011): 252–271.

48. Kevin Lane Keller and Don Lehmann, "How Do Brands Create Value?" *Marketing Management* 12, no. 3 (May/June 2003): 26–31. See also R. K. Srivastava, T. A. Shervani, and L. Fahey, "Market-Based Assets and Shareholder Value," *Journal of Marketing* 62, no. 1 (1998): 2–18; and M. J. Epstein and R. A. Westbrook, "Linking Actions to Profits in Strategic Decision Making," *MIT Sloan Management Review* (Spring 2001): 39–49. In terms of related empirical insights, see Manoj K. Agrawal and Vithala Rao, "An Empirical Comparison of Consumer-Based Measures of Brand Equity," *Marketing Letters* 7, no. 3 (1996): 237–247; and Walfried Lassar, Banwari Mittal, and Arun Sharma, "Measuring Customer-Based Brand Equity," *Journal of Consumer Marketing* 12, no. 4 (1995): 11–19.

49. Miguel Helft, "Dropbox Under Siege—But It's Not Slowing Down," July 29, 2015, Forbes.com, https://www.forbes.com/sites/miguelhelft/2015/07/29/dropbox-is-under-siege-but-its-not-slowing-down/#51ea99d9141b

50. Thomas J. Madden, Frank Fehle, and Susan Fournier, "Brands Matter: An Empirical Demonstration of the Creation of Shareholder Value Through Branding" *Journal of the Academy of Marketing Science*, 34(2): 224–235.

51. Ira Kalb, "Everything at Hewlett-Packard Started to Go Wrong When Cost-Cutting Replaced Innovation," *Business Insider*, May 27, 2012, www.businessinsider.com/heres-where-everything-at-hewlett-packard-started-to-go-wrong-2012-5.

52. Roland T. Rust, Valarie A. Zeithamal, and Katherine N. Lemon, "Customer-Centered Brand Management," *Harvard Business Review* (September 2004), 110–118.

53. Robert C. Blattberg and John Deighton, "Manage Marketing by the Customer Equity Test," *Harvard Business Review* (July–August 1996). See also Robert C. Blattberg, Gary Getz, and Jacquelyn S. Thomas, *Customer Equity: Building and Managing Relationships as Valuable Assets* (Boston, MA: Harvard Business School Press, 2001); Robert Blattberg and Jacquelyn Thomas, "Valuing, Analyzing, and Managing

the Marketing Function Using Customer Equity Principles," in *Kellogg on Marketing,* ed. Dawn Iacobucci (New York: John Wiley & Sons, 2001).

54. Roland T. Rust, Valarie A. Zeithaml, and Katherine N. Lemon, *Driving Customer Equity* (New York: Free Press, 2000); Roland T. Rust, Valarie A. Zeithaml, and Katherine N. Lemon, "Customer-Centered Brand Management," *Harvard Business Review* (September 2004), 110–118.

55. W. Reinartz, J. Thomas, and V. Kumar, "Balancing Acquisition and Retention Resources to Maximize Profitability," *Journal of Marketing* 69, no. 1 (January 2005): 63–79; R. Venkatesan and V. Kumar, "A Customer Lifetime Value Framework for Customer Selections and Resource Allocation Strategy," *Journal of Marketing* 68, no. 4 (October 2004): 106–125; V. Kumar, G. Ramani, and T. Bohling, "Customer Lifetime Value Approaches and Best Practice Applications," *Journal of Interactive Marketing* 18, no. 3 (Summer 2004): 60–72; J. Thomas, W. Reinartz, and V. Kumar, "Getting the Most Out of All Your Customers," *Harvard Business Review* (July–August 2004): 116–123; W. Reinartz and V. Kumar, "The Impact of Customer Relationship Characteristics on Profitable Lifetime Duration," *Journal of Marketing* 67, no. 1 (2003): 77–99.

56. Sunil Gupta, Donald R. Lehmann, and Jennifer Ames Stuart, "Valuing Customers," *Journal of Marketing Research* 41, no. 1 (2004): 7-18; V. Kumar and Denish Shah, "Expanding the Role of Marketing: From Customer Equity to Market Capitalization," *Journal of Marketing* 73, no. 6 (2009): 119–136.

57. Thomas Shoutong Zhang, "Firm Valuation from Customer Equity: When Does It Work and When Does It Fail?," *International Journal of Research in Marketing* 33, no. 4 (2016): 966–970.

58. J. Viswanathan Kumar, Andrew Petersen, and Robert P. Leone. "How Valuable Is Word of Mouth?" *Harvard Business Review* 85, no. 10 (2007): 139; J. Viswanathan Kumar, Andrew Petersen, and Robert P. Leone. "Driving Profitability by Encouraging Customer Referrals: Who, When, and How," *Journal of Marketing* 74, no. 5 (2010): 1–17.

59. Anita Luo, Donald R. Lehmann, and Scott A. Neslin, "Co-managing Brand Equity and Customer Equity," In V. Kumar and Denish Shah (Eds.), *Handbook of Research on Customer Equity in Marketing* (pp. 363–381). Cheltenham, UK: Edward Elgar Publishing, 2015.

60. Roland T. Rust, Valarie A. Zeithamal, and Katherine N. Lemon, "Customer-Centered Brand Management," *Harvard Business Review* (September 2004): 110–118.

브랜드자산 구축을 위한 브랜드 요소의 선택

4

학습목표

이 장을 읽은 후 여러분은 다음을 할 수 있을 것이다.

1. 다양한 유형의 브랜드 요소를 식별한다.
2. 브랜드 요소를 선택하는 일반적인 기준을 나열한다.
3. 다양한 브랜드를 선택하는 주요 전략을 설명한다.
4. 브랜드 요소를 '믹싱 앤 매칭'하는 근거를 설명한다.
5. 브랜드 요소를 둘러싼 몇 가지 법적 문제를 강조한다.

에너자이저 토끼 같은 브랜드 캐릭터는 브랜드연상을 강화할 수 있고 다양한 커뮤니케이션 에 사용할 수 있다.

출처 : Paul Martinka/Polaris/ Newscom

개요

종종 브랜드 아이덴티티라고 불리는 **브랜드 요소**(brand element)는 브랜드를 식별하고 차별화하기 위하여 적용되며, 상표로 등록될 수 있는 수단이다. 중요한 브랜드 요소는 브랜드네임, URL, 로고, 캐릭터, 대변인, 슬로건, 징글, 패키지, 사인이다. 고객 기반 브랜드자산 모델에 따르면 브랜드 요소는 브랜드 인지도를 향상시키고, 강하고 호의적이며 독특한 브랜드연상 형성을 용이하게 하기 위해 혹은 긍정적인 브랜드 판단이나 감정을 이끌어내기 위해 선택될 수 있다. 예를 들면 브랜드자산에 긍정적으로 기여하는 브랜드 요소란 소비자가 어떤 가치 있는 연상이나 반응을 나타내거나 의미할 수 있는 것이 된다.

이 장에서는 마케터가 브랜드자산을 구축하기 위해 브랜드 요소를 선택하는 방법을 고찰하고자 한다. 먼저 브랜드 요소를 선택하는 일반적인 기준을 서술한 후에 특히 각각 서로 다른 유형의 브랜드 요소에 대한 전략적인 이슈를 살펴보고, 마케터가 브랜드자산 구축을 위해 최적의 브랜드 요소를 어떻게 선택해야 하는지 논의할 것이다.

브랜드 요소의 선택 기준

일반적으로 브랜드 요소를 선택하는 여섯 가지 기준이 있다(그림 4-1에서는 더 많은 선택 기준을 보여준다).

1. 기억 용이성
2. 유의미성
3. 호감성
4. 전이성
5. 적용성
6. 법적 보호성

처음 세 가지 기준(기억 용이성, 유의미성, 호감성)은 마케터의 공격적인 전략이며 브랜드자산

1. **기억 용이성**
   인지하기 쉬운
   기억하기 쉬운

2. **유의미성**
   설명적인
   설득력 있는

3. **호감성**
   재미있고 흥미로운
   풍부한 시각적·언어적 이미지
   심미적으로 만족스러운

4. **전이성**
   제품 카테고리 내에서나 제품 카테고리에 걸친
   지리적 경계와 문화에 걸친

5. **적용성**
   유연한
   업데이트 가능한

6. **법적 보호성**
   법적으로
   경쟁적으로

그림 4-1
브랜드 요소의 선택 기준

을 구축한다. 나머지 세 가지 기준(전이성, 적용성, 법적 보호성)은 여러 다른 기회와 제약에 직면했을 때 브랜드자산을 레버리지 및 유지해주는 방어적 역할을 한다. 이 여섯 가지 일반적인 기준을 살펴보자.

기억 용이성

브랜드자산 구축의 필요조건은 높은 수준의 브랜드 인지도를 획득하는 것이다. 그러한 목적을 달성하는 브랜드 요소는 본질적으로 기억하기 쉬우며 주목을 끌 수 있어서 구매나 소비 시에 비보조 상기나 보조 상기를 용이하게 해주어야 한다. 예를 들어 블루라이노(Blue Rhino)라는 이름의 프로판가스 실린더 브랜드는 힘 있고 독특한 노란색 불꽃을 가진 담청색 마스코트를 사용함으로써 소비자의 마음속에 쉽게 파고들 수 있을 것이다.

유의미성

브랜드 요소는 설명적 내용이거나 설득적 내용의 의미 있는 모든 종류를 선택할 수 있다. 1장에서 보았듯이 브랜드네임은 사람, 장소, 동물, 새 혹은 다른 것들에 근거하여 명명될 수 있다. 여기서 아주 중요한 두 가지 기준은 브랜드 요소가 다음 정보를 얼마나 잘 전달해주는지다.

- 제품이나 서비스 기능에 대한 일반적인 정보 : 브랜드 요소가 제품군, 제품에 대한 소비자의 니즈, 소비자에게 제공되는 편익에 대한 설명적 의미를 가지고 있는가? 소비자는 각 브랜드 요소에 근거해 브랜드에 상응하는 제품군을 얼마나 정확하게 알아볼 수 있는가? 해당 제품군 내에서 비교할 때 이러한 브랜드 요소의 신뢰성은 어떠한가?
- 브랜드 편익과 특정 속성에 관한 세부적인 정보 : 브랜드 요소가 설득적인 의미를 갖는가? 제품에 관한 특별한 정보 혹은 핵심 차별적 속성 혹은 편익에 관한 정보를 제시하는가? 브랜드 요소는 제품 성능에 관한 정보 혹은 그 브랜드를 이용하는 고객에 관한 정보를 제시하는가?

첫 번째 차원은 브랜드 인지도와 현저성에 중요한 결정 요인이며 두 번째 차원은 브랜드 이미지와 포지셔닝에 중요한 결정 요인이다.

호감성

브랜드 요소는 기억 용이성과 유의미성 측면을 떠나 어느 정도의 미학적 매력을 소비자에게 불러일으키는가?[1] 그것은 시각적, 언어적 혹은 다른 어떤 면에서 호감을 주는 것인가? 즉 브랜드 요소는 꼭 특정 제품이나 서비스와 관계없더라도 소비자에게 본질적인 즐거움과 흥미를 줄 수 있고 그러한 면을 형상화할 수 있다.

기억하기 쉽고 의미 있으며 호감이 가는 브랜드 요소는 많은 이점이 있다. 왜냐하면 소비자는 자주 제품에 관한 의사결정을 할 때 많은 정보를 검토하지 않기 때문이다. 설명적이고 설득적인 브랜드 요소는 브랜드 인지도를 높이고 브랜드연상과 자산을 쌓는 데 도움을 주며 특히 제품과 관련된 연상이 적을 때 효과가 더 크다. 제품 편익이 다소 현실적이지 못할수록 브랜드의 무형적 특성을 획득하고 강화하기 위한 브랜드네임 및 다른 브랜드 요소가 더욱 중요해진다.

전이성

전이성은 브랜드 요소가 새 제품군 혹은 새로운 시장 진출 측면에서 브랜드자산에 어느 정도까지 기여할 수 있는지를 측정한다. 이 기준의 여러 측면을 살펴보자.

첫째는 제품군 확장이나 라인 확장에 브랜드 요소가 얼마나 유용한지다. 일반적으로 브랜드네임이 덜 구체적일수록 그것은 더 쉽게 제품군으로 전이된다. 예를 들어 아마존은 남미에 있는 거대한 강을 말하며, 거대한 소매점으로서 각기 다른 다양한 형태의 다양한 제품을 다루는 아마존에 적당한 브랜드네임이 될 수 있다. 반면에 토이저러스와 비슷한 Books "R" Us는 아마존의 초기 제품군을 잘 설명할 수는 있지만 아마존이 갖고 있는 유연성을 갖지는 못했다.

둘째로 브랜드 요소는 지리적 경계 및 세분시장 영역을 초월하여 브랜드자산에 어느 정도나 기여할 수 있는가? 대부분 이러한 것은 브랜드 요소의 문화적 내용과 언어적 질에 좌우된다. 엑슨(Exxon)과 같이 의미가 없는 이름이 갖는 주된 이점 중 하나는 다른 언어로 잘 전환된다는 것이다.

저명한 마케터들이 그들의 브랜드네임, 슬로건, 패키지 등을 여러 해에 걸쳐 다른 언어와 문화권으로 전환하는 데 있어 직면하는 어려움이나 실수가 있다는 것은 익히 알려져 있다. 마이크로소프트도 비스타(Vista) 운영시스템을 라트비아에 소개했을 때 문제에 부딪혔다. 그 이유는 라트비아어로 비스타는 '닭' 혹은 '촌스러운 여성'을 의미하기 때문이었다.[2] 그림 4-2는 더 유명한 사고들을 보여준다.[3] 이러한 복잡한 문제를 피하기 위하여 기업은 새로운 시장에 브랜드를 소개하기에 앞서 그들의 모든 브랜드 요소를 문화적인 의미에서 면밀히 검토해야 한다.

적용성

브랜드 요소의 다섯 번째 기준은 시간 경과에 따른 적용성이다. 소비자의 가치관과 견해가 변하거나 항상 새롭고 현대적인 트랜드에 맞추고자 하는 욕구 때문에 대부분의 브랜드 요소는 시간 경과에 따라 새롭게 변해야 한다. 브랜드 요소가 적용성 있고 유연할수록 더욱 쉽게 갱신되고 변

비록 과거 마케팅 실패 사례에 대한 일부 보고서의 정확성을 판단하는 것은 어려울 수 있지만, 오랜 세월에 걸쳐 좀 더 널리 인용된 글로벌 브랜드 실패 사례가 있다.

1. 브래니프(Braniff)가 가죽덮개를 홍보하는 슬로건인 "가죽을 입고 날아라(Fly in leather)"를 스페인어로 "벌거벗고 날다(Fly naked)"로 번역했다.
2. 쿠어스(Coors)는 슬로건인 'Turn it loose'를 스페인어로 넣었고, 그곳에서 그것은 '설사로 고통 받는다'로 읽혔다.
3. 치킨 거물 프랭크 퍼듀(Frank Perdue)의 '부드러운 닭을 만들려면 터프한 남자가 필요하다'라는 대사는 스페인어로 훨씬 흥미롭게 들린다 : '성적인 자극을 받은 남자가 닭을 다정하게 만든다'.
4. 펩시가 중국에서 제품 마케팅을 시작했을 때, 'Pepsi Brings You Back to Life'라는 슬로건을 글자 그대로 번역했다. 중국어로 그것은 정말 '펩시는 무덤에서 당신의 조상을 데려온다'는 의미였다.
5. 클레롤(Clairol)은 고데기인 '미스트 스틱(Mist Stick)'을 독일에 소개했지만, 미스트가 독일어로 거름을 뜻하는 은어라는 것을 알게 되었다.
6. 일본 미쓰비시 자동차(Mitsubishi Motors)는 스페인어를 사용하는 국가에서 파제로(Pajero) 모델의 이름을 바꿔야 했다. 그 용어가 자위행위와 관련이 있기 때문이었다.
7. 토요타 자동차(Toyota Motors)의 MR2 모델은 그 조합이 프랑스식 욕설처럼 들렸기 때문에 프랑스에서는 번호를 없앴다.

그림 4-2
글로벌 브랜드 실패

화될 수 있다. 예를 들어 로고와 캐릭터의 경우 보다 현대적이며 트렌드에 맞고 또 소비자와 연관되어 보일 수 있도록 새로운 모습이나 디자인으로 바꿀 수 있다.

미쉐린 맨

미쉐린(Michelin)은 창립 100주년을 기념하여 미쉐린 맨[Michelin Man, 실제 이름은 비벤덤(Bibendum)]을 최근에 더 새롭고 날씬한 버전으로 출시했다. 한 회사는 '더 날씬하고 웃는 미쉐린 맨은 그가 열린 자세로, 그리고 안심시키는 지도자로 보이게 한다'고 보도 자료를 냈다. 미쉐린은 회사의 브랜드 가치인 연구, 안전, 환경주의를 홍보하는 것에 이 캐릭터를 100년 넘게 이용하였다. 2000년에 미쉐린 맨은《파이낸셜타임스(Financial Times)》가 후원하는 대회에서 '역사상 가장 위대한 로고'로 뽑혔다. 주인공을 영웅으로 내세운 2009년 글로벌 캠페인에서 미쉐린 맨은 2001년부터 미쉐린 광고의 독점적인 초점이 되었다.[4] '올바른 타이어가 모든 것을 바꾼다'는 슬로건으로 강화된 이 새로운 광고 캠페인은 타이어가 사람들의 일상생활에서 하는 역할을 강조했다.[5] 미쉐린 광고는 이후 미쉐린 맨의 존재감이 크고 의미 있는 실제 시나리오에 초점을 맞추도록 진화해, 고객에게 유용한 점을 표현하기 위해 광고 장면에 긍정적인 영향을 미치는 감정을 불러일으켰다.[6]

미쉐린 맨(실제 이름은 비벤덤)은 타이어 브랜드 광고에서 중심적인 역할을 오랫동안 맡았다.

출처 : Michelin, North America

법적 보호성

마지막 여섯 번째 기준은 브랜드 요소가 법적인 측면과 경쟁적인 측면 모두에서 어느 정도까지 보호받을 수 있는지다. 법적인 관점에서 마케터는 (1) 국제적으로 법적 보호를 받을 수 있는 브랜드 요소를 선택해야 하고, (2) 브랜드 요소를 적절한 법적 조치와 함께 공식적인 등록을 해야 하며, (3) 경쟁사나 제품으로부터의 불법적인 권리 침해를 엄정히 방어해야 한다. 브랜드를 법적으로 보호할 필요성은 비승인된 특허 및 상표, 판권의 사용으로 인해 미국 내에서만 막대한 금액이 손실되는 사례를 통해서 알 수 있다(브랜딩 과학 4-1 참조).

또 다른 사항은 브랜드가 경쟁자로부터 보호받을 수 있는지의 문제이다. 비록 브랜드 요소가 법적으로 보호받을 수 있다 하더라도 브랜드네임, 패키지 혹은 다른 속성들이 너무 쉽게 모방된다면 브랜드 독특함의 많은 부분이 사라지게 될지도 모른다. 냉동맥주 제품군을 살펴보자. 비록 몰슨아이스(Molson Ice)가 그 제품군의 초기 진입 회사 중 하나였지만, 후에 버드아이스(Bud Ice)로 개명한 밀러아이스(Miller Ice)가 도입되었을 때 몰슨아이스의 선도자로서 이점은 사라졌다. 따라서 마케터는 경쟁자들이 제품 고유의 요소에 근거해서 브랜드를 모방할 수 있는 가능성을 줄이는 것이 필요하다.

브랜딩 과학 4 - 1
모조품 시장의 성장

캘러웨이(Calloway) 골프 클럽에서 루이비통(Louis Vuitton) 핸드백까지, 잘 알려진 브랜드의 위조품은 매우 많다. 현재 위조품 시장 규모는 6,000억 달러로 추정되며, 미국 기업들에게 연간 4,600억 달러의 비용을 발생시킨다. 위조품은 다국적 기업이 위조품 생산을 규제하는 것보다 빠르게 수익을 올리고 있고, 진품과 위조품의 구분이 더욱 어려워지고 있다. 그리고 그 차이는 지갑의 질 낮은 가죽 또는 휴대전화 속 가짜 배터리처럼 미묘해질 수 있다. 그리고 위조자들은 안전성과 품질을 속일 뿐만 아니라 마케팅, R&D, 광고에 지출을 하지 않음으로써 값싸게 모조품을 생산할 수 있다.

위조가 되는 품목은 사치품이나 가전제품뿐만이 아니다. 세계보건기구(WHO)는 항말라리아 약과 같은 생명을 살리는 약물, 일상적인 항생제나 피임약 등에 대한 위조를 우려했다. 이러한 의약품은 제약 산업의 이익을 해칠 뿐만 아니라 적절한 안전관리 없이 생산된 약품이기에 복용하는 사람도 위험에 처하게 한다.

위조가 점점 더 정교해지고 널리 퍼지면서 많은 위조품이 온라인에서 판매되고 있다. 인터넷 소매업의 규제되지 않은 특성은 이 문제를 악화시켰다. 위조범들은 발각되는 것을 피하기 위해 대항할 자원이 없는 소규모 브랜드를 위조하고, 더 적은 수의 고급 브랜드에 초점을 맞추고, 소비자의 의심을 피하기 위해 웹을 통해 판매되는 가짜 상품의 가격을 올리고 있다.

미국 무역대표부(USTR)는 매년 불법 복제 및 위조를 행하는 물리적 및 온라인 '악성 마켓' 사이트 목록을 발표한다. 최근 미국의 위조품 중 63%의 출처는 중국이다. 다른 출처 국가로는 터키, 싱가포르, 태국, 인도, 동남아시아(필리핀, 인도네시아) 및 라틴 아메리카의 여러 국가(에콰도르, 파라과이, 아르헨티나)가 있다.

위조품 생산은 수출을 목적으로 아시아 시설에 투자하는 중동 사업가, 중국 지역 사업가, 범죄 조직 같은 여러 경로에서 재정적 지원을 받

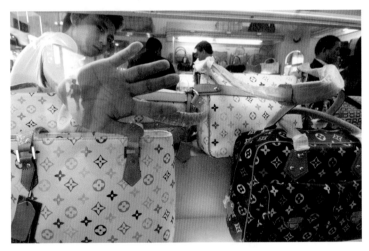

위조품으로부터 적극적으로 자사의 등록상표를 보호하기 위해 법적 수단을 사용하는 루이비통

출처 : Iain Masterton/Alamy Stock Photo

는다. 한 연구는 대부분의 위조품이 온라인에서 사고 팔리고, 알리익스프레스[Aliexpress, 알리바바닷컴(Alibaba.com)과 연결된 웹사이트], 페이스북, 토코페디아(Tokopedia), 아마존과 같은 일부 온라인 소매업자들이 의도하지 않은 위조품 시장의 중간상인이 되었다는 것을 보여주었다. 사실, 바르셀로나에 본사를 둔 브랜드 보호 회사인 레드포인츠(Red Points)가 실시한 연구에 따르면, 비록 이 숫자는 소매업자에 의해 반박되고 있지만, 알리익스프레스에 있는 상품의 18%가 가짜라고 한다.

위조 프로세스 또한 위조범들이 자신들의 엔지니어링 기술을 연마하고 속도를 높이면서 가속화되었다. 현재 중국 공장들은 새로운 골프 클럽 모델을 일주일 내에 위조할 수 있다. 위조품을 생산하는 것은 불법 마약(의약품) 거래만큼 이익이 되지만 같은 리스크를 수반하지는 않는다. 많은 나라에서, 유죄판결을 받은 위조범들은 수천 달러의 벌금을 물어야

한다. 중국이 위조 거래를 뿌리 뽑는 열쇠라는 것이 중론이다.

일부 회사는 생산자들이 결국 면허를 따고 로열티를 내도록 강요받을 수 있게 모조품의 최종 사용자(소비자)를 목표로 삼기로 결정했다. 그리고 창의적이게도, 몇몇 특허권자는 의도적으로 위조 사업을 무시하는 공급사슬상의 누구나 대상으로 삼기 시작했다. 루이비통은 악명 높은 위조품 거래 지역인 캐널 스트리트(Canal Street)에서의 위조품 판매를 막기 위해 뉴욕의 지주들과 손잡았다. 하지만 위조 사업은 전 세계적으로 성행하고 있기 때문에, 전문가들은 현재로서는 기업이 할 수 있는 것은 위조범을 멈추는 것이 아니라 늦추는 것에 희망을 거는 것일 뿐이라고 말한다.

인공지능과 머신러닝의 발전은 위조에 도움이 되고 또한 해를 끼치기도 했다. 한편, 위조범들은 디지털 상품(음악이나 영화 등)뿐만 아니라 제품의 위조 과정을 앞당기기 위해 기술의 힘을 이용할 수 있다. 따라서 브랜드를 보호하는 회사와 대리점은 다양한 온라인과 전자상거래 웹사이트에서 위조와 가짜를 빠르게 발견하기 위해 머신러닝과 인공지능을 채택하고 있다. 예를 들어 엔트러피(Entrupy)와 레드포인츠는 머신 러닝을 사용하여 상당한 정확도로 가짜를 실제 제품과 구별할 수 있는 분류 알고리즘을 개발한 다음, 정품 인증서를 발급한다.

흥미롭게도, 몇몇 자극적인 학술연구는 가짜 제품이 한결같이 회사에게 악영향만을 끼치는 것은 아님을 보여준다. 예를 들어 비록 일부 소비자는 처음에는 가짜 핸드백 구매에 만족할지 모르지만 많은 사람이 궁극적으로 가품이 진품을 대체할 수 없다는 것을 알게 된다. 진품 사치재를 살 여유가 없는 사람들은 항상 가품을 사는 반면에, 다른 소비자들은 가품을 구매하는 것이 추후에 진품을 구매하는 동기부여를 한다고 한다. 또한, 위조품의 긍정적 효과는 고급 패션 제품(여성용 하이레그 부츠, 드레스 슈즈 등)과 젊은 고객 맞춤형 신발, 그리고 위조를 시작할 당시 아직 잘 알려지지 않은 고급 브랜드의 제품에서 가장 두드러지는 것으로 조사됐다.

출처 : Robert Klara, "Counterfeit Goods Are a $460 Billion Industry, and Most Are Bought and Sold Online," February 3, 2017, www.adweek.com/brand-marketing/counterfeit-goods-are-a-460-billion-industry-and-most-are-bought-and-sold-online/, accessed March 16, 2018; Billy Bambrough, "World's Largest Producers of Fake Goods Revealed as Value of Counterfeit Goods Nears Half a Trillion Dollars Per Year," April 18, 2016, www.cityam.com/239107/worlds-largest-producers-of-fake-goods-revealed-as-value-of-counterfeit-goods-nears-half-a-trillion-dollars-per-year-, accessed March 16, 2018; Andrew Tarantola, "Counterfeiters Are Using AI and Machine Learning to Make Better Fakes," November 10, 2017, www.engadget.com/2017/11/10/counterfeit-ai-machine-learning-forgery/, accessed March 16, 2018. Julia Boorstin, "Louis Vuitton Tests a New Way to Fight the Faux," *Fortune*, May 16, 2005; Robert Klara, "The Fight Against Fakes," *Brandweek*, June 27, 2009; Stephanie Clifford, "Economic Indicator: Even Cheaper Knockoffs," *The New York Times*, July 31, 2010; Doug Palmer, "U.S. Calls China's Baidu 'Notorious Market'," *Reuters*, February 28, 2011; Renée Richardson Gosline, "Rethinking Brand Contamination: How Consumers Maintain Distinction When Symbolic Boundaries Are Breached," working paper, MIT Sloan School of Management, 2009; Keith Wilcox, Hyeong Min Kim, and Sankar Sen, "Why Do Consumers Buy Counterfeit Luxury Brands?," *Journal of Marketing Research*, 46 (April 2009): 247–259; Young Jee Han, Joseph C Nunes, and Xavier Drèze, "Signaling Status with Luxury Goods: The Role of Brand Prominence," *Journal of Marketing* 74 (July 2010): 15–30; Katherine White and Jennifer J. Argo, "When Imitation Doesn't Flatter: The Role of Consumer Distinctiveness in Responses to Mimicry," *Journal of Consumer Research* 38 (December 2011): 667–680; Yi Qian, "Counterfeiters: Foes or Friends? How Counterfeits Affect Sales by Product Quality Tier," *Management Science* 60, no. 10 (2014): 2381–2400.

브랜드 요소에 대한 선택 사항 및 전술

개인용 컴퓨터 이름으로 '애플'이 얻은 이익을 알아보자. 애플은 그 제품군에서 브랜드 인지도를 만들어내는 데 도움을 주었으며 독특하고 단순하면서도 유명한 단어이다. 그 이름이 지니고 있는 의미가 회사에 '친밀한 빛'과 따뜻한 브랜드 개성을 심어주었다. 또한 그 이름은 지리적이고 문화적인 경계를 넘어 쉽게 이해될 수 있는 로고를 이용함으로써 시각적으로 강화될 수 있었다. 마지막으로, 그 네임은 브랜드 확장 시에 매킨토시같이 하위브랜드의 시장 진입을 용이하게 해주는 기반으로서 기능을 할 수 있었다. 따라서 애플의 경우가 보여준 것처럼 브랜드네임의 적절한 선택은 브랜드자산 창출을 위해 유용하게 기여할 수 있다.

그렇다면 이상적인 브랜드 요소는 무엇인가? 모든 브랜드 요소의 가장 중심이 되는 브랜드네임을 생각해보자. 이상적인 브랜드네임은 쉽게 기억할 수 있어야 하고, 제품군 및 포지셔닝의 토대로서 작용하는 특별한 편익 모두를 잘 제시할 수 있어야 하며, 본질적으로 재미있고 흥미로운 것이어야 하고, 잠재적인 창의성이 풍부해야 하며, 광범위하고 다양한 제품 및 지리적 환경을 초월할 수 있어야 하고, 시간을 초월한 지속적인 의미 및 연관성을 보유해야 하며, 법적·경쟁적 측면에서 완전하게 보호받을 수 있어야 한다.

불행하게도 서로 다른 이 모든 기준을 만족시켜 줄 브랜드네임을 선택하기란 어렵다. 예를 들어 브랜드네임이 의미가 있을수록 새 제품군으로 전이하거나 다른 문화로 전이되기가 더욱더 어렵다. 사실상 모든 선택 기준을 만족시켜 줄 하나의 브랜드 요소를 찾아낸다는 것이 매우 어렵기 때문에 다양한 브랜드 요소를 사용하는 것이 선호된다. 각 유형의 브랜드 요소와 더불어 중요한 고려사항을 자세하게 살펴보자.

브랜드네임

브랜드네임은 본질적으로 중요한 선택이다. 왜냐하면 브랜드네임은 간결하면서도 경제적인 방식으로 한 제품의 중요한 내용을 알 수 있게 해주기 때문이다. 브랜드네임은 커뮤니케이션에 있어 매우 효과적인 속기 수단이 될 수 있다.[7] 광고는 30초 동안 보여지고 방문판매는 몇 시간도 소요되지만 고객은 불과 수 초 만에 브랜드네임을 알고 의미를 인식하고 의미를 기억 속에 저장할 수 있다.

하지만 브랜드네임은 소비자의 마음속에서 제품과 매우 밀접하게 연관되어 있기 때문에 마케터가 바꾸기 가장 어려운 브랜드 요소이다. 영국의 조사회사 밀워드브라운(Millward Brown)에서 진행한 조사에 따르면 브랜드네임의 교체는 대략 5~20% 정도의 즉각적인 매출 감소를 야기할 수 있고 새로운 브랜드네임이 원래의 브랜드네임보다 약할 여지가 많다고 한다.[8] 따라서 브랜드네임은 선택하기 이전에 체계적으로 조사해야 한다. 그럼에도 불구하고 브랜드네임을 선택할 때 심각한 실수가 발생할 가능성이 크다. 보데가(Bodega)라는 이름의 실리콘 밸리 스타트업은 회사를 시중에 소개할 때 큰 혼란을 야기했다. 모퉁이 가게 혹은 골목의 작은 상점을 의미하는 보데가라는 이름을 가진 회사에서 자판기 대용품을 출시했는데 이 제품이 실제 지역의 골목 상점들을 대체하고 말았기 때문이다. 이렇듯 문화적으로 적절하지 않은 이름은 브랜드와 회사의 미래에 나쁜 영향을 미칠 수 있다.

그렇다면 좋은 브랜드네임을 찾아내는 것이 어려운 일인가? 유명한 브랜딩 컨설턴트인 아이라 바크라크(Ira Bachrach)는 영어 어휘에 14만 단어가 있어도 보통의 미국인은 2만 단어만을 인지하며, 그의 컨설팅회사 네임랩(NameLab)에 따르면 대부분의 TV 프로그램과 광고 어휘는 7,000단어 정도라고 한다.

비록 선택이 많은 것처럼 보일지라도 해마다 수만 개의 새로운 브랜드가 법적인 상표로 등록되고 있다. 사실 새로운 제품에 어울리는 브랜드네임을 찾아내는 것은 매우 어렵고 시간이 오래 걸리는 작업이다. 대부분의 바람직한 브랜드네임이 이미 법적으로 등록된 것을 알고 나서 좌절감에 빠진 많은 관리자가 '좋은 것은 모두 이미 다른 회사가 가져간 사실'에 대해 매우 안타깝게 생각한다.

브랜드 네이밍 가이드라인   신제품의 브랜드네임을 선택하는 것은 분명히 하나의 예술이고 과학이다. 브랜드네임은 여러 가지 다른 형태로 올 수 있어 제품의 기능에 대한 설명을 담고 있을 수 있고[슬립인(Sleep Inn)], 제품 특성에 대한 설명일 수 있고[퀴큰론(Quicken Loans)], 제품의 성격을 나타낼 수 있고[스내플(Snapple)], 완전히 새롭게 만들어질 수 있고[버라이즌(Verizon)], 회사 창업자를 의미할 수도 있다[다이슨(Dyson)]. 그림 4-3은 여러 가지 브랜드 네이밍 전략을 보여준다. 다른 모든 브랜드 요소처럼 브랜드네임은 여섯 가지 일반적인 기준(기억 용이성, 유의미성, 호감

설명적(descriptive) 슬림인	**합성의(synthetic)** 버라이즌
환기시키는(evocative) 퀴큰론	**설립자(founder)** 다이슨
개성적(personality) 스내플	

그림 4-3
브랜드네임 분류

성, 전이성, 적용성, 법적 보호성)에 근거하여 선택되어야 한다.

브랜드 인지도 발음하고 쓰기가 간단하고 쉬우며, 친숙하고, 의미 있고, 차별화되고, 특징적이고, 독특한 브랜드네임은 확실히 브랜드 인지도를 향상시킬 수 있다.[9]

간단하고 발음 및 쓰기가 쉬운 브랜드네임 간단함은 소비자가 브랜드네임을 이해하고 처리하는 데 들이는 노력을 감소시킨다. 짧은 이름은 기호화하고 저장하는 것이 쉽기 때문에 브랜드를 상기하기 쉽게 해준다[예 : 에임(Aim) 치약, 애플 컴퓨터, 레이드(Raid) 살충제, 볼드(Bold) 세탁세제, 수아브(Suave) 샴푸, 오프(Off) 방충제, 지프(Jif) 땅콩버터, 밴(Ban) 방취제, 빅(Bic) 볼펜]. 마케터는 브랜드가 더 쉽게 상기될 수 있도록 긴 네임을 줄일 수 있다. 예를 들어 지난 몇 해 동안 쉐보레 자동차들은 '쉐비(Chevy)'로 알려지게 되었고, 버드와이저는 '버드'로 알려졌고, 코카콜라는 '코크'가 되었다.[10]

마케터는 브랜드네임을 쉽게 발음할 수 있게 만들어야 한다. 그 이유는 입으로 계속 반복하게 해 브랜드를 강하게 기억할 수 있도록 하기 때문이다. 쉽게 발음할 수 없는 것은 구두로 브랜드를 주문하거나 요청하고자 하는 소비자의 의도 및 구매 고려 대상 제품으로의 진입에 영향을 준다. 현대(Hyundai) 자동차, 시세이도(Shiseido) 화장품, 파코나블(Façonnable) 의류처럼 어려운 네임을 잘못 발음하는 곤혹스러움을 겪기보다는 소비자는 아예 발음하는 것을 피하게 된다는 것을 기억하라.

발음하기 어려운 네임을 갖고 있는 브랜드들은 지속적인 투자를 해야 한다. 왜냐하면 기업이 마케팅 초기 단계에서 소비자로 하여금 그 네임을 발음하는 적절한 방법을 교육하는 데 많은 노력을 기울여야만 하기 때문이다. 폴란드 보드카 비보로바(Wyborowa)의 경우, 증류주 제품군에서의 성공을 위한 핵심 요소인 브랜드네임을 소비자가 발음하는 것을 돕기 위해 실질적으로 인쇄광고에 의지하였다.[11]

브랜드네임은 명확하고 잘 이해될 수 있으며, 명백한 발음과 의미를 지녀야 한다. 그러나 브랜드가 발음되는 방법이 브랜드의 의미에 영향을 줄 수도 있다. 한 연구에 의하면, 배너(Vaner), 랜달(Randal), 마생(Massin)과 같이 영어와 프랑스어 모두에서 통용되는 브랜드네임을 가진 가상제품이 영어보다 프랑스어로 발음되었을 때 더 많이 '쾌락적(기쁨을 제공하는)'으로 지각되었으며 반응도 더 좋았다고 한다.[12]

발음 문제는 언어규칙에 순응하지 않음으로써 발생할 수도 있다. 혼다(Honda)가 여러 언어권에서 정확성을 의미하는 단어와 관련 있다는 이유로 '아큐라(Acura)'를 선택했을지라도, 초기에는 미국 시장에서 소비자가 네임(AK-yur-a라고 발음되는)을 발음하는 데 약간의 어려움이 있었다. 왜냐하면 부분적으로는 Accura(2개의 c를 가진) 같은 음성학상으로 더 단순한 영어철자를 사용하지 않기 위해 선택했기 때문이다.

발음 용이성과 상기 가능성을 향상시키기 위해서 많은 마케터가 브랜드네임에 알맞은 운율과 유쾌한 소리를 도입하고자 노력한다.[13] 예를 들어 브랜드네임에 두운[콜레코(Coleco) 같은 자음의 반복], 유운[라마다 호텔(Ramada Inn) 같은 모음소리의 반복], 협화음[햄버거 헬퍼(Hamburger Helper)같이 모음 변화가 사이에 일어나는 자음의 반복], 리듬[베터비즈니스뷰로(Better Business Bureau)같이 음절강세 유형의 반복]을 사용할 수도 있다. 어떤 단어들은 의성어를 사용한다. 이는 시즐러(Sizzler) 스테이크 하우스, 캡틴 크런치(Cap'n Crunch) 시리얼, 핑(Ping) 골프 클럽, 슈웹스(Schweppes) 탄산음료 등 발음되었을 때 그 단어의 의미를 강하게 시사해주는 소리를 발생시키는 음절로 구성된 단어들이다.

친숙함과 의미 함축 브랜드네임이 기존의 지식구조 속으로 잘 들어가기 위해서는 친숙하고 의미를 담고 있어야 한다. 브랜드네임은 구체적일 수도 있고 추상적일 수도 있다. 사람, 물체, 새, 동물, 무생물의 네임은 기억 속에 이미 존재하기 때문에 소비자가 브랜드네임의 의미를 이해하기 위해 많은 양의 학습을 필요로 하지 않는다.[14] 기억 용이성을 증가시킴으로써 사물의 네임과 제품의 연결을 더 쉽게 할 수 있다.[15] 따라서 어떤 소비자가 '피에스타(Fiesta)'라는 자동차 광고를 처음 보았을 때 소비자의 기억에 이미 그 단어가 저장되어 있기 때문에 제품의 네임을 더 쉽게 기호화해서 그것을 상기하기가 더 쉬워지는 것이다.

브랜드네임은 브랜드와 제품군의 연결을 강하게 하고 브랜드 상기를 돕기 위해서 브랜드네임에서 제품 및 서비스군을 제시할 수 있어야 한다[예 : 영상 스트리밍 서비스를 제공하는 넷플릭스(Netflix), 여행 관련 서비스인 트립어드바이저(TripAdvisor), 티켓 판매 서비스인 티켓트론(Ticketron)]. 그러나 제품군이나 제품의 속성과 편익에 대해서 대단히 잘 설명해주고 있는 브랜드 요소는 잠재적으로 그 사용이 매우 제한적일 수도 있다.[16] 예를 들어 쥬시주스(Juicy Juice)라 불리는 브랜드를 청량음료 확장에 도입하기는 어렵다.

차별화, 특징성, 고유성 간단하면서 발음하기 쉽고 친숙하고 의미 있는 브랜드네임을 선택하는 것이 브랜드 상기 용이성을 향상할 수 있을지라도, 브랜드 인지를 향상하기 위해서는 브랜드네임이 차별적이고 특징적이며 독특해야 한다. 2장에서도 언급했듯이 브랜드 인지는 식별력에 좌우되며 복잡한 브랜드네임은 더 쉽게 구분되는 경향이 있다. 특징적인 브랜드네임은 소비자가 제품의 내재적인 정보를 배우는 것을 더 쉽게 해준다.[17]

브랜드네임은 제품군에 있어서 다른 경쟁 브랜드와 비교했을 때의 독특함뿐만 아니라 그 본래의 독특함으로 특징지어진다.[18] 또한 애플 컴퓨터처럼 제품군에 있어 격식을 벗어난 단어, 토이저러스(Toys"R"Us)처럼 실제 단어의 색다른 결합, 코그노스(Cognos) 혹은 룩소티카(Luxottica)처럼 완전한 조어 같은 특징적인 단어는 좀처럼 사용되지 않을 수도 있다. 그러나 조어 브랜드네임이라 할지라도 일반적인 언어규칙과 언어적 관례를 만족해야 한다[예 : 블프트(Blfft), 엑스지피알(Xgpr), 엠스디(Msdy)처럼 모음 없이 네임을 발음하려는 시도].

모든 브랜드 요소 선택 기준에 있어서 상충관계가 인지되어야 한다. 특징적인 브랜드네임이 브랜드 보조 상기에 유리하다 할지라도 그것이 제품군 속에서 믿을 만하고 바람직한 것으로 보여야 한다. 주목할 만한 예외인 스머커스(Smucker's) 젤리는 특징적이지만 잠재적으로 좋아하지 않는 네임의 단점을 전환하고자 노력했다. 다시 말해 스머커스 젤리는 "스머커스 같은 네임을 가지고 있기 때문에 분명히 맛있을 거야!"라는 슬로건을 통한 긍정적인 전환을 시도하였다.

브랜드연상 브랜드네임은 커뮤니케이션이 응집된 형태이기 때문에 소비자가 브랜드네임으로부터 추출해내는 명시적이고 암시적인 의미가 중요하다. 예를 들어 온라인 통신 서비스를 개발한 스카이프(Skype)의 경우 창업자들은 새로운 P2P(peer-to-peer) 통신 기술을 설명하는 'Sky-peer-to-peer'을 줄여서 스카이퍼(skyper)를 고안해냈다. 그후 skyper.com이 사용 가능하지 않자 그들은 다시 사용자 친화적인 스카이프라는 이름을 제안했고 현재까지 잘 사용되고 있다.[19]

브랜드네임은 제품의 포지셔닝을 구성하는 중요한 속성이나 편익 연상을 강화하도록 선택될 수 있다(그림 4-4 참조). 성능에 관련된 사항 이외에도 브랜드네임은 보다 추상적인 고려사항을 전달하도록 선택될 수도 있다. 예를 들어 브랜드네임들은 어떤 느낌을 유발하도록 무형직이거나 감성적일 수도 있다[조이(Joy) 식기세척제, 커레스(Caress) 비누, 옵세션(Obsession) 향수].

콜게이트 WISP

유명한 브랜드 아이덴티티 기업인 렉시콘(Lexicon)은 블랙베리(BlackBerry), 다사니(Dasani), 페브리즈(Febreze), 온스타(OnStar), 펜티엄(Pentium), 사이언(Scion), 스위퍼(Swiffer)같은 매우 성공적인 브랜드 이름을 개발했다. 새로운 일회용 미니 칫솔의 이름을 개발하기 위해 렉시콘은 신중한 개발 과정을 거쳤다. 일회용 칫솔의 중심부에는 헹굼을 불필요하게 만들고 이동 중에도 칫솔질을 가능하게 하는 특별한 치약이 소량 있다. 제품의 가벼움, 부드러움에 초점을 맞추기로 한 렉시콘의 50개국 70명의 언어학자가 가벼움을 함축하는 은유와 소리를 브레인스토밍했다. 이름 하나(Wisp)가 회사 설립자인 데이비드 플라섹(David Placek)으로부터 나왔다. 후속 소비자 조사가 이 이름의 긍정적인 의미를 확인했고, 새로운 이름이 탄생했다.[20]

설명적인 브랜드네임은 강화된 속성이나 편익을 더 쉽게 연결할 수 있다.[21] 세탁세제의 네임을 '서클(Circle)'과 같이 애매하고 시사적이지 못한 것으로 붙였을 때보다 '블로섬(Blossom)'과 같은

컬러스테이(ColorStay) 립스틱
헤드앤숄더(Head & Shoulders) 샴푸
클로즈업(Close-Up) 치약
스낵웰(SnackWell) 저지방 스낵
다이하드(DieHard) 자동차 배터리
몹앤글로(Mop & Glo) 바닥 왁스
린 쿠진(Lean Cuisine) 저칼로리 냉동식품
쉐이크앤베이크(Shake'n Bake) 치킨 시즈닝
서브제로(Sub-Zero) 냉장고와 냉동고
클링프리(Cling-Free) 정전기 제거제
페이스북(Facebook) 소셜 네트워크
드롭박스(Dropbox) 클라우드 저장소

그림 4-4
연상시키는 브랜드네임 사례

네임을 붙였을 때 옷에 '신선한 향기를 더해준다'는 정보를 소비자에게 더 쉽게 알릴 수 있다는 것이다.[22] 그러나 처음에 브랜드 포지셔닝 강화를 위해 선택된 브랜드네임이 브랜드의 연상은 쉽게 할 수 있을지라도 나중에 리포지셔닝할 때 그 브랜드에 새로운 연상을 연결시키는 것을 더 어렵게 할 수도 있다.[23] 예를 들어 세탁세제의 네임을 처음에 블로섬으로 해서 '신선한 향기를 더해준다'는 것으로 포지셔닝한 경우, 다음에 그 제품을 '심한 얼룩을 없앤다'와 같은 새로운 브랜드 연상을 추가하여 리포지셔닝하는 것이 더 어려워질 수 있다는 것이다. 브랜드네임이 계속해서 제품의 다른 고려사항들을 생각나게 하는 경우, 소비자는 새로운 포지셔닝을 너무 쉽게 잊어버리거나 또는 그것을 수용하기가 더 어렵다고 생각할 수도 있다.

그러나 때로는 충분한 시간과 적절한 마케팅 프로그램을 통해 이러한 어려움이 극복될 수 있다. 그렇지만 그러한 마케팅 방법은 시간이 걸리고 비용이 많이 드는 과정이라는 것을 틀림없이 인식해야만 한다. '그것이 버터가 아니라는 것을 믿을 수 없다' 혹은 '너의 머리에서 나는 냄새가 끝내주는데!' 같은 브랜드를 리포지셔닝하는 어려움을 상상해보라. 따라서 의미 있는 네임을 선택할 때에는 향후 리포지셔닝 시에 불확실성의 가능성 및 소비자에게 적절하고 바람직한 시기에 다른 연상을 연결시켜야 하는 필요성을 고려하는 것이 중요하다.

의미 있는 네임들은 일상용어에만 국한되어 있는 것이 아니다. 소비자는 조어 또는 공상적인 브랜드네임에서조차도 의미를 유출해낼 수 있다. 예를 들어 컴퓨터 프로그램을 사용해서 무작위로 음절들을 조합시켜 브랜들 네임을 자동 생성하는 것에 대해 연구한 결과에 따르면, 'whum-ies'와 'quax'는 아침 식사용 시리얼 제품을 연상시키고, 'dehax'는 세탁세제를 생각나게 한다는 것을 발견하였다.[24] 따라서 소비자들은 그렇게 하도록 지시받았을 때, 본질적으로 자의적인 네임들로부터 적어도 제품의 몇 가지 의미를 추출해낼 수 있는 것이다. 그럼에도 불구하고 소비자가 매우 추상적인 네임으로부터 의미를 유출해내는 가능성은 그렇게 하려는 그들의 동기에 의해 좌우된다.

마케터는 보통 형태소의 결합에 근거해서 만들어진 브랜드네임을 체계적으로 고안한다. **형태소**(morpheme)는 의미를 지닌 가장 작은 언어학적 단위이다. 영어에는 7,000여 개의 형태소가 있는데, 그 안에는 '남자' 같은 실제 단어, 접두사, 접미사, 어근도 포함되어 있다. 예를 들어 닛산(Nissan)의 센트라(Sentra) 자동차는 '보초'와 '중심'을 나타내는 2개의 형태소가 결합된 것이다.[25] 선택된 형태소들을 조심스럽게 결합함으로써 마케터는 실제로 상대적으로 쉽게 의미를 추리해낼 수 있는 브랜드네임을 만들어내는 것이 가능하다.

브랜드네임을 개발할 때 많은 언어학적 문제가 생긴다.[26] 개별적인 철자들조차도 새로운 브랜드네임을 개발하는 데 있어 유용한 의미를 가질 수 있다. 철자 X는 근 몇 년간 매우 일반화되었는데[예를 들어 ESPN의 X 게임, LG의 X 노트북, 닛산의 엑스테라(Xterra) SUV], 이는 오늘날 X가 '극한', '아슬아슬함', '젊음'을 대표하기 때문이다.[27] 연구에 따르면 일부 소비자들은 자신의 이름에서 일부 글자가 포함된 브랜드 제품을 선호한다(Jonathan은 Jonoki라는 제품에 대해 예상보다 큰 선호도를 보일 수 있다).[28]

물론 철자음도 의미를 가질 수 있다.[29] 예를 들어 어떤 단어들은 *b*, *c*, *d*, *g*, *k*, *p*, *t* 같은 철자, 즉 파열음이라 불리는 음소 요소로 시작된다. 반면에, 다른 단어는 치찰음, 즉 *s*와 부드러운 *c* 같은 소리를 사용한다. 파열음은 치찰음보다 더 빠르게 입 밖으로 나온다. 또한 파열음은 치찰음보다 더 독특하고 덜 추상적이며, 더 쉽게 보조 · 비보조 상기된다.[30] 다른 한편으로, 치찰음은 더 부드러운 소리를 갖기 때문에 로맨틱하고 잔잔한 이미지를 만들어내는 경향이 있어서 샤넬, 레블론

특성	정의 및/또는 예제
음성 장치	
두운(Alliteration)	자음 반복(Coca-Cola, PayPal)
반해음(Assonance)	모음 반복(Kal Kan)
협화음(Consonance)	자음 반복 및 중간 모음 변경(Weight Watchers, Best Buy)
남성 라임(Masculine rhyme)	음절 끝 강세가 있는 운율(Max Pax)
여성 라임(Feminine rhyme)	악센트가 없는 음절 뒤에 악센트가 붙는 음절(American Airlines)
약/불완전/경사	운율모음이 다르거나 자음이 비슷하지만 동일하지 않은(Black & Decker).
의성어(Onomatopoeia)	목적 자체를 닮기 위한 음절 음성학 사용(Wisk)
조각내기(Clipping)	상품명 약화(쉐비)
결합(Blending)	형태소적 조합, 보통 발음 생략과 함께(Aspersgum, Duracell)
초기 파열음(Initial Plosives)	/b/, /c-hard/, /d/, /g-hard/, /k/, /p/, /q/, /t/ (Bic)
정자법 장치	
철자가 드물거나 부정확	Kool-Aid, Google, Lyft
약어	Seven Up 대신 7 UP
줄임말	Amoco
형태학적 장치	
덧붙임(Affixation)	Jell-O
합성(compounding)	Janitor-in-a-Drum
의미론적 장치	
비유법(Metaphor)	아마존은 거대한 자사 규모와 '지구에서 가장 큰 책방'이라는 태그라인을 지지하기 위해 세계에서 가장 큰 아마존강을 본떠 이름을 지었다.
환유법(Metonymy)	한 물체 또는 품질을 다른 물체에 적용(Midas)
제유법(Synecdoche)	전체를 일부가 대체(Red Lobster)
의인화/연민적 오류(Personification/ pathetic fallacy)	비인간적 인간화 또는 무생물적 감정 귀속(Betty Crocker)
모순법(Oxymoron)	반대의 결합(Easy-Off)
익살(paronomasia)	말장난(Hawaiian Punch)
의미적 유사성(Semantic appositeness)	이름의 사물에 적합(Bufferin)

그림 4-5
브랜드 명의 언어학적 특성

(Revlon)의 시아라(Ciara), 겔랑(Guerlin)의 샤리마(Shalimar)와 삼사라(Samsara) 향수 같은 제품으로 인식되기도 한다.[31]

어떤 연구는 브랜드네임의 철자 특성과 제품 모양 사이의 관계를 발견했다ㅡ화장실용 휴지와 가정용 청소기의 가상 브랜드네임 속에서 자음의 견고함과 모음의 고저가 증가함에 따라 소비자들이 제품의 견고함을 인지하는 경향 또한 증가했다.[32] 브랜드네임을 표현하는 서체나 로고 타입 또한 소비자의 느낌을 바꾼다.[33]

브랜드네임은 철자에만 국한되어 있는 것이 아니다.[34] 문자와 숫자를 쓴 브랜드네임에는 철자와 아라비아 숫자의 결합(WD-40), 단어와 아라비아 숫자의 결합[포뮬러(Formula 409)] 혹은 철자나 단어와 문자 형식으로 표시된 숫자들의 결합[삭스피프스애비뉴(Saks Fifth Avenue)] 등이 포함 될 수 있다. 알파뉴메릭 브랜드네임은 특정 제품 모델의 관점에서 제품 라인의 생성 및 관계를 지 정하기 위해 사용될 수도 있다(BMW의 3, 5, 7 시리즈).

브랜드 네이밍 순서 여러 다양한 브랜드 네이밍 절차 혹은 시스템이 신제품 네이밍을 위해 제시 되어 왔다. 비록 다소 차이가 있기는 하지만, 브랜드네임을 개발하는 대부분의 시스템이 기본적 으로 다음과 같은 절차를 채택하고 있다.[35]

1. **목표 설정** : 첫 번째 단계는 앞에서 제시한 여섯 가지 기준에 따라 브랜딩 목표를 정의하는 것이다. 특히 브랜드가 전달해야 하는 이상적인 의미를 정의하는 것이 중요하다. 또한 기업 브랜드 위계구조 내에서 브랜드의 역할을 인식하는 것과 그 브랜드가 다른 브랜드 및 제품 에 어떻게 관련되어야 하는지를 인식하는 것이 필요하다(12장 참조). 많은 경우 기존 브랜 드네임이 최소한 부분적으로나마 사용되었다. 마지막으로, 표적시장과 전체 마케팅 프로그 램 내에서 브랜드의 역할을 이해해야 한다.

2. **브랜드네임 고안** : 적절한 전략적 브랜딩에 따라 두 번째 단계는 가능한 많은 네임과 콘셉트 를 만들어내는 것이다. 회사 경영진과 고용인, 현재 혹은 잠재 고객(소매상인 혹은 공급자 포함), 광고 대행사, 전문적인 네임 컨설턴트 혹은 특수 컴퓨터에 기반을 둔 네이밍 회사 등 네임의 모든 잠정적인 자료가 이용될 수 있다. 수십, 수백, 수천 개의 네임이 이러한 단계를 거쳐서 나올 수 있다.

3. **브랜드네임 스크리닝** : 다음으로 보다 관리하기 쉬운 목록을 만들어내기 위하여 상식선에서 뿐만 아니라 1단계에서 확인된 브랜딩 목적 및 마케팅 고려사항에 근거하여 네임들을 가려 내야 한다. 예를 들어 제너럴밀스는 다음과 같은 네임을 제거하면서 출발한다.

   ● 의도하지 않았던 이중의미를 갖고 있는 것
   ● 정확하게 발음하기가 어렵고, 이미 사용 중이거나 기존 네임과 유사한 것
   ● 법적으로 명확하게 문제가 있는 것
   ● 포지셔닝과 명확하게 모순된 것

   그런 뒤 제너럴밀스는 후보안 리스트를 소수로 좁히기 위해서 경영진 및 마케팅 파트너와 자세한 평가회의를 하였다. 법적인 '문제안'을 가려내기 위해서 개괄적인 검색을 해야 한다.

4. **후보 네임 조사** : 네 번째 단계는 5~10개 정도의 최종적인 후보안에 대해 많은 정보를 모으 는 것이다. 소비자 조사에 막대한 돈을 쓰기 전에 보통은 광범위한 국제 법률조사를 하는 것 이 현명하다. 이러한 조사는 때때로 비용 문제 때문에 이전의 나라에서 법적으로 하자가 없 었던 후보안만을 각 나라에서 테스트하는 것으로 이루어지기도 한다.

5. **최종 후보안 조사** : 다음으로 후보안의 기억 용이성과 유의미성에 관한 경영진의 기대를 확 인하기 위해서 소비자 조사를 수행한다. 소비자 조사는 여러 가지 형태로 행해질 수 있다. 많은 회사가 브랜드에 대한 실제의 마케팅 프로그램과 소비자가 좋아하는 구매 경험과 가 능한 한 비슷하게 모의 실험을 하고자 한다.[36] 따라서 소비자에게 제품과 패키징, 가격, 프 로모션 자료를 선보이게 되고, 소비자는 브랜드의 합리성 및 그것이 어떻게 사용될 것인지 를 이해하게 될 것이다. 마케터는 지역적인 혹은 인종적인 면에서의 차이를 알아내기 위해

많은 소비자 표본을 조사해야 한다. 마케터는 브랜드네임의 반복적인 노출 효과와 브랜드네임이 말해질 때와 쓰여질 때 어떠한지도 고려해야 한다.

6. **최종 브랜드네임 선택** : 이전 단계들에서 모은 모든 정보에 근거하여 경영진은 자사의 브랜딩 및 마케팅 목표를 극대화하는 네임을 선택하여 그 네임을 공식적으로 등록해야 한다.

한 가지 명심할 점은 브랜드네임을 선택함에 있어 최소한 몇 가지 잠재적으로 부정적인 연상들이 어떤 고객에게는 늘 존재할 것이라는 사실을 인식해야 한다. 그러나 이 연상이 심각한 것이 아니라고 한다면, 대부분의 경우 최초 마케팅 홍보 및 프로그램 착수 후 사라지거나 없어질 것이다. 마찬가지로, 초기에 브랜드네임은 얼마간 호감을 얻지 못하기도 하는데 그 이유는 친밀성이 부족하거나, 네임을 변경하는 경우라면 정상적인 수준으로부터 벗어나는 것을 표현했기 때문이다. 마케터는 새로운 브랜드네임의 잠재적인 영향을 평가할 때 더 지속적인 효과로부터 이러한 일시적인 고려 요인을 분리해야 한다는 것을 기억해야 한다.[37]

제트블루

전통적으로, 항공사들은 아메리칸(American)처럼 특정한 지리적 기원, 또는 유나이티드(United)처럼 지리적 거리를 연상시키는 서술형 이름을 사용한다. 제트블루(JetBlue)는 신선한 콘셉트의 새로운 저가 항공사를 출범시킬 때 평범한 항공사처럼 들리는 이름이 아닌, 자극적인 이름이 필요하다고 결정했다. 광고 대행사인 머클리앤드파트너스(Merkley & Partners), 브랜드 컨설턴트인 랜도(Landor)와 함께 이 회사는 Fresh Air, Taxi, Egg, It 등의 후보 명단을 만들었다. 평화롭고 맑은 하늘을 암시하는 블루(Blue)라는 이름은 인기를 끌었지만, 상표권 변호사들은 뚜렷한 수식어가 없으면 그 이름을 보호하는 것이 불가능할 것이라고 했다. 첫 번째 후보인 트루블루(TrueBlue)는 렌터카 회사의 이름이기도 한 것으로 밝혀지면서 후보군에서 제외되었다. 그후 최상의 대안으로 떠오른 제트블루 브랜드가 등장해 그렇게 브랜드가 탄생했다. 제트블루는 경기 침체기 동안 항공업계가 겪었던 어려운 시기에 대응한 낙관적인 '제팅(Jetting)' 캠페인을 브랜드 이름의 '제트(Jet)' 부분으로 활용했고 이 광고는 제트블루와 서비스에 대한 그것의 '독특한' 접근법을 구분하는 역할을 했다. 제트블루의 '트루블루' 로열티 프로그램은 브랜드 이름의 끝부분을 교묘하게 활용한다.[38]

제트블루는 환기시키는 브랜드 이미지와 강력한 고객 초점을 사용해 브랜드를 구축했다.

출처 : Mark Waugh/Alamy Stock Photo

URL

웹페이지 주소 URL은 웹상에서 페이지의 위치를 지정하는 데 사용되는데, 보통 **도메인 네임**(domain names)이라 부르기도 한다. 특정 URL을 소유하고자 하는 사람은 네임을 등록하고 값을 지불해야 한다. 최근 수년간 기업들이 웹상의 공간을 강력히 요구함에 따라 등록된 URL의 수는 급격히 증가했다. 모든 3개 철자로 이루어진 조합과 일반 영어사전에 있는 사실상 모든 단어가 등록되었다. 엄청난 양의 등록 URL로 인해 기업은 웹사이트 개설을 위해 새로운 브랜드에 대한 신조어를 사용하는 것이 필요함을 느꼈다. 한 예로, 앤더슨컨설팅(Andersen Consulting)은 새로운 네임을 선정할 당시 URL 액센츄어 닷컴이 등록되지 않았다는 부분적인 이유에서 신조어인 '액센츄어'를 선택했다.

URL과 관련해 기업이 직면한 또 다른 이슈는 도메인 네임상의 비승인 사용으로부터 그들 브랜드를 보호하는 것이다.[39] URL에서의 비허가 사용으로부터 브랜드를 보호하기 위해서, 회사는 URL의 현 소유자를 상대로 저작권 침해 소송을 제기하거나 또는 그로부터 브랜드네임을 구입할 수 있으며, 브랜드의 상상 가능한 모든 변형을 남보다 앞서 도메인 네임으로 등록할 수 있다.

2010년은 사이버스쿼팅(cybersquatting) 사례가 기록적으로 많았던 해였다. 사이버스쿼팅이란 다른 기관이나 사람에게 소속된 도메인을 무단으로 점거하는 행위를 말한다. 사이버스쿼팅을 행하는 개인 혹인 기관은 무단으로 점거한 도메인을 실제 그 이름으로 트레이드마크가 등록된 회사, 즉 도메인 이름의 실주인에게 높은 가격에 판매하려고 한다. 이런 경우, 트레이드마크 침해를 당한 기업은 UN산하 세계지적소유권기구(WIPO)를 통해 침해자를 고발할 수 있다.[40] 파나소닉(Panasonic), 에이본(Avon), 허츠(Hertz) 등 여러 기업이 이러한 침해를 당했고 어떤 경우에는 많은 돈을 주고 도메인을 사들여야 했다.

2010년에 아케데미상협회(Academy Awards)가 고대디(GoDaddy)라는 회사를 57개 도메인을 무단 점거 및 판매한 이유로 소송을 제기했다. '2011년 오스카닷컴(2011 Oscars.com)' 같은 아카데미 시상식과 관련있어 보이는 도메인 네임을 가진 사람들이 고대디를 통해 이러한 도메인 네임을 판매해 수익을 창출한 사례가 있었는데 법원에서는 최종적으로 고대디에게 유리한 판결을 내렸다. 이러한 판결의 주된 이유는 고대디가 '수익 창출에 대한 명확한 악의적인 의도를 갖지 않았다'는 점이었다. 많은 사람이 이를 사이버스쿼팅에 관한 기념비적인 판결로 받아들였는데 이는 앞으로는 브랜드들이 막연히 제삼자가 그들 브랜드의 트레이드마크를 감시하여 보호할 것을 기대할 수 없기 때문이었다.[41] 또 다른 유명한 도메인 네임 침해 사례는 아래 루이비통에서 볼 수 있다.

루이비통 닭

한국의 한 프라이드치킨 레스토랑은 최근 루이비통(Louis Vuitton)과의 상표권 싸움에서 패배했는데, 이 레스토랑의 이름 루이비통 닭(Louis Vuiton Dak)이 루이비통과 너무 비슷하다는 판정을 받았다. 이 레스토랑의 로고와 포장은 디자이너의 상징적인 이미지를 촘촘히 반영했다. 당초 루이비통 측이 식당을 상대로 소송을 제기한 뒤 법원은 식당 측에 판매 중단을 명령하고 이를 지키지 않을 경우 하루 50만 원의 벌금을 부과하겠다고 했다.[42] 이 식당은 결국 명령 불이행으로 1,450만 원의 벌금을 물게 되었다. 많은 브랜드가 제품과 구매 채널이 공통점이 없더라도 브랜드를 미러링하는 것을 피함으로써 비슷한 비용이 드는 법적 분쟁을 피할 수 있다.

사이버스쿼팅은 최근에 스푸핑(spoofing)이라는 기만적인 형태로 발전했는데 스푸핑이란 사기를 치려는 의도를 가진 사람이 실제 브랜드네임과 유사한 웹사이트를 만들어서 사용자를 현혹하는 행위를 말한다. 이러한 종류의 사기 웹사이트가 창출하는 가치는 연간 약 4,600억 달러인 것으로 나타났는데, 이러한 액수는 이마케터(eMarketer)에서 예상한 연간 온라인 명품시장 거래액인 2,640억 달러보다 훨씬 큰 액수이다. 이와 비슷하게 사이버보안 관련 회사가 실시한 또 다른 관련 연구에 따르면 8개 주요 명품 브랜드네임[샤넬(Chanel), 구찌(Gucci), 까르띠에(Cartier), 프라다(Prada), 지방시(Givenchy), 에르메스(Hermès), 버버리(Burberry), 루이비통(Louis Vuitton)]은 대부분 사기성이 짙은 538개의 여러 다른 형태의 도메인 주소에 나타나는 것으로 밝혀졌다.[43]

이러한 스푸핑 비즈니스가 가능한 이유는 브랜드네임에 대한 스펠링 실수나 알파벳 추가와 같은 고객의 사소한 무관심에서 기인한다(예 : Hermes-bag.us, Givvenchy.com, Chamel.us). 이러한 웹사이트의 증가는 고객에게 여러 피해를 줄 수 있는데 예를 들어 신용카드 정보를 도난당하거나 위조 상품 구매 등과 같은 다양한 형태의 피해가 발생하고 있다.[44] 이러한 스푸핑과 사이버스쿼팅 같은 이슈는 증가 추세로, WIPO에 따르면 2016 한 해 동안 사이버스쿼팅 관련 분쟁은 16% 증가했으며 이 중 9%는 패션 브랜드 관련 사건이었다. 특히 휴고보스(Hugo Boss)는 2016년 한 해 동안 42개 도메인에 대해 WIPO에 제소했다.

또 다른 종류의 스푸핑 사례로 브랜드 명의로 고객에게 고객 신용카드 정보를 불법으로 얻고자 하는 사기성 이메일을 들 수 있다. 이러한 피싱 시도는 고객의 브랜드에 대한 신뢰와 브랜드 명성을 크게 훼손하기 때문에 브랜드에 매우 해롭다. 대표적으로 아마존, 이베이, 페이팔 같은 브랜드가 이러한 피싱사기의 주 타깃이 되었다.[45]

그렇다면 어떻게 브랜드는 이러한 온라인 사기와 스캠(scam)으로부터 브랜드 가치를 보호할 수 있는가? 먼저 사기 업체들에게 그들의 트레이드마크를 침해하는 행위를 멈출 것을 요구하는 것과 같은 점진적인 방법을 쓸 수 있다. 이러한 요구를 위배할 경우 현존하는 반사이버스쿼팅 소비자 보호법 UDRP(Uniform Domain-Name Dispute-Resolution Policy) 등과 같은 법에 따라 고발에 들어갈 수 있다. 그럼에도 불구하고 브랜드 신뢰도와 명성을 해치는 이러한 가짜 브랜드와 스캠을 방지하기 위한 지속적인 노력이 필요한 실정이다.[46]

로고와 심벌

일반적으로 브랜드네임이 브랜드의 가장 중요한 요소라고 보는데 이와 함께 시각적인 브랜드 요소도 종종 브랜드자산을 구축하는 데, 특히 브랜드 인지도의 관점에서 중요한 역할을 수행한다. 그중 **로고**(logo)는 역사적 기원, 소유권, 연상을 나타내는 수단으로서 오랜 역사를 지니고 있다. 예를 들어 명문가나 국가들은 네임을 시각적으로 나타내기 위해서 로고를 사용했다(예 : 오스트리아-헝가리 제국의 합스부르크 독수리).

로고는 독특한 형태로 쓰인 회사명이나 등록상표(텍스트로만 된 워드마크)에서부터 워드마크나 회사명 혹은 회사 활동 등과 전혀 관련 없는 완전히 추상적인 심벌마크 디자인에 이르기까지 다양한 유형이 있다.[47] 강한 워드마크를 갖고 있고 그 외의 비텍스트 로고를 갖지 않는 브랜드의 대표적인 예로는 코카콜라, 던힐(Dunhill), 킷캣(Kit Kat) 등이 있다. 추상적인 심벌마크 로고의 예로는 메르세데스의 별, 롤렉스(Rolex) 왕관, CBS의 눈, 나이키의 스우시, 올림픽 오륜 등이 있다. 이러한 워드마크가 아닌 로고는 **심벌**(symbol)이라고 한다.

많은 로고가 이러한 양극 사이에 존재한다. 어떤 로고는 브랜드 의미와 인지도 강화를 목적으로 문자상의 표현으로만 이루어지는데 예로 암앤해머(Arm and Hammer), 미국 적십자, 애플 로고 같은 것을 들 수 있다. 어떤 로고에는 아메리칸익스프레스의 로마 백부장, 랜드오레이크스(Land O'Lakes)의 아메리카 원주민, 모턴(Morton) 소금의 우산 쓴 소녀, 랄프로렌(Ralph Lauren)의 폴로선수 로고처럼 특성상 매우 구체적이거나 그림이 포함된 것도 있다. 굿이어(Goodyear)의 비행선, 맥도날드의 금빛 아치, 플레이보이(Playboy)의 토끼같이 제품이나 회사의 특정한 물리적 요소가 심벌이 될 수 있다. 많은 기술 관련 브랜드는 자신들의 브랜드가 제공하는 편익을 나타내는 로고를 사용하는데 예를 들어 왓츠앱(WhatsApp)은 유선전화가 말풍선 안에 들어 있는 로고를 사용하고 아마존은 자신들이 제공하는 높은 서비스와 다양한 종류의(A to Z) 상품군을 나타내기 위해 아마존 이름 아래에 웃는 모습이 담긴 로고를 사용한다.

브랜드네임처럼, 추상적인 로고는 특이해서 더 쉽게 인지될 수 있다. 그렇지만 추상적인 로고에는 구체적인 로고에 존재하는 고유한 의미가 부족하기 때문에 로고의 의미를 설명해주는 중요한 마케팅 차원의 지원이나 사전 이해가 없을 경우, 해당 로고가 무엇을 나타내고자 하는 것인지를 소비자가 이해하지 못할 수 있다는 위험이 있다. 소비자는 매우 추상적인 로고도 형태에 따라 다양한 평가를 내린다.

편익 소비자가 로고는 인지하면서도 브랜드네임과 제품에 로고를 연결하지 못할 수도 있다고는 하지만, 로고는 연결이 된다. 많은 보험회사가 강력함의 심벌[푸르덴셜(Prudential)의 지브롤터 바위와 하트퍼드(Hartford)의 수사슴] 혹은 보안 심벌[올스테이트(Allstate)의 '굿 핸드', 파이어맨스펀드(Fireman's Fund)의 안전모, 트래블러스(Travelers)의 우산]을 사용한다.

로고의 또 다른 브랜딩 이점은 그 특출함에 있다ー로고가 종종 비언어적이기 때문에 시간을 초월하여 필요할 때마다 새로워질 수 있고, 문화를 초월하여 제품군을 넘어서 잘 전달될 수 있다. 예를 들어 기업은 자신의 기업브랜드 아이덴티티를 광범위한 제품에 걸쳐 전이하고 상이한 하위브랜드를 보증하기 위해 종종 로고를 개발한다.[48]

어떤 이유에서든 브랜드네임의 전체적인 사용이 어려울 때는 추상적인 로고가 유용하다. 예를 들어 영국의 내셔널웨스트민스터은행(National Westminster Bank)은 네임 자체가 길고 부담이 되기 때문에 로고로 삼각형의 도안을 만들어냈고 수표책, 인쇄물, 사인, 홍보물 등에서 아이덴티티 수단으로 로고가 더 쉽게 표현될 수 있었다. 로고는 냇웨스트(NatWest)처럼 회사 네임의 단축형으로도 사용한다.[49]

마지막으로, 브랜드네임과는 다르게 로고는 시간이 지남에 따라 보다 동시대적인 모습을 갖추기 위해 쉽게 변할 수 있다. 예를 들어 2000년에는 존디어(John Deere)가 32년 만에 처음으로 등록상표를 고쳐 사슴이 착지하는 형태가 아닌 도약하는 것처럼 보이도록 개정했다. 그 변화는 '기술적 우위를 가진 힘과 민첩함의 메시지를 전달하도록' 의도된 것이었다.[50]

상위 100개 브랜드의 로고에 관한 연구에 따르면 이러한 로고는 몇 가지 흥미로운 공통점이 있다.[51] 거의 절반에 가까운 로고가 한 가지 색만 사용하고 있고, 3분의 1은 빨간색이나 파란색을 사용하고 있다. 추가로 23%의 로고는 검은색과 흰색을 사용하고 있고 절반이 넘는 로고는 수평적인 비율을 보였다. 최근 여러 브랜드가 고객에게 좀 더 다가가기 위해 로고에 변화를 주고 있으며 인스타그램과 우버, 구글을 예로 들 수 있다.

또 다른 로고 관련 연구에서는 로고 변화가 '브랜딩 시간(branding second)'에 미치는 영향력에 대해 연구했는데[52] 브랜딩 시간은 로고를 본 고객 비율에 평균적으로 브랜드 로고를 본 시간을 곱한 것으로 정의되었다. 그 결과 우버, 페이팔, 구글이 가장 높은 브랜딩 시간 증가를 보였는데 기존 브랜드 로고와 새로운 로고 사이에 약 50% 정도의 브랜드 시간 증가를 보였다. 반대로, 에어비앤비의 로고 변경은 브랜딩 시간(branding second)이 9% 증가하는 데 그쳤다.

그럼에도 불구하고 로고를 바꾸는 일은 결코 쉽지 않고 많은 비용이 들 수 있다. 어떤 브랜딩 전문가에 따르면 하나의 대기업이 새로운 심벌을 만들거나 기존 로고를 재생산하는 작업에 보통 100만 달러 정도의 비용을 지불할 것으로 예상했다.[53]

캐릭터

캐릭터는 특별한 유형의 브랜드 심벌이다. 이것은 인간 혹은 실생활의 특성에서 취할 수 있다. 브랜드 캐릭터는 전형적으로 광고를 통해 소개되고, 광고 캠페인과 패키지 디자인에서 중요한 역할을 한다. 어떤 브랜드 캐릭터는 필스버리 도우보이(Pillsbury Doughboy), 피터 팬(Peter Pan) 땅콩 버터, 토니 더 타이거(Tony the Tiger), 스냅, 크래클 앤드 팝(Snap, Crackle, and Pop) 같은 많은 시리얼 캐릭터 같이 만화로 되어 있다. 다른 것들은 후안 발데스(Juan Valdez, 콜롬비아 커피), 로날드 맥도날드(Ronald McDonald) 같이 생생한 움직임의 인물들로 구성되어 있다. 브랜딩 브리프 4-1에서는 스타키스트(StarKist) 참치의 브랜드를 강화하는 데 브랜드 캐릭터인 찰리 더 튜나(Charlie the Tuna)가 했던 역할을 살펴본다.

편익 브랜드 캐릭터는 종종 화려하고 이미지가 풍부하기 때문에 시선을 집중시키는 경향이 있고 브랜드 인지도 창출에 매우 유용하다. 브랜드 캐릭터는 또한 제품의 핵심 편익을 전달하는 데 도움이 된다. 예를 들어 메이태그(Maytag)의 외로운 수리공(Lonely Repairman)은 '신뢰성'이라는 핵심 제품 연상을 강화했다.

브랜드 캐릭터의 인간적인 요소는 호감도를 높이고 재미있거나 흥미로운 것으로서 브랜드에 대한 지각 창출에 도움이 될 수 있다.[54] 소비자는 브랜드가 문자 그대로 인간적인 캐릭터를 가질 경우에 더 쉽게 브랜드와 관계를 맺을 수 있다. 브랜드 캐릭터의 사용은 실제 사람이 브랜드를 상징할 때 올 수 있는 여러 문제를 피할 수 있게 해주는데, 예를 들어 캐릭터는 나이를 먹지 않으며 높은 비용을 요구하지도 않는다. 그럼에도 불구하고 몇몇 예외 사례가 존재할 수 있다. 예를 들어 아플락(Aflac) 보험회사의 브랜드 캐릭터인 오리의 목소리를 담당했던 유명 코미디언 길버트 고트프리드(Gilbert Gottfried)가 일본의 쓰나미와 지진에 대한 논란이 되는 트윗을 날렸을 때 아플락이 그를 해고한 일이 있다.[55]

마지막으로, 브랜드 캐릭터는 일반적으로 직접적인 제품 의미를 보유하고 있지 않기 때문에 비교적 쉽게 제품군을 넘어서 전이될 수 있다. 예를 들어 아커(Aaker)에 따르면 "키블러(Keebler)의 장난꾸러기 요정 아이덴티티(홈 스타일 빵을 굽는 감각에 마술과 재미를 결합시킴)는 키블러가 다른 종류의 구워낸 제품으로 확장할 수 있게 해주며, 아마도 홈메이드의 매력과 재미가 의미 있는 다른 제품군으로의 확장도 가능할 것이다.[56] 인기 있는 캐릭터들은 종종 가치 있는 라이선싱 소유물이며 직접적인 이윤을 제공하기도 하고 추가적인 브랜드 노출이 된다.

주의사항 브랜드 캐릭터를 사용하는 데 있어 몇 가지 주의사항과 단점이 있다. 브랜드 캐릭터는

브랜딩 브리프 4-1

스타키스트의 찰리 더 튜나

스 타키스트(StarKist)는 미국에서 가장 큰 참치 브랜드로, 통조림과 파우치 황다랑어, 날개다랑어, 가다랑어 참치 등을 모두 갖추고 있다. 이 브랜드의 포장은 1961년부터 그 브랜드와 함께한 상징적인 캐릭터인 찰리 더 튜나(Charlie the Tuna)의 이미지를 특징으로 한다. 스타키스트는 한국의 동원그룹(이전에는 하인즈, 델몬트푸드)이 소유하고 있으며, 찰리 더 튜나는 스타키스트 참치 브랜드를 성장시키고 그 제품군 내에서 시장 선두주자로 변모시키는 데 필수적인 요소로 작동해왔다. 이중초점성을 가진 찰리 더 튜나는 스타키스트가 90%의 브랜드 인지도와 높은 브랜드 충성도를 달성하게 하는 동시에 그 브랜드의 인기 상승과 하락을 헤쳐나갈 수 있게 해준 것으로 인정받고 있다.

찰리 더 튜나는 베레모와 콜라병 안경을 쓴 힙스터로 스타키스트의 광고에 출연했다. 찰리는 자신이 스타키스트에게 완벽한 참치라고 믿었지만, 항상 "미안해, 찰리."라고 적힌 쪽지와 함께 거절당했고, 스타키스트는 좋은 맛인 참치를 찾는 것이 아니라 맛이 좋은 참치를 찾는 것이라고 말했다. "미안해, 찰리."는 스타키스트와 밀접한 관계가 되었고 또한 미국에서 인기 있는 말의 한 부분이 되었다. 모든 광고는 찰리가 시청자에게 "찰리가 보냈다고 말해줘."라고 말하는 것으로 끝났다.

업계 동향에 대한 간략한 개요는 스타키스트 브랜드가 몇 년 동안 어떻게 성장하고 변화했는지를 보여주는 데 도움이 될 수 있다. 스타키스트는 참치 통조림 부문에서 시장 점유율 선두를 차지했으며, 2017년까지 참치 통조림 부문에서 전체 달러 시장 점유율 47%를 차지했다. 범블비(Bumblebee)와 치킨오브더시(Chicken of the Sea) 같은 브랜드는 각각 평균 23%와 11%의 시장 점유율을 보이며 시장 추격자들이다. 스타키스트의 지배력은 최근 다양한 맛의 파우치[예 : 튜나 크리에이션(Tuna Creations)]의 도입과 관련이 있다.

건강과 웰빙의 중요성이 증가하면서, 매장 주변에 배치되는 상품(특히 신선식품)의 매출도 꾸준히 증가했다. 게다가 두 번째 트렌드는 하바네로, 와사비, 케이준, 스리라차 등을 포함한 다양한 민족의 전통적인 맛에 대한 인기가 증가하는 것이다. 건강식품에 대한 선호도 변화와 함께 전통적이고 매운 맛의 인기가 높아지자 스타키스트는 맛깔스러운 참치 파우치를 선보이며 대응했다. 이 파우치는 참치의 건강상 이점과 함께 저렴한 식사 솔루션에 맛을 결합한 기존 음식에 대한 쉽고 편리한 대안을 제시했다. 또 다른 장점은 매운 맛을 이용할 수 있다는 것이다. 캔에서 벗어나 파우치의 편리성으로 인해 밀레니얼 세대 및 바쁜 소비자층(예 : 바쁜 엄마, 젊은 전문가 등) 사이에서 스타키스트 브랜드의 매력이 높아졌다. 이러한 요소들은 스타키스트 참치의 성장을 촉진하는 데 도움을 주었고, 스타키스트 참치 파우치는 2014~2017년 사이에 연간 12%의 누적 성장률로 성장했다. 스타키스트 참치 파우치는 파우치 카테고리의 판매액 기준 시장 점유율 88%를 차지할 정도로 성장했다. 이를 통해 스타키스트는 시장 선두주자로서의 위치를 빠르게 확인할 수 있었고, 하락하는 판매 추세를 되돌리는 데 도움이 되었다.

스타키스트의 라인 확장 성공에 있어서 찰리 더 튜나의 역할은 무엇인가? 호사니 등(Hosani er al.)에 따르면, 라인 및 브랜드 확장은 브랜

찰리 더 튜나는 스타키스트 브랜드의 전설적인 마스코트이며 가장 인정받는 미국 브랜드 캐릭터 중 하나이다.

드 캐릭터를 구축하고 유지하는 데 도움이 될 수 있으며, 브랜드 캐릭터를 신제품 라인으로 확장하는 것도 브랜드의 가시성을 유지하고 새로운 수익원을 창출하는 데 도움이 될 수 있다. 참치 파우치가 인기를 끌면서 스타키스트는 밀레니얼 세대의 참치 부문에서 1위 브랜드를 유지했다. 스타키스트는 또한 찰리와 함께 광고에 출연한 새로운 연예인 후원자 캔디스 카메론 부레(Candace Cameron Bure, 성공한 엄마, 배우, 작가)를 소개했다. 둘 다 스타키스트의 바쁘고 활발한 라이프스타일인 스타키스트 크리에이션 파우치를 출시하는 데 도움이 되었다. 스타키스트의 참치와 연어 1인분 파우치는 바쁜 라이프스타일에 맞는 맛있는 식사 옵션을 제공하기 위한 것이다. 이 광고에는 캔디스 카메론 부레와 찰리가 대화를 나누고 맛있는 점심 메뉴를 제공하는 장면이 나온다. 요약하자면, 이제 찰리 더 튜나의 역할은 브랜드 대변인으로, 이동 중 식사, 맛, 다양한 해산물 종과 단백질을 소개해 '혁신적인 식사 시간 솔루션'을 제공하는 브랜드 홍보대사다. 친근하고 접근하기 쉬운 캐릭터로 인해 찰리는 유명해졌고 미국에서 가장 인정받는 브랜드 캐릭터 중 하나로 선정되었다. 예를 들어 찰리는 가장 전설적인 마스코트 중 일부와 함께 애드버타이징 위크(Advertising Week)의 2017년 매디슨 명예의 거리에 이름을 올렸다.

출처 : James Wright (2015), "The Top 25 North American Seafood Suppliers," June 4, 2015, www.seafoodsource.com/news/supply-trade/the-top-25-north-american-seafood-suppliers?content%5Bb1a7c925-1ed6-4bc4-ab97-58e281440ce3%5D=21, accessed March 19, 2018; Theresa Lindeman, "ToonSeum Helps StarKist's Charlie the Tuna Celebrate 50th Year," February 17, 2011, www.postgazette.com/business/businessnews/2011/02/17/ToonSeum-helps-StarKist-s-Charlie-the-Tuna-celebrate-50th-year/stories/201102170333, accessed March 19, 2018; "2017 Dollar Share Nielsen Report for Tuna, All US XAOC; Top Seafood Suppliers in North America, 2015," *Market Share Reporter*, Ed. Robert S. Lazich and Virgil L. Burton, III. 28th ed. Farmington Hills, MI: Gale, 2018; *Business Insights: Global*, December 3, 2017; Sameer Hosany, Girish Prayag, Drew Martin, and Wai-Yee Lee, "Theory and Strategies of Anthropomorphic Brand Characters from Peter Rabbit, Mickey Mouse, and Ronald McDonald, to Hello Kitty," *Journal of Marketing Management* 29, no. 1 -2 (2013): 48-68; G. Sylvia, "Actress Candace Cameron Bure Stars Alongside Brand Icon Charlie the Tuna in Two New Ads Promoting Brand's Tuna & Salmon Creations," February 8, 2017, www.adstasher.com/2017/02/candace-cameron-bure-stars-charlie-tuna-ads.html, accessed March 19, 2018; http://StarKist.com/charlie/all-about-charlie.

시선을 매우 잘 집중시키고 호감을 이끌어내는 경향이 있기 때문에 다른 브랜드 요소를 지배하게 되고, 실제로 브랜드 인지도를 약화시킬 수도 있다.

에버레디

랠스턴 퓨리나(Ralston Purina)가 에버레디 에너자이저(Eveready Energizer) 배터리 광고에서 "계속… 계속… 계속…"하는 북 치는 분홍색 토끼를 소개했을 때, 많은 소비자가 그 캐릭터에 너무 사로잡혀서 광고된 브랜드 이름에 거의 주의를 기울이지 않았다. 그 결과 소비자들은 종종 그 광고가 에버레디의 주된 경쟁사인 듀라셀(Duracell) 광고로 오인하곤 했다. 이에 에버레디는 더 강력한 브랜드 링크를 만들기 위해 포장, 홍보, 기타 마케팅 커뮤니케이션에 분홍색 토끼를 추가해야 했다. 하지만 오랜 시간에 걸친 마케팅노력을 통해 에너자이저 버니(Energizer Bunny, 분홍색 토끼)는 상징적인 지위를 얻게 되었다. 많은 마케팅 전문가가 분홍색 토끼가 제품 고유의 특징인 '오래가는 배터리'를 창의적이고 신선한 방식으로 보여주기 때문에 이 캐릭터를 '최고의 제품 데모'라고 본다. 이 회사의 CEO가 말했듯이, "에너자이저 버니가 주는 메시지는 20년 넘게 일관되게 있었고 그것은 바로 장수와 결단력, 인내이다." 토끼 캐릭터는 95%의 소비자가 인지하는 것과 옥스퍼드 영어 사전에 등재되는 것을 포함해서 여러 이정표를 달성했고, 2016년에 27주년을 맞았다. 하지만 아마도 가장 큰 찬사는 정치인부터 스포츠 스타에 이르기까지 모든 사람이 자신의 지속력을 묘사하기 위해 에너자이저 버니를 사용하는 것이다.[57]

에너자이저 버니는 장수와 결단력의 상징이 되었으며, 독창적이고 신선한 방식으로 수명이 긴 배터리와 같은 주요 브랜드 속성을 보여주는 데 도움이 됐다.

캐릭터는 종종 시간이 지남에 따라 새로워지고 캐릭터 및 브랜드 이미지와 개성이 표적시장과 관련성을 유지해야 한다. 수십억 달러의 제품과 라이선싱의 최강 기업으로 만들어준 일본의 헬로 키티(Hello Kitty) 캐릭터는 페이퍼 타월, 비행기와 같은 여러 종류의 라이선싱 협약과 틈새시장 중심의 마케팅 전략을 통해 그 브랜드의 이미지를 되살리고 브랜드 어필을 유지하는 데 성공했다.[58]

일반적으로 브랜드 캐릭터가 더 현실적일수록 그것을 첨단적으로 유지하는 것은 더욱 중요하다. 창작된 캐릭터 혹은 만화 캐릭터의 한 가지 이점은 그 소구가 실제 사람에 비해 보다 지속적이며 시간의 제한을 받지 않을 수 있다는 것이다. 브랜딩 브리프 4-2에서는 제너럴밀스의 캐릭터 베티 크로커(Betty Crocker)를 시간에 따라 변화시킨 제너럴밀스의 노력을 설명한다.

베티 크로커 업데이트

골 드메달(Gold Medal) 밀가루 생산기업인 워시번크 로스비컴퍼니(Washburn Crosby Company)는 1921년에 그림 맞추기 대회를 개최해 큰 성공을 거두었다. 이 회사는 3만 명이 넘는 참가자를 받았고, 몇백 명의 참가자가 베이킹에 관한 레시피와 조언을 회사에 요청했다. 이러한 요청을 처리하기 위해 회사는 대변인을 만들기로 결정했고 경영자들은 대변인의 이름으로 베티 크로커(Betty Crocker)를 선택했다. '베티'는 흔하고 친근한 이름이었고, '크로커'는 다들 좋아하고, 최근에 은퇴한 경영진 '윌리엄 G. 크로커(William G. Crocker)'를 참고했다. 이 회사는 1928년에 제너럴밀스(General Mills)와 합병했고, 새롭게 합병한 회사는 Betty Crocker Cooking School of the Air라는 전국 라디오 프로그램을 시작했다. 이 시간 동안 베티에게 발언권이 주어졌으며 그녀의 시그니처는 생산되는 거의 모든 제품에 등장했다.

1936년에 베티 크로커는 화가 네이사 맥메인(Neysa McMein)에 의해 초상화가 그려졌으며, 회사의 경제학자처럼 그려졌다. 베티는 오무라든 입술, 굳은 시선, 백발과 함께 점잖고 적절하게 보여졌고 그녀의 외모는 오랜 시간에 걸쳐 몇 번이고 업데이트되면서 더 친근하게 바뀌었지만 속마음을 잘 드러내지 않는 모습은 변하지 않았다.

1986년에 변화가 있기 전에, 베티 크로커는 솔직하며, 믿을 수 있고, 친근하고, 고객을 염려하는 전문가로 여겨졌으며, 또한 구식이고, 오래되고, 전통적이며, '오래된 예비품'의 제조자로 여겨졌으며, 특별히 현대적이거나 혁신적인 것은 아니었다. 이에 베티에게는 젊은 소비자를 매혹하지만 그녀를 과거의 엄격한 가정주부로 기억하는 나이 든 소비자를 소외시키지 않아야 하는 과제가 주어졌다. 그녀에게는 새로운 외모가 5~10년 동안 지속될 것이기 때문에 너무 우습지도, 유행하지도 않아야 하는 특정한 패션이 있어야 했다. 또한 그녀의 외모는 일하는 여성과 관련이 있어야 했다. 마지막으로 그리고 처음으로, 당시 미국 남성의 30%가 때때로 스스로 요리를 한다는 것을 보여 준 제너럴밀스의 연구 결과를 감안할 때, 베티 크로커의 외모는 남성에게도 매력적으로 다가갈 수 있게 디자인되었다.

몇 년 후 베티 크로커는 또 다른 업데이트를 거쳤다. 현재도 사용되는 업데이트를 거친 이 초현대적 모델은 다양한 인종으로 구성된 75명의 여성 이미지를 선별해 컴퓨터를 통해 복합되어 만들어졌다. 베티 크로커는 75세가 다 되었지만, 35세가 넘어 보인 날은 단 하루도 없었고 이 일곱 번째 변신은 성공한 것처럼 보였다. 비록 베티 크로커라는 이름이 200여 개의 제품에 있지만, 그녀의 시각적 이미지는 포장 앞면의 빨간 스푼 심벌과 서명으로 대체되었고, 그녀는 150만 명이 넘는 페이스북 친구, 트위터 계정, 수백만 명이 다운로드한 모바일 앱을 가진 요리책, 광고, 온라인에만 등장한다. 2017년까지 베티 크로커는 페이스북에

FIFTY YEARS OF BETTY CROCKER

캐릭터의 장점인 영원함. 실제 나이는 75세가 넘었지만 베티 크로커는 여전히 35세의 외모를 지녔다.

출처 : The Advertising Archives/Alamy Stock Photo

서 500만 명 이상의 팔로워를 얻었고, 그녀의 제빵과 요리 교육 비디오로 2,300만 건 이상의 조회수를 기록하는 등 유튜브에서도 인상적인 입지를 보였다. 베티는 젊은 밀레니얼 세대 관객 사이에서조차 가장 인정받는 브랜드 이름 중 하나로 남아 있다. 베티 크로커는 여러 면에서 뛰어난 콘텐츠 마케팅의 초기 사례 중 하나로 여겨질 수 있는데, 이는 그녀가 계속해서 발전하고 소비층과 관계를 맺음으로써 고객층과 더 강한 관계를 형성하기 때문이다.

출처 : Charles Panati, *Panati's Extraordinary Origins of Everyday Things* (New York: Harper & Row, 1989); Milton Moskowitz, Robert Levering, and Michael Katz, *Everybody's Business: A Field Guide to the 400 Leading Companies in America* (New York: Doubleday/Currency, 1990); "FYI Have You Seen This Person?," *Minneapolis–St. Paul Star Tribune*, October 11, 2000; Susan Marks, *Finding Betty Crocker: The Secret Life of America's First Lady of Food* (New York: Simon & Schuster, 2005); General Mills, "Betty Crocker Celebrates 90th Birthday," November 18, 2011, https://www.businesswire.com/news/home/20111118005153/en/Betty-Crocker-Celebrates-90th-Birthday, accessed October 26, 2018; Nyla Smith, "The Brand Story of Betty Crocker (and What We Can Learn from It)," November 24, 2017, www.nvision-that.com/design-from-all-angles/the-brand-story-of-betty-crocker, accessed April 25, 2018.

슬로건

슬로건(slogan)은 브랜드에 관한 설명적이고 설득력 있는 정보를 전달해주는 짧은 문구이다. 슬로건은 종종 광고를 할 때 나타난다. 그러나 그것은 패키징 및 마케팅 프로그램의 다른 측면에서도 중요한 역할을 할 수 있다. 스니커즈(Snickers)가 광고할 때 제시한 "출출하세요? 스니커즈를 잡으세요"라는 슬로건은 광고뿐 아니라 초콜릿바 포장지에도 나타난다.

슬로건은 강력한 브랜딩 도구이다. 왜냐하면 브랜드네임처럼 슬로건은 브랜드자산 구축에 있어 매우 효과적이고 빠른 수단이기 때문이다. 슬로건은 브랜드가 무엇이며 브랜드를 특별하게 하는 것이 무엇인가라는 관점에서 소비자로 하여금 브랜드의 의미를 파악하는 데 유용한 '고리' 혹은 '손잡이' 역할을 할 수 있다.[59] 그것은 짧은 몇 마디 단어나 문구로 마케팅 프로그램의 취지를 요약하고 전달하는 필수불가결한 수단이다. 예를 들어 스테이트팜보험(State Farm Insurance)의 "좋은 이웃처럼, 스테이트 팜이 있습니다"는 브랜드의 신뢰성과 우호성을 표현하는 슬로건으로 수십 년 동안 사용되었다.

편익 어떤 슬로건은 '절대로 잠들지 않는 시티(Citi)'에서처럼 어떤 방식으로 브랜드네임을 표현함으로써 브랜드 인지를 돕는다. 또한 어떤 슬로건은 슬로건 내에서 브랜드와 그에 상응하는 제품군을 강하게 연결함으로써 보다 확실하게 브랜드 인지도를 높인다[마치 라이프타임(Lifetime)이 '여성을 위한 TV'라고 광고하는 것처럼]. 가장 중요한 것은 슬로건이 브랜드 포지셔닝 강화를 도우며 독특한 포지셔닝 전달에 중요하다는 점이다. 예를 들어 독특한 브랜드 포지셔닝을 나타내는 데 HBO의 슬로건은 큰 역할을 했다.

HBO

유료 TV 채널로서, HBO는 항상 시청자에게 추가 비용을 지불할 가치가 있다는 것을 납득시킬 필요가 있었다. 단순한 유료 영화 채널 이상의 HBO는 무료 채널에서는 찾아볼 수 없는 〈섹스 앤 더 시티(Sex and the City)〉, 〈소프라노스(The Sopranos)〉, 〈안투라지(Entourage)〉와 같은 독창적이고 세련된 프로그램을 방송하는 전통이 있었다. 가장 설득

'It's Not TV, It's HBO(TV가 아니라 HBO다)'라는 교묘한 슬로건은 〈안투라지〉와 같은 프로그램을 가진 케이블 방송사가 다른 방송사와 어떻게 다른지 더 확실히 보여준다.

출처 : AF archive/Alamy Stock Photo

력 있는 차별점과 브랜드 본질을 강조하기 위해 HBO는 1996년 'It's Not TV, It's HBO(TV가 아니라 HBO다)'라는 교묘한 슬로건을 개발했는데, 이 슬로건은 외부적으로 시청자에게 브랜드를 이해하고 분류하는 데 도움을 주었다. 내부적으로 이 슬로건은 직원들에게 다음과 같은 명확한 비전과 목표를 제시했다 : 그들이 무엇을 했든 간에, 그것은 결코 평범한 TV처럼 보여서는 안 된다.[60]

슬로건은 종종 광고 캠페인과 밀접하게 연관되어 있으며, 광고 속에서 전달되는 설명적이고 설득적인 정보를 요약하는 태그라인으로 사용된다. 예를 들어 드비어스(DeBeers) 다이아몬드의 '다이아몬드는 영원히'라는 태그라인은, 다이아몬드는 영원한 사랑과 로맨스, 결코 잃지 않을 가치를 가져다준다는 의도된 광고 메시지를 전달한다. 달러쉐이브클럽의 'Shave time. Shave money'는 고객의 필요와 관련된 이 브랜드의 가성비 우위 포지셔닝 개념과 밀접한 관계가 있다. 특정 캠페인에 특화된 태그라인은 일정 기간 동안 브랜드 슬로건을 대신해 특별한 캠페인의 메시지를 강화하는 데 도움을 줄 수 있지만, 슬로건은 단순한 광고 태그라인보다 더 확장적이고 지속적일 수 있다.

예를 들어 수년 동안 나이키는 이벤트나 스포츠에서 광고 캠페인을 위해 그들의 잘 알려진 브랜드 슬로건인 '전투를 준비하라', '빠르면 잡을 수 없다'(농구), '미래를 써라'(월드컵)와 같은 광고 태그라인을 사용했다. 이렇게 다른 태그라인을 대신 쓰는 것은 광고 캠페인이 브랜드 슬로건에 의해 전달되는 메시지로부터 일종의 일탈을 하고 있음을 강조하는 수단이긴 하지만 브랜드 슬로건을 사용하지 않음으로써 그것이 신선한 상태로 남게 하는 수단이 될 수 있다.

슬로건 디자인   가장 강력한 슬로건 중 몇 가지는 여러 면에서 브랜드자산에 기여한다.[61] 슬로건은 종종 브랜드 인지도 및 이미지를 구축하는 방식으로 브랜드네임을 표현할 수 있다[예 : 메이블린(Maybelline) 화장품의 "Maybe She's Born With It, Maybe It's Maybelline", 퀘이커스테이트(Quaker State) 자동차 오일의 "The Big Q Stands for Quality"].

또한 슬로건은 제품과 관련된 메시지와 다른 의미들을 포함할 수도 있다. 예를 들어 챔피언(Champion) 스포츠웨어의 슬로건 'It Takes a Little More to Make a Champion'을 고찰해보자. 이 슬로건은 챔피언 스포츠웨어가 특별히 심혈을 기울여서 혹은 아주 특별한 재료로 만들어졌다는 의미로 볼 때 제품 성과에 관한 것으로 이해할 수 있다. 그러나 또한 챔피언 스포츠웨어가 정상급 운동선수를 연상시킨다는 의미에서는 사용자 이미지에 관한 것으로 해석될 수 있다. 우수한 제품 성능 및 바람직한 사용자 이미지를 결합함으로써 브랜드 이미지 및 자산 구축에 있어 강력한 플랫폼이 될 수 있다.

슬로건 변화   어떤 슬로건은 브랜드에 매우 강하게 연결되어 있어 계속해서 새로운 슬로건을 도입하기가 어려운 경우도 있다. (그림 4-6에 제시된 슬로건 퀴즈를 보면, 하단에 당신이 얼마나 많은 슬로건을 정확하게 인지하고 있는지를 알게 해준다.) 세븐업(7UP) 마케터는 기존의 유명한 슬로건인 '언콜라(Uncola)' 슬로건을 대체할 슬로건을 찾을 때까지, "Freedom of Choice", "Crisp and Clean and No Caffeine", "Don't You Feel Good About 7UP", "Feels So Good Coming Down" 같은 슬로건과 5년 이상 다소 주목을 끌었던 "Make 7UP Yours" 같은 많은 슬로건을 시도했다. 또한 세븐업은 고객에게 빵을 굽거나 요리를 할 때 세븐업을 다양한 재료와 섞을 것을 제안하며

1. _____ 손을 뻗어 누군가를 만지다(Reach Out and Touch Someone)

2. _____ 마음대로 하라(Have It Your Way)

3. _____ 무작정 하라(Just Do It)

4. _____ 무조건 하룻밤 사이에 배달되어야 할 때(When It Absolutely, Positively Has to Be There Overnight)

5. _____ 운전자 구함(Drivers Wanted)

6. _____ 그것 없이는 집을 나서지 마라(Don't Leave Home Without It)

7. _____ 돌처럼(Like a Rock)

8. _____ 나는 소중하기 때문에(Becuse I'm Worth It)

9. _____ 궁극의 운전 머신(The Ultimate Driving Machine)

10. _____ 최고의 제품을 보낼 수 있을 만큼 신경 쓸 때(When You Care Enough to Send the Very Best)

11. _____ 자본가 도구(Capitalist Tool)

12. _____ 놀라운 효능을 가진 놀라운 약(The Wonder Drug That Works Wonders)

13. _____ 더 이상의 눈물은 없다(No More Tears)

14. _____ 손에서 녹는 게 아니라 입에서 녹는다(Melts in Your Mouth, Not in Your Hands)

15. _____ 우리는 더 노력한다(We Try Harder)

16. _____ 문명 해독제(The Antidote for Civilization)

17. _____ 오늘 어디에 가고 싶은가?(Where Do You Want to Go Today)

18. _____ 당신의 손가락이 걷게 하라(Let Your Fingers Do the Walking)

19. _____ 챔피언의 아침(Breakfast of Champions)

20. _____ 친절한 하늘을 비행하자(Fly the Friendly Skies)

(1) 벨 전화, (2) 버거킹, (3) 나이키, (4) 페덱스, (5) 폭스바겐, (6) 아메리칸익스프레스, (7) 쉐보레, (8) 로레알, (9) BMW, (10) 홀마크, (11) 포브스, (12) 바이엘 아스피린, (13) 존슨즈 베이비 샴푸, (14) M&Ms, (15) 에이비스, (16) 클럽메드, (17) 마이크로소프트, (18) 옐로페이지, (19) 위티스(Wheaties), (20) 유나이티드항공

그림 4-6
유명한 슬로건 퀴즈

"Mix It Up a Little" 슬로건으로 변경했다.[62]

브랜드를 매우 확실하게 식별할 수 있는 슬로건은 잠재적으로 상자에 가두어져 있는 것일 수도 있다. 성공적인 슬로건은 자체의 생명력을 가지고 있어서 1980년대 웬디스(Wendy's)의 'Where's the Beef?', 2000년대 패러디물인 'Got Milk?'처럼 대중적인 캐치프레이즈가 될 수 있다. 그러나 이러한 성공에도 하강 국면이 있을 수 있다. 슬로건이 지나치게 빠르게 노출되어서 브랜드나 제품의 고유한 의미를 잃을 수도 있기 때문이다.

일단 슬로건이 높은 수준의 인지 및 수용을 얻게 되면 브랜드자산에 기여할 수도 있지만, 그것은 아마도 브랜드를 상기하는 단서로서의 기능이 크기 때문일 것이다. 소비자는 슬로건을 여러 번 보거나 들었을 때 그 슬로건이 무엇을 의미하는지를 오랜 생각 없이 알 수 있게 된다. 동시에 브랜드가 더 이상 강화할 필요도 없는 일부 제품의 의미를 계속해서 전달한다면, 슬로건은 잠재적으로 어려움에 부딪히게 된다. 이러한 경우 새롭고 바람직한 브랜드연상으로의 연결을 강화하

지 않음으로써 슬로건은 브랜드가 가능한 한 바람직하고 필요해지도록 하는 것을 제한하거나 막을 수도 있다.

슬로건은 아마도 시간이 지나면서 변화될 수 있는 가장 쉬운 브랜드 요소이기 때문에 마케터는 이를 다루는 데 더 많은 유연성이 필요하다. 다른 브랜드 요소를 바꿀 때처럼 슬로건을 바꿀 때는 다음과 같은 사항이 중요하다.

1. 슬로건이 인지도 및 이미지 향상을 통해 브랜드자산에 얼마나 기여하고 있는지 인식하라.
2. 만약 브랜드자산을 증대할 필요가 있다면 얼마나 많은 브랜드자산의 변화가 요구되는지 결정하라.
3. 다른 방식으로 브랜드자산에 기여할 필요가 있는 새로운 의미를 제공하는 한편, 기존 슬로건에 여전히 존재하는 바람직한 혹은 필요한 자산을 가능한 한 많이 유지하라.

어떤 경우에는 완전히 새로운 의미를 가진 슬로건을 출시하는 것보다 기존 슬로건을 변경하는 것이 효과적일 수 있다. 하지만 어떤 경우에는 슬로건 변화가 브랜드 리포지셔닝 전략의 일부분일 수 있고 이러한 경우 매우 극적인 슬로건 변화는 브랜드 리포지셔닝에 큰 도움이 될 수 있다. 예를 들어 커버걸(Cover Girl)은 매우 잘 알려진 "Easy, Breezy, Beautiful Cover Girl"이란 슬로건을 버리고 "I Am What I Make Up"이라는 새로운 슬로건을 도입함으로써 아름다움에는 기준이 없고 메이크업은 자기 자신과 자아 변화의 도구라는 믿음에 기반한 리포지셔닝 전략을 성공적으로 수행하는 데 큰 도움을 주었다.[63] 다커스(Dockers)의 경우에는 브랜드 슬로건을 기존의 잘 알려진 "Nice Pants"에서 "One Leg at a Time"으로 바꿨다가 다시 기존의 슬로건으로 돌아갔는데 이는 기존 슬로건의 가치가 너무 컸고 비슷한 수준의 가치 달성이 너무 비싸다고 생각했기 때문이었다.

징글

징글(jingle)은 브랜드에 쓰이는 음악적인 메시지이다. 보통 전문 작곡가가 만드는 징글은 흔히 듣는 사람들의 마음속에 영구적으로 기억될 수 있을 만큼 외우기 쉬운 음률 및 후렴구를 가지고 있다. 20세기 초반, 방송광고가 주로 라디오에 제한되어 있을 때 징글은 중요한 브랜딩 도구였다.

징글은 확장된 음악 슬로건으로 생각할 수 있다. 그러한 의미에서 징글은 브랜드 요소로 분류할 수 있다. 그러나 징글은 그 음악적 특성으로 인해 다른 브랜드 요소만큼의 전이성이 없다. 징글은 브랜드 편익을 전달할 수 있고, 또한 그 음악적인 토대로 인해 간접적이고 꽤 추상적인 방식으로 제품 의미를 전달한다. 징글을 들음으로써 브랜드에 관해 떠올릴 수 있는 잠재적 연상들은 아마도 느낌 및 개성 그리고 다른 무형의 것들보다 더 쉽게 연결되는 것 같다.

브랜드 인지도 향상이라는 관점에서 보면 징글이 가장 가치 있는 것 같다. 징글은 소비자에게 다양한 암호화의 기회를 제공해주는 재치 있고 재미있는 방식으로 브랜드네임을 반복하기도 한다. 외우기 쉬운 징글의 특성으로 인해 소비자는 광고를 보거나 들은 후에도 징글을 마음속으로 복창하거나 반복하게 되는데, 이는 부가적인 암호화 기회와 기억 용이성의 증가를 제공하는 것이다.

잘 알려진 징글은 오랫동안 광고의 기반이 된다. 한 가지 예로, 미국에서 킷캣 초콜릿바의 'Give Me a Break'라는 익숙한 징글은 1988년 이후 줄곧 광고 속에서 전문가나 평범한 사람들에 의해 불렸고, 그 브랜드는 6번째로 많이 팔리는 초콜릿바가 되었다.[64] 미 육군이 광고 캠페인의 핵심으로 친숙한 'Be All That You Can Be'를 20년 후 'Army of One'으로 바꿨을 때 한바탕 소동이 있었다. 마지막으로 인텔이 자사 광고에 내보내는 독특한 4음 신호는 기업 슬로건인 'In-tel In-side'를 반영한다. 단순한 듯 보이지만, 첫 음에는 16개의 소리가 혼합되어 있어 탬버린이나 황동 파이프를 치는 망치 소리도 포함되어 있다.[65]

패키징

패키징은 제품을 넣는 용기나 포장지를 디자인하고 만드는 활동을 말하며, 다른 브랜드 요소처럼 긴 역사가 있다. 옛날 사람들은 음식과 물을 포장하고 운반하는 데 나뭇잎과 동물 가죽을 사용했다. 기원전 2000년에 이미 이집트에서 유리그릇이 처음으로 그 모습을 드러냈다. 나중에 나폴레옹이 음식을 보관하는 보다 좋은 방법을 찾아내는 시합에서 우승자에게 상금 12,000프랑을 수여했는데, 이때 처음으로 가공하지 않은 진공패키지가 나오게 되었다.[66]

기업 및 소비자 양쪽 모두의 관점에서 패키지는 많은 목표를 달성해야 한다.[67]

- 브랜드의 확인
- 설명적이며 설득적인 정보 전달
- 제품 운송 및 보호의 용이
- 가정에서의 손쉬운 저장
- 제품 소비 지원

마케터는 브랜드의 마케팅 목표를 달성하고 소비자의 욕구를 충족시키기 위해서 패키지의 미학적인 측면과 기능적 측면에서 각 구성요소를 올바르게 선택해야 한다. 심미적인 고려사항은 패키지 크기, 모양, 재료, 색, 내용, 그래픽 등에 관련된 것이다. 인쇄 과정의 혁신으로 구매 시점인 '결정적인 순간'에 보다 정교하고 다채로운 메시지를 전달할 수 있는 흥미롭고 눈길을 끄는 그래픽이 가능하게 되었다.[68]

기능적으로 구조적인 디자인은 중요하다. 예를 들어 여러 해에 걸쳐 식품패키지의 혁신으로 실용적이고 훼손을 방지하며 사용하기에 더욱 편한 — 잡기 편하고 열기 편한 것 혹은 더욱 압착된 것 — 패키지가 나오게 되었다. 통조림 기술의 변화는 야채를 더욱 신선하게 만들었으며 특수한 패키지가 냉동식품의 보존기간을 연장시켰다. 튜브 패키징 콘셉트의 요거트인 요플레(Yoplait) 고거트(Go-Gurt)의 패키징 혁신은 아이들과 부모에게 큰 인기를 얻었다.[69]

편익 종종 소비자들이 그 기업에 대해 갖고 있는 가장 강력한 연상 중 하나는 패키지와 관련된 것이다. 예를 들어 만약 당신이 평범한 소비자들에게 하이네켄(Heineken) 맥주를 생각할 때 무엇이 떠오르는지를 물으면 일반적으로 '초록색 병'이라고 대답한다. 패키지 외양은 브랜드 보조 상기의 중요한 수단이 된다. 게다가 패키지가 전달하고 나타내는 정보는 가치 있는 브랜드연상을 만들거나 강화할 수 있다. 몰슨(Molson) 맥주는 바 애호가를 위한 '아이스 브레이커스'뿐만 아니라 "On the Rebound", "Sure, You Can Have My Number", "Fairly Intimidated by Your Beauty"를 병의 뒷면 라벨에 첨가함으로써 미국에서 40%까지 매출이 증가했다.[70]

구조적인 패키지 혁신은 높은 판매수익을 가져오는 차별성을 창출해낼 수 있다. 새로운 패키지는 또한 시장을 확장할 수 있고 새로운 시장을 사로잡을 수 있다. 패키징 변화는 고객의 쇼핑 행동과 판매에 즉각적인 영향을 줄 수 있다 — 하겐다즈(Häagen-Dazs) 패키징의 재설계는 맛 선호율을 21%까지 증가시켰다. 제너럴밀스는 브랜드자산 강화 차원으로 비스퀵(Bisquick) 쉐이크 앤 푸어(Shake n' Pour) 패키지를 더욱 인체공학적이며 부드럽고 매력적인 형태로 재설계한 후에 80%의 판매 증가를 만들어냈다. 지미 딘(Jimmy Dean) 비스킷 샌드위치 패키징의 재설계는 시장 점유율의 13% 증가를 가져왔다.[71]

최근 몇 년간의 중요한 패키지 경향 중 하나는 새로운 시장에 소구하기 위해서 제품 패키지를 더 크게 하거나 작게 하는 것이다.[72] 핫도그, 피자, 영국식 머핀, 냉동식품, 특대 사이즈 맥주가 성공적으로 도입되었다. 또한 소비자의 변화에 발 맞추어 가벼운 패키지가 도입되었고 친환경적인 패키지가 사용되고 있다.[73]

패키징과 콘텐츠 마케팅 패키징 혁신은 브랜드 관리에서 늘 중요한 주제였다. 그중 하나의 혁신은 콘텐츠 마케팅 또는 광고 테마를 패키징에 도입한 점이다. 이러한 변화의 가장 큰 이유는 7,500만 명에 달하는 밀레니얼 세대가 전통적인 광고 매체에서 멀어지고 있다는 점이다. 따라서 특정 테마를 광고에 심는 능력을 가진 브랜드는 자신들의 메시지를 소비자와 좀 더 효율적으로 공유할 수 있고 이러한 능력은 브랜드의 고객관계 관리에 있어서 큰 자산이 될 수 있다. 이러한 방식을 성공적으로 패키징에 도입한 사례는 다음과 같다.

카시 카시(Kashi)의 새로운 시리얼 박스 디자인은 브랜드에 관한 여러 이야기를 담고 있으며 이를 통해 건강한 식품 생산으로 인류에 공헌하고자 하는 브랜드의 가치를 고객들과 개인적 유대감 형성을 통해 전달하고자 한다.[74] 이를 위해 카시는 좀 더 깔끔하고 간결한 선과 선명한 색을 담은 디자인과 함께 각 음식들이 어떻게 만들어졌고 어디서 왔는지에 대한 이야기를 제품 패키지에 담고 있다. 또한 카시는 패키지에 담긴 이야기를 읽는 고객들을 카시의 웹사이트에 방문하도록 유도해 이러한 이야기에 관한 비디오를 제공하고도 있다.[75] 또 다른 스토리텔링의 사례로 카시의 한 비스킷 제품(Kashi Dark Cocoa Karma Shredded Wheat Biscuits)은 와이오밍의 농부인 뉴턴 러셀(Newton Russell)이 유기농 경작으로 성공적으로 전환한 사례에 대한 이야기를 소개하기도 한다. 카시는 이러한 방식을 통해 패키지의 역할을 브랜드의 스토리텔링을 담당하는 새로운 고객접점으로 재창조하고 있다.

치폴레 치폴레(Chipotle)의 경우 조너선 사프란(Jonathan Safran) 작가와의 협업을 통해 그들의 패키지에 콘텐츠 마케팅을 담아내고 있다. 이 협약을 통해 '생각의 경작(Cultivating Thought)' 시리즈를 시작했는데 생각의 경작 시리즈는 여러 다양한 콘텐츠를 치폴레 컵과 포장지를 통해 전달한다. 이러한 콘텐츠 제작에는 사라 실버맨(Sarah Silverman)과 토니 모리슨(Toni Morrison)과 같은

브랜드 카시는 제품 패키징을 통해 브랜드 스토리텔링을 한다.

다양한 유명인사가 참여하였다.[76]

이러한 방식은 치폴레라는 브랜드가 그들이 사용하는 식재료가 어디서 또 어떻게 전달되는지 그 과정에 대한 높은 수준의 기준과 도덕성을 가지고 있음을 성공적으로 고객에게 전달하고 있다. 따라서 이러한 협업은 고객의 눈에 치폴레가 식재료에 대한 높은 기준과 품질을 가진 브랜드라고 인식하는 데 큰 도움이 되고 있고, 고객이 참여하기 쉬운 콘텐츠를 제공함으로써 고객과의 관계와 브랜드 호감도 향상을 도모하고 있다.

스니커즈 스니커즈 초콜릿바는 사람들이 배고플 때 원하지 않는 방향으로 변화한다는 점, 예를 들어 배고픔의 증상으로 짜증나고, 조급하고, 잊어버리는 등과 같은 부정적인 변화를 강조하는 여러 광고 캠페인을 성공적으로 수행했다. 예를 들어 "Who Are You When You Are Hungry?"와 "You Are Not You When You Are Hungry"와 같은 태그라인을 사용함과 동시에 스니커즈는 위의 부정적인 증상에 대한 21가지 맞춤형 초콜릿바 패키지를 제작하여 이러한 개념을 발전시켰다. 사실 위험해 보일 수도 있음에도 불구하고, 이러한 시도는 스니커즈 브랜드를 멋있고 세련된 브랜드로 보이는 데 도움을 주었다.

위의 사례에 나온 패키지 디자인 혁신에서 우리는 성공적인 브랜드 관리에 중요한 한 가지 개념을 알 수 있는데 이는 모든 소비자와의 접점은 브랜드 메시지를 소비자와 잘 소통할 수 있도록 일관되고 지속적으로 잘 관리해야 한다는 점이다.

제품 구매 시 패키징 제품 패키지 사이즈는 매장 진열대에서도 큰 힘을 발휘할 수 있는데 슈퍼마켓에서 쇼핑하는 소비자는 30분도 채 안 되는 시간 동안 평균 2만 개 혹은 그 이상의 제품에 노출되고 그중에서 계획하지 않은 많은 구매가 발생하는 점을 감안한다면 구매 시점에서 패키징의 중요성을 짐작할 수 있다. 많은 소비자가 새로운 브랜드를 처음 대하는 곳은 아마도 슈퍼마켓의 진열대나 점포일 것이다. 어떤 제품군에서는 제품의 차별성이 거의 없기 때문에 패키지 혁신은 경쟁에서 적어도 일시적인 우위를 점할 수 있게 한다.

이러한 이유로 패키징은 브랜드자산 구축에 있어 특별히 비용 효과적인 것으로 간주되었다.[77] 이러한 경향에 따라 패키지는 때때로 '마지막 5초의 마케팅' 또는 '영구적인 매체', '최후의 세일즈맨'으로 불리기도 한다. 패키지가 소비자에게 노출되는 것은 구매 및 소비 순간에 제한되지 않는다. 왜냐하면 브랜드 패키지가 종종 광고에서 주연급 역할을 하기 때문이다.

패키징 혁신 패키징 혁신은 원가를 낮출 수도 있고 수요를 증가시킬 수도 있다. 많은 기업을 위한 공급자 측면에서 하나의 중요한 목적은 종이와 플라스틱 사용을 줄이기 위해서 패키지를 재설계하고 재활용 재료를 더 많이 사용하는 것이다. 이러한 변화의 결과로 미국에서 음식, 음료, 소비재 제조업자는 2005~2011년 사이에 패키지 15억 파운드를 줄였고 2020년까지 25억 파운드를 줄일 수 있을 것으로 기대한다.[78] 비슷한 관점에서 많은 소비자 브랜드가 그들의 고객 선호도 변화에 발맞추어 매우 다양하고 유연한 패키징 전략을 쓰고 있다.[79]

패키지 혁신은 성숙기 시장에서 단기간의 판매 증대를 가져올 수 있다. 청량음료 제조업자는 성장을 촉진하기 위해 새로운 패키지를 생각하게 되었다. 예를 들어 스내플(Snapple)의 주둥이가 넓은 유리병 같은 패키지 혁신은 다른 음료들의 시장 성과에도 많이 기여했다. 애리조나(Arizona) 특대(24온스) 파스텔 톤 캔에 담긴 아이스 티 및 과일음료는 회사에서 제작한 기본적인 옥외광고와 구매 시점 광고 이외의 어떤 마케팅 후원 없이도 2~3년 만에 3억 달러의 판매 수익을 올린 브랜드가 되었다.[80]

패키지 디자인 이 모든 이유로 인해 패키지 디자인은 더욱 중요시되었고, 이제는 제품 개발과 출시에 있어서 절대적으로 필요한 부분이 되었으며, 패키지 디자인은 갈수록 더 정교화된 과정이 되었다. 과거에는 패키지 디자인을 추가적으로 진행하였기 때문에 색상과 재료가 임의로 선택되었다. 예를 들어 유명한 캠벨 수프 캔의 색상은 회사의 한 임원이 코넬대학교 미식축구팀의 빨갛고 하얀 유니폼 스타일을 좋아했기 때문이라는 설도 있다.

오늘날에는 전문적인 패키지 디자이너가 회사가 추구하는 마케팅 목표에 부합하기 위한 노력으로서 패키지를 디자인할 때 기술적·과학적 기법을 이용한다.[81] 이러한 컨설턴트는 패키지를 서로 다른 많은 요소로 분류하기 위해 자세한 분석을 실행한다. 그들은 하나의 패키지에서 어떠한 요소가 지배적인가(브랜드네임, 삽화 혹은 다른 어떤 그래픽적 요소), 그리고 어떻게 그 요소가 관련되어야 하는가라는 관점에서 각 요소의 최적 스타일 및 내용, 적절한 패키지 단계를 결정한다. 디자이너는 어떠한 요소가 모든 패키지에 걸쳐 공유되어야 하고, 어떠한 요소가 어떻게 달라야 하는지를 결정한다.

디자이너는 종종 같은 제품군의 다른 패키지들 사이에 있는 특정 패키지가 구매 시점에 갖는 시각적인 효과라고 부르는 '선반효과'를 참고로 한다. 예를 들어 '더 크고 더 밝은' 패키지가 경쟁사 제품과 함께 있을 경우 항상 더 나은 것은 아니다.[82] 하지만 선반의 진열 공간만 충분하다면 제조사 입장에서는 브랜드의 명성과 효과를 증진하는 이른바 빌보드 효과(billboard effect)를 누릴 수 있을 것이다. 예를 들어 제너럴밀스의 경우 몇 가지 제너럴밀스의 유명 브랜드인 치리오스(Cheerios), 네이처밸리 그래놀라 바(Nature Valley Granola Bar), 프레그레소 수프(Pregresso Soup) 등에 의도적으로 타일 형식의 그래픽을 제품 패키지에 넣어 그 브랜드들이 돋보이게 했다.[83]

패키징은 영양 정보 같은 일부 법적 요건이 적용되지만 이를 통해 브랜드 인지도를 높이고 브랜드연상을 형성할 수 있는 여지가 많다. 패키지의 가장 중요한 시각적 디자인 요소 중 하나는 아마도 색상일 것이다.[84] 일부 패키지 디자이너는 소비자가 제품과 관련해 '색상어휘'를 가지고 있으며 특정 유형의 제품이 특정 모양을 갖기를 기대한다고 믿는다.

예를 들어 우유를 하얀 종이팩 이외의 것에 넣어서 판다거나, 탄산수를 파란색 패키지 이외의 것에 넣어서 판매하는 것 등은 어렵다고 믿는다. 동시에 어떤 브랜드는 다른 브랜드가 유사한 스타일을 사용하는 것이 어려울 정도로 색상 소유권을 갖는 것으로 생각된다. 디자인 전문가는 브랜드 색상 팔레트를 다음과 같이 정리하였다.[85]

- **빨간색** : 리츠(Ritz) 크래커, 폴저스(Foldgers) 커피, 콜게이트 치약, 타깃 소매점, 코카콜라 음료
- **주황색** : 타이드 세탁세제, 위티스 시리얼, 홈디포 소매점, 스타우퍼(Stouffer) 냉동식품
- **노란색** : 코닥 필름, 주시프루트 껌, 맥도날드, 이케아, 치리오스(Cheerios) 시리얼, 립톤 차, 비스퀵 비스킷 믹스
- **초록색** : 델몬트 야채 통조림, 그린자이언트 냉동 야채, 월마트, 스타벅스 커피, BP 석유, 세븐업 레몬-라임맛 탄산음료
- **파란색** : IBM 기술 및 서비스, 포드자동차, 윈덱스 세제, 다우니 섬유유연제, 펩시 탄산음료

패키지 색상은 제품 자체에 대한 소비자인식에 영향을 줄 수 있다.[86] 예를 들어 캔이나 병에 그려져 있는 오렌지 모양의 색상이 보다 진할수록 소비자는 오렌지 음료의 맛이 더욱 달 것이라고 생각한다. 따라서 색상은 패키지의 중대한 요소이다. 다른 패키징 디자인 요소와 마찬가지로, 색상도 마케팅 프로그램의 다른 측면에 의해 전달되는 정보와 일치시켜야 한다.

패키지 변경   패키지 변경에는 많은 비용이 발생하지만, 다른 마케팅 커뮤니케이션에 드는 비용과 비교한다면 비용 면에서 효과적이다. 패키지는 많은 이유로 인해 변화했다.[87]

- 더 높은 가격인 것을 알리는 신호이거나 새로운 혹은 변화하는 유통 채널을 통해 제품을 더 효과적으로 팔기 위해. 예를 들어 켄달(Kendall) 윤활유 회사는 자신들의 제품이 주유소보다 슈퍼마켓이나 철물점에서 더 잘 팔린다는 것을 알고, 직접 기름을 넣는 구매자들에게 더 어필할 수 있도록 패키지를 다시 만들었다.
- 중요한 제품 라인 확장이 공통적인(패키징) 모습으로 이익을 얻을 때. 예를 들어 플랜터스(Planters) 견과류, 웨이트워처스(Weight Watchers) 식품, 또는 스터퍼(Stouffer) 냉동식품 등.
- 신제품 혁신이 소비자에게 미치는 변화를 알리기 위해. 브랜드의 녹색 유산을 강조하기 위해서 스테비아(Stevia)는 스위트리프(SweetLeaf) 제품의 패키징 외관과 크기를 바꾸고 100% 재활용 재료를 강조하는 패키징으로 다시 디자인했다.[88]
- 10년만에 처음으로 크래프트는 2010년에 마카로니와 치즈 패키지를 업데이트하면서 '누들 스마일' 심벌을 통해 브랜드의 핵심 자산(가치)(행복, 미소, 기쁨)을 더 잘 강조했다.[89]

패키지 변경은 마케팅 관리자가 가능한 모든 곳에서 이득을 얻으려 함에 따라 최근 몇 년간 가속화되었다. 특히 시장 경쟁의 심화는 마케터가 단기적인 프로모션을 위해서 또 장기적으로 지속적으로 변화하고 있는 브랜드라는 이미지 관리 차원에서 제품 박스를 더 자주 변경하게 만들었다.

따라서 패키지를 변경할 경우, 브랜드에 대한 원래 또는 현재의 고객 관계에 있어 그것의 영향을 인지하는 것이 중요하다.[90] 이러한 배경하에서 브랜딩 브리프 4-3에서는 최근 브랜드 요소와 패키지 변화를 하면서 마케터가 당면할 수 있는 몇 가지 문제점을 설명하고 있다.

핵심 패키지 자산을 식별하고 확인하는 데는 보통 소비자 조사가 유용하다. 만약 패키지 인지가 브랜드에 있어 중대한 소비자 성공 요인이라고 한다면, 패키지 변경은 각별히 주의 깊게 실행되어야 한다. 만약 너무 두드러지게 변경된다면 소비자는 상점에서 그것을 대했을 때 패키지를 인지하지 못할지도 모른다.

어떤 마케팅 전문가는 패키징을 마케팅 믹스의 '다섯 번째 P'로 부른다는 사실을 볼 때 패키징의 중요성을 알 수 있다. 패키징은 직접적으로는 기능적이고 심미적인 요소에 의해 차별성을 창출하며, 간접적으로는 브랜드 인지도 및 브랜드 이미지를 강화하게 됨으로써 브랜드자산 구축에 있어 중요한 역할을 수행한다.[91]

브랜드 요소의 통합

각각의 브랜드 요소는 브랜드자산 구축에 있어 서로 다른 역할을 수행하므로 마케터는 브랜드자산을 극대화하기 위해 이러한 서로 다른 브랜드 요소를 혼합하고 조화시켜야 한다.[92] 예를 들어

브랜딩 브리프 4 - 3
브랜드 메이크오버로 재도전

점 점 더 많은 시장이 치열한 경쟁, 급변하는 제품, 점점 변덕스러운 고객들로 특징지어지는 것과 함께, 많은 마케터가 그들의 브랜드에 새로운 생명을 불어넣기 위해 변신을 모색하고 있다. 로고, 기호, 포장, 심지어 브랜드 이름까지도 더 큰 의미, 관련성, 차별성을 창출하기 위해 업데이트되고 있다. 불행하게도, 점점 더 네트워크화되고 있는 세상에서는 모든 브랜드 요소의 변화에 대한 소비자의 반응이 찬반 양면으로 빠르게 확산할 수 있다. 몇 가지 유명한 사례와 브랜드 혁신이 직면한 문제 및 어려움은 다음과 같다.

트로피카나

2009년 2월, 펩시는 자사의 카테고리를 선도하는 오렌지 주스에 대한 극적인 개편을 도입했다. 빨대가 튀어나와 있는 오렌지의 시각적 이미지는 사라지고, 그 대신 오렌지 주스 한 잔과 '100% 오렌지'라는 문구가 클로즈업되었다. 소비자 반응은 신속했고 대체로 부정적이었다. 고객들은 펄프가 없는 주스, 전통적인 주스, 그리고 다른 주스 종류를 구별할 수 없다고 불평했다. 설상가상으로, 고객들은 그 외관도 너무 일반적이라고 느꼈다. 온라인상의 분노와 '못생겼다', '바보', '싼 브랜드'라는 단어들이 펩시의 귀에 울리자, 펩시는 항복했다. 오리지널 포장과 소비자가 가지고 있는 '깊은 감정적 유대감'을 과소평가했다고 발표하면서, 그 회사는 겨우 6주 만에 이전 버전으로 되돌아갔다.

갭

디지털 브랜드 변화의 폭풍 속으로 들어간 또 다른 브랜드로는 갭(Gap)이 있다. 예상외로 새로운 로고(기본 검은색 헬베티카 글꼴의 Gap이라는 단어와 p의 오른쪽 상단에 작은 파란색 사각형으로 표시됨)를 공개한 후 갭은 페이스북 페이지에서 소비자들에게 코멘트와 추가적인 로고 아이디어를 요청했다. 피드백은 결코 긍정적이지 않았고, 길었던 한 주간의 비판을 견뎌낸 후, 갭 경영진은 "우리는 여러분이 새로운 로고를 좋아하지 않는다는 것을 크고 분명하게 들었다"고 발표하고 상징적인 흰색 텍스트 로고와 독특한 브랜드 글꼴로 되돌아갔다.

게토레이와 펩시

트로피카나의 변화와 동시에, 펩시는 게토레이 브랜드와 펩시콜라의 고전적인 제품 라인업을 완전히 개편했다. 게토레이의 변화에는 운동 전(프라임 01), 운동 중(퍼포먼스 02), 운동 후(회복 03)를 위해 갈증 해소제와 유체 회복의 완전히 새로운 시스템을 도입하는 것이 포함되었다. 새로운 브랜드 목표는 운동 전, 도중, 운동 후에 수분 공급 및 기타 필요를 위한 원스톱 공급원으로 포지셔닝하면서 광범위한 스포츠 및 경험 수준의 운동선수들에게 도달하는 것이었다. 펩시의 변신에는 새로운 로고가 포함되었는데, 펩시 서클 한가운데에 있는 하얀 띠가 느슨하게 미소를 짓는 것처럼 보였다. 비록 심각한 불황을 포함한 몇 가지 요인이 작용

스타벅스는 시간이 지남에 따라 포지셔닝의 변화를 따라잡기 위해 로고를 진화시켰다.

했을 수 있지만, 두 브랜드 모두 부정적인 피드백을 받았고 그 후 그 제품들은 판매 부진을 경험했다.

교훈

잘 알려진 브랜드 요소(문자, 로고, 포장)를 변경할 때 두 가지 문제가 핵심이다. 첫째, 새로운 브랜드 요소는 본질적으로 높이 평가되어야 한다. 일부 브랜드가 직면한 문제 중 일부는 그들의 새로운 로고나 포장이 소비자에게 그다지 매력적이지 않아서 소비자가 왜 변화가 필요한지에 의문을 품게 한다는 것이다. 둘째, 새로운 브랜드 요소의 고유한 매력에 상관없이, 변화는 소비자에게는 어려운 일이며 신중하고 참을성 있게 다루어져야 한다.

스타벅스가 1971년 브랜드가 만들어진 이후 네 번째인 2010년 로고 변화의 근거를 조심스럽게 설명하기 위해 많은 노력을 기울인 것은 당연하다. 이 변화는 회사의 40주년 기념과 커피 카테고리에서 브랜드를 벗어나게 하기 위해 고려하고 있는 새로운 방향성에 의해 시작되었다. 설립자 하워드 슐츠(Howard Schultz)는 로고 중앙에 있는 상징적인 녹색 사이렌이 '스타벅스 커피'라는 단어를 떨어뜨림으로써 새로운 비즈니스 라인과 새로운 국제 시장을 반영하여 더욱 두드러지게 되었다고 설명했다. 많은 브랜드 변화와 마찬가지로 처음에는 엇갈린 대중의 반응에 직면했다.

커피 브랜드 로고에서 벗어나려는 과감한 결정은 적절해 보인다. 현재 스타벅스는 커피, 차, 페이스트리, 바로 마실 수 있는 음료, 커피 제조 장비를 포함한 매우 다양한 상품과 관련되어 있다. 스타벅스는 자신의

사명을 인간 정신을 기르고 고무하는 것으로 정의하며, 많은 다른 이웃에 걸쳐 고객들에게 커피를 배달함으로써 사명을 완수할 것을 제안한다.

출처 : Linda Tischler, "Never Mind!" Pepsi Pulls Much-Loathed Tropicana Packaging," *Fast Company*, February 23, 2009; Stuart Elliott, "Tropicana Discovers Some Buyers Are Passionate About Packaging," *The New York Times*, February 23, 2009; Patrick Conlon, "Tropicana to Abandon Much-Maligned Juice Carton," *The Wall Street Journal*, February 24, 2009, https://www.wsj.com/articles/SB123544345146655887; Tim Nudd, "People Not Falling in Love with New Gap Logo," *Adweek*, October 6, 2010, https://www.adweek.com/creativity/people-not-falling-love-new-gap-logo-12126/, accessed October 26, 2018; Christine Birkner, "Minding the Gap: Retailer Caught in Logo Fiasco," *Marketing News*, October 21, 2010; Natalie Zmuda, "What Went Into the Update Pepsi Logo," *Advertising Age*, October 27, 2008; Jeremiah Williams, "PepsiCo Revamps Formidable Gatorade Franchise After Rocky 2009," *Atlanta Journal-Constitution*, March 23, 2010; Valarie Bauerlein, "Gatorade's 'Mission': Sell More Drinks," *The Wall Street Journal*, September 13, 2010; Julie Jargon, "Starbucks Drops Coffee from Logo," *The Wall Street Journal*, January 6, 2011; Sarah Skidmore, "Starbucks Gives Logo a New Look," *Associated Press*, January 5, 2011; Matt Cannon, "Brand Stories: The Evolution of Starbucks," February 24, 2015, www.worksdesigngroup.com/brand-redesign-evolution-starbucks/, accessed October 26, 2018; Starbucks, 2016. Company information available at: www.starbucks.com/about-us/company-information, accessed April 22, 2018.

로고를 통해 시가적으로 표현된 브랜드네임은 그러한 강화가 없는 브랜드네임보다 더 쉽게 기억된다고 한다.[93]

모든 브랜드 요소가 **브랜드 아이덴티티**(brand identity)를 만든다. 또한 모든 브랜드 요소는 브랜드 인지도 및 이미지에 영향을 준다. 브랜드 아이덴티티의 응집성은 브랜드 요소의 일관성 정도에 따라 달라진다. 이상적으로 브랜드 요소는 브랜드 및 마케팅 프로그램의 다른 측면과 쉽게 통합될 수 있는 다른 브랜드 요소를 지원하기 위해 선택될 수 있다.

일부 강력한 브랜드는 서로를 실질적으로 강화해 주는 많은 가치 있는 브랜드 요소를 보유하고 있다. 예를 들어 차밍(Charmin) 화장실 휴지를 살펴보자. 그 네임 자체는 음성학적으로 아마 부드러움을 전달해줄 것이다. 또한 브랜드 캐릭터 '미스터 휘플(Mr. Whipple)'과 브랜드 슬로건 'Please Don't Squeeze the Charmin'은 차밍 화장실 휴지 브랜드만이 보유하고 있는 부드러움이라는 핵심 차별점을 강화해준다.

풍부하며 구체적인 시각적 이미지에 의해 특징지어지는 브랜드네임은 종종 강력한 로고를 만들어낸다. 예를 들어 캘리포니아에 기반을 둔 대형 은행인 웰스파고(Wells Fargo)는 마케팅 프로그램을 통하여 개발될 수 있는 서부의 유산이 풍부한 브랜드네임을 갖게 되었다. 웰스파고는 역마차 심벌을 채택하고 주제별로 일관성을 갖춘 개별브랜드로 네이밍을 적용하고 있다. 한 예로 스테이지코치 펀드(Stagecoach Funds)라는 대표 브랜드 아래 여러 투자펀드 상품을 구축하였다.

즉 강력한 브랜드를 구축하는 데 있어 실제 제품이나 서비스가 매우 중요함에도 불구하고 알맞은 브랜드 요소를 잘 갖추고 있다면 강력한 브랜드 구축에 큰 이점이 아닐 수 없다. 메소드(Method) 제품은 이러한 장점을 두루 갖춘 아주 좋은 사례이다.

메소드

2011년 창립 10주년을 맞이한 여전히 미국에서 가장 빠르게 성장하고 있는 기업 중 하나인 메소드프로덕트(Method Products)는 고등학교 시절 친구였던 에릭 라이언(Eric Ryan)과 애덤 로리(Adam Lowry)의 아이디어로 설립되었다. 이 회사는 대형 슈퍼마켓 범주인 청소 및 생활용품을 선택했으며, 말 그대로, 그리고 비유적으로 완전히 새로운 접근방식을 취함으로써 변화를 꾀했다. 라이언과 로리는 매끄럽고 깔끔한 식기세척 세제 용기를 디자인했는데, 이 그릇은 기능적으로도 유리하며, 체스 조각처럼 생겼고, 비누가 바닥에서 흘러나오도록 제작되어 사용자들이 그것을 뒤집을 필요가 없었다. 기분 좋은 향기가 나는 이 시그니처 제품은 수상 경력에 빛나는 산업 디자이너 카림 라시드(Karim Rashid)가 디자인했다. 메소드는 독성이 없는 생분해성 가정용 청소 제품군을 만들었고, 완전히 독특한 밝은 색상과 날렵한 디자인으로 연간 1억 달러의 매출을 올렸다. 비록 타깃, 로우스(Lowe's)와 같은 브랜드 콘셉트와 적절한 소매점에서만 구매 가능하지만, 이 회사는 제한된 광고 예산을 감안하여 자사 브랜드 포지셔닝을 표현하기 위해 더 열심히 마케팅을 해야 한다고 믿는다. 또한 이 회사는 매력적인 포장 외에도 무독성, 무공해 성분을 강조함으로써 녹색 제품에 대한 관심이 증가하는 것을 활용하고 있다. 그리고 'People Against Dirty'라는 슬로건이 반영하듯 힙하고 모던하며 다소 불손한 브랜드 성격을 키우고 있다.[94]

메소드는 병의 내용물뿐만 아니라 겉모습에도 주의를 기울여 매우 성공적인 세제를 만들었다.

출처 : Sheila Fitzgerald/Shutterstock

요약

브랜드 요소는 그 브랜드를 식별하고 다른 브랜드와 구별하기 위해 적용되는 중요한 등록 가능한 도구이다. 중요한 브랜드 요소는 브랜드네임, URL, 로고, 캐릭터, 슬로건, 징글, 패키지이다. 브랜드 요소는 브랜드 인지도를 향상시키고, 강하고 호의적이며 독특한 브랜드연상의 형성을 용이하게 하도록 선택될 수 있다.

브랜드 요소를 선택하고 디자인하는 데 있어서 다음과 같은 여섯 가지 기준이 매우 중요하다. 첫째, 브랜드 요소는 브랜드 비보조 상기 및 보조 상기를 쉽게 해주고 선천적으로 기억이 잘될 수 있게 해주어야 한다. 둘째, 제품군의 본질과 브랜드의 특별한 속성 및 이점 또는 이 둘 모두에 관한 정보를 전달해주는 것과 같은 본래 의미 있는 브랜드 요소가 선택될 수 있다. 브랜드 요소는 심지어 브랜드 개성, 사용자나 사용 이미지 또는 브랜드에 대한 감성을 반영하기도 한다. 셋째, 브랜드 요소에 의해 전달된 정보만이 반드시 제품과 관련되는 것은 아니며, 단순히 본래부터 호소력 있거나 호감 있는 것일 수도 있다. 넷째, 제품군 내외에서 제품군을 넘어서 라인 확장이나 브랜드 확장을 지원하기 위해서 그리고 지리적·문화적 영역 및 세분시장을 망라해 전이될 수 있는 브랜드 요소가 선택될 수 있다. 다섯째, 시간 경과에 따라 적용 가능하고 탄력적인 브랜드 요소가 선택될 수 있다. 여섯째, 가능한 한 법적으로 보호받을 수 있으며 경쟁자로부터 방어할 수 있는 브랜드 요소가 선택되어야 한다.

브랜드 요소별로 서로 다른 장단점이 있기 때문에 마케터는 브랜드자산으로의 총합적인 성과를 극대화하기 위해 브랜드 요소를 믹스하고 조정한다. 브랜드 요소는 각기 다른 목표에 도달하기 위해 다른 브랜드 요소를 선택함으로써 믹스된다. 브랜드 요소는 어떤 의미를 서로 강화하고 공유하도록 브랜드 요소를 디자인함으로써 조화를 이룬다.

브랜드 요소

기준	브랜드네임과 URL	로고와 심벌	캐릭터	슬로건과 징글	포장과 신호
기억 용이성	브랜드 기억 및 인지도를 높이기 위해 선택될 수 있다.	일반적으로 브랜드 인지에 더 유용하다.	일반적으로 브랜드 인지에 더 유용하다.	브랜드 기억 및 인지를 높이기 위해 선택될 수 있다.	일반적으로 브랜드 인지에 더 유용하다.
유의미성	때로는 간접적으로만 가능하지만, 거의 모든 유형의 연관성을 강화할 수 있다.	때로는 간접적으로만 가능하지만, 거의 모든 유형의 연관성을 강화할 수 있다.	일반적으로 비제품 관련 이미지 및 브랜드 개성에 더 유용하다.	거의 모든 유형의 연관성을 명시적으로 전달할 수 있다.	거의 모든 유형의 연관성을 명시적으로 전달할 수 있다.
호감성	많은 언어적 이미지를 불러일으킬 수 있다.	시각적 어필을 불러올 수 있다.	인간의 특성을 만들어낼 수 있다.	많은 언어적 이미지를 불러일으킬 수 있다.	시각적인 매력과 언어적인 매력을 결합할 수 있다.
전이성	어느 정도 제한적일 수 있다.	탁월하다.	어느 정도 제한적일 수 있다.	어느 정도 제한적일 수 있다.	좋다.
적용성	어렵다.	일반적으로 재설계될 수 있다.	때때로 재설계될 수 있다.	수정될 수 있다.	일반적으로 재설계될 수 있다.
법적 보호성	대체적으로 좋으나 제한이 있다.	탁월하다.	탁월하다.	탁월하다.	유사하게 복제될 수 있다.

그림 4-7
브랜드 요소 옵션에 대한 비판

토의 문제

1. 브랜드를 하나 골라 모든 브랜드 요소를 식별하고 이 장에서의 선택 기준에 따라 브랜드자산에 기여할 수 있는 능력을 평가하라.

2. 당신이 가장 좋아하는 브랜드 캐릭터는 무엇인가? 당신은 그들이 어떤 식으로든 브랜드자산에 기여한다고 생각하는가? 어떻게? 당신은 그들의 영향을 고객 기반 브랜드자산 모델과 연관지을 수 있는가?

3. 브랜드자산에 강한 기여를 설명하는 장에 나열되지 않은 슬로건의 다른 예는 무엇인가? 왜? 어떤 '나쁜' 슬로건을 생각할 수 있는가? 왜 그렇게 생각하는가?

4. 슈퍼마켓 제품의 포장을 한 가지 선택하라. 브랜드 순자산에 대한 기여도를 평가하고 당신의 평가를 설명하라.

5. 마케팅 담당자가 브랜드 요소를 혼합하고 일치시키는 데 도움이 되는 일반적인 가이드라인을 생각해볼 수 있는가? '너무 많은' 브랜드 요소를 가질 수 있는가? 어떤 브랜드가 브랜드 요소를 가장 잘 섞고 매치한다고 생각하는가? 온라인 채널과 오프라인 채널은 브랜드 요소의 사용에서 어떻게 다른가?

브랜드 포커스 4.0

법적 브랜딩 고려사항

미국 특허청에 따르면, 상표는 한 당사자의 상품을 다른 당사자와 효과적으로 구별하는 단어, 문구, 기호, 디자인이다.[95] 이는 서비스와도 관련이 있을 수 있으며 일반적으로 사용 목적에 따라 정의된다. 이 정의에 기초해 기업은 자신의 브랜드자산이 적절하게 보호되도록 상표를 주의 깊게 관리해야 한다. 도로시 코헨(Dorothy Cohen)에 따르면, 상표 전략은 다음의 모든 측면을 포함할 수 있다.[96]

- 상표 계획(trademark planning) : 유효한 상표를 선택하고, 그 상표를 채택하고, 사용하고, 검색 및 허가 과정에 참여하는 것을 요구한다.
- 상표 구현(trademark implementation) : 특히 홍보 및 유통 전략과 관련하여 마케팅 결정을 제정할 때 상표를 효과적으로 사용할 것을 요구한다.
- 상표 관리(trademark control) : 상표 위조를 줄이고 상표가 일반화되는 것을 방지하기 위한 노력과 상표권 침해에 대한 소송을 제기하는 등 마케팅활동에서 그것의 효율적인 사용을 보장하기 위한 적극적인 상표권 감시 프로그램이 필요하다.

브랜드 포커스 4.0에서는 몇 가지 주요 법적 브랜딩 고려사항을 강조한다. 보다 포괄적인 방법을 위해서는 다른 요소들을 고려해야 한다.[97]

위조 및 모방 브랜드

브랜드 네임, 로고, 기호와 같은 브랜드 요소의 상표 보호가 브랜드 관리의 중요한 우선순위인 이유는 무엇일까? 위에서 언급한 바와 같이, 나이키 의류에서 윈도우 소프트웨어, 그리고 시밀락(Similac) 아기 조제분유에서 AC델코(ACDelco) 자동차 부품에 이르기까지 사실상 모든 제품은 불법 위조나 의심스러운 모방 행위에 대응하는 공정한 게임이다.[98]

또한 일부 제품은 성공한 브랜드를 모방하여 시장 점유율을 얻으려고 시도한다. 이러한 모방 브랜드는 브랜드 이름이나 포장과 같은 브랜드 요소 중 하나를 모방할 수 있다. 예를 들어 인기 있는 캘빈클라인의 옵세션(Obssession) 향수의 경우 컴펄전(Compulsion), 인아머드(Enamoured), 컨페스(Confess)와 같은 모방 브랜드에 대응해야 했다. 특히 컨페스의 경우 "당신이 옵세션을 좋아한다면, 컨페스를 사랑할 것입니다(If you like Obsession, You'll love Confess)"라는 문구를 사용하기까지 했다.

많은 모방 브랜드가 소매상들에 의해 스토어 브랜드로 판매되어, 내셔널 브랜드가 그들의 최고 고객 중 일부를 단속함으로써 그들의 거래를 보호해야 하는 딜레마에 빠지게 한다. 문제를 복잡하게 만드는 것은 만약 도전을 받는다면 많은 자체 상표는 어느 정도 정당성을 가지고 단일 내셔널 브랜드가 아닌 전체 제품 범주를 식별하는 라벨링 및 포장 관행을 계속 허용해야 한다고 주장한다.[99] 다시 말해 특정 포장 외관은 제품 범주에서 필요한 평가 기준이 될 수 있다. 브랜드 복제의 대표적인 희생자인 콘택(Contac) 감기약은 모조품을 더 잘 예방하고 이미지를 업데이트하기 위해 33년 만에 처음으로 포장 점검을 받았다.

최근 몇 년 동안, 그리고 앞서 언급했듯이, 중국의 브랜드 상품 제조업체는 그들의 과잉 생산 능력의 일부를 서구 고객을 위해 이미 만든 제품과 매우 유사한 브랜드 상품을 제조하기 위해 사용할 수 있다.[100] 예를 들어 마크제이콥스(Marc Jacobs), 프라다(Prada), 코치(Coach)의 액세서리 및 브랜드 제품 제조업체는 자체 제조된 제품을 보유할 수 있으며, 이 제품은 그들이 제조하는 럭셔리 브랜드와 매우 유사하다. 이것이 파생된 디자인이든, 노골적인 모조품이든 간에, 상표권 관점에서 중요한 문제를 제기하는 모조품의 범위가 있다. 많은 내셔널 브랜드 제조사도 법적 행동을 통해 대응하고 있다. 내셔널 브랜드에 있어서 핵심은 브랜드 복제품이 소비자를 현혹하고 있다는 것을 입증하는 것인데 소비자는 자신이 내셔널 브랜드를 사고 있다고 생각할 수 있다. 입증책임은 상

당수의 합리적으로 행동하는 소비자들이 구매에 있어 혼란스럽고 잘못되었다는 것을 입증하는 것이다.[101] 이러한 경우, 법원은 내셔널 브랜드 마크의 강도, 내셔널 브랜드 및 브랜드 복제 제품의 관련성, 상표의 유사성, 실제 혼동의 증거, 사용된 마케팅 채널의 유사성, 구매자 관리의 가능성 정도, 브랜드 복제의 마크 선택 의도와 제품군의 확장 가능성과 같은 많은 요소를 고려할 수 있다.

시몬슨(Simonson)은 이러한 문제와 상표의 '일반성'과 혼동 가능성을 평가하기 위한 방법에 대한 심층적인 토론을 제공한다. 그는 소비자가 혼란의 수준이나 정도가 다를 수 있으며 결과적으로 혼란이 발생하는 정확한 임계 수준을 식별하기 어려움을 인식하는 것이 중요하다고 강조한다. 그는 또한 조사 연구 방법이 시장 활동을 할 때 소비자의 심리 상태를 어떻게 정확하게 반영해야 하는지에 대해서도 언급했다.[102]

역사적 · 법적 우선순위

시몬슨과 홀브룩(Simonson and Holbrook)은 도용과 가치 하락의 연관성에 대한 몇 가지 적극적인 관찰을 했으며, 다음과 같은 점을 지적하고 있다.[103] 그들은 법적으로 브랜드 이름이 '조건부 유형 재산'이고, 상품(제품 또는 서비스)을 식별하기 위해 상업적으로 사용된 후에만 보호되며, 해당 제품 또는 밀접하게 관련된 제품과 관련해서만 보호된다는 것을 언급하는 것으로 시작한다. 제품 식별에 있어 브랜드 이름의 역할을 유지하기 위해 연방법은 적절한 출처 식별과 관련하여 혼란을 일으킬 수 있는 다른 사람의 행동으로부터 브랜드를 보호한다고 저자들은 지적한다.

혼란의 사례와는 대조적으로, 시몬슨과 홀브룩은 **상표권 도용**(trademark appropriation)을 주 법의 발전 분야로서 소비자를 '혼란시키지 않는' 브랜드 전략조차도 심각하게 축소할 수 있는 것으로 파악한다. 그들은 기존 브랜드의 일부 재산적 측면을 사용하여 새로운 제품의 이미지를 강화하는 측면에서 도용을 정의한다. 즉 도용은 무형 재산권의 절도와 유사하다. 그들은 모조품을 막기 위한 전형적인 주장이, 혼란이 없는 상황에서도 약한 브랜드는 기존 브랜드 이름을 모방해 이득을 보는 경향이 있다는 점에 주목한다. 에레 스완(Jerre Swann)은 이와 유사하게 "강하고 독특한 브랜드의 소유자는 특히 도용 요소가 있는 다른 브랜드와의 실질적인 연관성에 의해 브랜드 의사소통 명확성의 손상을 막을 수 있는 권리를 처음부터 부여받아야 한다"고 주장한다.[104]

시몬슨과 홀브룩은 **상표 가치 하락**(trademark dilution)이라는 법적 개념을 다음과 같이 요약한다.

> '가치 하락(dilution)'으로부터의 보호(상표 출처를 명확하고 확실하게 구별하는 능력의 약화 또는 감소)는 1927년 법학적 판결이 "일단 상표가 대중에게 일정하고 균일한 만족의 원천을 표시하게 되면, 그것의 소유자는 가능한 한 광범위한 범위로 그의 무역을 다른 업종이나 기업 분야로 확장할 수 있도록 허용되어야 한다"고 선언했을 때 일어났다.

그들은 두 가지 브랜드 관련 권리가 뒤따랐다고 한다 ─ (1) 브랜드 확장을 위한 영역을 선점하고 보존할 권리, (2) 소비자의 혼란이 없는 경우에도 유사하거나 동일한 브랜드 이름의 도입을 중지하여 브랜드 이미지와 차별성이 가치 하락되지 않도록 보호할 권리.

가치 하락에는 세 가지 방법, 즉 흐림, 손상시킴, 사이버스쿼팅이 있다.[105] 다른 카테고리에서 기존 마크를 다른 회사가 사용하면 해당 마크의 '독특하고 특별한 중요성'이 변경될 때 **흐림**(blurring)이 발생한다. **손상시킴**(tarnishment)은 패러디나 풍자의 맥락에서와 같이 다른 회사가 그 품질을 떨어뜨리기 위해 마크를 사용하는 것을 말한다. **사이버스쿼팅**(cybersquatting)은 제3자가 '가격에 따라 정당한 소유자에게 도메인 이름에 대한 권리를 양도할 목적으로 회사의 마크 또는 이름으로 구성된 도메인 이름'을 구입할 때 일어난다.[106]

새로운 미국 법률은 상표 등록을 20년이 아닌 10년 동안만 한다. 상표를 갱신하려면 기업은 그 이름을 사용한다는 것을 증명해야 한다. 1988년 상표법 개정법은 기업이 36개월 이내에 '사용 의사'에 따라 상표를 출원할 수 있도록 하고, 이것은 실제 제품을 준비하고 있을 필요를 없게 하였다. 마케팅 담당자는 법적 지위를 결정하기 위해 상표 등록, 상표명 목록, 전화번호부, 업계지, 광고 등을 검색해야 한다. 결과적으로, 잠재적으로 사용 가능한 상표의 선택지가 줄어들게 된다.[107]

이 부록의 나머지 부분에서는 두 가지 중요한 브랜드 요소인 브랜드 이름 및 포장과 관련된 특정 문제에 대해 설명한다.

이름(제품명)과 관련된 상표권 문제

상표명은 적절한 상표 보호 없이는 바세린(vaseline), 빅트롤라(victrola), 셀로판(cellophane), 에스컬레이터(escalator), 써모스(thermos)의 경우와 같이 법적으로 일반적이라고 선언될 수 있다. 예를 들어 바이엘(Bayer)이 '특효약' 아세틸살리실산(아스피린) 상표를 만들었을 때, 그들은 제품에 대한 '일반적인' 용어나 일반적인 설명자를 제공하지 못했고 상표권인 아스피린(Aspirin)만 제공했다. 언어에서 사용할 수 있는 다른 옵션 없이 이 상표는 제품의 일반적인 이름이 되었다. 1921년, 미국 지방법원은 바이엘이 상표권에 대한 모든 권리를 잃었다고 판결했다. 밴드에이드(Band-Aids), 크리넥스(Kleenex), 스카치테이프(Scotch Tape), 큐팁스(Q-Tips), 젤로(Jello)와 같은 다른 브랜드들은 그들의 합법적인 상표 지위를 유지하기 위해 고군분투했다. 제록스(Xerox)는 1년에 10만 달러를 들여서 당신이 문서를 '제록스' 하는 것이 아니라 그것을 복사하는 것이라고 설명한다.[108]

법적으로는 법원이 등록 적격성을 결정하는 순서를 만들었다. 내림차순으로, 보호의 범주는 다음과 같다.

1. **허구적** : 본래적 의미가 없는 지어낸 말(예 : 코닥)
2. **임의적** : 실제 단어지만 제품과 연관되지 않음(예 : 카멜)
3. **암시적** : 제품의 특징이나 장점을 나타내는 실제 단어(예 : 에버레디)
4. **설명적** : 보통어는 2차적인 의미만으로 보호됨(예 : 아이보리)
5. **일반적** : 제품 범주와 동의어(예 : 아스피린)

따라서 허구적 이름은 가장 쉽게 보호되지만, 동시에 제품 자체에 대해 암시적이거나 설명적이지 않으며, 브랜드 요소를 선택할 때 수반되는 트레이드오프 유형을 암시한다. 일반 용어는 절대 보호될 수 없다. 보호하기가 어려운 상표에는 성, 설명적 용어, 지리적 이름, 기능적 제품 특징과 관련된 표현이 포함된다. 본질적으로 구별되지 않아 즉시 보호할 수 없는 마크는 2차적 의미를 획득할 경우 상표 보호를 받을 수 있다.

2차적 의미(secondary meaning)는 오래된(기본적인) 의미 이외의 의미를 가지는 마크를 가리킨다. 2차적 의미는 대중이 일반적으로 상표에 부착하는 의미이며, 단일 출처에서 나온 표시와 상품 사이의 연관성을 나타내는 의미여야 한다. 2차적 의미는 일반적으로 광범위한 광고, 유통, 가용성, 판매량, 사용 기간 및 방법, 시장 점유율을 통해 입증된다.[109] 2차적 의미는 설명적 마크, 지리적 용어 및 개인 이름에 대한 상표 보호를 확립하는 데 필요하다.

포장과 관련된 상표권 문제

일반적으로, 이름과 그래픽 디자인은 모양과 색상보다 법적으로 더 방어적이다. 상표의 포장 색상에 대한 법적 보호 문제는 복잡하다. 샌프란시스코의 한 연방항소법원은 회사가 제품의 색깔만으로는 상표권 보호를 받을 수 없다고 판결했다.[110] 그러나 이후 대법원은 랜햄법(Lanham Act)에 따라 상표의 해석이 광범위할 수 있다고 주장하며 판결을 뒤집었다. 법원은 세탁소와 의류 제조업자가 옷을 누르는 기계에 사용하는 녹금색 패딩을 만드는 시카고의 작은 제조업체에 대해 판결을 내렸다(제조사는 같은 색상의 패딩을 판매하기 시작한 경쟁사를 상대로 소송을 제기했다). 법원은 색상에 대한 보호를 거부하면서, 구별되는 색상의 제품을 가진 제조업체는 제품의 전체적인 외관과 관련된 '트레이드 드레스'를 보호하는 기존 법에 의존할 수 있다고 말했다 : "색상이 구별되는 패턴이나 디자인으로 결합되거나 구별되는 로고로 결합될 때 적절한 보호를 받을 수 있다."

트레이드 드레스(trade dress) 분석에서 색은 하나의 요소지만 결정적인 요소는 아니다. 이 판결은 1985년 오웬스-코닝 파이버글래스(Owens-Corning Fiberglas)의 단열재의 분홍색 보호를 위한 소송에서 나온 획기적인 판결과는 달랐다. 워싱턴 법원은 회사의 손을 들어 주었다. 다른 법원들도 비슷한 판결을 내렸지만, 그 나라의 다른 지역의 적어도 2개의 다른 항소법원은 그 후에 색을 상표화할 수 없다고 판결했다. 이러한 상표 규정은 색상이 제품의 필수 요소가 아닌 경우에만 적용된다. 그러나 색상이 제품과 밀접하게 관련됨으로써 '2차적 의미'를 획득할 경우 상표가 될 수 있으며, 상표는 일반적으로 특정 제품 범주 내에서 사용될 수 있는 특정 색조와 관련이 있다. 존디어(John Deere)는 로고에 나타나는 녹색과 노란색, 타깃(Target)은 빨간색, 티파니(Tiffany)는 특유의 파란색을 상표로 지정했다. 이와 동시에, 색상이 제품과 연결되는 방식도 중요하다. 상징적인 크리스찬 루부탱(Christian Louboutin)과 이브생로랑(Yves. St. Laurent, YSL)의 소송에서, 크리스찬 루부탱의 빨간색 사용에 대해 법원은 크리스찬 루부탱이 (이 브랜드에서 만든 신발의 전형적) 빨간색 밑창에 상표권을 부여할 수 있다고 판결했지만, 다른 신발 제조업체(YSL 포함)는 완전히 빨간색인 신발을 판매할 권리를 가지고 있었다.[111]

상표법은 세계 각지에 따라 강조점이 다르다. 예를 들어 유럽연합은 상표 가치 하락의 존재를 평가할 때 고려해야 할 다음과 같은 요소를 규정했다 ─ (1) 상표 간의 유사성 정도, (2) 등록 상표의 상품이나 서비스의 특성, (3) 이전 상표의 평판 수준, (4) 이전 상표의 독특한 특징의 정도, (5) 소비자 사이에 혼동 가능성이 존재할 가능성. 중국의 상표법 시행 방식에는 몇 가지 차이가 있다. 미국과 달리 중국은 상표 등록과 관련하여 선착순 시스템을 시행한다. 따라서 상표를 가장 먼저 출원한 당사자에게 우선권이 주어진다. 이는 미국의 체제와 대비된다. 미국에서 상표권은 등록이 아니라 다른 사람보다 권리와 우선권을 창출하는 상표의 실제 사용이다. 즉 시스템은 상거래에서 최초로 상표를 사용하는 실체를 선호한다. 중국의 선착순 시스템은 일부 브랜드 오너에게 문제를 안겨주는데,

이는 브랜드 오너가 상표권 침해 행위를 하려는 악의적인 상표권 신청자들을 막을 방법이 없기 때문이다.[112]

참고문헌

1. Bernd H. Schmitt and Alex Simonson, *Marketing Aesthetics: The Strategic Management of Brands, Identity, and Image* (New York: Free Press, 1997).

2. Nick Farrell, "Latvians Laugh at Vista," *The Inquirer*, September 8, 2006, https://www.theinquirer.net/inquirer/news/1035505/latvians-laugh-vista, accessed October 21, 1018.

3. For some provocative discussion, see Matt Haig, *Brand Failures* (London: Kogan Page, 2003) and www.snopes.com, accessed October 26, 2018.

4. Eleftheria Parpis, "Michelin Gets Pumped Up," *Brandweek*, October 6, 2009, https://www.adweek.com/brand-marketing/michelin-gets-pumped-106498/, accessed October 26, 2018; Roger Parloff, "Michelin Man: The Inside Story," *Fortune*, September 19, 2005, https://money.cnn.com/magazines/fortune/fortune_archive/2005/09/19/8272906/, accessed October 26, 2018; Brent Marcus, "Brand Icons Get an Online Facelift," *iMedia Connection*, May 30, 2007, www.imediaconnection.com.

5. Anna Lee, "Michelin Ad to Air During Super Bowl," *Greenville News*, February 4, 2017, www.greenvilleonline.com/story/news/local/2017/02/04/michelin-ad-air-during-super-bowl/97498280/.

6. Dale Buss, "'Michelin Man' Bibendum Slims Down in Brand Refresh," June 19, 2017, http://www.brandchannel.com/2017/06/19/michelin-rebrand-061917/, accessed June 22, 2018; https://www.michelin.com/eng/media-room/press-and-news/michelin-news/Passion/Bibendum-a-new-style-to-better-communicate2.

7. For a stimulating treatment of brand naming, see Alex Frankel, *Word Craft* (New York: Crown, 2004).

8. Robert Klara, "11 Brand Names That Simply Couldn't Survive the Times, "*Adweek*, March 18, 2015, www.adweek.com/brand-marketing/11-brand-names-simply-couldnt-survive-times-163440/.

9. An excellent overview of the topic, some of which this section draws on, can be found in Kim R. Robertson, "Strategically Desirable Brand Name Characteristics," *Journal of Consumer Marketing* 6, no. 4 (1989): 61–71.

10. Interestingly, GM sent a memo to its headquarter Chevrolet employees in June 2010 telling them, for the sake of brand consistency, to stop using the Chevy nickname, a move many branding experts criticized for not reflecting consumer desires. Richard S. Chang, "Backtracking, GM Says Please, Call It a Chevy," *The New York Times*, June 10, 2010, https://www.nytimes.com/2010/06/11/automobiles/11CHEVY.html, accessed October 26, 2018.

11. Later, after meeting with some success in the UK, Wyborowa launched an ad campaign based again on its name. Themed "There is No V in Wodka," it was based on the fact that in Poland, where vodka originated, the spirit is called wodka! "Wyborowa Campaigns for No V in Wodka," *Harpers Wine & Spirits Trades Review*, June 6, 2008.

12. Frances Leclerc, Bernd H. Schmitt, and Laurette Dube, "Foreign Branding and Its Effects on Product Perceptions and Attitudes," *Journal of Marketing Research* 31, no. 2 (May 1994): 263–270. See also M. V. Thakor and B. G. Pacheco, "Foreign Branding and Its Effect on Product Perceptions and Attitudes: A Replication and Extension in a Multicultural Setting," *Journal of Marketing Theory and Practice* 5, no. 1 (Winter 1997): 15–30.

13. Eric Yorkston and Geeta Menon, "A Sound Idea: Phonetic Effects of Brand Names on Consumer Judgments," *Journal of Consumer Research* 31, no. 1 (June 2004): 43–51; Richard R. Klink, "Creating Brand Names with Meaning: The Use of Sound Symbolism," *Marketing Letters* 11, no. 1 (2000): 5–20.

14. Kim R. Robertson, "Recall and Recognition Effects of Brand Name Imagery," *Psychology and Marketing* 4 (1987): 3–15.

15. Robert N. Kanungo, "Effects of Fittingness, Meaningfulness, and Product Utility," *Journal of Applied Psychology* 52, no. 4 (1968): 290–295.

16. Kevin Lane Keller, Susan Heckler, and Michael J. Houston, "The Effects of Brand Name Suggestiveness on Advertising Recall," *Journal of Marketing* 62, no. 1 (January 1998): 48–57.

17. Luk Warlop, S. Ratneshwar, and Stijn M. J. van Osselaer, "Distinctive Brand Cues and Memory for Product Consumption Experiences," *International Journal of Research in Marketing* 22, no. 1 (2005): 27–44.

18. Daniel J. Howard, Roger A. Kerin, and Charles Gengler, "The Effects of Brand Name Similarity on Brand Source Confusion: Implications for Trademark Infringement," *Journal of Public Policy & Marketing* 19, no. 2 (Fall 2000): 250–264.

19. Rob Lammle, "How Etsy, eBay, Reddit Got Their Names," *CNN*, April 22, 2001, www.cnn.com.

20. Dan Heath and Chip Heath, "How to Pick the Perfect Brand Name," Fast Company, January 3, 2011, https://www.fastcompany.com/1702256/how-pick-perfect-brand-name, accessed October 26, 2018; Lexicon Branding, www.lexiconbranding.com; Ciulla Association, www.ciulla-assoc.com.; "Colgate's Portable Wisp Targets

Young, On-the-Go Consumers," *Schneider Associates*, April 21, 2009, www.launchpr.com.

21. William L. Moore and Donald R. Lehmann, "Effects of Usage and Name on Perceptions of New Products," *Marketing Science* 1, no. 4 (1982): 351–370.

22. Yih Hwai Lee and Kim Soon Ang, "Brand Name Suggestiveness: A Chinese Language Perspective," *International Journal of Research in Marketing* 20, no. 4 (December 2003): 323–335.

23. Kevin Lane Keller, Susan E. Heckler, and Michael J. Houston, "Effects of Brand Name Suggestiveness on Advertising Recall." *American Marketing Association* 62, no. 1 (1988): 48–57, https://www.jstor.org/stable/1251802.

24. Robert A. Peterson and Ivan Ross, "How to Name New Brands," *Journal of Advertising Research* 12, no. 6 (December 1972): 29–34.

25. Robert A. Mamis, "Name-Calling," *Inc.,* July 1984, https://www.inc.com/magazine/19840701/8838.html, accessed October 26, 2018.

26. Tina M. Lowrey, L. J. Shrum, and Tony M. Dubitsky, "The Relationship Between Brand-Name Linguistic Characteristics and Brand-Name Memory," *Journal of Advertising* 32, no. 3 (2003): 7–17; Tina M. Lowrey and L. J. Shrum, "Phonetic Symbolism and Brand Name Preference," *Journal of Consumer Research* 34, no. 3 (October 2007): 406–414.

27. Michael McCarthy, "Xterra Discovers Extra Success," *USA Today*, February 26, 2001, 4B.

28. C. Miguel Brendl, Amitava Chattopadyhay, Brett W. Pelham, and Mauricio Carvallo, "Name Letter Branding: Valence Transfers When Product Specific Needs Are Active," *Journal of Consumer Research* 32, no. 3 (December 2005): 405–415.

29. Jennifer J. Argo, Monica Popa, and Malcolm C. Smith, "The Sound of Brands," *Journal of Marketing* 74, no. 4 (July 2010): 97–109.

30. Bruce G. Vanden Bergh, Janay Collins, Myrna Schultz, and Keith Adler, "Sound Advice on Brand Names," *Journalism Quarterly* 61, no. 4 (1984): 835–840; Bruce G. Vanden Bergh, Keith E. Adler, and Lauren Oliver, "Use of Linguistic Characteristics with Various Brand-Name Styles," *Journalism Quarterly* 65, no. 2 (1987): 464–468.

31. Daniel L. Doeden, "How to Select a Brand Name," *Marketing Communications* (November 1981): 58–61.

32. Timothy B. Heath, Subimal Chatterjee, and Karen Russo, "Using the Phonemes of Brand Names to Symbolize Brand Attributes," in *The AMA Educator's Proceedings: Enhancing Knowledge Development in Marketing,* eds. William Bearden and A. Parasuraman (Chicago: American Marketing Association, August 1990).

33. John R. Doyle and Paul A. Bottomley, "Dressed for the Occasion: Font-Product Congruity in the Perception of Logotype," *Journal of Consumer Psychology* 16, no. 2, 2006: 112–123. See also Pamela W. Henderson, Joan L. Giese, and Joseph A. Cote, "Impression Management Using Typeface Design," *Journal of Marketing* 68, no. 4 (October 2004): 60–72; Terry L. Childers and Jeffrey Jass, "All Dressed Up with Something to Say: Effects of Typeface Semantic Associations on Brand Perceptions and Consumer Memory," *Journal of Consumer*

Psychology 12, no. 2 (2002): 93–106.

34. Much of this passage is based on Teresa M. Paiva and Janeen Arnold Costa, "The Winning Number: Consumer Perceptions of Alpha-Numeric Brand Names," *Journal of Marketing* 57 , no. 3 (July 1993): 85–98. See also, Kunter Gunasti and William T. Ross Jr., "How and When Alphanumeric Brand Names Affect Consumer Preferences," *Journal of Marketing Research* 47, no. 6 (December 2010): 1177–1192.

35. Beth Snyder Bulik, "Tech Sector Ponders: What's in a Name?" *Advertising Age,* May 9, 2005, https://adage.com/article/news/tech-sector-ponders-a/103129/, accessed October 26, 2018.

36. John Murphy, *Brand Strategy* (Upper Saddle River, NJ: Prentice Hall, 1990), 79.

37. Alex Frankel, "The New Science of Naming," *Business 2.0,* December 1, 2004 (Business 2.0), https://money.cnn.com/magazines/business2/business2_archive/2004/, accessed October 26, 2018; Chuck Slater, "Project Runway," *Fast Company*, October 2010, 170–174.

38. Brett Snyder, "How JetBlue Tends to Its Brand," *CBS,* July 14, 2010, www.btnet.com; Cliff Medney, "Flying Sucks. They Know," *Brandweek*, June 16, 2008, Vol. 49 Issue 24, p. 30. Rupal Parekh, "How JetBlue Became One of the Hottest Brands in America, *Advertising Age*, July 6, 2010, https://adage.com/article/cmo-strategy/jetblue-hottest-brands-america/144799/, accessed October 26, 2018; JetBlue, www.jetblue.com.

39. Matthew Hicks, "Order Out of Chaos," *eWeek,* July 1, 2001, www.eweek.com/it-management/order-out-of-chaos, accessed October 26, 2018.

40. Anticybersquatting Consumer Protection Act (ACPA), November 29, 1999; "Cybersquatting Hits Record Level, WIPO Center Rolls Out New Services," March 31, 2011, www.wpio.int; Evan Brown and Brian Beckham, "Internet Law in the Courts," *Journal of Internet Law* 12, no. 7 (May 2009): 24–26.

41. Trademark Infringement, "9 Nasty Trademark Trademark Infringement Cases — and How to Avoid Them (2016)," *TrademarkNow*, September 6, 2016, www.trademarknow.com/blog/9-nasty-trademark-infringement-cases-and-how-to-avoid-them; PCT Law Group, "Trademark Violation by Cybersquatter Is Not GoDaddy's Problem," *PCT Law Group*, April 29, 2015, http://pctlg.com/trademark-violation-cybersquatter-godaddys-problem-2/, accessed October 26, 2018; Philiop Corwin, "GoDaddy Hit with Another Trademark Infringement Suit—A Hint of Things to Come?" *Internet Commerce*, February 25, 2014, www.internetcommerce.org/godaddy_tm_infringement_lawsuits/.

42. "Louis Vuitton Fried Chicken's Owner Fined in South Korea," *The Star,* April 19, 2016, www.thestar.com.my/news/regional/2016/04/19/louis-vuitton-fried-chicken-owner-fined-in-skorea/.

43. Robert Klara, "Luxury Brands Just Got One More Reason to Hate the Internet: Spoofing," *Adweek*, September 5, 2017, http://www.adweek.com/brand-marketing/luxury-brands-just-got-one-more-reason-to-hate-the-internet-spoofing/, accessed March 17, 2018.

44. Ibid.

45. Florian Malecki, "Fight the Phishers: Stop E-Mail Spoofers Trashing Your Brand's Reputation," *Tech Radar*, February 20, 2015, www.techradar.com/news/world-of-tech/management/fight-the-phishers-stop-email-spoofers-trashing-your-brand-s-reputation-1285401.

46. Gerald Levine, "Understanding the Legal Options Used to Fight Cybersquatting," *Network World*, January 14, 2015, www.networkworld.com/article/2868398/security0/understanding-the-legal-options-used-to-fight-cybersquatting.html.

47. John Murphy, Brand Strategy (Upper Saddle River, NJ: Prentice Hall, 1990), 79.

48. Young Jee Han, Joseph C. Nunes, and Xavier Drèze, "Signaling Status with Luxury Goods: The Role of Brand Prominence," *Journal of Marketing* 74, no. 4 (July 2010): 15–30.

49. Murphy, *Brand Strategy*.

50. Michael McCarthy, "More Firms Flash New Badge," *USA Today*, October 4, 2000, B3.

51. Steve Douglas, "Top 100 Brands & Their Logos," Top 100 Brand Logos, The Logo Factory, accessed March 15, 2018, www.thelogo-factory.com/top-100-brand-logos/; Katie Richards, "Here's What the Most Popular Brands' Logos Have in Common," July 15, 2015, https://www.adweek.com/brand-marketing/heres-what-most-popu-lar-brands-logos-have-common-165884/, accessed October 6, 2018.

52. Jean Templin, "Were This Year's Most Controversial Logo Changes Effective?," September 29, 2016, https://conversionxl.com/blog/logo-study/, accessed October 6, 2018.

53. Michael McCarthy, "More Firms Flash New Badge," USA Today, October 4, 2000, B3; Natalie Zmuda, "What Went into the Updated Pepsi Logo," *Advertising Age*, October 27, 2008, https://adage.com/article/news/pepsi-s-logo-update/132016/, accessed October 26, 2018.

54. Dorothy Pomerantz and Lacey Rose, "America's Most Loved Spokescreatures," *Forbes*, March 18, 2010, https://www.forbes.com/2010/03/18/tony-tiger-woods-doughboy-cmo-network-spokescreatures.html#57a097187002, accessed October 26, 2018.

55. Andrew Ross Sorkin, "The Aflac Duck Will Quack Again," *The New York Times*, March 22, 2011.

56. David A. Aaker, *Building Strong Brands* (New York: Free Press, 1996), 203.

57. Jim Salter, "Still Going and Going: Energizer Bunny Enters His 20th Year," *Associated Press*, November 29, 2008, www.sandiegouniontribune.com/sdut-energizer-bunny-112908-2008nov29-story.html, accessed October 26, 2018; Energizer, http://www.energizer.com/; AdAge, "The Energizer Bunny: Ad Age Advertising Century: Icons," AdAge, March 29, 1999, https://adage.com/article/special-report-the-advertising-century/energizer-bunny/140174/, accessed October 26, 2018.

58. Sophia Yan, "How Hello Kitty Built A Massive Business Empire" *CNN*, August 21, 2015, http://money.cnn.com/2015/08/20/news/hello-kitty-sanrio-business/index.html.

59. Claudiu V. Dimotfe, "Consumer Response to Polysemous Brand Slogans," *Journal of Consumer Research* 33, no. 4 (March 2007): 515–522.

60. Allen Adamson, *BrandSimple* (New York: Palgrave Macmillan, 2007); Melissa Grego, "It's Not Just Any Network Executive," *Broadcasting & Cable*, February 15, 2010, Vol. 140 Issue 7, p. 20.

61. Claudiu V. Dimofte and Richard F. Yalch, "Consumer Response to Polysemous Brand Slogans," *Journal of Consumer Research* 33, no. 4 (March 2007): 515–522.

62. "New 7 Up Campaign Asks Consumers to "Mix It UP"," *BevNET*, February 13, 2017, www.bevnet.com/news/2017/new-7up-campaign-asks-consumers-mix; "7 Up TV Commercial, 'Do More with 7 Up: Taco Tuesday' Featuring Beth Dover," accessed April 23, 2018, www.ispot.tv/ad/wvKF/7up-do-more-with-7up-taco-tuesday-featuring-beth-dover.

63. Jenna Rosenstein, "Covergirl Is Being Revamped—See Their New Slogan and Logo," October 10, 2017, www.harpersbazaar.com/beauty/a12815826/covergirl-relaunch/.

64. The classic lyrics are:
Gimme a break,
Gimme a break,
Break me off a piece o' that
Kit Kat bar
That chocolatey taste is gonna make your day,
Everywhere you go you hear the people say
Gimme a break,
Gimme a break,
Break me off a piece o' that
Kit Kat bar

65. Dirk Smillie, "Now Hear This," *Forbes*, December 25, 2000, 234.

66. Nancy Croft, "Wrapping Up Sales," *Nation's Business* (October 1985): 41–42.

67. Susan B. Bassin, "Value-Added Packaging Cuts Through Store Clutter," *Marketing News*, September 26, 1988, 21.

68. Raymond Serafin, "Packaging Becomes an Art," *Advertising Age*, August 12, 1985, 66.

69. Pan Demetrakakes, "Packaging Innovator of the Decade," *Food and Beverage Packaging*, April 1, 2009, https://www.packagingstrategies.com/publications/3/editions/1113, accessed October 26, 2018.

70. Nate Nickerson, "How About This Beer Label: 'I'm in Advertising!,'" *Fast Company*, March 2004, 43; Coors Brewing Co., "Coors Brewing Company Reveals 2008 Advertising," *Business Wire*, April 8, 2008, https://www.businesswire.com/news/home/20080408005888/en/Coors-Brewing-Company-Reveals-2008-Advertising, accessed October 26, 2018.

71. Stephanie Hildebrandt, "A Taste-full Redesign," *Brand Packaging*, July/August 2010, digital.bnpmedia.com/allarticle/6029/43952/43952/allarticle.html, accessed October 26, 2018; Pan Demetrakakes, "Packaging Innovator of the Decade," *Food and Beverage Packaging*, April 1, 2009, https://www.

packagingstrategies.com/publications/3/editions/1113, accessed October 26, 2018. Elaine Wong, "IRI Summit: How Sara Lee Beefed Up Jimmy Dean Brand," *Brandweek*, March 23, 2010, https://www.adweek.com/brand-marketing/iri-summit-how-sara-lee-beefed-jimmy-dean-brand-107202/, accessed October 26, 2018.

72. Eben Shapiro, "Portions and Packages Grow Bigger and Bigger," *The Wall Street Journal*, October 12, 1993, B1.

73. Rachel Arthur, "Molson Coors Sees Changing Consumer Preferences In Beer Packaging, Cuts Packaging Weight By 21%," *Beveragedaily. com*, August 18, 2015, www.beveragedaily.com/Article/2015/08/18/Molson-Coors-sees-changing-consumer-preferences-in-beer-packaging-cuts-packaging-weight-by-21.

74. Rick Lingle, "Natural Storytelling Helps Redefine Kashi Packaging," *Packaging Digest*, August 8, 2016, www.packagingdigest.com/packaging-design/natural-storytelling-redefines-kashi-packaging1608.

75. Rachel Parker, "Stories That Sell Packaging," *BXP*, September 26, 2016, www.bxpmagazine.com/article/stories-sell-packaging.

76. Mike Whitney, "3 Brands That Are Bringing Content Marketing to Their Packaging," *Mainstreethost*, December 5, 2015, www.mainstreethost.com/blog/brands-bringing-content-marketing-to-their-packaging/.

77. Alecia Swasy, "Sales Lost Their Vim? Try Repackaging," *The Wall Street Journal*, October 11, 1989, B1.

78. Supermarket News Staff, "CPGs Cutting 4 Billion Pounds of Packaging," *Supermarket News*, March 17, 2011, https://www.supermarketnews.com/latest-news/cpgs-cutting-4-billion-pounds-packaging, accessed October 26, 2018; Rachel Arthur, "Molson Coors Sees Changing Consumer Preferences In Beer Packaging, Cuts Packaging Weight By 21," *Beveragedaily.com*, August 18, 2015, www.beveragedaily.com/Article/2015/08/18/Molson-Coors-sees-changing-consumer-preferences-in-beer-packaging-cuts-packaging-weight-by-21.

79. Kevin Keating, "Consumer Demand and Manufacturing Costs Drive Flexible Packaging Trends," *PKG Branding*, May 30, 2017, www.pkgbranding.com/blog/consumer-demand-and-manufacturing-costs-drive-flexible-packaging-trends.

80. Gerry Khermouch, "John Ferolito, Don Vultaggio," *Brandweek*, November 14, 1994, Vol. 35 Issue 44, p. 57.

81. For some academic perspectives on package design, see Ulrich R. Orth and Keven Malkewitz, "Holistic Package Design and Consumer Brand Impressions," *Journal of Marketing* 72, no. 3 (May 2008): 64–81.

82. For an interesting discussion, see Margaret C. Campbell and Ronald C. Goodstein, "The Moderating Effect of Perceived Risk on Consumers' Evaluations of Product Incongruity: Preference for the Norm," *Journal of Consumer Research* 28, no. 3 (December 2001): 439–449.

83. Pan Demetrakakes, "Packaging Innovator of the Decade," *Food and Beverage Packaging*, April 1, 2009, https://www.packagingstrategies.com/publications/3/editions/1113, accessed October 26, 2018.

84. For an interesting application of color to brand names, see Elizabeth G. Miller and Barbara E. Kahn, "Shades of Meaning: The Effect of Color and Flavor Names on Consumer Choice," *Journal of Consumer Research* 32, no.1 (June 2005): 86–92.

85. Michael Purvis, president of Sidjakov, Berman, and Gomez, as quoted in Carla Marinucci, "Advertising on the Store Shelves," *San Francisco Examiner*, October 20, 1986, C1–C2; Angela Bright, "Why Color Matters," *Beneath the Brand*, December 13, 2010, www.talentzoo.com/beneath-the-brand/blog_news.php?articleID=8810, accessed October 26, 2018.

86. Lawrence L. Garber Jr., Raymond R. Burke, and J. Morgan Jones, "The Role of Package Color in Consumer Purchase Consideration and Choice," MSI-Report 00–104 (Cambridge, MA: Marketing Science Institute, 2000); Ronald Alsop, "Color Grows More Important in Catching Consumers' Eyes," *The Wall Street Journal*, November 29, 1984, 37.

87. Bill Abrams and David P. Garino, "Package Design Gains Stature as Visual Competition Grows," *The Wall Street Journal*, March 14, 1979, 48.

88. Ann Marie Mohan, "Established Stevia Brand Refreshes Packaging for Greater Green Mileage," *Packaging World*, October 10, 2010, https://www.packworld.com/article/package-design/graphic/established-stevia-brand-refreshes-packaging-greater-green-mileage, accessed October 26, 2018.

89. Jim George, "Kraft Says 'Smile' with Updated Macaroni & Cheese," Packaging World, April 10, 2011, https://www.packworld.com/article/applications/food/dairy/kraft-says-smile-updated-macaroni-cheese, accessed October 26, 2018.

90. Lawrence L. Garber Jr., Raymond R. Burke, and J. Morgan Jones, "The Role of Package Color in Consumer Purchase Consideration and Choice," MSI-Report 00-104 (Cambridge, MA: Marketing Science Institute, 2000).

91. See also Peter H. Bloch, "Seeking the Ideal Form—Product Design and Consumer Response," *Journal of Marketing* 59, no. 3 (1995): 16–29; Peter H. Bloch, Frederick F. Brunel, and T. J. Arnold, "Individual Differences in the Centrality of Visual Product Aesthetics: Concept and Measurement," *Journal of Consumer Research* 29, no. 4 (2003): 551–565; Priya Raghubir and Aradna Krishna, "Vital Dimensions in Volume Perception: Can the Eye Fool the Stomach?" *Journal of Marketing Research* 36, no. 3 (August 1999): 313–326; Valerie Folkes, Ingrid Martin, and Kamal Gupta, "When to Say When: Effects of Supply on Usage," *Journal of Consumer Research* 20, no. 3 (December 1993): 467–477; Valerie Folkes and Shashi Matta, "The Effects of Package Shape on Consumers' Judgment of Product Volume: Attention as Mental Containment," *Journal of Consumer Research* 31, no. 2 (September 2004): 390–401.

92. Alina Wheeler, *Designing Brand Identity: An Essential Guide for the Whole Branding Team*, 3rd ed. (Hoboken, NJ: John Wiley & Sons, 2009).

93. Terry L. Childers and Michael J. Houston, "Conditions for a Picture

Superiority Effect on Consumer Memory," *Journal of Consumer Research* 11, no. 2 (September 1984): 551–563; Kathy A. Lutz and Richard J. Lutz, "Effects of Interactive Imagery on Learning: Application to Advertising," *Journal of Applied Psychology* 62, no. 4 (1977): 493–498.

94. Jessica Shambora, "David vs. Goliath: Method vs. Clorox," *Fortune*, November 15, 2010, Vol. 162 Issue 8, p. 55; Stuart Elliott, "A Clean Break with Staid Detergent Ads," *The New York Times*, Ilana DeBare, "Cleaning Up without Dot-coms: Belittled Entrepreneurs Choose Household Products Over the High-Tech Industry and Become Highly Successful," *San Francisco Chronicle*, October 8, 2006, https://www.sfgate.com/business/article/Cleaning-up-without-dot-coms-Belittled-2468573.php, accessed October 26, 2018; "Marketers of the Next Generation," *Brandweek,* April 17, 2006, 30.

95. USPTO.Gov, "Trademark, Patent or Copyright," accessed April 22, 2018, www.uspto.gov/trademarks-getting-started/trademark-basics/trademark-patent-or-copyright.

96. Dorothy Cohen, "Trademark Strategy," *Journal of Marketing* 50, no. 1 (January 1986): 61–74; Dorothy Cohen, "Trademark Strategy Revisited," *Journal of Marketing* 55, no. 3 (July 1991): 46–59.

97. For example, see Judy Zaichkowsky, *Defending Your Brand Against Imitation* (Westpoint, CO: Quorom Books, 1995); Judy Zaichkowsky, *The Psychology Behind Trademark Infringement and Counterfeiting* (Mahwah, NJ: Lawrence Erlbaum Associates, 2006); Jerre B. Swann, Sr., David Aaker, and Matt Reback, "Trademarks and Marketing," *The Trademark Reporter* 91 (July–August 2001): 787; and a series of articles by Ross D. Petty in the *Journal of Brand Management*, e.g., "Naming Names: Part Three—Safeguarding Brand Equity in the United States by Developing a Family of Trademarks," *Journal of Brand Management* 17, no. 8 (2010): 561–567.

98. David Stipp, "Farewell, My Logo A Detective Story Counterfeiting Name Brands Is Shaping Up As the Crime of the 21st Century. It Costs U.S. Companies $200 Billion A Year," *Fortune*, May 13, 1996, pp. 128–140, archive.fortune.com/magazines/fortune/fortune_archive/1996/05/13/212869/index.htm, accessed October 26, 2018.

99. Paul F. Kilmer, "Tips for Protecting Brand from Private Label Lawyer," *Advertising Age,* December 5, 1994, 29, https://adage.com/article/news/tips-protecting-brand-private-label-lawyer/89040/, accessed October 26, 2018.

100. Melissa Twigg, "China's Factory Brands: Clones or Clever Business?," *Business of Fashion*, June 31, 2016, www.businessoffashion.com/articles/global-currents/chinas-factory-brands-clones-counterfeits-copycats-business.

101. Greg Erickson, "Seeing Double," *Brandweek,* October 17, 1994, 31–35.

102. Itamar Simonson, "Trademark Infringement from the Buyer Perspective: Conceptual Analysis and Measurement Implications," *Journal of Public Policy & Marketing* 13, no. 2 (Fall 1994): 181–199.

103. Alex Simonson and Morris Holbrook, "Evaluating the Impact of Brand-Name Replications on Product Evaluations," working paper, Marketing Department, Seton Hall University, 1994.

104. Jerre B. Swann, "Dilution Redefined for the Year 2000," *Houston Law Review* 37 (2000): 729.

105. For a detailed discussion of dilution, see Jerre B. Swann, "Dilution Redefined for the Year 2002," *The Trademark Reporter* 92 (May/June 2002): 585–613. See also Maureen Morrin and Jacob Jacoby, "Trademark Dilution: Empirical Measures for an Elusive Concept," *Journal of Public Policy & Marketing* 19, no. 2 (Fall 2000): 265–276; Maureen Morrin, Jonathan Lee, and Greg M. Allenby, "Determinants of Trademark Dilution," *Journal of Consumer Research* 33, no. 2 (September 2006): 248–257; and Chris Pullig, Carolyn J. Simmons, and Richard G. Netemeyer, "Brand Dilution: When Do New Brands Hurt Existing Brands?" *Journal of Marketing* 70, no. 2 (April 2006): 52–66.

106. J. Thomas McCarthy, *McCarthy on Trademarks and Unfair Competition,* 4th ed. (Deerfield, IL: Clark Boardman Callaghan, 1996).

107. Alex Frankel, "Name-o-rama," *Wired,* June 1, 1997, https://www.wired.com/1997/06/es-namemachine/, accessed October 26, 2018.

108. Constance E. Bagley, *Managers and the Legal Environment: Strategies for the 21st Century,* 2nd ed. (Minneapolis, MN: West, 1995).

109. Garry Schuman, "Trademark Protection of Container and Package Configurations—A Primer," *Chicago Kent Law Review* 59 (1982): 779–815.

110. Junda Woo, "Product's Color Alone Can't Get Trademark Protection," *The Wall Street Journal,* January 5, 1994, B8.

111. Alexi Tzatsev, "10 Colors That Might Get You Sued," Business Insider, September 29, 2012, https://www.businessinsider.com/colors-that-are-trademarked-2012-9, accessed August 19, 2018.

112. Joyce Lee, "International Report—China's Continued Trademark Reforms," *iAm-Media*, February 17, 2018, www.iam-media.com/reports/Detail.aspx?g=9d87b306-085d-474c-ab54-72ed13f4ac2b.

브랜드자산 구축을 위한 마케팅 프로그램 설계

5

학습목표

이 장을 읽은 후 여러분은 다음을 할 수 있을 것이다.

1. 마케팅의 새로운 관점과 발전을 식별한다.
2. 마케터가 제품경험을 향상시키는 방법을 설명한다.
3. 가치 가격에 대한 이론적 근거를 설명한다.
4. 직접 및 간접 채널 옵션을 나열한다.
5. 자체 상표의 성장 이유를 요약한다.

존디어(John Deere)의 성공 중 일부는 잘 고안되고 실행된 제품, 가격 및 채널 전략이다.

출처 : John Crowe/Alamy Stock Photo

개요

이 장은 마케팅활동, 그중에서도 제품, 가격, 유통 전략이 브랜드자산에 일반적으로 어떻게 기여하는지 살펴볼 것이다. 마케터가 브랜드 인지도를 강화하고 브랜드 이미지를 개선하며 긍정적 브랜드 반응을 도출하고 브랜드 공명을 증가시키기 위해 어떻게 마케팅활동을 통합할 수 있는지 살펴본다.

우리의 관심은 브랜딩 관점에서 마케팅 프로그램이 어떻게 적정하게 설계되어야 하는지에 있다. 또한 브랜드자산 창출을 최대화하기 위해 브랜드 자체가 어떻게 마케팅 프로그램에 효과적으로 통합될 수 있는지도 살펴볼 것이다. 그러나 마케팅활동에 관한 보다 광범위한 시각을 얻기 위해서는 이 장에 언급되어 있는 구체적인 참고사항뿐 아니라 기본적인 마케팅 관리론 서적을 참조하는 것이 필수이다.[1] 이러한 분석은 마케팅 프로그램 계획에 있어서 몇 가지 새로운 발전상을 고찰해보는 것으로부터 시작한다. 그런 뒤 제품, 가격, 채널 전략에 대해 검토해봄으로써 결론을 맺는다.

마케팅의 새로운 관점

마케팅 프로그램 이면의 전략과 전술은 기업이 그들의 외부 마케팅 환경에 나타난 거대한 변화들에 대처함에 따라 최근 몇 년 동안 극적으로 변화했다. 1장에서 개략적으로 소개한 것처럼 경제적, 기술적, 정치적, 법적, 사회문화적, 경쟁적 환경의 변화는 마케터로 하여금 새로운 접근방식과 철학을 받아들이도록 했다. 이러한 변화는 다음과 같다.[2]

- 급격한 기술 개발
- 더 커진 고객 권한
- 전통 매체의 단편화
- 쌍방향 및 모바일 마케팅 옵션의 성장
- 유통의 변형과 탈중개화
- 경쟁과 산업 융합의 증가
- 세계화와 개발도상국 시장의 성장
- 기업의 사회적 책임에 대한 강력한 요구와 함께 높아진 지속가능성에 대한 관심과 걱정
- 소셜 미디어와 구전을 통해 강화된 소비자의 영향력 증대

민영화나 규제 같은 이러한 변화는 고객과 기업에게 브랜드 관리 방법에 많은 시사점을 제시했다(그림 5-1 참조). 마케터는 새로운 마케팅 시대에 맞는 새로운 접근방식을 실행하기 위해 20세기에 브랜드 발전소를 구축한 대중시장 전략을 점진적으로 포기하고 있다. 심지어는 전통적인 제품군과 산업군에서도 마케터는 마케팅 실행에 관하여 다시 생각하고 '평소'와 같이 사업을 하지 않고 있다.

소비자는

훨씬 더 많은 고객 권한을 행사할 수 있다.

더 다양한 상품과 서비스를 구입할 수 있다.

거의 모든 것에 대해 많은 양의 정보를 얻을 수 있다.

주문을 작성하고 받는 과정에서 마케터와 더 쉽게 상호작용할 수 있다.

다른 소비자와 상호작용하고 제품 및 서비스에 대한 의견을 비교할 수 있다.

회사는

지리적 범위가 확대된 새롭고 강력한 정보 및 판매 채널을 운영해 회사와 제품을 알리고 홍보할 수 있다.

시장, 고객, 잠재고객, 경쟁업체에 대한 보다 풍부한 정보를 수집할 수 있다.

고객 및 잠재고객과의 양방향 커뮤니케이션을 촉진하고 거래 효율성을 촉진할 수 있다.

광고, 쿠폰, 프로모션, 정보를 수신 동의한 고객과 잠재고객에게 이메일을 보낼 수 있다.

개별 고객에 맞게 제품 및 서비스를 맞춤화할 수 있다.

구매, 채용, 교육 및 내부 · 외부 커뮤니케이션을 개선할 수 있다.

그림 5-1
신경제의 새로운 가능성

클리프 바

1990년 열렬한 사이클리스트인 게리 에릭슨(Gary Erickson)에 의해 시작되었고 그의 아버지를 기리기 위해 이름이 붙여진 클리프 바(CLIF Bar)는 건강에 좋은 재료들로 더 좋은 맛의 에너지 바를 제공하기 시작했다. 광고 자금이 거의 없었기 때문에 회사는 입소문과 홍보를 통해 수년 동안 인기를 끌어 올렸다. 클리프 바 제품군은 또한 화이트 초콜릿 마카다미아, 땅콩 토피 버즈, 메이플 너트, 초콜릿 아몬드 퍼지 등 수십 가지 맛과 종류를 포함하도록 성장하였다.[3] 이 맛들 중 일부는 특히 여성과 아이들을 위해 만들어졌고, 정제된 흰 밀가루 대신 현미 시럽과 보리맥아 같은 건강에 좋은

클리프 바는 시장 점유율을 유지하고 고객 참여도를 높이기 위해 비전통적인 광고와 소셜 미디어 광고를 혼합해 사용한다.

출처 : Editorial Image, LLC/Alamy Stock Photo

재료가 특징이다. 클리프 바 제품 뒤에는 강력한 사회적, 환경적 책임의 기업 메시지가 있으며, 많은 재료가 유기농으로 길러지거나(또는 유기농으로 인증됨) 지속가능하게 성장한다.[4]

클리프 바는 지역 커뮤니티에서 활동하며, 열정적인 직원들로 유명하다. 바이오디젤로 움직이는 차량에 의존하고 있으며, 탄소 절감을 통해 농부 및 아메리카 원주민 소유의 풍력 발전소를 건설할 수 있도록 지원하고 있다. 회사의 비전통적인 마케팅활동은 스포츠 후원 및 공개 행사에 초점을 맞추고 있다. 클리프 바는 매력을 넓히기 위해 참가자들이 영감을 주는 스포츠 모험의 이야기와 사진을 제공하는 'Meet the Moment'™ 캠페인을 시작했다. 이 캠페인은 오늘날까지 이어지고 있으며, 클리프 바 포장에 묘사된 어드벤처 챌린지(Adventure Challenge)는 소비자에게 모험을 떠나 #MeetTheMoment를 사용하여 소셜 미디어에 그 말을 퍼뜨리도록 촉구한다.[5] 이 독특한 통합 마케팅 캠페인은 아이폰과 안드로이드 시스템을 위한 완전한 상호작용을 하는 웹사이트와 모바일 애플리케이션을 특징으로 하며 개인 차원에서 소비자들을 감동시킨다. 고객층을 더 확장하기 위해 클리프 바는 여성의 영양과 에너지 수요를 위해 설계된 루나(Luna) 바도 출시했다. 루나 브랜드는 여성에 의한, 그리고 여성을 위한 영화에 초점을 맞춘 루나페스트(Lunafest)라고 불리는 연례 축제의 후원을 통해 더욱 힘을 얻고 있다.

이러한 모든 마케팅노력은 성과를 거두었다. 2016년까지 클리프 바는 영양 건강 바 범주에서 15%의 시장 점유율을 기록했고 제너럴밀스와 켈로그 같은 대형 포장 제품 제조업체의 시장 점유율을 훨씬 능가했다. 게다가 아시아, 유럽, 호주의 18개국 이상에 수출하고 있으며, 매년 20% 이상의 성장률을 보이고 있다.[6]

마케팅 통합화

오늘날 시장에서 제품, 서비스, 마케팅 프로그램이 브랜드자산을 구축하는 데는 많은 상이한 방법이 있다. 채널 전략, 커뮤니케이션 전략, 가격 전략, 기타 마케팅활동은 브랜드자산을 향상시킬 수도 있고 감소시킬 수도 있다. 고객 기반 브랜드자산 개념화의 시사점은 브랜드연상이 형성되는 방법은 중요하지 않다는 것이다. 단지 결과로서 브랜드 인지도와 브랜드연상의 강력함, 호감성 및 독특함이 중요할 뿐이다.

브랜드자산은 다양한 방법으로 창출될 수 있으며 많은 기업이 시장에서 이러한 방식을 통해 자신들의 브랜드자산 구축을 시도하고 있다. 하지만 불행하게도 많은 기업이 브랜드자산을 증진하기 위해 시장 내에서 경쟁하고 있는 것도 사실이다. 이러한 시장에서 고객과 잘 연결할 수 있는 신선한 마케팅 프로그램을 만들기 위해서는 독창적이고 창의적인 사고가 중요하다. 이에 따라 브랜딩 브리프 5-1에서와 같이 마케터는 여러 가지 다양한 창의적인 방법을 시도한다.

그러나 창의성은 브랜드 구축 목적에 희생을 요구하는 것이 아니며 마케터는 브랜드 인지도를 창출하고, 수요를 자극하고, 충성도를 육성하기 위해 고객에게 완벽하게 통합된 솔루션과 개인화된 경험을 제공하는 프로그램들을 조율해야 한다.

개인화 마케팅

인터넷의 급속한 확산과 대중매체의 계속되는 단편화는 개인화된 마케팅 필요에 대한 관심의 급증을 가져왔다. 많은 사람은 현대경제가 개별 소비자의 힘을 찬양한다고 단언한다. 증가하는 소비자 욕구와 개인화를 재촉하는 경쟁력에 적응하기 위해, 마케터는 경험 마케팅, 관계 마케팅 같은 개념을 받아들이고 있다. 브랜드화된 경험 혹은 브랜드를 통한 경험은 브랜드가 고객과 좀 더 개인화된 관계를 맺는 데 중요한 역할을 하고 있다. 다음 절에서는 고객과 브랜드의 관계를 형성하는 데 있어서 경험의 역할을 소개한다.

브랜딩 브리프 5 - 1

예티가 '더 멋진' 브랜드다

예티(Yeti)는 사냥꾼, 낚시꾼과 같은 이 브랜드의 핵심 표적고객에게 사회적 위치의 상징이 된 고급 쿨러 제조업체이다. 이 브랜드의 마케팅 커뮤니케이션은 진실성 있는 메시지를 전달하는 것으로 알려져 있으며, 쿨러의 가격은 250달러에서 수천 달러에 이른다. 가장 많이 팔리는 모델은 트럭이나 자동차 뒷좌석에 들어가는 중소형 하드케이스 쿨러다. 예티는 하드케이스 쿨러라는 제품카테고리를 재창조하고 브랜드의 표적고객이 갖길 열망하는 브랜드를 만드는 데 성공했다.

브랜드가 극복해야 했던 주요 마케팅 과제는 쿨러라는 다소 평범한 제품에 매겨진 높은 가격을 어떻게 극복하느냐 하는 문제였다. 그렇다면, 예티의 성공의 열쇠는 무엇일까? 쿨러는 실제로 잘 작동해 며칠 동안 온도를 차갑게 유지한다. 그러나 예티는 고객에게 제품의 가치를 납득시킬 필요가 있었고, 그렇게 하기 위해 사냥과 낚시 커뮤니티에서 잘 알려진 사람들의 전문적인 보증(endorsement)에 의존했다. 예티는 전통적인 인쇄 광고를 사용하였고, 스포츠맨(Sportsman), 월드피싱 네트워크(World Fishing Network) 등과 같은 전문 네트워크에서의 마케팅과 함께 아웃도어채널(Outdoor Channel)의 사냥과 낚시 프로그램에 이 광고들을 배치했다. 회사의 신뢰도는 그 회사가 IGBC(Interagency Grizzly Bear Committee)로부터 쿨러가 'grizzly proof'라는 승인을 받았을 때 더욱 높아졌다.

목표고객 사이에서 인지도를 높이기 위해 예티는 소셜 미디어에 상당한 투자를 했다. 브랜드에 대한 관심을 더욱 높이기 위해 예티는 브랜드 모자, 티셔츠, 병따개과 같은 의류와 상품에 투자했고, 구매한 모든 쿨러에 그것들을 포함시켜 제품에 대한 더 많은 관심을 끌었다. 또한 이전 구매 행동, 즐겨찾는 야외 모험 등에 대한 과거 데이터를 기반으로 시청자가 받는 콘텐츠를 개인화할 수 있도록 데이터 분석에도 상당한 투자를 했다. 예티는 또한 다양한 고객 접점이 잘 조합되어 고객에게 일관성 있는 경험을 제공한다. 전통적인 방식과 비전통적인 방식의 결합, 온라인과 오프라인 광고의 결합, 개인화된 마케팅 방식의 사용으로 예티는 야심 찬 브랜드를 만드는 데 성공했다.

예티 브랜드는 2009년 500만 달러에서 2016년 4억 5,000만 달러로 성장했으며, 현재 새로운 도전에 직면해 있다. 이글루(Igloo)의 스포츠맨(Sportsman), 오리온45(Orion 45), 카벨라스(Cabela's)의 폴라캡(Polar Cap) 등의 경쟁 브랜드가 출시되면서 고급 쿨러 시장 경쟁이 치열해졌다. 그러므로 예티는 브랜드의 매력과 신뢰성을 유지하기 위해 매우 열심히 일해야 한다. 이를 위해 예티는 더욱 정교한 소셜 미디어 마케팅을 진행했다. 예를 들어 아웃도어를 미화하는 짧은 비디오를 제작하고

예티 브랜드 쿨러는 고품질의 진정성 있는 메시지와 비전통적/소셜 미디어 마케팅의 사용으로 사회적 지위의 상징으로 여겨진다.

배포한다. 즉 전설적인 리오그란데 계곡의 낚시꾼 또는 여성 그랜드캐니언 가이드와 같은 거칠고 대담한 야외 활동을 묘사함으로써 사냥꾼, 낚시꾼 같은 브랜드의 핵심 고객을 유지하고자 하였다(물론 예티는 이미 이러한 핵심고객을 넘어 성장하였다). 예티 제품은 이 영상에 잠깐 등장할 뿐이다. 이 브랜드는 또한 팬들이 제공한 야생 동물과 야외 사진을 인스타그램 페이지에 게시한다. 따라서 효과적인 스토리텔링을 사용하면 예티가 고객과 정서적인 수준에서 연결될 수 있으며, 이는 브랜드가 지속적인 소비자-브랜드 관계를 구축할 수 있도록 한다.

출처 : Ashley Rodriguez, "How Yeti Made a Cooler an Aspirational Brand," October 6, 2014, http://adage.com/article/cmo-strategy/high-priced-yeti-coolers-aspirational-brand/295243/, accessed March 10, 2018; Salesforce. com, "YETI Coolers Launches New Digital Shopping Experience on Salesforce Commerce Cloud," January 16, 2018, www.prnewswire.com/news-releases/yeti-coolers-launches-new-digital-shopping-experience-on-salesforce-commerce-cloud-300582825.html, accessed March 1, 2018; Hunter Atkins, "Why Is Yeti Coolers Producing Really Cool Movies?," April 20, 2016, www.forbes.com/sites/hunteratkins/2016/04/20/why-is-yeti-coolers-producing-really-cool-movies/#424bbc823f7e, accessed March 1, 2018; Michael Shea, "Ice-Chest Throwdown," March 25, 2016, www.fieldandstream.com/articles/fishing/2016/03/ice-chest-throwdown-12-top-end-coolers-ranked-and-reviewed, accessed March 10, 2018.

경험 마케팅 경험 마케팅은 제품의 특성이나 편익을 전달할 뿐 아니라 제품을 독특하고 흥미로운 소비자 경험과 연결함으로써 제품을 촉진한다. 마케팅 평론가는 경험 마케팅에 대해 '아이디어는 무언가를 팔려는 것이 아니라 브랜드가 고객의 생활을 얼마나 풍요롭게 하는지 증명하는 것'이라

고 설명한다.[7]

이 주제에 있어 개척자인 파인과 길모어(Pine and Gilmore)는 '경험 경제', 다시 말해 모든 비즈니스가 그들의 고객을 위해 기억에 남을 만한 이벤트를 조정해야 하는 새로운 경제시대의 한계점에 서 있다고 주장한다.[8] 그들은 다음과 같이 주장한다.

- 만약 당신이 물질에 대한 값을 받고 있다면, 당신은 **상품(원자재) 비즈니스**(commodity business)에 종사하고 있는 것이다.
- 만약 당신이 유형의 물건에 대한 값을 받고 있다면, 당신은 **상품(제품) 비즈니스**(goods business)에 종사하고 있는 것이다.
- 만약 당신이 행하는 활동에 대한 값을 받고 있다면, 당신은 서비스 비즈니스에 종사하고 있는 것이다.
- 만약 당신이 고객과 함께한 시간에 대한 값을 받고 있다면, 그때가 바로 당신이 경험 비즈니스를 하고 있는 때이다.

디즈니에서 아메리카 온라인(America Online, AOL)에 이르는 다양한 기업의 예를 인용하면, 그들은 판매에 적당한 경험은 오락, 교육, 미학, 현실 도피의 네 가지 형태로 나타난다고 주장한다.

컬럼비아대학교의 번 슈미트(Bernd Schmitt)는 경험 마케팅을 여러 접점에서 고객과 감각적이며 감성적인 연결을 창출해내는 고객 중심적 마케팅활동으로 폭넓게 정의하고 있다.[9] 그림 5-2는 슈미트와 동료들이 개발한 경험과 경험의 차원을 측정하는 척도를 보여준다. 이 연구는 가장 경험적인 브랜드인 레고, 빅토리아시크릿(Victoria's Secret), 아이팟, 스타벅스를 활용했다.[10]

마이어와 슈웨거(Meyer and Schwager)는 고객 경험 관리(customer experience management, CEM) 과정은 과거 패턴(완료된 거래를 평가하기), 현재 패턴(현재의 관계를 추적하기), 잠재 패턴(예측 가능한 미래의 기회에 관하여 조사를 실행하기)이라는 세 가지 다른 패턴의 추적 관찰을 포함한다고 설명했다.[11] 브랜드는 고

빅토리아시크릿은 체험형 브랜드를 만드는 데 성공했다는 평가를 받는다.

출처 : Louis Johnny/SIPA/Newscom

그림 5-2
브랜드 경험 척도

출처 : J. Joško Brakus, Bernd H. Schmitt, and Lia Zarantonello, "Brand Experience: What Is It? How Is It Measured? Does It Affect Loyalty?," *Journal of Marketing* 73 (May 2009): 52 – 68.

감각의	-이 브랜드는 나의 시각이나 다른 감각에 강한 인상을 준다. -나는 이 브랜드가 감각적으로 흥미롭다고 생각한다. -이 브랜드는 내 감각에 매력적이지 않다.
정서적인	-이 브랜드는 느낌과 감정을 유발한다. -나는 이 브랜드에 대한 감성이 강하지 않다. -이 브랜드는 감성적인 브랜드이다.
행동의	-나는 이 브랜드를 사용할 때 신체적인 행동과 태도를 취한다. -이 브랜드는 신체 경험으로 이어진다. -이 브랜드는 행동 지향적이지 않다.
지능의	-나는 이 브랜드를 접하면 많은 생각을 하게 된다. -이 브랜드는 나를 생각하게 하지 않는다. -이 브랜드는 나의 호기심과 문제 해결을 자극한다.

객이 자신이 브랜드의 표적이 되고 있다는 느낌을 받지 않으면서 브랜드에 대한 기억에 남을 수 있는 경험을 제공하려 노력하며 이러한 경험에 많은 투자를 하고 있다. 예를 들어 미국의 드라이 브인 식당인 소닉(Sonic)은 코첼라 아트와 뮤직 페스티벌을 사용해 자신들의 밀크셰이크와 스무디를 소개했다. 소닉은 많은 고객이 페스티벌 경험과 페스티벌에서 구매한 제품을 자신들의 인스타그램과 같은 소셜 미디어에 포스팅할 것을 알았으며, 이를 장려하기 위해 페스티벌에서 독특한 밀크셰이크 광장을 만들어 프리미엄 재료와 맛을 홍보했다.[12] 또한 지오펜싱(geo-fencing) 기술을 사용해서 페스티벌 관람객들이 '지금 구매하기' 기능을 사용해 보다 손쉽게 주문할 수 있게 했다.

또 다른 브랜드 경험의 사례는 반클리프앤드아펠(Van Cleef & Arpels)이 귀금속과 시계 제품군에서 론칭한 캠페인이다.[13] 유명한 귀금속 디자인 하우스인 반클리프앤드아펠은 2012년에 귀금속과 시계 제작에 관심이 많은 소비자들을 위한 프로그램을 론칭했는데, 이러한 프로그램의 목적은 시계와 귀금속 제작에 대한 더 많은 정보와 지식을 전달하기 위함이었다. 회사는 세 가지 주제에 대하여 여러 개의 4시간짜리 강의를 프랑스와 영국에서 개설했는데 구체적인 주제는 노하우, 귀금속에 관한 미술역사, 원석의 세계였다.[14] 이 수업 참가자들은 이러한 제품들의 디자인과 장인정신을 음미하는 법을 배우고, 이를 통해 반클리프는 자기 브랜드의 품질 가치를 증대하고 자사 브랜드에 대한 많은 정보를 제공함으로써 고객들에게 좀 더 다가갈 수 있었다.

좀 더 일반적인 관점에서 이러한 브랜드 경험의 장점은 세 가지를 들 수 있다. 첫째, 이러한 경험은 새로운 고객 시장에서 브랜드 인지도 상승을 이룰 수 있다. 둘째, 브랜드 경험 활동 참가자가 자신의 경험을 소셜 미디어에 공유하도록 장려하고 이를 통해 브랜드 언급량을 늘려 브랜드의 소셜 미디어 참여와 관심을 보다 더 활성화할 수 있다. 예를 들면 코첼라에서 밀크셰이크를 홍보하는 것은 소닉 브랜드의 인스타그램 팔로워를 11,000명 증가시키고 26,000개의 좋아요를 만들었다.[15] 셋째, 이러한 종류의 경험은 고객의 브랜드 이미지 개선에 큰 도움을 주는데 예를 들어 반클리프앤드아펠의 귀금속 관련 프로그램은 고객이 다양한 귀금속 제품에 대한 가치를 재인식하는 데 큰 도움을 주었고 이는 회사의 브랜드 이미지 강화에 큰 도움이 되었다.

관계 마케팅   마케팅 전략은 실제 제품이나 서비스를 능가해 소비자와 더 강력한 유대를 창출하고 브랜드 공명을 극대화해야 한다. 위에서 설명했듯이 브랜드 경험은 브랜드 자체보다는 브랜드의 표적고객이 관심 있는 주제에 포커스를 맞춰 이루어지며 이를 통해 고객의 참여를 증대시킨다.[16] 마찬가지로 관계 마케팅의 주목적은 고객을 모든 마케팅활동에 있어 최우선 순위에 놓는 것이다.

이렇듯 확장된 일련의 활동을 때때로 관계 마케팅이라 하며 현재 고객들은 장기간의 브랜드 성공의 핵심이라는 전제를 바탕으로 하고 있다.[17] 관계 마케팅은 더욱 전체적이고 개인화된 브랜드 경험을 제공해 더 강력한 소비자 유대를 창출한다. 관계 마케팅은 브랜드 구축 마케팅 프로그램의 폭과 깊이 모두를 확장한다.

관계 마케팅이 제공하는 몇 가지 이점은 다음과 같다.[18]

- 새로운 고객을 유치하는 것은 현 고객을 만족시키거나 유지하는 것과 관련된 비용의 5배나 소요된다.
- 기업은 평균적으로 매년 고객의 10%를 잃는다.
- 고객 이탈률 5% 감소는 산업에 따라 25~85%까지 이익을 증가시킬 수 있다.

● 고객 이익률은 유지된 고객들의 일생 동안 내내 증가하는 경향이 있다.

다음으로 관계 마케팅에 도움이 되는 세 가지 개념, 즉 대량 맞춤화, 개인화/일대일 마케팅, 퍼미션 마케팅을 살펴볼 것이다.

대량 맞춤화   대량 맞춤화(mass customization), 다시 말해 고객의 정확한 명세내역에 적합하도록 제품을 만드는 것에 대한 발상은 예전부터 있던 것이지만 디지털시대 기술의 도래는 기업으로 하여금 이전에 들어보지 못한 규모의 맞춤화된 제품을 제공하는 것을 가능하게 했다. 고객은 인터넷을 이용해 그들이 좋아하는 것을 정교한 생산라인을 사용해 맞춤화되지 않은 물품의 가격과 동등한 가격으로 제품을 조립할 수 있는 제조업자에게 직접 전달할 수 있다.

제품의 대량 생산과 보급이 가능한 시기에, 대량 맞춤화는 소비자가 기본적인 구매에서조차 스스로를 다른 사람들과 구별할 수 있게 해준다. 대량 맞춤화는 제품에만 제한되지 않는다. 은행과 같은 많은 서비스 조직도 고객 특화 서비스를 개발해 그들의 서비스 체험 — 보다 많은 서비스 옵션, 보다 고객 접촉적인 직원, 보다 긴 서비스 시간 — 의 개인적 본질을 증진하려 하고 있다.[19]

소셜 미디어의 발달과 엄청난 양의 데이터(예 : 웹 클릭 데이터와 웹 데이터에서 제공되는 여러 가지 고객 참여 지수)가 넘쳐나는 이러한 시기에, 기업은 고객의 필요와 선호에 따라 타기팅해 제품을 맞춤화할 수 있는 큰 기회를 가지고 있다. 이와 함께 기업은 고객의 진정한 가치 혹은 고객의 구매를 활성화하는 감성적인 요인을 그들의 제품에 담을 수 있어야 한다.[20] 이를 달성하기 위한 한 가지 방법으로 고객을 실제 제품 생산 과정에 참여시켜 제품의 공동 생산자로 만드는 것이 있다. 예를 들어 나이키는 나이키아이디(NIKEiD) 프로그램을 통해 고객이 신발에 자신만의 메시지를 넣을 수 있게 했다. 나이키아이디 웹사이트에서 방문자들은 사이즈와 폭, 색상 분류표를 선택하고 여덟 글자의 개별 아이디를 추가함으로써 맞춤 신발을 만들 수 있다. 그 후 고객들은 이렇게 제작된 신발을 다른 고객과 공유할 수 있다.[21]

최근에 화제가 된 또 다른 사례는 고객들이 사는 곳에 따라 상품을 맞춤화하는 위치기반 마케

나이키아이디를 통해 고객은 신발을 주문 제작하고 온라인에서 다른 사람들과 작품을 공유할 수 있다.

출처 : Getty Images/Getty Images for Nike

팅이다. 스파르탄레이스(Spartan Race) 협회는 이런 방식을 이용해서 이메일 마케팅을 맞춤화해 고객들에게 발송했는데, 그 결과 웹사이트 방문자는 50% 증가했고 신규고객 수는 25% 늘었으며 실제 구매 전환은 13% 상승했다.[22] 매우 성공적인 관계 마케팅의 좋은 예는 영국의 테스코(Tesco) 사례에서 볼 수 있다.

테스코

2010년에 창립 15주년을 맞은 테스코 클럽카드(Tesco Clubcard)는 세계에서 가장 성공적인 소매 로열티 프로그램 중 하나이다. 이 프로그램에 속한 1,000만 명의 회원 각각은 자신이 구입하는 제품을 바탕으로 한 독특한 'DNA 프로필'을 가지고 있다. 제품 자체는 이러한 고객 분류를 용이하게 하기 위해 패키지 크기, 건강, 자체 상표, 친환경 및 즉석식품과 같이 최대 40개 차원으로 분류된다. 회원은 구매 정보와 기본 인구 정보를 제공하는 대가로 매장에서 판매되는 것을 넘어 광범위한 상품과 서비스에서 다양한 구매 혜택을 받는다. 프로그램에서 고객이 구매를 추적하는 것은 테스코가 가격 탄력성을 발견하고, 목표한 프로모션을 제공하고, 마케팅 효율성을 개선하는 데 도움이 된다. 또한 고객 충성도를 강화함으로써 클럽카드 프로그램은 테스코에 3억 5,000만 파운드 이상의 누적 절감 효과를 창출할 것으로 추정되었다. 제품 범위, 판매 특성, 심지어 테스코의 편의점 위치까지 모두 맞춤형 솔루션을 개발하기 위한 고객 데이터를 사용하는 것에서 이익을 얻는다. 테스코는 몇 년 동안 전자 열쇠(key fob)와 2008년에 발행된 새로 디자인된 카드를 포함해 몇 가지 클럽카드 프로그램 혁신을 도입했다.[23] 이러한 혁신에도 불구하고 테스코는 손실의 시기를 겪었고, 고객은 브랜드에 대한 신뢰를 잃었다. 그러나 회사는 가격 인하와 고객 서비스 개선을 통해 고객에게 끊임없이 초점을 맞추면서 반등하기 시작했다.[24] 디지털 채널에 대한 투자와 TV 광고 비중을 감소시키는 것 또한 테스코의 마케팅에서 중요한 변화였다.

테스코의 클럽카드는 세계에서 가장 성공적인 소매 로열티 프로그램 중 하나이다.

출처 : Kevin Britland/Alamy Stock Photo

퍼미션 마케팅 퍼미션 마케팅은 그들의 명백한 허가를 획득한 후에만 소비자들에게 마케팅을 실행하는 것으로, 회사들이 어떻게 혼잡스러움을 돌파하고 고객 충성도를 구축할 수 있는지에 관한 또 하나의 영향력 관점에서의 마케팅 방법이다. 이 주제의 개척자인 세스 고딘(Seth Godin)은 마케터는 더 이상 잡지, 다이렉트 메일, 게시판 광고, 라디오, TV 광고 등 대중매체 캠페인의 측면에서 '끼어들기 마케팅'을 활용할 수 없는데, 그 이유는 소비자가 반드시 적절하지만은 않은 이러

한 끼어들기를 기대하게 되기 때문이라고 주장한다.[25] 고딘은 '퍼미션 마케팅'을 예상되고(사람들이 기업으로부터의 소식을 예상함), 개인적인(개별 고객에게 맞춤형 메시지), 연관성(고객의 관심사와 관련있는) 있는 마케팅으로 정의했다.[26]

고딘은 너무도 많은 마케팅 커뮤니케이션이 매일 소비자들에게 쏟아지는 상황에서 만약 마케터가 소비자의 흥미를 끌기를 원한다면, 그들은 우선 무료 샘플, 판매 촉진이나 할인, 콘테스트 등과 같은 일종의 유인으로써 소비자의 허가를 받아낼 필요가 있다고 주장한다. 이러한 방식을 통해 소비자의 협조를 이끌어냄으로써 마케터는 잠재적으로 소비자들이 미래에 더 많은 커뮤니케이션을 받고 싶어 할 만큼의 더 강력한 관계를 발전시킬 수 있게 된다. 하지만 그러한 관계는 마케터가 소비자가 원하는 것을 존중하고 소비자가 기꺼이 그 브랜드와 더 관련되고 싶어 하는 마음을 표현할 때만 발전할 수 있다.[27]

관심 고객에게 정보를 보내는 용도로 소셜 미디어의 사용이 급격히 증가하고 있긴 하지만, 이메일은 여전히 퍼미션 마케팅에 사용되는 중요한 도구 중 하나이다. 방대한 데이터베이스와 진보된 소프트웨어의 도움으로 기업은 기가바이트에 달하는 고객 데이터를 축적하고 표적화되고 개인화된 마케팅 이메일 메시지를 고객에게 전송하기 위해 이 정보들을 처리할 수 있다. 예를 들어 페이스북 커넥트(Facebook Connect)는 사용자들이 페이스북 계좌를 통해 다양한 웹사이트를 사용할 수 있게 해주는 애플리케이션이다. 사용자들은 다른 웹사이트나 앱을 사용하면서 페이스북 페이지를 업데이트할 수도 있다. 이러한 기능은 마케터가 페이스북 커넥트를 사용자 정보를 획득함에 있어 중요한 소스로 사용하게 했다. 이러한 기술은 브랜드들이 자신들의 웹사이트에서 사용자와 퍼미션 기반 관계를 맺는 데 도움을 주고 있다. 만약 사용자가 소셜 미디어 사이트에 자신의 정보를 제공하는 것이 크게 불편하지 않다면, 마찬가지로 페이스북 커넥트를 통해 다른 웹사이트와 정보를 공유하는 데 큰 불편을 느끼지 않을 것이기 때문이다.[28]

고딘은 효율적인 퍼미션 마케팅의 5단계를 규명한다.[29]

1. **상황적 퍼미션** : 잠재적 고객은 기업이 자신의 정보에 접근하는 것을 허락한다.
2. **브랜드 신뢰도** : 잠재적 고객은 기업이 자신에게 필요한 제품이나 서비스를 제공하는 것을 허락한다.
3. **개인적 관계** : 잠재 고객은 제공 기관과의 개인적 관계에 기반해 정보를 제공한다.
4. **인센티브 기반 퍼미션** : 포인트나 무료 상품 같은 인센티브를 사용해 고객 데이터 접근에 대한 동의를 획득한다.
5. **내재적 동의** : 고객은 기업에 의존하고 제품과 서비스 제공자가 제품 공급을 조절한다.

이러한 단계 동안 브랜드는 고객 정보를 잘못 사용하거나 오용하지 않는 점을 명확히 하고 고객과의 관계를 조심스럽게 관리해야 한다. 영국의 은행인 몬도(Mondo)는 고객의 동의를 얻기 위해 매우 조심스러운 말과 부담스럽지 않고 불편하지 않은 마케팅을 하는 것으로 알려졌다. 예를 들어 몬도는 "몬도는 여러분이 관심이 있거나 재밌어할 만할 때만 이메일을 보내겠습니다"라는 마케팅 문구를 사용하고 있다.[30]

퍼미션 기반 마케팅은 몇 가지 위험요소도 있다. 여러 공익단체와 연방거래위원회(Federal Trade Commission, FTC)는 고객들에게 명확하게 허락을 구하지 않고 고객 정보를 수집, 사용하는 기업을 처벌하고 있다. 예를 들어 연방거래위원회는 2014년에 TV 제조사인 비지오(Vizio)가

고객에게 명확히 통지하지 않은 채 자동으로 고객의 시청 정보를 수집하고 이를 이용하여 관련 서비스에 고객 정보를 사용한 것으로 파악하고 비지오를 고발했다.[31] 또한 비지오는 개인정보를 비롯한 매우 민감한 정보가 들어 있는 자신들이 수집한 정보를 광고주와 데이터 회사에 판매하여 수익을 올린 것으로 파악되었다. 이때 비지오는 'Smart Interactivity'라는 모호한 용어를 사용하여 고객에게 자신들의 데이터 추적을 설명하였고, 결국 220만 달러의 벌금을 지불하는 데 합의하였다.[32] 이러한 예시는 고객의 명확한 동의를 구하는 것이 퍼미션 마케팅에 있어서 우선순위임을 보여준다.

덕덕고 같은 검색엔진은 고객의 브라우징 행동을 추적하지 않아 사생활에 신경을 쓰는 소비자들에게 인기가 높다.

설문조사에 따르면 소비자가 온라인 업체 관련 프라이버시 이슈를 잘 알고 있는 것으로 나타났다. 한 글로벌 설문 연구에서는 55%의 소비자가 프라이버시 이슈 때문에 제품 구매를 하지 않은 경험이 있는 것으로 나타났고, 금융 서비스 부문에서는 약 84%의 고객이 개인정보에 대한 불안감을 가지고 있는 것으로 나타났다.[33] 이와 관련해서 점점 더 많은 광고 차단 서비스들이 사용되고, 또 사용자 추적을 하지 않는 덕덕고(DuckDuckGo) 같은 서비스가 점점 인기를 끄는 것으로 나타났다. 이는 퍼미션 기반 마케팅이 새로운 시대로 들어왔음을 의미한다. 혹자들은 이제 브랜드들이 고객 정보에 대한 권한을 포기하고 고객이 자신들의 데이터에 대해서 결정하게 해야 한다고 주장한다.[34] 또 다른 사람은 기업들이 기본 옵션으로 고객 데이터를 추적하는 옵트아웃 방식이 아니라 고객의 허락을 바탕으로 정보를 추적하는 옵트인 방식을 사용해야 한다고 주장하고 있다. 이와 관련해서 고객 참여 마케팅이 퍼미션 마케팅을 대체할지도 모른다.[35]

다른 마케팅 방식의 조정

개인화의 이렇게 다른 방식은 많은 중요한 마케팅 콘셉트와 기법을 강화하는 데 도움을 줄 수 있다. 브랜딩의 관점에서 그들은 특히 긍정적인 브랜드 반응을 이끌어내고 고객 기반 브랜드자산을 위한 브랜드 공명을 창출하는 방법을 생각하는 데 유용한 수단이다. 대량 맞춤화, 일대일 마케팅, 퍼미션 마케팅은 소비자를 브랜드와 더 적극적으로 관계시키는 잠재적으로 모두 효과적인 수단이다.

그러나 고객 기반 브랜드자산 모델에 따르면 이들의 방식은 브랜드자산의 다른 측면을 강조한다. 예를 들어 대량 맞춤화, 일대일과 퍼미션 마케팅은 더 큰 연관성, 더 강력한 행동적 충성도와 태도적 애착을 창출하는 데 특히 효과적인 것으로 볼 수 있다. 반면에 경험 마케팅은 브랜드 공동체를 구축하는 데 도움을 줄 뿐만 아니라 브랜드 이미지를 구축하고 다양한 형태의 감정에 접근하는 데 효과적인 것으로 볼 수 있다. 서로 강조하는 점이 다름에도 불구하고, 네 가지 접근방식은 모두 더욱 강력한 소비자-브랜드 결합을 구축할 수 있다.

이들 새로운 마케팅 방식의 한 가지 시사점은 전통적인 '마케팅 믹스' 개념과 마케팅의 '4P(제품, 가격, 채널, 촉진)'의 견해는 많은 경우 최근의 마케팅 프로그램을 완벽히 설명할 수 없을지도 모른다는 것이다. 많은 활동이 이러한 명칭 중 하나에 깔끔하게 부합하지 않는다. 그럼에도 불구하고, 기업은 여전히 그들이 정확히 무엇을 팔 것인지, 어떻게(그리고 어디에서) 그것을 팔 것인지, 얼마의 가격에 팔 것인지에 대해 결정을 내려야만 한다. 달리 말하면 기업은 그들의 마케팅 프로그램의 일부로서 제품, 가격, 채널 전략을 궁리해야 한다.

그러나 그러한 전략들이 어떻게 설정되는지에 대한 세세한 것은 상당히 변화했다. 제품 전략에서는 외재적 요소의 역할을, 가격 전략에서는 가치 가격을, 채널 전략에서는 채널 통합을 집중적으로 살펴볼 것이다.

제품 전략

제품 자체는 고객의 브랜드 경험, 다른 고객으로부터 듣게 되는 브랜드 정보, 혹은 기업이 고객에게 전달하는 브랜드 관련 정보에 있어서 가장 기본적인 요소이다. 위대한 브랜드의 핵심에는 늘 위대한 제품이 있다는 것이다.

소비자의 니즈와 욕구를 충족할 수 있도록 설계되고 전달되는 제품이나 서비스는 그 제품 유형이 제품, 서비스, 조직에 상관없이 성공적인 마케팅을 위한 전제 조건이다. 브랜드 충성도가 존재하기 위해서 실제로 소비자들의 기대를 능가할 수 없다면, 소비자의 제품 경험이 적어도 그들의 기대를 충족할 수 있어야 한다. 이 절에서는 다음과 같은 두 가지 주제를 살펴본다. 소비자가 어떻게 제품의 품질과 가치에 대한 의견을 형성하는지를 살펴본 후, 마케터가 제품 경험을 향상시키기 위해서 실제 제품을 어떻게 넘어설 수 있는지 그리고 제품 사용 전, 사용 중, 사용 후에 어떻게 부가적인 가치를 추가할 수 있는지를 살펴볼 것이다.

지각된 품질

지각된 품질은 관련 대안들과 비교하거나 의도된 목적과 관련하여 전반적인 품질 또는 제품 및 서비스의 우월성에 대한 소비자 지각이다. 시간이 지날수록 제품이 향상됨에 따라 제품 품질에 대한 소비자의 기대는 높아지게 되었지만 만족스러운 수준으로 지각된 품질을 성취하는 것은 더 어려워지게 되었다.[36]

지각된 품질에 대해 소비자들이 그들의 의견을 어떻게 형성하는지 이해하기 위해 많은 연구가 수행되었다. 제품 품질에 관한 인식으로서 연상되는 특정 속성 및 편익들은 제품군별로 다를 수 있다. 그럼에도 불구하고, 3장에서 소개한 브랜드 공명 모델과 일관되게 기존 연구들은 제품 품질에 관한 일반적 차원을 기본적 구성요소와 보완적인 특징, 제품 신뢰성, 내구성과 유용성, 스타일과 디자인으로 규정하고 있다.[37] 이러한 특성들에 대한 소비자 믿음은 차례로 브랜드에 대한 품질을 정의하고, 브랜드태도 및 행동에 영향을 준다. 제품 품질은 기능적인 제품 성과뿐만 아니라 제품 배송과 설치에 있어서의 속도, 정확성, 관리, 고객 서비스와 교육에 있어서의 신속성, 공손함, 유용성, 고장수리 서비스의 질과 같은 방대한 성과 고려 요인에 의해서도 영향을 받는다.

또한 브랜드태도는 더 많은 추상적인 제품 심상, 이를테면 브랜드에 반영되는 '상징성'이나 개성에도 근거할 수 있다. 제품에 있어 이러한 '확장된' 측면은 종종 브랜드자산에 중요하다. 마지막으로 소비자의 평가는 제품의 지각된 품질과 부합하지 않거나 덜 사려 깊은 의사결정, 이를테면 브랜드 명성 혹은 색상이나 향 등의 제품 특징 같은 단순한 체험적 방법과 결정 원칙에 의해 형성될지도 모른다.

사후 마케팅

바람직한 브랜드 이미지를 만들기 위해 제품 전략은 구매와 소비 모두에 집중해야 한다. 많은 마케팅활동이 소비자들의 시험 구매 및 반복 구매를 조장하기 위한 방안을 찾는 데 집중되어 있었다. 그러나 가장 강력하고 호의적인 연상은 실질적인 제품 경험의 결과이다—P&G는 구매가 '첫 번째 접점의 순간'이며 경험을 '두 번째 접점의 순간'이라고 했다.

불행하게도, 소비자들로 하여금 제품 이점 및 잠재적인 능력을 실질적으로 평가하도록 하는 새로운 방법을 모색하는 데 있어 충분한 마케팅적 관심이 집중되고 있는 것 같지는 않다. 아마도 그러한 간과에 대한 대응으로서 마케팅에서 한 가지 주목할 만한 트렌드는 활동, 즉 **사후 마케팅** (aftermarketing)의 중요성이 증가하고 있다는 점이다. 혁신적으로 설계되고 철저한 테스트를 거쳐 좋은 품질로 생산되고, 효과적인 커뮤니케이션—대량 맞춤화나 다른 수단을 통해—은 브랜드자산을 구축하는 제품 소비 경험을 강화하는 데 의심할 여지없이 가장 중요한 고려사항이다.

특히 이러한 사후 마케팅은 전자상거래의 경우 더욱 중요하다. 예를 들어 자포스(Zappos) 같은 기업은 고객 지원 서비스를 자신의 플랫폼에 성공적으로 결합시켜 플랫폼과 고객 지원 간 단절 없는 서비스를 제공하여 매우 뛰어난 고객 지원을 제공하는 것으로 알려졌다. 또한 고객들이 고객 서비스 연락처 및 고객 서비스가 다양한 채널(예 : 전화, 웹, 라이브 채팅)을 통해 언제 어디서든 사용할 수 있도록 하여 고객들의 구매 후 경험 만족도를 강화하였다.[38]

사용자 매뉴얼 많은 제품이 사용설명서 혹은 **사용자** 매뉴얼의 중요성을 간과하고 개발자에 의해 제작되어 기술적인 용어와 복잡한 언어로 가득해 사용자가 보기에 편리하지 않은 경우가 많다. 그 결과 고객들의 제품 구매 후 최초 경험은 성공적이지 못하고 실망스러운 경우도 많았다. 심지어 고객이 기본적인 제품 사용법은 잘 파악하더라도 제품의 특정 기능, 특히 그 브랜드만의 고유한 특성과 강점을 나타내는 중요한 기능을 파악하지 못하는 경우도 많았다.

소비자의 소비 경험을 강화하기 위하여 마케터는 제품이나 서비스가 소비자에게 무엇을 할 수 있는지와 소비자가 이러한 제품 편익을 어떻게 알 수 있게 할 것인지에 관하여 명확하고 이해할 수 있게 설명해주는 사용자 매뉴얼을 개발해야 한다. 세계화의 증가에 따라 설명서가 다양한 언어로 번역되어야 하기 때문에 사용하기 쉬운 설명서를 쓰는 것이 더욱 중요해졌다.[39] 제조업자는 사용자 친화적으로 만들기 위해 설명서를 디자인하고 테스트하는 데 더 많은 시간을 소비하고 있다.

사용자 매뉴얼은 제품 기능 및 편익을 가장 효과적으로 묘사해주는 온라인과 멀티미디어 형식을 활용할 필요가 있다. 개인용 재무관리 소프트웨어인 퀵큰(Quicken)의 제조업자 인튜이트(Intuit)는 보통 그들의 소프트웨어가 설치하기 쉬운지를 점검하고 발생 가능한 문제의 원천을 규명하기 위해 이들 제품을 처음 구매하는 소비자의 집에 조사원을 보낸다.[40]

고객 서비스 프로그램 사후 마케팅은 제품 사용 설명서의 설계 및 사용 방법 전달 이상의 의미가 있다. 한 전문가가 언급한 바와 같이 "'사후 마케팅'이라는 말은 고객과 지속적 관계를 구축한다는 중요성을 사업 전반에 걸쳐 상기시켜 주는 새롭고 필수적인 사고방식으로 표현된다. 또한 그것은 정복 활동(광고처럼)과 보유 활동(고객 커뮤니케이션 프로그램처럼) 사이에 마케팅 재원의 할당을 보다 균형 있게 해야 한다는 중요한 점을 지적한다".[41] 고객 서비스는 사후 마케팅활동에서 매우 중요한 역할을 하며 고객 서비스 활동에 투자하는 것은 고객들과 연결하고 그들의 의견을 청취하는 등 여러 편익을 가져다준다.

항공업과 이동통신업계의 기업과 고객 간 고객 서비스 상호작용 관련 트위터 데이터를 분석한 연구에 따르면 고객들이 트위터에서 브랜드의 고객 서비스 상호작용을 하게 되면 고객들이 여러 경쟁 브랜드 중에서 해당 브랜드를 선택할 확률이 크게 높아진다고 한다. 또한 고객들의 지불의 향도 크게 상승하는 것으로 나타났다. 항공업에서는 소셜 미디어를 통해 고객 서비스 경험이 있는 고객들의 지불의사는 9달러 정도 높은 것으로 나타났고,[42] 특히 고객 서비스 직원이 자신들의 고객 응대에 사인이나 이니셜을 추가할 때 고객들의 지불의사는 더 증가해 약 14달러에 이르는 것으로 나타났다.

나쁜 고객 서비스는 브랜드 이미지와 퍼블리시티를 크게 악화시킬 수 있다. 특히 소셜 미디어를 통해 이러한 브랜드의 나쁜 이미지는 쉽게 퍼져 브랜드의 명성을 크게 해칠 수 있다. 아메리칸 항공의 경우 어떤 고객의 비꼬는 듯한 불평을 칭찬으로 오해하고 축하한다는 문구로 시작하는 감사 응답을 보내 한동안 웃음거리가 된 적이 있다. 이러한 실수는 소셜 미디어의 특성상 매우 빠르게 전파될 수 있으며 따라서 브랜드의 명성에 큰 먹칠을 할 수 있다.[43]

최근에 기업들은 고객과의 관계를 강화하기 위해 고객이 가지고 있는 기술적인 문제를 빠르게 해결하는 등 고객을 지원하기 위해 브랜드 커뮤니티에 눈을 돌리고 있다. 이러한 브랜드 커뮤니티를 보유한 기업의 반 정도는 고객 지원 비용을 10~25% 줄일 수 있다고 하는데,[44] 화장품 편집숍인 세포라(Sephora)의 뷰티톡(Beaeuty Talk)이 좋은 예이다. 뷰티톡은 사용자들이 제품에 대한 질문을 하고 자신들의 생각을 공유할 수 있는 공간으로, 여기에서는 세포라 브랜드에 열정적인 사람들이 스스로 참여하여 제품 관련 질문에 잘 응답해주고 있다. 또 다른 예로 마이크로소프트의 엑스박스(Xbox)를 들 수 있는데 엑스박스 커뮤니티는 주로 엑스박스에 열정적인 고객들이 엑스박스 포럼을 만들어 참여하고 관련 유튜브 비디오도 제작하며 제품에 대한 다양한 피드백도 제공하고 있다. 이러한 충성고객은 또한 특정 최소 점수를 게임에서 달성해 브랜드 홍보대사가 되

세포라는 고객 서비스를 제공하기 위해 온라인 사용자 커뮤니티를 사용하는 회사의 한 사례다.

출처 : Patti McConville/Alamy Stock Photo

어 게임과 브랜드 제품 등을 제공받고 있다.

기업은 또한 우수한 고객 서비스 후 교차판매 혹은 업셀링을 통해 큰 편익을 얻고 있다. 사후 마케팅활동 중 하나로 이미 판매된 제품과 관련 있으며 소비자들과의 보다 강력한 연결을 창출하는 것은 잘 설계된 고객 서비스 부서를 창출하는 것만큼 단순할 수 있다. HP 같은 프린터 제조업자들은 잉크젯 카트리지, 레이저 토너 카트리지, PC 프린터 전용 용지 같은 높은 마진의 구매 후 추가용품으로부터 수익의 많은 부분을 얻고자 한다. 가정용 PC 프린터를 소유한 사람은 평균적으로 프린터 자체에 들어가는 비용보다 기계의 수명이 다할 때까지 들어가는 소모품에 훨씬 더 많은 비용을 지출한다.[45]

이러한 사후 마케팅은 기업 수익에 중요한 부분이다. 30개 업계를 조사한 매킨지 보고서에 따르면 여러 형태의 사후 마케팅을 제공하는 것이 약 25%의 수익이 되는 것으로 나타났는데 이는 제품 판매로 얻는 10%의 수익보다 더 큰 것이다.[46] 이러한 사후 마케팅 성과는 특히 고객들이 제품 호환싱, 특허, 계약, 브랜드 고유 서비스 경험 등을 통해 브랜드에 종속되어 있는 경우 더욱 강해지는 것으로 나타났다.[47] 제품 구매 시 서비스 계약과 함께 판매되는 비율, 즉 제조사의 제품이 고객이 제품을 사용하는 동안 중심이 되는 판매의 비율을 **부착률** 혹은 **제품수명 점유율**이라고 한다. 이 두 가지 지표가 함께 제품의 사후 마케팅 수익에 큰 영향을 주며 이를 고객 침투율이라고 한다.[48]

로열티 프로그램 로열티 프로그램 혹은 단골고객 우대 프로그램은 마케터가 소비자들과 보다 더 강력한 관계를 창출할 수 있는 대중적 수단이 되었다.[49] 이것의 목적은 최고의 고객을 발굴하고 유지 관리하는 것이며, 이는 고객과의 끊임없는 상호 소통과 가치 창출적인 관계를 통해서 달성할 수 있다.[50] 모든 다양한 유형의 산업에 속한 기업—항공산업에서 가장 주목할 만함—이 특화된 서비스, 사보, 사은품, 인센티브 등 다양한 방법을 통해 로열티 프로그램을 확립하였다. 이러한 충성도 프로그램은 종종 확장된 공동브랜딩 협약 혹은 브랜드 간의 전략적 협력을 포함한다. 예를 들어 최근 증가하는 모바일 커머스나 모바일페이(예 : 페이팔, 애플페이)를 기반으로 고객 로열티 프로그램은 전자상거래 플랫폼 거래에 빠르고 쉽게 적용되고 있다. 브랜드 앱은 고객 관계를 관리하고 로열티 프로그램을 관리하며 고객이 손쉽게 구매할 수 있도록 도와준다. 예를 들어 스타벅스 앱은 단순히 고객 구매를 도와줄 뿐 아니라 고객 충성도 관리와 브랜드 구축을 위해 리워드를 제공하고 관리하고 있다.[51]

1981년에 아메리칸항공은 업계 최초로 어드밴티지(Advantage)라는 로열티 프로그램을 만들었다. 이 마일리지 프로그램은 우수 고객에게 마일리지를 기반으로 좌석 업그레이드 및 무료 좌석을 제공하였다. 그 후 많은 기업이 고객 로열티 프로그램을 성공적으로 만들어 운영하고 있다.[52] 이러한 로열티 프로그램은 고객들의 탈퇴율을 낮추고 보유율을 높이며, 이러한 프로그램에 의해 형성된 가치는 소비자에게 전환비용을 발생시킴으로써 브랜드 간의 가격 경쟁도 감소시킨다. 하지만 고객들은 이런 할인 혜택을 받기 위한 조건으로 개인정보를 제공해야 하는 점도 있다.

이러한 로열티 프로그램이 마케터에게 주는 혜택은 명확하다. 대부분의 로열티 프로그램은 어떤 고객군을 타깃으로 해야 하는지 다양한 데이터베이스와 분석을 통해 결정한다. 그러나 이러한 로열티 프로그램의 사용 비중이 늘어나면서 유지가 어려워지고 있다. 기업들은 점점 늘어나는 '미투' 프로그램을 피하고 새로운 고객들을 끊임없이 유입하기 위해서 이러한 로열티 프로그램을 꾸준히 개선해야 한다.[53] 예를 들어 고객들의 제안과 불평을 주의 깊게 청취해야 하는데 이러한 것들은 종종 프로그램 개선에 큰 도움이 되기 때문이다. 우수 고객들은 타 고객 대비 또 기업 성과에 큰 영향을 미치고 따라서 기업은 이러한 고객에게 더 많이 주목하고 나은 서비스를 제공해야 한다. 또한 로열티 프로그램은 사용하기 쉽고 고객들이 가입하자마자 사용 가능한 즉각적인 리워드를 제공하는 것이 좋다. 예를 들어 많은 기업은 로열티 프로그램에 가입한 고객에게 생일 카드와 선물을 보내거나 이벤트 초대장 등을 사용해 고객이 특별 대우를 받는 듯한 느낌을 주어 프로그램에 가입한 고객들에게 특별한 경험을 제공하려 하고 있다.

제품은 브랜드자산의 가장 핵심적인 요소이다. 마케터의 제품 전략은 제품을 통해 제공되는 유·무형의 편익을 사용하고 고객이 원하고 또 제공 가능한 마케팅 프로그램을 사용해야 한다. 몇 가지 가능한 브랜드연상은 기능적이고 제품 성능과 관련있는 것으로부터 추상적이고 상상적인 것까지 가능하다. 특히 고객이 인지하는 제품 품질과 가치는 고객의 구매와 같은 실제 행동을 이끌어낼 수 있는 중요한 브랜드연상이다.

가격 전략

가격은 전통적인 마케팅 믹스 요소 중 수익을 산출해내는 한 요소이며, 가격 프리미엄은 강력한 브랜드를 구축하는 가장 중요한 편익 중 하나이다. 이번에는 소비자들이 형성하는 다양한 유형의 가격 지각 및 기업이 브랜드자산 구축을 위해 채택하는 다양한 가격 전략을 알아본다. 점점 심해지고 있는 유통 시장 경쟁과 온라인 유통의 증가는 많은 브랜드에게 가격 압박을 하고 있으며, 브랜딩 과학 5-1에서는 가격 연구에 따른 몇 가지 중요한 시사점을 보여준다.

브랜딩 과학 5 - 1
소비자 물가 인식 이해

경제학자는 전통적으로 소비자를 가격을 주어진 대로 받아들이는 '가격 수용자'라고 가정했다. 그러나 오피르와 와이너(Ofir and Winer)가 지적한 바와 같이, 소비자는 종종 가격정보를 적극적으로 처리하고, 과거 구매 경험에서 얻은 지식, 공식적인 기업 커뮤니케이션(예 : 광고), 친구나 가족과의 비공식 커뮤니케이션, 구매 시점 또는 온라인 정보를 통해 가격을 해석한다. 소비자의 구매 결정은 마케팅 담당자의 명시적 가격이 아니라 인지된 가격에 기초한다. 따라서 소비자가 가격에 대한 인식에 도달하는 방법을 이해하는 것은 중요한 마케팅 우선순위이다.

많은 연구 결과에 따르면 제품의 특정 가격을 정확하게 기억할 수 있는 소비자는 의외로 거의 없다고 한다. 비록 그들이 관련 가격 범위에 대해 상당히 잘 알고 있을 수 있지만 말이다. 그러나 가격을 검토하거나 고려할 때 소비자는 종종 가격을 내부 기준 프레임(기억하는 가격)이나 외부 기준 프레임(공시된 '정규 소매가격')과 비교한다. 내부 기준가격은 다음과 같은 다양한 형태로 발생한다.

- '정당한 가격'(제품의 마땅한 가격)
- 표준가격
- 마지막으로 지불된 가격
- 상한가격(소비자가 지불할 가장 높은 가격)
- 하한가격(소비자가 지불할 가장 낮은 가격)
- 경쟁력 있는 가격
- 예상미래가격
- 통상할인가격

이러한 기준 중 하나 이상이 떠오를 때, 소비자의 인식 가격은 명시된 가격과 다를 수 있다. 기준가격에 대한 대부분의 연구는 인식가격보다 높은 공시가격과 같은 '불쾌한 놀라움'이 즐거운 놀라움보다 구매 가능성에 더 큰 영향을 미친다는 것을 발견했다.

대안적인 가격 책정은 또한 소비자의 가격에 대한 인식에도 영향을 미친다. 예를 들어 연구는 가격이 더 작은 단위로 쪼개지면 상대적으로 비싼 품목이 덜 비싸 보일 수 있다는 것을 보여주었다(연간 500달러의 회원권은 '한 달에 50달러 미만'보다 더 비싸게 보인다). 가격이 종종 숫자 9(예 : 49.99달러)로 끝나는 한 가지 이유는 소비자가 전체적으로 또는 반올림 방식으로 가격을 처리하기보다 왼쪽에서 오른쪽으로 처리하기 때문이다. 이러한 효과는 경쟁 제품의 가격이 수치적으로나 심리적으로 서로 근접할 때 더욱 두드러진다. 또 다른 연구는 패키지 크기가 인식된 품질에 영향을 미친다는 것을 보여주며, 따라서 소비자의 단위 가격에 대한 인식에 영향을 줌으로써 더 작은 패키지의 동일한 제품이 더 큰 패키지에 있는 경우보다 더 높은 품질을 가진 것으로 믿는다.

출처 : Chezy Ofir and Russell S. Winer, "Pricing: Economic and Behavioral Models," in *Handbook of Marketing*, eds. Bart Weitz and Robin Wensley (New York: Sage Publications, 2002): 5–86; John T. Gourville, "Pennies-a-Day: The Effect of Temporal Reframing on Transaction Evaluation," *Journal of Consumer Research* 24, no. 4 (March 1998): 395–408; Manoj Thomas and Vicki Morwitz, "Penny Wise and Pound Foolish: The Left-Digit Effect in Price Cognition," *Journal of Consumer Research* 26 (June 2005): 54–64; Eric Anderson and Duncan Simester, "Mind Your Pricing Cues," *Harvard Business Review* 81, no. 9 (September 2003): 96–103; Tridib Mazumdar, S. P. Raj, and Indrajit Sinha, "Reference Price Research: Review and Propositions," *Journal of Marketing* 69 (October 2005): 84–102; Yan, Dengfeng, Jaideep Sengupta, and Robert S. Wyer, "Package Size and Perceived Quality: The Intervening Role of Unit Price Perceptions," *Journal of Consumer Psychology* 24, no. 1 (2014): 4–17.

소비자 가격 지각 및 가격 수립

브랜드자산을 구축하기 위해 가격 전략을 선택하는 것은 다음과 같이 결정하는 것을 의미한다.

- 현재 가격 설정 방법
- 판촉 및 할인의 깊이와 지속성에 관한 정책 또는 지침

여러 가지 고려사항에 따라 달라지는 다양한 가격 설정 접근법이 있다. 여기서 우리는 그러한 접근법 중에서 브랜드자산과 관련되는 몇 가지 가장 중요한 이슈를 살펴본다.[54]

가격 결정에 있어서 제품을 만들고 판매하는 데 드는 비용이나 경쟁브랜드 대비 가격 차이는 매우 중요한 요소이다. 그러나 최근에는 소비자의 지각과 선호도가 점점 중요해지고 있다. 소비자는 제품군 내에서 가격대에 따라 브랜드 서열을 매긴다.[55] 예를 들어 그림 5-3은 아이스크림 시장에 대한 연구로부터 도출된 가격대를 보여주고 있다.[56] 그림에서 볼 수 있듯이, 아이스크림 시장에서는 가격과 품질 사이에 연관관계가 있다.

경쟁 가격대에서는 **가격 밴드**라 불리는 수용 가능한 가격 범위가 존재한다. 어떤 기업은 다양한 제품군에서 더 잘 경쟁하기 위해 여러 브랜드를 판매한다. 그림 5-4는 PVH 옷 브랜드들의 가격 및 해당 소매점의 광범위한 범주의 적용 예시를 보여준다.[57]

소비자들의 지각된 제품 가치에 대한 연상은 그들의 구매 결정에 매우 중요한 역할을 한다. 따라서 많은 마케터가 다음 절에서 설명하는 것과 같이 고객이 원하는 것을 좀 더 잘 맞춰주기 위해 **고객 가치 기반 가격** 전략을 사용하여 그들이 원하는 제품을 원하는 가격에 제공하려고 노력한다. 특히 많은 제품군에 있어서 소비자는 가격을 근거로 제품의 품질을 추정할 수도 있으며 제품의 지각된 가치를 평가하기 위해 제품 품질에 대한 소비자의 지각과 제품 가격에 대한 소비자의 인식을 결합하기도 한다. 소비자의 지각된 제품 가치에 있어서 중요한 부분은 비용이다. 여기서 비용은 실제 화폐 가격에 한정되지 않고 소비자의 의사결정에서 시간, 에너지, 심리적 관여에 관한 기회 비용도 반영될 수 있다.[58]

이 외에 고객의 가격에 대한 지각은 다른 방식으로 형성될 수 있다. 두 가지 다른 방식은 다음과 같다. 먼저 하나의 가격 결정 방식은 면도기-면도날 모델이다. 예를 들어 질레트의 프로글라이드(ProGlide) 면도기는 10달러 정도 하고 소비자는 이 면도기를 사고 나면 이 제품 고유의 특성

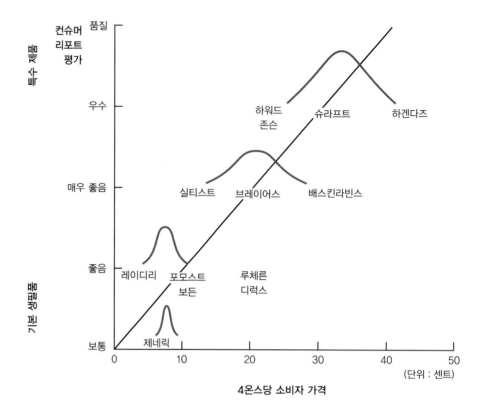

그림 5-3
아이스크림 시장의 가격 계층

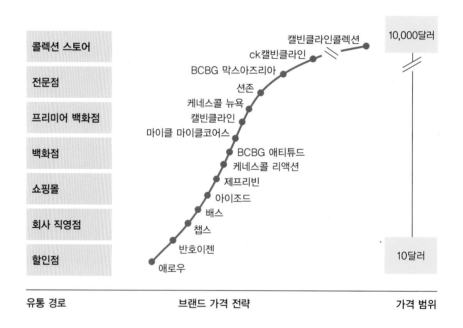

그림 5-4
채널 구성원이 제공하는 서비스

출처 : Donald Lehmann and Russell Winer, *Product Management*, 2nd ed. (Burr Ridge, IL: Irwin, 1997), Figure 13-8 on p. 379. © The McGraw-Hill Companies.

에 기인하여 질레트에서 제작한 질레트 프로글라이드에 맞는 면도날만 사용할 수 있기에 결국 질레트 브랜드에 종속된다.

이는 예산이 부족한 고객에게도 마찬가지로 적용되는데 이러한 고객조차 이미 초기비용을 들여 질레트 면도기를 구매했기 때문에 이 면도기 사용을 위해서는 질레트에서 제공하는 면도날을 구매할 수밖에 없기 때문이다.[59] 특히 이 경우 면도기의 가격이 상대적으로 저렴하기 때문에 더

NBA 선수 토니 파커(Tony Parker), WWE 레슬링 선수 존 시나(John Cena), TV 스포츠 캐스터 에린 앤드루스(Erin Andrews)와 같은 유명한 운동선수와 유명인사는 질레트의 최신 퓨전 프로글라이드(Fusion ProGlide) 면도기와 그것의 혁신적인 기능을 홍보했다.

출처 : The Advertising Archives/Alamy Stock Photo

많은 고객이 이러한 전략에 종속될 수 있다. 이러한 가격 방식은 여러 다른 업계에서도 널리 사용되고 있으며 대표적인 제품군은 프린터이다. 그런데 최근 이러한 면도기-면도날 가격 모델은 종속에 대한 고객들의 반감이 점점 커지면서 그 매력을 점점 잃고 있다. 따라서 기업은 이러한 모델로부터 탈피하여 다른 방식으로 진화해 가고 있는데 대표적인 기업으로는 엡손(Epson)을 들 수 있다. 엡손은 전통적인 잉크 카트리지 판매 방식에서 벗어나 굳이 고객에게 엡손 잉크 구매를 강요하지 않는다. 고객들은 지속적으로 잉크 카트리지를 구입하는 대신, 새롭게 출시된 애코탱크(Ecotank)라는 재충전 가능한 잉크 탱크를 사용할 수 있다.[60]

다른 가격 방식은 프리미엄(freemium) 모델을 들 수 있다. 최근 스타트업 기업은 무료 서비스를 먼저 제공하고 있는데 드롭박스, 링크드인, 스포티파이 같은 기업이 프리미엄 모델을 사용하는 대표적인 기업이다.[61] 이런 방식으로 많은 사용자를 확보한 후 그중 어떤 사용자는 유료로 사용할 수 있는 프리미엄(premium) 서비스로 업그레이드를 할 수 있으며 기업은 이를 통해 많은 수익을 창출할수 있다. 대표적인 기업으로 클라우드 기반 저장공간과 파일 공유 서비스를 제공하는 드롭박스를 들 수 있다. 드롭박스는 보통 2기가바이트의 저장공간을 무료로 제공한다. 만약 고객이 더 많은 저장공간을 사용하기 원하면 유료 서비스로 전환 가능한데, 예를 들어 드롭박스 플러스 멤버는 한 달에 약 10달러 정도 요금을 내고 추가적인 클라우드 저장공간을 사용할 수 있다.[62] 현재 드롭박스는 약 5억 명 정도의 사용자를 보유하고 있으며 보통 업계 평균적으로 약 2~5% 사용자가 유료 고객으로 전환한다.[63] 이러한 장점에도 불구하고 기업들이 주의해야 할 것은 무료 사용자들의 비중이 너무 커질 경우 이러한 서비스가 가능하지 않다는 점이다. 따라서 프리미엄 전략을 성공적으로 사용하려면 무료 고객을 성공적으로 유료화할 수 있어야 한다.

또 다른 가격 방식으로 파네라 케어 커뮤니티 카페(Panera Cares Community Cafe)와 같은 페이애즈유고(pay as you go) 방식이 있다.[64] 가격 전략은 소비자가 브랜드 가격을 어떻게 분류하는지

(낮음, 중간, 높음)와 가격이 얼마나 많이 혹은 자주 할인되는지에 따라 가격이 확고하거나 유연하다고 생각하는 데 영향을 줄 수 있다.

간단하게 말해서 가격은 복합적인 의미가 있으며 소비자에게 다양한 역할을 수행할 수 있다. 마케터는 소비자가 브랜드에 관하여 보유하고 있는 모든 가격 지각을 이해하는 것이 중요하다. 이러한 이해의 일부분으로서 품질 및 가치에 대한 추론과 존재하는 모든 가격 프리미엄을 밝혀내는 것이 필요하다.

현재 많은 기업이 가치 기반 가격 결정 방식을 사용하고 있으며 또 시간에 따른 할인 정책을 결정하기 위해 최저가가격방식(everyday low pricing, EDLP)을 사용하고 있다.

가치 기반 가격 전략   가치 기반 가격의 목적은 고객의 필요와 선호를 충족시키고 동시에 기업의 이익까지 달성할 수 있는 제품 품질과 제품 비용 및 가격의 알맞은 조합을 찾는 것이다. 마케터는 수년간 가치 기반 가격 전략을 다양한 방법으로 사용했으며, 이 와중에 소비자가 브랜드의 지각된 가치를 초과하는 가격 프리미엄은 지불하려 하지 않는다는 것을 많은 비용을 들이며 배웠다.

오늘날 새로운 경쟁 과제 속에서 여러 기업이 가치 기반 가격 전략을 채택함으로써 성공할 수 있었다. 예를 들어 사우스웨스트항공(Southwest Airlines)은 거품을 뺀 낮은 가격과 친절한 서비스로 항공업계에서 크게 성공하였다. 이러한 기업의 성공은 가치 가격 전략 수행의 잠재적 편익을 극화했다.

예상되는 바와 같이 가치 기반 가격 접근법을 채택하는 데 있어 그 성공을 위한 핵심 요인에 대해서는 많은 의견이 있다. 일반적으로 효과적인 가치 가격 전략은 아래 세 가지 요인 사이에 적절한 균형을 취해야 한다.

- 제품 설계 및 전달
- 제품 원가
- 제품 가격

다시 말해 합당한 유형의 제품이 합당한 방식으로 제조되어 합당한 가격에 판매되어야 한다. 다음은 이러한 세 가지 영역 각각에 관련된 이슈를 살펴보기로 한다. 최근에 가치 가격 요인 사이의 균형을 통해 성공을 경험한 브랜드는 현대자동차이다.

현대자동차

한국의 자동차 회사 현대는 삼성의 플레이북을 본떠 삼성이 소니에게 성공적으로 한 것을 토요타와 혼다에게 하려고 하고 있는데, 이것은 인기 있는 시장 리더에게 합리적인 대안을 제시해준다. 삼성과 마찬가지로, 현대도 첨단 기술과 신뢰성 높은 성능, 매력적인 디자인에 더 낮은 가격을 결합한 가치 가격 전략을 채택했다. 현대차의 10년 또는 10만 마일 파워트레인 보증 프로그램과 J.D. 파워(J.D. Power)와 같은 자동차 분석가들의 긍정적인 리뷰는 잠재적 구매자에게 제품 품질과 회사의 안정성에 대한 추가적인 확신을 주었다. 현재 현대차의 보증 프로그램은 고객에게 구매 시점부터 2, 3, 4년 동안 정확히 얼마만큼의 가치가 있는지를 고객에게 보장함으로써 신형 현대차의 시장 가치를 보존하는 새로운 보상판매 보증이다.[65] 현대차는 또한 주행거리가 300마일 이하일 경우 고객이 차를 반납할 수 있도록 하는 것[66] 외에 가격 책정을 보다 투명하게 하고 구매를 간소화하는 방향으로 나아가고 있다. 이런 식으로 현대는 회사나 브랜드의 전반적인 전략에서 가격 책정의 중요성을 확실히 앞서서 이해하고 있다.

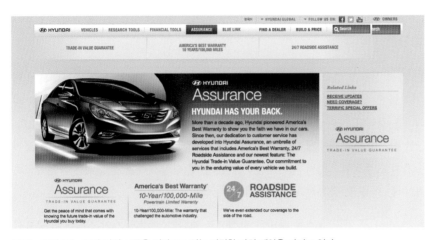

현대는 10년 또는 10만 마일 보증을 기반으로 하는 강력한 가치 제안을 가지고 있다.

출처 : Hyundai Motor America

제품 설계와 전달　가치 기반 가격 전략의 성공을 위한 첫 번째 주요 요소는 제품의 적절한 설계 및 전달이다. 제품 가치는 이 장을 비롯한 여러 장에서 다루어진 잘 계획되고 실시된 마케팅 프로그램을 통해 제고될 수 있다. 가치 기반 가격 지지자는 그 개념이 불필요한 옵션을 제거한 기본적인 제품을 싼값에 파는 것은 아니라고 지적하였다. 소비자는 제품이나 서비스로부터 추가된 가치를 얻을 때 기꺼이 프리미엄을 지불하려 한다. 애플과 같은 일부 회사는 어떤 경우 새롭거나 향상된 '부가가치'가 가미된 제품을 도입함으로써 실제적으로 가격을 높일 수 있었다. 어떤 제품군에서 마케팅 관리자는 보다 높은 가격을 제품 혁신 및 개선에 조합시킴으로써 적어도 몇몇 세분 시장에서는 수용 가능한 수지균형을 달성할 수 있다.

많은 비평가가 인터넷의 발전으로 온라인 사용에 익숙해진 소비자의 방대한 탐색 능력은 저가 제품을 공급할 수 있는 회사들만 살아남는 결과를 가져올 것이라고 예견했다. 하지만, 현실을 보자면 강력한 브랜드 차별화를 통한 강점을 창출할 수 있는 브랜드는 온라인으로 판매될 때에도 오프라인에서 판매될 때만큼의 가격 프리미엄을 얻을 수 있다. 예를 들어 수많은 책과 음악이 온라인에서 싼값에 팔렸지만 아마존닷컴은 결국 북스닷컴(Books.com)이나 기타 사업자들과 같은 저가의 경쟁자들을 누르고 시장 선도자 위치를 유지할 수 있었다.[67]

제품 비용　가치 기반 가격 전략의 두 번째 요소는 가능한 한 원가를 낮추는 것이다. 목표 원가를 맞춘다는 것은 생산성 증가, 아웃소싱, 재료 대체(덜 비싸고 덜 낭비적인 재료), 제품 재조립화, 자동화 및 다른 공정 개선 같은 프로세스 변경 등을 통한 추가적인 가격 절감 방법을 반드시 필요로 한다.[68]

이에 관해 한 중역 마케터는 다음과 같이 언급하였다.

> 고객은 오로지 진정한 부가가치로서 인식하는 것을 당신에게 지불할 것이다. 당신이 총비용을 고려할 때, 고객이 정말 그만큼을 지불하고자 할 것인지 스스로에게 질문해야 한다. 만약 그에 대한 답이 부정적이라면, 그런 부정적인 요소를 제거할 수 있는 방법을 알아내야 한다. 그렇지 않으면 기업은 이윤을 내지 못할 것이다.[69]

기업은 자신들의 가격전략을 지원하기 위한 비즈니스 모델과 비용구조를 개발할 수 있어야 한다.

제품 가격 가격 전략을 성공적으로 이끌기 위한 세 번째 핵심 요소는 고객이 브랜드에 대해 얼마나 많은 가치를 인식하고 있는지, 그래서 그들이 프리미엄으로 어느 정도까지 지불할 것인지 정확히 이해하는 것이다.[70] 이러한 소비자 가치 지각을 측정하기 위한 많은 접근법이 있다. 아마도 가장 간단한 접근법은 고객에게 다양한 방법으로 직접 가격과 가치에 대해 물어보는 것이다.

지각된 가치를 추정함으로써 제시되는 가격은 실제 시장가격을 결정하는 출발점으로 사용될 수 있으며, 이는 비용 및 경쟁적 고려사항에 의해 조정될 수 있다.

가치 전달 이러한 세 가지 요소를 올바른 방식으로 결합하는 것은 가치 창출에서 중요한 부분이다. 그러나 단순히 좋은 가치를 전달하는 것은 가격 전략이 성공하는 데 충분하지 않다—고객이 브랜드의 가치를 이해하고 그 가치를 제대로 인식하고 받아들여야 한다. 많은 경우 이러한 가치는 매우 확실하다—제품이나 서비스 편익은 명확하고 경쟁 브랜드와의 비교도 쉬운 편이다. 하지만 어떤 경우에는 브랜드 가치가 명확하지 않을 수 있고 고객 또한 가격이 저렴한 경쟁 브랜드를 구매할 수도 있다. 이 경우 마케터의 역할은 고객이 브랜드 가치를 잘 인지하고 받아들일 수 있는 마케팅 커뮤니케이션 전략의 성공적 실행일 것이다.

그 해답은 어떤 경우에는 단순히 제품의 가격보다 품질을 강조하는 것과 같은, 즉 브랜드의 가치 공식을 확장해주는 간단한 커뮤니케이션일 것이다. 예를 들어 P&G의 팬틴(Pantene)과 같은 프리미엄 브랜드를 살펴보자. 팬틴은 유통업체 자체브랜드와 같은 매우 저렴한 브랜드로부터 강한 가격 압박을 받고 있다. 특히 경제 상황이 좋지 않을 땐 아주 작은 가격차이도 조금이라도 절약하려는 고객들에게 크게 느껴질 수 있다. 만약에 팬틴이 경쟁 브랜드보다 약 1달러가량 비싸고 보통 한 통에 100회 정도의 샴푸가 가능하다면 경쟁 브랜드와의 가격 차이는 샴푸당 1센트 정도밖에 되지 않는다. 이런 식으로 샴푸의 가격을 샴푸당 비용으로 프레이밍할 수 있고 이 경우 P&G는 "멋진 헤어를 가지는 게 1센트 이상의 가치가 있지 않나요?"라는 식으로 광고할 수 있을 것이다. 또 다른 경우에는 고객이 브랜드와 제품에 대한 결정을 다르게 할 수 있도록 프레이밍하고 설득하는 것도 가능하다.

가격을 통한 시장 세분화 동시에 소비자는 가치에 대한 다른 인식을 가질 수 있고 그러므로 다른 가격을 제시받을 수 있다. 따라서 가격 세분화는 다른 세부 시장에 대해서 다른 가격을 조절해서 정하는 것을 말한다. 예를 들어 스타벅스의 경우 스타벅스가 제공하는 시즌별 음료와 같은 특별 음료는 가격을 올리면서 기본적인 메뉴에 낮은 가격을 유지하고 있다.[71]

인터넷의 빠른 확산과 함께 항공사와 같은 기업들은 세부 시장과 그들의 가치에 대한 다른 인식을 바탕으로 가격을 바꾸는 것과 같은 다이내믹 가격 전략 혹은 이율관리 원리를 빠른 속도로 적용하고 있다. 두 가지 사례를 들면 다음과 같다.

- 올스테이트보험은 자동차 보험료와 고객의 위험 프로파일을 기반으로 산정하는 것을 개선하기 위해 운전자의 신용정보와 인구통계학적 정보 및 다른 요소를 결합해 사용한다.[72]
- 콘서트 티켓 판매 기업인 스텁허브(StubHub)는 시세차익을 노리는 업자들과 다른 온라인 티켓 브로커들과의 경쟁에서 우위를 점하기 위해 인기도에 따라 가격을 올리고 내리는 수요

기반 변동 가격 전략을 효과적으로 실행하고 있다.[73]

현재 소셜 미디어 및 여러 디지털 채널의 발전과 함께 브랜드들이 실시간으로 가격을 변경하고, 실제로 변동된 가격을 반영하는 것이 쉬워지고 있는 추세이다.

상시 저가 가격 전략 상시 저가 전략(everyday low pricing, EDLP)은 시간 경과에 따라 가격 할인 및 판매촉진의 특성을 결정하는 방법으로서 이에 대한 관심이 갈수록 고조되고 있다. EDLP는 제품에 대해 보다 일관적인 '상시' 기준 가격을 확립하기 위해 가격 인상 및 인하 또는 할인을 주기적으로 반복하는 유형을 삼간다. 대부분 이러한 EDLP 가격은 위에서 언급한 가치 가격의 고려사항들에 기초한다.

P&G 사례 1990년대 초 P&G가 EDLP로 전환한 것은 널리 알려져 있다.[74] P&G의 보고서에 의하면 전체 브랜드 중 절반 정도의 가격을 인하하고 임시 할인을 없앰으로써 1991년에 전년도 이익의 10%에 해당하는 1억 7,500만 달러를 절감했다고 한다. EDLP의 지지자는 주요 품목에 대해 일관되게 낮은 가격을 상시 유지하는 것이 브랜드 충성도 구축, 점포 브랜드 방어, 제조 및 재고비용 감소 등에 도움을 준다고 주장한다.[75]

하지만 EDLP에 대한 열렬한 지지자들조차도 시간 경과에 따라 일정 유형의 가격 할인이 필요하다는 것을 안다. P&G는 1990년대 말에 어려움에 부딪히자 가치 가격 전략을 몇몇 세분시장과 복귀된 가격 촉진으로 바꾸었다. 더 최근에 P&G는 시장 조건에 보다 유연한 가격 전략을 채택했다.[76] 그러나 마케터는 회사의 몇 가지 인기 있는 브랜드(퓨전 프로글라이드, 크레스트 3D 제품, 올드스파이스 보디 워시)가 갖는 프리미엄 가격의 강력함에 자신감을 느꼈다.

가격 안정성이 필요한 이유 사실이라면 기업은 왜 보다 높은 가격 안정성을 추구하는가? 제조업자는 거래 촉진 및 소비자 촉진에 대한 지나친 의존 그리고 여러 이유 때문에 발생하는 가격 변동으로 인해 손해를 볼 수도 있다. 예를 들어 거래 촉진이 특정 기간 동안 특정 지역에서 제품 할인을 하도록 되어 있기는 하지만 항상 그렇게 되는 것은 아니다. 소매상들은 나중에 촉진기간이 끝난 후 남은 제품을 일반가격에 판매하여 보다 많은 마진을 얻기 위해서 할인기간 동안 판매하려고 계획하는 것보다 더 많은 제품을 주문한다. 그 후 소매상들은 용도를 변경하여 지정된 판매구역 이외의 소매상들에게 할인된 제품을 넘기거나 판매한다.

제조업자의 관점에서 볼 때 이러한 소매 활동은 생산 문제를 야기할 수 있다. 판촉기간 동안에는 초과수요가 발생하기 때문에 초과생산을 해야 하지만 판촉기간이 끝나고 난 뒤에는 잉여 설비를 갖게 되어 엄청난 비용을 발생시키는 것이다. 무엇보다도 수요 측면에서 많은 마케터는 제품 가격이 높아졌다 낮아졌다 하는 시소 현상이 소비자를 할인 또는 특판 기간이 될 때까지 특정 브랜드를 기다렸다가 구입하도록 훈련시킴으로써 그 인식된 제품 가치를 잠식하게 된다고 느꼈다.

요약

마케터는 브랜드자산을 구축을 위해 단기 및 장기 가격 전략을 설정하고 조정해야 한다. 갈수록 이러한 결정들은 소비자 가치 지각을 반영하게 될 것이다. 가치 가격은 제품 설계, 제품 원가, 제품 가격 간에 균형을 이룬다. 브랜드자산 관점에서 본다면, 고객들은 브랜드의 가격이 제품에 의해 전달되는 이점 및 경쟁적 관점에서 본 상대적 이점 등을 고려해서 적절하고 공정한 가격이라고 느껴야 한다. 상시 저가 전략은 시간 경과에 따라 가격 할인 및 판촉의 특성을 결정하는 보완적인 가격 설정 접근법이며, 주요 항목에 대한 가치에 기반을 둔 저가를 일관적으로 유지한다.

인식된 가치의 적절한 균형을 달성하기 위해 가격 인하 측면과 제품 품질에 대한 소비자 지각 증가라는 측면 사이에 항상 긴장이 존재하게 된다. 레만과 와이너(Lehmann and Winer)는 지각된 가치를 향상시키기 위해 일반적으로 가격 인하를 사용하기는 하지만, 사실상 그것은 다양한 브랜드 구축을 위한 마케팅활동을 통해 가치를 추가하는 것보다 훨씬 비싼 대안이라고 했다.[77] 각 판매 항목 마진의 감소로부터 오는 수익 손실은 종종 부가가치 활동 비용보다 훨씬 큰 경우가 있는데, 이는 가격 인하로 인해 초래되는 단위당 가격 감소와는 대조적으로 부가된 가치 비용은 고정적이며 판매되는 모든 항목에 거쳐 확산되기 때문이다.

채널 전략

제품이 판매 또는 유통되는 방식은 브랜드자산 및 브랜드의 궁극적인 판매 성공에 근본적인 영향을 미칠 수 있다. 마케팅 채널은 '제품이나 서비스를 사용하거나 소비할 수 있도록 하는 과정에 관련된 상호 의존적인 조직의 집합'이다.[78] 채널 전략은 도매업자, 유통업자, 브로커, 소매상 같은 중간상인의 설계 및 관리를 포함한다. 여기에서는 채널 전략이 브랜드자산에 어떻게 기여하는지 살펴본다.[79]

채널 디자인

많은 활용 가능한 채널의 유형 및 배합이 선택될 수 있으며, 크게는 직접채널과 간접채널로 구분할 수 있다. **직접채널**은 기업이 우편, 전화, 전자적 수단, 개인방문 등 잠재 고객에게 인적 접촉을 통해 판매하는 유통 방식을 의미한다. 간접채널은 대리인이나 중개인 대표자, 도매업자 또는 유통업자, 소매상 같은 제3의 중간단계를 통해 판매하는 것을 의미한다.

성공적인 채널 전략은 점포, 인터넷, 전화, 카탈로그를 결합한 '통합 쇼핑 경험'을 개발하는 것이다. 예를 들어 신발, 옷, 장비를 판매하는 나이키의 다양한 직·간접채널을 살펴보자.[80]

- **브랜드화된 나이키 매장** : 전 세계 대도시 중심지의 주요 쇼핑가에 위치한 나이키 스토어에서는 다양한 나이키 제품을 제공하고 최신 스타일의 쇼케이스 역할을 한다. 각 매장은 신발, 의류, 다양한 스포츠(예 : 테니스, 조깅, 바이킹, 수영 등)나 한 스포츠 내에서 다른 라인(예 : 3개의 농구 매장과 2개의 테니스 매장)을 위한 장비가 있는 많은 개별 매장이나 구획으로 구성되어 있다. 각 매장은 조명, 음악, 온도 및 독특한 멀티미디어 디스플레이를 기초로 그들 자체의 콘셉트를 개발하였다. 또한 나이키는 세부적인 고객군과 스포츠를 타깃으로 하는 새롭고 작은 매장을 실험하고 있다(예 : 캘리포니아 팔로알토에 있는 러닝용품만 취급하는 매장, 영국 맨체스터의 축구 관련 매장).
- **나이키스토어닷컴** : 나이키 전자상거래 사이트는 소비자가 다양한 나이키 제품에 대한 온라인 쇼핑을 가능하게 하고 특히 나이키아이디(NIKEiD)를 통해 커스텀디자인 제품의 인터넷 주문을 가능하게 해준다.[81]
- **아울렛 매장** : 나이키 아울렛은 할인된 나이키 제품을 취급한다.

나이키는 다양한 마케팅 채널을 다양한 용도로 사용한다. 나이키타운의 상점들은 브랜드를 만드는 도구로서 매우 유용했다.

출처 : AP Photo/Marcio Jose Sanchez

- 소매 : 신발 가게, 스포츠 용품점, 백화점, 옷가게를 통해 나이키 제품을 판매한다.
- 카탈로그 매장 : 신발, 스포츠 용품, 옷 카탈로그를 통해 나이키 제품을 판매한다.
- 전문 매장 : 나이키 골프 같은 나이키 장비는 골프 프로 숍 같은 전문점에서 판매한다.

지금까지 많은 연구가 다양한 채널을 통한 판매의 장단점을 논의하였다. 이에 대한 합리적인 의사결정은 궁극적으로 다양한 대안의 상대적 이윤성에 의존하기는 하지만 몇 가지 보다 구체적인 지침이 제안되어 왔다. 예를 들어 산업재에 대한 한 연구에서는 다음과 같은 상황에서는 직접 채널이 더 나을 수 있다고 보았다—제품 정보에 대한 수요가 큰 경우, 제품의 고객 지향성이 높은 경우, 제품의 품질보증이 중요한 경우, 구매량 크기가 중요한 경우, 물류관리가 중요한 경우. 반대로 간접채널이 나은 경우는 다음과 같다고 제시한다—광범위한 구분이 필수적인 경우, 접근 용이성이 중요한 경우, 구매 후 서비스가 중요한 경우. 물론 예외적인 경우도 존재하는데, 특히 고객 세분시장에 의해 좌우된다.[82]

소비자 쇼핑과 구매행동 관점에서 볼 때 채널은 정보, 유희성, 경험이라는 세 가지 핵심 요소에 기반해서 적당히 혼합될 수 있을 것이다.

- 소비자는 브랜드에 대해서 알고 또 이 브랜드가 어떤 역할을 하고 왜 그 브랜드가 다르거나 특별한지 알 수 있다.
- 소비자는 또한 채널이 제공하는 구매와 쇼핑 수단을 통해 즐거움을 얻을 수 있다.
- 소비자는 채널에서 제공하는 경험과 활동에 참여할 수 있다.

제조업자가 한 가지 유형의 채널만을 이용한다는 것은 매우 보기 드문 경우일 것이다. 대부분의 경우 복수의 채널 유형으로 복합채널 설계를 이용하는 것이 더 있을 법한 경우이다.[83]

옴니채널 통합

옴니채널(Omnichannel)은 노트북이나 태블릿, 스마트폰, 매장 내 온라인 쇼핑 등 모든 채널에 걸쳐 고객에게 통합된 경험을 제공하는 멀티채널 판매 접근법이다.[84] 각각의 접점은 브랜드를 소비하는 고객의 직간접적인 경험으로 변한다. 한 연구에 따르면 옴니채널 고객(또는 여러 접점을 사용한 고객)이 다른 고객보다 10% 더 많은 비용을 지출한다고 하며, 이는 기업이 옴니채널 고객에게 특별한 관심을 가져야 한다는 것을 암시한다.[85]

기업이 온라인과 오프라인 채널을 통합하고 있는 몇 가지 예는 주목할 만하다.[86] 몇몇 브랜드와 회사는 온라인과 오프라인 세계를 연결하는 것을 돕기 위해 증강현실(AR) 기술에 투자하고 있다. 예를 들어 이케아는 구매자들이 그들의 가구가 집에서 어떻게 보일지를 시각화하는 것을 돕기 위해 증강현실 앱을 사용한다. 이 가상 모델은 이케아로 하여금 고객들이 적절한 가구를 고를 수 있도록 도와준다. 이와 관련된 접근법은 소비자에게 제품이나 서비스를 설명하는 데 도움이 될 수 있는 앱을 제공하는 것을 포함한다. 셔윈윌리엄스(Sherwin-Williams)는 소비자들이 방에 맞는 컬러 페인트를 시각화할 수 있도록 하는 컬러스냅(Colorsnap)을 가지고 있다.

또 다른 접근법은 고객이 매장에서 쉽게 찾을 수 있도록 온라인으로 주문할 수 있게 하는 것이다. 대형마트 10곳 중 8곳 가까이가 소매점 앱을 보유하고 있으며 콜스(Kohl's), 월마트 등 소매점들은 온라인 구매-매장 픽업 옵션을 서비스로 제공해 왔다. 이 옵션은 소매 판매를 증가시킬 수 있다. 예를 들어 UPS 연구에 따르면 매장 내 픽업 옵션을 사용하는 사람 중 44%가 구매를 할 때 새로운 구매를 하게 된다.[87]

온라인과 오프라인 전략을 통합하기 위한 관련 접근법은 블루투스 비콘를 사용하여 쇼핑객들이 가게에 들어갈 때나 근처에 있을 때 푸시 알림을 보내는 것이다. 예를 들어 메이시스(Macy's)와 아메리칸이글(American Eagle)은 숍킥(Shopkick) 앱과 함께 비콘을 사용하여 쇼핑객들에게 그들이 가게에 들어갈 때 이용할 수 있는 프로모션과 할인 혜택을 알리고 있다. 다른 예로, 홈디포(Home Depot)는 2014년에 처음으로 앱을 출시했는데, 소비자가 들어가면 앱이 자동으로 'in-store(매장 내)' 모드로 전환되어 '제품 위치 검색' 도구와 같은 기능을 사용할 수 있게 한다. 위치 기반 기술을 사용하여 앱은 사용자가 어떤 가게에 있는지 자동으로 감지하여 정확한 위치 근처에 위치한 특정 제품에 대한 지도를 제공한다.[88]

일부 브랜드는 특히 온라인과 오프라인 마케팅 전략을 통합하는 능력으로 잘 알려져 있다. 자주 인용되는 한 가지 예는 디즈니이다. 디즈니는 My Disney Experience 도구를 사용하여 고객들이 보고 싶어 할 수도 있는 명소와 예상 대기 시간을 포함한 전체 테마 파크 여행을 계획할 수 있도록 도와준다. 매직밴드(MagicBand) 프로그램은 호텔 객실 키, 사진 저장 장치, 음식 주문 도구 역할을 한다. 매직밴드와 My Disney Experience 도구를 통해 모든 고객 접점을 통합함으로써 디즈니는 모든 고객 경험을 완벽하게 통합할 수 있다. 또 다른 예는 스타벅스인데, 스타벅스는 그것의 앱과 보상 카드를 여러 채널에 걸쳐 통합하는 방법으로 사용한다. 고객이 한 장소에서 변경한 내용은 모든 채널에 걸쳐 실시간으로 업데이트되므로 고객 환경을 원활하게 통합할 수 있다.

온라인과 오프라인의 통합이 증가함에 따라 종종 반복되는 우려는 고객들이 매장 내 모바일 기기를 사용하여 다른 곳에서 더 나은 가격을 찾고 있다는 것이다. 이는 쇼루밍(showrooming)이라고 불리는 관행이다. 또는, 고객은 온라인에서 정보를 찾고 웹루밍(webrooming)이라고 불리는 관행으로 오프라인에서 구입한다. 한 연구는 정보를 찾기 위해 온라인으로 검색하는 쇼핑객들 또한 온라인 검색에 참여하지 않은 쇼핑객보다 매장에서 13% 더 많은 돈을 쓴 쇼핑객이라는 것을 보여주었다.[89] 게다가 온라인과 오프라인 채널의 모호성이 증가함에 따라 많은 오프라인 소매업체(예 : H&M과 메이시스)가 비콘 기술에 투자하고 있다. 이 기술은 고객이 매장 내 검색 이력, 구매 행태, 인구통계 등을 토대로 자신에게 맞춘 쿠폰을 받을 수 있도록 근접성 기반 마케팅을 가능케 한다. 고객들은 이러한 목표된 제안을 수용하는 경향이 있지만, 이러한 프로모션에 개인 데이터를 사용하는 것을 점점 더 우려하고 있다.[90] 브랜드는 모든 상호작용, 특히 다양한 순간에 고객이 브랜드와 직접 접촉하게 하는 접점을 고객에게 제공하는 것에 유의해야 한다. 브랜딩 과학 5-2는 옴니채널 환경에서 마케팅이 어떻게 브랜드와 확고한 결과에 영향을 미칠 수 있는지에 대한 연구 결과를 강조한다.

따라서 채널 결정의 목표는 채널 비용과 갈등을 최소화하는 한편 채널 커버리지와 효율성을 극대화하는 것이다. 마케터는 종종 직·간접채널 모두를 사용하기 때문에 두 가지 주요 채널 설계 유형의 브랜드자산에 대한 함축된 의미를 고찰해보자.

브랜딩 과학 5 - 2

옴니채널에 관한 연구

옴니채널은 더 많은 채널을 포함하고 채널 간 경계가 점점 모호해진다는 점에서 멀티채널과 다르다. 다양한 연구가 이러한 옴니채널 환경이 소매업체와 결과적으로 브랜드에 미치는 영향을 조사했다.[91] 연구진은 옴니채널 소매업(온라인 구매 및 매장 픽업)이 수익성에 미치는 영향을 조사했고, 이 전략의 효율성이 낮을 수 있기 때문에 모든 제품 범주에 걸쳐 항상 수익성이 있는 것은 아닐 수 있다고 주장했다.

온라인 채널이나 브랜드 앱을 추가해 고객 접점을 늘리는 것이 일반적이다. 일부 디지털 태생 브랜드는 고객과의 관계를 구축하기 위해 오프라인 채널을 채택하기도 했다. 벨(Bell)과 동료들은[92] 진시장을 도입한 와비파커닷컴(디지털 태생 기업)의 영향을 조사함으로써 이 현상을 연구했다. 그들의 연구 결과는 전시장의 추가가 브랜딩 이점을 제공하고, 이는 다시 신뢰를 증가시켜 긍정적인 파급 효과를 발생시킴으로써 온라인과 오프라인 채널 모두에서 더 높은 수익성을 창출한다는 것을 시사한다. 온라인 채널에서 서비스 비용이 가장 높은 고객이 가장 먼저 오프라인 채널로 이동됐고, 제품 반품 비용도 줄었다. 포웰스와 네슬린(Pauwels and Neslin)은[93] 소매업체의 기존 카탈로그와 인터넷 채널에 오프라인 점포를 추가하는 것이 미치는 영향을 조사한 결과, 실제 점포를 추가하는 것으로부터 전체적으로 20%의 매출 증가를 발견했다.

아일라와디와 패리스(Ailawadi and Farris)는[94] 유통 관리를 위한 프레임워크를 제공했고 소매업체에서 공급업체(또는 브랜드)의 역할을 이해하는 데 있어 유통 범위와 깊이의 중요성을 강조했으며, 그 반대의 경우도 마찬가지였다. 또한 제품 카테고리의 검색량(PCSV)과 앱스토어의 브랜드 앱 순위를 포함한 온라인 채널의 효과를 이해하기 위한 새로운 계측치를 ACV(모든 상품 볼륨)의 비율과 같은 기존 계측치과 함께 고려할 새로운 계측치로 제안했다.

출처 : Fei Gao, and Xuanming Su, "Omnichannel Retail Operations with Buy-Online-and-Pick-Up-in-Store," *Management Science* 63, no. 8 (2016): 2478–2492; David R. Bell, Santiago Gallino, and Antonio Moreno, "How to Win in an Omnichannel World," *MIT Sloan Management Review* 56, no. 1 (2014): 45; David R. Bell, Santiago Gallino, and Antonio Moreno, "Offline Showrooms in Omnichannel Retail: Demand and Operational Benefits," *Management Science* 64, no. 4 (April 2018): 1629–1651; United Parcel Service of America, "UPS Pulse of the Online Shopper: A Customer Experience Study," https://pressroom.ups.com/mobile0c9a66/assets/pdf/pressroom/white%20paper/UPS_2017_POTOS_media%20executive%20summary_FINAL.pdf, accessed March 11, 2018; Peter C. Verhoef, P. K. Kannan, and J. Jeffrey Inman, "From Multi-Channel Retailing to Omni-Channel Retailing: Introduction to the Special Issue on Multi-Channel Retailing," Journal of Retailing 91, no. 2 (2015): 174–181; Koen Pauwels, and Scott A. Neslin, "Building with Bricks and Mortar: The Revenue Impact of Opening Physical Stores in a Multichannel Environment," *Journal of Retailing* 91, no. 2 (2015): 182–197.

간접채널

간접채널이 다양한 유형의 중간상인으로 구성되어 있기는 하지만, 우리는 소매상에 대한 논의에 집중할 것이다. 소매상은 가장 가시적이며 고객과 직접 접촉하는 경향이 있으므로 브랜드자산에 영향을 미칠 수 있는 가장 큰 기회를 가지고 있다. 8장에서 자세하게 다루겠지만, 소비자는 소매상의 제품 구색, 가격 및 신용정책, 서비스 품질 등과 같은 많은 요소에 기초하여 소매상에 대한 연상과 느낌을 갖게 된다. 소매상은 그들이 판매하는 제품 및 브랜드, 판매 방식 등을 통해 브랜드 인지도와 강력하고 호의적이며 독특한 브랜드연상을 확립함으로써 소매상 자체의 브랜드자산을 창출하고자 한다.

동시에 소매상은 그들이 판매하는 브랜드의 자산에 지대한 영향을 미칠 수도 있다(특히 그들이 제공하는 브랜드 관련 서비스 활동에 관해서 큰 영향력을 미칠 수 있다). '진실의 순간(moment of truth)'이라는 용어는 2005년 P&G에 의해서 처음 소개되었는데 이는 구매 전, 구매 동안, 구매 후에 소비자에게 일어나는 것을 설명한다.[95] 특히 첫 번째 진실의 순간은 소비자가 제품을 처음 보는 순간을 의미하는데 예를 들어 소비자가 매장 방문 후 진열대에 전시되어 있는 제품을 처음으로 보는 순간을 들 수 있다.[96] 소매점은 소비자가 브랜드와 갖는 상호작용에 영향을 줄 수 있으며 따라서 이러한 첫 번째 진실의 순간에 큰 영향을 줄 수 있다. 때때로 소매점으로부터 브랜드로 파급효과가 발생하는데 이는 소비자들이 "이 점포는 좋은 품질과 가치 있는 제품만을 판매하므로, 따라서 이 제품 또한 품질이 좋고 고부가가치일 것임에 틀림없다"와 같은 가정을 통해서 가능하다.

푸시와 풀 전략 이미지 전달이라는 간접적 방식 이외에 소매상은 그들이 판매하는 브랜드의 자산에 보다 직접적으로 영향을 미칠 수 있다. 소매상은 그들이 제품을 들여놓고 판매하는 과정에서 발생하는 활동을 통해 브랜드자산을 증가시키거나 감소시킬 수 있으며, 이는 소매상이 브랜드 가치를 증대하는 데 있어 제조업자가 적극적인 역할을 해야 한다는 것을 보여준다. 아마존닷컴과 같은 온라인 소매점 또한 제품 리뷰를 통해 많은 제품 관련 정보를 제공함으로써 제조사와 소비자에게 매우 큰 영향력을 행사하고 있다. 이는 마케터에게 그들이 일관되게 수준 높은 제품과 서비스의 품질을 제공하게 만드는 큰 압력으로 작용하고 있다.

구매자 마케팅에 대한 다양한 정의가 있지만, 구매자 마케팅의 핵심은 점포 내 마케팅(브랜드 구축, 전시, 샘플 제공, 판촉, 기타 점포 내 활동)에서 제조업자와 소매상 간에 협력을 강조한다. 디지털 채널들이 전통적인 오프라인 상점에게 매우 큰 위협을 주고 있는 상황이지만 많은 고객이 여전히 제품을 실제로 만지고 느껴보는 것을 중요하게 생각하고 있다.

갈수록 비차별화되어 간다고 느끼는 브랜드들 간에 판매대 공간을 차지하기 위한 경쟁이 보다 치열해짐에 따라 많이 소매상이 상대적으로 채널 파워를 얻게 되었고, 이제 제조업자들과 거래조건을 결정하는 데 있어 보다 유리한 위치에 서게 되었다. 증가된 힘이란 소매상들이 보다 빈번하고 유리한 거래촉진을 요구할 수 있다는 것을 의미한다. 그러나 더 심각한 것은 이러한 채널 파워가 점점 소비자에게 옮겨 가는 점이다. 온라인 소매점의 증가와 정보 및 제품 검색에 대한 낮은 비용과 함께 소비자들은 점점 더 많이 온라인 쇼핑을 사용하고 있다. 따라서 어떠한 소매점도 전통적인 오프라인 소매점이 디지털 채널로부터 받는 어려움으로부터 자유롭지 못한 실정이다.

제조업자(또한 소매상)가 그들이 잃어버렸던 영향력을 회복할 수 있는 한 가지 방법은 소비자가 요구하는 혁신적이고 독특한 제품 — 적절하게 가격 설정이 되어 광고되는 — 을 판매함으로써 이 책에 서술된 브랜드 구축 기법을 통해 강력한 브랜드를 창출하는 것이다. 이런 경우, 소비자는 소매상에게 제조업자의 제품을 들여놓고 프로모션할 것을 요청하거나 심지어 압력을 가할 수도 있다.

최종 소비자에게 마케팅노력을 투자함으로써 제조업자는 **풀 전략**(pull strategy)을 구사할 수 있는데, 이는 소비자가 그들의 구매력을 이용하고, 채널을 통해 제품을 '풀'하도록 소매상에게 영향을 끼칠 수 있기 때문이다. 그 대신에, 마케터는 채널 구성원에게 그들의 제품을 들여놓고 최종 소비자에게 판매하도록 직접적인 인센티브를 제공함으로써 채널 구성원 자체에 대한 판매노력에 투자할 수 있다. 이러한 접근법은 유통채널의 각 단계를 통해 제품을 '푸시'함으로써 소비자에게 도달하려고 하기 때문에 **푸시 전략**(push strategy)이라고 한다. 어떤 브랜드는 풀과 푸시 전략 중 하나의 전략을 또 다른 하나의 전략보다 강조하는 것처럼 보이지만(예를 들면 푸시 전략은 일반적으로 보다 선택적인 유통과 관련이 있고, 풀 전략은 보다 광범위하고 집중적인 유통과 관련되어 있다), 일반적으로 가장 성공적인 브랜드들(콜게이트, 타이드, 폴저스 등)의 마케터는 푸시와 풀 전략을 기술적으로 조화시켰다.

채널 지원 채널 구성원에 의해 제공되는 많은 다양한 서비스는 브랜드 제품을 구매하고 소비하는 소비자들의 소비 가치를 향상시켜 준다. 기업들이 갈수록 무료 전화와 웹사이트 같은 수단을 통해 일부 서비스를 자체적으로 제공하고는 있지만, 그럼에도 불구하고 소매상과의 '마케팅 파트너십'을 확립하는 것은 적절한 채널 지원 및 이러한 다양한 서비스의 확실한 실행을 위해 중요할 수 있다. 기업의 입장에서는 소매점으로부터 최대한 많은 지원을 이끌어내기 위해 소매점의 새로운 역량을 잘 이해하고 따라가는 것이 중요하다. 최근에 떠오르는 한 가지 유통 트렌드로 소매점의 쇼룸 기능을 담당하는 가상현실 및 증강현실의 출연과 성장을 들 수 있다. 샌프란시스코 베이 지역에 위치한 니만마커스(Neiman Marcus) 매장은 고객들이 관심을 가질 만한 의상의 360도 뷰를 제공하는 터치스크린 기능을 가진 거울을 활용하고 있다. 또한 뉴욕 소호에 위치한 레베카 민코프(Rebecca Minkoff) 아울렛 매장에서는 '스마트' 드레싱룸을 설치하여 고객들이 디지털 벽을 사용해 음료를 주문하거나 다른 요청사항을 전달하는 등의 편의를 제공하고 있다.[97]

제조업체는 소매 파트너를 기쁘게 하고 공급사슬 관계를 잘 유지하기 위해 여러 가지 조치를 취할 수 있다. 판매점은 보통 매장과 직원을 유지하기 위해 많은 투지를 하고 있다. 이러한 판매점의 노력을 보상하기 위해서 제조업체는 브랜드의 신제품에 대한 배타적 판매권, 브랜드화된 변형 상품 등을 제공할 수 있다(아래에 좀 더 자세한 설명을 제공한다). 전문가들은 또한 제조업체가 고객에게 직접 제품을 판매할 경우 고정된 가격으로 제공할 것을 주문하고 있다. 직접 판매를 할 때 더 큰 할인을 제공한다면 고객들의 혼란을 피하기 위해 아울렛 매장 등을 통해서 제공되어야 한다.

제조업체는 유통 파트너를 대상으로 자사 제품에 대한 교육을 제공함으로써 유통 파트너가 효율적인 판매 전략과 판매 조직을 구성할 수 있도록 해야 한다. 브랜딩 브리프 5-2에서는 밀크본(Milk-Bone)이 어떻게 소비자 마케팅을 사용해서 브랜드 인지도를 구축했는지 설명한다.

궁극적으로 기업은 소매 판매업자와 의사결정 권한을 공유해야 하며 이들의 성공이 자신들의 성공과 밀접한 관계가 있음을 인정해야 한다. 여러 시장에서는 실제로 소매 판매업자가 큰 시장을 장악하고 있으며 따라서 공급사슬의 효과적인 관리를 원하는 제조업체는 이들 소매 판매업자의 이익을 보장하고 좋은 관계를 유지해야 한다. 이러한 파트너십 전략의 성공을 위한 두 가지 중요한 요소로 소매 시장 세분화 활동과 협동 광고 프로그램을 들 수 있다.

소매 시장 세분화 소매점 또한 '고객'이다. 따라서 제조업자는 그들이 필요로 하는 브랜드의 판촉활동 지원이 잘 이루어지길 원한다면, 여러 다른 소매점은 각각 다양한 마케팅 능력 및 마케팅 요구를 가지고 있기 때문에 여러 다양한 그룹으로 나뉘거나 심지어 개별 소매점을 다르게 취급할 필요가 있다.[98] 이를 위해 다음과 같은 브랜드가 어떻게 특정 소매점에 대해 맞춤화된 마케팅활동을 제공했는지 살펴보자. 프리토레이(Frito-Lay)는 옥수수칩과 감자칩 제품을 위해 다양한 소매점에 맞춤화된 공급사슬 시스템을 구축하여 빠르고 광범위한 제품 공급을 가능하게 하고 재고 소진을 방지하며 매장 내 제품 전시의 개선도 이루어냈다. 또한 SC존슨(SC Johnson)의 경우에는 그들의 전략적 소매 고객이 효과적인 제품군 관리 전략을 실현할 수 있도록 맞춤형 시장조사 시사점을 제공하였다.

소매점들은 각기 다른 제품 믹스, 특정 전달시스템, 고객화된 촉진 또는 그들 자체 브랜드까지 요구할 수도 있다. 예를 들어 아마존의 경우에는 그들의 빠른 성장과 온라인 시장에 대한 지배력을 바탕으로 아마존에 대해서 맞춤화된 마케팅을 제공하도록 요구하고 있다. 아마존은 그들의 마

밀크본 브러싱 츄가 고객과 어떻게 연결되는지 자세히 생각해보자

빅 하트펫브랜즈(Big Heart Pet Brands)의 연구팀이 수행한 연구에 따르면, 대부분의 애완견 주인은 그들의 개의 이를 닦는 방법을 알아야 하지만, 실제로 어떻게 닦는지 아는 사람은 거의 없었고, 어떻게 닦는지 아는 사람들은 그것이 불쾌한 일이라고 생각했다. 그 회사는 밀크본 브러싱 츄(Milk-Bone Brushing Chews)라고 불리는 새로운 치과 치료제를 도입하기를 원했다. 마케팅 과제는 사람들이 그들이 알지 못하거나 하기 싫어하는 일에 빠져들게 하는 것이었다.

빅하트펫브랜즈는 밀크본 브러싱 츄를 출시할 야심 찬 목표를 가지고 있었다. 이 회사는 치과 카테고리를 10% 이상 늘리고 주요 소매점에서 신제품에 대한 테스트를 늘리기를 원했다. 주요 표적고객은 애완견의 건강에 책임을 느끼고 유대감을 강화하기 위해 그 간식을 사용할 애완견 주인이었다. 주요 쇼핑객 마케팅 과제는 대중 상인과 식료품점에서는 음식에 더 초점을 맞춘 반면, 펫스마트(PerSmart)와 같은 전문점은 너무 다양한 제품 선택폭이 있다는 것이다.

회사는 인지도를 강화하기 위해 명확환 쇼핑 마케팅 전략을 사용했다. 병원 내 광고판, 수의사 홍보물, 전시물 등을 통해 인지도를 창출하는 것 외에도 타깃과 같은 소매점에 간판과 전시 공간을 만들어 이를 뒷받침했다. 그들은 또한 소매업자에 특화된 프로그램도 채택했다. 화제를 모으기 위해, 회사는 월마트닷컴에서 사전 예약을 시작했다. 타깃에서는 카트휠(Cartwheel) 앱(타깃 매장에서 쇼핑할 때 특정 아이템을 5~50% 할인해주는 것)과 타깃의 반려동물 처방 서비스가 투입됐다. 펫스마트에서는 직원들이 브랜드 홍보대사로 활동할 수 있도록 교육하는 'Dental Day' 행사를 진행했다.

캠페인은 성공적이었고, 회사는 출시 목표를 달성했으며, 카테고리는 목표를 달성할 때마다 10%씩 성장했다. 이 마케팅 캠페인은 밀크본 브러싱 츄가 개들이 좋아할 수 있는 유일한 치아 치료제라는 생각에 바탕을 두고 있었다. 쇼핑객(그리고 그들의 개)은 그 아이디어를 좋아했고, 신제품에 대한 시행과 반복이 목표를 충족하고 초과했다. 쇼핑객 마케팅 캠페인은 효과를 인정받아 2015년에 에피(Effie)상을 수상했다.

밀크본은 쇼핑객 마케팅 전략을 사용하여 새로운 유형의 제품에 대한 인지도를 높였다. 이 제품은 애완견의 이를 닦는 데도 도움이 된다.

출처 : Keith Homan/Alamy Stock Photo

출처 : Shoppermarketingmag.com, "Effie Case Study: Milk-Bone Brushing Chews Shopper Marketing Launch Campaign," May 18, 2015, https://shoppermarketingmag.com/effie-case-study-milk-bone-brushing-chews-shopper-marketing-launch-campaign, accessed March 15, 2018; Kristina Manllos, "Milk-Bone Gets into the Teeth Brushing Business," April 18, 2014, www.adweek.com/brand-marketing/milk-bone-gets-teeth-brushing-business-157067/, accessed March 15, 2018; Effie Worldwide, Inc., "Milk-Bone Brushing Chews," November 12, 2015, accessed March 15, 2018.

켓플레이스, 즉 플랫폼이 매우 복잡함에도 불구하고 특정 세부기능을 원하는 고객조차 정보 검색을 잘할 수 있도록 정확한 제품 정보를 제공하려고 노력하고 있다. 아마존은 또한 고객이 장바구니에 언제든지 새로운 제품을 추가할수 있게 도와주는 '바이박스(Buy Box)'라는 기능을 제품 상세 설명 페이지 한쪽 면에 가지고 있다. 이러한 기능은 가장 가격 경쟁력이 좋은 제품들에게만 제공되며 고객들이 구매를 하는 데 매우 큰 영향력을 행사하고 있다. 아마존은 고객 가치를 극대화하기 위해 이러한 바이박스 노출 효과를 극대화할 수 있는 최적의 제품을 찾는 알고리즘을 사용하고 있다.[99]

브랜드화된 변형 제품(branded variants)은 같은 브랜드네임을 가진 다른 제품들과 직접적으로 비교할 수 없는 내구재 혹은 반내구재인 제품군에서 다양한 형태로 제공되는 브랜드 제품이다.[100] 제조업자는 색, 디자인, 향, 옵션, 스타일, 착색, 무늬, 특징, 배치 등에서 변화를 포함하는 다양한 방식으로 브랜드화된 변형 제품을 창출한다. 예를 들어 소니, 파나소닉, 도시바와 같은 휴대용 스테레오 '붐박스' 브랜드들은 스피커 사이즈, 무게, 오디오 컨트롤 수, 녹음 기능과 제품 숫자를 변형하여 다양한 제품 구색을 갖추었다.

아마존은 제품 상세 페이지 측면에 '바이 박스' 기능을 갖추고 있어 한 카테고리에서 가장 경쟁력 있는 가격대의 제품을 강조 표시하며, 이는 소비자의 구매 결정에 큰 영향을 미친다.

브랜드화된 변형 제품은 소비자가 직접적으로 가격을 비교하는 것을 어렵게 만들기 때문에 소매가격 경쟁을 줄이는 하나의 수단이 된다. 따라서 동일한 브랜드에 내해 소매상별로 각기 다른 항목 또는 모델이 주어질 수도 있다. 슈건(Shugan)과 동료 연구자들에 따르면 제조업자가 브랜드화된 변형 제품을 많이 제공할수록 보다 많은 소매상이 그 제품을 들여놓고 그에 대해 보다 높은 서비스를 제공하게 된다는 조사 결과도 있다.[101]

협동 광고 채널 지원을 증가시키는 수단으로 상대적으로 덜 강조되어 왔던 방법은 잘 설계된 협동 광고 프로그램이다. 보통 협동 광고에서는 제조업자의 제품 및 소매점에서의 접근 용이성을 촉진하기 위해 소매상이 운용하는 광고에 대하여 그 일부 비용을 제조업자가 지불한다. 이러한 협동 광고 자금 지원을 받으려면 소매상은 광고에서의 브랜드 노출에 관한 제조업체의 약관에 따라야 한다. 제조업체는 소매상에 의해 운용되는 광고에 대하여—일반적으로 보통 50 : 50 정도의 비용이지만—일정 한도까지 비용을 공동 부담한다.[102] 제조업체들이 이러한 협동 광고를 운용하는 근본적인 이유는 좀 더 연관성이 높고 고객들에 대한 판매효과가 좋은 지역에 마케팅 커뮤니케이션 노력을 집중하기 위한 수단이기 때문이다.

요약 제조업체 입장에서 더 많은 채널 지원과 협력을 유도해내기 위해 유통채널 구성원을 대상으로 좀 더 창조적인 마케팅 및 머천다이징 프로그램을 개발해야 한다. 그렇게 함에 있어서 채널 활동이 어떻게 제품의 시험 구매를 유발하도록 고무하고, 브랜드 인식 및 강력하고 호의적이고 독특한 브랜드연상을 구축하며, 긍정적인 브랜드 반응을 이끌어낼 수 있는 제품 정보를 전달하거나 실증할 수 있는지 고찰하는 것이 중요하다.

직접채널

위에서 언급한 몇 가지 이유 때문에 제조업자는 고객에게 직접적으로 판매하는 것을 선택할 수도 있다. 이 절에서 우리는 직접채널을 통해 판매하는 것에 관한 브랜드자산 관점 이슈를 살펴본다.

기업이 직접 보유한 매장 몇몇 제조업체는 판매 과정에 대한 통제력을 확보하고 고객과 보다 강력한 관계를 구축하기 위해 다양한 수단을 통해 직접 판매하는 것뿐만 아니라 직영 소매 대리점을 도입하고 있다. 이러한 채널은 다양한 형태를 취할 수 있는데 제조업체가 보기에 가장 복잡한 형태로 직영 매장을 들 수 있다. 홀마크(Hallmark), 굿이어(Goodyear) 등은 오랜 기간 자신들의 직영 매장에서 자사 제품을 판매했고, 최근 대형 마케터를 포함한 많은 기업이 직영 대리점을 설립하고 있다.

여러 종류의 많은 브랜드가 자체 매장을 열었는데, 예를 들면 뱅앤올룹슨(Bang & Olufsen) 오디오 장비, 오시코시(OshKosh B'gosh) 아동복, 닥터마틴(Dr. Martens) 신발 등이 있다. 그러나 모든 회사 직영점이 넓은 창고를 가진 큰 구조는 아니다. 최근에는 소매와 이벤트 마케팅을 혼합한 임시 매장 개념의 팝업 매장이 화두가 되고 있다.[103] 팝업 매장은 매우 중요하게 대두되고 있으며 약 80억 달러 이상의 가치가 있는 것으로 파악된다.[104] 예를 들어 온라인 안경점인 와비파커(Warby Parker)의 경우 2010년에 미국 전역을 달리며 몇몇 선정된 대도시에 정차하여 팝업 매장을 여는 큰 노란 버스를 운용하여 화제가 되었는데 이를 클래스 트립(Class Trip)이라고 불렀다. 또한 와비파커는 1960대 스타일의 안경을 빈지티 액세서리와 같이 판매하는 '리더리(Readery)'라는 판매 키오스크를 호텔 안에 열기도 하였다.[105] 다른 디지털 기반 브랜드도 고객과의 긴밀한 관계를 만들기 위해 이러한 오프라인 기반 팝업 매장을 열고 있다. 예를 들어 그레이츠(Greats)라는 디지털 기반 명품 스니커즈 회사는 뉴욕과 로스앤젤레스에 소매 아울렛을 열었고 이러한 트렌드는 다른 디지털 기반 브랜드인 에버레인(Everlane), 글로시어(Glossier), 보노보스(Bonobos), 캐스퍼(Casper) 같은 브랜드들의 오프라인 매장 확장에서도 찾아볼 수 있다.[106]

회사 직영점은 많은 이점을 제공한다.[107] 첫째, 그것은 일반 소매채널을 통해서는 쉽게 달성될 수 없는 방식으로 브랜드 및 그 제품 다양성의 모든 것을 보여줄 수 있다. 예를 들어 나이키는 자사 제품이 백화점이나 스포츠 전문점을 통해 널리 퍼져 있다는 것을 안다. 그러나 이 제품들이 합리적이며 조화롭게 전시되지 않을 수도 있고 특정 제품 라인은 전혀 소개조차 되지 않을 수도 있다. 나이키는 회사 직영점 개점을 통해 효과적으로 브랜드 제품을 보다 깊게, 넓게, 다양하게 보여줄 수 있다. 회사 직영점은 또한 다양한 제품 디자인, 표현, 가격 등에 대한 소비자 반응을 측정하는 테스트 시장으로서 기능을 하는 추가적인 장점이 있는데, 이는 기업으로 하여금 소비자 구

임시 팝업 스토어는 마케터에게 소비자의 관심을 불러일으킬 수 있는 창의적인 방법을 제공했다.

출처 : Andrew H. Walker/Getty Images for Target

매 습관을 계속 감지하도록 해준다.

하지만 직영 매장 운영의 단점도 있는데 이는 제조업체는 소매점을 효과적으로 운영할 수 있는 기술, 자원, 지원이 부족하다는 점이다. 1987년에 시작하여 독점적으로 디즈니 브랜드의 장난감, 비디오와 여러 소장용 제품 및 의상 등을 판매하는 디즈니스토어(Disney Store)를 예로 들 수 있다. 디즈니는 그들의 소매매장을 디즈니 경험의 연장선상으로 보고 실제 디즈니랜드와 월드에서처럼 고객을 '게스트'라고 부르고 직원을 '캐스트 멤버'라고 불렀다. 하지만 온라인 쇼핑의 성장은 디즈니에게 큰 어려움을 안겨주었고, 이에 따라 디즈니는 소매 매장 내에 디즈니 영화와 퍼레이드 등을 방영하는 비디오 스크린을 설치하는 등 소매 매장을 좀 더 디즈니 테마파크와 비슷한 형태로 변형하는 실험을 단행하고 있다.[108]

회사 직영점과 관련된 또 다른 한 가지 이슈는 기존 소매채널 및 유통업자와의 잠재적 갈등이다. 그러나 많은 경우 이 점포들은 직접적인 판매수단보다는 브랜드 이미지 지원 및 브랜드자산 구축 수단으로 보여질 수 있다. 예를 들어 나이키는 직영점을 본질적으로 광고 및 고객 유인책으로 보고 있다. 조사연구에 따르면, 나이키타운(Niketown) 점포가 나이키 스포츠 및 피트니스 라인의 전 제품을 고객에게 제시하고 나이키 제품의 가치, 품질 이점에 관하여 교육함으로써 나이키 브랜드 이미지를 제고한다는 것이 확증된다고 나이키는 평가한다. 조사에서 밝혀진 또 다른 내용은 나이키타운에서 실제로 구매하는 고객은 약 25% 정도지만, 방문하는 동안 구입하지 않은 고객 중 40%가 결국 다른 소매점을 통해 제품을 구매한다는 것이다.

또한 이러한 제조업체 직영점은 유통업자들의 자체 브랜드만을 지속적으로 판촉하는 소매상들에 대한 견제책으로도 볼 수 있다. 그들의 주요 공급업자 중 하나인 JC페니(JCPenney)가 자체 브랜드인 애리조나(Arizona) 진을 내놓았을 때, 리바이스는 자체 채널을 설립함으로써 어느 정도 그들의 브랜드 구축망을 보호할 수 있었다. 그럼에도 불구하고, 많은 소매업자와 제조업자는 판매 지역 문제에 골몰하고 있으며, 경쟁 유통채널 설립에 있어서의 정면충돌은 피하고 있다. 특히 제조업체들은 직영점이 그들의 직영 소매점에 경쟁적 위협을 주는 것이 아니라 오히려 제조업자의 브랜드를 보유하는 모든 소매업자의 제품 판매에 도움을 주는 전시장이라는 것을 조심스럽게 강조하고 있다.

매장 내 매장 직영 매장을 설립하는 것과 별개로 일부 마케터[나이키, 폴로, 리바이스의 도커스(Dockers)]는 대형 백화점 내에 자체 매장을 개점하려고 한다. 아시아를 포함한 세계의 다른 지역에서 더 일반적인 이러한 접근은 소매점을 회유하면서—아마도 소매점의 브랜드 이미지로부터 오는 이익까지도 얻는—동시에 기업으로 하여금 구매 시점의 제품 제시에 대한 설정 및 이행을 통제할 수 있도록 하는 바람직한 이중적인 이점을 제공한다.[109]

이러한 매장 내 매장(store-within-a-store) 개념은 리스 계약을 체결하거나 좀 더 캐주얼한 매장 내 미니 매장을 설치하는 형태로 진행될 수 있다. 소매점 입장에서는 이러한 매장 내 매장 개념은 매장 내 고객 증가에 큰 도움이 될 수 있고 이를 통해 새로운 역량을 손쉽게 확보할 수도 있다. 머레이치즈숍(Murray's Cheese Shop)같은 작은 브랜드의 입장에서는 크로거(Kroger Co.)라는 대형 소매점에 입점함으로써 빠른 시간 내에 유통망을 확보하는 장점을 얻을 수 있었다.

소매점들은 또한 다른 형태의 소매점들과 결합했다.[110] 시어스(Sears) 백화점은 그들보다 훨씬 트렌디한 포에버21(Forever 21)과 파트너십을 맺어서 시어스의 이미지를 향상하려고 했다. 또한 시어스는 에드윈와츠골프숍(Edwin Watts Golf Shops), 유니폼 브랜드인 워크앤기어(Work 'N Gear)와 홀푸드(Whole Foods)와도 매장 내 입점 계약을 체결했다. 메이시스 백화점의 경우에도 선글라스헛(Sunglass Hut), 임부복 전문 브랜드인 데스티네이션모더니티(Destination Modernity), 영국의 세면 및 욕조 용품 브랜드인 러쉬(Lush)와도 파트너십을 체결했다. 최근 베스트바이(Best Buy)는 기존의 매장 내 매장 전략을 확대하여 소니, 삼성, 마이크로소프트 등과 같은 브랜드의 매장 규모를 확장했다.[111]

기타 방안 또 다른 채널 판매 옵션으로 전화, 우편, 전자 수단을 통해 소비자에게 직접 판매하는 것을 들 수 있다. 소매점은 수년 동안 카탈로그를 통해 제품을 판매했다. 많은 마케터, 특히 직영점을 통해서도 판매하는 브랜드들이 점차 직접채널을 많이 채택하고 있고 실제로 직접판매는 메리케이(Mary Kay)와 에이본(Avon) 같이 브랜드를 위한 장기적으로 성공적인 전략이 되어 왔다. 이러한 매체들은 제품 판매에 도움을 줄 뿐만 아니라 브랜드 관련 제품에 대한 소비자 이해 및 그러한 제품들의 핵심적 편익에 관한 이해를 증진함으로써 브랜드자산에 공헌할 수 있다. 마케터는 직접 마케팅노력을 다양한 방법(카탈로그, 비디오, 물리적 장소, 인터넷)으로 실행할 수 있고, 그것은 모두 고객과의 대화에 참여하고 관계를 확립할 수 있도록 하는 좋은 기회로 활용될 수 있다.

온라인 전략

가상의 온라인 소매 유통채널뿐만 아니라 유형의 오프라인 유통채널을 함께 가지는 것의 이점이 많은 기업에게 점점 더 명확해지고 있다. 이러한 통합된 채널은 고객이 원하는 시간에 원하는 방식으로 쇼핑을 할 수 있도록 도와준다. 많은 소비자가 회사의 온라인 혹은 전화로 주문하고 매장에서 픽업하는 것을 제품이 배달되어 오는 것보다 더 편리하게 생각한다. 또한 소비자는 매장에서 구매하지는 않고 배달 주문한 제품이라도 매장에 제품을 반품할 수 있기를 원한다.[112]

많은 고객은 또한 매장 내에서 온라인 계정에 접속하고 키오스크를 사용해서 제품 구매 결정에 도움을 받는 편리함을 원하고 있다.[113] 인터넷의 영향력은 매장 밖으로 확장되고 있는데 포레스터(Forrester) 조사 보고서에 따르면 약 16%의 매장 매출은 매장 밖에서 이루어진 고객들의 검색에 의한 것임을 알 수 있다.[114]

이렇듯 통합 채널은 제조업체, 소매점, 고객에게 여러 편익을 제공한다. 그림 5-5는 JC페니의 채널 조합을 보여주는데 이를 통해 우리는 기업에게 가장 수익성이 높은 고객은 여러 다중채널을 이용하는 고객이라는 것을 알 수 있다. 비슷한 예로 딜로이트(Deloitte)의 보고서에 따르면 다중채

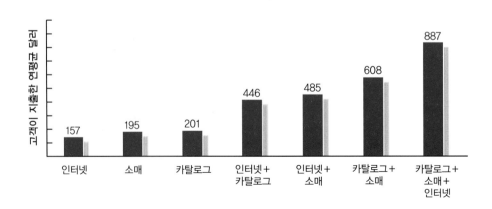

그림 5-5
JC페니 고객 채널 가치 분석

출처 : Customer Values Analysis, Doublecheck (2004). Courtesy of Abacus Direct, LLC.

널 이용 고객은 하나의 채널만 이용하는 고객보다 보통 거래당 82% 정도 더 많은 구매를 한다고 밝혀졌다.[115]

보스턴컨설팅그룹(Boston Consulting Group)은 다중채널 소매업자가 오로지 인터넷만을 이용한 소매업자에 비해 절반의 비용으로 고객을 확보할 수 있었다고 단언하며 다중채널 소매업자의 수많은 이점을 역설했다.[116]

- 다중채널 소매점은 공급자와 함께 시장 영향력을 지닌다.
- 다중채널 소매점은 유통과 고객주문 처리 시스템을 정립했다[예 : 엘엘빈(L.L.Bean), 랜즈엔드(Land's End)].
- 다중채널 소매점은 웹사이트와 매장 간 교차판매가 가능하다[예 : 갭(Gap)과 반스앤드노블(Barnes & Noble)].

다중채널 제품 제조업체는 이러한 이점의 많은 부분을 누릴 수 있다. 많은 인터넷 기반 회사가 통합 채널의 힘을 인정함에 따라 자사의 브랜드를 증대시키기 위해서 '유형의 오프라인 세상' 활동에 집중하고 있다. 예를 들어 야후!는 뉴욕 록펠러 센터에 판촉 매장을 개설했고 이트레이드닷컴(eTrade.com)은 뉴욕 매디슨가에 주력브랜드 금융센터뿐만 아니라 타깃 매장에 미니 센터와 키오스크를 개설했다.

요약

채널은 기업이 소비자에게 제품을 유통시키는 수단이다. 브랜드자산 구축을 위한 채널 전략은 브랜드 인지도를 확립하고 브랜드연상의 강도, 호감도, 독특함 등을 향상시키도록 직·간접채널을 설계 및 관리하는 것을 의미한다. 직접채널은 눈에 띄는 어떤 특성뿐만 아니라 브랜드와 관련된 제품의 깊이, 폭, 다양성 등을 소비자가 보다 잘 이해할 수 있도록 해줌으로써 브랜드자산을 제고할 수 있다. 간접채널은 소매상 같은 중간상인이 브랜드에 부여하는 지원 및 조치를 통해, 그리고 이러한 중간상인이 보유하고 있을지도 모르는 어떤 연상이 브랜드에 전이됨으로써 브랜드자산에 영향을 미칠 수 있다.

직·간접채널은 단기적으로는 제품을 판매하고 장기적으로는 브랜드자산을 유지, 강화하는데 있어 신중하게 결합되어야 하는 여러 가지 다양한 장단점을 가지고 있다. 브랜딩에 있어서는 흔히 일어나는 일이지만, 그 해답은 채널 옵션을 혼합하고 조합함으로써 그것이 마케터의 목표를 함께 실현할 수 있도록 하는 것이다. 따라서 다른 채널 옵션과의 상호작용을 통해 간접적으로 미치는 영향뿐 아니라, 제품 판매와 브랜드자산에 직접적으로 미치는 영향의 측면에서 각각의 가능한 채널 옵션을 평가하는 것이 중요하다.

요약

마케팅활동과 프로그램은 브랜드자산을 구축하기 위한 중요한 도구이다. 브랜드를 구축하기 위한 제품, 가격, 채널, 커뮤니케이션 전략은 함께 고려되어야 한다. 제품 전략 관점에서 브랜드의 유형과 무형 측면이 함께 고려되어야 하며 성공적인 브랜드는 강하고 호감이 가며 특별한 브랜드연상을 기능적·상징적인 가치와 함께 창출한다. 물론 인지된 품질이 종종 브랜드자산의 핵심이 되지만 고객은 다양한 형태의 브랜드연상을 가질 수 있다.

마케터는 고객과의 상호작용을 경험 마케팅, 관계 마케팅을 통해 개인화하고 있다. 경험 마케팅은 제품의 특징과 편익을 커뮤니케이팅할 뿐만 아니라 제품을 독특하고 재미있는 소비자 경험과 연결함으로써 제품을 홍보한다. 관계 마케팅은 소비자가 브랜드에 대해 생각하고 행동하는 방식을 심화하고 확장하는 마케팅활동을 가리킨다. 대량 맞춤화, 일대일·퍼미션 마케팅은 소비자로 하여금 제품이나 서비스에 대해 더 능동적으로 관련되도록 하는 수단이다. 사후 마케팅과 충성도 프로그램은 전체적이고 개인화된 구매 체험을 창출하도록 돕는 방식이다.

가격 전략의 관점에서 마케터가 브랜드 가치에 대한 소비자의 인식을 완벽하게 이해하는 것이 중요하다. 기업은 점점

더 가치 기반 가격 전략을 사용해 가격을 결정하고, 시간의 흐름에 따른 할인가격 정책을 이끌기 위해 상시 저가 가격 전략을 채택하고 있다. 가치 기반 가격 전략은 제품 설계 및 배달, 제품 원가, 제품 가격 간에 적절하게 균형을 이루고자 한다. 상시 저가 가격 전략은 안정적인 '상시'가격을 정하고, 매우 선택적으로만 가격 할인을 제공하고자 한다.

채널 전략의 관점에서 마케터는 2차적 연상의 레버리지를 극대화하기 위해 브랜드 이미지와 점포 이미지를 적절하게 조화시키는 것, 소매상을 위한 푸시 전략과 소비자를 위한 풀 전략을 통합하는 것, 직접 채널과 간접 채널의 범위를 고찰하는 것 등이 중요하다. 다음 장에서는 브랜드자산 구축을 위해 통합적 마케팅 커뮤니케이션 프로그램을 개발하는 방법을 고찰한다.

토의 문제

1. 관계 마케팅, 퍼미션 마케팅, 경험 마케팅, 일대일 마케팅에서 훌륭한 성과를 거둔 브랜드에 대해 경험이 있는가? 그 브랜드는 무엇을 했고 왜 효과가 있었는가? 다른 사람들이 그것으로부터 배울 수 있는가?

2. 당신이 소유한 제품을 생각해보라. 제품 설계를 평가하고 그것의 사후 마케팅노력을 비판하라. 모든 제품의 기능을 알고 있는가? 이점을 충분히 활용하지 못할 수 있는 제품을 식별하라. 어떤 개선점을 제안하겠는가?

3. 제품 범주를 선택하고 가격 전략 및 인식된 가치 측면에서 범주의 모든 브랜드를 프로파일하라. 가능한 경우 브랜드의 가격 기록을 검토하라. 이 브랜드들은 가격을 적절하게 책정하고 조정했는가? 당신은 무엇을 다르게 하겠는가?

4. 백화점을 방문해 매장 내 마케팅노력을 평가하라. 어떤 범주 또는 브랜드가 가장 매장 내 판매 촉진을 받고 있는 것 같은가? 어떤 독특한 매장 내 판매 노력을 보는가?

5. 슈퍼마켓에 가서 자체 상표의 범위를 관찰하라. 당신은 어떤 카테고리에서 자체 상표가 성공할 수 있다고 믿으며 그 이유는 무엇인가?

브랜드 포커스 5.0
자체 상표 전략 및 대응

이 부록에서는 자체 상표 또는 스토어 브랜드의 문제를 고려한다. 자체 상표 브랜드 전략을 묘사한 후, 주요 제조업체의 브랜드가 위협에 어떻게 대응했는지 설명한다.

자체 상표

비록 다른 용어와 정의가 가능할지라도, **자체 상표**(private label)는 소매업자 및 유통 체인의 다른 구성원에 의해 마케팅되는 제품으로 정의될

수 있다. 자체 상표는 실제로 세이프웨이 셀렉트(Safeway Select)와 같은 방식으로 매장 자체의 이름을 채택할 때 **스토어 브랜드**(store brand)라고 할 수 있다. 자체 상표는 단순한 흑백 포장에 대개 누가 제품을 만들었는지에 대한 정보를 제공하지 않는 **제네릭**(generics)과 혼동해서는 안 된다.

자체 상표 브랜드는 일반적으로 그들이 경쟁하는 국가 또는 제조업체 브랜드보다 만들고 판매하는 데 비용이 적게 든다. 따라서 자체 상표와 스

토어 브랜드를 구매하는 소비자를 매혹하는 것은 종종 관련된 비용 절감이다. 자체 상표와 스토어 브랜드를 판매하는 소매상을 매혹하는 것은 그들의 총마진이 종종 내셔널 브랜드의 거의 2배인 25~30%라는 것이다.

자체 상표의 역사는 많은 우여곡절을 거쳤다. 1863년 설립된 그레이트 애틀랜틱앤드퍼시픽티컴퍼니(Great Atlantic and Pacific Tea Company, 이후 A&P로 알려짐)가 미국 최초의 자체 상표 식료품 제품을 판매하였다. 20세기 전반 동안 일부 스토어 브랜드가 성공적으로 소개되었다. 1950년대에 대형 포장재 회사들이 채택한 정교한 대중 마케팅 관행의 경쟁적인 압력에 의해, 자체 상표들은 소비자의 호감을 얻지 못했다.

자체 상표 소비자에게 매력적인 것은 전통적으로 그들의 낮은 비용이었기 때문에, 자체 상표의 판매는 일반적으로 개인 가처분소득과 높은 상관관계를 보였다. 1970년대의 불황은 저가, 기본 품질, 최소 포장된 제네릭 제품의 성공적인 도입을 가져왔다. 그러나 후속 경기 상승기에, 인식된 품질 부족은 결국 제네릭의 판매를 방해했고, 많은 소비자가 내셔널 또는 제조사 브랜드로 돌아왔다.

오늘날의 시장에서 더 나은 경쟁을 하기 위해, 자체 상표 제조업체는 품질을 개선하고 프리미엄 제품을 포함하도록 다양한 자체 상표 제품을 확장하기 시작했다. 선명한 그래픽의 힘을 인정받아 슈퍼마켓 소매상은 자신들의 프리미엄 브랜드 제품을 위해 매력적이고 고급스러운 패키지를 디자인하는 데 신중해 왔다. 이러한 조치와 그 밖의 조치로 자체 상표 판매는 최근 새로운 시장에 진출했다. 소매업체는 고객 충성도를 높이기 위해 수익률과 차별화 수단을 위한 자체 상표를 중요하게 생각한다. 소매업체인 타깃은 세련된 마시모(Mossimo) 의류와 마이클그레이브스(Michael Graves) 가정용품 브랜드와 같은 독점 제품을 수년간 꾸준히 선보였다.[117]

자체 상표의 입지

2008년에 시작된 주요 불황은 자체 상표에 대한 관심을 다시 한 번 높였다. 소매상들이 자체 상표의 품질을 개선하고 단합된 브랜딩과 마케팅 프로그램을 개발하는 데 성공한 것을 감안할 때, 많은 비평가가 이번에는 상황이 달라질지, 그리고 불황이 끝난 후에도 매출이 떨어지지 않을지 궁금해했다.[118]

미국에서는 자체 상표 상품이 전체 슈퍼마켓 달러 거래량의 약 16~17%를 차지했다. 다른 나라에서는 이러한 비율이 평균 2배나 더 높은 경우가 종종 있다. 예를 들어 서유럽은 슈퍼마켓의 자체 상표 시장을 지배하고 있는데, 가장 큰 것은 스위스 45%, 독일 30%, 스페인 26%, 벨기에 25%이다.[119]

영국의 자체 상표는 식료품점 매출의 3분의 1 이상을 차지하는데, 부분적 이유로는 식료품 산업이 더 집중되어 있기 때문이다. 영국의 가장 큰 식료품 체인점 중 두 곳은 테스코와 세인즈버리(Sainsbury)이다.[120]

- "Every Little Helps(티끌 모아 태산)"라는 브랜드 슬로건을 가진 테스코는 밸류(Value)에서 파이니스트(Finest)까지 다양한 자체 상표 브랜드를 보유하고 있으며, "삶의 맛을 더 좋게 만들기"라는 위치에 있는 오가닉(Organic), 프리폼(Free Form), 헬시리빙(Healthy Living)과 같은 자체 라이프스타일 브랜드를 가지고 있다.
- 세인즈버리는 원래 다양한 과일, 채소, 식료품, 가정용품을 소개하기 위해 이름을 사용했으며, 이후 의류, 가정용품, 기타 비슈퍼마켓 상품으로 확장되었다. 예를 들어, 라자냐 제품군은 '좋은 것'을 위한 Basics 하위브랜드, '더 나은 것'을 위한 핵심 브랜드, '최고의 것'을 위한 프리미엄 "Taste the Difference(차이를 맛봐라)" 라인으로 구성되어 있다. 세인즈버리는 2010년에 이러한 다양한 브랜드 제품군을 대대적으로 개편하기 시작했다.

자체 상표의 매력은 널리 퍼져 있다. 슈퍼마켓에서는 유제품, 야채, 음료와 같은 상품 카테고리에서 자체 상표 판매가 항상 강세를 보여 왔다. 더 최근에, 자체 상표들은 담배, 일회용 기저귀, 감기 치료제 등 이전에 '손댈 수 없는' 범주에서 성공을 거두었다. 2010년 9월에 출간된 《컨슈머 리포트》는 자체 상표에 대한 연구를 수행했다. 주요 조사 결과에는 미국 소비자의 84%가 스토어 브랜드를 구매했다는 사실과 93%의 스토어 브랜드 쇼핑객이 경기가 회복되더라도 자체 상표를 계속 구매할 것이라고 밝혔다.[121]

그럼에도 불구하고 일부 카테고리는 강력한 자체 상표를 갖지 못했다. 예를 들어 많은 쇼핑객은 여전히 그들의 머리, 피부색, 치과 관리를 스토어 브랜드에 맡기는 것을 꺼리는 것으로 보인다. 자체 상표도 사탕, 시리얼, 애완동물 음식, 이유식, 맥주와 같은 범주에서 상대적으로는 성공하지 못했다.

이러한 제품 구매 패턴에서 도출할 수 있는 한 가지 함축적인 의미는 소비자가 더 이상 내셔널 브랜드만을 구매하는 것을 선택하지 않고 그들이 구매하는 것에 더 많은 선택을 한다는 것이다. 특히 덜 중요한 제품의 경우, 소비자는 '최고의 것은 불필요하고, 좋은 것이면 충분히 좋다'고 느끼는 것 같다. 자체 상표의 진전에 특히 취약한 범주는 이를테면 시판되는 진통제, 생수, 비닐봉지, 종이 타월, 유제품과 같은 상당한 소비자 그룹의 눈에 브랜드 간에 인식되는 품질 차이가 거의 없는 범주이다.

자체 상표 브랜딩 전략

자체 상표의 성장이 브랜드의 쇠퇴 신호로 해석되었지만, 사실 반대 결론이 더 타당할 수 있다 : 자체 상표의 성장은 어떤 면에서 교묘하게 설계된 브랜드 전략의 결과로 보일 수 있다. 브랜드 형평성 구축 측면에서 소비자의 눈에는 자체 상표의 주요 차이점은 항상 많은 제품 범주에 걸쳐 바람직하고 이전 가능한 연관성인 '좋은 가치'였다. 결과적으로 자체 상표는 매우 광범위할 수 있고, 그들의 이름은 많은 다양한 제품에 적용될 수 있다.

내셔널 브랜드와 마찬가지로, 자체 상표에 대한 가치 가격 책정 전략을 구현하려면 적절한 가격과 제품 제공을 결정해야 한다. 예를 들어 일반적인 '이름 없는' 제품이 성공을 거두기 위해서는 내셔널 브랜드보다 적어도 15% 낮은 가격에 팔려야 한다는 것이 보고된 경험에 둔 원칙이다. 자체 상표의 과제는 적절한 제품 제공을 결정하는 것이었다.

특히 필요한 유사점(points-of-parity)을 달성하기 위해 또는 그들 자신의 차별점(points-of-difference)을 만들기 위해 자체 상표는 품질을 향상시켰고, 그 결과 이제 내셔널 브랜드에 대항하여 공격적으로 포지셔닝하고 있다. 《컨슈머 리포트》는 2010년 9월 21개 카테고리의 맛 테스트를 실시한 결과 내셔널 브랜드가 7번, 민간 브랜드가 3번, 나머지는 동점이 되는 것으로 나타났다. 《컨슈머 리포트》는 소비자들이 스토어 브

랜드로 전환함으로써 그들의 비용을 절반까지 줄일 수 있다고 결론지었다.[122]

많은 슈퍼마켓 체인들은 세이프웨이 셀렉트, 본스(Vons)의 로열 리퀘스트(Royal Request), 랄프스(Ralph's) 프라이빗 셀렉트(Private Select)와 같은 그들만의 프리미엄 스토어 브랜드를 도입했다. 예를 들어 A&P는 대중 시장 내셔널 브랜드와 고급 전문 브랜드 사이의 공백을 메우기 위해 프리미엄 마스터 초이스(Master Choice) 브랜드를 포지셔닝했다. 그것은 차, 파스타, 소스, 샐러드 드레싱과 같은 광범위한 제품에 그 브랜드를 사용했다. 트레이더 조(Trader Joe's)는 일반 슈퍼마켓에서 찾을 수 있는 것의 10%에 불과한 2,000개의 자체 상표 제품을 제공하지만, 미식가 스타일의 음식, 건강식품 보충제, 와인에 최고를 원하고 저렴한 것을 찾는 사람들에게 재미있고 넓은 분위기를 만들어준다.[123]

자체 상표의 판매자들은 또한 그들의 브랜드에 대한 소문을 퍼뜨리기 위해 더 광범위한 마케팅 커뮤니케이션 프로그램을 채택하고 있다. 예를 들어 월그린스(Walgreens)는 2011년 2월에 월그린스 브랜드 건강 및 웰니스 제품에 대한 첫 번째 전국적인 광고 캠페인을 시작했다. 이 캠페인은 26,000명의 약사를 후원자로 사용해 월그린스 브랜드 제품의 내구성과 품질을 강조했다.[124] 로블로스(Loblaws)는 자사의 자체 상표 브랜드 마케팅의 선구자였다.

로블로스

로블로스는 캐나다에서 가장 큰 식품 유통업체다. 로블로스는 1978년 캐나다에서 제네릭을 도입한 첫 번째 가게로, 6개 영역에서 품질과 높은 가치의 이미지를 구축하기 위해 치밀하게 만들어진 전략을 반영했다. 1983년까지 로블로스는 매장 매출의 10%를 차지하는 500개 이상의 제네릭 제품을 판매했다. 이러한 성공은 혁신적인 마케팅, 저렴한 비용, 대규모 공급업체 네트워크 덕분이다. 1984년에 로블로스는 특별한 품질과 적당한 가격을 통해 독특한 가치를 제공하도록 설계된 자체 상표 브랜드 프레지던트 초이스(President's Choice)를 도입하기로 결정했다. 이러한 카테고리는 초콜릿 칩 쿠키, 콜라, 시리얼과 같은 기본적인 슈퍼마켓 범주에서부터 영국의 데번셔(Devonshire) 커스터드, 러시아 머스터드와 같은 더 이국적인 범주까지 다양했다. 이 제품들은 또한 현대적 문자와 화려한 라벨과 이름('타락한' 쿠키, '궁극의' 냉동 피자, '진짜가 되기에는 너무 좋은' 땅콩버터)을 가진 독특하고 매력적인 포장을 사용했다. 마케팅 커뮤니케이션의 측면에서, 로블로스는 많은 매장 내 판매와 함께 강력한 홍보 프로그램을 시행했다. 로블로스는 또한 자체 매장

브랜드를 소개하고 소비자들에게 쇼핑 팁을 제공하는 분기별 출판물인 《인사이더 리포트(Insider's Report)》를 소개했다.[125]

자체 상표에 대한 주요 브랜드 반응

P&G의 가치 가격 책정 프로그램은 자체 상표와 다른 브랜드의 경쟁자들과 싸우기 위한 하나의 전략이었다. 자체 상표와 경쟁하기 위해 주요 국가 또는 제조업체 브랜드의 마케터들도 여러 가지 다른 전략을 채택했다(그림 5-6 참조).

첫째, 주요 브랜드의 마케터는 비용을 줄이고 가격을 낮추어 자체 상표의 주요 차별점을 부정하고 중요한 유사점을 달성하려고 시도했다. 많은 부문에서 주요 브랜드의 가격은 자체 상표보다 30~50% 또는 심지어 100%까지 치솟았다. 따라서 소비자가 자주 구매하는 범주에서, 자체 상표 브랜드로 '소비를 줄이는' 비용 절감 효과는 상당히 컸다.

주요 브랜드와 자체 상표가 가격 면에서 대등한 위치에 있는 경우, 소비자들이 가질 수 있는 다른 우호적인 브랜드 인지도 때문에 주요 브랜드가 잘 경쟁하는 경우가 많다. P&G, 콜게이트, 유니레버(Unilever)는 최근 경기침체 동안 자체 상표 경쟁을 막는 데 도움을 주기 위해 많은 오래된 예비품의 가격을 인하했다.

주요 브랜드의 마케팅 담당자가 직면한 한 가지 문제는 그들이 그렇게 원하더라도 가격을 낮추기가 어려울 수 있다는 것이다. 슈퍼마켓은 그들이 주는 도매가격 인하를 그대로 넘기지 않을 수도 있다. 게다가 주요 브랜드의 마케팅 담당자는 특히 그들의 브랜드가 쉽게 대체될 수 있는 제로섬 범주에서 그들의 스토어 브랜드를 너무 강력하게 공격함으로써 소매업자들을 소외시키고 싶지 않을 수도 있다.

주요 브랜드의 마케터는 유사점(POP)을 달성하기 위한 이러한 다양한 가격 결정 움직임 외에도 자체 상표의 위협에 대처하기 위해 추가 차별점(POD)을 달성하기 위해 다른 전략을 사용해 왔다. 그들은 킴벌리-클라크(Kimberly-Clark)와 크리넥스(Kleenex) 브랜드가 그랬던 것처럼 제품을 개선하고 새로운 제품 혁신을 식별하기 위해 R&D 지출을 늘렸다.[126]

크리넥스

크리넥스는 수년 동안 티슈 카테고리를 지배했으며, 현재 46%의 시장 점유율을 차지하고 있다. 최근 몇 년간 경기침체와 함께 이 카테고리의 자체 상표보다 실행 가능한 대안을 제공하기 위해 품질을 높임으로써 보다 저렴한 스토어 브랜드로 전환하는 소비자들이 늘고 있다. 크리넥

그림 5-6
자체 상표에 대한 주요 브랜드 반응

비용 절감.
가격을 내림.
R&D 지출을 늘려 제품을 개선하고 새로운 제품 혁신을 식별.
광고 및 홍보 예산을 늘림.
정체된 브랜드와 확장을 제거하고 더 적은 수의 브랜드에 노력을 집중.
할인된 '투사(fighter)' 브랜드를 소개.
자체 상표 제조업체를 공급.
스토어 브랜드의 성장을 추적하고 시장별로 경쟁.

스의 제조업체인 킴벌리-클라크는 제품 혁신을 통해 대응할 것을 선택했다. 평균적인 가정은 1년에 8번 정도 티슈를 구입하고 어느 시점에나 4개의 상자를 보유하고 있다. 갈수록 더 그 상자들은 장식용 커버 안에 놓이지 않는다. 그중 많은 부분은 크리넥스 박스의 디자인 미학을 개선하기 위한 킴벌리-클라크의 혁신적인 노력 덕분이다. 타원형 포장과 엠보싱 벽지 같은 무늬가 등장하고 계절에 맞는 제안도 선보이고 있다. 티슈를 꺼냈을 때 실제로 깜박이는 크리스마스 조명 패턴의 타원형 패키지가 소개되었다. 여름 매출을 늘리기 위해서는 수박, 오렌지, 라임과 같은 과일 모양을 닮은 새로운 패키지가 출시되었다. 킴벌리-클라크는 이러한 모든 포장 혁신을 통해 크리넥스를 시장 선도업체로 차별화할 수 있기를 희망한다.

주요 브랜드의 마케터들도 광고와 홍보 예산을 늘렸다. 그들은 또한 과거보다 스토어 브랜드 성장을 더 면밀히 추적했고 시장별로 경쟁하고 있나. 주요 브랜드 마케터들도 브랜드 포트폴리오를 조정했다. 정체된 브랜드와 확장을 없애고 소수의 브랜드에 힘을 쏟았다. 그들은 자체 상표와 경쟁하기 위해 특별히 디자인되고 홍보되는 할인 '파이터' 브랜드를 도입했다.

또한 주요 브랜드의 마케터들은 그들의 브랜드를 법적으로 보호하는 것에 대해 더 공격적이었다. 예를 들어 유니레버는 세계적인 슈퍼마켓 거인 아홀드(Ahold)를 상대로 유럽 마가린 브랜드 4개에 걸친 상표와 거래(제품과 포장의 디자인과 시각적 외관) 침해를 주장하며 소송을 제기했다. 유니레버는 또한 립톤 아이스티와 베르톨리(Bertolli) 올리브 오일에 대해 포장이 자사 브랜드와 너무 비슷하다고 주장하며 소송을 제기했다.[127]

주요 브랜드의 일부 마케팅 담당자에 의해 논란이 되고 있는 한 가지 움직임은 자체 상표 제조사에 공급하는 것이다. 예를 들어 사라리(Sara Lee), 델몬트(Del Monte), 버즈아이(Birds Eye)는 모두 과거에 자체 상표에 사용될 수 있는(때로는 품질이 더 낮은) 제품을 공급했다. 그러나 다른 마케터들은 "만약 당신이 그들을 이길 수 없다면, 그들과 함께 하라"는 전략을 비판하며, 만약 이러한 행동들이 드러날 경우 혼란을 야기하거나 심지어 한 범주의 모든 브랜드가 본질적으로 같다는 소비자들의 인식을 강화할 수 있다고 주장한다.

향후 발전

많은 마케터가 자체 상표의 상승으로 멸종 위기에 처한 브랜드는 시장 리더들이 가진 것만큼 명확한 정체성을 확립하는 데 성공하지 못한 2류

브랜드라고 느끼고 있다. 예를 들어 세탁세제 부문에서는 월마트의 울트라클린(Ultra Clean)과 같은 자체 상표 브랜드의 성공은 시장 선두주자 타이드(Tide)보다는 옥시돌(Oxydol), 올(All), 팹(Fab) 등의 브랜드를 희생시킬 가능성이 높다. 높은 가격, 낮은 차별성, 적은 자금 지원 브랜드는 자체 상표에 특히 취약하다.

동시에, 다른 것이 없다면, 소매업자는 소비자의 수요 때문에 잘 연구되고, 효율적으로 제조되고, 전문적으로 마케팅되는 주요 브랜드와 어울리는 품질과 이미지를 필요로 할 것이다. 전자상거래 업체들의 자체 상표 브랜드 상승이 이 아이디어를 뒷받침한다. 최근 개발된 자체 상표는 제트닷컴(Jet.com, 월마트 스토어가 소유하고 있다)이 소유한 개인 브랜드인 유니클리제이(Uniquely J)라는 전자상거래 브랜드가 포함되어 있다. 또 다른 전자상거래 대기업인 아마존은 많은 자체 상표 브랜드와의 경쟁에 뛰어들었다.[128] 해피밸리(Happy Belly)는 주로 기계 플랫폼과 아마존의 기존 충성 고객 기반을 통해 제품을 홍보하는 능력 덕분에 크게 성장했다. 홀푸드마켓(Whole Foods Market) 인수에 이어 아마존은 아마존닷컴 웹사이트에서 365일 판매하기 시작했고, 이는 아마존의 매력을 넓힐 수 있게 했다. 아마존은 자체 상표 브랜드 위키들리프라임(Wickedly Prime)을 출시했고, 박스에는 브랜드 로고에 아마존 '미소'가 새겨져 있으며, 제품 포장에는 '아마존 풀필먼트 서비스에서 배포(Distribution by Amazon Fulfillment Services)'라고 적혀 있다.[129] 위키들리프라임 브랜드는 아마존 프라임 회원이 이용할 수 있으며 팝콘, 토르티야 칩 등 다양한 제품을 갖춘 밀레니얼 세대와 푸디(foody)를 대상으로 한다.[130] 아마존은 스피커[예 : 아마존 에코(Amazon Echo)], 아기 물티슈[예 : 아마존 엘리먼츠(Amazon Elements)], 배터리[예 : 아마존베이직스(AmazonBasics)] 등 다양한 카테고리에 걸쳐 시장 점유율 측면에서 상당한 진출을 이루었다.[131] 다양한 카테고리에 걸쳐 브랜드를 인수한 덕분에 아마존은 현재 70개 이상의 자체 상표 론칭 또는 번창하는 자체 상표 브랜드를 인수하고 있으며, 아마존의 사업은 2022년까지 250억 달러의 추가 수익을 창출할 것으로 예상된다.[132] 전통적인 자체 상표 브랜드가 내셔널 브랜드에 대한 저렴하고 실용적인 대안이 되는 것을 목표로 하는 반면, 최근의 자체 상표 브랜드는 그들만의 정체성을 발전시켰다. 예를 들어 아마존의 위키들리프라임 팝콘은 그것이 시카고에서 전문적으로 만들어졌다고 말한다. 이러한 점들과 함께, 품질을 강화하는 자체 상표 브랜드들의 약진은 자체 상표와 내셔널 브랜드 사이의 경계가 점점 모호해지고 있음을 시사한다.

참고문헌

1. Philip Kotler and Kevin Lane Keller, *Marketing Management,* 14th ed. (Upper Saddle River, NJ: Prentice Hall, 2012).

2. Ibid.

3. Scott S. Smith, "Gary Erickson Guided Clif Bar's Rise by Taking the Road Less Traveled," *Investor's Business Daily*, April 24, 2017, www.investors.com/news/management/leaders-and-success/gary-erickson-guided-clif-bars-rise-by-taking-the-road-less-traveled/, accessed October 30, 2018.

4. Ibid.

5. Kelsi Hashtag Marx, "Lessons from Clif Bar's #MeetTheMoment Campaign," *Simply Measured*, January 13, 2015, https://simplymeasured.com/blog/hashtag-lessons-from-clif-bars-

meetthemoment-campaign/#sm.0001oftwtwoewf8g10y7pyckc6 2m4, accessed October 30, 2018.

6. Renée Frojo, "Clif Bar CEO Has Company Revenue and Employee Count Growing," *San Francisco Business Times*, November 10, 2016, www.bizjournals.com/sanfrancisco/news/2016/11/10/most-admired-kevin-cleary-clif-bar-revenue-growth.html; "Top Nutritional Health Bar Brands, 2016," in *Market Share Reporter*, edited by Robert S. Lazich and Virgil L. Burton, III, 28th ed., Gale, 2018. *Gale Directory Library*, http://link.galegroup.com/apps/doc/EJPGFJ606041841/GDL?u=upitt_main&sid=GDL&xid=19347d0f, accessed October 30, 2018.

7. Peter Post, "Beyond Brand—The Power of Experience Branding," *ANA/The Advertiser*, October/November 2000.

8. B. Joseph Pine and James H. Gilmore, *The Experience Economy: Work Is Theatre and Every Business a Stage* (Cambridge, MA: Harvard University Press, 1999).

9. Bernd H. Schmitt and David L. Rogers, *Handbook on Brand and Experience Management* (Northampton, MA: Edward Elgar Publishing, 2008); Bernd H. Schmitt, *Customer Experience Management: A Revolutionary Approach to Connecting with Your Customers* (Hoboken, NJ: John Wiley & Sons, 2003); Bernd H. Schmitt, *Experiential Marketing: How to Get Customers to Sense, Feel, Think, Act, and Relate to Your Company and Brands* (New York: Free Press, 1999): 53–67.

10. Liz Zarantonello and Bernd H. Schmitt, "Using the Brand Experience Scale to Profile Consumers and Predict Consumer Behaviour," *Journal of Brand Management* 17, no. 7 (June 2010): 532–540.

11. Christopher Meyer and Andre Schwager, "Understanding Customer Experience," *Harvard Business Review*, February 1, 2007, https://hbr.org/product/understanding-customer-experience/R0702G-PDF-ENG, accessed October 30, 2018.

12. Nikki Gililand, "Five Innovative Examples of Food & Drink Brand Experiences," *Econsultancy*, August 31, 2017, https://econsultancy.com/blog/69389-five-innovative-examples-of-food-drink-brand-experiences, accessed March 14, 2018.

13. Michelle Greenwald, "The 3 Best Global Brand Experiences: Guinness, Van Cleef & Arpels, Samsung," *Forbes*, June 6, 2016, www.forbes.com/sites/michellegreenwald/2016/06/06/3-of-the-best-global-brand-experiences-guinness-van-cleef-arpels-samsung/#372e3de04df3, accessed October 30, 2018.

14. Harpersbazaararabia.com, "D3 Jewels: Van Cleef & Arpels Announces Arrival of L'ECOLE In The Middle East," *Harper's Bazaar Arabia*, April 12, 2017, www.harpersbazaararabia.com/fashion/watches-jewellery/d3-jewels-van-cleef-arpels-announces-arrival-of-l%E2%80%99ecole-in-the-middle-east, accessed March 15, 2018.

15. Nikki Gililand, "Five Innovative Examples of Food & Drink Brand Experiences," August 31, 2017, https://econsultancy.com/blog/69389-five-innovative-examples-of-food-drink-brand-experiences, accessed March 14, 2018.

16. Keith Bendes, "The Key to Extending the ROI of Brand Experiences,"

Forbes, January 16, 2018, www.forbes.com/sites/forbescommunicationscouncil/2018/01/16/the-key-to-extending-the-roi-of-brand-experiences/2/#1306a0ca3a9e.

17. Jennifer Aaker, Susan Fournier, and S. Adam Brasel, "When Good Brands Do Bad," *Journal of Consumer Research* 31, no. 1 (June 2004): 1–16; Pankaj Aggarwal, "The Effects of Brand Relationship Norms on Consumer Attitudes and Behavior," *Journal of Consumer Research* 31, no. 1 (June 2004): 87–101; Pankaj Aggarwal and Sharmistha Law, "Role of Relationship Norms in Processing Brand Information," *Journal of Consumer Research* 32, no. 3 (December 2005): 453–464.

18. Frederick F. Reichheld, *The Loyalty Effect* (Boston, MA: Harvard Business School Press, 1996); Robert W. Palmatier, Rajiv P. Dant, Dhruv Grewal, and Kenneth R. Evans, "Factors Influencing the Effectiveness of Relationship Marketing: A Meta-Analysis," *Journal of Marketing* 70, no. 4 (October 2006): 136–153.

19. Roland T. Rust, Christine Moorman, and Peter R. Dickson, "Getting Returns from Service Quality: Revenue Expansion, Cost Reduction, or Both?," *Journal of Marketing* 66, no. 4 (October 2002): 7–24.

20. Jenna Gross, "Take It Personal: Relationship Marketing in the Age of Digital," *Forbes*, February 5, 2018, www.forbes.com/sites/forbesagencycouncil/2018/02/05/take-it-personal-relationship-marketing-in-the-age-of-digital/3/#985053c55015, accessed October 30, 2018.

21. Dave Sloan, "5 Signs That Customer Co-creation Is a Trend to Watch," July 19, 2010, Venture Beat, https://venturebeat.com/2010/07/19/5-signs-that-customer-co-creation-is-a-trend-to-watch/, accessed October 30, 2018.

22. Rob Boehring, "45 Examples of Personalized Marketing That Really Work," Rewardstream, https://rewardstream.com/blog/45-examples-personalized-marketing-really-work/, accessed October 30, 2018.

23. Sallie Burnett, "Tesco Revamps Loyalty Program," *Customer Insight Group*, September 20, 2010, https://www.customerinsightgroup.com/loyaltyblog/loyal-customers-in-britain-the-tesco-story; Mary-Louise Clews, "Tesco Unveils Plan for Next Generation of Loyalty Card," *Marketing Week* 32, no. 16 (2009): 73. Zoe Wood and Teena Lyons, "Clubcard Couple Head for Checkout at Tesco," *The Guardian*, October 29, 2010, https://www.theguardian.com/business/2010/oct/29/tesco-clubcard-couple-depart.

24. Sarah Vizard "How the Tesco Brand Recovered from Crisis," *Marketing Week*, April 18, 2016, www.marketingweek.com/2016/04/18/how-the-tesco-brand-bounced-back-from-crisis/, accessed October 30, 2018.

25. Seth Godin, *Permission Marketing: Turning Strangers into Friends, and Friends into Customers* (New York: Simon & Schuster, 1999).

26. Jeffrey K. Rohrs, Seth Godin's 'Permission Marketing' Turns 15," *Forbes*, April 30, 2014, www.forbes.com/sites/onmarketing/2014/04/30/seth-godins-permission-marketing-turns-15/#61b3b24958e4, accessed October 30, 2018.

27. Susan Fournier, Susan Dobscha, and David Mick, "Preventing the Premature Death of Relationship Marketing," *Harvard Business*

Review 76, no. 1 (January–February 1998): 42–51; Erwin Danneels, "Tight-Loose Coupling with Customers: The Enactment of Customer Orientation," *Strategic Management Journal* 24, no. 6 (2003): 559–576.

28. David A. Yovanno, "Why Permission Marketing Is the Future of Online Advertising," *Mashable*, February 3, 2011, https://mashable.com/2011/02/03/permission-marketing-social-data/#nHU4PwNGtuq1, accessed October 30, 2018.

29. Seth Godin, *Permission Marketing: Turning Strangers into Friends, and Friends into Customers* (New York: Simon & Schuster, 1999); Andy Kulina and Morgan Beard, "The Importance of Permission Marketing in the Digital Age," *TSYS*, www.tsys.com/Assets/TSYS/downloads/wp_the-importance-of-permission-marketing-in-the-digital-age.pdf, accessed March 20, 2018.

30. Andy Kulina and Morgan Beard, "The Importance of Permission Marketing in the Digital Age," www.tsys.com/Assets/TSYS/downloads/wp_the-importance-of-permission-marketing-in-the-digital-age.pdf, accessed March 20, 2018.

31. Lesley Fair, " What Vizio Was Doing Behind the TV Screen," *Federal Trade Commission*, February 6, 2017, www.ftc.gov/news-events/blogs/business-blog/2017/02/what-vizio-was-doing-behind-tv-screen, accessed October 30, 2018.

32. FTC.gov, "VIZIO to Pay $2.2 Million to FTC, State of New Jersey to Settle Charges It Collected Viewing Histories on 11 Million Smart Televisions Without Users' Consent," *Federal Trade Commission*, February 6, 2017, www.ftc.gov/news-events/press-releases/2017/02/vizio-pay-22-million-ftc-state-new-jersey-settle-charges-it, accessed October 30, 2018.

33. WARC.com, "Consumers' Privacy Concerns Grow," *WARC*, January 25, 2017, www.warc.com/NewsAndOpinion/News/38101; KPMG.com, "Companies That Fail to See Privacy as a Business Priority Risk Crossing the 'Creepy Line'," November 6, 2016, https://home.kpmg.com/sg/en/home/media/press-releases/2016/11/companies-that-fail-to-see-privacy-as-a-business-priority-risk-crossing-the-creepy-line.html, accessed October 30, 2018.

34. Marie Stafford and Elizabeth Cherian, "Consumer Data: Pass Control of Data to the Customer," *WARC*, May 2016, www.warc.com/content/article/admap/consumer_data_pass_control_of_data_to_the_customer/107364, accessed October 30, 2018.

35. Michael Nutley, "Participation Marketing Starts When Customers Talk Back," *CMO*, September 26, 2014, www.cmo.com/features/articles/2014/9/26/participation_market.html#gs.BHkObcUNeel.

36. Stratford Sherman, "How to Prosper in the Value Decade," *Fortune,* November 30, 1992, 91.

37. David Garvin, "Product Quality: An Important Strategic Weapon," *Business Horizons* 27, no. 3 (May–June 1985): 40–43; Philip Kotler, *Marketing Management,* 10th ed. (Upper Saddle River, NJ: Prentice Hall, 2000).

38. Ross Beyeler, "Keeping the Flame Alive: 5 Strategies for the Post-purchase Relationship," *The Future of Customer Engagement*

and Commerce, March 6, 2015, www.the-future-of-commerce.com/2015/03/06/keeping-the-flame-alive-5-strategies-for-the-post-purchase-relationship/.

39. Jessica Mintz, "Using Hand, Grab Hair. Pull," *The Wall Street Journal,* December 23, 2004, B1, B5.

40. Jacqueline Martense, "Get Close to Your Customers," *Fast Company,* August 2005, 37.

41. Terry Vavra, *Aftermarketing: How to Keep Customers for Life Through Relationship Marketing* (Chicago, IL: Irwin Professional Publishers, 1995).

42. Wayne Huang, John Mitchell, Carmel Dibner, Andrea Ruttenberg, and Audrey Tripp, "How Customer Service Can Turn Angry Customers into Loyal Ones," *Harvard Business Review*, January 16, 2018, https://hbr.org/2018/01/how-customer-service-can-turn-angry-customers-into-loyal-ones.

43. Isabella Steele, "Don't Try This at Work: 15 Social Media Mistakes and Bad Customer Service Examples to Avoid at All Costs," November 6, 2017, www.comm100.com/blog/social-media-customer-service-mistakes.html.

44. Michael Brenner, "5 Examples of Brilliant Brand Communities That Are Shaping the Online World," *Comm100*, May 1, 2017, https://marketinginsidergroup.com/content-marketing/5-examples-brilliant-brand-communities-shaping-online-world/.

45. Clif Edwards, "HP Gets Tough on Ink Counterfeiters," *Bloomberg Business Week*, May 28, 2009, https://www.bloomberg.com/news/articles/2009-05-28/hp-gets-tough-on-ink-counterfeiters; Tom Spring, "Why Do Ink Cartridges Cost So Much?," *PCWorld,* September 3, 2003, https://www.pcworld.idg.com.au/article/27024/why_do_ink_cartridges_cost_much_/, accessed October 30, 2018.

46. Aditya Ambadipudi, Alexander Brotschi, Markus Forsgren, Florent Kervazo, Hugues Lavandier, and James Xing, "Industrial Aftermarket Services: Growing the Core," *McKinsey & Company*, July 2017, www.mckinsey.com/industries/advanced-electronics/our-insights/industrial-aftermarket-services-growing-the-core.

47. Michael Bean, "Developing an Aftermarket Strategy," *Forio's Forum*, June 29, 2003.

48. Aditya Ambadipudi, Alexander Brotschi, Markus Forsgren, Florent Kervazo, Hugues Lavandier, and James Xing "Industrial Aftermarket Services: Growing the Core," July 2017, www.mckinsey.com/industries/advanced-electronics/our-insights/industrial-aftermarket-services-growing-the-core, accessed March 15, 2018.

49. Kevin Lane Keller, "Loyal, My Brand, to Thee," *Promo,* October 1, 1997; Arthur Middleton Hughes, "How Safeway Built Loyalty—Especially among Second-Tier Customers," *Target Marketing,* March 1, 1999, https://www.targetmarketingmag.com/article/how-safeway-built-loyaltyespecially-among-second-tier-customer-28212/all/, accessed October 30, 2018; Laura Bly, "Frequent Fliers Fuel a Global Currency," *USA Today,* April 27, 2001, p. 36.

50. Frequency Marketing, accessed December 10, 2011, www.frequencymarketing.com.

51. Alex McCeachern, "A History of Loyalty Programs, and How They Have Changed," *Smile.io*, November 24, 2017, https://blog.smile.io/a-history-of-loyalty-programs.

52. James L. Heskett, W. Earl Sasser Jr., and Leonard A. Schlesinger, *The Service Profit Chain* (New York: Simon & Schuster, 1997); Michael Lewis, "The Influence of Loyalty Programs and Short-Term Promotions on Customer Retention," *Journal of Marketing Research* 41, no. 3 (August 2004), 281–292; Yuping Liu, "The Long-Term Impact of Loyalty Programs on Consumer Purchase Behavior and Loyalty," *Journal of Marketing* 71, no. 4 (October 2007): 19–35.

53. Elizabeth Holmes, "Why Pay Full Price?," *The Wall Street Journal*, May 5, 2011, https://www.wsj.com/articles/SB10001424052748703 834804576301221367302288, accessed October 30, 2018.

54. For a more detailed and comprehensive treatment of pricing strategy, see Thomas T. Nagle and Reed K. Holden, *The Strategy and Tactics of Pricing: A Guide to Profitable Decision-Making*, 5th ed. (Upper Saddle River, NJ: Prentice Hall, 2011); Kent B. Monroe, *Pricing: Making Profitable Decisions*, 3rd ed. (New York: McGraw-Hill/Irwin, 2002); Robert J. Dolan and Hermann Simon, *Power Pricing* (New York: Free Press, 1997).

55. Robert C. Blattberg and Kenneth Wisniewski, "Price-Induced Patterns of Competition," *Marketing Science* 8, no. 4 (Fall 1989): 291–309.

56. Elliot B. Ross, "Making Money with Proactive Pricing," *Harvard Business Review* 63, no. 6 (November–December 1984): 145–155.

57. www.pvh.com/annual_pdfs/pdf_2004/corp_strategy.pdf. All brands in the figure are registered trademarks of Phillips-Van Heusen or its licensors.

58. Phillip Kotler and Kevin Lane Keller, *Marketing Management*, 12th ed. (Upper Saddle River: NJ: Prentice Hall, 2006).

59. Anirudh Dhebar, "Razor-and-Blades Pricing Revisited," Business Horizons 59, no. 3 (2016): 303–310.

60. Consumer Reports.com, "Can Epson EcoTank Printers Deliver Cheap Ink?," *Consumer Reports*, August 4, 2015, www.consumerreports.org/cro/news/2015/08/epson-ecotank-printers-deliver-cheap-ink/index.htm.

61. Vineet Kumar, "Making 'Freemium' Work," *Harvard Business Review*, (May 2014): 2–4.

62. "Number of registered Dropbox users from April 2011 to March 2016 (in millions), Statista, www.statista.com/statistics/261820/number-of-registered-dropbox-users/, accessed October 30, 2018.

63. Vineet Kumar, "Making 'Freemium' Work," *Harvard Business Review*, 92, no. 5 (May 2014): 2–4.

64. Panera Bread Foundation, "Panera Cares," accessed March 3, 2018, http://paneracares.org/.

65. Alan Ohnsman and Seonjin Cha, "Restyling Hyundai for the Luxury Market," *Bloomberg BusinessWeek*, December 28, 2009, https://www.bloomberg.com/news/articles/2009-12-28/restyling-hyundai-for-the-luxury-market; Hannah Elliott, "Best New-Car Incentives," *Forbes*, February 3, 2010, https://www.forbes.com/2010/02/03/new-car-incentives-lifestyle-vehicles-cash-back-deals_slide_8.html?this speed=25000#4c13e52932b0; Alex Taylor III, "Hyundai Smokes the Competition," *Fortune*, January 18, 2010, 62–71; David Kiley, "Hyundai Gains with Marketing Blitz," Bloomberg BusinessWeek, September 17, 2009, https://www.bloomberg.com/news/articles/2009-09-17/hyundai-gains-with-marketing-blitz, accessed October 30, 2018; Moon Ihlwan and David Kiley, "Hyundai Floors It in the U.S.," *BusinessWeek*, February 27, 2009, 30–31.

66. Vignesh Vijayenthran, "Hyundai Looks to Make Car Buying Easier Via Transparent Pricing, Full Refunds," *Motor Authority*, October 11, 2017, www.motorauthority.com/news/1113197_hyundai-looks-to-make-car-buying-easier-via-transparent-pricing-full-refunds.

67. Peter Coy, "The Power of Smart Pricing," *Business Week,* April 10, 2000, https://www.bloomberg.com/news/articles/2000-04-09/the-power-of-smart-pricing, accessed October 30, 2018.

68. Allan J. Magrath, "Eight Timeless Truths about Pricing," *Sales & Marketing Management* (October 1989): 78–84.

69. Thomas J. Malott, CEO of Siemens, which makes heavy electrical equipment and motors, quoted in Stratford Sherman, "How to Prosper in the Value Decade," *Fortune,* November 30, 1992, https://money.cnn.com/magazines/fortune/fortune_archive/1992/11/30/77188/index.htm, accessed October 30, 2018.

70. For a discussion of the pros and cons of customer value mapping (CVM) and economic value mapping (EVM), see Gerald E. Smith, and Thomas T. Nagle, "Pricing the Differential," *Marketing Management,* May/June 2005, 28–32.

71. Claire Cain Miller, "Will the Hard-Core Starbucks Customer Pay More? The Chain Plans to Find Out," *The New York Times*, August 20, 2009, https://www.nytimes.com/2009/08/21/business/21sbux.html, accessed October 30, 2018.

72. Adrienne Carter, "Telling the Risky from the Reliable," *Business Week,* August 1, 2005, 57–58.

73. Ben Sisario, "Ticketmaster Plans to Use a Variable Pricing Policy," *The New York Times*, April 18, 2011, https://www.nytimes.com/2011/04/19/business/19pricing.html, accessed October 30, 2018.

74. Alecia Swasy, "In a Fast-Paced World, Procter & Gamble Sets Its Store in Old Values," *The Wall Street Journal,* September 21, 1989, A1; Zachary Schiller, "The Marketing Revolution at Procter & Gamble," *Business Week,* July 25, 1988, 72; Bill Saporito, "Behind the Tumult at P&G," *Fortune,* March 7, 1994, 74–82; Zachary Schiller, "Procter & Gamble Hits Back," *Business Week,* July 19, 1993, https://www.bloomberg.com/news/articles/1993-07-18/procter-and-gamble-hits-back, accessed October 30, 2018; Zachary Schiller, "Ed Artzt's Elbow Grease Has P&G Shining," *Business Week,* October 10, 1994, https://www.bloomberg.com/news/articles/1994-10-09/ed-artzts-elbow-grease-has-p-and-g-shining, accessed October 30, 2018; Zachary Schiller, "Make It Simple: That's P&G's New Marketing Mantra and It's Spreading," *Business Week,* September 9, 1996, https://www.bloomberg.com/news/articles/1996-09-08/make-it-simple, accessed

October 30, 2018;"Investor's Business Daily, "Executive Update Value Pricing Plan Helps Push Products," *Investor's Business Daily,* August 30, 1995. For an interesting analysis, see Kusum L. Ailawadi, Donald R. Lehmann, and Scott A. Neslin, "Market Response to a Major Policy Change in the Marketing Mix: Learning from P&G's Value Pricing Strategy," *Journal of Marketing* 65, no. 1 (2001): 71–89.

75. Richard Gibson, "Broad Grocery Price Cuts May Not Pay," *The Wall Street Journal,* May 7, 1993, B1.

76. Ellen Byron, "P&G Puts Up Its Dukes Over Pricing," *The Wall Street Journal*, April 30, 2010, https://www.wsj.com/articles/SB10001424052748704302304575213780586525548; Jack Neff and E. J. Schultz, "P&G, Colgate, Clorox to Raise Prices, Marketing Spending," *Advertising Age*, February 25, 2011, http://adage.com/article/news/p-g-colgate-clorox-raise-prices-marketing-spending/149116/.

77. Donald R. Lehmann and Russell S. Winer, *Product Management*, 4th ed. (New York: McGraw-Hill, 2007).

78. Phillip Kotler and Kevin Lane Keller, *Marketing Management,* 12th ed. (Upper Saddle River, NJ: Prentice Hall, 2006).

79. For a more detailed and comprehensive treatment of channel strategy, see Anne T. Coughlan, Erin Anderson, Louis W. Stern, and Adel I. El-Ansary, *Marketing Channels,* 7th ed. (Upper Saddle River, NJ: Prentice Hall, 2006).

80. Erik Siemers, "Nike Veers from Large Niketown Format," *Portland Business Journal*, May 16, 2010, https://www.bizjournals.com/portland/stories/2010/05/17/story9.html, accessed October 30, 2018; Mark Brohan, "Nike's Web Sales Flourish in Fiscal 2010," *Internet Retailer*, June 30, 2010, https://www.digitalcommerce360.com/2010/06/30/nikes-web-sales-flourish-fiscal-2010/.

81. Danny Wong, "NIKEiD Makes $100M+: Co-Creation Isn't Just a Trend," *The Huffington Post*, July 20, 2010, www.huffingtonpost.com/danny-wong/nikeid-makes-100m-co-crea_b_652214.html.

82. V. Kasturi Rangan, Melvyn A. J. Menezes, and E. P. Maier, "Channel Selection for New Industrial Products: A Framework, Method, and Applications," *Journal of Marketing* 56, no. 3 (July 1992): 69–82.

83. Rowland T. Moriarty and Ursula Moran, "Managing Hybrid Marketing Systems," *Harvard Business Review* 68 (Nov/Dec 1990): 146–155, https://hbr.org/1990/11/managing-hybrid-marketing-systems, accessed October 30, 2018.

84. Arius Agius, "7 Outstanding Examples of Omni-Channel Experience," December 13, 2017, https://blog.hubspot.com/customer-success/omni-channel-experience, accessed March 10, 2018.

85. Emma Sopadjieva, U. Dholakia, and Beth Benjamin, "A Study of 46,000 Shoppers Shows That Omnichannel Retailing Works," *Harvard Business Review* 3 (2017), https://hbr.org/2017/01/a-study-of-46000-shoppers-shows-that-omnichannel-retailing-works.

86. OroInc.com, "5 Great Examples of Integrating Online and Offline Marketing," *ORO Inc.*, September 13, 2017, https://oroinc.com/orocrm/blog/5-great-examples-integrating-online-offline-marketing.

87. United Parcel Service of America, "UPS Pulse of the Online Shopper: A Customer Experience Study," https://pressroom.ups.com/mobile0c9a66/assets/pdf/pressroom/white%20paper/UPS_2017_POTOS_media%20executive%20summary_FINAL.pdf, accessed March 11, 2018.

88. Nicki Gilliland, "How Retailers Are Using Geofencing to Improve In-store CX," *Econsultancy*, January 17, 2018, www.econsultancy.com/blog/69727-how-retailers-are-using-geofencing-to-improve-in-store-cx.

89. Emma Sopadjieva, U. Dholakia, and Beth Benjamin, "A Study of 46,000 Shoppers Shows That Omnichannel Retailing Works," *Harvard Business Review* 3 (2017), https://hbr.org/2017/01/a-study-of-46000-shoppers-shows-that-omnichannel-retailing-works.

90. T. L. Stanley, "5 Trends That Are Radically Reshaping Shopper Marketing," Adweek, June 19, 2016, www.adweek.com/brand-marketing/5-trends-are-radically-reshaping-shopper-marketing-171960/, accessed March 18, 2018.

91. Peter C. Verhoef, P. K. Kannan, and J. Jeffrey Inman, "From Multi-Channel Retailing to Omni-Channel Retailing Introduction to the Special Issue on Multi-Channel Retailing," *Journal of Retailing* 91, no. 2 (2015), 174–181.

92. David R. Bell, Santiago Gallino, and Antonio Moreno, "Offline Showrooms in Omnichannel Retail: Demand and Operational Benefits," *Management Science* 64, no. 4 (2017), 1629–1651.

93. Koen Pauwels and Scott A. Neslin, "Building with Bricks and Mortar: The Revenue Impact of Opening Physical Stores in a Multichannel Environment," *Journal of Retailing* 91, no. 2 (2015): 182–197.

94. Kusum L. Ailawadi and Paul W. Farris, "Managing Multi-and Omnichannel Distribution: Metrics and Research Directions," *Journal of Retailing* 93, no. 1 (2017): 120–135.

95. Think with Google, "Zero Moment of Truth (ZMOT)," accessed March 18, 2018, www.thinkwithgoogle.com/marketing-resources/micro-moments/zero-moment-truth/.

96. Ship Hyken, "The New Moment of Truth In Business," *Forbes*, April 19, 2016, www.forbes.com/sites/shephyken/2016/04/09/new-moment-of-truth-in-business/#400c203238d9, accessed October 30, 2018.

97. Edgar Elvarez, "How Rebecca Minkoff Uses Tech to Make Her Fashion Stores Stand Out," *Engadget*, December 25, 2016, www.engadget.com/2016/12/25/rebecca-minkoff-tech-stores/, accessed October 30, 2018.

98. For a discussion of CRM issues with multichannel retailers, see Jacquelyn S. Thomas and Ursula Y. Sullivan, "Managing Marketing Communications," *Journal of Marketing* 69, no. 4 (October 2005): 239–251.

99. Eyal Lanxner, "The Amazon Buy Box: How It Works for Sellers, and Why It's So Important," *Big Commerce*, www.bigcommerce.com/blog/win-amazon-buy-box/#what-is-the-amazon-buy-box, accessed October 25, 2018.

100. Steven M. Shugan, "Branded Variants," *Research in Marketing,* AMA

Educators' Proceedings, Series no. 55 (Chicago: American Marketing Association, 1989), 33–38. Shugan cites alarm clocks, answering machines, appliances, baby items, binoculars, dishwashers, luggage, mattresses, microwaves, sports equipment, stereos, televisions, tools, and watches as examples.

101. Mark Bergen, Shantanu Dutta, and Steven M. Shugan, "Branded Variants: A Retail Perspective," *Journal of Marketing Research* 33 (February 1995): 9–21. Chen, Yuxin, and Tony Haitao Cui, "The Benefit of Uniform Price for Branded Variants," working paper, Kellogg School of Management, Northwestern University, 2011.

102. George E. Belch and Michael A. Belch, *Introduction to Advertising and Promotion* (Chicago: Irwin, 1995).

103. Matthew Townsend, "The Staying Power of Pop-Up Stores," *Bloomberg BusinessWeek*, November 11, 2010, thinkwithgoogle.com/ marketing-resources/micro-moments/zero-moment-truth/, accessed October 30, 2018; Keith Mulvihill, "Pop-Up Stores Become Popular for New York Landlords," *The New York Times*, June 22, 2010, accessed October 30, 2018.

104. Humayun Khan, "Pop-Ups & the Future of Retail," accessed March 18, 2018, www.shopify.com/guides/ultimate-guide-to-pop-up-shops/ the-future-of-retail.

105. Ibid.

106. Ann-Marie Alcántara, "Why These 2 Niche Ecommerce Brands Are Opening Up More Brick-and-Mortar Stores," *Adweek*, April 19, 2018, www.adweek.com/digital/why-these-2-niche-ecommerce-brands-are-opening-up-more-brick-and-mortar-stores/.

107. Mary Kuntz, "These Ads Have Windows and Walls," *Business Week,* February 27, 1995, 74.

108. Brooks Barnes, "Disney Reimagines Its Stores to Be More Like a Vacation," *The New York Times*, September 26, 2017, www.nytimes. com/2017/09/26/business/media/disney-stores.html, accessed October 30, 2018.

109. Kinshuk Jerath and Z. John Zhang, "Store Within a Store," *Journal of Marketing Research* 47, no. 4 (August 2010): 748–763.

110. Kit R. Roane, "Stores Within Stores: Retail's Savior?," *CNN Money*, January 24, 2011, http://archive.fortune.com/2011/01/24/news/ companies/retail_stores_inside_stores.fortune/index.htm, accessed October 31, 2018.

111. Daphne Howland, "Store-within-a-Store: Brick-and-Mortar's 'Godfather Strategy'," *Retail Dive*, April 6, 2015, www.retaildive. com/news/store-within-a-store-brick-and-mortars-godfather-strategy/382275/.

112. *The Economist* (US), "Clicks, Bricks, and Bargains," The Economist, December 3, 2005, 57–58, https://www.economist.com/ business/2005/12/01/clicks-bricks-and-bargains, accessed October 31, 2018.

113. eMarketer, "Catering to Multichannel Consumers," September 8, 2008, https://www.emarketer.com/Article/Catering-Multichannel-Consumers/1006516, accessed October 31, 2018.

114. Tamara Mendelsohn, "The Web's Impact on In-Store Sales: U.S. Cross-Channel Sales Forecast, 2006 To 2012," *Forrester Research*, May 2007, https://www.forrester.com/report/The+Webs+Impact+On+In Store+Sales+US+CrossChannel+Sales+Forecast+2006+To+2012/-/ E-RES42084#.

115. Chloe Rigby, "Multichannel Shoppers Spend 82% More," *InternetRetailing*, December 14, 2010, https://internetretailing. net/themes/themes/multichannel-shoppers-spend-82-more-6965, accessed October 31, 2018.

116. The Economist, "The Real Internet Revolution," August 19, 1999, https://www.economist.com/business/1999/08/19/the-real-internet-revolution, accessed October 31, 2018; Scott A. Neslin and Venkatesh Shankar, "Key Issues in Multichannel Customer Management: Current Knowledge and Future Directions," Journal of Interactive Marketing 23 (February 2009), 70–81, https://ssrn.com/ abstract=2061792; Jie Zhang, Paul W. Farris, John W. Irvin, Tarun Kushwaha, Thomas J. Steenburgh, and Barton A. Weitz, "Crafting Integrated Multichannel Retailing Strategies," Journal of Interactive Marketing, 24 no. 2 (May 2010): 168–180; Jill Avery, Thomas J. Steenburgh, John Deighton, and Mary Caravella, "Adding Bricks to Clicks: Predicting the Patterns of Cross-Channel Elasticities Over Time," Journal of Marketing 76, no. 3 (May 2012): 96–111.

117. Lorrie Grant, "Retailers Private Label Brands See Sales Growth Boom," USA Today, April 15, 2004.

118. Noreen O'Leary, "New & Improved Private Label Brands," Adweek, October 22, 2007, https://www.adweek.com/brand-marketing/new-improved-private-label-brands-90737/, accessed October 31, 2018.

119. George Anderson, "Private Labels: The Global View," www.retailwire. com, October 2010.

120. "Tesco and Sainsbury's Expand Private Label Beverages," www. storebrandsdecisions.com, August 3, 2010; J. Sainsbury plc, "Sainsbury's Announces Its Biggest Ever Own-Label Revamp with Launch of 'by Sainsbury's'," May 11, 2011, https://web.archive.org/ web/20110724182241/http://www.jsainsburys.co.uk/index.asp?Pag eID=424&section=&Year=Latest&NewsID=1535, accessed October 31, 2018.

121. Consumer Reports, "Latest Taste Tests Find Some Store Brands at Least as Good as National Brands," September 7, 2010, https://www. consumerreports.org/media-room/press-releases/2010/09/latest-taste-tests-find-some-store-brands-at-least-as-good-as-national-brands/, accessed October 31, 2018.

122. Ibid.

123. Irwin Speizer, "The Grocery Store That Shouldn't Be," Fast Company, February 2004, 31; Beth Kowitt, "Inside the Secret World of Trader Joe's," Fortune, August 23, 2010, http://archive.fortune. com/2010/08/20/news/companies/inside_trader_joes_full_version. fortune/index.htm, accessed October 31, 2018.

124. Tanzina Vega, "Walgreens Launches Campaign to Push Store-Brand Products," The New York Times, February 10, 2011, https://www. nytimes.com/2011/02/11/business/media/11adco.html, accessed October 31, 2018.

125. Mary L. Shelman and Ray A. Goldberg, "Loblaw Companies Limited," Case 9–588–039 (Boston, MA: Harvard Business School, 1994); Gordon H. G. McDougall and Douglas Snetsinger, "Loblaws," in Marketing Challenges, 3rd ed., eds. Christopher H. Lovelock and Charles B. Weinberg (New York: McGraw-Hill, 1993), 169–185; "Loblaw Launches a New Line of Discount Store Brands," www.storebrandsdecisions.com, February 16, 2010; Marina Strauss, "Loblaws Takes Aim at Rivals, The Globe and Mail, February 10, 2010, https://www.theglobeandmail.com/globe-investor/loblaw-takes-aim-at-rivals/article4306384/, accessed October 31, 2018.

126. Andrew Adam Newman, "A Sharp Focus on Design When the Package Is Part of the Product," The New York Times, July 8, 2010, https://www.theglobeandmail.com/globe-investor/loblaw-takes-aim-at-rivals/article4306384/, accessed October 31, 2018.

127. Jack Neff, "Marketers Put Down Foot on Private-Label Issue," Advertising Age, April 4, 2005, https://www.theglobeandmail.com/globe-investor/loblaw-takes-aim-at-rivals/article4306384/, accessed October 31, 2018, 14.

128. Sarah Halzack, "Retail's Secret Weapon Is the Private Label," Bloomberg, October 24, 2017, www.bloomberg.com/gadfly/articles/2017-10-24/private-label-brands-retail-s-new-secret-weapon, accessed June 4, 2018.

129. Sarah Perez, "Amazon Launches Its Newest Private Label, Wickedly Prime," Tech Crunch, December 23, 2016, https://techcrunch.com/2016/12/23/amazon-launches-its-newest-private-label-wickedly-prime/.

130. Ibid.

131. Ibid.

132. Thomas Franck, "Amazon's Flourishing Private Label Business to Help Stock Rally Another 20%, Analyst Says," CNBC, June 4, 2018, www.cnbc.com/2018/06/04/suntrust-amazons-private-label-business-to-help-stock-rally-20-percent.html.

브랜드자산 구축을 위한 통합 마케팅 커뮤니케이션

6

학습목표

이 장을 읽은 후 여러분은 다음을 할 수 있을 것이다.

1. 새로운 미디어 환경 변화의 일부를 설명한다.
2. 주요 마케팅 커뮤니케이션 옵션을 설명한다.
3. 다양한 커뮤니케이션 옵션을 평가할 때 몇 가지 주요 전술적 이슈를 설명한다.
4. 통합 마케팅 커뮤니케이션 프로그램을 개발할 때 선택 기준을 파악한다.
5. 커뮤니케이션 옵션을 믹싱 앤 매칭하는 근거를 설명한다.

포드는 이벤트, 전통적인 미디어, 대량의 소셜 미디어가 결합한 새로운 피에스타(Fiesta) 모델을 미국에서 출시했다.

출처 : P. Cox/Alamy Stock Photo

개요

이전 장에서는 다양한 마케팅활동과 제품, 가격, 채널 전략 활동이 브랜드자산에 어떻게 공헌하는지를 설명했다. 이 장에서는 마케팅 프로그램의 마지막 요소이자 아마도 가장 탄력적인 요소를 살펴볼 것이다. **마케팅 커뮤니케이션**(marketing communication)은 기업이 판매하는 브랜드를 —직접적 혹은 간접적으로—소비자에게 알리고, 설득하고, 상기시키기 위해 사용하는 수단이다. 어떤 의미에서 마케팅 커뮤니케이션은 브랜드의 목소리이며, 소비자와의 대화체계를 확립하고 관계를 구축하는 수단이다. 광고는 종종 마케팅 커뮤니케이션 프로그램에서 가장 중심적인 역할을 담당하긴 하지만, 브랜드자산 구축에 광고가 유일한 요소(혹은 가장 중요한 요소)는 아니다. 그림 6-1에 소비자 시장을 위해 일반적으로 사용하는 여러 가지 마케팅 커뮤니케이션 대안을 나열했다.

마케팅 커뮤니케이션 프로그램을 설계하는 일은 복잡하다. 우리는 이 장에서 마케팅 커뮤니케

TV
텔레비전
라디오
신문
잡지

다이렉트 리스폰스
메일
전화
방송 매체
인쇄 매체
컴퓨터 관련
미디어 관련

장소 광고
광고판과 포스터
영화, 항공사, 라운지
제품 배치
구매 시점

구매 시점 광고
선반 광고
통로 표시
장바구니 광고
매장 내 라디오 또는 TV

거래 촉진
거래 및 구매 수당
구매 시점 표시 허용량
판매 촉진 장려금
콘테스트 및 딜러 인센티브
교육 프로그램
무역 박람회
협동 광고

소비자 촉진
샘플
쿠폰
프리미엄
환불 및 리베이트
콘테스트 및 경품 추첨
보너스 팩
가격 인하

디지털 마케팅
검색
디스플레이
소셜 미디어(페이스북, 트위터)
이메일
비디오
블로그

이벤트 마케팅 및 후원
스포츠
예술
오락
박람회 및 축제
코즈마케팅

모바일
SMS 및 MMS 메시지
광고
위치 기반 서비스

홍보 및 홍보 업무
입소문
개인 판매

그림 6-1
마케팅 커뮤니케이션 옵션

이션에서 급속히 변하는 매체 풍속도와 새로운 현실성을 묘사하는 것으로 시작할 것이다. 이어서 주요 커뮤니케이션 대안이 브랜드자산에 어떻게 기여하는지 그리고 대안의 원가와 편익을 평가해볼 것이다. 마지막으로 브랜드자산 구축을 위한 커뮤니케이션 대안의 믹스와 융합에 관하여 —다시 말해 커뮤니케이션 대안의 공동 혹은 통합 스타일 범주 활용에 관하여 — 살펴볼 것이다. 우리는 브랜드 포커스 6.0에서 배웠던 광고에 대한 내용을 다룰 것이며 매체 스케줄링과 같은 몇몇 세부적인 주제는 다루지 않을 것이다.[1]

새로운 미디어 환경

광고와 기타 커뮤니케이션 대안이 마케팅 프로그램에서 각기 다른 역할을 하지만, 모든 마케팅 커뮤니케이션의 한 가지 중요한 목적은 브랜드자산 강화이다. 고객 기반 브랜드자산 모델에 따르면 마케팅 커뮤니케이션은 여러 다양한 방식으로 브랜드자산에 기여할 수 있다 — 브랜드 인지도를 창출하고, 유사점과 차별점 연상을 소비자 기억 속의 브랜드에 연결하고, 긍정적인 브랜드 판단과 감정을 이끌어내고, 고객과 브랜드를 더욱 강하게 연결하고, 브랜드 공명을 촉진한다. 또한 마케팅 커뮤니케이션 프로그램은 바람직한 브랜드 지식구조를 형성할 뿐만 아니라 고객 기반 브랜드자산을 만드는 차별적 반응들을 이끌어내는 유인을 제공할 것이다.

마케팅 커뮤니케이션의 유연성은 부분적으로는 마케팅 커뮤니케이션이 얼마나 다양한 방법으로 브랜드자산에 공헌할 수 있는지에 달려 있다. 동시에 브랜드자산은 마케터가 여러 다양한 마케팅 커뮤니케이션 옵션을 어떻게 디자인하고 사용할지 결정하는 데 도움을 줄 것이다. 이 장에서 우리는 브랜드자산 구축을 위하여 어떻게 마케팅 커뮤니케이션 프로그램을 개발할 것인지 고찰할 것이다. 이는 마케팅 프로그램의 다른 모든 요소가 적절하게 기능하고 있다는 것을 가정한다. 다시 말해 최적의 브랜드 포지셔닝이 설정되어 있으며 특히 바람직한 표적시장에 맞추어 제품, 가격, 채널에 관한 결정이 내려져 있다고 본다.

그러나 최근에 미디어 환경은 급격하게 변화하고 있으며 따라서 마케팅 커뮤니케이션 프로그램을 설계하는 것은 복잡한 작업이 되었다. TV, 라디오, 잡지, 신문 등 전통적인 광고 미디어는 소비자의 관심을 끌기 위한 경쟁 심화로 소비자들에 대한 영향력을 놓치고 있는 것으로 보인다. 반면 디지털 혁명은 소비자가 기업과 혹은 소비자들 간에 브랜드에 관하여 배우고 얘기하는 새로운 방법을 제공해준다.

브랜드 구축 커뮤니케이션 디자인의 과제

새로운 미디어 환경은 효과적이며 효율적인 마케팅 커뮤니케이션 프로그램 구축을 해야 하는 마케터의 영원한 과제를 더 복잡하게 만들었다. 잘 디자인되고 활성화된 마케팅 커뮤니케이션 프로그램은 세심한 계획과 창조성을 요구한다. 먼저 여러 관점을 제공하는 몇 가지 유용한 도구를 살펴보자.

아마도 커뮤니케이션 대안을 판단하는 가장 간단하고 유용한 방법은 그 대안이 브랜드자산에 대한 공헌도에 있을 것이다. 예를 들어 실행된 광고 캠페인은 인지도 및 특정 브랜드연상의 창출, 유지, 강화에 얼마나 잘 공헌하는가? 스폰서십은 소비자로 하여금 보다 호의적인 브랜드 판단 및 감정을 갖게 하는가? 판촉 활동이 소비자로 하여금 어느 정도까지 제품 구매를 더 하도록 장려하는가? 또 이 경우 적절한 가격은 얼마인가? 이러한 맥락에서 그림 6-2는 브랜드자산을 구축하기 위한 광고 및 기타 커뮤니케이션 방안의 효과를 판단하는 간단한 3단계 모델을 제시한다.

커뮤니케이션의 정보 처리 모델   커뮤니케이션이 소비자에게 영향을 미칠 수 있는 과정을 좀 더 깊이 있게 살펴보자. 커뮤니케이션과 설득 과정 단계를 설명하기 위해 다양한 모델이 수년에 걸쳐 발표되었다. 예를 들어 사람이 어떤 형식의 커뮤니케이션(TV 광고, 신문 사설, 블로그 게시)에 의해 설득되기 위해서는 다음과 같은 단계가 있어야 한다.[2]

1. **노출** : 커뮤니케이션을 보거나 들어야 한다.
2. **집중** : 커뮤니케이션을 주목해야 한다.
3. **이해** : 커뮤니케이션의 의도된 메시지나 주장을 이해해야 한다.
4. **반응** : 커뮤니케이션의 의도된 메시지나 주장에 호의적으로 반응해야 한다.
5. **의도** : 커뮤니케이션이 의도하는 바람직한 방식으로 행동할 것을 계획해야 한다.
6. **행동** : 커뮤니케이션이 의도하는 바람직한 방식으로 실제 행동을 해야 한다.

성공적인 마케팅 커뮤니케이션 프로그램 창출이 어려운 이유는 소비자를 설득하기 위해서는 각 단계가 모두 발생해야만 하기 때문이다. 한 단계에서라도 잘못되거나 실패가 있게 된다면 그때는 성공적인 커뮤니케이션이 되지 않을 것이다. 예를 들어 새로운 광고 캠페인을 실행하는 데 있어서의 잠재적인 함정을 생각해보자.

1. 매체 계획이 표적을 놓침으로써 광고가 소비자에게 노출되지 않을 수도 있다.
2. 지루하고 영감을 주지 못하는 광고 크리에이티브 전략 때문에 소비자가 광고를 주목하지 않을 수도 있다.
3. 제품군이나 기술적 전문성에 대한 지식이 부족하거나 브랜드에 대한 인지도, 친밀감 등의 결여로 인해 소비자가 광고를 이해하지 못할 수도 있다.
4. 적절하지 못하거나 확신을 주지 못하는 제품 소구 때문에 소비자가 호의적으로 반응하지 않거나 또는 긍정적인 태도를 형성하는 데 실패할 수도 있다.

그림 6-2
마케팅 커뮤니케이션 효과를 위한 간단한 테스트

5. 즉각적인 필요성 인식의 부족으로 인해 소비자가 구매 의도를 형성하는 데 실패할 수도 있다.
6. 매장에서 브랜드들을 대면했을 때 광고로부터 아무것도 기억해내지 못함으로써 소비자가 실제로 그 브랜드를 구매하지 못할 수도 있다.

이 전체적인 커뮤니케이션 과정이 얼마나 취약한지를 보기 위해 일단 각 6단계가 성공적으로 수행될 확률이 50%라고 (물론 매우 후한 가정이긴 하다) 가정해보자. 6단계가 성공적으로 모두 일어날 확률은 그들 모두 독립적인 사건이라고 가정했을 때 $0.5 \times 0.5 \times 0.5 \times 0.5 \times 0.5 \times 0.5$로 가능성은 1.5625%이다. 만일 각 단계가 일어날 확률이 보다 비관적으로 10%라고 가정한다면, 6단계 모두가 일어나게 될 확률은 0.000001%가 될 것이다. 다시 말해 100만 번 중 오직 1번이다. 이를 보면 광고주들이 때때로 광고의 제한된 힘에 한탄하는 것이 전혀 이상하지 않을 것이다.

정보 처리 모델이 주는 한 가지 시사점은 마케팅 커뮤니케이션 캠페인이 성공하기 위해서는 마케터가 각 단계가 일어날 가능성을 높여야 한다는 것이다. 예를 들어 광고 관점에서의 이상적인 광고 캠페인은 다음 사항을 확실히 해야 한다.

1. 합당한 소비자가 합당한 시간과 합당한 장소에서 합당한 메시지에 노출되어야 한다.
2. 광고 크리에이티브 전략은 소비자로 하여금 광고에 주목하고 집중하도록 해야 하며 의도된 메시지로부터 이탈해서는 안 된다.
3. 광고는 제품과 브랜드에 대한 소비자 이해 수준을 적당히 반영해야 한다.
4. 광고는 소비자가 원하고 전달 가능한 차별점과 유사점이라는 측면에서 브랜드를 정확하게 포지셔닝해야 한다.
5. 광고는 소비자로 하여금 브랜드의 구매를 고려하도록 동기부여해야 한다.
6. 광고는 소비자들이 구매를 고려할 때 영향을 미칠 수 있도록 이러한 모든 저장된 커뮤니케이션 효과가 강한 브랜드연상을 창출해야 한다.

마케터가 마케팅 커뮤니케이션 프로그램이 원하는 좋은 효과를 내기를 바란다면, 자신들의 마케팅 커뮤니케이션 프로그램을 주의 깊게 설계하고 실행해야 한다.

다양한 마케팅 커뮤니케이션 역할

얼마나 많은, 그리고 어떠한 유형의 마케팅 커뮤니케이션이 필요한가? 경제학 이론에 따르면 마케팅 커뮤니케이션 예산 내에서 한계이익 및 비용에 따라 커뮤니케이션 대안을 망라하는 예산 분배를 하는 것이 바람직하다. 예를 들어 각각의 커뮤니케이션 대안에 쓰인 최종 비용이 동일한 결과를 냈을 때(즉 한계비용이 같을 때), 커뮤니케이션 믹스에 최적으로 분배된 것이 된다.

하지만 그러한 정보를 얻기 어려우므로 다른 예산 분배 모델들은 브랜드의 수명주기 단계, 회사의 목표와 예산, 제품 특성, 예산 규모, 경쟁사의 매체 전략과 같은 보다 관측 가능한 요소를 강조하고 있다.

예를 들어 유통망 지원이 적고 시간에 따른 마케팅 프로그램 변화가 많으며, 도달하기 어려운 고객이 많고 고객의 의사결정이 보다 복잡할수록, 또는 차별화된 제품 및 비균일적인 고객 요구가 있거나, 소량으로 자주 구매하는 경우 마케팅 커뮤니케이션 예산이 높아지는 경향이 있다.[3]

이러한 효율성 측면 이외에 각기 다른 세분시장을 겨냥하기 위해 다른 커뮤니케이션 대안이 선택될 수도 있다. 예를 들어 광고는 새로운 고객을 시장으로 끌어들이거나 경쟁사의 고객을 브랜드로 유인하려고 하는 반면, 판촉 활동은 브랜드의 충성 고객을 보상하기 위한 것일 수도 있다.

　모든 마케터는 자신의 목표를 달성하기 위해 다양한 커뮤니케이션 대안을 사용한다. 이 과정에서 마케터는 각 커뮤니케이션 대안이 어떤 역할을 하고, 커뮤니케이션 대안을 최고의 조합으로 모으고 통합하는 방법을 이해해야 한다. 다음 절에서는 브랜드 구축의 측면에서 네 가지 주요 마케팅 커뮤니케이션 대안을 고찰해볼 것이다.

세 가지 주요 마케팅 커뮤니케이션 대안

우리의 견해는 최고의 브랜드 구축 커뮤니케이션 프로그램에 4개의 중요한 요소가 있다는 것인데, 그것은 바로 (1) 광고와 판매 촉진, (2) 쌍방향으로 소통하는 마케팅, (3) 이벤트와 경험이다.

광고

광고(advertising)는 누군가(예를 들면 특정 브랜드)가 비용을 들여서 그들에 의해 제공되는 어떠한 생각이나 제품 혹은 서비스에 대해 비대면적으로 제시, 발표 또는 촉진하는 활동을 말한다. 광고가 강하고 호의적이며 독특한 브랜드연상을 창출하고 긍정적인 판단과 감정을 이끌어내는 강력한 수단이긴 하지만 광고의 구체적인 효과를 정량화하고 예측하기 어렵다. 그럼에도 불구하고 서로 다른 다양한 접근 방법을 사용한 많은 연구가 브랜드 매출에 영향을 미치는 광고의 힘을 보여주었다. 1장에서 보았듯이, 불황기에 광고 지출을 증가시킨 기업은 불황이 끝나 가면서 그들 브랜드의 시장 점유율이 증가하는 사례를 볼 수 있으며 많은 연구가 이 주장을 뒷받침하고 있다.[4]

　광고 디자인의 복잡성을 고려할 때 ― 광고가 수행해야 할 전략적인 역할의 수, 구체적인 결정을 해야 할 경우의 수, 측정하기 복잡한 소비자에 대한 효과 등 ― 종합적이고 세부적인 관리지침을 제공하기는 어렵다. 그러나 각기 다른 광고매체는 명백히 다른 강점을 지니고 있으므로 그들은 커뮤니케이션 프로그램에 있어서 특정 역할을 수행할 수 있도록 최대한 맞춰져야 한다. 다음 절에서 광고의 각 유형에 대한 몇 가지 주요 이슈를 차례대로 살펴보자.

TV　TV는 보고, 듣고, 움직임이 가능하며 광범위한 소비자층에 도달하기 때문에 강력한 광고매체이다. 사실상 모든 미국 가정이 TV를 보유하고 있으며, 미국인은 TV와 DVR을 포함해 보통 하루에 5시간 정도 TV 시청을 하는 것으로 나타났다.[5] 현재 미국 가정의 50%가 넷플릭스, 아마존 프라임, 훌루(Hulu)에서 스트리밍 서비스를 이용하며, 이는 텔레비전 시청 방식에 큰 변화가 있음을 시사한다.[6]

장점과 단점　브랜드자산 관점에서 볼 때 TV 광고는 두 가지 특별한 주요 장점을 갖는다. 첫째, TV 광고는 제품 속성을 생생하게 보여주고 소비자 편익을 설득적으로 설명하는 효과적인 수단이 될 수 있다. 둘째, TV 광고는 제품과 관련되지 않은 사용자 및 사용 이미지, 브랜드 개성, 감성, 브랜드의 다른 무형 편익을 극적으로 묘사하기 위한 강력한 수단이 될 수 있다.

　반면에 TV 광고는 몇 가지 단점도 있다. TV 광고를 보는 순간 순식간에 지나가 버리는 메시지의 속성과 잠재적으로 고객에게 혼란을 줄 수 있는 표현 요소들 때문에 소비자가 TV 광고를 보는 도중에 제품 관련 메시지나 브랜드 그 자체가 인지하지 못하고 간과할 수 있다. 게다가 TV에 나오는 수많은 광고와 우리가 계획해서 제공할 수 없는 내용들은 소비자들이 광고를 무시하거나 쉽게 잊어버릴 수 있게 만들어 많은 혼란을 야기한다. 수많은 방송 채널이 존재하기 때문에 TV 광고는 매우 파편적이며 디지털 녹화 기능의 넓은 보급은 시청자들의 광고 건너뛰기 행태를 더 쉽게 만들었다.

TV 광고의 또 한 가지 중요한 단점은 제작 및 집행 비용이 높다는 것이다. 예를 들어 2016년 1,600만 명의 시청자를 보유한 유명 드라마 〈워킹 데드(Walking Dead)〉에 30초짜리 광고 한 편을 넣는 비용은 40만 달러였다.[7] CBS에서 방영한 NCAA 남자 농구 결승전 광고 슬롯은 155만 달러였는데 총시청자는 2,100만 명이었다. 또한 일반적으로 황금시간대에 30초짜리 광고를 송출하는 비용은 112,000달러라고 알려져 있다.[8] 이렇게 TV 광고의 가격이 폭등하고 있는 반면, 주요 네트워크의 황금시간대 시청자 점유율은 꾸준히 감소했다. 어떠한 조사 결과를 보더라도 TV 광고의 효과는 지속적으로 감소하고 있다.

그럼에도 불구하고 적절하게 설계되고 집행된 TV 광고는 기업의 매출과 이익에 영향을 미칠 수 있다. 예를 들면 수년간에 걸쳐 가장 지속적으로 성공적이었던 TV 광고는 타이드(Tide)였다. 아래에 타이드 광고의 성공이 설명되어 있다.

타이드

타이드는 2억 달러에 육박하는 광고비로 미국에서 가장 많이 광고되는 브랜드 중 하나이다.[9] 2018년 슈퍼볼 기간 동안 보여준 타이드 TV 광고는 가장 많은 트윗을 얻었다. 슈퍼볼 기간 동안 타이드 광고는 모든 광고를 타이드 광고처럼 보이게 했다.

타이드는 어떻게 이런 일을 할 수 있었을까? P&G(타이드를 소유함)는 모든 광고에서 발견되는 전형적인 주제를 모방하여 모든 슈퍼볼 광고를 타이드 광고처럼 보이게 하려고 총 4개의 광고를 1분 30초 동안 실행했다. 예를 들어 이 브랜드는 올드스파이스(Old Spice)의 남자 역할을 다시 맡고 있는 이시아 무스타파(Isiah Mustafah)를 기용했으며, '슈퍼볼'의 모든 버드와이저 광고에 나오는 클라이즈데일(Clydesdale)을 사용하기도 했다. 광고에 영리한 유머를 주입함으로써 타이드는 많은 관객의 관심을 사로잡을 수 있었다.

출처 : Jack Neff, "Tide Is Everywhere with Campaign to Own All Super Bowl Ads," http://adage.com/article/special-report-super-bowl/t/312249/, accessed March 25, 2018; Jack Neff, "Tide Is Back in the Super Bowl, with a Couple Things It Hopes You Forget," January 30, 2018, http://adage.com/article/special-report-super-bowl/tide-back-super-bowl-a-couple-big-things-forget-pods-tambor/312143/, accessed March 6, 2018.

P&G는 광고 지출의 비효율성을 줄이기 위해 광고 예산을 줄여왔다. 최근에는 약 1억 달러의 디지털 광고 예산을 줄였는데 그 이유로 특정 타깃 광고의 고객 도달률이 예상보다 높지 않다는 점을 들었다.[10] 또한 P&G의 이러한 결정은 TV 채널들이 광고주가 너무 많은 예산을 디지털 채널에 투입하고 있다는 주장하던 시점과 일치한다.

마케터가 브랜드를 구축할 때 온라인과 오프라인 매체를 적절히 잘 조합하기 위해서 디지털 마케팅의 역할에 대해 좀 더 명확한 규명이 필요하다. 빠르게 증가하고 있는 싱글소스 데이터(고객의 구매 데이터와 고객에 대한 여러 다양한 매체 데이터를 결합한 데이터)가 점점 중요해지고 있는 현 시점에서 볼 때, 여러 매체와 채널의 효과를 이해하고 평가할 수 있는 능력은 점점 중요해지고 있다. 그러한 관점에서 많은 마케터에게 기여 모형(attribution model, 마케터가 각각 다른 광고 매체의 공헌도를 평가하는 모형)의 중요성이 커지고 있다. 이에 관한 내용은 10장에서 다룬다.

가이드라인 광고 캠페인을 설계하고 평가하는 데 있어서 마케터는 광고의 **메시지 전략**(message strategy) 혹은 포지셔닝(광고가 브랜드에 관하여 무엇을 전달하고자 하는가)을 **크리에이티브 전략**(creative strategy)(광고가 브랜드 주장을 표현하는 방법)과 구분해야 한다. 효과적인 광고 캠페인 디자인은 예술이자 과학이다. 예술적 측면은 광고의 크리에이티브 전략 및 전략의 실행에 관련되어 있으며, 과학적 측면은 광고의 메시지 전략과 광고가 담고 있는 브랜드 주장에 대한 정보에 관련되어 있다. 따라서 그림 6-3이 보여주듯이 광고 전략 개발에 있어 두 가지 주요 관심사는 다음과 같다.

- 브랜드자산을 극대화하기 위한 적절한 포지셔닝 규정
- 우리가 원하는 포지셔닝을 전달하고 설득하기 위한 최고의 크리에이티브 전략 규정

3장에서는 브랜드자산 극대화를 위한 브랜드 포지셔닝에 관하여 여러 이슈를 설명했다. 크리에이티브 전략은 구체적인 제품 관련 속성이나 편익을 잘 설명하는 **정보성**(informational)이거나 구체적인 비제품 관련 편익이나 이미지 묘사에 집중하는 **변형성**(transformational) 전략으로 분류될 수 있다.[11] 그러나 이러한 두 가지 일반적인 분류는 다양하고 세부적인 크리에이티브 접근법을 각각 포함한다.

이러한 두 가지 접근법 중에서 마케터가 어떤 방법을 택하든 간에 동기부여적 혹은 '차용된 흥미' 기법이 소비자의 관심을 끌어모으고 광고에 대한 몰입도를 높이기 위해서 자주 사용된다. 이러한 기법에는 귀여운 아기, 까불며 장난치는 강아지, 대중음악, 인기있는 유명인, 즐거운 상황, 도발적인 성적 소구, 위협을 유발하는 공포 등이 있다. 이러한 기법은 저관여 의사결정 과정 및

그림 6-3
효과적인 광고 캠페인을 설계하기 위한 요소

출처 : Based in part on an insightful framework put forth in John R. Rossiter and Larry Percy, Advertising and Promotion Management, 2nd ed. (New York: McGraw-Hill, 1997).

브랜드자산을 확립하기 위한 포지셔닝 정의

경쟁력 있는 기준 프레임	*차별점의 속성 또는 이점*
경쟁의 성질	가치 있는
표적시장	삼품
	차별화
균등점의 속성 또는 이점	
카테고리	
경쟁	
상관관계	

포지셔닝 개념을 전달할 수 있는 창의적인 전략 식별

정보(혜택 상세화)	*동기부여('차용된 흥미' 기법)*
문제 해결	유머
설명	온기
제품 비교	성적 매력
추천(연예인 또는 알 수 없는 소비자)	음악
	두려움
변신(이미지 묘사)	특수 효과
일반적인 또는 열망적인 사용 상황	
제품의 일반적인 또는 열망적인 사용자	
브랜드 성격 및 가치	

과다한 경쟁 광고, 프로그램 편성 혼란 등으로 특징지어지는 새롭고 거친 매체 환경 속에서 필수적인 것으로 간주되고 있다.

불행하게도 이러한 주의집중 전술은 가끔은 효과가 지나쳐서 브랜드나 제품의 메시지로부터 소비자의 관심을 벗어나게 한다. 따라서 최고의 크리에이티브 전략에 도달하는 데 있어서의 과제는 소비자의 주의를 끌기 위해 혼란을 타파하는 방법을 찾으면서도 동시에 창의적이고 지속적이며 독특한 메시지를 잘 전달할 수 있는 방법이 되어야 한다.

브랜드의 TV 광고는 점점 더 많은 관심을 모으고 광고 효과를 높이기 위해 라이브 이벤트(예 : 슈퍼볼 같은 스포츠 이벤트)를 활용한다.

무엇이 TV 광고를 효과적으로 만드는가?[12] 근본적으로 TV 광고는 인지도를 높이거나 핵심 연상을 강화하거나 혹은 또 다른 연상을 첨가하며, 긍정적인 소비자 반응을 이끌어내는 것과 같은 검증 가능한 방식으로 브랜드자산에 공헌해야 한다. 우리는 앞서 소비자의 정보 처리에 있어서 중요한 여섯 가지 요소(소비자 타기팅, 광고 크리에이티브, 소비자 이해, 브랜드 포지셔닝, 소비자 동기부여, 광고 기억성)를 살펴보았다.

이와 같은 기준을 사용한 마케터의 판단이 광고를 평가하는 데 있어서 사용될 수 있고 또 사용되어야 하지만, 리서치 또한 중요한 역할을 수행할 수 있다. 광고 전략 리서치는 커뮤니케이션 목표와 표적시장을 명확히 하고 대안을 포지셔닝하는 데 매우 가치가 있다. 메시지 전략과 크리에이티브 전략의 효과성을 평가한다는 관점에서, 소비자가 광고 시안을 본 후 그들의 반응이 특정 방식으로 측정되는 광고 **카피 테스팅**(copy testing)이 종종 행해진다.

불행하게도 카피 테스팅 결과는 어떻게 테스트가 진행되느냐에 따라서 상당히 달라질 수 있다. 따라서 광고의 카피 테스팅 결과는 단순히 하나의 유용한 자료로 해석되어야 하며, 이는 광고를 평가함에 있어서 경영자의 판단 및 다른 정보들과 결합해 사용되어야 한다. 카피 테스팅은 관리자적 판단이 광고에 대해 뚜렷하게 긍정적인 면과 부정적인 면을 모두 나타내어 명확한 결론이 나지 않을 시 가장 유용하게 사용될 수 있다. 이러한 경우 카피 테스팅 조사는 이렇듯 다양하면서 서로 상충되는 장단점이 어떻게 여과되고 소비자에게 영향을 미치는지에 관하여 조명해줄 수 있다.

그럼에도 불구하고 카피 테스팅 결과는 결정적인 의사결정수단으로 간주되어서는 안 된다. 이상적으로, 광고 카피 테스팅은 광고가 어떻게 작용하는지를 이해할 수 있도록 진단하는 역할을 수행해야 한다.

향후 전망 TV와 전통적인 매스 마케팅 광고의 미래가 불투명해 보이긴 하지만 한 가지 확실한 것은 당장 이러한 전통적인 매체가 사라지진 않는다는 점이다. TV 광고에 대해 우리가 알아야 할 몇 가지 중요한 점은 다음과 같다.

최근 많은 TV 광고는 아카데미와 같은 시상식이나 올림픽, 월드컵 같은 스포츠 이벤트를 포함한 라이브 이벤트에 집중하고 있다. 미국에서는 미식축구리그 NFL이 여전히 큰 인기를 끌고 있으며 슈퍼볼 같은 이벤트는 가장 큰 주목을 받는다.[13]

AT&T의 CMO인 데이비드 크리스토퍼(David Christopher)는 큰 브랜드들의 미디어 믹스에 TV는 늘 중요한 축을 담당할 것이라고 했다. 그는 TV 광고를 TV 자체보다는 비디오라는 개념으로 생각하고 같은 맥락으로 사용할 것이라고 밝혔다.[14]

디지털 채널의 영향을 가장 많이 받는 매체는 신문, 잡지와 라디오 업계이며 TV 광고는 여전히 그만의 독특하고 속성을 가진 광고 매체로 가치를 인정받고 있다. TV 광고는 점점 드라마와 예능 같은 TV쇼가 방영되는 동안 광고를 포함하는 방식으로 진화하고 있다. 시청자들의 타임시프팅(time-shifting, 실시간 방송을 다른 시간에 보는 행동)이 얼마나 되는지 정확한 데이터는 없지만 어떤 한 보고서에 따르면 2017년 한 해 동안 37세 이상 성인 중 약 34% 정도의 TV 시청이 타임시프팅인 것으로 나타났다.[15] 밀레니얼 세대 시청자는 더 많은 타임시프팅을 해 약 55% 정도인 것으로 나타났다.[16] 훌루 같은 스트리밍 앱을 통한 광고는 TV 광고로 생각될 수 있지만 엄밀하게 말하자면 디지털 광고로 분류된다.[17]

라디오   라디오는 우리 주변에 널리 퍼져 있는 광고 매체이다. 닐슨(Nielsen)의 조사에 따르면 2억 7,000만 명 또는 미국 인구의 90% 이상은 적어도 매주 한 번은 라디오를 듣는 것으로 나타났다.[18] 라디오의 가장 큰 강점은 유연성일 것이다 — 라디오 방송국과 채널은 표적시장이 아주 잘 맞추어져 있고 라디오 광고는 제작 및 방송이 상대적으로 저렴하며 즉각적인 반응이 가능하다. 컴캐스트(Comcast), T-모바일(T-Mobile), 버크셔해서웨이(Berkshire Hathaway)는 미국 내에서 가장 많은 라디오 광고비를 지출하는 회사이다.[19]

라디오는 특히 아침에 효과적인 매체이며, TV 광고를 효과적으로 보완하거나 강화할 수 있다. 라디오는 또한 기업으로 하여금 도달 범위에 있어서 방대한 시장과 국지적인 지역 시장 사이의 균형을 달성하게 한다. 최근에 발표된 보고서는 일상생활용품군에서 라디오 광고에 1달러를 지출한 것의 효과는 12달러라고 밝혔다.[20] 그러나 라디오 광고의 명백한 단점은 시각적 이미지를 노출할 수 없고 소비자 반응이 상대적으로 수동적이라는 것이다. 그럼에도 불구하고 몇몇 브랜드는 라디오 광고를 통해 효과적인 브랜드자산 구축을 달성했다.

모델6

한 가지 주목할 만한 라디오 광고 캠페인은 1962년에 설립된 미국 최대 규모의 모텔 체인인 모텔6(Motel 6)를 위한 것이었고, 모텔6는 하룻밤에 6달러였다. 1986년 고작 66.7%의 객실 사용률로 사업운이 바닥을 친 후, 모텔6는 평범한 계약자 출신의 작가 톰 보데트(Tom Bodett)가 출연하는 유머러스한 60초 광고 라디오 캠페인을 시작하는 등 마케팅에 변화를 가져왔다. '당신을 위해 불을 켜 두겠습니다'라는 똑똑한 꼬리표가 붙은 이 캠페인은 점유율 증가와 오늘날까지 이어지고 있는 브랜드의 부활로 인정받고 있다.[21] 같은 광고 형식을 유지하면서, 모텔6의 최근 광고 캠페인은 여전히 밀레니얼 세대에 대해 헐뜯는

잡지 광고로 보완된 '당신을 위해 불을 켜 두겠습니다'라는 똑똑한 슬로건을 사용한 것은 모텔6의 브랜드 구축에 매우 효과적이었다.

출처 : Ken Wolter/Shutterstock

톰 보데트를 등장시키고 있다. 모텔6 라디오 광고 캠페인은 거의 30년 동안 시간의 시험을 견뎌왔는데, 이것은 브랜드로서는 놀라운 업적이다.[22]

무엇이 라디오 광고를 효과적으로 만드는가?[23] 라디오라는 매체에 대한 연구는 타 매체에 비해 상대적으로 부족하다. 라디오의 저관여 속성 및 제한된 감각 때문에 라디오에서의 광고는 목적에 좀 더 집중해야 한다. 예를 들어 광고의 선구자 데이비드 오길비(David Ogilvy)는 다음 네 가지 요소가 결정적이라고 믿었다.[24]

1. 광고 초반에 브랜드를 알게 하라.
2. 브랜드를 자주 언급하라.
3. 광고 초반에 청취자에게 편익을 약속하라.
4. 자주 반복하라.

그럼에도 불구하고 라디오 광고는 무척 창의적일 수 있다. 음악, 소리, 유머, 기타 창의적인 도구들이 연관성 있고 호감을 주는 이미지를 강력하게 창출하는 방식으로 청취자들의 상상 속으로 뛰어들 수 있기 때문에 오히려 시각적 이미지의 결여가 상점으로 여겨지기도 한다.

인쇄매체　인쇄매체는 최근 더 많은 소비자가 온라인을 사용해 정보 수집과 여가를 즐기면서 큰 어려움을 겪고 있다. 이에 대응해 인쇄 매체물 출판업자들은 아이패드 앱과 더 강력한 웹 출현 형태로 디지털 혁신을 진행하고 있다.

인쇄매체는 방송매체와는 엄격한 대조를 이룬다. 가장 중요한 것은 지면에 표현되는 속성 때문에 잡지와 신문은 많은 구체적인 제품 정보를 제공할 수 있다는 점이다. 그와 동시에 인쇄매체에서의 시각적 이미지에 대한 정적인 속성은 역동적인 제시나 표현을 어렵게 하는 단점이 있다. 수동적인 매체가 될 수 있다는 점도 인쇄매체의 또 다른 단점이다.

장점과 단점　두 가지 주요 인쇄매체라 할 수 있는 신문과 잡지는 많은 장단점을 공유하고 있다. 잡지는 사용자 및 사용 이미지 구축에 매우 효과적이다. 잡지는 또한 적극적인 참여를 유도할 수 있다. 한 연구에서 소비자들은 잡지 광고가 덜 방해받고 더 신뢰가 가며, 다른 매체에서의 광고보다 더 관련성이 있다고 하고, 잡지를 읽는 동안 멀티 태스킹 가능성이 적은 것으로 나타났다.[25]

그러나 신문이 조금 더 시의적절하고 보다 널리 퍼져 있다고 할 수 있다. 미국 내 일간신문은 약 3,500만 명의 구독자를 확보하고 있으나 이 숫자는 매년 감소하고 있다.[26] 반면에, 광고주들은 자신들의 광고를 신문 광고상에서 좀 더 탄력적이며 유연하게 설계하고 배치할 수 있지만, 회람률이 낮고 진열대를 차지하는 시간이 짧다는 점은 신문광고의 효과에 부정적인 영향력을 미칠 수 있다. 잡지 광고는 이러한 단점을 갖고 있지 않다.

인쇄 광고가 제품 정보를 전달하는 데 매우 적당하긴 하지만, 인쇄 광고는 사용자 및 사용 이미지도 효과적으로 전달할 수 있다. 캘빈클라인(Calvin Klein)과 랄프로렌(Ralph Lauren), 게스(Guess) 같은 패션 브랜드도 인쇄 광고를 통해 강한 비제품 관련 연상을 창출했다. 포드(Ford), 렉서스(Lexus), 볼보(Volvo) 같은 자동차 제조업자 혹은 메이블린(Maybelline), 레블론(Revlon) 같은 화장품 제조업체는 인쇄 광고를 통해 제품 편익과 같은 제품 정보와 사용자 또는 사용 이미지를 모두 전달하려고 했다.

아마 가장 오랫동안 집행되고 역사상 가장 성공적인 인쇄 광고 캠페인 중 하나는 앱솔루트(Absolut) 보드카 광고일 것이다.[27]

앱솔루트

1980년, 앱솔루트는 연간 10만 개의 9리터 케이스를 판매하는 소규모 브랜드였다. 한 연구는 그 브랜드의 많은 골칫거리를 지적했다 : 그 이름은 너무 이상했고, 병 모양은 보기 흉했으며, 바텐더는 따르기가 힘들었고, 선반에서 눈에 잘 띄지 않았고, 스웨덴에서 만들어진 보드카 브랜드에 대한 신뢰는 없었다. 앱솔루트의 수입업자 칼리온(Carillon)의 사장 미셸 루(Michel Roux)와 앱솔루트의 뉴욕 광고 대행사 TBWA는 브랜드 개성을 창조하고 일련의 창의적인 인쇄 광고에서 품질과 스타일을 전달하기 위해 브랜드의 기이한 이름과 병 모양을 사용하기로 결정했다. 캠페인의 각 광고는 시각적으로 특이한 방식으로 제품을 묘사하고, 브랜드네임과 몇몇 다른 단어를 교묘한 단어 놀이로 사용한 단순하고 두 단어짜리 헤드라인으로 이미지를 구두로 강화했다. 예를 들어 첫 번째 광고는 '절대 완벽함(Absolut Perfection)'이라는 제목이 페이지 하단에 나타나면서, 천사의 후광에 의해 왕관을 씌운 병을 눈에 띄게 전시하는 것을 보여주었다. 후속 광고는 다양한 주제(계절, 지리, 유명 연예인)를 탐구했지만 항상 세련되고 현대적인 이미지를 표현하려고 시도했다. 2001년, 앱솔루트는 미국에서 가장 규모가 큰 수입 보드카가 되었고, 2006년에는 980만 병의 9리터 케이스를 판매하면서 세계에서 3번째로 큰 프리미엄 양주 브랜드가 되었다. 그러나 2007년 판매 둔화에 직면해 회사는 25년 만에 '절대적인 세계에서(In an Absolut World)'라는 새로운 캠페인을 시작했다. 이후 광고들은 케이트 베킨세일(Kate Beckinsale), 주이 디샤넬(Zooey Deschanel)과 같은 유명인사들을 포함함으로써 '절대적인 세계'의 의미를 특별하거나, 엇박자이거나, 특이한 사건, 사람, 그리고 다른 것들을 포함하도록 확장했다.[28] 전반적으로, 앱솔루트의 광고 캠페인은 브랜드 구축 목적으로 인쇄 광고를 사용하는 가장 좋은 예 중 하나다.

앱솔루트의 새로운 인쇄 광고 캠페인은 제품의 포장과 외관을 강조하는 창의적인 전략으로 돌아왔다. 이 광고는 예술가 데이브 킨제이(Dave Kinsey)가 연출했다.

출처 : monticello/Shutterstock

가이드라인 무엇이 효과적인 인쇄 광고를 만드는가? 위에서 언급한 TV 광고에 대한 평가기준이 기본적으로 적용되기는 하지만, 인쇄 광고는 몇 가지 특별한 필수조건과 규칙이 있다. 예를 들어 잡지 광고에 대한 조사에서 잡지 구독자의 3분의 2가 어떤 특정 광고에 주목조차 하지 않으며, 단지 10% 정도만이 광고 카피를 읽는다는 것을 보여주었다. 많은 독자들이 인쇄 광고의 가장 시각적인 요소를 단지 훑어보기만 하는데, 이는 광고가 광고 이미지 작업과 헤드라인 작업이 매우 중요하고, 명백하고 직접적이며 일관성 있는 메시지를 전달하는 것이 매우 중요하다는 의미이다. 마지막으로 브랜드네임이 명백하지 않으면 많은 소비자가 그 브랜드네임을 간과할 것이다. 따라서 인쇄 광고를 위한 중요한 크리에이티브 지침은 명확성, 일관성, 브랜딩이라는 세 가지 간단한 기준의 측면에서 요약될 수 있다.

직접반응 광고 구체적이지 않고 직접적이지도 않은 방식으로 소비자에게 전달되는 전통적인 방송매체 및 인쇄매체와는 달리, **직접반응**(direct response) 광고는 특정 고객과 잠재 고객으로부터 반응을 얻어내고 메시지를 전달하기 위해 우편, 전화, 인터넷과 기타 다른 접촉 수단을 사용한다. 직접반응 광고는 여러 방식을 취할 수 있으며 우편과 전화 등에 의한 권유에만 제한되어 있지 않고 전통적인 방송 및 인쇄매체도 사용할 수 있다.

우편 발송은 여전히 인기가 있는 방식으로 2016년 한 해 동안 미국에서는 1억 건 이상의 우편 카탈로그 판매가 이루어졌다.[29] 그러나 마케터는 다른 대안을 계속 찾고 있다. 갈수록 대중화되어 가는 직접 마케팅 수단 중 하나는 인포머셜(infomercial)인데, 공식적으로 직접반응 TV 마케팅으로 알려져 있다.[30] 마케팅 관점에서 인포머셜은 상업적 광고를 교육적 정보 및 오락의 강점과 결합하기 위해 시도된다. 인포머셜은 이처럼 TV 광고와 영업 상담 혹은 방문 판매 사이의 교차점으로 생각할 수 있다. 인포머셜 DRTV(Infomercial DRTV)에 따르면, 인포머셜은 길이에 있어서 다양하지만 평균 15~25만 달러 정도로 만들어지는 28분 30초짜리 프로그램이다(제작 비용은 약 7만 5,000~50만 달러 사이로 알려져 있다).[31]

물론 최근에는 점점 온라인과 소셜미디어로 옮겨 가고 있긴 하지만 이러한 인포머셜로부터 시작해서 인포머셜 제품들은 일반 매장에서 'TV 출연 상품'이라는 표지판과 함께 판매되고 있다.

애플, 닛산(Nissan), 디스커버카드(Discover Card), 니콘(Nikon), 미국 해군과 같은 브랜드들은 TV에 직접반응 광고를 집행하고 있다.[32] 몇몇 잘 알려진 인포머셜 캠페인은 수백만 달러 이상의 판매효과를 창출했는데, 예를 들어 뉴트리시스템(Nutrisystem, 영양관리시스템)이라는 업체는 인포머셜 캠페인의 성공을 기반으로 2016년에 5억 4,550만 달러의 매출과 2017년 현재 1조 7,000억 달러의 시장가치를 갖게 되었다.[33] 또 다른 성공 스토리로서 2015년 한 해 동안 4억 달러를 매출을 달성한 스너기(Snuggie)를 들수 있다.[34]

가이드라인 지속적으로 성장하고 있는 직접 마케팅은 무료 전화와 웹사이트 같은 기술적 진보, 갈수록 편리한 것을 추구하는 소비자 행동의 변화, 비표적고객에 대한 낭비적인 커뮤니케이션을 회피하려는 마케터의 욕구로 인해 발전했다. 직접반응 광고의 이점은 소비자와의 관계 구축과 관리를 더 용이하게 만든다는 것이다.

뉴스레터, 카탈로그, 인터넷 홈페이지를 통한 고객과의 직접 커뮤니케이션은 마케터가 자신의 브랜드에 관한 새로운 정보를 소비자에게 지속적으로 소통할 수 있게 해주며 또한 소비자의 선호도와 수요에 관한 피드백을 받을 수 있게 해준다. 이렇듯 소비자에 대해 더 잘 이해할 수 있게 됨으로써 마케터는 시의적절하게 적절한 소비자에게 적절한 제품을 제공하기 위한 잘 조절된 마케팅 프로그램을 사용할 수 있게 된다. 사실 직접 마케팅은 종종 관계 마케팅(5장에서 다루었던 중요한 마케팅 트렌드 중 하나)의 핵심 구성요소로 인식되기도 한다. 이와 관련해서 어떤 직접 마케팅 담당자는 **정밀 마케팅**(precision marketing) — 설득력 있는 색감과 디자인을 이용한 전략적 메시지를 데이터 분석과 결합한 고객 커뮤니케이션 — 을 사용하고 있다.[35]

직접반응 광고의 목표는 소비자들로부터 몇 가지 유형의 행동을 직접적으로 유도해내는 것이다. 그러한 면에서 직접 마케팅노력의 효과(소비자의 반응 여부)를 측정하는 것은 쉽다. 그러나 직접반응의 단점은 강요성 및 혼란을 포함하고 있다는 것이다. 효과적인 직접 마케팅 프로그램을 실행하기 위한 세 가지 주요 요소는 (1) 현재 및 잠재 고객에 대한 가장 최신 고객 정보 리스트를 개발하고, (2) 올바른 방식으로 합당한 제품과 정보를 제공하며, (3) 마케팅 프로그램의 효과를 추적하는 것이다. 많은 마케터가 직접 마케팅의 효과를 향상시키기 위해 브랜딩 과학 6-1에서와 같이 데이터베이스 마케팅을 지향하고 있다.

장소 광고의 마지막 형태는 전통적인 광고매체를 보충하기 위한 수단으로서 최근에 부각되

브랜딩 과학 6 - 1

데이터베이스 마케팅의 중요성

公식적으로, **데이터베이스 마케팅**(database marketing)은 '고객, 문의, 잠재 고객에 대한 포괄적이고 최신의 관련 데이터를 실시간으로 전산화된 관계형 데이터베이스를 관리하는 것'으로 정의되어 있다. 또한 데이터베이스 마케팅은 기업이 최적의 시간에, 최선의 형태로 알맞은 고객에게 적절한 메시지 전달을 가능케 하는 예측 모델을 통해 기업이 고객과의 높은 수준의 장기적인 관계를 발전시키는 데 필요한 기업 메시지에 가장 잘 반응하는 고객 식별에 큰 도움을 준다. 이러한 것은 고객을 만족시키고, 마케팅 비용당 응답률을 높이고, 주문당 비용을 낮추고 비즈니스를 키워 수익을 창출하는 결과를 낳게 된다.

직접 마케팅의 특별한 수단과 상관없이, 데이터베이스 마케팅은 특정 소비자의 요구에 맞춘 목표가 된 커뮤니케이션과 마케팅 프로그램을 만드는 데 도움을 줄 수 있다. 고객이 주문을 하거나, 쿠폰을 보내거나, 보증 카드를 작성하거나, 경품 거래를 입력할 때 데이터베이스 마케터는 고객의 이름과 태도, 행동에 대한 정보를 수집하여 포괄적인 데이터베이스에 수집한다.

데이터베이스 마케팅은 일반적으로 기업이 신규 고객을 유치하는 것보다 기존 고객을 유지하는 데 더 효과적이다. 많은 마케터가 제품의 가격이 높을수록 그 제품을 더 자주 구매하게 된다고 생각한다. 데이터베이스 마케팅은 종종 성공적인 충성도 보상 프로그램의 핵심이다. 베스트웨스턴(Best Western)은 온라인 및 우편을 사용하여 프로그램 참가자에게 연락하고 그들의 마케팅 메시지 관련성과 적시성을 향상하기 위해 데이터베이스 정보에 의존한다.

데이터베이스 마케팅의 선구자로는 많은 금융 서비스 회사와 항공사가 있다. 그러나 패키지 상품 회사들조차 데이터베이스 마케팅의 가능한 이점을 모색하고 있다. 예를 들어 P&G는 팸퍼스 일회용 기저귀를 판매하기 위해 데이터베이스를 만들어 아기들을 위한 개별화된 생일 카드와 부모들에게 그들의 아이를 다음 단계의 기저귀로 유도하기 위한 리마인딩 편지를 보낼 수 있게 했다. P&G는 이러한 노력을 잘 개발된 전화상담 서비스 및 웹사이트와 매장 내 쿠폰을 결합하여 개별화되고 상호작용하는 부가가치 연락처를 만들고 있다.

마케팅 담당자가 고객의 평생 가치(LTV)를 추적하려고 할 때 데이터베이스 관리 도구가 우선순위가 될 것이다. LTV 분석의 적용을 통해 발생할 수 있는 일부 데이터베이스 마케팅활동에는 예측 모델링, 다중 캠페인 관리, 타깃 프로모션, 상향 판매, 교차 판매, 분할, 이탈 관리, 멀티채널 관리, 제품 개인화, 획득 및 보존 관리가 포함된다.

출처 : Robert C. Blattberg, Byung-Do Kim, and Scott A. Neslin, *Database Marketing: Analyzing and Managing Customers* (New York: Springer Science + Business, 2008); James Tenser, "'Behavior-Activated Research' Benefits P&G's Pampers Brand," www.cpgmatters.com; Thomas Haire, "Best Western Melds Old and New," *Response*, March 2009.

었기 때문에 '비전통적', '대안적', '지원' 광고매체라고 불리기도 한다. **옥외 광고**(out-of-home advertising)라고도 불리는 **공간 광고**(place advertising)는 전통적인 매체 밖에 있는 광고들을 포함하는 영역으로 폭넓게 정의된다. 갈수록 광고가 때로는 경험 마케팅의 부분으로 일반적이지 않은 독특한 장소에서 나타나고 있으며, 그에 대한 논리적 근거는 전통적 광고 이미지, 특히 TV 광고에 의한 이미지가 점점 효과가 감소하고 있기 때문이다. 따라서 마케터가 점포는 물론이고 소비자가 일하고 노는 곳과 같은 다른 환경 속에서 그들에게 더 잘 도달하는 것이 낫다. 미국 옥외광고협회에 따르면 2015년 옥외 광고 시장은 73억 달러 규모였다.[36] 공간 광고의 선택방안으로는 게시판 및 포스터, 영화, 비행기, 휴게실 및 기타 공간, 제품 배치, 구매 시점 광고가 포함된다. 옥외 광고를 사용하는 주요 광고주로는 맥도날드, 애플, 안호이저부시(Anheuser-Busch), 디즈니 등을 들 수 있다.[37] 옥외 광고는 TV, 디지털, 인쇄 매체 같은 주요 매체의 광고 효과를 확장하고 강화하는 데 사용할 수 있다.

옥외 광고판과 포스터   옥외 광고판은 오랜 역사를 가지고 있으며 수년에 걸쳐 변형되어 왔고, 주의를 끌기 위해 지금은 화려한 디지털로 제작된 그래픽, 역광조명, 사운드, 움직임, 독특하고 3차원적이기까지 한 이미지를 사용하고 있다. 옥외 광고판은 측정 가능성의 효과성과 디지털의 테크놀로지 측면에서 개선되었으며 자신들의 광고판 전략을 모바일 광고에 화합시키는 좋은 기회를 제공한다.

광고판 형태의 포스터 광고는 브랜드 노출을 증가시키기 위한 것으로 이제는 어느 곳에서나 볼 수 있다. 몇 년 사이에 버스, 지하철, 통근 열차 등과 같은 운송 광고는 직장 여성에게 도달하기 위한 중요한 수단이 되었다. 거리의 시설물(버스 정류장, 가판대, 공공장소)은 급성장하는 포스터 광고 영역이 되었다. 일본에서는 카메라와 센서가 공공 전자 게시판에 부착되어 있고 이러한 게시판은 이동통신 기술과 결합해 좀 더 개인화되고 활발한 상호작용을 이끌어낼 수 있다.[38] 코카콜라는 타임 스퀘어에서 1760LED 스크린을 사용한 로보틱 3D 광고를 활용한 옥외 게시판을 출시하였는데 이는 시각적으로 매우 눈길을 끌 수 있다.[39]

옥외 광고판은 이제 굳이 한 장소에 머무를 필요도 없다. 마케터는 이제 옥외 광고판이 부착된 트럭을 이용하여 원하는 지역을 돌아다니며 홍보활동을 할 수도 있다. 실제로 오스카마이어(Oscar Mayer)는 7대의 '위너모빌(Wienermobile)'이라는 자동차를 매년 전국으로 보내고 있다. 또한 뉴욕시는 최초로 택시에 TV 스크린을 장착하여 광고를 할 수 있게 해준 첫 번째 주요 도시가 되었다.

광고주는 이제 운동장이나 경기장, 차고 옆 쓰레기통, 자전거 선반, 주차요금 징수기, 공항화물 운반차, 엘리베이터, 기름 주유 펌프, 소주컵의 바닥, 기내식, 사과와 바나나에 자그마한 라벨을 붙인 형태의 슈퍼마켓 청과물 등의 공간을 구입할 수 있다. 모든 시도를 다해보면서 광고인들은 직장인이 하루에 평균 3~4번 그리고 한 번에 약 4분 정도 머무는 화장실 칸막이나 소변기 위의 공간조차도 광고 용도로 활용할 수 있게 되었다. 시카고 오헤어공항에서는 변기 상단의 150개 거울에 디지털 광고판을 설치해 광고를 송출하고 있다.[40] 그림 6-4는 몇몇 성공적인 옥외 광고주를 보여준다.

두 대의 핫도거 드라이버와 함께 오스카마이어의 위너모빌은 전국을 순회하며 다양한 행사에 모습을 드러낸다.

출처 : Leila Navid/ZUMA Press Inc/Alamy Stock Photo

칙필레(Chick-fil-A, 2006년)

월트디즈니컴퍼니(Walt Disney Company, 2007년)

알토이즈(Altoids, 2008년)

앱솔루트(Absolut, 2009년)

미니쿠퍼(MINI Cooper, 2010년)

크래커배럴올드컨트리스토어(Cracker Barrel Old
Country Store, 2011년)

메이커스마크(Maker's Mark, 2012년)

ESPN(2013년)

Gap(2014년)

HBO(2015년)

코로나엑스트라(Corona Extra, 2016년)

워너브라더스(Warner Brothers, 2017년)

밀러쿠어스(MillerCoors, 2018년)

그림 6-4
오비(Obie) 명예의 전당 수상자
(미국옥외광고협회 선정)

영화, 항공사, 라운지 및 기타 장소 광고주들은 전통적인 TV 및 인쇄 광고를 점점 더 비전통적인 장소에 배치하고 있다. 위틀커뮤니케이션(Whittle Communication)이나 터너브로드캐스팅(Turner Broadcasting) 같은 회사들은 강의실, 공항 라운지, 기타 공공장소에 TV와 광고 프로그램을 배치해 놓고자 했다. 항공사들은 현재 광고를 포함한 매체가 후원하는 오디오/비디오 프로그램을 제공한다(USA 투데이, 스카이 라디오, 내셔널 지오그래픽 익스플로러). 로우시네플렉스(Loews Cineplex) 같은 영화관 체인은 2,000개 이상의 상영관에서 현재 30초, 60초, 90초 광고를 상영한다. 실제로 TV나 잡지에 나타난 광고가 종종 이러한 비전통적인 장소에 똑같은 형태로 나타나기는 하지만, 많은 광고인이 소비자 기대에 더 부응하기 위해 이러한 옥외 노출을 위해 특별히 설계된 광고를 만들어내는 것이 중요하다고 믿는다.

제품 협찬(PPL) 여러 메이저 마케터는 영화나 TV에 그들의 제품이 잠깐 카메오로 등장할 수 있도록 하기 위해 — 브랜드 노출의 횟수와 질에 따라 정확한 액수가 달라지긴 하지만 — 5~10만 달러 사이의 수수료를 지불한다. 이 기법은 1982년에 대히트작인 〈E.T.〉에 리세스피시즈(Reese's Pieces)가 등장한 후 판매량이 무려 65%나 증가하면서부터 급격히 증가하였다.[41] 최근 유명 드라마인 〈브레이킹 배드(Breaking Bad)〉에 드라마의 유명세를 이용하고자 하는 여러 PPL이 등장하기도 했다.[42] 또한 스트리밍 서비스가 점점 인기를 끌면서 PPL은 점점 더 표적고객의 위치, 쇼핑 이력과 선호도 등을 기반으로 개인화되고 있다.

PPL을 많이 사용하는 브랜드로는 벤츠, 애플, 펩시 등을 들 수 있다.[43] 또 마케터는 PPL과 판매 촉진을 연계하여 브랜드의 예능적인 면을 결부시켜 홍보하고 있는데 이를 '브랜디드 엔터테인먼트'라고 한다. 예를 들어 비츠(Beats) 헤드폰은 〈어벤져스〉와 같은 영화에 PPL로 노출하여 그들의 표적고객층과 연결하고 고급스러운 브랜드 이미지를 강화하였다. 비츠는 또한 뮤직비디오와 주요 스포츠 스타들과 함께 PPL을 진행하고 있다.[44]

구매 시점 최근에는 구매 시점에서 소비자와 소통하는 방법에 대해 많은 가능성이 나타났다. 점포 내 광고는 쇼핑카트, 카트 손잡이, 복도, 진열대 위의 광고뿐만 아니라 점포 내 전시, 즉석 샘플, 즉석 쿠폰기계 등과 같은 판촉방안도 포함된다.[45] 마샬(Marshall's), TJ 맥스(TJ Maxx), 노드스트롬랙

색다른 장소(예 : 영화관, 공항 라운지 및 기타 장소)에 광고를 배치하는 것은 광고의 효과를 높이기 위한 또 다른 접근방식으로 여겨진다.

(Nordstrom Rack), 세포라(Sephora), 빅토리아시크릿(Victoria's Secret) 같은 매장에서는 고객이 서서히 계산대로 향하는 동선에 따라 디스플레이를 만들어 가격이 저렴한 제품들 위주로 홍보하고 있다. 비슷한 예로 베스트바이(Best Buy)의 경우 고객이 최신 버전의 엑스박스나 플레이스테이션을 체험할 수 있는 POP 마케팅을 진행하고 있다.[46]

이러한 POP 광고의 매력은 많은 제품군에 있어서 대부분의 소비자는 최종 구매결정을 매장 내에서 하게 된다는 사실인데, 이는 많은 연구에 의해 검증된 바 있다. 점포 내 매체는 충동적 또는 계획적 구매 결정 수와 상황을 증가시키기 위해서 사용된다. 한 업체에 따르면 매장 입구 쪽에서 약 4주간 광고를 한 브랜드들이 그 기간 동안 약 20% 이상의 매출 증대를 보였던 것으로 나타났다.[47]

가이드라인 비전통적인 혹은 공간 매체는 새로운 방식으로 소비자에게 도달할 수 있는 몇 가지 흥미로운 방안을 마케터에게 제공한다. 현재 광고는 소비자가 몇 분, 몇 초라도 여유가 있어서 광고를 주목할 만한 시간이 있는 경우 그 어떤 곳에라도 나타날 수 있다. 비전통적 매체의 주된 장점은 이러한 매체들은 매우 정확하게 그 장소를 피할 수 없는 고객에게 저렴하고 보다 적극적인 방식으로 도달할 수 있다는 점에 있다.

그러나 고객들은 옥외 광고를 빨리 처리하므로(예 : 길을 지나면서 옥외광고를 볼 때 빨리 보고 지나칠 수 있다) 옥외 광고 메시지는 간단하고 직접적이어야 한다. 사실상 옥외 광고는 흔히 '15초 판매'라고 불린다. 어떤 평론가는 현존하는 21세기 고객의 특성을 고려해, 바쁘게 거리를 지나며 짧은 콘텐츠를 원하는 사람들에게 옥외 광고판은 트위터 트윗의 원조와 같다고 했다—고객들은 간단한 이미지와 정보를 얻고는 바로 지나간다.[48] 따라서 전략적으로 옥외 광고는 새로운 브랜드연상을 창출해내기보다는 기존 브랜드연상을 강화하고 인지도를 향상시키는 데 있어 보다 효과적이다.

비전통적 매체의 현행 과제는 신뢰감 있고 독립적인 조사를 통해 그 도달 효과를 증명하는 것이다. 비전통적 매체에 대한 또 다른 우려는 과다 상업화에 대한 소비자의 반발이다. 그렇지만 광고가 워낙 만연해 있기 때문에 소비자들은 아마도 과거에 비해서 비전통적 매체 광고에 크게 신경 쓰지는 않을 것이다.

비전통적 매체를 위한 마케팅 비용을 정당화하기 위해서 어떤 식으로든 소비자들이 긍정적으로 영향과 반응을 보여야 한다. 슈퍼마켓의 계산대, 패스트푸드점, 병원 대기실, 헬스 클럽, 버스정류소 등에 광고를 제공하는 몇몇 회사 중 광고를 중단한 회사들이 있는데 이는 정도의 차이는 있지만 소비자의 관심을 충분히 끌어내지 못했다는 판단에서였다. 그렇지만 중요한 것은 소비자 앞에 브랜드를 배치하는 창의적 수단에 대한 여지가 항상 존재할 것이라는 점에서 이러한 매체들의 가능성을 무궁무진하다고 할 수 있다.

판매 촉진

비록 광고와 판매 촉진의 역할은 다르지만, 이 둘은 밀접하게 연관되어 있으며 함께 사용된다. **판매 촉진**(sales promotion)은 제품이나 서비스의 사용을 격려하기 위한 단기 유인책으로 정의할 수 있다.[49] 마케터의 판매 촉진 활동은 유통 파트너 또는 최종 소비자 모두를 목표로 삼을 수 있다. 또한 판촉은 광고와 마찬가지로 다양한 형태가 가능하다. 광고는 소비자에게 구매의 이유를 제공하는 반면, 판촉은 소비자에게 구매 유인을 제공한다. 따라서 판촉은 다음을 위해 설계된다.

- 유통 파트너 혹은 거래상이 브랜드를 취급하고 적극적으로 지원하도록 그들의 행동을 변화시키기
- 소비자가 처음으로 브랜드를 구매하고, 더 많이 구입하거나 또는 브랜드를 더 빨리 구입하고 더 자주 구매하도록 소비자의 행동을 변화시키기

시장 분석가들은 여러 가지 이유 때문에 판촉의 사용이 증가했다고 주장한다. 분기별로 평가되는 브랜드 관리 시스템은 (판촉과 같은) 단기 해결법을 부추기며, 책임감의 필요성이 커지면서 광고와 같은 매체보다 고객 행동의 변화를 관찰하기 쉽고 빠른 판촉과 같은 매체를 더 선호하게 만들고 있다. 또한 매체 환경이 보다 혼란스러워지고 소비자는 더욱 세분화되는데도 불구하고 광고비는 꾸준히 상승하는 경제적인 요인은 광고 효과에 부정적인 영향을 미치고 있다. 소비자의 점포 내 의사결정이 점점 중요해지고, 브랜드 충성도가 낮아지며, 과거보다 광고에 더욱 무감각해진 것으로 보이는 점도 판촉의 증가에 기여한다. 마지막으로 많은 성숙기 브랜드 간의 차별화는 크지 않은 것으로 보인다. 이 와중에 소매 매장의 영향력은 더욱 강력해졌다.

이러한 모든 이유 때문에 어떤 마케터는 소비자와 유통 파트너를 대상으로 한 판촉 활동이 브랜드의 판매를 증가시키는 데 있어 광고보다 효과적이라 생각하기 시작했다. 판촉에는 명백한 장점이 있다. 소비자 판촉은 가격 민감성이 각기 다른 소비자 그룹에 서로 다른 가격을 효과적으로 부과함으로써 제조업자에게 가격 차별을 용이하게 할 수 있도록 해준다. 주의 깊게 설계된 촉진은 강하고 호의적이며, 독특한 연상을 창출할 수 있도록 하는 정보나 실제적인 제품 경험을 통하여 브랜드자산을 구축할 수 있다. 또한 판촉은 중간상이 재고를 최상으로 유지하고 제조업자의 판매노력을 적극적으로 지원하도록 격려할 수도 있다.

23개 제품군과 4개 슈퍼마켓 체인을 대상으로 구매 행동을 조사한 한 연구에 따르면 특정 금액 이상 구매 시 할인을 해주는 즉시 할인은 고객들의 쇼핑 횟수를 늘리며, 보너스 제공은 그 브랜드의 시장 점유율을 증가시키고 고객들의 브랜드 선택 확률도 증가시키는 것으로 나타났다.[50]

반면에, 소비자 행동 관점에서 볼 때 브랜드 충성도의 감소나 브랜드 전환의 증가뿐만 아니라 제품 품질 인식의 하락, 가격 민감성의 증가와 같은 많은 판촉의 단점이 있다. 프랜차이즈 구축을 위한 광고 또는 다른 커뮤니케이션의 사용을 억제하는 것 외에, 마케팅 자금을 쿠폰이나 다른 판촉으로 전환하는 것은 때때로 조사 및 개발 예산의 감소와 직원 수 감소를 가져왔다. 아마도 가장 중요한 거래 촉진으로부터 발생하여 만연해 있는 할인은 전통적인 충성도 패턴을 분열시키면서 소비자 결정의 요소로서 가격의 중요성을 증대시켰을 것이다.

판촉의 또 다른 단점은 판촉 없이도 해당 브랜드를 구입했을 구매자에게 단순히 보조금을 주는 것일 수도 있다는 점이다. 흥미로운 한 가지 사실은 고객이 자산이 많을수록, 교육수준이 높을수록, 외곽에 거주할수록, 백인일수록 쿠폰을 사용할 확률이 높았는데 그 이유는 가족 중 누군가가 쿠폰을 발견할 확률이 높았기 때문이다. 게다가 브랜드에 유인된 새로운 소비자는 브랜드 자체의 장점이 아니라 판촉 때문에 구매를 할 수도 있으며, 판촉 제공이 철회되면 반복구매하지 않을 수도 있다. 그 예로 JC페니(JCPenny)가 2012년에 쿠폰 제공을 중단하였을 때 23%의 매출 감소를 겪은 사실을 들 수 있다.[51] 끝으로, 점점 더 많은 소매업자가 거래할인을 기대하고 요구하고 있다. 중간상은 구매사항에 대한 동의를 실질적으로 이행하지 않을 수도 있고, 선물매입이나 자금

유용과 같은 비생산적 활동에 관여할 수도 있다.[52]

판매 촉진은 몇 가지 목표를 갖는다.[53] 고객으로 보면 판매 촉진은 신규 고객, 같은 제품군에서 구매했던 기존 고객, 또 우리 브랜드를 구매했던 기존 고객을 타깃으로 삼을 수 있다. 유통 거래 망 관점에서 판매 촉진은 제품 유통, 지원 활동, 재고관리, 호의에 의해서 사용될 수 있다. 다음으로 소비자 및 중간상 판매 촉진에 관련된 몇 가지 구체적인 이슈를 고찰할 것이다.

소비자 판매 촉진 소비자에 대한 판매 촉진은 소비자의 제품 구매 시 선택, 양, 시기 등을 변화시키기 위하여 설계된다. 소비자 판촉이 여러 다른 형태로 나타나기는 하지만, 고객 프랜차이즈 구축을 위한 판촉(샘플, 실증, 교육자료 등)과 비고객 프랜차이즈 구축을 위한 판촉(가격 인하, 프리미엄, 복권, 환불) 사이에는 차이가 있다.[54] 고객 프랜차이즈 구축을 위한 판촉은 브랜드에 대한 소비자 충성도와 태도를 제고하는 것으로서 간주된다. 다시 말해 브랜드자산에 영향을 주는 판촉이다.

예를 들어 샘플링은 소비자들 사이에 브랜드에 대한 입소문을 만들기도 하고 강력하고 관련성 높은 브랜드연상을 만드는 도구이다. 브랜드자산을 극대화하기 위해 샘플을 어디로 어떻게 전달할지가 보다 명확해짐에 따라 마케터의 샘플 사용은 점점 많아지고 있다. 예를 들어 샘플링 프로그램의 일부로 버치박스(Birchbox)는 잘 알려진 미용 브랜드인 베네피트(Benefit), 키엘(Kiehl's), 마크제이콥스(Marc Jacobs)의 샘플을 회원에게 단 10달러에 보내주고 있다. 버치박스 가입자는 버치박스 웹사이트를 방문하여 더 많은 정보를 검색하고, 후기를 남기며, 완제품 구매에 사용할 수 있는 포인트도 받을 수 있다. 미용 브랜드는 이러한 버치박스의 선별력과 고객의 참여를 좋아하는 것으로 나타났다.[55]

따라서 판촉은 판매를 이끌어내는 것뿐만 아니라 브랜드자산에 공헌하는 능력에 의해 평가되고 있다. 관련해서 판촉마케팅협회는 '다양한 유형의 판촉 마케팅을 대상으로 우수한 판촉 아이디어, 창의성과 활용' 사례를 인정하기 위해 '레지어워드(Reggie awards)'를 수여하고 있다.

판촉 전략은 소비자들의 태도와 행동을 반영해야 한다. 지난 몇 년 동안 소비자가 실제 사용하는 쿠폰 비율이 지속적으로 감소했다 — 한 가지 주요 이유는 마케터가 너무 많은 쿠폰을 제공하여 고객에게 혼란을 안겨주었기 때문이다. 미국에서는 2016년 한 해에만 3,050억 달러 정도의 쿠폰이 제공되었다.[56] 그중 실제 고객이 사용한 쿠폰 중 정기간행물에 추가되었거나 쿠폰북 형태로 제공되는 쿠폰(FSIs)의 비중이 약 89%였고 2017년 기준으로 약 5억 4,500만 달러 정도의 가치인 것으로 나타났다.[57] FSIs쿠폰의 실제 사용 비율은 별로 높지 않은 것으로 나타났지만(약 0.5~2%), 이메일 쿠폰의 경우 이 비율이 2.7%까지 올라갔다.[58] 현재 성장하고 있는 판매 촉진 분야 중 하나가 점포 내 쿠폰인데, 이는 전통적인 점포 외 쿠폰 회수율이 하락하자 마케터가 점포 내 쿠폰 쪽으로 점차 전환하고 있기 때문이다. 또 다른 성장 영역은 2016년 기준 미국의 55% 이상의 성인이 사용해봤고, 실제 사용률이 신문 쿠폰에 비해 10배나 높은 디지털 쿠폰으로 실제 사용률이 6%이다.[59] 3만 명의 온라인 쇼퍼를 대상으로 한 관련 설문조사에 따르면 83%의 고객은 이메일을 통해 쿠폰을 받았고, 66%는 소셜 미디어를 통해, 48%는 모바일 앱을 통해, 또 44%는 소비자 구전을 통해 쿠폰을 받은 것으로 나타났다.[60]

그루폰

그루폰(Groupon)은 2008년에 새로운 마케팅 수단을 기업에 제공하는 회사로 출범했다. 인터넷과 이메일을 활용함으로써 회사는 기업이 광고의 형태로 프로모션을 사용하는 것을 돕는다. 특히 그루폰은 특정 브랜드 제품 또는 서비스에 대해 유머러스하게 표현된 일일 거래(정가에서 벗어나는 특정 비율 또는 달러)를 받는 많은 가입자를 보유하고 있다. 이러한 이메일 할인을 통해 그루폰은 기업에 세 가지 혜택을 제공한다 : 브랜드에 대한 소비자 노출 증가, 가격 차별 능력, '입소문(buzz factor)' 창출. 이러한 혜택을 위해 그루폰은 이 과정에서 40~50%의 비용을 절감한다. 스파, 피트니스 센터, 레스토랑 등 현지 유통업체를 대신해 많은 프로모션이 제공되지만, 그루폰은 갭(Gap), 사우스웨스트항공(Southwest Airlines), FTD 등 내셔널 브랜드를 대신해 거래를 관리하기도 한다. 그루폰은 2017년 기준으로 4,950만 명의 고유 고객을 보유하고 있으며, 28억 4,000만 달러의 매출 수익을 올렸다.[61] 그루폰은 현재 리빙소셜(LivingSocial), 리테일미낫(RetailMeNot) 등을 포함한 여러 경쟁업체와 경쟁하고 있다.

그루폰, 리빙소셜 같은 회사는 고객이 모든 종류의 쿠폰을 구매할 때 사용할 플랫폼을 만들어 판매 촉진 산업을 혼란에 빠뜨리려고 노력했다. 이러한 플랫폼의 문제는 플랫폼이 소매업체보다 고객에게 더 유익한 것으로 간주된다는 것이다. 고객은 대개 쿠폰을 사용하기 위해 미리 준비하기 때문에 상인들은 일반적으로 트래픽 감소를 경험한다.[62]

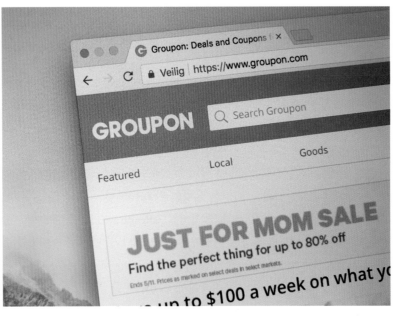

그루폰은 다양한 판촉 행사를 통해 가입자와 지역 상인을 연결하는 온라인 마켓플레이스다.
출처 : Jarretera/Shutterstock

유통망 판매 촉진 유통망 판매 촉진은 제품의 판매 촉진을 위해 유통망 파트너에게 제공되는 금전적인 인센티브나 할인으로 대개 구매 시점 진열, 콘테스트 및 딜러 인센티브, 훈련 프로그램, 협동 광고 등을 통해 주어지고 있다. 이러한 유통망 판촉은 새로운 브랜드를 공급하거나, 진열공간과 유통망을 확보하고 좋은 위치를 선점하기 위해 사용된다. 점포 내 진열대 및 통로 위치는 브랜드가 소비자의 눈길을 끄는 데 큰 영향을 미치기 때문에 중요하다. 예를 들어 눈높이에 있는 진열대 위에 브랜드를 위치시키는 것은 바닥에 있는 진열대에 위치시키는 것에 비해 판매량을 2배로 증대시킬 수도 있다.[63]

제조업체가 이러한 판매 촉진에 소비하는 비용은 매우 많은 관계로 유통망 판매 촉진 프로그램을 보다 효과적으로 만들고자 하는 압력이 가중되고 있다.

온라인 마케팅 커뮤니케이션

21세기의 첫 10년은 기업이 쌍방향적인 온라인 마케팅 커뮤니케이션 세계 속으로 달려들어 온 시기였다. 인터넷의 성장과 함께 마케터는 앞다투어 사이버 공간에서의 존재감을 구축했다. 온라인 마케팅의 가장 큰 장점은 낮은 비용과 높은 수준의 디테일링 능력과 개인화 수준을 들 수 있다. 온라인 마케팅 커뮤니케이션은 거의 모든 마케팅 커뮤니케이션 목표를 달성하는 데 사용될 수 있으며 특히 좋은 관계를 형성하는 데 큰 도움이 된다. 이에 대한 구체적인 내용은 7장에서 살펴보기로 한다.

이벤트와 경험

온라인 마케팅이 브랜드 관리에 중요한 만큼, '실제 세상'의 이벤트와 경험도 마찬가지로 중요한 역할을 한다. 가상세계에서 브랜드 구축은 실제 또는 물리적 세계의 브랜드 구축을 보완해야 한다. 이벤트와 경험은 중요한 국제 행사의 수백만 달러의 후원부터 지역 매장 내 제품 데모나 샘플링 프로그램에 이르기까지 다양하다. 이러한 여타 다른 유형의 이벤트와 경험이 공유하는 점은 브랜드가 고객의 감각과 상상력을 사로잡고 브랜드지식을 변화시켜야 한다는 것이다.

경험은 모든 형태를 취할 수 있고 마케터의 상상력에 의해서만 제한된다. 페이스북은 자사의 IQ 플랫폼을 통해 제공되는 인사이트와 연구에 대한 인지도를 올리기 위해서 500명의 게스트와 함께 뉴욕에서 시작한 IQ라이브(IQ Live)라는 이벤트 시리즈를 진행하였다. 또한 페이스북은 페이스북의 데이터 인사이트를 흥미로운 방식으로 알리기 위해 시카고와 뉴욕 등지에서 이벤트를 진행하였다. 이를 위해 뉴욕 매디슨스퀘어가든에서 무대를 만들어 이벤트를 진행하였는데, 무대는 인조잔디로 뒤덮여 있었고 뉴스 스탠드와 카페도 설치하였다. 이러한 일상적인 세팅은 페이스북은 사용자들의 삶의 중요한 순간들을 공유하는 플랫폼이라는 IQ플랫폼의 인사이트에서 착안한 것이다.[64] 또 다른 사례로 그레이구스(Grey Goose) 보드카를 들 수 있다.

그레이구스

그레이구스는 보드카 브랜드를 위해 소비자 사이에 더 강력한 연결고리를 만들겠다는 목표아래 고급 소비자와 연결하기 위한 경험적 마케팅 전략의 일환으로 이벤트를 이용했다.[65] 그레이구스는 보드카를 만들 때 사용한 것과 동일한 프랑스 밀로 만든 빵을 특징으로 하고 제공하는 팝업 스토어[블랑제리 프랑수아(Boulangerie Francois)]를 사용하여 이 문제를 극복하기 위해 경험적인 마케팅을 사용했다.[66] 이 프랑스 베이커리 스타일의 팝업 스토어는 소비자에게 음료, 페이스트리, 그리고 다른 음식들을 제공할 것이고, 그들은 그 장소에서 해변의 풍경을 특징으로 하는 비밀의 문을 통과한다.

이 캠페인은 소셜 미디어와 홍보로 지원되었다. 일례로 바카디(Bacardi)는 기자들과 인플루언서들에게 그레이구스 맛으로 만든 잼과 함께 '그레이구스 빵' 바구니를 보내줬고, 불랑제리에서는 프랑스 제빵사가 고객을 응대하면서 브랜드 뒷이야기를 설명했다. 이 캠페인은 229개의 커버리지, 1,890만 개의 디지털 리치, 7억 800만 OTS(opportunity-to-see)로 큰 성공을 거두었다.[67]

그레이구스는 고급 소비자와 연결하기 위해 경험적 마케팅을 효과적으로 사용해 왔다.

공식적으로, **이벤트 마케팅**(event marketing)은 스포츠, 예술, 오락, 사회적 대의에 관련된 활동이나 이벤트를 공식적으로 후원하는 것으로 정의된다. B2B, B2C 및 비영리기업 대상 설문조사에 따르면, 설문 참가자 중 79%는 비즈니스에 있어서 이벤트의 중요성을 인정하였다. 이 설문조사는 이벤트 마케팅을 사용하는 여러 이유를 보여주는데 그중 고객에게 정보를 제공하고 고객 교육을 하거나, 판매와 같은 리드를 창출하거나 기부를 늘리고자 하는 점이 있다. 미트업닷컴(Meetup.com)이나 이벤트브라이트(EventBrite)와 같은 기업은 매끄러운 이벤트 기획 서비스를 제공하여 이벤트 마케팅을 활성화하고 있다.[68] 또한 80%의 마케터는 이벤트 관리 소프트웨어, 모바일 이벤트 앱, 마케팅 자동화 시스템, 소프트웨어 통합, 라이브 스트리밍, 소셜미디어, 소셜 월(social walls), 증강현실이 포함한 기술이 이벤트 마케팅의 주요 촉진자 역할을 함으로써 비즈니스 성공의 핵심이라고 생각한다.[69] 또한 약 20% 정도의 B2B 마케터 예산이 이벤트 관련 예산으로 알려져 있다.[70]

국제적으로도 이벤트 스폰서십은 2017년 기준 약 627억 달러인 것으로 나타났으며 그중 대부분이 스포츠, 연예, 코즈(cause), 미술축제 등과 같은 이벤트에 사용된 것으로 나타났다.[71] 한때 대부분 담배, 맥주, 자동차 회사 등에서만 채택하던 스포츠 마케팅이 현재는 사실상 거의 모든 유형의 회사에서 사용하고 있다. 게다가 개썰매 경기에서 낚시대회까지 그리고 트랙터 끌기에서 프로 비치발리볼까지 포함하는 거의 모든 스포츠 이벤트는 현재 일정한 방식으로 제휴된 지원을 받고 있다. 8장에서 이벤트 마케팅과 서폰서십에 대한 내용을 더 자세히 다룬다.

이유 이벤트 스폰서십은 마케터에게 다양한 유형의 커뮤니케이션 대안을 제공해준다. 이벤트를 후원하는 것은 후원 기업이 소비자 생활 속의 특별하면서도 개인적으로 관련된 순간의 일부가 되는 것이다. 따라서 후원 기업은 표적시장과 후원 기업 간의 관계를 넓힐 수 있게 된다. 마케터는 이벤트를 후원하는 많은 이유를 다음과 같이 보고하고 있다.[72]

● **특정한 표적시장 혹은 라이프스타일을 발견하기 위해** : 마케터는 선택된 또는 광범위한 소비자 그룹에 인기 있는 이벤트에 그들의 브랜드를 연결할 수 있다. 고객들은 이벤트에 따라 지

역적, 인구통계학적, 심리학적, 행동적으로 표적화될 수 있다. 특히 이벤트는 특정 제품 및 브랜드에 대한 참석자의 태도와 사용 등에 기초하여 선택될 수 있다. US오픈은 모든 스포츠 중 가장 많은 부유한 고객에게 어필하는 것으로 나타났고 따라서 아메리칸익스프레스, 체이스(Chase), 웨스틴(Westin), 그레이구스 보드카와 같이 부유한 고객을 목표로 하는 브랜드들이 후원하고 있다.[73]

- **제품 이름이나 기업에 대한 인지도를 올리기 위해** : 후원은 브랜드 보조 상기를 증대하기 위해 필요한 지속적인 브랜드 노출 기회를 제공한다. 후원 이벤트나 활동을 숙련되게 선택함으로써 제품 확인 및 브랜드 비보조 상기를 향상시킬 수 있다.

- **브랜드의 핵심 연상에 대한 고객의 인지를 제고하기 위해** : 이벤트 자체가 브랜드연상을 창출하거나 강화하도록 돕는 연상을 갖는다. 예를 들어 세이코(Seiko)는 오랫동안 올림픽과 같은 주요 스포츠 이벤트를 후원했으며, 스바루(Subaru)는 자신의 잠재고객들과 스키 관련 이벤트 사이의 관심이 상당히 일치한다고 보고 있다.

- **기업 이미지를 강화하기 위해** : 후원은 부드러운 설득 수단 중 하나로 기업에 대한 호감과 평판 등을 향상시키는 수단이다. 마케터들은 소비자들이 회사의 후원활동을 인정하고 나중에 제품 선택 시 그 회사의 제품을 선택할 것을 기대한다. 마운틴듀는 그들의 표적고객인 12~24세 사이 고객들에게 좋은 이미지를 만들기 위해 스케이트보딩, BMX, 프리스타일 모토크로스 이벤트 선수들이 참가하는 멀티시티 듀 투어(Dew Tour)를 만들었다. 듀 투어는 현재 도시, 해변과 산의 테마 기반 이벤트도 진행하고 있다. 마운틴듀는 또한 예술가와 음악인을 후원하는 그린라벨닷컴(Green-Label.com)이라는 디지털 플랫폼을 운영 중이며 브랜드의 주 웹사이트인 마운틴뷰닷컴(Mountain Dew.com)보다 더 많은 방문자를 가지고 있다.[74] 마운틴듀는 직원들에게 이런 이벤트에 적극적으로 참여하기를 권장하며 고객과 좀 더 연결하기를 희망하고 있다.

- **경험을 창출하고 감정을 이끌어내기 위해** : 이벤트는 경험 마케팅 프로그램의 한 부분으로 흥미로운 이벤트를 통해 창출되는 기분은 브랜드와 간접적으로 연결될 수 있다. 마케터는 온라인을 이용하여 추가적인 경험을 제공하고 이벤트에 대한 지원을 강화할 수 있다.

- **사회적 이슈에 대한 의지를 보여주기 위해** : 대의명분 마케팅이라 불리는 이러한 후원은 종종 비영리조직, 자선단체 등과의 자매결연 등 창출하는 공동체 혹은 사회 문제의 홍보를 포함한다(12장 참조).

- **핵심 고객들에게 즐거움을 제공하고 직원들을 포상하기 위해** : 많은 이벤트가 후원자와 그들의 손님에게만 유용한 특별 서비스 활동 및 후원캠프를 아낌없이 베풀어왔다. 예를 들어 뱅크오브아메리카(Bank of America)의 골프 후원은 고객들을 위한 특별 이벤트를 포함하고 있다. 이벤트에 여러 가지 방법으로 고객을 참여시키는 것은 호감을 창출하고 가치 있는 사업 관계를 가져올 것이다. 고용인 시각에서 볼 때, 이벤트는 종업원들의 참여와 사기를 진작시킬 수 있고 인센티브로서 사용될 수도 있다.

- **판촉 기회와 판매를 증진하기 위해** : 많은 마케터가 콘테스트, 복권, 점포 내 판매, 직접반응, 기타 마케팅활동을 그들의 이벤트와 연결한다. 예를 들어 워너램버트(Warner-Lambert)는 매장에서 진열대공간을 확보하고 소매점과의 협동 광고 참여를 장려하기 위해 '테이스트 오브 시카고(Taste of Chicago)' 이벤트를 후원하고 있다.

이러한 잠재적인 장점에도 불구하고, 후원에는 많은 잠재적인 단점이 있다. 이벤트의 성공은 예측 불가능할 가능성이 많으며 후원자의 통제 밖에 있을 수도 있다. 후원에는 더 많은 혼란이 있을 수 있다. 마지막으로, 많은 소비자들은 이벤트를 가능하게 하는 재정적 도움 때문에 후원 기업을 신용하지만, 어떤 소비자는 후원을 통한 이벤트의 상업화에 대해 여전히 분개할지도 모른다.

가이드라인   성공적인 후원을 개발하는 것은 적당한 이벤트 선택, 최적의 후원 프로그램 설계, 그리고 브랜드자산에 대한 후원 효과 측정 등을 포함한다.

이벤트 후원 기회 선택   막대한 비용 및 이벤트 기회의 참여 횟수 때문에 마케터들은 그들이 관여하는 이벤트와 수행 방법에 대하여 보다 전략적으로 접근하고 있다.

이벤트 선정에는 여러 지침이 있다. 첫째, 브랜드를 위해 정의된 마케팅 목표 및 커뮤니케이션 전략이 이벤트와 맞아야 한다. 따라서 이벤트가 대상으로 하는 대중이 브랜드의 표적시장과 일치해야 한다. 또한 이벤트는 충분히 높은 인지도를 가져야 하고 바람직한 이미지를 보유해야 하며, 그 표적시장에서 바람직한 효과를 창출할 수 있어야 한다. 특히 관심 있는 것은 소비자들이 그 이벤트 개최 때문에 후원자를 호의적으로 평가하는지 여부이다.

'이상적인 이벤트'는 참가 대중이 이상적인 표적시장과 근접하게 일치하고, 호의적인 태도를 유발하며, 독특하되 다른 많은 후원자에 의해 방해받지 않는 이벤트이다. 디지털적인 요소와 사회적인 요소를 첨가하는 것은 이벤트에 생명력을 불어넣고 이벤트에 관련된 긍정적인 입소문을 만드는 데 도움이 된다.

물론 어떤 기업은 특정 이벤트를 후원하기보다 직접 이벤트를 만들기도 한다. 브랜딩 브리프 6-1에서 보듯이 ESPN은 X게임(X Games)이라는 이벤트를 만들어 전통적인 스포츠에 큰 매력을 느끼지 않는 고객층을 타깃하고 있다. 보다 많은 기업이 자신들의 브랜드네임을 실제로 행사가 열리는 경기장, 스타디움, 기타 개최장소를 후원하기 위해 사용하고 있다. 영국의 아메리칸익스프레스 스타디움, 댈러스의 아메리칸항공 아레나와 피츠버그의 하인츠 필드를 그 예로 들 수 있다. 또한 스테이플스(Staples)는 LA 도심의 경기장에 자사의 이름을 붙이기 위해 20년 이상 1억 달러를 지출했다. 이 경기장은 NBA의 레이커스와 클리퍼스, NHL 킹스(NHL Kings)가 경기를 하고 콘서트 및 다른 행사들도 열리는 곳이다. 스타디움에 이름을 붙이는 데 높은 사용료가 들기는 하지만, 그것이 브랜드자산 구축에 직접적으로 기여하는 것은 일차적으로 브랜드 비보조 상기가 아닌 브랜드의 인지도 창출에 큰 영향력이 있기 때문이다. 이때 마케터는 이런 네이밍 전략이 아마도 일정 수준의 크기와 범위를 전달하는 것 외에 브랜드 이미지에는 크게 기여하지 않는 점을 인식해야 한다.

후원 프로그램 기획   마케터는 후원 프로그램의 성공을 결정하는 것은 마케팅 프로그램이라고 생각한다. 후원자들은 이벤트를 이용해 전략적으로 자신의 존재를 드러낼 수 있으며 배너 광고, 사인, 프로그램 등을 포함한 다양한 방식을 통할 수 있다. 그러나 보다 중요하고 광범위한 효과를 위해서는 보통 샘플, 상, 광고, 소매촉진, 홍보 등의 활동을 보조적으로 이용해 후원 프로그램을 지원하는 것이 좋다. 이러한 관련 마케팅활동의 예산은 적어도 후원 비용의 2~3배 정도는 되어야 한다고 알려져 있다.

후원 활동 측정   후원 활동의 효과를 측정하기 위한 두 가지 기본 접근 방법이 있다. **공급 측면 방법**

브랜딩 브리프 6 - 1

X게임을 통한 브랜드 구축

액션 스포츠 산업은 다양한 고에너지와 때로는 잠재적으로 고위험 스포츠를 포함하고 있지만, 그것은 주로 스케이트보드, 스노보드, 서핑, BMX 자전거 등 다양한 형태로 정의된다. 액션 스포츠는 합법성, 참여성, 공익성, 스폰서/비즈니스 투자 측면에서 점점 더 주류로 인식되고 있다. 스케이트, 스노보드 및 서핑 장비, 의류, 액세서리 범주가 스포츠 의류 산업에 기여하면서 점점 더 수익성이 높아졌다. 소형 비디오 카메라인 고프로(GoPro)는 트랙 사이클 선수, 큰 파도 서핑 선수, 하프파이프 스노보드 선수, 카이트 보더, 터프 머더 레이서 등이 놀라운 스턴트를 할 때 이 카메라를 착용할 수 있기 때문에 액션 스포츠 산업을 변화시켰다. 이러한 놀라운 업적은 그 후 유튜브에 업로드되고, 이러한 액션 스포츠의 많은 부분이 더 주류가 되도록 만들었다. 고프로의 2017년 매출은 11억 8,000만 달러였다.

1995년 격년제로 시작된 ESPN의 X게임은 여전히 업계 선두에 서 있다. 그들은 ESPN의 가장 큰 소유 및 운영 재산이며 액션 스포츠계에서 금본위제로 간주된다. 대중이 처음에 X게임을 '서커스단이 마을에 온다' 또는 죽음을 무릅쓰는 스턴트와 묘기를 보여주는 쇼케이스로 보는 동안, 사람들은 그 선수들이 지속가능한 사업에서 합법적인 운동선수라는 것을 깨닫기 시작했다. 특히 18세 이하의 시청자들은 X게임과 함께 성장했고 그것을 자신들의 올림픽으로 여긴다.

X게임은 빠르게 프랜차이즈로 성장했고 소비재나 홈 엔터테인먼트 분야에서 다양한 브랜드 확장을 성공적으로 시작했으며 7개 대륙을 아우른다. ESPN은 X게임의 모든 요소의 진화와 성장이 브랜드 인지도와 관련성, 라이브 이벤트 참석률, 기록적인 방송 시청률, 스폰서 투자 증가, 대세의 전반적인 인기와 통합 등 지속적인 성공에 좋은 위치를 차지했다고 믿는다.

액션 스포츠에 초점을 맞춘 연례행사가 된 X게임은 광고주들에게 젊고 활동적인 소비자를 접촉하고 참여시킬 수 있는 절호의 기회가 되었다.

출처 : ZUMA Press, Inc./Alamy Stock Photo

X게임은 할리데이비슨(Harley-Davidson), 지프(Jeep), 라이프프루프(LifeProof), 몬스터에너지(Monster Energy), 가이코(Geico)를 포함한 많은 스폰서가 있다. 넷플릭스와 그레이트클립스(Great Clips) 같은 더 새로운 브랜드들이 2018년에 저명한 스폰서 목록에 합류했다. 스폰서십 권리의 대가로, 브랜드는 소셜 미디어 플랫폼에서 중요한 위치를 차지하고 게임 동안 VIP 경험을 접할 수 있을 뿐만 아니라 X게임 TV 방송 동안 상당한 미디어 영향력을 얻는다. 그림 6-5는 X게임에 대한 후원 세부 정보를 제공한다.

X게임은 16회 연속 동계 X게임을 개최했다. 이 행사 기간 동안 WatchESPN을 통한 X게임 시청률은 32%로 크게 증가했으며, 1,600

공식 후원자

BF굿리치 : BF굿리치의 전국적인 마케팅노력에는 TV 광고, 인쇄물, 디지털 광고, 현장 활성화, 경기 코스 표지판이 포함되었다.

포드 : 포드의 전국적인 마케팅노력에는 TV 광고, 인쇄물 자료, 디지털 광고, 현장 활성화, 경기 코스 표지판 등이 포함되었다.

미 해군 : 미 해군의 전국적인 마케팅노력에는 TV 광고, 인쇄물, 디지털 광고, 라디오 캠페인, 현장 활성화, 경기 코스 표지판이 포함되었다.

레드불 : 레드불의 전국적인 마케팅노력은 TV 광고, 인쇄물, 디지털 광고 공간, 현장 활성화, 독특한 경기 코스 표지판이 포함되었다.

이벤트 스폰서

카시오지즈원코만도(Casio G'zOne Commando) : 카시오의 전국적인 마케팅노력에는 TV 광고, 온라인 광고, 현장 활성화, 경쟁 코스 표지판 등이 포함되었다.

샤크위크(Shark Week) : 디스커버리(Discovery)의 전국적인 마케팅노력에는 TV 광고, 인쇄물 자료, 온라인 광고, 현장 활성화 및 경쟁 코스 표지판 등이 포함되다.

모빌원(Mobil 1) : 모빌원의 전국적인 마케팅노력에는 TV 광고, 온라인 광고, 라디오 캠페인, 경기 코스 표지판 등이 포함되었다.

소니 : 소니의 전국적인 마케팅노력에는 TV 광고, 온라인 광고, 현장 TV 디스플레이, 경기 코스 표지판 등이 포함되었다.

그림 6-5

X게임의 17개 후원사 정보

출처 : Fay Wells, "ESPN X Games: Launching a New Category," in *Best Practice Cases in Branding*, 4th ed. Kevin Lane Keller and Lowey Sichol (Upper Saddle River, NJ: Pearson, 2013).

만 분의 X게임 이벤트가 시청되었다. X게임용 페이스북 페이지는 23,000개의 좋아요를 얻었고, X게임 아스펜의 스냅챗 스토리는 650만 명의 사용자를 가지고 있다. 전 세계적으로 X게임 아스펜은 215개국에서 3억 6,500만 가구 이상의 가정에 TV로 방영되었다. 미니애폴리스에서 열린 2017년 하계 X게임의 4일간 최종 관중은 약 10만 5,000명이었다.

기하급수적인 성장에도 불구하고, 액션 스포츠 분야에 어려움이 없는 것은 아니다. 이러한 과제 중 가장 중요한 것은 겨울 액션 스포츠가 제한된 따뜻한 겨울을 포함한다. 참가비도 꾸준히 증가하고 있어 자녀가 있는 가정은 이러한 스포츠에 참가하는 비용을 감당하기 어렵다. 이러한 요소가 X게임 스포츠는 많은 사람이 접근할 수 없는 것처럼 보이게 하는 데 기여했다. 이러한 추세에도 불구하고 해외 시장, 특히 유럽과 아시아에는 많은 잠재력이 있다. 스케이트보드와 같은 액션 스포츠는 미국에서 더 주류로 자리 잡은 반면, 일본과 같은 신흥 시장에서는 여전히 증가하고 있는 추세이다.

출처 : Fay Wells and Kevin Lane Keller (2013), "ESPN X Games — Building a Youth Sports Brand," edited by Lowey Bundy Sichol (Case-Marketing.com); Kevin Gray, "Tiny Camera, Big Impact: How GoPro Transformed Sports," June 27, 2014, www.zdnet.com/article/tiny-camera-big-impact-how-gopro-transformed-sports/, accessed March 30, 2018; www.marketwatch.com/investing/stock/gpro/financials, accessed March 30, 2018; Interview with Rick Alessandri, senior vice president and managing director of ESPN X Game's franchise, November 2008; www.xgamesmediakit.com/read-me/, accessed March 30, 2017; www.xgamesmediakit.com/read-me/, accessed March 30, 2017; Lars Becker, "Action Sports: An Industry Searching for the Way Out of Crisis," June 21, 2016, www.ispo.com/en/trends/id_78182622/action-sports-an-industry-searching-for-the-way-out-of-crisis.html, accessed March 30, 2018; Kaylee Bradstreet, "The State of Skate 2016 Official Report | How Much International Growth Will the Skate Market See?," June 21, 2016, https://www.adventuresportsnetwork.com/transworld-business/state-skate-2016-international-growth/, accessed March 30, 2018; William L. Shankin and John Kuzma, "Buying That Sporting Image," *Marketing Management* (Spring 1992): 65.

(supply-side method)은 매체 도달 범위의 정도를 측정함으로써 브랜드에 대한 잠재적 노출에 초점을 맞추는 것이고, **수요 측면 방법**(demand-side method)은 소비자로부터 보고된 노출에 초점을 맞추는 방법이다.

공급 측면 방법은 이벤트의 매체 도달 범위 내에서 브랜드에 대해 할당된 시간과 공간의 양을 추정하는 것이다. 예를 들어 마케터는 브랜드가 TV 화면에 명확하게 노출된 초 수 혹은 브랜드가 언급된 이벤트를 다룬 기사량(예 : 칼럼 수) 등이 측정될 수 있을 것이다. 그 후 이벤트 후원에 의한 이러한 잠재적인 효과는 특정 광고 매체의 광고에서의 실제 수수료에 따라 광고비와 동등한 가치로 환산될 수 있다. 추가적으로 마케터들은 이러한 PR 활동과 연관하여 자신들의 웹사이트 혹은 특정 웹사이트에 증가된 트래픽의 성격을 평가하거나 소셜미디어 활성도에 미치는 영향력을 평가하는 방법도 있다.

공급 측면 노출 방법이 정량화할 수 있는 데이터를 제공하고 있지만, 매체 도달 범위를 광고 노출되는 것과 동등하게 보는 것은 소비자들이 수용하는 상대적인 커뮤니케이션 내용을 무시하게 되는 문제가 있다. 광고주들은 전략적으로 설계된 자신들의 메시지를 전달하기 위해 매체 공간과 시간을 같이 이용한다. 매체 도달 범위와 TV 방송은 브랜드를 단지 노출시킬 뿐, 그 이상도 이하도 아니다. 일부 PR 전문가는 긍정적인 사설이 광고보다 5~10배의 가치가 있을 수 있다고 주장하지만, 후원이 그렇게 호의적인 역할을 할 수 있는 경우는 드물다. 일단의 비평가는 예를 들어 TV 광고는 신중하게 제작되어 브랜드에 대한 긍정적인 부분들을 최대한 많이 설득력 있게 반영해야 한다고 주장한다. 이벤트가 중심이 되고 후원 브랜드는 단순히 시각적으로 노출만 되는 후원과는 달리 광고에서는 브랜드가 가장 핵심이기 때문이다.

또 다른 측정 방식은 수요 측면 방법이 있는데 이 방법은 후원의 효과를 소비자의 브랜드에 대한 지식구조를 기반으로 측정할 수 있다. 따라서 고객들의 설문이나 고객 추적을 통해서 이벤트 후원이 브랜드 인지, 태도, 판매에 미치는 영향을 살펴볼 수 있다. 예를 들어 마케터는 이벤트 관중을 대상으로 이벤트가 진행된 후 설문조사를 진행하여 실제 이벤트 후원 브랜드를 기억하는지(브랜드 상기를 측정), 또 이벤트의 결과로 해당 브랜드에 대해 어떤 태도와 의도를 갖게 되었는지 알아볼 수 있다. 또한 마케터는 기업 내부적으로 추적 조사를 진행하여 매출의 여러 부분이 이벤트 후 어떤 영향을 받았는지 알아볼 수 있다.

브랜드 증폭기

마케팅 커뮤니케이션 활동의 이러한 네 가지 세트를 보완하는 것은 구전, PR, 퍼블리시티를 통해 소비자와 대중을 참여시키기 위한 노력이라고 할 수 있다. 구전, PR, 퍼블리시티는 많은 다른 기능을 수행할 수 있지만, 특히 다른 마케팅활동에 의해 창출된 효과를 증폭시키기에 적합하다.[75]

PR과 퍼블리시티

PR과 퍼블리시티는 회사 이미지나 개별 제품을 촉진하고 보호하기 위해 설계된 다양한 프로그램과 관계가 있다. **퍼블리시티**(publicity)는 언론 보도, 매체 인터뷰, 기자회견, 주요 기사, 뉴스레터, 사진, 영화, 테이프 등을 포함하는 비인적(non-personal) 커뮤니케이션을 가리킨다. **PR**(public relation)도 연간 보고서, 기금 모금과 회원 모집, 로비, 특별 이벤트 관리, 공보 등을 포함할 수 있다.

PR의 마케팅 가치는 1983년 PR 회사 버슨마스텔러(Burson-Marsteller)가 존슨앤드존슨의 타이레놀 관련 사건을 잘 다루어 브랜드를 회생시킨 일을 계기로 크게 주목받기 시작했다. 브랜드 포커스 11.0에서 그 사건과 PR 캠페인에 대한 개괄적 설명을 제공한다. 비슷한 시기에 정치인들은 자신들의 선거 캠페인 시 사용되는 인상적인 어구(sound bite)가 언론에 의해서 주목받는 것을 깨닫고 광범위하고 비용효율적인 후보자 노출의 수단으로 언론에 의해 거론된 선거 홍보의 힘을 발견했다.

현재 마케터는 PR이 브랜드의 위기 시에 매우 가치 있는 것이기는 하지만, 이는 또한 모든 마케팅 커뮤니케이션 활동의 중요한 부분으로 자리매김할 수 있다는 점을 인식하고 있다. 2018년에 PR위크(PRWeek)는 음주측정기로도 사용될 수 있는 새로운 포장을 출시한 프리토레이(Frito-Lay)의 토스티토스(Tostitos) 칩 출시에 대해 프리토레이 브랜드를 올해의 캠페인으로 선정하였다. 프리토레이 측은 이 수상에 대한 퍼블리시티를 퍼트리기 위해 유명한 음주운전 반대 단체인 '음주운전에 반대하는 어머니 모임(MADD)'과 협력하였다. 또한 프리토레이는 슈퍼볼 일요일에 우버와 협력하여 토스티토스 포장지 겉면에 있는 코드를 우버에서 사용할 시 10달러를 할인해주는 행사도 진행하였다. NFL 팬들에게 더욱더 부각되기 위해 프리토레이는 음주운전으로 인해 비극을 겪었던 유명 스포츠 스타 델라니 워커(Delanie Walker)와도 협력하였다. 이렇듯 특이하고 색다른 캠페인의 성격으로 인해 프리토레이의 캠페인은 엄청난 성공을 거두었는데, TV 광고 하나 없이 약 1,300만 뷰를 달성하였고 30,000건이 넘는 우버라이드가 프로모션 기간 동안 달성되었다.[76]

구전

퍼블리시티와 PR의 또 다른 중요한 역할은 사람들에게 대화거리를 제공하여 사람들 간의 대화를 활발하게 한다는 것이다. 소비자는 자신이 좋아하고, 싫어하고, 자신이 경험한 브랜드에 관하여 서로 공유하는데 이런 의미에서 구전은 브랜드를 구축하는 중요한 부분 중 하나이다.[77] 구전의 힘은 구전이 가진 신뢰성과 관련성에 있다. 과거 연구에 따르면 가족이나 가까운 친구들은 제품 정보의 가장 신뢰받는 출처로 알려져 있다.

마케터가 소비자가 원하는 좀 더 우월한 가치를 전달하는 마케팅 프로그램을 창출할 수 있다면, 소비자는 브랜드에 관하여 말하게 되고 브랜드에 대해 글로 쓰게 되어 마케팅 효과는 증폭될 것이다. 즉 소비자 사이에 입소문이 형성되는 것이다. 기업은 이러한 입소문 혹은 구전을 만들려고 다양한 기법을 통해 노력 중인데 그중 하나로 최근 많이 사용되는 **인플루언서 마케팅**을 들 수 있다.[78]

인플루언서 마케팅은 소셜 미디어상 인플루언서들을 활용해 제품이나 브랜드에 대한 입소문을 만드는 것으로써 이에 대해서는 7장에서 좀 더 알아보기로 한다. 물론 많은 경우 인플루언서는 기업에게 금전적 혹은 다른 형태로 혜택을 제공받지만 이러한 사람들의 영향력은 점점 커지는 것으로 알려졌다.

통합 마케팅 커뮤니케이션 프로그램 개발

지금까지 마케터에게 주어진 여러 가지 커뮤니케이션 옵션을 살펴보았다. 7장에서는 보다 심도 깊게 온라인과 디지털 채널에 대해 다룰 것이다. 여기서는 최적의 마케팅 매체와 채널을 선택하고 그들 간 가장 최상의 조합을 선택하고 관리하는 통합 마케팅 커뮤니케이션 방법을 어떻게 발전시킬 수 있는지에 대한 논의를 할 것이다.[79] 통합 마케팅 커뮤니케이션은 전략적으로 이해당사자와 콘텐츠, 채널 및 브랜드 커뮤니케이션 프로그램을 관리하는 과정을 뜻한다.[80] 여기서 마케터에게 가장 중요한 점은 여러 대안을 '잘 조합해서(mix and match)' 브랜드 순자산을 증대시키는 것이다. 이를 위해서는 공통된 의미와 내용을 가졌지만 여러 다른 상호 보완적인 이점을 가진 커뮤니케이션 옵션을 잘 선택해 시너지 효과를 창출하는 것이 핵심이다.[81]

통합 마케팅 커뮤니케이션은 커뮤니케이션 효과와 브랜드의 시장 성과에 영향을 미침으로써 브랜드의 재무적인 성과를 향상하는 것으로 알려졌다. 그러나 통합 마케팅 커뮤니케이션을 잘 수행하는 데 있어 의사소통의 오류, 신뢰 상실 및 업무의 분화 등 여러 가지 장애물이 있을 수 있다.[82] 이러한 문제점은 새로운 매체와 이에 기반한 너무 많은 정보 홍수를 직면한 소비자의 주목도 감소에 의해 더 심각해질 수 있다.[83] 따라서 통합 마케팅 커뮤니케이션 프로그램을 잘 수행하기 위해서는 고객 구매의 여러 단계에 가장 잘 맞는 커뮤니케이션 대안을 찾아내는 상향식 커뮤니케이션 매칭 모델과 마케팅 커뮤니케이션 프로그램이 매출과 자산에 미치는 영향에 따라 평가되는 하향식 커뮤니케이션 모델을 잘 결합하는 것이 제안되었다.[84]

수많은 기업이 이러한 개념에 기반한 커뮤니케이션 프로그램 개발을 지향한다. 운동복 브랜드인 룰루레몬(Lululemon)의 경우 브랜드 홍보대사와 이벤트, 옥외 매체와 소셜 미디어를 다양하게 사용해서 고객과의 소통을 늘리고 있다. 예를 들어 브랜드 홍보대사를 사용해 매장 내에서 한 주에 여러 번씩 무료 강의 이벤트를 진행하고 소셜 미디어 인플루언서들은 인스타그램, 유튜브, 스냅챗 같은 소셜 미디어를 통해 제품을 홍보한다. 룰루레몬은 2017년까지 단 하나의 광고도 진행하지 않았지만 이러한 디지털 영상을 통해 큰 효과를 보고 있다.[85]

IMC 프로그램의 기준

IMC 프로그램의 종합적인 영향력을 평가하는 데 있어 마케터의 최우선적인 목표는 가능한 가장 효과적이고 효율적인 마케팅 프로그램을 창조하는 것이다. 그 목표를 위해 이른바 '6C'라고 불리는 6개의 관련된 기준을 확인할 수 있다.[86]

1. coverage(커버리지, 도달 범위)
2. contribution(기여도)
3. commonality(공통성)
4. complementarity(보완성)
5. conformability(일치성)
6. cost(비용)

먼저 커버리지의 개념이 무엇인지 그리고 다른 다섯 가지 기준과 어떻게 관련이 있는지 살펴본 후 각각을 간단히 살펴본다.

커버리지(도달 범위) 커버리지는 각 커뮤니케이션 대안이 도달할 수 있는 잠재고객의 비율과 각 커뮤니케이션 대안이 서로 얼마나 중복되는지를 의미한다. 다시 말해 각 커뮤니케이션 대안은 우리의 표적시장과 시장을 구성하는 같은 혹은 다른 소비자에게 어느 정도까지 도달할 수 있는가? 그림 6-6을 통해 알 수 있듯이, 커버리지만의 고유한 점은 각 커뮤니케이션 대안의 직접 효과에 관한 것이며, 또한 공통적인 면은 상호작용 혹은 여러 매체가 함께 작동할 때 나타나는 증가 효과와 관련되어 있다. 이는 하나의 매체 노출을 통한 커뮤니케이션 효과는 소비자들이 다른 커뮤니케이션 대안에 이미 노출되었을 경우 강화될 수 있다는 것이다.

커버리지 고유의 측면은 두 번째 기준인 기여도에 의해 제시되는 하나의 마케팅 커뮤니케이션 방안으로서 본질적인 커뮤니케이션 능력과 관련이 있다. 그러나 커뮤니케이션 대안은 어느 정도

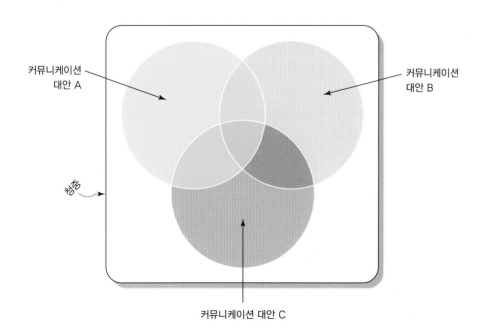

커뮤니케이션 대안 A

커뮤니케이션 대안 B

공통

커뮤니케이션 대안 C

그림 6-6
IMC 청중 커뮤니케이션 대안 오버랩

약간의 중복이 있기 마련이라 마케터는 소비자가 이미 어떤 특정한 커뮤니케이션 대안에 노출되어 그들의 기억 속에 이전 커뮤니케이션의 효과가 있을지도 모른다는 사실을 반영하여 최적의 커뮤니케이션 프로그램을 설계해야 한다.

커뮤니케이션 대안은 (위의 세 번째와 네 번째 개념에서 말하듯이) 다른 커뮤니케이션 대안도 초점을 두고 있는 브랜드연상과 연관성을 강화하거나, 다른 커뮤니케이션 대안이 초점을 맞추고 있지 않은 또 다른 브랜드연상이나 연관성에 집중할 수 있다. 더군다나 거의 대부분이 그렇듯이 완벽하게 중복되어 있지 않다면, 하나의 커뮤니케이션 방안은 다섯 번째 기준인 일치성을 통해 제시되듯이, 소비자들이 다른 커뮤니케이션 대안을 보거나 보지 못했다는 사실을 반영하도록 설계될 수 있다. 마지막으로 이러한 모든 개념은 마지막 여섯 번째 기준에 제시된 것처럼 그들의 비용에 의해 상쇄되어야 한다.

기여도 기여도는 원하는 고객 반응과 커뮤니케이션 효과를 만들 수 있는 **다른 커뮤니케이션 대안의 부재 시** 특정 마케팅 커뮤니케이션의 고유 능력을 말한다. 다시 말해 기여도는 소비자가 커뮤니케이션을 어떻게 소화하고 그로 인한 결과에 영향을 주는 과정에 대한 커뮤니케이션 대안의 주효과를 나타낸다. 앞에서 언급했듯이 마케팅 커뮤니케이션은 많은 브랜드 인지도, 이미지 향상, 반응 도출, 판매 유발 같은 다양한 역할을 할 수 있으며, 마케팅 커뮤니케이션 방안의 기여도는 얼마나 그것이 그 역할을 잘 수행했느냐에 달려 있다. 또한 앞에서 언급했듯이 이전의 많은 연구들은 커뮤니케이션의 이러한 측면을 고려함과 동시에 과정상의 개념적 지침과 평가기준을 도출해냈다. 그러나 커뮤니케이션 대안 사이에 중복이 있는 점을 고려할 때 다음과 같은 다른 요인들도 함께 고려되어야 한다.

공통성 어떤 커뮤니케이션 대안을 선택하건 간에 전체 마케팅 커뮤니케이션 프로그램은 일관성 있고 응집력 있는 브랜드 이미지, 다시 말해 같은 브랜드연상과 내용을 공유하는 브랜드 이미지를 창출하기 위해 조정되어야 한다. 브랜드 이미지의 일관성과 응집력은 그 이미지로 인해 기존의 연상과 반응이 얼마나 쉽게 상기될 수 있는지, 또 추가적 연상과 반응이 얼마나 쉽게 기억 속의 브랜드에 연결될 수 있는지 결정하기 때문에 매우 중요하다.

공통성은 여러 커뮤니케이션 대안에 걸쳐 **공통** 정보를 나타내는 정도를 뜻한다. 대부분의 IMC 정의들은 표적고객에게 똑같은 일관된 메시지를 여러 커뮤니케이션 대안을 통해 전달하는 이 기준만을 강조한다.

일관적이지 않은 정보의 의외성이 종종 일관성 있는 정보보다 더 정교한 과정과 더 강한 연상을 이끌어낼 수 있긴 하지만 일반적으로 의미상 일관성 있는 정보는 관련성이 없는 정보에 비해 보다 쉽게 학습되고 상기된다.[87] 일관적이지 않은 연상들과 분산된 브랜드 이미지로 인해 소비자들은 어떤 연상들을 간과하거나 브랜드의 의미가 혼동되어서 덜 강하고 덜 호의적인 새로운 연상을 형성할 수도 있다.

그러므로 일관성 있고 응집력 있는 브랜드 이미지를 창출하기 위해 장기적으로 다양한 다른 커뮤니케이션 요인이 효과적으로 함께 기능할 수 있도록 설계되고 결합되어야 한다. 마케팅 커뮤니케이션에 의해 창조되고 강화되는 연상이 추상적일수록 이질적인 커뮤니케이션 대안들에 걸쳐 다른 방식으로 효과적으로 강화될 가능성이 많은 것으로 보인다.[88]

예를 들어 만약 바람직한 연상이 '현대적'이라면 그 브랜드를 현대적이고 더 의미가 있는 것으로 보이게 하기 위한 다양한 방법이 존재할 것이다. 반면에 바람직한 연상이 구체적인 속성 ─ 풍부한 초콜릿 향 ─ 이라면, 이러한 이미지를 뚜렷한 제품 진술이 가능하지 않은 커뮤니케이션 옵션 ─ 스폰서십 ─ 으로 전달하기는 어려울지도 모른다.

한 예로 하이네켄을 살펴보자. 하이네켄 마케팅 커뮤니케이션의 목적은 보다 강한 프리미엄 이미지와 포지셔닝의 달성이다. 동영상과 TV 광고로 시작한 하이네켄의 'Walk-In-Fridge' 캠페인에서는 한 여자친구들 그룹이 즐겁게 소리치며 뛰어놀고 다른 무리의 열광하는 남자들이 하이네켄으로 가득찬 대형 냉장고에 들어가는 장면을 묘사하고 있다. 그 후 하이네켄은 꼭 쓰레기를 버리는 것처럼 어마어마하게 큰 'Walk-In-Fridge'라고 쓰여 있는 종이박스를 암스테르담 시내 곳곳에 배치했으며, 그 후 최종적으로 각종 맥주 축제에 대형 냉장고를 실제로 배치하여 사람들이 실제 영상을 따라서 그들의 유튜브에 공유할 수 있게 하였다.[89]

마지막으로 또 다른 공통성 이슈는 커뮤니케이션 옵션의 실행상 일관성 정도, 즉 비제품 관련 정보가 여러 다른 커뮤니케이션 대안을 통해 전달되는 정도를 말한다. 실행 정보가 보다 더 조화될수록 이 정보가 다른 커뮤니케이션 대안을 통해 소비자가 관련 정보를 되새길 수 있는 단서로 사용될 가능성이 높다.[90] 달리 말하면, 만약 하나의 심벌이 하나의 커뮤니케이션 옵션 내에서 정립되면, 마케터는 이러한 심벌을 소비자가 이전 커뮤니케이션에 노출로부터 기억 속에 저장되어 있는 지식, 사고, 감정, 이미지를 불러일으키는 것을 돕는 계기로 사용할 수 있다.

보완성 커뮤니케이션 대안은 종종 서로 연결되어 함께 사용될 때 더욱 효과적일 경우가 많다. 보완성은 여러 브랜드연상과 관계가 여러 다른 커뮤니케이션 대안에서 강조되는 정도를 나타낸다. 이상적인 마케팅 커뮤니케이션 프로그램은 선택된 커뮤니케이션 옵션이 바람직한 소비자 지식 구조 창출을 강화하고 상호 보완적이어야 한다.

마케터는 특정 소비자의 반응을 이끌어내고 브랜드연상을 수립하기 가장 합당한 커뮤니케이션 대안을 사용할 때 가장 효과적으로 브랜드연상을 수립할 수 있다. 예를 들어 샘플링 혹은 다른 형태의 판매 촉진 활동의 경우 장기적인 충성도를 창출하기보다는 단기적으로 고객의 제품 사용을 늘리는 데 유용할 수 있다. B2B 유통에 관한 연구를 보면 기업들이 먼저 트레이드쇼를 통해 고객에게 제품을 노출시킨 경우 판매 후 사후 활동의 판매 향상 효과가 큰 것으로 나타났다.

브랜딩 과학 6-2에서는 여러 커뮤니케이션 대안이 어떻게 함께 사용되고 상호 보완성이 생겨나고 또 브랜드자산을 창출하는지 설명한다.

브랜딩 과학 6 - 2
브랜드자산 구축을 위한 미디어 조정

브랜드 순자산이 구축되려면 광고를 통해 창출되는 커뮤니케이션 효과가 브랜드와 연계되는 것이 중요하다. 흔히 그러한 연결은 만들기 어렵다. 특히 TV 광고는 '브랜드화'를 잘하지 못하는데, 여기에는 다음과 같은 여러 가지 이유가 있다.

• 제품 카테고리에서 경쟁하는 광고는 어떤 광고가 어떤 브랜드와 함께

가는지에 대한 간섭과 소비자 혼란을 야기할 수 있다.

• 유머, 음악, 특수 효과, 성적 어필, 공포 어필 등과 같은 '차용된 관심' 광고 카피 전략은 소비자의 관심을 끌 수 있지만, 그 과정에서 브랜드가 간과되는 결과를 초래할 수 있다.

• 브랜드 식별을 미루거나 브랜드 언급을 거의 하지 않으면 처리 강도를 높일 수 있지만 브랜드에 대한 직접적인 관심은 멀어진다.

- 광고에서 브랜드 노출 시간이 제한되어 있기 때문에 기존 브랜드지식을 정교하게 다듬을 기회가 거의 없을 수 있다.
- 소비자는 제품 또는 서비스 범주에 내재된 관심이 없거나 특정 브랜드에 대한 지식이 부족할 수 있다.
- 광고 전략의 변화는 소비자들이 새로운 정보를 기존의 브랜드지식과 쉽게 연관짓는 것을 어렵게 만들 수 있다.

커뮤니케이션 효과 강화 전략

다양한 이유로, 광고는 커뮤니케이션 효과가 기억에 저장된다는 점에서 '성공'할 수 있지만, 동시에 중요한 브랜드 관련 결정이 내려졌을 때 이러한 커뮤니케이션 효과에 접근할 수 없다는 점에서 '실패'할 수 있다.

이 문제를 해결하기 위한 마케팅 담당자의 한 가지 일반적인 전략은 브랜드 이름과 패키지 정보를 광고에서 두드러지게 만드는 것이다. 불행하게도, 이러한 브랜드 강조의 증가는 커뮤니케이션 효과와 브랜드 연관성이 광고에 의해 만들어지고 소비자 기억에 저장될 가능성이 적다는 것을 의미한다. 다시 말해서 소비자는 광고된 브랜드를 더 잘 기억할 수 있지만, 실제로 상기해야 할 브랜드에 대한 다른 정보는 적다. 잠재적으로 더 효과적인 세 가지 전략은 브랜드 시그니처, 광고 검색 단서, 미디어 상호작용이다.

브랜드 시그니처

아마도 커뮤니케이션 효과에 대한 브랜드 연결의 강도를 높이는 가장 쉬운 방법은 더 강력하고 설득력 있는 **브랜드 시그니처**(brand signature)를 만드는 것이다. 브랜드 시그니처는 TV 또는 라디오 광고에서 브랜드를 식별하거나 인쇄물 또는 디지털 광고에서 브랜드를 표시하는 방법이다. 브랜드 시그니처는 소비자를 창의적으로 참여시켜 브랜드 자체에 더 많은 관심을 갖게 하고, 결과적으로 광고가 만들어내는 브랜드연상의 힘을 높여야 한다.

효과적인 브랜드 시그니처는 종종 역동적이고 세련되게 광고 전체에 대한 원활한 연결을 제공한다. 예를 들어 유명한 "Got Milk?" 캠페인은 항상 광고에 맞는 방식으로 태그라인이나 슬로건을 표시했다(불이 난 듯한 '지옥의 여피(yuppie in hell)' 슬로건과 초등학교체(primary-school print) '학교 급식실 불량배(school lunchroom bully)' 광고). 다른 예로, 'Intel Inside' 광고 캠페인은 항상 인텔 인사이드 로고가 극적으로 나타나는 소용돌이치는 이미지로 끝이 났으며, 사실상 인텔 인사이드 광고의 끝을 '대담한' 방식으로 찍었다.

광고 검색 단서

소비자가 제품 또는 서비스를 결정할 때 분명한 광고로 고유하게 식별되는 시각적 또는 언어적 정보인 **광고 검색 단서**(advertising retrieval cues)는 또 다른 효과적인 전략이다. 큐 광고를 보거나 들은 소비자들이 장기 기억에 저장된 커뮤니케이션 효과를 검색할 확률을 극대화하기 위해서다. 광고 검색 단서는 주요 시각, 눈에 띄는 슬로건, 소비자에게 효과적인 알림 역할을 하는 고유한 광고 요소로 구성될 수 있다. 예를 들어

에버레디는 소비자가 듀라셀과 혼동하는 것을 줄이기 위해 에너자이저 건전지 패키지에 핑크 버니 캐릭터의 사진을 실었다.[91]

미디어 상호작용

마지막으로, TV 광고의 디지털, 인쇄 및 라디오 강조(TV 광고의 비디오 및 오디오 구성요소가 각 유형 광고의 기초가 되는 것)는 TV 광고 노출로 인한 기존 커뮤니케이션 효과를 활용하고 이를 브랜드와 더 강력하게 연결하는 효과적인 수단이 될 수 있다. TV 광고를 명시적으로 디지털, 라디오, 인쇄광고로 연결하면 추가 TV 광고 노출을 대체할 수 있는 유사하거나 심지어 향상된 처리 결과를 만들 수 있다. 더구나 미디어 전략은 거의 채택되지 않았지만, 함께 제공되는 TV 광고 이전에, 또는 동시에, 명시적으로 연결된 디지털, 인쇄물, 라디오 광고를 실행하는 것이다. 이 경우 디지털, 인쇄, 라디오 광고는 티저 역할을 하며 오디오와 비디오 구성요소로 구성된 완전한 TV 광고를 처리할 수 있는 소비자의 동기를 증가시킨다. 반대로, TV 광고도 시청자가 소셜 미디어를 통해 브랜드에 참여하도록 장려할 수 있지만, 소비자가 더 많은 정보를 찾을 수 있는 웹 링크 또는 캠페인 링크(예 : 트위터 핸들)를 광고할 수 있다. 수(Joo)와 동료들의 연구는 금융 서비스 광고를 위한 TV 광고가 시청자가 (일반적인 검색이 아닌) 특정 광고 브랜드를 위해 브랜드 키워드 검색을 수행할 가능성을 증가시켜, 광고 캠페인에서 미디어 상호작용의 가능성을 확인시켜준다는 것을 발견했다.

출처 : Raymond R. Burke and Thomas K. Srull, "Competitive Interference and Consumer Memory for Advertising," *Journal of Consumer Research* 15, no. 1 (June 1988): 55–68; Kevin Lane Keller, "Memory Factors in Advertising: The Effect of Advertising Retrieval Cues on Brand Evaluations," *Journal of Consumer Research* 14, no. 3 (February 1987): 316–333; Robert J. Kent and Chris T. Allen, "Competitive Interference Effects in Consumer Memory for Advertising: The Role of Brand Familiarity," *Journal of Marketing* 58, no. 3 (July 1994): 97–105; Kevin Lane Keller, Susan Heckler, and Michael J. Houston, "The Effects of Brand Name Suggestiveness on Advertising Recall," *Journal of Marketing* 62, no. 1 (January 1998): 48–57; William E. Baker, Heather Honea, and Cristel Antonia Russell, "Do Not Wait to Reveal the Brand Name: The Effect of Brand-Name Placement on Television Advertising Effectiveness," *Journal of Advertising* 33, no. 3 (Autumn 2004): 77–85; Micael Dahlén and Sara Rosengren, "Brands Affect Slogans Affect Brands? Competitive Interference, Brand Equity and the Brand-Slogan Link," *Journal of Brand Management* 12, no. 3 (February 2005): 151–164; Peter J. Danaher, André Bonfrer, and Sanjay Dhar, "The Effect of Competitive Advertising Interference on Sales for Packaged Goods," *Journal of Marketing Research* 45, no. 2 (April 2008): 211–225; Isaac M. Dinner, Harald J. Van Heerde, and Scott A. Neslin. "Driving Online and Offline Sales: The Cross-channel Effects of Traditional, Online Display, and Paid Search Advertising," *Journal of Marketing Research* 51, no. 5 (2014): 527–545; Mingyu Joo, Kenneth C. Wilbur, Bo Cowgill, and Yi Zhu, "Television Advertising and Online Search," *Management Science* 60, no. 1 (2013): 56–73. Peter J. Danaher and Tracey S. Dagger, "Comparing the Relative Effectiveness of Advertising Channels: A Case Study of a Multimedia Blitz Campaign," *Journal of Marketing Research* 50, no. 4 (August 2013): 517–534.

일치성 일치성은 마케팅 커뮤니케이션이 여러 소비자 그룹 모두에게 효과적인 것을 의미한다. 일치성에는 커뮤니케이션 일치성과 소비자 일치성라는 두 가지 형태가 있다. IMC 프로그램의 현실을 보면, 특정 마케팅 프로그램에 관해 일부 소비자는 이미 그 브랜드의 다른 마케팅 커뮤니케이션 활동에 노출된 상태인 반면에 다른 소비자는 그 브랜드에 대한 어떤 노출도 없는 상황이다. 이 경우 마케터에게는 두 그룹 모두에 효과적으로 작동하는 마케팅 커뮤니케이션 능력이 매우 중요하다. 우리는 소비자의 과거 커뮤니케이션 경험에 관계없이 마케팅 커뮤니케이션 대안이 우리가 원하는 효과를 달성할 때 마케팅 커뮤니케이션이 일치했다고 본다.

이러한 커뮤니케이션 일치성 외에, 우리는 더 광범위한 소비자 일치성 측면에서 커뮤니케이션 옵션을 판단할 수 있다. 즉 특정 커뮤니케이션 대안이 단순히 과거에 노출이 되었는지 여부, 즉 커뮤니케이션 경험을 제외한 다른 차원에서 서로 다른 소비자를 대상으로 얼마나 더 잘 정보를 전달하고 그들을 설득하는가? 스폰서십과 같은 브랜드 인지도 창출이 주목적인 커뮤니케이션의 경우 상대적인 단순함 덕분에 일치성이 높을수 있다.

이러한 두 가지 커뮤니케이션 목적을 달성하는 도구로 두 가지 전략을 들 수 있다.

1. **복수 정보 제공 전략** : 여러 종류의 고객에게 어필하기 위해 복수의 다른 정보를 하나의 커뮤니케이션 대안에서 제공하라. 여기서 중요한 것은 특정 고객그룹을 겨냥한 정보는 다른 고객그룹과 표적고객에 의해서도 인지되고 처리될 수 있다는 점이다. 만약 커뮤니케이션이 너무 많은 세부사항을 담고 있는 경우 정보 과부화, 혼란 및 짜증 유발 등의 문제를 야기할 수도 있다.

2. **넓은 정보 제공 전략** : 고객의 사전정보와 상관없이 어필할 수 있는 애매모호하면서 풍부한 정보를 제공하라. 여기서 중요한 점은 어떻게 능력있고 성공적인 마케터가 그러한 정보를 만드냐는 것이다. 만약 마케터가 누구나 이해할 수 있는 최소 공통 분모를 지향한다면 제공되는 정보는 충분한 디테일을 담지 못하고 정교함이 너무 떨어져 고객에게 의미 있는 영향력을 못 줄 수도 있다. 서로 다른 이질적인 배경을 가진 고객들은 자신들이 가지고 있는 브랜드와 제품에 대한 지식과 과거 커뮤니케이션 경험을 바탕으로 커뮤니케이션 내에서 자신들의 목적과 관련 있는 정보를 찾아야만 할 것이다.

비용 마지막으로 위의 모든 조건에 기반해 마케팅 커뮤니케이션을 평가하는 것은 각 커뮤니케이션의 비용을 비교 검토해 가장 효과적이고 효율적인 커뮤니케이션 프로그램을 찾아야 한다.

IMC 선택 기준 사용하기

IMC 선택 기준은 IMC 프로그램을 계획할 때 여러 지침을 제공할 수 있다. 이때 두 가지 핵심 단계는 커뮤니케이션 대안을 평가하고 최우선 사항과 트레이드오프를 확립하는 것이다.

커뮤니케이션 대안 평가 마케팅 커뮤니케이션 대안이나 커뮤니케이션 유형에 대한 평가는 커뮤니케이션의 여러 다른 대안과 유형이 만들어내는 커뮤니케이션 효과와 반응 및 각 커뮤니케이션 대안이 IMC 선택 기준에 비추어 어떻게 평가되는지에 따라 진행될 수 있다. 커뮤니케이션 대안과 유형은 각기 다른 장단점을 가지고 있고 여러 가지 이슈를 수반한다.

IMC 선택 기준에 대해 몇 가지 중요 사항이 있다. 첫째, 각 커뮤니케이션 유형은 커뮤니케이션 목적 달성에 있어서 중요하고 다른 영향을 미칠 수 있다. 따라서 이러한 커뮤니케이션 유형들 간의 본질적인 차이는 없다고 볼 수 있다. 이와 유사하게 비용의 차이는 있겠지만 모든 마케팅 커뮤니케이션은 비용이 적게 든다고 볼 순 없다. 하지만 모든 마케팅 커뮤니케이션 유형은 고객 도달의 넓이나 깊이 측면과 커뮤니케이션에 사용되는 여러 다른 양식의 숫자에 따른 보완성과 일치성 측면에서 다를 것이다 : 특정 커뮤니케이션 유형에 사용되는 양식의 숫자가 많을수록 마케팅 커뮤니케이션 유형의 잠재적인 보완성과 일치성은 크다고 알려져 있다.

　　최종 커뮤니케이션 매체 조합을 완성하기 위해서는 IMC 선택 기준 간의 우선순위와 트레이드 오프를 다음과 같이 감안해야 한다.

우선순위 및 트레이드오프 수립하기　마케터가 도입하는 IMC 프로그램은 먼저 여러 다른 대안을 프로파일링한 후 마케터가 선택 기준을 어떻게 순위매김 하는지에 따라 정해진다. IMC 선택 기준은 모두 연관되어 있기 때문에 그들간의 트레이드오프 또한 고려되어야 한다. 이때 마케팅 커뮤니케이션 프로그램의 목적과 또 프로그램이 단기 혹은 장기적인지에 따라서 우선순위가 결정된다(물론 이 장에서 다루지 않는 다른 중요한 요소들도 있긴 하다). 여기서 우리는 IMC 선택 기준의 세 가지 가능한 트레이드오프를 제시한다.

- **공통성과 보완성은 종종 반대 관계를 가질 것이다.** 더 많은 마케팅 커뮤니케이션 대안이 하나의 브랜드 속성과 편익에 집중할수록, 모든 다른 조건이 같을 시 다른 속성과 편익을 효과적으로 부각시킬 가능성은 낮아진다.
- **일치성과 보완성은 종종 반대 관계를 가질 것이다.** 하나의 커뮤니케이션 프로그램이 소비자가 여러 커뮤니케이션 대안에 가진 차이점을 더 잘 설명할수록 하나의 커뮤니케이션 유형이 여러 소비자 그룹을 위해서 준비될 필요성은 적어진다.
- **공통성과 일치성은 명확한 관계가 없다.** 예를 들어 '브랜드 X는 현대적이다'라는 상당히 추상적인 메시지를 광고, 후원, 판촉 활동 등 다양한 커뮤니케이션 유형을 통해 브랜드 강화 작업에 사용할 수 있다.

요약

이 장에서는 브랜드자산 향상을 위해 마케팅 커뮤니케이션 수단이 어떻게 통합될 수 있는지에 관한 개념적 틀과 실무적 가이드라인이 제공되었다. 이 장은 이러한 주제를 고객 기반 브랜드자산의 관점 — 브랜드자산은 마케팅지원 프로그램을 통해 소비자 마음속에 창출되는 브랜드지식에 의해 결정된다는 관점 — 에서 논제를 풀어갔다. 커뮤니케이션의 세 가지 주요 형태는 (1) 광고와 판매 촉진, (2) 상호작용 마케팅, (3) 이벤트와 경험이다.

　　여러 커뮤니케이션 대안(방송, 인쇄, 직접반응, 장소 광고 매체, 소비자 및 거래 촉진, 웹사이트, 온라인 광고와 비디오,

소셜 미디어 마케팅, 이벤트와 경험)은 기본적인 특성뿐만 아니라 어떠한 성공 요인이 효과를 만들어낼 수 있는지 측면에서도 살펴보았다. PR과 퍼블리시티, 구전, 버즈 마케팅에서 이러한 효과성을 향상시키기 위한 브랜드 증폭기도 논의했다. 또한 브랜드자산을 극대화하기 위해서는 여러 다른 종류의 커뮤니케이션 대안이 조합되어야 하는 조건에 대해서도 살펴보았다.

　　이러한 논의로부터 두 가지 주요 시사점이 부각되었다. 첫째, 고객 기반 브랜드자산의 관점에서 볼 때 모든 가능한 커뮤니케이션 대안은 그들이 브랜드자산에 미치는 영향을 기반

1. **분석적으로 되라** : 소비자 행동 및 경영 의사결정 프레임워크를 사용하여 합리적인 커뮤니케이션 프로그램을 개발하라.
2. **궁금해 하라** : 모든 형태의 리서치를 사용하여 고객을 더 잘 이해하고, 항상 소비자에게 부가가치를 창출할 수 있는 방법을 고민하라.
3. **목표에 집중하라** : 잘 정의된 표적시장에 전달하는 메시지에 집중하라(더 적을 수 있다).
4. **통합적이 되라** : 모든 커뮤니케이션 옵션과 미디어에 걸쳐 일관성과 큐잉을 통해 메시지를 강화하라.
5. **창의적으로 되라** : 독자적인 방식으로 메시지를 전달하고, 다른 홍보와 미디어를 사용하여 호의적이고, 강하고, 독특한 브랜드 관계를 형성하라.
6. **관찰적으로 되라** : 모니터링 및 추적 연구를 통해 경쟁업체, 고객, 채널 구성원 및 직원을 추적하라.
7. **인내심을 가져라** : 커뮤니케이션 효과에 대한 장기적인 관점을 취하여 브랜드자산을 구축하고 관리하라.
8. **현실적이 되라** : 마케팅 커뮤니케이션과 관련된 복잡성을 이해하라.

그림 6-7

일반 마케팅 커뮤니케이션 지침 : 'Keller Bs'

으로 평가되어야 한다. 특히 고객 기반 브랜드자산 개념은 각기 다른 커뮤니케이션 대안의 효과를 평가할 수 있는 공통 기준을 제공한다 : 각 커뮤니케이션 대안은 그것이 브랜드 인지도에 미치는, 호의적이며 독특한 브랜드연상을 창출, 유지, 강화하는 효과성과 효율성이라는 관점에서 판단될 수 있다. 여러 커뮤니케이션 대안은 각기 다른 장점을 가지고 다른 목적을 달성할 수 있다. 따라서 각기 다른 역할을 담당하며 브랜드자산을 만들고 유지하는 여러 커뮤니케이션 대안을 잘 조합하여 사용하는 것이 중요하다.

개념적 틀로부터 부각되는 두 번째 중요한 시사점은 전체가 부분의 합보다 큰 방식(다시 말해 시너지가 일어나야 한다는 것임)으로 마케팅 커뮤니케이션 프로그램이 제시되어야

한다는 것이다. 다시 말해 하나의 커뮤니케이션 대안의 효과가 다른 대안의 존재로 인해 더 향상될 수 있도록 특정 커뮤니케이션 대안들의 조정이 이루어져야 한다.

끝으로, 이 장에서 전달하고자 하는 메시지는 단순하다. 마케팅 커뮤니케이션 대안이 브랜드자산의 창출과 강화에 어떻게 공헌하는지 판단하기 위해서는 마케터의 마케팅 커뮤니케이션 대안에 대한 전략적인 평가가 필요하다. 이를 위해서 마케터에게는 여러 마케팅 커뮤니케이션 대안의 고유 효과와 효율뿐만 아니라 다른 대안과 함께 사용될 때 효과와 효율을 측정하기 위한 이론적인 평가지침과 함께 실무적인 지침도 필요하다. 그림 6-7은 마케팅 커뮤니케이션 전략의 설계, 실행 및 해석에 대한 하나의 철학을 보여준다.

토의 문제

1. 브랜드를 선택하고 모든 마케팅 커뮤니케이션 자료를 수집하라. 브랜드가 마케팅 커뮤니케이션을 얼마나 효과적으로 혼합하고 일치시켰는가? 그것은 다른 매체의 장점을 활용하고 동시에 그들의 약점을 보완했는가? 커뮤니케이션 프로그램을 얼마나 명시적으로 통합했는가?

2. 브랜드를 만드는 데 있어서 인터넷의 역할은 무엇이라고 생각하는가? 나이키, 디즈니, 리바이스와 같은 주요 브랜드 웹사이트를 어떻게 평가하겠는가? 당신이 가장 좋아하는 브랜드 중 하나는 어떠한가?

3. 인기 잡지의 최신호를 읽어보자. 이 장에서 설명한 기준에 따라 어떤 인쇄 광고가 가장 좋다고 생각하는가?

4. 일요신문의 쿠폰 부록을 보라. 그들은 어떻게 브랜드 가치를 창출하고 있는가? 브랜드를 만드는 홍보의 좋은 예와 나쁜 예를 찾아보라.

5. 인기있는 이벤트를 선택하라. 누가 후원하는가? 그들은 어떻게 후원을 통해 브랜드자산을 구축하고 있는가? 그들은 스폰서를 다른 마케팅 커뮤니케이션과 통합하고 있는가?

브랜드 포커스 6.0

광고의 실증적 일반화

포괄적인 학문적 노력으로, 많은 연구자가, 그들이 광고의 '실증적 일반화(empirical generalizations, EG)'라고 부르는 것을 축적하기 위해 협력했다. 주요 저자인 제리 윈드(Jerry Wind)와 바이런 샤프(Byron Sharp)는 이 연구를 문맥에 포함시키면서 다음과 같이 언급했다. "심지어 광고에도 과학적 법칙이 있고, 널리 알려진 조건에 걸쳐 일반화되는 경험적 패턴이 있다. 이러한 실증적 일반화는 디지털 혁명이 광고에 어떤 영향을 미칠 수 있는지에 대한 벤치마크, 예측 및 귀중한 통찰력을 제공한다."

실증적 일반화는 신중하고 사려 깊은 연구에서 비롯된다. 저자들은 재빨리 몇 가지 주의사항을 덧붙인다. 실증적 일반화는 형식적인 법칙 그 자체가 아니며, 그것들이 작동하는 시기에 대한 중요한 예외와 경계 조건이 있을 수 있다. 그럼에도 불구하고, 그들은 일부 실증적 일반화의 가능한 세 가지 이점을 제시한다. (1) 광고 전략 개발의 출발점으로서, (2) 경영진이 따를 수 있는 잠재적인 규칙의 초기 집합으로서, (3) 벤치마크로, 경영진이 광고를 시작할 때 또는 광고 환경의 어떤 변화를 기대할 수 있는 어느 정도의 변화를 어느 정도 느끼게 한다.

이들이 파악한 실증적 일반화는 투자 수익률(ROI), 360도 미디어 계획, TV의 가치, 창의적 품질의 네 가지 광범위한 주제로 분류할 수 있다. 디지털 및 소셜 미디어의 중요성이 계속 증가하고 있지만, 7장에서 이 분야의 연구 결과를 더 자세히 다루고 있다. 그러나 이 개요에서는 교차 매체 상호작용(디지털과 TV, 디지털과 인쇄 등)을 조사하는 일부 연구를 포함한다.

투자 수익률(ROI)

- 광고의 반감기는 일반적으로 3~4주이다. 광고가 장기적으로 판매에 효과가 있으려면 단일 공급자 데이터로 즉각적인 판매 효과를 보여주어야 한다.
- 광고탄력성이 약 0.1이라는 확립된 EG를 바탕으로 광고예산을 총이익의 10%로 설정해 순이익이 최적화된다. 탄력성이 0.15라면, 광고예산은 총이익의 15%가 되어야 한다.
- 브랜드 광고는 종종(단일 공급자 데이터에서 볼 수 있듯이) 단기 매출에 뚜렷한 영향을 미친다. 이 영향은 시간이 지남에 따라 감소한다. 단기적인 효과에 가장 극적인 영향은 창조적인 복제이다.
- 클릭이 없거나 최소화되더라도 온라인 디스플레이 광고는 사이트 방문, 상표 검색, 온라인 및 오프라인 판매 모두에서 상승효과를 발생시킨다.
- '가치가 있는' 정보(예 : 신상품, 계절별 행사 및 프로모션)를 제공하는 매장 내 디지털 신호는 매출에 현저하게 좋은 영향을 미친다. 이 효과는 쾌락적인 제품(음식 및 오락)에 더 강하다.
- 소비자 서비스를 위한 TV 광고는 70:30의 규칙을 따른다. 그리고 소비자 서비스를 위한 TV 광고의 90%는 3개월 이내에 사라진다(소비재 광고의 경우 4개월).

- 광고가 1% 변화하면 매출액이나 시장점유율이 약 0.1% 변화한다(즉 광고탄력성은 0.1이다). 광고탄력성은 미국에 비해 유럽에서, 비내구재에 비해 내구재가 높고, 제품수명주기의 후반기에 상대적으로, TV 광고보다 인쇄광고가 높다.
- 전형적인 TV 광고 캠페인은 단기적으로나 장기적으로 손해를 볼 가능성이 50% 이상이다. 돈을 잃을 위험은 몇 년에 걸쳐 변동하지만, 50%가 넘었다. TV 광고의 평균 탄력성은 지난 25년 동안 0.043~0.163 사이에서 오락가락했다.
- 광고 반응 곡선은 '볼록'이며, 가장 큰 한계 반응은 첫 번째 노출에서 나온다. 한 기간의 누적 노출 횟수가 증가함에 따라 광고의 한계 효과는 감소한다.

360도 미디어 계획

- 쇼핑 시간을 단축하는 소매점 레이아웃은 쇼핑객의 소비를 증가시킨다.
- 브랜드에 대한 입소문(WOM)의 약 20%는 미디어에서 유료 광고를 가리킨다. WOM의 수준과 효과는 광고에 의해 자극, 장려, 지지를 받을 때 실질적으로 증가하며, 소비자가 제품을 구매하거나 시험해볼 수 있는 강력한 추천을 할 확률을 약 20% 증가시킨다.
- 최근 리콜된 광고가 전통 매체에 있었다면 디지털 매체에 있을 때보다 긍정적인 인상을 남겼을 가능성이 높았다. 소비자들이 최근 리콜된 광고용 브랜드나 제품에 대해 이전부터 긍정적인 인상을 가졌다면, 해당 광고는 매체와 상관없이 긍정적인 인상을 남겼을 가능성이 더 높았다.
- 광고가 너무 많아 광고 환경이 2배로 어수선해지더라도 고객들이 회상하는 광고가 반으로 줄지는 않는다. 어수선한 상황에서 회상되는 광고들은 보통 호감도가 더 높다.
- 반복 시청은 38%이며 프로그램이 시간을 변경해도 달라지지 않는다. 코미디의 경우 경찰드라마나 시청률이 낮은 프로그램보다 반복 시청률이 낮다. 하지만 이러한 프로그램 유형이나 시청률 수준에서는 시간 변화에 따라 일관되게 낮거나 높은 값으로 유지된다.
- TV, 라디오, 잡지(심지어 특수 관심 분야)가 특정 시청자를 유치한다고 주장하는 경우, 대상 그룹은 일반적으로 미디어 전체 시청자의 절반 이하이며, 경쟁 매체는 종종 이 하위 그룹에 도달하는 데 있어 그들을 능가한다.
- 간격을 둔 다중 노출(분산)은 짧은 간격(대량)으로 반복되는 노출보다 더 큰 학습을 생성한다. 노출 간격이 길수록 짧은 간격보다 학습 효과가 향상된다.
- TV 광고는 온라인 쇼핑에 영향을 미치며, 광고 콘텐츠가 중요한 역할을 한다. 액션 중심의 콘텐츠는 웹사이트 트래픽과 매출을 증가시켰으며, 추가 정보 중심 및 감정 중심 광고 콘텐츠는 실제로 웹사이트 트래픽을 감소시키는 동시에 구매를 증가시켜 매출에 긍정적인 순효과를 가져왔다. 이러한 결과는 광고 카피가 브랜드 판매를 촉진하는

핵심 요소임을 암시한다.

- 연구된 브랜드 판매 변동의 주요 동인은 온라인 소유(online owned, 10%), (비)수입(earned, 3%), 유료(paid, 2%) 미디어이며, 이는 구매 경로의 상당 부분을 설명하는 데 도움이 된다. 주목할 점은 TV 광고(5%)가 온라인 미디어보다 훨씬 적고 영향을 미친다는 점이다.
- 디스플레이 광고는 검색 변환을 증가시킨다. 그러나 디스플레이 광고는 또한 검색 클릭을 증가시켜 검색 광고비용을 증가시킬 수 있다. 이러한 점을 고려하면, 디스플레이 및 검색에 투자한 1달러는 디스플레이에 1.24달러 및 검색 광고에 1.75달러의 수익으로 이어지는 것으로 나타났다.
- 브랜드 광고, 소매 광고, 매장 내 커뮤니케이션, 입소문, 동료 관찰(다른 고객 보기), 편집과 같은 전통적인 획득 매체 등 여섯 가지 접점 유형에 걸쳐 매장 내 커뮤니케이션은 일반적으로 브랜드 광고를 포함한 다른 접점보다 더 큰 영향을 미친다. 또한 조사 결과는 브랜드 고려에 영향을 미치는 전통적인 브랜드 광고 외에도 소매업체, 사회적 효과 및 제3자 지지의 중요성을 보여주었다.
- 광고의 영향은 브랜드에 따라 다르다. 특히 온라인 내 시너지는 친숙한 두 브랜드에 대해 온라인-오프라인 시너지보다 높지만 익숙하지 않은 두 브랜드에 대해서는 그렇지 않다. 낯선 브랜드의 관리자는 오프라인 마케팅 지출에서 상당한 시너지를 얻을 수 있는 반면, 친숙한 브랜드의 관리자는 서로 다른 온라인 미디어에 투자함으로써 더 많은 시너지를 낼 수 있다.

TV의 가치

- 지난 15년 동안 TV 광고는 판매 촉진 효과를 창출하는 데 있어서 그 효과가 감소하지 않았으며, 브랜드 인지도와 인식을 창출하는 데 있어서 온라인이나 인쇄물보다 더 효과적인 것으로 보인다.
- DVR을 사용하는 가구는 광고 효과(기억 및 인식)의 기본 척도에서 비DVR 가구와 유사하다.
- TV는 여전히 전파력이 매우 높다. 시청률 하락은 세분화(채널 증가)에 의한 것이지, 사회 및 기술 변화에 현저하게 탄력적인 TV 시청 수준 감소와 '뉴 미디어'의 출현에 의한 것이 아니다. 평균 시청률은 채널 수가 2배가 되면 절반으로 줄어든다. 게다가, 이중위험법은 TV 채널에도 적용된다. 규모가 더 큰 채널은 더 많은 시청자를 보유하고 있고, 이 시청자들은 더 많은 시간 동안 그 채널을 시청한다.
- TV 채널의 증가와 시청자의 단편화에도 불구하고, TV는 아시아, 유럽, 북아메리카의 타깃 시청자들 사이에서 인지된 영향력을 유지하고 있는 것으로 보인다. 디지털 미디어의 영향력은 커졌지만, TV의 인지된 영향력은 그에 상응하는 감소를 야기하지 않았다.

창의적 품질

- 고유한 판매 제안(USP)을 전달하는 광고는 그렇지 않은 광고보다 성능이 우수하다. 이상적으로 USP는 중요한 유익성에 기초해야 한다. 또는 더 위험부담이 있고, 수익성을 명확하게 암시하는 특징에 기초할 수 있다. 다른 브랜드도 같은 주장을 할 수 있지만 소비자의 마음가짐이 독특하다면 효과적이다. 다만 경쟁사가 쉽게 매칭될 수 없는 경우 특히 효과적이다.
- TV 광고에 브랜드가 시각적으로 나타나는 횟수는 해당 광고와의 올바른 브랜드 연관성을 증가시킨다.
- TV 광고에 대한 감정적 반응은 브랜드 참여(직접)와 설득(간접) 모두에 영향을 미치며, 따라서 단기 판매의 가능성에 영향을 미친다. 이 패턴은 아르헨티나, 브라질, 멕시코 전역의 TV 광고에 적용되지만, 효과의 크기는 다르다.

출처 : Yoram Wind and Byron Sharp, "Advertising Empirical Generalizations: Implications for Research and Action," *Journal of Advertising Research* 49, no. 2 (June 2009): 246–252. See also Scott Koslow and Gerard J. Tellis, "What Scanner Panel Data Tell Us About Advertising: A Detective Story with a Dark Twist," *Journal of Advertising Research* 51, no. 1 (March 2011): 87–100; Raj Sethuraman, Gerard J. Tellis, and Richard A. Briesch, "How Well Does Advertising Work? Generalizations from Meta-Analysis of Brand Advertising Elasticities," *Journal of Marketing* Research 48, no. 3 (June 2011): 457–471; Paul R. Hoban and Randolph E. Bucklin, "Effects of Internet Display Advertising in the Purchase Funnel: Model-Based Insights from a Randomized Field Experiment," *Journal of Marketing Research* 52, no. 3 (2015): 375–393; Pavel Kireyev, Koen Pauwels, and Sunil Gupta, "Do Display Ads Influence Search? Attribution and Dynamics in Online Advertising," *International Journal of Research in Marketing* 33, no. 3 (2016): 475–490; Shane Baxendale, Emma K. Macdonald, and Hugh N. Wilson, "The Impact of Different Touch Points on Brand Consideration," *Journal of Retailing* 91, no. 2 (2015): 235–253; Jura Liaukonyte, Thales Teixeira, and Kenneth C. Wilbur, "Television Advertising and Online Shopping," *Marketing Science* 34, no. 3 (2015): 311–330; Shuba Srinivasan, Oliver J. Rutz, and Koen Pauwels, "Paths To and Off Purchase: Quantifying the Impact of Traditional Marketing and Online Consumer Activity," *Journal of the Academy of Marketing Science* 44, no. 4 (2016): 440–453; Rajeev Batra and Kevin Lane Keller, "Integrating Marketing Communications: New Findings, New Lessons, and New Ideas," *Journal of Marketing* 80, no. 6 (2016): 122–145; Koen Pauwels, Ceren Demirci, Gokhan Yildirim, and Shuba Srinivasan, "The Impact of Brand Familiarity on Online and Offline Media Synergy," *International Journal of Research in Marketing* 33, no. 4 (2016): 739–753; Jura Liaukonyte, Thales Teixeira, and Kenneth C. Wilbur, "Television Advertising and Online Shopping," *Marketing Science* 34, no. 3 (2015): 311–330.

참고문헌

1. To obtain a broader perspective, it is necessary to consult good advertising texts, such as George E. Belch and Michael A. Belch, *Advertising and Promotion: An Integrated Marketing Communications Perspective,* 9th ed. (Homewood, IL: McGraw-Hill, 2012); Thomas C. O'Guinn, Richard J. Seminik, and Chris T. Allen, *Advertising and Integrated Brand Promotion,* 6th ed. (Cincinnati, OH: South-Western, 2012); John R. Rossiter and Larry Percy, *Advertising and Promotion Management,* 2nd ed. (New York: McGraw-Hill/Irwin, 1997).

2. William J. McGuire, "The Nature of Attitudes and Attitude Change," in *The Handbook of Social Psychology,* Vol. 3, 2nd ed., eds. G. Lindzey and E. Aronson (Reading, MA: Addison-Wesley, 1969): 136–314; Robert J. Lavidge and Gary A. Steiner, "A Model for Predictive Measurements of Advertising Effectiveness," *Journal of Marketing* 25, no. 6 (1961): 59–62; Thomas E. Barry and Daniel J. Howard, "A Review and Critique of the Hierarchy of Effects in Advertising," *International Journal of Advertising* 9, no. 2 (1990): 121–135.

3. Thomas C. Kinnear, Kenneth L. Bernhardt, and Kathleen A. Krentler, *Principles of Marketing,* 4th ed. (New York: HarperCollins, 1995).

4. Alexander L. Biel, "Converting Image into Equity," in *Brand Equity and Advertising,* eds. David A. Aaker and Alexander L. Biel (Hillsdale, NJ: Lawrence Erlbaum Associates, 1993): 67–82.

5. David Hinckley, "Average American Watches 5 Hours of TV per Day, Report Shows," *New York Daily News,* March 5, 2014, www.nydailynews.com/life-style/average-american-watches-5-hours-tv-day-article-1.1711954.

6. John Koblin, "How Much Do We Love TV? Let Us Count the Ways," *The New York Times,* June 30, 2016, www.nytimes.com/2016/07/01/business/media/nielsen-survey-media-viewing.html.

7. Adage.com, "What It Costs: Ad Prices from TV's Biggest Buys to the Smallest Screens," *AdAge,* April 6, 2015, http://adage.com/article/news/costs-ad-prices-tv-mobile-billboards/297928/.

8. Brian Sternberg, "'Sunday Night Football' Remains Costliest Show," *Advertising Age,* October 26, 2009, http://adage.com/article/ad-age-graphics/tv-advertising-sunday-night-football-costliest-show/139923/.

9. Statista.com, "Procter & Gamble's Advertising Spending on Tide in the United States from 2011 to 2016 (in million U.S. dollars)," www.statista.com/statistics/314855/tide-ad-spend-usa/, accessed March 30, 2018.

10. Alexandra Bruell and Sharon Terlep, "P&G Cuts More Than $100 Million in 'Largely Ineffective' Digital Ads," *The Wall Street Journal,* July 27, 2017, www.wsj.com/articles/p-g-cuts-more-than-100-million-in-largely-ineffective-digital-ads-1501191104.

11. John R. Rossiter and Larry Percy, *Advertising and Promotion Management* (New York: McGraw-Hill Book Company, 1987).

12. The American Marketing Association gives EFFIE awards for advertising campaigns that can demonstrate an impact on sales and profits. They are awarded based on the following subjective criteria: background and strategy (marketing challenge, target insight, campaign objective), creative (idea, link to strategy, and quality of execution), and media (link to market strategy, link to creative strategy), which together account for 70 percent of an ad campaign's score. Proof of results accounts for 30 percent. See www.effie.org.

13. Andrew Nusca, "Why Isn't TV Advertising Dead? It's Complicated," *Fortune,* January 5, 2017, http://fortune.com/2017/01/05/tv-advertising-cmo/.

14. Ibid.

15. Rani Molla, "Millennials Mostly Watch TV after It's Aired," *Recode,* www.recode.net/2017/9/9/16266854/millennials-watch-tv-live-video-on-demand; Nielsen.com, "Connecting With the Cosmos: The Total Audience Media Universe," *Nielson,* March 19, 2015, www.nielsen.com/us/en/insights/news/2015/connecting-with-the-cosmos-the-total-audience-media-universe.html.

16. Rani Molla, "Millennials Mostly Watch TV after It's Aired," www.recode.net/2017/9/9/16266854/millennials-watch-tv-live-video-on-demand, accessed March 27, 2018.

17. Julia Greenberg, "Nope TV Business Isn't Dead, Far from It, Really," May 9, 2016, www.wired.com/2016/05/nope-tv-business-isnt-dead-yet-far-really/, accessed March 30, 2018.

18. The Nielsen Company, "Nielsen Audio," www.nielsen.com/us/en/solutions/capabilities/audio.html; Radio Advertising Bureau, "Why Radio," www.rab.com/whyradio.cfm.

19. "Radio Advertising Spending in the United States from 2012 to 2021 (in billion U.S. dollars)," www.statista.com/statistics/272412/radio-advertising-expenditure-in-the-us/, accessed March 7, 2018.

20. Chris Ariens, "Study Shows That Every $1 Spent on Radio Advertising Returns $12 in Purchase Activity," *AdWeek,* March 6, 2018, www.adweek.com/digital/study-shows-that-every-1-spent-on-radio-advertising-returns-12-in-purchase-activity/.

21. Steve Krajewski, "Motel 6 Keeps Light On," *Adweek,* May 4, 1998, https://www.adweek.com/brand-marketing/motel-6-keeps-light-44593/; "Motel 6 Earns Grand Prize at Radio Mercury Awards," July 1, 2009, www.motel6.com; C. Marcucci, "Mercurys Give the Richards Group Top Honors for Motel 6 Spot," RBR, June 18, 2009, https://www.rbr.com/mercurys-give-the-richards-group-top-honors-for-motel-6-spot/, accessed November 2, 2018.

22. Tim Nudd, "30 Years Later, Motel 6 and Tom Bodett Are Still Cranking Out the World's Best Radio Ads," *AdWeek,* April 20, 2017, www.adweek.com/creativity/30-years-later-motel-6-and-tom-bodett-are-still-cranking-out-the-worlds-best-radio-ads/, accessed November 2, 2018.

23. For a comprehensive overview, see Bob Schulberg, *Radio Advertising: The Authoritative Handbook* (Lincolnwood, IL: NTC Business Books, 1990).

24. David Ogilvy, *Ogilvy on Advertising* (New York: Vintage Books, 1983).

25. Magazine Publishers of America, "How Do You Measure a Smile?" *Advertising Age,* September 26, 2005, M6.

26. Statista.com, "Paid Circulation of Daily Newspapers in the United States from 1985 to 2016 (in thousands)," www.statista.com/statistics/183422/paid-circulation-of-us-daily-newspapers-since-1975/, accessed March 25, 2018; Pew Research Center, www.journalism.org/fact-sheet/newspapers/, accessed March 25, 2018.

27. Andrew Kohut, "Internet Gains on Television as Public's Main News Source," *Pew Research Center for the People & Press*, January 4, 2011, http://www.people-press.org/2011/01/04/internet-gains-on-television-as-publics-main-news-source/.

28. Stuart Elliott, "In an 'Absolut World,' a Vodka Could Use the Same Ads for More Than 25 Years," *The New York Times*, April 27, 2007, https://www.nytimes.com/2007/04/27/business/media/27adco.html; Stuart Elliott, "Loved the Ads? Now Pour the Drinks," *The New York Times*, August 27, 2008, https://archive.nytimes.com/query.nytimes.com/gst/fullpage-9C0DE5D61F3CF934A1575BC0A96E9C8B63.html, accessed November 2, 2018; Stuart Elliot Media Decoder, "Absolut Adds Star Power," *The New York Times*, December 1, 2009, https://mediadecoder.blogs.nytimes.com/2009/12/01/absolut-adds-star-power/?mtrref=www.google.com&gwh=5CD9180324069D5C270BE5A3F94CFF0F&gwt=pay; Absolut Company, "Absolut Inspires a New Movement of Creativity with an Absolut Blank," July 12, 2011, www.absolutcompany.com. Absolut ® Vodka. Absolut country of Sweden vodka and logo, Absolut bottle design and Absolut calligraphy are trademarks owned by the Absolut Company AB.

29. David Gianatasio, "How Blending Art and Commerce Drove Absolut Vodka's Legendary Campaigns," *AdWeek*, September 28, 2015, www.adweek.com/brand-marketing/how-blending-art-and-commerce-drove-absolut-vodka-s-legendary-campaigns-167143/.

30. Lois Brayfield and Lauren Ackerman, "Direct Mail Statistics," The DMA Organization, 2017, https://thedma.org/marketing-insights/marketing-statistics/direct-mail-statistics/.

31. Matt Robinson, "As Seen on TV—and Sold at Your Local Store," *BusinessWeek*, August 1, 2010, 21–22; Lacey Rose, "Shill Shocked," *Forbes*, November 22, 2010, 146–148.

32. Infomercial DRTV, "Infomercial Cost," www.infomercialdrtv.com/infomercial-cost.htm.

33. Tim Hawthorne, "7 Things Brand Advertisers Should Know about DRTV," https://blog.hubspot.com/agency/7-things-brand-advertisers-should-know-about-drtv, accessed May 28, 2018.

34. Lia Sestric, "The Most Profitable As Seen on TV Products of All Time," *GOBankingRanks*, September 30, 2017, www.gobankingrates.com/making-money/profitable-seen-tv-products-time/#2.

35. Courtney Nagle, "Are Infomercial Products Really Worth the Costs?," *Clearpoint*, September 15, 2015, www.clearpoint.org/blog/are-infomercial-products-really-worth-the-costs/.

36. Bruce Britt, "The Medium Gets Larger," Deliver 7, no. 2 (April 2011): 15–17; Jeff Zabin and Gresh Brebach, *Precision Marketing: The New Rules for Attracting, Retaining and Leveraging Profitable Customers* (Hoboken, NJ: John Wiley & Sons, Inc., 2004).

37. Outdoor Advertising Association of America, "OAAA: OOH Finished Strong 2015, Looks for Solid 2016 a High," *OAAA*, March 15, 2016, https://oaaa.org/StayConnected/NewsArticles/IndustryRevenue/tabid/322/id/4449/Default.aspx.

38. Outdoor Advertising Association of America, "Out of Home Advertising Up 4.1% in Q2 2016," *OAAA*, September 16, 2006, https://oaaa.org/StayConnected/NewsArticles/IndustryRevenue/tabid/322/id/4616/Default.aspx.

39. Daisuke Wakabayashi, "Billboards That Can See You," *The Wall Street Journal*, September 2, 2010, http://allthingsd.com/20100903/billboards-that-can-see-you/; Emily Steel, "The Billboard That Knows: Ad Industry Experiments with Technologies That Recognize Expressions, Gestures," February 28, 2011, https://www.wsj.com/articles/SB10001424052748704692904576167272357856608, accessed November 2, 2018.

40. Zack Palm, "3D Coca-Cola Ad Gives Billboards a New Look in NYC's Times Square," *PSFK*, August 2017, www.psfk.com/2017/08/3d-coca-cola-ad-give-nyc-times-square.html.

41. Ben Mutzabaugh, "Wash Your Hands, Watch a Commercial," *USA Today*, March 12, 2011, 87–100.

42. David T. Friendly, "Selling It at the Movies," *Newsweek,* July 4, 1983, 46.

43. CBC Radio, "Show Me the Money: The World of Product Placement," *CBC*, August 25, 2015, www.cbc.ca/radio/undertheinfluence/show-me-the-money-the-world-of-product-placement-1.3046933.

44. Abe Sauer, "Announcing the 2016 Brandcameo Product Placement Awards," February 24, 2016, http://brandchannel.com/2016/02/24/2016-brandcameo-product-placement-awards-022416/.

45. Abe Sauer, "Apple and Beats: A Match Made in Product Placement Heaven," *Brand Channel*, March 28, 2014, http://brandchannel.com/2014/05/28/apple-and-beats-a-match-made-in-product-placement-heaven/, accessed June 13, 2018.

46. "Walmart Updates In-Store TV Network," *Promo*, September 8, 2008.

47. Kali Hawlik, "Point of Purchase Marketing: How Retailers Can Optimize POP Areas for Higher Sales," *Shopify*, February 23, 2017, www.shopify.com/retail/point-of-purchase-marketing-how-retailers-can-optimize-pop-areas-for-higher-sales.

48. Michael Applebaum, "Run from Interactive Digital Displays to Traditional Billboards, Out-of-Home Is on an Upswing," *Adweek*, April 15, 2011.

49. For a classic summary of issues related to the type, scope, and tactics of sales promotions design, see John A. Quelch, "Note on Sales Promotion Design," Teaching Note N-589-021 (Boston: Harvard

Business School, 1988).

50. Alec Minnema, Tammo H.A. Bijmolt, and Mariëlle C. Non, "The impact of Instant Reward Programs and Bonus Premiums on Consumer Purchase Behavior," *International Journal of Research in Marketing 34, no. 1 (March 2017): 194–211,* www.sciencedirect. com/science/article/abs/pii/S0167811616300842, accessed November 2, 2018.

51. Lita Epstein, "The Pros & Cons of Using Coupons for Your Business," *Investopedia,* www.investopedia.com/articles/personal-finance/051815/pros-cons-using-coupons-your-business.asp, accessed November 2, 2018.

52. Andrew Ehrenberg and Kathy Hammond, "The Case against Price-Related Promotions," *Admap* 418 (June 2001): 30–32.

53. John A Quelch, *Note on Sales Promotion Design* (Cambridge, MA: Harvard Business School, 1988).

54. Michael L. Ray, *Advertising and Communication Management* (Upper Saddle River, NJ: Prentice Hall, 1982).

55. Suzy Evans, "Random Samples No More," *Fast Company,* (February 2011): 35.

56. Statista.com, "Total Number of Coupons Distributed in the United States from 2011 to 2016 (in billions), https://www.statista.com/statistics/630086/total-number-of-coupons-distributed-in-the-us/, accessed November 2, 2018.

57. Statista.com, "Cumulative Value of Free Standing Insert (FSI) Coupons Offered in the United States from 2013 to 2017 (in billion U.S. dollars)," https://www.statista.com/statistics/502230/value-fsi-coupons-usa/, accessed November 2, 2018.

58. Alex Brown, "Study Shows ROI for Mobile Coupon Redemption," https://pointofsale.com/Success-stories/Study-Shows-ROI-for-Mobile-Coupon-Redemption.html.

59. Brandon Carter, "Coupon Statistics: The Ultimate Collection," November 15, 2017, https://blog.accessdevelopment.com/ultimate-collection-coupon-statistics/, accessed May 9, 2018.

60. Deal Nerd, "Study: How Coupon Codes Are Influencing Online Purchase Decisions," https://www.blippr.com/about/coupon-code-stats/, accessed November 2, 2018.

61. Statista.com, "Number of Groupon's Active Customers from 2nd Quarter 2009 to 2nd Quarter 2018 (in millions)," https://www.statista.com/statistics/273245/cumulative-active-customers-of-groupon/, accessed November 2, 2018.

62. Karan Girotra, Simone Marinesi, and Serguei Netessine, "Can Groupon Save Its Business Model?, *Harvard Business Review,* December 26, 2013, https://hbr.org/2013/12/can-groupon-save-its-business-model.

63. John R. Rossiter and Larry Percy, *Advertising and Promotion Management.* (New York: McGraw-Hill Book Company, 1987).

64. Jenny Berg, "How Facebook Made a Data-Focused Event Fun," *BizBash,* July 15, 2015, www.bizbash.com/how-facebook-made-a-data-focused-event-fun/new-york/story/30738/#.WqPSbmfsZRI.

65. Natalie Mortimer, "Grey Goose Is Deepening Ties to Luxury in Latest 'Fly Beyond' Campaign," *The Drum,* May 19, 2016, www.thedrum.com/news/2016/05/19/grey-goose-deepening-ties-luxury-latest-fly-beyond-campaign.

66. Jack Simpson, "How Grey Goose Used Experiential Marketing to Tell Its Luxury Story," *Econsultancy,* February 15, 2016, https://econsultancy.com/blog/67513-how-grey-goose-used-experiential-marketing-to-tell-its-luxury-story.

67. Ibid.

68. Edmund Ingham, "Who Are the Major Players Disrupting the Events Industry?," *Forbes,* December 10, 2014, www.forbes.com/sites/edmundingham/2014/12/10/who-are-the-major-players-disrupting-the-events-industry/2/#11e556c43463.

69. Brandon Rafalson, "Marketing Stats That Point to the Future of the Industry," *Hello Endless,* November 2, 2017, https://helloendless.com/event-marketing-stats/.

70. Ruth P. Stevens, "How to Triple Your Trade Show Marketing Results," *AdAge,* July 31, 2014, http://adage.com/article/guest-columnists/triple-trade-show-marketing-results/294357/.

71. Statista.com, "Global Sponsorship Spending from 2007 to 2018 (in billion U.S. dollars)," https://www.statista.com/statistics/196864/global-sponsorship-spending-since-2007/, accessed November 2, 2018.

72. See also IEG, "IEG's Guide to Guide to Why Companies Sponsor," http://www.sponsorship.com/Resources/What-Companies-Sponsor.aspx.

73. U.S. Tennis Association, "Sponsors," U.S. Open, accessed November 2, 2018, www.usopen.org/en_US/about/sponsors.html.

74. Stan Phelps, "Three Lessons from Mountain Dew on Leveraging Events to Create an Authentic Brand Experience," *Forbes,* October 18, 2014, www.forbes.com/sites/stanphelps/2014/10/18/three-lessons-from-mountain-dew-on-leveraging-events-to-create-an-authentic-brand-experience/#3fb56cda7d27.

75. John E. Hogan, Katherine N. Lemon, and Barak Libai, "Quantifying the Ripple: Word-of-Mouth and Advertising Effectiveness," *Journal of Advertising Research* 44, no. 3 (September 2004): 271–280.

76. PRWeek.com, "PRWeek U.S. Awarded 2018: The Winners," *PRWeek,* March 16, 2018, www.prweek.com/article/1458806/prweek-us-awards-2018-winners.

77. Jonah Berger and Eric Schwartz, "What Drives Immediate and Ongoing Word-of-Mouth?," *Journal of Marketing Research* 48, no. 5 (October 2011): 869–880.

78. Gerry Khermouch, "Buzz Marketing," *BusinessWeek,* July 30, 2001, https://www.bloomberg.com/news/articles/2001-07-29/buzz-marketing; Mark Hughes, *Buzzmarketing: Get People to Talk about Your Stuff* (New York: Penguin Books, 2005); Knowledge@Wharton, "What's the Buzz About Buzz Marketing," January 12, 2005, http://knowledge.wharton.upenn.edu/article/whats-the-buzz-about-buzz-marketing/, accessed November 2, 2018.

79. For a review of some academic and practitioner issues with IMC, see Prasad A. Naik, "Integrated Marketing Communications:

Provenance, Practice and Principles," in *Handbook of Advertising,* eds. Gerard J. Tellis and Tim Ambler (Thousand Oaks, CA: Sage Publications, 2007); Tom Duncan and Frank Mulhern, eds., "A White Paper on the Status, Scope, and Future of IMC," March 2004, Daniels College of Business at the University of Denver.

80. Mart Ots and Gergely Nyilasy, "Integrated Marketing Communications (IMC): Why Does It Fail?: An Analysis of Practitioner Mental Models Exposes Barriers of IMC Implementation," *Journal of Advertising Research* 55, no. 2 (2015): 132–145; J. Kliatchko, "Revisiting the IMC Construct," International Journal of Advertising, 27, no. 1 (2008): 133–160.

81. Prasad A. Naik, Kalyan Raman, and Russ Winer, "Planning Marketing-Mix Strategies in the Presence of Interactions," *Marketing Science* 24, no. 10 (2005): 25–34.

82. Mart Ots, and Gergely Nyilasy, "Integrated Marketing Communications (IMC): Why Does It Fail?: An Analysis of Practitioner Mental Models Exposes Barriers of IMC Implementation," *Journal of Advertising Research* 55, no. 2 (2015): 132–145.

83. Rajeev Batra and Kevin Lane Keller, "Integrating Marketing Communications: New Findings, New Lessons, and New Ideas," *Journal of Marketing* 80, no. 6 (2016): 122–145.

84. Ibid.

85. Jackie Quintana, "5 Companies Who Are Doing Integrated Marketing Right in 2017," *Lonely Brand,* January 7, 2017, https://lonelybrand.com/blog/3-companies-integrated-marketing-right/.

86. This discussion assumes that the marketer has already thoroughly researched the target market and fully understands who they are—their perceptions, attitudes, and behaviors—and therefore knows exactly what needs to be done with them in terms of communication objectives.

87. Susan E. Heckler and Terry L. Childers, "The Role of Expectancy and Relevancy in Memory for Verbal and Visual Information: What Is Incongruency?" *Journal of Consumer Research* 18, no. 4 (March 1992): 475–492; Michael J. Houston, Terry L. Childers, and Susan E. Heckler, "Picture-Word Consistency and the Elaborative Processing of Advertisements," *Journal of Marketing Research* 24, no. 4 (November 1987): 359–369; Thomas K. Srull and Robert S. Wyer, "Person Memory and Judgment," *Psychological Review* 96, no. 1 (1989): 58–83.

88. Michael D. Johnson, "Consumer Choice Strategies for Comparing Noncomparable Alternatives," *Journal of Consumer Research* 11, no. 3 (December 1984): 741–753.

89. David Kiley and Robert Klara, "Heineken's 'Walk-In Fridge'," *Adweek Media,* November 1, 2010, 15.

90. Julie A. Edell and Kevin Lane Keller, "The Information Processing of Coordinated Media Campaigns," *Journal of Marketing Research* 26, no. 2 (May 1989): 149–163; Julie Edell and Kevin Lane Keller, "Analyzing Media Interactions: The Effects of Coordinated Print-TV Advertising Campaigns," *Marketing Science Institute Report,* No. 99-120, http://www.msi.org/reports/analyzing-media-interactions-the-effects-of-coordinated-tv-print-advertisin/, accessed November 2, 2018.

91. Timothy M. Smith, Srinath Gopalakrishna, and Paul M. Smith, "The Complementary Effect of Trade Shows on Personal Selling," *International Journal of Research in Marketing* 21, no. 1 (2004): 61–76.

디지털 시대의 브랜딩

7

학습목표

이 장을 읽은 후 여러분은 다음을 할 수 있을 것이다.

1. 디지털 시대의 마케팅 및 소비자 행동 변화를 설명한다.
2. 브랜드 참여를 정의하고, 브랜드 참여 피라미드와 브랜드 참여의 핵심 요인을 이해한다.
3. 디지털 커뮤니케이션 및 이용 가능한 다양한 옵션을 이해한다.
4. 디지털 마케팅 전략의 중요한 구성요소로서 이메일 마케팅과 웹사이트 최적화의 역할을 이해한다.
5. 디지털 마케팅 도구로서 다양한 소셜 미디어 채널(예 : 페이스북, 트위터)의 장단점을 평가한다.
6. 모바일 마케팅의 지속적인 발전을 이해한다.
7. 인플루언서 마케팅 접근방식을 폭넓게 이해하고, 구전과 사회적 영향이 어떻게 발생하고 관리될 수 있는지 이해한다.
8. 브랜드 인지도와 참여도를 높이기 위한 콘텐츠 마케팅과 그 역할을 설명한다.
9. 브랜드 관리 조직 구조의 변화를 설명한다.

소비자가 구매를 위해 여러 기기와 채널을 활용함에 따라, 브랜드 관리자는 다양한 디지털 채널과 기기에 걸쳐 커뮤니케이션(메시지 및 모양)을 조정해야 할 필요성이 커지고 있다.

개요

최근 브랜드와 브랜드 관리는 엄청나게 빠르게 변화하고 있다. 주요 원인은 온라인 및 디지털 마케팅 성장으로 인한 소비자와의 커뮤니케이션 및 판매 방식 변화 때문이다. 브랜드는 점점 더 다양한 종류의 의미를 부여받고 있으며, 소비자는 이러한 브랜드의 성공 또는 실패에 더 크고 분명한 역할을 하고 있다. 동시에 마케터는 그 어느 때보다 소비자에 대해 더 많이 알고 있으며 다양한 마케팅 전략을 사용하여 소비자에게 영향을 줄 수 있다

소비자가 온라인 채널에서 점점 더 많은 시간과 돈을 소비함에 따라 마케팅과 소비자 행동에 관계된 부분이 모두 크게 발전 및 변화하고 있다. 이 장은 디지털 영역에서 소비자 행동과 브랜드 관리에 일어나는 몇 가지 중요한 변화를 설명하는 것으로 시작한다. 그런 다음 브랜드 참여의 중요한 주제를 소개하고 마케팅 담당자를 위해 존재하는 다양한 디지털 커뮤니케이션을 소개한다. 마지막으로 사회적 영향력과 브랜드 관리 구조와 관련된 몇 가지 문제를 함께 고려한다. 브랜드 포커스 7.0은 온라인 입소문(E-WOM)에 관한 몇 가지 연구 결과를 검토한다.

디지털 시대 브랜딩의 핵심 이슈

이 절에서는 디지털 시대의 브랜딩과 관련된 여러 중요한 고려사항을 검토한다. 이 장에서 나오는 조사 결과를 바탕으로 오늘날 급변하는 마케팅 환경 및 브랜드 마케터에게 미치는 깊은 의미를 이해해야 한다.[1]

1. 소비자의 97%는 제품을 구매할 때 구글과 같은 검색엔진에 의지한다.
2. 소비자의 96%는 모바일 장치로 제품 정보를 검색한다.
3. 밀레니얼 세대의 95%는 브랜드가 페이스북에 있어야 하며, 또한 검색이 되길 기대한다.
4. 소비자의 89%는 매장에서 구매하기 전에 온라인 조사를 한다.

표 7-1에는 몇 가지 주요 디지털 트렌드가 요약되어 있으며, 이에 대해서 자세히 설명한다.

표 7-1 브랜드 및 브랜드 관리에 영향을 미치는 주요 디지털 시대 동향

1. 소비자 의사결정 단계의 변화
2. 온라인 소매 채널을 통한 구매 급증
3. 광고 및 프로모션 비용이 디지털 채널로 전환
4. 다대다 커뮤니케이션 증가
5. 소비자 접점의 급격한 증가
6. 데이터 가용성의 대폭 향상
7. 디지털 개인화
8. 브랜드 메시지에 대한 통제력 상실과 브랜드 의미의 공동 제작
9. 사용자 경험의 역할
10. 문화의 상징으로서 브랜드 성장

소비자 의사결정 단계의 변화

전통적인 소비자 의사결정 단계는 인식, 고려, 구매 의도, 구매를 포함한 일련의 체계를 의미한다. 오래된 냉장고를 대체할 새 냉장고를 찾고 있는 부부 애나와 조를 상상해보자. '옛날'에 그들은 차를 몰고 시어스(Sears) 백화점 같은 가장 가까운 오프라인 매장으로 가서 몇 가지 옵션을 살펴보았을 것이다. 영업 직원과 필요 사항에 대해 이야기한 후, 2개의 브랜드에서 세 가지 최종 후보 모델을 고려하여 구매를 완료했을 것이다.

소비자 의사결정 단계를 매핑하는 것은 현지 소매업체로의 이동, 매장 내 영업 직원과의 논의 등 예측 가능한 단계를 포함하여 매우 간단했다. 그러나 디지털 마케팅과 소셜 미디어의 극적인 발전으로 인해 애나와 조의 의사결정 단계는 크게 달라졌다.

애나와 조는 아마존 리뷰, 온라인 컨슈머 리포트 등을 포함하여 수많은 리뷰 사이트에서 최고의 모델과 사양에 대한 정보를 얻기 위해 온라인으로 이동하여 새로운 냉징고에 대해 김색을 시작할 것이다. 이 정보 검색 단계에서 삼성과 같은 제조업체는 '냉장고 구매'에 대한 정보를 온라인에서 검색하는 개인을 대상으로 최적화된 구글 검색 알고리즘을 기반으로 냉장고 온라인 광고를 게재할 수 있다. 온라인 광고에 대한 이러한 노출로 인해 애나와 조는 이전에 구매한 적이 없는 브랜드에 대해 알아볼 수 있고, 다가오는 휴일(예 : 현충일)이나 주말 동안 제품에 대한 높은 비율의 할인을 받을 수 있다. 애나와 조는 페이스북에 냉장고 브랜드에 대한 추천을 요청하는 글을 올려 친구들로부터 새로운 브랜드 이름 2개를 알아냈다. 온라인 광고와 페이스북 친구들의 입소문을 바탕으로 애나와 조는 특정 브랜드의 모델을 구매하기로 결정했다.

그들은 아마존에 온라인으로 주문하고, 해당 주문이 이루어지는 동안 아마존의 추천 시스템은 머신러닝 알고리즘을 통해 다른 사람들이 일반적으로 냉장고와 함께 구매하는 전자레인지를 제안한다. 애나는 아마존 계정이 있으므로 빠르게 주문할 수 있고, 원하는 배송 날짜도 설정할 수 있다. 지정된 날짜에 제품이 설치되면 애나와 조는 새 제품을 사용해본다. 애나는 구매에 만족하며 친구의 추천에 감사하기 위해 페이스북으로 이동한다. 그녀는 새 냉장고 옆에서 포즈를 취하고 있는 자신의 사진을 게시하고 제품에 대한 페이스북 '좋아요'와 함께 리뷰를 게시한다. 동시에, 아마존으로부터 서비스 경험을 평가해 달라는 이메일을 받고, 애나와 조는 별 5개의 매우 긍정적인 평가를 한다.

분명히, 디지털 시대의 소비자 의사결정 단계는 소비자가 여러 가지 중요한 방식으로 수행했던 이전 단계와는 차이가 있다. 이러한 부분이 브랜드 관리에 미치는 영향은 매우 크다. 전통적인 구매는 인식에서 시작해 선택으로 끝나는 일련의 단계를 포함한다. 반대로 온라인은 소비자가 특정 순서 없이 어떤 단계에서든 의사결정 단계에 영향을 미치며, 브랜드에 대한 새로운 정보는 모든 단계에서 의사결정 과정에 영향을 미친다.[2] 브랜드 관리자는 소비자에게 다양한 의사결정 단계에 걸쳐 브랜드 정보를 제공하는 온라인 채널을 고려해야 한다. 그림 7-1은 특히 온라인에서 확장된 소비자 의사결정 단계의 개요를 설명한다.

앞서 언급한 소비자 의사결정 단계와 더 복잡한 특성에 대응하여 브랜드 관리자는 다양한 부문에서 소비자 의사결정 과정이 어떻게 달라지는지에 대한 정보를 준비해야 한다. 또한 소비자가 구매 후 브랜드에 참여하도록 권장해야 한다. 소비자가 브랜드를 위해 제공할 수 있는 중요한 부

그림 7-1
확장된 소비자 의사결정 단계

출처 : R. Batra and K. L Keller, "Integrating Marketing Commu-nications: New Findings, New Lessons, and New Ideas," *Journal of Marketing* 80, no. 6 (2016): 122 – 145.

분은 구매 후 지지를 생각해볼 수 있다. 마케터는 소비자에게 인센티브를 제공하고 브랜드에 대한 긍정적인 추천을 남기도록 격려해야 한다. 이 장의 뒷부분에서 구전의 역할을 논의한다.

온라인 소매업의 성장

커뮤니케이션 채널 이외에도 온라인 소매와 관련한 옵션의 수가 증가했다. 온라인 소매업의 인기는 다음 통계에서 추론할 수 있다.[3]

1. 온라인 매출 비중은 2018년에 4,140억 달러에 이르렀다.
2. 미국 성인의 60%는 붐비는 쇼핑몰이나 점포에서 쇼핑하는 것을 좋아하지 않는다.
3. 쇼핑객의 71%는 매장에서보다 온라인에서 더 좋은 거래를 할 것이라고 믿는다.
4. 18~34세 사이 남성 중 40%와 여성 중 33%는 '모든 것을 온라인으로 구매'하는 것이 이상적이라고 말한다.

온라인 소매업체가 큰 성공을 거둔 것은 놀라운 일이 아니다. 아마존만 해도 전체 소매 매출의 5%를 차지하고 있으며, 총매출은 350억 달러이다. 온라인 소매업의 인기가 급격히 증가하면서 오프라인 쇼핑에 대한 선호가 감소했으며, 이로 인하여 메이시스, JC페니, 월마트 등 많은 오프라인 소매업체의 존립이 더욱 위협받고 있다.

따라서 브랜드 관리자는 온라인에서 매력과 인지도를 높이고 또한 온라인에서 브랜드 경험을 최적화할 수 있는 방법을 찾아야 한다. 온라인 소매업체는 온라인 쇼핑 경험을 개인화하고 흥미를 끌 수 있도록 많은 새로운 기능을 추가하고 있다. 그럼에도 불구하고 많은 소비자는 매장을 방문하여 제품을 만지고 느끼는 것을 좋아하지만[쇼루밍(showrooming)이라고도 함], 소비자는 온라인 주문(최저가)을 하는 경우가 많다. 소비자는 소매점 방문하기를 좋아하며 이러한 현실은 모든 오프라인 소매점이 곧 사라지지 않을 것이라는 확신을 줄 수 있다.[4] 이러한 트렌드는 온라인 및 오프라인 채널을 전략적으로 조정하여 브랜드를 관리하는 데 중요한 의미를 갖는다.

온라인 소매 분야에서 가장 눈에 띄는 성공 사례 중 하나는 아마존이다. 아마존이 드론 배송 및 인수(예 : 홀푸드)를 통해 소매업을 지속적으로 혁신을 통해 아마존은 온라인 소매업에서 발생하는 모든 변화를 염두에 두고 있다. 이러한 변화들은 그들이 상품을 판매하거나 유통하는 방법에 큰 영향을 미칠 수 있기 때문이다. 브랜딩 브리프 7-1에서는 아마존의 온라인 소매 분야에서 지배적인 기업으로의 눈부신 성장을 기록하고 있다.

브랜딩 브리프 7 - 1
아마존의 경이로운 성장

1995년, 아마존은 온라인 서점으로서 첫 번째 책을 판매했다. 그 당시에는 아무도 아마존이 결국 어떻게 될지 상상할 수 없었다. 단 한 권의 책을 판매하는 것부터 다국적 대기업이 되기까지, 아마존은 성공을 향한 여정에서 계속해서 기대를 크게 뛰어넘고 있다.

2년 동안 아마존은 서점을 성장시켜 1997년에는 상장(IPO)을 할 수 있었으며, 이를 통해 회사는 급속한 확장을 시작할 수 있었다. 이 기간 동안 아마존은 새로운 로고를 공개하여 A부터 Z까지 모든 것을 판매하기를 원한다는 신호를 시장에 알렸다. 2001~2004년 사이에 아마존은 분기별로 이익을 내기 시작하였고, 클라우드 컴퓨팅 소프트웨어를 출시했으며, 처음으로 보석과 신발을 판매하기 시작했다. 이러한 확장은 아마존에게 매우 유익했다.

2005년 아마존은 미국 내에서 2일 안에 무료 배송을 제공하는 멤버십 플랫폼인 아마존프라임을 출시했다. 2006년 아마존은 신선식품 배달 서비스인 아마존프레시(AmazonFresh)를 출시하며 처음으로 식품 분야로 확장했다. 2007년 아마존은 책 산업에 뿌리를 둔 킨들(Kindle) e-리더를 공개했다. 2008년 아마존은 디지털 오디오북을 다운로드 가능한 형태로 제공하는 회사인 오더블(Audible)을 인수하여 다양한 형식으로 고객에게 책을 제공할 수 있는 능력을 키웠다.

2010년까지 아마존은 다른 관련 분야로 더욱 확장하였다. 예를 들어 오리지널 TV 스튜디오인 아마존스튜디오(Amazon Studios)는 2010년에 시작하였다. 2011년에는 아마존이 첫 번째 태블릿인 킨들 파이어(Kindle Fire)를 출시하면서 서비스 분야를 더욱 확장하였다. 2013년에는 드론 배송 서비스를 도입하면서 그동안 존재했던 택배 배송 시스템을 혁신하기 위한 조치를 취했다. 이때까지 아마존은 온라인 쇼핑과 배송이 미래에 어떻게 될지에 대한 기존의 고정관념을 거의 완전히 바꿔 놓았다.

2014년 아마존은 아마존 알렉사(Amazon Alexa, 음성인식 지능형 개인 서비스)와 동반 제품인 아마존 에코(Amazon Echo)를 출시하여 뛰어난 기술제품 포트폴리오를 계속 확장했다. 2014년에 출시된 아마존 파이어(Amazon Fire) TV는 소비자가 스트리밍 디지털 비디오 및 오디오 콘텐츠에 접근할 수 있는 네트워크 어플라이언스로 설계되었다. 아마존 파이어의 도입을 통해 아마존은 엔터테인먼트 부문에 진출했고, 이는 2016년에 출시된 아마존 프라임 비디오와 같은 다양한 엔터테인먼트 서비스 제공으로 이어졌다.

2015년에 창립 20주년을 맞이하여, 아마존은 시장가치가 약 2,500억 달러에 달하는 커다란 선물을 갖게 되었다. 아마존은 처음 20년 동안 전체 성장과 다각화를 달성하여 겉보기에 가능한 모든 부문으로 확장하였

아마존 CEO 제프 베이조스는 아마존의 빠른 변화 능력을 성공의 핵심 요소로 설명한다.

다. 이 회사는 이익을 내는 데 4년이 걸린 단일 서점에서 이제는 브랜딩과 모든 제품을 제공하는 회사로 성장했다. 아마존의 많은 이야기가 모두 엄청난 성공 사례이다. 오리지널 프로그램으로의 진출 결과 '트랜스페어런트(Transparent)'와 '맨체스터 바이 더 씨(Manchester by the Sea)'와 같은 오리지널 쇼에서 상을 받았다. 아마존 웹 서비스(Amazon Web Services, AWS)는 현재 클라우드 컴퓨팅 시장에서 전 세계 40%의 매출 점유율을 자랑하며 시장의 선두주자로 널리 인정받고 있다. 2017년에 아마존은 대형 식료품점인 홀푸드를 140억 달러에 인수하여 오프라인 소매업으로 확장하였다.

그렇다면 아마존의 성공 비결은 무엇인가? 창업자이자 CEO인 제프 베이조스(Jeff Bezos)는 아마존의 빠르고 과감한 의사결정 능력이 아마존의 눈부신 성공 이유 중 하나라고 말한다. 계산된 위험을 감수할 수 있는 능력은 아마존의 성장을 주도했던 제프 베이조스의 경영 스타일 특징 중 하나였다. 회사를 설립한 후 20년 동안 아마존은 고객 가치를 파악하고 전달할 수 있는 창의적이고 새로운 방법을 찾아냄으로써 새로운 시장으로 확장했다. 디지털화와 모빌리티의 트렌드를 예측하고 적시에 새로운 제품(예 : 아마존 킨들)에 투자할 수 있었다. 아마존은 200개 이상의 국가에서 아마존 프라임 비디오(Amazon Prime Video)와 같은 서비스를 제공하면서 해외 확장에도 효과적으로 대응하였다. 그림 7-2는 시간 경과에 따른 아마존 개발의 주요 이벤트 타임라인을 보여준다.

1995	아마존은 회사가 설립된 지 약 1년 후에 첫 책을 판매한다.	
1997	아마존이 첫 IPO를 해 서점에서 슈퍼스토어로 확장할 수 있는 계기가 되었다.	
2000	아마존의 3자 판매자(third-party) 시스템인 마켓플레이스(Marketplace)가 출시되었다. 회사의 새 로고가 공개되어 A에서 Z까지 모든 것을 판매하려는 아마존의 열망을 나타낸다.	
2001	아마존이 처음으로 분기 이익을 냈다.	
2002	클라우드 컴퓨팅 기술인 아마존웹서비스가 출시된다.	
2003	아마존이 처음으로 보석 판매를 시작한다.	
2004	아마존이 처음으로 신발을 판매한다.	
2005	회사의 프리미엄 멤버십 플랫폼인 아마존프라임이 미국에서 출시된다.	
2006	온라인 신선식품 배달 서비스인 아마존프레시가 시애틀에서 출시되면서 처음으로 식품 분야로 회사를 확장했다.	
2007	킨들 전자책 리더기를 출시한다.	
2010	엔터테인먼트 분야로의 확장을 위해 오리지널 TV 스튜디오인 아마존스튜디오가 출범한다.	
2011	아마존이 자사의 첫 태블릿인 킨들 파이어를 공개했다.	
2013	아마존이 새로운 드론 배송 시스템을 공개하며 온라인 쇼핑 경험을 공식적으로 개편했다.	
2014	회사 최초의 인공지능 음성 명령 시스템인 아마존 에코가 출시된다.	
2015	아마존은 창립 20주년을 맞이하여 약 2,500억 달러의 시장 가치 기업으로 성장했다.	
2016	아마존 프라임 비디오가 출시되면서 '트랜스페어런트' 및 '맨체스터 바이 더 씨'와 같은 오리지널 수상작과 영화가 탄생한다.	
2017	아마존은 시애틀에 식료품점 프로토타입을 오픈한다. 아마존은 이후 140억 달러에 홀푸드를 인수한다. 아마존웹서비스가 클라우드 컴퓨팅 시장 점유율 40%를 차지하고 아마존 프라임 비디오가 200여 개국으로 확대되는 등 아마존의 제품은 계속 우위를 점하고 있다.	

그림 7-2
아마존의 타임라인

출처 : Lindsay Deutsch, "20 Years of Amazon: 20 Years of Major Disruptions," *USA Today*, Gannett Satellite Information Network, July 15 2015, www.usatoday.com/story/news/nation-now/2015/07/14/working---amazon-disruptions-timeline/30083935/; James Quinn, "Amazon Timeline: From Internet Bookshop to the World's Biggest Online Retailer," *The Telegraph*, Telegraph Media Group, August 15, 2015, www.telegraph.co.uk/technology/amazon/11801515/Amazon-timeline-from-internet-bookshop-to-the-worlds-biggest-online-retailer.html.

디지털 채널을 이용한 광고 및 프로모션

디지털 채널의 도래와 함께 일어나고 있는 가장 중요한 변화 중 하나는 온·오프라인 채널에 광고비를 배분하는 방식의 변화이다. 2017년 기준으로 전 세계 디지털 미디어 광고비 지출은 기존 TV 광고 지출 금액을 초과했다(디지털 광고 지출 2,090억 달러, 전 세계 TV 광고 1,780억 달러).[5] 또한 디지털 미디어의 성장은 기존 미디어 채널의 성장을 앞지를 것으로 예상된다. 2020년에는 온라인 채널에서의 광고 규모가 TV 광고보다 거의 50% 더 커졌다(기존 TV 광고 예산이 780억 달러인 반면 디지털 광고비용은 1,130억 달러).[6] 특히 중요한 것은 디지털 광고비용 내에서도 데스크톱 장치에 대한 광고에 비해 모바일 광고 지출이 빠르게 증가하고 있다는 점이다. 전 세계적으로 모바일 광고는 광고 지출에서 1,000억 달러이며 모든 디지털 광고의 거의 절반을 차지한다.[7] 브랜딩 브리프 7-2에서는 REI가 브랜드 메시지를 강화하고 고객과 공감대를 형성하기 위해 온라인 채널을 활용한 방법을 보여준다.

브랜딩 브리프 7 - 2

디지털로의 빠른 전환

국의 추수감사절 다음 날인 '블랙 프라이데이'는 종종 열렬한 쇼핑객들이 믿을 수 있는 거래와 고화질 TV 300달러 할인, 300달러짜리 플레이스테이션 50달러 할인, 또는 삭스피프스애비뉴(Saks Fifth Avenue)에서 핸드백 60% 할인 등 가격 프로모션을 기대하고 있는 날이다. 블랙 프라이데이는 저렴한 가격 사냥꾼들이 도시에서 가장 좋은 거래를 찾으면서 아드레날린이 급증하는 것을 경험할 수 있는 날이다. 쇼핑몰은 최고의 상품과 대박 상품을 얻기를 바라는 열광적인 쇼핑객으로 가득하다. 그들은 종종 밖에서 가게들이 문을 열 때까지 몇 시간을 기다린다. 이날은 공식적으로 크리스마스와 함께 절정에 달하는 홀리데이 쇼핑 시즌(통상 미국에서는 11월 4째 주에 시작하는 추수감사절부터 연말까지를 일컫는다)의 시작을 알리는 날이다. 많은 특별 할인 행사와 거래가 있는 이 특별한 쇼핑의 날에 마음에 들지 않는 것이 뭐가 있겠는가?

하지만, 블랙 프라이데이에 대해 비난하는 사람과 반대하는 사람이 없는 것은 아니다. 일부는 소매상들이 추수감사절 휴일을 가족과 함께 보내는 것을 선호하는 직원에게 해당 시간에 일하게 하기 때문에 이 '휴일'에 대해 항의해왔다. 많은 거래가 오프라인 매장에 들어오기 전에 온라인으로 가능한 가운데, 일부 소매점은 블랙 프라이데이에 오프라인 매장을 닫는 것으로 성명을 발표했다. REI는 '대안적 블랙 프라이데이 운동'을 최초로 개척한 회사 중 하나였으며 블랙 프라이데이에 매장, 유통센터 및 본사 143개를 모두 폐쇄하기로 결정하는 파괴자가 되었다. 이러한 전략은 회사에 매우 긍정적인 PR이 되었고, 고객과 직원들은 회사의 과감한 움직임에 박수를 보냈다.

REI의 대안적 블랙 프라이데이는 정확히 어떻게 작동했는가? REI의 #OptOutside 캠페인은 일반적인 블랙 프라이데이 세일이나 소매점 방문 대신 일련의 광고판, 비디오, 소셜 미디어 게시물 등을 사용하여 직원과 고객에게 블랙 프라이데이에 야외로 나가 캠페인을 홍보하도록 권유했다. 이 회사는 다양한 디지털 및 소셜 채널을 활용하여 고유한

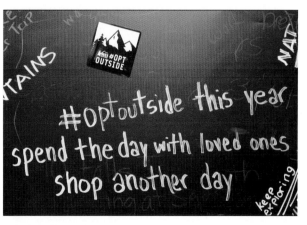

REI는 고객들에게 블랙 프라이데이 쇼핑을 거부하고 대신 야외 활동을 즐기며 하루를 보낼 것을 권유했다.

#OptOutside 캠페인에 대한 기대감을 높였다.

그 결과는 성공적이었고, REI는 페이스북, 인스타그램, 트위터에서의 언급이 놀랍게도 7,000%나 늘어났다. 이후 170여 개 이상의 기업이 블랙 프라이데이를 맞아 문을 닫기로 결정했고 수백 개의 공원이 입장료 없이 문을 열었다. 거의 140만 명의 사람이 야외에서 하루를 보낸 것으로 추정된다. 온라인 캠페인으로 인해 2015년 REI는 100만 명의 신규 회원을 확보했다. 매장 매출은 7% 증가했고, 디지털 매출은 거의 23% 증가했다. 이 캠페인의 초기 성공에 힘입어 REI는 #OptOutside를 연례 이벤트로 선정하였다.

REI의 블랙 프라이데이 캠페인은 소셜 미디어의 입소문이 브랜드 메시지에 대한 인식을 어떻게 높일 수 있는지를 보여주는 방법의 예이다. REI 캠페인 성공의 큰 부분은 제품(예 : 아웃도어 장비)과 캠페인 주제

(예 : 소비자의 외부 활동 장려) 간의 긴밀한 연결에 기인할 수 있다. REI 는 이 캠페인을 통해 고객이 진정으로 중요한 것이 무엇인지 이해하고 있음을 입증하는 기회로 활용하여 표적고객 사이에서 더 큰 인지도와 참여도를 높일 수 있었다. 이는 REI가 고객과 직원에게 기존의 블랙 프라이데이 관점과 동의어로 자리 잡은 돈과 이익보다는 자신들에게 더 많은 관심을 갖고 있음을 보여주는 과감한 조치였다.

#OptOutside에 대한 REI 광고용 비디오는 https://youtube/MEVXU4RDU이에서 볼 수 있다.

출처 : "#OptOutside — Will You Go Out With Us?," REI, www.rei.com/blog/news/optoutside-will-you-go-out-with-us; Shep Hyken, "The Alternative Black Friday Movement," *Forbes*, November 26, 2016, www.forbes.com/sites/shephyken/2016/11/26/the-alternative-black-friday-movement/#4ad1cffc6007.

'일대다'에서 '다대다' 채널

전통적인 마케팅 세계에는 소비자와 소통하기 위해 TV, 인쇄매체, 라디오 광고와 같은 대중매체 채널에 의존하는 브랜드 관리자가 포함되어 있었다. 의사소통의 방향은 일반적으로 제조업체에서 소비자로 이루어졌으며, 소비자에서 제조업체로의 피드백은 제한적이었다. 따라서 청중은 일반적으로 브랜드 마케터가 보낸 신중하게 만든 메시지의 수동적인 수신자였다. 이는 그림 7-3(고객은 A, B, C로 표시됨)에 묘사된 것처럼 커뮤니케이션에 대한 전통적인 일대다(one-to-many) 마케팅 접근방식의 경우에 특히 그렇다.

시간이 지나면서 일대다 채널은 브랜드와 고객의 대화식 또는 일대일(one-to-one) 커뮤니케이션을 더욱 강조하게 되었다(그림 7-4 참조). 엘엘빈(L.L.Bean) 또는 제이크루(J.Crew)와 같은 카탈로그 회사는 각 고객을 개별적으로 관찰함으로써 이러한 직접 마케팅 접근방식을 수용했다. 최

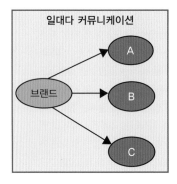

그림 7-3

전통적인 마케팅 : 일대다 커뮤니케이션

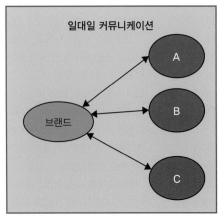
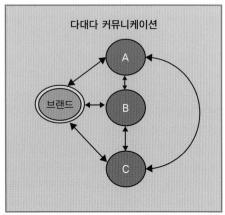

그림 7-4

새 미디어 환경 : 양방향(two-way) 및 다대다 커뮤니케이션

근 몇 년 동안 이러한 일대다 및 일대일 채널은 페이스북, 트위터와 같은 다대다(many-to-many) 채널로 보완되거나 심지어 대체되고 있으며, 이러한 채널에서 소비자들이 서로 대화하거나 브랜드 마케터와의 양방향 대화에 참여하게 되었다. 일대다 커뮤니케이션에서 다대다 커뮤니케이션으로의 이런 근본적인 변화는 소비자 접점 및 데이터 가용성의 증가를 포함하여 다음 절에서 논의되는 다른 중요한 관련 트렌드로 이어진다.

소비자 접점의 증가

뉴욕에서 활동하는 선도적인 화장품 브랜드의 수석 브랜드 매니저인 애니타 버만(Anita Berman)을 만나보자. 애니타는 약 20년 전에 선도적인 스킨케어 브랜드의 브랜드 어시스턴트로 시작했다. 당시 그녀의 삶은 브랜드 관리와 관련된 제품 개발, 광고 대행사, R&D 및 영업 인력 등과의 회의로 가득 찼다. 그녀는 1990년대 후반 브랜드 팀들과의 미팅을 기억하는데, 그때 그들은 광고 대행사와 함께 브랜드 광고 캠페인에 대해 브레인스토밍을 했다. 당시 그들의 주요 광고 옵션은 TV와 인쇄물(특히 잡지) 광고였다. 애니타는 이때가 인터넷이 막 시작되었을 무렵이라 페이스북 같은 것은 없었다고 기억한다.

2018년으로 빠르게 와 보면, 애니타와 브랜드 팀과의 미팅에는 여전히 제품 개발에 대한 토론과 영업 팀의 의견을 듣고 논의하는 것까지 포함되어 있다. 그러나 그들은 이제 그녀가 관리하는 화장품 브랜드와 18~24세의 표적고객을 위한 소셜 미디어와 디지털 마케팅 전략에 대해 생각하는 데 많은 시간을 할애한다. 애니타는 TV, 잡지, 웹사이트의 디스플레이 광고, 인스타그램의 소셜 미디어 광고, 유튜브의 비디오 광고를 비롯한 다양한 채널에 어떻게 광고 예산을 최상으로 배정할 수 있을지 고민하고 있다. 그들은 또한 고객이 자신의 외모를 확인하고 메이크업에 대한 일상적인 팁을 얻을 수 있는 브랜드용 모바일 앱을 출시했다. 이들은 날씨 전문 채널과 계약을 맺고 모바일 앱을 통해서 고객 거주지와 날씨 등에 따라 메이크업 팁이 달라질 수 있도록 했다. 애니타는 배너 광고의 클릭률, 노출 수, 클릭당 비용 등 다양한 측정항목을 추적했다. 또한 그들은 소셜 인플루언서 프로그램을 시작하고 있으며, 어떤 소셜 미디어 유명인이 최고의 투자 수익을 제공할 수 있는지에 대한 고민의 과정에 있다.

디지털 마케팅 및 소셜 미디어 채널의 성장과 소비자가 서로 소통할 수 있는 능력으로 인해 브랜드 관리자가 자유롭게 소비자와의 소통과 참여를 늘릴 수 있는 접점의 수가 급격하게 증가했다. 앞서 언급한 바와 같이 기존 방식에는 일대다 커뮤니케이션이 포함되어 있으며 TV, 인쇄물, 라디오 등과 같은 매스미디어 채널을 이용하는 일방향 커뮤니케이션이 옵션으로 제한되어 있었다. 오늘날 브랜드 관리자는 페이스북, 트위터, 인스타그램, 핀터레스트, 링크드인 등을 포함한 현기증 날 만큼 많은 디지털 커뮤니케이션 옵션을 보유하고 있고 이를 소비자와 연결하는 데 사용하고 있다. 미디어 옵션의 이러한 증가는 미디어 계획의 복잡성에 영향을 미친다. 즉 브랜드 관리자는 이러한 다양한 채널을 조정해 소비자

브랜드 관리자는 페이스북, 트위터와 같은 소셜 미디어 장소를 포함하여 광고 배치를 선택할 수 있는 다양한 디지털 채널을 가지고 있다.

표 7-2 소셜 미디어에서 언급된 상위 5개 브랜드

브랜드(언급된 수 기준)	전 세계 소셜 미디어 언급 수(2015~2016년)[8]
페이스북	60,665,800
애플	28,858,274
이베이	28,677,175
아마존	26,001,012
디즈니	16,543,436

의 의사결정 단계 전반에 걸쳐 통합 전략을 수립해야 한다. 또한 브랜드 관리자는 이러한 모든 플랫폼에서 브랜드가 통일된 메시지와 일관된 모양 및 느낌을 갖도록 해야 한다. 명확하게 정의된 브랜드 포지셔닝과 브랜드가 소비자에게 어떻게 제시되고 마케팅 되어야 하는지에 대한 명확한 지침을 갖는 것은 브랜드가 모든 채널에서 일관된 주제를 갖도록 하는 중요한 단계이다. 브랜드 관리자의 또 다른 주요 관심사는 광고비용 지출에 대해 가장 큰 수익을 창출하는 채널을 파악하는 것이다. 일종의 속성 모델링이라고 불리는 이러한 작업은 실제로 매우 복잡하고 어려운 부분이다.

데이터 가용성 증가

어느 곳에서나 데이터, 데이터! 디지털 채널의 성장으로 기업 웹페이지에서 사용자의 탐색 행동에 대한 클릭스트림 데이터에서부터 광고 메트릭스 데이터(예 : 클릭률 및 클릭당 비용), 브랜드 웹사이트의 순 방문자 수에 관한 정보에 이르기까지 데이터가 폭주하고 있다. 이제 마케팅 담당자는 고객의 온라인 행동에서 수집된 정보를 활용하여 고객의 필요에 맞게 서비스를 조정할 수 있다.[9] 그러나 브랜드에서 이 모든 정보를 사용 가능한 지식의 양으로 변환하기 위한 도구에 투자하지 않는다면 이러한 양적인 정보는 순식간에 압도적으로 변할 수 있다.

데이터가 매우 풍부한 상황에서 기업은 접근할 수 있는 방대한 정보 저장소에서 어떻게 하면 유용한 지식을 수집할 수 있을까? 많은 기업이 고급 분석에 의존하여 이러한 데이터에서 통찰력을 얻고 있다. 예를 들어 제이크루는 클릭스트림 분석을 사용하기 시작했고, 온라인 매출을 22% 증가시키는 핵심 통찰력을 얻었다.[10] 분석 결과 특정 채널(예 : 페이스북, 트위터, 핀터레스트, 인스타그램)이 고객 참여도가 가장 높은 것으로 나타났다. 제이크루는 또한 사용자들이 추천 링크를 클릭하고 회사 웹사이트에서 구매할 수 있도록 페이스북을 최적화했다.[11] 핀터레스트 사용자 중 21%가 핀터레스트에서 항목이 마음에 들고 난 후 오프라인 매장에서 물건을 살 가능성이 높으며, 젊은 소비자들은 이 비율이 훨씬 더 높았다. 이와 같은 방식으로 소비자의 온라인 행동에 대한 통찰력은 세분화 및 타기팅 전략을 미세하게 조정하고 고객 참여 및 판매를 강화할 수 있다.

데이터 가용성을 크게 높이는 또 다른 요인은 페이스북, 트위터 등에서 이루어지는 소셜 미디어 대화의 증가이다. 이러한 대화는 고급 분석을 통해 효과적으로 도출하여 특정 브랜드와 관련된 소비자의 사고방식과 정서에 대한 중요한 통찰력을 얻을 수 있다. 이러한 유형의 데이터 규모와 범위를 추가로 설명하기 위해 표 7-2는 2015~2016년 전 세계 상위 5개 브랜드와 이들이 소셜 미디어에 언급된 횟수를 보여준다.[12] 페이스북에 대한 언급은 6,100만 개에 달하며 애플에 대한

2,900만 건의 언급은 브랜드 마케터에게 풍부한 정보를 제공하며 브랜드에 대한 소비자의 생각과 인식에 대한 독특한 통찰력을 제공한다. 소셜 미디어는 브랜드 마케터에게 고객의 대화를 듣고 트렌드를 이해할 수 있는 기능을 제공한다.

데이터 가용성은 브랜드 마케터에게 특정 혜택과 제안으로 소비자를 세분화하여 타기팅하는 데 많은 이점을 제공하지만 이러한 방대한 데이터는 단점도 있다. 데이터 가용성의 한 가지 문제는 고객의 개인정보를 보호하는 것과 관련이 있다. 개인정보 침해는 브랜드에 대한 소비자의 신뢰를 낮출 수 있다. 브랜드 마케터는 고객 데이터를 수집, 분석, 사용하여 전략을 개선하는 동시에 고객 신뢰의 손실을 방지하는 부분과도 균형을 맞춰야 한다.

디지털 개인화

18세 여대생인 마야는 온라인 쇼핑을 좋아하고 패션에 관심이 많다. 그녀는 곧 있을 가족 모임에 맞춰 청바지를 새로 구매하려 한다. 청바지를 찾던 중 그녀는 정말 마음에 드는 노란색 드레스를 발견했다. 그녀는 쇼핑 카트에 담고 그것을 거의 구매할 뻔했지만, 막판에 너무 비싸다고 생각했다. 그녀는 로그아웃했지만 고객 행동 패턴을 분석하기 위해 디지털 분석 회사에게 의뢰한 온라인 소매업체는 마야의 쇼핑 카트 내용을 분석할 수 있었다. 마야가 하루 일과를 마치고 있을 때, 온라인 소매점으로부터 특별한 제안이 담긴 문자를 받았다. 이 문자는 마야에게 매우 달콤한 제안이어서, 저항하지 못하고 드레스를 구매하기로 결정했다.

위의 이야기는 온라인 쇼핑을 해본 사람이라면 누구에게나 친숙한 시나리오에 대한 묘사이다. 동일한 제품이 고객의 표현된 관심에 따라 다른 가격으로 제공될 수 있다는 아이디어를 **동적 가격**(dynamic pricing)이라고 한다. 다양한 온라인 소매업체는 기업이 다양한 제안을 통해 개별 소비자를 명시적으로 타기팅해 구매를 완료할 수 있도록 하는 광범위한 분석에 많은 투자를 했다. 이제 마케터는 다양한 청중과 관련된 고도로 맞춤화된 메시지를 제공하여 더 많은 사람으로부터 더 높은 고객 충성도를 이끌어낼 수 있다.

디지털 도구의 등장은 제품과 메시지 측면에서 전례 없는 개인 맞춤화의 시대를 열었다.[13] 디지털 개인화(digital personalization)는 '개인의 실제 행동에 따라 메시지와 제안을 맞춤화하는 것'으로 정의되었다. 한 연구에 따르면 이러한 개인화 기능은 고객 확보 비용을 50% 줄이고, 매출을 5~15% 증가시키며, 마케팅 효율성을 10~30% 강화하는 데 도움이 될 수 있다.

브랜드 관리자는 빅데이터에 접근할 수 있으며, 이를 다양한 접점과 의사결정 과정의 다양한 단계에서 마이크로 타깃 소비자에게 활용할 수 있다. 이 타기팅은 소비자의 다양한 인구통계학적 및 심리적 측면, 온라인 탐색 패턴, 다양한 온라인 채널에서 제공되는 다양한 유형의 온라인 제공 유형에 긍정적으로 반응하는 경향을 고려한다. 데이터는 또한 소비자가 오프라인 매장(즉 가장 가까운 실제 소매업체)에 근접해 있음을 보여주어야 하며, 이러한 소매업체가 구매를 유도

디지털 생태계는 복잡하며 브랜드가 고객과 소통할 수 있는 다양하고 새로운 기회를 제공한다. 디지털 개인화는 고객 데이터를 사용해 고객의 요구에 맞춘 특정 제품을 개발하는 새로운 추세이다.

하기 위해 약간의 유인책 및 가격 할인을 제공할 수 있어야 한다.

소비자 행동에 대한 마이크로 타기팅의 의미는 무엇인가? 디지털 개인화는 마케터 관점에서 많은 이점을 제공하지만 단점도 있을 수 있다. 일부 연구원은 소비자가 개인정보 보호 문제로 인해 개인화된 제안에 부정적으로 반응할 수 있다고 주장했다. 이러한 부정적인 반응은 소비자에게 온라인에서 제공되는 다양한 무료 서비스와 혜택을 상기시키고, 개인화된 제안으로 그들을 겨냥하기 위해 자신의 정보를 사용할 수 있도록 허가를 구함으로써 극복될 수 있다.[14]

우리의 일화에서 알 수 있듯이 디지털 개인화가 작동하는 한 가지 방법은 소비자를 리타기팅하는 것이다. 즉 이전에 탐색했지만 구매하지 않은 제품에 대한 광고로 소비자를 타기팅하는 것이다. 이러한 접근방식의 한 가지 위험은 고객이 다양한 거래 또는 제안에 부정적으로 반응하고 이러한 관행이 불공정하다고 인식할 수 있다는 것이다. 오비츠(Orbitz)는 웹사이트 방문자들이 맥(PC 대비)을 사용했을 때 회사가 호텔 객실을 더 높은 가격으로 제공하고 있다는 사실이 알려졌을 때 고객들의 항의의 대상이 되었다.[15] 오비츠의 이런 행동은 맥 사용자들이 일반적으로 호텔 객실에 30% 더 많은 돈을 쓴다는 관찰에 바탕을 두고 있다. 그럼에도 불구하고 이 폭로 때문에 오비츠는 많은 평판을 잃게 되었다. 이 사건은 고객의 프로파일에 맞는 맞춤형 제안의 잠재적인 단점을 강조하는 사건의 예이다.

연구진은 특정 조건에서 리타기팅이 매우 효과적이라고 말한다. 특히 제품 리뷰 사이트를 방문한 이후 카테고리 전체에 대한 정보를 검색하는 소비자에게 더 효과적이다.[16] 리타기팅 기능은 브랜드 마케터가 이전에 관심을 보인 사용자를 대상으로 한 광고에 더 집중할 수 있도록 함으로써 웹사이트를 방문하는 고객들 사이에서 전환을 강화할 수 있기 때문에 특히 효과적이다. 이상적으로는 검색 광고, 디스플레이 광고 또는 콘텐츠 마케팅을 사용하여 고객을 광고로 타기팅한 다음 리타기팅에 초점을 맞추는 통합 전략이 디지털 마케팅 캠페인의 전반적인 효과를 강화하는 데 도움이 된다.

브랜드 마케터의 주요 목표는 다양한 프로파일을 가진 소비자와 소비자 의사결정 과정의 다양한 단계에서 주요 동기를 이해하는 것이다. 이러한 소비자 의사결정을 이해하기 위해 사용하는 분석엔진은 중요한 정보(예 : 다른 도시로의 이직 또는 매주 토요일 골프를 치는 소비자의 성향)를 발견할 수 있으며, 이러한 정보를 활용하여 실시간으로 고객에게 특정 제안을 타기팅하거나 전환의 효율성(또는 소비자가 의사결정 과정의 한 단계에서 다음 단계로 이동하는 속도)을 높일 수 있다.

한 주요 은행은 고객 데이터를 활용하여 구매 결정 프로세스의 다양한 단계에서 고객을 더 잘 타기팅함으로써 3억 달러를 절약했다. 이는 고객이 웹을 처음 검색할 때, 지점을 방문할 때, 전화를 걸 때 등 은행 업무 결정 과정의 다양한 단계를 지정하고, 고객이 어떤 단계에 있는지에 따라 그 단계에 맞는 다양한 제안을 하였다. 이러한 개인화를 수행하려면 조직 인프라가 중요한 고려사항이다.

디지털 개인화를 성공적으로 하려면 조직이 필요한 데이터의 우선순위를 지정 및 식별하고, 신속한 변화를 위한 팀

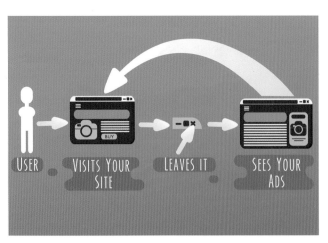

리타기팅 또는 소비자가 이전에 탐색했지만 구매하지 않은 제품에 대한 광고로 타기팅하는 것은 온라인 소비자를 대상으로 소매업체가 점점 더 많이 사용하는 방식이다.

을 만들고, 효과적인 테스트 및 학습 프로세스를 갖추는 데 능숙해야 한다. 이러한 주요 조직의 강점은 대규모 디지털 개인화를 위한 전제 조건이다. 다음 사항은 디지털 개인화가 성공하기 위한 조직의 세 가지 전제 조건이다.[17]

1. 조직은 고객의 요구와 이러한 요구에 대한 지속적인 모니터링과 피드백을 제공할 수 있는 고객 데이터 웨어하우스에 투자해야 하며, 회사의 제품을 통해 이러한 요구사항이 얼마나 잘 충족되고 있는지 확인해야 한다.
2. 조직은 회사의 웹사이트, 모바일 앱, 또는 매장 내의 경험을 비롯한 다양한 채널을 포함하여 고객의 의사결정 과정을 이해하기 위해 다기능 팀을 효율적으로 사용해야 한다.
3. 조직은 테스트 및 학습의 반복 프로세스를 사용하여 무엇이 제대로 작동하는지 파악해야 한다.

브랜드 메시지에 대한 통제력 상실과 브랜드 의미의 공동 창출

디지털로의 전환은 브랜드 관리자가 브랜드 의미에 대해 갖는 통제 범위를 감소시켰다. 비디지털 시대에 브랜드 관리자는 제한된 채널을 통해 사용할 수 있는 메시지를 더 잘 통제했다. 오늘날의 다대다 커뮤니케이션 모델(그림 7-4 참조)을 통해 페이스북, 트위터, 인스타그램과 같은 대형 소셜 미디어 플랫폼의 성장과 확산은 소비자들 사이에서 대규모로 역동적이고 실시간 대화가 이루어지는 시대로 접어들게 했다. 따라서 마케터는 브랜드 의미 생성을 대규모로 조정해야 한다.[18]

브랜드 의미의 공동 생성자로서 소비자 역할이 변화함에 따라, 브랜드 관리자는 브랜드 의미의 작성자 또는 출처라는 중심적 혹은 독점적인 역할을 유지하지 않고 소비자 대화를 관리하고 안내해야 한다. 이는 소셜 미디어에서 경험과 스토리가 공유되고 있어서 브랜드 마케터의 대화 제어 능력이 더욱 떨어지는 복잡한 작업이다. 또한 브랜드 의미는 예상치 못한 많은 요인에 의해 형성될 수 있다. 예를 들어 트위터를 기반으로 브랜드 이미지를 측정하는 새로운 접근방식을 제공한 연구에서는 세븐업(7UP)이 소셜 미디어에서 스미노프(Smirnoff) 브랜드와 밀접하게 연결되어 있음을 발견했다.[19] 스미노프에 대한 예상치 못한 연결은 소셜 미디어에서 인기를 얻고 있는 세븐업을 핵심 성분으로 한 새로운 칵테일 레시피 때문이다. 요약하자면, 디지털 시대는 브랜드 의미가 서로 다르지만 상호작용하는 세 가지 요소에 의해서 공동의 조건을 만들어냈다.

1. 기업이 생성한 브랜드 의미 : 기업은 온라인과 오프라인 마케팅활동과 프로그램을 다른 수단 및 소비자와 함께 브랜드의 의미를 형성하려고 한다.
2. 소비자가 생성한 브랜드 의미 : 디지털 시대에 전통적인 오프라인 입소문을 보완하는 소셜 미디어 플랫폼(예 : 페이스북, 트위터)을 통해 소비자들 간의 대화가 가능하다. 다양한 디지털 플랫폼에서 대규모로 진행되는 이러한 대화는 브랜드 의미를 크게 형성할 수 있다.
3. 미디어 및 문화의 영향 : 다양한 신생 기업과 채널이 브랜드 의미를 함께 창출하는 데 중요한 역할을 한다. 미디어 채널 자체가 브랜드 의미에 기여할 수 있다. 뿐만

소비자가 이용할 수 있는 소셜 미디어 채널이 많아지면서 한 브랜드가 소비자의 대화에 행사할 수 있는 통제력이 줄어들었다.

아니라 문화적 영향은 지속적으로 진화하고 고객과의 대화를 형성하며, 브랜드 의미에 기여하고 있다.

그림 7-5는 광범위한 미디어 및 문화적 영향 이외에도 브랜드 의미를 공동 창출하는 데 있어 소비자와 기업의 역할을 시각적으로 묘사하고 있다.

고객이 생성한 브랜드 의미는 다른 소비자가 브랜드를 보는 방식과 브랜드 이미지에 강력한 영향을 미칠 수 있다. 소셜 미디어는 브랜드에 대한 부정적인 이야기와 긍정적인 이야기 모두를 증폭시킬 수 있고 엄청난 영향을 미칠 수 있다. 예를 들어 삼성 갤럭시폰이 리콜 대상이었을 때 부정적인 소셜 미디어의 입소문이 이 브랜드의 명성에 심각한 위협이 되었다. 반면 애플이 신제품(즉 아이폰 XR)을 출시할 때, 실제 출시 몇 개월 전부터 소셜 미디어에서 제품에 대한 이야기가 넘쳐흘렀다.

브랜드 관리자의 과제는 브랜드 의미의 여러 내용을 응집력 있게 잘 조정하는 최선의 방법을 평가하는 것이다. 그들은 또한 브랜드평판에 대해 가능한 손상을 최소화하기 위해 빠르고 효율적인 방법으로 홍보 위기를 처리할 준비가 되어 있어야 한다. 9장에서는 브랜드가 소셜 미디어 대화를 따라갈 수 있는 한 가지 잠재적인 방법으로 소셜 미디어 모니터링의 역할을 설명한다.

기술에 의한 중요한 변화 중 하나는 소비자가 브랜드 의미를 명시적으로 공동으로 창조하도록 유도하는 브랜드의 능력과 의지이다. 또한 이러한 참여는 브랜드가 선택해야 하는 제품 디자인에 가치 있는 정보를 제공하는 소비자에게까지 확대될 수 있다. 브랜드는 가장 효과적인 로고 유형에 대한 조언을 구하고, 심지어 소비자에게 브랜드 캠페인에 사용할 광고를 디자인하도록 요청할 수도 있다.

브랜드에서 소비자에게 보내는 이러한 초대 중 일부는 우승한 제출물에 대해 큰 상이 주어지는 콘테스트로 구성된다. 예를 들어 프리토레이(Frito-Lay) 도리토스의 '크래쉬 더 슈퍼볼(Crash the Super Bowl)' 광고 콘테스트는 100만 달러의 상금이 있었고 우승한 광고는 슈퍼볼 기간 동안 방송되었다. 2006년부터 2015년까지 진행된 이 콘테스트는 유명 브랜드가 콘테스트를 통해 아마추어 참가자에게 광고의 일부를 아웃소싱하려는 첫 번째 시도 중 하나이며, 브랜드 입장에서 과감하고 위험한 움직임으로 비춰졌다.[20] 오늘날 상품과 브랜드를 공동 창조하는 접근방식이 더욱 보편화되고 있다. 그러나 브랜딩 과학 7-1에 설명된 것처럼 브랜드와 공동제작에 참여할 수 있는 부분에는

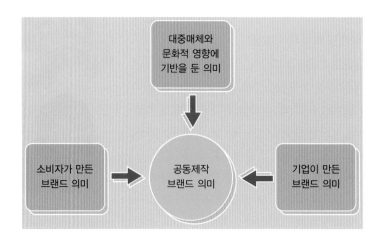

그림 7-5
브랜드 의미의 원천

브랜딩 과학 7 - 1

브랜드와 제품의 공동제작은 항상 좋은 것인가?

소비자의 관점에서 소셜 미디어는 무엇을 의미하는가? 실제로 소비자가 브랜드와 제품의 공동제작에 참여하는 동기는 무엇인가? 소비자가 브랜드와 제품을 공동 제작하는 것이 기업에 이익이 되는 경우는 언제인가? 긍정적 측면에서 공동제작은 심리적 소유감을 촉진해 충성도를 높일 수 있고, 또한 소비자에게 권한을 부여해준다는 연구 결과가 나왔다. 뿐만 아니라 소비자가 제품을 공동제작하는 과정에서 경험하는 노력과 즐거움은 공동제작 제품 자체에 대한 소비자 선호도를 높일 수 있다.

공동제작은 공동제작에 도움이 되는 제품에 대한 소비자의 선호도에 긍정적인 영향을 미칠 수 있지만, 모든 소비자가 똑같이 참여하거나 그러한 참여로 혜택을 받는 것은 아니다. 마찬가지로 브랜드에 대한 혜택도 불균형하고 다양한 요인에 따라 달라진다. 연구자들은 광고 환경에서 시청자가 메시지를 자세히 살펴보는 능력이 떨어지거나, 광고 제작자와 시청자의 정체성이 비슷하거나, 시청자의 브랜드 충성도가 높을 때 공동제작이 브랜드에 도움이 될 수 있음을 보여주었다. 품질이 매우 중요한 제품 범주나 고급 제품의 경우는 공동제작 노력이 덜 성공적이다. 그뿐만 아니라 소비자의 문화적 성향이 권력 거리에 대한 높은 믿음(또는 불평등이나 위계질서에 대한 믿음)을 포함할 때 공동제작 제품을 구매하는 경향도 낮아진다.

이러한 결과는 브랜드 마케터가 소비자 참여를 허용하는 메커니즘을 구현할 때 신중해야 함을 나타낸다. 많은 이점이 있는 것처럼 보이지만 공동제작 노력에 잘못된 제품 범주 또는 고객 그룹이 포함되는 경우 심각한 단점도 있다.

출처 : C. Fuchs, E. Prandelli, and M. Schreier, "The Psychological Effects of Empowerment Strategies on Consumers' Product Demand," *Journal of Marketing* 74, no. 1 (2010): 65 – 79; Christoph Fuchs and Martin Schreier, "Customer Empowerment in New Product Development," *Journal of Product Innovation Management* 28, no. 1 (2011): 17 – 32; Christoph Fuchs, Emanuela Prandelli, Martin Schreier, and Darren W. Dahl, "All That Is Users Might Not Be Gold: How Labeling Products as User Designed Backfires in the Context of Luxury Fashion Brands," *Journal of Marketing* 77, no. 5 (2013): 75 – 91; Debora Thompson and Prashant Malaviya, "Consumer-Generated Ads: Does Awareness Co-Creation Help or Hurt Persuasion?" *Journal of Marketing* 77, no. 3 (May 2013): 33 – 47; Martin Schreier, Christoph Fuchs, and Darren W. Dahl, "The Innovation Effect of User Design: Exploring Consumers' Innovation Perceptions of Firms Selling Products Designed by Users," *Journal of Marketing* 76, no. 5 (2012): 18 – 32; N. Franke and M. Schreier, "Why Customers Value Self-Designed Products: The Importance of Process Effort and Enjoyment," *Journal of Product Innovation Management* 27, no. 7 (2010): 1020 – 1031; Susan Fournier and Jill Avery, "The Uninvited Brand," *Business Horizons* 54, no. 3 (2011): 193 – 207; Neeru Paharia and Vanitha Swaminathan, "Who Is Wary of Cocreation? The Hazards of Empowering Power-Distant and Conservative Consumers," working paper, Georgetown University.

일정한 한계가 있다.

사용자 경험은 디지털 브랜드 성공의 핵심

사용자가 클릭 한 번으로 구매할 수 있는 사용하기 쉬운 아마존의 인터페이스, 5세 어린이도 아이패드를 쉽게 조작할 수 있는 애플 기기의 직관적인 매력, 구글 검색엔진의 우아한 단순함 등 전 세계적으로 인기를 얻고 있는 성공적인 디지털 브랜드는 사용자 경험이 원활하고 일정하게 전달되도록 숙달하였다.[21] 이러한 성공 사례는 완벽한 사용자 경험이 디지털 브랜드의 성공에 얼마나 중요한지를 보여준다.

소비자가 쉽게 검색할 수 있는 인터페이스를 만드는 것도 사용자 경험을 극대화하는 방법 중 하나이다. 또 다른 핵심 요소는 소비자가 한 기기에서 다른 기기로 원활하게 전환할 수 있도록 함으로써 보다 원활한 사용자 환경을 제공하는 것이다. 예를 들어 애플은 하드웨어, 소프트웨어, 주변장치가 원활하게 작동하여 단일 시스템에 통합될 수 있는 생태계를 만들기 위해 끊임없이 노력했다.[22]

스티브 잡스와 애플은 사용자 경험에 대한 전체적인 책임을 졌으며, 이는 매우 찾기 드문 회사이다. 아이폰의 ARM 마이크로프로세서의 성능부터 애플 스토어에서 해당 전화를 구

애플이 특히 매장, 온라인 및 모든 기기에서 원활한 사용자 경험에 집중하는 것이 성공의 가장 중요한 이유 중 하나이다.

매하는 행위에 이르기까지 고객 경험의 모든 부분이 밀접하게 연결되어 있다.

온라인 브랜드에서 기대되는 이러한 수준의 유용성과 편의성은 이제 오프라인 세계에도 요구된다. 온라인과 오프라인 인터페이스를 모두 설계하여 소비자가 원하는 것을 쉽게 찾을 수 있도록 하거나 스마트폰 앱이 사용자 편의성을 최적화하도록 설계하는 것이 브랜드 성공에 매우 중요하다.[23] 미국마케팅협회 CEO인 러스 클라인(Russ Klein)은 "어떤 산업도 홀로 존재하는 섬이 아니다. 우리는 에이비스(Avis) 예약 시스템이 우버만큼 힘들지 않고 마찰이 없기를 기대한다"[24]고 이야기했다.

문화적 상징으로서 브랜드

브랜드는 그 어느 때보다 문화적 아이콘으로서의 영향력이 더 커졌다. 브랜드는 소비자가 무언가의 일부를 느끼도록 돕고 다른 사람에게 신호를 보내고 다른 사람과 연결할 수 있도록 한다.[25] 브랜드가 소비자의 일상적인 온라인 대화에 점점 더 많이 포함됨에 따라 브랜드 관리자는 브랜드가 문화적 관련성을 유지할 수 있도록 하기 위해서 새로운 기술적인 장치를 고민해야 한다.[26] 브랜드 관리자는 소비자가 페이스북, 트위터, 인스타그램에서 브랜드 이름을 '친구' 할 수 있는 방법을 통합해야 하며, 동시에 소비자가 브랜드 커뮤니티에 참여할 수 있도록 해야 하고, 비교적 손쉬운 접근방식을 택하여 브랜드 커뮤니티의 진정성을 보여주어야 한다. 브랜드 관리자는 진정한 목소리와 관점을 제시함으로써 문화적 공감을 달성하는 방법을 찾아야 한다. 소비자에게 다가가려는 노력에 위선의 흔적이 있는 브랜드는 패러디 대상이 된다. 예를 들어 켄달 제너(Kendall Jenner)가 등장하는 펩시의 광고 캠페인은 소셜 미디어에서 많은 조롱과 비판의 대상이 되었다.[27]

펩시 광고의 기대에 미흡한 효과

펩시 광고에 출연한 슈퍼모델 켄달 제너는 펩시 광고 캠페인 이후 우연히 논란의 대상이 되었다. 광고에서 제너는 경찰

켄달 제너가 출연한 펩시 광고는 Black Lives Matter 운동을 둘러싼 시위를 하찮게 여겨 논란의 대상이 되었다. 펩시는 나중에 이 광고의 의도하지 않은 어조에 대해 사과했다.

관에게 펩시 캔을 건네며 정치적인 시위를 진압하기 위해 사진 촬영을 떠나는 장면이 나왔다. 이 광고는 펩시 자체 판매를 늘리기 위해 전국적인 시위인 Black Lives Matter 운동을 부적절하게 이용하고 있다고 생각한 시청자로부터 상당한 반발을 야기했다. 펩시는 추가 논란을 피하기 위해 재빨리 광고를 철회했지만, 광고 테마 선택에 있어서 '적합성 결여(lack of taste)'에 대해 청중들이 불쾌해 하지 않기 위해 사과를 해야 했다. 그럼에도 불구하고 이 사건은 소셜 미디어의 여러 곳에서 비난을 불러일으켰다. 특히 마틴 루터 킹 주니어의 딸 버니스 킹은 이 광고가 인권 시위에 연루된 많은 사람(마틴 루터 킹 등)의 희생을 하찮게 여긴다고 신랄하게 비판했다.

펩시는 PR 위기가 소셜 미디어 채널을 통해 얼마나 빨리 퍼질 수 있는지에 대한 교훈을 얻었다. 브랜드는 갑작스러운 위기에 대비하고 조직에 발생하는 어떤 논란도 대처할 준비가 되어 있는지 확인하기 위해 위기관리 계획을 세워야 한다.

브랜드 인게이지먼트

소비자-브랜드 인게이지먼트는 브랜드 관리자의 중요한 관심사이며, 디지털 마케팅 및 소셜 미디어 맥락에서 이를 달성하는 데 더욱 강조되고 있다. 2장에서 언급한 바와 같이 고객들이 인게이지먼트하면 구매 또는 소비하는 동안 소비한 것 이상으로 브랜드에 기꺼이 시간, 에너지, 돈, 기타 자원을 투자할 의사가 있다. 예를 들어 고객은 브랜드와 관련된 클럽에 가입하고, 업데이트를 받고, 다른 브랜드 사용자 또는 브랜드 자체의 공식 또는 비공식 대리인과 정보를 교환할 수 있다.

온라인상에서 소비자는 교차구매, 입소문 및 추천, 브랜드에 대한 리뷰 게시 및 블로그 작성 등 단순한 구매를 넘어 다양한 활동을 한다. 이러한 고객 행동을 고객 인세이지먼트로 실명할 수 있다. 가장 기본적인 수준에서 소비자는 브랜드나 기업과의 유대감을 강화하는 데 도움이 되는 자신의 시간, 돈, 기타 자원을 기부함으로써 기업과 관계를 맺는다. 이 장에서는 (1) 브랜드 인게이지먼트 피라미드를 설명하고, (2) 브랜드 인게이지먼트 브랜드 및 비브랜드의 동인을 강조하며, (3) 디지털 시대 소비자 행동주의의 구체적인 예로서 브랜드 보이콧과 사회 운동의 역할을 검토하는 등 브랜드 인게이지먼트 및 관련 이슈에 대한 개요를 제공한다.

우리는 고객이 다양한 유형의 행동을 하는 정도에 따라 세 가지 수준의 고객 인게이지먼트로 구분한다.

1. **낮은 브랜드 인게이지먼트** : 낮은 수준의 인게이지먼트는 제품 구매 빈도가 높아지거나 제품 또는 서비스에 대한 긍정적인 피드백을 제공할 수 있다. 이와 관련해 우리는 대다수의 소비자가 브랜드에 참여하지 않을 수 있음을 인지해야 한다. 이러한 유형의 소비자는 브랜드에 '무관심'하다고 할 수 있다.

2. **중간 정도의 브랜드 인게이지먼트** : 회사 고객센터에 전화해 제품 또는 서비스에 대한 추가 정보를 찾거나 회사에 새로운 맛에 대한 피드백을 제공하는 것은 중간 정도의 브랜드 인게이지먼트로 볼 수 있다.

3. **높은 브랜드 인게이지먼트** : 긍정적인 형태의 높은 브랜드 인게이지먼트에는 브랜드 커뮤니티 가입 또는 브랜드 전용 페이스북 팬 페이지 시작, 웹사이트의 고객 불만 해결, 다른 사람

들이 그들 자신의 요구에 맞는 적절한 제품 변형을 찾을 수 있도록 돕는 것 등이 포함된다. 기업은 다양한 금전적 · 비금전적 인센티브를 고객에게 제공해 이러한 전파를 촉진해야 한다.

특정 브랜드의 많은 소비자는 이러한 행동에 다양한 정도로 관여할 수 있으며 브랜드에 대한 인게이지먼트를 낮음, 중간, 높음으로 특징지을 수 있다. 그러나 일부 소비자는 부정적인 브랜드 인게이지먼트를 가질 수 있음을 인식할 필요가 있다. 부정적인 측면에서 낮은 인게이지먼트는 구매 빈도를 낮추고 제품이나 서비스에 대해 불평하는 등의 방식으로 브랜드에서 탈퇴하는 것을 포함할 수 있다. 브랜드에 대한 더 강력한 부정적인 행동에는 서비스 계약 해지, 리뷰 웹사이트에 브랜드에 대한 부정적인 리뷰 게시 또는 다른 사람에게 제품 구매를 권장하지 않는 것이 포함될 수 있다. 더 극단적인 행동에는 브랜드를 보이콧하거나 소비자들이 페이스북의 '브랜드 혐오' 그룹에 가입하도록 권장하는 것이 포함될 수 있다(예 : 'I Hate Walmart', 'Comcast Sucks'). 다음 절에서는 사회 운동과 브랜드 보이콧을 촉진하는 온라인 채널의 역할을 분석한다.

브랜드 인게이지먼트 피라미드

고객은 기업과의 거래 성향이 다양하므로, 마케팅 담당자는 긍정적인 브랜드 인게이지먼트를 강화하고 육성하기 위해 다양한 접근방식을 개발해야 한다. 고객과의 거래 성향에 따라 고객을 세분화하면 연령, 소득, 전문지식 등에 따른 세그먼트 설명이 동반될 수 있다. 결과적으로 브랜드 인게이지먼트 피라미드는 이러한 부문에 누구를 타깃으로 하고 어떻게 마케팅할 것인지에 대한 통찰력을 제공할 수 있다. 그림 7-6은 기업의 인게이지먼트 수준에 따라 고객 기반을 세분화할 수 있는 가능한 방법을 보여준다. 파란색 화살표는 브랜드 마케팅활동 또는 브랜드 마케터의 통제를 벗어나는 기타 영향을 반영하고, 빨간색 화살표는 브랜드 인게이지먼트 피라미드의 내부 및 여러 수준에 걸쳐 정보의 흐름과 영향을 반영한다.

다음 일련의 질문은 고객의 브랜드 인게이지먼트 수준과 관련해 마케터가 해결해야 하는 몇 가지 주요 문제를 나타낸다.

1. 브랜드 인게이지먼트 피라미드의 형태는 무엇인가? 적극적으로 인게이지먼트하는 그룹의 규모는 어떻게 되는가? 인게이지먼트가 낮은 그룹과 인게이지먼트가 높은 그룹의 규모는 어떻게 되는가? 얼마나 많은 부정적인 인게이지먼트 고객이 있고 어떤 수준인가?

2. 몰입도가 높은 사람이 덜 인게이지먼트하는 사람에게 영향력을 행사하는 낙수효과가 있는가? 인게이지먼트하지 않은 그룹이 인게이지먼트하는 그룹에 영향을 미치거나 그 반대의

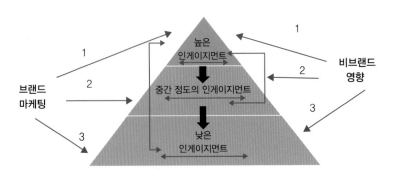

그림 7-6
브랜드 인게이지먼트 피라미드

경우도 마찬가지인가? 인게이지먼트가 낮은 고객이 인게이지먼트가 높은 고객에게 역으로 영향을 미치면 브랜드에 해가 되며, 본질적으로 부정적인 경우 마케팅 담당자는 이러한 영향을 어떻게 막을 수 있는가?

3. 주어진 수준의 인게이지먼트에 대한 정보 흐름(영향력뿐만 아니라)은 어떻게 되는가? 이것은 브랜드 충성도와 구매 행동에 무엇을 의미하는가?

4. 인게이지먼트가 높은 사람 중 가장 효율적인 마케팅 커뮤니케이션 수단은 무엇인가? 마찬가지로, 가장 적게 참여하는 사람들 사이에서 마케팅 커뮤니케이션을 활용해 인게이지먼트를 강화할 수 있는 방법은 무엇인가?

브랜딩 브리프 7-3은 달러쉐이브클럽(Dollar Shave Club)이 고객의 인게이지먼트를 강화할 수 있었던 방법에 대한 통찰력을 제공한다. 브랜딩 과학 7-2는 브랜드 인게이지먼트의 동인에 대해 학문에 근거한 통찰력을 제공한다.

종합하면 다양한 수준의 브랜드 인게이지먼트와 마케팅 커뮤니케이션이 브랜드 인게이지먼트

브랜딩 브리프 7-3
면도기의 가격 인하

달러쉐이브클럽(DSC)은 면도기와 개인 미용제품을 우편으로 배달하는 편리하고 비용 측면에서 효율적인 대안으로 자리 잡고 있다. 이 회사는 경쟁력 있는 면도기 시장의 3.4%를 차지하고 있으며, 170만 명의 활성화 회원이 매월 활발하게 이용하고 있다. 가치 브랜드로서의 포지셔닝은 면도기 패키지에 대해 월 1달러의 가격으로 일관된 고객의 특정 요구사항에 따라 다양한 구독 서비스를 제공한다.

DSC 캠페인은 가치 제안을 강조하기 위해 유머를 효과적으로 활용하여 소셜 미디어의 화제성을 높인다. DSC의 #RazorBurn 캠페인은 경쟁사들에게 유머를 사용하여 고가의 대안과 경쟁사 제품의 접근성을 조롱했다. 그들의 온라인 비디오는 2,000회 이상 시청되었으며, 약 50,000명의 높은 인게이지먼트 고객이 매달 DSC에 가입할 수 있도록 신규 고객에게 추천서를 제공하고 있다. 예를 들어 캠페인에서는 일반적인 면도기 회사가 한 달 동안 사용할 수 있는 고품질의 면도날을 가지고 있다고 농담한다. 그런 다음 캠페인에는 '당신의 면도기는 너무 낡아서 4시 30분에 저녁을 먹는다'와 같은 자막과 함께 낡고 '징그러운' 면도기의 이미지를 선보였다.

회사에 따르면 캠페인이 성공적으로 진행되어 소셜 미디어의 전체 언급이 24% 증가했으며, 소셜 팔로워는 6%, DSC의 트위터 참여는 31% 증

가했다고 한다. DSC를 위한 온라인 브랜드 인게이지먼트의 핵심에는 소비자의 욕구(need)를 겨냥한 명확한 가치 제안(예 : 개인 그루밍 제품의 높은 가격 완화)과 더 큰 편의성을 제공하고 매우 합리적인 온라인 가입비용이 포함되어 있다. 이러한 이점은 DSC 브랜드에 대한 높은 충성도와 브랜드 인게이지먼트로 이어졌다.

달러쉐이브클럽

브랜딩 과학 7 - 2

브랜드 인게이지먼트의 원동력

소비자의 브랜드 인게이지먼트 수준(낮음, 중간, 높음)을 나누는 요인은 무엇인가? 연구 결과에 따르면 브랜드 특성, 메시지 특성, 매체 특성, 소비자 특성이 모두 브랜드 인게이지먼트를 유도할 수 있다.

- *브랜드 특성* : 특정 유형의 브랜드는 인게이지먼트가 더 높다. 예를 들어 더 상징적인(또는 비기능적인) 포지셔닝이 있는 브랜드와 고유하면서 차별화되는 속성이나 연관성을 가진 브랜드는 더 높은 브랜드 인게이지먼트를 이끌어내는 경향이 있다. 상품의 유형(공개적으로 소비하든 비공개적이든)도 브랜드 인게이지먼트에 영향을 미치는 것으로 나타났으며, 소비자들이 일반적으로 소비하는 상품에 대해 더 높은 인게이지먼트를 보이고 있다.

- *메시지 특성* : 브랜드와 관련된 메시지에는 브랜드 광고, 브랜드에서 생성 또는 선별하고 소셜 미디어, 후원 블로그 또는 브랜드를 특징으로 다루는 모든 뉴스 항목이 포함될 수 있다. 이러한 메시지의 특성은 브랜드 인게이지먼트에 영향을 미칠 수 있다. 소비자에 대한 메시지 관련성도 브랜드 참여를 증가시킬 수 있다. 브랜드가 소비자를 사로잡는 또 다른 방법은 그들이 온라인에 올리는 메시지를 통해 특정한 감정을 불러일으키는 것이다. 예를 들어 경외심과 놀라움 같은 감정은 브랜드 메시지에 참여하려는 소비자들의 의지를 증가시킨다는 연구 결과가 나왔다.

- *매체 특성* : 청중의 규모와 (즉 다른 소비자들) 브랜드 메시지에 따라 인게이지먼트를 변경할 수 있다. 연구에 따르면 소비자는 매체 유형에 따라 메시지를 게시하는 위치에서도 전략적일 수 있다. 동일한 매체 또는 동일한 메시지 내에서 다른 브랜드 이름을 사용하는 브랜드의 공동 배치는 브랜드가 고객의 관심을 끌기 위해 서로 경쟁하는 대화 공간을 만들어 해당 브랜드에 대한 인식에 영향을 미칠 수 있다.

따라서 브랜드는 독특하거나 덜 붐비는 소셜 미디어 장소나 채널을 선택하는 것이 더 나을 수 있으며, 소비자로부터 '듣는' 능력이 향상될 수 있다.

- *소비자의 특성* : 이전의 충성도와 정체성 목표를 포함한 여러 소비자 특성이 브랜드 인게이지먼트를 촉진하는 것으로 나타났는데, 예를 들어 소비자들이 자신을 표현하거나 그에 대한 다른 사람들의 느낌을 관리하고자 하는 욕구가 그것이다. 소비자에게 제품, 서비스 또는 광고의 다른 측면을 공동 제작하도록 초청하는 것은 인게이지먼트를 강화하는 데 도움이 될 수 있지만, 이는 특정 유형의 소비자와 특정 제품 범주에서만 효과가 있다(브랜딩 과학 7-1 참조).

출처 : Vanitha Swaminathan, Andrew H. Schwartz, and Shawndra Hill, "The Language of Brands: Understanding Brand Image through Text Mining of Social Media Data," (2017), University of Pittsburgh; Oded Netzer, Ronen Feldman, Jacob Goldenberg, and Moshe Fresko, "Mine Your Own Business: Market-Structure Surveillance through Text Mining," *Marketing Science* 31 (May-June 2012): 521–543; Christian Hughes, Vanitha Swaminathan, and Gillian Brooks, "In Blogs We Trust: The Impact of Blogging on Awareness and Brand Engagement," (2018), University of Pittsburgh; Jonah Berger, and Katherine L. Milkman, "What Makes Online Content Viral?," *Journal of Marketing Research* 49 (April 2012): 192–205; Yu-Jen Chen and Amna Kirmani, "Posting Strategically: The Consumer as an Online Media Planner," *Journal of Consumer Psychology* 25 (October 2015): 609–21; Zoey Chen, "Social Acceptance and Word of Mouth: How the Motive to Belong Leads to Divergent WOM with Strangers and Friends," *Journal of Consumer Research* 44 (October 2017): 613–632.

를 강화하는 방법을 이해하는 것은 매우 중요하다. 다음으로, 부정적인 브랜드 인게이지먼트의 사례로서 온라인 브랜드 커뮤니티, 사회 운동, 브랜드 보이콧, 브랜드 혐오 및 패러디를 설명하고 이러한 움직임을 촉진하는 디지털 미디어의 역할을 논의한다.

부정적인 브랜드 인게이지먼트

디지털 마케팅과 소셜 미디어의 성장은 소비자 사이에서 더 많은 협업과 브랜드 커뮤니티 생성으로 이어졌다. 이러한 브랜드 커뮤니티는 일반적으로 브랜드에 대해 긍정적인 성향을 갖지만 브랜드에 대한 증오와 불만의 근원이 될 수도 있다. 'Comcast Sucks' 및 'I Hate Apple'과 같은 페이스북 페이지는 많은 팔로워를 확보하고 있으며, 소비자는 고객 서비스 부족이나 비싼 가격을 포함하여 브랜드의 실패에 대한 불만을 표출할 수 있다.

때때로 이러한 커뮤니티는 브랜드가 고객 불만을 해결할 수 있는 기회를 제공할 수 있다. 실제로 많은 회사에서 서비스 담당자를 고용하여 소비자의 우려를 해소하기 위해 그들을 브랜드 홍보 대사로 활동하게 한다. 이러한 웹사이트는 브랜드에 대해 긍정적인 성향을 갖고 있으며 일반적으로 브랜드를 사랑하는 개인 커뮤니티 주변에서 자주 등장하는 브랜드 팬 페이지와는 극명한 대조를 이룬다. 온라인 커뮤니티에서는 브랜드에 대한 자신의 의견을 중심으로 비슷한 신념을 가진 개인들이 뭉치기 때문에 때로는 브랜드 사랑과 브랜드 혐오가 더욱 과장될 수 있다.

이러한 커뮤니티는 또한 사회 운동과 브랜드 보이콧의 기반이 될 수 있다. 소비자가 이방카 트럼프(Ivanka Trump) 소유 상품을 판매하는 소매업체를 보이콧한 경우가 그 예다. #GrabYourWallet 캠페인은 대통령의 윤리적 결함에 대한 항의의 표현으로 트럼프 가족용품을 운반하는 기업[예 : 메이시스(Macy's), 베드배스앤드비욘드(Bed Bath & Beyond)]을 보이콧하기 위한 것이었다. 반면 아마존은 같은 기간에 이방카 트럼프 브랜드 향수 판매량이 늘면서 이 브랜드 지지자들의 지지를 과시했다.

다양한 커뮤니케이션 수단을 쉽게 혹은 대부분 익명으로 사용할 수 있게 되면서 브랜드가 이전보다 훨씬 더 조롱되고 패러디될 가능성이 높아졌다. 유나이티드항공(United Airlines)의 승객이자 음악가인 데이브 캐롤(Dave Carroll)이 항공사의 형편없는 고객 서비스(비행 중 테일러 기타가 파손됨)를 받았을 때, 이 음악가는 유튜브로 가서 'United Breaks Guitars'라는 동영상을 만들었다. 이 동영상은 센세이션을 불러일으켰고 영상 공개 직후 회사 주가는 폭락했다. 더 최근에는 승객 한 명이 비행기에서 무심코 끌려 내려가는 사건 전체의 동영상이 포착돼 온라인에 게시되어 뉴스에 재등장했다.[28]

소셜 미디어는 수백만 명의 현재 및 미래 소비자와 정보를 공유할 수 있는 전례 없는 힘을 소비자에게 제공하며, 이로 인하여 상당한 힘이 소비자에게 전달되었다. 다음 절에서는 오늘날 브랜드 마케터가 정보를 공유하고 소비자와 소통하기 위해 사용할 수 있는 많은 채널을 자세히 알아본다. 웹사이트, 이메일, 검색 및 배너 광고, 블로그를 사용한 인플루언서 마케팅 등 다양한 채널에 걸친 디지털 커뮤니케이션은 기존 커뮤니케이션 형식을 보완할 수 있다. 이러한 각 채널에는 마케터가 다양한 디지털 미디어를 통합할 계획을 시작할 때 고려할 가치가 있는 고유한 측면이 있다. 유료, 소유 및 획득 채널의 세 가지 커뮤니케이션에 대한 개요부터 살펴본다.

디지털 커뮤니케이션

이 절에서는 1장에서 처음 소개한 것처럼 디지털 브랜드 마케터에게 제공되는 세 가지 채널 유형(유료 채널, 소유 채널, 획득 채널)에 대한 개요를 소개한다.

유료 채널(paid channel)은 마케터가 일반적으로 페이스북 광고와 같은 유료 광고를 실행하는 채널이며 TV, 인쇄물 등과 같은 기존 유료 광고 채널도 포함될 수 있다. 유료(디지털) 채널에는 검색 광고(예 : 구글 애드워즈), 디스플레이 광고, 배너 광고, 소셜 미디어 광고(예 : 페이스북, 트위터, 인스타그램, 핀터레스트에서의 광고), 이메일 마케팅 및 모바일 광고[예 : 메시징 또는 인앱(in-app) 광고], 소셜 미디어 광고는 다양한 소셜 미디어 웹사이트에 게재되는 비디오 광고로 점점 이동하고 있다. 회사의 웹사이트, 유튜브 채널 또는 모바일 웹과 같은 **소유 채널**(owned channel)은 회사가 제공하는 서비스에 대해 소비자에게 유용한 정보 원천이 될 수 있다.

그림 7-7
디지털 마케팅 커뮤니케이션
채널 요약

획득 채널(earned channel)은 일반적으로 회사에 비용이 들지 않지만 특히 리뷰가 긍정적인 경우 브랜드 홍보성을 구축하는 데 도움이 되는 입소문을 일으키는 온라인에 게시된 리뷰 사이트 및 리뷰를 나타낸다. 획득 채널에는 브랜드에 대한 소셜 미디어 언급 또는 소셜 미디어 게시물 또는 블로그 게시물에 대한 좋아요와 댓글이 포함된다. 이런 획득 채널은 브랜드에 아무런 비용도 들이지 않기 때문에 온라인에서 귀중한 자산이다. 온라인에서 충분한 화제성을 만드는 것은 브랜드 인게이지먼트와 온라인 판매에 중요한 기여자가 될 수 있다.

그림 7-7은 오늘날 디지털 마케터가 사용할 수 있는 주요 통신수단을 요약한 것이다. 세 가지(유료, 소유, 획득 채널)는 모두 브랜드 인지도와 브랜드 인게이지먼트에 기여할 수 있다. 예를 들어 와비파커(Warby Parker) 웹사이트를 활용하여 고객이 고유한 안경을 디자인하도록 하고, 이를 고객에게 전달한다. 와비파커는 인터넷의 기능을 활용하여 사용자에게 맞춤 옵션을 제공하는 것 외에도 온라인 소셜 미디어를 활용하여 브랜드 인게이지먼트를 유도하고 충성도를 높였다. 아래의 포드 피에스타(Fiesta) 예시에서 볼 수 있듯이 다른 브랜드들은 디지털 및 소셜 채널을 활용하여 젊은 밀레니얼 소비자층을 자사 브랜드로 끌어들이고 있다. 최근 각종 소셜 미디어에서 소비자가 정보를 공유하는 중요한 역할에 대해 주목하여 일부 평론가는 유료, 소유, 획득 채널에 공유 미디어를 네 번째 유형의 커뮤니케이션 채널로 추가했다. 이 장 끝부분에 있는 브랜드 포커스 7.0에서 이러한 다양한 입소문 효과에 대해 설명한다.

요약하면 유료, 소유, 획득 채널의 혼합은 브랜드의 전반적인 마케팅 전략을 지원하는 데 도움이 될 수 있다. 두 가지 중요한 채널 옵션은 회사 웹사이트와 이메일 마케팅의 역할과 중요성을 설명하는 것으로 후속 논의를 시작한다. 이 두 채널은 디지털 채널을 사용하여 고객에게 어필하는 가장 전통적인 접근방식 중 하나이다.

밀레니얼 세대 성장주도

포드의 사전 출시 '피에스타 무브먼트(Fiesta Movement)' 캠페인은 100명의 젊은 밀레니얼 세대를 초청하여 6개월 동안 피에스타 자동차와 함께 살도록 했다. 운전자는 블로그에서 온라인 경험, 온라인 소셜 네트워크의 규모 및 품질, 모험에 대한 열망에 대해 제출한 동영상을 기반으로 선택되었다. 6개월의 평가판 사용 후 캠페인은 유튜브 조회수 430만

회, 플리커(Flickr) 조회수 500,000회 이상, 트위터 노출 수 300만 회 이상, 잠재고객 50,000명을 얻었으며, 이 중 97%는 포드 소유자가 아니었다.

포드 피에스타

회사 웹사이트

소유 채널의 예로 회사 웹사이트는 온라인 컨텍스트에서 핵심 브랜드자산이자 주요 마케팅 도구이다. 소비자는 브랜드에 대해 더 많이 알기 위해 가장 먼저 방문하는 곳으로 웹사이트를 이용하는 경우가 많다. 웹사이트는 기업이 고객에게 자신의 이야기를 들려줄 수 있는 기능과 인게이지먼트를 위한 효과적인 플랫폼을 제공할 수 있도록 지원한다. 기업 웹사이트는 종종 기업과 고객 간의 유일한 커뮤니케이션 수단이기 때문에 소규모 비즈니스와 B2B 환경에서 성공하는 데 특히 중요하다. 회사 웹사이트는 잠재 고객 발굴, 연락처 정보 제공, 고객 커뮤니케이션, 피드백, 애프터서비스 지원 등 다양한 이점을 마케터에게 제공한다.[29]

　기업은 자사 웹사이트가 브랜드 자체의 모양과 느낌을 반영하고 콘텐츠에 자신이 하고 싶은 이야기가 반영되도록 시간과 돈을 투자해야 한다. 회사 웹사이트는 검색엔진에 존재하여 고객이 신속하게 찾을 수 있도록 최적화해야 한다. 이 최적화를 위해서 기업이 제공하는 콘텐츠가 소비자가 검색 시 사용하는 키워드와 매우 관련성이 높아야 자연검색(organic search)에서 상단에 위치한다. 이 장에서 추후에 검색 광고의 미묘한 차이에 대해 설명할 것이다. 이것은 스폰서 광고에 의존하며 고객이 회사 웹사이트에 방문할 수 있도록 한다. 최근 기업들은 소비자가 모바일 장치를 통해 회사 콘텐츠에 접근할 수 있는 옵션으로 모바일 앱을 만들기 시작했다. 이는 상대적으로 설정하기 쉽기 때문에 특히 유용하다.

이메일 마케팅

이메일 마케팅은 때때로 소셜 미디어 광고와 같은 더 매력적인 대응물에 의해 가려지기는 하지만 여전히 가장 효과적인 커뮤니케이션 형태이다. 다양한 연구에서 이메일 마케팅의 탁월한 투자 수익에 대해 설명한다. 예를 들어 데이터마케팅협회(Data & Marketing Association)의 한 연구에 따르면 이메일 마케팅에 대한 중간 투자 수익(122%)은 소셜 미디어(28%), 다이렉트 메일(27%), 유료 검색(25%) 순이다.[30] 연구에 따르면 아마도 높은 투자 수익률 덕분에 마케팅 담당자가 향후 몇 년 동안 이메일 마케팅에 더 많은 비용을 지출할 계획인 것으로 나타났다.[31] 다음 절에서 논의되는 것은 효과적인 이메일 캠페인을 수행하기 위해서 필요한 몇 가지 주요 고려사항이다.[32]

세분화, 타기팅, 개인화 이메일 목록을 세분화하고, 타기팅할 적합한 고객을 식별한 다음, 이러한 타깃에게 개인화된 이메일 메시지를 보내는 것은 이메일 캠페인의 성공에 매우 중요하다.[33] 소비자의 세분화된 관심사와 니즈를 개발하는 것은 효과적인 타기팅의 기반이 되는 경우가 많다. 그러나 모든 개인화가 똑같이 효과적인 것은 아니며, 수신자의 고유한 구매 내역이나 인구통계정보를 고려한 개인화된 메시지 전달에 따라 크게 좌우된다. 단순히 인사에 개인의 이름이 포함된 이메일을 작성하는 것만으로는 성공적인 응답률을 얻지 못할 수 있다. 실제로 많은 수신자가 이러한 이메일이 사기나 피싱 시도라고 의심할 수 있으므로 개인은 자신의 이름이 나열된 이메일을 경계할 수 있다.

이메일 구조와 제목 길이 사용된 제목뿐만 아니라 내용과 구조의 차이로 인해 응답률이 다른 것으로 나타났다. 매우 짧은 제목 길이(49자 이하)는 70자가 넘는 제목 길이만큼 효과적인 것으로 나타났다. 한 연구에 의하면, 9억 개 이상의 이메일을 추적하여 제목이 60~70자 길이에서 확인율이나 클릭률이 증가하지 않았음을 보여주었다.[34] 2008년 대통령 선거 전에 오바마 캠페인은 'Hey', 'Wow'와 같은 짧은 주제를 사용하여 상당한 성공률을 보였다.

시기 및 산업별 차이 이메일 캠페인이 발송되는 시기(예 : 요일)와 이러한 이메일 캠페인의 대상이 되는 산업 분야에 따라 성공률에 많은 차이가 있다. 월요일은 이메일 캠페인에 가장 효과적이다. 확인률이 11.9%인 금요일에 비해 확인률이 13.3%로 더 높다. 산업 중에서 보험 산업은 상업용 이메일을 가장 많이 사용하며 보험회사의 거의 94%가 이메일 채널을 사용한다.

구글의 검색 광고는 사용자가 제공한 검색어를 이용해 잠재 고객과 기업을 연결한다.

출처 : Ilesia/123RF

재미있고 매력적인 콘텐츠 독특하고 매력적인 메시지를 갖는 것이 이메일 마케팅의 성공 비결이다. 제트블루(JetBlue)는 기발하고 이목을 끄는 광고로 유명하며, 또한 청중들에게 보낼 수 있는 매력적인 이메일을 개발했다. 최근 제트블루 이메일 캠페인은 고객에게 1주년 기념일을 상기시키고 청중의 관심을 끌 수 있는 재미있고 매력적인 콘텐츠를 만들었다.[35] 성공적인 인게이지먼트에는 독특한 프로모션을 제공하거나 재미있는 콘텐츠로 포장되어 좋은 가치를 제공하는 것도 포함될 수 있다.[36]

테스트 및 모니터링 이제 분석을 통해 모든 디지털 캠페인의 성공을 추적할 수 있다. 회사는 다양한 버전의 이메일 캠페인을 테스트 및 모니터링해 잘 작동 중인 항목을 식별한 다음 그에 따라 이메일 마케팅 캠페인을 최적화할 수 있다.

검색 광고 검색 광고는 아마도 모든 디지털 광고 형식 중에서 가장 큰 지출원일 것이며 2019년까지 전 세계 광고 지출에서 1,300억 달러를 차지했다. 브랜딩 브리프 7-4는 검색 광고 업계에서 가장 인기 있는 구글 애드워즈에 대한 개요를 보여준다.

브랜드를 구축하려는 광고주는 구글 검색 광고를 브랜드 인지도를 높이는 도구로 활용할 수 있다. 카테고리급 키워드로 연결, 특정 검색어 공략 등을 통해 신규 브랜드는 광고를 클릭하는 소비자 수를 늘린 뒤 더 많은 정보가 담긴 방문 페이지로 이동하게 할 수 있다. 또는, 브랜드 마케터는 제품의 주요 측면(예 : 예정된 프로모션 또는 할인)을 광고하여 잠재 신규 고객을 대상으로 구체적인 제품의 정보를 제공할 수 있다. 이러한 유형의 광고는 구매할 준비가 된 사람이나 구매 유입경로 후기 단계에 있는 사람을 대상으로 한다.[37]

따라서 광고주의 목표에 따라 검색 광고는 광고에 대해 고도로 타기팅된 접근방식을 제공할

브랜딩 브리프 7 - 4
구글 애드워즈에서 클릭을 사용한 캠페인

구글 애드워즈(AdWords) 검색 광고 플랫폼은 이용 가능한 가장 큰 디지털 광고 플랫폼 중 하나이다. 미국 내에서 구글 검색 광고는 검색 광고 분야를 지배하고 있으며, 검색 광고 수익의 거의 78%를 차지한다. 검색 광고는 2017년에 약 10%의 성장률을 보일 정도로 계속 증가하고 있다.

애드워즈는 어떻게 실행되는가? 애드워즈는 구글 검색엔진 내에서 구매자와 판매자를 연결하고 특정 검색어의 자연검색 결과를 보완하는 플랫폼으로 생각할 수 있다. 스폰서 검색 광고는 일반적으로 구글 홈페이지의 오른쪽 또는 상단에 표시된다. 광고가 페이지 상단 또는 검색 광고 목록의 상단에 게재되려면 마케터가 지속적으로 진행되는 온라인 경매에서 특정 키워드에 대해 입찰해야 한다. 비하인드 온라인 경매는 수요에 따라 가격이 결정되며, 가격에 따른 키워드를 지속적으로 제공한다. 구글에 대한 지불은 클릭당 비용으로 이루어진다.

광고주는 일반적으로 사용자가 광고를 클릭할 때만 구글에 비용을 지불하므로 검색엔진에 광고를 게재하는 것만으로도 노출을 유도할 수 있지만 반드시 광고 캠페인 비용이 증가하는 것은 아니다. 홈페이지에서 광고의 위치나 순위는 효과에 중요한 역할을 한다. 광고의 순위가 높을수록 효과가 높아진다. 특정 광고의 광고 순위는 해당 키워드에 대한 클릭당 비용 입찰가와 광고가 해당 사용자와 얼마나 관련이 있는지를 결정하는 품질평가점수 측정항목을 기반으로 한다. 일반적으로 광고 순위는 특정 키워드에 대한 최대 입찰가와 광고와 관련된 품질 점수의 조합에 의해 결정된다. 예를 들어 자포스(Zappos)와 같은 온라인 신발 소매업체는 '온라인 신발 구매' 또는 '온라인 신발'과 같은 키워드에 입찰하여 소비자가 구글 검색엔진에 해당 키워드를 입력할 때 검색 광고가 표시되도록 할 수 있다.

브랜드 마케터는 소비자가 자신의 카테고리나 브랜드를 검색하는 방식을 이해하여 키워드를 신중하게 선택해야 한다. 회사는 브랜드 키워드(예 : 자포스 신발), 일반 혹은 브랜드가 없는 키워드(예 : 온라인 신발)를 사용하여 광고할 수 있다. 브랜드 또는 비브랜드 키워드의 선택은 부분적으로 이미 존재하는 브랜드 인지도를 기반으로 한다. 소비자가 브랜드와 이름에 익숙하지 않은 경우 검색 시 카테고리 관련 브랜드가 없는 검색어를 사용할 가능성이 더 높다. 그림 7-8에 1-800-Flower 검색 광고의 예시가 나와 있다. 이 광고는 1-800-Flower에 대한 브랜드 검색에 대한 응답으로 표시된다. 대조적으로, 두 번째 광고는 '자동차 보험'에 대한 브랜드가 없는 일반 검색을 위한 것이다.

검색 광고의 성공 여부는 구글 검색 페이지에 광고가 배치되는 위치에 따라 달라진다. 높은 위치일수록 소비자들이 광고를 볼 수 있는 가능성이 높아진다. 결국 광고의 배치는 구글의 품질점수에 달려 있다. 구글은 구글 내 키워드의 전체적인 과거 실적, 광고 문안 관련성(즉 광고주 랜딩 페이지의 키워드와 콘텐츠 간의 일치), 랜딩 페이지 또는 웹사이트의 사용자 경험 등 다양한 요소에 따라 각 광고에 점수를 할당하는 독점 알고리즘을 가지고 있다.

구글은 지역 타기팅 등 다양한 소비자 타기팅 방법을 제공한다. 특정 지역의 소비자를 대상으로 할 수 있으며, IP 주소가 특정 위치에 속한다고 태그가 지정된 사용자를 대상으로 광고가 표시된다. 고객의 검색 질의를 가장 잘 처리하는 고도의 표적광고는 클릭될 가능성이 가장 높으며, 따라서 클릭률로 측정했을 때 더 높은 성공률을 보장한다.* 노출 수는 구글 또는 구글 네트워크 내 광고가 표시된 횟수를 기준으로 측정된다.

* 클릭률(click-through rates, CTR) 공식은 다음과 같다.

$$클릭률 = \frac{클릭\ 수}{노출\ 수}$$

예를 들어 만약에 광고가 50,000번 노출이 되고, 1,700번 클릭되었을 경우 클릭률은 0.034 또는 3.4%이다.

출처 : www.emarketer.com; https://support.google.com/adwords/answer/2454010?co=ADWORDS.IsAWNCustomer%3Dfalse&hl=en.

그림 7-8

구글 검색 광고

수 있다. 광고주는 실제 클릭을 기준으로 비용을 지불하기 때문에(클릭당 비용 광고 모델이라고 도 함) 광고비용이 낭비되지 않는다(또는 기존 광고 캠페인에 비해 낭비되는 비용이 상대적으로 적음).[38] 2016년 기준으로 평균 비용은 클릭당 2.14달러, 클릭률 1.16%이고, 데이트/개인 서비스 3.4%, 금융 2.65%, 기업 간 거래 2.55%, 소비자 서비스 2.40%, 기술 2.38%이다.[39] 클릭률 외에도 **전환율**은 검색 광고의 성공을 측정하는 데 사용되는 또 다른 측정항목이다. 전환율이 높을수록 검 색이 더 성공적이다. 광고주가 전환을 정의하는 방식에 따라 사용자가 제품에 대한 추가 정보를 요청하는 것과 같이 단순한 항목이 포함될 수도 있다.

디스플레이 광고   디스플레이 광고 또는 배너 광고는 관련 웹사이트에 광고를 게재하는 것을 말 한다. 디스플레이 광고는 많은 사람에게 도달하고 노출을 발생시키는 효과적인 메커니즘이다. 검색 광고와 달리 디스플레이 광고는 1,000명당 비용으로 수익을 창출하며 광고에서 발생하는 노출에 의존한다. 배너 광고는 브랜드가 특정 대상 고객과 밀접하게 연결된 웹사이트에 광고할 수 있도록 하는 매우 효율적인 인지도 생성 도구가 될 수 있다. 예를 들어 《월스트리트저널》 웹 사이트의 배너 광고와 《월스트리트저널》의 재정 건전성에 대한 기사는 재무 분석에 관심이 있는 소비자를 대상으로 하는 수단이다.

종합하면 검색광고와 배너 또는 디스플레이 광고는 온라인 브랜드 인지도를 구축하는 매우 효 과적인 방법이다. 키워드 구매 비용이 상대적으로 저렴하고 타기팅이 가능하기 때문에 이러한 유형의 광고는 광고 예산이 적거나 심지어 광고 메시지로 소비자를 타기팅하는 직접적인 접근방식을 중요시하는 B2B 기업에 적합한 방법이다. 다음으로 오늘날 마케터가 사용할 수 있는 다양한 소셜 미디어 유료 채널 옵션에 대해 자세히 알아본다.

소셜 미디어 유료 채널 개요

소셜 미디어 채널(예 : 페이스북, 트위터)은 유사한 인구통계학적, 지리적, 심리적 특성을 가진 사용자 커뮤니티에 많은 접근 기회를 준다. 소셜 미디어는 (1) 대중의 목소리와 온라인 인지도 구축, (2) 마케팅 메시지 증폭, (3) 소비자 모니터링 및 피드백 획득 지원, (4) 고객 인게이지먼트 촉진 등 많은 역할을 한다. 최근에 다양한 형태의 소셜 미디어 광고도 마케터에게 이용 가능하게 되었나. 이러한 형태의 광고는 소셜 미디어 플랫폼의 이점을 활용한다. 소셜 미디어를 효과적으로 관리하려면 소셜 미디어가 일반적으로 무엇을 달성할 수 있는지에 대한 폭넓은 이해가 필요하지만, 소셜 미디어 내의 다양한 플랫폼이 서로 어떻게 다른지에 대한 이해도 필요하다. 각 소셜 미디어 플랫폼에는 마케터가 알아야 하는 고유한 이점이 있지만 잠재적인 한계도 있다.

전반적으로 소셜 미디어는 마케터가 청중과의 대화를 촉진하고 피드백과 통찰력을 수집하며 제품에 대한 의견을 요청할 수 있는 독특한 공간이다. 그러나 주의사항이 있다. 브랜드 인게이지먼트 피라미드와 관련하여 앞에서 언급한 바와 같이 일부 소비자만이 자신의 브랜드 중 일부에만 인게이지먼트 하기를 원하며, 그 이후에도 단지 일부의 시간에만 그 브랜드에 인게이지먼트 하기를 원한다. 일부 소비자는 소셜 미디어 채널에서 브랜드의 존재가 자신의 개인정보를 침해하고 위압적이라고 이야기한다. 그러므로 기업은 소셜 미디어가 적절하고 소비자에게 환영받을 수 있도록 하기 위해서 소셜 미디어 존재를 모니터링해야 한다.

다음으로 가장 큰 소셜 미디어 플랫폼(표 7-3 참조)을 검토하여 이러한 플랫폼에서 마케팅 브랜드의 장단점을 설명하고, 이러한 플랫폼을 성공적으로 활용한 캠페인의 몇 가지 예를 알아본다.

표 7-3 선택한 소셜 미디어 사이트의 사용자 수(2017년 1월)

페이스북	10억 9,000만 명
트위터	3억 1,700만 명
인스타그램	6억 명
스냅챗	3억 명
핀터레스트	1억 5,000만 명

출처 : "Assets," Facebook, June 10, 2018, https://en.facebookbrand.com/assets; Kathleen Chaykowski, "Pinterest Reaches 150 Million Monthly Users, Boosts Engagement Among Men," *Forbes*, October 13, 2016, https://www.forbes.com/sites/kathleenchaykowski/2016/10/13/pinterest-reaches-150-million-monthly-users/#4cb46f4a732e; "Most Famous Social Network Sites Worldwide as of September 2017, Ranked by Number of Active Users (in millions)," Statista.com, September 2017, https://www.statista.com/statistics/272014/global-social-networks-ranked-by-number-of-users/; "Social Media Logos," Freepik, http://www.flaticon.com/packs/social-media-logos-2.

페이스북

페이스북이 국가라면 세계에서 가장 큰 국가가 될 것이다! 페이스북의 소셜 미디어 플랫폼은 16억 명의 활성 사용자를 보유하고 있으며 이는 중국의 14억 인구보다 많다. 다르게 말하면 전 세계 인구 4명 중 1명은 페이스북을 이용하며, 이 사용자 중 80%는 모바일 장치를 통해 페이스북에 접속한다.[40] 페이스북 사용자의 인구통계를 고려하면, 미국 성인의 79%가 페이스북 계정을 가지고 있다. 소셜 네트워크로서 페이스북은 특히 젊은 성인에게 영향력이 있으며, 18~29세 미국인의 88%가 페이스북 계정을 가지고 있다.[41] 뿐만 아니라 여성에게 특히 인기가 많아 미국 내 여성의 83%가 페이스북을 사용하고 있으며, 남성은 75%가 페이스북을 사용하고 있다. 페이스북은 또한 교육을 받은(미국의 페이스북 사용자 중 79%가 대학 학위를 보유하고 있음) 도시 및 교외 지역에 거주하는 사용자로 구성되어 있다.

페이스북의 가장 큰 수익원은 광고이다. 이마케터(eMarketer)의 예측에 따르면 2017년 페이스북의 전 세계 광고 수익은 340억 달러에 이르렀다. 2017년 미국에서 디지털 광고 비즈니스에서 페이스북의 점유율은 21%였으며, 페이스북 수익의 87%는 모바일 광고에서 발생했다.[42]

페이스북 광고 캠페인의 영향을 평가하는 데 관련된 몇 가지 지표는 다음과 같다.

1. **도달 범위** : 페이스북 도달 범위를 크게 자연, 유료, 바이럴로 분류한다. 자연 도달은 뉴스 피드, 티커(ticker) 및 페이지 자체에서 게시물을 본 사람들로부터 발생하는 수입이다. 유료 도달 범위는 광고나 후원 스토리를 본 사람들의 수입이다. 바이럴 도달 범위는 친구가 게시한 페이지에 대한 스토리를 본 사람들의 수이다.
2. **팔로워** : 페이스북 팔로워 수는 주어진 메시지의 도달 범위와 인기를 포착하기 위한 좋은 지표이다.
3. **좋아요 및 공유** : 페이스북의 좋아요 수는 특정 메시지에 대한 고객 인게이지먼트를 나타낸다. 또한 페이스북 공유(수)는 특정 메시지가 얼마나 많이 인기가 있는지(바이럴인지)를 나타낸다.

다음으로 페이스북 광고의 다양한 장단점을 살펴본다.

장점 확실하게도 페이스북 커뮤니티의 큰 규모는 구매자와 판매자를 연결할 수 있는 큰 시장을 제공함으로써 마케터에게 엄청난 이점을 제공한다. 판매자는 페이스북 광고를 통해 전 세계에 분포된 수많은 사용자에게 브랜드 인지도를 즉시 높일 수 있다. 페이스북의 광고 플랫폼은 사용자들 사이에서 브랜드 인지도를 높일 수 있는 기능 외에도 광고주에게 나이, 성별, 정치적 성향, 취미, 관심사 등을 포함한 다양한 특성으로 매우 특정한 사용자를 세분해 타기팅할 수 있는 많은 기능을 제공한다. 이 타기팅 기능을 통해 광고주는 광고 비용을 최소화하면서 표적고객에게 도달할 수 있다. 페이스북의 직접 구매 기능과 즉석 재생 동영상을 통해 캠페인은 더 많은 소비자에게 도달하고 직접적으로 고객 서비스를 촉진할 수 있다.

터프 머더 캠페인

터프 머더(Tough Mudder)는 영국 특수 부대의 정신으로 설계된 팀을 위한 도전적인 장애물 경주이다. Devil's

Beard, Shocks on the Rocks, Funky Monkey와 같은 창의적인 이름을 가진 29개의 다른 장애물이 있다. 경쟁자는 벽, 15피트 판자, 얼음 욕조, 악몽 원숭이 막대기, 기름칠 된 하프파이프, 전기가 흐르는 군대 크롤링과 같은 위험에 직면한다. 2010년 초기 자본금 20,000달러로 자금을 조달한 터프 머더는 출시 당시 전체 8,000달러의 커뮤니케이션 예산을 페이스북 광고에 사용했으며 입소문을 많이 일으켰다. 2013년까지 750,000명 이상의 참가자가 53개의 이벤트에 참가했다. 1인당 입장료는 약 155달러이고 회사의 마진은 약 48%였다.

어려운 장애물 경주인 터프 머더는 페이스북 광고를 활용해 입소문을 내고 인지도를 높였다.

단점 페이스북 광고의 한 가지 단점은 사용자가 볼 게시물을 선택할 수 있기 때문에 페이스북 게시물이 회사를 팔로우하는 모든 사용자에게 다가가지 못할 가능성이 높다는 현실이다. 게다가 프록터앤드갬블(P&G)과 같은 회사는 정밀 타기팅이 때때로 최적이 아닌 결과를 생성할 수 있다는 사실을 깨닫고 페이스북에서 멀어지기 시작했다. 예를 들어 P&G가 애완동물 소유자와 대가족을 대상으로 페브리즈 방향제 광고를 타기팅하려고 시도했을 때 회사는 매출이 정체된 것을 발견했다. 그러나 대상 고객을 18세 이상으로 확대했을 때 매출이 크게 증가했다.[43] 소셜 미디어는 또한 사용자가 회사 스캔들로 인해 회사의 소셜 네트워크 존재를 목표로 삼거나 정치적 또는 사회적 문제에 대한 회사의 입장을 밝힐 때 폭풍의 위험을 안고 있다. 또한 소비자에 대한 데이터가 명시적 허가 없이 사용되어 페이스북과 같은 플랫폼에 법적 및 평판 문제가 발생할 가능성 때문에 페이스북 및 기타 소셜 미디어 플랫폼에 대한 비난이 점점 더 커지고 있다. 이는 소비자, 정책 입안자 및 소셜 미디어 플랫폼이 함께 모여 데이터 공유 및 개인정보 보호에 대한 우려가 모두 만족스럽게 해결되도록 하지 않는 한 점점 더 중요한 문제가 될 것이며, 미래에 소셜 미디어 광고가 잠재적으로 해를 끼치는 문제가 될 수 있다.

#LIKEAGIRL

P&G는 2015년 올웨이즈(Always) 여성 위생 브랜드를 위한 #LikeAGirl 캠페인을 시작해 '소녀처럼'이라는 문구가 젊은 여성의 가능성을 제한하는 효과가 있다고 이야기했다. 캠페인은 슈퍼볼 기간 동안 등장한 TV 광고와 함께 시작되었다. 사춘기 전후 여성 모두 스포츠 팀을 그만두거나 도전에 대한 자신감이 없는 것과 같은 사회적 제한이 그들에게 미친 영향을 언급했다. 그 후 소녀들은 이 문구가 그들의 삶에 어떤 영향을 주는지 썼고, 그 문구는 파괴되었다. 이 광고는 TV에 광고가 게재된 후 트위터에서 #LikeAGirl이 유행하면서 입소문을 타게 되었다. 광고 자체는 방영 이후 8,000만 회 이상 조회가 되었다. 얼웨이즈 브랜드는 광고를 만들어내고 LikeAGirl의 자신감 정상회담(LikeAGirl confidence summits)과 대화형 웹사이트를 통해 페이지 하단에 여성케어제품을 판매했다. 이 광고는 광고주들 사이에서 여성의 권한 부여 운동을 지원하는 움직임이 증가하고 있음을 나타내며, 이는 결론론적으로 일부 경우 매출 증가로 이어졌다.

트위터

트위터는 페이스북에 이어 두 번째로 큰 소셜 미디어이다. 트위터 광고에는 많은 장점이 있다. 모든 트위터 메시지(또는 트윗)는 팔로워에게 직접 전달되며 쉽게 만들 수 있다. 이를 통해 고객 서비스와 고객 간의 직접적인 커뮤니케이션이 가능하며 브랜드의 개성을 보여준다. 그러나 트위터에 단점이 없는 것은 아니다. 트위터에는 트윗이 넘쳐나므로 회사의 게시물이 눈에 띄기 어렵다. 제한된 시각적 콘텐츠가 있으며 트윗은 140자로 제한된다(비록 트위터가 280자로 제한을 늘렸지만).[44] 예를 들어 #LikeAGirl 캠페인은 회사가 트위터를 활용해 브랜드 인지도를 높이는 방법을 보여준다.

트위터는 특히 고객 서비스 문제를 해결하는 데 도움이 된다. 델타항공(Delta Air Lines)은 트위터 전략을 사용하여 고객과의 사회적 상호작용을 개선하고 고객 서비스를 제공했다. 델타 어시스트 트위터는 회사와 고객을 연결하는 데 도움이 되었다. 델타는 #deltaassist를 사용해 고객의 불만을 듣고 문제에 대응했다. 많은 다른 회사가 그들의 트위터 계정을 고객 서비스 향상 전략의 초점으로 삼는 델타의 경우를 따랐다. 2015년 5월부터 도미노피자는 트위터를 사용해 고객이 @Dominos 트위터 계정에 피자 이모티콘을 트윗하고 해시태그 #EasyOrder를 사용해 좋아하는 피자 배달을 주문할 수 있도록 했다. 보다 최근에 도미노는 동일한 기능을 제공하는 앱을 도입해 피자 주문 프로세스를 훨씬 더 단순하게 만들었다.[45] 이 캠페인은 상당한 언론 보도를 받았으며 오늘날 도미노 주문의 50% 이상이 디지털 채널에서 나온다.

인스타그램

인스타그램은 젊은 층을 대상으로 하는 약 4억 명의 사용자가 있는 플랫폼으로 일반적으로 유사한 플랫폼보다 브랜드 인게이지먼트가 높다. 이미지 및 비디오를 통해 관중을 시각적으로 참여시킬 수 있는 기능으로 기존의 마케팅 방식과는 다른 접근방식을 취할 수 있다. 인스타그램의 젊고 냉소적인 청중은 전통적인 광고를 부정적으로 그리고 '너무 제작된' 것으로 볼 가능성이 크다. 인스타그램은 전통적인 미디어가 할 수 없는 방식으로 이러한 사용자들에게 다가갈 수 있는 기회를 제공한다. 예를 들어 삼성은 새로운 모바일 결제 서비스를 홍보하는 #SamsungPayItForward라는 홀리데이 마케팅 캠페인을 펼쳤다. 많은 소셜 인플루언서가 이 서비스를 홍보하기 위해 참여했으며, 그 결과 사람들이 결제앱을 어떻게 사용하는지 방법을 보여주는 일련의 후원 인스타그램 게

도미노는 트위터를 사용해 고객이 #EasyOrder 해시태그를 사용해 좋아하는 피자를 배달 요청할 수 있도록 했다.

출처 : James A. Martin, "10 Top Social Media Marketing Success Stories," *CIO.com*, April 28, 2016. www.cio.com/article/3062615/social-networking/10-top-social-media-marketing-success-stories.html#slide7

시물이 만들어졌다.[46]

핀터레스트

핀터레스트는 사용자가 다양한 브랜드의 사진을 공유하고 게시할 수 있는 매체로, 시각적 이미지에 의존하는 특정 브랜드를 마케팅하는 데 특히 유용하다. 핀터레스트는 쉽게 만들 수 있는 '구매(Buy It)' 핀을 제품에 꽂을 수 있을 뿐만 아니라, 다른 형태의 소셜 미디어보다 더 많은 추천 트래픽을 발생시킬 수 있어 브랜드 마케터에게 상당한 이점을 제공한다. 하지만 틈새 콘텐츠(라이프스타일 콘텐츠 중심)와 여성 팬층에 대한 과도한 어필 등의 한계가 있다.

크릴론(Krylon) 페인트는 '최초 핀터레스트 야드 세일'을 열었을 때의 핀터레스트 성공 사례의 한 예시이다. 127 야드 세일은 '세계에서 가장 큰 야드 세일'이며, 미시간주와 앨라배마주 사이에 걸쳐 있는 127번 고속도로를 따라 6개 주에서 매년 8월에 열린다.[47] 2015년에 크릴론은 DIY 전문가를 보내 겉보기에 무가치해 보이는 품목 127개를 구매하고 변형했다. 핀터레스트의 '구매' 핀 기능을 사용하여 판매할 결과 항목을 나열하여 바람직한 것으로 만들었다. 이후에 판매 수익금은 전액 자선단체에 기부했다. 이 캠페인 결과 크릴론의 핀터레스트 팔로워 수가 4,400% 증가했으며 200,000달러 예산으로 270만 달러 수익의 미디어를 확보했다.

크릴론의 127 야드 세일 캠페인은 핀터레스트를 활용하여 '세계 최대 야드 세일'을 만들었다.

니베아의 '세컨드 스킨' 광고

출처 : James A. Martin, "10 Top Social Media Marketing Success Stories," CIO, April 28, 2016. www.cio.com/article/3062615/social-networking/10-top-social-media-marketing-success-stories.html#slide7

비디오

비디오는 특히 브랜드가 브랜드를 사용하여 더 깊은 주제와 스토리텔링을 만들고자 할 때 브랜드 구축을 위한 중요한 매체가 되었다. 비디오는 유튜브, 페이스북과 같은 소셜 네트워킹 웹사이트에 표시되는 유료 광고일 수 있다. 또한 브랜드 비디오는 회사 웹사이트 또는 기타 소유 미디어 채널에 나타날 수 있다. 동영상 광고가 브랜드의 스토리텔링 능력을 높이는 힘을 보여주는 사례는 다양하다. 영상 광고를 사용하여 성공한 캠페인은 니베아의 '세컨드 스킨(Second Skin)' 유튜브 동영상이 있다. 이 영상은 첨단 기술(가상현실 고글과 인간의 피부를 모사하는 직물)이 어머니와 아들의 재결합에 얼마나 도움이 될 수 있는지를 보여주었다. 비판매 방식을 사용하고 인간의 감정을 불러일으킴으로써 니베아 캠페인은 15만 회 이상의 조회수를 기록하며 상당한 화제를 모았다. 니베아와 같은 예는 비디오 광고가 60초 광고보다 훨씬 더 많은 감동을 줌으로써 소비자에게 긍정적인 영향을 미칠 수 있음을 보여준다.

또 다른 예로 독일의 슈퍼마켓 체인점 에데카(Edeka)는 크리스마스에 혼자 있는 노인과 다 큰 자녀들이 너무 바빠서 방문하지 못하는 모습을 담은 크리스마스를 테마로 한 영상을 만들었다. #HeimKommen 광고는 휴일 동안 노인들의 외로움을 강조하는 데 도움이 되었다. 해당 영상은 일주일 만에 조회수 3,350만 회, 2주 후 조회수 2,000만 회, 공유 수 579,000회를 기록하며 브랜드 인지도를 높이고 브랜드 이미지를 높이는 성공적인 캠페인이 되었다.[48]

고급 브랜드는 비디오 광고를 사용하여 독점 비디오 콘텐츠를 제공하여 브랜드가 고급 또는 명성을 유지하는 데 도움을 줄 수 있다. 예를 들어 2016년에 버버리는 새로운 버버리 향수를 특징으로 하는 스냅챗 디스커버 채널(Snapchat-Discover-channel) 광고를 실행한 최초의 럭셔리 브랜드 중 하나가 되었다. 이 비디오에는 짧은 기간 동안만 사용할 수 있는 독점 콘텐츠가 포함되어 있었다.[49]

소셜 미디어의 글로벌 사용

소셜 미디어가 세계적인 현상이라는 점은 주목할 가치가 있으며 여기에 제시된 많은 기술은 세계 여러 지역에 적용할 수 있다. 한 가지 주목할 만한 예외는 중국이다. 정부 규제로 인해 중국에서는 페이스북, 유튜브, 트위터가 금지되어 있다. 그러나 여전히 중국 소비자들은 소셜 미디어 사용을 좋아한다. 브랜딩 브리프 7-5에서 중국 최고의 소셜 미디어 플랫폼을 간략히 소개한다.

모바일 마케팅

오늘날 소비자들이 하루에 150번씩 휴대전화를 확인하고 많은 사람이 스마트폰을 '생명줄'이나 '집사'로 여긴다는 사실을 알고 있는가? 따라서 모바일 광고 및 프로모션이 가까운 장래에 엄청나게 성장할 것으로 예상되는 것은 놀라운 일이 아니다. 전 세계 모바일 광고 시장은 2017년에 총 1,417억 달러였으며, 2024년에는 5,310억 달러로 성장할 것으로 예상된다. 다양한 형태의 모바일 통신(디스플레이, 검색, SMS 등)은 2017년 미국에서만 총 약 500억 달러의 광고비를 지출했다. 이 중 디스플레이 광고는 약 260억 달러, 검색 광고는 220억 달러를 차지했다.[50]

모바일이 이렇게 인기 있는 이유는 무엇일까? 분명히 정보, 사회적 상호작용, 그리고 비율이 높지 않지만 쇼핑을 위한 스마트폰 기기의 중요성이 이러한 증가에 기여했다. 미국 소비자는 데스크톱 컴퓨터보다 모바일 기기에서 더 많은 시간을 소비한다(몇 년 전만 해도 하루에 1시간씩 사용되던 것에 비해 하루 3시간 이상 사용함). 특히 소비자(특히 미국의 경우)는 모바일 기기에서 그들 시간의 42%를 선호하는 하나의 앱에서 보낸다. 페이스북, 구글, 유튜브 등 인기 있는 소셜

브랜딩 브리프 7 - 5

중국의 소셜 미디어

종 종 '중국의 페이스북'으로 알려진 위챗[WeChat, 텐센트 (Tencent) 소유]은 지배적인 소셜 미디어 플랫폼이다. 위챗은 게임, 온라인 쇼핑 및 기타 서비스를 제공하는 올인원 메시징 앱으로 월간 활성 사용자가 10억 명 이상이다. 중국 소비자들은 1,000만 개의 앱이 있는 위챗에서 항공편 예약, 투자, 쇼핑, 세금 납부 등 다양한 일상 활동을 한다. 브랜드는 위챗 플랫폼을 사용하여 고객과 커뮤니케이션할 수도 있다. 예를 들어 브랜드는 위챗 모먼트(WeChat Moments)를 활용하여 팔로워에게 메시지 및 기타 콘텐츠를 전달할 수 있다.

시나 웨이보(웨이보) 웨이보(Weibo)는 마이크로 블로깅 플랫폼으로 트위터와 페이스북의 조합으로 여겨진다. 사용자들은 일반적으로 웨이보를 사용하여 동영상과 이미지를 업로드하고, 개인을 팔로우하고, 게시물을 읽는 등의 작업을 한다. 웨이보는 매월 3억 1,300만 명의 활성 사용자를 보유하고 있으며 특히 도심 지역에서 인기가 높다.

QQ(텐센트 소유) QQ는 게임, 쇼핑, 그룹 채팅 및 음성 채팅을 포함한 다양한 기능을 제공하며 8억 6,900만 사용자가 다양한 것을 제공하는 또 다른 메시징 앱이다.

유쿠 유쿠(Youku)는 중국판 유튜브 비디오 공유 아날로그이다. 유쿠는 사용자에게 스트리밍 되거나 다운로드 된 영화 및 TV 프로그램을 제공한다. 5억 8,000만 명의 활성 사용자를 보유한 브랜드로 배너 광고, 브랜드 바이럴 비디오 및 일시 중지 광고를 통해 잠재고객에게 어필하고 있다.

바이두 티에바 바이두 티에바(Baidu Tieba, 중국 검색엔진 업체 바이두 소속)는 바이두에서 제공하는 검색엔진 서비스와 긴밀하게 연결된 커뮤니케이션 플랫폼을 제공한다. 6억 6,000만 명의 월간 활성 사용자가 있는 이 플랫폼은 기업(및 브랜드)이 검색엔진에서 브랜드 이름 검색을 기반으로 사용자를 안내하는 자체 포럼을 만들 수 있는 기능을 제공한다.

중국 소비자는 인기 있는 소셜 미디어 플랫폼인 위챗을 게임, 항공권 예약, 온라인 쇼핑 등 다양한 목적으로 사용한다.

바이두는 중국에서 가장 큰 검색엔진이자 세계에서 두 번째로 큰 검색엔진이다.

출처 : Laurie Beaver, "WeChat Breaks 700 Million Monthly Active Users," *Business Insider*, April 20, 2016, www.businessinsider.com/wechat-breaks-700 -million-monthly-active-users-2016-4; Lauren Johnson, "5 Things Brands Need to Know about WeChat, China's Mobile Giant," *Adweek*, December 14, 2015, www.adweek.com/digital/5-things-brands-need-know-about-wechat-chinas-mobile-giant-168588/; Nha Thai, "10 Most Popular Social Media Sites in China," Dragon Social, June 30, 2017. https://www.dragonsocial.net/blog/social-media-in-china/.

미디어를 앱을 이용할 수 있으며, 모바일에서는 여전히 상거래보다는 주로 오락과 커뮤니케이션 수단이라는 인식을 강화했다.[51]

모바일 광고는 위치 기반 메시지를 적시에 고객에게 보내는 데 특히 유용하다. 모바일 메시지가 제공하는 관련성의 증가(적절한 시간과 장소에서 고객에게 도달)는 모바일 광고 및 판촉에 대한 응답을 기반으로 고객의 요구와 요구에 대한 방대한 데이터베이스를 개발할 기회를 만든다. 모바일 장치는 항상 켜져 있기 때문에 마케터는 고객과 실시간으로 커뮤니케이션할 수 있다. 따라서 마케터는 탐색이 쉬운 직관적인 인터페이스를 사용하여 고객과 소통해야 하는 부담이 있다. 모바일 광고 카피는 간단하고 직접적이어야 대상 시청자의 관심을 끌 수 있다.

게다가 모바일 마케팅은 적시에 프로모션, 할인 등을 제공하여 고객이 쇼핑하는 동안 참여를 유도하는 데 도움이 된다. 모바일 프로모션은 지리적 위치와 '시간대'에 따라 달라질 수 있으므로 마케터는 광고와 프로모션을 비교할 수 없을 정도로 맞춤화할 수 있다. 이는 또한 위치, 시간, 행동을 기반으로 한 광고 메시지 및 프로모션의 대상이 되는 고객이 구매와 더 관련성이 높은 마케팅활동을 찾을 수 있음을 의미한다.

메시징 서비스 사용 가능한 다양한 모바일 옵션 중 문자 메시지[특히 단문 메시징 서비스(SMS)와 멀티미디어 메시징 서비스(MMS)]는 시간과 장소에 따라 고객에게 고유한 서비스를 제공할 수 있다. 조사에 따르면 SMS 마케팅은 3분 이내에 90%의 메시지가 읽히고, 이메일보다 문자 응답률이 5배 이상 더 높은 것으로 나타났기 때문에 SMS 마케팅은 여전히 인기가 높다. 예를 들어 로이터(Reuter)는 아이콘 금융상품과 관련하여 텍스트를 사용하여 고객과 소통하였다. BMW는 독일 고객들에게 겨울철 스노타이어의 중요성을 상기시키기 위해 메시지 캠페인을 벌였다.

인앱 광고 인앱 광고(in-app advertising)는 브랜드가 고객에게 다가가도록 돕는 모바일 마케팅의 또 다른 방법이다. 예를 들어 소셜 미디어 플랫폼인 스냅챗은 브랜드들이 모바일 앱을 활용하여 고객을 타기팅할 수 있도록 한다. 타코벨(Taco Bell)은 인기 있는 'Taco Head' 캠페인에 스냅챗을 사용했다. 이 캠페인에서는 각 고객이 자신을 시각적 타코로 만든 다음 브랜드 이미지를 친구들과 공유했다. 이 캠페인은 하루에 거의 2억 2,400만 회의 조회 수를 기록했으며, 일반 이미지(일반적으로 8초 동안 표시됨)에 비해 시각적 인게이지먼트가 3배(최대 24초) 증가했다.[52] 또한 게임 내 광고는 모바일 게임 내에서 메시지를 전달하거나 전체 게임을 후원하여 고객 인게이지먼트를 유도한다.

스타벅스 모바일 앱은 다음 예와 같이 모바일 앱이 브랜드에 대한 고객 인게이지먼트를 촉진하는 또 다른 예시이다.[53] 효과적인 모바일 마케팅의 한 예는 매장 찾기, 보상 프로그램, 기프트 카드 정보를 완벽하게 결합한 스타벅스 모바일 앱이다. 스타벅스는 모바일 앱을 사용하여 고객에게 생일 선물 및 무료 음료와 같은 인센티브를 제공한다. 구매 때마다 고객은 일정 수의 별을 모을 수 있고, 나중에 모아진 별로 무료로 상품을 교환할 수 있다. 설문조사를 하기 위해 고객에게 SMS가 발송되며, 고객이 설문조사를 완료하면 고객은 더 많은 포인트의 별을 얻을 수 있다. 모바일 주문 및 결제 기능을 통해 고객은 음료를 매장에서 수령하기 전에 미리 결제할 수 있다. 스타벅스 모바일 앱은 22% 이상의 매출 증가에 기여했으며 거의 700만 명의 고객을 보유하고 있다. 스타벅스의 모바일 마케팅 성공에서 얻을 수 있는 세 가지 주요 교훈은 다음과 같다. (1) 모바일 앱은 기업의 고객 동기 파악을 용이하게 할 수 있다. (2) 모바일 앱을 사용하여 적절한 시기에 고객에게 보상을 제공함으로써 효율성을 높일 수 있다. (3) 모바일 앱은 기업이 고객과의 유대를 강화하는 데 도움이 될 수 있다. 가장 중요한 것은 스타벅스가 마케팅 전략을 개선하기 위해 수많은 실험과 테스트를 통해 모바일 결제 시스템을 수년 동안 완성했다는 점이다.

근접시스템 마케팅   근접시스템 마케팅(proximity systems marketing 또는 geo-fencing)은 정의된 지리적 영역 내에서 모바일 사용자에게 특정 광고 메시지를 전달하는 것을 포함한다. 고도로 타기팅된 관련성 높은 광고를 제공함으로써 지역 타기팅 및 근접 시스템은 회사와 고객 모두에게 혜택을 줄 수 있다.[54] 예를 들어 캄파리(Campari)는 고객이 앱에서 점수를 확인할 경우 5달러 할인 또는 무료 리프트 승차권을 제공한다.[55] 브랜딩 브리프 7-6은 위치 기반 타기팅을 효과적으로 사용한 레드루프인(Red Roof Inn)이라는 회사의 또 다른 예를 보여준다.

레드루프인의 예에서 한 가지 중요한 점은 소비자가 하루 종일 브랜드에 반응하는 방식을 이해하고 특정 제품으로 소비자를 타기팅할 기회를 제공하는 하루 중 특정 순간을 식별하는 것이다. 모바일 마케팅을 통해 브랜드 구매와 더 관련이 있는 시간과 장소에서 소비자에게 다가갈 수 있는 능력은 마케터는 자신의 제품을 하이퍼타기팅하고 더 높은 수준으로 고객을 참여시킬 수 있는 엄청난 능력을 제공한다. 푸시 알림을 사용하면 앱이 사용 중이 아닌 경우에도 사용자에게 새 메시지 또는 이벤트를 알릴 수 있다. 이러한 메시지는 모든 사용자 또는 특정 사용자 그룹에게 보낼 수 있다. 예를 들어 월마트는 고객이 롤백을 검색, 탐색, 구매 및 확인하고 가장 가까운 매장을

브랜딩 브리프 7 - 6

항공편 지연을 마케팅 기회로 전환

항공편 취소 정보를 활용하여 예약을 늘리는 레드루프인의 모바일 마케팅 접근방식은 기업이 실시간으로 고객을 타기팅할 수 있게 하는 모바일 마케팅 전략의 위력을 보여주는 훌륭한 사례이다. 이전에 레드루프인은 검색 마케팅 환경에서 큰 예산의 호텔체인과 경쟁하기 위해 고군분투했지만, 검색 광고 공간에서 높은 순위를 얻는 것이 점점 더 어려워졌다. 또한 카약(Kayak), 바야마(Vayama) 등 여행 중개업체의 검색과 경쟁도 벌어졌다.

이러한 맥락에서 레드루프인은 제한된 예산을 전환 가능성이 높은 고객만 타기팅하는 모바일 검색 광고 접근방식을 활용하기로 결정했다. 흥미로운 기회를 제공한 잠재적인 여행자 세분 그룹 중 하나는 여행이 지연 또는 취소(항공 여행의 일반적인 경우)로 인해 중단된 사람들이었다. 매일 약 2~3%의 항공편이 취소되고 500대의 비행기가 이륙하지 않고 90,000명의 승객이 발이 묶인다.

특정 검색어와 함께 실시간 데이터 및 지리 정보를 사용하여 이 회사는 '시카고 오헤어공항 근처 호텔'과 같은 특정 검색으로 이렇게 발이 묶인 여행자를 타기팅했다. 레드루프인이 개발한 알고리즘에는 다양한 모바일 검색 캠페인에서 자동으로 입찰가를 높이고 광고 문구를 조정하는 기능이 포함됐다. 이러한 광고는 취소 수가 임곗값을 초과할 때 표시된다. 2014년 겨울은 역사상 가장 혹독한 겨울이었고, 항공편 결항량이 많고 저녁 시간대에 발이 묶인 여행객을 자동으로 타기팅하는 알고리즘을 개발하기 위해 항공기 결항 데이터를 활용했다. 그 광고는 여행자들의 공항과의 거리가 표시되었다.

2014년 3월부터 시작된 이 캠페인은 검색 관리를 강화하기 위해 기술과 빅데이터를 효과적으로 사용하는 것을 보여주었다. 따라서 예산 제한에도 불구하고 레드루프인은 여행객이 공항에서 발이 묶이고 머물 곳을 찾을 때 특정 기회의 순간을 활용할 수 있었다. 레드루프인은 실시간 데이터와 모바일 검색을 결합해 구매자로 전환할 가능성이 가장 높은 잠재 고객을 타기팅할 수 있었다. "공항에서 고립된 상태? 우리와 함께 머물러요!"라는 특집으로 한 광고에서 레드루프인은 객실을 예약할 의사가 있는 소비자를 완벽하게 타기팅해 레드루프인의 예약을 다른 캠페인에 비해 60% 이상 늘렸다. 발이 묶인 40만 명 이상의 여행객을 대상으로 정밀하게 타기팅해 레드루프인은 막바지 쿼리 부문에서 1위를 차지할 수 있었다. 전체적으로 레드루프인은 모든 비브랜드 캠페인에서 전환율이 375%, 음성 점유율이 650%, 클릭률이 98% 증가한 것으로 나타났다.

출처 : Matt Lawson, "Win Every Micro-Moment with a Better Mobile Strategy," Think with Google, September 2015. www.thinkwithgoogle.com/marketing-resources/micro-moments/win-every-micromoment-with-better-mobile-strategy/; "Red Roof Inn Turns Flight Cancellations into Customers" Mobile Marketing Association, accessed September 23, 2017. www.mmaglobal.com/case-study-hub/case_studies/view/31739; Rob Petersen, "16 Case Studies of Companies Proving ROI of Big Data," B2C.com, December 27, 2015. www.business2community.com/big-data/16-case-studies-companies-proving-roi-big-data-01408654#ZPCMLZ1w53LZLPp5.99; Sunil Gupta, "In Mobile Advertising, Timing Is Everything," *Harvard Business Review*, November 4, 2015. https://hbr.org/2015/11/in-mobile-advertising-timing-is-everything.

찾을 수 있는 모바일 앱을 개발했다.[56]

　모바일 기기가 소비자의 일상생활에서 계속 중요해짐에 따라 모바일 마케팅 기법이 매출 증대에 어떻게 기여할 수 있는지에 대한 연구도 진행되었다. 학술 연구의 몇 가지 주요 결과는 주목할 가치가 있다.[57]

1. 환경은 모바일 광고 및 프로모션의 효과에 영향을 미칠 수 있다. 한 연구에 따르면 소비자가 외부 소음과 방해 요소를 제거하기 위해 모바일 장치에 적응적으로 더 집중하기 때문에 반직관적으로 모바일 프로모션은 혼잡한 지역(예 : 기차)에서 실제로 더 효과적일 수 있다.
2. 시간과 위치를 기반으로 한 모바일 타기팅은 프로모션이 실제 구매에 가까울수록 더 효과적이다.
3. 경쟁사의 위치에 가까운 소비자를 타기팅해 모바일 프로모션을 진행하는 것이 자기 자신의 물리적 위치에서 가까운 소비자를 타기팅하는 것보다 더 나은 결과를 만든다. 모바일 프로모션과 할인 혜택으로 회사 위치에서 더 가까운 소비자를 타기팅하면 해당 지역의 매출이 잠식되고 수익성이 저하될 수 있다.
4. 모바일 프로모션 쿠폰은 소비자의 전반적인 지출, 특히 계획되지 않은 지출을 늘릴 수 있다.

인플루언서 마케팅 및 소셜 미디어 유명인사

인플루언서 마케팅은 블로거, 유명인사, 주제 전문가, 오피니언 리더와 같은 주요 인플루언서를 활용하여 제품 및 브랜드에 대한 정보와 의견을 제공하는 것을 포함한다.[58] 인플루언서 마케팅은 향후 5년 이내에 글로벌 마케팅 지출에서 50억 달러를 차지할 것으로 예상된다.[59] 인스타그램 인플루언서 마케팅만 해도 10억 달러 규모의 산업이며 2019년까지 20억 달러에 이르렀다.[60] 2016년에는 86%의 마케터가 소셜 인플루언서 마케팅에 투자했으며, 설문조사에 참여한 마케팅 실무자의 48%가 2017년에 인플루언서 마케팅 예산을 늘릴 계획이라고 밝혔다.[61]

　위와 같은 결과로 인해 마케터들은 최근 몇 년 동안 브랜드에 인플루언서를 더 많이 활용하고 있다. 스폰서 블로거와 유명인 인플루언서는 어떤 광고주보다 일부 소비자에게 더 큰 영향력을 행사할 수 있다. 한 연구에 따르면 인플루언서 마케팅에 노출된 청중은 노출되지 않은 청중보다 639,700달러를 더 지출했다.[62] 인플루언서 마케팅의 인기는 또한 온라인 소셜 인플루언서의 성공으로 이어졌다. 뷰티 전문가 미셸 판(Michelle Phan)과 같은 일부 온라인 소셜 인플루언서는 특정 브랜드의 지지를 기반으로 연간 최대 300만 달러의 수익을 올리고 있다.[63] 유튜브의 상위 인플루언서는 동영상당 30만 달러를 벌 수 있는 반면 상위 페이스북 인플루언서는 게시물당 20만 달러를 벌고 있다.[64] 특히 온라인 입소문과 관련하여 입소문이 소비자에게 어떤 영향을 미치는지 조사하는 많은 연구가 있다(이 장 끝 부분에 있는 브랜드 포커스 7.0에서 이러한 연구를 검토함). 그러나 자연적인 입소문과 스폰서 입소문(인플루언서 마케팅의 아이디어와 더 일치함) 사이에는 차이가 있다는 점에서 주목할 가치가 있다.

　많은 브랜드가 소셜 미디어 유명인사를 활용하여 그들의 청중에게 영향을 미치고 있다. 예를 들어 에미레이트항공(Emirates Airlines)은 소셜 및 디지털 채널을 사용하여 미국 소비자들에게 어필하고자 했다. 에미레이트항공은 비즈니스 클래스에서 퍼스트 클래스로 업그레이드한 것에 대

에미레이트항공은 미국 소비자에게 어필하기 위해 주요 인플루언서를 이용해 브랜드 경험을 강조했다.

해 이야기하기 위해 온라인 인플루언서와 유튜버 케이시 네이스탯(Casey Neistat)을 고용했다. 이 캠페인은 즉각 성공을 거두었으며, 그의 동영상은 2,700만 건 이상의 조회 수를 기록했다. 메르세데스벤츠는 또한 #MBPhotoPass 캠페인과 함께 온라인 소셜 인플루언서를 사용했다. 이 인플루언서들은 메르세데스벤츠 차량의 키를 받았고 사진을 찍고 벤츠의 인스타그램 계정을 관리하는 동안 운전을 하도록 요청받았다. 한 비디오에는 개와 그의 주인이 등장했는데, 이 비디오는 메르세데스와의 관계에 대한 독특하고 관련 있는 이야기를 함으로써 메르세데스에게 브랜드와 관객을 연결하는 실제 이야기를 들려줄 기회를 제공했다. 캠페인은 대성공이었다. 이 캠페인은 인플루언서 기반 스토리를 전달하기 위해 약 1,700개의 비디오가 제작되어 1억 7,300만 개의 노출, 230만 개의 좋아요 및 댓글, 400만 달러 상당의 미디어 수익을 창출했다. 따라서 브랜드 스토리텔링에 참여하는 인플루언서의 능력은 브랜드가 소비자와 연결할 수 있는 강력한 방법이 될 수 있다.

인플루언서 마케팅은 브랜드에 대한 정보를 게시하기 위해 종종 돈을 받는 인플루언서의 진정한 어조에 크게 의존한다. 마케터는 브랜드가 인플루언서의 게시물을 후원하는 것과 관련된 정보가 고객에게 명확하게 노출되도록 주의해야 한다. 연방무역위원회는 명확하고 모호하지 않은 언어를 사용할 수 있도록 요구한다. 최근 미국에서 연방무역위원회는 실제로 90명 이상의 인스타그램 인플루언서에게 편지를 보내 브랜드와의 관계를 소셜 미디어 계정에 공개해야 한다는 사실을 알렸다.[65]

콘텐츠 마케팅

콘텐츠 마케팅이란 무엇인가? 콘텐츠마케팅협회에 따르면, '콘텐츠 마케팅은 명확하게 정의된 청중을 끌어들이고 유지하기 위해, 그리고 궁극적으로 수익성 있는 고객 행동을 촉진하기 위해 가치 있고 적절하며 일관된 콘텐츠를 만들고 배포하는 데 중점을 맞춘 전략적 마케팅 접근방식'이다.[66] 콘텐츠 마케팅은 브랜드를 명시적으로 홍보하지는 않지만 제품이나 서비스에 대한 관심을 높이기 위한 온라인 자료(예 : 동영상, 블로그, 소셜 미디어 게시물)를 만들고 공유하는 마케팅의 한 유형이다.[67] 콘텐츠 마케팅은 특정 그룹의 사람들에게 어필하고 구체적인 목표를 달성하는 데 있어 기업에 도움이 될 수 있다.[68]

좋은 콘텐츠 마케팅을 위한 지침

콘텐츠 마케팅과 전통적인 마케팅의 중요한 차이점은 일반적으로 소비자가 콘텐츠 마케팅 캠페인의 일부를 구성하는 게시물을 소비하고 싶어 한다는 것이다.[69] 콘텐츠 마케팅의 목표는 청중을 관심 있는 주제에 참여시키는 것이다. 따라서 제품과 서비스를 판매하는 것이 콘텐츠 마케팅의 주요한 목표가 될 수 없다.

구매자의 니즈를 이해하는 것이 항상 좋은 콘텐츠를 만드는 것의 출발점이 되어야 한다. 여기에는 구매자의 의사결정 단계를 생각하는 것이 포함될 수 있다. 의사결정 여정의 다양한 단계에서 일반적인 고객을 묘사하는 일련의 구매자 페르소나를 개발하는 것도 매우 유용할 수 있다. 이러한 각 단계에서 다양한 유형의 소비자 정보 요구사항을 해결하는 진화된 콘텐츠는 콘텐츠 마케터의 핵심 작업이다. 콘텐츠 마케팅 성공의 또 다른 열쇠는 뛰어난 스토리텔링이다. 콘텐츠마케팅협회의 설립자이자 전무이사인 조 풀리지(Joe Pulizzi)는 "스토리텔링과 콘텐츠 마케팅의 통합은 이제 그 어느 때보다도 고객을 유지하고 잠재 고객을 유치하는 데 중요하다"고 말했다.[70]

콘텐츠 배포가 콘텐츠 마케팅노력의 극히 중요한 요소임을 인식하는 것이 중요하다. 콘텐츠가 배포될 다양한 채널에 많은 생각이 들어가야 한다. 광범위한 배포를 보장하기 위해, 콘텐츠 배포 전략은 소셜 미디어 공유 이상의 채널이 포함되어야 하며 독자들이 도달할 수 있도록 콘텐츠를 배포하는 고유한 방법을 식별하는 것을 포함할 수 있다. 예를 들어 블로그는 콘텐츠에 대한 준비된 독자들이 있는지 확인하는 좋은 방법일 수 있다.

좋은 콘텐츠 전략은 광범위한 홍보 및 마케팅 전략과 통합되어야 한다. 청중에게 도달하고 인게이지먼트를 유도한다는 측면에서 전반적인 마케팅 전략의 목표는 콘텐츠 마케팅 전략과 일치해야 한다. 그렇게 하면 청중에게 다가가고, 브랜드를 구축하고, 브랜드 인지도를 높이고, 경쟁에서 우세함을 생성하고, 매출을 보장하는 데 도움이 될 수 있다.[71]

사례연구

존디어 퍼로우(Furrow) 잡지는 창립자 존 디어의 아들인 찰스가 1895년에 창간했다. 이 잡지는 토양건강, 토양대화 및 기타 주제에 대한 농민들의 욕구를 해소하기 위해 창간되었으며 현재 전 세계 40개국 12개 언어로 200만 부 이상이 발행되고 있다. 다른 콘텐츠 마케팅노력과 달리 존디어는 잡지에 브랜드를 등장시키는 조건으로 잡지 후원을 두드러지게 하고 있다.

게다가 이 잡지는 실제로 존디어 딜러가 배포한다. 그러나 이 잡지의 성공은 상당 부분 고객에 초점을 맞춘 덕분이다. 잡지의 출판 담당자인 데이비드 존스(David Jones)에 따르면, "사람들이 즐겁게 읽고, 그들의 업무에 이용할 수 있는 이야기를 하는 것이 처음부터 방안이었다." 이 잡지는 수년에 걸쳐 발전했다. 존디어의 기업 역사학자는 다음과 같이 말했다. "우리 회사의 기록 보관

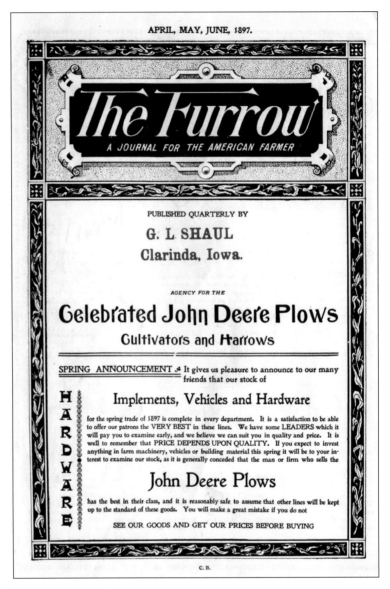

존디어의 퍼로우 잡지는 소비자에게 어필하기 위해 콘텐츠 마케팅을 가장 초기에 사용한 사례 중 하나이다.

출처 : Kate Gardiner, "The Story Behind 'The Furrow' the World's Oldest Content Marketing," *The Content Strategist*, October 3, 2013. https://contently.com/strategist/2013/10/03/the-story-behind-the-furrow-2/.

소를 돌아보면 농업 관련 정보가 담긴 일반 농업 저널과 농부연감에 있는 기사들을 통해 농부들에게 어떻게 사업을 운영해야 하는지 알려주는 오늘날의 잡지에 이르기까지 변화를 볼 수 있다." 이 잡지는 존디어의 장비가 아니라 농부인 대상 독자에 초점을 유지함으로써 120년 이상의 잡지 역사를 통해 그 매력을 유지해 왔다.[72]

모보토 부동산 에이전시 모보토(Movoto)는 지역 부동산에 대해 만화 팬들의 관심을 자극하기 위해 '마블 오리진 매핑(Mapping Marvel Origins)'라는 캠페인을 시작했다.[73] 마블 캐릭터의 배경 스토리와 전 세계 마블 캐릭터의 출생지를 보여주는 인포그래픽이 만들어졌다. 이 캠페인에는 야후, 매셔블(Mashable), MTV 등 다양한 매체에 게재된 마블 캐릭터에 대한 365개 스토리가 담겼다. 마블 캐릭터의 인기를 효과적으로 활용한 캠페인은 소셜 미디어에서 9,000개 이상 공유되었다.

법적 · 윤리적 고려사항

콘텐츠 마케팅은 효과적일 수 있지만 마케터가 경계해야 하는 다양한 법적 · 윤리적 문제를 야기할 수도 있다. 특히 방송 콘텐츠 후원 식별에 대한 연방무역위원회의 규칙은 회사 스폰서로부터 콘텐츠에 대한 보상을 받은 작성자가 게시한 모든 콘텐츠에 대해 해당 보상을 공개해야 한다고 규정하고 있다.[74] 따라서 콘텐츠 마케팅노력은 법의 준수를 보장하기 위해 콘텐츠 후원과 그러한 스폰서십 노력(특히 소셜 미디어 홍보 및 보증의 경우)이 적절히 공개되도록 하는 것 사이의 미세한 선을 따라야 한다.

유료 채널의 장단점과 통합의 필요성

온라인 및 소셜 미디어 채널에서 사용할 수 있는 다양한 선택권을 고려할 때 브랜드 마케터는 다양한 소셜 미디어의 이점을 활용하는 통합 디지털 미디어 캠페인을 만들기 위해 노력해야 한다. 표 7-4는 쉽게 참조할 수 있도록 주요 유료 채널의 장단점을 요약한 것이다. 이러한 커뮤니케이션 유형은 유사성 때문에 인플루언서 마케팅과 콘텐츠 마케팅을 결합한다. 브랜드 관리자는 다양한 유료 옵션의 장단점을 평가하고 타기팅, 도달, 전환, 인게이지먼트의 최적 균형을 제공하는 캠페인을 만들 수 있다.

여러 채널을 통합하면 스토리텔링에 상당한 이점을 만들 수도 있다. 예를 들어 시카고 컵스가 2016년 월드 시리즈에서 우승했을 때 1908년부터 시작된 108년 동안 하지 못했던 우승의 비운을 마감했다. 우승의 흥분을 활용하기 위해 안호이저부시(Anheuser-Busch)는 특수 효과를 사용하여 시카고 컵스 팬들의 전설적인 인물이지만, 이미 고인이 된 해리 캐리(Harry Caray) 아나운서가 승리를 부르는 비디오를 만들었다. 안호이저부시는 도시의 향수와 역사에 대한 이해를 보여주는 매력적인 비디오를 만들었다. 이 비디오에는 컵스가 다양한 접전 경기에 출전하는 역사적인 영상이 담겨 있다. 이 브랜드는 컵스가 우승하면서 소셜 미디어와 TV 광고를 활용했고, 캠페인 진행 과정에서 동영상은 300만 회 이상의 조회 수를 기록했다. 이 캠페인은 한 브랜드가 어떻게 자신의 메시지에 스토리를 포장할 수 있는지(이 경우 약자 스토리) 보여주며 고객을 이해하고 관련성을 창출할 수 있는지 보여준다.[75]

브랜드 관리 구조

디지털 시대는 소비자 행동도 상당히 변화시켰으며, 이러한 변화는 브랜드와 브랜드 관리의 변화를 조명하는 데 도움이 되기 때문에 중요하다. 브랜드 마케터는 다양한 디지털 채널에서 광고 지출의 변화를 이해하고 전략을 지원하는 조직 구조와 프로세스를 구현하기 위한 전략을 발전시켜야 한다. 조직이 이러한 변화에 대처하는 데 도움이 되도록 성공적인 전략을 수립하기 위한 다양

표 7-4 기본 유료 채널의 장단점

채널	장점	단점
이메일	저렴한 비용으로 빠르고 쉽게 캠페인을 진행할 수 있다. 주요 채널 옵션 중 투자 수익률(ROI)이 가장 높다.	원치 않는 이메일은 고객들 사이에서 평판을 떨어뜨릴 수 있으며, 이메일이 사기로 간주될 수 있다.
검색	원하는 대상 고객 및 고품질의 잠재 고객 발굴을 위한 하이퍼 타기팅이 가능하다. 필요한 예산은 적으며 캠페인은 명확한 ROI 측정 기준을 갖는다.	특정 키워드에 대한 경쟁은 예산을 증가시킬 수 있다. 캠페인 최적화는 시간이 많이 걸린다. 비시각적(텍스트 전용) 광고 유형은 브랜드가 전달할 수 있는 내용을 제한할 수 있다.
디스플레이/배너	배너 광고는 도달 범위가 높아 인지도 구축에 이상적이다. 유연한 스타일과 형식을 가지고 있다.	광고 배치에 대한 통제력 부족으로 잠재적으로 평판에 해로울 수 있으며, 스팸으로 간주될 수 있다.
소셜 미디어 광고(예 : 페이스북, 트위터, 링크드인 등)	효과적인 타기팅 기능 - 페이스북에서는 특정 관심사, 정치적 성향 등을 기반으로 타기팅할 수 있다. - 링크드인, 직업별, 직함별 타기팅이 가능하다. 저렴하고 일반적으로 효과적이다. - 페이스북 광고의 클릭률은 일반 웹 광고의 8배이다. 모든 유형의 기업 또는 개인에 대해 접근성이 높다.	ROI는 알려지지 않았다. 소셜 미디어 광고는 소비자에게 거슬릴 수 있다. 광고 캠페인을 최적화하려면 지속적인 모니터링과 업데이트가 필요하다. 프라이버시에 대한 우려는 광고 타기팅에 고객정보를 사용하는 것을 금지하는 추가 법률 제정을 촉진할 수 있다.
비디오 광고(예 : 페이스북, 비디오, 유튜브 비디오)	비디오는 브랜드가 시각, 소리, 오디오를 통해 고객을 사로잡을 수 있다.	타기팅이 정확하지 않을 수 있다. 이용자의 맞춤화 또는 검증이 불가능할 수 있다. 청중이 주의를 기울이기에 너무 산만할 수 있다.
스폰서 블로그, 인플루언서 마케팅, 콘텐츠 마케팅	브랜드는 인기 있는 소셜 인플루언서를 활용해 스폰서 입소문을 통해 소비자를 설득할 수 있다. 높은 인지도 생성 잠재력. 고객 인게이지먼트 가능성이 높다.	적합한 인플루언서를 식별하고 적절한 매력을 발휘하느냐에 따라 효과가 달라진다. 연방거래위원회(FTC)는 모든 후원 블로거에게 스폰서를 공개하도록 요구하고 있다. 입소문(word-of-mouth)이 자연적 입소문(organic word-of-mouth)에 비해 효과가 떨어진다.
인앱(모바일) 광고	적절한 장소와 시간에 소비자를 타기팅하는 능력이 있다. 모바일 인앱 광고는 모바일 장치의 인기를 활용한다. 위치 데이터는 특히 쿠폰 및 프로모션의 정확한 타기팅을 허용한다.	인앱 광고가 가장 많은 수익을 창출하지 못할 수 있다.

출처 : Evan LePage, "Display Ads, Search Ads, and Social Media Ads: Pros and Cons," *Hootsuite*, June 3, 2015, https://blog.hootsuite.com/display-ads-search-ads-and-social-media-ads/; George Root, "The Pros & Cons of Email Marketing," *Chron*, accessed September 27, 2017, http://smallbusiness.chron.com/pros-cons-email-marketing-1448.html; James Brook, "The Pros and Cons of Facebook and YouTube Video Advertising," *ClickZ*, February 4, 2016, www.clickz.com/the-pros-and-cons-of-facebook-and-youtube-video-advertising/92925/.

한 요소가 제안되었으며, 그중 일부는 다음 목록에 설명되어 있다.

1. 조직의 고위 경영진은 제품과 브랜드가 온라인에서 어떻게 조사되고 조회되는지, 소비자가 이러한 채널을 사용하여 제품을 조사하는 방법을 바르게 이해해야 한다.
2. 조직 내 부서 간 조정은 보다 통합된 방식으로 더 빠른 의사결정과 문제 해결을 위해 점점 더 중요해지고 있다.
3. 데이터 기반 의사결정은 표준 운영 절차가 될 것이며, 조직은 사용 가능한 최상의 데이터에 접근하고 이를 가장 효과적인 방식으로 사용하기 위해 경쟁해야 한다.
4. 브랜드 또는 마케팅 전략은 조직 내에서 데이터가 수집, 사용, 공유되는 방식을 이해하는 것과 관련된 전체 전략 실행의 일부로 보아야 한다.

5. 어떤 유형의 고객이 어떤 제품에 관심이 있는지, 제품 및 브랜드에 대한 정보에 접근하기 위해 어떤 디지털 또는 소셜 미디어 채널을 사용하는지, 해당 범주에서 제공되는 다양한 제품에 대해 어떻게 느끼는지에 대한 고품질 데이터를 획득함으로써 마케터는 청중의 행동을 기반으로 메시지를 개인화할 수 있어야 한다.

6. 방대한 양의 고객 데이터를 사용할 수 있다는 것은 기업이 고객을 위한 개인화된 제품을 만들 수 있음을 의미한다. 소비자의 대화에 대한 데이터에 접근하면 브랜드 관리자가 맞춤형 제품을 제공하는 데 유용할 수 있는 중요한 정보를 찾는 데 도움이 된다(5장에서 설명함). 크림슨 헥사곤(Crimson Hexagon), 라디안6(Radian6), 브랜드워치(Brandwatch) 같은 회사와 함께 하는 소셜 리스닝(social listening) 산업은 소셜 모니터링과 관련된 브랜드 마케터의 요구를 해결하기 위해 등장했다. 일부 회사(예 : 게토레이)는 자체 브랜드에 대한 대화와 관련해 최고 경영진에게 지속적인 통찰력을 제공하기 위해 사내 소셜 모니터링 '제어실(control rooms)'을 설치했다. 9장에서는 의사결정에서 사회적 경청 및 모니터링의 역할에 대한 더 많은 통찰력을 제공한다.

7. 온라인 및 오프라인 커뮤니케이션이 상호작용하는 방식을 이해하고 온라인 디지털 채널 전략을 조정하는 것이 중요하다. 디지털 채널 내에서도 이메일 마케팅, 검색 및 배너 광고, 브랜드 웹사이트 등을 포함하여 소셜 미디어 마케팅 외에도 많은 옵션이 있다.

요약

디지털 마케팅과 소셜 미디어의 성장은 다양한 트렌드를 가진 새로운 시대를 열었다. 이러한 트렌드는 마케터가 노력을 조직하고 고객에게 가치를 제공하는 방법에 변화를 예고한다. 다양한 커뮤니케이션 옵션과 적절한 시기에 서비스를 제공해 고객을 타깃으로 하는 데이터의 가용성은 마케터가 고객과 협력할 수 있는 강력한 위치에 놓이게 한다. 이러한 변화는 브랜드가 소비자의 삶에서 다른 역할을 담당하고 문화적 상징으로서 훨씬 더 큰 역할을 할 것임을 의미한다.

토의 문제

1. 브랜드를 선택하라. 브랜드가 얼마나 많은 채널을 보유하고 있는지 온라인에서 확인해보라. 브랜드 인게이지먼트를 강화하기 위한 이러한 각 소셜 미디어 채널의 장단점은 무엇인가?

2. 다음 질문은 검색 및 디스플레이 광고와 관련하여 논의된 세 가지 핵심 개념인 클릭률, 클릭당 비용, 1,000회당 비용에 관한 것이다.
   - 회사에서 10,000번의 노출과 100번의 클릭을 생성한 검색 광고 캠페인을 시작했다고 가정한다. 광고의 클릭률은 얼마인가?
     - $100/10,000 = .01$, 또는 백분율로 $.01 \times 100$ 또는 1%로 표시할 수 있다.
   - 250달러의 비용이 드는 광고 캠페인에서 50회의 클릭이 발생하는 경우 클릭당 비용은 얼마인가?
     - $250/50 = 5$달러가 클릭당 비용(CPC)이다.
   - 광고에 20,000번의 노출이 발생하고 총비용이 100달러인 경우 1,000회당 비용(CPM)은 얼마인가?
     - CPM은 5달러$(100/20)$이다.

3. 브랜드 마케터가 브랜드 의미에 대한 통제력을 상실하는 것과 관련된 몇 가지 문제를 강조하라. 소셜 미디어에서 일어나는 대화를 통제하기 위해서 기업이 개입하는 데 어떤 이점이 있는가? 그 이유는 무엇인가?

4. 브랜드는 소셜 미디어에서 들어오는 역동적인 정보를 신속하게 처리할 수 있는 시스템을 어떻게 개발할 수 있는가? 이것은 브랜드 관리 기능에 무엇을 의미하는가?

5. (1) 모바일 광고, (2) 콘텐츠 마케팅과 관련한 장단점에 대해 요약 설명하라. 이러한 채널을 효과적으로 활용하는 것으로 보이는 브랜드는 무엇인가?

브랜드 포커스 7.0

온라인 입소문이 브랜드 및 브랜드 관리에 미치는 영향 이해

브랜드 마케터에게 중요한 경향은 소비자가 브랜드를 구매하기 전에 다양한 블로그와 동영상(예 : 유튜브), 마이크로블로그(트위터), 온라인 포럼, 리뷰 사이트(아마존 리뷰)에 다른 사람들이 게시한 입소문 정보에 접근하고 연구할 뿐만 아니라 리뷰를 게시하는 데 상당한 시간을 할애하고 있다는 것이다. 60개 이상의 국가에서 30,000명의 소비자를 대상으로 실시한 설문조사에 따르면 60%의 소비자가 TV, 인쇄물 등을 포함한 전통적인 광고를 신뢰했지만, 훨씬 더 많은 비율(83%)이 가장 신뢰할 수 있는 광고 형태는 소비자가 알고 있는 사람들로부터 추천받는 광고 형태라고 이야기했다.

제품/브랜드에 대한 소비자 의사결정의 핵심 요소로서 온라인 입소문이 중요하다는 점을 감안할 때, 학문적 연구에서 두드러진 주목을 받고 있다. 연구자들은 온라인 입소문이 브랜드에 대한 전반적인 감성과 인게이지먼트에 영향을 미치고 구매를 유도하는 다섯 가지 측면을 확인했다.

입소문 양 및 가치

온라인 입소문 영향에 영향을 미치는 두 가지 핵심 요소는 온라인에서 제공되는 입소문 정보의 양과 그 가치(즉 입소문 정보가 얼마나 긍정적인지 부정적인지)이다. 당연히 많은 양의 입소문 정보가 판매에 상당한 영향을 미치는 것으로 나타났다. 또한 부정적인 평점이나 리뷰 형태의 부정적인 입소문이 긍정적 평점이나 리뷰보다 더 큰 영향을 미친다는 연구 결과가 나왔다. 연구진은 역설적으로 부정적인 정보보다 온라인에 올라온 긍정적인 정보가 훨씬 더 많이 퍼진다는 것을 보여주었다. 일부 관찰자들은 이를 가짜 리뷰의 만연이라고 했다. 즉 기업이 긍정적인 리뷰를 자체적으로 게시해 브랜드에 대한 소문을 조작하려고 시도한다는 것이다.

입소문 장소 및 출처

무엇을 공유하는지에 더하여 정보가 공유되는 위치도 영향을 미친다. 연구에 따르면 다양한 소셜 미디어 장소 또는 플랫폼에서 브랜드감정의 변화를 무시하고 온라인 입소문을 모니터링하는 접근방식은 잘못된 결론으로 이어질 수 있다. 대신, 브랜드감정 측정에 때때로 다양한 소셜 미디어 장소나 플랫폼에 존재하는 다양한 변형을 통합하는 것이 좋다. 이는 공유된 정보 유형(예 : 비디오 대 텍스트)과 다양한 소셜 미디어 장소에 끌리는 소비자 유형(예 : 페이스북 및 트위터가 다른 청중을 명령할 수 있음)의 결과일 수 있다. 또한 연구자들은 소셜 미디어 장소가 종종 붐비는 장소에서 관심을 끌기 위해 경쟁하는 일련의 경쟁 브랜드에 해당하기 때문에 중요하다는 것을 보여주었다. 따라서 입소문 장소를 고려하는 것이 매우 중요하다.

입소문 정보의 전파성 및 내용

연구에 따르면 경외감이나 놀라움과 같은 감정을 불러일으키는 콘텐츠(즉 높은 각성 콘텐츠)는 슬픔을 불러일으키는 게시물(예 : 낮은 각성 콘텐츠)보다 더 빠르게 확산하는 경향이 있다. 게다가 한 조사에 따르면 긍정적인 콘텐츠는 부정적인 콘텐츠보다 소셜 미디어에서 더 많이 퍼질 가능성이 있다.

입소문에서 중요한 사람과 시기

온라인 입소문의 시기가 중요하다. 신제품 출시 직전 입소문이 가장 큰 영향을 미친다. 연구자들은 또한 소셜 미디어 사용자 중 극히 일부만이 온라인 환경에서 사용자의 행동에 영향을 미친다는 것을 보여주며, 이는 팔로워의 브랜드 인식에 영향을 미치는 주요 인플루언서가 누구인지 식별하는 데 도움이 된다는 것을 시사한다.

온라인 입소문은 다른 정보를 보완한다

연구자들은 유료 미디어(예 : 광고), 소유 미디어(예 : 회사 웹사이트), 획득 미디어(예 : 온라인 리뷰)에서 온라인 입소문 효과를 구별했다. 실제로 한 연구에 따르면 소셜 미디어 채널에서 획득 미디어가 기존의 획득 미디어보다 더 큰 영향력을 발휘한다. 또 다른 연구는 전통적 미디어 소스와 소셜 미디어 소스가 서로 영향을 미쳐 브랜드 커뮤니케이션 정보를 반향시킨다는 것을 보여준다. 간단히 말해 이 연구자들은 브랜드 마케터가 보도 자료 및 광고와 같은 전통적인 소비자 커뮤니케이션 접근방식과 함께 고객 응답을 개인화하기 위해 소셜 미디어(예 : 트위터)를 사용해야 한다고 제안한다.

온라인 입소문이 브랜드 매핑 및 포지셔닝에 도움이 될 수 있다

연구에 따르면 온라인 입소문 정보를 마이닝하면 고객과 직원이 브랜드를 인식하는 방식을 포함해 브랜드 포지셔닝의 다양한 측면을 추론하고 경쟁업체와 비교해 브랜드가 포지셔닝된 방식을 매핑하는 데 사용할 수 있다. 이러한 통찰력은 브랜드 관리자가 시간이 지남에 따라 브랜드 이미지를 추적할 때 유용한 도구로 활용할 수 있다.

입소문은 추천, 고객 만족도, 매출, 주식시장 실적과 상관관계가 있다.

입소문이 고객 만족도, 매출, 주식시장 실적 등 중요한 결과 측정치와 상관관계가 있는지 조사했다. 이 영역에서 세 가지 주요 결과는 다음과 같다. (1) 입소문 추천은 보다 전통적인 출처의 추천보다 장기적으로 더 큰 영향을 미칠 수 있다. (2) 부정적인 입소문은 긍정적인 입소문보다 매출 및 주식시장 수익률에 더 강한 영향을 미치고 (3) 입소문을 통해 획득한 고객은 브랜드에 대한 충성도가 더 높다.

출처 : "Recommendations from Friends Remain Most Credible Form of Advertising among Consumers, Branded Websites Are the Second-Highest-Rated Form," *Nielson*, last modified September 28, 2015. www.nielsen.com/us/en/press-room/2015/recommendations-from-friends-remain-most-credible-form-of-advertising.html; Andrew T. Stephen and Jeff Galak, "The Effects of Traditional and Social Earned Media on Sales: A Study of a Microlending Marketplace," *Journal of Marketing Research* 49, no. 5 (October 2012): 624–639; Rajeev Batra and Kevin Lane Keller, "Integrating Marketing Communications: New Findings, New Lessons, and New Ideas," *Journal of Marketing* 80, no. 6 (2016): 122–145; David Godes and Dina Mayzlin, "Using Online Conversations to Study Word-of-Mouth Communication," *Marketing Science* 23, no. 4 (2004): 545–560; David A. Schweidel and Wendy W. Moe, "Listening In on Social Media: A Joint Model of Sentiment and Venue Format Choice," *Journal of Marketing Research* 51, no. 4 (August 2014): 387–402; Judith Chevalier and Dina Mayzlin (2006), "The Effect of Word of Mouth on Sales: Online Book Reviews," *Journal of Marketing Research* 43, no. 3 (2006), 345–354; Jonah Berger and Katherine L. Milkman, "What Makes Online Content Viral?" *Journal of Marketing Research* 49, no. 2 (2012), 192–205; Jonah Berger and Katherine L. Milkman, "Firm-Created Word-of-Mouth Communication: Evidence from a Field Test," *Marketing Science* 28, no. 4 (2009), 721–39; Kelly Hewett, William Rand, Roland T. Rust, and Harald J. van Heerde, "Brand Buzz in the Echoverse," *Journal of Marketing* 80, no. 3 (May 2016): 1–24; Cait Lamberton and Andrew T. Stephen, "A Thematic Exploration of Digital, Social Media, and Mobile Marketing: Research Evolution from 2000 to 2015 and an Agenda for Future Inquiry," *Journal of Marketing* 80, no. 6 (2016): 146–172; V. Kumar, Vikram Bhaskaran, Rohan Mirchandani, and Milap Shah, "Practice Prize Winner — Creating a Measurable Social Media Marketing Strategy: Increasing the Value and ROI of Intangibles and Tangibles for Hokey Pokey," *Marketing Science* 32, no. 2 (2013): 194–212; Xinxin Li and Lorin M. Hitt, "Self-Selection and Information Role of Online Product Reviews," *Information Systems Research* 19, no. 4 (2008): 456–474; Yong Liu, "Word of Mouth for Movies: Its Dynamics and Impact on Box Office Revenue," *Journal of Marketing* 70, no. 3 (2006): 74–89; Xueming Luo, "Consumer Negative Voice and Firm-Idiosyncratic Stock Returns," *Journal of Marketing* 71, no. 3 (2007): 75–88; Oded Netzer, Ronen Feldman, Jacob Goldenberg, and Moshe Fresko, "Mine Your Own Business: Market-Structure Surveillance through Text Mining," *Marketing Science* 31, no. 3 (2012): 521–543; Vanitha Swaminathan, Andrew H. Schwartz and Shawndra Hill, "The Language of Brands: Understanding Brand Image through Text Mining of Social Media Data," (2017), working paper, University of Pittsburgh; K. Zhang and W.W. Moe, "Bias in your Brand Page? Measuring and Identifying Bias in your Social Media Community," (2017); "The Top 10 Social Media Influences," http://mediakix.com/2017/02/biggest-social-media-influencers-of-all-time-infographic/#gs.AQpuXF8; Seshadri Tirunillai and Gerard J. Tellis, "Mining Marketing Meaning from Online Chatter: Strategic Brand Analysis of Big Data Using Latent Dirichlet Allocation," *Journal of Marketing Research* 51, no. 4 (2014): 463–479; M.Trusov, A.V. Bodapati, and R.E. Bucklin, "Determining Influential Users in Internet Social Networks," *Journal of Marketing Research* 47, no. 4 (2010): 643–658; Michael Trusov, Randolph E. Bucklin, and Koen Pauwels, "Effects of Word-of-Mouth versus Traditional Marketing: Findings from an Internet Social Networking Site," *Journal of Marketing* 73, no. 5 (2009): 90–102; Christophe Van den Bulte, Emanuel Bayer, Bernd Skiera, and Philipp Schmitt, "How Customer Referral Programs Turn Social Capital into Economic Capital," Marketing *Science Institute Working Paper Series*, (2015): 15–102; Ya You, Gautham G. Vadakkepatt, and Amit M. Joshi, "A Meta-Analysis of Electronic Word-of-Mouth Elasticity," *Journal of Marketing* 79, no. 2 (2015): 19–39; Zhang Kunpeng and Wendy W. Moe, "Bias in Your Brand Page? Measuring and Identifying Bias in Your Social Media Community," Wharton Marketing, January 18, 2017. https://marketing.wharton.upenn.edu/wp-content/uploads/2016/12/Moe-Wendy-PAPER-ver2-Marketing-Camp.pdf.

참고문헌

1. Rob Petersen, "50 Amazing Stats and Facts about Online Consumer Behavior Not to Ignore," *Coxblue*, October 2, 2016, https://www.coxblue.com/50-amazing-stats-and-facts-about-online-consumer-behavior-not-to-ignore/.

2. David C. Edelman, "Branding in the Digital Age: You're Spending Your Money in All the Wrong Places," *Harvard Business Review* 88, no. 12 (2010): 62–69.

3. "Online versus Brick and Mortar Retail Shopping: The Statistics," March 15, 2017, https://icrealestate.com/2017/03/online-vs-brick-mortar-retail-shopping-statistics/.

4. Sandy Skrovan, "Why Most Shoppers Still Choose Brick-and-Mortar Stores over E-Commerce," *RetailDive*, February 22, 2017, http://www.retaildive.com/news/why-most-shoppers-still-choose-brick-and-mortar-stores-over-e-commerce/436068/.

5. Peter Kafka and Rani Molla, "2017 Was the Year Digital Ad Spending Finally Beat TV," December 4, 2017, https://www.recode.net/2017/12/4/16733460/2017-digital-ad-spend-advertising-beat-tv, accessed Novermber 24, 2018.

6. Dave Chaffey, "Mobile Marketing Statistics Compilation," *SmartInsights*, January 14, 2016, https://www.smartinsights.com/mobile-marketing/mobile-marketing-analytics/mobile-marketing-statistics/.

7. "Mobile Ad Spend to Top $100 Billion Worldwide in 2016, 51% of Digital Market," *eMarketer*, April 2, 2015, http://www.emarketer.

com/Article/Mobile-Ad-Spend-Top-100-Billion-Worldwide-2016-51-of-Digital-Market/1012299/.

8. Anthony D. Miyazaki, "Online Privacy and the Disclosure of Cookie Use: Effects on Consumer Trust and Anticipated Patronage," *Journal of Public Policy & Marketing* 27, no. 1 (2008): 19–33.

9. David C. Edelman, "Mastering Digital Marketing," *McKinsey*, June 2014, https://www.mckinsey.com/business-functions/marketing-and-sales/our-insights/mastering-digital-marketing.

10. Deren Baker, "It's Time to Unleash Clickstream Data to Turn Browsers into Buyers," *Marketing Tech*, February 14, 2017, https://www.marketingtechnews.net/news/2017/feb/14/its-time-unleash-clickstream-data-turn-browsers-buyers/.

11. Kara Burney, "J.Crew's Data-Driven Approach to Fashion (and Marketing)," *TrackMaven*, May 21, 2014, https://trackmaven.com/blog/j-crews-data-driven-marketing-approach-fashion/.

12. Ted Starkey, "Which Brands Get the Most Love on Social Media," *Newsday*, July 6, 2016, https://www.newsday.com/business/50-brands-that-get-the-most-love-on-social-media-include-facebook-apple-ebay-disney-amazon-1.11972730.

13. Brian Gregg, Hussein Jalaoui, Joel Maynes, and Gustavo Schuler, "Marketing's Holy Grail: Digital Personalization at Scale," *McKinsey & Company*, November 2016, https://www.mckinsey.com/business-functions/digital-mckinsey/our-insights/marketings-holy-grail-digital-personalization-at-scale.

14. J. H. Schumann, F. von Wangenheim, and N. Groene, "Targeted Online Advertising: Using Reciprocity Appeals to Increase Acceptance Among Users of Free Web Services," *Journal of Marketing* 78, no. 1 (2014): 59–75.

15. Mark Memmott, "Orbitz Shows Mac Users Pricier Hotel Options: Big Deal Or No Brainer?," *NPR*, June 26, 2012, http://www.npr.org/sections/thetwo-way/2012/06/26/155756095/orbitz-shows-mac-users-pricier-hotel-options-big-deal-or-no-brainer.

16. A. Lambrecht, and C. Tucker, "When Does Retargeting Work? Information Specificity in Online Advertising," *Journal of Marketing Research* 50, no. 5 (2013): 561–576.

17. Edwin van Bommel, David Edelman, and Kelly Ungerman, "Digitizing the Consumer Decision Journey," *McKinsey & Company*, June 2014, https://www.mckinsey.com/business-functions/marketing-and-sales/our-insights/digitizing-the-consumer-decision-journey.

18. Vanitha Swaminathan, Andy Schwartz, and Shawndra Hill, "The Language of Brands in Social Media," working paper, University of Pittsburgh (2018).

19. S. Gensler, F. Völckner, Y. Liu-Thompkins, and C. Wiertz, "Managing Brands in the Social Media Environment," *Journal of Interactive Marketing* 27, no. 4 (2013): 242–256.

20. E. J. Schultz, "How 'Crash the Super Bowl' Changed Advertising," *Adage*, January 4, 2016, http://adage.com/article/special-report-super-bowl/crash-super-bowl-changed-advertising/301966/.

21. Jonathan Gabay, "Apple's All-Important UX Lessons," *SmartInsights*, October 4, 2016, http://www.smartinsights.com/user-experience/apples-important-ux-lessons/.

22. Walter Isaacson, "The Real Leadership Lessons of Steve Jobs," *Harvard Business Review*, April 2012, https://hbr.org/2012/04/the-real-leadership-lessons-of-steve-jobs.

23. Ben Davis, "Why the Digital User Experience Is Synonymous with Brand," *Marketing Week*, May 16 2017, https://www.marketingweek.com/2017/05/16/why-user-experience-is-synonymous-with-brand/.

24. Russ Klein, "Make Yourself Useful," *Medium*, August 15, 2017, https://medium.com/@KleinRuss/make-yourself-useful-1bf3097d24db.

25. E. Buechel and Jonah Berger, "Motivations for Consumer Engagement with Social Media," in Consumer *Psychology in a Social Media World*, C. V. Dimofte, C. P. Haugtvedt, and R. F. Yalch, eds, (2016): Routledge, 17.

26. Douglas Holt, "Branding in the Age of Social Media," *Harvard Business Review*, March 2016, https://hbr.org/2016/03/branding-in-the-age-of-social-media.

27. Alexander Smith, "Pepsi Pulls Controversial Kendall Jenner Ad After Outcry," *NBC*, April 5, 2017, https://www.nbcnews.com/news/nbcblk/pepsi-ad-kendall-jenner-echoes-black-lives-matter-sparks-anger-n742811.

28. Daniella Silva, "David Dao and United Airlines Reach 'Amicable' Settlement After Viral Video Incident," *NBC*, April 27, 2017, http://www.nbcnews.com/news/us-news/david-dao-united-airlines-reach-settlement-after-viral-video-incident-n752051.

29. Brian Sutter, "Why Every Small Business Needs a Website—Your Company's Most Valuable Marketing Tool," AllBusiness, accessed September 27, 2017, https://www.allbusiness.com/small-business-website-offer-2017-110113-1.html.

30. "Email Marketing Statistics," *DMA*, https://thedma.org/marketing-insights/marketing-statistics/email-marketing-statistics/.

31. Helen Leggatt, "58% of Marketers to Increase Spend on Email Marketing in 2017," *BizReport*, June 14, 2017, http://www.bizreport.com/2017/06/58-of-marketers-to-increase-spend-on-email-marketing-in-2017.html.

32. Brian Marsh, "Email Marketing Budgets: Spend This Much for 122% ROI [and How to Do It]," *Web Strategies*, May 1, 2017, https://www.webstrategiesinc.com/blog/email-marketing-budgets-spend-this-much-on-email-marketing-for-122-roi.

33. Geoffrey James, "The 17 Essential Rules for Email Marketing," *Inc.*, August 22, 2017, https://www.inc.com/geoffrey-james/the-17-essential-rules-for-email-marketing.html.

34. Kevan Lee, "8 Effective Email Marketing Strategies, Backed by Science," *Bufferapp*, September 20, 2017, https://blog.bufferapp.com/8-effective-email-strategies-backed-by-research.

35. "9 Tips to an Effective Email Marketing Campaign," *Hult Marketing*, June 15, 2015, https://blog.hultmarketing.com/blog/tips-effective-email-marketing-campaign.

36. "8 Fashion E-Commerce Email Marketing Examples," *Referral*

Saasquatch, https://www.referralsaasquatch.com/8-fashion-e-commerce-email-marketing-examples/.

37. Mark Irvine, "Google AdWords Benchmarks for YOUR Industry," *WordStream*, December 11, 2017, http://www.wordstream.com/blog/ws/2016/02/29/google-adwords-industry-benchmarks.

38. Jonathan Hochman, "The Cost of Pay-Per-Click (PPC) Advertising—Trends and Analysis," *Hochman Consultants*, February 22, 2017, https://www.hochmanconsultants.com/cost-of-ppc-advertising/.

39. Shannon Greenwood, Andrew Perrin, and Maeve Duggan, "Social Media Update 2016," *Pew Research Center*, November 11, 2016, http://www.pewinternet.org/2016/11/11/social-media-update-2016/.

40. Lucy Handley, "Facebook and Google Predicted to Make $106 Billion from Advertising in 2017, Almost Half of World's Digital Ad Spend," *CNBC*, March 21, 2017, https://www.cnbc.com/2017/03/21/facebook-and-google-ad-youtube-make-advertising-in-2017.html.

41. "Google and Facebook Tighten Grip on US Digital Ad Market," *eMarketer*, September 21, 2017, https://www.emarketer.com/Article/Google-Facebook-Tighten-Grip-on-US-Digital-Ad-Market/1016494.

42. Marty Swant, "Facebook Raked in $9.16 Billion in Ad Revenue in the Second Quarter of 2017," *Adweek*, July 26, 2017, http://www.adweek.com/digital/facebook-raked-in-9-16-billion-in-ad-revenue-in-the-second-quarter-of-2017/.

43. Garrett Sloane, "Why P&G Decided Facebook Ad Targeting Often Isn't Worth the Money," *Adage*, August 10, 2016, http://adage.com/article/digital/p-g-decided-facebook-ad-targeting-worth-money/305390/; Chantal Tode, "Why Other Brands Will Follow P&G Away from Facebook Targeting," *Mobile Marketer*, August 11, 2016, https://www.mobilemarketer.com/ex/mobilemarketer/cms/news/social-networks/23409.html; Sharon Terlep, and Deepa Seetharaman, "P&G to Scale Back Targeted Facebook Ads," *The Wall Street Journal*, August 17, 2016, http://www.wsj.com/articles/p-g-to-scale-back-targeted-facebook-ads-1470760949.

44. Kurt Wagner, "Twitter Is Testing a Big Change: Doubling the Length of Tweets from 140 to 280 Characters," *Recode*, September 26. 2017, https://www.recode.net/2017/9/26/16364002/twitter-longer-tweets-character-limit-140-280; Yoni Heisler, "Twitter's 280 Character Limit Increased Engagement without Increasing the Average Tweet Length," https://bgr.com/2018/02/08/twitter-characterlimit-280-vs-140-user-engagement/, accessed June 10, 2018.

45. Chris Plante, "New Domino's App Automatically Orders a Pizza When You or Anyone Else Opens il," *The Verge*, April 6, 2016, https://www.theverge.com/2016/4/6/11377860/dominos-pizza-zero-click-app-easy-order.

46. "How Brands Are Marketing on Instagram This Holiday Season," *Media Kix* December 29, 2015, http://mediakix.com/2015/12/how-brands-are-marketing-on-instagram-this-holiday-season/#gs.X1pD3y.

47. "*A Flashy Night Owl Lamp,*" *video*, https://www.krylon127yardsale.com/projects/.

48. James A. Martin, "10 Top Social Media Marketing Success Stories," *CIO,* April 28, 2016, http://www.cio.com/article/3062615/social-networking/10-top-social-media-marketing-success-stories.html#slide7.

49. Sunil Gupta, "For Mobile Devices, Think Apps, not Ads," *Harvard Business Review*, March 2013, https://hbr.org/2013/03/for-mobile-devices-think-apps-not-ads.

50. Liz Erikson, Louise Herring, and Kelly Ungerman, "Busting Mobile Shopping Myths," *McKinsey*, December 2014, https://www.mckinsey.com/industries/retail/our-insights/busting-mobile-shopping-myths.

51. Tim Peterson, "Snapchat Adopts Facebook-Style Ad, Targeting Like Email, Mobile Device Matching," *Marketing Land*, September 13, 2016, http://marketingland.com/snapchat-adopts-facebook-style-ad-targeting-like-email-mobile-device-matching-191207.

52. Bruce Horovitz, "Snapchat: The Future of Marketing," *QSR*, September 2016, https://www.qsrmagazine.com/technology/snapchat-future-marketing.

53. Chris Chidgey, "Lessons Learned from Successful Mobile Marketing Campaigns," *Gummicube*, March 24, 2016, http://www.gummicube.com/blog/2016/03/mobile-marketing-campaigns/; Brian Roemelle, "Why Is the Starbucks Mobile Payments App So Successful?" *Forbes*, June 13, 2014, https://www.forbes.com/sites/quora/2014/06/13/why-is-the-starbucks-mobile-payments-app-so-successful/#4293fcad3957

54. Robert D. Hof, "Marketing in the Moments, to Reach Customers Online," *The New York Times*, January 17, 2016, http://www.nytimes.com/2016/01/18/business/media/marketing-in-the-moments-to-reach-customers-online.html?_r=0.

55. Alex Samuely, "Campari Unscrews Real-Time Data for Lyft Offer Targeting Bar-Goers," *Mobile Marketer*, June 29, 2015, http://www.mobilemarketer.com/cms/news/strategy/20764.html.

56. Phil Wahba, "Walmart Launches Its Own Mobile Payment System," *Fortune*, December 10, 2015, http://fortune.com/2015/12/10/walmart-mobile-payment/; Julian Chokkattu, "Walmart Pay Is Here to Enhance Your Walmart Shopping Experience," *Digital Trends*, July 6, 2016, http://www.digitaltrends.com/mobile/walmart-pay/; Brielle Jaekel, "Walmart's Take on Mobile Video Ads Increased In-store Sales," *Mobile Marketer*, March 25, 2016, http://www.mobilemarketer.com/cms/news/video/22512.html?utm_referrer=https%3A%2F%2Fwww.google.co.nz%2F.

57. Michelle Andrews, Xueming Luo, Zheng Fang, and Anindya Ghose, "Mobile Ad Effectiveness: Hyper-Contextual Targeting with Crowdedness," *Marketing Science* 35, no. 2 (2015): 218–233; Peter C. Verhoef, Andrew T. Stephen, P. K. Kannan, Xueming Luo, Vibhanshu Abhishek, Michelle Andrews, Yakov Bart, et al., "Consumer Connectivity in a Complex, Technology-Enabled, and Mobile-Oriented World with Smart Products," *Journal of Interactive Marketing* 40 (November 2017): 1–8; Nathan M. Fong, Zheng

Fang, and Xueming Luo, "Geo-conquesting: Competitive Locational Targeting of Mobile Promotions," *Journal of Marketing Research* 52, no. 5 (2015): 726–735; Xueming Luo, Michelle Andrews, Zheng Fang, and Chee Wei Phang, "Mobile Targeting," *Management Science* 60, no. 7 (2013): 1738–1756; Zheng Fang, Bin Gu, Xueming Luo, and Yunjie Xu, "Contemporaneous and Delayed Sales Impact of Location-Based Mobile Promotions," *Information Systems Research* 26, no. 3 (2015): 552–564; Alan D. J. Cooke and Peter P. Zubcsek, "The Connected Consumer: Connected Devices and the Evolution of Customer Intelligence," *Journal of the Association for Consumer Research* 2, no. 2 (2017): 164–178; Venkatesh Shankar, Mirella Kleijnen, Suresh Ramanathan, Ross Rizley, Steve Holland, and Shawn Morrissey, "Mobile Shopper Marketing: Key Issues, Current Insights, and Future Research Avenues," *Journal of Interactive Marketing* 34 (2016): 37–48; Michelle Andrews, Jody Goehring, Sam Hui, Joseph Pancras, and Lance Thornswood, "Mobile Promotions: A Framework and Research Priorities," *Journal of Interactive Marketing* 34 (2016): 15–24.

58. Duncan Brown and Nick Hayes, *Influencer Marketing: Who Really Influences Your Customers* (Oxford U.K: Elsevier, 2009).

59. "Influencer Marketing to Be a $5–$10 Billion Market within Next 5 Years," *Mediakix*, http://mediakix.com/2015/12/influencer-marketing-5-10-billion-dollar-market/#gs.D7_aSto.

60. "Instagram Influencer Marketing Is a $1 Billion Dollar Industry," *Mediakix*, http://mediakix.com/2017/03/instagram-influencer-marketing-industry-size-how-big/#gs.nB4resk.

61. "The State of Influencer Marketing 2017: A Look into How Brands and Agencies View the Future of Influencer Marketing," *Linqia*, 2017, http://www.linqia.com/wp-content/uploads/2016/11/The-State-of-Influencer-Marketing-2017_Final-Report.pdf.

62. Bill Sussman, "Influencer Marketing and the Power of Data Science," *Forbes*, July 28, 2017, https://www.forbes.com/sites/forbesagencycouncil/2017/07/28/influencer-marketing-and-the-power-of-data-science/#6e2b351e79a6/.

63. "How Do Instagram Influencers Make Money," *Mediakix*, http://mediakix.com/2016/03/instagram-influencers-making-money/#gs.7mJOc2w; Amanda Pressner Kreuser, "What Influencers Like Michelle Phan and PewDiePie Get Paid," *Inc*.

64. Clare O'Connor, "Earning Power: Here's How Much Top Influencers Can Make on Instagram and YouTube," *Forbes*, April 10, 2017, https://www.forbes.com/sites/clareoconnor/2017/04/10/earning-power-heres-how-much-top-influencers-can-make-on-instagram-and-youtube/#5dc2f5d424db.

65. Kevin Gallagher, "Instagram Influencers Warned by the FTC," *Business Insider*, April 21, 2017, http://www.businessinsider.com/instagram-influencers-warned-by-the-ftc-2017-4.

66. Taylor Oster, "Guest Posting: The Spark Your Marketing Strategy Is Missing," *Influence & Co.*, 2014, https://blog.influenceandco.com/guest-posting-the-spark-your-marketing-strategy-is-missing.

67. Josh Steimle, "What Is Content Marketing?," *Forbes*, September 19, 2014, https://www.forbes.com/sites/joshsteimle/2014/09/19/what-is-content-marketing/#6e7797fd10b9.

68. "Creating a Content Marketing Strategy," *Marketo*, accessed October 11, 2017, https://www.marketo.com/content-marketing/.

69. Content Marketing, http://www.contentmarketingconf.com/.

70. John Hall, "The Truth about Content Marketing and What Brands Need to Know," *Forbes*, October 8, 2017, https://www.forbes.com/sites/johnhall/2017/10/08/the-truth-about-content-marketing-and-what-brands-need-to-know/2/#1bb4fb8d7a1d.

71. "What Is Content Marketing,' *Content Marketing Institute*, http://contentmarketinginstitute.com/what-is-content-marketing/.

72. Kate Gardiner, "The Story Behind 'The Furrow' the World's Oldest Content Marketing," *The Content Strategist*, October 3, 2013, https://contently.com/strategist/2013/10/03/the-story-behind-the-furrow-2/.

73. "Marvel Origins Case Study," http://frac.tl/clients/movoto/hero-locations/.

74. Aaron Burstein, "FTC Puts "Influencers' on Notice: Disclose Marketing Relationships in Social Media Posts," *Broadcast Law*, April 26, 2017, http://www.broadcastlawblog.com/articles/payola-and-sponsorship-identification/.

75. Tim Nudd, "Budweiser Ran This Classic '80s Ad with Harry Caray Right after the World Series Ended," *AdWeek*, November 3, 2016, http://www.adweek.com/creativity/budweiser-ran-classic-80s-ad-harry-caray-right-after-world-series-ended-174419/.

브랜드자산 구축을 위한 2차적 브랜드연상 활용하기

8

학습목표

이 장을 읽은 후 여러분은 다음을 할 수 있을 것이다.

1. 2차적 연상을 레버리징하는 여덟 가지 방법을 이해한다.
2. 브랜드가 2차적 연상을 레버리징하는 과정을 이해한다.
3. 다른 개체로부터 2차적 연상을 레버리징하는 핵심 정책을 이해한다.

만약 살로몬이 스키에서 테니스 라켓으로 확장하기로 결정했다면, 2차 브랜드연상을 활용할 수 있는 다양한 방법이 있다.

출처 : Karl Mathis/EPA/Newscom

개요

앞 장에서는 브랜드 요소의 선택(4장)이나 마케팅 프로그램 활동 및 제품, 가격, 유통, 마케팅 커뮤니케이션 전략(5장, 6장)을 통해 브랜드자산이 어떻게 구축될 수 있는지 살펴보았다. 7장에서는 소비자와 소통하는 데 활용할 수 있는 디지털 채널에 대한 개요를 제시했다. 이 장에서 우리는 브랜드자산을 구축하는 세 번째 방법을 2차적 브랜드연상의 활용을 통해 고찰해보기로 한다.

브랜드는 소비자의 마음속에 자신들만의 지식구조를 갖고 있는 다른 독립체와 연결될 것이다. 이러한 연결 때문에, 소비자들은 다른 독립체를 특징짓는 몇 가지 연상 혹은 반응이 브랜드에 대해서도 또한 사실일 것이라고 가정하거나 추측할 수 있다. 그 결과 브랜드는 어떤 브랜드지식들을 '차용'하며, 그 지식들은 다른 독립체부터 브랜드자산, 즉 브랜드연상 및 반응의 본질에 의존한다.

브랜드자산 구축을 위한 이러한 간접적인 접근 방법은 브랜드에 대한 **2차 브랜드연상을 활용하는 것**이다. 기존의 브랜드연상이나 반응이 어떤 식으로든 미흡할 때 강력하고 호의적이며, 독특한 연상 혹은 긍정적인 반응을 창출해내기 위해서 2차적 브랜드연상이 매우 중요할 수도 있다. 2차적 브랜드 연관성은 기존의 연관성을 강화하고 신선하고 색다른 방법으로 강화하는 하나의 효과적인 수단이 될 수 있다.

이 장에서 우리는 다음의 여덟 가지 원천에 브랜드를 연결함으로써 2차적 브랜드연상을 활용할 수 있는 다양한 수단을 고찰할 것이다(그림 8-1 참조).

1. 회사(브랜딩 전략을 통해)
2. 국가 또는 기타 지리적 영역(원산지 표시를 통해)
3. 유통채널(유통 전략을 통해)
4. 다른 브랜드(공동 브랜딩을 통해)

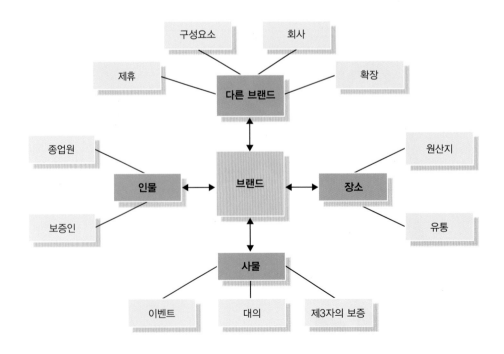

그림 8-1
브랜드지식의 2차적 원천

5. 캐릭터(라이선싱을 통해)

6. 대변인(추천을 통해)

7. 이벤트(후원을 통해)

8. 기타 제3자의 평가자료(수상이나 소비자 리뷰 등)

처음 세 독립체는 기본적인 요인을 반영한다. 즉 제품 생산자, 제품 장소, 구매 장소를 나타낸다. 나머지 독립체는 관련 인물, 장소 등 부가적인 요인이다.

예를 들어 알파인 및 크로스컨트리 스키 바인딩, 스키 부츠, 스키 생산업체인 살로몬(Salomon)이 '어벤저(Avenger)'라 불리는 새로운 테니스 라켓을 소개하기로 결정했다고 가정해보자. 살로몬은 1947년 이래로 스키 안전장치를 판매하고 있지만, 1990년의 성장은 스키 부츠로의 다각화 및 모노코크(Monocoque)라 불리는 혁신적인 새로운 유형의 스키를 도입함으로써 가속화되었다. 살로몬의 혁신적이고, 멋지고, 최고의 품질을 지닌 제품들은 강한 선도자의 위치를 부여했다.

새로운 어벤저 테니스 라켓을 지원하는 마케팅 프로그램 창출에 있어서 살로몬은 다음과 같은 다양한 방법으로 2차적 브랜드연상 활용을 시도했다.

- 살로몬은 제품을 서브 브랜딩, 즉 그 제품을 '살로몬의 어벤저'라 칭하면서 브랜드에 대한 연상을 활용할 수 있었다. 신제품 확장에 대한 소비자의 평가는 살로몬의 스키 제품으로 인해 소비자가 회사나 브랜드로서 살로몬에 대해 얼마나 호의적인 연상을 갖는지와 그러한 지식이 살로몬의 테니스 라켓 품질을 예측할 수 있게 느끼는지에 의해 영향을 받는다.

- 살로몬(알프스 산맥 기슭의 안시 호수 근처에 본부가 있다)은 유럽 기원에 의존하려고 노력할 수 있지만, 그러한 위치는 테니스와 별로 관련이 없는 것 같다.

- 고가품을 취급하는 전문적인 테니스숍 및 클럽에서 판매함으로써 그 점포들의 신뢰도가 어벤저 브랜드에 영향을 줄 수 있을 것이라고 기대할 수도 있었다.

- 윌슨(Wilson)이 프로스태프(ProStaff) 테니스화 바닥재에 굿이어 타이어 고무를 표시함으로써 해냈던 것처럼 테니스 손잡이, 몸체, 줄에 강력한 구성요소 브랜드를 표시해줌으로써 공동 브랜드를 시도할 수 있었다.

- 라이선스 된 캐릭터가 효과적으로 활용될 수 있을지 의아하기는 하지만 살로몬은 확실히 라켓을 추천해줄 최고의 프로 선수들을 찾거나, 테니스 대회 또는 프로 ATP 남자 테니스 대회, WTA 여자 테니스 대회의 후원자가 되는 것을 선택할 수도 있었다. 살로몬은 노박 조코비치(Novak Djokovic), 세레나 윌리엄스(Serena Williams), 로저 페더러(Roger Federer)와 같은 유명인사를 활용하여 소셜 인플루언서 캠페인을 전개할 수 있었으며, 이들은 어벤저 브랜드에 대한 인지도를 높이는 데 도움이 된다.

- 살로몬은 제3자의 평가자료(예 : 테니스 잡지)로부터 호의적인 순위를 확보하고 이를 홍보할 수도 있다.

따라서 라켓 그 자체나 브랜드네임 또는 마케팅 프로그램의 다른 측면과 관계없이 살로몬은 브랜드를 이러한 다른 개체들에 다양한 방식으로 연결함으로써 브랜드자산을 구축할 수 있다.

이 장에서는 먼저 다른 독립체로부터 활용되고 전이될 수 있는 브랜드지식의 특성 및 그 과정을 살펴볼 것이다. 그리고 2차적 브랜드연상을 레버리징하는 여덟 가지 다양한 수단을 구체적으로 살펴본다. 이 장은 브랜드 포커스 7.0의 올림픽 후원이라는 특별한 주제를 소개하는 것으로 마무리한다.

레버리징 과정의 개념화

브랜드를 몇몇 다른 독립체 ─ 일부 자원적인 요소, 관련된 인물, 장소 혹은 기타의 것들 ─ 에 연결하는 것은 기존의 브랜드연상에 영향을 줄 뿐만 아니라 기존의 브랜드에서 새로운 일련의 연상을 구축할 수 있다. 이제부터 이러한 두 가지 결과를 모두 살펴본다.

새로운 브랜드연상의 생성

브랜드와 또 다른 독립체들 사이를 연결함으로써 소비자는 브랜드로부터 다른 독립체까지의 정신적 연상을 형성할 수 있고, 결과적으로 일부 또는 모든 연상, 판단, 감정, 호의 등은 정신적 연관성을 형성할 수 있다. 일반적으로 소비자가 제품과 관련된 관심사를 판단할 만한 동기부여와 능력이 결여되어 있을 때 2차적 연상이 신제품 평가에 가장 영향을 미친다. 다시 말해 소비자들이 특정 브랜드 선택에 관하여 많이 고민하지 않거나 적합한 브랜드 선택을 위한 지식을 보유하고 있다고 느끼지 않을 때, 그들은 원산지, 판매처에 관하여 생각하고 느끼고 혹은 알고 있는 것을 2차적 고려사항으로 하여 브랜드 결정을 하게 될 수도 있다.

기존 브랜드지식에 있어서의 영향

브랜드를 다른 독립체와 연결하는 것은 그 독립체에 대한 새로운 브랜드연상을 구축할 뿐만 아니라 기존 브랜드연상에도 영향을 줄 수 있다. 이러한 것은 매우 기본적인 메커니즘이다. 소비자는 한 독립체에 관하여 어느 정도의 지식이 있다. 브랜드가 그러한 독립체에 연결되어 있는 것으로 확인되면, 소비자는 독립체를 특징짓는 특정 연상, 판단, 감정 중 어떤 것들이 브랜드를 특징짓는다고 추론할 수 있다. 심리학의 다른 몇 가지 이론적 메커니즘은 이러한 유형의 추론을 예측한다. 다시 말해 소비자에 의한 그러한 추론은 단순히 '인지적 일관성(cognitive consistency)'의 결과일 수 있다. 즉 소비자의 마음속에서 그것이 독립체에 대한 이야기가 사실이라면, 그것은 브랜드에 대해서도 사실이어야 한다.[1]

이러한 과정을 좀 더 공식적으로 설명하기 위해 브랜드를 또 다른 독립체들과 연결함으로써 활용 범위를 예측하는 데 세 가지 매우 중요한 요소가 있다.

1. 독립체에 대한 인식과 지식 : 소비자가 2차적 독립체에 대해 인지도나 지식을 가지고 있지 않다면 어떠한 것도 특정 브랜드에 이전할 수 없다. 이상적으로, 소비자가 그 독립체에 대해 알고 있어야 하고, 독립체와 관련된 강력하고 호의적이며 독특한 연관성을 가지고 있을 것이며, 그 독립체에 대해 긍정적인 판단과 감정을 가져야 한다.
2. 독립체에 대한 지식의 의미 : 독립체가 잠정적으로 긍정적인 연상과 판단, 감정을 보유하고 있다면 이러한 지식은 브랜드에 대해 어느 정도까지 관련이 있을 것으로 보이는가? 이러한 지식의 유의미성은 브랜드나 제품 맥락에 따라 변할 수 있다. 일부 연상과 판단, 감정은 브

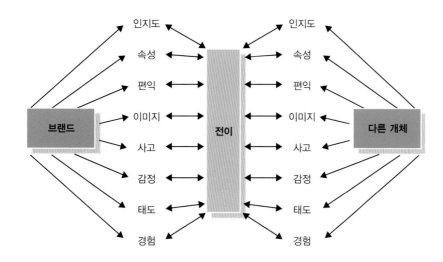

그림 8-2
브랜드지식 전이의 이해

랜드에 관련 있고 가치 있는 것으로 간주되는 반면 다른 지식은 소비자에게 거의 연결이 안 되는 것으로 보인다.

3. **독립체 지식의 이전 가능성** : 잠재적으로 유용하고 의미 있는 어떤 연상, 판단, 감정이 독립체에 대하여 존재하며 브랜드로 전이될 수 있다면, 그러한 연상들은 실제로 어느 정도까지 브랜드에 연결될 것인가?

다시 말해 다른 독립체로부터 2차적 지식을 전이하는 것과 관련된 주요 문제는 '소비자가 다른 독립체에 대해 무엇을 알고 있는가?', '이러한 지식이 브랜드가 다른 독립체와 어떤 방식으로 연결되거나 연관될 때 브랜드에 대한 생각에 영향을 미치는가?'이다.

이론적으로, 독립체들로부터 지식의 어떠한 형태든지 브랜드의 지식으로 추론될 수 있다(그림 8-2 참조). 일반적으로 구체적인 연상보다 판단이나 감정이 독립체들로부터 더 잘 전이된다. 많은 구체적인 연상은 브랜드로 전이하기에 부적절하거나 또는 원래의 독립체에 너무 강하게 연결되어 있는 것으로 간주되는 듯하다. 예를 들면 이벤트는 경험의 창출에 특별히 기여할 수 있고, 인물은 감정의 추출에 특히 효과적이며, 다른 브랜드는 특정 속성과 편익을 수립하는 데 특히 적합할 수 있다. 동시에, 어느 하나의 독립체는 직접적 또는 간접적으로 브랜드지식에 영향을 미칠 수 있는 각 지식의 여러 차원과 연관될 수 있다.

예를 들어 CVS의 '함께 금연(Quit Smoking Together)' 캠페인이나 소비자에게 문자 메시지와 운전을 하지 말 것을 요청하는 AT&T의 '기다릴 수 있다(It Can Wait)' 서약과 같이 브랜드를 명분과 연관짓는 지식에 미치는 영향을 고려해보자. 원인 마케팅 프로그램(cause marketing program)은 리콜 및 인식을 통해 브랜드 인지도를 구축할 수 있고, 브랜드 성격이나 이미지(예 : 친절하고 관대함), 사회적 승인과 자아존중과 같은 브랜드감정을 불러일으키고, 신뢰할 수 있고 호감 가는 것과 같은 브랜드태도를 확립하고, 감각을 통해 경험을 창출할 수 있다. 공동체 의식과 대의와 관련된 활동 참여를 통해 경험을 창출한다.

판단이나 느낌은 관련이 없는 것 같다거나 독립체에 너무

CVS의 '함께 금연' 캠페인은 브랜드자산을 쌓기 위한 명분으로 활용했다.

강하게 연결될 가능성이 있는 구체적인 연상보다 더 쉽게 전이될 수 있다. 12장에서 보여주고 있듯이, 추론 과정은 대부분 소비자의 마음속에 존재하는 브랜드와 다른 독립체 간의 연관 또는 연결 강도에 의존한다. 소비자가 독립체와 브랜드 사이의 유사성을 더 많이 볼수록, 브랜드에 대한 유사한 지식을 추론할 가능성이 더 높다.

가이드라인

2차적 브랜드연상을 활용하는 것은 마케터가 경쟁자와 비교하여 주요한 차별점 혹은 경쟁적인 동등성을 만들거나 강화할 수 있는 수단이 될 수 있다. 원천 요소 혹은 특별한 인물, 장소, 사물을 강조하기 위한 선택을 할 때 마케터는 독립체에 대한 소비자의 인지도뿐만 아니라 연상, 판단 혹은 감정이 브랜드에 어떻게 연결되고 기존 브랜드연상에 어떻게 영향을 주는지를 고려해야 한다.

마케터는 소비자가 얼마나 많은 유사한 연상을 가질 수 있는지에 따라 독립체를 선택할 수 있다. **공통성**(commonality) 활용 전략은 소비자의 기억 속에서 바람직한 브랜드연상과 일치하는 연상을 다른 독립체도 보유하고 있을 때 의미가 있다. 예를 들어 국민보다 양을 더 많이 보유하고 있는 것으로 유명한 뉴질랜드와 같은 나라를 생각해보라. 뉴질랜드 산에 기반을 두어 제품을 포지셔닝한 뉴질랜드 스웨터 제조업자는 아마도 뉴질랜드가 이미 많은 사람에게 '양모'를 의미하기 때문에 보다 쉽게 강력하고 호의적인 브랜드연상을 확립할 수 있었을 것이다.

반면에 공통적이거나 유사한 연상이 거의 없어 브랜드로부터 이탈을 고하는 독립체들을 선택해야 하는 시기가 있을 수 있다. 이러한 **상호 보완성 브랜딩**(complementarity branding) 전략은 바람직한 포지션을 전달한다는 측면에서 전략적으로 매우 중요할 수 있다. 여기에서의 과제는 그 독립체와 덜 일치하는 지식과 같은 전이 가능성의 수단들이 직접적으로든 간접적으로든 기존의 지식에 영향을 주도록 해야 한다는 것이다. 이는 초기의 소비자 혼동이나 회의론을 극복할 수 있는, 숙련된 솜씨로 설계된 마케팅 프로그램을 필요로 한다. 예를 들어 아이스크림 체인점인 콜드스톤크리머리(Cold Stone Creamery)와 커피숍 팀호턴스(Tim Horton's)가 공동 브랜드 파트너십(co-branded partnership)에 착수했을 때, 그 제휴는 몇 가지 의문과 의심을 불러일으켰을지도 모른다. 두 회사의 표적고객은 비슷했지만 메뉴 제공 측면에서는 거의 중복되지 않았다. 그렇기 때문에 보완적 제공 또한 특별한 이점이 있다. 팀호턴스의 판매가 주로 오전이나 오후에 이루어졌던 반면, 콜드스톤의 메뉴는 저녁에 더 인기가 있었다. 그러므로 두 회사는 그들의 보완적인 시간대에 제품을 결합해 더 넓은 범위의 고객에게 어필할 수 있게 했다. 파트너십의 성공과 함께, 회사들은 심지어 몇 가지 공동 메뉴 옵션[예 : 커피 플로트(coffee float)]을 제공하기 시작했다.[2]

소비자가 어떤 식으로든 연상을 통해 구매하더라도, 마케터가 브랜드 이미지에 대한 일부 통제권을 포기하기 때문에 2차 브랜드연상을 활용하는 것은 위험할 수 있다. 관계된 요소 또는 관련된 사람, 장소 또는 사물에는 의심할 여지없이 다양한 연관성이 있으며 그중 일부만 마케터가 관심을 가질 것이다. 관련 2차 지식만 브랜드에 연결되도록 이전 프로세

팀호턴스와 콜드스톤크리머리는 하루 중 서로 다른 시간대에 소비되는 제품 및 서비스의 상호 보완성을 활용하기 위해 공동 브랜드 파트너십을 체결했다.

스를 관리하는 것은 어려울 수 있다. 더욱이 이러한 지식은 소비자가 독립체에 대해 더 많이 알게 되면서 시간이 지남에 따라 변할 수 있으며, 이러한 새로운 연관성, 판단, 느낌은 브랜드에 유리하거나 그렇지 않을 수 있다. 다음 절에서는 2차 브랜드와 브랜드를 연결할 수 있는 몇 가지 주요 방법을 살펴본다.

회사

브랜딩 전략은 브랜드로부터 회사나 다른 기존 브랜드의 연관성 강도를 결정하는 중요한 요인이 될 것이다. 신제품에는 세 가지 주요 브랜딩 옵션이 있다.

1. 새로운 브랜드를 창출한다.
2. 기존 브랜드를 적용하거나 변형한다.
3. 기존 브랜드와 신규 브랜드를 결합한다.

기존 브랜드는 기업브랜드와 관련이 있거나 삼성 갤럭시 C8 휴대전화와 같은 특정 제품 브랜드와 관련이 될 수 있다. 만약 브랜드가 옵션 2와 3과 같이 기존 브랜드와 연결된다면, 기존 브랜드에 대한 지식이 다른 브랜드와 연결될 수 있다.

특히 기업브랜드 및 패밀리브랜드는 많은 브랜드자산의 원천이 될 수 있다. IBM의 기업이미지 캠페인 예시에서처럼, 경우에 따라 기업브랜드는 공통된 제품 속성, 편익 혹은 태도, 인물과 관계, 프로그램과 가치, 기업의 신뢰도와 같은 속성들에 관한 연상을 불러일으킬 수도 있다. 브랜딩 브리프 8-1은 IBM의 기업이미지 캠페인을 설명한다.

그러나 기업브랜드를 활용하는 것이 항상 유용한 것은 아니다. 사실상 어떤 경우에는 큰 회사들이 '더 작은' 이미지를 전달하기 위해 일부러 새로운 브랜드를 소개하거나 성공한 틈새 브랜드

브랜딩 브리프 8 - 1

더 똑똑한 지구를 촉진하는 IBM

'빅 블루(Big Blue)'라는 IBM의 오랜 전통은 IBM이 20세기의 세계에서 가장 성공적인 기업 중 하나가 되는 데 도움이 되었다. 불행히도, 이러한 성공을 기반으로 한 많은 제품 영역의 경쟁이 치열해지고 21세기에는 더 일상화되었다. 그 결과, IBM은 제품 중심 회사에서 부가가치 서비스 중심 회사로 근본적으로 전환해야 한다고 결정했다.

IBM의 회장이자 CEO인 샘 팔미사노(Sam Palmisano)는 회사의 유명한 PC 사업부를 분리해 소프트웨어 및 비즈니스 컨설팅에 많은 투자를 하기 시작했다. 이러한 혁신의 또 다른 중요한 측면은 IBM에 대한 대중의 인식을 새로운 비전과 일치시키는 것이다. 비전 자체와 이에 상응하는 마케팅 커뮤니케이션 프로그램은 IBM의 새로운 사명에 분명한 방향을 제공하는 세 가지 중요한 방식으로 변화하고 있다는 기본적인 믿음에 뿌리를 두고 있다. 다시 말해 세상은 다음과 같이 되어 가고 있다.

- 계측('계측기 세계 시스템')
- 상호 연결('상호 연결')
- 지능적('지능적으로 만들기')

IBM은 이 세 가지 영역에서 각각 선두 주자가 되기를 원했다. 이 새로운 포지셔닝을 반영하기 위해 선택된 원래 이름은 문자 그대로 '통합 지능형 인프라'였지만, 더 많은 활동은 기업 캠페인의 슬로건이 된 더 분명하고 더 영감을 주는 '더 똑똑한 지구(Smarter Planet)' 구절로 이어졌다. 이 캠페인의 기본 전제는 모든 기업이 기술 회사가 되어 지속가능성, 보안 및 사생활에 관한 새롭고 도전적인 정책 변화에 직면하도록 나아가는 것이다. IBM은 이러한 노력을 지원할 이상적인 파트너로 자리매김했다. 야심 찬 포지셔닝 범위를 감안할 때, 정부 관리들이 재계 지도자들 못지않은 타깃이 되었다.

'더 똑똑한 지구' 포지셔닝은 IBM의 최근 성과에 그 뿌리를 두고 있다. 예를 들어 스웨덴 스톡홀름에서 IBM 스마트 교통 시스템은 교통 정체 20% 감소와 배기가스를 12% 감소를 이루었으며, 그 결과 대중교통 이용이 크게 증가했다. 다양한 지역의 스마트 그리드 프로젝트는 이미 소비자의 청구서 금액을 10% 절약하고 최대 수요를 15% 줄이는 데 도움이 되었다.

이러한 성과를 염두에 두고 '더 똑똑한 지구' 캠페인의 초기 목표는 IBM이 세계에서 가장 시급한 문제를 해결하는 리더로 자리매김하는 것이었다. '더 똑똑한 지구 구축' 캠페인은 주요 신문에 전면 광고, 대기업 및 정부 지도자, IT 전문가, 중간 시장 세 그룹을 대상으로 하는 TV 광고와 함께 시작되었다. 여기에는 확장된 IBM 웹사이트와 더 똑똑한 지구 블로그와 함께 강력한 디지털 구성요소가 포함되었다. 비디오는 8개의 가장 큰 비디오 공유 사이트에 제작 및 배포되었다. IBM은 또한 교통, 에너지, 의료, 교육, 공공 안전과 같은 주요 정책 및 의사결정권자가 직면한 주제에 대해 논의하기 위해 '스마트 시티' 글로벌 투어를 시작했다.

IBM 분석가들은 더 똑똑한 지구 전략이 매출 증대에 크게 기여했으며 브랜드 강화에 도움이 되었다고 추정했다. IBM의 브랜드 추적 결과, 다양한 이미지 측정(예 : '세상을 더 나은 곳으로 만들기' 및 '세계가 어떻게 돌아가는지에 대한 전문가') 및 고려 사항, 선호도 및 비즈니스 수행 가능성과 관련된 전반적인 판단이 증가하고 있는 것으로 나타났다. 캠페인 기간 동안 IBM의 주가는 64% 상승한 반면, 다우지수는 같은 기간 동안 14%만 상승하는 데 그쳤다.

2009년에 IBM은 도시의 효율적 운영 및 자원 절약, 시민들의 삶의 질 개선을 위해 더 똑똑한 지구 전략을 확장하는 스마트 시티 캠페인을 시작했다. 전 세계적으로 100개의 스마트시티 포럼을 개최해 이러한 도시의 삶을 변화시키고 상호 연결된 정보를 활용하며 교통 혼잡, 에너지 사용 및 지속가능한 커뮤니티와 같은 주요 문제를 해결하는 방법을 모색했다. 2010년까지 IBM은 대학과 협력해 학생들이 새로운 기술을 배우고 전 세계 도시에서 일할 수 있도록 지원하는 기술 및 교육에 대한 부분을 협력하기 시작했다. IBM의 더 똑똑한 지구 이니셔티브는 모바일 웹, 나노기술, 스트림 컴퓨팅, 분석 및 클라우드 컴퓨팅을 비롯한 다양한 영역에서 6,000건의 고객 참여를 통해 30억 달러의 매출 성장을 보여주었다. IBM은 더 똑똑한 지구 이니셔티브를 사용해 의료, 석유 및 가스와 같은 여러 고성장 산업에 진출했다. 올 한 해 동안 IBM은 더 똑똑한 지구 이니셔티브로 '골드 글로벌 에피'를 수상했으며, PR위크에서 '올해의 기업 브랜딩 캠페인'으로 선정되었다. 2011년에 IBM은 '더 똑똑한 건물'을 설계할 때 에너지 사용을 줄이고 효율성을 높이기 위해 더 효율적인 시스템을 사용하기 시작했다.

2015년 전략의 명백한 변화에서 IBM은 더 똑똑한 지구 브랜드 전략을 클라우드 컴퓨팅 및 데이터 분석에 대한 초점의 변화를 반영하는 '인지 비즈니스(Cognitive Business)'라는 새로운 캠페인으로 대체했다. 이러한 전략의 변화는 IBM이 왓슨 기술을 통해 수용한 중요한 트렌드로 인공지능과 빅데이터 분석의 출현에 의해 촉발되었다. 인지 컴퓨팅을 둘러싼 IBM의 새로운 데이터 분석 제품은 방대한 양의 데이터(예 : 의료 데이터)를 수집하고 통찰력 및 학습을 통해 의사결정을 개선하는 데 중점을 두었다.

IBM은 인지 비즈니스 캠페인의 일환으로 〈제퍼디 쇼〉의 챔피언 켄 제

IBM의 '더 똑똑한 지구' 포지셔닝은 기업브랜드를 강화해 IBM 기업의 모든 관련 제품과 서비스에 혜택을 주었다.

출처 : Courtesy of International Business Machines Corporation, © International Business Machines Corporation.

닝스(Ken Jennings)와 포크 록의 전설 밥 딜런(Bob Dylan)과 채팅하는 IBM 왓슨의 목소리가 나오는 광고를 개발했다. 따라서 IBM의 인지 비즈니스 캠페인은 빅데이터 시대에 IBM을 위한 브랜드 및 기업 전략을 명확히 설명하고, 정보를 사용하여 오늘날의 과제를 해결하는 데 초점을 두었다. 또한 파워를 활용하여 데이터 기반 솔루션을 생성하는 데까지 회사 자체의 발전을 보여주는 기술 분야다. 그림 8-3은 오랜 IBM 임원(현재 퇴직)이 더 똑똑한 지구 캠페인에 대해 한 연설에서 발췌한 것이다.

출처 : Talk given by Jon Iwata, SVP, Marketing & Communications, IBM, at the Tuck School of Business at Dartmouth College, February 10, 2010; "Let's Build a Smarter Planet," 2010 Gold Effie Winner, www.effie.org/-winners/showcase/2010/4625; www.ibm.com/-smarterplanet; www.ibm.com; www-03.ibm.com/ibm/history/ibm100/us/en/icons/smarterplanet/, accessed December 17, 2017; Kate Kaye (2015), "Tangled Up in Big Blue: IBM Replaces Smarter Planet with . . . Bob Dylan," http://adage.com/article/datadriven-marketing/ibm-replaces-smarter-planet-cognitive-business-strategy/300774/, October 6, 2015, accessed December 17, 2017.

불과 1년 전, 우리는 지구가 어떻게 더 똑똑해지고 있는지에 대한 글로벌 대화를 시작했다. 더 똑똑하다는 것은 세상을 움직이는 시스템과 프로세스, 즉 자동차, 가전제품, 도로, 전력망, 의류, 심지어 농업과 수로와 같은 자연 시스템까지 누구도 컴퓨터로 인식하지 못하는 것들에 지능이 주입된다는 것을 의미한다.

인터넷을 통해 연결된 수많은 디지털 기기가 방대한 양의 데이터를 생산하고 있다. 시장 흐름에서 사회 흐름에 이르기까지 이 모든 정보는 지식으로 바뀔 수 있다. 왜냐하면 우리는 이제 그것을 이해할 수 있는 계산력과 고급 분석력을 가지고 있기 때문이다. 이러한 지식을 통해 비용을 절감하고, 낭비를 줄이며, 기업에서 도시에 이르는 모든 것의 효율성, 생산성, 품질을 개선할 수 있다.

이 새로운 시대가 시작된 지 1년이 지난 지금, 더 '똑똑한 지구'의 징후들이 우리 도처에 나타나고 있다. 보다 스마트한 시스템이 구현되고 있으며 선진국과 개발도상국의 모든 주요 산업에서 가치를 창출하고 있다. 이 아이디어는 비전 또는 제안이 아니라 빠르게 떠오르는 현실이다.

그림 8-3
IBM의 '더 똑똑한 지구 구축' 첫 번째 Op-Ad 부분에서 발췌한 내용

출처: www.ibm.com/smarter-planet; www.ibm.com. Used with permission of IBM.

를 인수한다. 성공한 틈새 브랜드를 인수한 예로는 벤앤제리스(Ben and Jerry's, 유니레버), 카시(Kashi, 켈로그), 오드왈라(Odwalla, 코카콜라), 톰스오브메인(Tom's of Maine, 콜게이트-팜올리브)가 있다. 크로락스(Clorox)는 밀랍 립밤, 로션, 비누, 샴푸로 유명한 버츠비(Burt's Bees)에 거의 10억 달러를 지불했는데, 이는 시장 기회 때문이기도 하지만, 새롭게 부상하고 있는 기업의 우선순위인 환경 지속가능성을 위한 모범 사례에 대해 더 잘 알기 위해서이기도 하다.[3] 안호이저부시인베브는 경쟁사인 밀러쿠어스(MillerCoors's)의 매우 성공적인 블루문(Blue Moon) 브랜드와 더 잘 경쟁하기 위해 부분적으로 성공적인 중서부 수제 맥주 구스아일랜드(Goose Island)를 인수했다.[4]

블루문

비록 미국 맥주 시장이 최근 몇 년 동안 둔화되고 있지만, 수제 맥주는 품질, 유산, 프리미엄 가격을 형성하기 위해 몇 가지 독특한 특징을 결합할 수 있다. 블루문은 달력의 두 번째 보름달의 이름을 따서 명명되었다. 1995년 콜로라도 덴버에서 쿠어스가 출시한 이 맥주는 독특한 맛과 마시기 좋은 수제 벨기에 스타일의 밀 맥주로 포지셔닝이 되었다. 크림맛을 내기 위해 귀리로 양조하고 오렌지 껍질과 고수로 양념한 블루문의 벨기에산 화이트는 종종 오렌지 조각과 함께 제공된다. 쿠어스는 그 연결성을 떨어뜨리고, 그 맥주는 '블루문 양조회사'에 의해 양조된 것으로 상표가 붙여졌다. 많은 사람이 수제 맥주로 간주하는 이 맥주는 광범위한 마케팅지원을 받았다. 맥주 제조 방식을 설명하는 '기교 있는 수제(Artfully Crafted)'라는 브랜드 슬로건도 멀티미디어 커뮤니케이션 프로그램의 기반이 되었다. TV와 인쇄 광고는 손으로 그린 블루문 맥주병과 잔의 이미지가 특징이었다. 또한 이 캠페인을 온라인으로 진행했는데, 한 콘테스트는 블루문 팬들에게 그들 자신의 'Artfully Crafted' 사진을 블루문 페이스북 웹페이지의 사진 크래프터 탭에 올릴 수 있는 기회를 주었다. 그곳의 응용프로그램은 올려진 사진을 예술적으로 제작된 블루문 그림으로 변환하고 팬을 경연 대회에 참여시켜 상품을 획득하도록 했다.[5] 블루문은 최근 밀러쿠어스와 같은 대기업의 지원을 받는 대량 판매 브랜드와의 소송에서 승소해 수제 맥주로 인식하는 전략으로 마케팅을 지속할 수 있었다. 이 판사는 소규모 수제 맥주로 인식되는 접근방식이 가까운 시일 내에 계속될 수 있다는 점을 시사하며 이 브랜드의 손을 들어줬다.

마지막으로, 브랜드와 기업은 종종 그들이 경쟁하는 카테고리 및 산업과 불가피하게 연결되며, 때로는 부정적인 결과를 초래한다. 일부 산업은 의견이 상당히 엇갈리는 특징이 있지만 일반적으로 소비자가 부정적인 시각으로 바라보는 석유 및 가스 또는 금융 서비스 산업의 브랜드가 직면한 과제를 고려한다.[6] 석유 회사는 경쟁하는 범주에 속해 있기 때문에 무엇을 하든 간에 잠재

적으로 의심스럽거나 회의적인 대중과 마주할 것으로 예상할 수 있다. 11장과 12장에서는 마케터가 기존 브랜드의 자산을 활용해 신제품을 출시할 수 있는 방법을 자세히 설명한다.

원산지 및 기타 지리적 영역

제품을 만드는 회사 외에도, 제품이 원산지인 국가 또는 지리적 위치 역시 브랜드와 연결되고 2차 연상을 생성할 수 있다.[7] 많은 국가는 특정 제품 범주에 대한 전문지식 또는 특정 유형의 이미지를 전달하는 것으로 알려져 있다.

세계는 소비자가 생각하는 특정 국가의 제품 품질이나 브랜드, 또는 제품이 전달하는 이미지에 대한 믿음을 바탕으로 서로 다른 국가에서 생산된 브랜드를 선택할 수 있는 '문화적 시장(cultural bazzar)'이 되고 있다.[8] 그러므로, 세계 어느 곳에서나 소비자는 프랑스 와인을 마시거나, 이탈리아 양복을 입거나, 미국 운동화를 신고 운동을 하거나, 독일 자동차를 운전하거나, 영국 맥주를 마실 수 있다.

국가적 유대가 강한 브랜드를 선택하는 것은 이러한 국가로부터 온 제품에 대한 소비자의 믿음에 기초해 제품 효용성을 극대화하고 자아 이미지를 전달하기 위한 결정이 반영된 부분일 수 있다. 일부 브랜드는 부분적으로는 원산지 국가에 대한 소비자의 인지(consumer's identification)와 믿음 때문에 강력한 차별점이 발생할 수 있다. 예를 들어 브랜드와 국가가 강하게 연결된 제품은 다음과 같다.

리바이스 청바지 — 미국	토요타 — 일본
샤넬 향수 — 프랑스	캐드버리 — 영국
포스터 맥주 — 호주	구찌 신발 및 지갑 — 이탈리아
바릴라 파스타 — 이탈리아	몽블랑 펜 — 스위스
BMW 자동차 — 독일	삼성 — 한국
이케아 — 스웨덴	

원산지 이외에 주, 지방, 도시와 같은 다른 지리적 연상도 가능하다. 세 가지 고전적인 미국의 관광 슬로건, '나는 뉴욕을 사랑한다(I Love New York)', '버지니아는 연인을 위한 곳이다(Virginia Is for Lovers)', 라스베이거스의 '여기서 벌어진 일들은, 여기에 묻고 가라(What Happens Here, Stays Here)' 등이 지역의 구체적인 예이다.

마케터는 다양한 방법으로 지리적 또는 원산지 연결을 설정할 수 있다. 그들은 아이다호 감자, 리얼캘리포니아밀크, 아이리시스프링 비누, 남아프리카항공 등 브랜드 이름에 그 위치를 포함시키거나 베일리의 아이리시 크림과 같은 방식으로 브랜드 이름과 결합할 수 있다. 또는, 마케터는 포스터 맥주를 사용하는 쿠어스 지역을 브랜드 광고의 지배적인 주체로 이용할 수도 있다(포스터 맥주와 함께하는 쿠어스).

일부 국가는 제품을 촉진하기 위해 광고 캠페인을 창출하기까지 했다. 예를 들어 미국 브랜드 판매의 70%를 장악하고 있는 '럼스오브푸에르토리코(Rums of Puerto Rico)'는 자국 럼주의 높은 품질을 광고한다.[9] 또 다른 국가는 자국 제품에 대한 라벨 혹은 봉인을 개발하여 광고를 했다.[10] 브랜딩 브리프 8-2에서는 뉴질랜드가 '뉴질랜드 웨이(The New Zealand Way)' 브랜드를 출시하여 어떻게 마케팅 성공을 이끌었는지 설명한다.

일반적으로 원산지가 제품 또는 패키지의 어딘가에 표시되어야 하는 법적 필요성 때문에 원산지 국가에 대한 연관성은 거의 항상 구매 시점에서 생성되고 브랜드 결정에 영향을 미칠 수 있는 잠재력이 있다. 실제로 문제가 되는 것은 마케팅 프로그램을 통한 원산지나 기타 지리적 영역의 역할 및 상대적인 강조이다. 원산지나 특정 지리적 영역에 강력하게 연결된다는 것은 잠재적 단점이 없는 것은 아니다. 국가와 관련된 사건이나 행동은 사람들의 인식에 영향을 미칠 수 있다.[11]

럼스오브푸에르토리코는 지리적 뿌리를 활용해 시장에서 지배적인 위치를 차지했다.

출처 : Bowers/Stringer/Getty Images

브랜드아메리카

세계 시민의 눈에는 세기의 전환 및 조지 W. 부시의 대통령직과 미국 이미지의 급락이 동시에 일어나는 것으로 보였다. 2008년 퓨리서치센터(Pew Research Center)의 포괄적인 분석은 다음과 같은 결론을 내렸다.

> 해외의 미국 이미지가 거의 모든 곳에서 타격을 받고 있다. 특히 경제적으로 가장 발전한 나라들에서 사람들은 금융위기의 원인을 미국 탓으로 돌린다. 미국 외교 정책의 핵심 요소에 대한 반대는 서유럽에 널리 퍼져 있으며, 미국에 대한 긍정적인 견해는 미국의 오랜 유럽 동맹국들 사이에서 급격히 감소했다. 이슬람 국가들에서는 아프가니스탄 및 특히 이라크 전쟁으로 인해 부정적인 평가를 받아 거의 차트에 오르지 못하고 있다. 미국은 여러 아시아와 라틴 아메리카 국가에서 긍정적인 평가를 받고 있지만, 보통 마진이 감소한다.[12]

BBC가 2007년 25개국 26,000명의 응답자를 대상으로 실시한 여론조사에서 약 절반가량이 미국이 세계에 '대부분 부정적인' 영향을 미친다고 생각하는 것으로 나타났다. 세계적인 경제 불황, 인기 없는 전쟁, 다양한 사회 및 환경 정책에 대한 의견 불일치가 그들에게 피해를 입혔다.

비록 많은 사람이 정치와 상업을 구분하려는 것처럼 보였지만, 미국의 이미지를 회복하는 것은 2008년 버락 오바마

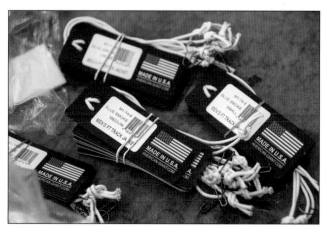

미국과 같은 국가는 브랜드로 볼 수 있으며 그들의 이미지는 관광 및 상업과 같은 다양한 산업에 영향을 미칠 수 있다.

의 대통령 선거와 함께 인기 있는 주제가 되었다. 미국 경제에서 관광의 중요성(미국 일자리 9개 중 1개는 여행 또는 관광 관련 분야에 있음)을 인식한 미국여행협회는 국제 여행 산업에 미국 방문을 적극적으로 마케팅하기 시작했다.[13]

최근에는 전 세계적으로 미국에 대한 이미지가 크게 떨어졌다. 39개국 40,000명 이상을 대상으로 실시한 퓨리서치 센터의 설문조사에 참여한 사람 중 22%만이 미국 대통령과 세계무대에서 미국의 역할에 대한 자신의 견해를 신뢰한다고 밝혔다.[14] 퓨리서치의 조사에 따르면 도널드 트럼프가 2016년 미국 대통령으로 당선된 이후 특히 그랬다. 트럼프 대통령은 국제무역협정과 기후협정에서 탈퇴할 의사를 밝혔다. 이러한 입장은 세계무대에서 미국의 브랜드 이미지를 추락시키는 데 기여할 수 있다.

마지막으로, 원산지 국가 연상의 호감도는 국내 및 외국 시각 양쪽 모두에서 고려되어야 한다. 국내 시장에서 원산지 국가 지각은 소비자의 애국적 신념을 자극하거나 그들에게 그들의 과거를 상기시킬 수도 있다. 국제 무역이 성장해가면서 소비자는 그러한 브랜드를 상징적으로 중요한 문화적 유산과 정체성으로 간주할 수도 있다. 일부 연구에 따르면 일본 및 기타 아시아 국가와 같이 집단 규범이 강하고 가족 및 국가에 대한 유대가 강한 집단주의 국가에서는 국내 브랜드가 더 강력하게 선호되는 것으로 나타났다. 반면에, 자신의 이익과 개인의 목표에 기초해 결정하는 미국과 다른 서구 국가들의 개인주의 사회에서는 구매 의사결정 시에 소비자가 제품의 우수성을 더 중요하게 생각한다.[15]

애국심에의 호소는 전 세계적으로 마케팅 전략의 기로가 되었다. 예를 들어 1980년대 레이건 행정부 시절 자동차, 맥주, 의류 등 다양한 제품 범주에 있는 많은 미국 브랜드가 그들의 광고에 친미적인 주제를 사용했고, 결과적으로 모든 사람의 노력을 희석시켰을지도 모른다. 최근 몇 년 동안 아웃소싱과 기업의 해외생산기지 이전에 대한 끊임없는 논쟁은 비극적인 2001년의 9·11 사건으로 다시 한 번 애국심을 부각시키는 계기가 되었다.

원산지의 또 다른 과제는 소비자가 실제로 원산지를 어떻게 정의하고 어떤 상황에서 관심을 갖는지다. 많은 미국 기업이 생산 시설을 해외로 이전하고 있다. 비록 본사가 여전히 미국 땅을 기반으로 하고 있지만 컨버스, 리바이스, 마텔(Mattel), 롤링스(Rawlings) 야구를 포함한 몇몇 상징적인 브랜드는 더 이상 미국에서 생산되지 않는다. 벤앤제리스, 버드와이저, 거버(Gerber)와 같은 다른 유명한 미국 브랜드는 외국 기업이 소유하고 있다.

점점 더 글로벌하게 연결되는 세계에서는 이와 같이 원산지 개념이 갈수록 매우 혼란스러워질 수 있다. 일부 국가에서 정부는 인기 산업을 보호하기 위한 조치를 취하고 있다. 예를 들면 스위

브랜딩 브리프 8-2
뉴질랜드 방식으로 브랜드 판매

2013년, 포브스의 국가 브랜드 조사에서는 뉴질랜드가 미국을 제치고 세계에서 5번째로 강한 국가 브랜드로 선정되었다. 그 순위는 그 나라의 놀라운 자질뿐만 아니라 수년에 걸친 공동 마케팅 프로그램에 대한 공로이기도 했다.

1991년에 뉴질랜드는 '뉴질랜드 웨이'라는 브랜드 이니셔티브를 시작

했다. 뉴질랜드 웨이 브랜드 캠페인의 주요 목표는 뉴질랜드의 현재 위치를 반영하도록 뉴질랜드를 재포지셔닝하고 글로벌 시장에서 무역과 관광에 이익을 줄 수 있는 강력한 캠페인을 지속적으로 수행하도록 재배치하는 것이다. 이 혁신적인 프로그램은 뉴질랜드 관광청과 무역산업진흥청(NZTE, 정부의 공식 경제개발기관)이 소유하고 자금을 지원했으며,

'브랜드 파트너'로 알려진 관광과 무역 전반에 걸쳐 최고의 기업들과 협력했다.

뉴질랜드 웨이 브랜드 캠페인은 뉴질랜드, 관광 및 무역 상품과 서비스, '브랜드 홍보대사'로 알려진 유명한 사람들을 홍보했다. 이 연구와 포커스 그룹으로부터 양치식물의 로고가 개발되었고, 뉴질랜드의 새로운 아이콘으로 지적 보호되었다. 이것은 뉴질랜드의 녹색 기원을 상징하며, 럭비팀 올블랙스(All Blacks)와 같은 많은 스포츠 팀과 일부 산업(앵커버터 등)에서 사용되는 것으로 잘 알려진 은색 양치식물을 활용했다. 연구를 통해 뉴질랜드 사람들도 위치 변경을 알리기 위해 일련의 브랜드 가치에 동의했다.

또한 매우 인기 있는 영화인 〈반지의 제왕〉 3부작이 홍보에 고무되었다. 그곳에서 촬영된 것과 더불어 뉴질랜드 관광이 홍보를 위해 영리하게 사용한 아메리카 컵의 프로파일이 더해져 이 기간 동안 뉴질랜드 방문객의 수가 50% 증가했다. NZTE는 혁신, 창의성 및 무결성과 같은 기업에 대한 새롭고 관련성 높은 가치를 반영하는 국제 비즈니스 개발에 브랜딩 노력을 집중하기로 결정했다. 이는 1차 부문의 지속적인 성공과 뉴질랜드의 깨끗하고 친환경적인 환경을 보완했다.

2011년에는 관광 캠페인의 슬로건이 '이제는 때가 왔다(It's About Time)'라는 부제와 함께 '100% Pure You(순수한 100% 당신)'로 변경되었다. 그 의도는 휴가를 위해 뉴질랜드를 적극적으로 고려하고 있는 사람들을 타기팅하고 곧 여행을 하도록 장려하는 이전 캠페인을 기반으로 하는 것이었다. '100% Pure'라는 슬로건은 원래 관광을 위해 고안되었고 이후 다양한 산업, 특히 농업 및 식품 수출 전반에 걸쳐 뉴질랜드에서 활용하는 슬로건이 되었다. 뉴질랜드의 와인 생산자들은 제품의 원산지를 '깨끗하고 푸른 땅'이라고 홍보하는 반면, 뉴질랜드의 낙농 산업은 혼잡한 런던 환경에 넓고 푸른 들판에서 행복한 소들을 묘사하는 광고를 게재했다. 캠페인의 성공으로 사람들이 뉴질랜드를 여행 목적지로 인식하게 되었고 2014년까지 기록적인 방문자 수를 달성하여 전년도에 비해 5% 성장했다.

뉴질랜드를 목적지로 마케팅하기 위한 캠페인에는 디지털 미디어 채널을 사용하는 것도 포함되었다. 관광객을 유치하기 위해 캠페인은 풍경과 자연에 중점을 둔 야외 목적지를 찾고 있는 해외 여행객을 대상으로 공략하는 데 주력했다. 이 회사는 대중매체 광고에 돈을 쓰기보다는 뉴질랜드가 대표하는 여행지의 종류를 찾는 여행객들을 식별하기 위한 검색엔진 마케팅에 돈을 썼다. 또한 연간 약 2,000만 명의 방문자를 유치하는 회사 자체 웹사이트 NewZealand.com은 방문객들이 뉴질랜드에 대해 더 많이 배울 수 있는 정보를 제공하기 위해 사용했다. 페이스북과 시나 웨이보 같은 소셜 미디어 채널은 전 세계의 잠재적인 여행자들에게 인식을 확산시키기 위해 사용된다.

캠페인은 또한 여행자가 뉴질랜드에 도착한 후의 경험을 관리했다. 예를 들어 캠페인은 모바일 앱에 의존하여 뉴질랜드를 방문한 사람들을

뉴질랜드는 인기 영화와 국가 브랜드를 구축하기 위한 마케팅노력의 덕을 톡톡히 보았다.

출처 : Tourism New Zealand

잠재적인 활동 및 숙박 시설 목록에 연결했다. 소셜 미디어 플랫폼을 사용하여, 여행자들은 뉴질랜드에서 일어나고 있는 일에 대한 이야기와 이미지에 접근할 수 있었고, 따라서 여행 일정을 만들고 정보를 제공함으로써 그들을 도울 수 있다. 이러한 활동의 목표는 고객과의 끈끈한 관계를 구축하고, 뉴질랜드 여행자들이 긍정적인 입소문을 퍼뜨리도록 격려하는 것이다.

목적지 브랜딩의 큰 구성요소에는 다른 조직과의 무수한 파트너십 관리가 포함된다. 뉴질랜드의 목적지 마케팅 조직은 항공사, 공항 및 여행 판매업체와 파트너 관계를 맺으며, 의사결정 경로가 보다 통합되고 사람들이 다양한 출처로부터 조언을 받을수록 더욱 중요해지고 있다. 〈반지의 제왕〉 3부작과 〈아바타 2〉, 〈피트와 드래곤〉 같은 영화들과 그 브랜드의 연관성은 그 브랜드가 잠재적인 관객들 사이에서 인지도를 높이는 데 도움이 되었다. 이러한 마케팅노력에 힘입어 뉴질랜드 브랜드는 여행지로서 인지도는 물론 인맥이 강하고 호감도가 높으며 독특한 인맥을 가진 강력한 브랜드의 속성을 갖게 되었다.

출처 : New Zealand, https://ww.newzealand.com; Valarie Tjolle, "Tourism New Zealand Unveils New Digital Marketing Campaign," www.travelmole.com, February 21, 2011; Grant McPherson, "Branding Debate Goes Beyond Logos," www.nzte.govt.nz, August 23, 2011; Magdalena Florek and Andrea Insch, "The Trademark Protection of Country Brands: Insights from New Zealand," *Journal of Place Management and Development* 1, no. 3 (2008): 292‒305; Top 25 Country Brands, *Forbes*, www.forbes.com/pictures/efkk45lgim/5-new-zealand/#7df87b57b580, accessed December 17, 2017; Samantha Skift, "Interview: Tourism New Zealand CEO on Smarter Digital Marketing," March 5, 2015, https://skift.com/2015/03/05/interview-tourism-new-zealand-ceo-on-smarter-digital-marketing/#1, accessed December 17, 2017.

스 의회는 스위스 산 부품이 50% 이상인 시계에만 스위스에서 만든 제품이라고 라벨을 붙일 수 있게 규정하였다.[16]

유통채널

5장에서는 유통채널 구성원이 판매하는 브랜드자산에 직접적인 영향을 미칠 수 있는 방법을 설명했다. 다음으로 소매점과 연결된 소비자 연상으로 인해 소매점이 '이미지 이전(image transfer)' 프로세스를 통해 브랜드자산에 간접적으로 영향을 미칠 수 있는 방법을 고려할 것이다.

제품 분류, 가격 및 신용정책, 서비스 품질 등에 대한 연상 때문에 소매상은 소비자 마음속에 자신들의 브랜드 이미지를 형성하게 된다. 브랜딩 과학 8-1은 소매업체 이미지의 차원에 대한 학술적 연구를 요약한다. 소매상은 자신들이 들여놓는 제품 및 브랜드와 그것을 파는 방법 등을 통해 이러한 연상을 창출한다. 이미지를 보다 직접적으로 형상화하기 위해 많은 소매상이 고객에게 직접 공격적으로 광고 및 판촉을 실시한다.

소비자는 어디서 판매되느냐에 기초하여 브랜드의 특성을 추론할 수도 있다. "노드스트롬(Nordstrom) 백화점에서 판매된다면 좋은 품질일 것임에 틀림없다." 같은 브랜드라도 유명하고 고급으로 보이는 점포에서 판매되는지, 또는 세일용이나 보다 대중적 호소력을 갖는 것으로 보이는 점포에서 팔리는지에 따라 다르게 인식될 수도 있다.

점포 이미지 연상의 전이는 브랜드에 긍정적일 수도 있고 부정적일 수도 있다. 많은 고가 브랜드에 있어서 자연스러운 성장 전략은 신규 유통채널을 선정함으로써 그들의 고객 기반을 확충하는 것이다. 그러나 기존 고객과 소매상이 어떻게 반응하느냐에 따라 그러한 전략들은 위험할 수도 있다. 베라 왕(Vera Wang)이 콜스(Kohl's)를 통해 제품을 유통시키기로 결정했을 때 메이시스는 그녀의 인기 란제리 제품군 판매를 중단하기로 결정했다. 소매업체는 또한 패션 브랜드가 JC페니(JCPenney) 백화점에 리즈앤코(Liz & Co.)라는 라인을 제공하기로 결정했을 때 리즈클레이본(Liz Claiborne)과의 관계를 끊었다.[17]

시어스(Sears) 백화점이 롤렉스, 샤넬, 지미추(Jimmy Choo), 스텔라매카트니(Stella McCartney), 기타 패션 브랜드들을 온라인 시장에 내놓기 시작했을 때 많은 분석가들은 이것이 소매업자에게 적합한 전략인지 의문을 제기했는데, 왜냐하면 이는 합리적인 가격에 적당한 시어스 백화점의 브랜드 이미지를 흐리게 할 수 있기 때문이다.[18]

공동 브랜딩

브랜드 확장 전략을 통해 새로운 제품이 고유의 연관성을 가지고 있는 기존 기업 또는 패밀리브랜드와 연결될 수 있다. 기존 브랜드는 동일하거나 다른 회사의 다른 브랜드와 연결함으로써 연관성을 활용할 수도 있다. **공동 브랜딩**[co-branding, 브랜드 연합(brand bundling) 또는 브랜드 제휴(brand alliance)라고도 함]은 둘 이상의 기존 브랜드가 공동 제품으로 결합되거나 어떤 방식으로 함께 마케팅할 때 발생한다.[19] 이러한 전략의 특별한 경우가 다음 부분에서 논의될 구성요소 브랜딩이다.[20]

소매업체의 브랜드 이미지 이해

판매하는 브랜드와 마찬가지로 소매업체는 소비자에게 영향을 미치는 브랜드 이미지를 가지고 있으며, 세심하게 구성되고 유지되어야 한다. 학계에서는 소매업체의 브랜드 이미지에 대한 다음의 다섯 가지 차원을 확인했다.

접근

매장의 위치와 소비자가 쇼핑하기 위해 이동해야 하는 거리가 매장 선택의 기본 기준이다. 접근은 총 쇼핑 비용에 대한 소비사 평가의 핵심 요소이며, 충전 여행과 소규모 쇼핑객으로부터 상당한 몫의 지갑을 얻고자 하는 소매업자에게 특히 중요하다.

매장 분위기

색상, 음악, 혼잡함과 같은 소매업체 매장 환경의 다른 요소들은 매장 방문 여부, 매장 안에서 보내는 시간, 소비하는 돈의 양에 대한 소비자의 인식에 영향을 미칠 수 있다. 기분 좋은 매장 내 분위기는 소비자에게 상당한 쾌락적 효용을 제공하며 더 자주 방문하고, 더 오래 머무르며, 더 많이 구매하도록 장려한다. 비록 그것이 매장 내 상품의 품질에 대한 소비자의 인식을 개선하지만, 소비자들은 또한 그것을 더 높은 가격과 연관시키는 경향이 있다. 매력적인 매장 내 분위기는 또한 독특한 매장 이미지를 만들고 차별성을 확립하는 측면에서 많은 가능성을 제공한다. 유통업체가 비축한 상품과 브랜드가 타사가 판매하는 상품과 비슷하더라도 매장 내 개성이 강하고 풍부한 경험을 쌓을 수 있는 능력은 유통업체 브랜드자산 형성에 결정적 역할을 할 수 있다.

가격 및 프로모션

소매업체의 가격 이미지는 평균 가격 수준, 시간 경과에 따른 가격 변동의 정도, 판촉 빈도 및 깊이, 소매업체가 EDLP(everyday low price, 매일 저렴한 가격)와 HILO(high-low promotional, 하이-로우 프로모션) 가격 사이의 연속선상에 위치하는지 여부와 같은 속성의 영향을 받는다. 소비자들은 소매업자들이 적은 가격이지만 더 가파른 할인을 제공할 때보다 많은 수의 상품을 자주 할인할 때 유리한 가격 이미지를 형성할 가능성이 높다. 또한 단가가 높고 구매 빈도가 높은 제품이 소매업체의 가격 이미지를 결정하는 데 있어 더욱 두드러진다. 하나의 가격 형식이 다른 것을 지배하지는 않지만, 연구는 큰 바구니 쇼핑객들이 EDLP 상점을 선호하는 반면 작은 바구니 쇼핑객들은 HILO 상점을 선호하며, HILO 상점은 EDLP보다 평균 가격을 더 높게 부과하는 것이 최적이라는 것을 보여주었다. 마지막으로 가격 판촉은 매장 전환과 관련이 있지만, 그 효과는 간접적이어서 방문할 매장을 선택하는 것이 아니라 매장에 있는 동안 소비자의 카테고리 구매 결정을 변경한다.

교차 카테고리 구색

한 지붕 아래 소매업체가 제공하는 다양한 제품과 서비스의 범위에 대한 소비자의 인식은 매장 이미지에 상당한 영향을 미친다. 폭넓은 구색을 통해 편리함과 쇼핑 편의성을 제공함으로써 고객 가치를 창출할 수 있다. 너무 빨리 확장하는 것은 위험하지만 현재 구색과 이미지에 너무 밀접하게 결합되어 있으면 소매업체의 실험 범위가 불필요하게 제한될 수 있다. 소매업체 구색 정책의 논리와 순서는 시간이 지남에 따라 의미를 성공적으로 확장하고 소비자에게 어필하는 능력에 매우 중요하다.

카테고리 내 분류

제품 범주 내에서 소매업체의 제품 구색의 깊이에 대한 소비자의 인식은 매장 이미지의 중요한 차원이자 매장 선택의 핵심 동인이다. 브랜드, 맛, 크기의 인식된 조합이 증가함에 따라, 다양성을 추구하는 소비자들은 더 큰 효용성을 인식하게 될 것이고, 미래의 선호도가 불확실한 소비자들은 그들의 선택에 더 많은 유연성을 갖게 될 것이며, 일반적으로 소비자는 그들이 원하는 제품을 더 많이 찾게 될 것이다. 더 많은 수의 재고관리코드(Stock Keeping Unit, SKU)가 더 나은 인식으로 직접 변환될 필요는 없다. 소매업체들은 종종 가장 선호하는 브랜드, 구색 구성, 다양한 제품 속성의 가용성에 주의를 기울인다면 소비자인식에 악영향을 미치지 않고 SKU의 수를 상당히 줄일 수 있다.

온라인 및 오프라인 소매업체 이미지

전자상거래와 온라인 소매업이 성장하면서 유통업체가 온라인과 오프라인 환경에서 어떻게 이미지를 관리하느냐는 중요한 문제다. 한 연구는 온라인과 오프라인 소매업체 브랜드 이미지 간의 불일치가 웹사이트에 대한 소비자의 태도에 어떻게 영향을 미치는지 조사했다. 이 연구는 온라인과 오프라인 경험 사이의 불일치가 웹사이트의 탐색 경험을 방해할 수 있다는 것을 발견했다. 디지털 채널과 인터페이스(예 : 태블릿 대 PC 대 휴대전화)의 확산으로 인해 소매업체 이미지 유지에 있어 원활한 사용자 환경을 보장하는 것이 매우 중요하다.

출처 : Kusum L. Ailawadi and Kevin Lane Keller, "Understanding Retail Branding: Conceptual Insights and Research Priorities," *Journal of Retailing* 80, no. 4 (December 2004): 331-342; Dennis B. Arnett, Debra A. Laverie, and Amanda Meiers, "Developing Parsimonious Retailer Equity Indexes Using Partial Least Squares Analysis: A Method and Applications," *Journal of Retailing* 79, no. 3 (December 2003): 161-170; Dhruv Grewal and Michael Levy, "Emerging Issues in Retailing Research," *Journal of Retailing* 85, no. 4 (December 2009): 522-526; Myles Landers, Sharon E. Beatty, Sijun Wang, and David L. Mothersbaugh, "The Effect of Online versus Offline Retailer-Brand Image Incongruity on the Flow Experience," *Journal of Marketing Theory and Practice* 23, no. 4 (2015): 370-387.

공동 브랜딩은 수년간 존재했다. 예를 들어 1961년 베티크로커(Betty Crocker)는 레몬 시폰 케이크 믹스를 성공적으로 판매하기 위해 선키스트그로워스(Sunkist Growers)와 제휴하였다.[21] 브랜드자산을 구축하는 수단으로 공동 브랜딩에 대한 관심이 최근 몇 년 동안 증가했다. 예를 들어 히스(Heath) 토피 캔디바는 여러 가지 신제품으로 확장—히스 센세이션스(Heath Sensations, 한 입 크기의 캔디)와 히스 비츠(Heath Bits), 비츠 오브 브리클(Bits of Brickle, 초콜릿으로 덮고 납작하게 구운 토피 제품)—했을 뿐만 아니라, 데어리 퀸[Dairy Queen, 블리자드(Blizzard) 디저트 포함], 벤앤제리스, 블루 버니(Blue Bunny)(막대 아이스크림 포함) 등과 같이 다양한 판매사로부터 허가를 받았다.

요플레 트릭스(Trix) 요거트, 허쉬 초콜릿 시럽이 들어가 있는 베티크로커 브라우니 믹스, 켈로그의 시나본(Cinnabon) 시리얼은 공동 브랜딩에 관한 슈퍼마켓 사례들을 보여준다. 신용카드 시장에서 공동 브랜딩은 시티카드의 쉘 골드 마스터카드(Shell Gold MasterCard)와 같이 3개의 브랜드를 연결하는 경우가 많다. 항공사 시장에서 브랜드 제휴는 많은 브랜드가 관련되어 있는데, 이를테면 유나이티드항공, 루프트한자(Lufthansa), 싱가포르항공 등 16개 항공사를 포함하는 스타 얼라이언스(Star Alliance)와 같은 다수의 브랜드를 통합할 수 있다. 기술 브랜드 또한 고객에게 어필하기 위해 비기술 제품과 독특한 방식으로 파트너 관계를 맺기 시작했다. 예를 들어 나이키와 애플은 나이키+라고 불리는 새로운 신발 라인을 만들기 위해 공동 브랜드를 만들었다. 애플은 사용자가 아이폰을 통해 이 기능을 활성화할 때 진행 상황을 기록하는 데 도움이 되는 마이크로칩을 이 신발에 장착했으며, 소모한 칼로리와 같은 사용자 통계를 기록할 수 있다.[22] 나이키와 애플은 이 제휴를 애플 워치 나이키+로 확장했으며, 이것은 사용자들이 나이키+ 런 클럽(Nike+ Run Club)이라고 불리는 앱에서 그들이 좋아하는 음악을 스트리밍할 수 있다. 애플 워치에서 앱을 실행하면 인이어 트레이닝을 제공받을 수 있으며 커스텀 된 시계의 화면에는 "오늘 달리고 있습니까?"와 같은 슬로건으로 착용자에게 동기를 부여한다. 애플은 나이키와 공동 브랜드를 만들어 운동선수와 건강을 생각하는 소비자에게 애플 워치의 매력을 높였다. 반대로, 나이키는 피트니스 및 건강에 대한 나이키의 연관성을 강화하고 열망하는 피트니스 매니아 그룹뿐만 아니라 일반 주자들에게 어필할 수 있도록 함으로써 애플 워치와의 연관성으로부터 혜택을 받았다.

그림 8-4에 공동 브랜딩 및 라이선스의 장단점을 요약했다. 공동 브랜딩의 주요 이점은 제품이 캠페인에서 여러 브랜드 덕분에 독특하고 설득력 있게 포지셔닝될 수 있다는 것이다. 공동 브랜딩은 공동 브랜딩을 하지 않은 경우보다 브랜드를 위해 더욱 강력한 차별점 및 유사점을 창출할 수 있다. 결과적으로 그것은 새로운 소비자와 채널과 함께 추가적인 기회뿐만 아니라 기존의 표적시장에서 더 많은 매출을 창출할 수 있다. 크래프트(Kraft)가 어린이를 위한 인기 있는 점심 도시락 조합 라인에 돌(Dole) 과일을 추가한 것은 부분적으로 건강 문제와 영양 비평가의 비판을 해결하는 데 도움이 되었다.[23]

공동 브랜딩은 2개의 잘 알려진 이미지를 결합하여 잠재적인 채택 가능성을 가속화하기 때문에 제품 도입 비용을 절감할 수 있다. 또한 공동 브랜딩은 소비자를 이해하고 다른

애플과 나이키의 공동 브랜드 제휴는 사용자들이 아이폰을 통해 접속할 수 있는 앱을 통해 피트니스 목표를 추적할 수 있게 함으로써 두 브랜드의 매력을 높였다.

장점	단점
필요한 전문 지식을 빌릴 수 있음	통제력 상실
보유하지 않은 자산 활용	브랜드자산 희석 위험
제품 도입 비용 절감	부정적인 피드백 효과
브랜드 의미를 관련된 카테고리로 확장	브랜드의 초점 및 명확성 부족
– 의미를 확장	조직이 산만해짐
– 접점의 지점 증가	
추가 수익원의 원천	

그림 8-4
공동 브랜딩과 라이선싱의
장단점

기업이 소비자에게 어떻게 접근하는지 알 수 있는 귀중한 수단이 될 수 있다. 특히 차별화가 잘 뇌시 않는 카테고리에서는 공동 브랜딩이 차별화된 제품을 만드는 중요한 수단이 될 수 있다.[24]

공동 브랜딩의 잠재적인 단점은 소비자의 마음속에서 다른 브랜드와 정렬될 때 발생하는 위험과 통제력 부족이다. 공동 브랜딩의 관여도 및 몰입도에 대한 소비자의 기대는 높은 것 같다. 따라서 불만족스러운 성과는 적용된 브랜드에 대해 부정적인 영향을 미칠 수 있다.[25] 브랜드들이 매우 독특한 경우, 소비자들은 각 브랜드가 나타내는 것에 대한 확신이 덜할 수 있다.[26] 다른 브랜드가 다른 공동 브랜딩 계약을 체결한 경우, 연상의 이전을 희석시킬 과다 노출의 위험도 있을 수 있다. 또한 공동 브랜딩으로 주의가 산만해지고 기존 브랜드에 대한 집중이 부족해질 수 있다.

가이드라인

브랜딩 과학 8-2는 소비자가 공동 브랜드 제품을 평가하는 방법에 대한 학문적 통찰력을 제공한다. 강력한 공동 브랜드를 만들기 위해 두 브랜드는 충분한 브랜드 인지도, 충분히 강하고 호의적이며 독특한 연관성, 긍정적인 소비자 판단과 감정을 가져야 한다. 따라서 공동 브랜딩 성공을 위한 필요하지만 충분하지 않은 조건은 두 브랜드가 각각 잠재적인 브랜드자산을 가지고 있다는 것이다. 가장 중요한 요구사항은 두 브랜드 간의 논리적 적합성으로 결합된 브랜드 또는 마케팅활동이 개별브랜드의 장점을 최대화하면서 단점을 최소화하는 것이다.[27]

이러한 전략적 고려 이외에도, 마케터는 공동 브랜딩이라는 모험을 신중하게 도입하고 실행해야 한다. 브랜드자산의 적절한 균형과 더불어 가치, 기능, 목표에 대한 올바른 종류의 적합성을 보장해야 한다. 실행과 관련하여 마케터는 계약을 합법화하고 재정적 준비를 하고 마케팅 프로그램을 조정하기 위한 세부 계획이 필요하다. 나비스코(Nabisco)의 한 임원은 다음과 같이 말했다. 일반적으로 다른 브랜드를 사용하는 회사는 판매로 인해 일부 유형의 라이선스 비용 및/또는 로열티를 지불하지만 브랜드 간의 재정적 합의는 다를 수 있다. 목적은 공유 지분, 라이선스 제공자에 대한 인지도 증가, 라이선스 사용자에 대한 판매 확대의 결과로 라이선스 제공자(licensor)와 라이선스 사용자(licensee)가 이러한 계약의 혜택을 받는 것이다.

일반적으로 공동 브랜딩과 같은 브랜드 제휴는 다음과 같이 많은 결정 요인이 관련된다.

- 어떠한 능력을 가지고 있지 않은가?
- 어떠한 자원(인력, 시간, 비용 등)에 제약이 있는가?
- 어떤 성장 목표나 수익 요구를 가지고 있는가?

브랜드 제휴 이해

어떤 식으로든 두 브랜드를 결합하는 브랜드 제휴는 다양한 형태로 나타난다. 학술 연구에서는 공동 브랜딩 및 구성요소 브랜딩 전략의 효과를 조사했다.

공동브랜딩

박, 준, 쇼커(Park, Jun, and Shocker)는 심리학에서 '개념적 결합' 개념에 공동 브랜드를 비교했다. 개념적 조합['아파트 개(Apartment dog)']은 수식하는 개념(modifying concept) 혹은 '수식어(modifier)'인 '아파트(apartment)'와 수식된 개념 혹은 '표제어(header)'인 개(dog)로 구성된다. 실험적으로, 박과 그의 동료들은 고디바(Godiva)(고가의 고칼로리 박스 초콜릿과 관련됨) 및 슬림패스트(Slim-Fast)(저칼로리 다이어트 식품과 관련됨)가 초콜릿 케이크 믹스를 별도로 또는 함께 도입할 수 있는 공동브랜드 방법을 모색했다.

그들은 두 브랜드 중 하나가 개별적으로 케이크 믹스 범주에 포함하려고 시도하는 경우보다 공동 브랜드 버전의 제품이 더 잘 받아들여진다는 것을 발견했다. 고디바의 슬림패스트 초콜릿 케이크 믹스는 슬림패스트가 고디바 초콜릿 케이크 믹스라고 부르는 제품보다 칼로리가 낮으며, 그 반대의 경우도 풍부함과 럭셔리함을 연상시킨다는 것을 발견했다. 마찬가지로 슬림패스트도 공동브랜드 콘셉트에 노출된 후 소비자들의 인상이 수식어 브랜드일 때보다 헤더 브랜드일 때 달라지는 경향이 더 컸다. 이번 연구 결과는 부정적으로 상관된 속성(여기서는 풍부한 맛과 낮은 칼로리)의 잠재적 문제를 극복하기 위해 엄선된 브랜드가 얼마나 세심하게 조합될 수 있는지를 보여준다.

시모닌과 루스(Simonin and Ruth)는 브랜드 제휴에 대한 소비자의 태도가 각 파트너의 브랜드에 대한 후속 인상에 영향을 미칠 수 있지만(파급 효과가 존재함), 이러한 효과는 제품 적합성 또는 호환성, 브랜드 적합성 또는 이미지 일치와 같은 다른 요인에도 의존한다는 것을 발견했다. 파트너보다 덜 친숙한 브랜드는 제휴에 덜 기여했지만 더 친숙한 파트너보다 더 강한 파급효과를 경험했다. 보스와 탄슈하지(Voss and Tansuhaj)는 다른 나라의 알려지지 않은 브랜드에 대한 소비자 평가가 잘 알려진 국내 브랜드와 제휴를 맺을 때 더 긍정적이라는 것을 발견했다.

레빈과 레빈(Levin and Levin)은 이중 브랜딩 효과를 탐구했는데, 이는 보통 레스토랑인 두 브랜드가 같은 시설을 공유하면서 소비자들이 한 브랜드 또는 두 브랜드 중 하나를 사용할 수 있는 기회를 제공하는 마케팅 전략이다. 쿠마르(Kumar)는 공동 브랜드 확장을 새 제품 범주에 도입하면 새 범주의 브랜드가 원래 제품 범주에 반대 확장을 도입할 가능성이 줄어든다는 것을 발견했다. 레바(LeBar)와 동료들은 공동 브랜딩이 브랜드의 인지된 차별화를 높이는 데 도움이 되지만, 때로는 브랜드에 대한 소비자의 인지된 존중과 브랜드에 대한 지식을 감소시킨다는 것을 발견했다.

스와미나탄(Swaminathan)과 동료들은 유사한(또는 보완적이지 않은) 공동 브랜드 파트너들(예 : 고디바와 웨이트워처스)의 파트너십보다 서로 다른 두 브랜드를 특징으로 하는 공동 브랜드 파트너십(또는 벤앤제리스 같은 상호 보완적 속성 수준)을 선호할 때 상황을 검토했다. 그들은 (다른 문화적 성향과 연계된) 그들의 사고방식이나 가공 방식에 기초해 서로 다른 소비층이 이러한 유형의 공동 브랜드 제품을 호의적으로 평가할 수 있다고 주장한다. 속성 매핑(property-mapping) 사고방식에서는 상호 보완적인 공동 브랜드 파트너십이 보다 호의적으로 평가된다. 소비자가 공동 브랜드 정보를 관계형 방식으로 처리할 때 유사 브랜드와의 파트너십이 더 호의적으로 평가되었다.

또 다른 연구에서는 브랜드 제휴 파트너가 호의적인 적합성 인식을 조성하기 위해 브랜드 이미지가 유사하거나 유사하지 않아야 하는지 여부를 조사했다. 밴 더 랜스, 판 덴 버그, 딜레만(Van der Lans, van den Bergh, and Dieleman)은 공동 브랜드 파트너십을 맺은 브랜드 성격의 수준(예 : 브랜드 성격의 정교함) 측면에서 브랜드 간 개념적 일관성이 제휴에 대한 태도를 예측한다는 것을 발견했다.

한 연구는 공동 브랜드 파트너십의 인식에 대한 국제 브랜드와 국내 브랜드 간의 연관성을 조사했다. 이들은 저명한 파트너 브랜드(예 : 공동 브랜드 파트너십에서 이름이 먼저 나타나는 브랜드)가 공동 브랜드 제품에 대한 인식에 더 큰 영향을 미친다는 것을 발견했다.

뉴마이어(Newmeyer)와 동료들의 검토 논문은 공동 브랜드 파트너십을 평가하는 가장 중요한 프레임워크를 제안한다. 그들은 공동 브랜드 제품에 대한 평가는 파트너십의 구조와 구성 브랜드 모두에 의해 영향을 받는다고 주장한다. 구조에는 두 파트너 브랜드가 얼마나 잘 통합되어 있는지와 파트너십의 독점성 및 기간이 포함될 수 있다. 브랜드 이미지의 일관성은 공동 브랜드 평가에도 영향을 미칠 수 있다.

따라서 다양한 연구에서, 과거의 연구는 공동 브랜드 파트너를 선택하는 방법에 대한 기본 규칙을 설명했다. 연구자들은 소비자가 공동 브랜드 파트너십을 어떻게 바라보는지 조명하는 데 도움을 주었다. 이러한 규칙은 파트너십 자체의 구조와 파트너의 브랜드 이미지 일관성을 바탕으로 어떤 파트너십이 성공할 수 있는지를 명확히 하는 데 도움이 될 수 있다.

구성요소 브랜딩

데사이와 켈러(Desai and Keller)는 구성요소 브랜딩이 초기 라인 확장에 대한 소비자 수용도와 향후 카테고리 확장을 도입할 수 있는 브랜드 능력에 미치는 영향을 고려하기 위해 실험을 수행했다. 그들은 브랜드 확장으로 정의된 두 가지 특정 유형의 라인 확장을 연구했다 : (1) 기존 제품 속성 중 하나의 수준이 변경된 **슬롯 필러 확장**(slot filler expansion)[타이드(Tide) 세제의 새로운 유형의 향기], (2) 완전히 새로운 속성이나 특성이 제품에 추가되는 **새로운 속성 확장**(new attribute expansions)[기침 완화 액체인 라이프세이버(LifeSaver)에 사탕이 추가됨]. 이들은 브랜드 확장을 위한 대상 속성 구성요소를 **자체 브랜드 구성요소**(self-branded ingredient, 타이드의 자체 에버프레시향 목욕비누) 또는 **공동 브랜드 성분**(co-branded ingredient, 타이드의 아이리시 스프링향 목욕비누)으로 브랜드화해 두 가지 구성요소 브랜딩 전략을 검토했다.

결과는 슬롯 필러 확장으로 공동 브랜드 구성요소는 확장의 초기 수용을 용이하게 했지만 자체 브랜드 성분이 나중에 확장 평가를 더 유리하게 이끌었다는 결과가 나왔다. 그러나 더 유사하지 않은 새로운 속성 확장으로, 공동 브랜드 구성요소는 초기 확장과 후속 확장 모두에 대해 더 나은 평가를 이끌어냈다.

벤카테시와 마하잔(Venkatesh and Mahajan)은 묶음 및 예약 가격 개념을 기반으로 분석 모델을 도출해 브랜드 구성요소에 대한 최적의 가격 및 파트너 선택 결정을 공식화하는 데 도움이 되었다. 486급 노트북 컴퓨터를 판매하는 대학 컴퓨터 매장과 관련된 실험적 응용 프로그램에서 묶음 수준에서 인텔 486이 탑재된 모든 브랜드의 컴팩(Compaq) PC가 다른 대안보다 확실한 가격 프리미엄을 차지함을 보여주었다. 그러나 인텔 브랜드의 상대적 브랜드 강점이 어떤 의미에서는 컴팩 브랜드보다 더 강한 것으로 나타났다.

출처 : C. Whan Park, Sung Youl Jun, and Allan D. Shocker, "Composite Branding Alliances: An Investigation of Extension and Feedback Effects," *Journal of Marketing Research* 33, no. 4 (November 1996): 453–466; Bernard L. Simonin and Julie A. Ruth, "Is a Company Known by the Company It Keeps? Assessing the Spillover Effects of Brand Alliances on Consumer Brand Attitudes," *Journal of Marketing Research* 35, no. 2 (1998): 30–42; Piyush Kumar, "The Impact of Cobranding on Customer Evaluation of Brand Counterextensions," *Journal of Marketing* 69, no. 3 (July 2005): 1–18; Kalpesh Desai and Kevin Lane Keller, "The Effects of Ingredient Branding Strategies on Host Brand Extendibility," *Journal of Marketing* 66, no. 1 (January 2002): 73–93; Mrinal Ghosh and George John, "When Should Original Equipment Manufacturers Use Branded Component Contracts with Suppliers?," *Journal of Marketing Research* 46, no. 5 (October 2009): 597–611; Alokparna Basu Monga and Loraine Lau-Gesk, "Blending Cobrand Personalities: An Examination of the Complex Self," *Journal of Marketing Research* 44, no. 3 (August 2007): 389–400; Casey E. Newmeyer, R. Venkatesh, and Rabikar Chatterjee, "Cobranding Arrangements and Partner Selection: A Conceptual Framework and Managerial Guidelines," *Journal of the Academy of Marketing Science* 42, no. 2 (2014): 103–118; Vanitha Swaminathan, Zeynep Gürhan-Canli, Umut Kubat, and Ceren Hayran. "How, When, and Why Do Attribute-Complementary versus Attribute-Similar Cobrands Affect Brand Evaluations: A Concept Combination Perspective," *Journal of Consumer Research* 42, no. 1 (2015): 45–58; Ralf van der Lans, Bram Van den Bergh, and Evelien Dieleman, "Partner Selection in Brand Alliances: An Empirical Investigation of the Drivers of Brand Fit," *Marketing Science* 33, no. 4 (2014): 551–566; Yan Li and Hongwei He, "Evaluation of International Brand Alliances: Brand Order and Consumer Ethnocentrism," *Journal of Business Research* 66, no. 1 (January 2013): 89–97; Philip Kotler and Waldemar Pfoertsch, *Ingredient Branding: Making the Invisible Visible* (New York: Springer, 2010); John Quelch, "How to Brand an Ingredient," October 8, 2007, www.blogs.hbr.org.

공동 브랜딩을 할 때 다음과 같은 질문이 고려되어야 한다.

- 도전하기에 적합한 사업인가?
- 브랜드자산을 유지하고 강화하는 데 있어서 그것은 어떤 식으로 도움을 주는가?
- 브랜드자산이 희석될 위험은 조금도 없는가?
- 그것은 외재적 이점(학습 기회)을 제공하는가?

브랜드 제휴에 있어서 가장 성공적인 사례 중 하나는 디즈니와 맥도날드인데, 맥도날드는 디즈니 영화 및 비디오에서 TV 쇼, 테마파크에 이르는 모든 것을 촉진하기 위해 패스트푸드 사업에서 1996~2006년까지 독점적인 글로벌 권리를 가지고 있었다. 흥미롭게도, 패스트푸드 산업이 아동 비만을 부추기고 있다는 우려 때문에 디즈니는 가끔 판촉 활동을 하는 것은 계속하기로 동의했지만 맥도날드와의 독점 파트너십은 종료했다. 이 예는 특히 한 파트너가 긍정적인 브랜드연상의 원천이 되지 않을 때 공동 브랜드 파트너십의 몇 가지 단점을 보여준다.[28] 브랜드와의 파트너십이 제대로 이루어지지 않을 경우 잠재적인 출구 전략을 고려하는 것이 도움이 될 수 있다. 그러나 맥도날드는 해피밀의 주요 장난감 및 엔터테인먼트 회사, 크래프트의 오레오, 허쉬의 M&M's, 롤로(Rolo)와 같은 다른 소비자 브랜드와 맥플러리(McFlurry) 디저트를 위한 파트너십을 계속하고 있다.

구성요소 브랜딩

공동 브랜딩의 특별한 경우가 **구성요소 브랜딩**(ingredient branding)이다. 구성요소 브랜딩은 브랜

온스타 보안서비스가 차량 내부에 있는 이유는 승객의 보안과 안전 때문임을 광고함으로써 강력한 부품 브랜드를 구축했다.

드자산을 위해 다른 브랜드화된 제품에 반드시 포함되어야 하는 재료, 구성요소, 또는 부품에 대한 것으로 브랜드 가치를 창출한다.[29] 수년 동안 성공한 구성요소 브랜드로 인텔 칩, 암앤해머 베이킹 소다, 온스타(OnStar) 보안서비스, 오레오 쿠키, 스테인마스터(Stainmaster) 얼룩 방지 섬유, 스카치가드(Scotchgard) 직물 등이 있다. 디지털 환경에서 구성요소 브랜딩은 호스트 브랜드의 매력을 높이는 데 유용하다. 예를 들어 애플의 카플레이(CarPlay)는 특정 자동차에서만 사용할 수 있는 기능이며, 피아트 500과 같은 자동차는 고객에게 모바일 iOS를 옵션으로 제공하는 자동차의 최종 목록에 속하기 때문에 잠재 구매자에게 더 매력적일 수 있다.[30]

구성요소 브랜드는 소비자가 그 구성요소를 포함하지 않은 주제품(host product)을 구매하지 않을 정도로 자신들의 제품(구성요소)에 대한 충분한 인지도 및 선호도를 높이려고 노력한다.

소비자 행동의 관점에서, 브랜드화된 구성요소는 제품 품질에 대한 신호가 되기도 한다. 도발적인 학술연구에서 카펜터, 글레이저, 나카모토(Carpenter, Glazer, and Nakamoto)는 브랜드 속성('알파인 클래스'는 다운재킷의 재료)을 포함하는 것이 소비자가 해당 속성과 자신의 결정과 관련이 없다고 명시적으로 들은 경우에도 소비자 선택에 상당한 영향을 미친다는 것을 발견했다.[31] 분명히 소비자는 브랜드 구성요소의 결과로 특정 품질 특성을 추론했다.

구성요소 브랜드의 균일성과 예측 가능성은 위험을 줄이고 소비자를 안심시킬 수 있다. 결과적으로, 구성요소 브랜드는 산업 표준이 될 수 있고 소비자들은 그 성분을 포함하지 않는 제품을 사고 싶지 않을 것이다. 다시 말해 브랜드는 사실상 카테고리 동등점이 될 수 있다. 소비자는 구성요소가 어떻게 작용하는지 정확히 알 필요는 없다. 단지 그 구성요소들이 가치를 더한다는 것이다.

친숙한 브랜드들이 한편으로는 자신을 차별화하기 위해 비용 효율적인 수단을 찾고, 다른 한편으로는 판매 기회를 넓히기 위한 수단을 찾으면서 구성요소 브랜딩은 더욱 보편화되고 있다. 코닝(Corning)의 고릴라 글래스(Gorilla Glass)는 전화기가 깨지는 것을 막기 위한 방법으로 전화 제조사들에 의해 사용되기 전에 단독 제품으로 판매되었다. 수백만 건의 조회 수를 기록한 성공적인 비디오 시리즈 이후, 모토로라는 고릴라 글래스를 주요 차별화 요소로 사용하기 시작했다.[32] 일부 회사는 운동복을 만들 때 운동선수가 쾌적함과 편안함을 유지하는 데 도움이 될 수 있는 나이키의 드라이 핏(Dri-Fit) 기술(고성능 극세사 직물)과 같은 자체 구성요소 브랜드를 만든다. 유사하게, 또 다른 예는 연비를 개선하고 성능을 향상하는 새로운 엔진을 위해 포드가 개발한 구성요소 브랜드 에코부스트(EcoBoost)도 있다.[33] 구성요소 브랜딩의 대안 범위를 설명하기 위해 싱가포르항공(Singapore Airlines)이 서비스 제공 시 공동 브랜드와 자체 브랜드 구성요소를 모두 사용하는 방법을 고려한다.

싱가포르항공

싱가포르항공은 스위트 클래스에서 지방시(Givenchy)의 침구와 식기류, 이탈리아 장인 폴트로나 프라우(Poltrona

Frau)가 손바느질로 제작한 새로운 의자를 제공한다. 퍼스트 클래스 스카이스위트(SkySuites)에는 버(burr) 나무로 다듬어진 가죽 시트가 있다. 항공사는 크리스월드(Krisworld) 엔터테인먼트 시스템과 지방시 양털 담요를 제공한다. 더 비싼 스위트, 퍼스트 및 비즈니스 클래스에서 고객은 보스 콰이어트 컴포트 2(Bose Quiet Comfort 2) 음향 소음 제거 헤드폰으로 즐길 수 있다[이코노미 좌석은 돌비(Dolby)]. 싱가포르항공의 기내식은 국제요리자문단(International Culinary Panel)으로 있는 유명 셰프가 준비하며, 프리미엄 클래스인 스위트 및 퍼스트 클래스(Shahi Thali), 비즈니스 클래스(Hanakoireki) 좌석은 민족적으로 브랜드화된 식사를 제공한다. 모든 승객은 크리스 플라이어(Kris Flyer) 상용 고객 우대 프로그램에 가입할 수 있다. 싱가포르항공은 서비스 브랜딩에 공동 브랜드 및 자체 브랜드 요소를 조합해 사용한다.

싱가포르항공은 자사 서비스의 브랜드화를 위해 공동 브랜드와 자체 브랜드 구성요소를 조합해 사용한다.

출처 : Steve Parsons/PA Images/Getty Images

따라서 이 예제처럼 한 제품에 다른 브랜드의 성분이 포함될 수 있다. 구성요소 브랜드는 제품과 서비스에 국한되지 않는다. 예를 들어 몇 년 동안 쉐보레 카마로(Camaro)는 영화 〈트랜스포머〉에서 범블비라는 캐릭터로 등장했다. 이 경우, 쉐보레 카마로는 〈트랜스포머〉 영화의 구성요소로 볼 수 있다. 쉐보레와 〈트랜스포머〉의 제휴는 브랜드가 대중문화 아이콘으로서 지위를 얻고 젊은 관객들에게 그 인지도를 높일 수 있도록 했다.[34] 노란색 쉐보레 카마로는 판매가 약 10% 증가했으며, 거의 8만 대의 노란색 자동차를 판매했는데, 그중 대부분은 〈트랜스포머〉와 공동 브랜드로 판매된 덕분이었다. 영화의 속편 개봉에 발 맞추기 위해 차의 외형도 변경했다. 예를 들어 네 번째 영화에서 차는 더 공격적이고 근육질로 보이도록 재설계되었다. 캐딜락(Cadillac)과 초록색 콜벳(Corvette) 스팅레이(Stingray)와 같은 GM의 다양한 다른 모델이 〈트랜스포머〉 영화에서 다양한 역할로 등장해 브랜드 인지도와 판매 모두를 창출했다. 공동 브랜딩의 또 다른 예는 반스앤드노블과 스타벅스의 독점적인 파트너십에서 볼 수 있는데, 스타벅스는 수많은 반스앤드노블 서점에 커피숍을 보유하고 있다.

장점과 단점 구성요소 브랜딩의 장단점은 공동 브랜딩의 경우와 유사하다.[35] 구성요소를 만들고 공급하는 기업의 관점에서 자사 제품을 성분으로 브랜딩하

매우 흥행한 〈트랜스포머〉 영화에 노란색 쉐보레 카마로를 등장시켜서 회사의 위상을 높이고 브랜드 인지도를 쌓을 수 있었다.

는 이점은 소비자의 끌어당김을 유발함으로써 회사가 더 많은 매출을 창출할 수 있다는 것이다. 또한 보다 안정적이고 광범위한 고객 수요와 더 나은 장기 공급자와 구매자 관계가 있을 수 있다. 향상된 수익은 공급된 재료의 비용으로부터 직접적인 수익뿐만 아니라 재료 브랜드를 표시하기 위해 지불된 로열티 권한에서 발생할 수 있는 두 가지 수익원을 통해 발생할 수 있다.

주 제품 제조사 입장에서는 구성요소 브랜드의 형평성을 활용해 자체 브랜드 가치를 높인다는 장점이 있다. 수요 측면에서는 주 제품 브랜드가 새로운 제품 범주, 다른 시장 부문, 그리고 그들이 예상할 수 있었던 것보다 더 많은 유통채널에 접근할 수 있을 것이다. 공급 측면에서는 주 제품 브랜드가 재료 공급업체와 약간의 생산 및 개발 비용을 분담할 수 있을 것이다.

구성요소 브랜딩에는 위험과 비용이 없다. 지원 마케팅 커뮤니케이션 프로그램의 비용은 높을 수 있으며(소비자 제품의 광고 대 판매 비율은 종종 5%를 초과한다) 많은 공급업체는 부주의한 소비자 및 비협조적인 중개자와 싸워야 할 수 있는 대중매체 커뮤니케이션을 설계하는 데 상대적으로 경험이 부족하다. 공동 브랜드와 마찬가지로, 공급자와 제조자를 위한 마케팅 프로그램은 서로 다른 목적을 가질 수 있고, 따라서 소비자에게 다른 신호를 보낼 수 있기 때문에 통제력을 상실한다.

일부 제조업체는 공급업체에 의존하는 것을 꺼리거나 브랜드 구성요소가 이 가치를 추가해 계정 손실을 초래할 수 있다고 믿지 않을 수 있다. 제조업체는 브랜드 구성요소가 너무 많은 자산을 획득하면 '진짜 브랜드'가 무엇인지에 대한 소비자 혼란을 야기할 수 있다. 마지막으로 경쟁 우위의 지속 가능성은 다소 불확실할 수 있다. 뒤따르는 브랜드가 구성요소의 역할에 대한 소비자의 이해가 높아짐에 따라 혜택을 받을 수 있기 때문이다. 결과적으로 추종자 브랜드는 성분의 중요성보다는 특정 구성요소 브랜드가 개척자 또는 다른 브랜드보다 더 좋은지에 대해 소통해야 할 것이다.

가이드라인 구성요소 브랜딩 프로그램은 기존의 브랜딩 프로그램이 하는 것과 같은 많은 방식으로 브랜드자산을 구축한다. 브랜딩 브리프 8-3에서는 이러한 브랜드를 성공적으로 도입한 듀폰(DuPont)의 구성요소 브랜딩 노력을 설명한다.

이 방정식의 다른 면으로 눈을 돌리면, 성공적인 구성요소 브랜딩을 위한 몇 가지 구체적인 요구사항은 무엇인가? 일반적으로 구성요소 브랜딩은 다음 네 가지 작업을 수행해야 한다.

1. 소비자는 먼저 구성요소가 최종 제품의 성능과 성공에 중요하다는 것을 인식해야 한다. 이 상적으로, 이 본질적인 가치는 눈에 보이거나 쉽게 경험된다.
2. 그런 다음 소비자는 모든 구성요소 브랜드가 동일하지 않으며 성분이 더 우수하다는 것을 확신해야 한다. 이상적으로는 성분이 기존 대안보다 혁신적이거나 다른 실질적인 이점을 가질 것이다.
3. 고유한 심벌이나 로고는 주 제품 구성요소에 포함되어 있음을 소비자에게 명확하게 알릴 수 있도록 디자인해야 한다. 이상적으로는 심벌이나 로고가 본질적으로 '인감(seal)' 기능을 하고 단순하고 다재다능하며 거의 모든 곳에 나타날 수 있고 소비자에게 품질과 자신감을 확실하게 전달할 수 있다.
4. 마지막으로, 소비자가 브랜드 성분의 중요성과 이점을 이해할 수 있도록 협력적인 푸시와 풀 프로그램을 시행해야 한다. 종종 여기에는 소비자 광고 및 판촉이 포함되며 때로는 제조

구성요소 브랜딩인 듀폰의 길

아마도 가장 성공적인 구성요소 브랜드 마케터 중 하나는 1802년 프랑스인 뒤퐁 드 느무르(E. I. du Pont de Nemours)가 델라웨어에서 흑색 분말 제조업체로 설립한 듀폰(DuPont)일 것이다. 수년에 걸쳐 회사는 의류 분야에서 항공우주에 이르기까지 시장에서 사용할 수 있는 수많은 혁신적인 제품을 출시했다. 라이크라 및 스테인마스터 직물, 테플론(Teflon) 코팅, 케블라(Kevlar) 섬유와 같은 회사의 많은 혁신은 많은 다른 회사에서 제조한 소비자 제품의 구성요소 브랜드로 유명해졌다. 일부는 분사되었지만 회사는 여전히 건강한 소비재 목록을 유지하고 있다. 테플론과 스테인마스터는 둘 다 분리되었고, 너 이상 듀폰[현재는 다우듀폰(DowDupont)]의 일부가 아니라는 점에 주목해야 한다. 그러나 듀폰의 접근방식을 기반으로 한 구성요소 브랜딩의 교훈은 우리의 관심을 끌 만한 가치가 있다.

2016년 듀폰은 245억 달러의 매출을 올렸다. 2017년 8월 31일 다우 케미컬컴퍼니(Dow Chemical Company)와 합병하여 세계 최대의 화학 회사인 다우듀폰주식회사가 탄생했다. 다우와의 합병에 따라 신설법인 다우듀폰은 1,300억 달러의 가치가 추정되며 농약, 재료과학, 특수제품 산업 등을 중심으로 3개의 별도 기업으로 재편된다.

초기에 듀폰은 중요한 브랜딩 교훈을 어렵게 배웠다. 최초의 유기화학섬유인 나일론의 이름을 보호하지 않았기 때문에 상표가 붙지 않고 일반적이 되었다. 듀폰이 수년 동안 만들어낸 브랜드는 일상생활을 더 낫고, 더 안전하고, 더 건강하게 만들기 위해 판매되는 다양한 제품의 구성요소였다. 수년 동안 알려져 온 듀폰의 혁신은 연구개발(R&D)에 대한 투자의 결과이다. 듀폰은 중국, 브라질, 인도, 독일, 스위스에 150개의 연구개발 시설을 가지고 있다. 평균적으로 듀폰은 다양한 기술에 매년 20억 달러를 투자했고, 10,000명 이상의 과학자와 기술자를 고용했다.

듀폰이 끊임없이 직면하는 핵심 질문은 제품을 구성요소 브랜드로 브랜드화할지 여부이다. 이 질문을 해결하기 위해 회사는 전통적으로 양적 및 질적 기준을 모두 적용했다.

- 양적인 측면에서 듀폰에는 제품을 구성요소 브랜드로 홍보하는 투자 수익을 추정하는 모델이 있다. 모델에 대한 입력 정보에는 광고 및 무역 지원과 같은 브랜드 자원 할당이 포함된다. 산출물은 호감도 등급 및 잠재적 판매와 관련이 있다. 이런 모델의 목표는 특히 산업 시장에서 구성요소 브랜딩이 재정적으로 정당화될 수 있는지 여부를 결정하는 것이다.

- 질적인 측면에서 듀폰은 구성요소 브랜드가 어떻게 제품의 포지셔닝에 도움을 줄 수 있는지 평가한다. 경쟁 및 소비자 분석에서 특정 연관성을 전달하면 매출이 증가하는 것으로 밝혀지면 듀폰은 해당 구성요소를 브랜드화할 가능성이 더 높다. 예를 들어 듀폰이 스테인마스터라는 구성요소 브랜드로 얼룩 방지 카펫 섬유를 출시한 이유 중 하나는 회사가 시장에서 '강력한' 연관성이 높게 평가될 것이라고 생각했기 때문이다. 앞서 언급했듯이 스테인마스터는 더 이상 듀폰의 소

구성요소 브랜드의 또 다른 예로, 케블라는 방탄 재료와 보호 강도로 유명하다.

유가 아니다. 그래서 2003년 듀폰은 인비스타(Invista)에 스테인마스터를 포함해서 코흐 인더스트리(Koch Industries)에 44억 달러에 매각했다.

듀폰은 적절하고 효과적인 구성요소 브랜딩 전략이 더 높은 가격 프리미엄(종종 최대 20%), 브랜드 충성도 향상, 가치사슬의 다른 구성원과의 협상력 증가와 같은 여러 경쟁우위로 이어진다고 주장한다. 듀폰은 푸시 및 풀 전략을 모두 사용하여 구성요소 브랜드를 만든다. 소비자 광고는 브랜드에 대한 관심과 그것을 구체적으로 요청하려는 의지를 불러일으킴으로써 소비자의 관심을 유발한다. 협동 광고, 훈련 및 무역 촉진의 형태로 광범위한 무역 지원은 가치사슬의 다른 구성원들로부터 듀폰에 대한 강한 충성심을 촉진함으로써 압력을 발생시킨다. 이러한 충성도는 듀폰이 유통업체로부터 유리한 조건을 협상하는 데 도움이 되며 신제품이 출시될 때 협력을 증가시킨다.

출처 : Nigel Davis, "DuPont Innovating a Way Out of a Crisis," www.icis.com, June 23, 2009; Kevin Lane Keller, "DuPont: Managing a Corporate Brand," *Best Practice Cases in Branding*, 3rd ed. (Upper Saddle River, NJ: Pearson Prentice Hall, 2008); "2010 DuPont Annual Review," www.dupont.com; "2013 DuPont Databook," www.dupont.com, accessed December 20, 2017; Wikipedia, https://en.wikipedia.org/wiki/DuPont#cite_note-data-1, accessed December 20, 2017; "Company News; DuPont to Sell Invista Unit for $4.4 Billion," *Bloomberg News*, November 18, 2003, https://www.nytimes.com/2003/11/18/business/company-news-dupont-to-sell-invista-unit-for-4.4-billion.html, accessed October 27, 2018.

업체와 협력해 소매 판매 및 판촉 프로그램이 포함된다. 푸시 전략의 일환으로 제조업체 또는 기타 채널 구성원의 협력 및 지원을 얻기 위해 헌신할 필요가 있을 수도 있다.

라이선싱

라이선싱(licensing)은 기업이 일정 금액의 수수료를 지불하고 그들 자신의 브랜드를 마케팅하기 위해 다른 브랜드의 이름, 로고, 캐릭터 등을 사용할 수 있는 계약상의 약정을 만든다. 본질적으로 회사가 제품의 브랜드자산에 공헌하기 위해 또 다른 브랜드를 '임대'하는 것이다. 브랜드자산을 구축하는 지름길일 수 있기 때문에 라이선싱은 최근 몇 년 동안 인기를 얻고 있다. 상위 125개 글로벌 라이선스 제공자(licensors)는 2010년 라이선스 제품 판매로 1,840억 달러 이상의 매출을 올렸다. 라이선싱의 챔피언은 아마도 월트디즈니일 것이다.[36]

엔터테인먼트 라이선싱은 최근 몇 년간 확실히 큰 사업이 되었다. 성공적인 라이선스 제공자에는 〈해리포터〉, 〈트랜스포머〉, 〈스파이더맨〉과 같은 영화 제목과 로고, 연재 코믹 만화 캐릭터인 가필드, 피너츠, 그리고 TV와 만화 캐릭터인 세서미스트리트, 심슨가족, 네모바지 스폰지밥 등을 포함한다. 매년 여름, 마케팅 담당자들은 차기 블록버스터 프랜차이즈를 찾으면서 영화 제휴에 수백만 달러를 쓴다.

디즈니 소비재

월트디즈니는 세계에서 가장 강력한 브랜드 중 하나로 인정받고 있다. 그 성공의 대부분은 TV, 영화, 테마파크, 기타 엔터테인먼트 벤처에 있다. 이 다양한 도구를 통해 많은 사랑을 받는 캐릭터와 수준 높은 엔터테인먼트로 명성을 만들어 냈다. 디즈니컨슈머프로덕츠(Disney Consumer Products, DCP)는 디즈니 장난감, 디즈니 패션 및 홈, 디즈니 푸드, 건강, 화장품, 디즈니 문구류 등 다양한 사업 부문을 통해 디즈니 이름과 캐릭터를 소비자의 마음에 새기기 위해 고안되었다. DCP는 1929년 월트디즈니가 어린이용 태블릿에 사용하기 위해 미키마우스 이미지를 라이선스한 것으로 거슬러 가는 긴 역사를 가지고 있다. 디즈니는 1950년대에 마텔(Mattel)이 만든 장난감을 위해 캐릭터 라이선스를 받기 시작했다. DCP는 2015년 전 세계 라이선싱 상품 소매 판매량 525억 달러를 기록하면서 글로벌 라이선싱 1위에 올랐다.[37]

디즈니의 라이선싱 활동은 특히 비디오 게임 개발자, 출판사, 소매업체가 회사의 중요한 수익을 가져다준다.

출처 : Kevin Britland/Alamy Stock Photo

DCP의 〈스타워즈〉 프랜차이즈는 2015년에 72억 달러의 소매 매출을 올렸는데, 이는 소매업계에서 가장 지배적인 자산이었다. 마블의 〈어벤져스〉, 〈겨울왕국〉, 디즈니 프린세스, '장난감 의사 맥스터핀스'도 라이선스 수익에 크게 기여했다. 디즈니 라이선싱 크리에이티브 리소스 부서의 예술가들은 디자인, 시제품 제작, 제조, 포장 및 광고를 포함한 제품 마케팅의 모든 측면에 대해 제조업체와 긴밀히 협력한다.

라이선싱은 특히 비디오 게임 개발자, 출판사 및 소매업체로부터 디즈니의 중요한 수익원이다. 그들의 10-K 보고서에 따르면 "소비자 제품 및 인터랙티브 미디어 부문은 주로 소비자 상품, 출판된 자료, 멀티 플랫폼 게임에 사용하기 위해 우리의 영화, TV, 기타 재산의 캐릭터와 콘텐츠를 제3자에게 라이선싱함으로써 수익을 창출한다"(p. 14). 게다가 디즈니는 장난감, 의류, 문구, 신발, 가전제품을 포함한 자체 상품 라이선싱 사업을 하고 있으며 디즈니의 주요 라이선싱 자산으로는 스타워즈, 미키앤드미니(Mickey and Minnie), 겨울왕국, 어벤져스, 디즈니 프린세스 등이 있다.[38] 5년 동안(2010~2015년) 디즈니는 라이선싱 상품의 소매 판매에서 총 239억 달러를 추가해 1위를 유지했다. 미국에서 라이선싱 수익 1위라는 것은 디즈니 브랜드의 강점을 보여주는 사실이다.

라이선싱은 라이선스 제공자에게 수익이 높은 사업이다. 라이선싱은 디자이너 의류 및 액세서리에 있어 오랫동안 중요한 사업 전략이 되어왔다. 도나카란(Donna Karan), 캘빈클라인(Calvin Klein), 피에르가르뎅(Pierre Cardin) 등과 같은 디자이너들은 의복, 벨트, 타이, 가방 등 다양한 제품에 자신들의 이름을 사용할 권리에 대해 막대한 로열티를 받는다. 30년이 넘는 기간 동안 랄프로렌(Ralph Lauren)은 세계에서 가장 성공적인 디자이너가 되었으며 랄프로렌, 더블 RL, 폴로 브랜드를 많은 다양한 종류의 제품에 라이선스했다. 2015년에 랄프로렌의 라이선스 수익은 1억 6,900만 달러였다.[39] 모든 사람이 라이선싱 사업에 뛰어들고 싶어 한다. 의류 및 기타 제품에 대한 스포츠 라이선싱은 수십억 달러 규모의 사업으로 성장했다.

랄프로렌 같은 명품 브랜드는 라이선싱을 2차 수익의 중요한 원천으로 활용한다.

라이선싱은 상표(trademarks)에 대한 법적 보호를 제공할 수 있다. 특정 제품군에 사용하기 위해 브랜드를 라이선싱하는 것은 법적으로 그 제품군에 진입하기 위해 브랜드 이름을 사용하는 다른 기업 또는 잠재적 경쟁자를 방지할 수 있다. 예를 들어 코카콜라는 부분적으로 법적 보호 차원에서 라디오, 유리 제품, 장난감 트럭, 의류를 비롯한 여러 제품 영역에서 라이선싱 계약을 체결했다. 밝혀진 바에 따르면, 라이선싱 프로그램이 매우 성공적이어서 현재 코카콜라라는 이름의 다양한 제품을 소비자에게 직접 판매하고 있다.

라이선싱은 분명히 위험도 수반한다. 마케터가 포화 정책을 채택한다면 상표는 과다 노출될 수 있다. 소비자들은 제품의 뒤에 있는 동기 혹은 마케팅 방식을 알 필요는 없으며 브랜드가 겉으로는 관계가 없는 제품에 라이선싱을 준다면 소비자들은 혼동을 일으키거나 심지어 화를 낼 수도 있다. 게다가 제품이 소비자의 기대에 부응하지 못하는 경우 브랜드네임이 퇴색될 수 있다.

가이드라인

라이선싱의 한 가지 위험은 제조업체가 현재는 인기 있을지 모르지만 유행에 불과하고 단명한 매출을 창출하는 브랜드의 라이선싱에 휘말릴 수 있다는 것이다. 여러 라이선싱 계약으로 인해 라이선싱된 독립체들은 쉽게 과도하게 노출되어 빠르게 마모될 수 있다. 친숙한 악어 문장이 있는 아이조드라코스테(Izod Lacoste)의 매출은 1982년에 4억 5,000만 달러로 최고조에 달했지만 브랜드가 과다 노출되고 가격이 할인된 후 1990년에는 셔츠 판매가 약 1억 5,000만 달러로 감소했다.[40] 수많은 가짜 복제품이 시장에 넘쳐나면서 브랜드가 더욱 노출되고 가치가 떨어졌다. 이름을 라코스테와 아이조드 브랜드로 나누었고, 라코스테가 시장 상향을 시도하는 동안 아이조드는 중간 규모를 유지했다. 결국 이 브랜드는 판호이젠(Van Heusen)이 소유하고 있는 아이조드와 함께 각기 다른 회사에 매각되었다. 필립스−판호이젠(Phillips-Van Heusen)이 인수한 이 브랜드는 보다 신중한 마케팅의 결과로 재기하고 있다.

기업은 라이선싱 계약에서 스스로를 보호하기 위해 많은 조치를 취하고 있다. 특히 자체 브랜드자산이 거의 없고 라이센서의 이미지에 의존하는 기업은 더욱 그러하다.[41] 예를 들어 기업은 위험을 분산하기 위해 광범위한 라이선싱을 받은 기업(일부는 더 내구성이 있음)에 대한 라이선스 권리를 획득하고 있다. 라이선스 사용자는 판매가 단순히 다른 브랜드의 인기에 따라 달라지지 않도록 고유한 신제품과 판매 및 마케팅 접근방식을 개발하고 있다. 일부 기업은 제품과 라이선스 법인의 적절한 일치를 확인하거나 효과적인 재고 관리를 위해 보다 정확한 판매 예측을 제공하기 위해 마케팅 조사를 실시한다.

기업 상표 라이선싱(corporate trademark licensing)은 회사 이름, 로고, 브랜드 등을 여러 제품에 사용하기 위해 라이선싱하는 것을 말한다. 예를 들어 몇 년 전 금융 위기의 깊숙한 순간에 할리데이비슨은 오토바이와 특정 라이프스타일과 동의어인 이름을 폴로셔츠, 금반지, 와인 쿨러에 라이선싱하기로 결정했다. 2015년 10-K 보고서에 기술된 바와 같이, 회사는 재무 기반이 튼튼해지자 훨씬 더 일치된 전략을 개발하여 많은 성공을 거두었다.

> 회사는 '할리데이비슨'이라는 이름과 회사가 소유한 기타 상표에 대한 라이선싱을 부여함으로써 열성적인 소비자를 위한 다양한 제품을 통해 고객과 일반 대중에게 할리데이비슨 브랜드의 인지도를 높인다. 회사의 라이선스 제품에는 티셔츠, 차량 및 차량 액세서리, 보석, 가죽 소품, 장난감 및 기타 수많은 제품이 포함된다. 라이선스 활동의 대부분은 미국에서 이루어지지만 회사는 이러한 활동을 국제 시장으로 계속 확장하고 있다. 할리데이비슨의 2015년 10-K 보고서에 따르면 오토바이 부문 순이익에 포함된 라이선싱 로열티 수익은 2015년, 2014년, 2013년에 각각 4,650만 달러, 4,710만 달러, 5,890만 달러였다.[42]

지프(Jeep), 캐터필러(Caterpillar), 존디어(John Deere), 잭다니엘(Jack Daniel)과 같이 좁아 보이는 다른 브랜드도 광범위한 라이선싱 계약 포트폴리오에 들어갔다.

자신들의 트레이드마크를 보호하거나, 브랜드 노출을 증가시키거나, 브랜드 이미지를 향상시키는 것 등 다양한 동기가 있을 것이다. 재고, 수취계정, 제조비용 등이 없을 경우 라이선싱을 통한 이윤에 대한 매력은 매우 크다. 실제 비율이 2~10%까지 변할 수 있지만, 평균적인 거래에서 라이선스 취득자는 라이선스권을 보유한 회사에 각 제품 도매가의 5% 정도를 사용료로 지불한다. 5장에서 언급한 것처럼, 일부 회사는 현재 그들 자체의 카탈로그를 통해 라이선스 된 제품들을 판매한다.

그러나 다른 여느 공동 브랜딩 방식의 협정들과 마찬가지로 위험한 것은 제품이 브랜드에 의해 확립된 명성에 안 좋은 영향을 미칠 수도 있다는 것이다. 부적절한 라이선싱은 잠재적으로 소비자에게 있어 브랜드 의미와 조직 내 마케팅 집중도를 희석시킬 수 있다. 소비자는 특정 제품이나 서비스의 뒤에 있는 금융 방식에는 관심이 없다. 브랜드를 사용하는 경우, 브랜드 약속은 지켜져야 한다.

유명인 보증

유명하고 존경받는 사람들을 상품 홍보에 이용하는 것은 오랜 마케팅 역사를 가진 광범위한 현상이다. 고 로널드 레이건(Ronald Reagan) 미국 대통령도 배우 시절에 담배를 포함한 여러 가지 다른 제품을 피칭하며 유명인들의 지지자였다. 미국에서 제품 홍보를 거부하는 일부 미국 배우는 해외 시장에서 기꺼이 그렇게 할 것이다. 예를 들어 브와인(Bwain) 음료의 미국 배우 아놀드 슈워제네거, 소프트뱅크(Softbank)의 브래드 피트, 기린(Kirin) 맥주의 해리슨 포드는 모두 일본에서 유명인 브랜드 광고를 찍었다. 밀워드브라운(Millward Brown)은 미국 광고의 15%에 연예인이 출연한다고 추정했지만, 그 숫자는 인도의 경우 24%, 대만의 경우 45%로 급증했다.[43]

이러한 전략의 근거는 유명인이 유명인에 대한 지식을 바탕으로 소비자가 만드는 추론을 통해 브랜드에 관심을 끌고 브랜드에 대한 인식을 형성할 수 있다는 것이다. 연예인들의 팬도 그들의 제품이나 서비스의 팬이 되기를 바란다. 유명인은 브랜드에 대한 인지도, 이미지, 반응을 향상할 수 있을 만큼 충분히 알려져야 한다.

특히 유명인 보증인은 높은 수준의 가시성과 잠재적으로 유용한 연상, 판단 및 감정의 풍부한 집합을 가져야 한다.[44] 이상적으로는 전문 지식, 신뢰성, 호감도 또는 매력 측면에서도 신뢰할 수 있어야 한다. 잠재적인 제품 관련성을 전달하는 특정 연관성이 있는 것으로 간주된다. 매우 신뢰할 수 있는 브랜드를 구축하고 활용하는 놀라운 일을 한 사람은 오프라 윈프리이다.

오프라 윈프리

세계에서 가장 성공적이고 가치 있는 인물 중 한 명은 오프라 윈프리(Oprah Winfrey)이다. 《포브스》는 그녀의 순자산을 31억 달러라는 엄청난 금액으로 추정하고 있다.[45] 가난과 여러 개인적 어려움이 있었던 어린 시절을 극복하고 '최고의 삶을 살라(Live Your Best Life)'라는 자신의 모토에 따라, 그녀는 끊임없는 낙관주의와 자기계발을 위한 추진력으로 전 세계 모든 미디어 시장을 지배할 수 있는 엔터테인먼트 프랜차이즈를 운영했다.

그녀가 청중과 공감대를 형성하는 과정은 마케팅 금광을 만들어냈다. 그녀의 쇼 신디케이션 인생 초기에 교묘하게 결성된 그녀의 하포(Harpo) 제작 회사는 필 박사(Dr. Phil), 오즈 박사(Dr. Oz), 레이첼 레이(Rachael Ray), 디자인 전문가 네이트 버커스(Nate Berkus)와 같은 그녀의 가장 인기 있는 게스트를 위해 히트 스핀오프 쇼를 시작했다. 허스트(Hearst)에서 발행하는 〈O〉 매거진은 2015년에 15주년을 맞이했으며, 월간 약 1,800만 부의 발행부수를 기록하고 있다.[46]

윈프리는 브로드웨이 쇼, 장편 영화 및 TV 영화를 제작했으며 자신의 위성 라디오 방송국을 보유하고 있다. 2011년 5월 25일에 방송된 TV 쇼를 마지막으로 25년간의 방송을 마친 후 그녀는 새로운 케이블 채널인 OWN에 에너지를 돌렸다. 그녀의 TV 네트워크 OWN(오프라 윈프리 네트워크)은 미국에서만 매일 1,580만 명의 시청자가 시청했으며, 결국 디스커버리커뮤니케이션즈(Discovery Communications)에 매각되었다.[47]

윈프리의 진실 된 본성과 청중들에 대한 신뢰는 '오프라 효과'라고 불리는 현상인 어떤 제품이나 브랜드의 광고도 즉각적으로 히트하게 만들었다. 〈오프라 북 클럽〉은 토니 모리슨(Toni Morrison)의 책과 같은 많은 베스트셀러를 출시하였고, 출판 산업을 살린 공로를 인정받았다. 그녀가 웨이트워처스의 지분 10%를 사들였을 때, 그 회사의 주식은 급등했

오프라 윈프리의 〈O〉 매거진은 많은 청중을 보유하고 있으며 유명인
사로서의 그녀의 인기를 바탕으로 하고 있다.

출처 : Getty Images

다. 그녀의 연례 정보광고 같은 'Favorite Things' 쇼는 때때로 세간의 이목을 끌지 못하는 브랜드를 하룻밤 사이에 성
공으로 변화시켰다. 예를 들어 캐롤의 딸(Carol's Daughter)이라고 불리는 한 자연 미용 회사가 오프라 쇼에 출연한 후
유명인사로부터 수백만 달러의 자금을 지원받았고, 결국 로레알에 의해 인수되었다.[48] 오프라 윈프리는 크래프트하인
즈(Kraft Heinz)와 'O! That's Good'이라고 불리는 포장 식품 라인을 공동 출시할 계획을 발표했다. 이 제품군은 베이
크드 포테이토 수프, 브로콜리 체다 수프 등 합리적인 가격의 냉장 간편식품이 특징이다. 이 제품군은 오프라 윈프리의
건강과 영양에 대한 공략을 강화하고, 건강한 냉장 식품에 대한 크래프트하인즈의 입지를 확고히 할 것이다.

잠재적인 문제

유명인을 브랜드에 연결하는 잠재적인 장점에도 불구하고 몇 가지 잠재적인 문제가 있다. 첫째,
유명인 보증인은 너무 많은 제품을 보증하여 특정 제품 의미가 결여되거나 기회주의적이고 불성
실하게 보일 수도 있다. NFL 스타 쿼터백 페이튼 매닝(Peyton Manning)은 미식축구장에서의 성
공과 그의 "앗, 젠장(Aw, shucks)" 성격을 다이렉TV(DirectTV), 게토레이, 마스터카드, 오레오, 리
복, 스프린트(Sprint) 등 여러 브랜드의 광고계약에 활용하고 있으며, 특히 많은 광고가 미식축구
시즌과 동시에 방영된다는 점을 고려할 때 과다 노출의 위험이 있다.[49] 브랜딩 브리프 8-4에서
설명한 레이첼 레이의 뉴트리시(Rachael Ray Nutrish) 사례는 이러한 유형의 위험을 강조한다.

둘째, 유명인과 제품 사이에 합리적인 일치가 있어야 한다.[50] 과거의 많은 보증이 이러한 테스
트에 실패한 것으로 보인다. NBA 스타 코비 브라이언트(Kobe Bryant)와 경주용 자동차 운전자 대
니카 패트릭(Danica Patrick)은 광고에 등장했지만, 각각 터키항공과 고대디(Go Daddy) 인터넷 도
메인 등록 대행 및 호스팅 회사와 논리적 연관성이 없어 보인다.

브랜딩 브리프 8 - 4

레이첼 레이의 뉴트리시

레이첼 레이의 뉴트리시는 슈퍼 프리미엄 시장을 겨냥한 애완동물 사료 브랜드이다. 특히 고양이 사료 시장은 네슬레의 퓨리나(Purina), 아이암스(IAMS) 등 다수의 경쟁업체가 시장을 지배하고 있다. 퓨리나는 고양이를 위한 간식, 고양이 배설물 처리 및 기타 비식품 관련 제품을 판매한다. 레이첼 레이의 목표는 건강에 관심이 많은 고양이 주인에게 다른 성분이 들어가 있지 않은 건강하고 매력적인 천연 성분에 중점을 두어 고양이가 좋아하는 슈퍼 프리미엄 제품을 제공하는 것이다.

이 슈퍼 프리미엄 고양이 사료의 영양학적 이점을 애완동물 주인에게 납득시키기 위해, 그들은 레이첼 레이를 주인공으로 하는 유명인들의 홍보 전략에 착수해야만 했다. 레이첼 레이가 왜 이 브랜드의 이상적인 유명인사였는가? 레이첼 레이는 요리에 관한 TV 프로그램 출연과 쇼 덕분에 세계에서 가장 인정받는 요리사 중 한 명이다. 그녀는 지역 시장의 요리 강사로 활동하던 것에서 푸드네트워크(Food Network)의 〈30분 식사(30 Minute Meals)〉라고 불리는 쇼를 진행하는 것으로 유명해졌다. 이 쇼는 〈하루에 40달러〉, 〈레이첼 레이의 테이스티 트래블〉, 〈레이첼 레이의 일주일〉, 〈레이첼 대 유명인사 요리대결〉에 출연하는 다른 쇼의 시작점이 되었다. 두 번의 데이타임 에미상(Daytime Emmy Awards) 및 여러 번의 에미상 후보였던 레이첼 레이는 유명 요리사가 되기 위한 과정을 잘 가고 있었다.

레이첼 레이의 유명 셰프 지위 외에도 애완동물을 둘러싼 그녀의 자선 활동은 그녀를 브랜드의 이상적인 유명인 보증인으로 만들었다. 레이첼 레이는 그녀의 조직인 레이첼 보호소(Rachael's Rescue)를 통해 전국의 반려동물 보호소가 동물을 죽이지 않는 것을 열정적으로 옹호했으며, 2015년에는 전국의 애완동물 보호소에서 애완동물을 돌보는 데 1,500만 달러를 기부했다. 애완동물이 필러로 만든 사료를 섭취해 사망한다는 소식이 전해지자 레이첼 레이의 뉴트리시는 2008년 시장의 충족되지 않은 수요를 해결하기 위해 필러가 없는 브랜드로 출시되었다.

레이첼 레이와 뉴트리시의 제휴로 애완동물 사료 시장에서 맛있는 대안으로 브랜드 신뢰도를 높이고 시장의 핵심 트렌드를 활용했다. 이 시기에 소비자들 사이에서 건강과 웰니스의 중요성이 증가하는 부분은 애완동물 사료 시장에도 중요한 영향을 끼쳤다. 많은 반려동물 주인이 인간이 아이를 돌보는 것과 거의 같은 방식으로 반려동물을 돌보고 있었는데, 이는 프리미엄 엔드 시장에서 9%의 매출 성장률(가치 부문 6% 감소 대비)을 부추기고 있다. 주요 고객 통찰력은 애완동물 주인이 종종 자신의 식사에 나온 음식을 애완동물의 그릇에 섞는 것이었다. 이런 '애완동물의 인간화'와 슈퍼 프리미엄 브랜드의 성장 배경에서 레이첼 레이의 뉴트리시는 유명 셰프의 레시피를 활용해 반려동물을 위해 준비한 최고의 사료를 반려동물에게 제공하고 있다는 느낌을 줄 수 있도록 해 성공했다.

레이첼 레이의 뉴트리시 브랜드의 마케팅노력은 시장의 슈퍼 프리미엄 부문 판매를 성공적으로 강화했다. 이 브랜드는 매장 내 간판을 늘리고 인접한 통로에 구매 트리거를 배치해 대량 상품 소매점의 애완동물

레이첼 레이의 뉴트리시는 애완동물 사료 브랜드에 대한 유명인사의 훌륭한 사용을 나타낸다. 레이첼 레이는 그녀의 조직인 '레이첼 보호소'를 통해 애완동물 보호를 옹호하는 것으로도 잘 알려진 유명 요리사이다.

사료 통로에 대한 트래픽을 늘렸다. TV, 인쇄 매체, 디지털 광고를 통해서 바쁜 워킹맘을 포함한 35~54세의 대상 고객을 대상으로 4,000만 달러의 광고 캠페인을 만들었다. 이 브랜드는 또한 온라인 소셜 인플루언서를 포함하는 캠페인을 실시하여 브랜드 인지도와 시도를 모두 제고했다. 버즈피드(BuzzFeed)와의 공동 브랜드 파트너십에는 고양이 구조 및 입양을 중심으로 한 동영상과 후원 게시물이 포함되어 있다. "고양이를 싫어하는 사람들은 일주일 동안 고양이와 함께 산다(People Who Hate Cats Live with Cats for a Week)"라는 제목의 한 공동 브랜드 동영상은 출시 3주 만에 유튜브와 페이스북에서 650만 건 이상의 조회수를 기록했다. 뉴트리시와 버즈피드는 또한 CatConLA에서 공동 브랜드로 전시되어 부스 방문자는 현장 캐리커처 아티스트가 만든 맞춤형 '캐티컬처(Caticature, 자신의 고양이와 자신의 캐리커처가 결합됨)'를 집으로 가져갈 수 있었다. 디지털 및 소셜 미디어 채널과 전통적인 TV 및 인쇄 광고, 유명인 보증인 전략을 사용한 이러한 활성화는 의도한 효과를 나타냈다. 2015년 레이첼 레이의 뉴트리시 브랜드는 연평균 49%의 연간복합성장률(CAGR)로 놀라운 속도로 성장하며 선도적인 애완동물 사료 브랜드로 자리매김했다. 그 성공의 결과로 주류 소매업체의 슈퍼 프리미엄 개사료 판매는 2011년 0.5%의 부진한 매출 성장에서 2015년

13%로 증가했다. 에인스워스(Ainsworth)의 마케팅 부사장인 스티브 조이스(Steve Joyce)는 "이번 성공의 원인은 소비자가 전통적인 식료품점과 대형 소매점에서 제품을 구매할 수 있는 합리적인 가격에 고품질 애완동물 제품을 제공한다는 사실에 기인한다. 또한 레이의 강아지 이사부(Isaboo), 동물에 대한 진정한 사랑, 그리고 레이가 일반적으로 영양에 얼마나 신경을 쓰는지를 소비자와 연결한다"고 이야기했다.

공동 브랜드 제품의 성공에도 불구하고 파트너십에는 많은 단점이 있다. 단일 유명인 레이첼 레이에 대한 과도한 의존은 유명인이 시간이 지남에 따라 매력을 잃는 경우 브랜드를 위험에 노출시킨다. 레이첼 레이와의 연결 강점은 브랜드가 다른 유명인 지지자와의 새로운 연관성을 추가하거나 다른 파트너십을 활용하는 것을 방해할 수도 있다. 건강한 애완동물 사료와의 강한 연관성은 브랜드가 다른 유형의 제품 범주를 목표로 하는 새로운 제품을 도입하는 것을 방해할 수 있다. 따라서 레이첼

레이와의 관계는 브랜드가 다른 방식으로 성장하는 것을 방해할 수 있으며, 미래의 기회를 제한할 수 있다.

출처 : Meggen Taylor, "Nutrish: Rachael Ray's Pet Food Comes with a Heaping Dash of Philanthropy," June 20, 2016, www.forbe.com/sites/meggentaylor/2016/06/20/nutrish-rachael-rays-pet-food-comes-with-a-heaping-dash-of-philanthropy/#440e5a2312c9, accessed December 22, 2017; Nielsen.com, "Premiumization Can Teach an Old Pet Food Brand New Tricks," March 15, 2016, www.nielsen.com/us/en/insights/news/2016/premiumization-can-teach-an-old-pet-food-brand-new-tricks.html, accessed December 22, 2017; Tanya Gazdik, "Rachael Ray's Nutrish Pet Food Launches $ 40 Million Campaign," May 6, 2016, www.mediapost.com/publications/article/275164/rachael-rays-nutrish-pet-food-launches-40-millio.html?edition, accessed December 22, 2017.

셋째, 유명인은 곤경에 처하거나, 인기를 잃거나, 브랜드에 대한 그들의 마케팅 가치를 떨어뜨리거나, 기대에 부응하지 못할 수 있다. 대부분의 회사는 유명인과 계약하기 전에 배경 확인을 수행하지만 미래의 나쁜 행동을 방지하지는 못한다. 빌 코스비(Bill Cosby), 랜스 암스트롱(Lance Armstrong), O.J. 심슨(O.J. Simpson), 마사 스튜어트(Martha Stewart), 마이클 잭슨(Michael Jackson)과 같은 많은 대변인이 수년간 법적 어려움, 개인적인 문제 또는 그들의 마케팅 가치를 떨어뜨린 어떤 형태의 논쟁에 부딪혔다.[51] 그림 8-5는 유명 연예인의 홍보 불상사를 다룬 불량배들의 갤러리이다.

그림 8-5
유명인의 홍보 불상사

출처 : Jack Trout, "Celebs Who Un-Sell Products," *Forbes*, September 13, 2007; Mike Chapman, "Celebrities Moving Products? Not So Much," *Adweek*, June 8, 2011; Steve McKee, "The Trouble with Celebrity Endorsements," *Bloomberg BusinessWeek*, November 14, 2008.

유명인사 및 브랜드	불상사
제임스 가너와 시빌 셰퍼드-소고기	가너가 심장 문제를 겪고, 셰퍼드가 잡지 인터뷰에서 그녀는 붉은 고기를 먹지 않았다고 이야기한 후에 소고기 홍보대사를 그만두었다.
마르티나 힝니스-세르지오 타키니(Sergio Tacchini)	5년 계약의 한가운데, 한때 여자 테니스 챔피언이었던 그녀는 만성적인 발 부상을 입었다고 주장한 후 자신의 테니스화를 만든 이탈리아 제조업체인 세르지오 타키니를 3,500만 달러를 배상하라고 고소했다.
마이클 빅-나이키, 리복, 어퍼데크(Upper Deck) 등	투견으로 유죄 판결을 받아 징역형을 선고받았을 때, 미식축구 스타인 빅은 자신이 속한 팀에서 제명된 후 5,000만 달러 이상의 스폰서 계약을 잃었다고 한다.
우피 골드버그-슬림패스트	코믹 여배우는 민주당 기금 마련 행사에서 당시 조지 W. 부시 대통령에 대해 비판적인 발언을 한 후 광고에서 물러났다.
코비 브라이언트-맥도날드, 스프라이트, 누텔라	농구 스타인 코비 브라이언트는 성폭행 혐의로 기소된 후 그가 출연하는 홍보에서 물러나게 되어 수백만 달러를 잃었다.
케이트 모스-H&M, 펩시, 버버리, 샤넬	타블로이드 신문에서 그녀가 코카인을 복용하는 모습을 보도한 후 여러 회사가 그녀를 홍보 모델에서 물러나게 했다.
마이클 펠프스-켈로그	올림픽 수영 챔피언인 그는 마리화나를 피우는 사진이 찍힌 후 모델을 그만두었다.
타이거 우즈-액센츄어, 질레트, 게토레이, AT&T	골프 챔피언은 불륜에 대한 보도가 나오면서 수많은 지지자를 잃었다.

일부 마케터는 알려진 상품에 매력을 넓히고 한 유명인과 연결되는 위험을 줄이기 위해 여러 명의 다른 유명인 또는 사망한 유명인을 고용하기 시작했다. 예를 들어 마이클 잭슨(연간 1억 1,500만 달러 수익 창출), 엘비스 프레슬리(5,500만 달러 수익), 찰스 슐츠(4,000만 달러 수익 창출) 같은 죽은 유명인은 라이선싱 및 보증을 통해 계속 수익을 창출한다.[52]

넷째, 많은 소비자가 연예인이 단지 돈 때문에 홍보를 하고 있고 있다고 느끼며 반드시 브랜드를 믿거나 사용하지도 않는다. 설상가상으로 일부는 유명인사가 광고에 출연하기 위해 버는 비용이 브랜드에 불필요한 비용을 추가한다고 생각한다. 실제로 유명인은 종종 저렴하지 않으며 홍보를 위해 수백만 달러를 요구할 수 있다.

또한 유명인은 함께 일하기 어려울 수 있으며 브랜드의 마케팅 방향을 기꺼이 따르지 않을 수 있다. 테니스 선수 안드레 애거시(Andre Agassi)는 나이키 광고와 동시에 캐논 리벨(Rebel) 카메라 광고에 출연하면서 나이키의 인내심을 시험했다. 이 광고에서 그는 카메라를 바라보며 나이키의 브랜드자산 기반인 '진정한 운동 경기력(authentic athletic performance)'과 반대되는 '이미지가 모든 것(Image Is Everything)'임을 선언했다. 그러나 프랑스 오픈 우승으로 애거시는 다시 나이키에 복귀했다.

마지막으로, 6장에서 언급한 바와 같이 연예인은 광고에서 브랜드에 대한 관심을 분산시켜 소비자가 스타를 주목하지만 광고된 브랜드를 기억하는 데 어려움을 겪을 수 있다. 펩시코는 가수 비욘세 놀스(Beyoncé Knowles)와 브리트니 스피어스(Britney Spears)가 캠페인에서 동일한 프로모션 효과를 얻지 못한다고 느꼈을 때 광고 캠페인에서 제외하기로 결정했다.

7장에서 언급했듯이 때때로 유명인이 등장하는 브랜드는 논란의 대상이 될 수 있으며, 이는 브랜드 및 관련 후원자의 위상을 낮출 수 있다. 펩시 광고에 출연한 슈퍼모델 켄달 제너는 펩시 광고 캠페인 이후 우연히 논란의 대상이 되었다. 이 광고는 펩시의 판매를 늘리기 위해 전국적인 항의 운동인 '흑인의 생명도 소중하다(Black Lives Matter)' 운동을 부적절하게 이용하고 있다고 느끼는 시청자들로부터 상당한 반발의 대상이 되었고, 따라서 브랜드와 유명인(즉 펩시 및 켄달 제너)은 부정적인 감정의 대상이 되었다.

브랜드는 유명인에게 너무 의존할 수 있다. 웬디스(Wendy's) 설립자이자 회장인 데이브 토머스(Dave Thomas)는 가정적이며 소박한 대중적인 스타일과 강력한 제품 중심으로 인해 웬디스 레스토랑 체인에서 효과적인 투수였다. 성인 소비자의 90% 이상이 인정하는 그는 2002년 초 사망할 때까지 12년 동안 수백 편의 광고에 출연했다.[53] 그러나 그 후 몇 년 동안 웬디스 브랜드는 그를 대체할 올바른 광고 접근방식을 찾기 위해 고군분투했다. 레이첼 레이의 뉴트리시의 경우도 이러한 우려를 반영하는 사례 연구이다.

코비 브라이언트(유명한 농구 선수)는 나이키가 그들의 브랜드를 효과적으로 홍보하기 위해 사용한 많은 유명 운동선수 중 하나다.

가이드라인

이러한 문제들을 극복하기 위해 마케터는 유명 보증인을 전략적으로 평가하고 선택하고 이용해야 한다. 첫째, 유명인의 연상이 브랜드에 적절하게 전이될 것 같으며 잘 알려지고 잘 정의된 유명인을 선택하는 것이 중요하다. 예를 들어 브렛 파브르(Brett Favre)의 잘못된 은퇴 출발에도 불구하고, 그는 단호하고 현실적인 사람으로 뒷마당 미식축구 경기 시에 아주 잘 어울린다는 '정말로 편안한 청바지' 랭글러(Wrangler) 광고에 출연했다.

둘째, 브랜드와 인물 간에는 논리적 적합성이 존재해야 한다.[54] 혼동이나 희석을 줄이기 위해 유명인은 다른 많은 브랜드에 연결되거나 과다 노출되어서는 안 된다. 예를 들어 홍콩의 인기 배우 성룡은 전기 자전거에서부터 바이러스 백신 소프트웨어, 냉동 만두 등 너무 많은 제품을 홍보한 것으로 비난을 받았다. 불행히도 그가 홍보한 많은 제품에 문제가 발생했다. 샴푸에 발암 물질이 포함되어 있다는 주장이 제기되었고, 자동차 수리 학교가 졸업장 스캔들로 타격을 받았으며, 비디오 CD와 교육용 컴퓨터 제조업체가 모두 문을 닫았다. 한 중국 사설은 다음과 같이 말했다. "그는 역사상 가장 멋진 대변인이 되었습니다. 무엇이든 파괴할 수 있는 사람이죠!"[55]

셋째, 유명인은 그 관련 연상을 조명하고 전이를 북돋울 수 있는 창조적 양식으로 광고 및 커뮤니케이션 프로그램에 이용되어야 한다. 데니스 헤이스버트(Dennis Haysbert)는 TV 시리즈 〈24〉에서 미국 대통령을 연기했고, 올스테이트보험의 'You're in Good Hands' 광고에서 대변인 역할을 비슷하게 연기해 위엄 있고 안심할 수 있는 어조를 취했다. 윌리엄 샤트너(William Shatner)의 유머러스한 프라이스라인(Priceline) 광고는 완전히 다른 태도로, 배우의 자기비하적이고 위트 있는 재치를 활용하여 할인 메시지에 주의를 집중시켰다. 마지막으로, 잠재적인 보증인 후보 등을 규정하고 적합한 마케팅 프로그램 개발을 촉진하며, 그 효과성을 추적하기 위해 마케팅 조사가 수행되어야 한다.

Q 점수

마케팅 평가는 TV 출연자, 뉴스 및 스포츠 앵커, 기자, 운동선수 및 모델과 같은 다양한 연예인과 기타 공인을 대상으로 'Q 점수(Q Scores)'를 결정하기 위해 설문조사를 실시한다. 각 출연자는 '내가 가장 좋아하는 것 중 하나', '매우 좋음', '좋음', '보통', '나쁨', '전에는 본 적이 없거나 들어본 적이 없음'의 척도로 평가한다. '좋아요'부터 '나쁨'까지의 평점을 합산하면 '완전 친숙함'이 된다. 일부 출연자는 잘 알려지지 않았기 때문에 긍정적인 Q 점수는 '내가 좋아하는 것 중 하나' 등급과 '친숙한 것' 등급의 비율이고, 좋지 않은 Q 점수는 '나쁨'과 '보통' 등급에서 '전체적으로 친숙함' 등급이다. 일부 출연자는 잘 알려져 있지 않기 때문에, Q 점수는 '내가 좋아하는 것 중 하나' 등급에 대해 '친숙한 것' 등급에 대한 '좋지 않은 것' 등급과 '보통' 등급의 합계에 대한 비율이다. 따라서 Q 점수는 공인을 아는 사람들 사이에서 공인이 얼마나 매력적이거나 매력적이지 않은지를 포착한다. Q 점수는 대상의 명성과 운에 따라 이리저리 움직일 것이다. 예를 들어 최근 르브론 제임스(LeBron James)를 제치고 가장 인기 있는 NBA 스타로 선정된 골든 스테이트 워리어스(Golden State Warriors)의 스테판 커리(Steph Curry)도 34라는 엄청난 Q 점수를 자랑한다[케빈 듀란트(Kevin Durant)의 Q 점수는 26점, 르브론 제임스의 Q 점수는 29점].[56]

유명인들은 그들이 가치를 제공한다는 것을 확실히 하기 위해 그들 스스로 '브랜드'를 관리해야 한다. 대중적 인지도가 있는 사람은 자신이 근무하는 회사 내에서만이라도 브랜드 이미지를 가장 잘 관리할 수 있는 방법을 고려해야 한다.[57] 브랜딩 브리프 8-5는 일반적으로 개인 브랜딩이 어떻게 작용하는지, 그리고 제품 및 서비스에 대한 전통적인 브랜딩과 어떻게 다른지에 대한 몇 가지 생각을 제공한다.

브랜딩 브리프 8 - 5

사용자 브랜드 관리

비록 많은 브랜딩 원칙이 적용되지만, 개인 브랜드와 제품 또는 서비스 브랜드 사이에는 몇 가지 중요한 차이점이 있다. 다음은 고려해야 할 몇 가지 주요한 차이점이다.

1. 개인 브랜드는 더 추상적이고 무형의 것이지만 매우 풍부한 이미지를 가지고 있다.
2. 개인 브랜드는 경쟁이 매우 광범위하고 종종 쉽게 공감할 수 없기 때문에 비교하기가 더 어렵다.
3. 개인 브랜드는 통제하기 어려운 형성을 유지시키기 어려울 수 있다. 개인 브랜드는 시간이 지남에 따라 다양한 사람과 많은 상호작용 및 경험을 가질 수 있으며 이 모든 것이 브랜드 관리의 복잡성을 가중시킨다.
4. 사람들은 자신의 브랜드 차원에 영향을 미치는 다양한 상황(예 : 일대 놀이)을 위해 다른 페르소나를 채택할 수 있다.
5. 사람들이 다른 사람을 분류하는 것을 좋아하기 때문에 개인 브랜드를 재배치하는 것은 어려울 수 있지만 불가능한 것은 아니다. 배우와 연예인(마크 월버그, 마돈나 등)이 이미지를 바꾼 반면, 실베스터 스탤론과 짐 캐리 같은 다른 배우들은 이미지를 바꾸기 더 어렵다는 것을 알게 되었다.

개인 브랜드를 관리하기 위한 지침으로 다음 권장 사항을 고려하라.

1. 개인 브랜드는 브랜드 요소를 관리해야 한다. 이름은 축약할 수 있고 닉네임은 채택할 수 있다. 비록 한 사람이 로고나 상징을 반드시 가지고 있는 것은 아니지만, 옷차림과 외모 면에서 외모는 여전히 브랜드 아이덴티티를 만드는 데 도움을 줄 수 있다.

2. 사람 브랜드는 그 사람의 말과 행동으로 만들어진다. 그러나 개인 브랜드의 무형적인 특성을 감안할 때 한 시점에서 판단을 내리는 것은 어렵다. 일반적으로 반복적인 노출이 필요하다.
3. 개인 브랜드는 지역, 학교, 대학 등 2차 연상을 통해 브랜드자산을 차입할 수 있다. 개인 브랜드는 브랜드 형평성을 높이기 위해 다른 사람들과 전략적 제휴를 할 수 있다.
4. 개인 브랜드는 신뢰성이 핵심이다. 신뢰도 중요하지만, 더 많은 감정적인 반응을 이끌어내는 측면에서 호가도의 추세력도 좋으니이다.
5. 개인 브랜드는 여러 미디어 채널을 사용할 수 있다. 온라인은 특히 소셜 네트워킹 및 커뮤니티 구축에 유용하다.
6. 개인 브랜드는 신선하고 관련성이 있어야 하며 핵심 인물 특성에 적절하게 혁신하고 투자해야 한다.
7. 개인 브랜드는 브랜드 잠재력과 관련 유사점(POP) 및 차별점(POD) 측면에서 최적의 포지셔닝을 고려해야 한다. 명확하고 설득력 있는 차별점은 직장이나 시장에서 고유한 정체성을 형성하는 데 특히 중요하다.
8. 브랜드 아키텍처는 개인 브랜드에 대해 더 간단하지만 (하위 브랜딩은 관련성이 낮다) 브랜드 확장은 예를 들어 개인이 자신의 인지된 능력에 추가할 때 발생할 수 있다.
9. 개인 브랜드는 항상 브랜드 약속에 부응해야 한다. 평판과 브랜드는 수년에 걸쳐 구축되지만 손상을 입거나 심지어 며칠 만에 파괴될 수도 있다. 한 번의 실수는 파괴적이며 회복하기 어려울 수 있다.
10. 개인 브랜드는 자기주도적이고 인상을 형성하도록 도와야 한다.

새로운 유명인으로서 소셜 인플루언서

그 중요성에도 불구하고, 급속한 성장 영역은 소셜 미디어 유명인을 광고 브랜드에 사용하는 것이다. 우리는 이 현상에 대한 개요를 제공하고 유튜브 팔로워가 많은 주요 유명인에 대해 설명했다. 뷰티 전문가인 미셸 판과 같은 온라인 소셜 인플루언서는 특정 브랜드에 대한 홍보를 바탕으로 연간 최대 300만 달러를 벌 수 있다.[58] 유튜브의 58명의 최고 인플루언서는 동영상당 30만 달러를 벌 수 있는 반면, 최고 페이스북 인플루언서는 게시물당 20만 달러를 벌 수 있다.[59]

소셜 미디어에서 많은 팔로워를 확보할 수 있는 거시적 인플루언서 외에도 소셜 미디어에서 상당한 영향력을 행사하는 연예인이나 미시적 인플루언서가 여러 명 있다. 한 설문조사에서는 이러한 마이크로 인플루언서가 유명인 인플루언서보다 매장 내 구매에 10배 더 큰 영향을 미칠 수 있다고 제안했으며,[60] 응답자의 절반 이상이 시장에 대해 자세히 알아보기 위해 유튜브 검토자(예 : 미셸 판 등)에게 눈을 돌렸다고 말했다. 오늘날 고객들은 판과 같은 일반인을 신뢰하는데, 그들의 홍보가 단순히 돈이 아닌 진정한 전문지식에 의해 움직이는 것처럼 보이기 때문이다. 여성 1,470명을 대상으로 한 설문조사에서 86%가 실제 사람들의 제품 추천을 원하고, 58%가 이를 얻기 위해 유튜브 리뷰어에게 의지하는 것으로 나타났다. 이러한 방식으로 온라인 소셜 인플루언서는 더 적은 관객과 소통하는 더 진정한 방법으로서 전통적인 유명인사 홍보 전략을 빠르게 대체하고 있다.

스포츠, 문화, 기타 이벤트

6장에서 설명한 것처럼 이벤트에는 특정 조건에서 후원 브랜드와 연결될 수 있는 고유한 연관성이 있다. 후원 이벤트는 브랜드와 연관되고 브랜드 인지도를 높이거나 새로운 연상을 추가하거나 기존 연상의 강점, 호감도 및 고유성을 향상시킴으로써 브랜드자산에 기여할 수 있다.[61]

이벤트가 연관성을 전달할 수 있는 주요 수단은 신뢰성이다. 브랜드는 이벤트에 연결되어 더 호감이 갈 수도 있고 신뢰할 수 있거나 전문가처럼 보일 수도 있다. 이러한 이전이 발생하는 정도는 선택한 이벤트와 브랜드자산을 구축하기 위해 스폰서십 프로그램이 어떻게 설계되고 전체 마케팅 프로그램에 통합되는지에 따라 달라진다. 이 장 끝부분에 있는 브랜드 포커스 8.0에서는 스포츠 마케팅에 대규모 투자를 하는 선도 기업을 위한 후원 전략에 대해 설명한다.

스포츠 스폰서십

레드불(Red Bull)은 메이저리그 축구팀을 후원하고 그것을 '뉴욕 레드불스(The New York Red Bulls)'라고 부른다. 또는, 폴로의 U.S 오픈 스폰서십과 갬벨 수프가 미식축구리그(선수들을 축하하는 것 포함)를 후원한다.[62] 이들은 브랜드자산을 강화하기 위해 다양한 스포츠와 연계한 브랜드의 예이다.

스포츠 스폰서십의 근거는 일반적으로 스포츠 스폰서가 특정 대상 청중에게 접근권을 제공한다는 것이다. 레드불의 경우 뉴욕 레드불스와의 파트너십이 타당한데, 이는 미국의 축구 관중들이 레드불의 주요 소비자 타깃을 대표하는 그룹인 18~29세 연령대에 포함되기 때문이다. 게다가 두 브랜드[레드불과 메트로스타즈(Metrostars)라는 메이저리그 축구팀]는 에너지, 재미, 대담성과 같은 특성과 연관이 있어서 그들의 이미지에 시너지효과를 창출한다. 대안적으로, 스포츠 스폰서십은 일반적으로 브랜드나 스포츠와 연관되지 않은 새로운 대상 청중을 포함할 수 있다. 예를 들어 커버걸의 미식축구리그 후원은 시청자의 47%가 여성이라는 주요 고객 통찰력에 기초했다.[63]

파트너십은 또한 스포츠가 전통적인 게임시즌에서 벗어나 번창하고 라이프스타일 브랜드로 격상시킬 수 있도록 할 수 있다. 이것은 가장 힘든 선수들에게 도전하기 위한 12마일의 장애물 경주인 터프머더(Tough Mudder) 경주를 후원했던 야외 장비 회사인 머렐(Merrell)의 사례에서 드러난다. 머렐은 야외 하이킹과 운동화로 유명하며 입지를 확장할 방법을 찾고 있었다.[64] 이에 발맞춰 터프머더 브랜드도 라이프스타일 브랜드로 격상시킬 방법을 모색하고 있었다. 두 브랜드는 파트너십을 통해 목표를 달성했다. 리복과 스파르탄레이스 간에 유사한 파트너십이 발표되어 스파르탄레이스 브랜드의 올터레인(All-Terrain) 신발 시리즈가 도입되었다. 이러한 방식으로 스포츠 스폰서십은 브랜드연상 이전의 고유한 소스를 제공하고 현재 및 잠재적 표적고객 모두가 브랜드를 볼 수 있도록 한다.

제3자의 평가자료

마지막으로, 마케터는 브랜드를 다양한 방식으로 제3자의 평가자료와 연결함으로써 2차적 연상이 창출될 수 있다. 예를 들어 굿 하우스키핑(Good Housekeeping) 인증은 수십 년 동안 품질을 나타내는 표시로 간주되었다. 선도잡지[〈PC〉 잡지], 조직(미국치과협회), 전문가[영화평론가 로저 에버트(Roger Ebert)], 온라인 옐프(Yelp, 소비자 리뷰 사이트) 등으로부터의 추천은 확실히 브랜드에 대한 지각 및 태도를 향상시킬 수 있다.

제3자의 평가자료는 특히 믿을 만한 정보로 간주될 수 있다. 마케터는 이렇게 조사한 결과와 평가자료를 종종 광고 캠페인이나 판매 노력에 포함시킨다. J.D.파워앤드어소시에이츠(J.D. Power and Associates)의 잘 알려진 소비자 만족지수는 1980년대 일본 자동차 제조업자들의 품질 이미지를 고양하는 데 도움을 주었고, 반면에 이것은 결국 미국 내 경쟁 기업들의 품질 이미지를 낮게 평가하는 데 영향을 주었다. 1990년대에 J.D.파워는 항공사, 신용카드, 렌터카, 전화 서비스업 등 다른 산업에서도 품질을 순위 매김하기 시작했다. 그리고 이러한 영역들에서 최고에 오른 브랜드들은 광고 캠페인에서 자사의 브랜드가 수상했다는 사실을 다루기 시작했다.

그레이구스

시드니 프랭크(Sidney Frank)는 잘 알려지지 않은 독일 리큐어인 예거마이스터(Jägermeister)로 처음 주류 산업에서 성공을 거두었다. 예거마이스터는 1980년대 중반에 미국에서 마케팅을 시작하여 2001년까지 연간 700,000케이스의 판매 및 시장 리더십을 달성했다. 마진이 높은 슈퍼 프리미엄 시장으로 눈을 돌린 프랭크는 코냑 지역의 물을 사용하고 카딘 브랜디 제조업체에 의해 증류되는 프랑스 보드카를 만들기로 결심했다. '그레이구스(Grey Goose)'라는 상표가 붙은 이 제품은 투명하고 성에가 낀 유리와 비행 중인 거위, 프랑스 국기를 결합한 독특한 포장을 갖고 있다.

그러나 브랜드의 궁극적인 성공에 있어 가장 중요한 요소는 아마도 그레이구스를 수입 보드카 1위라고 평가한 음료테스트 연구소의 맛 테스트 결과였을 것이다. '세계에서 가장 맛있는 보드카'로 큰 승리를 거둔 철저한 광고에 힘입어 그레이구스는 베스트셀러가 되었다. 프랭크는 결국 2004년에 그레이구스 보드카 브랜드를 무려 22억 달러에 바카디(Bacardi)에 매각했다. 그 성공은 오늘날까지 계속되고 있다. 보드카는 본질적으로 무취와 무미의 특징을 갖고 있음에도 불구하고 이미지, 다양성 및 부드러움을 기반으로 한 소비자 충성도 조사에서 보드카 브랜드의 최고 브랜드로 일관되게 1위 자리에 올랐다.[65]

독특한 패키징과 맛 테스트 상을 통해 그레이구스는 보드카 부문에서 선두 자리를 차지했다.

출처 : Carl Miller/Alamy Stock Photo

요약

이 장은 다른 개체들이 2차적 연상을 창출하기 위하여 활용될 수 있는 과정을 고찰했다. 이들 다른 개체에는 제품을 만드는 회사, 제품이 만들어지는 곳, 구입되는 곳뿐만 아니라 관련된 인물, 장소 등이 포함된다. 스스로의 연상 집합을 보유한 다른 개체에 브랜드를 연결시킴으로써 이러한 연상들이 브랜드까지 특징짓는다고 소비자들이 기대할 수도 있다.

따라서 제품이 브랜드화되는 방법, 제품 자체의 특성, 마케팅지원 프로그램에 관계없이 브랜드자산은 다른 지원 요소들로부터 그것을 '차용'함으로써 창출될 수 있다. 이러한 양식으로 2차적 연상을 창출하는 것은 대응 브랜드연상이 어떤 식으로든 부족할 때 무척 중요할 수도 있다. 2차적 연상은 유사점으로 기능할 수 있는 호의적 브랜드연상을 연결하거나 브랜드를 포지셔닝하는 데 있어서 차별점으로 기능할 수 있는 독특한 브랜드연상을 창출하기 위한 수단으로 가치가 있을 수 있다.

브랜드자산을 구축하기 위해 2차적 연상을 활용하는 여덟

가지 다른 방식은 브랜드를 (1) 제품을 만드는 회사, (2) 제품 원산지 또는 기타 지리적 위치, (3) 소매상 또는 제품을 판매하는 다른 유통 구성원, (4) 구성요소 브랜드를 포함한 다른 브랜드, (5) 라이선싱된 캐릭터, (6) 유명한 대변인 또는 보증인, (7) 이벤트, (8) 기타 제3자의 평가자료와 같은 항목에 연결함으로써 가능하다.

일반적으로 이러한 개체들이 브랜드자산의 원천으로서 활용될 수 있는 정도는 개체에 대한 소비자 지식 그리고 개체의 적절한 연상이나 반응이 얼마나 쉽게 브랜드에 전이되느냐에 달려 있다. 전반적인 신용도나 태도적인 차원이 구체적인 속성이나 편익 연상보다 더 잘 전이될 수도 있다. 물론 후자 또한 전이될 수도 있다. 그러나 브랜드를 다른 개체와 연결하는 것에는 위험이 따를 수 있다. 마케터는 일부 통제를 포기해야 하며 오직 관련 있는 2차적 연상만을 브랜드에 연결하기 위해 전이 과정을 관리하는 것이 과제이다.

토의 문제

1. 보잉(Boeing)은 상업적인 항공 산업을 위해 다양한 종류의 항공기를 제조한다. 예를 들어 727, 747, 757, 767, 777, 그리고 현재 787 제트기 모델과 같이 상업용 항공 산업을 위한 다양한 유형의 항공기를 제조한다. 보잉이 제트기로 구성요소 브랜드 전략을 채택할 수 있는 방법이 있는가? 어떻게? 장단점은 무엇인가?

2. 메이저 대회 우승 후, 스타 플레이어들은 종종 그들의 홍보 제안 부족에 대해 불평한다. 마찬가지로, 매 올림픽이 끝난 후 메달을 딴 일부 선수는 상업적 인지도가 떨어진다고 한탄한다. 브랜딩 관점에서, 당신은 이 운동선수들의 불만에 어떻게 대응할 것인가?

3. 당신이 살고 있는 나라를 생각하라. 다른 나라의 소비자에게 어떤 이미지를 심어주겠는가? 글로벌 시장에서 그 이미지를 활용하는 데 매우 효과적인 브랜드나 제품이 있는가?

4. 당신의 마음속에 가장 강한 이미지와 형평성을 가지고 있

는 소매업체는 어디인가? 그들이 파는 브랜드를 생각해 보라. 그들은 소매업자의 형평성에 기여하는가? 반대로, 그 소매점의 이미지는 판매하는 브랜드의 이미지에 어떻게 도움이 되는가? 이 소매점에 대한 당신의 이미지를 만드는 데 있어서 온라인과 오프라인 소매점의 영향은 무엇인가?

5. 브랜드를 하나 선택하라. 그리고 그 브랜드가 2차 연관성을 어떻게 활용하는지 평가하라. 브랜드가 2차 브랜드연상을 보다 효과적으로 활용할 수 있는 방법이 있는가?

6. 소셜 미디어 유명인을 선택하라. 이 유명인을 스폰서십 게시물에 사용할 수 있는 브랜드 이름을 온라인에서 찾을 수 있는가? 덜 알려진 유명인은 어떨까? 이 두 가지 유형의 인플루언서(즉 대형/잘 알려진 대 소형)의 영향은 브랜드에 미치는 영향 측면에서 어떻게 달라지겠는가?

브랜드 포커스 8.0

올림픽 단체전 금메달 획득

올림픽에서의 경쟁은 선수들에게만 국한되지 않는다. 많은 기업 후원자들 또한 그들의 후원 비용의 수익을 극대화하기 위해 경쟁한다. 기업 후원은 올림픽의 비즈니스 측면에서 중요한 부분이며 국제올림픽위원회(IOC) 수입의 거의 3분의 1에 기여한다. 브라질 리우데자네이루는 시카고, 마드리드, 도쿄를 제치고 2016년 대회 개최권을 획득했다.

기업 후원

올림픽의 기업 후원은 로스엔젤레스에서 열린 1984년 미계 블린픽의 상업적 성공으로 폭발했다. 당시 후지(Fuji)를 비롯한 많은 국제 스폰서가 긍정적인 이미지 구축과 시장 점유율 확대를 달성했다. 11개 기업이 하계, 동계 및 청소년 올림픽에 대한 독점적 전 세계 마케팅 권리를 위해 약 2억 달러로 추정되는 최고 수준의 올림픽 스폰서십(TOP)을 지불했다 : 코카콜라, 알리바바그룹, 아토스(Atos), 브리지스톤(Bridgestone), 다우, 제너럴일렉트릭(GE), 인텔, 오메가, 파나소닉, 프록터앤드갬블(P&G), 삼성, 토요타, 비자.[66] 독점적인 전 세계 마케팅 기회 외에도 파트너는 다음을 제공한다.

- 모든 올림픽 이미지 사용 및 제품에 적절한 올림픽 명칭을 사용
- 올림픽 게임에서 접대 기회
- 올림픽 방송 광고에 대한 우선 접근권을 포함한 직접 광고 및 판촉 기회
- 현장 판매/프랜차이즈 및 제품 판매/쇼케이스 기회
- 매복 마케팅 보호(나중에 설명)
- 광범위한 올림픽 스폰서십 인정 프로그램을 통해 그들의 지원을 인정

더 낮은 수준의 후원도 존재한다. 예를 들어 2018년 평창 동계올림픽에는 맥도날드, KT, 노스페이스, 대한항공, 삼성, 현대 등 다양한 스폰서가 포함되었다.

기업들은 직접적인 지출 외에도 관련 마케팅활동에 수억 달러를 더 지출했다. 1976년 몬트리올 하계올림픽 이후 오랫동안 올림픽 후원자였던 맥도날드는 후원과 연계하기 위해 항상 수많은 프로모션 캠페인을 운영하고 있다. 이전에 베이징과 밴쿠버에서 열린 맥도날드 어린이 프로그램을 바탕으로 맥도날드의 '올림픽 게임 챔피언'은 새로운 글로벌 프로그램의 일환으로 전 세계에서 최대 200명의 어린이를 런던으로 데려왔다(각 보호자 동반).

2010년 밴쿠버 올림픽에 처음 스폰서를 시작한 P&G는 2016년 리우데자네이루 올림픽 이후 P&G의 후원 기간 내내 '엄마의 자랑스러운 후원자' 캠페인을 펼쳤다. P&G의 올림픽 게임 파트너십은 단일 후원자 아래 여러 브랜드를 포괄하는 최초의 파트너십이며, 향후 10년, 30개 이상의 제품 카테고리 및 205개 국가 올림픽위원회에 걸쳐 진행될 것이다. 캠페인의 목표는 모든 운동선수가 놀라운 엄마의 지원을 받는다는 고객 통찰력을 기반으로 전 세계적으로 엄마의 기여에 대한 인식을 높이고 보상하는 것이다.[67]

전 세계 후원자 목록에 있는 또 다른 회사는 GE다. 제프 이멜트(Jeff Immelt) 회장 겸 CEO는 GE의 후원을 발표하면서 "올림픽은 우리의 혁신적인 기술과 서비스를 선보일 수 있는 특별한 기회를 제공한다. 성공적인 올림픽 게임을 개최하는 것은 모든 개최 도시에 획기적인 기회이다. 우리는 IOC 및 지역 조직위원회와 협력하여 미래 세대에게 세계적 수준의 인프라 솔루션과 지속 가능한 유산을 제공하기 위해 최선을 다하고 있다"고 이야기했다.

GE는 개최국, 도시 및 조직위원회와 긴밀히 협력하여 전력, 물 처리, 교통, 보안을 포함한 올림픽 경기장을 위한 인프라 솔루션을 제공하고 의사가 운동선수를 치료하는 데 도움이 되는 초음파 및 MRI 장비를 병원에 공급한다.[68]

스폰서십 투자 수익률

비록 몇몇 회사가 올림픽과 장기적인 관계와 약속을 가지고 있지만, 최근 몇 년 동안 다른 오랜 후원자가 관계를 끊었다. 코닥은 베이징 올림픽이 끝난 후 100년이 넘는 스폰서십을 끝냈고, 제너럴모터스도 그 당시 수십 년간의 후원을 끝냈다. 2008년 대회 이후 다른 TOP 파트너로는 존슨앤드존슨, 레노버, 매뉴라이프(Manulife)가 있다.

비록 많은 요인이 올림픽 스폰서에 참여하거나 갱신하는 결정에 영향을 미치지만, 그것의 마케팅 영향은 확실히 널리 논의되고 있다. 예를 들어 2008년 베이징 올림픽 직전에 1,500명의 중국 도시민을 대상으로 한 설문조사는 단지 15%만이 12개의 글로벌 스폰서 중 2개의 이름을 댈 수 있고, 40%만이 코카콜라라는 이름을 댈 수 있다고 밝혔다. 사실상 모든 올림픽 게임이 끝난 후, 조사에 따르면 많은 올림픽 관중들과 심지어 열렬한 방송 시청자들이 스폰서가 아닌 회사를 공식 스폰서로 잘못 알고 있다는 것을 알 수 있다.[69] 상품과 올림픽 스폰서 간의 긴밀한 연결이 투자 수익률(ROI) 향상에 도움이 된다. 예를 들어 나이키는 운동 성취를 상징하는 브랜드이기 때문에 올림픽 스폰서십과 자연스럽게 연결하는 방법을 제공해야 한다.

매복 마케팅

어떤 경우에는 광고주가 소비자에게 올림픽 스폰서십이라는 잘못된 인상을 주려고 시도하는 **매복 마케팅**(ambush marketing)으로 인해 후원 혼란이 발생할 수 있다. 2016년 리우 올림픽에 대한 브랜드 보호 지침은 이를 '브랜드 또는 이벤트와 허위, 무단 상업적 연관을 만들려는 의도적 또는 비의도적 시도'로 설명한다.[70] 예를 들어 스폰서 회사들은 올림픽 경기를 주제로 한 광고들을 운영하는데, 예를 들어 국가대표팀을 스폰서십 하는 것과 같은 다른 형태의 스폰서들을 홍보하기 위해 브랜드를 공식 공급자로 지정하거나, 현재 또는 이전 올림픽 선수들을 후원자로 사용하는 것이다.[71]

베이징 올림픽의 경우 중국의 인기 있는 전 체조 챔피언 리닝(Li

Ning)이 개막식에서 올림픽 성화대에 불을 붙였을 뿐만 아니라 자신이 설립한 스포츠웨어 회사의 신발을 신었다. 그의 행동은 공식 스포츠 스폰서인 아디다스가 수백만 달러를 지불한 동안 리닝 라인의 관심을 끌었다. 스폰서십의 마케팅 효과를 높이기 위해 올림픽위원회는 매복 마케팅에 적극적으로 맞서겠다고 선언했으며 혼란을 피하기 위해 후원자 수를 줄였다.[72]

매복 마케팅을 포함하려면 많은 노력이 필요하다. 2012년 런던에서는 온라인 베팅 회사 패디파워(Paddy Power)의 광고판이 IOC의 분노의 원인이 되었는데, 왜냐하면 IOC가 그해에 '런던에서 가장 큰 육상 경기'의 공식 후원사라고 선언했기 때문이다(일부 사람들이 런던 올림픽이라고 믿는 것과는 대조적으로 경기는 런던, 프랑스에서 개최되었다). 각각의 경우에 IOC는 문제가 되는 회사에 매복 마케팅 전술을 사용하지 말라고 경고했다.[73]

2012년 런던 하계 올림픽

모든 올림픽 게임은 또한 과거의 성공과 실수로부터 배울 수 있는 기회를 제공하고 운동선수, 관중, 시청자, 스폰서 모두에게 이익이 될 수 있는 행사를 운영할 수 있는 기회를 제공한다. 런던 올림픽은 영국 정부의 광범위한 반(反)앰부시 법제 도입으로 재정적으로 중요한 기여를 했다. 하늘 글씨 쓰기, 전단지, 포스터, 광고판, 올림픽 개최지 200미터 이내에서의 투사 광고와 같은 활동이 금지되었다.

정부는 또한 '게임', '2012', '2천과 12', '2012'와 같은 다양한 단어가 일반 대중이 생각하는 '골드', '은', '브론즈', '메달', '스폰서', '여름'과 같은 단어와 함께 사용되는 것을 금지하는 법안을 런던 올림픽 때 통과시켰다.[74]

티켓 수익도 올림픽의 성공에 매우 중요하므로 런던 올림픽 주최측도 티켓 판매로 5억 파운드를 모으기 위해 수백만 달러의 광고 캠페인인 '지구상에서 가장 위대한 티켓'에 착수했다. 12개의 광고는 지역에서 가장 좋아하는 체조 선수 베스 트위들(Beth Twiddle)과 다이버 톰 데일리(Tom Daley)를 포함하여 올림픽 스타가 될 가능성이 있음을 보여줬다. 그러나 가장 인기 있는 행사 티켓의 절반 이상이 기업 스폰서십과 그 직원 또는 손님에게 할당되었다.[75]

국외에서는 관광객 유치를 위한 '영국 방문'과 '런던 방문' 홍보도 시작했다. 이 캠페인은 영국 브랜드를 정의하는 사람, 장소, 문화에 기반을 둔 '시대를 초월한', '역동적인', '진정한' 자질을 강조하기 위해 전략적으로 시작되었다.

도시 및 국가효과

열띤 토론의 또 다른 올림픽 주제는 개최 도시, 지역 및 국가에 대한 투자 회수 가치이다. 로스앤젤레스 올림픽에 공격적인 새로운 후원 방식을 도입함으로써 그 대회는 재정적 성공을 거두었지만 그 이후로 다른 대회는 엇갈렸다. 그러나 일부 이점은 계량화하기 어려울 수 있는 호스트 국가의 경우 분명할 수 있다.[76]

심리적으로 중요한 이점 중 하나는 이러한 상징적인 글로벌 스포츠 행사의 주최자 역할을 하는 것에 대한 시민의 자부심과 애국심이다. 2주 이상 전 세계 TV 시청자와 함께하는 이 게임은 관광, 부동산, 상업 사업에 도움을 줄 수 있는 거대한 광고 및 홍보 기회의 역할도 한다. 1992년 바르셀로나 대회, 2000년 시드니 대회, 2018년 평창 대회는 이러한 다양한 혜택을 누렸다. 종종 간과되는 또 다른 이점은 올림픽 개최로 이어지는 인프라 개선에 대한 투자이다. 베이징은 새로운 지하철 노선, 고속도로, 교통편의를 위한 공항, 경관을 더하기 위해 공원을 증축해 도시민들에게 절실히 필요한 교통과 삶의 질을 향상시켰다.

그럼에도 불구하고 재정적인 위험이 크고, 치밀한 계획 및 실행과 적절한 상황만이 올림픽 개최 도시, 지역, 국가의 성공을 가져올 수 있다. 예를 들어 1976년 몬트리올 올림픽과 2004년 아테네 올림픽은 개최국들에게 덜 긍정적인 영향을 미쳤다. 몬트리올은 올림픽 개최에 따른 부채 27억 달러를 갚는 데 거의 30년이 걸렸다.

요약

올림픽 후원은 여전히 논란의 여지가 많다. 많은 기업 후원자는 올림픽 후원이 브랜드에 대한 선의의 이미지를 만들고, 인지도를 높여서 메시지를 전달하는 플랫폼 역할을 하며, 직원에게 보상을 제공하고 고객을 즐겁게 할 수 있는 수많은 기회를 제공함으로써 많은 중요한 이점을 제공한다고 계속 믿고 있다. 다른 사람들은 올림픽을 건전한 것으로 묘사하기 위해 IOC와 USOC가 취한 조치에도 불구하고 올림픽을 지나치게 상업화한 것으로 본다. 어떤 경우든 올림픽 스폰서의 성공은 다른 스포츠 스폰서와 마찬가지로 올림픽 스폰서가 얼마나 잘 운영되고 전체 마케팅 계획에 반영되느냐에 달려 있다.

참고문헌

1. For an examination of lower-level transfer effects, see Claudiu V. Dimofte and Richard F. Yalch, "The Mere Association Effect and Brand Evaluations," *Journal of Consumer Psychology* 21, no. 1 (2011): 24–37.

2. Morgan Williams, "6 Examples of Great Co-Branding," *Altitude Branding*, July 7, 2016, http://altitudebranding.com/6-examples-great-co-branding/.

3. Louise Story, "Can Burt's Bees Turn Clorox Green?," *The New York Times*, January 6, 2008, https://www.nytimes.com/2008/01/06/business/06bees.html, accessed June 20, 2018.

4. Heather Landi, "A-B Gets the Golden Egg," *Beverage World*, April 2011, http://www.nxtbook.com/nxtbooks/idealmedia/bw0411/index.php?startid=8#/8, accessed November 3, 2018.

5. Ab InBev, www.sabmiller.com; "Blue Moon to Raise Awareness

through 'Artfully Crafted' Campaign," *The Drum*, June 23, 2011; Brady Walen, "Blue Moon Artfully Crafted Facebook Photo Contest," June 29, 2011, www.craftedsocialmedia.com; Joseph T. Hallinan, "Craft Beers Have Big Breweries Thinking Small," *The Wall Street Journal*, November 20, 2006, B1, B8.

6. Jeff Smith, "Reputation Winners and Losers: Highlights from Prophet's 2010–2011 U.S. Reputation Study," white paper, March 1, 2011, www.prophet.com.

7. Wai-Kwan Li and Robert S. Wyer Jr., "The Role of Country of Origin in Product Evaluations: Informational and Standard-of-Comparison Effects," *Journal of Consumer Psychology* 3, no. 2 (1994): 187–212.

8. Tülin Erdem, Joffre Swait, and Ana Valenzuela, "Brands as Signals: A Cross-Country Validation Study," *Journal of Marketing* 70, no. 1 (January 2006): 34–49; Yuliya Strizhakova, Robin Coulter, and Linda Price. Branding in a Global Marketplace: The Mediating Effects of Quality and Self-Identity Brand Signals," *International Journal of Research in Marketing* 28, no. 4 (December 2011): 342–351.

9. Karl Greenberg, "Rums of P.R. Effort Promos Brands, Puerto Rico," February 23, 2011, https://www.mediapost.com/publications/article/145540/rums-of-pr-effort-promos-brands-puerto-rico.html, accessed November 3, 2018; Rums of Puerto Rico, "Rums of Puerto Rico Encourages Consumers to 'Just Think, Puerto Rican Rum'," *PR Newswire*, February 23, 2011, https://www.prnewswire.com/news-releases/rums-of-puerto-rico-encourages-consumers-to-just-think-puerto-rican-rum-116757469.html, accessed November 3, 2018.

10. For a broader discussion of "nation branding," see Philip Kotler, Somkid Jatusriptak, and Suvit Maesincee, *The Marketing of Nations: A Strategic Approach to Building National Wealth* (New York: Free Press, 1997); Wally Olins, "Branding the Nation—The Historical Context," *Journal of Brand Management* 9, no. 4 (April 2002): 241–248; and for an interesting analysis in the context of Iceland, see Hlynur Gudjonsson, "Nation Branding," *Place Branding* 1, no. 3 (2005): 283–298.

11. For stimulating and enlightening discussion, see www.strengthening-brandamerica.com.

12. The Pew Research Center, "Global Public Opinion in the Bush Years (2001–2008)," *Pew Research Center*, December 18, 2008, http://www.pewglobal.org/2008/12/18/global-public-opinion-in-the-bush-years-2001-2008/.

13. John A. Quelch and Katherine E. Jocz, "Can Brand Obama Rescue Brand America?," *Brown Journal of World Affairs 16, no. 1 (Fall–Winter 2009): 163–178;* BBC News, "View of U.S.'s Global Role 'Worse'," January 23, 2007, http://news.bbc.co.uk/2/hi/americas/6286755.stm, accessed November 3, 2018; Alex Y. Vergara, "'Brand America'—How U.S. Tourism Plans to Recover Lost Ground," *Philippine Daily Inquirer*, June 19, 2011; Bill Marriott Jr., "America Needs More Tourists," *Fortune*, June 1, 2011, http://fortune.com/2011/06/01/america-needs-more-tourists/, accessed November 3, 2018.

14. Richard Wike, Bruce Stokes, Jacob Poushter, and Janell Fetterolf,

"U.S. Image Suffers as Publics Around World Question Trump's Leadership," *Pew Research* Center, June 26, 2017, www.pewglobal.org/2017/06/26/u-s-image-suffers-as-publics-around-world-question-trumps-leadership/.

15. Zeynep Gurhan-Canli and Durairaj Maheswaran, "Cultural Variations in Country of Origin Effects," *Journal of Marketing Research* 37, no. 3 (August 2000): 309–317.

16. Thomas Mulier, "Clash of the Angry Swiss Watchmakers," *Bloomberg Business Week*, April 28, 2011, https://www.bloomberg.com/news/articles/2011-04-28/clash-of-the-angry-swiss-watchmakers, accessed November 3, 2018.

17. Eric Wilson and Michael Barbaro, "Big Names in Retail Fashion Are Trading Teams," *The New York Times*, March 8, 2008, https://www.nytimes.com/2008/03/08/business/08designers.html, accessed November 3, 2018; Stephanie Rosenbloom, "Liz Claiborne to Be Sold Only at J.C. Penney Stores," *The New York Times*, October 9, 2009, https://www.nytimes.com/2009/10/09/business/09liz.html, accessed November 3, 2018.

18. Robert Passikoff, "Sears Opens Luxury Department Offering Rolex, Chanel, Jimmy Choo, Alaia & Stella McCartney," July 24, 2013, www.forbes.com/sites/robertpassikoff/2013/07/24/sears-opens-luxury-department-offering-rolex-chanel-jimmy-choo-alaia-stella-mccartney/#7efd2566b5cf, accessed November 17, 2017.

19. Akshay R. Rao and Robert W. Ruekert, "Brand Alliances as Signals of Product Quality," *Sloan Management Review* 36, no. 1 (Fall 1994): 87–97; Akshay R. Rao, Lu Qu, and Robert W. Ruekert, "Signaling Unobservable Product Quality through Brand Ally," *Journal of Marketing Research* 36, no. 2 (May 1999): 258–268; Mark B. Houston, "Alliance Partner Reputation as a Signal to the Market: Evidence from Bank Loan Alliances," *Corporate Reputation Review* 5, no. 4 (Winter 2003): 330–342; Henrik Uggla, "The Brand Association Base: A Conceptual Model for Strategically Leveraging Partner Brand Equity," *Journal of Brand Management* 12, no. 2 (November 2004): 105–123.

20. Robin L. Danziger, "Cross Branding with Branded Ingredients: The New Frontier," paper presented at the ARF Fourth Annual Advertising and Promotion Workshop, February 1992.

21. Kim Cleland, "Multimarketer Melange an Increasingly Tasty Option on the Store Shelf," *Advertising Age,* May 2, 1994, https://adage.com/article/news/multimarketer-melange-increasingly-tasty-option-store-shelf/87398/, accessed November 3, 2018.

22. Morgan Williams, "6 Examples of Great Co-Branding," *Altitude Branding,* July 7, 2016, http://altitudebranding.com/6-examples-great-co-branding/.

23. E. J. Schultz, "How Kraft's Lunchables Is Evolving in the Anti-Obesity Era," *Advertising Age*, April 19, 2011, https://adage.com/article/news/kraft-s-lunchables-evolving-anti-obesity-era/227075/, accessed November 3, 2018.

24. Ed Lebar, Phil Buehler, Kevin Lane Keller, Monika Sawicka, et al., "Brand Equity Implications of Joint Branding Programs," *Journal of*

Advertising Research 45, no. 4 (2005): 413–425.

25. Nicole L. Votolato and H. Rao Unnava, "Spillover of Negative Information on Brand Alliances," *Journal of Consumer Psychology* 16, no. 2 (2006): 196–202.

26. Ed Lebar, Phil Buehler, Kevin Lane Keller, Monika Sawicka, Zeynep Aksehirli, and Keith Richey, "Brand Equity Implications of Joint Branding Programs," *Journal of Advertising Research* 45, no. 4 (2005): 413–425; Tansev Geylani, J. Jeffrey Inman, and Frenkel Ter Hofstede, "Image Reinforcement or Impairment: The Effects of Co-Branding on Attribute Uncertainty," *Marketing Science*, 27, no. 4 (July–August 2008): 730–744.

27. For general background, see Akshay R. Rao, "Strategic Brand Alliances," *Journal of Brand Management* 5, no. 2 (1997): 111–119; Akshay R. Rao, L. Qu, and Robert W. Ruekert, "Signaling Unobservable Product Quality through a Brand Ally," *Journal of Marketing Research* 36, no. 2 (May 1999): 258–268; Allen D. Shocker, Raj K. Srivastava, and Robert W. Ruekert, "Challenges and Opportunities Facing Brand Management: An Introduction to the Special Issue," *Journal of Marketing Research* 31, no. 2 (May 1994): 149–158; Tom Blackett and Bob Boad, *Co-Branding—The Science of Alliance* (London: Palgrave MacMillan, 1999).

28. Rachel Abramovitz, "Disney Loses its Appetite for Happy Meal Tie-Ins," *LA Times*, May 8, 2006, http://articles.latimes.com/2006/may/08/entertainment/et-mcdonalds8.

29. Philip Kotler and Waldemar Pfoertsch, *Ingredient Branding: Making the Invisible Visible* (New York: Springer, 2010); John Quelch, "How to Brand an Ingredient," October 8, 2007, https://hbr.org/2007/10/how-to-brand-an-ingredient-1, accessed November 3, 2018.

30. Mike May, "What's an Ingredient Brand? Only the Future of Retail," *Magenta*, November 2, 2017, https://magenta.as/whats-an-ingredient-brand-only-the-future-of-retail-4b53eef2ea2e.

31. Gregory S. Carpenter, Rashi Glazer, and Kent Nakamoto, "Meaningful Brands from Meaningless Differentiation: The Dependence on Irrelevant Attributes," *Journal of Marketing Research* 31, no. 3 (August 1994): 339–350. See also Christina Brown and Gregory Carpenter, "Why Is the Trivial Important? A Reasons-Based Account for the Effects of Trivial Attributes on Choice," *Journal of Consumer Research* 26, no. 4 (March 2000): 372–385; Susan M. Broniarczyk and Andrew D. Gershoff, "The Reciprocal Effects of Brand Equity and Trivial Attributes," *Journal of Marketing Research* 41, no. 2 (2003): 161–175.

32. Mike May, "What's an Ingredient Brand? Only the Future of Retail," *Magenta*, November 2, 2017, https://magenta.as/whats-an-ingredient-brand-only-the-future-of-retail-4b53eef2ea2e.

33. Firedrive Marketing Group, "Getting Ingredient Branding Right," *Firedrive Marketing*, www.firedrivemarketing.com/getting-ingredient-branding-right/, accessed December 20, 2017.

34. Marc Graser, "How Chevy's Camaro Changed with the 'Transformers' Franchise," *Variety*, June 26, 2014, http://variety.com/2014/film/news/how-chevy-camaro-changed-with-the-transformers-franchise-1201242157/.

35. Philip Kotler and Waldemar Pfoertsch, *Ingredient Branding: Making the Invisible Visible* (New York: Springer, 2010); Donald G. Norris, "Ingredient Branding: A Strategy Option with Multiple Beneficiaries," *Journal of Consumer Marketing* 9, no. 3 (1992): 19–31.

36. License! Global, "Top 125 Global Licensors," May 10, 2012, https://www.licenseglobal.com/top-125-global-licensors-0, accessed November 3, 2018; "Disney's 2011 Investor Conference: Disney Consumer Products," *Disney*, accessed February 17, 2011 www.disney.com/investors; Bruce Orwall, "Disney's Magic Transformation?" *The Wall Street Journal*, October 4, 2000.

37. License! Global, "The Top 150 Global Licensors," May 6, 2015, https://www.licenseglobal.com/magazine-article/top-150-global-licensors-1, accessed November 3, 2018.

38. The Walt Disney Company, Fiscal Year 2016 Annual Financial Report, Form 10-K, United States Securities and Exchange Commission.

39. Trefis Team, "Why Have Ralph Lauren's Licensing Revenues Been Declining in Recent Years?," *Forbes*, May 5, 2016, www.forbes.com/sites/greatspeculations/2016/05/05/why-have-ralph-laurens-licensing-revenues-been-declining-in-recent-years/#24f04f317e6a.

40. Teri Agins, "Izod Lacoste Gets Restyled and Repriced," *The Wall Street Journal*, July 22, 1991, B1.

41. Udayan Gupta, "Licensees Learn What's in a Pop-Culture Name: Risk," *The Wall Street Journal*, August 8, 1991, B2.

42. Form 10 K for the year ending December 31, 2017, *Harley-Davidson* http://investor.harley-davidson.com/static-files/98813045-7888-4ad9-8574-8f13991acf26, Accessed June 10, 2018.

43. Cate Doty, "For Celebrities, Ads Made Abroad Shed Some Stigma," *The New York Times*, February 4, 2008, https://www.nytimes.com/2008/02/04/business/media/04japander.html, accessed November 3, 2018; Dean Crutchfield, "Celebrity Endorsements Still Push Product," *Advertising Age*, September 22, 2010, https://adage.com/article/cmo-strategy/marketing-celebrity-endorsements-push-product/146023/, accessed November 3, 2018.

44. Grant McCracken, "Who Is the Celebrity Endorser? Cultural Foundations of the Endorsement Process," *Journal of Consumer Research* 16, no. 3 (December 1989): 310–321.

45. Sam Dangremond, "How Much Is Oprah Winfrey Actually Worth?," *Town & Country Magazine*, October 16, 2017, www.townandcountrymag.com/society/money-and-power/a12808751/oprah-winfrey-net-worth/.

46. Newswire, "Holland America Line and O, The Oprah Magazine Embark on Exclusive Partnership," *Newswire*, February 9, 2017, www.newswire.ca/news-releases/holland-america-line-and-o-the-oprah-magazine-embark-on-exclusive-partnership-613301673.html.

47. Meg James, "Discovery Buys Majority Stake in OWN from Oprah Winfrey," *LA Times*, December 4, 2017, www.latimes.com/business/hollywood/la-fi-ct-discovery-ups-stake-own-oprah-20171204-story.html.

48. Irina Ivanova, "Oprah's Greatest Product Hits," *Moneywatch*, August 10, 2017, www.cbsnews.com/news/oprah-winfreys-greatest-product-hits/.

49. "Manning's Roster of Endorsements," *USA Today*, November 16, 2006; Curtis Eichelberger, "Colts Victory May Bring Manning $3 Million More in Endorsements," *Bloomberg*, February 5, 2010, www.bloomberg.com.

50. Shekhar Misra and Sharon E. Beatty, "Celebrity Spokesperson and Brand Congruence," *Journal of Business Research* 21, no. 2 (1990): 159–173.

51. Steve McKee, "The Trouble with Celebrity Endorsements," *Bloomberg Business Week*, November 14, 2008, https://www.bloomberg.com/news/articles/2008-11-14/the-trouble-with-celebrity-endorsementsbusinessweek-business-news-stock-market-and-financial-advice, accessed November 3, 2018.

52. Zack O'Malley Greenburg, "The 13 Top-Earning Dead Celebrities of 2015," *Forbes*, October 27, 2015, www.forbes.com/sites/zackomalleygreenburg/2015/10/27/the-13-top-earning-dead-celebrities-of-2015/#ee5210159f72; Jonathan Keehner and Lauren Coleman-Lochner, "In Death, Endorsements Are a Girl's Best Friend," *Bloomberg Business Week*, January 23, 2011; *Brand Week*, "I See Dead People," March 14, 2011, http://archive.commercialalert.org/news/archive/2011/03/i-see-dead-people.

53. John Grossman, "Dave Thomas' Recipe for Success," *Sky*, November 2000, 103–107; Bruce Horvitz, "Wendy's Icon Back at Work," *USA Today*, March 31, 1997, B1–B2.

54. Shekhar Misra and Sharon E. Beatty, "Celebrity Spokesperson and Brand Congruence," *Journal of Business Research* 21, no. 2 (1990): 159–173.

55. David Pierson, "If Jackie Chan Says It's Good—Well, Get a Second Opinion," *Los Angeles Times*, August 23, 2010, http://articles.latimes.com/2010/aug/23/business/la-fi-chan-curse-20100823, accessed November 3, 2018; for a more charitable view of Jackie Chan, see Ron Gluckman, "Kicking It Up for Kids," *Forbes*, July 18, 2011.

56. Sean Deveney, "Kevin Durant Should Rake in Way More Money and Fame with Warriors, Experts Say," *Sporting News*, July 13, 2016, www.sportingnews.com/nba/news/kevin-durant-marketing-value-golden-state-warriors-q-scores-lebron-james-stephen-curry/1nlcro7n3kro1dncmmghhn0yt; Dave McMenamin, "23 for 23: Little-Known Facts about LeBron James," *ESPN*, June 4, 2015, www.espn.com/blog/cleveland-cavaliers/post/_/id/1028/23-for-23-little-known-facts-about-lebron-james.

57. Tom Peters, "A Brand Called You," *Fast Company* 31 (August 1997); Dorie Clark, "Reinventing Your Personal Brand," *Harvard Business Review*, March 2011 Issue, 78–81, https://hbr.org/2011/03/reinventing-your-personal-brand, accessed November 3, 2018.

58. MediaKix, "How Do Instagram Influencers Make Money?," March 2016, http://mediakix.com/2016/03/instagram-influencers-making-money/#gs.G6nEIq0, accessed November 3, 2018; Amanda Pressner Kreuser, "What Influencers Like Michelle Phan and PewDiePie Get Paid," May 26, 2016, https://www.inc.com/amanda-pressner-kreuser/the-pricing-of-fame-what-social-influencers-are-getting-paid.html, accessed November 3, 2018.

59. Clare O'Connor, "Earning Power: Here's How Much Top Influencers Can Make on Instagram and YouTube," *Forbes*, April 10, 2017, https://www.forbes.com/sites/clareoconnor/2017/04/10/earning-power-heres-how-much-top-influencers-can-make-on-instagram-and-youtube/#3ad16bb224db, accessed November 3, 2018.

60. Matt Roche, "Why Peer-to-Peer Marketing Does More Than Celebrity Endorsements," *Adweek*, August 12, 2016, www.adweek.com/digital/why-peer-to-peer-marketing-does-more-than-celebrity-endorsements/.

61. For general background and in-depth research on a number of sponsorship issues, consult the *Journal of Sponsorship*, a Henry Stewart publication.

62. Michael Sussman, "Brands: How to Score with Sports Sponsorships," *Ad Age*, September 29, 2015, http://adage.com/article/agency-viewpoint/score-sports-sponsorships/300524/.

63. Ibid.

64. Erin Beresini, "Tough Mudder Partners with Merrell," *Outside*, November 19, 2015. www.outsideonline.com/2036086/tough-mudder-partners-merrell.

65. David Kiley, "World's Best Vodka? It's Anybody's Guess," *Bloomberg Business Week* May 23, 2008, https://www.bloomberg.com/news/articles/2008-05-23/worlds-best-vodka-its-anybodys-guessbusinessweek-business-news-stock-market-and-financial-advice, accessed November 3, 2018; Adweek Staff, "Vodka," July 1, 2010, https://www.adweek.com/brand-marketing/vodka-106876/, accessed November 3, 2018; BusinessWire, "Grey Goose Vodka Continues to Soar in the U.S. Despite the Economy," *Reuters*, April 6, 2009, https://www.businesswire.com/news/home/20090406005489/en/GREY-GOOSE%C2%AE-Vodka-Continues-Soar-U.S.-Economy, accessed November 3, 2018.

66. International Olympic Committee, "The Olympic Partner Programme," https://www.olympic.org/sponsors, accessed November 3, 2018; Ira Boudway, "Olympic Sponsorships Are About to Get More Expensive," *Bloomberg*, September 28, 2007, https://www.bloomberg.com/news/articles/2017-09-28/olympic-sponsorships-are-about-to-get-a-lot-more-expensive.

67. Olympic.org, "P&G Launches "Thank You, Mom" Campaign for Rio 2016," April 27, 2016, accessed December 22, 2017, www.olympic.org/news/p-g-launches-thank-you-mom-campaign-for-rio-2016.

68. The International Olympic Committee, "IOC and GE Extend Partnership to 2020," June 29, 2011, https://www.olympic.org/news/ioc-and-ge-extend-partnership-to-2020.

69. Frederik Balfour and Reena Jana, "Are Olympic Sponsorships Worth It?," *Bloomberg Business Week*, July 31, 2008; Ed Kemp, "Kodak to End 100-Year Olympic Sponsorship Tie," Campaign US, October 17, 2007, https://www.campaignlive.com/article/kodak-end-100-

year-olympic-sponsorship-tie/745530.

70. Dec Saif Gangjee, "How the IOC Ruthlessly Protects the Olympics Brand," *The New Republic*, August 5, 2016, https://newrepublic.com/article/135847/ioc-ruthlessly-protects-olympics-brand; David Wolf, "Let the Ambush Games Begin," *Advertising Age*, August 11, 2008.

71. John Grady, Steve McKelvey, and Matthew J. Bernthal, "From Beijing 2008 to London 2012: Examining Event-Specific Olympic Legislation Vis-à-Vis the Rights and Interests of Stakeholders," *Journal of Sponsorship* 3, no. 2 (February 2010): 144–156;

72. Nicholas Burton and Simon Chadwick, "Ambush Marketing in Sport: An Analysis of Sponsorship Protection Means and Counter-Ambush Measures," *Journal of Sponsorship* 2, no. 4 (September 2009): 303–315.

73. Marina Palomba, "Ambush Marketing and the Olympics 2012," *Journal of Sponsorship* 4, no. 3 (June 2011): 245–252; Dana Ellis, Marie-Eve Gauthier, and Benoit Séguin, "Ambush Marketing, the Olympic and Paralympic Marks Act and Canadian Sports Organisations: Awareness, Perceptions and Impacts," *Journal of Sponsorship* 4, no. 3 (June 2011): 253–271.

74. Kirsten D. Toft, "UK: Ambush Marketing and the London Olympics 2012," August 24, 2009, http://www.mondaq.com/uk/x/84874/Trademark/Ambush+Marketing+And+The+London+Olympics+2012, accessed November 3, 2018; Jacquelin Magnay, "London 2012 Olympics: Government Unveils Plans to Ban Ambush Marketing and Bolster Games Security," *Telegraph*, March 7, 2011; Akshata Rangarajan, "Ambush Marketing & the London Olympics, Slingshot Sponsorship, February 14, 2011, https://www.slingshotsponsorship.com/ambush-marketing-the-london-olympics/, accessed November 3, 2018.

75. "Olympic Advertising Aims to Sell £500m in Tickets," *Marketing News*, March 21, 2011; Sam Greenhill, "The Freebie Olympics: Corporate Fat Cats Get More Than Half of Top Games Tickets," *Daily Mail*, June 3, 2011, https://www.dailymail.co.uk/news/article-1394064/London-2012-Olympics-Corporate-fat-cats-half-Games-tickets.html, accessed November 3, 2018; VisitBritain, www.visitbritain.org.

76. Room for Debate: A New York Times Blog, "Do Olympic Host Cities Ever Win?" October 2, 2009, https://roomfordebate.blogs.nytimes.com/2009/10/02/do-olympic-host-cities-ever-win/, accessed November 3, 2018; PricewaterhouseCoopers, "The Economic Impact of the Olympic Games," *Pricewaterhouse Coopers European Economic Outlook*, June 2004, http://www.pages.drexel.edu/~rosenl/sports%20Folder/Economic%20Impact%20of%20Olympics%20PWC.pdf, accessed November 3, 2018; H. Preuss (2004), "The Economics of Staging the Olympics: A Comparison of the Games 1972–2008," London: Edward Elgar.

브랜드자산 측정 및 관리시스템 개발

9

학습목표

이 장을 읽은 후 여러분은 다음을 할 수 있을 것이다.

1. 마케팅 투자 수익률의 관점에서 새로운 책무성을 설명한다.
2. 투자 성과 및 브랜드 투자의 의미를 모니터링하기 위한 도구로서 분석 대시보드를 이해한다.
3. 브랜드 감사를 수행하는 두 가지 주요 단계와 디지털 마케팅 검토를 실행하는 방법을 간략하게 설명한다.
4. 추적 연구를 설계, 수행, 해석하는 방법을 설명한다.
5. 브랜드자산 관리 시스템을 구현하는 단계를 파악한다.

마케팅 분석 대시보드는 브랜드 측정 기준을 추적하고 관리자가 마케팅 지출의 효율성을 평가할 수 있는 방법을 제공하는 핵심 도구이다.

개요

2부와 3부를 구성한 이전의 8개 장에서는 브랜드자산을 구축하기 위한 다양한 전략 및 접근법을 설명했다. 4부를 구성하는 다음 3개 장에서는 소비자가 브랜드에 대해 아는 것이 무엇이고 느끼는 것은 무엇인지, 어떤 행동을 하는지, 마케터가 자신의 브랜드가 얼마나 잘하고 있는지를 평가하기 위한 측정 절차를 어떻게 개발할 것인지 자세히 알아본다.

고객 기반 브랜드자산(customer-based brand equity, CBBE) 개념은 브랜드자산을 측정하는 방법에 대한 지침을 제공한다. 고객 기반 브랜드자산이 브랜드에 대한 지식이 해당 브랜드 마케팅에 대한 고객 반응에 미치는 차등 효과를 감안할 때 브랜드자산을 측정하는 두 가지 기본 접근방식이 있다. **간접적인 접근방식**(indirect approach)은 소비자의 브랜드지식(브랜드와 관련된 모든 생각, 느낌, 이미지, 인식 및 신념)을 식별하고 추적해 고객 기반 브랜드자산의 잠재적 출처를 평가할 수 있다. 반면에 **직접적인 접근방식**(direct approach)은 마케팅 프로그램의 다양한 측면에 대한 소비자의 반응에 대한 브랜드지식의 실제 영향을 평가할 수 있다.

두 가지 접근방식은 상호 보완적이며 마케터는 둘 다 사용할 수 있고 사용해야 한다. 다시 말해 브랜드자산이 유용한 전략적 기능을 제공하고 마케팅 결정을 안내하기 위해 마케터는 브랜드자산의 출처, 판매와 같은 관심 결과에 미치는 영향, 이러한 출처와 결과가 시간이 지남에 따라 어떻게 변하는지 완전히 이해해야 한다. 3장에서는 소비자의 브랜드 지식구조를 개념화하기 위한 프레임워크를 제공했다. 10장에서는 이 정보를 사용하고 연구 방법을 검토해 브랜드자산과 고객 사고방식의 출처를 측정한다. 11장에서는 결과를 측정하기 위한 연구 방법을 검토한다.

측정의 세부사항에 들어가기 전에 이 장에서는 브랜드자산 측정 및 관리를 생각하는 방법에 대한 몇 가지 큰 그림을 제공한다. 구체적으로 브랜드자산 측정 시스템을 개발하고 구현하는 방법을 고려할 것이다. **브랜드자산 측정 시스템**(brand equity measurement system)은 마케팅 담당자에게 브랜드에 대한 시기적절하고 정확하며 실행 가능한 정보를 제공해 단기적으로는 최상의 전술적 결정을 내리고 장기적으로는 전략적 결정을 내릴 수 있도록 설계된 일련의 연구 절차이다. 브랜드자산의 출처와 결과를 완전히 이해하고 이 둘을 가능한 한 많이 연관지을 수 있도록 하는 것이 목표이다.

이상적인 브랜드자산 측정 시스템은 브랜드 및 경쟁업체에 대한 완전한 최신 관련 정보를 조직 내에서 적시에 올바른 의사결정자에게 제공한다. 마케팅 책무성에 대한 높아진 필요성에 대한 약간의 맥락을 제공한 후, 우리는 브랜드 감사 실시, 브랜드 추적 연구 설계, 브랜드자산 관리 시스템 구축과 같은 이상을 달성하기 위한 세 단계를 자세히 살펴볼 것이다.

새로운 책임

비록 많은 회사의 고위 경영자가 마케팅 개념과 브랜드의 중요성을 받아들였지만, 그들은 종종 다음과 같은 질문으로 어려움을 겪는다 ― 우리 브랜드는 얼마나 강력한가? 우리의 마케팅활동이 가치를 창출하도록 하려면 어떻게 해야 하는가? 그 가치를 어떻게 측정하는가? 오늘날 소비되는 거의 모든 마케팅 비용은 **마케팅 투자 수익률**(return on marketing investment, ROMI) 측면에서 효과적이고 효율적인 것으로 정당화되어야 한다.[1] 이러한 증가한 책임성으로 인해 마케팅 담당자는 어려운 과제를 해결하고 새로운 측정 접근방식을 개발해야 했다.

문제를 복잡하게 하는 것은 특정 산업이나 카테고리에 따라 일부 관찰자는 마케팅 지출의 최대 70%(또는 그 이상)가 브랜드자산을 개선하지만 단기적 이익 증가와 연결될 수 없는 프로그램 및 활동에 사용될 수 있다고 생각한다는 것이다.[2] 따라서 소비자에게 미치는 전체 장 · 단기 영향 측면에서 마케팅의 장기적 가치를 측정하는 것은 투자 수익률을 정확하게 평가하는 데 매우 중요하다.

단기 수익성을 입증하는 것과 장기 가치에 투자하는 것 사이의 이러한 긴장은 즉각적인 수익성보다는 강력한 장기적 고객관계와 네트워크에 중점을 둔 디지털 경제로 인해 더욱 악화했다. 최근 Forbes Marketing Accountability Initiative는 웨이즈(Waze), 링크드인(LinkedIn), 텀블러(Tumblr) 및 에어비앤비(Airbnb) 등 다수의 디지털 회사가 강력한 고객관계에서 파생된 무형 가치 측면에서 수십억 달러의 가치가 있다고 강조한다.[3]

이러한 변화를 감안할 때 마케터는 판매의 단기 변화와 관련된 마케팅 투자 수익률(ROMI) 측정을 넘어 지출 가치를 명확히 하고 정당화하는 새로운 도구와 절차가 필요하다. 3장에서는 소비자가 브랜드와 강한 유대감을 형성하는 방법과 마케터가 브랜딩 노력의 성공을 평가할 수 있는 방법을 이해하기 위한 구조화된 수단인 브랜드 공명 모델(brand resonance model)과 브랜드 가치사슬을 소개했다. 이 장의 나머지 부분에서는 이러한 추구에 도움이 되는 몇 가지 추가 개념과 관점을 제공한다.

브랜드 감사 실시

소비자가 브랜드와 제품을 어떻게 생각하고 느끼고 행동하는지를 배워 회사가 정보에 입각한 전략적 포지셔닝 결정을 내릴 수 있도록 마케터는 우선 브랜드 감사를 실시해야 한다. **브랜드 감사**(brand audit)는 브랜드 자본의 출처를 찾기 위해 브랜드를 종합적으로 조사하는 것이다. 회계에서 감사란 외부 회계법인에 의한 체계적인 검사로 분석, 시험, 확인을 포함한다.[4] 그 결과는 보고서 형식으로 회사의 재무 건전성을 평가하는 것이다.

비슷한 개념이 마케팅에도 제안되었다. **마케팅 감사**(marketing audit)는 기업의 마케팅 환경, 목표, 전략 및 활동에 대한 종합적이고 체계적이며 독립적이고 주기적인 검토로, 문제 영역과 기회를 결정하고 회사의 마케팅 성과를 개선하기 위한 실행 계획을 추천하는 것을 말한다.[5] 마케팅 감사는 첫 번째 단계가 목표, 범위, 접근방식에 대한 합의, 두 번째 단계는 데이터 수집, 세 번째 단계이자 마지막 단계는 보고서 작성 및 발표이다. 이것은 마케팅 운영이 효율적이고 효과적일 수 있도록 내부적으로 회사 중심의 연습을 하는 것이다.

반면에, **브랜드 감사**(brand audit)는 브랜드의 건전성을 평가하고, 브랜드자산의 출처를 밝히고, 자산을 개선하고 활용하는 방법을 제안하기 위해 보다 외부적인 소비자 중심적인 활동이다. 브랜드 감사는 기업과 소비자 모두의 관점에서 브랜드자산의 출처를 이해해야 한다. 기업의 관점에서 현재 소비자에게 제공되고 있는 제품과 서비스는 무엇이며 어떻게 마케팅되고, 브랜드화되고 있는가? 소비자의 관점에서 브랜드와 제품의 진정한 의미를 만드는 깊은 인식과 신념은 무엇인가?

브랜드 감사는 브랜드의 전략적 방향을 설정할 수 있으며, 경영진은 전략적 방향의 중요한 변화가 있을 때마다 이를 수행해야 한다.[6] 현재 브랜드자산의 출처는 만족스러운가? 특정 브랜드연상을 추가하거나 빼거나 강화해야 하는가? 어떤 브랜드 기회가 존재하며 브랜드자산에 어떤 잠재적 도전이 존재하는가? 이러한 질문에 대한 답변을 통해 경영진은 판매 및 장기적 브랜드자산을 극대화하기 위한 마케팅 프로그램을 시행할 수 있다.

연간 계획 주기와 같이 정기적으로 브랜드 감사를 수행하면 마케터가 브랜드의 흐름을 파악할 수 있다. 따라서 브랜드 감사는 마케팅 계획을 수립할 때 관리자에게 특히 유용한 배경이며 브랜드의 전략적 방향과 결과적인 성과에 중대한 영향을 미칠 수 있다. 도미노피자를 생각해보자.

도미노피자

2009년 말, 도미노피자(Domino's Pizza)는 쇠퇴하는 시장에서 어려움을 겪고 있었다. 소비자가 한쪽 끝에는 더 건강하고 신선한 식사 옵션을, 다른 쪽 끝에는 더 저렴한 버거나 샌드위치 옵션을 선택하면서 피자 판매가 급감했다. 중간에 갇힌 도미노피자는 또한 '속도'와 '최고의 배송'이라는 유산이 덜 중요해지고 있음을 발견했다. 설상가상으로, 피자 카테고리에서 선택의 1위 동인인 브랜드 맛에 대한 소비자의 인식을 훼손하고 있다는 것이다. 이 문제를 해결하기 위해 도미노는 광범위한 정성적·정량적 연구를 통해 상세한 브랜드 감사를 실시하기로 결정했다. 설문조사, 포커스 그룹, 인터셉트 인터뷰, 소셜 미디어 대화, 민족지학 연구를 통해 많은 핵심 통찰력을 얻었다. 맛 문제는 심각했다. 일부 소비자는 도미노가 피자보다 상자에 더 가깝다고 퉁명스럽게 말했다. 또한 조사에 따르면 소비자는 더 이상 알지 못하는 회사에 대해 배신감을 느꼈다고 한다. 비인간적이고 효율적인 서비스에 초점을 맞추는 것은 소비자의 마음에 도미노는 주방도, 요리사도, 재료조차 없다는 것을 의미했다. 소비자들은 '새롭고 개선되었다'는 주장에 회의적이었고, 회사는 자신이 틀렸다는 것을 결코 인정하지 않는다고 느꼈다. 이러한 부분과 다른 통찰력을 바탕으로 도미노는 브랜드 컴백을 시작했다. 첫 단계로 크러스트, 소스, 치즈에 대한 새로운 조리법으로 훨씬 더 나은 맛 테스트 점수를 얻었다. 이어 도미노는 비판을 피하기 위해 '오! 알겠습니다. 우리는 합니다(Oh Yes We Did)' 캠페인을 시작했다. 전통적인 TV와 인쇄 매체, 광범위한 온라인 구성요소를 사용해 회사는 더 나은 피자를 만들어 귀를 기울이고 응답했음을 분명히 했다. 다큐멘터리 형식의 촬영은 도미노의 CEO와 다른 경영진들이 원래의 소비자 조사를 관찰하고 그들이 어떻게 그것을 마음에 새겼는지를 묘사하는 것을 보여주었다. 포커스 그룹의 혹독한 비평가들에게 깜짝 방문이 이루어졌고, 그들은 카메라 앞에서 새로운 피자를 맛보고 열광적으로 칭찬했다. 도미노의 진정한 접근방식은 수익을 2배로 늘리고 향후 8년 동안 주가를

철저하고 통찰력 있는 브랜드 감사는 도미노가 직면하고 있는 지각된 문제를 확인하는 데 도움이 되었다.

출처 : Domino's Pizza LLC

5,000% 인상하는 성과를 거두었다.[7]

보다 최근에 도미노피자는 혁신적인 소셜 미디어와 디지털 마케팅 활성화 전략을 통해 브랜드 정체성(brand identity)을 강화했다. 이러한 캠페인의 대부분은 테스트와 학습, 다양한 유형의 활성화에 대한 반응을 관찰하는 과정을 통해 시간이 지남에 따라 개발되고 미세하게 조정되었다. 예를 들어 새로운 디지털 마케팅 캠페인은 얼굴 교환 기술과 이미지를 사용해 도미노피자가 도착하는 기쁨을 보여준다. 도미노는 고객이 TV 광고를 따라 할 수 있도록 스냅챗 렌즈에 '흔들림기법(boggling)'을 사용해 피자에 대한 그들의 반응을 보여줄 수 있도록 했다. 전반적으로 분석 및 소셜 미디어 청취에 대한 도미노의 투자는 대상 고객에 대한 호소력을 개선하는 데 도움이 되는 풍부한 통찰력을 추가로 얻게 했다.[8]

브랜드 감사는 브랜드 인벤토리와 브랜드 탐색의 두 단계로 구성된다. 브랜드 포커스 9.0은 롤렉스 브랜드를 예로 들어 브랜드 감사 예를 보여준다.

브랜드 인벤토리

브랜드 인벤토리(brand inventory)의 목적은 기업이 판매하는 모든 제품과 서비스가 어떻게 마케팅되고 브랜드화되는지에 대한 현재의 포괄적인 프로파일을 제공하는 것이다. 각 제품 또는 서비스를 프로파일링하려면 마케터가 판매되는 각 제품 또는 서비스에 대해 이름, 로고, 기호, 캐릭터, 포장, 슬로건, 기타 상표, 브랜드의 고유한 제품 속성 또는 특성, 가격, 커뮤니케이션 및 유통 정책 등의 항목을 시각적 및 서면 형태로 분류해야 한다. 여기에 브랜드와 관련된 기타 모든 관련 마케팅활동을 포함한다.

회사는 모든 다양한 마케팅활동과 프로그램을 전시하거나 접근할 수 있는 '전시실(war room)'을 설치하기도 한다. 시각적·언어적 정보는 더 명확한 그림을 제공하는 데 도움이 된다. 그림 9-1은 소프트웨어 선구자 레드햇(Red Hat)이 자사의 다양한 광고, 브로슈어, 기타 마케팅 자료로 만든 벽을 보여준다. 호주 레드햇 사무소에서 속옷을 판촉 선물로 브랜드화한 이유에 대해 머리를 긁적이기도 했지만, 다양한 아이템이 형태, 외모, 내용 면에서 얼마나 일관성이 있는지 보고

그림 9-1
레드햇 브랜드 벽

출처 : Red Hat, Inc.

관리자들은 기쁜 마음으로 놀랐다. 말할 필요도 없이, '남성용 흰색 드로즈'는 브랜드에서 벗어난 것으로 간주된 후 없어졌다.[9]

디지털 마케팅과 소셜 미디어의 등장으로 디지털 브랜드자산의 인벤토리 조사를 수행하는 것은 브랜드 인벤토리 조사에 있어 중요한 과제가 되었다. 디지털 브랜드자산은 온라인으로 배포되는 이미지, 오디오, 비디오 등을 포함하여 브랜드와 관련된 모든 자산으로 구성될 수 있다. 디지털 브랜드자산 목록은 또한 맞춤형 유튜브 동영상, 백서, 블로그 게시물, 후원 콘텐츠, 고객 가이드, 라이선스 뉴스 기사, 소셜 미디어 채널에서의 회상을 포함해 브랜드와 연결된 다양한 유형의 콘텐츠를 포함할 수 있다.[10] 이는 디지털 및 소셜 미디어 채널에서 브랜드의 모양과 느낌의 일관성을 유지하는 데 특히 주의를 기울여야 함을 의미한다.

브랜드자산의 디지털 인벤토리는 다음과 같은 네 가지 유형의 유용한 통찰력을 제공할 수 있다 : (1) 사용하지 않게 된 오래된 브랜드 계정, (2) 자산 집합을 보다 능률적으로 통합하거나 삭제할 수 있는 중복 브랜드자산, (3) 정확하지 않거나 최신정보가 아닌 기존 브랜드 계정. 예를 들어 브랜드 로고는 오래된 색상이나 디자인을 특징으로 할 수 있으며, 업데이트가 필요할 수 있다. (4) 브랜드가 존재하지 않는 특정 디지털 및 소셜 미디어 채널은 향후 전략을 재작업하기 위한 출발점이 될 수 있다.

온라인 및 오프라인에서 브랜드 인벤토리의 결과는 어떤 브랜드 요소가 어떻게 채용되고 활용되는지, 그리고 지원 마케팅 프로그램의 성격에 따라 모든 제품과 서비스가 어떻게 브랜드화되는지 정확하고 포괄적인 최신 프로파일이어야 한다. 마케터는 또한 유사점과 차별점을 결정하기 위해 가능한 한 자세히 경쟁 브랜드를 프로파일링해야 한다.

이론적 해석　브랜드 인벤토리는 몇 가지 이유로 중요한 첫 단계이다. 첫째, 소비자의 현재 인식이 무엇에 근거할 수 있는지를 제시하는 데 도움이 된다. 소비자 연상(consumer association)은 일반적으로 그것에 부착된 브랜드 요소의 의도된 의미에 뿌리를 두고 있지만 항상 그런 것은 아니다. 따라서 브랜드 인벤토리는 다음에 논의하는 브랜드 탐색과 같은 후속 연구를 해석하는 데 유용한 정보를 제공한다.

브랜드 인벤토리는 주로 설명적인 작업이지만 유용한 분석과 브랜드자산을 더 잘 관리할 수 있는 방법에 대한 초기 통찰력을 제공할 수도 있다. 예를 들어 마케터는 브랜드 이름을 공유하는 모든 다양한 제품 또는 서비스의 일관성을 평가할 수 있다. 이러한 평가는 브랜드의 디지털 자산 인벤토리로도 확장되어야 한다. 다른 브랜드 요소가 일관되게 사용되는가, 아니면 판매되는 지리적 시장, 대상 시장 등에 따라 동일한 제품에 대해 여러 가지 다른 버전의 브랜드 이름, 로고 등이 존재하는가? 브랜드와 관련된 온라인 마케팅에서 색상과 폰트의 일관성이 있는가? 마찬가지로, 지원 마케팅 프로그램은 관련 브랜드 전반에 걸쳐 논리적이고 일관적인가?

기업이 제품을 지리적으로 확장하고 다른 범주로 확장함에 따라 브랜드 외관 및 마케팅에서 종종 중요한 편차가 나타난다. 철저한 브랜드 인벤토리는 브랜드 일관성의 정도를 드러낼 수 있어야 한다. 동시에 브랜드 인벤토리는 하나 이상의 주요 차원에서 다르도록 설계된, 예를 들어 라인 확장의 결과와 같이 브랜드 이름을 공유하는 다양한 제품 간에 인지된 차이의 부족을 드러낼 수 있다. 뚜렷한 위치를 가진 하위브랜드를 만드는 것이 마케팅 우선순위인 경우가 많으며 브랜드 인벤토리는 소비자 혼란이나 소매업체 저항으로 이어질 수 있는 바람직하지 않은 중복과 겹치는 부분을 발견하는 데 도움이 될 수 있다.

브랜드 탐색

브랜드 인벤토리에서 드러나는 공급 측면의 관점이 유용하기는 하지만, 물론 실제 소비자의 인식은 마케터가 의도한 것을 반드시 반영하는 것은 아닐 수 있다. 따라서 브랜드 감사의 두 번째 단계는 **브랜드 탐색**(brand exploratory)을 통해 소비자가 실제로 브랜드를 어떻게 생각하는지에 대한 자세한 정보를 제공하는 것이다. 브랜드 탐색은 브랜드자산의 출처와 가능한 장벽을 더 잘 이해하기 위해 소비자가 브랜드에 대해 어떻게 생각하고 느끼고 브랜드에 대해 행동하는지 이해하는 연구이다.

시전 준비 활동 브랜드 탐색에는 몇 가지 예비 활동이 유용하다. 첫째, 많은 선행연구가 존재할 수 있고 관련이 있을 수 있다. 기업의 서고를 뒤져 오랫동안 묻혀 있고 이미 오래전에 잊혔으나 많은 중요한 질문에 대한 통찰과 대답을 담고 있거나, 필요한 새로운 질문을 제기할 보고서를 찾아내는 것이 중요하다. 이러한 연구들은 여기서 얻은 통찰과 보고서들이 브랜드자산의 원천과 성과로 이어지도록 주의 깊게 재검토 및 요약되어야 한다.

둘째, 내부 직원과의 인터뷰를 통해 그들이 소비자가 그 브랜드와 경쟁 브랜드들에 대해 어떤 지각을 하고 있다고 생각하는지를 이해하는 것도 중요하다. 과거와 현재의 마케터는 이전의 보고에서 탐지되지 않았던 어떤 지혜를 나눌 수도 있다. 이러한 내부 인터뷰로부터 전형적으로 나타나는 의견의 다양성은 브랜드에 대해 내부적으로 존재할 수 있는 불일치 또는 오해를 지적할 뿐만 아니라 유용한 통찰력이나 아이디어가 생성될 가능성을 증가시키는 여러 기능을 한다.

이러한 사전 활동은 유용하지만, 고객들이 서로 다른 브랜드를 어떻게 쇼핑하고 사용하는지, 그들이 어떻게 생각하고 느끼는지 더 잘 이해하기 위해서는 종종 추가적인 연구가 필요하다. 마케팅 담당자가 광범위한 이슈를 다루고 보다 깊이 있게 추구할 수 있도록 브랜드 탐색은 종종 그림 9-2에 요약된 바와 같이 정성적 연구 기법을 첫 번째 단계로 사용하고, 이어서 더 집중적이고 확실한 설문조사 기반의 정량적 연구를 수행한다.

정성적 조사의 해석 정성적 조사의 연구 기법은 매우 다양하다. 마케터는 어떤 사람을 고용해야 할지 신중히 고려해야 한다.

기준 레비(Levy)는 정성적 연구 기법을 분류하고 판단할 수 있는 세 가지 기준인 방향, 깊이, 다양성으로 구분했다.[11] 예를 들어 어떤 투사적 연구 기법은 자극 정보의 특성(사람이나 브랜드와 관련이 있는가?), 더 깊고 추상적인 반응(그리고 더 많은 해석을 요구하는)과 대조적으로 피상적이고 구체적인 반응의 정도, 그리고 정보가 다른 투사 기법에 의해 수집된 정보와 관련되는 방식의 측면에서 다양하다.

그림 9-2에서 보듯이 목록 위쪽의 과제는 그 대답이 해석하기 보다 쉬운 매우 구체적인 질문을 포함한다. 목록 아래쪽의 과제(인격화 연습, 역할연기)는 잠정적으로 훨씬 풍부하나 해석하기는 훨씬 어려운 질문을 수반한다.

레비에 따르면, 질문이 구체적일수록 참가자에 의해 주어지는 정보의 범위는 더 좁혀진다. 질문에서의 자극 정보가 보다 개방형이고 반응이 보다 자유롭고 덜 제한된다면 참가자는 더 많은

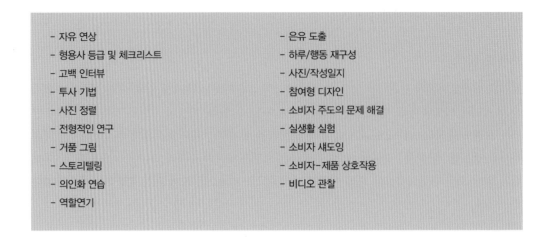

그림 9-2
정성적 조사 기법 요약

정보를 제공한다. 사용하는 조사 기법이 보다 추상적이고 상징적일수록 보다 면밀한 조사와 소비자의 반응 뒤의 동기와 이유를 명시적으로 밝히는 질문들이 뒤따르는 것이 보다 중요하다.

이상적으로, 브랜드 탐색의 한 부분으로 실시된 정성적 조사는 관련된 기법의 다양성뿐만 아니라 방향과 깊이에서 다양하다. 문제는 소비자가 명시적으로 진술한 내용을 넘어 암시적으로 의미하는 바를 결정하는 정확한 해석을 제공하는 것이다. 10장은 정성적 연구를 가장 잘 수행하는 방법을 검토한다.

멘탈 맵과 핵심 브랜드연상들　정성적 연구의 유용한 결과 중 하나는 멘탈 맵이다. **멘탈 맵**(mental map)은 특정 대상 시장에 대한 모든 두드러진 브랜드연상 및 반응을 정확하게 묘사한다. 소비자가 멘탈 맵을 만들도록 하는 가장 간단한 방법 중 하나는 가장 먼저 생각나는 브랜드연상("이 브랜드를 생각할 때 무엇이 떠오르나요?")을 묻는 것이다. 3장의 브랜드 공명 피라미드(brand resonance pyramid)는 멘탈 맵의 생성에서 나타날 수 있는 연관성과 반응의 유형 중 일부를 강조하는 데 도움이 된다.

때로는 브랜드연상을 설명 레이블이 있는 관련 범주로 그룹화하는 것이 유용하다. **핵심 브랜드연상**(core brand association)은 브랜드의 5~10가지 가장 중요한 측면이나 차원을 특징짓는 추상적인 연상(속성 및 이점)이다. 그것들은 유사점 및 차별점을 생성하는 방법의 관점에서 브랜드 포지셔닝의 기초 역할을 할 수 있다. 예를 들어 나이키 브랜드 조사에 대한 응답으로, 소비자들은 우리가 '최고 운동선수'라고 부를 수 있는 르브론 제임스(LeBron James)나 세레나 윌리엄스(Serena Williams)와 같은 나이키 광고에 등장하는 운동선수들을 나열할 수도 있다. 문제는 각각의 연관성을 가능한 한 명확히 하면서 모든 관련 연관성을 포함해야 한다는 것이다. 그림 9-3은 한 번에 MTV에 대한 브랜드 분석의 일부로 만들어진 가상 멘탈 맵과 일부 핵심 브랜드연상을 보여준다.

관련 방법론인 브랜드 개념 맵(brand concept map, BCM)은 소비자로부터 브랜드연상 네트워크(브랜드 맵)를 이끌어내고 개별 맵을 합의 맵(consensus map)으로 통합한다.[12] 이 접근방식은 매핑 단계에서 사용되는 일련의 브랜드연상을 설문 응답자에게 제공함으로써 브랜드연상을 식별하는 브랜드 도출 단계를 구성한다. 매핑 단계도 구조화되어 있으며 응답자가 제공된 브랜드연상 세트를 사용하여 브랜드연상끼리 브랜드와 어떻게 연결되는지, 그리고 이러한 연결이 얼마나 강력한지를 보여주는 개별브랜드 맵을 작성한다. 마지막으로 통합 단계도 구조화되고 개별브랜드

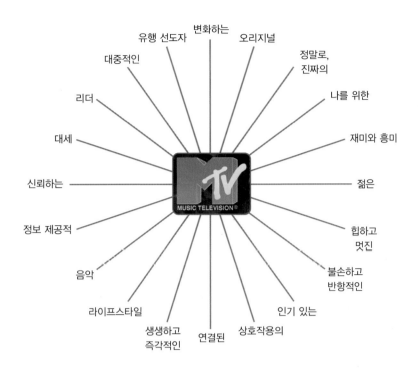

그림 9-3A
MTV 멘탈 맵

출처 : MTV logo, MCT/Newscom

음악	**커뮤니티**
핫한 것과 새로운 것	공유된 경험(대화 및 대화가치)
신뢰도	**현대적인**
전문가, 신뢰, 현실	힙하다, 쿨하다
성격	**자발성**
불손하고, 힙하고, 멋진	최신, 즉각적인
접근성	**독창성**
모든 사용자에게 관련됨	진솔하고 창의적인
상호작용	**유동성**
연결 및 참여	항상 변화 및 발전

그림 9-3B
가능한 MTV 핵심 브랜드연상

맵을 단계별로 분석해 관련된 공통 사고를 드러낸다. 그림 9-4는 샘플 환자가 제공한 메이요클리닉(Mayo Clinic)의 브랜드 개념 맵(브랜딩 브리프 9-3의 주제)을 보여준다.

　브랜드 탐색에 대한 정량적 및 정성적 연구의 한 가지 목표는 대상 시장에 대한 명확하고 포괄적인 프로파일이다. 브랜딩 과학 9-1에 요약되어 있는 것처럼 그 과정의 일부로 많은 기업이 말 그대로 표적시장에 대한 견해를 포착하기 위해 페르소나를 만들고 있다.

양적 연구의 수행　질적 연구는 시사적이지만 브랜드 인지도의 깊이와 폭, 브랜드연상 강도, 호감도 및 독창성에 대한 보다 확실한 평가는 종종 정량적 연구 단계를 필요로 한다.

　탐색의 정량적 단계에 대한 지침은 비교적 간단하다. 마케터는 질적 연구 단계에서 식별된 모든 잠재적으로 중요한 연관성을 강점, 선호도, 고유성에 따라 평가하려고 시도해야 한다. 그들은

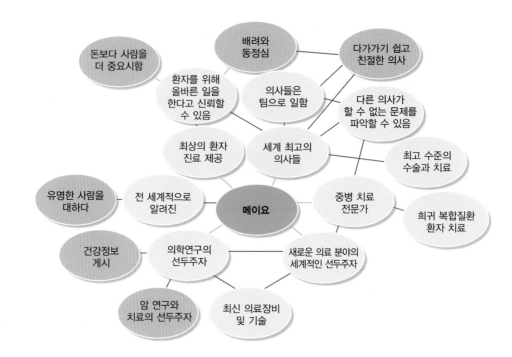

그림 9-4
메이요클리닉 브랜드 개념 맵
샘플

브랜드자산의 잠재적인 원천과 결과를 밝히기 위해 특정 브랜드 신념과 전반적인 태도 및 행동을 모두 조사해야 한다. 그리고 다양한 단서를 사용해 브랜드 인지도의 깊이와 폭을 평가해야 한다.

일반적으로 마케터는 경쟁업체가 브랜드자산의 출처와 대상 브랜드와 비교하는 방법을 더 잘 이해하기 위해 유사한 유형의 연구를 수행해야 할 필요가 있다. 정성적 및 정량적 측정에 대한 위 논의의 대부분은 브랜드 이름과의 연관성에 집중되어 있다. 예를 들어 소비자는 브랜드 이름이 조사대상에 주어졌을 때 브랜드에 대해 어떻게 생각할까? 마케터는 브랜드의 다른 의미와 측면을 유발할 수 있기 때문에 브랜드 탐색에서 다른 브랜드 요소도 연구해야 한다.

예를 들어 우리는 소비자에게 제품 포장, 로고 또는 기타 속성만을 기준으로 브랜드에 대해 어떤 추론을 하는지 물을 수 있다(예 : "포장만 보고 브랜드에 대해 어떻게 생각하시나요?"). 우리는 브랜드연상을 생성하고 브랜드자산의 원천이 되는 역할을 밝히기 위해 브랜드 요소의 특정 측면(예 : 패키지의 레이블 또는 패키지 자체의 모양)을 탐색할 수 있다. 또한 이러한 요소 중 어느 것이 브랜드 전체를 가장 효과적으로 표현하고 상징하는지 결정해야 한다.

디지털 마케팅 리뷰 디지털 마케팅의 중요성이 커짐에 따라 공식적인 디지털 마케팅 검토는 브랜드 감사에 중요한 정보를 제공해 브랜드의 온라인 존재에 관한 유용한 통찰력을 생성하는 데 도움이 될 수 있다. 디지털 마케팅 검토는 다음과 같은 이점이 있다.[13]

1. 온라인 채널에서 자사 브랜드가 디지털 측면에서의 노력이 경쟁사와 대비해 받아들여지고 있는지 여부를 강조할 수 있다.
2. 브랜드를 둘러싼 온라인 대화 심층 분석으로 가능해진 업계 동향은 물론 중요한 고객 수준의 통찰력을 끌어내는 데 도움이 될 수 있다. 이것은 디지털 채널에 관련된 것처럼 브랜드 이미지와 브랜드 개성을 더 잘 보여주는 데 유용할 수 있다.
3. 브랜드 전략 개발에 유용한 정보를 제공하고 풍부한 고객 통찰력을 제공해 브랜드 포지셔

닝을 제작하거나 개선할 수 있다.

4. 브랜드의 디지털 마케팅 및 소셜 미디어 전략의 상태 점검 역할을 할 수 있으며, 온라인 전략이 브랜드의 전체 전략과 일치하지 않는 경우 브랜드 관리자가 코스 수정 조치를 도입할 수 있다.

지속적인 소셜 미디어 대화를 성공적으로 발굴해 브랜드와 연결된 주제와 주제에 대한 세부적인 통찰력을 얻을 수 있다. 디지털 마케팅 리뷰에서 얻은 정보를 요약하는 한 가지 방법은 다양한 디지털 채널에서 브랜드를 둘러싼 브랜드 대화와 관련된 5C, 즉 (1) 대화 채널(conversation channel), (2) 대화 출처(conversation source), (3) 대화 내용(conversation content), (4) 채널별 참여(channel-specific engagement), (5) 문맥(context)에 초점을 맞추는 것이다. 표 9-1은 이들 각각에 대한 자세한 내용이다.[14]

브랜드 탐색은 소비자가 브랜드 보상을 어떻게 인식하는지를 포함해 다양한 브랜드 요소에 대한 중요한 정보를 밝힐 수 있다.

이러한 소셜 미디어 대화 분석의 중요한 결과 중 하나는 소비자가 브랜드를 향한 연관성을 더 잘 이해하는 것이다. 7장에서 설명한 것처럼 연구자들은 브랜드를 둘러싼 소셜 미디어 대화 데이터에 자연어 처리 및 머신러닝 기법을 적용해 브랜드 포지셔닝 맵을 구성하는 방법을 보여주었

표 9-1 온라인 브랜드 대화의 5C

온라인 브랜드 대화의 특징	의미
대화 채널	디지털 리뷰는 브랜드를 둘러싼 대화가 이루어지는 장소를 조명해야 한다(예 : 페이스북, 트위터, 유튜브).
대화 출처	디지털 리뷰는 소비자, 경쟁자 또는 제3자/인플루언서 등 대화의 출처가 누구인지 강조할 수 있다.
대화 내용	마케터는 또한 브랜드를 둘러싼 대화의 내용에 대해 배우기 위해 디지털 리뷰를 사용하고 있다. 소셜 미디어 콘텐츠는 시각적 측면만 아니라 언어적 측면도 있을 수 있으며 (1) 정서 (긍정적 대 부정적), (2) 언급 횟수를 나타낼 수 있는 대화 양, (3) 소셜 미디어 대화에서 화제 또는 주제를 추출할 수 있다. 워드 클라우드(word cloud)는 구두 내용을 요약하는 데 유용할 수 있다. 워드 클라우드에 있는 단어의 크기는 일반적으로 얼마나 중요한지 설명하고(워드 클라우드에 있는 더 큰 단어가 더 자주 언급됨), 워드 클라우드의 색상은 긍정적이거나 부정적 감정을 나타내기 위해 코딩될 수 있다. 시각적 콘텐츠는 일반적으로 브랜드와 관련된 이미지와 이러한 이미지에 일반적으로 등장하는 콘텐츠 및 테마와 같은 주요 기능을 설명하여 요약할 수 있다.
채널별 인게이지먼트	브랜드 인게이지먼트는 소비자가 브랜드를 둘러싼 게시물이나 대화에 대한 반응으로 취하는 조치를 말하며, 디지털 리뷰는 브랜드가 다양한 유형의 채널에 걸쳐 인게이지먼트(또는 행동)를 이끌어내는 정도를 요약할 수 있다. 예를 들어 한 브랜드에 대한 페이스북 '좋아요' 의 수는 페이스북에서 한 브랜드의 인기를 요약하는 데 도움을 줄 수 있다. 또는 유튜브에서 브랜드에 대한 동영상의 조회 수는 유튜브에서 브랜드에 대한 소비자 인게이지먼트를 나타내는 것일 수 있다. 이러한 방식으로 다양한 디지털 채널에 대한 인게이지먼트 메트릭스 요약은 소비자 인게이지먼트 범위를 강조하는 데 도움이 될 수 있다.
문맥	위에서 생성된 정보는 두 가지 유형의 문맥 정보를 제공해 더욱 세분화할 수 있다 — (1) 특정 브랜드에 대한 주제와 정서가 주요 경쟁업체와 어떻게 비교되는지, (2) 대화의 성격이 시간이 지남에 따라 어떻게 변했는지.

브랜드를 둘러싼 소셜 미디어 대화를 분석하고, 시간이 지남에 따라 이를 추적하면 관리자는 브랜드에 대한 고객의 지속적인 생각과 감정에 대한 중요한 통찰력을 얻을 수 있다.

다. 소셜 미디어 데이터를 수집하는 데 비용이 적게 들고 시기적절할 수 있기 때문에 보다 전통적인 설문조사 기반 접근방식에 비해 이 접근방식과 관련된 몇 가지 주요 이점이 있다. 또한 소셜 미디어 데이터는 소비자의 자발적인 게시물로 구성된다. 그러므로 소비자로부터 얻은 설문조사 응답에 수반되는 일반적인 편견을 극복한다.

반대로, 소셜 미디어 데이터에서 파생된 브랜드 포지셔닝은 온라인으로 브랜드에 인게이지하는 경향이 있는 소비자의 부분만을 나타낼 수 있으므로 오프라인 소비가 제한된 범주에만 더 적합하다. 또한 소셜 미디어 게시 행동은 다른 사람에게 깊은 인상을 주거나 특정 이미지를 투영하려는 소비자의 동기에 의해 주도될 수 있다. 따라서 브랜드 게시물은 그러한 편견을 반영할 수 있다. 그럼에도 불구하고 소셜 미디어 데이터를 기반으로 포지셔닝 맵을 그리는 것은 다른(보다 전통적인) 접근방식에서 얻은 데이터를 보완하는 좋은 방법이다.

요약하면, 디지털 마케팅 리뷰는 소비자의 마음에 빛을 비추는 데 도움을 줄 수 있고, 따라서 시장 조사를 위한 도구 역할을 할 수 있다. 시간이 지남에 따라 브랜드 인지도를 추적함으로써 주기적인 디지털 리뷰는 브랜드 감사를 강화하는 데 도움이 될 수 있다. 결과적으로 생성된 이러한 통찰력은 관리자가 시장 동향에 보다 신속하게 대응하는 데 도움이 될 수 있다.

브랜드 포지셔닝과 마케팅 프로그램 지원

데이터가 소셜 미디어 또는 전통적인 설문조사 기반 접근방식에서 파생되었는지에 관계없이, 브랜드 탐색은 핵심 브랜드와 경쟁사의 현재 지식 구조를 파악하고 원하는 브랜드 인지도와 브랜드 이미지, 유사점 및 차별점을 판단하기 위한 것이다. 현재 브랜드 이미지에서 원하는 브랜드 이미지로 이동한다는 것은 일반적으로 2장에 설명된 지침에 따라 소비자의 마음에서 새로운 연상을 추가하거나, 기존 연상을 강화하거나 바람직하지 않은 연상을 약화 또는 제거하는 것을 의미한다.

호주 최고의 마케팅 학자 중 한 명인 존 로버츠(John Roberts)는 브랜드를 위한 이상적인 포지셔닝을 달성하는 데 있어 다음과 같은 네 가지 주요 고려사항 간의 일치를 달성할 수 있어야 한다고 생각했다―(1) 고객이 현재 브랜드에 대해 믿고 있는 것(그리고 신뢰할 수 있는 것으로 생각하는 것), (2) 고객이 브랜드에서 가치를 둘 것, (3) 회사가 현재 브랜드에 대해 말하는 것, (4) 회사가 원하는 위치 브랜드를 선택(그림 9-5 참조).[15] 네 가지 고려사항이 각각 포지셔닝에 대해 다른 접근방식을 제안하거나 반영할 수 있기 때문에, 네 가지 고려사항의 균형을 가능한 한 많이 유지하는 포지셔닝을 찾는 것이 중요하다.

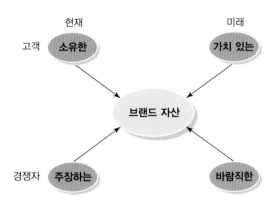

그림 9-5
존 로버츠의 브랜드 포지셔닝 고려사항

출처 : John Roberts, ANU College of Business and Economics, The Australian National University.

브랜드, 마케팅 리서치, 생산 관리자를 비롯한 다양한 내부 관리 인력이 계획 및 포지셔닝 프로세스의 일부가 될 수 있으며 마케팅 리서치 공급업체 및 굉고 대행시 같은 관련 외부 마케팅 파트너도 마찬가지다. 일단 마케터가 그들의 목표 소비자를 위한 현재의 브랜드지식 구조에 대한 브랜드 감사로부터 좋은 이해를 얻고, 최적의 포지셔닝을 위해 원하는 브랜드지식 구조를 결정하면, 그들은 여전히 그 포지셔닝을 달성하기 위해 대안적인 전술 프로그램을 테스트하는 추가적인 연구를 하고 싶어 할 것이다.

브랜딩 과학 9 - 1

브랜드 페르소나의 역할

표적시장에 대해 얻은 모든 정보와 통찰력을 구체화하기 위해 연구자는 페르소나를 사용할 수 있다. **페르소나**(persona)는 한 명 또는 아마도 소수의 표적시장 소비자의 상세한 프로파일이다. 그것들은 종종 인구통계학적, 심리학적, 지리학적, 기타 기술적인 태도나 행동 정보의 관점에서 정의된다. 연구자는 페르소나의 세부사항을 전달하기 위해 사진, 이미지, 이름 또는 짧은 약력을 사용할 수 있다.

페르소나 뒤에 있는 이론적 근거는 표적고객이 어떻게 보이고 행동하고 느끼는지에 대한 모형이나 원형을 가능한 한 실제와 같이 제공해 조직 내 마케터가 표적시장을 완전히 이해하고 감사하도록 보장하고, 따라서 그들의 모든 마케팅 의사결정에 미묘한 고객의 목표 관점을 통합하기 위함이다. 페르소나는 기본적으로 대상 소비자에게 생명을 불어넣도록 고안되었다.

좋은 브랜드 페르소나는 여러 마케팅활동을 안내할 수 있다. 예를 들어 많은 브랜드가 타깃 캠페인을 개발할 때 구매자 페르소나의 아이디어를 수용했다. 집카(Zipcar)의 구매자 페르소나는 주로 밀레니얼 세대 도시 거주자를 중심으로 돌아간다. 집카의 광고 톤과 언어는 트위터 핸들(handle) #Worth The Trip을 사용한 트윗에 보이듯 밀레니얼 세대 세계 여행자를 대상으로 한다.

구매자 페르소나를 기반으로 하는 단일 커뮤니케이션 캠페인을 개발하는 것 외에도 페르소나의 또 다른 용도는 다양한 구매자 페르소나에 맞게 조정된 여러 개인화된 커뮤니케이션의 개발을 안내하는 것이다. 페

구매자 페르소나는 마케터가 일반적인 구매 습관과 미디어 사용 습관을 기반으로 고객에게 제안을 개인화할 수 있도록 한다.

르소나는 콘텐츠 생성 및 콘텐츠 전달을 촉진하여 개인화 노력에 집중할 수 있다. 페이스북 인사이트(Facebook Insights)와 같은 분석 도구는 연령, 성별 및 위치(국가, 도시 등)를 포함한 대상 고객에 대한 자세한 설명을 제공하는 데 도움이 될 수 있다. 또한 다양한 구매자 페르소나의 다양한 미디어 사용 습관은 광고 및 커뮤니케이션을 전달하기 위해 다양한

유형의 온라인 및 오프라인 커뮤니케이션 채널을 사용하도록 지시할 수 있다.

　페르소나는 대상 시장에 대해 매우 상세하고 접근 가능한 관점을 제공할 수 있지만 비용이 발생할 수 있다. 표적시장의 좁은 부분에 지나치게 초점을 맞추는 것은 표적시장 전체가 어떻게 생각하고, 느끼고, 행동하는지에 대한 지나친 단순화와 잘못된 가정으로 이어질 수 있다. 대상 시장의 이질성이 클수록 페르소나를 사용하는 데 문제가 커질 수 있다. 과도한 일반화의 잠재적인 문제를 극복하기 위해 일부 기업은 1차(목표 소비자), 2차(다양한 요구, 목표를 가진 목표 소비자), 부정적(사용자에 대한 잘못된 고정 관념)과 같은 다양한 수준의 페르소나를 만들고 있다.

출처 : Allen P. Adamson, *Brand Digital: Simple Ways Top Brands Succeed in the Digital Age* (New York: Palgrave-MacMillan, 2008); Lisa Sanders, "Major Marketers Get Wise to the Power of Assigning Personas," *Advertising Age*, April 9, 2007, 36; Stephen Herskovitz and Malcolm Crystal, "The Essential Brand Persona: Storytelling and Branding," *Journal of Business Strategy* 31, no. 3 (2010): 21. For additional information on storytelling, see Edward Wachtman and Sheree Johnson, "Discover Your Persuasive Story," *Marketing Management* (March/April 2009): 22–27; Heidi Cohen, "Social Media Personas: What You Need to Know," May 29, 2012, https://heidicohen.com/social-media-personas-what-you-need-to-know/, accessed November 22, 2017.

집카는 페르소나를 사용해 서로 다른 페르소나에 맞춘 개인화된 커뮤니케이션 개발을 안내했다.

브랜드 추적 연구 설계

브랜드 감사는 브랜드의 장기적인 전략적 방향 설정에 필수적인 깊이 있는 정보와 통찰력을 제공하는 수단이다. 그러나 단기적인 전술적 결정을 위한 정보를 수집하기 위해, 마케터들은 일반적으로 지속적인 추적 연구를 통해 딜 상세한 브랜드 관련 정보를 수집한다.

　브랜드 추적 연구(brand tracking studies)는 일반적으로 마케터가 브랜드 감사 또는 기타 수단에서 식별할 수 있는 여러 주요 차원에 대한 브랜드 성능의 정량적 측정을 통해 시간이 지남에 따라 정기적으로 소비자로부터 정보를 수집한다. 이들은 브랜드 가치사슬(brand value chain)의 구성요소를 적용하여 브랜드 가치가 어디서, 얼마나, 어떤 방식으로 만들어지고 있는지 더 잘 이해함으로써 브랜드가 얼마나 잘 포지셔닝 되었는지에 대한 귀중한 정보를 제공한다.

　회사가 브랜드 확장을 도입하거나 브랜드를 지원하기 위해 점점 더 다양한 커뮤니케이션 옵션을 통합함에 따라 더 많은 마케팅활동이 브랜드를 둘러싸면서 각각을 조사하는 것이 어렵고 비용이 많이 든다. 시간이 지남에 따라 마케팅 프로그램에 변경 사항이 얼마나 적거나 많든 상관없이 마케터는 필요한 경우 조정할 수 있도록 브랜드와 자산의 상태를 모니터링해야 한다.

따라서 추적 연구는 일상적인 의사결정을 용이하게 하기 위해 일관된 기준선 정보를 제공함으로써 중요한 역할을 한다. 좋은 추적 시스템은 마케터가 카테고리 역학, 소비자 행동, 경쟁적 취약점과 기회, 마케팅 효과와 효율성과 같은 중요한 고려사항을 더 잘 이해하도록 도울 수 있다.

무엇을 추적할 것인가

3장은 브랜드 공명 모델에 대응하는 잠재적인 측정기준의 상세한 목록을 제공하고 있는데, 이들 각각은 추적의 대상이다. 그러나 브랜드 혹은 브랜드들이 직면하는 특정한 쟁점을 다루기 위해서는 일반적으로 추적 조사를 맞춤화하는 것이 필요하다는 것을 인식해야 한다. 각각의 브랜드는 추적 조사에서 다양한 종류의 질문이 반영되어야 하는 독특한 상황에 직면하게 될 것이다.

제품 - 브랜드 추적 개별브랜드 제품을 추적하려면 회상과 인지도를 모두 사용하여 브랜드 인지도와 이미지를 측정하고 보다 일반적인 질문에서 보다 구체적인 질문으로 이동해야 한다. 따라서 먼저 소비자에게 특정 상황에서 어떤 브랜드가 떠오를 것인지 묻고, 다음으로 다양한 제품 범주 단서의 기반으로 브랜드 회상을 요청한 다음, 브랜드 인지도 테스트(필요한 경우)로 마무리하는 것이 합리적일 수 있다.

일반적인 측정에서 보다 구체적인 측정으로 이동하는 것은 브랜드 이미지, 특히 소비자가 생각하는 브랜드가 브랜드를 특징짓는 것과 같은 구체적인 인식과 브랜드가 소비자에게 의미하는 것과 같은 평가를 측정하기 위한 브랜드 추적 설문조사에서 좋은 아이디어이다. 마케터가 시간이 지남에 따라 추적할 수 있는 소비자 지식 구조의 풍부함에 따라 일반적으로 브랜드에 대해 다수의 특정 브랜드연상이 존재한다.

브랜드가 종종 증강된 제품 수준에서 경쟁한다는 점을 감안할 때(1장 참조), 경쟁 브랜드를 구별할 수 있는 모든 연관성을 측정하는 것이 중요하다. 따라서 특정 하위 수준의 브랜드연상 측정에는 성능 및 이미지 속성, 기능적·정서적 이점과 같은 브랜드자산의 모든 잠재적 원천이 포함되어야 한다. 유익성 연상은 종종 주요 유사점 또는 차별점을 나타내므로 이를 추적하는 것도 특히 중요하다. 마케터는 브랜드에 대한 편익 신념의 변화를 더 잘 이해하기 위해 편익 신념의 기초가 되는 속성 신념을 측정할 수도 있다. 다시 말해 기술 속성 신념의 변화는 브랜드에 대한 보다 평가적인 편익 신념의 변화를 설명하는 데 도움이 될 수 있다.

마케터는 강점, 호감도, 고유성을 기반으로 브랜드자산의 잠재적 원천을 구성하는 주요 브랜드연상을 평가해야 한다. 연상이 소비자가 기억할 만큼 강력하지 않으면 호감도가 문제가 되지 않으며, 소비자의 결정에 영향을 줄 만큼 호의적이지 않으면 고유성이 중요하지 않다. 이상적으로는 마케터가 세 가지 차원 모두에 대한 측정값을 수집하지만 아마도 특정 연관성에 대해서만 그리고 일부 시간에 대해서만 수집할 수 있다. 예를 들어 호감도와 고유성은 3~5개의 주요 연관성에 대해 1년에 한 번만 측정될 수 있다.

동시에, 마케터는 더 일반적이고 더 높은 수준의 판단, 감정, 그리고 다른 결과 관련 측정들을 추적할 것이다. 전반적인 의견을 구한 후, 소비자에게 최근 몇 주 또는 몇 달 동안 태도나 행동이 바뀌었는지, 그리고 만약 그렇다면 그 이유를 물을 수 있다. 브랜딩 브리프 9-1은 스타벅스에 대한 간단한 추적 설문조사의 예시를 제공한다.

브랜딩 브리프 9 - 1
샘플 브랜드 추적 설문조사

스타벅스가 짧은 온라인 추적 설문조사를 설계하는 데 관심이 있다고 가정하자. 어떻게 설정할 것인가? 다양한 유형의 질문이 있지만 추적 설문은 다음과 같은 형태로 진행될 수 있다.

소개 : 우리는 빠른 서비스 또는 커피하우스 체인에 대한 소비자 의견을 수집하기 위해 간단한 온라인 설문조사를 실시하고 있습니다.

브랜드 인지도 및 사용

a. 당신은 어떤 브랜드의 커피숍 체인을 알고 있습니까?
b. 당신은 어느 커피숍 체인점을 방문하는 것을 고려하나요?
c. 지난주에 방문한 커피숍은 어디입니까?
d. 지난주에 커피숍 체인을 방문한 적이 있습니까? 있다면 어느 것입니까?
e. 만약 당신이 내일 커피숍에 방문한다면, 당신은 어떤 커피숍에 가고 싶나요?
f. 당신이 가장 좋아하는 커피숍 체인은 어떤 것인가요?

특정 커피숍 체인인 스타벅스에 대해 몇 가지 일반적인 질문을 하고 싶습니다.

이 브랜드를 들어봤나요? [친숙함을 설정한다.]

스타벅스 커피숍에 가본 적이 있나요? [시험을 설정한다.]

스타벅스 하면 가장 먼저 떠오르는 이미지는 무엇인가요? 다른 건 없나요? [모두 나열한다.]

브랜드 평가

a. 스타벅스에 대한 당신의 전반적인 의견이 궁금합니다.
b. 스타벅스에 대한 당신의 태도는 얼마나 우호적인가요?
c. 스타벅스는 당신의 요구를 얼마나 잘 충족시키나요?
d. 당신은 스타벅스를 다른 사람에게 추천할 확률이 얼마나 되나요?
e. 스타벅스는 얼마나 가성비가 좋은가요?
f. 스타벅스는 프리미엄 가격의 가치가 있나요?
g. 스타벅스의 어떤 점이 가장 마음에 드나요? 최소한?
h. 스타벅스의 가장 독특한 점은 무엇인가요?
l. 스타벅스는 다른 비슷한 종류의 커피숍이 제공할 수 없는 이점을 어느 정도까지 제공하나요?
j. 스타벅스는 커피숍 카테고리에서 다른 브랜드보다 어느 정도 우수한가요?
k. 커피숍 카테고리의 다른 브랜드와 비교했을 때 스타벅스는 당신의 기본적인 욕구를 얼마나 잘 만족시키나요?

이제 스타벅스에 대해 몇 가지 질문을 드리고자 합니다. 다음 진술에 동의하는지 표시해주십시오.

스타벅스는 브랜드 추적 설문조사를 사용해 주기적으로 소비자 의견을 수렴한다.

스타벅스는 …(회사)이다.

a. 혁신적인
b. 지식이 풍부한
c. 신뢰할 수 있는
d. 호감이 가는
e. 고객을 염려하는
f. 사회 전반에 관심이 있는
g. 호감이 가는
h. 훌륭한

브랜드 성과

이제 스타벅스에 대해 몇 가지 구체적인 질문을 하고자 합니다. 다음 진술에 동의하는지 표시해주십시오.

스타벅스는…

a. 커피를 마시기 위해 방문하기에 편리하다.
b. 빠르고 효율적인 서비스를 제공한다.
c. 깨끗한 시설을 가지고 있다.
d. 전체 가족에게 이상적이다.
e. 맛있는 커피가 있다.
f. 맛있는 간식이 있다.
g. 메뉴가 다양하다.
h. 친절하고 정중한 직원이 있다.
i. 재미있는 프로모션을 제공한다.
j. 스타일리시하고 매력적인 외관과 디자인을 가지고 있다.
k. 질 좋은 음식이 있다.
l. 우수한 커피를 준비하는 바리스타가 있다.

브랜드 이미지

a. 당신이 좋아하고 존경하는 사람들은 어느 정도까지 스타벅스를 방문하나요?

b. 스타벅스를 자주 방문하는 사람을 얼마나 좋아하나요?

c. 다음 각 단어는 스타벅스를 얼마나 잘 설명하나요?
   현실적인, 정직한, 대담한, 최신식의, 믿을 수 있는, 성공적인, 상류층, 매력적인, 외향적인

d. 스타벅스는 하루 중 다양한 시간에 방문할 수 있는 커피숍 체인점인가요?

e. 스타벅스를 떠올리면 즐거운 추억이 어느 정도 떠오르나요?

f. 스타벅스와 함께 자랐다고 어느 정도 느끼나요?

브랜드 느낌

스타벅스는 당신에게 어떤 느낌을 주나요?

a. 따뜻함

b. 재미있는

c. 흥분

d. 안전감 또는 자신감

e. 사회적 인정

f. 자존감

브랜드 공명

a. 나는 스스로 스타벅스에 충성한다고 생각한다.

b. 나는 가능하면 스타벅스에서 구매한다.

c. 나는 스타벅스를 방문하기 위해 최선을 다할 것이다.

d. 나는 스타벅스를 정말 좋아한다.

e. 스타벅스가 없어진다면 정말 그리울 것이다.

f. 스타벅스는 나에게 특별하다.

g. 스타벅스는 나에게 제품 그 이상이다.

h. 나는 스타벅스에 가는 사람들과 정말로 동질감을 느낀다.

l. 나는 스타벅스라는 회사와 깊은 유대감을 느끼고 있다.

j. 나는 스타벅스에 대해 다른 사람에게 말하는 것을 매우 좋아한다.

k. 나는 항상 스티벅스에 대해 더 많은 것을 배우는 데 관심이 있다.

l. 스타벅스 이름이 새겨진 상품에 관심이 있다.

m. 내가 스타벅스에서 먹는다는 것을 다른 사람들이 알게 되어 기분이 좋다.

n. 나는 스타벅스 웹사이트를 방문하는 것을 좋아한다.

o. 다른 사람에 비해 나는 스타벅스에 대한 뉴스를 잘 확인한다.

기업 혹은 패밀리브랜드 추적　마케터는 기업 또는 패밀리브랜드를 개별 제품과 별도로 또는 동시에(또는 둘 다) 추적할 수도 있다. 2장에서 확인한 기업 신뢰도 측정 외에도 다음을 포함한 기업 브랜드연상의 다른 측정을 고려할 수 있다(나이키 브랜드로 설명됨).

● 나이키는 얼마나 관리가 잘 되고 있나요?

● 나이키와 거래하는 것이 얼마나 쉬운가요?

● 나이키는 고객에게 얼마나 관심을 갖고 있나요?

● 나이키는 얼마나 접근하기 쉬운가요?

● 나이키는 얼마나 접근성이 좋은가요?

● 당신은 나이키와 거래하는 것을 얼마나 좋아하나요?

● 당신은 나이키 주식에 투자할 가능성이 얼마나 되나요?

● 만약 좋은 친구가 나이키에 입사하게 된다면 기분이 어떨까요?

　실제 질문은 응답자가 회사에 대해 가질 가능성이 있는 경험의 수준과 특성을 반영해야 한다.

　기업 또는 패밀리브랜드 전략에서와 같이 브랜드가 여러 제품으로 식별될 때 한 가지 중요한 문제는 브랜드가 소비자에게 상기시키는 특정 제품이다. 동시에 마케터는 브랜드에 대한 소비자인식에 가장 큰 영향을 미치는 특정 제품이 무엇인지 알고 싶어 한다.

나이키와 같은 기업브랜드의 브랜드 이미지를 평가하는 데는 어떤 제품이 해당 브랜드와 연관되어 있는지 이해해야 하는 것을 포함할 수 있다.

이러한 더 영향력 있는 제품을 식별하려면 소비자에게 도움 없이 브랜드와 연상시키는 제품("나이키 브랜드 하면 떠오르는 제품은 무엇입니까?") 또는 하위브랜드 이름을 나열해 도움을 받는 방식으로 브랜드와 연관 짓는 것을 물어보라("나이키 농구화 아시나요? 나이키 에어맥스 운동화는요?"). 브랜드와 해당 제품의 역학 관계를 더 잘 이해하려면 소비자에게 둘의 관계에 대해서도 물어보라("나이키와 관련된 다양한 제품이 있습니다. 브랜드에 대한 의견을 공식화할 때 어떤 제품이 가장 중요한가요?").

글로벌 추적　추적이 다양한 지리적 시장(특히 개발도상국과 선진국 모두)을 포괄하는 경우 해당 시장에서 브랜드 개발을 올바른 관점에서 보기 위해 더 광범위한 배경 측정이 필요할 수 있다. 자주 수집할 필요는 없지만 유용한 설명 정보를 제공할 수 있다(일부 대표적인 조치는 그림 9-6 참조).

빅데이터 및 마케팅 분석 대시보드

모바일 결제의 성장과 데이터 수집 센서 네트워크의 증가로 인해 고객을 지속적으로 추적할 수 있는 데이터 수집이 갑자기 가능해졌다. 예를 들어 밀러쿠어스(MillerCoors)는 전통적으로 라이선

경제 지표

국내 총생산
금리
실업
평균 임금
가처분 소득
주택 소유 및 주택 부채
환율, 주식시장, 국제수지

소매

슈퍼마켓에서 지출된 총액
연도별로 변경
하우스 브랜드의 성장

기술

집에 있는 컴퓨터
DVR
인터넷 접근 및 사용
전화
PDA
전자레인지
TV

개인의 태도와 가치

신뢰
보안
가족
환경
전통적인 가치
외국인 vs 주권

미디어 지표

미디어 소비 : TV 시청, 기타 미디어 소비에 사용한
　　총 시간
광고비 : 미디어별, 제품별 총계

인구통계학적 프로파일

모집단 프로파일 : 나이, 성별, 소득, 가구 규모
지리적 분포
민족 및 문화 프로파일

기타 제품 및 서비스

교통수단 : 자가용 — 가장 적합한 차량 수 설명
오토바이
주택 소유 또는 임대
작년 국내 1박 여행
지난 2년간 해외여행

브랜드와 쇼핑에 대한 태도

제값으로 산다
새로운 것을 사는 것을 좋아한다
원산지 또는 제조 국가
광고된 물건을 사는 것을 선호한다
친숙한 브랜드의 중요성

그림 9-6
브랜드 문맥 측정

스 판매자에게 제품을 판매했기 때문에 소비자 수준의 데이터에 직접 접근할 수 없었다. 그러나 모바일 결제를 통해 밀러쿠어스 쇼핑객이 바에서 레스토랑, 코스트코, 타깃으로 이동한 다음 편의점에 들르는 것을 직접 추적할 수 있게 되었다. 이 기능은 회사가 실시간으로 마케팅 또는 커뮤니케이션 전략을 최적화하는 효과적인 방법을 제공한다.

소셜 미디어 데이터도 이러한 지속적인 추적 추세를 촉진하는 데이터의 원천이 된다. 사실 맥도날드가 종일 아침식사로 전환하기로 한 결정은 트위터 데이터를 분석한 결과 밀레니얼 세대가 오전 10시 30분 이후에는 맥도날드에서 아침식사를 할 수 없다는 불만을 토로하는 것으로 나타났기 때문이

밀리구어스와 같은 브랜드는 바에서 시단, 편의전 등으로 이동하면서 모바일 결제를 사용하는 쇼핑객을 추적할 수 있다.

다. 맥도날드는 하루 종일 아침식사 메뉴를 제공하기 위해 빠르게 움직임으로써 밀레니얼 세대에서 큰 성공을 거두었는데, 그들 중 78%가 하루 종일 아침식사 제공 후 분기에 적어도 한 달에 한 번 이상 맥도날드를 방문했다고 말했다.[16]

마케팅 분석 대시보드

기업은 데이터 가용성의 엄청난 증가와 씨름하면서 조직 내 데이터 분석 시스템 및 프로세스뿐만 아니라 중요한 측정 기준을 전달하고 조직 전체에서 사용할 수 있도록 하는 마케팅 분석 대시보드에 투자하는 데 상당한 이점을 얻고 있다. 거의 27%의 기업이 현재 브랜딩 전략을 개선하기 위해 마케팅 분석 대시보드를 사용하고 있다.[17] 실제로 한 보고서에 따르면 브랜드는 2015~2017년에 분석 대시보드에 대한 지출을 73% 늘릴 계획이라고 한다.[18] 같은 보고서에 따르면 이 기간 동안 데이터 분석에 10억 달러 이상이 투자되었으며 마케팅 기술 회사의 수가 거의 2,000개로 증가했다.

이러한 배경에서 우리는 의사결정에 도움이 되는 귀중한 도구로서 분석 대시보드의 이점을 설명한다. 표준 추적 도구와 달리 이러한 분석 대시보드는 다양한 유형의 마케팅 지출을 이익과 같은 결과 변수에 연결하는 방법을 제공한다. 마케팅 분석 대시보드는 네 가지 유형의 질문에 답하는 데 도움이 될 수 있다. 무슨 일인가? 왜 이런 일이 일어났는가? 만약 그렇다면 어떻게 되겠는가? 무슨 일이 일어나야 하는가?[19] 달리 말하면 마케팅 분석을 사용해 아래와 같은 질문을 해결할 수 있다.

- 내년에 소셜 미디어 지출이 15% 증가하면 어떤 영향을 미치겠는가?
- 인플루언서 마케팅 프로그램의 투자 수익률(ROI)은 얼마인가? 한 캠페인의 ROI가 다른 캠페인보다 높은 이유는 무엇인가?
- 오프라인과 온라인 마케팅 지출이 지난 3년간 판매 수익 증가에 미치는 상대적 영향은 무엇인가? 내년에 오프라인 채널보다 온라인 채널에 더 많은 돈을 지출하도록 예산을 전환하면 어떻게 되겠는가?

위에 요약된 질문에 대한 답은 기업이 브랜드 건전성을 재무 수익과 연계해 학습뿐만 아니라 개선된 지표로 이어지도록 하는 데 도움이 될 수 있다.[20]

이러한 대시보드가 기업 수익성에 미치는 영향은 매우 클 수 있다. 한 연구에 따르면 마케팅 분석 대시보드 사용의 증가가 자산 수익률의 8% 증가에 기여했다.[21] 또 다른 연구에 따르면 단일 새 부서에 마케팅 분석을 추가하면 수익성이 0.35% 증가할 수 있다.[22]

그러나 조직 내에서 마케팅 분석을 사용할 때 한 가지 문제는 커뮤니케이션이다. 설문조사에서 응답자 중 10%만이 (인사이트를 생성하는 것이 아니라) 소통하고 인사이트를 활성화하고 있다고 생각했다. 기업이 조직 내에서 적절한 최종 사용자에게 통찰력을 전달할 때 상당한 이점이 발생했다. 브랜딩 브리프 9-2는 타코벨(Taco Bell)이 고객에 대한 통찰력을 생성하기 위해 모바일 앱을 활용한 방법을 설명한다.

브랜딩 브리프 9-2

타코벨이 고객의 인게이지먼트 유도를 위해 데이터 기반 소셜 미디어 마케팅을 사용하는 방법

소셜 미디어 전략을 추진하기 위해 분석을 사용하는 가장 좋은 예 중 하나는 타코벨이다. 실제로 타코벨은 레스토랑 부문의 전반적인 소셜 및 디지털 성과를 기반으로 최고의 소셜 미디어 전략가로 자주 선정된다. 타코벨은 2015년에 모바일 앱을 출시했고, 몇 달 안에 그 앱을 통해 주문의 거의 75%를 받았다. 모바일 전략은 타코벨이 모바일 앱의 테스트 단계에서 받은 피드백을 기반으로 여러 기능을 추가한 베타 테스트를 기반으로 했다. 성공의 또 다른 열쇠는 TV 광고 및 레스토랑 내에서 제공되는 프로모션을 포함한 마케팅 캠페인의 다른 부분과 모바일을 통합하는 것이다.

타코벨은 데이터 분석을 사용해 표적고객에게 잘 맞는 브랜드를 식별할 수 있다. 그렇게 함으로써 타코벨은 트위터에서 대형 브랜드와 교류하고 이러한 브랜드와 소셜 미디어 대화를 시작함으로써 소셜 미디어 전략을 개발할 수 있다(타코벨과 네플릭스의 예는 그림 참조).

타코벨은 또한 위치 기반 모바일 타기팅을 개선하기 위해 데이터 분석을 활용했다. 예를 들어 브랜드는 최근 대학 장학금 프로그램을 위한 기금 마련 캠페인을 실시했다. 이 캠페인은 지리적 위치 데이터를 활용해 해당 위치 근처의 소비자를 대상으로 하고 어떤 청중(위치 기반)이 호의적으로 반응하는지 측정했다. 이 'Location for Good' 캠페인은 개인화된 모바일 광고의 수혜자가 지역 타코벨을 방문하고 도리토스 로코스 타코(Doritos Locos Taco)를 구매하도록 격려했다. 이 수익금의 일부는 장학 기금에 기부했다. 이 캠페인의 성공은 레스토랑 체인이 전통적인 운동이나 학문적 범주 밖에 관심이 있는 학생들을 위한 장학 기금에 50만 달러를 기부할 수 있게 했다. 타코벨의 모바일 전략에 대한 또 다른 혁신적인 반전은 리프트(Lyft)와 제휴하고 승객들이 타코벨 레스토랑 드라이브스루에 정차할 수 있도록 '타코 모드(Taco Mode)'라 불리는 모바일 앱에서 설정을 만든 것이다. 그 결과 캠페인에 이어 주말 고객 방문이 8% 증가했다.

최근 타코벨은 자사 직원 이직 문제를 해결하기 위해 데이터 중심 접근방식을 활용했다. 타코벨은 통계 분석과 직원이 만든 통찰력을 이용해 직원 이직을 줄일 수 있었다. 전반적으로 타코벨의 최근 캠페인은 직원 이직률 감소에서 브랜드 캠페인 성과 극대화에 이르기까지 다양한 기업 목표를 최적화하기 위해 분석 및 데이터 기반 전략을 채택하는 것의 가치를 입증했다.

출처 : Amy Gesenhues, "A CMO's View: Taco Bell's Chris Brandt Makes Mobile a Priority and It Has Paid Off with Nearly 2M App Downloads," *Marketing Land*, January 21, 2015, https://marketingland.com/cmos-view-taco-bells-chris-brandt-talks-mobile-114988, accessed November 21, 2017; Restaurant Social Media Index, http://rsmindex.com/brand-rank, accessed November 7, 2018; Genevieve Douglas, "Taco Bell Tackles Turnover Through Data Analytics," *Bloomberg BNA*, May 16, 2017, https://www.bna.com/taco-bell-tackles-m73014451006/, accessed November 21, 2017; Robert Williams, "Taco Bell Boosts Store Traffic with Location-Based Mobile Targeting," *Mobile Marketer*, www.mobilemarketer.com/news/taco-bell-boosts-store-traffic-with-location-based-mobile-targeting/506103/, accessed November 21, 2017; Mark Ritson, "Brand Tracking: Try It and You'll Never Look Back," *Marketing Week*, February 5, 2014, www.marketingweek.com/2014/02/05/brand-tracking-try-it-and-youll-never-look-back/; WARC, "Samsung Taps Power of 'True Insights,'" November 6, 2017, www.warc.com/newsandopinion/news/samsung_taps_power_of_%E2%80%98true_insights/39554, accessed November 20, 2017; Geoffrey Precourt, "How MillerCoors Connects in an Explosive Marketing EcoSystem," *Warc*, www.warc.com/content/article/A103223_How_MillerCoors_connects_in_an_explosive_marketing_ecosystem/103223, accessed 20 November 2017.

브랜드자산 관리시스템 구축

브랜드 추적 연구와 브랜드 감사는 브랜드자산을 구축하고 측정하는 최선의 방법에 대한 방대한 정보를 제공할 수 있다. 이러한 연구 노력에서 최대의 가치를 얻으려면 기업은 브랜드자산 개념의 유용성과 이에 대해 수집하는 정보를 활용할 수 있는 적절한 내부 구조와 절차가 필요하다. 브랜드자산 측정 시스템이 관리자가 브랜드에 대해 항상 좋은 결정을 내릴 것이라고 보장하지는 않지만 그렇게 할 가능성을 높이고 나쁜 결정을 내릴 가능성을 줄여야 한다.

브랜딩과 브랜드자산의 개념을 수용하는 많은 기업은 조직에 가장 잘 반영할 수 있는 방법을 지속적으로 검토한다. 흥미롭게도 브랜드자산에 대한 가장 큰 위협 중 하나는 조직 내에서 발생하며 너무 많은 마케팅 관리자가 제한된 시간 동안만 일하고 있다는 사실이다. 이러한 단기 할당

타코벨과 넷플릭스가 서로 트윗하다.

출처 : Amy Gesenhues, "A CMO's View: Taco Bell's Chris Brandt Makes Mobile a Priority and It Has Paid Off with Nearly 2M App Downloads," *Marketing Land*, January 21, 2015, https://marketingland.com/cmos-view-taco-bells-chris-brandt-talks-mobile-114988, accessed November 21, 2017; http://rsmindex.com/brand-rank.

의 결과로 마케팅 관리자는 단기적인 관점을 채택해 라인 및 범주 확장, 판매 판촉 등과 같은 빠른 수정 판매 생성 전술에 과도하게 의존하게 될 수 있다. 일부 비평가는 이러한 관리자들이 브랜드자산 개념에 대한 이해와 인식이 부족하기 때문에 본질적으로 '라이선스 없이' 브랜드를 운영하고 있다고 주장한다.

2장에서 언급했듯이 브랜드의 비효율적인 장기적 관리로 이어질 수 있는 조직 내 잠재적인 요인과 기타 잠재적인 요인에 대응하기 위해 많은 기업에서 내부 브랜딩을 최우선 순위로 삼았다. 이러한 노력의 일환으로 브랜드자산 관리 시스템을 마련해야 한다. **브랜드자산 관리 시스템**(brand equity management system)은 기업 내에서 브랜드자산 개념의 이해와 사용을 향상시키기 위해 설계된 일련의 조직 프로세스이다. 브랜드자산 관리 시스템을 구현하는 데 도움이 되는 세 가지 주요 단계는 브랜드 헌장 또는 바이블 작성, 브랜드자산 보고서 수집, 브랜드자산 책임 정의이다. 다음 하위 절에서는 이러한 각 단계에 대해 설명한다. 브랜딩 브리프 9-3은 메이요클리닉이 브랜드자산 측정 및 관리 시스템을 개발한 방법을 설명한다.

브랜드 헌장 또는 바이블

브랜드자산 관리 시스템을 구축하는 첫 번째 단계는 브랜드자산에 대한 회사의 관점을 문서, 브랜드 헌장 또는 브랜드 바이블로 공식화하는 것이다. **브랜드 헌장**(brand charter) 혹은 브랜드 바이블은 기업 내의 마케터뿐만 아니라 외부의 주요 마케팅 조사 공급자, 광고 대행사 직원과 같은 회사 외부의 주요 마케팅 파트너에게 유용한 지침을 제공하게 된다. 이 문서는 다음을 명확하고 간결하게 수행해야 한다.

- 브랜딩과 브랜드자산에 대한 기업의 관점을 정의하고 그것이 왜 중요한지 설명한다.
- 관련 제품과 관련해 주요 브랜드의 범위를 설명하고 브랜드 및 마케팅 방식을 설명한다(가장 최근의 브랜드 감사뿐만 아니라 과거 회사 기록에 의해 밝혀짐).
- 브랜드 계층의 모든 관련 수준에서, 예를 들어 기업 및 개별 제품 수준에서 브랜드에 대한 실제 및 원하는 자산을 지정한다(12장 참조). 헌장은 유사점, 차별점, 브랜드 핵심을 정의하고 명확히 해야 한다.

- 브랜드자산이 추적 연구와 그에 따른 브랜드자산 보고서(간단히 설명됨) 측면에서 어떻게 측정되는지 설명한다.
- 시간 경과에 따른 마케팅 사고의 명확성, 일관성 및 혁신을 강조하면서 마케팅 담당자가 몇 가지 일반적인 전략 지침으로 브랜드를 관리해야 하는 방법을 제안한다.
- 차별화, 관련성, 통합, 가치 및 우수성 기준을 충족하는 특정 전술 지침에 따라 마케팅 프로그램을 고안하는 방법을 간략하게 설명한다. 광고 캠페인 평가 및 브랜드 이름 선택과 같은 특정 브랜드 관리 작업에 대한 지침도 제공될 수 있다.
- 상표 사용, 디자인 고려 사항, 패키지, 커뮤니케이션 측면에서 브랜드의 적절한 취급을 지정한다. 이러한 유형의 지침은 길고 상세할 수 있으므로 이러한 기계적 고려 사항을 다루기 위해 별도의 브랜드 또는 기업 아이덴티티 스타일 매뉴얼 또는 가이드를 만드는 것이 더 좋다.
- 브랜드 헌장의 일부는 매년 변경되지 않을 수 있지만, 회사는 의사결정자에게 현재 브랜드 프로파일을 제공하고 브랜드에 대한 새로운 기회와 잠재적 위험을 식별하기 위해 매년 업데

브랜딩 브리프 9-3

메이요클리닉 브랜드 이해 및 관리

메이요클리닉은 1800년대 후반 윌리엄 워럴 메이오(William Worral Mayo)와 그의 두 아들이 설립했으며, 이들은 나중에 미네소타주 로체스터에서 다른 의사들을 초대해 '의학 집단 진료'를 개척했다. 메이요는 '두 개의 머리가 하나보다 낫고 셋은 더 낫다'고 믿었다. 메이요클리닉은 이 개척지부터 환자 진료, 연구, 교육 분야에서 세계적인 리더로 성장했으며, 세계적인 전문 진료 및 의료 연구로 명성을 떨쳤다. 로체스터에 있는 원래 시설 외에, 메이요는 나중에 1980년대에 플로리다주 잭슨빌과 애리조나주 스코츠데일에 병원을 지었다. 연간 50만 명 이상의 메이요의 입원 및 외래 환자가 치료실에서 돌봄을 받고 있다.

1996년에 메이요는 최초의 브랜드자산 연구에 착수했으며 그 이후 정기적으로 국가적인 정성적·정량적 연구를 수행했다. 메이요클리닉은 존중, 연민, 성실, 치유, 팀워크, 우수성, 혁신, 청지기 정신을 포함하여 기업 사명을 요약하는 여덟 가지 가치를 가지고 있다. 이러한 가치에 대한 헌신으로 메이요클리닉은 세계에서 가장 신뢰받는 병원 브랜드 중 하나가 되었다. 이러한 가치 중 일부는 다른 고품질 의료 센터의 특징이기도 하지만 팀워크 또는 통합 및 무결성은 메이요에 더 가깝다.

팀워크나 통합의 관점에서, 응답자는 메이요가 가능한 최고의 치료를 제공하기 위해 풍부한 자원을 한데 모으는 것이라고 설명했다. 그들은 메이요가 효율적이고, 조직적이고, 조화롭고, 참여와 동반자 의식을 창조하는 것으로 인식했다. 예를 들어 어떤 사람은 메이요를 "잘 지휘된 교향곡은 조화롭게 연주한다. 한 사람이 혼자 할 수 없다"고 답했다. 응답자들은 진실성을 위해 메이요가 비상업적이고 이익보다 건강과 치유를 위해 헌신한다는 점에 큰 가치를 두었다. 한 참가자는 "비즈니스 요소는 메이요에서 가져왔다. … 그들의 윤리는 더 높다. … 그들의 진단에 더 큰 믿음을 준다"고 답했다.

메이요클리닉의 브랜드 속성 중 어느 것도 전적으로 부정적인 것은 아니지만, 배타성에 대한 인식은 몇 가지 특정한 문제를 제기한다. 이 속성은 때때로 메이요가 최고의 진료와 엘리트 의사들을 제공한다는 인식에서 긍정적으로 묘사되었지만, 오직 부유하고 유명하고 가장 아픈 사람만을 섬긴다는 부정확한 믿음은 감정적으로 거리를 두었고 메이요를 접근하기 어렵게 만들었다.

그러나 이러한 의견에서 알 수 있듯이 메이요클리닉이 성공을 거둔 주된 이유 중 하나는 그들이 모든 환자를 치료하는 방식에 있다. 메이요클리닉은 그들의 브랜드를 구축하기 위해 재정적인 관점에서는 타당하지 않더라도 환자에게 초점을 맞추고 있다. 환자와 품질에 대한 이러한 끊임없는 초점은 심장 외과의에서 청소 직원에 이르기까지 조직 전체에서 볼 수 있다. 메이요클리닉은 환자와 이야기하고 모든 결정의 중심에 있도록 할 뿐만 아니라 최근에 옵튬(Optum)이라는 유나이티드헬스그룹(United Health Group)과의 제휴를 통해 환자를 추적한다. 중요한 건강관리 문제. 기술에 대한 데이터 중심 접근방식을 통해 메이요클리닉은 의료 결과와 비용을 추적할 수 있다.[23]

메이요의 성공에 대한 또 다른 핵심은 실습, 교육 및 연구 전반에 걸친 통합이다. 그들의 6억 달러 연구 예산의 대부분은 국립보건원에서 자금을 조달한다. 연구원들은 주요 이슈를 이해하기 위해 의사와 긴밀히 협력한다. 환자 중심 연구 모델을 통해 메이요클리닉은 발견 기반 연구, 중개 연구 및 임상 결과 연구를 통합해 환자를 위한 솔루션 또는 치료를 만드는 데 중점을 둔다.

환자에게 더 나은 서비스를 제공하기 위해 메이요클리닉은 만성 신장 질환 환자를 돌보는 과정을 재설계했다. 그들은 입원율, 환자 만족도 등과 같은 다양한 환자 메트릭을 활용해 진행 상황을 측정했다. 또한 환자의 행동, 요구, 목표, 동기, 기대치를 기준으로 환자를 8개 그룹으로 분류했다. 이러한 환자 유형이 건강 상태, 심리적 요인 및 가치와 같은 요인 측면에서 어떻게 다른지 이해함으로써 메이요클리닉은 환자 의사결정에 대한 새로운 통찰력을 생성할 수 있었고, 이를 통해 새로운 접근방식을 개발할 수 있었다. 환자 관리에 대한 이 새로운 접근방식은 2011~2013년 사이에 병원 체류를 1,000일 단축한 것으로 인정받고 있다. 그들이 개발한 페르소나는 그들이 환자에 대한 서비스 제공의 격차를 확인하는 데 도움을 주었다.[24]

위 내용은 메이요클리닉이 환자를 이해하는 데 사용하는 한 가지 접근방식을 보여준다. 환자 경험을 사전에 개선하는 것을 목표로 하는 또 다른 방법은 메이요클리닉 직원에게 환자 경험에 대한 피드백을 제공하는 사내 원천인 환자 경험 소위원회(Patient Experience Subcommittee, PES)를 이용하는 것이다. 이 위원회는 메이요 환자의 목소리가 조직 전체에 들릴 수 있도록 한 공로를 인정받고 있으며, 다양한 교육 수업과 부서, 의료 제공자, 진료팀과의 상담을 통해 서비스 중심 문화를 만드는 데 기여해 왔다. 환자 경험 소위원회는 메이요클리닉 전체에서 환자 여정을 관리하는 데 도움이 되는 메이요클리닉 내 서비스 개선 프로젝트를 개척했다.

현재 예산의 3분의 2에 육박하는 디지털 마케팅에 투자한 것도 메이요클리닉 성공의 비결이다. 메이요클리닉의 CMO인 존 웨스턴(John Weston)에 따르면 디지털 마케팅을 통해 의료기관들은 그들이 있는 곳에서 소비자를 만날 수 있다고 한다. 그들이 디지털 마케팅을 활용하는 방법의 한 예는 환자를 유용한 콘텐츠와 연결하는 능력이다. 메이요클리닉은 광범위한 온라인 콘텐츠 라이브러리를 사용해 환자가 쉽게 접근할 수 있는 관련 콘텐츠를 제공할 수 있다. 메이요는 의사가 승인한 기사 중 하나를 통해 환자들이 온라인 연구를 수행할 수 있도록 함으로써, 신뢰할 수 있는 브랜드로서 환자들과의 유대감을 구축한다.[25]

메이요클리닉은 또한 건강 교육과 문맹퇴치를 증진하기 위해 소셜 미디어를 활용한다. 이를 통해 메이요클리닉은 건강관리 질문에 대한 정보를 소비자에게 제공할 수 있어 정보에 접근할 수 있다.[26] 메이요클리닉의 유튜브 채널은 트위터에서 175만 명의 팔로워와 100만 명 이상의 페이스북 팔로워를 보유하고 있다. 메이요는 또한 최신 과학적 증거를 기반으로 환자와 업데이트된 정보를 지원하기 위해 다양한 유형의 질병에 대한 블로그 및 팟캐스트를 제공한다. 또한 '나눔 메이요클리닉

(Sharing Mayo Clinic)'은 환자와 직원이 메이요클리닉 경험에 대한 이야기를 할 수 있는 블로그이다.

메이요클리닉의 브랜드 강점은 브랜드에 대한 충성도와 타인에게 브랜드를 넘길 의사가 있는 환자 비율에서 확연히 드러난다. 메이요클리닉 환자의 95%가 다른 사람에게 클리닉을 추천하고 칭찬하겠다는 의사를 밝혔으며, 각자가 40명 이상에게 말을 건넨다. 메이요클리닉은 환자를

메이요클리닉은 브랜드의 중요성과 가치를 알고 있으며 이미지와 자산을 주의 깊게 모니터링하고 관리한다.

출처 : Mayo Foundation for Medical Education and Research. All rights reserved.

브랜드 전도사로 전환함으로써 기존 광고에 대한 대안을 찾았다. 즉 환자가 광고를 하는 것이다.[27]

메이요클리닉은 연구를 통해 메이요클리닉 브랜드가 '귀중하고 강력하다'는 것을 이해한다. 메이요는 그것이 압도적으로 긍정적인 이미지를 가지고 있지만, 브랜드를 보호하기 위한 지침을 개발하는 것이 필수적이라는 것을 깨달았다. 1999년에 이 클리닉은 브랜드 관리 인프라를 '메이요클리닉과 관련 활동에 대한 외부 인식에 대한 지속적인 지식을 제공하는 기관'으로 만들었다. 메이요클리닉은 브랜드 제품 및 서비스에 대한 가이드라인도 수립했다. 브랜드 관리 조치는 클리닉이 브랜드자산을 보존할 수 있도록 하는 것은 물론, 메이요가 '통합 임상 실습, 교육 및 연구를 통해 모든 환자에게 최고의 케어를 제공함으로써 희망을 불어넣고 건강과 복지에 기여하는 것'이라는 임무를 계속 수행할 수 있도록 한다.

출처 : Thanks to Mayo Clinic's John La Forgia, Kent Seltman, Scott Swanson, and Amy Davis for assistance and cooperation, including interviews in October 2011; The Mayo Clinic, www.mayoclinic.org; "Mayo Clinic Brand Management," internal document, 1999; Leonard L. Berry and Neeli Bendapudi, "Clueing in Customers," *Harvard Business Review* 81, no. 2 (February 2003): 100–106; Paul Roberts, "The Agenda—Total Teamwork," *Fast Company*, April 1999, 148; Leonard L. Berry and Kent D. Seltman, *Management Lessons from Mayo Clinic: Inside One of the World's Most Admired Service Organizations* (New York: McGraw Hill, 2008); Max Nisen, "Mayo Clinic CEO: Here's Why We've Been The Leading Brand in Medicine for 100 Years," *Business Insider*, February 23, 2013, www.businessinsider.com/how-mayo-clinic-became-the-best-brand-in-medicine-2013-2, accessed November 12, 2017; Sandhya Pruthi, Dawn Marie R. Davis, Dawn L. Hucke, Francesca B. Ripple, Barbara S. Tatzel, James A. Dilling, Paula J. Santrach, Jeffrey W. Bolton, and John H. Noseworthy, "Vision, Mission, and Values: From Concept to Execution at Mayo Clinic," *Patient Experience Journal* 2, no. 2 (2015): 169–173; Bloom Creative, "5 Key Things That Make Mayo Clinic a Marketing Machine," July 11, 2016, http://bloomcreative.com/5-key-things-that-make-mayo-clinic-a-marketing-machine/, accessed November 12, 2016; Joan Justice, "The Big Brand Theory: How the Mayo Clinic Became the Gold Standard for Social Media in Healthcare," May 21, 2013, www.socialmediatoday.com/content/big-brand-theory-how-mayo-clinic-became-gold-standard-social-media-healthcare, accessed November 12, 2017; Mark Schaefer, "Lessons from a Horrible Social Media Strategy," May 20, 2012, www.businessesgrow.com/2012/05/20/lessons-from-a-horrible-social-media-strategy/, accessed November 12, 2017; Leonard L. Berry and Kent D. Seltman, "Building a Strong Services Brand: Lessons from Mayo Clinic," *Business Horizons* 50 (3) (2007): 199–209.

이트해야 한다. 마케터는 신제품을 소개하고, 브랜드 프로그램을 변경하고, 기타 마케팅 이니셔티브를 수행할 때 이를 브랜드 헌장에 적절히 반영해야 한다. 브랜드 감사에서 나오는 많은 심층적인 통찰력도 헌장에 속한다.

예를 들어 스카이프(Skype)의 브랜드 바이블은 자사 제품과 서비스의 브랜드와 이미지를 요약하고 있다.[28] 이 문서에는 스카이프가 소비자들에게 어떻게 보이고 싶은지, 어떻게 회사가 그것을 이루기 위해 브랜드를 사용하는지, 그리고 이것이 왜 중요한지 명확하게 기술되어 있다. 또한

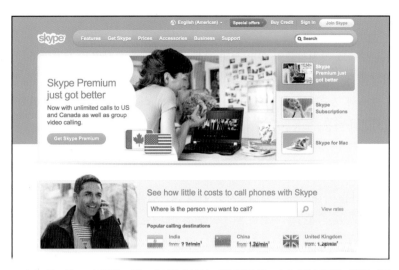

스카이프의 브랜드 바이블은 브랜드가 어떻게 보이고 행동해야 하는지에 대한 중요한 지침을 제공한다.

출처 : Skype

스카이프의 구름 로고와 선명한 파란색을 어떻게 디자인해 깔끔한 라인을 만들고 창의적이고 심플한 느낌을 주는지 설명한다. 브랜드 바이블은 스카이프의 제품과 서비스를 마케팅하는 데 있어 '해야 할 일'과 브랜드 가이드라인 밖에서 일하는 회사 이미지에 대한 위험성을 설명한다.

브랜드자산 보고서

성공적인 브랜드자산 관리 시스템 구축을 위한 두 번째 단계는 브랜드에 대한 추적 조사 및 기타 관련성과 측정 결과를 브랜드자산 보고서 또는 스코어카드로 취합해 정기적으로(주간, 월간, 분기, 연간) 경영진에 배포하는 것이다. 브랜드 메트릭스를 전체 성능 메트릭스와 결합하는 방법으로 위에서 '분석 대시보드'가 어떻게 설명되었는지 상기한다. 브랜드자산 보고서와 관련된 대부분의 정보는 이러한 분석 대시보드에서 파생될 수 있다. 브랜드자산 보고서는 의사결정을 돕기 위해 분석 대시보드 정보의 내용을 요약하려고 한다.[29]

내용물 브랜드자산 보고서는 브랜드에 무슨 일이 일어나고 있는지, 왜 그런 일이 일어나는지 설명해야 한다. 여기에는 운영 효율성 및 효과에 대한 모든 관련 내부 측정과 브랜드 성과, 브랜드자산의 출처 및 결과에 대한 외부 측정이 포함되어야 한다.[30]

특히 보고서의 한 섹션은 추적 연구에 의해 밝혀진 주요 속성 또는 이점 연관성, 선호도 및 보고된 행동에 대한 소비자의 인식을 요약해야 한다. 보고서의 다른 섹션에는 다음과 같은 보다 설명적인 시장 수준 정보가 포함되어야 한다.

- 제품 출하 및 유통 경로를 통한 이동
- 소매 카테고리 동향
- 관련 비용 분석
- 적절한 경우 가격 및 할인 일정
- 관련 요인(예 : 지역, 소매 계정 유형 또는 고객)별로 분류된 판매 및 시장 점유율 정보

- 이익 평가

이러한 측정은 브랜드 가치사슬의 시장 성과 구성요소에 대한 통찰력을 제공할 수 있다. 경영진은 추세가 각각 긍정, 중립, 부정인지에 따라 지난 달, 분기, 연간 실적과 같은 다양한 참조 프레임과 비교해 초록색, 노란색, 빨간색 코드를 지정할 수 있다. 내부 조치는 다양한 마케팅활동에 얼마나 많은 시간과 비용, 노동력이 투입되고 있는지에 초점을 맞출 수 있다.[31]

브랜드자산 책임

장기적 브랜드자산을 극대화하는 브랜드자산 관리 시스템을 개발하기 위해 관리자는 브랜드에 대한 조직의 책임과 프로세스를 명확하게 정의해야 한다. 브랜드가 성장하려면 지속적이고 일관된 육성이 필요하다. 약한 브랜드는 종종 브랜드 구축에 대한 규율, 헌신 및 투자 부족으로 어려움을 겪는다. 이 절에서는 브랜드자산을 적절하게 관리하기 위한 책임과 의무를 할당하는 내부 문제와 마케팅 파트너의 적절한 역할과 관련된 외부 문제를 고려한다. 브랜딩 과학 9-2에서는 브랜드 중심 조직을 구축하는 데 있어 몇 가지 중요한 원칙을 설명한다.

브랜드자산 감독 중앙 조정을 제공하기 위해, 기업은 브랜드 헌장과 브랜드자산 보고서의 실행을 감독하는 직책을 수립해 부서와 지리적 경계를 넘어 제품 및 마케팅활동이 그들의 정신을 최대한 가깝게 반영하고 브랜드의 장기적 자산을 극대화하도록 해야 한다. 이러한 감독 의무와 책임을 수용하는 자연스러운 장소는 고위 경영진에 보고를 해야 하는 기업의 마케팅 그룹이다.

나이키와 스타벅스 브랜드가 가장 성공적인 몇 해를 보내는 동안 이 브랜드를 지휘하는 데 도움을 준 스콧 베드버리(Scott Bedbury)는 '하향식 브랜드 리더십'의 필요성을 강조한다.[32] 그는 회사의 CEO에게 직접 보고하고 다음을 수행하는 최고 브랜드 책임자(chief brand officer, CBO) 추가를 지지한다.

- 회사 안팎에서 브랜드의 외관과 느낌을 옹호하고 보호하는 일을 하는 편재적인 양심이다. CBO는 브랜드가 기업이 하는 모든 일의 총합임을 인식하고 전 직원이 브랜드와 가치를 이해하도록 노력하며 그 과정에서 '브랜드 제자'를 만든다.
- 건축가로 브랜드 구축에 도움을 줄 뿐만 아니라 기획, 예측, 연구, 조사, 경청, 정보 제공을 한다. CBO는 고위 리더십과 협력해 현재 브랜드를 위해 가장 잘 작동하는 것뿐만 아니라 미래에 브랜드를 발전시키는 데 도움이 될 수 있는 것을 구상하는 데 도움을 준다.
- 장기적인 관점(2~3년)을 통해 시간이 지남에 따라 브랜드의 목소리를 결정하고 보호한다. CBO는 광고, 포지셔닝, 기업 디자인, 기업 커뮤니케이션, 소비자 또는 시장 통찰력과 같은 브랜드에 중요하고 기업 전반에 걸친 활동을 책임질 수 있다.

또한 베드버리는 어려운 상황에 있는 브랜드에 대한 정기적인 브랜드 개발 검토(분기별 종일 회의 또는 월간 반나절 회의)를 지지한다. 브랜드 개발 검토의 일환으로 그는 다음과 같은 주제와 활동을 제안한다.[33]

- 브랜드에 민감한 자료 검토 : 예를 들어 브랜드 강도 모니터 또는 추적 연구, 브랜드 감사, 포커스 그룹, 덜 형식적인 개인 관찰 또는 '직감'을 검토한다.

브랜딩 과학 9 - 2
내부 브랜딩 극대화

내부 브랜딩은 항상 외부 브랜딩 프로그램이 받는 것만큼 많은 시간, 돈, 노력을 받는 것은 아니다. 상당한 자원이 필요할 수 있지만, 여러 가지 이점이 있다. 내부 브랜딩은 긍정적이고 더 생산적인 작업 환경을 만든다. 변화를 위한 플랫폼이 될 수도 있고 조직 정체성을 함양하는 데 도움이 될 수도 있다. 예를 들어 KPMG의 '목적 프로그램(Purpose Program)'은 2014년에 시작되어 직원들에게 자신의 직무가 제공하는 '의미'를 다루는 항목을 제공하도록 요청했다. 이 회사는 직원 인트라넷을 통해 4만 2,000여 건의 응모작을 접수했으며, 직원들은 '나는 과학을 진보한다'부터 '나는 농장의 성장을 돕는다' 등 자신들이 직업에서 파생한 '의미'를 담은 개인 추천서가 담긴 포스터를 제작했다. 이 프로그램은 성공적이었고 회사는 118년 역사상 가장 수익성이 높은 한 해를 보냈다.

브랜드 전문가 스콧 데이비스(Scott Davis)는 브랜드 중심 조직을 만들기 위해 필요한 것에 대한 많은 통찰력을 제공한다. 데이비스에 따르면 직원이 열정적인 브랜드 옹호자가 되려면 브랜드가 무엇인지, 어떻게 구축되는지, 조직의 브랜드가 무엇을 나타내는지, 브랜드 약속을 이행하는 데 있어 자신의 역할이 무엇인지 이해해야 한다. 공식적으로 그는 조직의 직원이 브랜드에 동화되도록 돕는 과정을 세 단계로 본다.

1. 들어보세요 : 어떻게 하면 그들의 손에 그것을 가장 잘 전달할 수 있을까?
2. 그것을 믿으세요 : 어떻게 하면 그들의 머릿속에 그것을 가장 잘 전달할 수 있을까?
3. 실천 : 어떻게 하면 그들의 마음에 그것을 가장 잘 전달할 수 있을까?

데이비스는 또한 여섯 가지 핵심 원칙이 조직 내에서 브랜드 동화 프로세스를 안내해야 한다고 주장하며 다음과 같은 예시를 들었다.

1. **브랜드를 관련성 있게 만들라.** 각 직원은 브랜드의 의미를 이해하고 수용해야 한다. 최고 수준의 고객 서비스에 의존하는 브랜드를 가진 노드스트롬 백화점은 영업사원이 관리자 승인 없이 거래소를 승인할 수 있도록 권한을 부여한다.
2. **브랜드를 접근 가능하게 하라.** 직원은 브랜드지식과 브랜드 관련 질문에 대한 답변을 얻을 수 있는 곳을 알아야 한다. 언스트앤영(Ernst & Young)은 직원들이 자사의 브랜드, 마케팅 및 광고 프로그램에 대한 정보에 쉽게 접근할 수 있도록 인트라넷에 '브랜딩 존(The Branding Zone)'을 시작했다.
3. **브랜드를 지속적으로 강화하라.** 경영진은 내부 브랜딩 프로그램의 초기 출시를 넘어 직원들에게 브랜드 의미를 강화해야 한다. 사우스웨스트항공은 지속적인 프로그램과 자유 테마 활동을 통해 '자유의 상징'이라는 브랜드 약속을 지속적으로 강화하고 있다.
4. **지속적인 브랜드 교육 프로그램을 만들라.** 신입 사원들에게 영감을 주고 유익한 교육을 제공한다. 리츠 칼튼(Ritz-Carlton)은 서비스 제

사우스웨스트항공은 내부 브랜드를 강화하는 것이 후속 고객 서비스에 긍정적인 영향을 미치기 때문에 얼마나 중요한지 잘 설명한다.

공을 개선하고 고객 만족도를 극대화하기 위한 원칙을 포함하는 '골드 스탠다드'라는 집중 오리엔테이션에 각 직원이 참여할 수 있도록 했다.

5. **브랜드 행동을 보상하라.** 브랜드 전략의 뛰어난 지원에 대해 직원들에게 보상하는 인센티브 시스템은 내부 브랜딩 프로그램의 출시와 동시에 이루어져야 한다. 유나이티드(United)와의 합병 이전에 콘티넨털항공(Continental Airlines)은 직원들에게 매달 현금 보너스를 지급했는데, 이 보너스는 정시 항공사 상위 5위 안에 들었다.
6. **채용 관행을 조정하라.** 인적 자원과 마케팅은 함께 협력해 새로운 직원이 회사의 브랜드 문화에 잘 맞는지 확인하기 위한 기준과 심사 절차를 개발해야 한다. 프레타망제(Pret A Manger) 샌드위치 가게에는 매우 세심하게 다듬어진 심사원이 있어서 지원자의 20%만이 채용된다.

데이비스는 또한 CEO가 궁극적으로 브랜드 기반 문화의 분위기와 준수를 결정하고 적절한 리소스와 절차가 마련되어 있는지 여부를 결정한다는 점에 주목하면서 내부 브랜딩을 추진하는 데 고위 경영진의 역할을 강조한다.

출처 : Scott M. Davis, *Building the Brand-Driven Business: Operationalize Your Brand to Drive Profitable Growth* (San Francisco, CA: Jossey-Bass, 2002); Scott M. Davis, "Building a Brand-Driven Organization," in *Kellogg on Branding*, eds. Alice M. Tybout and Tim Calkins (Hoboken, NJ: John Wiley & Sons, 2005); Scott M. Davis, *The Shift: The Transformation of Today's Marketers into Tomorrow's Growth Leaders* (San Francisco, CA: Jossey-Bass, 2009); Becki Hall, "5 Ways to Build Your Internal Branding Strategy," June 23, 2016, www.interact-intranet.com/5-ways-build-internal-branding-strategy/, accessed November 25, 2016.

- 주요 브랜드 이니셔티브의 상태를 검토한다 : 브랜드 이니셔티브는 브랜드의 약점을 강화하거나 새로운 방향으로 브랜드를 성장시킬 수 있는 기회를 활용하기 위한 전략적 추진력을 포함하기 때문에 고객 인식이 바뀔 수 있으며 따라서 마케터가 이를 평가할 필요가 있다.
- 브랜드에 민감한 프로젝트 검토 : 예를 들어 광고 캠페인, 기업 커뮤니케이션, 영업 회의 안건 및 중요한 인사 프로그램(조직의 브랜드 가치 수용 및 프로젝트 능력에 깊은 영향을 미치는 모집, 교육, 유지)을 평가한다.
- 핵심 브랜드 가치와 관련해 새로운 제품 및 유통 전략을 검토한다 : 예를 들어 새로운 시장에 진출하기 위한 브랜드 라이선스 부여, 새로운 제품 또는 브랜드 개발을 위한 합작법인 구성, 대규모 할인 소매업체와 같은 비전통적 플랫폼으로 유통 확대 등을 평가한다.
- 브랜드 포지셔닝 충돌 해결 : 채널, 사업부 또는 시장 전반에 걸쳐 포지셔닝의 불일치를 식별하고 해결한다.

강력한 브랜드라도 관리자가 브랜드자산에 '하나의 작은 실수를 범하는 것'이나 '실패하게 내버려두는 것'이 용인될 수 있다고 가정하지 않도록 주의 깊게 관찰해야 한다. 콜게이트-팜올리브(Colgate-Palmolive), 캐나다드라이(Canada Dry), 퀘이커오츠(Quaker Oats), 필스버리(Pillsbury), 코카콜라, 네슬레푸드와 같은 여러 최고의 회사는 한 번에 일부 또는 모든 브랜드에 대한 브랜드자산 게이트키퍼를 만들었다.[34]

고위 경영진의 중요한 역할 중 하나는 마케팅 예산을 결정하고 조직 내에서 회사 자원을 어디에 어떻게 할당할지를 결정하는 것이다. 브랜드자산 관리 시스템은 의사결정자가 브랜드자산에 대한 의사결정의 장·단기적 영향을 인식할 수 있도록 정보를 제공할 수 있어야 한다. 어떤 브랜드에 투자할지, 브랜드 구축 마케팅 프로그램을 실행할지 아니면 브랜드 확장을 통해 브랜드자산을 활용할지에 대한 결정은 브랜드 추적 및 기타 측정을 통해 밝혀진 브랜드의 현재 및 원하는 상태를 반영해야 한다.

조직 설계 및 구조   기업은 브랜드자산을 최적화하기 위해 마케팅 기능을 조직해야 한다. 브랜드의 중요성에 대한 인식이 높아지고 있으며 브랜드자산을 신중하게 관리해야 하는 과제를 반영하는 조직 설계 및 구조에서 몇 가지 경향이 나타났다. 예를 들어 브랜드 관리를 수용하는 기업이 늘고 있다. 자동차, 의료, 제약, 컴퓨터 소프트웨어 및 하드웨어 산업과 같은 점점 더 많은 산업 분야의 기업이 자사 조직에 브랜드 매니저를 도입하고 있다. 종종 그들은 최고의 포장재 회사들로부터 관리자들을 고용해, 그 결과 동일한 브랜드 마케팅 관행을 채택했다.

흥미롭게도 프록터앤드갬블(P&G)과 같은 패키지 제품 회사는 브랜드 관리 시스템을 계속 발전시키고 있다. P&G의 마케팅 책임자는 브랜드 관리, 소비자 및 마케팅 지식, 커뮤니케이션 및 디자인을 포함한 네 가지 기능을 가진 브랜드 이사가 되었으며, 따라서 '브랜드의 전략, 계획 및 결과에 대한 단일 지점 책임'이 생겼다.[35] 카테고리 관리를 통해 제조업체는 진열대를 가장 잘 비축하는 방법에 대해 소매업체에 조언을 제공한다. 점점 더 많은 소매업체가 카테고리 관리 원칙을 채택하고 있다. 카테고리 캡틴 역할을 하는 제조업체가 판매를 향상시킬 수 있지만 전문가들은 소매업체가 시장에서 고유성을 유지하기 위해 자신의 통찰력과 가치를 행사할 것을 경고한다.

따라서 많은 기업이 자사 브랜드가 직면한 과제를 더 잘 반영하기 위해 마케팅 조직을 재설계하려고 시도하고 있다. 이와 함께 직무 요건과 직무의 변화로 기업집단, 종합적인 팀 등을 통해 마케팅 기능을 수행할 수 있는 다른 방법을 모색하는 기업이 많아지면서 전통적인 마케팅 부서가 사라지고 있다.[36] 데이터 분석 및 하이퍼타기팅에 중점을 둔 디지털 혁명의 맥락에서 많은 기업이 마케팅 부서를 보다 민첩하고 데이터 중심적으로 개편했다.[37]

예를 들어 크로락스는 마케팅의 디지털 혁명에 적응하기 위해 다음과 같은 변화를 시도했다. (1) 디지털 미디어 및 분석에 대한 투자를 늘렸으며, (2) 디지털 광고 대행사와 파트너 관계를 맺었고, (3) 시장 변화에 더 빠르게 대응할 수 있도록 마케팅 조직을 변경했다.[38] 또한 디지털 세계에서 성공하기 위해 데이터를 구조화하고 사용하는 방법에 대한 이해가 더욱 강조되면서 마케팅 성공에 필요한 기술이 변화하고 있다.

이러한 새로운 조직 구조와 마케팅 기술의 목표는 빠르게 변화하는 디지털 시대에 소매업체와 소비자에 대한 외부 초점뿐만 아니라 내부 조정 및 효율성을 개선하는 것이다. 이는 칭찬할 만한 목표지만 분명히 이러한 새로운 디자인의 도전 과제 중 하나는 브랜드자산이 보존 및 육성되고 감독 부족으로 인해 무시되지 않도록 하는 것이다. 다중 제품, 다중 시장 조직의 경우 제품과 장소가 균형을 이루어야 하는 어려움이 종종 있다. 많은 마케팅과 브랜딩 활동과 마찬가지로, 두 접근방식의 장점을 극대화하고 단점을 최소화하기 위해 적절한 균형을 달성하는 것이 목표이다.

마케팅 파트너 관리 브랜드 성과는 외부 공급업자와 마케팅 파트너의 행동에 달려 있기 때문에 기업은 이러한 관계를 신중하게 관리해야 한다. 점점 더 많은 기업이 마케팅 파트너십을 강화하고 외부 공급업체의 수를 줄이고 있다. 크로락스와 관련해 위에서 언급한 바와 같이, 다수의 회사가 여러 소셜 미디어 및 디지털 채널에 걸쳐 상당한 전문성을 갖춘 단일 디지털 광고 대행사[예 : 크로락스는 FCB 및 맥게리보웬(McGarryBowen)과 파트너 관계를 맺음]와 광고를 통합하고 있다.

비용 효율성, 조직 활용도, 창의적 다양화와 같은 요소들은 회사가 어떤 한 분야에서든 고용할 외부 공급업체의 수에 영향을 미친다. 브랜딩 관점에서 볼 때 광고 대행사와 같은 단일 주요 공급업체와 거래하는 것의 한 가지 이점은 결과적으로 브랜드를 이해하고 취급하는 데 있어 일관성이 더 높다는 것이다.

다른 마케팅 파트너도 중요한 역할을 할 수 있다. 예를 들어 5장에서는 브랜드자산을 강화하는 데 있어 채널 구성원과 소매업체의 중요성과 영리하게 설계된 푸시 프로그램의 필요성에 대해 설명했다. 브랜드 헌장 혹은 브랜드 바이블을 갖는 한 가지 중요한 기능은 마케팅 파트너에게 정보를 제공하고 교육하여 그들이 브랜드에 일관된 지원을 더 많이 제공할 수 있도록 하는 것이다.

요약

브랜드자산 측정 시스템은 마케터에게 브랜드와 관련하여 시기적절하고 정확하며 실행 가능한 정보를 제공하여 단기적으로는 최상의 전술적 결정을 내리고 장기적으로는 전략적 결정을 내릴 수 있도록 설계된 일련의 연구 절차로 정의된다. 브랜드자산 측정 시스템 구현에는 브랜드 감사 수행, 브랜드 추적 연구 설계 및 브랜드자산 관리 시스템 구축의 세 단계가 포함된다. 나아가 디지털 혁명의 도래와 함께 브랜드의 디지털 자산은 브랜드 인벤토리를 창출하고 평가할 때 고려되어야 한다. 또한 사용 가능한 방대한 소셜 미디어 데이터를 활용하는 지속적인 추적 시스템을 활용하여 지속적으로 더 깊은 통찰력을 얻을 수 있다.

브랜드 감사는 브랜드 건전성을 평가하고 브랜드자산의 출처를 밝히며 자산을 개선하고 활용하는 방법을 제안하는 소비자 중심의 활동이다. 기업과 소비자 모두의 관점에서 브랜드자산을 이해해야 한다. 브랜드 감사는 브랜드 인벤토리와 브랜드 탐색의 두 단계로 구성된다.

브랜드 인벤토리의 목적은 기업이 판매하는 모든 제품과 서비스가 어떻게 마케팅되고 브랜드화되는지 완전한 최신 프로파일을 제공하는 것이다. 각 제품 또는 서비스를 프로파일링하려면 관련 브랜드 요소와 지원 마케팅 프로그램을 식별해야 한다. 브랜드 탐색은 브랜드자산의 출처를 식별하기 위해 소비자가 브랜드에 대해 어떻게 생각하고 느끼는지 이해하기 위한 연구 활동이다.

브랜드 감사는 브랜드의 전략적 방향을 설정하는 데 사용할 수 있다. 이러한 전략적 분석의 결과로 마케팅 프로그램을 마련해 장기적인 브랜드자산을 극대화할 수 있다. 그런 다음 정량적 측정을 사용하는 추적 연구를 수행해 브랜드 감사에서 식별된 여러 주요 차원을 기반으로 브랜드가 어떻게 수행되고 있는지에 대한 최신 정보를 마케터에게 제공할 수 있다.

추적 연구에는 시간이 지남에 따라 정기적으로 소비자로부터 수집된 정보가 포함되며 마케팅 프로그램 및 활동의 단기 효과에 대한 귀중한 전술적 통찰력을 제공한다. 브랜드 감사는 '브랜드의 위치'를 측정하는 반면 추적 연구는 '브랜드의 현재 위치'와 마케팅 프로그램이 의도한 효과를 발휘하고 있는지 여부를 측정한다.

브랜드자산 관리 시스템의 일부로 세 가지 주요 단계가 발생해야 한다. 첫째, 브랜드자산에 대한 회사의 관점은 브랜드

헌장이라는 문서로 공식화되어야 한다. 이 문서는 다음과 같은 다양한 용도로 사용된다—브랜드자산에 대한 회사의 일반 철학을 기록한다. 브랜드 감사, 브랜드 추적 등과 관련된 활동 및 결과를 요약한다. 브랜드 전략 및 전술에 대한 지침을 설명한다. 그리고 브랜드의 적절한 취급을 문서화한다. 헌장은 새로운 기회와 위험을 파악하고 브랜드 인벤토리 및 브랜드 탐색을 통해 수집된 정보를 모든 브랜드 감사의 일부로 완전히 반영하기 위해 매년 업데이트되어야 한다.

둘째, 추적 조사 및 기타 관련 측정 결과를 브랜드자산 보고서로 조합하여 정기적으로(월간, 분기별, 연간) 경영진에게 배포해야 한다. 브랜드자산 보고서는 브랜드에 무슨 일이 일어나고 있는지에 대한 설명 정보와 그것이 왜 일어나는지에 대한 진단 정보를 제공해야 한다. 이러한 보고서는 쉽게 검토할 수 있도록 마케팅 대시보드에 표시되는 경우가 많다. 마케팅 분석 대시보드는 브랜드 성과를 지속적으로 추적하는 데 점점 더 많이 사용되고 있다.

마지막으로, 브랜드자산이 조직 내에서 어떻게 취급되는지 감독하기 위해 고위 경영진을 배치해야 한다. 해당 직책에 있는 사람들은 브랜드 헌장 및 브랜드자산 보고서의 구현을 감독하여 부서와 지리적 경계를 초월한 제품 및 마케팅활동이 브랜드 정신을 반영하는 방식으로 가능한 브랜드의 장기적 자산을 극대화하기 위한 보고서의 내용과 헌장이 많이 수행되도록 할 책임이 있다.

토의 문제

1. 브랜드 감사를 진행하면서 가장 큰 어려움은 무엇이라고 생각하는가? 그것들을 극복하기 위해 어떤 조치를 취할 것인가?
2. 브랜드를 고르라. 다양한 소셜 미디어 채널(예 : 페이스북, 인스타그램, 트위터)을 참조해 디지털 브랜드자산 인벤토리를 수집할 수 있는지 확인하라. 여러 접점에서 브랜드 존재의 일관성에 대해 무엇을 알 수 있는가?
3. 브랜딩 브리프 9-1에 제시된 스타벅스 추적 조사를 고려

하라. 당신은 무엇을 다르게 할 것인가? 어떤 질문을 바꾸거나 삭제할 것인가? 어떤 질문을 추가할 수 있겠는가? 이 추적 설문조사는 다른 제품에 사용된 설문조사와 어떻게 다른가?
4. 메이요클리닉에 대한 추적 조사를 개발할 수 있는가? 스타벅스의 추적 조사와 어떻게 다른가?
5. 브랜드 포커스 9.0의 롤렉스 브랜드 감사를 비판하라. 어떻게 개선할 수 있겠는가?

브랜드 포커스 9.0

롤렉스 브랜드 감사 샘플

한 세기가 넘는 시간 동안 롤렉스는 세계에서 가장 인정받고 사랑받는 명품 브랜드 중 하나로 자리 잡았다. 2017년 브랜드Z(BrandZ)가 선정한 '가장 가치 있는 글로벌 100대 브랜드'[칸타 밀워드 브라운(Kantar Millward Brown, KMB)이 선정한 세계 시계 브랜드 중에서 가장 가치 있는 시계 브랜드]는 80억 5,300만 달러의 브랜드 가치를 가진 롤렉스이다.[39] 추정치는 재무 정보와 소비자 조사를 결합한 복잡한 공식을 기반으로 한다. KMB는 50개 이상의 글로벌 시장에서 약 100,000개 브랜드에 대하여 300만 명의 소비자를 인터뷰한다. 블룸버그 및 칸타월드패널(Kantar Worldpanel)의 네이터블 사용하여 회사의 재무 및 비즈니스 성과를 분석한다.

분명히 롤렉스는 KMB의 100대 브랜드에 포함되지 않는다. (브랜드가 목록에 오르려면 최소 113억 달러의 가치가 필요했다.) 롤렉스는 브랜드Z 럭셔리 톱 10(BrandZ Luxury Top 10) 목록의 보고서에서 5위를 차지했다. 롤렉스는 10대 명품 브랜드 중 유일하게 시계만을 취급한다. 다른 시계 전용 브랜드는 브랜즈 보고서에 포함되지 않는다. 철저한 감사는 역사적으로 브랜드자산이 많은 롤렉스가 위기에 처한 만큼 기회와 과제를 정확히 찾아내는 데 도움이 될 수 있다.

"롤렉스의 이름은 품질과 동의어입니다. 롤렉스는 모든 단계에 적용되는 엄격한 일련의 테스트를 통해 품질의 의미를 재정의했습니다."

-www.rolex.com

배경

역사

롤렉스는 1905년 독일인 한스 빌스도르프(Hans Wilsdorf)와 그의 처남 윌리엄 데이비스(William Davis)에 의해 영국 런던에 본사를 둔 시계 제작 회사 빌스도르프 & 데이비스(Wilsdorf & Davis)로 설립되었다. 자칭 완벽주의자인 빌스도르프는 처음부터 주류 회중시계를 개선하기 시작했다. 1908년까지 그는 정확한 시간을 유지하면서도 손목에 차기에 충분히 작은 시계를 만들었다. 같은 해에 빌스도르프는 '롤렉스'라는 이름을 상표명으로 등록했는데, 그 이유는 그것이 시계가 감길 때 나는 소리와 같다고 생각했기 때문이다. 롤렉스는 또한 다양한 언어로 발음하기 쉬웠다.

1912년 롤렉스는 본사를 스위스 제네바로 이전하고 시계의 신뢰성을 향상하기 위한 작업을 시작했다. 당시에는 시계 케이스에 먼지와 습기가 유입되어 시계 움직임이나 내부 메커니즘에 손상을 줄 수 있었다. 그 결과 빌스도르프는 시계 산업에 혁명을 일으킨 나사 크라운과 방수 케이스북 메커니즘을 발명했다. 1914년 롤렉스 손목시계는 극한 온도에서 시계를 테스트하는 것을 포함한 세계에서 가장 어려운 타이밍 테스트를 통과한 후, 최초의 큐(Kew) 'A' 자격증을 취득했다.

12년 후, 빌스도르프는 현재 유명한 오이스터(Oyster) 방수 케이스와

나사 크라운을 개발하고 특허를 얻었다. 이 메커니즘은 물, 먼지, 흙에 대한 최초의 진정한 보호 장치가 되었다. 이 시계의 홍보를 위해 보석상들은 오이스터 시계를 완전히 물에 넣은 채 창문에 어항을 전시했다. 오이스터는 1927년 10월 7일 메르세데스 글라이츠(Mercedes Gleitze)가 착용하고 영국 해협을 헤엄쳤을 때 테스트를 거쳤다. 그녀는 15시간 후에 시계가 완벽하게 작동하는 모습으로 나타나 미디어와 대중을 크게 놀라게 했다. 글라이츠는 롤렉스가 손목시계를 홍보하기 위해 사용한 '홍보대사(ambassadors)'의 긴 목록 중 첫 번째가 되었다.

수년에 걸쳐 롤렉스는 시계의 혁신을 새로운 지원으로 끌어올렸다. 1931년에 회사는 시계를 감을 필요가 없는 영구 자동 와인딩 로터 메커니즘을 도입했다. 1945년 회사는 최초로 3시 위치에 숫자 날짜를 표시하는 시계를 발명했고 그것을 데이트저스트(Datejust)라고 이름 붙였다. 1953년 롤렉스는 방수 및 수심 100미터의 압력 저항을 갖춘 최초의 다이빙 시계인 서브마리너(Submariner)를 출시했다. 스포티한 시계는 1950년대 다양한 〈제임스 본드〉 영화에 등장했으며 명성과 내구성의 즉각적인 상징이 되었다.

수십 년 동안 스위스 산 시계는 중급 및 고가 시장을 장악했으며, 1969년 쿼츠(Quartz) 시계가 발명될 때까지 사실상 타의 추종을 불허했다. 쿼츠 시계는 더 정확한 시간을 유지하고 제조비용이 저렴했으며 빠르게 중간 시장을 장악했다. 10년 이내에 쿼츠 시계는 전 세계 시계 판매의 약 절반을 차지했다.[40] 미국 무역 간행물 《모던 주얼러(Modern Jeweler)》의 조 톰슨(Joe Thompson) 편집장은 "1980년까지 사람들은 기계식 시계가 죽었다고 생각했다"[41]고 설명했다.

롤렉스는 전문가들이 틀렸다는 것을 증명했다. 그 회사는 쿼츠 시계 열풍에 굴복하지 않을 것이다. 그러나 살아남기 위해 롤렉스는 고급 시장에 뛰어들어야 했다-중간은 쿼츠에게 맡기고-그곳에서 방어하고 입지를 다지기 위한 전략을 짜야 했다. 더 최근에 시계 산업은 스마트 워치의 도입으로 상당한 변화를 겪고 있는데, 예를 들어 시계의 기능과 스마트폰의 많은 기능을 결합한 애플 워치가 그것이다. 롤렉스는 명품 시계 브랜드 중 가장 가치가 높은 브랜드로 평가받고 있지만, 애플 워치는 롤렉스 시계보다 더 많은 판매 수익을 올리고 있다.[42]

사적 소유권

롤렉스는 개인 소유 회사로 100년의 역사 동안 단 3명만이 경영을 해왔다. 빌스도르프가 죽기 전에 그는 한스빌스도르프재단(Hans Wilsdorf Foundation)을 설립해 회사 수입의 일부를 자선 단체에 기부하고 회사에 대한 통제권을 재단에 두도록 했다.[43] 이러한 움직임은 고급 브랜드로서 롤렉스의 장기적인 성공을 향한 중요한 발걸음이었다. 수년에 걸쳐 많은 럭셔리 브랜드가 경쟁을 위해 대기업과 제휴해야 했지만, 롤렉스는 독립적인 기업으로 남아 핵심 비즈니스에 집중했다. 1980년대까지 롤렉스의 전무이사였던 앙드레 하이니거(André Heiniger)는 "롤렉스의 전략은 마케팅, 품질 유지, 효과적으로 경쟁할 준비가 되지 않은 분야에

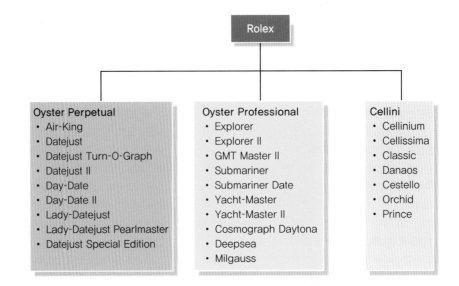

그림 9-7
롤렉스 제품 포트폴리오

는 머물지 않는 것"이라고 설명했다.

브랜드 포트폴리오

롤렉스에는 '컬렉션(collection)'이라고 하는 여러 하위브랜드의 손목시계가 있으며 각각에는 브랜드의 하위 집합이 있다(그림 9-7 참조).

- *오이스터 퍼페추얼 컬렉션*(Oyster Perpetual Collection)은 '전통적인' 롤렉스 손목시계를 포함하고 있으며, 특징과 디자인으로 차별화된 8개의 서브 브랜드를 갖추고 있다. 퍼페추얼 컬렉션은 부유한 남녀를 대상으로 한다.
- *프로페셔널 컬렉션*(Professional Collection)은 기능과 이미지를 통해 특정 운동선수 및 모험가 사용자 그룹을 대상으로 한다.
- *셀리니 컬렉션*(Cellini Collection)은 우아한 디자인을 통해 공식적인 행사에 초점을 맞추고 있으며 7개의 하위브랜드를 포함한다. 이 시계들은 유색 가죽 밴드와 다이아몬드의 광범위한 사용과 같은 패션과 스타일의 특징을 통합한다.

롤렉스의 브랜드 포트폴리오에는 소비자에게 다양한 옵션을 제공하는 '컬렉션'이라고 불리는 다양한 고급 손목시계가 포함되어 있다.

출처 : geogphotos/Alamy Stock Photo

이러한 컬렉션 외에도 롤렉스는 태그호이어(Tag Heuer), 시티즌(Citizen), 라도(Rado)와 같은 중급 시계와의 경쟁을 피하기 위해 1946년에 개발된 튜더(Tudor)라는 별도의 '투사(fighter)' 브랜드를 소유하고 있다. 튜더는 프린스(Prince), 프린세스(Princess), 모나크(Monarch), 스포츠(Sports)와 같은 자체 패밀리브랜드 혹은 컬렉션을 보유하고 있으며, 각 컬렉션에는 여러 하위브랜드가 포함되어 있다. 튜더 시계는 자체 브랜드 전문점과 롤렉스 독점 판매점 네트워크를 통해 판매된다. 미국에서는 더 이상 판매하지 않지만, 유럽과 아시아에는 많은 아울렛이 있다. 튜더는 젊은 소비자를 타깃으로 하며 더 낮은 가격대의 시계를 제공한다. 브랜드는 뚜렷하게 분리되어 있고, 튜더 시계에는 롤렉스 이름이 나타나지 않는다.

브랜드 인벤토리

단일 명품 시계 브랜드로는 최대 규모인 롤렉스의 성공은 여러 가지 요인으로 볼 수 있다. 이 회사는 최고급 시계를 생산할 뿐만 아니라 시계 판매 방식을 엄격하게 통제해 높은 수요와 프리미엄 가격을 보장한다. 또한 롤렉스의 정교한 마케팅 전략은 많은 사람이 소유하고 싶어 하는 독점 프리미엄 브랜드를 만들었다. 브랜드 인벤토리는 이러한 각 요소에 대해 더 자세히 설명한다.

브랜드 요소

롤렉스의 가장 눈에 띄는 브랜드 요소는 크라운 로고이다. 1925년에 상표가 등록된 크라운은 1939년에 시계에 등장했다. 로고는 몇 차례 수정을 거쳐 시그니처인 5포인트 크라운을 수년 동안 그대로 유지했다. 롤렉스 시계의 다이얼에는 1926년으로 거슬러 올라가는 전통인 '롤렉스'라는 이름이 새겨져 있다. 이러한 개발은 초기에 브랜드 인지도를 높이는 데 도움이 되었다. 많은 롤렉스 시계 또한 크고 둥근 얼굴과 넓은 손목밴드를 포함하여 독특한 외관을 가지고 있다.

제품

수년 동안 롤렉스 시계는 높은 품질, 내구성 및 회사의 명성을 유지해 왔다. 특히 금, 백금, 보석 등 최고급 프리미엄 소재만을 사용해 뛰어난 장인 정신을 지닌 고정밀 시계를 제공하는 데 주력했다. 더 나은 움직임과 새롭고 정교한 기능으로 시계의 기능을 개선하기 위해 지속적으로 노력하고 있다. 결과적으로 롤렉스 시계는 대부분의 대량 생산 시계에 비해 메커니즘이 복잡하다. 예를 들어 쿼츠 시계에는 50~100개의 부품이 있지만, 롤렉스 오이스터 크로노미터에는 220개가 있다.[44]

각 롤렉스 시계는 회사의 '10가지 황금률'로 식별되는 10가지 고유한 기능으로 구성되어 있다.

1. 방수 케이스
2. 영구 회전
3. 케이스 백
4. 오이스터 케이스
5. 휘감긴 왕관
6. 가상 우수하고 순수한 재료
7. 품질 관리
8. 롤렉스 자동 감김 무브먼트
9. 독립 관제사 스위스 데 크로노메트르의 시험
10. 롤렉스 테스트

회사는 브랜드 사용권을 부여하거나 시계 외에 다른 제품을 생산하지 않는다. 제품 포트폴리오는 명확하고 간결하며 집중력이 있다.

롤렉스는 위조범과 싸우는 다른 시계 회사보다 더 많은 시간과 돈을 소비한다. 오늘날 25달러짜리 모조품과 10,000달러짜리 정품 롤렉스 시계의 차이를 구별하기 힘든 경우가 많다. 전 세계 위조 산업의 가치는 4,610억 달러로 알려져 있으며, 롤렉스(나이키, 레이밴, 루이비통과 함께)는 가장 많이 모방된 브랜드 중 하나이다.[45]

가격
롤렉스는 하루에 약 2,000개의 시계만 생산함으로써 소비자 수요를 높이고 가격을 프리미엄으로 유지한다. 가격은 기본 오이스터 퍼페추얼의 경우 약 2,500달러에서 시작해 강철, 옐로우 골드, 핵금(platinum)과 같은 특정 재료에 따라 200,000달러에 이를 수 있다. 희소성은 또한 롤렉스 시계의 재판매 가치에 긍정적인 영향을 끼친다. 한 보고서는 '거의 모든 구형 롤렉스 모델이 초기 판매 가격보다 높게 평가되고 있다'고 지적했다.[46]

판매
롤렉스는 시계 판매 방식을 주의 깊게 모니터링해 전 세계적으로 약 60,000개의 '롤렉스 공식 판매점'을 통해서만 시계를 유통한다. 공식 딜러는 고급 이미지, 적절한 공간, 매력적인 위치 및 뛰어난 서비스를 비롯한 여러 기준을 충족해야 한다. 또한 이베이와 같은 온라인 경매 사이트와 크리스티 및 소더비가 운영하는 라이브 경매를 통해 롤렉스에 대한 대규모 2차 시장이 존재한다.

커뮤니케이션
롤렉스의 마케팅 및 커뮤니케이션 전략은 고품질의 독점적인 브랜드 이미지를 만들기 위해 노력하며, 이 회사 '홍보대사(ambassadors)'인 유명한 예술가, 최고의 운동선수, 거친 모험가, 대담한 탐험가와 협력해 이미지를 만든다. 롤렉스는 또한 다양한 스포츠 및 문화 행사와 자선 프로

그램을 후원해 소비자 마음에 긍정적인 연상을 심어줄 뿐만 아니라 타깃으로 하는 인구와도 일치한다.

광고 롤렉스는 세계 최고의 시계 광고주이다. 2015년에 이 회사는 다른 어떤 시계 브랜드보다 많은 5,600만 달러를 광고에 지출했다.[47] 회사의 가장 큰 지출 중 하나는 잡지 광고이다. 롤렉스의 인쇄 광고는 종종 단순하고 엄격하며, 보통 많은 브랜드 홍보대사 중 한 명이나 '모든 업적에 대한 왕관, 롤렉스(Rolex. A Crown for Every Achievement)'라는 태그라인을 가진 시계 중 하나의 클로즈업 사진을 특징으로 한다. 롤렉스는 TV에 널리 광고하지는 않지만, TV로 방영되는 몇몇 행사를 후원한다.

최근 롤렉스는 디지털 마케팅 기술을 사용해 고객과 연결하기 시작했지만, 그 노력은 매우 신중하게 고려되었다. 롤렉스는 페이스북 페이지를 개설하고 콘텐츠의 양보다 질 높은 콘텐츠 제공에 세심한 중점을 둔 콘텐츠 마케팅 전략을 채택했다.[48] 이전에도 2012년에 유튜브 채널을 개설해 플랫폼으로 활용한 바 있다. 히말라야 탐험과 극지방 만년설 조사를 위한 심해 임무를 포함하여 소비자의 관심 주제에 대한 사내 다큐멘터리를 시작했다. 이 브랜드는 또한 소셜 미디어 플랫폼(예 : 페이스북)을 사용해 롤렉스 브랜드의 전형적인 특징을 전달했다. 예를 들어 롤렉스는 롤렉스가 IV 대신 '시계 제조공의 4'인 IIII를 사용하는 이유를 설명하기 위해 '아시나요(Did You Know)' 시리즈를 출시했다. 소셜 미디어에서의 이러한 커뮤니케이션은 충성도 높은 고객 기반의 관심을 유지하고 고객에게 브랜드 가치를 명확히 하는 것을 목표로 했다.

홍보대사 롤렉스의 연예인 후원자들은 그들의 실적에 따라 계속해서 추가되고 내려진다. 이러한 홍보대사는 운동선수, 예술가, 탐험가, 요트인의 네 가지 범주로 나뉜다(그림 9-8 참조). 찬사를 받는 아티스트와 함께 하는 것은 완벽함을 추구하는 것을 상징한다. 엘리트 스포츠 선수와의 관계는 회사의 탁월함 추구를 의미한다. 예를 들어 항해 이벤트에 대한 지원은 회사의 핵심 가치인 우수성, 정확성, 팀 정신을 강조한다.[49] 탐험가들은 또한 극한의 조건에서 롤렉스 시계의 우수성과 혁신을 테스트한다. 롤렉스 홍보대사는 에베레스트산을 오르고 음속을 깨고 바다 깊은 곳에 도달하고 우주를 여행했다. 인쇄 광고는 일반적으로 매우 특정한 인구통계 또는 소비자 그룹을 대상으로 하는 한 명의 홍보대사와 한 개의 특정 시계를 특징으로 한다.

2011년, 업계 전문가를 놀라게 한 롤렉스는 골프선수 타이거 우즈를 롤렉스 홍보대사로 영입했다. 2009년 이후 롤렉스의 첫 번째 골퍼 유명인사 후원을 기록했다. 타이거 우즈가 성추문으로 명성이 추락하자 롤렉스는 제이슨 데이, 필 미켈슨, 아놀드 파머 등 프로 골프선수와 스타 운동선수 등 다른 브랜드 홍보대사들과도 계약했다.[50]

스포츠와 문화 롤렉스는 홍보대사 승인을 통해 동일한 메시지, 가치 및 협회를 강화하기 위해 다양한 엘리트 운동 및 문화 행사를 후원한다. 여기에는 탁월함 추구, 완벽 추구, 팀워크, 강인함이 포함된다. 롤렉스는 골프(U.S. 오픈 챔피언십, 오픈 챔피언십, 라이더 컵), 테니스(윔블던 및 호주 오픈), 스키(하넨캄 레이스), 레이싱(데이토나의 롤렉스 24), 승마 행사 등을 후원한다.

롤렉스는 또한 롤렉스 시드니, 롤렉스 패스트넷 레이스(Fastnet Race), 맥시 요트 롤렉스 컵을 포함한 여러 요트 경주를 후원한다. 이

예술가	탐험가	골프	자동차 경주
체칠리아 바르톨리	데이비드 두빌레이	폴 케이시	재키 스튜어트
마미클 부블레	실비아 얼	루크 도날드	톰 크리스텐슨
플라시도 도밍고	알렝 위베르	리키 파울러	데이토나 롤렉스 24
구스타보 두다멜	장 트로일레	레티프 구센	굿우드 리바이벌
르네 플레밍	에드 비에스투스	찰스 하웰	르망 24시
실비 길렘	척 예거	트레버 이멜만	
요나스 카우프만	세계정복	마르틴 카이머	테니스
다이애나 크롤	극지 해저탐험	마테오 마나세로	로저 페더러
요요마	다이빙	필 미컬슨	쥐스틴 에넹
아누쉬카 샹카	가장 깊은 다이빙	잭 니클라우스	아나 이바노비치
브린 터펠		로레나 오초아	정지에
롤란도 빌라존	요트	아놀드 파머	후안 마르틴 델 포트로
유자왕	로베르트 샤이트	애덤 스코트	리나
로열오페라하우스	폴 케이드	아니카 소렌스탐	조 윌프리드 송가
라스칼라극장	롤렉스 시드니 호바트	카밀로 비예가스	캐롤린 워즈니아키
빈 필하모닉	맥시 요트 롤렉스 컵	톰 왓슨	윔블던
	롤렉스 패스트넷 레이스	US 오픈 챔피언십	호주 오픈
	롤렉스 파 40 챔피언십	오픈 챔피언십	몬테카를로 롤렉스 마스터즈
	롤렉스 스완컵	라이더컵	상하이 롤렉스 마스터즈
		프레지던트컵	
	승마	에비앙 챔피언십	스키
	로드리고 페소아	솔하임컵	허만 마이어
	곤잘로 피에르 주니어		린지 본
			카를로 얀카
			하넨캄 레이스

그림 9-8

2011년 롤렉스 홍보대사

회사는 Deepest Dive 및 Deepsea Under Pole을 포함한 극한의 탐험대와 협력했다. 또한 런던의 로열오페라하우스와 밀라노의 스칼라 극장과 같은 시설에 더 많은 문화 관객들과 조화를 이루는 데 주요한 공헌을 하고 있다.

자선활동 롤렉스는 세 가지 자선 프로그램을 통해 다음과 같은 보상을 제공한다.

1. 비영리 사회활동 프로그램상(www.rolexawards.com/)은 지역사회와 세계를 이롭게 하는 데 초점을 맞춘 개인을 지원한다. 이러한 프로젝트는 과학 및 건강, 응용 기술, 탐사 및 발견, 환경 및 문화유산에 중점을 둔다.[51]
2. 젊은 수상자 프로그램(www.rolexawards.com/40/laureates-2016)은 18~30세 사이의 뛰어난 혁신가를 지원하는 Awards for Enterprise 프로그램의 일부이다.[52]
3. 롤렉스 멘토 및 프로테제 예술 이니셔티브(www.rolexmentorprotege.com/)는 전 세계에서 재능이 뛰어난 젊은 예술가를 찾고 이를 기존 마스터와 짝을 지어준다. 젊은 예술가들은 뛰어난 영화 제작자, 댄서, 예술가, 작곡가, 배우들과 짝을 이루었다.[53]

브랜드 탐색

소비자 지식

롤렉스는 혁신과 함께 뛰어난 역사와 전통을 성공적으로 활용해 세계에서 가장 강력하고 인정받는 시계 제조사가 되었다. 롤렉스에 대한 긍정적인 소비자 브랜드연상은 다음과 같다 : 정교하고, 권위 있고, 독점적이고, 강력하고, 우아하고, 고품질이다. 일부 소비자가 브랜드에 연결할 수 있는 일부 부정적인 브랜드연상에는 화려하거나 속물이 포함될 수 있다. 그림 9-9는 가상의 롤렉스 멘탈 맵을 보여준다.

뉴욕 럭셔리인스티튜트(Luxury Institute) 연구 그룹의 한 보고서에 따르면 소비자들은 롤렉스에 대한 구매 의도에 긍정적인 태도를 보였다. 부유한 사람들은 다음 시계를 위해 다른 어떤 브랜드보다 롤렉스를 구매할 가능성이 더 높다고 말했다. 비록 몇몇 경쟁사가 품질과 배타성 면에서 롤렉스를 능가했지만, 롤렉스 브랜드는 불가리(39%)와 까르띠에(63%)보다 훨씬 더 인지도가 높았다.[54]

시계 산업에 대한 2008년 민텔(Mintel) 설문 조사에 따르면 "여성은 여전히 시계를 액세서리로 볼 가능성이 높으며 많은 구매자가 외양만으로 시계를 선택한다. 하지만 명품 시장의 최상위권에는 기계식 시계에 관심을 갖는 여성이 늘어나고 있다. 이 연구에서 또한 여성이 점점 더 양성 또는 남녀 공용 시계를 선택하는 것으로 나타났다."[55]

많은 나이 든 부유한 사람들은 새롭든 소장가치가 있는 롤렉스 소유에 높은 가치를 부여한다. 2017년 뉴욕 경매 회사 필립스(Phillips)에서

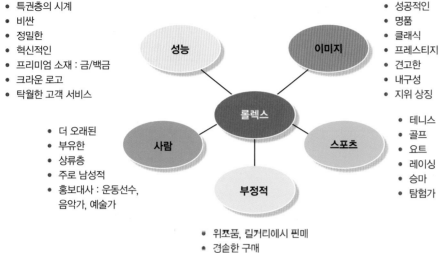

성능
- 특권층의 시계
- 비싼
- 정밀한
- 혁신적인
- 프리미엄 소재 : 금/백금
- 크라운 로고
- 탁월한 고객 서비스

이미지
- 성공적인
- 명품
- 클래식
- 프레스티지
- 견고한
- 내구성
- 지위 상징

사람
- 더 오래된
- 부유한
- 상류층
- 주로 남성적
- 홍보대사 : 운동선수, 음악가, 예술가

스포츠
- 테니스
- 골프
- 요트
- 레이싱
- 승마
- 탐험가

부정적
- 위조품, 릴거리에시 핀매
- 겸손한 구매
- 화려하고 허세적인

롤렉스

그림 9-9
롤렉스 멘탈 맵

한 입찰자는 배우 폴 뉴먼(Paul Newman)이 소유했던 롤렉스 데이토나(Daytona)에 1,780만 달러를 지불하는 데 동의하여 경매에서 판매된 손목시계의 새로운 세계 기록을 세웠다. 이 시계는 뉴먼이 자동차 경주 영화 〈위닝(Winning)〉을 촬영하던 당시 아내가 선물한 것이다.[56]

브랜드와 제품군이 나이가 많고 부유한 사람에게 잘 맞는 것처럼 보여서, 실제로 롤렉스는 젊은 소비자와 소통하는 데 다소 어려움을 겪고 있다. NPD그룹(NPD Group)의 여론조사에서 25세 미만의 사람들 중 36%가 시계를 착용하지 않았다.[57] 파이퍼 제프레이(Piper Jaffray)가 실시한 또 다른 연구에서는 59%의 10대들이 시계를 착용한 적이 없다고 답했으며, 82%는 향후 6개월 동안 시계를 구입할 계획이 없다고 답했다. 스마트워치의 출현과 2015년 애플 워치의 시장 진입은 확실히 전통적인 시계 산업에 많은 우려를 주었다. 약 400달러의 가격으로 스마트워치는 소비자에게 스마트워치, 커뮤니케이션 및 메시지를 통해 건강 및 피트니스 메트릭스를 모니터링하고 모바일 앱에 접근할 수 있는 기능과 같이 기존 시계가 제공하지 않는 많은 이점을 소비자에게 제공한다.

브랜드 공명 피라미드
롤렉스 브랜드 공명 모델 피라미드(3장 참조)는 왼쪽과 오른쪽에서 똑같이 강하다. 피라미드의 양면 사이에는 큰 시너지 효과가 있다. 롤렉스가 전달하고자 하는 기능적, 정서적 이점은 브랜드에 대한 소비자의 이미지, 감정과 조화를 이룬다. 피라미드는 또한 아래에서 위로 강력하여 모든 명품 브랜드 중 가장 높은 브랜드 인지도와 높은 반복 구매율 및 높은 고객 충성도를 누리고 있다. 롤렉스는 우수한 제품 속성과 롤렉스 소유 및 착용과 관련된 이미지 모두에 성공적으로 초점을 맞추었다. 그림 9-10은 롤렉스 브랜드 공명 피라미드의 몇 가지 주요 측면을 보여준다.

경쟁력 분석
롤렉스는 265억 달러 규모의 시계 산업에서 많은 경쟁자가 있다. 그러나 소수의 브랜드만이 최고급 시장에서 경쟁하고 있다.[58] 롤렉스는 가격 책정 및 유통 전략을 통해 고급 명품 시계 브랜드로 자리매김했다. 스펙트럼의 하단에서는 태그호이어(TAG Heuer), 오메가(OMEGA) 같은 회사와 경쟁하고 상단에서는 세계에서 가장 비싼 손목시계 제조업체인 파

텍필립(Patek Philippe)과 같은 브랜드와 경쟁한다.

태그호이어 고급 시계 산업의 선두 주자인 스위스 회사 태그호이어는 극도의 크로노그래프 정밀도와 광고에서 스포츠 및 자동차 경주 후원에 중점을 두어 두각을 나타낸다. 에두아르 호이어(Edouard Heuer)가 1876년 설립한 태그호이어는 럭셔리 시계 사업의 중심이 되어 왔다. 1887년에 이 회사는 최초의 진동 피니언(oscillating pinion)을 만들었는데, 이 기술은 크로노그래프 산업을 크게 발전시켰고 오늘날에도 여전히 많은 시계에서 사용된다. 1895년에는 포켓 워치를 위한 최초의 방수 케이스를 개발하고 특허를 냈다. 태그호이어는 1910년 미국으로 진출했고, 1914년 크로노그래프 손목시계를 선보인 이후 지금까지 크로노그래프 혁신에 집중해왔다.

태그호이어의 이미지와 포지셔닝은 크로노그래프의 정밀도와 불가분의 관계에 있다. 태그호이어는 1920년, 1924년, 1928년 올림픽의 공식 스톱워치였다. 이 회사는 1971년부터 1979년까지 포뮬러 1의 페라리 팀 스폰서였으며 1985년부터 2002년까지 태그-맥라렌(TAG-McLaren) 레이싱 팀의 일원이었다. 또한 1990년대와 2000년대 초반에 F-1 레이스 시리즈의 공식 타임키퍼였다.[59] 태그호이어는 여러 해 동안 아메리카 컵과 다른 요트 레이싱 팀을 후원해 왔으며, 잉글랜드 프리미어리그 축구도 후원해왔다.

태그호이어는 공식 라이선스를 받은 소매점을 통해 매장과 온라인에서 시계를 판매한다. 이러한 허가된 소매상들은 독점적인 보석상에서부터 노드스트롬, 메이시스 같은 백화점까지 다양하다. 워치메이커는 브랜드 홍보 및 스포츠 행사 후원을 통해 브랜드 인지도를 높이고 잡지에 대대적으로 광고한다. 1999년에 태그호이어는 명품 대기업 LVHM에 인수되었다.

오메가 1848년 루이 브란트(Louis Brandt)에 의해 설립된 오메가는 시계와 타이밍 장치의 정확성에 오랫동안 자부심을 가져왔다. 아멜리아 에어하트(Amelia Earhart)가 대서양 횡단 비행 중 선택한 시계를 제작했으며, 그 이후로 항공 및 운동 타이밍에 관여해 왔다. 오메가는 1936년 동계 올림픽에 선택된 시간 장비로, 동기화된 크로노그래프가 처음으

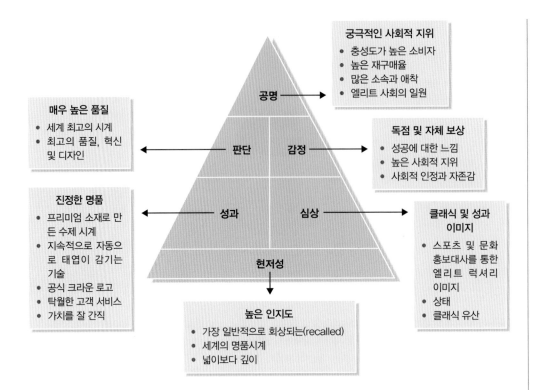

그림 9-10
롤렉스 브랜드 공명
피라미드

궁극적인 사회적 지위
- 충성도가 높은 소비자
- 높은 재구매율
- 많은 소속과 애착
- 엘리트 사회의 일원

공명

매우 높은 품질
- 세계 최고의 시계
- 최고의 품질, 혁신 및 디자인

판단   감정

독점 및 자체 보상
- 성공에 대한 느낌
- 높은 사회적 지위
- 사회적 인정과 자존감

진정한 명품
- 프리미엄 소재로 만든 수제 시계
- 지속적으로 자동으로 태엽이 감기는 기술
- 공식 크라운 로고
- 탁월한 고객 서비스
- 가치를 잘 간직

성과   심상

클래식 및 성과 이미지
- 스포츠 및 문화 홍보대사를 통한 엘리트 럭셔리 이미지
- 상태
- 클래식 유산

현저성

높은 인지도
- 가장 일반적으로 회상되는(recalled)
- 세계의 명품시계
- 넓이보다 깊이

로 사용되었다. 1937년에는 최초의 방수 손목시계를 출시했고, 1967년에는 올림픽 수영 경기에 사용된 최초의 수중 터치패드 타이밍 장비를 발명했다. 오메가 시계는 북극의 정확한 위치를 찾기 위해 원정대와 동행했으며, 아폴로 11호 임무에 탑승해 달에 착륙한 최초이자 유일한 시계가 되었다. 오메가는 현재 시계 대기업 스와치그룹이 소유하고 있다.

롤렉스와 태그호이어처럼 오메가는 운동선수 미셸 위(Michelle Wei), 세르히오 가르시아(Sergio Garcia), 우주비행사 버즈 올드린(Buzz Aldrin), 배우 다니엘 크레이그(Daniel Craig)를 포함해 브랜드 인지도를 높이기 위해 홍보대사를 고용하고 있다. 1995년부터 오메가는 〈제임스 본드〉 영화 프랜차이즈의 공식 시계였다.

오메가 시계는 글로브마스터(Globemaster), 콘스텔레이션(Constellation), 시마스터(Seamaster), 스피드마스터(Speedmaster), 드빌(De Ville)의 네 가지 다른 컬렉션으로 여성용과 남성용 스타일로 제공된다. 가격은 개인 소장품 내에서도 큰 차이가 난다. 드빌 컬렉션 시계는 1,650달러에서 10만 달러 이상이다.

파텍필립 1839년 앙투안 노르베르 드 파텍(Antoine Norbert de Patek)과 프랑수아 차페크(François Czapek)는 독립, 혁신, 전통, 품질과 기술, 희귀성, 가치, 미학, 서비스, 감정, 유산 등 10가지 가치를 바탕으로 스위스에 기반을 둔 시계 회사를 설립했다. 설립 기간 동안 여러 번 이름을 변경한 후 회사는 마침내 파텍필립으로 이름이 변경되었다. 오늘날의 고급 시계에서 볼 수 있는 많은 기술의 혁신자인 이 시계는 럭셔리 시계의 절대적 정점을 나타낸다. 특히 이 회사는 스플릿 세컨드 크로노그래프(split-second chronograph)와 퍼페추얼 데이트(perpetual date) 기술의 혁신을 통해 세계에서 가장 복잡한 많은 시계를 만드는 데 자부심을 갖고 있다.

다른 명품 시계 제조사들과 달리, 파텍필립은 이름을 알리기 위해 이벤트 후원이나 브랜드 홍보에 의존하지 않는다. 그러나 1851년 이래로 회사는 유럽 전역에 왕족 시계를 만들어 왔다. 시계는 전 세계 600개 공인 소매점을 통해서만 판매된다. 1996년에 브랜드는 유산과 전통의 가치를 기반으로 "파텍필립을 소유한 적이 없으며, 다음 세대를 위해 돌보는 것뿐입니다"라는 슬로건을 내걸고 '세대' 캠페인을 시작했다.

파텍필립은 모든 공인 딜러의 매장 앞을 평가해 시계 제조사의 품질 기준을 충족하는지 확인한다. 이 회사는 또한 가격 면에서 다른 시계 제조사들과 차별화되는데, 가장 저렴한 비맞춤형 시계는 11,500달러이며 가장 비싼 것은 60만 달러 이상이다.

전략적 권장 사항

포지셔닝
그림 9-11은 아래에 설명된 대로 몇 가지 포지셔닝 분석과 가능한 동등점 및 차별점을 요약한다.

유사점 롤렉스는 고급 시계 시장의 다른 시계 제조사들과 여러 면에서 유사하다. 시계 제조에 뛰어난 장인정신으로 유명한 스위스에서 모두 시계를 만들고, 모두 고품질을 전달한다. 모두가 시계 산업에서 세부 사항에 대한 관심과 지속적인 혁신에 자부심을 느낀다.

차별점 롤렉스는 여러 면에서 경쟁 제품과 차별화된다. 첫째, 롤렉스 시계는 크라운 로고, 큰 얼굴 및 넓은 밴드로 독특한 모양을 가지고 있다. 둘째, 롤렉스는 유통 채널과 생산 수준을 전략적으로 엄격하게 통제해 소비자의 마음에 명성, 중요성, 독점성을 부여했다. 셋째, 브랜드를 순수하게 유지하고 시계에만 집중하고 이름을 라이선스하지 않는다. 롤렉스는 신중한 이벤트 후원 및 브랜드 홍보대사를 통해 혼란을 없애고 전 세계 소비자에게 반향을 일으키며 명성을 유지해왔다.

브랜드 핵심
"클래식한 디자인, 시대를 초월한 위상"

유사점	차별점
• 스위스 시계 제조사 • 내구성 • 고급 소재 • 우수한 장인정신 • 정확성 • 매력적	• 혁신적인 제품 • 독특한 형태 : 큰 화면, 넓은 손목 밴드 • 상징적인 크라운 로고 • 독점적이고 권위 있는 이미지 • 매우 긴 역사와 유산 • 지속적인 프리미엄 가치

그림 9-11
롤렉스 브랜드 포지셔닝 가능성

브랜드 핵심 롤렉스는 브랜드의 무결성을 훼손하지 않고 영리한 마케팅과 커뮤니케이션을 통해 글로벌 이름을 쌓는 데 매우 성공적이었다. 롤렉스를 구매하는 것이 인생의 이정표라는 믿음을 키웠고 전 세계적으로 그 우아함과 위상을 인정받는 살 알려진 브랜드를 구축했다. 이러한 아이디어를 담은 브랜드 핵심은 '클래식한 디자인, 시대를 초월한 지위'일 것이다.

전술적 권장 사항

롤렉스 브랜드 감사를 통해 롤렉스가 상당한 브랜드자산을 가진 매우 강력한 브랜드라는 것을 입증했다. 또한 다음과 같은 몇 가지 기회와 과제도 확인했다.

회사의 독립적이고 지속적인 유산과 초점 활용

• 롤렉스는 세계에서 가장 크고 성공적인 시계 회사이다. 결과적으로 많은 소비자가 그것이 개인 소유라는 것을 모르고 태그호이어의 모회사인 LVMH, 오메가의 모회사인 스와치그룹과 같은 주요 대기업들과 경쟁한다. 개인 소유가 많은 이유로 좋은 것이지만, 그것은 또한 몇 가지 도전 과제를 가지고 있다. 예를 들어 롤렉스는 10배 규모의 회사와 경쟁해야 한다. 대기업은 인건비가 낮고 유통 범위가 넓으며 상당한 광고 시너지 효과가 있다.

• 롤렉스는 어떤 면에서 성공하기 위해 더 열심히 일해야 한다는 사실을 활용하고 홍보하고 싶을지도 모른다. 이 회사는 100년 동안 해온 것, 즉 내구성이 뛰어나고 신뢰할 수 있는 프리미엄 시계를 스스로 만들고 있다. 현재 인기 있는 안티 월스트리트로 인해 회사의 독립적이고 지속적인 유산 및 소비자에게 집중한다.

회사의 엘리트 장인 정신과 혁신 활용

• 럭셔리인스티튜트 그룹의 연구는 소비자들이 품질과 배타성 면에서 롤렉스를 최고의 브랜드로 여기지 않는다고 제안했다. 역사는 롤렉스 시계가 사실 장인정신과 혁신의 선두 주자라는 것을 증명했고, 롤렉스는 이러한 측면에 더 초점을 맞춘 캠페인을 운영하고 싶어 할지도 모른다.

여성 소비자와 연결

• 여성은 보석과 시계 구매의 대부분을 차지한다. 그러나 민텔의 2008년 연구에 따르면 여성은 여성스러운 스타일의 시계보다 남녀공용 기계식 시계 구매에 점점 더 관심을 갖고 있다. 이것은 주로 남성적인 디자인의 시계를 생산하는 롤렉스에게 좋은 기회이다. 회사는 장식용 보석 시계에서 벗어나 더 강력하고 성 중립적인 시계를 도입할 수 있다. 2009년 Oyster Perpetual Datejust Rolesor 36mm가 그 한 예시이다. 견고하고 실용적인 숫자가 많으며 100미터 깊이까지 방수가 기능한다.[60] 하지만 꽃무늬 다이얼 디자인과 다이아몬드 세팅된 베젤은 불필요한 여성스러운 각도를 줄 수 있다.

• 롤렉스는 좀 더 남녀공용 제품군과 일치하도록 여성 홍보대사 목록을 조정하기를 원할지도 모른다. 콘돌리자 라이스(Condoleezza Rice)나 케이티 쿠릭(Katie Couric)과 같은 남성 중심 환경에서 성공한 여성들은 강력한 브랜드 후원자가 될 수 있다.

온라인 위조품 산업 공격

• 위조품은 회사의 브랜드자산을 손상하고 브랜드에 막대한 위험을 초래한다. 전자상거래의 붐으로 롤렉스 모조품이 거리 모퉁이에서 인터넷으로 이동해 모조품이 훨씬 더 많은 소비자에게 도달할 수 있다. 결과적으로, 오래된 위조 문제는 그 어느 때보다 더 큰 위협이다. 제한된 유통을 유지하기 위해 롤렉스는 자사의 시계들이 인터넷에서 판매되는 것을 허가하지 않는다. 위조품의 온라인 판매에 맞서기 위해, 롤렉스는 독점 온라인 상점, 또는 모든 공식 전자 소매업자들이 링크해야 하는 독점 유통 사이트를 구축하는 것을 고려할 수 있다. 실제로 롤렉스는 불법적인 브랜드 사용에 맞서기 위해 광범위한 자원을 투입하고 있는데, 여기에는 국제위조반대연합을 후원하고 위조 롤렉스 판매를 허용하는 회사들을 고소하는 것이 포함된다.

젊은 소비자에게 다가가기 위한 마케팅 활용

• 연구에 따르면 젊은 소비자들은 이전 세대와 같은 방식으로 시계를 평가하지 않는다. 결과적으로 롤렉스는 다음과 같은 질문을 연구해야 한다. 21세기에 명성은 어떻게 정의될 것인가? 누가 혹은 무엇이 위신, 강인함, 정확성을 상징하는가? 밀레니얼 세대가 나이를 먹고 롤렉스 표적시장으로 이동함에 따라 동일한 공식이 적용되는가? 앞서 언급했듯이 스마트워치의 도입은 전통적인 시계 산업에 큰 충격을 주었다. 롤렉스는 스마트워치의 이러한 기능 중 일부를 얼마나 최상으로 통합할 것인지 고려할 필요가 있다. 그 대신에, 롤렉스는 전통적인 시계에만 의존하는 것을 최소화하기 위해 시계를 넘어 다양한 패션 제품들을 포함하도록 브랜드를 확장하기를 원할 수도 있다.

디지털 및 소셜 미디어 채널을 사용해 소비자에게 다가감

• 다른 많은 브랜드와 달리 롤렉스는 디지털 마케팅 기법의 사용과 관련해 좀 더 신중한 관망 방식을 채택했다. 디지털 전선에서 그들의 노

력이 그것의 유산이나 충성도가 높은 팬들을 감소시키지 않기를 원했기 때문에 이것은 아마도 현명한 선택이었을 것이다. 그러나 마케팅이 디지털 마케팅에 점점 더 의존함에 따라, 롤렉스는 특히 젊은 관객들에게 다가가기 위해 접근방식과 도달 범위에 있어 극적인 변화가 필요하다.

장기적인 가치 전달

- 롤렉스는 의류, 신발, 핸드백과 같은 다양한 유형의 상품과 명품 구매자의 지갑 점유율을 놓고 경쟁한다. 많은 것이 시간이 지남에 따라 롤렉스 시계보다 내구성이 떨어지고 유행에 뒤떨어지기 쉽다. 롤렉스는 자사 제품군을 벗어난 브랜드와의 럭셔리 지출 경쟁을 개선하기 위해 재판매 가치와 '가보' 품질 모두에서 탁월한 가치 보유를 활용해야 한다.
- 스위스의 명품 시계 경쟁사인 파텍필립은 가보의 품질을 알리기 위해 인쇄 광고를 이용했다. 롤렉스는 유사한 접근방식을 추구할 수 있다. 아마도 더 눈에 잘 띄는 후원자를 사용해 고유한 가보 품질을 전달할 수 있을 것이다.

참고문헌

1. Frederick E. Webster Jr., Alan J. Malter, and Shankar Ganesan, "Can Marketing Regain Its Seat at the Table?" *Marketing Science Institute Report* No. 03–113, Cambridge, MA, 2003. See also Frederick E. Webster Jr., Alan J. Malter, and Shankar Ganesan, "The Decline and Dispersion of Marketing Competence," *MIT Sloan Management Review* 46, no. 4 (Summer 2005): 35–43.

2. Patrick LaPointe, *Marketing by the Dashboard Light—How to Get More Insight, Foresight, and Accountability from Your Marketing Investment* (New York: Association of National Advertisers, 2005).

3. Forbes and Neustar, "Marketing Accountability," https://cmo-practice.forbes.com/wp-content/uploads/2017/10/Forbes-Marketing-Accountability-Executive-Summary-10.2.17.pdf, accessed July 10, 2018.

4. Clyde P. Stickney, Roman L. Weil, Katherine Schipper, and Jennifer Francis, *Financial Accounting: An Introduction to Concepts, Methods, and Uses* (Mason, OH: Southwestern Cengage Learning, 2010).

5. Phillip Kotler, William Gregor, and William Rogers, "The Marketing Audit Comes of Age," *Sloan Management Review* 18, no. 2 (Winter 1977): 25–43.

6. Laurel Wentz, "Brand Audits Reshaping Images," *Ad Age International* 67, no. 37 (September 1996): 38–41.

7. Grand Ogilvy Winner, "Pizza Turnaround: Speed Kills. Good Taste Counts," *Journal of Advertising Research* 51, no. 3 (September 2011): 463–466; Seth Stevenson, "Like Cardboard," *Slate*, January 11, 2010; Ashley M. Heher, "Domino's Comes Clean with New Pizza Ads," *Associated Press*, January 11, 2010; Bob Garfield, "Domino's Does Itself a Disservice by Coming Clean About Its Pizza," *Advertising Age*, January 11, 2010; James F. Peltz, "Domino's Pizza Stock Is Up 5,000% Since 2008. Here's Why," *Los Angeles Times*, May 15, 2017.

8. Thomas Hobbs, "Domino's Pizza: We Have a Much Clearer Identity than Many of Our Fast-Food Rivals," *Marketing Week*, March 23, 2016, www.marketingweek.com/2016/03/23/dominos-pizza-our-fast-food-rivals-have-lost-their-sense-of-identity/.

9. Private correspondence with Chris Grams and John Adams from Red Hat.

10. Stefan Deeran, "Content Marketing 101: Auditing Your Digital Assets," *Huffington Post*, June 17, 2013, www.huffingtonpost.com/stefan-deeran/content-marketing-101-aud_b_3093146.html.

11. Sidney J. Levy, "Dreams, Fairy Tales, Animals, and Cars," *Psychology and Marketing* 2, no. 2 (Summer 1985): 67–81.

12. Deborah Roeddder John, Barbara Loken, Kyeongheui Kim, and Alokparna Basu Monga, "Brand Concept Maps: A Methodology for Identifying Brand Association Networks," *Journal of Marketing Research* 43, no. 4 (November 2006): 549–563.

13. Expert Commentator, "What Should an Online Brand Audit Include," *Smart Insights*, September 30, 2014, www.smartinsights.com/online-brand-strategy/brand-development/brand-audit/.

14. Keith Quesenberry, "Conducting a Social Media Audit," *Harvard Business Review*, accessed November 23, 2017, https://hbr.org/2015/11/conducting-a-social-media-audit.

15. John Roberts, professor of marketing, Australian National University, personal correspondence, June 23, 2011.

16. WARC, "McDonald's Wins Back Millennials," *WARC*, October 17, 2016, www.warc.com/NewsAndOpinion/News/37580.

17. Matt Ariker, Alejandro Diaz, Christine Moorman, and Mike Westover, "Quantifying the Impact of Marketing Analytics," *Harvard Business Review*, November 5, 2015, https://hbr.org/2015/11/quantifying-the-impact-of-marketing-analytics.

18. Ibid.

19. Referenced in Koen Pauwels, (2014), "It's Not the Size of the Data—It's How You Use It: Smarter Marketing with Analytics and Dashboards," HarperCollins Publishers.

20. Ibid.

21. Ibid.

22. Matt Ariker, Alejandro Diaz, Christine Moorman, and Mike Westover, "Quantifying the Impact of Marketing Analytics," *Harvard Business Review*, November 5, 2015, https://hbr.org/2015/11/quantifying-the-impact-of-marketing-analytics.

23. Max Nisen, "Mayo Clinic CEO: Here's Why We've Been the Leading Brand in Medicine for 100 Years," *Business Insider*, February 23, 2013, www.businessinsider.com/how-mayo-clinic-became-the-best-brand-in-medicine-2013-2.

24. Sandhya Pruthi, Dawn Marie R. Davis, Dawn L. Hucke, Francesca B. Ripple, Barbara S. Tatzel, James A. Dilling, Paula J. Santrach, Jeffrey W. Bolton, and John H. Noseworthy, "Vision, Mission, and Values: From Concept to Execution at Mayo Clinic," *Patient Experience Journal* 2, no. 2 (2015): 169–173.

25. Bloom Creative, "5 Key Things That Make Mayo Clinic a Marketing Machine," *Bloom Creative*, July 11, 2016, http://bloomcreative.com/5-key-things-that-make-mayo-clinic-a-marketing-machine/.

26. Joan Justice, "The Big Brand Theory: How the Mayo Clinic Became the Gold Standard for Social Media in Healthcare," *Social Media Today*, May 21, 2013, www.socialmediatoday.com/content/big-brand-theory-how-mayo-clinic-became-gold-standard-social-media-healthcare.

27. Leonard L. Berry and Kent D. Seltman, "Building a Strong Services Brand: Lessons from Mayo Clinic," *Business Horizons* 50, no. 3, (2007): 199–209.

28. Skype, "Skype Brand Book," *Skype* 2017, https://secure.skypeassets.com/content/dam/scom/pdf/skype_brand_guidelines.pdf.

29. Joel Rubinson, "Brand Strength Means More Than Market Share," paper presented at the ARF Fourth Annual Advertising and Promotion Workshop, New York, 1992.

30. Tim Ambler, *Marketing and the Bottom Line,* 2nd ed. (London: FT Prentice Hall, 2004).

31. Michael Krauss, "Marketing Dashboards Drive Better Decisions," *Marketing News*, 36, no. 16 (October 2005): 7.

32. Scott Bedbury, *A New Brand World* (New York: Viking Press, 2002).

33. Ibid.

34. Betsy Spethman, "Companies Post Equity Gatekeepers," *Brandweek,* May 2, 1994, 5.

35. Michael Lee, "Does P&G's Reorganized Marketing Department Go Far Enough?, *Forbes*, July 8, 2014, https://www.forbes.com/sites/michaellee/2014/07/08/does-pgs-reorganized-marketing-department-go-far-enough/#5a4f3fac5e88, accessed July 11, 2018.

36. The Economist (US), "Death of the Brand Manager (Consumer-Goods Firms Re-engineering of Marketing Departments)," *The Economist*, April 9, 1994, https://www.highbeam.com/doc/1G1-15110919.html, accessed November 7, 2018.

37. Steve Olenski, "Why a Major Brand Felt the Need to Change Its Marketing Department," *Forbes*, July 18. 2016, https://www.forbes.com/sites/steveolenski/2016/07/18/why-a-major-brand-felt-the-need-to-change-its-marketing-department/#57b3015915fa.

38. Ibid.

39. Joe Thompson, "The World's Most Valuable Watch Brand," *Bloomberg*, October 2, 2017, www.bloomberg.com/news/articles/2017-10-02/rolex-is-the-world-s-most-valuable-watch-brand.

40. David Liebeskind, "What Makes Rolex Tick?," *Stern Business*, Fall/Winter 2004, http://w4.stern.nyu.edu/sternbusiness/fall_winter_2004/rolex.html, accessed July 11, 2018.

41. Peter Passell, "Watches That Time Hasn't Forgotten," *The New York Times*, November 24, 1995, https://www.nytimes.com/1995/11/24/business/watches-that-time-hasn-t-forgotten.html, accessed November 7, 2018.

42. Joe Thompson, "The World's Most Valuable Watch Brand," *Bloomberg,* October 2, 2017, www.bloomberg.com/news/articles/2017-10-02/rolex-is-the-world-s-most-valuable-watch-brand.

43. Gene Stone, *The Watch* (New York: ABRAMS, 2006).

44. David Liebeskind, "What Makes Rolex Tick?" *Stern Business*, Fall/Winter 2004, https://w4.stern.nyu.edu/sternbusiness/fall_winter_2004/rolex.html, accessed November 7, 2018.

45. Alana Petroff, "The 'Fakes' Industry Is Worth $461 Billion," *CNN*, April 18, 2016, http://money.cnn.com/2016/04/18/news/economy/fake-purses-shoes-economy-counterfeit-trade/index.html.

46. Ibid.

47. Español Русский, "Who Are the Biggest Spenders in the Watch World?" *Europa Star WorldWatchWeb*, July 2015, www.europastar.com/news/1004088088-who-are-the-biggest-spenders-in-the-watch-world.html.

48. Eli Epstein, "Rolex: How a 109-Year-Old Brand Thrives in the Digital Age," *Mashable*, accessed November 25, 2017, http://mashable.com/2014/04/17/rolex-marketing-strategy/#dAzYZRIgMPqa.

49. ROLEX, "History of Rolex," https://www.rolex.com/rolex-history.html, accessed November 7, 2018.

50. Instagram photo, www.instagram.com/p/-bS4kDmA43/.

51. ROLEX, "History of Rolex," https://www.rolex.com/rolex-history.html, accessed November 7, 2018.

52. Ibid.

53. Ibid.

54. Christina Binkley, "Fashion Journal: Celebrity Watch: Are You a Brad or a James?" *The Wall Street Journal*, January 11, 2007, D1.

55. Jemima Sissons, "Haute Couture Takes on Horlogerie: Fashion's Big Guns Continue to Impress in the Battle for Women's Wrists," *The Wall Street Journal*, March 19, 2010.

56. Rob McLean and Jethro Mullen, "Most Expensive Wristwatch Ever Auctioned Just Fetched $17.8 million," *CNN*, October 27, 2017, http://money.cnn.com/2017/10/27/news/paul-newman-rolex-auction-record/index.html.

57. Harry Hurt, "The 12-Watches-a-Year Solution," *New York Times*, July 1, 2006, C5.

58. Women's Wear Daily, July 2005, https://wwd.com; Federation of the Swiss Watch Industry, http://www.fhs.swiss/eng/homepage.html.

59. F1 Scarlet Pit Crew, "History of TAG Heuer in Formula 1," *F1 Scarlet*, http://www.f1scarlet.com/historyoftag_f1.html, accessed November 7, 2018.

60. Jemima Sissons, "Haute Couture Takes On Horlogerie: Fashion's Big Guns Continue to Impress in the Battle for Women's Wrists," *The Wall Street Journal* (Online), March 19, 2010.

브랜드자산 원천 측정 : 고객 사고방식 포착하기

10

학습목표

이 장을 읽은 후 여러분은 다음을 할 수 있을 것이다.

1. 소비자 브랜드지식에 다가갈 수 있는 효과적인 정성적 조사 기법을 설명한다.
2. 브랜드 인지도, 이미지, 응답, 관계 등을 측정하는 효과적인 정량적 조사 기법을 식별한다.
3. 빅데이터가 브랜드 지각과 브랜드 포지셔닝을 이해하는 데 어떻게 도움이 되는지 기술한다.
4. 마케팅 조사 도구로서 소셜 미디어 모니터링의 역할을 설명한다.
5. 유명한 브랜드자산 모형을 비교 설명한다.

마케터는 정량적 · 정성적 마케팅 조사로부터 얻은 소비자 의견을 바탕으로 신제품을 개발한다.

개요

소비자의 현재 및 바람직한 브랜드 지식구조를 이해하는 것은 브랜드자산의 효과적인 구축 및 관리에 있어 핵심적인 요인이다. 이상적으로 마케터는 각기 다른 브랜드에 대한 소비자의 사고, 감정, 지각, 이미지, 믿음, 태도 등을 모두 포함하는 소비자의 마음속에 내재된 것들을 이해하기 위해 상세한 '멘탈 맵(mental map)'을 만들어야 할 것이다. 이러한 멘탈 맵 청사진은 관리자에게 브랜드 결정을 도와주는 전략과 전술에 대한 지침을 제공해줄 것이다. 그러나 불행하게도 소비자 브랜드 지식구조는 소비자의 마음속에만 존재하기 때문에 쉽게 측정할 수 없다.

그럼에도 불구하고 효과적으로 브랜드를 관리하기 위해서는 소비자에 대한 철저한 이해가 필요하다. 종종 '소비자가 어떻게 제품이나 한 제품군의 특정 브랜드를 생각하고 사용하는가'라는 단순한 통찰로도 마케팅 프로그램에 유용한 변화를 가져올 수 있다. 따라서 많은 대기업은 소비자에 대해 가능한 많은 것을 알기 위해 철저한 조사(또는 9장에서 기술한 브랜드 감사)를 실시하고 있다.

마케터가 소비자 지식구조를 이해하도록 돕는 자세하고 복잡한 조사 기법과 방법이 많이 개발되었다. 이 장에서는 브랜드자산 측정에 관한 핵심적인 몇 가지 주요 사항을 집중적으로 검토한다.[1] 그림 10-1은 소비자 행동을 이해할 때 고려해야 할 몇 가지 일반적인 요인을 약술했다. 또한 브랜딩 브리프 10-1은 소비자를 이해하기 위해 마케팅 관리자가 과거에 어디까지 노력했는지 보여준다.

브랜드 가치사슬에 따르면 브랜드자산의 구성요소는 고객 사고방식으로부터 기인한다. 일반적으로 브랜드자산 요소를 측정하려면 소비자가 제품과 서비스를 어떻게 구매하고 사용하는지, 그리고 가장 중요한 고객이 여러 브랜드에 관하여 어떻게 생각하는지에 대해 브랜드 관리자의 완벽한 이해를 필요로 한다. 특히 고객 기반 브랜드자산 요소 측정은 브랜드자산을 창출하는 차별적인 고객 반응을 이끌어낼 가능성이 있는 브랜드 인지도 및 브랜드 이미지의 여러 측면을 측정하도록 요구한다.

그림 10-1
소비자 행동의 이해

출처 : George Belch and Michael Belch, *Advertising and Communication Management*, 3rd ed. (Homewood, IL: Irwin, 1995).

우리 제품이나 서비스를 누가 구매하는가?

제품 구매 결정권을 누가 가지고 있는가?

제품 구매 결정에 누가 영향을 미치는가?

구매 결정은 어떻게 이루어지는가? 누가 어떤 역할을 하는가?

고객은 무엇을 구매하는가? 어떤 니즈가 만족되어야 하는가?

고객은 왜 특정 브랜드를 구입하는가?

제품이나 서비스를 구매하기 위해 어디로 가는가?

언제 구매하는가? 계절적 요인이 있는가?

우리 제품에 대한 고객의 태도는 어떠한가?

구매 결정에 어떤 사회적 요소가 영향을 줄 수 있는가?

고객의 라이프스타일이 구매 결정에 영향을 미치는가?

우리 제품은 고객에게 어떻게 지각되는가?

인구통계학적 요인은 구매 결정에 어떻게 영향을 미치는가?

소비자 행동 이해를 위한 수면 아래 파헤치기

관찰되는 소비자 행동과 소비자가 설문에서 이야기하는 행동은 다를 수 있기 때문에 유용한 마케팅 통찰은 종종 소비자와 대화하는 것보다 그들의 행동을 눈에 띄지 않게 관찰하는 것으로부터 나온다. 예를 들어 후버(Hoover)는 설문조사에서 사람들이 매주 한 시간씩 집을 진공청소기로 청소한다고 이야기하는 것에 의심을 품게 되었다. 이를 확인하기 위해 특정 모델에 타이머를 설치하고 소비자 가정에서 사용하는 것과 동일한 모델로 교환했다. 타이머를 통해 사람들은 실제로 매주 30분 정도만 진공청소기로 청소하는 것으로 나타났다. 어떤 연구원은 사람들이 먹는 음식의 종류와 양을 파악하기 위해 가정용 쓰레기를 분석했는데, 그 결과 사람들은 자신이 먹는 음식의 양과 종류를 정확히 파악하지 못하고 있는 것으로 나타났다. 이와 유사한 예로 많은 연구에서는 사람들이 건강한 음식을 먹는다고 주장하지만 실제로 집에 있는 음식을 보면 그렇지 않다고 보고했다.

소비자 행동에 대한 올바른 통찰력은 마케팅에 중요한 함의점을 지닌다. 듀폰(DuPont)은 사람들이 베개를 어떻게 베는지 알아보기 위해 그들이 판매하는 데이크론(Dacron) 폴리에스터로 만든 베개에 대한 마케팅 연구를 의뢰했다. 사람들이 오래된 베개를 버리지 않는다는 점이 문제였다. 한 표본의 37%는 베개와의 관계를 '노부부'라고 표현했고, 13%는 베개를 '어린 시절 친구'라고 표현했다. 연구진은 베개를 사용하는 행동에 따라 사용자를 다음과 같은 여러 가지 그룹으로 분류했다 : 스태커(stacker, 23%), 플럼퍼(plumper, 20%), 롤러/폴더(roller/folder, 16%), 커들러(cuddler, 16%), 스매셔(smasher, 10%). 여성은 두툼하게 베개를 사용하는 플럼퍼가 많은 반면 남성은 베개를 접어 사용하는 롤러/폴더가 많았다. 베개를 쌓아두고 사용하는 스태커가 많아짐에 따라 회사는 쌍으로 포장된 베개를 더 많이 판매할 수 있었고, 더불어 부드러움이나 견고함 수준을 달리해 시장에 베개를 출시할 수 있게 되었다.

이러한 연구의 대부분은 자연적인 환경에서 문화를 연구하는 것을 뜻하는 인류학 용어인 *에스노그래피*(ethnography, 민족지학)에 뿌리를 두고 있다. 이러한 심층적인 관찰 연구의 의도는 소비자로 하여금 경계를 늦추고 그들이 되고자 하는 사람보다는 그들이 누구인지에 대한 보다 사실적인 묘사를 제공하는 데 있다. 소비자의 진실 된 감정을 밝히는 에스노그래피 연구를 바탕으로 다양한 브랜드에 대한 광고 캠페인이 만들어졌다.

예를 들어 베닐린(Benylin)의 '베닐린 복용하는 날' 광고 캠페인은 감기에 걸렸을 때 이미 몸이 좋지 않음에도 불구하고 이를 이겨내고 일하려고 애쓰는 것이 사람들을 더 힘들게 만든다는 고객 통찰을 바탕으로 개발되었다. 기존의 기침약은 고객이 직장에 복귀할 수 있다는 것을 광고하고 있었지만 오히려 그들은 회복을 위해 휴식을 취하고자 한 것을 간과했다. 베닐린은 이 핵심 고객 통찰을 이용해 소비자에게 하루쯤은 휴식을 취할 수 있는 '권한'을 제공하는 광고 캠페인을 설계했다.

소비자 관찰로부터 영감을 받은 또 다른 흥미로운 캠페인은 영국에 기반을 둔 모바일 회사 쓰리(Three)가 휴가 중 사람들이 어떻게 행동하

듀폰은 소비자의 다양한 베개 사용 행동에 대해 알아보기 위해 마케팅 조사를 진행했다. 조사 결과를 바탕으로 다양한 종류의 소비자 니즈를 충족시키는 베개를 다시 디자인할 수 있었다.

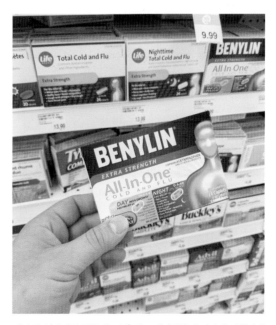

베닐린의 '베닐린 복용하는 날' 광고 캠페인은 소비자가 기침감기로부터 회복하기 위해 직장을 하루 쉬는 것이 실제로 소비자들을 기분 좋게 할 수 있다는 연구 결과로부터 얻어진 것이다.

는가에 대한 고객 통찰력을 기반으로 개발한 휴가 스팸 광고 캠페인이다. 광고는 햇볕이 쨍쨍한 곳에서 휴가를 보내는 친구들로부터 모래사장과 아름다운 노을 사진(일각에서 휴가 스팸이라고 부름)[2]을 받은 고객들에게 사과하는 내용을 담고 있다. 해당 광고는 자사 고객이 해외에서 추가 비용 없이 휴대전화를 사용할 수 있도록 하는 쓰리의 제안을 담았다. 이 캠페인은 소셜 미디어 대화량이 90% 증가하면서 입소문을 타게 되었다.

또 다른 예로 인텔(Intel)은 기술에 보다 쉽게 접근할 수 있도록 하는

인텔은 에스노그래피 연구로부터 얻은 통찰을 바탕으로 기술을 좀 더 접근 가능하게 만들었다. 중국의 홈러닝 PC가 그 예시이다.

에스노그래피 연구에서 얻은 깨달음을 활용했다. 이를테면 인텔의 인류학자 제네비브 벨(Genevieve Bell) 박사는 중국의 부모들을 대상으로 인터뷰를 진행했는데, 그들은 자녀가 학교 숙제를 위해 사용하는 컴퓨터가 유발하는 산만함 때문에 힘들어했다. 이를 바탕으로 벨 박사는 자녀들이 컴퓨터 게임을 하지 못하도록 막는 '중국 홈러닝 PC'를 개발했다. 또한 벨 박사는 전 세계 사람들의 자동차 콘텐츠를 파헤치는 과정에서 많은 사람이 이미 자동차에 내장된 기술을 무시하고 있다는 것을 발견했다. 이를 기반으로 인텔은 재규어, 토요타와 협력해 소비자가 그들이 갖고 있는 장치에 자동차에 내장된 기술을 동기화할 수 있는 더 나은 방법을 개발했다.

출처 : Russell Belk, ed., *Handbook of Qualitative Research Method in Marketing* (Northampton, MA: Edward Elgar Publishing, 2006); Eric J. Arnould and Amber Epp, "Deep Engagement with Consumer Experience: Listening and Learning with Qualitative Data," in *The Handbook of Marketing Research: Uses, Misuses, and Future Advances*, eds. Rajiv Grover and Marco Vriens (Thousand Oaks, CA: Sage Press, 2006): 51–58; Jennifer Chang Coupland, "Invisible Brands: An Ethnography of Households and the Brands in Their Kitchen Pantries," *Journal of Consumer Research* 32, no. 1 (June 2005): 106–118; John Koten, "You Aren't Paranoid If You Feel Someone Eyes You Constantly," *The Wall Street Journal*, March 29, 1985, p. 1, 22; Susan Warren, "Pillow Talk: Stackers Outnumber Plumpers; Don't Mention Drool," *The Wall Street Journal*, January 8, 1998, B1; Natasha Singer, "Intel's Sharp-Eyed Social Scientist," *The New York Times*, February 15, 2014, www.nytimes.com/2014/02/16/technology/intels-sharp-eyed-social-scientist.html?mcubz=0, accessed October 5, 2017; Lorna Keane, "5 Ad Campaigns Inspired by Powerful Consumer Insights," April 3, 2017, http://blog.globalwebindex.net/marketing/powerful-consumer-insights/, accessed October 7, 2017; Graham Robertson, "How to Find Amazing Consumer Insights to Help your Brand," http://beloved-brands.com/2013/11/126/consumer-insight/, November 12, 2013, accessed October 5, 2017; Video of three campaign ads can be seen here: www.youtube.com/watch?v=1a1cL4TIMMc&feature=youtu.be www.youtube.com/watch?v=Wz7YbGCeWPA&feature=youtu.be.

소비자는 브랜드에 대해 전체적인 관점을 갖고 있어 이를 구성요소로 나누기 어려울 수 있다. 하지만 많은 경우에 브랜드에 대한 소비자의 개념은 좀 더 자세하게 분리, 측정될 수 있다. 이 장의 나머지 부분에서는 브랜드자산을 구성하는 잠재적인 요소를 식별해내기 위한, 즉 고객 사고방식을 포착하기 위한 정성적, 정량적 접근 방법을 설명한다.

정성적 조사 기법

브랜드에 연결된 연상의 종류 및 그에 상응하는 강도, 호감도, 독특성 등을 알아내는 데는 다양한 방법이 있다. **정성적 조사 기법**(qualitative research technique)은 종종 활용 가능한 브랜드연상 및 자산의 출처를 규명한다. 정성적 조사 기법은 넓은 범주의 소비자 반응이 허용되는 반면, 상대적으로 비구조적인 측정 방법이다. 조사원의 조사나 소비자 반응 모두 자유롭게 이루어지기 때문에 정성적 조사는 종종 소비자의 브랜드 및 제품 지각을 조사하는 첫 번째 단계가 된다.

마케팅에서 정성적 조사는 오랜 역사가 있다. 소비자 심리분석 연구의 초기 개척자인 에르네스트 디히터(Ernest Dichter)는 1930년대 플리머스(Plymouth) 자동차의 조사에 처음으로 이 원칙을 적용했다.[3] 그의 조사를 통해 이전에는 간과되어 왔던 사실인 여성이 자동차 구매 결정에 중요한 역할을 한다는 것이 밝혀졌다. 그의 소비자 분석을 기반으로 플리머스 자동차는 '우리가 저런 차 안에 있는 것을 상상해봐'라는 헤드라인 아래 젊은 커플이 플리머스 자동차를 감탄하며 바라보는 것을 강조한 새로운 인쇄광고 전략을 채택했다. 플리머스에 뒤이은 작업은 여러 다른 광고

캠페인에도 중요한 영향을 미쳤다.[4]

디히터의 주장 중 일부는 논란의 여지가 많다. 예를 들어 디히터는 컨버터블 자동차를 젊음, 자유와 동일시했고, 여성이 데이트 전에 죄의식을 씻기 위해 아이보리(Ivory) 비누를 사용한다고 주장했으며, 빵을 굽는 것은 여성스러움의 표현이며, 오븐에서 케이크 혹은 빵을 꺼내는 것은 '출산의 의미와 같은 것'이라고 주장했다. 또한 디히터는 한동안 엑슨(Exxon)의 성공적인 광고 캠페인이었던 '탱크에 호랑이 넣기'라는 광고를 제시했다.[5]

다음 절에서는 브랜드 인지도, 브랜드태도, 브랜드 애착 같은 브랜드자산의 원천을 규명하기 위한 여러 가지 정성적 조사 기법을 살펴볼 것이다. 또한 이 기법들은 수요 탄력성과 브랜드 선택, 브랜드 선호도 같은 브랜드자산의 결과물을 규명할 것이다.

자유 연상법

브랜드연상을 개략적으로 알아보는 가장 단순하고 강력한 방법은 자유 연상법인데, 이것은 소비자에게 관련 제품군보다 더 특정한 질문이나 암시는 주지 않은 채 브랜드를 생각할 때 무엇이 떠오르는가를 질문하는 것이다. 예를 들어 "롤렉스(Rolex)란 이름은 당신에게 무엇을 의미하는가?", "롤렉스 시계를 생각하면 무엇이 떠오르는가?"와 같은 질문이다. 그림 10-2는 자유 연상법을 통해 만들어진 스테이트팜(State Farm) 보험사의 멘탈 맵을 보여준다.

자유 연상의 주목적은 소비자 마음속에 내재된 브랜드연상의 범위를 알아내는 것이지만, 브랜드연상의 상대적인 강도, 호감도, 독특성에 대한 대강의 지표를 제공할 수도 있다.[6] 최초 연상 또는 그다음 연상이라는 응답 순서에 따라 자유 연상의 응답을 기록하는 것을 통해 대략의 연상 강도

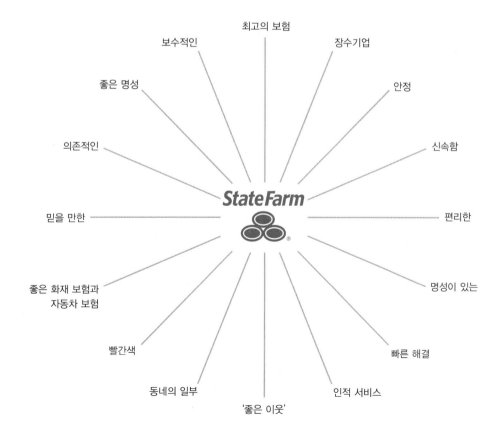

그림 10-2
스테이트팜의 멘탈 맵

출처 : State Farm.

를 측정할 수 있다.[7] 예를 들어 많은 소비자가 '맥도날드'에 대한 첫 번째 연상 중 하나로서 '빠르고 편리함'을 응답할 것이고, 그때 이 연상은 비교적 소비자 의사결정에 영향을 미치는 강력한 요소가 될 것이다. 반면에 리스트에 있는 두 번째 이하 연상들은 아마도 첫 번째 연상보다는 약한 요소가 될 것이고 소비자가 의사결정을 하는 동안 더 간과되기 쉬울 것이다. 경쟁 브랜드로부터 유도해 낸 연상을 비교해보면 상대적으로 독특성에 대한 지표를 얻을 수 있다. 마지막으로, 연상이 어떻게 언급되고 표현되었는지에 기초해 호감도에 대한 어느 정도의 판별이 가능하다.

이러한 질문에 대한 응답은 마케터가 브랜드에 대한 가능한 연상의 범위를 확실히 하고, 브랜드에 대한 태도를 모아서 분류할 수 있도록 도와준다.[8] 연상에 대한 호감도를 더 잘 이해하기 위해, 소비자는 목록에 적은 연상들의 호감도에 관해 직접적인 추가 질문을 받을 수 있으며, 더 일반적으로는 그 브랜드에 관해 가장 좋아하는 것이 무엇인지 질문을 받을 수도 있다. 이와 마찬가지로 소비자에게 목록에 있는 연상들의 독특성에 관해 추가 질문을 하거나, 보다 일반적으로는 그 브랜드가 독특하다고 생각하는 것이 무엇인지 질문을 할 수도 있다. 추가적으로 유용한 질문에는 다음과 같은 내용이 포함된다.

1. 그 브랜드에 대해 당신이 가장 좋아하는 것은 무엇입니까? 그 제품의 긍정적인 측면 혹은 장점은 무엇입니까?
2. 그 브랜드에 대해 당신이 가장 좋아하지 않는 것은 무엇입니까? 그 제품의 부정적인 측면 혹은 단점은 무엇입니까?
3. 그 브랜드에 대해 당신이 찾은 독특한 측면은 무엇입니까? 다른 브랜드와는 어떻게 다릅니까?

이러한 간단하고 직접적인 측정은 브랜드 이미지의 핵심적인 측면을 결정해주기 때문에 매우 가치가 있다. 더 많은 구조 및 지침을 제공하기 위해 소비자는 다음과 같은 '누가, 무엇을, 언제, 어디서, 어떻게, 왜'라는 질문 유형의 관점에서 브랜드가 그들에게 무엇을 의미하는지 서술하기 위한 보다 구체적인 추가 질문을 받을 수 있다.

1. 누가 그 브랜드를 사용합니까? 어떤 유형의 사람입니까?
2. 어떤 상황에서 그 브랜드를 사용합니까?
3. 언제, 어디서 그 브랜드를 사용합니까?
4. 왜 사람들은 그 브랜드를 사용합니까? 그것을 사용함으로써 무엇을 얻습니까?
5. 어떻게 그 브랜드를 사용합니까? 무엇을 위해 사용합니까?

가이드라인 연상법의 수행에 있어서 두 가지 주요 이슈는 조사대상에게 주어지는 단서의 형태라는 관점에서 질문을 어떻게 만들 것인지 그리고 결과자료를 어떻게 기록하고 해석할 것인지다. 질문 구조는 앞에서 언급한 바와 같이 편향된 결과를 얻지 않기 위해 일반적인 고려사항으로부터 보다 특별한 고려사항으로 진행하는 것이 가장 좋다. 그러므로 소비자는 처음에 특정 범주에 대한 언급 없이 전반적으로 그들이 브랜드에 대해 생각하고 있는 것에 관해 질문을 받고, 그다음에 특정 제품 및 브랜드 이미지에 대한 구체적인 질문을 받는다.

많은 정성적 조사 방법에서처럼 주관식 질문에 대한 소비자의 반응은 구두 또는 기입하는 형태로 응답될 수 있다. 구두 반응의 이점은 조사대상이 덜 계획적이며 보다 자연스럽게 응답할 수 있다는 것이다. 데이터 코딩이라는 관점에서 각 소비자에 의해 제공된 원 데이터는 보다 간결하

게 나누고 제품군별로 정리된다. 구체적인 단서 및 추가 질문에 대한 응답은 보다 집중화된 특성
으로 인해 코딩이 조금 더 용이하다.

브랜딩 과학 10-1에서는 소셜 미디어 데이터와 컴퓨터공학 기반 네트워크 및 언어 처리 기법
을 사용해 브랜드연상법을 이용하는 접근법에 대해 다룬다.

투사 기법

브랜드자산의 원천을 성공적으로 측정하기 위해 마케터는 소비자의 지식구조를 가능한 한 정확
하고 완전하게 파악해야 한다. 불행하게도, 어떤 상황에서는 소비자가 자신의 감정을, 특히 알지
도 못하는 조사자에게 표현하는 것이 사회적으로 받아들여지지 않거나 바람직하지 않다고 느낄
수도 있다. 그 결과 소비자는 받아들여질 만하거나 심지어 조사자가 기대한다고 믿는 틀에 박힌
딱 들어맞는 대답만을 하게 되기 쉽다.

브랜딩 과학 10 - 1

텍스트 마이닝을 사용해 브랜드연상과 포지셔닝 파헤치기

디지털 및 온라인 채널상 대량의 사용자 생성 데이터(예 : 온라인 게시판의 리뷰, 평가, 댓글)의 가용성이 높아짐에 따라 마케팅과 관련된 아이디어를 얻고자 텍스트 마이닝 기법을 적용하는 것에 대한 관심이 높아졌다. 예를 들어 리와 브래드로우(Lee and Bradlow)는 2004~2008년 동안 디지털 카메라에 대한 리뷰를 분석해 소비자가 정의하는 제품 속성이 무엇인가를 알아내고자 했다. 넷저, 펠드만, 골덴버그, 프레스코(Netzer, Feldman, Goldenberg, and Fresko)는 시장구조를 더 잘 이해하고 브랜드 포지셔닝 맵을 구성하기 위해서 텍스트 마이닝 알고리즘이 적용된 온라인 게시판의 데이터를 사용했다. 티루닐라이와 텔리스(Tirunillai and Tellis)는 컴퓨터공학에서 사용되는 자연어 처리 접근방식을 적용해 4년간 15개 기업의 제품 리뷰를 분석해 소비자 만족도와 품질에 대한 평가를 알아내고 이를 구성하는 요소에는 무엇이 있는가를 추론했다.

브랜드 포지셔닝을 개발하는 또 다른 흥미로운 접근방식은 온라인 게시판이나 기사 내용을 설명하기 위해 사용자가 생성한 '태그' 혹은 키워드를 분석하는 것이다. 남과 카넌(Nam and Kannan)은 이렇게 사용자가 생성한 소셜 태그를 특정 브랜드와 연결되어 있는 다양한 개념이나 연상 개념을 추론하는 데 활용했다. 또한 소셜 미디어상 특정 브랜드와 관련된 고유한 언어 특징을 기반으로 브랜드를 여러 그룹으로 분류하는 방법도 연구되었다.

스와미나탄, 슈워츠, 힐(Swaminathan, Schwartz, and Hill)은 차등언어 분석(Differential Language Analysis)이라는 기술을 사용해 트위터 메시지에 대한 대규모 분석을 수행했다. 그들의 접근방식은 브랜드와 관련된 고유한 언어가 무엇인지 결정하는 방법으로, 브랜드와 연결된 다양한 단어 혹은 주제의 군집을 식별하는 데 도움이 되었다. 텍스트 외에도 리우, 드지아뷰라, 미지크(Liu, Dzyabura, and Mizik) 및 다른 연구자들은 소셜 미디어에 포함된 이미지가 브랜드연상과 브랜드 포지셔닝에 대한 통찰을 얻는 데 어떻게 하면 효과적으로 분석될 수 있는가에 대한 연구를 시작했다.

이렇듯 다양한 접근방식을 사용하는 것은 데이터 가용성과 계산적 사회과학 기반 방법이 점점 더 중요해짐에 따라 마케터와 마케팅 연구자가 앞으로 나아가는 데 있어 전도유망하다고 할 수 있다.

출처 : Nikolay Archak, Anindya Ghose, and Panagiotis G. Ipeirotis. "Deriving the Pricing Power of Product Features by Mining Consumer Reviews," *Management Science* 57, no. 8 (August 2011): 1485-1509; Abhishek Borah and Gerard J. Tellis, "Halo (Spillover) Effects in Social Media : Do Product Recalls of One Brand Hurt or Help Rival Brands?" *Journal of Marketing Research*, 53, no. 2 (April 2016): 143-160; Thomas Y. Lee and Eric T. Bradlow, "Automated Marketing Research Using Online Customer Reviews," *Journal of Marketing Research*, 48, no. 5 (2011): 881-894; Liu Liu, Daria Dzyabura, and Natalie Mizik, "Visual Listening In : Extracting Brand Image Portrayed on Social Media," revised October 1, 2018, https://ssrn.com/abstract=2978805 or http://dx.doi.org/10.2139/ssrn.2978805, accessed November 11, 2018; Hyoryung Nam, Yogesh V. Joshi, and P. K. Kannan, "Harvesting Brand Information from Social Tags," *Journal of Marketing*, 81, no. 4: 88-108; Oded Netzer, Ronen Feldman, Jacob Goldenberg, and Moshe Fresko, "Mine Your Own Business : Market-Structure Surveillance Through Text Mining," *Journal of Marketing Science*, 31, no. 3 (May 2012): 521-543; Seshadri Tirunillai and Gerard J. Tellis, "Mining Marketing Meaning from Online Chatter : Strategic Brand Analysis of Big Data Using Latent Dirichlet Allocation," *Journal of Marketing Research*, 51, no. 4 (August 2014): 463-479; Vanitha Swaminathan, Andy Schwartz, and Shawndra Hill "The Language of Brands in Social Media," working paper, 2016; Anbang Xu, Yuheng Hu, David Gal, Rama Akkiraju, and Vibha Sinha, "Modeling Brand Personality with Social Media," working paper, 2018.

특히 소비자가 제품과 관련이 없는 이미지 연상에 의해 특징지어지는 브랜드에 대해 질문 받았을 때 실제 감정을 드러내는 것이 마음에 내키지 않거나 어려울 수 있다. 예를 들어 소비자는 특정 브랜드 이름의 제품이 권위를 갖고 있으며 자신들의 자아 이미지를 제고할 수도 있다는 것을 인정하기 어려울 수도 있다. 결과적으로 소비자는 어떤 브랜드를 좋아하거나 싫어하는 이유로서 특별한 제품 특징을 대신 언급할 수도 있다. 또는 소비자는 자신의 진실한 감정을 표현하고 규명하려 해도 직접적으로 질문받을 경우 어려움을 느끼게 될 수도 있다. 이러한 이유로 인해 브랜드 지식구조에 대한 정확한 묘사는 보다 비전통적인 조사 방법 없이는 불가능할 것이다.

투사 기법(projective technique)은 소비자가 이런 일이 내키지 않거나 스스로를 표현할 수 없을 경우 자신의 실제 감정이나 의견을 드러내도록 도와주는 진단적 도구이다.[9] 투사 기법이 작용하는 원리는 소비자에게 불완전한 자극물을 주어 완전하게 만들도록 요구하거나 뜻이 통하지 않는 모호한 것을 주어 뜻이 통하도록 만들게 하는 것이다. 그렇게 함으로써 소비자가 실제 자신의 믿음과 감정의 일부를 드러내게 된다는 것이다. 따라서 투사 기법은 뿌리 깊은 개인적 동기나 사적, 혹은 사회적으로 민감한 주제와 관련 있을 때 유용하게 적용된다. 심리학에서 투사 기법의 가장 유명한 예는 **로르샤흐 검사**(Rorschach test)인데, 여기서는 잉크 얼룩이 피실험자에게 제시되고, 그것이 무엇을 연상시키는지 질문을 하게 된다. 이 응답을 통해서 피실험자의 개인적 잠재의식의 어떤 면이 드러날 것이라고 믿는다.[10]

투사 기법은 마케팅에서 오랜 역사를 지니고 있으며, 이것은 1940년대 후반과 1950년대의 동기조사와 함께 시작되었다.[11] 대표적인 사례는 1940년대 말 메이슨 헤어(Mason Haire)가 수행한 실험으로, 이 실험은 인스턴트커피에 대해 소비자가 겉으로 드러내지 않는 감정을 탐색하는 것이었다. 이에 대한 내용은 브랜딩 브리프 10-2에 요약되어 있다.[12] 비록 투사 기법이 이 사례에서 볼 수 있듯 언제나 강력한 결과를 가져오는 것은 아니지만, 투사 기법은 소비자와 그들이 브랜드와 맺는 관계에 대해 보다 온전한 그림을 그릴 수 있도록 도움이 되는 유용한 통찰력을 제공한다. 투사 기법에는 다양한 종류가 있으며 그중 몇 가지를 소개한다.[13]

완성 및 해석 과제   고전적인 투사 기법들은 소비자로부터 사고 및 감정을 이끌어내기 위해 완벽하지 않거나 모호한 자극물을 사용한다. 그러한 방법 중 하나는 각기 다른 사람들이 특정 제품이나 서비스를 구입 또는 사용하는 것을 묘사하는 만화나 사진을 기반으로 한 '말풍선 연습'이다. 만화에 등장하는 이들의 생각, 단어, 행동 등을 표현하도록 어떤 장면에 빈 말풍선이 배치된다. 소비자는 그 장면에서 일어나고 있거나 언급되고 있다고 믿는 것을 지적함으로써 비유적으로 '말풍선을 채울 것'을 요청받는다. 말풍선 연습을 통해 언급된 줄거리와 대화, 그림 해석은 브랜드 사용자 및 사용 상황 이미지를 평가하는 데 있어 특히 유용할 수 있다.

비유 과제   소비자가 브랜드에 대한 그들의 지각을 직접적으로 표현할 수 없을 때 유용한 또 다른 방법은 브랜드를 인물, 나라, 동물, 행동, 직물, 직업, 자동차, 잡지, 야채, 국적, 심지어 다른 브랜드에 비유함으로써 그들의 느낌을 전달하도록 하는 비유하기 과제이다.[14] 예를 들어 다음과 같이 질문할 수 있다. "빙그레 요플레가 자동차라면 어떤 것이 있을 수 있겠습니까? 만약 동물이라면 어떤 동물이 여기에 속할 수 있을까요? 이 그림 속에 있는 사람 중 누가 빙그레 요플레를 가장 잘 먹을 것 같습니까?" 각각의 경우, 소비자는 그렇게 생각하는 이유에 대한 추가 질문을 받는다. 이렇게 브랜드에 대한 표현을 선택하고 선택한 이유를 설명하게 하는 것은 소비자가 브랜드에 대해

브랜딩 브리프 10 - 2

네스카페 인스턴트커피 실험

1940년대 메이슨 헤어가 고안한 실험은 사이코그래픽 기법을 응용한 가장 유명한 사례 중 하나이다. 실험 목적은 네스카페 인스턴트커피에 대해 소비자가 실제로 어떻게 느끼고 생각하는지 밝히는 것이었다.

실험을 하게 된 배경은 초기 네스카페 인스턴트커피 판매량이 저조한 이유를 알아보기 위한 설문이었다. 설문 응답자들은 맛 때문에 해당 제품을 좋아하지 않는다고 보고했다. 그러나 블라인드 맛 평가를 수행하자 소비자는 자신이 무엇을 마시는지 모를 때는 네스카페 인스턴트커피의 맛이 괜찮다고 응답했다. 소비자가 자신의 진짜 감정을 드러내지 않는다고 의심한 메이슨 헤어는 그 이유를 파악하기 위해 똑똑한 실험을 하나 생각해냈다.

그는 동일한 6개 품목을 담고 있는 두 가지 쇼핑 리스트를 만들었다. 리스트 1은 맥스웰하우스(Maxwell House) 드립 분쇄 커피, 리스트 2는 네스카페 인스턴트커피로 다음과 같다.

쇼핑 리스트 1	쇼핑 리스트 2
햄버거 680g	햄버거 680g
원더 식빵 두 덩이	원더 식빵 두 덩이
럼포드 베이킹파우더 1캔	럼포드 베이킹파우더 1캔
맥스웰하우스 분쇄 커피	네스카페 인스턴트커피
델몬트 복숭아 2캔	델몬트 복숭아 2캔
감자 2.2kg	감자 2.2kg

실험 참가자는 두 그룹으로 나뉘어 쇼핑 리스트 중 하나와 함께 다음 안내문을 받았다. "쇼핑 리스트를 읽어 보십시오. 이 쇼핑 리스트를 구입한 여성의 특징을 어느 정도 파악할 수 있을 때까지 쇼핑 상황에 자신을 투영해 보십시오." 이후 실험 참가자는 쇼핑 리스트 구매자의 성격과 특징을 간략히 작성했다. 자주 언급되는 성격과 특징에 대한 묘사를 범주화한 결과 헤어는 두 리스트에 극명한 차이가 있음을 발견했다.

	리스트 1 (맥스웰하우스)	리스트 2 (네스카페)
게으르다	4%	48%
계획을 세워 가정 내 생활비를 지출하지 않는다	12%	48%
절약한다	16%	4%
좋은 아내가 아니다	0%	16%

네스카페 마케터는 새로운 사이코그래픽 기법을 활용해 경쟁사인 맥스웰하우스에 대한 브랜드 인식과 비교해 소비자가 네스카페 브랜드에 대해 갖고 있는 진짜 생각과 감정을 밝힐 수 있었다.

결과를 바탕으로 그는 인스턴트커피라는 것이 가족을 돌보는 것과 관련된 홈메이드 커피 혹은 전통에서 벗어남을 의미한다고 해석했다. 다시 말해 당시에는 인스턴트커피가 자산이라기보다는 노동력을 절약한다는 측면이 소비자 전통을 위배한다는 점에서 소비자 마음속 빚이었던 셈이다. 설문을 통해 직접적으로 질문받았을 때 소비자들은 이 사실을 받아들이는 것을 주저했지만, 자신이 아닌 다른 사람을 통해 투사하도록 요청받았을 때는 자신의 진짜 마음을 더욱 잘 표현할 수 있었다.

이 연구의 전략적 함의는 명확하다. 원래 수행했던 설문조사 결과대로였다면 일반 커피에 대응해 인스턴트커피가 취해야 할 명백한 포지셔닝은 편의성에 대한 차별화와 맛에 대한 유사성 확립이었을 것이다. 그러나 투사 기법을 활용한 실험 결과, 사용자 이미지에 대한 유사성을 확립하는 것도 필요하다는 것이 밝혀졌다. 이를 바탕으로 성공적인 광고 캠페인이 등장했는데, 이는 주부들이 더 중요한 가사 활동에 부가적인 시간을 할애할 수 있도록 네스카페 커피가 시간을 절약하는 데 도움을 줄 수 있다는 점을 부각했다!

출처 : Mason Haire, "Projective Techniques in Marketing Research," *Journal of Marketing* 14, no. 5 (April 1950): 649–652; J. Arndt, "Haire's Shopping List Revisited," *Journal of Advertising Research* 13, no. 5 (1973): 57–61; George S. Lane and Gayne L. Watson, "A Canadian Replication of Mason Haire's 'Shopping List' Study," *Journal of the Academy of Marketing Science* 3, no. 1 (December 1975): 48–59; William L. Wilkie, *Consumer Behavior*, 3rd ed. (New York: John Wiley and Sons, 1994).

기대하는 것을 희미하게 알아차릴 수 있기 때문이며, 특히 브랜드의 이미지 연상을 이해하는 데 있어 매우 유용하다. 이렇게 다양한 과제에 대한 응답을 조사함으로써 조사자들은 핵심 브랜드 개성 연상을 규명하는 등 브랜드에 대한 풍부한 이미지를 모을 수 있다.

잘트먼 은유 유도 기법

소비자들이 브랜드를 어떻게 보는지에 관해 보다 잘 이해하기 위한 흥미 있는 새로운 접근법은 잘트먼 은유 유도 기법(Zaltman Metaphor Elicitation Technique, ZMET)이다.[15] ZMET는 소비자가 자신의 구매 행동에 대해 잠재의식적 동기를 갖는다는 믿음에 기반을 두고 있다. 전 하버드 경영대학 교수인 제럴드 잘트먼(Gerald Zaltman)은 우리가 알아채지 못하는 많은 것이 마음속에서 일어나게 되며, 우리가 말하고 행동하는 것에 영향을 미치는 대부분은 인지 수준 이하에서 일어난다고 이야기한다. 그렇기 때문에 숨겨진 지식을 얻기 위해, 즉 사람들이 알지 못하는 것을 얻기 위해 새로운 기법이 필요하다고 그는 이야기한다.

이러한 숨겨진 지식에 접근하기 위해 그는 잘트먼 은유 유도 기법(ZMET)을 개발했다. 미국 특허청에 기술된 바와 같이 ZMET는 '생각과 행동에 영향을 미치는 상호 연결된 구성 개념을 도출하는 기법'이다. 여기서 **구성 개념**(construct)이라는 단어는 '고객이 표현하는 공통적인 아이디어나 개념 혹은 주제를 포착하기 위해 연구자가 만든 추상적 관념'이다. 예를 들어 '사용 용이성'이라는 구성 개념은 '조작하기 간편하다', '골치 아픈 일 없이 작동한다', '정말로 아무것도 할 필요가 없다' 등의 표현을 포착한다.

ZMET는 인지신경과학, 신경생물학, 예술 비평, 문학 비평, 시각인류학, 시각사회학, 기호학, 예술치료학, 심리언어학 등과 같은 다양한 분야의 지식과 연구에 뿌리를 둔다. 이 기법은 사회적 의사소통의 대부분이 비언어적이며 따라서 뇌가 수용하는 자극의 약 3분의 2는 시각적인 자극이라는 생각에 기반한다.

잘트먼은 ZMET를 이용해 특정 주제에 대한 소비자의 숨겨진 생각과 감정을 추려내는데, 이는 종종 은유를 통해 표현될 수 있다. 잘트먼은 '하나의 개념을 다른 것으로 대표하는 은유의 특징은 우리가 우리 삶의 특정한 부분에 대해 느끼는 감정이나 관점을 표현하는 데 도움을 준다'는 측면에서 은유가 매우 유용할 수 있다고 주장한다. ZMET는 표면적인 측면, 주제적인 측면, 심층 은유에 초점을 맞춘다. 일반적인 심층 은유로는 변신, 그릇, 여행, 연결, 신성하거나 불경한 것이 있다. 방법론적으로는 브랜드가 소비자 자신이나 기타 다른 작업에 대해 무엇을 의미하는지 나타내주는 그림을 모으거나(잡지, 카탈로그, 기타 다른 원천들로부터) 사진을 찍는 조사연구를 위해 20명 정도의 작은 그룹으로 시작한다. 연구 참여자는 '유도 대화'로서 수행되는 개별적인 일대일 면접을 2시간 동안 하게 된다.

유도 대화는 다음과 같은 단계를 포함한다.

시스코의 휴먼 네트워크 캠페인은 시스코와 시스코의 역할에 대한 소비자의 생각과 감정을 알아내기 위한 ZMET 연구를 바탕으로 개발되었다.

1. **스토리텔링** : 개인적인 시각적 은유 탐색하기
2. **프레임 확장** : 이미지의 은유적 의미 확장하기
3. **감각적 은유** : 각각의 감각 양상에서 조사 주제에 대한 은유

도출하기
4. **삽화** : 조사 주제에 대한 짧은 이야기를 만들기 위해 상상력 사용하기
5. **디지털 이미지** : 조사 주제의 시각적 요약화를 위해 이미지 통합하기

우선 참가자들에 대한 인터뷰가 끝나면 조사자들은 주요 주제나 구조를 확인하고, 데이터를 코딩하며, 가장 중요한 구조들을 포함하는 공유 개념도를 모아서 정리한다. 데이터에 대한 정량적 분석은 광고, 판촉, 기타 마케팅 의사결정에 정보를 제공해줄 수 있다. 마케터는 소비자의 통찰력 조사 주제에 다양하게 ZMET를 사용할 수 있다.

ZMET는 브랜드, 제품, 기업 등에 대한 소비자 이미지를 이해하도록 돕는 방법으로서 다양하게 적용되었다. ZMET는 브랜드, 제품, 회사, 브랜드자산, 제품 콘셉트와 디자인, 제품 사용과 구매 경험에 대한 소비자 이미지, 라이프 경험, 소비 맥락, 기업에 대한 태도를 이해하는 데 유용하다.

시스코시스템스가 IT 전문가와 경영 의사결정권자가 자사 브랜드를 어떻게 보았는지를 연구하기 위해 사용한 ZMET에 관한 흥미로운 사례연구가 있다. 이 연구의 목적은 겉보기에는 이성적으로 보이는 이 브랜드와 서비스에 해당 집단이 감정적으로 연결되어 있는지 알아보는 것이었다. ZMET는 "시스코가 당신의 삶에서 차지하는 역할에 대해 어떻게 생각하고 느끼십니까?"라는 질문에 대한 더 깊은 답변을 찾는 데 사용되었다. 연구 결과 시스코 브랜드에 대한 강한 정서적 연결이 있다는 것이 나타났는데, 이는 시스코가 소비자를 위해 존재한다는 사실로부터 얻는 마음의 평화뿐 아니라 시스코가 더 이상 존재하지 않을 경우 발생할 수 있는 일에 대한 불안과 두려움도 포함되었다. 시스코는 자사 브랜드가 고객에게 전달하는 긍정적인 감정을 강조하기 위해 '연결'이라는 비유를 사용했다. 이를 통해 고객들은 시스코가 제공하는 많은 부분이 인터넷 인프라 뒤에서 보이지는 않지만 마치 전형적인 '아버지상'과 같은 모습으로 고객이 안전하고 보호받는다는 느낌을 준다고 느꼈다. 이러한 발견은 '인적 네트워크'로서 시스코로 브랜드를 재창조하

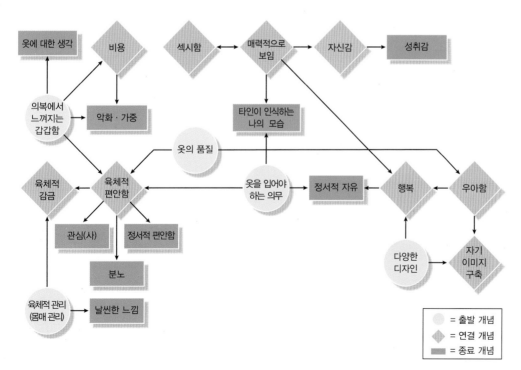

그림 10-3
ZMET의 실내복 시장에의 적용

는 데 기여했으며, 이는 회사의 네트워크 제품과 서비스에 감정을 불어넣는 데 도움을 주었다. 이러한 브랜드 이미지의 변화는 브랜드 인지도와 가치를 향상시켰다.

신경 연구 방법

ZMET에서 한 걸음 더 나아가 소비자의 잠재의식을 더 깊이 파헤치기 위해 마케팅 연구자들은 소비자의 입에서 나오는 말을 건너뛰고 말 그대로 그들의 마음속으로 들어가기 위해 다양한 신경 연구 방법을 이용한다. **뉴로마케팅**(neuromarketing)은 브랜드를 포함한 마케팅 자극물에 뇌가 어떻게 반응하는가를 연구하는 학문이다.[16] 예를 들어 몇몇 기업은 뇌전도(EEG)와 같은 정교한 기술을 적용해 뇌 활동을 모니터하고 마케팅에 대한 소비자의 반응을 더욱 잘 측정하려 한다. 다른 기업은 기능적 자기공명영상(fMRI)을 사용해 뇌 속 혈류를 추적하고 다양한 자극에 대한 참가자의 반응을 이해하려 한다. fMRI 사용료는 한 시간에 대당 1,000달러 정도로 EEG보다 비싸긴 하지만 fMRI는 연구자가 다양한 외부 자극에 뇌가 어떻게 반응하는지에 대한 더 깊은 통찰력을 얻는 데 도움을 줄 수 있다.[17] 예를 들어 페이팔(PayPal)은 뉴로마케팅 연구를 이용해 광고 캠페인을 새롭게 만들었는데, 이는 안전이나 보안보다는 속도나 편의성에 초점을 맞춘 것이었다.

신경학적 연구는 마케팅의 많은 다른 측면에서 적용되었다.[18] 캠벨 수프, 프리토레이(Frito-Lay) 같은 기업은 색상, 글꼴, 이미지를 포함한 제품 패키지에 대한 소비자의 반응을 이해하기 위해 뉴로마케팅을 이용했다. 프리토레이는 패키지에 사용되는 봉지의 종류가 소비자 반응에 영향을 줄 수 있다는 것을 발견했다. 이러한 연구를 바탕으로 그들은 봉지를 반짝이는 재질에서 무광택 재질로 변경했다. 프리토레이는 또한 치즈맛 치토스에 소비자들이 어떻게 반응하는지 그들의 마음속으로 들어가기 위해 뉴로마케팅을 이용했다. 신중히 선별된 소비자 집단의 뇌를 스캔해보니, 제품이 지저분하게 코팅된 것에 가장 반응이 크다는 것을 발견했다. 이 연구 결과는 치토스 코팅을 오렌지색으로 입힌 것에 초점을 둔 광고 캠페인을 만드는 데 공헌했으며, 이는 광고 캠페인 수상으로 이어지기도 했다.[19]

뉴로마케팅은 마케팅 자극이 주어졌을 때 소비자가 보이는 감정 반응의 유형을 측정하기 위해 사용되기도 한다. 예를 들어 마케터는 마케팅 행동이 기쁨의 경험이나 즐거움의 신경 표현에 미치는 영향을 연구했다.[20] 또한 전통적인 마케팅 방식으로는 쉽게 해결하지 못하는 마케팅 질문에 대한 답을 뉴로마케팅이 어떻게 줄 수 있는가에 대해 탐구하기도 했다. 예를 들어 마케터는 소비자들을 광고에 노출시킨 뒤 혈중 산소 농도 측정을 통해 소비자의 반응을 측정할 수 있다.[21] 신경학적 연구에 따르면 사람들은 브랜드를 평가할 때와는 다르게 사람의 성격 특질을 평가할 때 뇌의 다른 영역이 활성화되는 것으로 나타났다.

신경학적 소비자 연구에서 밝혀진 한 가지 주요 연구 결과는 많은 구매 결정이 논리적으로 변수들을 따져서 이루어지기보다는 "대체로 무의식적 수준에서 이루어지는 습관적인 과정으로, 경제학자와 전통적인 마케팅 교과서가 이야기하는 합리적이고 의식적인 정보 처리 과정과는 다르다"는 것이다. 주유소에서 주유하는 것과 같이 아주 단순한 결정조차도 준합리적인 수준에서 뇌 활동에 영향을 받는 것으로 보인다.

페이팔은 뉴로마케팅 연구를 이용해 안전과 보안보다는 속도와 편의성에 초점을 맞춘 광고 캠페인으로 수정하였다.

그러나 인간 두뇌의 복잡성을 고려할 때, 많은 연구자가 신경학 연구가 마케팅 의사결정의 유일한 근거가 되어서는 안 된다고 경고한다. 이러한 신경학적 연구 활동은 보편적으로 받아들여지지는 않는다. 뇌 활동을 포착하기 위한 측정 장치는 전극이 박힌 두개골 모자를 사용하는 등 인위적인 조건을 만듦으로써 굉장히 거슬릴 수 있다. 또한 이러한 신경학적 연구가 마케팅 전략에 있어 명확한 함의를 주는가에 대해 의문이 제기되기도 한다. 스탠퍼드대학교의 신경과학 및 심리학 교수인 브라이언 넛슨(Brian Knutson)은 EEG를 사용하는 것을 '야구장 밖에서 관중의 함성으로 안에서 무슨 일이 일어나고 있는지 알아내는 것'에 비유한다.

브랜드 개성 및 가치

2장에서 정의된 바와 같이 브랜드 개성은 한 브랜드가 갖고 있다고 소비자가 생각하는 인간 특성이나 특징을 가리킨다. 브랜드 개성은 여러 방법으로 측정될 수 있다. 가장 간단하고 직접적인 방법은 다음과 같은 질문에 대한 주관식 응답을 얻어내는 것이다.

> 만약 브랜드가 사람이라면 어떤 사람이고, 무엇을 하며, 어디에 살고, 무엇을 입고, 파티에 가면 누구와 어떤 대화를 나누겠습니까?

만약 소비자가 선뜻 설명할 엄두를 내지 못한다면, 그 즉시 쉽게 이해할 수 있는 예나 설명을 제시해준다. 예를 들어 캠벨 수프가 어떤 사람으로 표현될 수 있는지 소비자들에게 물어본다면 가능한 응답은 다음과 같을 것이다.[22]

> 캠벨 부인은 발그레한 볼과 풍만한 몸집의 할머니로 따뜻하고 아늑한 집에 살고 있으며, 앞치마를 두르고 그녀의 손자들을 위해 맛있는 음식을 만들고 있다.

소비자의 관점을 포착하기 위해 다른 방법도 가능하다. 예를 들어 소비자에게 다양한 잡지와 그림을 주고 브랜드 프로파일을 모아서 정리하도록 요구할 수 있다. 이러한 맥락에서 광고회사들은 브랜드의 전형적인 사용자를 구분하기 위해 '그림 분류' 연구를 자주 수행한다.

3장에서 언급한 것처럼, 브랜드 개성과 사용자 이미지가 매번 일치하는 것은 아니다. 《USA 투데이(USA Today)》가 처음 출간되었을 때 이 신문에 대한 소비자 의견을 탐구했던 한 연구에 의하면 구독자와 비구독자는 USA 투데이에 대해 일관적으로 응답했다고 한다. 마찬가지로 USA 투데이의 브랜드 개성에 대한 인식(화려하다, 친근하다, 단순하다) 역시도 매우 연관성이 있었다. 그러나 사용자 이미지는 극적으로 차이가 있었는데, 비구독자는 《USA 투데이》 구독자를 곧이곧대로 받아들이는 '멍청이'로 바라보는 반면, 《USA 투데이》 구독자는 전형적인 독자를 다양한 이슈에 관심을 가진 균형 잡힌 사람으로 바라보았다. 이러한 결과에 근거해 비구독자를 사로잡기 위해 저명인사가 그 신문을 어떻게 추천하는지를 보여주는 광고 캠페인이 소개되었다.[23]

빅파이브 브랜드 개성은 형용사로 된 체크리스트나 순위표를

《USA 투데이》에 관한 소비자 연구는 브랜드 개성에 대해서는 소비자의 지각에 큰 차이가 없었으나, 구독자와 비구독자에 대한 사용자 이미지에 큰 차이가 있음을 발견했다.

통해 더 정확히 측정할 수 있다. 제니퍼 아커(Jennifer Aaker)는 어떤 한 브랜드의 개성뿐만 아니라 유명한 여러 브랜드의 개성을 알 수 있는 연구 프로젝트를 시행했다. 600명 이상의 미국인이 다양한 제품군의 37개 브랜드를 114가지 개성 요인에 대해서 평가한 광범위한 수집자료를 가지고 아커는 다음과 같은 다섯 가지 요소를 반영하는 믿을 만하고, 타당하고, 일반화할 수 있는 브랜드 개성 척도를 개발했다.[24]

1. 성실(현실적인, 정직한, 건전한, 쾌활한)
2. 흥미(대담한, 생기 있는, 상상적인, 현대적인)
3. 능력(신뢰할 만한, 지적인, 성공적인)
4. 세련(상류층의, 매력적인)
5. 강건(야외용의, 거친)

그림 10-4는 아커의 브랜드 개성 척도를 구성하는 특정 속성 항목을 보여준다. 아커의 연구에서 응답자들은 각 개성에 대한 특성이 각각의 브랜드에 대해 얼마나 설명적인지를 7점 척도(1 = 전혀 설명적이지 못한, 7 = 매우 설명적인)에 따라 점수를 주었으며, 이 점수들을 바탕으로 평균 점수를 내어 종합적 측정을 제시했다. 어떤 브랜드는 하나의 특정 요소에 강한 경향이 있고, 나이키 같은 브랜드는 한 요소 이상에서 높은 점수가 나왔으며, 어떤 브랜드는 모든 요소에서 낮은 점수가 나왔다.

브랜드 개성은 다양한 방식으로 브랜드 관련 변수에 영향을 미치는 것으로 알려져 있다. 브랜드 개성의 각기 다른 차원이 브랜드태도나 헌신과 같은 다양한 변수와 어떻게 연결되어 있는지 알아보기 위해 브랜드 개성 연구에 대한 메타 분석이 수행되었다. 연구자들은 성실과 능력 차원이 브랜드태도와 헌신에 대한 영향력이 가장 컸으며, 흥미와 강건 차원은 영향력이 가장 약함을 발견했다. 또한 그들은 생애주기상 초기에 있는 브랜드와 비교해 성숙 단계에 있는 브랜드에 대해 브랜드 개성의 영향력이 가장 크다는 것을 발견했다.[25]

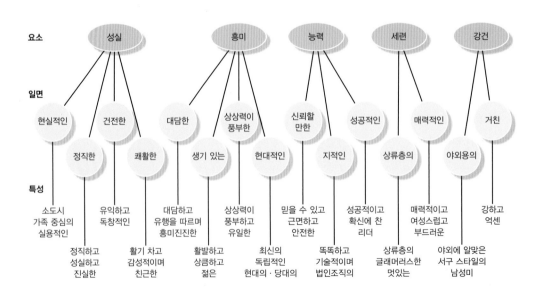

그림 10-4
브랜드 개성 척도

에스노그래피와 경험적 방법

연구자는 자연스러운 환경에서 소비자를 연구하기 위해 전통적인 방식의 정성적 기법을 넘어 점점 더 정성적 접근법의 효과성을 발전시키고자 노력하고 있다.[26] 연구 설계가 아무리 잘 되어 있어도 정형화된 연구로는 소비자들이 진정한 자신의 모습을 온전히 표현하지 못할 수 있다는 것이 그 이유이다. 소비자의 실제 가정, 직장, 구매 행동을 보다 직접적으로 활용한다면 연구자가 보다 의미 있는 반응을 이끌어낼 수 있을 것이다.[27] 시장 내 경쟁이 점차 치열해지고 브랜드 간 차이가 없어지고 있는 상황에서, 보다 강력한 브랜드 포지셔닝을 할 수 있도록 도와주거나 소비자와 보다 강력한 연결고리를 형성하는 데 도움이 되는 통찰력은 가치가 있다(브랜딩 브리프 10-3 참조).

이러한 종류의 연구 상당 부분이 인류학자가 원래 사용했던 에스노그래피, 즉 민족지학적 연구에 뿌리를 두고 있다. 에스노그래피는 연구 참가자에 대한 관찰을 기반으로 하는 '중층 기술(thick description)'을 사용한다. 마케팅에서는 소비자 몰입, 현장 방문, 함께 구매하기, 임베디드

브랜딩 브리프 10-3

소비자 인사이트 최대한으로 활용하기

소비자 조사는 소비자 중심 기업에게 가치 있는 정보를 알아내는 데 중요한 역할을 한다. 브랜드짐(Brand Gym) 컨설팅 설립자인 데이비드 테일러(David Taylor)는 소비자 연구에서 나온 모든 발견이 곧바로 인사이트로 여겨지는 것은 아니라고 주의를 준다. 그는 인사이트를 '세상을 관통하는 안목 있는 이해로 기회를 열어줄 수 있는 것'이라 정의한다.

테일러에 의하면 인사이트는 조사에서 나온 결과보다 훨씬 더 큰 잠재력이 있다. 마이크로소프트를 예로 들면 조사 결과와 인사이트의 차이는 '사람들이 점점 더 많은 정보와 데이터를 처리해야 하는 것'이 발견이라면 인사이트는 '권력과 자유의 핵심이 되는 것이 정보'라는 측면에서 접근하는 것이다. 이러한 인사이트는 마이크로소프트가 조사 결과에만 의존하는 경우보다 더 많은 소비자층에 어필할 수 있는 제품을 개발하는 데 도움이 될 수 있다.

테일러는 인사이트를 평가하기 위한 몇 가지 기준을 개발했다.

- *신선할 것* : 인사이트는 자칫 빤해 보일 수 있고 그렇기 때문에 간과되거나 잊힐 수도 있다. 다시 한 번 살펴보라.
- *관련될 것* : 인사이트는 다른 타깃 소비자에게 적용했을 때 공감을 불러일으켜야 한다.
- *지속적일 것* : 소비자의 믿음과 요구에 대한 깊은 이해를 기반으로 쌓은 진정한 소비자 인사이트는 시간이 지나도 관련성을 유지할 수 있는 잠재력을 가져야 한다.
- *고무적일 것* : 인사이트는 팀을 들뜰 수 있게 만들어야 하며, 팀은 다르지만 일관된 방식으로 인사이트를 어떻게 적용할지에 대해 생각해야 한다.

인사이트는 포커스 그룹과 같은 소비자 조사로부터도 얻을 수 있지만 테일러가 이야기하는 '핵심 인사이트 훈련'을 통해서도 얻을 수 있다. 이러한 훈련의 예시는 다음과 같다.

- 브랜드나 제품 범주가 사람들의 삶을 개선하는 데 어떻게 도움이 될 수 있는가?
- 사람들이 해당 제품 범주에서 진정으로 가치 있게 여기는 것은 무엇인가? 그들이 포기하지 않으려는 점은 무엇인가?
- 사람들은 어떤 상충되는 요구가 있는가? 이러한 상충관계는 어떻게 해결될 수 있는가?
- 브랜드가 실제로 경쟁하고 있는 더욱 큰 시장은 소비자 관점에서 어떤 것인가? 브랜드가 이러한 고차원적인 요구를 더욱 잘 충족시키기 위해 무엇을 더 많이 할 수 있는가?
- 사람들은 의문이 제기될 만한 시장에 대해 어떤 가정을 하는가?
- 사람들은 제품이 어떻게 작동한다고 생각하고, 실제로 그 제품은 어떻게 작동하는가?
- 제품이 현실에서는 어떻게 사용되는가? 해당 브랜드의 제품 대신 사용되는 다른 제품에는 어떤 것이 있는가?

이러한 질문에 대답하는 훈련은 더 나은 제품과 서비스, 궁극적으로 더욱 강력한 브랜드로 이끌 수 있는 소비자 인사이트를 발견하는 데 기업에게 도움을 줄 수 있다.

출처 : David Taylor, "Drilling for Nuggets: How to Use Insight to Inspire Innovation," *Brand Strategy*, March 2000. Used with permission of Brand Strategy, www.brandstrategy.co.uk.

리서치 등 다양한 연구 방법으로 이벤트나 활동의 깊은 문화적 의미를 추출하고 해석하는 것이 에스노그래피의 목표이다.[28]

에스노그래피 접근법을 지지하는 사람들은 연구원을 소비자의 집에 보내서 그들이 어떻게 하루를 보내는지 아침부터 관찰하고, 출장객에게 디지털 카메라와 다이어리를 주고 그들이 호텔 객실에서 머물 때 어떤 기분을 느끼는지 기록하도록 하며, 삐삐나 문자를 받았을 때 무슨 일을 하고 있었는지 적도록 하는 '삐삐 연구'를 수행하기도 했다.[29]

P&G와 같은 마케터들은 소비자가 실제로 제품을 어떻게 사용하고 경험하는지를 보기 위해 그들의 집에서 시간을 보낼 수 있도록 허락을 구한다. 소비자를 연구하기 위해 에스노그래피를 이용한 많은 다른 기업으로는 베스트웨스턴(Best Western)(노인들이 언제 어디서 구매할 것인가를 결정하는지 알아보기 위해), 모엔(Moen)(고객들이 샤워기기를 실제로 사용하는 방법을 장기간 관찰하기 위해), 인텔(사람들이 도시를 이동할 때 어떻게 이동통신을 사용하는가를 알아보기 위해) 등이 있다.[30] JC페니(JCPenney)의 결혼 선물 목록에 대한 종합적인 에스노그래피 연구 결과, 처음부터 끝까지 모든 것이 바뀌었다.[31] 브랜딩 브리프 10-4는 디지털 환경에 적용되는 에스노그래피(넷노그래피)가 브랜드에 어떻게 도움이 될 수 있는지 설명한다.

에스노그래피와 넷노그래피를 B2C 거래에 적용하는 것에서 나아가 B2B 기업도 기업 간 관계를 공고히 하고 연구 노력을 보완하는 일환으로 기업 방문을 사용할 수 있다. HP와 같은 테크놀로지 기업은 경쟁 우위 확보를 위한 시장 조사 도구로서 고객 방문을 이용한다. 그림 10-5는 해당 분야의 전문가 중 하나인 에드 맥쿼리(Ed McQuarrie)가 오고 가는 고객 방문을 위한 좋은 관례에 대한 조언을 보여준다.[32]

〈언더커버 보스(Undercover Boss)〉는 고위 임원이 사내 문제를 알아내기 위해 신입 사원으로 잠복하는 내용의 미국 TV 시리즈다. 이와 유사하게 서비스 기업은 고객을 가장한 연구원을 고용해 기업이 제공하는 서비스 경험에 대해 알아볼 수 있도록 미스터리 쇼퍼 제도를 이용하기도 한다. 때때로 놀랄 만한 결과가 나올 수도 있다. 오피스디포(Office Depot)의 사장이 직접 미스터리 쇼퍼 행세를 하기로 결정했을 때, 그는 직원들이 가게를 깨끗하게 유지하고 재고를 확보하는 데 시간을 너무 쓴 나머지 소비자와의 관계를 쌓을 충분한 시간을 마련하지 못하고 있다는 것을 알게 되었다. 이에 매장 규모를 줄이고, 고객에게 좀 더 집중할 수 있도록 직원을 재교육하고, 기존에 없던 상품과 서비스를 추가했다.[33]

지난 세월 동안 기업들은 고객 통찰을 얻는 방식을 변화시켜 왔다. 마이크로소프트는 온라인 검색과 관련된 소비자 태도와 행동에 대한 심도 있는 연구를 통해 에스노그래피 연구를 수행한다. 일련의 연구에서 집 안팎의 소비자들을 관찰하면서, 이 회사는 소비자가 온라인에서 새로운 것에 대해 탐색하고 배우는 법이 시간에 따라 달라지는 것을 알게 되었다. 독일 기업 밀레(Miele)는 알레르기로 고통 받는 소비자들이 어떻게 끊임없이 집을 청소하는지 알아내기 위해 에스노그래피 연구를 이용했다. 이에 따라 밀레는 표면에 먼지가 없는 때를 보여주는 신호등 표시기가 달린 진공청소기를 설계했다.[34]

제품 사용자 중 시장 트렌드를 주도하는 이들은 많은 소비자에게 특별히 중요한 연구 대상이다. 많은 기업이 가장 진보적인 소비자들로 구성된 온라인 그룹에게 피드백을 얻고자 인스턴트 메시지나 채팅방을 사용한다. 또는 기업은 가장 적극적인 소비자들로부터 새로운 제품 디자인 아이디어를 창출하기 위해 공모전을 열기도 한다. 이러한 유형의 소비자 디자인 제품 또는 광고 캠

브랜딩 브리프 10 - 4

디지털 조사 기법으로서 넷노그래피

최근 디지털 환경에서 사람들의 사회적 상호작용이 증가함에 따라 '넷노그래피(netnography)'라는 디지털 환경에 대한 민족지학적 기법(에스노그래피)이 마케팅 연구 도구로 대중화되었다. 온라인 포럼상에서 연구를 수행하기 위해서는 두 가지 유형의 데이터를 수집할 수 있다. 첫째는 온라인 커뮤니티에서 발생하는 실제 커뮤니케이션이, 둘째는 커뮤니티 구성원 간 상호작용에 대한 연구자의 관찰이다.

넷노그래피는 다음과 같은 6단계로 구성된다 — (1) 연구 계획 개발, (2) 엔트리 설립, (3) 데이터 수집 및 삼각화, (4) 데이터 분석 및 해석, (5) 윤리적 기순 보상, (6) 언구 설과 빛 관런 통찰에 대한 보고.

넷베이스(NetBase)라는 회사는 스타벅스 커피에 넷노그래피를 적용한 연구를 수행했다. 다양한 웹사이트에 올라온 댓글을 바탕으로 브랜드에 대한 다양한 해석을 도출했다. 긍정적으로 도출된 주제는 인스턴트커피, 커피의 맛, 커피의 각성 효과가 포함되었다. 예시 댓글로는 "나는 스타벅스를 사랑해. 너무 맛있어! 내가 자라서 내 침실이 스타벅스 향기로 가득 찼으면 좋겠어"가 있었다. 반대로 부정적으로 도출된 주제는 높은 가격 정책, 맛, 저품질이 있었다. 또 다른 부정적인 주제로는 부작용과 카페 내 경험이 있었다.

넷노그래피에는 장단점이 있다. 에스노그래피 기법과 마찬가지로 넷노그래피는 인간 행동을 기술적인 방식으로 연구한다. 또한 에스노그래피 기법과 마찬가지로 넷노그래피는 다양한 접근 방법을 활용하고 다양한 상황에 적용할 수 있으며 몰입감이 높은 연구 기법의 특성상 깊은 통찰력을 제공할 수 있다. 넷노그래피는 포커스 그룹이나 심층 인터뷰와 같은 다른 정성적 연구 방법에 비해 덜 눈에 띄고 적은 비용으로 연구를

수행할 수 있다는 장점이 있다.

그러나 넷노그래피는 디지털 환경과 관련된 연구에 국한될 수밖에 없어 소셜 미디어에 접근이 불가능하거나 소셜 미디어에 참여하지 않는 소비자에게는 적용이 불가능하다는 단점이 있다. 연구 결과는 스스로 연구에 참여하고자 하는 소비자를 대상으로 하는 전형적인 온라인 연구 편향에 영향을 받을 수 있으며 따라서 표본 선택 편향에 대해 깊은 주의를 기울여야 한다. 그럼에도 불구하고 온라인 포럼(넷노그래피)에 적용된 에스노그래피가 브랜드와 기업에 가치 있는 통찰력을 제공할 수 있다는 증거가 분명히 존재한다.

출처 : Robert V. Kozinets, *Netnography: Doing Ethnographic Research* Online (Thousand Oaks, CA: Sage Publications, 2010); Robert V. Kozinets, "The Field Behind the Screen: Using Netnography for Marketing Research in Online Communities," *Journal of Marketing Research* 39, no. 1 (2002): 61–72; Hope Ngyuyen, "Starbucks Netnography," January 4, 2012, www.netbase.com/blog/starbucks-netnography/, accessed October 8, 2017. Gigi DeVault, "Netnography: Obtaining Social Media Insight," February 28, 2017, www.thebalance.com/investigate-social-media-like-an-anthropologist-2297153, accessed November 6, 2017. Daiuchuu Ginga, "In the Footsteps of Kozinets: Towards a New Netnographic Taxonimization," *Journal of Internet Appreciation*, (2013): 418–419; Robert V. Kozinets (1998), "On Netnography Initial Reflections on Consumer Research Investigations of Cyberculture," in *Advances in Consumer Research*, Volume 25, eds. Joseph Alba and Wesley Hutchinson (Provo, UT: Association for Consumer Research, 1998), 366–371.

1. 고객이 무엇을 예상하면 되는지 파악하고 준비할 수 있도록 미리 안건이 담긴 확인서를 보낸다.
2. 소규모 교차기능팀을 보낸다.
3. 계획에 따라 고객을 선별하고 최소 12회 이상 방문한다.
4. 마음에 드는 소규모의 동일한 고객 그룹을 계속해서 방문하지 않는다.
5. 구매 의사결정의 각 단계를 대표하는 각 위치의 사람을 인터뷰한다.
6. 현지 계정 관리 부서로부터 지원을 받는다.
7. 개요 형식의 2~3페이지 분량의 토론 가이드를 사용한다.
8. 팀 구성원에게 의장, 의견을 들어주는 사람, 서기 등의 역할을 분배한다.
9. 개방형 질문을 한다.
10. 고객에게 해결책을 제시하도록 요청하지 말고 문제가 무엇인지 파악하도록 한다.
11. 지나치게 많이 이야기하지 않고 전문성을 과시하지 않는다.
12. 후속 질문을 사용함으로써 더욱 자세히 조사한다.
13. 모든 것이 끝나면 즉시 고객에게 보고한다.
14. 결과 보고서에 고객이 말한 대로의 내용을 인용해 강조한다.
15. 요약 보고서는 큰 사건을 강조하고 주요 주제별로 구성한다.
16. 다른 마케팅 조사 및 정보와 함께 보고서를 온라인에 보관한다.

그림 10-5
고객 방문을 잘 수행하기 위한 팁

페인은 기업들이 그들의 고객을 참여시키는 유명한 방법이 되었다. 예를 들어 프리토레이는 매년 열리는 'Do Us a Flavor' 대회를 바탕으로 자사의 감자칩 브랜드 레이즈(Lay's)에 여러 가지 맛을 선보이고 있다. 2017년 대회에서 최종 3위에 오른 맛은 베이글, 튀긴 그린토마토, 타코 맛이다.[35] 또 다른 기업 P&G는 고객 통찰로부터 비롯된 수많은 혁신 기술을 보유하고 있다. 이에 대해 브랜딩 브리프 10-5에서 간략히 설명한다.

많은 장점에도 불구하고 에스노그래피 연구의 가장 큰 단점 두 가지는 시간이 많이 소요되고 비용이 많이 든다는 것이다. 컴팩트 비디오카메라는 참가자들의 말과 행동을 더 쉽게 포착할 수 있게 해주며, 단편 영화는 종종 연구 결과의 일부로써 연구 결과에 생명력을 불어넣어 주기도 한다.[36] 또한 에스노그래피 연구는 주관적 해석에 기초하기 때문에 다양한 관점이 만연할 수 있다. 그러나 모든 연구 방법에는 장단점이 존재한다.[37]

정성적 연구 기법은 이 방법이 아니고는 자칫 발견하기 어려울 수 있는 소비자인식을 알아내는 창의적 수단이다. 정성적 연구 기법의 가능한 범위는 마케팅 조사원의 창의성에 달려 있다. 그러나 정성적 연구 역시 단점이 있다. 정성적 연구 방법을 통해 드러난 깊이 있는 통찰은 매우 작

브랜딩 브리프 10 - 5
정성적 조사 데이터를 사용한 P&G의 혁신

P&G는 브랜드 관리에 있어 정량적 데이터와 정성적 데이터를 결합하는 것의 가치를 배웠다. P&G의 베이비 케어 그룹이 팸퍼스 기저귀 브랜드에 대해 정량적 데이터와 정성적 데이터가 서로 모순된다는 정보를 받았을 때, P&G는 소비자 이탈이 발생하는 이유를 추가로 밝히기 위해 12명의 엄마에게 정성적 데이터를 수집했다. 연구 참가자들은 기저귀 갈이에 대한 질문과 더불어 어떤 제품을 구매하는가에 대한 질문에 응답했다. 엄마들은 주어진 구매 과제를 완료하고 설문조사에 다양한 사진을 업로드 했다. 거의 600페이지에 달하는 소비자 피드백을 기반으로, 아기의 기저귀 사이즈가 딱 맞지 않는다는 점이 엄마들로 하여금 다른 기저귀 브랜드로 갈아타거나 좀 더 큰 사이즈의 기저귀에 적응해야 한다는 점을 발견했다. 이러한 통찰력을 바탕으로 P&G는 새로운 크기

의 기저귀를 제작하고 기저귀 패키지에 표기하는 기저귀 크기에 대한 정보 제공을 개선할 수 있었다.

P&G의 히트 제품인 스위퍼(Swiffer)도 에스노그래피 기법에서 파생된 고객 통찰의 산물이다. 정성적 연구를 통해 P&G는 소비자에게 깨끗한 집이 얼마나 중요한지 알 수 있었다. 많은 집주인이 깨끗한 바닥을 자신의 모습이 투영된 것으로 여겼고, 따라서 바닥을 닦는 것에 많은 시간과 노력을 기울였다. 연구를 수행하기 위해 연구팀은 소비자들이 걸레질과 청소를 어떻게 하는지 알아보기 위해 18가구를 방문했다. 그들은 이 집안일에 할애된 시간의 절반 이상이 걸레 자체를 청소하는 데 사용되고 있다는 것을 발견했다. 이러한 통찰력은 스위퍼의 개발로 이어졌다. 스위퍼 제품은 빗자루 끝에 일회용 천을 사용함으로써 걸레를 청소할 필요를 없앴다. 스위퍼 제품은 P&G의 엄청난 히트작이었으며, 이 사례 연구는 실제로 고객이 가진 문제를 해결할 수 있는 신제품 개발에 있어서 정성적 통찰력이 얼마나 가치 있는지 알려준다.

P&G의 히트 제품인 스위퍼는 정성적 마케팅 조사로부터 얻어진 고객 통찰의 결과물이다.

출처 : Elise Dupre, "P&G Solves Diaper Dilemma with Qualitative Research," November 26, 2013, www.dmnews.com/dataanalytics/pg-solves-diaper-dilemma-with-qualitative-research/article/322357/, accessed October 8, 2017; Jo Bowman, "The Rise of People-Watching Research Carried Out by Brands," September 1, 2016, www.raconteur.net/business/the-rise-of-people-watching-research-carried-out-by-brands, accessed October 8, 2017; Eric Butterman "Mopping the Floor with the Status Quo," December 2012, www.asme.org/engineering-topics/articles/product-planning/mopping-floor-the-status-quo, accessed October 8, 2017.

은 표본을 바탕으로 하고 있으며 따라서 더욱 넓은 범주의 사람들에게 반드시 일반화되는 것은 아니라는 사실을 인지해야 한다. 나아가 정성적 데이터의 특성상 해석에 있어 의문이 들 여지도 있다. 같은 정성적 연구 조사 결과를 두고도 다양한 연구자가 각기 다른 결론을 도출할 수도 있다.

정량적 조사 기법

비록 정성적인 측정이 브랜드연상의 가능한 범위 및 강도, 호감도, 독특성이라는 관점에서 그 특징을 확인하는 데 유용하다 하더라도, 더욱 신뢰성 있고 방어 가능한 전략 및 전술 제언을 위해서는 브랜드에 대한 보다 개념적인 묘사가 필요하다.

보통 정성적 조사가 소비자로부터 언어적 응답을 이끌어내는 반면, **정량적 조사**(quantitative research)는 숫자로 표현하고 요약할 수 있는 다양한 종류의 척도 질문을 사용한다.

브랜드지식에 대한 정량적 조사는 브랜드 인지도의 깊이와 넓이, 브랜드연상의 강도, 호감도, 독특성, 브랜드 판단 및 감정의 긍정성, 브랜드 관계의 범위와 본질 등을 더 잘 측정하기 위해 사용된다. 9장에서 논의된 바와 같이, 정량적 조사는 시간 경과에 따라 소비자의 브랜드지식 구조를 모니터링하는 트래킹 조사에 있어 가장 중요한 측정 수단이기도 하다.

브랜드 인지도

브랜드 인지도는 여러 상황하에서 다양한 브랜드 요소 — 브랜드 이름, 로고, 캐릭터, 패키지, 슬로건 — 를 구별하는 소비자 능력을 반영하는 것으로 기억 속 브랜드 강도와 관련되어 있다. 브랜드 인지도는 다양한 유형의 단서가 주어졌을 때 브랜드가 마음속에 떠오를 수 있는 가능성 및 용이성과 관련이 있다.

브랜드 요소의 인지도를 측정에는 여러 방법이 사용된다.[38] 올바른 방법의 선택은 2장에서 논의된 바와 같이 제품군 내 소비자 행동에 있어서 브랜드 인지도의 상대적 중요성 및 브랜드를 위한 마케팅 프로그램 성공에 있어서의 수행 역할 등에 따라 달라진다. 이러한 인지도 이슈를 살펴보자.

인식 브랜드 인식은 다양한 환경하에서 브랜드를 식별할 수 있는 소비자의 능력과 관련이 있으며, 이것은 브랜드 요소에 대한 동일시를 포함할 수 있다. 가장 기초적인 형태의 인식 과제는 소비자에게 한 세트의 항목을 시각적 · 언어적으로 제시하고, 소비자가 전에 이 항목들을 봤거나 들어봤다고 생각하는지 질문하는 것이다. 보다 민감한 테스트를 제공하기 위해 종종 유인장치나 미끼 — 소비자들이 보았을 가능성이 없는 항목 — 등을 포함하는 것이 유용하다. '예', '아니요' 응답에 추가해 소비자들은 그들이 항목을 인식한다는 사실을 얼마나 확신하는지에 대해 순위를 정하도록 요청받을 수 있다.

그 외에 브랜드의 '지각적으로 저하된' 형태와 관련된 보다 치밀한 인식 측정 방법이 있다. 어떤 경우에는 브랜드 요소를 시각적으로 숨기거나 변형하고 아주 짧은 순간 동안만 보여주기도 한다. 예를 들어 브랜드 이름 인식을 테스트할 때 글자 몇 개를 없앤다. 그림 10-6은 전체 정보가 주어지지 않은 상태에서 브랜드 이름을 인식할 수 있는지 테스트하는 것이다. 이런 보다 교묘한

측정은 높은 인식도를 가지고 있는 브랜드에 조금 더 세밀한 평가를 제공한다는 점에서 특히 중요하다.[39]

특히 패키지 측면에서 브랜드 인식이 중요하며 일부 마케팅 조사자는 패키지 디자인의 가시성을 측정하기 위한 독창적인 방법을 사용해왔다. 소비자가 다음과 같은 경우에 해당할 때 패키지의 가시성이 가장 잘 노출될 수 있는 '최적의 기준점'이 될 수 있으며, 다음 조건을 평가의 출발점으로 설정하고 있다 — (1) 좌우 2.0의 시력을 가지고 있다, (2) 패키지를 직접 보고 있다, (3) 1.5미터 이내 거리에 있다, (4) 이상적인 조명 상태이다.

핵심 질문은 패키지 디자인이 이런 네 가지 조건이 모두 존재하지 않아도 눈에 띌 만큼 좋은가 하는 점이다. 쇼핑은 종종 '이상적인' 조건에서 행해지는 것이 아니기 때문에 이런 통찰들이 중요하다. 예를 들면 안경을 쓰는 많은 소비자가 슈퍼마켓에서 쇼핑을 할 때 안경을 쓰지 않는 것으로 나타났다. 그렇다면 중요한 질문은 그런 조건에서도 패키지가 소비자에게 효과적으로 전달될 수 있는가 하는 것이다.

다음의 여러 구체적 기준에 따른 패키지 디자인의 효율성을 테스트하기 위해 순간노출기와 시선 추적 기법을 사용한 조사 방법이 있다.

- 진열 효과 정도
- 특정 디자인 요소의 영향 및 상기
- 지각된 패키지 크기
- 카피의 가시성 및 가독성
- 패키지가 처음 식별되는 거리
- 패키지가 처음 식별되는 각도
- 패키지가 식별되는 속도

인지도가 높은 브랜드네임은 이상적인 조건이 아니더라도 보조 상기될 것입니다. 다음의 미완성 이름(즉 단어의 조각)을 살펴보십시오. 어떤 것이 생각나십니까? 얼마나 잘했는지 당신의 답을 하단의 해답과 비교해보십시오.

1. D__NE_
2. KO__K
3. DU_AC__
4. HY_T_
5. AD__L
6. M_T_EL
7. D_LT_
8. N_QU_L
9. G_LL_T__
10. H__SH_Y
11. H_LL__RK
12. M_CH__IN
13. T_PP_RW__E
14. L_G_
15. N_K_

그림 10-6

말하지 마세요, 답이 입안에서 맴도는데…

답 : 1. Disney 2. Kodak 3. Duracell 4. Hyatt 5. Advil 6. Mattel 7. Delta 8. NyQuil 9. Gillette 10. Hershey 11. Hallmark 12. Michelin 13. Tupperware 14. Lego 15. Nike

이러한 부가적인 측정법은 단순한 '예', '아니요'로 평가하는 방법보다 구체적인 인식도를 측정할 수 있다. 이러한 브랜드 인식에 대한 직간접적인 측정법을 적용해 마케터는 어떤 브랜드 요소가 기억 속에 존재하는지와 연상의 강도 또한 어느 정도까지는 알아낼 수 있다. 브랜드 인식 측정의 이점은 그것이 어느 양식으로도 사용될 수 있는 비보조 상기보다 우월하다는 것이다. 비보조 상기 방법에서 소비자들이 로고를 묘사하기는 힘들지만, 인식 측정법으로 소비자들이 같은 요소를 시각적으로 평가하는 것은 훨씬 수월하다.

그럼에도 불구하고 브랜드 인식 측정은 **잠재적인** 상기 가능성에 대한 근사치만을 보여줄 뿐이다. 브랜드 요소가 여러 상황에서 실제로 상기되는지를 평가하기 위해서는 브랜드 비보조 상기 측정이 요구된다.

비보조 상기 비보조 상기에서 소비자는 관련된 질문이나 단서가 주어졌을 때 기억으로부터 실제 브랜드 요소를 인출해내야 한다. 그러므로 브랜드 비보조 상기는 소비자에게 그저 브랜드 요소가 주어지는 것이 아니라, 전에 본 적이 있는지 없는지 확인하고 구별해야 하므로 브랜드 인식보다 더 많은 기억 과제 수행을 요구한다.

소비자에게 주어지는 단서의 종류에 따라 여러 다른 브랜드 상기 측정법이 가능하다. '모든 브랜드'가 단서로 주어지는 **비보조 상기**(unaided recall)는 단지 가장 강력한 브랜드만을 식별해내기가 용이하다. **보조 상기**(aided recall)에서는 소비자의 보조 상기를 돕기 위한 여러 종류의 단서가 사용된다. 보조 상기의 한 가능한 과정은 소비자 브랜드 지식구조의 구성에 대한 통찰을 제공하기 위해 제품 클래스, 제품군, 제품 유형 라벨과 같이 점진적으로 범위를 좁혀 가는 단서를 사용하는 것이다.

예를 들어 독일 외 시장에서 고성능 독일제 자동차 포르쉐 911 비보조 상기의 경우, 비보조 상기 질문은 '모든 차'에서 시작해 점차 좁은 의미로 정의된 범주, 즉 '스포츠카', '외제 스포츠카', '고성능 독일제 스포츠카'까지로 옮겨 갈 수 있다. 예를 들어 소비자에게 이렇게 질문할 수 있을 것이다 — "외제 스포츠카를 생각하면 어떤 브랜드가 떠오릅니까?"

브랜드 비보조 상기를 측정하기 위해 다른 종류의 단서를 사용할 수도 있다. 예를 들어 제품의 특성에 기반을 두어 질문할 수도 있고("초콜릿을 생각하면 어떤 브랜드가 떠오릅니까?"), 사용목적에 기반을 두어 질문할 수도 있다("건강에 좋은 스낵을 사려고 생각하면 어떤 브랜드가 떠오릅니까?"). 종종 브랜드 비보조 상기의 폭을 측정하기 위해 구입 결정이나 소비 환경의 상황을 살펴보는 것이 중요할 것이다. 예를 들어 소비자에게 어떤 브랜드가 떠오르는지 알기 위해 제품이 사용될 수 있는 다양한 장소나 시간(하루 중 어느 때, 1주일 중 무슨 요일, 1년 중 어느 때, 집에서, 직장에서, 휴가지에서)에 따라서만이 아니라 다양한 구입 동기에 따라서도 질문할 수 있을 것이다. 브랜드가 이러한 비제품 관련 고려사항과 강한 연관을 가질수록, 그러한 상황적인 단서가 주어졌을 때 그 브랜드가 비보조 상기될 가능성은 커지게 된다.

상황이나 사용의 단서뿐만 아니라 제품 속성이나 제품군 단서에 기반을 둔 복합 비보조 상기 측정은 비보조 상기 폭과 깊이에 관한 지표를 제공한다. 브랜드 비보조 상기는 비보조 상기의 지연도, 속도, 순서에 의해서도 구별될 수 있다. 많은 경우에 소비자는 브랜드를 보여주면 보조 상기하고, 충분한 단서를 주면 브랜드를 비보조 상기할 것이다. 따라서 잠재적 보조 상기력은 높다. 더 큰 문제는 브랜드의 현저성이다 — 예를 들어 고객이 제품을 구입하거나 사용할 때 브랜드를 생각하는가? 얼마나 빨리 브랜드를 생각하는가? 자동적으로 혹은 쉽게 비보조 상기할 수 있는가? 이것이 첫 번째로 비보조 상기되는 브랜드인가?

허위 인식　어떤 연구든 간에 소비자가 응답을 만들어내거나 추측해내는 문제를 고려해야 한다. 이러한 문제는 브랜드에 대한 특정 유형의 보조 인지나 인식 측정에 있어서 특히 두드러질 수 있다. 허위 인식은 소비자가 자신이 실제로 기억하지 못하는 것을 잘못 기억하고 있다고 이야기하거나, 심지어 존재하지도 않는 브랜드를 알고 있다고 주장할 때 발생한다.

　마케팅 관점에서 허위 인식의 문제는 브랜드가 나아갈 적절한 전략적 방향에 대해 잘못된 신호를 보낼 수 있다는 것이다. 예를 들어 옥토비스미스(Oxtoby-Smith)는 클라이언트 중 한 기업이 설문조사에서는 응답자의 50%가 브랜드를 알고 있다고 밝혔음에도 불구하고 5%의 낮은 시장 점유율로 어려움을 겪고 있음을 보고했다. 겉보기에는 브랜드 이미지와 브랜드에 대한 태도를 어느 정도 개선하는 것이 좋을 수 있다. 추가 검토 결과 마케팅 담당자는 브랜드 인지도에 대해 응답한 설문 응답자의 거의 절반을 허위 인식이 차지하고 있다고 판단해, 먼저 진정한 문제에 대한 적절한 해결책은 보다 높은 수준의 인지도를 구축하는 것이 우선임을 시사했다. 특히 새로운 브랜드나 그럴듯하게 들리는 이름을 가진 브랜드에 대해 허위 브랜드 인식이 있을 수 있기 때문에 마케팅 담당자는 오해를 불러일으킬 수 있는 가능성에 민첩하게 대처해야 한다.

전략적 함의　보조 상기 측정의 이점은 이 측정이 브랜드지식이 기억 속에서 어떻게 조직화되고 소비자들이 기억으로부터 특정 브랜드를 인출해낼 수 있기 위해 어떤 종류의 단서들이나 신호들이 필요한지에 대한 통찰력을 준다는 것이다. 다양한 차원의 제품군 특성이 단서로 사용될 경우 비보조 상기를 이해하는 것이 중요한데, 이것은 소비자에 의해 어떻게 구매 고려군이 형성되고 제품 결정이 행해지는지에 대해 함축적 의미가 있기 때문이다.

　예를 들어 다시 한 번 포르쉐 911의 경우를 생각해보기로 하자. 모든 차를 고려했을 때 이 특정 차에 대한 소비자의 비보조 상기는 매우 낮았으나 외제 스포츠카를 고려했을 때는 매우 높게 나타났다. 다시 말해 소비자는 포르쉐 911을 전형적인 스포츠카로 강력히 구분하고 그렇게만 생각하고 있는 것이다. 이런 경우에 더 많은 소비자로 하여금 포르쉐를 구입할 생각을 갖게 하려면 보다 일반적인 차로서 강하게 연상되도록 포르쉐의 의미를 확장할 필요가 있을 것이다. 물론 이러한 전략은 스포츠카로서 포르쉐 911의 강한 개성 및 순수성에 매력을 느끼는 기존 고객을 소외시키는 위험을 안게 될 것이다. 적합한 전략에 관한 결정은 2개의 서로 다른 세분시장을 목표로 할 때의 상대적 비용 및 이점에 따라 달라질 것이다.

　일반적으로 브랜드 비보조 상기 측정으로부터 수집된 통찰력은 4장 및 6장에서 본 바와 같이 브랜드 아이덴티티 및 통합 마케팅 커뮤니케이션 프로그램 개발에 있어 무척 중요하다. 예를 들어 브랜드 이름, 로고 등 어느 한 브랜드 요소가 어느 정도까지 다른 브랜드 요소를 암시하는지 알아내기 위해 각 브랜드 요소에 대한 브랜드 비보조 상기를 살펴볼 수 있다. 다시 말해 소비자가 모든 브랜드 요소를 어떤 방식으로 인지하고 그것들이 어떻게 연관되어 있는지를 알고 있는가?

　브랜드 인지도에 대한 철저한 이해와 더불어 다음 절에서는 브랜드 이미지에 대해 완벽히 이해하는 것이 중요하다.

브랜드 이미지

브랜드의 절대적으로 중요한 한 가지 측면은 소비자가 브랜드에 대해 가지고 있는 연상에 의해 반영되는 브랜드의 이미지이다. 특정한 성과와 심상 속성 및 편익의 소비자 지각과 관련된 하위 수준의 고려사항과 전반적인 판단, 감정과 관계에 관련된 보다 상위 수준의 고려사항을 구별하는 것이 유용하다. 이 두 수준 사이에는 분명한 관계가 있는데, 소비자의 전반적 브랜드 반응과 관계는 전형적으로 브랜드의 특정한 속성 및 편익에 관한 지각에 의존하기 때문이다. 이 절에서는 하위 수준의 브랜드 성과와 심상 연상을 측정하는 데 있어서 몇 가지 쟁점을 살펴보기로 한다.

믿음(belief)이란 사람이 특정 대상에 대해 가지고 있는 설명적 사고이다(예를 들어 특정 소프트웨어 패키지는 많은 유용한 기능 및 메뉴가 있어 사용하기에 편리하다).[40] 브랜드연상에 대한 소비자의 믿음은 브랜드와 그 경쟁자들과 연관된 특정 속성 및 편익이다.

2장에서는 성과 및 심상 연상을 평가하는 일련의 구조화된 측정법을 제시하고 있다. 위에서 설명한 정성적 조사 방법은 브랜드 이미지를 구성하는 이와 같은 다른 종류의 두드러진 브랜드연상을 발견해내는 데 유용하다. 브랜드 포지셔닝에 대한 잠재적 공헌을 더 잘 이해하기 위해서 확인된 믿음 연상은 브랜드자산의 원천을 구성하는 세 가지 핵심적 차원(강도, 호감도, 독특함) 중 한 가지 이상을 기반으로 평가할 필요가 있다.

첫 번째로, 위에서 언급한 대로 브랜드연상의 강도, 호감도, 독특함 등을 평가하는 다음과 같은 주관식 측정법이 사용될 수 있다.

1. 브랜드에 대해 가장 강력하게 연상되는 것은 무엇인가? 브랜드를 생각하면 무엇이 떠오르는가? (강도)
2. 브랜드의 어떤 점이 좋은가? 브랜드의 어떤 점을 좋아하는가? 브랜드의 어떤 점이 나쁜가? 브랜드의 어떤 점을 싫어하는가? (호감도)
3. 브랜드의 독특한 측면은 무엇인가? 다른 브랜드와 공유되는 특성에는 어떤 것들이 있는가? (독특함)

보다 구체적인 통찰력을 제공하기 위해, 이 믿음 연상은 그림 10-7에 제시된 립톤(Lipton) 아이스티에서 보이는 것처럼 강도, 호감도, 독특함 척도에 따라 평가될 수 있다. 파생된 이들 브랜드연상의 중요성 및 호감도를 평가하기 위해 간접적인 테스트가 활용될 수 있다(다변량 회귀분석을 통해서).

기타 방법 브랜드의 독특성을 측정하는 보다 복잡하고 정량적인 기법은 다차원 척도법이나 지각도이다. **다차원 척도법**(multidimensional scaling, MDS)은 제품이나 브랜드 같은 대상 집합의 지각되는 상대적 이미지를 결정하는 절차이다. 다차원 척도법은 소비자가 판단하는 유사성이나 선호도를 지각 공간 내의 거리로 변형한다. 예를 들어 응답자들이 브랜드 A, B, C 중에서 A브랜드와 B브랜드를 동일한 집합으로 판단한다면 다차원 척도법 연산 방식은 A와 B 브랜드 간의 거리를 다른 어느 브랜드 간의 거리보다도 작게 나타낸다. 응답자는 브랜드 간의 유사성을 유무형의 어떤 토대에서도 평가할 수 있다.[41]

그림 10-8은 어떤 시장 내 레스토랑에 대한 가상의 지각도를 보여준다. 세분시장 1은 맛보다는 건강을 중요시하는 시장으로 B브랜드가 겨냥하고 있다. 세분시장 2는 맛을 중요시하는 시장

1. 다음의 제품 특징이 어느 정도로 립톤 아이스티를 설명한다고 느낍니까?(1=강하게 부정, 7=강하게 동의)

＿＿＿＿＿＿＿＿ 편리하다.
＿＿＿＿＿＿＿＿ 시원하고 갈증을 해소한다.
＿＿＿＿＿＿＿＿ 진짜이며 자연적이다.
＿＿＿＿＿＿＿＿ 맛이 좋다.
＿＿＿＿＿＿＿＿ 현대적이고 적절하다.
＿＿＿＿＿＿＿＿ 젊은 전문직 종사자가 마신다.

2. 아이스티가 다음의 제품 특징을 갖는 것이 얼마나 좋거나 또는 나쁩니까?(1=매우 나쁨, 7=매우 좋음)

＿＿＿＿＿＿＿＿ 편리하다.
＿＿＿＿＿＿＿＿ 시원하고 갈증을 해소한다.
＿＿＿＿＿＿＿＿ 진짜이며 자연적이다.
＿＿＿＿＿＿＿＿ 맛이 좋다.
＿＿＿＿＿＿＿＿ 현대적이고 적절하다.
＿＿＿＿＿＿＿＿ 젊은 전문직 종사자가 마신다.

3. 다음의 관점에서 립톤 아이스티는 얼마나 독특합니까?(1=전혀 독특하지 않음, 7=매우 독특함)

＿＿＿＿＿＿＿＿ 편리하다.
＿＿＿＿＿＿＿＿ 시원하고 갈증을 해소한다.
＿＿＿＿＿＿＿＿ 진짜이며 자연적이다.
＿＿＿＿＿＿＿＿ 맛이 좋다.
＿＿＿＿＿＿＿＿ 현대적이고 적절하다.
＿＿＿＿＿＿＿＿ 젊은 전문직 종사자가 마신다.

그림 10-7
강도, 호감도, 독특함 측면에서
살펴본 브랜드연상 순위의 예

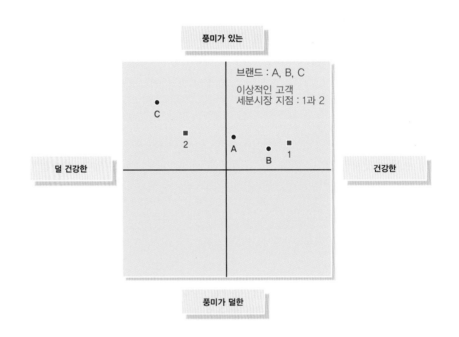

그림 10-8
가상의 레스토랑 지각도

으로 C브랜드가 겨냥하고 있다. A브랜드는 중간 지점에 어중간하게 위치하고 있다. A브랜드가 세분시장 1에서 성공하려면 더욱 건강한 제품을 출시해 B브랜드의 대체재가 되어야 하고, 세분시장 2에서 성공하려면 맛을 보강해야 C브랜드의 대체재가 될 수 있다.

기업이 소비자의 생각과 인식에 대한 단서를 소셜 미디어가 어떻게 제공하는지 이해하기 위해 세밀한 알고리즘을 구축하고 있음에 따라 다음 절에서는 소셜 미디어 청취의 최근 발전에 대해 다룬다. 이는 소셜 미디어 대화를 이용해 브랜드 이미지를 측정하고 모니터링할 수 있는 방법을 제공하며, 브랜드 마케터가 상대적으로 낮은 비용으로 지속적으로 이용할 수 있게 한다.

소셜 미디어 청취 및 모니터링

소셜 미디어 모니터링은 빠르게 성장하고 있으며 전문화된 마케팅 연구 분야이다. 기업은 소셜 미디어 모니터링 서비스를 사용해 블로그 및 온라인 게시판은 물론 페이스북이나 트위터 같은 온라인 소셜 네트워킹 플랫폼과 같은 다양한 온라인 소셜 미디어상에 언급된 브랜드와 제품을 추적한다. 이러한 서비스는 일반적으로 기업에게 두 종류의 브랜드 수준 시계열 데이터를 제공하는데, 그것은 브랜드가 다양한 소셜 미디어 상에서 얼마나 언급되었는지를 측정하는 **볼륨**(volume), 그리고 이러한 브랜드 언급이 긍정적인지 부정적인지를 정량화함으로써 브랜드에 대한 호감을 나타낼 수 있는 **감정가**(valence)이다.

브랜드와 관련된 주요 통계 자료는 종종 다음으로 구성될 수 있는 대시보드라고 불린다—(1) 다양한 소셜 미디어 플랫폼 내 브랜드 메시지 참여 횟수(예 : 페이스북의 '좋아요'나 트위터의 리트윗), (2) 소셜 미디어 메시지와 관련된 감정(긍정, 부정), (3) 브랜드와 관련된 주제, (4) 브랜드와 관련된 키워드 목록. 이러한 정보는 시간 경과에 따른 추세를 조사하거나 브랜드의 주요 경쟁 업체 통계자료와 대조함으로써 더욱 구체화된다.[42] 그림 10-9는 소셜 미디어 대시보드의 예를 보여준다.

소셜 미디어 모니터링 및 청취 산업의 발전은 크림슨헥사곤(Crimson Hexagon), 오라클(Oracle)의 소셜 클라우드, 시소모스(Sysomos), 세일즈포스(Salesforce)의 소셜 클라우드, 브랜드워치

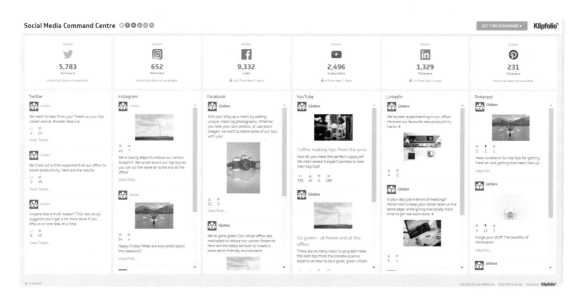

그림 10-9   소셜 미디어 대시보드
소셜 미디어 대시보드는 브랜드의 소셜 미디어 존재에 대한 짤막한 정보를 빠르게 제공하며 디지털 브랜드를 관리하는 데 유용한 도구가 될 수 있다.

소셜 미디어 모니터링 및 청취 산업에는 소셜 미디어 채널로부터 나오는 고객의 소리를 듣도록 브랜드를 도와주는 다양한 서비스를 제공하는 크림슨헥사곤과 같은 선도 기업이 있다.

세일즈포스 소셜 클라우드는 소셜 미디어 청취를 위한 중요한 도구이다.

(BrandWatch)와 같은 여러 유명 업체를 탄생시켰다.[43] 이러한 회사는 브랜드 마케팅 담당자에게 소셜 미디어 모니터링 서비스 및 소셜 미디어 분석을 제공함으로써 브랜드에 연관된 소셜 미디어 대화를 추적할 수 있도록 한다. 설문조사와 같이 브랜드를 추적하기 위한 전통적인 마케팅 조사 방법에 비해 소셜 미디어 모니터링 데이터가 갖는 장점으로는 관찰이 가능하고 눈에 거슬리는 방법이 아니라는 점, 비교적 저렴하게 데이터를 얻을 수 있다는 점이다. 명백한 단점으로는 포커스 그룹이나 설문조사와 같은 다른 조사 방법이 할 수 있는 직접적인 조사나 질문이 불가능하다는 것이다. 브랜딩 브리프 10-6은 게토레이라는 한 선두 브랜드가 소셜 미디어 청취 기능을 사용해 소비자가 생각하는 브랜드와 마케팅에 대한 인식이 무엇인가를 추적하는 방법에 대해 기술한다.

브랜딩 브리프 10 - 6

게토레이의 소셜 미디어 관리 센터

시카고 본사 내부에 있는 게토레이의 소셜 미디어 관리 센터는 마케팅 담당자가 소셜 미디어 청취 도구를 활용해 마케팅 및 브랜드 전략을 개선할 수 있는 방법을 보여주는 대표적인 사례 중 하나로 알려져 있다. 이 회사는 소셜 모니터링을 위해 크림슨헥사곤과 파트너 관계를 맺었으며, 제어실은 6개의 대형 모니터를 자랑하며 시각화된 데이터를 보여준다. 시각화된 데이터는 게토레이와 관련된 트윗 수, 브랜드 이름과 함께 소비자가 사용하는 핵심 용어, 운동선수 및 스포츠영양학 관련 주제와 관련된 트렌드 주제와 같은 정보를 제공한다. 또한 모니터는 다양한 블로그에서 이야기되고 있는 주요 주제를 표시하고 브랜드 자체에 연결된 감성이 무엇인지 요약해서 보여준다.

이 센터를 통해 브랜드는 랜딩 페이지를 최적화하고 팔로워가 가장 관련성 높은 콘텐츠를 볼 수 있도록 함으로써 브랜드 참여도를 250% 높일 수 있었다. 게토레이가 이 센터를 활용하는 다른 중요한 방법에는 다음과 같은 것이 있다 ― (1) 소비자가 가질 수 있는 불만이나 걱정거리가 무엇인지 파악하고 이러한 불만과 걱정거리를 다루는 것, (2) 프로모션의 타기팅 정확도를 향상시키고 효과성을 측정하는 것, (3) 다른 광고 캠페인의 영향을 검토하는 것. 스포츠 영양학과 관련된 광범위한 트렌드는 브랜드와 관련된 고객의 소리를 이해하고 추적하는 것에서도 나타난다.

게토레이 광고에 쓰인 '진화하다'라는 노래가 많은 소비자들의 관심을 끌었는데, 고객들이 "어떻게 이 노래를 가질 수 있나요?"라고 질문하는 것을 소셜 미디어 센터가 알아차렸다. 이에 게토레이는 데이비드 배너(David Banner)가 부른 이 노래를 자사 웹사이트에서 무료로 다운로드할 수 있게 만들었고, 많은 방문객이 뒤따를 수 있었다. 이렇게 신속한 응답이 가능했던 것은 소셜 미디어 청취 플랫폼이 고객들이 무엇을 생각하고 어떤 이야기를 나누는가에 대한 지속적인 피드백을 제공했기 때문이다. 또한 소셜 미디어 센터는 게토레이가 고객에게 발생하는 서비스 문제가 무엇인지 파악하고 이를 해결해주는 데도 도움이 되었다.

게토레이가 가상현실 및 증강현실과 같은 새롭고 비전통적인 방식의 광고 캠페인에 투자했기 때문에 특히나 소셜 미디어에 귀 기울이는 것은 중요하다. 그 예로 2015년 게토레이는 가상현실 기법을 사용해 인기 야구 선수인 브라이스 하퍼(Bryce Harper)의 관점에서 관중석에 야구공을 치는 경험을 팬들에게 제공했다. 가상현실 사용자는 야구공이 올 때까지 기다리게 되고 마침내 홈런을 치는 그 순간을 경험하게 된다. 광고는 유튜브 360을 사용했는데, 이는 시청자로 하여금 마우스를 드래그하면 다른 각도에서 비디오를 시청할 수 있도록 해준다. 비슷한 맥락에서 스냅챗과의 파트너십을 통해 선보인 게토레이의 '디지털 덩크'는 소셜 미디어에서 화제를 모으고 인지도를 높이기 위한 또 다른 혁신적인 실험이었다.

게토레이의 소비자 참여 책임자인 케니 미첼(Kenny Mitchell)은 "작년에 우리가 충분히 성공을 거두었다고 생각했으니, 이 캠페인을 조금 변형시켜서 다시 시도해보는 것이 어떨까"라고 이야기했다. 이 캠페인은 사용자가 찍은 셀카 동영상 위에 게토레이 물폭탄을 맞는 모습을 스냅챗 애니메이션 필터 라이브러리를 사용해 얹은 것이었다. 2017년 슈퍼볼 준비 기간 동안 진행된 이 캠페인에는 세레나 윌리엄스(Serena Williams)와 여러 유명인사들이 출연했으며 1억 6,500만 회라는 엄청난 조회수를 기록했다. 게토레이에 특화된 상호작용적인 경험을 제공하는 이 캠페인을 통해 게토레이는 스냅챗 사용자에게 대규모로 접근할 수 있도록 도와주었다. 게토레이가 새로운 증강현실 및 소셜 미디어 기반 캠페인을 실험하는 과정에서 이들의 캠페인이 성공했는지 실패했는지를 추적할 수 있는 좋은 방법을 소셜 미디어 청취가 제공한다는 것은 당연한 일이다.

게토레이의 소셜 미디어 관리 센터는 고객이 어떤 생각을 하고 무엇에 관해 이야기하는지에 대한 피드백을 관리자에게 제공한다.

출처 : Adam Ostrow, "Inside Gatorade's Social Media Command Center," *Mashable.com*, June 15, 2010, http://mashable.com/2010/06/15/gatorade-social-media-mission-control/#BrTi2hww28qZ, accessed October 17, 2017; Fiona Saluk, "Taking a Look at the Most Impressive Command Centers," January 23, 2015, www.brandwatch.com/blog/taking-look-impressive-command-centers/, accessed October 17, 2017; Garett Sloane, "Gatorade Is Reprising the Super Bowl Dunk on Snapchat," February 3, 2017, http://adage.com/article/special-report-super-bowl/gatorade-reprising-super-bowl-dunk-snapchat/307844/, accessed October 17, 2017; E.J. Schultz, "Gatorade Lets Viewers Step Up to Bat with Virtual Reality Campaign," *AdAge*, September 16, 2015, http://adage.com/article/digital/gatorade-puts-viewers-bat-virtual-reality-campaign/300384/, accessed October 31, 2017; Kenny Mitchell, Head of Customer Engagement, Gatorade, personal correspondence, October 5, 2017.

소셜 미디어 모니터링에 대해 위에서 서술한 바와 같이 이전과는 다르게 커뮤니케이션 환경이 변했고 소비자들은 서로 소통에 참여할 수 있게 되었다. 소셜 미디어와 디지털 환경상 소통 창구가 증가함에 따라 브랜드 마케터가 갖고 있는 고민 중 하나는 커뮤니케이션 채널에 대한 투자수익률(ROI)을 이해하는 것이다. 브랜딩 브리프 10-7은 기여 모형을 설명한다.

브랜드 반응

보다 일반적인 상위 수준의 고려사항을 측정하는 목적은, 어떻게 소비자들이 그들의 마음속에 존재하는 브랜드에 관한 보다 구체적인 하위 수준의 고려사항을 모두 조합해 각기 다른 형태의 브랜드 반응 및 평가를 형성하는지를 밝혀내는 것이다. 2장에는 핵심 브랜드 판단, 감정을 측정하는 방법의 예가 나와 있다.

구매 의도 또 다른 가능한 측정은 브랜드태도 및 중요도와 밀접한 관련이 있는 구매 의도이며,

셜 미디어 및 디지털 채널을 기반으로 하는 소비자와의 접점이 확산함에 따라 마케터는 소셜 미디어 및 디지털 마케팅의 투자 수익률을 이해하는 데 점점 더 관심을 갖게 되었다. 어떤 소셜 미디어 채널이 인지도, 참여, 판매에 가장 크게 기여했을까? 이러한 질문의 초점은 기여 모형(attribution modeling)이라고 불리는데, 구글 애널리틱스 소프트웨어에 의하면 이는 '전환 경로에서 판매 및 전환에 대한 기여도를 소비자 접점에 어떻게 할당할지를 정하는 규칙 또는 규칙의 집합'으로 정의된다. 여러 소비자 접점에 크레딧을 할당하는 것은 마케터에게 중요한 문제이다.

기여 모형은 크게 세 가지 문제에 봉착한다. 첫 번째 문제는 온라인 마케팅과 광고 활동에 대해 오프라인의 영향력이 얼마나 되는가 (혹은 그 반대) 원인을 밝히는 방법이다. 예를 들어 유료 검색 광고에 대한 투자 수익률을 평가한다고 상상해보자. 특정 브랜드에 대한 검색량은 소비자의 브랜드 이름에 대한 관심도에 달려 있다. 그러나 검색 질문은 TV 광고, 잡지 광고, 옥외 광고를 포함한 오프라인 마케팅활동에 의해 유도될 수 있다. 따라서 이러한 형태의 마케팅과 프로모션의 간접적 영향력과 유료 광고만의 영향력을 구분 짓는 것은 어려운 일이다.

두 번째 문제는 노트북, 스마트폰, TV 등 여러 기기 간에 일어나는 마케팅활동의 귀인을 어떻게 할 것인지다. 하나 이상의 기기를 포함하는 이러한 기기 간 쇼핑은 전체 전자상거래 중 거의 40%를 차지한다. 이를테면 대형 온라인 의류 소매업체의 한 디지털 마케팅 담당자가 기기별로 온라인 거래를 조사한 결과, 구매 중 상당수가 데스크톱 컴퓨터에서 이루어졌다고 해보자. 그러나 구매 버튼을 데스크톱에서 클릭하기 이전의 활동을 더 자세히 살펴보면 구매 완료 전 구매 경로 초기에 의류를 검색하기 위해 일반적으로 태블릿이나 스마트폰을 사용했다는 것을 알 수 있다. 이러한 유형의 장치 간 활동은 미디어 계획 및 구매를 복잡하게 만들긴 하지만 계획 단계에 있어 아주 중요하다. 소비자의 장치 간 구매 행동의 복잡성을 이해하는 것은 디지털 마케팅 캠페인의 성공을 보장할 수 있다.

기여 모형의 세 번째 문제는 전환에 기여하는 다양한 디지털 마케팅 채널(소셜 미디어, 디스플레이, 유튜브, 추천, 이메일, 검색 등)의 효과가 어떠한지 정확하게 평가하는 것이다. 구글 애널리틱스 혹은 사이트카탈리스트(SiteCatalyst)와 같은 다양한 표준 분석 패키지는 전환 유도를 담당하는 미디어 선택지의 경로 길이 및 포트폴리오를 식별하는 데 사용된다. 그러나 각 미디어 선택지에 크레딧을 할당하는 것은 여전히 어려운 문제일 수 있다. 전환 기여도를 알아내는 가장 일반적인 방법은 첫 번째 접점 또는 최종 접점을 사용하는 것이다. 첫 번째 접점 기여 모형은 상호작용을 시작한 첫 번째 접점에 기여도를 부여한다. 대조적으로, 최종 접점 기여 모형은 궁극적인 전환을 유도하는 접점과 상호작용에 기여도를 부여한다. 예를 들어 구글 애널리틱스의 최종 상호작용 모형은 판매 또는 전환 직전에 발생한 최종 접점(클릭)에 기여도를 할당한다. 또 다른 옵션은 주어진 전환에 대한 기여를 모든 채널에 균등하게 분할하는 선형 기여이다. 선형 기여 모형의 문제는 구매에 이르기까지의 경로 중 각기 다른 접점의 영향력을 고려하지 않는다는 것이다. 보다 복잡한 기여 모형은 정확도를 높이지만 더 많은 시간이 들 수 있고 데이터 집약적일 수 있다. 이러한 문제들을 감안할 때 정확하고 사용하기 쉬운 기여 모형을 찾는 것이 앞으로 수년간은 디지털 마케터의 성배가 될 것이다.

출처 : Kohki Yamaguchi, "3 Challenges of Attribution Modeling: The Bad, the Bad and the Ugly," September 25, 2014, https://marketingland.com/3-challenges-attribution-modeling-bad-bad-ugly-101257, accessed November 7, 2017; Criteo, "The State of Mobile Commerce," September 13, 2016, www.criteo.com/resources/mobile-commerce-report/, accessed November 7, 2017; Google Support, Analytics Help, "Attribution Modeling Overview," https://support.google.com/analytics/answer/1662518?hl=en, accessed October 11, 2017; Avinash Kaushik, "Multi-Channel Attribution Modeling: The Good, Bad and Ugly Models," Occam's Razor, August 12, 2013, https://www.kaushik.net/avinash/multi-channel-attribution-modeling-good-bad-ugly-models/, accessed November 11, 2018; Eva Anderl, Ingo Becker, Florian Von Wangenheim, and Jan Hendrik Schumann, "Mapping the Customer Journey: Lessons Learned from Graph-Based Online Attribution Modeling," *International Journal of Research in Marketing* 33, no. 3 (2016): 457–474; P. K. Kanna, Werner Reinartz, and Peter C. Verhoef, "The Path to Purchase and Attribution Modeling: Introduction to Special Section," *International Journal of Research in Marketing* 33, no. 3 (2016): 449–456.

구매 의도 측정은 브랜드를 구입할 가능성이나 그 브랜드에서 다른 브랜드로 바꿀 가능성에 초점을 둔다.[44] 심리학 연구에 따르면 구매 의도는 다음 차원에서 양자 간의 일치가 있을 때 실제 구입을 가장 잘 예견하는 것으로 보인다.[45]

- 행동(직접 사용하거나 선물 목적으로 구입)
- 대상(제품이나 브랜드의 특정 유형)

- 상황(가격 수준과 기타 다른 조건에 기반을 둔 어떤 유형의 점포에서)
- 시간(일주일 내, 한 달 내, 1년 내)

다시 말해 소비자에게 브랜드나 제품의 구입 가능성을 질문할 때는 구입 목적, 구입 장소, 구입 시기 등 가능한 상황을 정확히 명시하는 것이 중요하다. 예를 들어 소비자에게 다음과 같이 질문할 수 있다. 그러면 소비자는 구매 의도를 0(절대 안 산다)부터 10(꼭 산다)의 11단계 가능성으로 표현할 수 있다.

테슬라는 고객이 제품을 타인에게 추천하고자 하는 의지를 측정하는 핵심 고객 만족 지표인 순추천지수(NPS) 점수가 높다.

"다음 주에 당신의 냉장고가 고장 나고, 저렴하게 수리할 수 없다고 가정해보십시오. 가장 선호하는 가전제품 매장에 갔는데 모든 다른 브랜드의 가격이 비슷할 경우, LG 시그니처 냉장고를 살 가능성은 얼마나 됩니까?"

추천 가능성 베인(Bain)의 프레더릭 라이켈트(Frederick Reichheld)는 정말 중요한 고객 질문은 단 하나라고 이야기한다. 그것은 "이 제품이나 서비스를 친구나 동료에게 추천할 가능성은 얼마나 됩니까?"이다. 라이켈트에 따르면 고객의 추천 의사는 그들의 경험 전반에 걸쳐 나오는 것이다.[46]

라이켈트는 이 질문에 대한 답변을 사용해 그가 순추천지수(Net Promoter Score, NPS)라고 부르는 것을 만들어낸다. 구체적인 절차로는 설문조사에서 고객들이 0~10점 척도로 추천 가능성을 매긴다. 그런 다음 추천자(9~10점을 준 고객)에서 비추천자(0~6점을 준 고객)를 빼서 NPS 점수를 계산한다. 7점 또는 8점을 준 고객은 만족의 정도가 수동적이라고 고려되어 점수 계산에는 포함되지 않는다. 일반적인 NPS 점수는 10~30점 범위에 속하지만, 세계적인 기업은 50점 이상을 받을 수 있다. NPS 점수가 높은 기업으로는 테슬라(80점), USAA(89점), 애플(77점), 아마존(61점), 인텔(52점), 지프(59점) 등이 있다.[47]

일부 기업은 NPS 점수를 브랜드 상태를 추적하는 수단으로 채택함으로써 이득을 얻기도 한다. GE 헬스케어의 유럽 사업부가 콜센터를 개편하고 더 많은 전문가를 현장에 투입했을 때 NPS 점수가 10~15점가량 상승했다. 베어링포인트(BearingPoint)는 높은 NPS 점수를 준 클라이언트가 가장 높은 매출 성장을 보였다고 밝혔다. 인튜이트(Intuit)가 자사 터보택스(TurboTax) 제품에 NPS를 적용했을 때, 소프트웨어의 리베이트 절차에 대한 불만이 담긴 피드백을 받았다. 이를 반영해 리베이트 시 구매 증명서 요구사항을 없애고 난 후 매출이 6% 급증했다. NPS의 단순함과 더불어 입증되지는 않았지만 이의 장점과 관련된 여러 증거에도 불구하고, 고객 경험과 만족도를 추적하기 위해 사용하는 다른 지수에 비해 NPS의 우월함을 입증하는 결정적인 연구는 존재하지 않는다. NPS에도 단점은 분명히 있다. 일각에서는 회사의 수익성 등 다른 측면을 희생해 NPS를 높일 수 있다는 주장도 나왔다.[48] 또한 다른 이들은 낮은 NPS 점수를 해석하기 위해서는 좀 더 많은 진단 정보가 필요하다고 주장했다.[49] 이러한 단점과는 상관없이 후원자들이 기업에 대한 지지를 보장하고 고객 중심의 조직 문화를 촉진하기 위해서 기업이 취하는 광범위한 조치의 일부로 NPS 점수를 활용하는 것은 가치가 있다.

그림 10-10

브랜드 참여 척도

출처 : David Sprott, Sandor Czellar, and Eric Spangenberg, "The Importance of a General Measure of Brand Engagement on Market Behavior: Development and Validation of a Scale," *Journal of Marketing Research* 46, no. 1 (February 2009): 92–104.

1. 내가 좋아하는 브랜드와 나는 특별한 유대를 갖는다.
2. 내가 좋아하는 브랜드가 나 자신의 일부라고 생각한다.
3. 나는 내가 좋아하는 브랜드와 나 사이의 개인적인 연결을 종종 느낀다.
4. 나의 일부는 내 인생에서 중요한 브랜드에 의해 정의된다.
5. 내가 가장 선호하는 브랜드와 밀접한 개인적인 연결이 되어 있는 것처럼 느낀다.
6. 나는 내 인생에서 중요한 브랜드를 규명할 수 있다.
7. 내가 좋아하는 브랜드와 나 자신을 보는 방법 간에 연결 고리가 있다.
8. 내가 가장 좋아하는 브랜드는 내가 누구인지 나타내는 중요한 표식이다.

브랜드 관계

2장은 브랜드 공명의 측면에서 브랜드 관계의 특징을 기술하고 네 가지 핵심 차원(행동적 충성도, 태도적 애착, 공동체 의식, 적극적 참여) 각각에 대한 가능한 측정 방법을 제공한다. 이 절에서는 이들 척도와 관련된 추가적인 고려 요인에 대해 살펴볼 것이다. 그림 10-10은 브랜드 참여를 측정하기 위해 개발된 척도를 제시하였다. 이 척도들은 특정 브랜드를 다른 브랜드로 대체함으로써 브랜드 공명의 측정을 용이하게 할 수도 있다. 예를 들어 "내가 좋아하는 브랜드가 나 자신의 일부라고 생각한다"를 "내가 좋아하는 오랄비 전동칫솔은 나 자신의 일부라고 생각한다" 등으로 말할 수 있다.

행동적 충성도 보고된 브랜드 사용 행태 및 충성도를 포착하기 위해 소비자들에게 직접적인 몇 가지 질문을 할 수 있다. 다른 방법으로는 소비자에게 제품군 내에서 최근 그 브랜드를 구입한 비율(과거 구매 내역)과 다음 구입계획 비율(미래 구매 의도)에 대해 질문할 수 있다. 예를 들면 듀라셀 건전지의 마케터나 브랜드 관리자는 다음과 같은 질문을 했다.

- 대개 어떤 브랜드의 건전지를 구매하는 편입니까?
- 주로 어떤 브랜드의 건전지를 최근에 구매했습니까?
- 지금 가지고 있는 건전지가 있습니까? 어떤 브랜드입니까?
- 어떤 브랜드의 건전지 구매를 고려했습니까?
- 향후 어떤 브랜드의 건전지를 구매하겠습니까?

이런 종류의 질문은 듀라셀의 브랜드태도 및 사용 행태에 대한 정보, 경쟁자와의 잠재적 격차, 구입 시 고려대상 속에 누가 포함되는지 등에 관한 정보를 제공한다.

이런 측정은 주관식이고 이분적(소비자가 강제로 브랜드를 선택해야 하는)일 수 있으며 다중선택이나 순위척도를 포함할 수도 있다. 이런 종류의 질문에 대한 답변은 소비자가 그들의 예측에 있어 정확했는지 여부를 평가하기 위해 소비자 행동에 대한 실제 측정과 비교될 수 있다. 예를 들어 소비자의 평균 30%가 다음 2주 동안에 비타민을 매일 복용할 것이라고 답변했지만, 단지 15%만이 실제로 비타민을 복용했다고 한다면 센트룸(Centrum) 브랜드 관리자는 구매의도를 실제 행동으로 더

듀라셀 건전지는 소비자가 주로 구입하는 건전지 브랜드가 무엇이며 미래에 구입할 용의가 있는 브랜드가 무엇인지 물어봄으로써 브랜드 충성도와 사용도를 측정할 수 있다.

잘 전환할 수 있는 전략을 고안할 필요가 있을 것이다.

B2B 상황에서 '고객충성도 사다리'에 고객이 어디에 위치하는지 알기 위해 나라얀다스 (Narayandas)는 매출 기록을 분석하거나 판매팀과 이야기하거나 설문조사를 수행하는 것에 찬성한다.[50]

태도적 애착 공명의 두 번째 요소인 브랜드 애착을 측정하는 여러 상이한 접근법이 있다.[51] 어떤 연구자는 브랜드 애착을 브랜드 사랑의 측면에서 특징짓는다.[52] 한 연구는 10개 항목으로 구성된 브랜드 사랑 척도를 제안했다 — (1) 이것은 멋진 브랜드이다, (2) 이 브랜드는 나를 기분 좋게 한다, (3) 이 브랜드는 매우 놀랍다, (4) 이 브랜드에 대해 보통의 감정을 갖는다(역코딩 문항), (5) 이 브랜드는 나를 매우 행복하게 만든다, (6) 나는 이 브랜드를 사랑한다, (7) 나는 이 브랜드에 대해 특별한 감정을 갖지 못한다(역코딩 문항), (8) 이 브랜드는 순수한 기쁨을 준다, (9) 나는 이 브랜드에 열정적이다, (10) 나는 이 브랜드에 매우 애착이 있다.[53]

또 다른 연구에서는 브랜드 사랑을 특징 짓는 11개 차원을 발견했다.[54]

1. 브랜드를 향한 열정
2. 브랜드와 맺은 관계가 지속된 기간
3. 자아 이미지와 제품 이미지 간 일치성
4. 소비자의 꿈
5. 브랜드가 일으키는 기억
6. 브랜드가 소비자에게 주는 기쁨
7. 브랜드에 느끼는 매력
8. 브랜드 혹은 브랜드 관계의 독특성
9. 브랜드의 미
10. 브랜드 신뢰도
11. 애정의 맹세

브랜드 애착을 정의하는 유망한 접근 방법 중 하나는 두 가지 근본적인 개념인 브랜드-자기 연결과 브랜드 현저성으로 설명하는 것이다. 두 개념은 다음과 같은 하위 개념이 있다.[55]

1. 브랜드-자기 연결
   a. **연결감** : "브랜드와 당신이 얼마나 개인적으로 연결되었다고 느끼십니까?"
   b. **자기 일부분** : "브랜드가 얼마나 당신의 일부분이며 당신을 정의한다고 생각하십니까?"
2. 브랜드 현저성
   a. **자동적** : "브랜드에 대한 당신의 생각과 느낌이 어느 정도 자주 저절로 떠오르십니까?"
   b. **자연적** : "브랜드에 대한 당신의 생각과 느낌은 어느 정도 자연스럽고 즉각적으로 떠오르십니까?"

공동체 의식 충성도와 태도적 애착을 측정하는 것은 다분히 직접적인 질문을 요구하지만, 공동체 의식과 적극적인 참여는 이들의 다양한 쟁점 때문에 보다 다양한 측정 방법이 있을 수 있다. 마케팅 프로그램이 잠재적인 또는 기존의 고객과 보다 가까이 접촉함에 따라, 소비자들이 마케팅 프로그램의 다양한 요소와 어떤 식으로 연결되고 관련되는지를 평가하는 것이 점차 중요해지고 있다.

공동체와 관련해 제안된 한 가지 흥미로운 개념은 브랜드 컨설팅업체인 비발디파트너스(Vivaldi Partners)에 의해 개발된 소셜 화폐(social currency)이다. 이들은 소셜 화폐를 '직장이나 가정에서 일상적인 사회생활의 일부로 브랜드나 브랜드에 대한 정보를 공유하는 정도'로 정의한다. 그림 10-11은 비발디파트너스가 제안하는 소셜 화폐 개념을 구성하는 다양한 차원을 보여준다.

적극적 참여 공명 모델에 따르면, 브랜드에 대한 **적극적 참여**는 소비자가 브랜드를 구매 또는 소비하는 동안 브랜드에 자신들의 자원(시간, 에너지, 돈 등)을 투자할 용의가 있는 정도로 정의한다.

예를 들어 참여의 깊이에 관한 측정으로는 구전 행동, 온라인 행동 등의 탐구가 있다. 온라인 행동의 경우 측정 방법은 기업에 의해 발의된 상호작용에 대항해 고객에 의해 발의된 상호작용의 정도, 기업과 비교해 고객에 의한 교육과 학습의 정도, 고객이 다른 고객을 교육하는 정도 등을 탐구할 수 있을 것이다.[56]

그러한 매트릭스에서의 핵심은 상호작용의 정성적 본질 그리고 그것이 감정의 강도에 어떻게 영향을 주는지다. 많은 인터넷 기업에 의해 자행된 한 가지 실수는 '아이볼(eyeball)'이나 '스틱키니스(stickiness)' — 웹사이트에서의 페이지뷰 수와 체류시간 — 를 상대적으로 지나치게 강조했다는 것이다. 그러나 대개는 고객들로 하여금 방문하게 만드는 기본적인 브랜드 관계의 깊이와 그들의 관계를 브랜드에 도움이 되는 활동 속에서 명확하게 만드는 태도가 더 중요할 것이다.

이에 따라 연구자들은 다양한 온라인 및 소셜 미디어 활동의 브랜드 가치를 파악하기 위해 노력하고 있다.[57] 예를 들어 페이스북에서 사용자의 '좋아요'가 얼마나 중요할까? 한 회사는 사용자를 팬으로 끌어들이는 것은 44센트에서 3.60달러 사이 정도의 가치를 지니는데, 이는 페이스북 뉴스피드에서 보이는 광고 증가로 인해 얻어지는 미디어 가치와 동등하다고 추정했다. 그러나 이 연구를 비판하는 사람들은 모든 팬이 동등하게 만들어지는 것은 아니라고 지적했다.[58]

차원	핵심 질문	차원의 가치
대화	브랜드 사용자 중 어느 정도의 비율이 화제에 대해 인지하고 이를 일으키는가?	고객이 브랜드에 대해 나서서 이야기한다.
지지	얼마나 많은 고객이 브랜드 신봉자 역할을 하며 브랜드를 지지하는가?	고객이 브랜드에 대해 다른 사람에게 이야기하며 더 나아가 해당 브랜드를 추천한다.
정보	얼마나 많은 고객이 다른 사람들과 유용한 정보를 공유하고 있다고 느끼는가?	브랜드에 대해 고객이 가지고 있는 정보가 많을수록 브랜드를 좋아할 확률이 높아진다.
소속	브랜드 사용자 중 어느 정도의 비율이 공동체 의식이 있는가?	브랜드 가치는 마음이 맞는 타인들 사이에서 발생하는 공동체 의식과 밀접하게 연관되어 있다.
효용	다른 사람과의 상호작용을 통해 고객이 얼마나 많은 가치를 이끌어내는가?	브랜드를 포함한 타인과의 사회적 교환은 사람들의 생활에서 필수적인 부분이다.
정체성	얼마나 많은 브랜드 사용자가 다른 사용자와 동일시할 수 있는가?	고객은 브랜드 사용을 통해 강한 정체성과 더불어 타인에게 자신을 표현할 수 있는 능력을 개발한다.

그림 10-11
비발디파트너스의 소셜 화폐 모델

출처 : Erich Joachimsthaler at Vivaldi Partners.

브랜드 관계 연구   보스턴대학교의 수잔 포니에(Susan Fournier)는 브랜드가 인간관계에 있어서 충분히 동반자 역할을 할 수 있다고 주장하며, 이 프레임워크 내에서 브랜드 개성의 개념을 재구성할 것을 제안한다.[59] 특히 포니에는 일상적으로 실행되는 마케팅 믹스 의사결정이 브랜드에 대해 제정된 일련의 행동을 구성한다고 이야기한다. 이러한 행동은 소비자와 브랜드 관계, 관계 유형을 결정짓는 암묵적인 계약에 관한 일련의 추론을 유발한다.

이 프레임워크 내에서 개념화된 브랜드 개성은 브랜드에 의해 수립된 관계 **역할**이 무엇인가를 동반자 유형으로 설명한다. 예를 들어 브랜드가 소비자에게 헌신의 신호를 보내고 나아가 애정의 상징으로 선물을 보낸다면, 소비자는 브랜드와의 관계가 구애나 결혼의 유형임을 유추한다. 포니에는 브랜드 개성에 대해 마케팅 전략이나 목표와 연결될 수 있을지 없을지도 모르는 일반적인 개성 성향을 보는 특성 기반 관점에서 보는 것보다 관계 역할의 관점에서 보는 것이 마케팅 행동과 긴밀히 연결되는 브랜드 개성을 수립하고 관리하는 데 있어 마케팅 관리자에게 보다 실행 가능한 지침을 제공한다고 주장한다.

포니에는 브랜드 경쟁력의 개념과 측정을 소비자가 브랜드와 맺는 브랜드 관계 측면에서만 엄격히 재구성하는 훌륭한 연구를 수행했다. 이는 브랜드 경쟁력을 **브랜드 관계 품질**(brand relationship quality, BRQ)을 사용해 소비자와 브랜드 간 관계 유대의 강도, 깊이, 지속성 측면에서 정의했다. 광범위한 타당화 연구는 BRQ가 다면적인 위계 구조를 갖고 있음을 밝혔고, 관계 강도를 여러 가지 하위 측면을 가진 여섯 가지 주요 차원으로 분류했다. 주요 차원은 (1) 상호 의존성, (2) 자기개념 연결, (3) 헌신, (4) 사랑/열정, (5) 친밀감, (6) 브랜드 동반자 자질이다.

포니에는 이러한 차원과 하위 측면(예를 들어 브랜드 동반자 자질 차원에서의 신뢰 측면, 또는 헌신의 방향이 소비자로부터 기업인지 기업으로부터 소비자인지)이 경쟁력을 측정하는 다른 방법보다 진단에 있어 우수한 가치가 있다고 주장하며, 이는 다른 곳에 BRQ 방법을 적용할 때 관리 효용성이 더욱 크다고 이야기한다. 포니에의 경험에 따르면 BRQ 척도는 경쟁사 대비 브랜드 경쟁력 프로파일, 시장 성과 지표와의 유용한 연관성, 시장 내 경영 활동을 통한 브랜드자산을 강화하거나 저하하는 구체적인 지침을 제공하는 브랜드 추적 연구에 성공적으로 포함될 수 있었다.

BRQ의 여섯 가지 주요 차원은 다음과 같다.

- **상호 의존성** : 브랜드가 소비자의 일상생활 과정에 스며드는 정도를 행동적인 측면(상호작용의 빈도, 범위, 강도)과 인지적인 측면(기대된 브랜드 상호작용 대한 갈망과 심취)으로 나타낸 것. 극단적인 상호 의존은 의존과 중독이 된다.
- **자기개념 연결** : 브랜드가 자기정체성과 관련된 걱정, 임무, 주제 등을 전달하는 정도. 브랜드는 과거나 현재, 개인적이거나 사회적인 측면의 자기개념의 중요한 부분을 나타낸다. 극단적인 형태의 자기개념 연결은 브랜드와 자기 자신을 통합한다.
- **헌신** : 상황의 예측 가능성과는 관계없이 지속적으로 브랜드와 관계를 맺고 관계를 개선하려는 헌신. 헌신은 퇴출 장벽을 유발하는 매몰비용이나 회수 불가능한 투자에 의해서만 정의되는 것은 아니다.
- **사랑 또는 열정** : 다른 대안 대비 특정 브랜드에 대한 호감도와 흠모. 사랑은 브랜드가 대체 불가능하며 관계 동반자로서 유일한 자격을 갖추고 있다는 믿음을 포함한다.
- **친밀감** : 관계의 동반자로서 브랜드의 본질과 더불어 소비자−브랜드 관계 자체의 본질에 대

해 느끼는 깊은 친숙감과 이해도. 친밀감은 이차원적 개념으로 소비자는 브랜드에 대해 정통한 지식을 쌓기도 하고 소비자로서 브랜드에 친밀감을 느끼기도 한다.

- **동반자 자질** : 지각된 동반자 자질은 브랜드가 동반자 역할을 수행하는 수준의 질에 대한 요약적인 판단을 포함한다.

소비자 기반 브랜드자산 종합 모형

이 장에서 다룬 소비자 기반 브랜드자산 모형(customer-based brand equity model, CBBE)은 브랜드 구축과 브랜드자산에 대한 종합적이고 응집된 개괄을 제시한다. 다른 연구자 및 컨설턴트도 CBBE 모형과 같은 원칙과 철학을 공유하지만 다른 방식으로 개발된 소비자 기반의 브랜드자산 모형을 제시했다. 브랜드 포커스 10.0은 아마도 틀림없이 가장 성공적이고 영향력 있는 산업 브랜딩 모형이라 말할 수 있는 영앤드루비컴의 브랜드자산 가치 평가 모형에 대해 자세히 설명한다.

요약

브랜드 가치사슬에 따르면 브랜드자산의 원천은 고객의 사고방식으로부터 나온다. 일반적으로 브랜드자산의 원천을 측정하는 것은 브랜드 관리자로 하여금 고객이 제품 및 서비스를 어떻게 구매하고 사용하는지, 보다 중요하게는 고객들이 다양한 브랜드에 대해 어떻게 알고 생각하며 느끼는지에 대해 완벽하게 이해할 것을 요구한다. 특히 고객에 기초한 브랜드자산의 원천을 측정하기 위해서는 브랜드자산을 창출하는 차별화된 고객 반응으로 이끌 수 있는 브랜드 인지도와 브랜드 이미지의 여러 형태를 측정해야 한다.

이 장에서는 소비자의 브랜드 지식구조를 측정하고 브랜드자산의 잠재적인 원천을 규명하는 정성적 방식과 정량적 방식, 다시 말해 고객의 사고방식을 포착하는 측정 방법에 대해 기술했다. 정성적 조사 기법은 가능한 브랜드연상을 식별해내는 수단으로서 검토되었고, 정량적 조사 기법은 브랜드 인지도의 폭과 깊이, 브랜드연상의 강도, 호감도, 독특함, 브랜드 반응의 호감성, 브랜드 관계의 본질을 보다 잘 추정할 수 있는 수단으로서 검토되었다. 정성적 측정은 비구조적 성격 때문에 브랜드 및 제품이 소비자에게 무엇을 의미하는지

I. **정성적 조사 기법**
　자유 연상법
　형용사 등급법 및 체크리스트
　투사 기법
　사진 분류법
　말풍선 그림법
　스토리텔링
　의인화 실습법
　역할극
　경험적 방법

II. **정량적 조사 기법**
　A. **브랜드 인지도**
　　브랜드 보조 상기의 직간접적 측정
　　브랜드 비보조 상기의 측정

　B. **브랜드 이미지**
　　특정 제품 속성 및 편익에 대한 주관식 및 척도 측정
　　- 강도
　　- 호감도
　　- 독특함
　　전반적인 판단 및 감정
　　전반적인 관계 측정
　　- 강도
　　- 활동성

그림 10-12
정성적 측정 방법 및 정량적 측정 방법 요약

에 대해 심도 있는 관찰을 제공할 수 있다. 그러나 보다 정확하고 일반화할 수 있는 정보를 얻기 위해서는 보통 정량적인 측정과 척도가 사용된다. 소셜 미디어 채널이 증가함에 따라 브랜드를 모니터링할 수 있는 새로운 접근법에 대해서도 다루었다. 머신러닝 알고리즘이 점점 세밀해짐에 따라 기존의 접근법들은 범용 저가 소셜 미디어 데이터 기반 브랜드 이미지 분석법에 의해 대체될 수도 있다.

그림 10-12는 이 장에서 설명된 여러 측정 방법의 요약이다.

토의 문제

1. 브랜드를 하나 고른 뒤 해당 브랜드자산의 원천을 알아내기 위해 투사 기법을 도입하라. 어떤 측정법이 가장 좋은가? 왜 그러한가?

2. 실험을 신행해 브랜딩 브리프 10-2에 나와 있는 메이슨 헤어의 인스턴트커피 실험 결과를 되풀이할 수 있는지 살펴보라.

3. 제품군을 하나 고르라. 제니퍼 아커의 브랜드 개성 문항을 사용해 해당 제품군 내 선도 브랜드의 브랜드 개성을 알아볼 수 있는가?

4. 브랜드 지각을 이해하기 위해 소셜 미디어 데이터가 어떻게 활용되는지 설명하라.

5. 소셜 미디어 모니터링이 어떻게 브랜드가 소비자의 브랜드에 대한 생각과 지각을 모니터링하는 방식을 바꾸었는지 설명하라. 전반적으로 브랜드 관리에 있어 이러한 트렌드가 갖는 함의는 무엇인가?

6. 기여 모형이 무엇인지 설명하라. 오늘날 커뮤니케이션 환경에서 기여 모형이 왜 중요한가?

7. 당신이 브랜드와 갖는 관계에 대해서 생각해보라. 포니에의 브랜드 관계 범주에 맞는 브랜드 예시가 있는가?

브랜드 포커스 10.0
영앤드루비컴 브랜드자산 가치 평가 모형

이 코너에서는 영앤드루비컴(Young & Rubicom)이 최초로 개발했고 현재 BAV 그룹이 확장해 감독하고 있는 브랜드자산 가치 평가(Brand Asset Valuator, BAV) 모형에 대해 요약한다. BAV 모형은 브랜드에 대한 세계 최대 소비자 기반 정보 데이터베이스이다. BAV 모형은 브랜드가 어떻게 성장하는지, 어떻게 문제를 겪고 회복하는지 설명한다는 점에서 브랜드 발달과 관련이 있다.

BAV는 브랜드자산에 관한 네 가지 기본 척도와 더불어 넓은 범주의 지각적 차원으로 브랜드를 측정한다.* 이는 수백 개의 각기 다른 카테고리에 걸쳐 수천 가지 브랜드자산 가치를 비교 측정한다. 뿐만 아니라 브랜드 포지셔닝, 브랜드 확장, 합작 브랜딩 사업 등과 같이 브랜드 및 브랜드의 성장을 평가하고 지시하는 여러 가지 전략에 대한 계획을 위한 일련의 전략적 브랜드 관리 도구를 제공하기도 한다. BAV 모형은 또한 재무 지표와 연결되며 기업 가치 평가에 대한 브랜드의 기여도를 결정하는 데 사용되기도 한다.

1993년 이래 BAV 모형은 52개국 내 약 120만 명의 소비자 연구를 통해 진정한 글로벌 브랜드 트렌드가 무엇인지 파악할 수 있었다. 48개의 이미지 속성, 이용 현황, 고려사항, 문화적 가치 및 소비자 가치를 포함한 75개의 차원에 대한 소비자의 인식이 약 56,000개 브랜드에 대해 수집되었다. 이러한 요소들은 특별히 개발된 브랜드 충성도 지표에 포함된다.

BAV 모형은 고유 브랜드자산을 연구할 수 있는 도구이다. 좁은 범주로 정의된 제품 카테고리에 대한 기존의 브랜드 이미지 설문 방식과는 다르게 BAV 응답자들은 제품 카테고리에 얽매이지 않는 맥락에서 브랜드를 평가한다. 브랜드는 연구에 포함되는 모든 브랜드와 비교해 각 브랜드 지표에 대해 어떤 위치에 있는지 백분위수로 매겨진다. 그러므로 제품 카테고리 간뿐 아니라 카테고리 내에서도 브랜드를 비교함으로써 BAV 모형은 소비자 수준의 브랜드자산이 어떻게 창출되고 구축되는지, 혹은 손실되는지에 대한 최대한 광범위한 결론을 도출할 수 있다. 미국에서는 18,000명으로 구성된 패널로부터 데이터가 분기별로 수집되어 단기 브랜딩 트렌드 및 현상에 대해 파악하고 분석할 수 있다.

---

* 11장에서 우리는 에너지를 별개의 차원으로 간주하는 다섯 가지 BAV 차원을 다루지만, 영앤드루비컴은 에너지와 차별화 차원을 통합해 이를 역동적 차별화라고 명명했다.

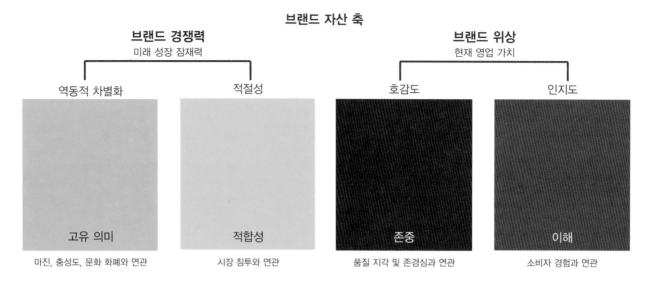

브랜드 자산 축

브랜드 경쟁력
미래 성장 잠재력

브랜드 위상
현재 영업 가치

역동적 차별화 | 적절성 | 호감도 | 인지도

고유 의미 | 적합성 | 존중 | 이해

마진, 충성도, 문화 화폐와 연관 | 시장 침투와 연관 | 품질 지각 및 존경심과 연관 | 소비자 경험과 연관

그림 10-13
브랜드자산의 네 축은 브랜드의 건강, 발달, 모멘텀을 측정한다.

4대 축

BAV 모형에는 '브랜드 축(Brand Pillars)'이라 불리며 브랜드 건강에 관한 지표를 알려주는 4개의 핵심 요소가 있다(그림 10-13 참조). 각각의 축은 브랜드에 대한 소비자인식의 다양한 측면과 관련된 측정치에 기반한다. 종합하면 4대 축은 브랜드 발달 진행 과정을 추적할 수 있다.

- *역동적 차별화*(energized differentiation)는 브랜드가 다른 브랜드와 얼마나 다르게 보이는지 측정하며, 브랜드의 방향성과 모멘텀을 포착한다. 이는 수익성 있는 브랜드를 구축하는 필요 조건이다. 이는 가격 결정력과 관련 있으며 종종 매출에 대한 시장 가치와 같은 가치 평가 승수를 설명하는 데 있어 핵심 브랜드 축이 되기도 한다.
- *적절성*(relevance)은 소비자에 대한 브랜드의 적합성과 브랜드의 잠재적 독점 판매권이나 시장 침투에 대한 전반적인 크기를 측정한다.

- *호감도*(esteem)은 브랜드가 얼마나 많이 존중받고 있는지, 다시 말해 얼마나 선호되는지를 측정한다. 호감도는 브랜드 충성과 관련이 있다.
- *인지도*(knowledge)는 소비자가 브랜드에 얼마나 친숙감을 느끼는지 측정하며 브랜드의 현저성과 관련이 있다. 흥미롭게도 높은 인지도는 브랜드의 잠재력과 반비례한다.

브랜드 축 관계성

이러한 네 가지 차원 간 관계성[혹은 브랜드의 '축 패턴(pillar patterns)']을 조사하는 것은 브랜드의 현재와 미래 상태에 대해 많은 것을 드러낸다(그림 10-14 참조). 각 브랜드 축을 따로따로 살펴보는 것은 충분하지 않다. 축 간 관계성을 살펴보는 것이 브랜드의 건강 상태와

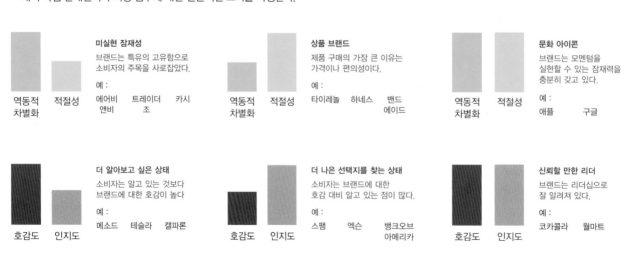

미실현 잠재성
브랜드는 특유의 고유함으로 소비자의 주목을 사로잡았다.
예 :
에어비앤비   트레이더조   카시조
역동적 차별화 | 적절성

상품 브랜드
제품 구매의 가장 큰 이유는 가격이나 편의성이다.
예 :
타이레놀   하네스   밴드에이드
역동적 차별화 | 적절성

문화 아이콘
브랜드는 모멘텀을 실현할 수 있는 잠재력을 충분히 갖고 있다.
예 :
애플   구글
역동적 차별화 | 적절성

더 알아보고 싶은 상태
소비자는 알고 있는 것보다 브랜드에 대한 호감이 높다
예 :
메소드   테슬라   캘파론
호감도 | 인지도

더 나은 선택지를 찾는 상태
소비자는 브랜드에 대한 호감 대비 알고 있는 점이 많다.
예 :
스팸   엑슨   뱅크오브아메리카
호감도 | 인지도

신뢰할 만한 리더
브랜드는 리더십으로 잘 알려져 있다.
예 :
코카콜라   월마트
호감도 | 인지도

그림 10-14
축 패턴으로 알 수 있는 브랜드의 상황

출처 : BrandAsset Consulting.

기회에 대해 알려줄 수 있다. 다음은 몇 가지 주요 관계에 대해 알아본 것이다.

- 역동적 차별화가 적절성보다 크면 브랜드는 시장에서 두각을 나타내고 많은 주목을 받는 상태이다. 이제 적절성을 끌어올림으로써 이러한 차별점과 에너지를 소비자를 위한 의미를 구축하는 방향으로 돌릴 수 있는 잠재력이 있다.

- 그러나 브랜드 적절성이 차별화보다 크다면 이는 상품화를 의미한다. 브랜드가 소비자의 삶 속에서 적절하고 의미가 있는 반면, 해당 브랜드는 제품 범주 내 다른 브랜드와 별다른 구별 없이 언제나 바꿀 수 있는 것으로 인식된다. 이때 우리가 '역동적 자별화'라고 수치화하는 특별한 무언가가 부족하기 때문에, 소비자는 브랜드를 위해 노력하거나 충성을 유지하거나 프리미엄을 지불하려 하지 않을 것이다. 이 상황에서는 브랜드 선택을 결정하는 핵심 동인은 편의성, 습관, 가격 등이다.

- 리더십 브랜드는 역동적 차별화와 적절성 두 축에 모두 강하며, 이는 시장 침투와 더불어 소비자의 열정으로 이어진다.

브랜드는 종종 인지도를 쌓기 위해 노력하지만, 만일 브랜드의 축이 적절히 정렬되지 않으면 오히려 브랜드에 대한 인지도는 브랜드가 계속해서 건강한 모멘텀을 구축하기 이전에 넘어야 할 장애물이 될 수 있다.

- 브랜드의 호감도가 인지도보다 크면 소비자는 현재까지 브랜드에 대해 알고 있는 것을 좋아하고 일반적으로 더 알고 싶어 하며, 따라서 이 상황에서는 브랜드의 성장 가능성이 있다고 할 수 있다.

- 그러나 만일 브랜드의 인지도가 호감도보다 크면 소비자는 브랜드에 대해 충분히 안다고 생각할 수 있고 더 이상 브랜드를 알아보는 데 관심을 보이지 않을 수 있다. 이 경우 브랜드가 더 많은 소비자를 유인하고자 한다면 인지도는 브랜드가 반드시 극복해야 하는 장애물이다.

파워그리드

BAV는 두 거시적 차원인 브랜드 경쟁력(역동적 차별화, 적절성)과 브랜드 위상(호감도, 인지도)을 파워그리드(PowerGrid)로 알려진 시각적 분석 표현 방식으로 통합했다(그림 10-15 참조). 파워그리드는 브랜드 발달주기 단계를 특징적인 축 패턴과 함께 연속된 사분면의 형태로 보여준다.

일반적으로 브랜드의 생애주기는 왼쪽 하단 사분면에서 시작되는데, 여기서는 우선 적절한 차별화를 개발하고 존재 이유를 확립해야 한다. 링컨파이낸셜(Lincoln Financial)이나 마빈 윈도(Marvin Windows)와 같은 일부 브랜드는 상품화된 이미지나 특화 마케팅 때문에 이 사분면에 갇히기도 한다. 대부분의 경우 이 사분면으로부터의 상향 이동은 왼쪽 상단 사분면으로 움직이는 것이다. 차별화를 높이고 다음으로 적절성을 높이면 브랜드 경쟁력의 성장이 시작된다. 이러한 발전은 브랜드가 상당한 수준의 호감도를 획득하거나 널리 알려지기 전에 일어난다.

이 사분면은 두 가지 유형의 브랜드로 대표된다. 메소드(Method), 일리(illy), 애플페이(Apple Pay)와 같이 대중을 타깃으로 하는 브랜드에게 이 상태는 떠오르는 잠재력을 보여주는 단계이다. 특화되거나 좁은 대상을 타깃으로 하는 브랜드는 (대중의 관점에서 볼 때) 이 사분면에 머무르는 경향이 있으며, 그들이 가진 이러한 강점을 이용해 틈새

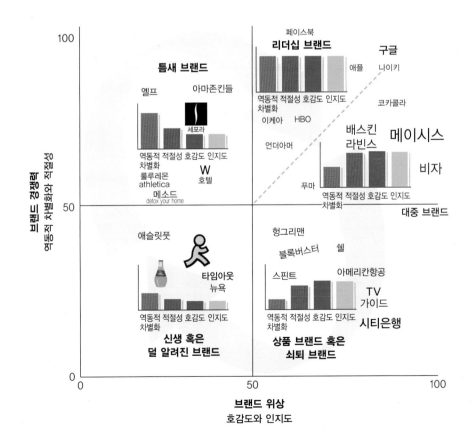

그림 10-15
파워그리드로 나타낸 브랜드 발달주기

출처 : BrandAsset Consulting.

시장에서 수익을 낼 수 있다. 스퀘어(Square), 킴튼(Kimpton), 스냅챗(Snapchat)과 같은 브랜드가 이에 해당한다. 브랜드 리더의 관점에서 볼 때 잠재적인 신흥 경쟁자는 이 사분면에서 등장한다.

오른쪽 상단 사분면은 '리더십' 사분면으로 여기에는 높은 브랜드 경쟁력과 브랜드 위상을 모두 갖춘 브랜드 리더들이 모여 있다. 오래되거나 상대적으로 새롭게 등장한 브랜드 모두 리더십 사분면에 존재할 수 있는데, 이는 브랜드 리더십이 역사가 아닌 브랜드 축의 함수라는 것을 보여준다고 할 수 있다. 적절한 관리가 이루어질 때 브랜드는 리더십 포지션을 무한정 구축하고 유지할 수 있다. 이러한 브랜드의 예시로는 애플, NFL, 디즈니를 들 수 있다.

브랜드자산의 쇠퇴가 피할 수 없는 것은 아니지만 (주로 역동적 차별화의 쇠퇴로 인해) 경쟁력을 상실한 브랜드들 역시도 이 사분면에서 볼 수 있다. 경쟁력이 지위 수준 아래로 감소하기 시작한 브랜드들은 약해지기 시작하는 첫 신호를 드러내기도 하는데, 이러한 신호는 여전히 활황을 띠는 매출 지표와 넓은 범위의 시장 침투 때문에 잘 보이지 않기도 한다. 이러한 브랜드의 예시로는 메이시스(Macy's), V8, 비자가 있다.

브랜드 경쟁력(적절한 차별화)을 유지하는 데 실패하는 브랜드는 퇴색하기 시작하고 오른쪽 하단 사분면으로 하향 이동하게 된다. 이러한 브랜드는 기존 경쟁 기업뿐 아니라 가격 할인 브랜드의 약탈에 취약해지고, 종종 소비자 독점 판매권이나 시장 점유율을 지키기 위해서 극심한 수준의 가격 프로모션을 지속적으로 진행할 수밖에 없게 된다. 아메리칸항공, 시티은행, 엑슨모빌(ExxonMobil), 케이마트(Kmart) 등이 이 범주에 속한다.

또한 파워그리드는 각기 다른 고객층 간 브랜드자산을 측정하는 데 도 사용될 수 있다. 그림 10-16은 《월스트리트저널》의 브랜드자산을 이용 현황별 혹은 성별, 연령, 소득 및 정치관과 같은 인구통계학적 현황별로 보여준다. 《월스트리트저널》은 일반적으로는 높은 브랜드 위상을 갖춘 기성 브랜드지만 대상에 따라 브랜드 경쟁력이 달라진다. 《월스트리트저널》에 보다 높은 차별화와 적절성을 보인 대상은 독자, 공화당 지지자, 남성, 10만 달러 이상 월소득이 있는 55세 이상 개인이었다. 이는 브랜드에게 있어서 기회를 포착하고 표적고객을 식별할 수 있는 강력한 도구가 된다.

BAV 지표와 재무 성과 및 주가 간 관계를 살펴보는 연구가 많이 이루어졌다. 먼저 파워그리드상 브랜드 위치는 매출 1달러당 무형 가치(브랜드 혹은 기업 투자 자본의 시장 가치) 수준을 나타낸다. 리더십 사분면 내 브랜드들이 매출 1달러당 가장 큰 무형 가치를 생산한다. 또한 BAV는 대규모 모델링을 통해 브랜드자산 변동이 주가에 영향을 미친다는 것을 보였다. 거시적 관점에서 보면 브랜드자산 변동의 3분의 2가 주가와 미래 수익 전망에 직접적인 영향을 미친다. 브랜드자산 변동의 3분의 1은 현재 수익에 영향을 미친다. 주가와 기업 가치 평가에 대한 브랜드자산의 중요성은 범주 혹은 경제 부문에 상당히 좌우된다.

BAV 모형의 구글 적용 사례

BAV 모형을 이해하는 가장 좋은 방법은 브랜드와 제품 범주에 적용해보는 것이다. 구글은 매우 극적인 사례이다. 구글은 BAV로 측정한 그 어떤 브랜드보다 빠르게 리더십 브랜드 지위에 올랐다. 구글은 역동적 차별화를 시작으로 빠르고 강력하게 각 브랜드 축을 쌓았다. 역동적 차

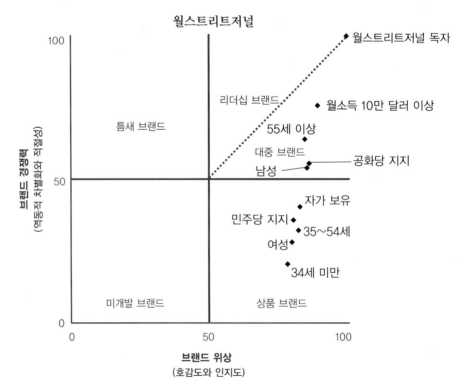

브랜드자산 파워그리드(2016년)

월스트리트저널

그림 10-16
월스트리트저널 프로파일

출처 : BrandAsset Consulting.

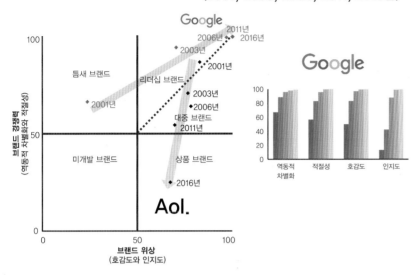

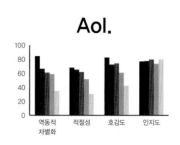

그림 10-17

구글과 AOL 브랜드 발달 과정 비교

출처 : BrandAsset Consulting.

별화를 빠르게 달성한 이후에 구글은 남은 세 축을 세웠다. 구글이 4개 축 모두에서 상위 90위의 백분위를 달성하기까지는 3년 밖에 걸리지 않았다.

이와 동시에 AOL은 흔들리기 시작했고 역동적 차별화를 잃더니 다음으로는 적절성과 호감도를 잃었다. 한동안 AOL의 인지도는 여전히 높았으나 적절성이 떨어지며 차별성과 호감도가 떨어짐에 따라 소비자가 흥미를 잃기 시작하더니 결국 AOL의 인지도 축 역시 다른 축을 따라 쇠퇴하기 시작했다. 그림 10-17은 두 브랜드 발달 과정의 극적인 대조를 보여준다.

구글은 어떻게 브랜드 리더십을 발전시키고 유지해 왔는가? BAV의 관점에서 보면 세 가지 주요 요인이 이에 기여한다. (1) 강력한 브랜드 속성이 꾸준히 경쟁 우위로 이어졌고, (2) 새로운 제품 범주로의 브랜드 확장이 성공을 이루었고, (3) 리더십 브랜드가 되기 위해 차별화에 기반을 둔 글로벌 시장으로의 확장이 성공을 거두었다는 점이다.

브랜드 속성에 대한 경쟁 우위

구글의 리더십은 브랜드 축과 충성도를 견인하는 핵심 속성에 대한 경쟁 우위에 의해 지지된다. BAV 모형은 구글과 경쟁 브랜드를 고려할 때 소비자가 어떻게 생각하는지 꿰뚫기 위해 48개의 감정 속성을 사용했다.

그림 10-18에서 볼 수 있듯이 구글은 경쟁사 평균보다 '혁신적인'과 '비전 있는'에 대한 점수가 높았다. 이러한 요소는 구글의 역동적 차별화를 구축한다. '신뢰할 수 있는'과 '도움을 주는'에 대한 구글의 우위는 구글이 적절성 축을 유지하는 데 도움이 되며, '의지가 되는'과 '리더'에 대한 구글의 강점은 적절성과 호감도 축을 뒷받침한다.

성공적인 제품 범주 확장

구글은 하위브랜드를 통해 매우 훌륭하게 새로운 제품 범주에 진입했다. 구글 독스(Google Docs), 크롬, 지메일과 같은 다양한 범주로의 진입은 구글을 해당 범주의 리더로 만들었다. 하위브랜드는 대부분 브랜드 경쟁력이 매우 높아서 기업브랜드로의 구글에 대한 브랜드 경쟁력을 보충하는 데 도움이 된다(그림 10-19 참조). 이러한 방식을 통해 하위브랜드의 리더십은 하위브랜드를 둔 강력한 모브랜드 사이의 공통적인 테마인 모브랜드를 지원하는 데 도움을 줄 수 있다.

이미지 프로파일에 대한 구글의 큰 강점은 새로운 제품 범주로의 진입을 쉽게 만들었다. 성공적인 확장을 위한 핵심 조건은 새로운 범주에서 차별화를 만들어내는 것인데, 약한 브랜드는 이미지 프로파일이 견고하지 않아 문제를 겪는 것과 달리 구글은 이러한 진입 문제를 맞닥뜨리지 않는다.

성공적인 글로벌 확장

BAV 지표는 국제 마케팅 기회의 특성을 고유하게 측정한다. BAV는 글로벌 브랜드는 반드시 각 시장에서 강력한 브랜드 경쟁력, 브랜드 위상 및 의미를 꾸준히 쌓아야 함을 보여준다. 특히 글로벌 브랜드에 대한 재무 분석 결과, 브랜드 경쟁력과 공통된 의미가 모두 높은 브랜드가 마진 증가율이 뛰어나고 세전 마진을 더욱 효율적으로 생성한다는 점을 보였다.

구글은 브랜드 경쟁력과 브랜드 위상에서 경쟁 기업을 빠르게 제침으로써 미국에서 리더십 지위를 달성한 것과 같은 방식으로 글로벌 시장에서 리더십 지위를 달성했다. 최근 설문조사를 시행한 모든 국가에서 구글은 파워그리드상 슈퍼 리더십 브랜드임이 드러났다(그림 10-20 참

구글의 주요 속성

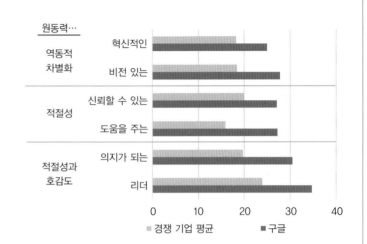

그림 10-18

구글의 주요 속성

출처 : BrandAsset Consulting.

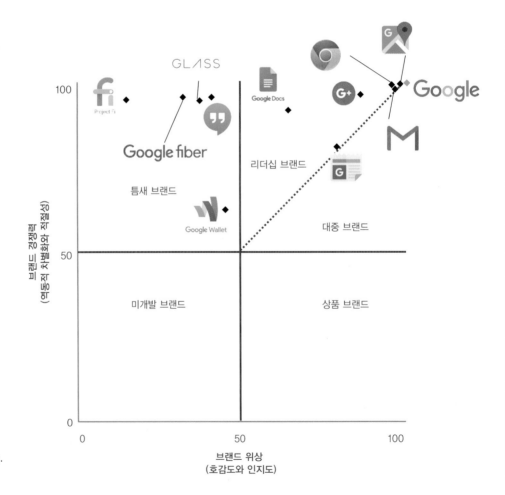

그림 10-19

구글의 성공적인 신제품 도입

출처 : BrandAsset Consulting.
Used with permission.

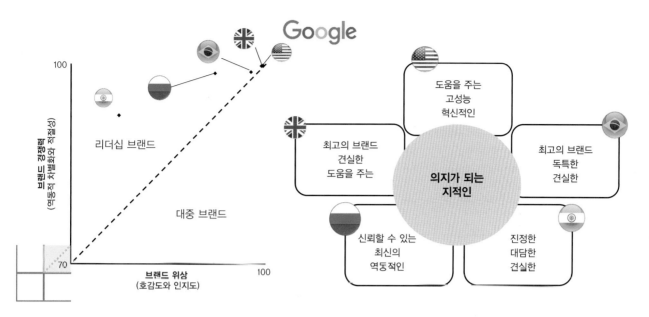

그림 10-20

구글은 꾸준히 글로벌 브랜드 리더의 위치에 있다.

출처 : BrandAsset Consulting.

조). 브랜드에 대한 핵심 심상에 대한 조사 결과 구글은 '의지가 되는'과 '지적인' 부분에서 국가를 불문하고 각 현지 시장 소비자로부터 꾸준히 높은 점수를 얻었다. 이는 진정한 꾸준함이라 할 수 있으며, 이러한 꾸준함은 글로벌 브랜드를 구축할 수 있는 훌륭한 전략적 기반이다.

요약

기본 BAV 모형과 브랜드 공명 모형 사이에는 공통점이 많이 있다. BAV 모형의 네 가지 요인은 브랜드 공명 모형의 특정 요소와 쉽게 연관 지을 수 있다.

- BAV의 차별화는 브랜드 우위와 관련이 있다.
- BAV의 적절성은 브랜드 고려와 관련이 있다.
- BAV의 호감도는 브랜드 충성과 관련이 있다.
- BAV의 인지도는 브랜드 공명과 관련이 있다.

주의할 점은 두 접근 방법이 브랜드 인지도와 친숙도를 다른 방식으로 대우한다는 점이다. 브랜드 공명 프레임워크는 브랜드자산을 구축하는 첫 번째 필수 단계가 브랜드 현저성 그리고 인지도의 깊이와 폭이라

고 주장한다. BAV 모형은 좀 더 효과적으로, 거의 따뜻한 느낌이나 우정과 같은 느낌으로 친숙도를 다룬다. 따라서 이는 브랜드자산을 구축하는 가장 마지막 단계로, 공명 요소 그 자체에 가깝다고 할 수 있다.

BAV 모형의 주된 장점은 많은 브랜드에 걸쳐 범주에 구애받지 않는 설명과 프로파일을 제공한다는 점이다. 또한 네 가지 핵심 브랜딩 차원에 초점을 맞춘다. 또한 브랜드 양상을 제공함으로써 마케터가 자사 브랜드가 각기 다른 시장에서 다른 유명 브랜드와 비교해 어디에 위치하는지 알 수 있도록 해준다.

그러나 BAV 모형이 기술적으로만 보여주는 브랜드의 특징은 브랜드가 정확히 '어떻게 하면' 특정 속성에 대해 높은 점수를 기록할 수 있는가에 대한 정보를 제공할 수 있는 여지가 잠재적으로 적다는 것을 의미한다. 네 축을 기반으로 하는 척도들은 매우 상이한 범위의 제품 범주에 걸쳐 관련성을 보여야 하기 때문에 측정치(결과적으로는 네 축)는 본질적으로 추상적이며, 제품 속성이나 혜택, 특정 마케팅 관심사와 직접적인 관련이 없는 경향이 있다. 그럼에도 불구하고 BAV 모형은 톱 브랜드가 되기 위한 동인이 무엇이며, 광대한 브랜드 환경에서 자사 브랜드가 어디에 위치하는지 대한 마케터의 이해를 높인다는 점에서 매우 획기적인 연구라고 할 수 있다.

참고문헌

1. Some leading textbooks in this area are J. Paul Peter and Jerry C. Olson, *Consumer Behavior and Marketing Strategy*, 8th ed. (Homewood, IL: McGraw-Hill/Irwin, 2007); Wayne D. Hoyer and Deborah J. Mac Innis, *Consumer Behavior*, 5th ed. (Mason, OH: SouthWestern, 2010); and Michael R. Solomon, *Consumer Behavior: Buying, Having, and Being*, 9th ed. (Upper Saddle River, NJ: Prentice

Hall, 2011).

2. Videos of Three UK's campaign ads can be seen here: Three UK, "TV Ad | Prepare yourself for #holidayspam; Austrialia | Three" YouTube video, 1:00, posted by "Three UK," January 17, 2015, http://www.youtube.com/watch?v=1a1cL4TIMMc&feature=youtube.; Three UK, "TV Ad | We're sorry for #holidayspam | Three" YouTube video, 1:00, posted by "Three UK," July 4, 2014, www.youtube.com/watch?v=Wz7YbGCeWPA&feature=youtube.

3. John Motavalli, "Probing Consumer Minds," *Adweek*, December 7, 1987, 4–8.

4. Ernest Dichter, *Handbook of Consumer Motivations* (New York: McGraw-Hill, 1964).

5. The Economist, "Retail Therapy: How Ernest Dichter, An Acolyte of Sigmund Freud, Revolutionised Marketing," *The Economist*, December 17, 2011, 120, https://www.economist.com/christmas-specials/2011/12/17/retail-therapy, accessed November 11, 2018.

6. H. Shanker Krishnan, "Characteristics of Memory Associations: A Consumer-Based Brand Equity Perspective," *International Journal of Research in Marketing* 13, no. 4 (October 1996): 389–405; Geraldine R. Henderson, Dawn Iacobucci, and Bobby J. Calder, "Using Network Analysis to Understand Brands," in *Advances in Consumer Research* 29, eds. Susan M. Broniarczyk and Kent Nakamoto (Valdosta, GA: Association for Consumer Research, 2002): 397–405.

7. J. Wesley Hutchinson, "Expertise and the Structure of Free Recall," in *Advances in Consumer Research* 10, eds. Richard P. Bagozzi and Alice M. Tybout (Ann Arbor, MI: Association of Consumer Research, 1983): 585–589; see also Chris Janiszewski and Stijn M. J. van Osselaer, "A Connectionist Model of Brand—Quality Associations," *Journal of Marketing Research* 37, no. 3 (August 2000): 331–350.

8. Yvan Boivin, "A Free Response Approach to the Measurement of Brand Perceptions," *International Journal of Research in Marketing* 3, no. 1 (1986): 11–17; Jeffrey E. Danes, Jeffrey S. Hess, John W. Story, and Keith Vorst, "On the Validity of Measuring Brand Images by Rating Concepts and Free Associations," *Journal of Brand Management*, (2012) 19, 289–303, http://www.academia.edu/4641496/On_the_validity_of_measuring_brand_images_by_rating_concepts_and_free_associations, accessed November 11, 2018.

9. Jean Bystedt, Siri Lynn, and Deborah Potts, *Moderating to the Max* (Ithaca, NY: Paramount Market Publishing, 2003).

10. For an application in marketing, see Kathryn A. Braun-LaTour, Michael S. LaTour, and George M. Zinkhan, "Using Childhood Memories to Gain Insight into Brand Meaning," *Journal of Marketing* 71, no. 2 (April 2007): 45–60.

11. Sydney J. Levy, "Dreams, Fairy Tales, Animals, and Cars," *Psychology and Marketing* 2, no. 2 (1985): 67–81.

12. Mason Haire, "Projective Techniques in Marketing Research," *Journal of Marketing* 14, no. 5 (April 1950): 649–656. Interestingly, a follow-up study conducted several decades later suggested that instant coffee users were no longer perceived as psychologically different from drip grind users. See Frederick E. Webster Jr. and Frederick Von Pechmann,

"A Replication of the 'Shopping List' Study," *Journal of Marketing* 34, no. 2 (April 1970): 61–63.

13. Sydney J. Levy, "Dreams, Fairy Tales, Animals, and Cars," *Psychology and Marketing* 2, no. 2 (1985): 67–81.

14. Jeffrey Durgee and Robert Stuart, "Advertising Symbols and Brand Names That Best Represent Key Product Meanings," *Journal of Consumer Marketing* 4, no. 3 (1987): 15–24.

15. Gerald Zaltman and Robin Higie, "Seeing the Voice of the Customer: Metaphor-Based Advertising Research," *Journal of Advertising Research* (July/August 1995): 35–51; Daniel H. Pink, "Metaphor Marketing," *Fast Company*, March 31, 1998, https://www.fastcompany.com/33672/metaphor-marketing, accessed November 11, 2018; Gerald Zaltman, "Metaphorically Speaking," *Marketing Research* 8, no. 2 (Summer 1996): 13–20, https://www.hbs.edu/faculty/Pages/item.aspx?num=4106; Gerald Zaltman, "How Customers Think: Essential Insights into the Mind of the Market," *Harvard Business School Press* (2003); Wendy Melillo, "Inside the Consumer Mind: What Neuroscience Can Tell Us About Marketing," *Adweek*, January 16, 2006, https://www.adweek.com/brand-marketing/inside-consumer-mind-83549/, accessed November 11, 2018; Torsten Ringberg, Gaby Odekerken-Schröder, and Glenn L. Christensen, "A Cultural Models Approach to Segmenting Consumer Recovery Expectations," *Journal of Marketing* 71, no. 3 (July 2007): 194–214; Gerald Zaltman and Lindsay Zaltman, *Marketing Metaphoria: What Deep Metaphors Reveal About the Minds of Consumers* (Boston: Harvard Business School Press, 2008).

16. For some provocative research, see Carolyn Yoon, Angela H. Gutchess, Fred M. Feinberg, and Thad A. Polk, "A Functional Magnetic Resonance Imaging Study of Neural Dissociations between Brand and Person Judgments," *Journal of Consumer Research* 33, no. 1 (June 2006): 31–40; Samuel M. McClure, Jian Li, Damon Tomlin, Kim S. Cypert, Latané M. Montague, and P. Read Montague, "Neural Correlates of Behavioral Preference for Culturally Familiar Drinks," *Neuron* 44, no. 2 (October 2004): 379–387; Hilke Plassmann, Carolyn Yoon, Fred M. Feinberg, and Baba Shiv, "Consumer Neuroscience," in *Wiley International Encyclopedia of Marketing, Volume 3: Consumer Behavior*, eds. Richard P. Bagozzi and Ayalla Ruvio (West Sussex, UK: John Wiley, 2010). Martin Lindstrom, *Buyology: Truth and Lies About Why We Buy* (New York: Doubleday, 2008).

17. Erica Dube, "Neuromarketing 101: What Is Neuromarketing and How Are Companies Using It?," *Impact*, September 7, 2017, www.impactbnd.com/blog/neuromarketing-101.

18. For foundational research, see Giovanna Egidi, Howard C. Nusbaum, and John T. Cacioppo, "Neuroeconomics," in *The Handbook of Consumer Psychology*, eds. Curtis Haugvedt, Paul Herr, and Frank Kardes, Vol. 57 (Mahwah, NJ: Lawrence Erlbaum Associates, 2007): 1177–1214.

19. Adam Penenberg, "NeuroFocus Uses Neuromarketing to Hack

Your Brain," *Fast Company*, September 8, 2011, www.fastcompany.com/1769238/neurofocus-uses-neuromarketing-hack-your-brain.

20. Nick Lee, Amanda J. Broderick, and Laura Chamberlain, "What Is 'Neuromarketing'? A Discussion and Agenda for Future Research," *International Journal of Psychophysiology* 63, no. 2 (2007): 199–204; Hilke Plassman, John O'Donerty, Baba Shiv, and Antonio Rangel, "Marketing Actions Can Modulate Neural Representations of Experienced Pleasantness," *PNAS Proceedings* 105, no. 3, (2007): 1050–1054.

21. Dan Ariely and Gregory S. Berns "Neuromarketing: The Hope and Hype of Neuroimaging in Business," *Nature*, 11, no. 4 (April 2010): 284–292.

22. Jennifer Aaker, "Dimensions of Brand Personality," *Journal of Marketing Research* 34, no. 8 (1997): 347–356.

23. Jay Dean, "A Practitioner's Perspective on Brand Equity," in *Proceedings of the Society for Consumer Psychology*, eds. Wes Hutchinson and Kevin Lane Keller (Clemson, SC: CtC Press, 1994), 56–62.

24. Jennifer Aaker, "Dimensions of Brand Personality." See also Jennifer Aaker, "The Malleable Self: The Role of Self-Expression in Persuasion," *Journal of Marketing Research* 36, no. 2 (1999): 45–57; Joseph T. Plummer, "Brand Personality: A Strategic Concept for Multinational Advertising," in *Marketing Educators' Conference* (New York: Young & Rubicam, 1985): 1–31.

25. Martin Eisend and Nicola E. Stokburger-Sauer, "Brand Personality: A Meta-analytic Review of Antecedents and Consequences," *Marketing Letters* 24, no. 3 (2013): 205–216.

26. Gil Ereaut and Mike Imms, "'Bricolage': Qualitative Market Research Redefined," *Admap*, Issue 434 (December 2002): 16–18.

27. Jennifer Chang Coupland, "Invisible Brands: An Ethnography of Households and the Brands in Their Kitchen Pantries," *Journal of Consumer Research* 32, no. 1 (June 2005): 106–118; Mark Ritson and Richard Elliott, "The Social Uses of Advertising: An Ethnographic Study of Adolescent Advertising Audiences," *Journal of Consumer Research* 26, no. 3 (December 1999): 260–277.

28. Donna Kelly and Michael Gibbons, "Ethnography: The Good, the Bad, and the Ugly," *Journal of Medical Marketing* 8, no. 4 (2008): 279–285; Caroline Hayter Whitehill, "Introduction to IJMR Special Issue on Ethnography," *International Journal of Market Research* 49, no. 6 (November 2007): 687–689.

29. Melanie Wells, "New Ways to Get into Our Heads," *USA Today*, March 2, 1999, B1–B2.

30. Gerry Kermouch, "Consumers in the Mist," *Business Week*, February 26, 2001, 92–94, https://www.bloomberg.com/news/articles/2001-02-25/consumers-in-the-mist, accessed November 11, 2018; Alfred Hermida, "Bus Ride to the Future," *BBC,* December 3, 2011, http://news.bbc.co.uk/2/hi/sci/tech/1684773.stm, accessed November 11, 2018.

31. Eric J. Arnould and Amber Epp, "Deep Engagement with Consumer Experience: Listening and Learning with Qualitative Data," in *The*

Handbook of Marketing Research: Uses, Misuses, and Future Advances, eds. Rajiv Grover and Marco Vriens (Thousand Oaks, CA: Sage Press, 2006): 51–58.

32. Edward F. McQuarrie, "Taking a Road Trip," *Marketing Management* 3 (Winter 1995): 9–21; Edward F. McQuarrie, *Customer Visits: Building a Better Market Focus*, 3rd ed. (Armonk, NY: M. E. Sharpe, 2008); Edward F. McQuarrie, "How to Conduct Good Customer Visits: 16 Tips from Ed McQuarrie," *The Management Roundtable*, http://events.roundtable.com/Event_Center/CustomerVisits/GoodCustomerVisits-McQuarrieTips.pdf, accessed November 11, 2018.

33. Kevin Peters, "Office Depot's President on How "Mystery Shopping" Helped Spark a Turnaround," *Harvard Business Review*, November 2011 Issue, 47–50, https://hbr.org/2011/11/office-depots-president-mystery-shopping-turnaround, accessed November 11, 2018.

34. David Burrows, "How to Use Ethnography for In-Depth Consumer Insight," *Marketing Week*, May 9, 2014, www.marketingweek.com/2014/05/09/how-to-use-ethnography-for-in-depth-consumer-insight/.

35. Pauline Lacsamana, "Lay's Introduces 3 New Chip Flavors in 'Do Us a Flavor' Contest," *The Daily Meal.com*, July 21, 2017, www.thedailymeal.com/news/eat/lay-s-introduces-3-new-chip-flavors-do-us-flavor-contest/072117.

36. Russell W. Belk and Robert V. Kozinets, "Videography in Marketing and Consumer Research," *Qualitative Market Research* 8, no. 2 (2005): 128–142.

37. Louella Miles, "Market Research: Living Their Lives," CampaignLive, December 11, 2003, https://www.campaignlive.com/article/market-research-living-lives/197919, accessed November 11, 2018.

38. Judith A. Howard and Daniel G. Renfrow, "Social Cognition," in *Handbook of Social Psychology*, ed. John Delamater (New York: Springer Science+Business, 2006), 259–282; Robert S. Wyer, "The Role of Information Accessibility in Cognition and Behavior: Implications for Consumer Information Processing," in *The Handbook of Consumer Psychology*, eds. Curtis Haugvedt, Paul Herr, and Frank Kardes, Vol. 57 (Mahwah, NJ: Lawrence Erlbaum Associates, 2007), 31–76; Barbara Loken, Larry Barsalou, and Christopher Joiner, "Categorization Theory and Research in Consumer Psychology: Category Representation and Category-Based Inference," in *The Handbook of Consumer Psychology*, eds. Curtis Haugvedt, Paul Herr, and Frank Kardes, Vol. 57 (Mahwah, NJ: Lawrence Erlbaum Associates, 2007), 453–485.

39. For an interesting related topic, see Henrik Hagtvedt, "The Impact of Incomplete Typeface Logos on Perceptions of the Firm," *Journal of Marketing* 75, no. 3 (July 2011): 86–93.

40. Philip Kotler and Kevin Lane Keller, *Marketing Management: Analysis, Planning, Implementation, and Control*, 14th ed. (Upper Saddle River, NJ: Prentice Hall, 2012).

41. Joseph F. Hair Jr., Rolph E. Anderson, Ronald Tatham, and William C. Black, *Multivariate Data Analysis*, 4th ed. (Englewood Cliffs, NJ:

Prentice Hall, 1995); James Lattin, Douglas Carrol, and Paul Green, *Analyzing Multivariate Data*, 5th ed. (Pacific Grove, CA: Duxbury Press, 2003).

42. Brandon Olson, "How to Monitor Multiple Social Media Metrics in a Single Dashboard," *Social Media Examiner*, August 8, 2016, www.socialmediaexaminer.com/how-to-monitor-multiple-social-media-metrics-in-a-single-dashboard, accessed July 14, 2018.

43. Jill Bowers, "The Best Social Media Monitoring of 2017," *Top Ten Reviews*, December 18, 2017, www.toptenreviews.com/services/internet/best-social-media-monitoring/socialclout-review/.

44. J. Scott Armstrong, Vicki G. Morwitz, and V. Kumar, "Sales Forecasts for Existing Consumer Products and Services: Do Purchase Intentions Contribute to Accuracy?" *International Journal of Forecasting* 16, no. 3, (2000): 383–397.

45. Icek Ajzen and Martin Fishbein, *Understanding Attitudes and Predicting Social Behavior* (Englewood Cliffs, NJ: Prentice Hall, 1980); Vicki G. Morwitz, Joel Steckel, and Alok Gupta, "When Do Purchase Intentions Predict Sales?" *International Journal of Forecasting* 23, no. 3, (2007): 347–364; Pierre Chandon, Vicki G. Morwitz, and Werner J. Reinartz, "Do Intentions Really Predict Behavior? Self-Generated Validity Effects in Survey Research," *Journal of Marketing* 69, no. 2 (April 2005): 1–14.

46. Fred Reichheld, *Ultimate Question: For Driving Good Profits and True Growth* (Cambridge, MA: Harvard Business School Press, 2006); Jena McGregor, "Would You Recommend Us?" *BusinessWeek*, 71, no. 3 January 30, 2006, 94–95; Kathryn Kranhold, "Client-Satisfaction Tool Takes Root," *The Wall Street Journal*, Eastern Edition, July 10, 2006, B3; Timothy L. Keiningham, Bruce Cooil, Tor Wallin Andreassen, and Lerzan Aksoy, "A Longitudinal Examination of Net Promoter and Firm Revenue Growth," *Journal of Marketing* 71, no. 3 (July 2007): 39–51; Neil A. Morgan and Lopo Leotte Rego, "The Value of Different Customer Satisfaction and Loyalty Metrics in Predicting Business Performance," *Marketing Science* 25, no. 5 (September–October 2006): 426–439; Timothy L. Keiningham, Lerzan Aksoy, Bruce Cooil, and Tor W. Andreassen, "Linking Customer Loyalty to Growth," *MIT Sloan Management Review* 49, no. 4 (Summer 2008): 51–57.

47. NPS Benchmarks, Net Promoter Score, "Companies," https://npsbenchmarks.com/companies, accessed November 11, 2018.

48. Neil T. Bendle and Charan K. Bagga, "The Metrics That Marketers Muddle," *MIT Sloan Management Review* 57, no. 3 (2016): 73.

49. David Ensing, "NPS: Using It Correctly," *Business 2 Community*, October 17, 2017, www.business2community.com/customer-experience/nps-using-correctly-01939678#e4XigUe3AIp1VO4B.97.

50. Das Narayandas, "Building Loyalty in Business Markets," *Harvard Business Review* 83, no. 9 (September 2005): 131–138.

51. For a more general discussion of consumer attachment, see Susan S. Kleine and Stacy M. Baker, "An Integrative Review of Material Possession Attachment," *Academy of Marketing Science Review* 8, no. 4 (2004): 1–39; Rosellina Ferraro, Jennifer Edson Escalas, and James R. Bettman, "Our Possessions, Our Selves: Domains of Self-Worth and the Possession-Self Link," *Journal of Consumer Psychology* 21, no. 2 (2011): 169–177.

52. See, for example, Lars Bergkvist and Tino Bech-Larsen, "Two Studies of Consequences and Actionable Antecedents of Brand Love," *Journal of Brand Management* 17, no. 7 (June 2010): 504–518.

53. Barbara A. Carroll and Aaron C. Ahuvia, "Some Antecedents and Outcomes of Brand Love," *Marketing Letters* 17, no. 2 (2006): 79–89.

54. Rajeev Batra, Aaron Ahuvia, and Richard P. Bagozzi, "Brand Love," *Journal of Marketing* 76, no. 2 (March 2012): 1–16, https://www.ama.org/publications/JournalOfMarketing/documents/jm.09.0339_web_appendix.pdf, accessed November 11, 2018.

55. C.W. Park, Deborah J. Macinnis, Joseph Priester, Andreas B. Eisingerich, and Dawn Iacobucci, "Brand Attachment and Brand Attitude Strength: Conceptual and Empirical Differentiation of Two Critical Brand Equity Drivers," *Journal of Marketing* 74, no. 6 (November 2010): 1–17.

56. Vikas Mittal and Mohanbir S. Sawhney, "Managing Customer Retention in the Attention Economy," working paper, University of Pittsburgh, 2001.

57. For a broad overview, Brittany Darwell, "2011: The Year in Facebook Advertising," *Adweek*, December 28, 2011, https://www.adweek.com/digital/the-year-in-facebook-advertising/; "Digital Marketing: Special Advertising Section," *Adweek*, October 28, 2011.

58. Jon Bruner, "What's a 'Like' Worth?," *Forbes*, August 8, 2011, Vol. 188, Issue 2, 28–30; Brian Morrisey, "Value of a 'Fan' on Social Media: $3.60," *Adweek*, April 13, 2010, accessed July 14, 2018, https://www.adweek.com/digital/value-fan-social-media-360-102063/ http://www.vitrue.com.

59. Susan M. Fournier, "Consumers and Their Brands: Developing Relationship Theory in Consumer Research," *Journal of Consumer Research* 24, no. 4 (March 1998): 343–373; Susan M. Fournier, Susan Dobscha, and David G. Mick, "Preventing the Premature Death of Relationship Marketing," *Harvard Business Review* 76, no. 1 (January–February 1998): 42–51; Susan M. Fournier and Julie L. Yao, "Reviving Brand Loyalty: A Reconceptualization Within the Framework of Consumer–Brand Relationships," *International Journal of Research in Marketing* 14, no. 5 (1997): 451–472; Susan Fournier, "Lessons Learned About Consumers' Relationships with Their Brands," in *Handbook of Brand Relationships*, eds. Joseph Priester, Deborah MacInnis, and C. W. Park (New York: Society for Consumer Psychology and M.E. Sharp, 2009), 5–23; Susan Fournier, Michael Breazeale, Marc Fetscherin, and T. C. Melewar, eds., *Consumer–Brand Relationships: Theory and Practice* (London: Routledge Taylor & Francis Group, 2012).

60. This section greatly benefited from helpful and insightful contributions by Michael Sussman, Anne Rivers, and Eunjin Koh.

브랜드자산 성과 측정 : 시장 성과 포착하기

학습목표

이 장을 읽은 후 여러분은 다음을 할 수 있을 것이다.

1. 브랜드자산의 다차원성과 이를 측정하는 여러 방법의 중요성을 이해한다.
2. 다양한 브랜드자산 평가 방법을 비교한다.
3. 컨조인트 분석의 기본 논리를 이해한다.
4. 브랜드자산을 평가하는 서로 다른 종합적인 방법을 이해한다.
5. 브랜딩과 재무의 관계를 이해한다.

인텔은 가격 프리미엄 접근법을 사용해 경쟁사 대비 자사의 브랜드 경쟁력을 측정한다.

개요

브랜드자산을 이상적으로 측정하기 위해 '브랜드자산 지수'—브랜드의 건강 상태를 요약하고 브랜드자산을 완벽히 포착하는 하나의 산출된 숫자—를 구축하는 것이 가능할 것이다. 그러나 체온계가 체온을 측정하며 그 사람이 얼마나 건강한지에 대해 단 하나의 지적만을 해주듯, 어떤 하나의 브랜드자산 지수도 브랜드의 건강 상태에 대해 단 하나의 지적만을 한다. 브랜드자산은 다차원적 개념이며 다양한 형태의 측정 방법이 요구될 만큼 매우 복잡하다. 다중적인 측정 방법은 마케팅 조사의 진단적인 힘과, 경영자들이 그들의 브랜드에 무슨 일이 일어나고 있고, 아마도 가장 중요하게는 왜 그런 일이 일어나고 있는지 보다 잘 이해할 수 있는 가능성을 증가시킨다.[1]

조사자들이 다중적인 브랜드자산 측정 방법을 받아들여야 한다고 주장하는 데 있어, 저자는 브랜드자산의 측정과 비행기의 비행 혹은 자동차의 주행에 있어서의 성과 측정 간의 흥미로운 비유를 했다.

> 비행기 조종사는 비행을 할 때 많은 지표와 게이지를 살펴야 한다. 연료 게이지, 고도계 및 다양한 기타 중요 위치 표시기가 있다. 이러한 모든 계기판과 지침은 조종사에게 비행기의 건강 상태에 관해 다양한 것들을 알려준다. 비행기에 대한 모든 것을 요약해주는 하나의 게이지란 없다. 비행기는 고도계, 나침반, 레이더, 연료 게이지를 필요로 한다. 조종사는 비행하면서 계기판을 봄으로써 이 모든 중대한 지표를 고려해야 한다.[2]

자동차 혹은 비행기의 '건강 상태'를 함께 측정하는 자동차의 계기판 혹은 비행기의 게이지는 브랜드의 건강 상태를 공동으로 측정할 필요가 있는 브랜드자산의 다중적인 측정 방법과 유사하다고 결론지을 수 있다.

이전 장에서는 브랜드자산을 구성하는 잠재적인 요소를 규명하고 수량화하기 위해 소비자의 브랜드 지식구조 및 고객 사고방식을 측정하는 여러 가지 접근 방법을 살펴보았다. 마케터는 이러한 측정 기법을 활용함으로써 브랜드 인지도의 깊이와 폭, 브랜드에 대한 연상의 강도, 호감도, 독특성, 브랜드 반응의 긍정성, 자신의 브랜드를 위한 브랜드 관계의 본질을 제대로 이해할 수 있다. 1장과 2장에서 언급된 바와 같이 긍정적인 브랜드자산을 지닌 제품은 잠재적으로 다음의 여섯 가지 중요한 소비자와 관련된 이점을 누릴 수 있다.

1. 더 나은 제품이나 서비스의 성과에 대한 지각
2. 높은 충성도 및 경쟁사의 마케팅활동과 마케팅 위기에 덜 취약함
3. 더 큰 이윤 획득, 가격 상승에 대한 비탄력적 반응 및 가격 하락에 대한 탄력적 반응
4. 더 큰 거래 협력과 후원
5. 마케팅 커뮤니케이션 효율성 증가
6. 라이선싱 기회 및 브랜드 확장의 기회

고객 기반 브랜드자산 모델에서는 이러한 이점, 즉 브랜드의 궁극적 가치는 기본적인 브랜드 지식의 구성요소와 브랜드자산의 원천요소에 의해 결정된다고 주장한다. 10장에서 설명한 바와 같이 이러한 개별 구성요소의 평가는 가능하다. 그러나 그와 더불어 유발되는 가치 역시 평가되어야 할 것이다. 이 장에서 우리는 브랜드 지식구조가 마케터의 관심사인 브랜드자산 성과에 미

치는 영향을 평가하기 위한 측정 절차, 즉 브랜드를 위한 시장 성과를 포착하는 측정 방법에 대해 살펴볼 것이다.[3]

먼저 우리는 비교 평가 방법을 살펴볼 것인데, 이는 소비자의 지각과 선호가 마케팅 프로그램의 다양한 측면 및 브랜드자산이 보유하고 있는 구체적 이점에 대한 소비자의 반응에 미치는 영향을 더 잘 평가할 수 있는 수단이 된다. 다음으로 우리는 종합적인 평가 방법, 즉 브랜드의 총체적 또는 개략적인 가치를 평가하기 위한 시도를 살펴볼 것이다.[4]

비교 평가 방법

비교 평가 방법(comparative method)은 높은 수준의 인지도와 강력하고 호의적이며 독특한 브랜드 연상을 보유함으로써 발생하는 이점을 보다 직접적으로 측정하기 위해 브랜드에 대한 소비자 행동 및 태도를 조사하는 연구 혹은 실험이다. 여기에는 두 가지 유형의 비교 평가 방법이 있다.

- **브랜드 중심적 비교 접근법**(brand-based comparative approach)은 한 소비자 집단에는 대상 브랜드에 속해 있는 마케팅 프로그램의 요소 또는 마케팅활동에 대해 응답하게 하고, 또 다른 소비자 집단에는 경쟁 브랜드 또는 가상 브랜드에 속해 있는 위와 동일한 마케팅 프로그램 요소 또는 마케팅활동에 대해 응답하게 하는 실험을 활용한다.
- **마케팅 중심적 비교 접근법**(marketing-based comparative approach)에서는 소비자에게 대상 브랜드 또는 경쟁 브랜드에 대한 마케팅 프로그램 요소나 마케팅활동의 변화에 반응하게 하는 실험을 활용한다.

브랜드 중심적 비교 접근법은 마케팅 프로그램이 고정된 상태에서 브랜드 식별 여부에 따른 소비자의 반응을 조사하는 것이고, 마케팅 중심적 비교 접근법은 브랜드가 고정된 상태에서 마케팅 프로그램의 변화에 따른 소비자의 반응을 조사하는 것이다. 여기서는 이 두 가지 접근법을 순서대로 알아보고 나아가 실질적으로 이 두 가지 접근법을 결합한 컨조인트 분석 기법을 알아본다.

브랜드 중심적 비교 접근법

브랜드 중심적 비교 접근법에서 경쟁 브랜드들은 유용한 비교 사례가 될 수 있다. 비록 소비자가 가상적인 브랜드 이름 또는 브랜드 이름이 없는 제품이나 서비스 버전에 대한 마케팅활동을 일반적인 제품군 지식의 관점에서 해석한다 할지라도 특정한 브랜드 혹은 **전형적**(exemplar) 브랜드를 염두에 두고 있을 수도 있다. 이러한 전형적 브랜드는 제품군 리더 또는 소비자가 그 제품군을 대표한다고 느끼는 또 다른 브랜드—가장 선호하는 브랜드—이다. 소비자는 자신의 기억 속에 있는 특정 브랜드에 관한 지식에 근거해 자신이 갖고 있지 않은 정보에 관한 추론을 하게 된다. 따라서 새로운 광고 캠페인, 새로운 판촉 활동, 새로운 제품 등이 하나 이상의 주요 경쟁자들에 속해 있을 때 소비자가 이를 어떻게 평가하는지에 대해 조사하는 것도 유익한 일이다.

저렴한 맥주 블라인드 테스트에서 가장 값싼 맥주 브랜드인 '내추럴 라이트(Natty Light)'가 놀랍게도 맛 평가에서 우승을 차지했다.

적용 방법　브랜드 중심적 비교 접근법의 전형적인 예는 소비자가 특정 브랜드가 붙은 제품 또는 브랜드가 붙지 않은 제품을 시험, 사용해보는 '블라인드 테스트' 조사이다. 예를 들어《비즈니스 인사이더(Business Insider)》가 진행한 한 소규모 연구에서는 참가자에게 다양한 저렴한 맥주 브랜드 블라인드 테스트를 실시했다. 놀랍게도 브랜드가 밝혀지지 않은 상태에서 가장 저렴했던 맥주 브랜드인 내추럴 라이트가 가장 높은 점수를 얻었다.[5]

　　브랜드 중심적인 비교 접근법의 자연스러운 적용 방법 중 하나는 '비브랜드'의 통제집단을 위해 어떤 식으로든 브랜드 식별이 감추어질 수 있다는 전제하에 신제품이나 기존 제품에 대해 제품 구매나 소비 상황을 이용하는 것이다. 브랜드 중심적 비교 접근법은 이윤 및 가격 프리미엄과 관련된 브랜드자산 편익을 결정하는 데 유용하다.

T모바일

도이치텔레콤(Deutsche Telecom)은 자사 이동통신 브랜드인 T모바일(T-Mobile)을 구축하는 데 많은 시간과 돈을 투자했다. 그러나 영국에서는 경쟁사인 버진모바일(Virgin Mobile)과 네트워크 회선을 임대하거나 공유했다. 따라서 T모바일을 사용하는 고객이 전화를 걸 때 받는 신호의 음질은 버진모바일 고객 신호의 오디오 음질과 사실상 동일해야 했다. 결과적으로 신호를 보내는 데 같은 네트워크가 사용되고 있었다는 것이다. 그럼에도 불구하고 연구 결과 버진모바일 고객이 T모바일 고객보다 신호 품질을 월등히 높게 평가한 것으로 나타났다. 강력한 버진 브랜드 이미지는 다양한 서비스를 제공하는 데 있어 후광 효과를 갖는 것으로 나타났으며, 말 그대로 소비자로 하여금 제품 성능에 대한 소비자의 인상을 바꾸게 만들었다.[6]

두 브랜드 모두 동일한 통신 네트워크를 공유했지만 버진모바일 고객은 T모바일 고객보다 통신 품질이 우수하다고 평가했다. 이는 버진모바일의 브랜드자산의 힘을 보여준다.

비판　브랜드 중심적 비교 접근법의 장점은 브랜드에 관한 마케팅 프로그램의 모든 측면을 고정된 것으로 보기 때문에 진정한 의미의 브랜드 가치를 분리할 수 있다는 것이다. 브랜드지식이 가격, 광고 및 그 외 다른 요소에 대한 소비자 반응에 어떻게 영향을 미치는지를 정확히 이해하는 것은 서로 다른 영역에서 전략을 개발하는 데 큰 도움이 된다. 동시에, 잠정적으로 연구될 수 있는 아주 다양한 마케팅활동이 존재하기 때문에 우리가 얼마나 알게 될 것인지는 서로 다른 적용

방법이 얼마나 많이 검토되느냐에 따라 달라진다.

고려 중인 마케팅활동이 새로운 매출, 거래점 촉진, 광고 캠페인, 브랜드 확장 등과 같이 그 브랜드의 과거 마케팅으로부터의 변화를 의미할 때 특히 브랜드 중심적 비교 접근법이 적용 가능하다. 만약 고려 중인 마케팅활동이 이미 그 브랜드와—수년 동안 지속되어 온 광고 캠페인처럼—강력하게 연관되어 있다면, 마케팅 프로그램의 몇 가지 측면을 가상적인 브랜드 이름이 붙어 있거나 브랜드 이름이 붙지 않은 제품 또는 서비스에 연결하기가 어려울 수도 있다.

따라서 브랜드 중심적 비교 접근법에서 중요한 고려사항은 실험이나 분석의 현실성이다. 예를 들어 브랜드 중심적 비교 접근법은 특정 제품 속성을 원래보다 지나치게 부각함으로써 결과를 왜곡할 수도 있다. 이를 대체할 수 있는 접근법이 다음에 설명될 마케팅 중심적 비교 접근법이다.

마케팅 중심적 비교 접근법

마케팅 중심적 비교 접근법은 브랜드를 고정한 상태에서 마케팅 프로그램의 변화에 따른 소비자의 반응을 조사한다.

적용 방법　학계와 업계에서는 이러한 유형의 비교 접근법을 통해 가격 프리미엄을 조사하는 오랜 전통이 있었다. 1950년대 중반, 에드거 페시미어(Edgar Pessemier)는 일상적으로 구매하는 브랜드와 대안 브랜드 사이의 가격 차이에 대해 단계적인 증가 절차를 이용해 브랜드 헌신에 대한 화폐 측정법을 개발했다.[7] 페시미어는 브랜드 전환과 충성도 패턴을 밝히기 위하여 일상적으로 구매하는 브랜드에서 다른 브랜드로 교체한 소비자의 비율을 브랜드 가격 증가의 함수 좌표로 나타냈다.

수많은 마케팅 연구자가 이러한 접근 방법을 다양하게 적용해 비슷한 유형의 수요곡선을 도출해냈으며, 현재 많은 기업이 서로 다른 브랜드에 대한 가격 민감도와 가격 임계치를 측정하려고 노력하고 있다.[8] 예를 들어 인텔은 컴퓨터 구매자를 대상으로 정기적인 조사를 실시해 가격이 어느 정도 떨어져야 인텔 프로세서를 내장하지 않은 PC로 전환할 것인지, 반대로 인텔 프로세서를 내장한 개인용 컴퓨터를 구매하는 데 어느 정도의 가격 프리미엄을 지불할 용의가 있는지를 파악하고 있다.

마케팅 중심적 비교 접근법은 다른 방식으로도 적용할 수 있다. 예를 들어 IRI의 온라인 테스트 마켓과 그와 같은 다른 연구 방법론들을 통해 광고 카피 테스트뿐만 아니라 상이한 광고 비중 또는 반복 스케줄에 관한 테스트를 할 수 있다. 다른 요소를 통제함으로써 브랜드와 제품의 영향력을 분리할 수 있다. 점점 더 보편화되어 가는 온라인상 마케팅 중심적 비교 접근법의 예는 A/B 테스팅이다. 디지털 마케팅 관리자는 A/B 테스팅을 사용해 웹사이트 버전 A와 B 등 다른 버전의 마케팅 프로그램이나 활동을 비교할 수 있다. 웹사이트 방문자마다 다른 버전의 화면이 주어지고, 가장 높은 전환율을 보이는 버전이 채택되는 것이다.

브랜드 확장 가능성 또한 브랜드 확장 후보 제품을 묘사한 콘셉트 설명문에 대한 소비자의 평가를 취합함으로써 이 같은 방식으로 탐색할 수 있다. 예를 들어 한 연구에서는 플랜터스(Planters) 땅콩 브랜드를 가상으로 확장한 것에 대한 소비자의 반응을 조사했다. 그림 11-1은 이에 대한 결과를 보여준다. 확장된 제품군에 대한 반응의 비교를 통해 브랜드자산에 관한 몇 가지 지표를 얻을 수 있다.

디지털 마케터는 A/B 테스팅을 사용해 다양한 마케팅 프로그램을 비교하고 가장 전환율이 높은 버전을 선택한다.

이 조사 결과에 따르면 소비자는 플랜터스 브랜드 확장이 견과류에 관련된 것이어야 한다고 기대했다. 플랜터스 브랜드 확장 예상 제품에 적합한 제품 속성은 '바삭바삭함', '달콤함', '짭짤함', '매콤함', '버터 같음'인 것으로 나타났다. 소비자가 새로운 플랜터스 제품을 찾을 수 있을 가능성이 가장 클 것으로 예상하는 상점의 코너는 스낵과 캔디 코너였다. 그에 반해 아침식사 코너, 제빵류 코너, 냉장 코너, 냉동식품 코너에 새로운 플랜터스 제품이 있지는 않을 것이라고 예상했다. 이러한 조사 결과와 일치하게 플랜터스는 견과류 종류(땅콩, 혼합 견과류, 캐슈넛, 아몬드, 피스타치오, 호두 등)를 판매하며, 이들은 맛있고 영양가 있는 스낵으로 마케팅되고 있다. 플랜터스는 또한 초콜릿 땅콩 버터 브라우니 믹스와 같이 디저트식 스낵도 선보이고 있는데, 이는 매장 내 스낵, 캔디류가 같은 공간에 있다는 소비자의 지각을 이용한 것이다.

평균 척도 점수*	제안된 브랜드 확장
10	땅콩
9	스낵 믹스, 제빵용 견과
8	–
7	프레츨, 초콜릿 땅콩 캔디, 캐러멜 콘
6	스낵 크래커, 감자칩, 영양 그래놀라 바
5	토르티야 칩, 토핑(아이스크림/디저트)
4	점심식사용/점심 스낵 팩, 디저트 원료(쿠키/케이크/브라우니)
3	아이스크림, 막대 아이스크림, 토핑(샐러드/야채)
2	시리얼, 토스터 페이스트리, 정통요리/소스, 소, 냉장 밀가루 반죽, 잼/젤리
1	요구르트

그림 11-1
플랜터스 브랜드 확장에 대한 반응

* 소비자는 다음과 같은 11점 척도에 의해 브랜드 확장을 평가했다(0=분명히 플랜터스가 그 제품을 팔지 않을 것이다, 10=분명히 플랜터스가 그 제품을 팔 것이다).

비판 마케팅 중심적 비교 접근법의 주된 장점은 실행 용이성이다. 특정 브랜드에 대한 어떠한 마케팅활동도 비교가 가능하다. 동시에 이 접근법의 주요 단점은 마케팅 자극 요소의 변화에 대한 소비자의 반응이 브랜드지식에 의해 일어나는 것인지, 아니면 보다 일반적인 제품 지식에 의한 것인지 구분하기가 어렵다는 점이다. 다시 말해 소비자는 그 제품군 내의 어떠한 브랜드에 대해서든 일정 가격을 기꺼이 지불하거나 지불하지 않을 수도 있고, 특정한 브랜드 확장을 수용할 수도 있고 안 할 수도 있다. 소비자의 반응이 그 브랜드에만 한정되어 있는 것인지를 판단하는 한 가지 방법은 경쟁 브랜드에 대한 소비자 반응에 유사 테스트를 실시하는 것이다. 다음 절에서는 바로 이러한 경우에 매우 적합한 통계 기법을 소개한다.

컨조인트 분석

컨조인트 분석(conjoint analysis)은 설문조사 기반의 다변량 분석 기법으로, 마케터가 제품과 브랜드에 관련된 소비사의 구내의사결징 과정을 피악할 수 있도록 해준다.[9] 특히 마케닝 조사 언구자들은 소비자로 하여금 여러 가지 잘 디자인된 다양한 제품 프로파일 중 마음에 드는 것을 선택하거나 선호도를 표시하도록 함으로써 소비자가 다양한 브랜드 속성 사이에서 취하는 속성들과 이들이 부여하는 속성들의 중요성을 판단할 수 있다.[10]

소비자에게 제시된 각각의 프로파일은 일련의 속성 수준으로 구성되어 있다. 하나의 특정한 프로파일을 위해 선택된 특정 속성 수준들은 특정한 수학적 특성을 만족시키기 위한 실험 설계 원칙을 기초로 결정된다. 소비자가 각각의 속성 수준에 부여하는 가치 — 컨조인트 공식에 의해 통계적으로 도출되는 가치 — 를 **부분 가치**(part worth)라고 부른다. 부분 가치는 소비자가 속성 단계의 새로운 조합을 어떻게 평가할 것인가를 추정하기 위해 다양한 방법으로 사용될 수 있다. 예를 들면 컨조인트 분석에 포함될 수 있는 하나의 속성이 바로 브랜드 이름이다. '브랜드 이름' 속성에 대한 부분 가치는 그 브랜드 이름의 가치를 반영한다고 할 수 있다.

그린과 윈드(Green and Wind)에 의해 한 가지 고전적인 컨조인트 연구가 이루어졌는데, 이 연구는 얼룩 제거제에 대한 소비자의 평가와 관련된 것으로 다음과 같은 다섯 가지 제품 속성, 즉 패키지 디자인, 브랜드 이름, 가격, 품질인증 마크, 환불 보증이 연구되었다.[11] 또한 이들은 메리어트호텔(Marriott hotel) 체인인 코트야드(Courtyard)의 디자인을 결정하는 연구 조사에서도 컨조인트 분석을 적용했다.[12] 컨조인트 분석은 비누, 카메라, 아파트 디자인 등 다양한 산업군에 적용되어 왔다. 또한 건강보험정책이나 호텔 디자인에도 컨조인트 분석이 쓰인다.[13]

적용 방법 컨조인트 분석을 적용할 수 있는 방법은 수없이 많다. 광고 대행사인 오길비앤드마더(Ogilvy & Mather)는 광고 효율성과 브랜드 가치를 측정하는 수단으로서 브랜드/가격 트레이드오프 방법론을 사용했다.[14] 브랜드/가격 트레이드오프는 브랜드와 가격이라는 단 두 가지 변수만을 이용하는 단순화된 컨조인트 측정 형태이다. 소비자는 브랜드와 가격의 서로 다른 조합 사이에서 일련의 유사 구매 선택을 해야 할 상황에 직면하게 된다. 각각의 선택안은 소비자로 하여금 선호하는 브랜드를 선택할 것인지와 더 낮은 가격을 지불할 것인지 사이에서 타협할 수밖에 없게 만듦으로써 그 선택된 브랜드의 가격을 높인다. 소비자는 이러한 방식으로 자신의 브랜드 충성도가 어느 정도의 가치를 지니고 있는지, 또는 가격을 낮추기 위해 어떤 브랜드를 포기할 것인지를 드러내게 된다. 학술 연구진은 브랜드네임이 어디까지 확장될 수 있는지를 알아보고, 회사 이미지

메리어트 호텔 체인은 컨조인트 분석을 활용해 코트야드 브랜드를 디자인했다.

프로그램의 효과를 평가하고, 소비자의 선호를 이끄는 관련 특성을 알아내기 위해 컨조인트 분석을 사용하기도 했다.[15]

비판 컨조인트 분석에 기초한 접근 방법의 주된 장점은 다양한 브랜드와 제품이나 마케팅 프로그램 측면을 동시에 연구할 수 있다는 점이다. 따라서 대상 브랜드(비교대상 브랜드)와 경쟁 브랜드 양측에 있어 다양한 마케팅활동에 대한 소비자의 반응에 관한 정보가 규명될 수 있다.

컨조인트 분석의 단점 중 하나는 소비자가 브랜드에 대해 이미 알고 있는 사실에 기초를 둔 소비자의 예상과는 다른 마케팅 프로파일이 소비자에게 제시될 수 있다는 점이다. 따라서 컨조인트 분석을 적용하려면 소비자가 비현실적인 제품 프로파일이나 시나리오를 평가하지 않도록 주의를 기울여야 한다. 또한 몇 가지 유용한 지침이 브랜드 포지셔닝에 컨조인트 분석을 효율적으로 적용하도록 설명되어 있지만, 브랜드의 속성 수준을 지정하고 해석하기가 어려울 수 있다.[16]

종합적 평가 방법

비교 평가 방법들이 브랜드자산의 특정한 이점을 측정하려고 하는 데 비해 **종합적 방법**(holistic method)은 추상적인 효용 관점에서 혹은 구체적인 재무적 관점에서 브랜드의 전체적인 가치를 파악하려 한다. 따라서 종합적 접근 방법은 그 브랜드 특유의 공헌을 결정하기 위해 다양한 고려사항을 배제하고자 한다. **잔여 접근법**(residual approach)은 소비자의 전체적인 브랜드 선호로부터 제품의 효과를 제거함으로써 브랜드의 가치를 조사하려고 시도한다. **가치 평가 접근법**(valuation approach)은 회계적 목적 또는 인수/합병 등을 위해 브랜드자산에 대한 재무적 가치 파악을 시도한다. 이 절에서는 리즈클레이본(Liz Claiborne)의 예시를 살펴본 뒤 이 두 가지 접근법을 차례대로 살펴본다.

리즈클레이본의 사례와 유사하게 브랜드 이름의 소유주가 바뀌는 것은 흔한 일이다. 잠재적인 입찰자가 나타날 때마다 잠재적 인수자는 이 장에서 다룰 여러 브랜드 가치 평가 방법 중 하나를 사용해 가치 평가를 실시한다. 이러한 가치 평가 방법의 목표는 브랜드 이름을 인수할 때 기업에 적절한 가격이 지불되도록 보장하는 것이다.

리즈클레이본

1980년대에 인기 있는 패션을 직장 여성에게 판매하며 1990년대 초까지 연간 20억 달러의 매출을 올리며 큰 성공을 거둔 기업인 리즈클레이본은 20년 후 매출이 식기 시작하면서 심각한 곤경에 빠졌다. 젊은 고객에게 집중하고자 판매 속도가 느린 구형 제품 라인을 없애는 브랜드 전환은 비즈니스를 역전시키는 데 실패했다. 나이가 있는 핵심 고객층은 브랜드를 버렸고 백화점은 브랜드를 자체 상표로 대체하기 시작했다. 이 회사는 2006년까지 매년 적자를 내고 있었으며, 이후 5년 동안 매출이 절반으로 감소했다. 경영 부서는 2011년에 회사 규모를 줄이고, 비교적 빠르게 판매되는 브랜드인 케이트스페이드(Kate Spade), 럭키브랜드진(Lucky Brand Jeans), 주시꾸뛰르(Juicy Couture)에 자원을 집중하기로 결정했다. 브랜드 클레이본과 모네(Monet)는 JC페니에 2억 8,800만 달러에 팔렸고, 판매 계약의 일환으로 리즈클레이본의 이름을 바꿀 수 있는 1년의 시간이 주어졌다. JC페니는 리즈클레이본이라는 브랜드에 여전히 생명력이 남아 있다고 확신했고, 리즈클레이본은 새로운 브랜드 전략이 성공하기를 바라면서 돈을 걸고 내기를 하는 셈이었다.[17] 리즈클레이본은 이후 케이트스페이드앤드컴퍼니(Kate Spade & Company)로 2012년 브랜드를 바꾸었고, 2017년 코치(Coach)에 24억 달러에 인수됐다.[18]

리즈클레이본으로 알려졌던 케이트스페이드는 기업을 재브랜딩했으며 후에 코치에 인수되었다.

잔여 접근 방법

잔여 접근 방법의 논리적 근거는 브랜드자산이 포괄적인 브랜드 선호와 선택에서 제품 효과를 제거한 잔여분이라는 관점이다. 이 접근 방법에 내재된 기본 원리는 가능한 한 많이 측정된 제품 속성 가치를 고려할 수만 있다면 소비자의 선호와 선택에 대한 관찰을 통해 브랜드의 상대적인 가치평가를 추론할 수 있다는 것이다. 어떤 연구자들은 브랜드자산을 브랜드 식별력이 없는 제품에 대한 선호 이상으로 추가된 선호라고 정의하고 있다. 이러한 시각에 따르면 브랜드자산은 한 제품에 대한 전체적인 선호에서 물리적 제품의 객관적 특성에 대한 선호를 제거함으로써 계산될 수

있다고 한다.[19]

스캐너 패널   어떤 연구자는 슈퍼마켓 스캐너 데이터를 기반으로 브랜드 가치 분석에 집중하고 있다. 가마쿠라와 러셀(Kamakura and Russell)은 스캐너 데이터를 이용한 브랜드자산 측정 모델을 제안했는데, 이는 브랜드자산을 추산하기 위해서이다.[20] 특히 이 모델은 소비자 패널로부터 관찰된 선택을 점포 환경(실제 진열 가격, 판촉, 디스플레이), 브랜드의 물리적 특성, 브랜드자산이라는 잔여분의 함수로서 설명한다. 그들의 접근 방법에서는 마케팅 믹스의 다른 측면을 통제함으로써 한 브랜드의 독특한, 즉 경쟁자에 의해 현재 모방되지 않은 브랜드 선호의 측면을 추산하려고 시도한다.

최근 한 연구에서 제안된 변화는 브랜드와 제네릭 혹은 스토어 브랜드 사이 매출 차이를 계산함으로써 브랜드자산의 추정치로 '매출 프리미엄'을 계산하기 위해 실제 소매 판매 데이터를 사용한 것이다.[21] 또 다른 연구에서는 시간의 경과에 따른 브랜드자산과 브랜드자산의 핵심 동인을 추적하기 위해 점포 수준의 스캐너 데이터를 사용했다.[22]

선택 실험   한 연구에서는 브랜드 이름, 제품 속성, 브랜드 이미지, 소비자의 사회인구통계학적 특성, 브랜드 사용을 설명해주는 구매 선택 실험 설계를 통해 브랜드자산을 측정하는 것과 관련된 접근법을 제시했다.[23] 이 연구에서는 **동일화 가격**(equalization price)이라는 개념을 사용했는데, 동일화 가격이란 특정한 한 브랜드의 효용성과 브랜드 차별화가 발생하지 않는 제품군 내의 한 브랜드가 가지고 있다고 생각되는 효용성을 동일하게 하는 가격이라고 정의했다. 이때 동일화 가격은 브랜드자산의 근사치로 파악할 수 있다.[24]

다중 속성 태도 모형   한 연구에서 다중 속성 태도 모형을 기반으로 하는 브랜드자산을 추정하는 포괄적인 잔여 방법론이 제안되었다.[25] 이 접근법은 브랜드자산을 구성요소 속성 지각 기반 요소와 비속성 선호 요소로 나눔으로써 서로 다른 기반을 가진 브랜드자산의 상대적 크기를 밝혀준다.

- **브랜드자산의 속성 지각 기반 구성요소**(attribute-perception based component)는 주관적으로 지각된 속성 가치와 객관적으로 측정된 속성 가치 간의 차이라고 할 수 있다. 객관적으로 측정된 속성 가치는《컨슈머리포트》나 그 분야의 정평 있는 전문가 등과 같은 독립적인 조사 서비스에 의해 수집된다.
- **브랜드자산 중 비속성 선호 구성요소**(nonattribute preference component)는 주관적으로 지각된 속성 가치와 전반적인 선호의 차이라고 할 수 있으며, 각 제품 속성의 효용에 대한 평가를 넘어 소비자의 브랜드에 대한 전체적 평가를 반영한다. 그들은 이러한 서로 다른 인식과 선호를 측정하기 위한 정보를 수집하는 조사 절차를 제시한다.

이 모형은 브랜드 인지도 및 소비자 유인과 브랜드 가용성에 대한 선호도를 향상하는 효과를 통합할 수 있다. 또한 이러한 상이한 지각과 선호도 추정치를 측정하기 위한 정보를 수집하는 조사 절차를 제시했다.

다른 연구에서는 브랜드의 속성 등급을 두 가지 구성요소, 즉 (1) 소비자가 브랜드와 연관 짓는 브랜드 구체화 속성, 의미 있는 특성, 속성 혹은 편익, (2) 브랜드에 대한 더욱 전체적인 관점을 기반으로 하는 일반적인 브랜드 인상으로 나누는 모형을 제안했다.[26]

비판 잔여 접근 방법은 브랜드자산을 해석하는 데 유용한 비교 사례를 제공해준다. 특히 이는 브랜드자산에 대한 대략적인 추정이 필요한 상황에 유용할 뿐 아니라, 브랜드자산의 재무적 측면에 관심이 있는 연구자에게 유용하다. 잔여 접근 방법의 단점은 이 방법이 다양한 유형의 비제품 관련 속성 연상을 구별할 수 없기 때문에 주로 제품 관련 속성 연상이 주도하는 두드러진 브랜드에 가장 적합하다는 것이다. 결과적으로 이와 다른 상황에서의 전략적 의사결정에 있어 이 방법이 지니는 진단적 가치는 상당히 제한적일 수밖에 없다.

일반적으로는 잔여 접근 방법이 그 브랜드의 공헌도를 파악하기 위해 소비자 선호도에 집중함으로써 브랜드에 보다 정적인 관점을 취한다. 이러한 접근 방법은 고객 기반 브랜드자산의 틀에 의해 뒷받침되는 과정적 관점과 대조를 이룬다. 브랜드 중심적 그리고 마케팅 중심적 비교 접근 방법에서 나타나는 것처럼, 고객에 기초한 브랜드자산 접근 방법에서는 한 브랜드의 마케팅에 대한 소비자 반응을 관찰하고 이러한 반응이 브랜드지식에 의해 어느 정도 영향을 받는지를 밝히는 데 중점을 두게 된다.

이러한 특징은 또한 여러 학자에 의해 제기되는 브랜드 평가에 있어서의 '분리 가능성' 문제와도 밀접한 관련이 있다. 예를 들어 특정 정책이나 호의적인 광고, 홍보, 구전 등으로 인해 한 브랜드가 특별한 고객 서비스를 제공하는 것으로 알려지는 경우[예 : 싱가포르항공(Singapore Airlines), 리츠칼튼(Ritz Carlton) 호텔]를 생각해보자. 이렇게 창출된 고객 서비스와 태도에 대한 호의적인 지각은 가격 정책(보다 높은 가격을 기꺼이 지불할 의향), 새로운 광고 캠페인(고객 만족을 표현하는 광고에 대한 수용), 브랜드 확장(새로운 유형의 매장을 방문해보고자 하는 관심) 등에 대한 소비자의 반응에 영향을 미침으로써 고객 기반 브랜드자산을 창출할 수 있다.

가치 평가 접근 방법

여러 가지 다른 분석에 따르면, 널리 알려진 믿음은 많은 기업의 회사 가치 상당 부분이 브랜드에 의해 정해진다는 것이다. S&P 500 지수 시가총액 17조 9,000억 달러의 절반에 가까운 8조 달러가 무형 자산 때문이라는 추정이 있다.[27] 게다가 브랜드는 이러한 무형 자산의 중요한 요소이고, S&P 500에 포함된 기업의 주식시장 가치의 30% 이상을 차지한다.[28]

세계경제포럼(WEF)이 실시한 설문조사는 브랜드의 중요성을 더욱 강하게 설파한다. 글로벌 기업 CEO의 약 5분의 3은 자사 브랜드와 평판이 회사 시장 자본의 40% 이상을 차지한다고 믿는다.[29] 표 11-1은 2017년 데이터를 기반으로 브랜드 가치의 역할을 기업 전체 가치의 비율로 보여준다.

여기서 알 수 있듯이 브랜드 이름에 따른 평가 비율에는 큰 차이가 있으나 이것은 또한 브랜드가 기업 가치의 핵심 원천이라는 점을 뒷받침한다.

브랜드 이름이 차지하는 역할의 중요성에 대한 인식은 가치 평가에 대한 많은 연구를 촉발했다. 브랜드 가치에 특정 가격표를 붙이는 기능은 다음과 같은 여러 가지 이유로 유용하다.

- **인수 합병** : 가능한 구매 대상을 평가하고 처분을 촉진하기 위해
- **브랜드 라이선싱** : 세무 목적 및 제3자에게 라이선싱하기 위해
- **자금 조달** : 대부용 담보 또는 판매, 임차 계약을 위해, 회사가 소유한 브랜드의 가치 평가로부터 알 수 있듯이 현재 및 미래 투자자에게 회사의 노력이 어떻게 가치 창출을 일으켰는지

표 11-1 기업의 시장 가치 백분율로 나타낸 브랜드 가치*

기업	브랜드 가치(십억 달러)*	전체 가치(십억 달러)**	브랜드 가치 비율
애플	184.1	868.88	21%
구글	141.7	729.1	19%
마이크로소프트	79.9	659.9	12%
코카콜라	69.7	195.5	36%
아마존	64.7	563.5	11%
삼성#	56.2	300	19%
토요타	50.3	188.2	27%
페이스북	48.2	420.8	11%
메르세데스	47.8	79.3	60%
IBM	46.8	142	33%

*출처 : Data are for 2017; http://interbrand.com/best-brands/best-global-brands/2017/ranking/

**출처 : Market capitalization information based on data from CRSP Monthly

한화를 미국 달러로 변환한 삼성의 시가총액

애플은 세계에서 가장 가치 있는 브랜드이다.

확립하기 위해

- **브랜드 포트폴리오 결정** : 브랜드 가치를 바탕으로 브랜드 포트폴리오의 브랜드 전략을 개발하기 위해
- **내부 자원 할당 결정 및 투자 수익률(ROI) 이해** : 기업 내 자본 할당 결정은 서로 다른 브랜드의 가치를 중심으로 이루어질 수 있다. 브랜드 이름의 평가는 마케팅 지출의 투자 수익을 확립하는 데 도움이 될 수 있다. 브랜드 가치 평가와 관련된 이슈를 조명하기 위해 먼저 기업 자산의 회계와 관련된 이슈에 대해 간략한 개요를 제공한다.

회계학적 배경 기업의 자산은 무형과 유형 자산으로 구분할 수 있다. **유형 자산**(tangible asset)에는 동산, 공장, 설비, 유동 자산(재고, 유가증권, 현금), 주식과 채권에 투자 등이 포함된다. 유형 순자산은 회계장부의 가치와 보고된 대체비용 추정금액을 사용해 평가될 수 있다.

무형 자산(intangible asset)은 그 기업으로 하여금 유형 자산으로부터 얻는 수입을 초과하는 현금 흐름을 가능하게 해주는 생산요소 또는 특화된 자원으로 정의된다. 다시 말하면 무형 자산은 기업의 물리적 자산 수익력을 증대한다. 일반적으로 회계사는 무형 자산을 **영업권**(goodwill)이라는 이름으로 일괄 취급했다. 무형 자산에는 특허권, 상표권, 라이선싱 계약 등이 포함되고 경영진의 능력, 소비자 관계와 같은 사항도 다소 고려될 수 있다.

인수에 있어 영업권 항목에는 지배력을 얻기 위해 지불하는 프리미엄이 포함되는 경우가 많으며, 이는 경우에 따라 유형 및 무형 자산의 가치를 초과할 수도 있다. 브랜드자산은 무형 자산이며 무형 자산 보고와 관련된 동일한 회계 원칙에 따라 관리된다. 역설적으로 미국에서는 자체 개

발된 브랜드는 대차대조표에 명시적으로 평가되지 않는다. 그러나 브랜드 인수는 비용으로 보고될 수 있는 인수 브랜드와 관련되는 정의된 구매 비용이 있기 때문에 대차대조표에 보고된다. 이는 인수나 합병을 통해 외부에서 취득한 브랜드는 대차대조표에 명시적으로 인식되는 반면, 내부적으로 개발된 브랜드는 무시되는 것과 같이 브랜드 회계의 비정상성을 야기한다. 미국 내 재무회계기준위원회(FASB) 표준(뿐만 아니라 국제회계기준)은 내부적으로 생성된 브랜드에 소요된 비용은 사업 전체를 개발하는 데 소요되는 비용과 구분될 수 없다고 명시한다. 따라서 이러한 항목은 무형 자산으로 간주되지 않는다.

국제회계기준(IFRS)과 비교해 미국 FASB가 일반적으로 인정되는 회계 원칙(GAAP)으로 무형 자산을 어떻게 바라보는지 알아보는 것은 가치가 있다. 미국에서는 GAAP에 따라 무형 자산을 공정 시장 가치 그 이상은 인정하지 않는다. 반면 IFRS는 무형 자산으로부터 파생될 수 있는 미래 경제적 이익을 고려한다.[30] 이러한 철학의 근본적인 차이가 무형 자산으로서 브랜드가 왜 미국과 해외에서 다르게 간주되는가에 대한 이유를 일러준다.

회계기준위원회의 지침이 부족하다는 사실을 더 복잡하게 만드는 것은 브랜드 자체의 가치 평가가 여러 가지 이유로 복잡하고 어려울 수 있다는 사실이다. 첫째, 브랜드 평가는 변덕스럽고 측정하기 어려운 소비자의 브랜드 인식에 어느 정도 기반을 둔다. 둘째, 브랜드는 기업의 많은 무형 자산 중 하나이며, 브랜드 평가는 방법론의 기반이 되는 가정 사항과 다른 무형 자산(예 : 특허, 영업권 등)의 상대적 가치에 따라 달라질 수 있다.

대차대조표에 브랜드가 보고되지 않는 세 번째 이유는 대차대조표상 브랜드 가치가 손상될 수 있기 때문이다.[31] 부정적인 이야기로 매스컴에 오르거나 평판이 좋지 않을 경우 이러한 가치 손상은 대차대조표상에 정량화하거나 수정하기 어려울 수 있다. 회계사는 대차대조표에 기록된 브랜드 가치 수정을 꺼렸고, 그 결과 '빈사 효과(moribund effect)'라는 현상이 발생했다.[32] 예를 들어 질레트는 2005년 P&G에 240억 달러에 인수되었다. 그러나 인수 이후 P&G의 전체 시가총액이 크게 변경되었음에도 불구하고 브랜드 가치는 변경되지 않았다.

FASB에 따르면 미국에서는 사기업이 장부 목적으로 영업권을 10년 혹은 그 이하 동안 분할상환할 수 있다. 이 정책은 매년 손상에 대한 테스트(영업권 손상 테스트)를 요구한다. FASB는 재무보고에서 브랜드자산을 허용하지 않는데, 이는 검증 가능한 비용의 부재, 특정 거래 또는 일련의 거래를 확인할 수 없다는 점(광고의 지연 효과), 무형 브랜드의 고유성 및 이로 인한 관련성 및 신뢰성 설립 기준 마련의 어려움 때문이다.[33] 이러한 우려에도 불구하고 브랜드 가치 평가는 경영관리적 측면에서 의미가 굉장히 크며, 그간 브랜드 가치를 정량화하기 위한 많은 노력이 있었다.

역사적 관점 브랜드 가치 평가의 최근 예는 루퍼트 머독(Rupert Murdoch)의 뉴스코퍼레이션(News Corporation)에서 시작되었다. 1984년 이 기업의 대차대조표에는 호주의 회계기준에 의해 허용

P&G의 질레트 인수는 브랜드 가치 평가의 중요성을 보여주는 동시에 대차대조표상에 브랜드 가치를 보고하는 것의 어려움을 보여준다.

된 방식에 따라 이 기업의 일부 잡지에 대한 가치가 포함되어 있다. 그랜드메트로폴리탄(Grand Metropolitan)은 자사 소유 브랜드에 대한 가치를 파악해 대차대조표에 포함한 영국 최초의 회사 중 하나이다. 영국 회사들은 브랜드 가치를 이용해 대차대조표를 부풀렸는데, 그들은 이러한 노력이 기업의 시가총액과 비슷하게 주주들의 자금을 얻는 데 도움이 되었다고 주장했다. 캐나다와 독일, 일본 등을 포함한 다른 나라에서는 인수로부터 발생하는 영업권(브랜드 이름으로부터 발생하는 것 포함)의 일부 혹은 전부에 대한 세금 공제를 허용하는 브랜드자산의 세금 공제를 인정하지 않고 있다.

일반적인 접근 방법   인수 합병 시 브랜드 가치를 결정하는 데는 세 가지 주요 접근 방법을 적용할 수 있다.[34]

비용 접근 방법은 브랜드자산을 특정 브랜드를 다시 만들어내거나 대체하는 데 필요한 화폐 금액이라고 본다. 물론 여기에는 연구개발, 테스트 마케팅, 광고 등을 위한 모든 비용이 포함된다. 과거 비용 또는 대체 비용과 관련된 접근 방법에 대한 공통적인 비판은 과거의 성과에 기초한 방법을 사용하기 때문에 미래 수익 성과는 별로 관련이 없다는 점이다. 실제로 상당수 브랜드가 도입 시 비용이 많이 들었음에도 성공하지 못했다. 반면에 수십 년간 활동하고 있는 하인즈, 켈로그, 샤넬 같은 브랜드의 경우 브랜드 개발에 투자가 무엇인지 찾는 것은 사실상 불가능하다.

분명히 무형 자산보다 유형 자산의 비용을 추산하는 것이 더 용이하지만 무형 자산은 대개 브랜드자산의 핵심이라고 할 수 있다. 대체 비용 접근 방법에도 유사한 문제가 존재한다. 예를 들어 브랜드를 대체하는 데 드는 비용은 그 과정이 얼마나 빠르게 이루어지는지, 또한 어떤 경쟁적, 법적, 물류적 장애물과 마주치는지에 크게 달려 있다.

두 번째 방법인 시장 접근 방법은 브랜드자산을 자산의 소유자로부터 파생되는 미래 경제적 이익의 현재 가치로서 파악한다. 다시 말하면 실제 시장에서 자발적인 판매자와 구매자 사이에 교환이 이루어질 수 있게 해주는 자산의 크기라고 할 수 있다. 이러한 접근법과 관련해 가장 중요한 문제점은 브랜드 이름 자산이 공개 시장에서 거래되는 경우가 매우 드물다는 점이다.

브랜드의 가치를 결정하는 세 번째 접근 방법인 수입 접근 방법은 브랜드자산을 브랜드에 대한 미래 수입 동향에서 나온 미래 현금 흐름이라고 주장한다. 다음과 같은 세 가지 수입 접근 방법이 있다.

1. 브랜드 이름으로부터 얻는 사용료 수입을 자본화하기(계산될 수 있는 경우)
2. 브랜드화된 제품에 의해 얻는(브랜드가 붙지 않은 제품과의 성과를 비교해) 프리미엄 이익을 자본화하기
3. 브랜드 유지비용과 과세액을 뺀 후 브랜드의 실질적인 수익성을 자본화하기

수입 접근 방법의 예로 브랜드 컨설팅 회사인 브랜드파이낸스(Brand Finance)는 브랜드 가치 평가를 위해 로열티 제거 방법론을 사용한다. 이들의 접근방식은 상표권을 실제로 소유하는 데 따르는 라이선싱 수수료 지불을 회피하는 것만큼 브랜드 가치가 있다는 전제에 기초하고 있다. 그들의 논리는 이러한 접근 방법이 비교 가능한 제3자 거래에 기초해 브랜드 가치를 계산하기 때문에 회계사, 변호사, 세무 전문가로부터 많은 신뢰를 받고 있다는 것이다. 그들은 브랜드의 미래 세후 로열티, 즉 순현재가치 및 전반적인 브랜드 가치를 추정하기 위해 공개적으로 이용 가능한 정보를 사용한다.[35] 다음 절에서는 영향력 있는 주요 브랜드 가치 평가 접근 방법을 설명한다.

브랜드 가치 평가 : 주요 접근법 개관

브랜드 가치를 체계적으로 평가하기 위해 학계 연구자들은 여러 접근방식을 제안했다. 한 획기적인 학술 연구는 브랜드 관련 이익에 대한 금융 시장 추정치로부터 파생된 기업의 브랜드자산을 추정하는 기법을 제안했다.[36] 이 방법론은 브랜드가 없는 제품의 판매로 인한 현금 흐름 이상으로 브랜드 제품에 발생하는 추가적인 현금 흐름으로 브랜드자산을 정의했다. 이는 기본적으로 회사 증권의 시장 가치가 회사의 모든 자산에 기인하는 미래 현금 흐름에 대한 편향 없는 추정치를 제공할 것이라고 가정한다. 또한 브랜드자산은 기업 가치에 기여하는 무형 자산으로 간주된다. 브랜드가 얼마나 오래되었는지, 제품 범주에 진입한 순서, 현재 및 과거 광고 점유율 등의 요소를 고려함으로써 브랜드자산을 추정할 수 있도록 해준다. 이러한 학문적 접근방식 외에도 업계로부터 파생된 잘 정립된 브랜드 가치 평가 접근방식이 몇 가지 있다. 여기에서는 세 가지 접근방식을 검토한다. 인터브랜드, 브랜드Z, 브랜드파이낸스의 세 가지 접근방식은 모두 브랜드 가치 추정치를 도출할 때 브랜드자산 측정과 재무적 가치 평가를 결합한다. 자세한 설명은 다음과 같다.

인터브랜드

선도적인 브랜드 가치 평가 기업 중 하나는 인터브랜드이다. 표 11-1에서 가장 가치 있는 글로벌 브랜드 리스트를 인터브랜드가 제공했음을 떠올려보자. 인터브랜드의 접근방식은 인재를 유치하고 유지하는 것에서부터 고객의 기대치를 실현하는 것까지 브랜드가 내외적으로 조직에 이익을 주는 다양한 방법을 고려한다. 인터브랜드의 브랜드 가치 평가는 (1) 재무 전망, (2) 브랜드 역할, (3) 경쟁력 분석의 세 가지 핵심 요소를 고려한다.[37]

재무 전망 이 단계의 기본 원칙은 브랜드의 가치를 기업이 소유한 다른 자산이나 기업의 전반적인 가치와 마찬가지로 미래 현금 흐름의 현재가치 추정치에 기초해 계산할 수 있다는 것이다. 브랜드에게 중요하다고 여겨지는 부문 각각에 대해 가치 평가 절차는 순이익(또는 잠재적 현금 흐름)을 식별하고 예측하는 것을 포함한다. 경제적 이익의 계산에는 브랜드에 의해 창출되는 순이익에 대한 세 가지 추가적인 조정이 포함된다. 이는 (1) 순영업이익에 도달하기 위한 비용, (2) 순영업이익에서 세금을 뺀 값, (3) 브랜드 수익 창출에 사용된 자본을 설명하기 위한 자본금 차감이다. 그런 다음 계산된 경제적 이익에 브랜드의 역할(아래 설명된 비율)을 곱해 가치 평가 합계에 기여하는 브랜드 수익을 결정한다.

브랜드 역할 브랜드 역할은 소비자가 구매 의사결정을 할 때 가격이나 제품 특징 같은 다른 구매 동인을 제외한 브랜드에 기인하는 부분을 측정한다. 개념적으로 브랜드 역할은 브랜드화된 제품이나 서비스에 대한 수요가 브랜드화되지 않은 같은 제품이나 서비스에 대한 수요를 초과한 부분을 반영한다. 브랜드 역할을 결정하는 다른 방법에는 1차 조사, 산업군에서 회사를 위한 브랜드의 역사적 리뷰, 전문가 패널의 평가가 있다. 브랜드 역할의 비율(%)과 브랜드화된 제품 혹은 서비스의 경제적 이익을 곱해서 전체 가치 평가에 기여하는 브랜드 수익을 결정한다.

경쟁력 분석 브랜드 경쟁력은 브랜드가 미래에 얼마나 수익을 가져올지에 대한 능력을 측정한다. 브랜드 경쟁력은 내부 및 외부 측면의 10개 차원에 걸친 평가에 기초해 0부터 100까지의 척도로 산출된다. 내부 차원에는 명확성, 헌신, 거버넌스, 대응성이 포함된다. 외부 차원에는 진정성, 연관성, 차별성, 일관성, 존재감, 참여도가 포함된다. 인터브랜드에 따르면 이러한 10가지 차원이 결합해 브랜드의 경쟁력을 평가한다. 이러한 차원에서의 성과는 일반적으로 업계 내 다른 브랜드 및 타 글로벌 브랜드와 비교해 판단된다. 브랜드 경쟁력은 특허 받은 알고리즘을 통해 할인율 측면에서 브랜드 위험도를 역으로 결정한다. 핵심 아이디어는 브랜드 경쟁력 증가가 현금 흐름에 적용될 수 있는 다양한 할인율로 이어질 수 있다는 것이다. 할인율 예측치는 브랜드가 어려움을 견디고 예상 수익을 제공할 가능성에 기초해 브랜드 수익을 현재 가치로 다시 할인하는 데 사용된다.

브랜드Z

브랜드자산 측정에 대한 브랜드Z(BrandZ)의 접근방식은 '의미 있게 상이한 프레임워크'를 기반으로 하는데, 이는 브랜드가 세 가지 주요 이점을 제공하면 가치를 창출할 수 있다고 제안한다. 이는 (1) 브랜드의 유의미함(고객의 니즈를 충족시킴), (2) 브랜드의 상이함(독특하고 트렌드를 이끎), (3) 브랜드의 현저성(가장 먼저 고객의 마음에 떠오름)이다.[38] 이러한 이점은 판매 증가를 통한 브랜드 파워, 높은 가격 책정으로 인한 브랜드 프리미엄, 미래 성장 유지를 도와주는 브랜드 잠재력으로 현실화될 수 있다. 브랜드Z의 연구 결과에 따르면 의미 있게 상이한 브랜드는 훨씬 더 많은 판매량(5배)을 확보하고, 13%의 가격 프리미엄을 가지며, 가치 점유율을 높일 가능성이 더 높다.[39] 브랜드Z 가치 평가의 주요 단계는 다음과 같다.

재정적 가치 계산 브랜드 가치 평가 과정의 첫 번째 단계는 기업의 수익을 브랜드 포트폴리오에 배분하는 것이다. 연간 보고서 및 기타 출처로부터의 재무정보를 분석해 귀속률이 결정된다. 이 접근방식으로 기업 수익에 귀속률을 곱해 특정 브랜드에 귀속된 기업 수익 금액인 브랜드 수익을 알아낸다. 그런 다음 미래 수익에 대한 전망을 결정해야 한다. 블룸버그(Bloomberg) 데이터에서 제공하는 정보는 미래 수익 전망을 현재 수익의 배수로 평가하는 구성요소인 브랜드 배수를 계산하는 데 도움이 된다. 브랜드Z 는 브랜드 수입에 브랜드 배수를 곱해 해당 브랜드의 재정적 가치를 알아낸다.[40]

브랜드 기여도 계산 이전 단계에서 얻은 재정적 가치 추정치를 산출한 이후에는 브랜드 자체, 즉 소비자의 마음속에 존재하는 무형 자산으로서 브랜드의 가치를 브랜드화된 사업의 가치를 이끄는 시장이나 물류 요인(이를테면 이용 가능성, 유통, 가격)으로부터 분리하는 작업을 하게 된다. 이는 소비자로 하여금 브랜드를 선택하거나 더 많은 가격을 지불하게 함으로써 브랜드 기여도 혹은 소비자의 마음속에 존재하는 브랜드연상을 계산하는 것이 포함된다. 브랜드Z의 접근방식은 소비자의 브랜드에 대한 인식을 제품 범주별, 국가별로 평가하기 위해 200만 명의 소비자와 10,000개 이상의 브랜드를 망라하는 광범위한 데이터에 의존한다.[41] 이전에 언급했듯이

브랜드Z의 재무적 가치 평가 방식은 타 브랜드와 유의미하게 다른 브랜드는 판매량이 높고, 가격 프리미엄이 있으며, 가치 점유율을 높일 가능성이 더 높음을 시사한다.

브랜드Z의 접근방식은 소비자로 하여금 브랜드를 더 많이 구매하고 더 많은 비용을 지불하게 만드는 요인인 유의미함, 상이성, 현저성 세 가지 측면에 중점을 둔다. 이 접근방식은 이러한 브랜드연상으로부터 얻을 수 있는 구매량과 추가 가격 프리미엄이 어느 정도인지를 알아낸다. 브랜드가 수행하는 이러한 고유 역할을 브랜드 기여도라고 부른다.

브랜드 가치 계산 브랜드Z는 재정적 가치에 재정적 가치의 백분율로 표시된 브랜드 기여도를 곱하여 브랜드 가치를 계산한다. 브랜드 가치는 브랜드가 기업 전체 가치에 기여하는 화폐 금액이다.

브랜드파이낸스

브랜드자산 측정에 대한 브랜드파이낸스(Brand Finance)의 접근방식은 '로열티 제거' 접근방식을 기반으로 한다.[42] 이 접근방식을 사용하면 한 브랜드의 가치는 브랜드 소유사가 아닌 제3자로부터 해당 브랜드의 라이선스를 따기 위해 지불했어야 하는 로열티를 기반으로 이루어진다. 예상된 로열티의 순현재가치가 브랜드 가치의 추정치가 된다. 이 접근방식은 다음과 같이 이루어진다. 먼저 브랜드파이낸스는 10장에서 기술한 자산 가치평가 모형(BAV)의 데이터를 사용하여 1에서 100까지의 강도로 브랜드 경쟁력을 계산하여 브랜드 경쟁력 지수(Brand Strength Index, BSI)를 산출한다.[43] 둘째로 이 방법론은 특정 업계에 적용되는 로열티 비율에 BSI를 적용하여 브랜드 로열티를 측정한다. 이러한 업계별 로열티 비율은 라이선스 계약을 비교할 수 있는 데이터베이스를 통해 알아낼 수 있다. 예를 들어 업계 로열티율이 1~5% 범위이고 브랜드 경쟁력 점수가 100점 중 80점이라면 이 업계 내 브랜드에 대한 적절한 로열티 비율은 4%이다.[44] 셋째로 이러한 로열티 비율을 예상 수익에 적용하면 브랜드 가치를 결정하는 데 도움이 된다. 이에 덧붙여 수익 예측은 과거 수익, 자산 분석가의 예측, 경제 성장률 조합을 기반으로 산출된다. 마지막으로 브랜드 가치는 예상 수익을 순현재가치 조건으로 할인함으로써 결정된다.

주요 브랜드 가치 평가 방식 비교

세 가지 브랜드 가치 평가 방식을 비교함에 있어 이들의 유사점과 차이점을 알아볼 필요가 있다.

1. 세 가지 방식 모두 예측 가능한 미래에 예상되는 브랜드 수입을 기반으로 한다는 점에서 브랜드 가치 평가 방식이 수입 기반 접근방식의 변형이라는 점이다. 인터브랜드와 브랜드Z는 경제적 이익 방식을 채택하는 반면 브랜드파이낸스는 로열티 제거 방식을 채택한다.

2. 비록 세부적인 방식은 다르지만 세 방법 모두 브랜드 경쟁력 추정치와 할인율 적용을 기반으로 한 예상된 미래 수익의 현재 가치를 계산한다. 인터브랜드와 브랜드파이낸스는 할인율을, 브랜드Z는 브랜드 배수를 사용한다.

3. 세 가지 방식 모두 이용 가능한 재무 및 시장 데이터를 사용하고 경제적 부가가치를 계산한다. 인터브랜드는 예상된 수입 추세로부터 브랜드와 연관된 수입을 추려

세 가지 주요 브랜드 가치 평가 방식인 인터브랜드, 브랜드Z, 브랜드파이낸스는 수입 접근 방법을 사용한다.

내기 위해 브랜드의 역할을 평가한다. 브랜드Z는 브랜드 가치를 이끄는 핵심 요소인 고유한 브랜드연상을 이해하기 위해 브랜드 가치에 영향을 미칠 수 있는 시장 내 다른 요인으로부터 브랜드의 역할을 분리하고 광범위한 소비자 리서치 데이터를 사용한다. 브랜드파이낸스는 브랜드 경쟁력을 주어진 산업의 로열티 비율에 적용함으로써 브랜드가 가져오는 수익을 추려낸다.

4. 브랜드 인식을 측정하는 데 사용되는 데이터의 종류는 세 가지 접근방식마다 다르다. 인터브랜드의 브랜드 경쟁력 지수는 글로벌 브랜드 표본에 대해 소비자로부터 수집된 데이터를 기반으로 한다. 브랜드Z의 방식은 다수의 브랜드와 소비자 표본을 대상으로 수집된 소비자 연구 데이터에 의존한다. 브랜드파이낸스의 방법은 BAV로부터 얻은 브랜드 경쟁력 데이터를 기반으로 한다. 또한 로열티 비율을 결정하기 위해 2차 데이터를 활용한다.[45]

유사점에도 불구하고 세 접근방식은 동일한 브랜드에 대한 브랜드 가치를 추정하는 데 있어 꽤나 큰 차이를 유발할 만큼 접근방식 간 차이점이 충분히 있기에, 이러한 접근방식들의 타당도에 대한 비판을 일으킨다. 실제 금융 거래 데이터상 67개 브랜드 표본에 대해 세 가지 접근방식을 사용하여 브랜드 가치를 추정하여 비교한 결과, 모든 접근방식이 거의 2배에서 3배까지 브랜드 가치를 과대평가하는 심각한 이상 현상이 나타났다.[46] 또한 접근방식끼리도 서로 일치하지 않는 모습이 나타났다. 표 11-2는 5개 주요 브랜드에 대해 세 가지 접근방식을 비교하고 브랜드 가치 평가 방식의 차이를 나타낸 것이다.

어째서 접근방식 간에 불일치가 존재하며 브랜드 가치 추정에 있어 격차가 크게 벌어지는 것일까? 브랜드 가치를 추정하는 방법론이 다양해지고 이에 대한 정의가 달라짐에 따라 각 접근방식이 취하는 각기 다른 가정이 이러한 차이를 유발할 수 있다. 접근방식에 사용되는 표본 변화와 브랜드의 종류가 접근방식에 따른 브랜드 가치 평가를 왜곡할 수 있다. 예를 들어 인터브랜드에 대한 한 가지 비판점은 접근방식이 다국적 기업의 대규모 유명 브랜드에 국한된다는 점이다. 인터브랜드가 제시한 기준에 따르면 연구에 포함되기 위해서는 반드시 글로벌 브랜드여야 한다. 즉 브랜드 수익의 30%가 브랜드의 본거지가 아닌 지역으로부터 발생해야 하며 신흥 시장에 해당 브랜드가 존재해야 한다.[47] 브랜드파이낸스의 브랜드 가치 평가는 '로열티 제거' 방식에 기반을 두는데, 그렇기 때문에 로열티에 대한 정보가 있는 브랜드에만 평가가 적용될 수 있다. 브랜드Z는 소규모의 덜 주목받는 브랜드와 단일 국가에서 운영되는 브랜드를 고려한다. 브랜드Z는 소매업체 브랜드와 업체별 순위를 다루기 때문에 경쟁업체 간 비교가 쉽게 이루어질 수 있다.

브랜드 가치 평가에 있어 전반적으로 모든 접근방식에 대한 비판의 핵심은 앞서 기술하다시

표 11-2 브랜드 가치 비교(2016년, 단위 : 백만 달러)

기업	인터브랜드	브랜드Z	브랜드파이낸스
구글	133,252	245,581	109,470
애플	178,119	234,671	107,141
아마존	50,338	139,286	106,396
코카콜라	73,102	78,142	31,885
토요타	53,580	28,660	46,255

브랜드 가치만을 관련된 다른 자산과 분리하는 것은 스포츠팀의 전체 가치 중 코치의 역할만 분리하는 것만큼이나 어려운 일이다.

피 분리 가능성의 문제이다. 《이코노미스트(Economist)》의 한 사설에서는 다음과 같이 이야기했다. "브랜드를 자산으로 분리하는 것은 어색할 수 있다. 캐드버리(Cadbury)의 데어리 밀크(Dairy Milk) 초콜릿은 브랜드 이름인 캐드버리로부터 얼마나 많은 가치를 얻을 수 있는가? 제품명 데어리 밀크로부터는 얼마나 얻을 수 있는가? 타사가 따라 할 수 있는 제품의 내용물이나 디자인으로부터는 얼마나 얻을 수 있는가?"[48] 이를 스포츠에 비유하자면 브랜드 가치를 추려내는 것은 팀 성과에 대한 코치의 가치가 얼마나 되는지를 결정하는 것만큼 어려운 일일 것이다. 또한 브랜드가 관리되는 방식은 긍정적이든 부정적이든 브랜드 가치에 큰 영향을 미칠 수 있다.

요약하자면 브랜드 가치 평가와 대차대조표상의 브랜드에 관한 논쟁은 논의할 여지가 있는 주제이다. 보편적으로 합의된 방법은 아직 없다.[49] 많은 마케팅 전문가는 브랜드가 가진 풍부함을 하나의 유의미한 수치로 축약하는 것은 불가능하며, 가치를 추정하기 위한 어떤 공식도 추상적이고 자의적인 것이라고 여긴다. 이러한 문제 중 일부를 완화하기 위해 국제표준화기구(ISO)는 '메타 표준'으로 ISO 10668을 제정했는데, 이는 브랜드 가치 측정 표준 절차와 방법을 개발하고자 제정된 것으로 2010년 9월에 처음 발표되었다.[50] 또한 브랜드 가치 평가에 대한 비판과 한계를 해결하기 위해 마케팅책임기준위원회(Marketing Accountability Standards Board, MASB)가 설립되었으며, 그 목표 중 하나는 브랜드 가치 평가에 대한 하나의 통일된 접근법을 개발하는 것이다. 브랜딩 과학 11-1은 MASB의 목표와 브랜드 가치 평가 접근방식을 설명한다.

브랜딩 과학 11 - 1
브랜드 가치 평가 이해하기

마케팅책임기준위원회(MASB)는 업계 전문가와 학계에 의해 2007년 개시된 이니셔티브이다. MASB의 목표는 마케팅 성과에 대한 기준을 제시해 조직 내 마케팅 직무에 대한 기여도를 높이고 마케팅활동과 재무 성과를 연계하는 과정을 파악하는 것이다.

MASB의 프로젝트 중 하나는 브랜드 가치 평가를 위한 일련의 정립된 기준을 만드는 것이다. 이 단체는 학술 전문가와 다양한 기업의 마케팅 및 재무 실무자를 불러모아 18개월에 걸친 추적 연구를 실시했다. 120개 브랜드에 대한 연구는 핵심 브랜드 경쟁력 측정 기준을 알아내는 데 도움을 주었으며, 이 측정 기준을 시장 점유율, 현금 흐름과 어떻게 연결 지을 수 있는지 보여주었다. 브랜드 선호도로 측정된 브랜드 경쟁력은 120개 브랜드에 걸쳐 단위 점유율 변동의 77%를 설명했다. MASB 연구진에 의하면 시장 점유율 추정치는 브랜드 가치 평가로 변환될 수 있는데, 이는 시장 점유율에 가격을 곱하고 생산 원가와 제품 범주 규모 및 침투율에 대한 가정을 설정함으로써 이루어진다. 소비자 브랜드 경쟁력과 재무 성과를 연동하는 이 모형은 다음과 같은 가정에 기반을 둔다.

마케팅책임기준위원회는 마케팅 성과 측정에 대한 기준을 설립하고 수행하기 위해 업계 전문가와 학계에 의해 2007년 개시된 이니셔티브이다.

1. 브랜드 경쟁력은 시장 점유율을 견인한다.
2. 시장 점유율은 속도(비즈니스로의 자금 흐름)를 이끈다.
3. 속도와 시장 점유율은 함께 영업 현금 흐름을 결정짓는다.
4. 영업 현금 흐름과 리얼 옵션(제품 범주와 국가에 걸쳐 브랜드 경쟁력을 활용할 수 있는 능력)은 함께 브랜드 가치를 창출한다.

요약하면, MASB에 따르면 브랜드 선호도는 브랜드 현금 흐름의 순현재가치를 이끌고, 브랜드의 가치는 브랜드에 대한 선호(즉 경쟁업체 무리 중 해당 브랜드를 선택하는 소비자의 비율)에 의해 결정된다. 이러한 아이디어와 유사하게 MASB의 전 회장인 데이비드 스튜어트(David Stewart) 교수는 브랜드 선택이나 선호도를 시장 점유율, 가격 프리미엄, 유통 범위와 같은 수치에 연결짓는 것은 미래 영업 현금 흐름 추정치를 산출하는 데 도움을 줄 수 있고, 따라서 브랜드 가치를 추정할 수 있

다고 이야기한 바 있다. 종합하자면 MASB의 접근방식은 기업이 자사 브랜드를 가치 있게 평가하는 데 도움이 되는 체계적인 프레임워크를 제공함으로써 브랜드의 가치를 높이는 다양한 요인에 대한 이해를 제공한다. 미래에는 브랜드 가치를 대차대조표에 기록하는 것이 모든 기업의 표준이 될지도 모른다.

출처 : Frank Findley, "Brand Investment and Valuation: A New, Empirically-Based Approach," MASB White Paper & Presentation at ARF RE!think Conference, March 2016; Jack Neff, "One Marketing Metric to Rule Them All? Group Believes It Has One. Lengthy Test Across 100 Brands Is a Step Toward Linking Marketing to Cash Flow," *Advertising Age*, November 23, 2015, http://adage.com/article/cmo-strategy/marketing-accountability-group-finds-simple-metric-predicts-market-share/301464/, accessed October 29, 2017.

요약

이 장에서 우리는 브랜드자산의 이익 혹은 결과를 측정하는 두 가지 중요한 방법, 즉 소비자인식 및 선호가 마케팅 프로그램 측면에 미치는 영향을 더 잘 평가할 수 있는 비교 평가 방법과 브랜드의 전반적인 가치에 대한 추정치를 제시하기 위한 방법인 종합적 평가 방법을 살펴보았다. 그림 11-2는 다양한 접근 방법에 대한 요약이다. 이 두 가지 접근 방법은 상호 보완적인 것으로 간주될 수 있다. 실제로 비교 평가 방법

을 기초로 한 브랜드에 대한 특정 범위의 이익을 파악하는 것은 종합적 평가 방법으로 브랜드의 전반적인 가치를 측정할 때 투입자료로서 유용할 수도 있다.

10장에서 논의한 브랜드 가치사슬의 일부인 브랜드자산의 원천에 대한 측정과 함께 결과 측정을 결합하는 것은 마케팅활동의 효과성에 통찰력을 제공할 수 있다. 그럼에도 불구하고 마케팅활동의 투자 수익률을 평가하는 것에는 여러 과제

비교 평가 방법

높은 수준의 인지도와 강력하고 호의적이며 독특한 브랜드연상을 갖게 됨으로써 발생하는 이익을 더 직접적으로 평가하도록 브랜드에 대한 소비자의 태도와 행동을 조사하는 실험

- 브랜드 중심적 비교 접근 방법 : 한 집단의 소비자는 브랜드와 관련되어 있다고 생각되는 마케팅 프로그램의 한 요소에 반응하도록 하고, 다른 한 집단의 소비자는 경쟁 브랜드 또는 가상 브랜드에 속해 있는 위와 동일한 마케팅 프로그램 요소에 반응하도록 하는 실험
- 마케팅 중심적 비교 접근 방법 : 소비자가 측정하고자 하는 브랜드 또는 경쟁 브랜드에 대한 마케팅 프로그램 요소의 변화에 반응하는 실험
- 컨조인트 분석 : 마케터가 제품 및 브랜드와 관련된 소비자의 구매의사결정 과정을 파악할 수 있도록 해주는 조사를 기초로 하는 다변량 분석 기법

종합적 평가 방법

추상적인 효용의 관점이나 구체적이고 재무적인 관점에서 브랜드에 대한 전반적 가치를 검토하려 한다. 따라서 종합적인 평가 방법에서는 그 브랜드 특유의 공헌을 결정하기 위해 다양한 고려사항을 배제하려고 시도한다.

- 잔여 접근 방법 : 전반적인 브랜드 신호에서 제품의 물리적 속성에 근거한 브랜드 신호 부분을 공제함으로써 브랜드의 가치를 조사
- 가치 평가 접근 방법 : 회계적 목적, 인수/합병, 기타 목적을 위해 브랜드자산에 대한 재무적 가치를 파악하기 위한 방법

그림 11-2
브랜드자산의 결과 측정

가 있다.[51] 브랜드 마케팅활동으로부터 투자 수익률을 만들어내고 탐지해내는 능력을 어떻게 증대할 수 있는지에 대한 네 가지 일반적인 가이드라인은 다음과 같다.

1. **현명하게 사용하라** – 집중하고 창의적으로 될 것. 투자 수익률을 측정할 수 있게 하기 위해서는 우선 수익이 되는 것이 필요하다. 분명하고 설계가 잘된 마케팅활동에 투자함으로써 보다 긍정적이고 구분 가능한 투자 수익률의 기회를 얻을 것이다.

2. **벤치마크를 찾아라** – 경쟁력 있는 소비 수준과 과거 기업 규범을 조사할 것. 예상할 수 있는 상황을 이해하기 위해 시장 또는 범주 내의 사정을 아는 것이 중요하다.

3. **전략적이 되어라** – 브랜드자산 모형을 적용할 것. 마케팅활동을 설계하고 실행하고 해석하는 것에 대한 원칙과 조직화된 접근법을 제공해주는 브랜드 공명 모델과 브랜드 가치사슬 같은 모델을 사용하라.

4. **상황을 잘 주시하라** – 공식적 혹은 비공식적으로 추적할 것. 정성적 · 정량적 통찰력은 브랜드 성과를 이해하는 데 도움을 준다.

브랜드자산의 원천을 측정하는 데 있어 이 장의 주요 주제는 브랜드자산의 풍부함과 복잡함을 포착하기 위한 조사 방법과 다양한 측정법을 사용하는 것의 중요성에 대한 것이다.

얼마나 잘 수행되는지에 상관없이 브랜드자산의 한 가지 측정 방법은 브랜드자산의 중요한 측면을 잃어버릴 위험을 갖고 있다. 브랜딩 브리프 1-1에서 다룬 것처럼 코카콜라가 블라인드 맛 평가에 지나치게 의존한 결과 봉착했던 문제를 다시 떠올려보자.

브랜드자산을 완전히 포착할 수 있는 하나의 측정 방법은 없다.[52] 오히려 브랜드자산은 소비자의 마음속에 나타난 지식구조가 무엇인지, 이러한 지식구조에 의해 제공되는 잠재적인 것들을 기업이 이용하기 위해 무슨 행동을 취해야 하는지에 대해 의지하게 되는 다면적인 개념으로 여겨진다.

그러므로 브랜드자산에는 마케터의 기술과 능력에 따라 다양한 원천과 결과가 존재한다. 기업은 자신의 마케팅활동 형태와 속성에 따라 브랜드의 잠재적인 가치를 최대화할 것이다. 와튼스쿨의 피터 페이더(Peter Fader)는 다음과 같이 말했다.

브랜드의 실제 가치는 구매자의 기업 구조 및 타 자산과의 합에 좌우된다. 만약 인수기업이 인수하려는 브랜드와 시너지를 유발하는 생산 또는 유통 능력을 갖고 있다면, 인수를 위해 많은 돈을 지불할 가치가 있다. 영국인 최고경영자인 폴 펠드윅(Paul Feldwick)은 브랜드와 재산 사이의 관계를 모노폴리 보드 게임에 비유했다. 당신이 만약 애틀랜틱과 벤트너가를 이미 소유하고 있다면 마빈

가든을 구매하기 위해 기꺼이 더 많은 돈을 지불할 것이다![53]

따라서 고객 기반 브랜드자산 구조는 다음 두 장에서 고려할 브랜드자산의 다양한 잠재적인 원천과 결과물을 완전히 알기 위해 사용할 수 있는 다양한 조사 기법과 방법의 중요성을 강조한다.

토의 문제

1. 제품 하나를 고르라. 브랜드가 있을 때와 없을 때를 비교하는 실험을 수행하라. 해당 제품군에서 브랜드자산에 대해 어떤 것을 알 수 있는가?

2. 비교 평가 방법의 다른 장점이나 단점이 또 있는가?

3. 브랜드를 하나 선택하고 플랜터스 브랜드가 수행했던 것과 유사한 분석을 실시하라. 분석 결과를 바탕으로 브랜드 확장성에 대해 무엇을 알 수 있었는가?

4. 인터브랜드의 웹사이트(www.interbrand.com)에 접속하라. 올해의 상위 10개 브랜드를 전년도 목록과 비교하라. 상위 10위 안에 진입한 브랜드는 어떤 것이고 무슨 브랜드가 목록에서 사라졌는가? 무엇이 이러한 브랜드 가치 변화에 기여했는가? 브랜드 가치가 가장 많이 상승하거나 하락한 브랜드는 무엇인가? 그 이유는 무엇인가?

5. 인터브랜드의 상위 100대 브랜드(주식 거래소에서 공개적으로 거래되는 브랜드) 중 하나를 선택하라. 구글파이낸스, 야후파이낸스와 같은 재정 정보를 제공하는 웹사이트로 이동해 시가총액을 확인하자. 브랜드 가치를 시가총액의 백분율로 나타내라. 이 백분율이 무엇을 의미하는지, 그리고 그것이 브랜드 가치 평가와 어떻게 관련이 있는지 설명하라.

브랜드 포커스 11.0

브랜드와 브랜드 가치사슬의 재무적 관점

브랜드는 원재료와 생산으로부터 시작해 기업 가치로 끝나는 가치 창출 사슬의 핵심 연결고리라고 볼 수 있다. 3장에서 다루었듯이 브랜드와 브랜드자산은 이 가치사슬에 다양한 방식으로 기여한다.[54] 브랜드 가치사슬은 네 가지 요소 혹은 단계로 구성되는데, 이는 (1) 기업이 하는 일, (2) 소비자의 생각과 감정, (3) 소비자가 하는 일, (4) 금융 시장의 반응이다. 다음은 이러한 브랜드 가치사슬의 다양한 측면과 관련된 연구 일부에 대한 개괄이다.

브랜드 품질 정보

브랜드 품질 정보는 주가를 움직이는 데 도움을 주는데, 이는 회계 수치로는 포착되지 않는 기업의 가치를 투자자가 더 잘 이해할 수 있기 때문이다.[55] 아커와 제이콥슨(Aaker and Jacobson)은 연간 주가 수익률과 연간 브랜드 변화[에퀴트렌드(EquiTrend)가 측정한 34개 기업의 브랜드자산에 대한 지각된 품질 평가 및 현재 투자 수익률 변화로 측정] 간 연관성을 조사했다. 이들은 브랜드태도 변화가 주식 수익률 변화와 관련이 있음을 발견했다. 주식 수익률의 이득은 평균 30%인 반면 하락은 평균 10%의 주가 손실과 연결되어 있었다.

브랜드 품질 정보는 기업의 주식 수익률 위험에 영향을 미칠 수 있다. 위험에는 두 가지 유형이 있다. 고유 위험(idiosyncratic risk)은 주식 수익률의 변동성을 의미하고 체계적 위험(systematic risk)은 기업의 수익률이 전체 주식 시장과 나란히 변화하는 정도를 의미한다. 바라드와지와 동료들(Bharadwaj and colleagues)은 브랜드 품질 변화가 주가 수익률과 직접적인 연관이 있으며, 품질 상승은 기업의 고유 위험을 낮출 수 있음을 발견했다. 그들은 2000년부터 2005년까지 132개 기업의 표본을 사용해 해당 결과를 검증했다. 그들은 품질의 예상치 못한 변화가 체계적인 위험에 대한 인식을 증가시킬 수 있음 또한 발견했다.[56] 이는 경쟁이 매우 치열한 시장에서, 그리고 단기적으로 회사의 성과(수익)가 증가할 때 특히 잘 나타났다.

> 요점 : 브랜드 품질에 대한 정보는 주가를 움직이고 주식 수익률을 높인다. 품질 개선은 기업의 위험 혹은 주식 수익률의 변동성(고유 위험)을 낮출 수 있다.

브랜드 품질 및 평가 분산

품질 평가의 평균치 외에도 품질 평가가 소비자에 걸쳐 얼마나 변동성이 있는지도 고려할 만한 요소이다. 이에 초점을 맞춰 쉐밍 루오와 동료들(Xueming Luo and colleagues)은 미국, 영국, 독일 내 960개 브랜드에 대해 2008년부터 2011년까지 유고브(YouGov)의 브랜드 지수 데이터를 사용한 대규모 연구를 수행했다. 그들은 브랜드 품질 평가가 분산되어 있는 것이 야누스 효과와 같이 좋을 수도 있고 나쁠 수도 있다는 것을 발견했다.

평가 분산은 브랜드와 연관된 수익을 낮출 수 있지만 동시에 기업의 위험도 낮출 수 있다.[57] 5.6%라는 최대 주식 수익률은 평균 브랜드 평가가 증가하고 평가 분산이 감소할 때 나타났다. 또한 평가 분산이 1표준편차만큼 증가하면 평균 시가총액 369억 달러인 기업은 10일 후 220만 달러의 손실을 입을 수 있다. 이 결과는 품질 평가 평균과 더불어 이러한 평가의 분산 혹은 변동성이 소비자 전반에 걸쳐 영향을 미친다는 것을 보여주는 것이다. 따라서 현명한 브랜드 관리자라면 소비자가 브랜드 품질을 평가할 때 평균값 자체만 보기보다는 평가가 어떻게 분포되어 있는지도 살펴볼 필요가 있다.

요점 : 브랜드 품질 평가의 분산은 주식 수익률과 위험을 낮출 수 있나.

다양한 차원의 브랜드자산과 주식시장 가치 및 수익

미직과 제이콥슨(Mizik and Jacobson)은 브랜드자산의 다양한 차원이 주식시장 수익률에 어떻게 영향을 미치는지 살펴보았다. 10장에서 다룬 영앤드루비컴의 브랜드자산 가치 평가 모형(BAV)에서 제안했던 다양한 차원의 브랜드자산을 생각해보자. 미직과 제이콥슨은 브랜드자산이 기업의 주식시장 수익에 미치는 영향을 설명하기 위해 BAV 차원을 사용했다. 1998년부터 2004년까지 관측된 890개 데이터를 활용해 브랜드자산의 에너지 차원과 적절성 차원이 주식시장 수익에 유의미한 영향을 미친다는 것을 발견했다.[58] 그들은 에너지 차원보다 적절성 차원이 더욱 큰 영향을 미친다는 것을 발견했다. 적절성 차원이 1단위 증가할 때 평균적으로 주식 수익이 8.2% 증가했으며, 에너지 차원이 1단위 증가할 때는 평균 주식 수익이 6% 증가했다. 호감도와 인지도 차원은 회계 수치에 더욱 직접적인 영향을 미쳤고, 차별화 차원은 차기 회계 성과에 영향을 미쳤다. 요약하자면 브랜드자산의 다양한 BAV 차원은 각기 다른 역할을 하는 것으로 나타났으며, 그중에서도 적절성과 에너지 차원의 영향력이 가장 컸다.[59]

브랜드 관리자가 가질 수 있는 핵심 고민 중 하나는 브랜드를 어떻게 평가할 것인가 하는 문제로, 특히 인수 합병의 경우에 이 문제가 두드러진다. 때로는 가치 평가가 지나치게 과해 보일 수 있다. 예를 들어 자동차 브랜드 페라리가 98억 달러로 평가되었으나 일각에서는 이를 과대평가되었다고 생각할 수 있다. 페라리에게 있어 지나치게 과한 것은 어느 정도인가?[60] 또한 BAV와 같은 브랜드자산의 차원을 사용하면 기업 가치 평가의 정확성을 향상할 수 있는 구체적인 승수를 기업이 세울 수 있는가?

2000년부터 2006까지 단일 브랜드 기업(단일 브랜드가 매출의 대부분을 차지하는 기업)에 속하는 200개 브랜드를 조사한 결과 미직과 제이콥슨은 흥미로운 패턴을 발견했다. 그들은 기존 BAV의 차원(차별화, 적절성, 호감도, 인지도)에 제5의 차원인 '에너지' 차원을 더해 확장된 BAV를 사용했는데, 투자 수익률 같은 회계변수만을 사용해 예측할 때보다 BAV를 사용할 때 기업 가치 평가 정확도가 16% 상승할 수 있음을 보였다.[61]

요점 : 브랜드자산의 차원, 특히 BAV의 적절성과 에너지 차원은 주식시장 수익을 증가시킬 수 있다. 브랜드자산의 모든 차원을 활용하는 것은 특히 정확한 가치 평가가 성공의 열쇠인 인수 합병 상황에서 기업의 가치 평가 정확성을 향상하는 데 도움이 될 수 있다.

브랜드자산 및 위험

레고, 빌렛, 모건(Rego, Billet, and Morrgan)은 2000~2006년 사이 252개 기업에 대해 브랜드자산이 두 가지 유형의 기업 위험(앞서 정의한 바와 같이 고유 위험과 체계적 위험)에 미치는 영향을 조사했다. 그들은 브랜드자산이 고유 위험을 낮추는 데 상당한 영향력을 행사한다는 것과 더불어 하방 체계적 위험을 낮출 수 있다는 것을 발견했다. 그들은 브랜드자산이 기업이 직면하는 위험을 낮출 수 있는 것으로 결론지었다.

요점 : 브랜드자산은 기업이 직면한 위험을 낮출 수 있다.

부정적 뉴스(리콜 등)와 경쟁 기업의 성과

보라와 텔리스(Borah and Tellis)는 리콜 뉴스 발표 이후 1,000여 개 자동차 관련 웹사이트에서 발생하는 일일 트래픽, 주제, 감정에 대한 분석을 약 16개월간 진행했다. 그들은 리콜 사건이 특히 같은 국가 내 경쟁 기업에 대한 부정적인 이야기마저도 증가시킬 뿐 아니라, 주식시장 성과와 더불어 경쟁 기업의 매출 역시 낮춘다는 것을 발견했다. 리콜을 둘러싼 온라인 채팅은 리콜이 매출에 미치는 부정적인 영향력을 거의 4.5배가량 증폭시켰다.[62]

요점 : 브랜드에 대한 부정적인 뉴스는 밀접하게 연관된 경쟁 기업에 대한 인식뿐 아니라 경쟁 기업 주식시장 성과에도 영향을 미칠 수 있다.

브랜드 포트폴리오 특성

모건과 레고(Morgan and Rego)는 브랜드 포트폴리오의 다양한 측면, 예를 들어 소유하고 있는 브랜드의 수, 마케팅 세그먼트 수, 브랜드 경쟁 방식, 제품 품질과 가격에 대한 소비자의 인식 등이 마케팅, 재무 성과와 같은 결과에 어떻게 영향을 미치는지 분석했다. 그들은 1994년부터 2003년까지 10년에 걸쳐 72개 공기업에 대한 분석을 수행했다. 그들은 다음의 일곱 가지 기업 성과에 미치는 브랜드 포트폴리오의 영향을 살펴보았다—(1) 고객 충성도, (2) 시장 점유율, (3) 마케팅 효율성(매출 대비 광고 지출의 비율), (4) 매출 대비 판매관리비 비율, (5) 재무 성과(토빈의 q), (6) 현금 흐름, (7) 현금 흐름 변동성. 그들은 브랜드 포트폴리오의 몇 가지 특성이 기업 성과를 설명할 수 있음을 보였다. 예를 들어 브랜드를 많이 소유하고 있는 거대 포트폴리오는 재무 성과를 향상하고 현금 흐름 변동성을 감소시킬 수 있었다. 고품질 포지셔닝을 하는 브랜드 포트폴리오의 경우 시장 성과가 좋은 반면, 고가격 포지셔닝을 하는 브랜드 포트폴리오의 경우에는 재무 성과가 하락했다.

요점 : 브랜드 포트폴리오의 특성은 기업 성과와 주식시장에 영향을 미칠 수 있다.

브랜드 아키텍처

라오와 동료들(Rao and Colleagues)의 연구는 세 가지 유형의 브랜드 아키텍처 전략 — 기업 브랜딩(branded house), 개별 브랜딩(house of brands), 혼합 브랜딩(mixed branding) — 이 기업의 주 시장 성과를 포착하는 한 가지 방법인 토빈의 q에 미치는 영향을 비교했다.[63] 토빈의 q는 무형 자산에 대한 미래 지향적 측정치로, 다음 식으로 산출된다.[64]

$$\frac{\text{자기자본의 시장가치} + \text{기업의 우선주 청산가치} + \text{부채}}{\text{총자산의 장부 가치}}$$

혼합 브랜딩 전략은 기업이 제품에 대한 기업브랜드와 개별브랜드를 모두 소유하는 경우이다.

라오와 동료들의 연구 표본에서는 기업 브랜딩의 경우 토빈의 q가 높았으나 혼합 브랜딩에서는 토빈의 q가 낮았다. 기업 브랜딩의 주요 이점 중 하나는 기업이 포트폴리오 내에서 제품을 교차 판매할 수 있는 능력을 높임으로써 브랜드 이름을 다양한 제품 범주에 걸쳐 사용할 수 있는 효율성을 증가시킨다는 점이다. 이러한 효과는 B2B 상황과 B2C 상황 모두에서 유효한 것으로 나타났으나 B2B 환경에서 조금 더 강하게 나타났다.

후속연구에서는 서브 브랜딩이나 엔도스 브랜딩 전략을 포함한 보다 넓은 범위의 브랜딩 전략이 주식시장 수익과 위험에 미치는 영향을 살펴봄으로써 이러한 브랜드 아키텍처 전략이 갖는 함의를 연구했다. 이 연구는 브랜드 아키텍처 전략이 기업과 관련된 다양한 유형의 위험에 중요한 함의를 가질 수 있으며 평판, 희석화, 자기잠식, 브랜드 확장에 대한 영향력과도 연관이 있을 수 있음을 보였다.[65]

요점 : 브랜드 전략과 브랜드 아키텍처 유형은 주식시장 수익에 영향을 미칠 수 있다.

마케팅 비용

약 83개 선행연구에 대한 검토에서 에들링과 피셔(Edeling and Fisher)는 마케팅 지출과 브랜드 관계의 변화가 기업 가치에 얼마나 영향을 미치는지 살펴보았다. 그들은 평균적으로 브랜드 관계에 대한 변화가 기업 가치에 큰 영향을 미친다는 것을 발견했다.[66] 종종 마케팅 관리자와 재무관리자는 같은 언어를 사용한다거나 동일한 목표를 향해 함께 일하는 것처럼 보이지 않기도 한다. 마케팅은 매출에 초점을 맞추는 반면 재무 분야는 자본 비용과 같은 재무적 성과에 초점을 맞추는 경향이 있기 때문이다. 기업은 이러한 두 가지 기능적 영역을 잇는 방법을 모색해야 한다. 연구자 피셔와 힘(Fischer and Himme)[67]은 마케팅과 재무 지표가 어떻게 상호작용하는지 살펴보았다. 그들은 광고가 고객 기반 브랜드자산을 증가시킴으로써 재무 레버리지와 신용 스프레드가 추후에 재정적인 자원을 높이는 데 기여한다는 점을 발견했다. 그러므로 연구자들은 마케팅과 재무 목표는 매우 긴밀하게 연결되어 있다고 결론지었다.

요점 : 마케팅과 재무 목표가 밀접하게 연관되어 있음을 고려할 때, 기업 내에서 여러 역할을 하는 기능 간 조화를 강화하기 위해서는 관리자가 마케팅과 재무 목표의 관계를 설명하는 것이 필요하다.

브랜드 확장

레인과 제이콥슨(Lane and Jacobson)은 브랜드 확장 발표에 대한 주식시장의 반응은 브랜드태도와 친밀도에 크게 달려 있음을 보였다.[68] 예를 들어 허쉬나 코카콜라와 같이 호감도와 친밀도가 높은 브랜드뿐 아니라 호감도와 친밀도가 낮은 브랜드가 브랜드 확장을 할 때 주식시장의 반응이 가장 호의적이었는데, 후자의 경우는 브랜드 확장과 관련된 위험이 낮기 때문일 것이다. 소비자가 브랜드를 잘 알고 있지만 호감도가 낮은 경우, 혹은 그 반대의 경우에는 브랜드 확장에 대한 주식시장의 반응은 호의적이지 않거나 심지어 부정적이었다.

호스키와 스윈기도우(Horsky and Swyngedouw)는 기업명을 변경하는 것은 특히 산업재 부문이나 기업의 이전 성과가 좋지 않은 경우 긍정적인 수익을 창출한다는 점을 발견했다. 또한 마케팅에 대한 투자가 많은 기업이 기업명을 변경할 때 주식시장에서 좋은 반응을 경험한다는 것을 보였다.[69]

요점 : 브랜드 확장이나 기업명 변경에 대한 주식시장의 반응은 브랜드자산이 사전에 얼마나 관련되어 있는가에 따라 달라질 수 있다. 일반적으로 사전 브랜드자산이 높은 경우에는 브랜드 확장과 기업명 변경 모두 투자자로부터 긍정적인 반응을 유발할 수 있다.

브랜드 제휴 및 마케팅 협정

코카콜라와 나이키의 마케팅 협정이나 애플과 레고의 어린이 비디오 게임 마케팅 제휴에 대해 상상해보자. 이러한 제휴는 긍정적인 개발로 볼 수 있으며 주식시장 수익을 높이는 데 기여할 수 있다. 그러나 연구에 의하면 이러한 이점은 제휴 도입을 둘러싼 상황이나 기업 자체의 특성에 따라 달라질 수 있다.

스와미나탄과 무어맨(Swaminathan and Moorman)의 연구는 1988년부터 2005년까지 하이테크 산업에서 발표된 마케팅 제휴 230건을 표본으로 사용했다.[70] 그들은 마케팅 제휴에 대한 발표가 평균적으로 주식시장 수익을 1.4%가량 높인다는 것을 보였는데, 이는 평균 6억 달러의 기업 가치 상승에 해당한다(표본 내 기업 평균 시가총액 490억 달러 기준). 또한 그들은 제휴 파트너의 네트워크가 마케팅 성과를 강화하는 데 미치는 긍정적인 역할을 보여주었다. 제휴를 발표하는 기업이 이전 제휴 파트너와 강력한 네트워크를 형성하고 있을 때 이러한 제휴 네트워크는 마케팅 제휴 상황에서 이익을 거둘 수 있다. 예를 들어 앵그리버드와 스타워즈가 신작 비디오 게임을 발표했을 때 새로운 고객은 앵그리버드의 다른 비디오 게임을 구매할 수 있으므로 이는 네트워크 전체에 이익을 가져다준다.

카오와 소레스쿠(Cao and Sorescu)의 연구[71]는 공동 브랜드 파트너십이 기업 가치에 미치는 영향에 주목했다. 그들은 공동 브랜드 제품 발표에 대한 주식시장의 반응이 평균 1%라는 것을 발견했다.[72] 또한 기업이 공동 브랜드 협정을 맺을 때 협정의 독점성이나 제품의 혁신성과는 무관하게 두 파트너 브랜드 이미지의 일관성이 공동 브랜드 파트너십의 가치를 강화할 수 있다.

요점 : 기업이 마케팅 제휴나 공동 브랜드 파트너십을 맺을 때 투자자들은 일반적으로 긍정적인 반응을 보인다. 그러나 이러한 주식시장 수익은 기업을 둘러싼 네트워크의 특성, 파트너십의 독점성, 파트너십을 맺은 기업 제품의 혁신성에 따라 달라질 수 있다.

브랜드 인수 합병

연구는 대개 주식시장 반응을 증가시키거나 약화시키기도 하는 브랜드 인수나 합병 조건에 대해 살펴본다. 뉴메이어, 스와미나탄, 훌랜드(Newmeyer, Swaminathan, and Hulland)는 이 문제에 대해 20여 년 동안 발생한 138건의 인수 데이터를 사용해 조사했다. 그들은 브랜드나 제품 인수에 대한 발표에 대해 주식시장 수익이 평균적으로 1.2% 증가한 것을 발견했다. 일반적으로 브랜드 인수는 인수되는 브랜드 이름이 병시되지 않는 세품 인수보다 더 큰 수익을 가져왔다. 또한 그들은 인수 대상 기업과 인수 기업이 강력한 마케팅 역량을 갖고 있고 브랜드 포트폴리오 다양성이 높을 때 인수 대상 기업의 브랜드 가치가 높아진다는 것을 발견했다.[73] 인수 대상 기업과 인수 기업 제품 간 관련성이 높을수록 브랜드 인수의 가치는 더욱 높아진다.[74]

기업이 기존 포트폴리오보다 가격 및 품질 포지셔닝이 높은 브랜드를 인수할 때 인수 기업은 더 큰 주식시장 수익 혜택을 볼 수 있다.[75] 와일스, 모건, 레고(Wiles, Morgan and Rego)는 1994년부터 2008년까지 약 15년간 발생한 브랜드 인수와 매각에 대해 조사했다. 그들의 조사 결과는 인수 기업의 비정상적인 수익은 평균적으로 0.75%인 반면(주주 가치로는 약 1억 3,700만 달러), 매각은 부가적인 비정상 주식 수익의 약 0.88%였다(주주 가치로는 평균 2억 8,300만 달러). 이는 코치가 케이트스페이드를 인수하거나 마이클코어스가 지미추를 인수하는 사례에서 볼 수 있듯 럭셔리 브랜드 인수가 인기 있는 이유 중 하나일 것이다.[76] 혹은 자체 개발 브랜드 이름을 사용해 더욱 높은 가격대에 진입하는 것은 어려운 과제이기 때문에 이러한 유형의 브랜드 인수가 투자자들에게는 긍정적으로 비치는 것일 수도 있다.

요점 : 투자자의 관점에서 브랜드 인수와 매각은 모두 큰 사건이다. 적절한 조건하에서 인수 기업과 인수 대상 기업은 모두 주식시장 가치를 강화할 수 있다.

브랜드자산 및 고객 유치와 유지

BAV의 전통적인 네 가지 핵심 요소인 차별화, 적절성, 호감도, 인지도를 활용해 스탈, 하이트만, 레만, 네슬린(Stahl, Heitman, Lehmann, and Neslin)[77]은 이 요소들과 고객 유치, 고객 유지, 고객 생애 가치와의 관련성에 대해 자동차 브랜드 시장 내에서 조사했다. 그들은 차별화가 핵심 요소이며 이는 고객 수익성을 높이는 한편 유치 및 유지 비율을 낮추기도 한다는 점을 발견했다. 다시 말해 차별화는 양날의 검이 될 수 있는 것이다. 인지도는 고객 유치, 유지 및 수익성 확보에 강력하고 긍정적인 영향을 미친다.

요점 : 브랜드자산의 차원은 고객 수익성 확보와 함께 고객을 유치하거나 유지하는 데 도움을 줄 수 있다.

소셜 미디어 마케팅 비용과 소비자 마인드세트 지표

한 연구에서는 소셜 미디어에 지출하는 비용이 브랜드 인지도나 구매 의도, 고객 만족도 등과 같은 소비자 마인드세트 지표에 미치는 영향을 통해 어떻게 주주 가치에 영향을 주는지 조사했다. 언드 소셜 미디어(earned social media)는 브랜드 인지도와 구매 의도에 영향을 미치지만 고객 만족도에는 영향을 미치지 않는 것으로 나타났다. 오운드 소셜 미디어(owned social media)는 브랜드 인지도와 고객 만족도에 영향을 미쳤다. 그 결과 구매 의도와 고객 만족도는 주주 가치에 영향을 미치는 것으로 나타났다.[78]

드브리스, 겐슬러, 리플랭(DeVries, Gensler, and Leeflang)의 연구는 전통적인 방식의 광고와 페이스북에서 소셜 미디어 광고, 고객 간 대화가 브랜드 구축과 고객 유치에 미치는 상대적인 영향력에 대해 보였다. 기업이 전통적인 방식의 광고를 사용해 브랜드를 구축하고 고객을 유치하며 소셜 미디어를 활용해 전통 광고의 영향력을 향상할 때 기업 성과가 가장 큰 것으로 나타났다.[79]

요점 : 마케팅 비용은 브랜드와 고객에게 미치는 영향을 통해 기업 성과와 주식 시장 가치평가에 영향을 미칠 수 있다.

참고문헌

1. C. B. Bhattacharya and Leonard M. Lodish, "Towards a System for Monitoring Brand Health," *Marketing Science Institute Working Paper Series* (00–111) (July 2000).
2. Richard F. Chay, "How Marketing Researchers Can Harness the Power of Brand Equity," *Marketing Research* 3, no. 2 (1991): 10–30.
3. For an interesting approach, see Martin R. Lautman and Koen Pauwels, "Metrics That Matter: Identifying the Importance of Consumer Needs and Wants," *Journal of Advertising Research* 49, no. 3 (September 2009): 339–359.
4. Peter Farquhar and Yuji Ijiri have made several other distinctions in classifying brand equity measurement procedures. Peter H. Farquhar, Julia W. Han, and Yuji Ijiri, "Recognizing and Measuring Brand Assets," *Marketing Science Institute Report* 28, no. 2 (1991): 91–119. They describe two broad classes of measurement approaches to brand equity: separation approaches and integration approaches. Separation approaches view brand equity as the value added to a product. Farquhar and Ijiri categorize separation approaches into residual methods and comparative methods. Residual methods determine

brand equity by what remains after subtracting physical product effects. Comparative methods determine brand equity by comparing the branded product with an unbranded product or an equivalent benchmark. Integration approaches, on the other hand, typically define brand equity as a composition of basic elements. Farquhar and Ijiri categorize integration approaches into association and valuation methods. Valuation methods measure brand equity by its cost or value as an intangible asset for a particular owner and intended use. Association methods measure brand equity in terms of the favorableness of brand evaluations, the accessibility of brand attitudes, and the consistency of brand image with consumers. The previous chapter described techniques that could be considered association methods. This chapter considers techniques related to the other three categories of methods.

5. Darren Weaver, "We Did a Blind Taste Test of Bud, Coors, Miller and Natty Light—Here's the Verdict," *Business Insider*, December 31, 2016, http://www.businessinsider.com/blind-taste-test-bud-coors-miller-natty-light-beers-2016-12.

6. Julian Clover, "Virgin Connects Mobile Network with Orange," *Broadband TV News*, October 10, 2011, https://www.broadbandtvnews.com/2011/10/10/virgin-connects-mobile-network-with-orange/; Chris Martin, "Virgin Media Mobile Customers Will Get Orange Network Coverage," *The Inquirer*, October 7, 2011, https://www.theinquirer.net/inquirer/news/2115502/virgin-media-mobile-customers-orange-network-coverage.

7. Edgar Pessemier, "A New Way to Determine Buying Decisions," *Journal of Marketing* 24, no. 2 (1959): 41–46.

8. Björn Höfer and Volker Bosch, "Brand Equity Measurement with GfK Price Challenger, *Yearbook of Marketing and Consumer Research* 5 (2007): 21–39.

9. Paul E. Green and V. Srinivasan, "Conjoint Analysis in Consumer Research: Issues and Outlook," *Journal of Consumer Research* 5, no. 2 (1978): 103–123; Paul E. Green and V. Srinivasan, "Conjoint Analysis in Marketing: New Developments with Implications for Research and Practice," *Journal of Marketing* 54, no. 4 (1990): 3–19; David Bakken and Curtis Frazier, "Conjoint Analysis: Understanding Consumer Decision Making," Chapter 15 in *Handbook of Marketing Research: Uses, Misuses, and Future Advances*, eds. Rajiv Grover and Marco Vriens (Thousand Oaks, CA: Sage Publications, 2006): 288–311.

10. For more details, see Betsy Sharkey, "The People's Choice," *Adweek* 30 (November 27, 1989): 6–10.

11. Paul E. Green and Yoram Wind, "New Ways to Measure Consumers' Judgments," *Harvard Business Review* 53 (July–August 1975): 107–117.

12. Jerry Wind, Paul E. Green, Douglas Shifflet, and Marsha Scarbrough, "Courtyard by Marriott: Designing a Hotel Facility with Consumer-Based Marketing Models," *Interfaces* 19, no. 1 (January–February 1989): 25–47.

13. V. R. Rao, *Applied Conjoint Analysis* (Berlin: Springer Science &

Business Media, 2014).

14. Max Blackstone, "Price Trade-Offs as a Measure of Brand Value," *Journal of Advertising Research* 30, no. 4 (August/September 1990): RC3–RC6.

15. Arvind Rangaswamy, Raymond R. Burke, and Terence A. Oliva, "Brand Equity and the Extendibility of Brand Names," *International Journal of Research in Marketing* 10, no. 1 (March 1993): 61–75. See also Moonkyu Lee, Jonathan Lee, and Wagner A. Kamakura, "Consumer Evaluations of Line Extensions: A Conjoint Approach," *Advances in Consumer Research*, Vol. 23 (Ann Arbor, MI: Association of Consumer Research, 1996), 289–295; Howard Barich and V. Srinivasan, "Prioritizing Marketing Image Goals under Resource Constraints," *Sloan Management Review*, 34, no. 4 (Summer 1993): 69–76; Sebastián Maldonado, Ricardo Montoya, and Richard Weber, "Advanced Conjoint Analysis Using Feature Selection Via Support Vector Machines," *European Journal of Operational Research* 241, no. 2 (2015): 564–574.

16. Marco Vriens and Curtis Frazier, "The Hard Impact of the Soft Touch: How to Use Brand Positioning Attributes in Conjoint," *Marketing Research* (Summer 2003): 23–27.

17. Nicholas Rubino, Letter to the Editor, "McComb Played a Bad Hand Well," *The Wall Street Journal*, October 20, 2011, https://www.wsj.com/articles/SB1000142405297020447950457663927231122591 8, accessed November 15, 2018; Dana Mattioli, "Liz Claiborne Must Say Adieu to Liz," *The Wall Street Journal*, October 13, 2011, https://www.wsj.com/articles/SB100014240529702039143045766267112 02553884, accessed November 15, 2018.

18. Noah Kirsch, "Why Kate Spade Won't See a Penny of the $2.4 Billion Sale to Coach," *Forbes*, May 8, 2017, www.forbes.com/sites/noahkirsch/2017/05/08/why-kate-spade-wont-see-a-penny-of-the-2-4-billion-sale-to-coach/#64b52b5f5b2b.

19. V. Srinivasan, "Network Models for Estimating Brand-Specific Effects in Multi-Attribute Marketing Models," *Management Science* 25, no. 1 (January 1979): 11–21; V. Srinivasan, Chan Su Park, and Dae Ryun Chang, "An Approach to the Measurement, Analysis, and Prediction of Brand Equity and Its Sources," *Management Science* 51, no. 9 (September 2005): 1433–1448.

20. Wagner A. Kamakura and Gary J. Russell, "Measuring Brand Value with Scanner Data," *International Journal of Research in Marketing* 10, no. 1 (1993): 9–22.

21. Kusum Ailawadi, Donald R. Lehmann, and Scott A. Neslin, "Revenue Premium as an Outcome Measure of Brand Equity," *Journal of Marketing* 67, no. 4 (October 2003): 1–17. See also Avi Goldfarb, Qiang Lu, and Sridhar Moorthy, "Measuring Brand Value in an Equilibrium Framework," *Marketing Science* 28, no. 1 (January–February 2009): 69–86; C. Whan Park, Deborah J. MacInnis, Xavier Dreze, and Jonathan Lee, "Measuring Brand Equity: The Marketing Surplus & Efficiency (MARKSURE)–Based Brand Equity Measure," in *Brands and Brand Management: Contemporary Research Perspectives*, eds. Barbara Loken, Rohini Ahluwalia, and Michael J. Houston

(London: Taylor and Francis Group Publishing, 2010), 159–188.

22. S. Sriram, Subramanian Balachander, and Manohar U. Kalwani, "Monitoring the Dynamics of Brand Equity Using Store-level Data," *Journal of Marketing* 71, no. 2 (April 2007): 61–78.

23. Joffre Swait, Tülin Erdem, Jordan Louviere, and Chris Dubelar, "The Equalization Price: A Measure of Consumer-Perceived Brand Equity," *International Journal of Research in Marketing* 10, no. 1 (1993): 23–45; Tülin Erdem and Joffre Swait, "Brand Equity as a Signaling Phenomenon," *Journal of Consumer Psychology* 7, no. 2 (1998): 131–157; Tülin Erdem, Joffre Swait, and Ana Valenzuela, "Brands as Signals: A Cross-Country Validation Study," *Journal of Marketing* 70, no. 1 (January 2006): 34–49; Joffre Swait and Tülin Erdem, "Characterizing Brand Effects on Choice Set Formation and Preference Discrimination Under Uncertainty," *Marketing Science* 26 (September–October 2007): 679–697.

24. See also Eric L. Almquist, Ian H. Turvill, and Kenneth J. Roberts, "Combining Economic Analysis for Breakthrough Brand Management," *Journal of Brand Management* 5, no. 4 (1998): 272–282.

25. V. Srinivasan, Chan Su Park, and Dae Ryun Chang, "An Approach to the Measurement, Analysis, and Prediction of Brand Equity and Its Sources," *Management Science* 51, no. 9 (September 2005): 1433–1448. See also Chan Su Park and V. Srinivasan, "A Survey-Based Method for Measuring and Understanding Brand Equity and Its Extendability," *Journal of Marketing Research* 31, no. 2 (May 1994): 271–288; see also Na Woon Bong, Roger Marshall, and Kevin Lane Keller, "Measuring Brand Power: Validating a Model for Optimizing Brand Equity," *Journal of Product and Brand Management* 8, no. 3 (1999): 170–184; Randle Raggio and Robert P. Leone, "Producing a Measure of Brand Equity by Decomposing Brand Beliefs into Brand and Attribute Sources," in "Brand Equity Measurement: Concepts and Applications," ICFAI Press, 2007.

26. William R. Dillon, Thomas J. Madden, Amna Kirmani, and Soumen Mukherjee, "Understanding What's in a Brand Rating: A Model for Assessing Brand and Attribute Effects and Their Relationship to Brand Equity," *Journal of Marketing Research* 38, no. 4 (November 2001): 415–429.

27. Vipal Monga, "Accounting's 21st Century Challenge: How to Value Intangible Assets," *The Wall Street Journal*, March 21, 2016, www.wsj.com/articles/accountings-21st-century-challenge-how-to-value-intangible-assets-1458605126.

28. The Economist, "What Are Brands For?," *The Economist*, August 30, 2014, www.economist.com/news/business/21614150-brands-are-most-valuable-assets-many-companies-possess-no-one-agrees-how-much-they.

29. Margaret Molloy, "Brand Counts: Strategic Metrics Bear Out Clear Value," *CMO*, September 2, 2016, www.cmo.com/opinion/articles/2016/9/1/why-brand-counts.html#gs.foOqu0w.; Alexander Brigham, "Your Brand Reputational Value Is Irreplaceable. Protect It!", *Forbes*, February 1, 2010, www.forbes.com/2010/02/01/brand-reputation-value-leadership-managing-ethisphere.html.

30. Intuit Firm of the Future Team, "Top 10 Differences Between IFRS and GAAP Accounting," https://www.firmofthefuture.com/content/top-10-differences-between-ifrs-and-gaap-accounting/, accessed November 15, 2018; The International Financial Reporting Standards Foundation (IFRS), "IAS 38 Intangible Assets," https://www.ifrs.org/issued-standards/list-of-standards/ias-38-intangible-assets/, accessed November 15, 2018.

31. An impaired asset is one whose market value is lower than that listed on the company's balance sheet.

32. Roger Sinclair and Kevin Lane Keller, "Brand Value, Accounting Standards, and Mergers and Acquisitions: 'The Moribund Effect,'" *Journal of Brand Management*, 24 (2) (2017), doi:10.1057/s41262-016-0025-1.

33. Vince Howe, William H. Sackley, Frederika Spencer, David Mautz, and Justin Freed, "'Accounting' for Brand Equity—Value Relevance and Reliability: A Marketing and FASB Dilemma," *Society for Marketing Advances Proceedings*, November 2013, http://bit.ly/2rirB1I).

34. Lew Winters, "Brand Equity Measures: Some Recent Advances," *Marketing* Research 3, no. 4 (December 1991): 70–73; Gordon V. Smith, *Corporate Valuation: A Business and Professional Guide* (New York: John Wiley & Sons, 1988), 70–73.

35. *Brand Finance*, http://www.brandfinance.com, accessed November 15, 2018.

36. Investors put capital into a company to ensure it can operate on a day-to-day basis. This money does not come free, as investors expect a return on their investment. While accountants are happy to accept the difference between revenue and expenses as the company's profit, economists believe that true profit is accounting profit less the expected return on the company's capital employed: the investors' funds.

37. Interbrand, "Best Global Brands," https://www.interbrand.com, accessed November 15, 2018.

38. Ken Schept, "Brandz Top 100 Most Valuable Brands 2017," Brandz, accessed October 29, 2017, http://brandz.com/admin/uploads/files/BZ_Global_2017_Report.pdf.

39. MB Global, "Meaningfully Different Framework," http://www.millwardbrown.com/Mb-Global/What-We-Do/Brand/Brand-Equity/Meaningfully-Different-Framework, accessed November 15, 2018.

40. BrandZ, "Global 100 | BrandZ Brand Valuation Methodology," http://brandz.com/article/global-100—methodology-134, accessed November 15, 2018. http://brandz.com/article/global-100--methodology-134.

41. Ibid.

42. R. Harish, "Brand Valuation—A Comparative Study of the Methods Adopted by Interbrand, Millward Brown and Brand Finance," working paper.

43. BrandFinance, "Global 500 2017: The Annual Report on the World's Most Valuable Brands," http://brandfinance.com/images/upload/

global_500_2017_locked_website.pdf, accessed November 15, 2018.

44. Brand Finance, "Explanation of the Methodology," http://brandirectory.com/methodology, accessed November 15, 2018.

45. R. Harish, "Brand Valuation—A Comparative Study of the Methods Adopted by Interbrand, Millward Brown and Brand Finance," working paper.

46. Mark Ritson, "Brand Valuations Do Not Always Tell the Full Story," *Marketing Week*, September 29, 2011, www.marketingweek.co.uk/sectors/industry/brand-valuations-do-not-always-tell-the-full-story/3030524.article.; Mark Ritson, "What Is the Point of Brand Valuations If Those Doing the Valuing Are So Off Target," *Marketing Week*, April 22, 2015, www.marketingweek.com/2015/04/22/what-is-the-point-of-brand-valuations-if-those-doing-the-valuing-are-so-off-target/.

47. Interbrand, "Methodology," https://www.interbrand.com/best-brands/best-global-brands/methodology/, accessed November 15, 2018.

48. The Economist, "On the Brandwagon: Valuing Brands on Corporate Balance Sheets Adds More Fog to the Murky Art of Accounting," https://www.highbeam.com/doc/1G1-8349877.html, accessed November 15, 2018.

49. For example, brand characteristics have been shown to improve brand valuation accuracy. See Natalie Mizik and Robert Jacobson, "Valuing Branded Businesses," *Journal of Marketing* 73, no. 6 (November 2009): 137–153.

50. International Organization for Standardization, Technical Committee, "Brand Valuation: Requirements for Monetary Brand Valuation," https://www.iso.org/standard/46032.html, accessed November 15, 2018.

51. Koen Pauwels and Martin Lautman, "What Is Important? Identifying Metrics That Matter," *Journal of Advertising Research* 49, no. 3 (September 2009), 339–359.

52. For an interesting empirical application, see Manoj K. Agarwal and Vithala Rao, "An Empirical Comparison of Consumer-Based Measures of Brand Equity," *Marketing Letters* 7, no. 3 (1996): 237–247.

53. Fader, course notes.

54. Kevin Lane Keller and Donald R. Lehmann, "Brands and Branding: Research Findings and Future Priorities," *Marketing Science* 25, no. 6 (2006): 740–759.

55. David A. Aaker and Robert Jacobson, "The Financial Information Content of Perceived Quality," *Journal of Marketing Research* 31, no. 2 (1994): 191–201.

56. Sundar G. Bharadwaj, Kapil R. Tuli, and Andre Bonfrer, "The Impact of Brand Quality on Shareholder Wealth," *Journal of Marketing* 75, no. 5 (2011): 88–104.

57. Xueming Luo, Sascha Raithel, and Michael A. Wiles, "The Impact of Brand Rating Dispersion on Firm Value," *Journal of Marketing Research* 50, no. 3 (2013): 399–415.

58. As noted previously, the BAV dimensions previously included energy and differentiation as separate dimensions. They have since been combined into a single dimension called *energized differentiation*.

59. Natalie Mizik and Robert Jacobson, "The Financial Value Impact of Perceptual Brand Attributes," *Journal of Marketing Research* 45, no. 1 (2008): 15–32.

60. Michael J. de la Merced, "$9.8 Billion Valuation for Ferrari," *The New York Times*, October 20, 2015, https://www.nytimes.com/2015/10/21/business/dealbook/9-8-billion-valuation-for-ferrari.html?mcubz=1, accessed November 15, 2018.

61. Natalie Mizik and Robert Jacobson, "Valuing Branded Businesses," *Journal of Marketing* 73, no. 6 (2009): 137–153.

62. Abhishek Borah and Gerard J. Tellis, "Halo (Spillover) Effects in Social Media: Do Product Recalls of One Brand Hurt or Help Rival Brands?," *Journal of Marketing Research* 53, no. 2 (2016): 143–160.

63. Vithala R. Rao, Manoj K. Agarwal, and Denise Dahlhoff, "How Is Manifest Branding Strategy Related to the Intangible Value of a Corporation?," *Journal of Marketing* 68, no. 4 (2004): 126–141.

64. Kee H. Chung and Stephen W. Pruitt, "A Simple Approximation of Tobin's q," *Financial Management* 23, no. 3 (1994): 70–74.

65. Liwu Hsu, Susan Fournier, and Shuba Srinivasan, "Brand Architecture Strategy and Firm Value: How Leveraging, Separating, and Distancing the Corporate Brand Affects Risk and Returns," *Journal of the Academy of Marketing Science* 44, no. 2 (2016), 261–280.

66. Alexander Edeling and Marc Fischer, "Marketing's Impact on Firm Calue: Generalizations from a Meta-analysis," *Journal of Marketing Research* 53, no. 4 (2016): 515–534.

67. Marc Fischer and Alexander Himme, "The Financial Brand Value Chain: How Brand Investments Contribute to the Financial Health of Firms." *International Journal of Research in Marketing* 34, no. 1 (2017): 137–153.

68. Vicki Lane and Robert Jacobson, "Stock Market Reactions to Brand Extension Announcements: The Effects of Brand Attitude and Familiarity." *The Journal of Marketing* 59, no. 1 (January 1995): 63–77.

69. Dan Horsky and Patrick Swyngedouw, "Does It Pay to Change Your Company's Name? A Stock Market Perspective," *Marketing Science* 6, no. 4 (1987): 320–335; Saim Kashmiri and Vijay Mahajan, "The Name's the Game: Does Marketing Impact the Value of Corporate Name Changes?" *Journal of Business Research* 68, no. 2 (2015): 281–290.

70. Vanitha Swaminathan and Christine Moorman, "Marketing Alliances, Firm Networks, and Firm Value Creation," *Journal of Marketing* 73, no. 5 (2009): 52–69.

71. Zixia Cao and Alina Sorescu, "Wedded Bliss or Tainted Love? Stock Market Reactions to the Introduction of Cobranded Products." *Marketing Science* 32, no. 6 (2013): 939–959.

72. Ibid.

73. Sundar G. Bharadwaj, Kapil R. Tuli, and Andre Bonfrer, "The Impact of Brand Quality on Shareholder Wealth," *Journal of Marketing* 75, no. 5 (2011): 88–104.

74. Casey E. Newmeyer, Vanitha Swaminathan, and John Hulland, "When Products and Brands Trade Hands: A Framework for Acquisition Success," *Journal of Marketing Theory and Practice* 24, no. 2 (2016): 129–146.

75. Michael A. Wiles, Neil A. Morgan, and Lopo L. Rego, "The Effect of Brand Acquisition and Disposal on Stock Returns," *Journal of Marketing* 76, no. 1 (2012): 38–58.

76. Paula N. Danziger, "Luxury Brand Mergers and Acquisitions Set to Explode," *Forbes*, August 16, 2017, https://www.forbes.com/sites/pamdanziger/2017/08/16/luxury-brand-mergers-and-acquisitions-set-to-explode/#6c2d820d9c0f, accessed November 15, 2018.

77. Florian Stahl, Mark Heitmann, Donald R. Lehmann, and Scott A. Neslin, "The Impact of Brand Equity on Customer Acquisition, Retention, and Profit Margin," *Journal of Marketing* 76, no. 4 (2012): 44 63.

78. Anatoli Colicev, Ashwin Malshe, Koen Pauwels, and Peter O'Connor, "Improving Consumer Mind-Set Metrics and Shareholder Value through Social Media: The Different Roles of Owned and Earned," *Journal of Marketing* 82, no. 1 (2017); Dominique M. Hanssens and Koen H. Pauwels. "Demonstrating the Value of Marketing," *Journal of Marketing* 80, no. 6 (2016): 173–190; Koen Pauwels, Zeynep Aksehirli, and Andrew Lackman. "Like the Ad or the Brand? Marketing Stimulates Different Electronic Word-of-Mouth Content to Drive Online and Offline Performance," *International Journal of Research in Marketing* 33, no. 3 (2016): 639–655.

79. Lisette de Vries, Sonja Gensler, and Peter S. H. Leeflang, "Effects of Traditional Advertising and Social Messages on Brand-Building Metrics and Customer Acquisition," *Journal of Marketing* 81, no. 5 (2017): 1–15.

브랜드 아키텍처 전략의 설계 및 실행

12

학습목표

이 장을 읽은 후 여러분은 다음을 할 수 있을 것이다.

1. 브랜드 아키텍처의 핵심 구성요소를 정의한다.
2. 브랜드-제품 매트릭스를 정의한다.
3. 브랜드 포트폴리오 구축을 위한 원리를 약술한다.
4. 브랜드 하이어라키의 기본적인 도면을 그린다.
5. 기업브랜드가 제품브랜드와 어떻게 다른지 설명한다.
6. 브랜드가치와 기업 성과를 제고하기 위한 브랜드 아키텍처의 역할을 설명한다.
7. 지속가능성 이니셔티브, 기업의 사회적 책임, 그린마케팅이 브랜드를 어떻게 강화할 수 있는지 파악한다.

구찌와 같은 럭셔리 브랜드는 초기에 너무 많은 카테고리로 확장하는 데 따른 위험이 부각된 후 브랜드 확장에 신중하게 접근하고 있다.

개요

이 책의 2부, 3부, 4부에서는 브랜드자산을 구축하고 측정하기 위한 전략을 살펴보았다. 5부에서는 보다 광범위한 관점에서 다양한 상황 및 환경하에 브랜드자산을 유지하고 강화하는 방법을 살펴본다.

신제품의 성공적인 출시는 기업의 장기적인 재정 번영을 위해 매우 중요하다. 기업은 자사가 갖고 있는 다양한 브랜드의 자산을 극대화해야 한다. 브랜드 아키텍처 전략은 신규 혹은 기존 제품과 서비스에 어떤 브랜드 요소를 적용할지 결정하는 것이다. 브랜드 아키텍처는 소비자가 해당 브랜드의 제품과 서비스를 이해하는 데 도움이 되며, 해당 브랜드를 소비자 마음속에 심어주는 데 큰 역할을 한다.

브랜드네임을 결정할 때 많은 기업이 복합적인 브랜드 아키텍처 전략을 사용한다. 즉 하나의 브랜드네임 안에 여러 유형의 브랜드네임 요소를 결합하고 있다(예 : 캐논 EOS 5D Mark IV 카메라). 이때 브랜드네임상의 각 요소는 브랜드 아키텍처의 중요한 측면을 나타내곤 한다. 최적의 브랜드 아키텍처 전략을 수립하기 위한 방법은 무엇인가? 기업의 전체 제품 범위에 걸쳐 브랜드자산을 가장 잘 관리할 수 있도록 브랜드네임과 그 외 브랜드 요소를 적절히 결합하는 것이 필요하다. 이를 위한 지침으로는 어떤 것이 있는가?

이 장에서는 우선 브랜드 아키텍처 전략을 효과적으로 개발하기 위한 3단계 프로세스를 간략히 설명한다. 다음으로 브랜드-제품의 다양한 관계를 통해 브랜드 아키텍처 전략을 수립하는 데 도움이 되는 두 가지 중요한 전략적 도구, 즉 브랜드 포트폴리오와 브랜드 하이어라키에 대해 살펴보고자 한다. 그런 다음 기업 브랜딩 전략을 고찰한 후, 기업이미지 차원에서 기업의 사회적 책임, 기업이미지 캠페인, 기업브랜드 네임 변경이라는 세 가지 특정 문제를 살펴볼 것이다. 브랜드 포커스 12.0은 기업의 사회적 책임과 성공적인 브랜드 전략에 있어서 기업의 사회적 책임의 중요성을 다루고 있다.

브랜드 아키텍처 전략의 개발

기업의 **브랜드 아키텍처 전략**(brand architecture strategy)은 마케터가 새로운 제품이나 서비스를 출시할지를 결정할 때, 그리고 신제품과 기존 제품에 적용할 브랜드네임, 로고, 심벌 등을 결정하는 데 도움이 된다. 후술하겠지만, 브랜드 아키텍처는 브랜드의 폭, 범위, 깊이, 복잡성과 모두 관련이 있다. 어떤 제품에 특정의 동일한 브랜드네임을 사용해야 하는가? 아니면 브랜드네임을 조금 변형해서 사용해야 하는가? 그렇다면 어떻게, 몇 가지로 변형해서 사용해야 하는가? 브랜드 아키텍처의 역할은 다음 두 가지이다.

- 브랜드 인지도 제고를 위해 : 개별 제품 간의 유사성과 차이점을 전달하고 소비자 이해를 높인다.
- 브랜드 이미지 제고를 위해 : 개별 제품에 브랜드자산 이전을 극대화함으로써 개별 제품의 시용(trial)과 반복 구매율을 높인다.

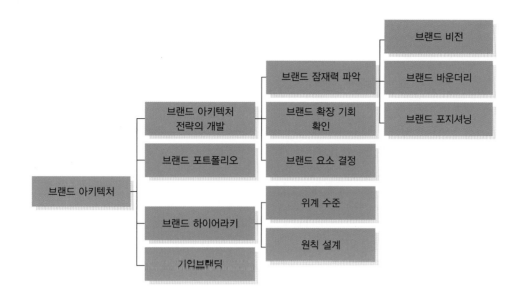

그림 12-1
브랜드 아키텍처 전략 및
의사결정 맵

이 장의 개요는 그림 12-1에 나와 있다.

이 장에서는 브랜드 아키텍처 전략을 개발하는 데 가장 중요한 세 가지 주제에 대한 핵심 아이디어를 개괄한다. 이 세 가지는 다음과 같다.

1 단계 : 시장 성과 측면에서 브랜드 잠재력 파악하기
2 단계 : 브랜드 확장 기회 확인, 브랜드 잠재력을 실현할 수 있는 확장제품의 선택
3 단계 : 신제품의 브랜딩 요소에 대한 결정 및 포지셔닝

이 세 가지 주제 중에서도 이 장에서는 첫 번째 및 세 번째 주제를 중점적으로 살펴보고자 한다. 두 번째 주제는 13장에서 자세히 다루고 성공적인 브랜드 확장 방법도 그때 다룰 것이다. 브랜딩 과학 12-1은 기업의 브랜드 아키텍처 전략을 위한 유용한 툴을 설명한다.

브랜딩 과학 12 - 1

브랜드-제품 매트릭스

브랜드 아키텍처 전략을 수립하는 데 유용한 도구 중 하나가 기업에서 판매하는 모든 브랜드와 제품을 도표화한 **브랜드-제품 매트릭스**(brand-product matrix)이다. 이 매트릭스의 행은 기업이 갖고 있는 브랜드로, 열은 기업이 생산·판매하고 있는 제품으로 이루어진다(그림 12-2 참조).

• 매트릭스에서 행은 **브랜드-제품 관계**(brand-product relationship)를 나타내고 있다. 각 브랜드 산하에 있는 제품의 수와 유형을 보여주고 있으며, 브랜드 확장과 관련이 있다. 특정 **브랜드라인**(brand line)은 해당 브랜드로 판매되는 모든 제품(원래 제품만이 아니라 라인 확

장하거나 카테고리 확장한 제품들까지)으로 구성된다. 따라서 특정 브랜드라인은 매트릭스에서 하나의 행으로 나타난다. 신제품에 브랜드 확장을 할 것인지 여부는, 신제품에 브랜드자산을 어떻게 효율적으로 활용할 수 있는지, 그리고 이러한 브랜드 확장이 모브랜드(parent brand)의 자산에 얼마나 기여할 수 있는지를 고려해서 결정해야 한다.

• 매트릭스의 열은 **제품-브랜드 관계**(product-brand relationships)를 나타내고 있다. 기업이 보유한 브랜드의 수와 유형을 보여주고 있으며 **브랜드 포트폴리오**(brand portfolio)와 관련이 있다. 브랜드 포트폴리오란 특정 제품군에서 한 기업이 판매하고 있는 모든 브랜드의

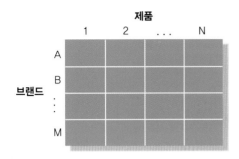

그림 12-2

브랜드-제품 매트릭스

집합을 의미하며, 매트릭스에서 하나의 열로 나타난다. 마케터는 다양한 세분시장에 어필하기 위해 다양한 브랜드를 설계하고 출시하고 있다.

브랜드 아키텍처 전략은 브랜드-제품 매트릭스의 폭(브랜드-제품 관계 및 브랜드 확장 전략)과 깊이(제품-브랜드 관계 및 브랜드 포트폴리오)에 따라 달라질 수 있다. 즉 기업이 많은 브랜드를 보유할수록, 그리고 그중 많은 브랜드가 다양한 제품 카테고리로 확장될수록 브랜드-제품 매트릭스의 폭은 더 넓고 깊이는 더 깊어질 것이며, 이에 따라 브랜드 아키텍처 전략이 달라질 수 있는 것이다.

아래 몇 가지 용어는 기업의 브랜드 아키텍처 전략을 수립하는 방법을 이해하는 데 도움이 될 것이다.

- **제품 라인**(product line)이란 유사한 기능의 제품 혹은 동일 고객집단에 판매되는 제품, 혹은 동일 유형의 판로를 이용하는 제품이나 특정 가격대에 속하는 제품과 같이 상호 밀접하게 관련되어 있는 제품 집단을 말한다. 제품 라인에는 서로 다른 다양한 브랜드가 있을 수 있고, 단일의 패밀리브랜드가, 혹은 라인 확장된 개별브랜드가 있을 수도 있다. 캠벨 수프는 맛, 유형, 크기 등이 다른 다양한 수프 제품을 내놓고 있다.
- **제품 믹스**(product mix)란 특정 판매자가 구매자에게 제공하는 모든 제품 라인과 품목의 집합을 말하며, 이를 제품구색(product assortment)이라고도 한다. 브랜드-제품 매트릭스에서 열에는 다양한 제품 라인이 있고 제품 라인 안에는 다양한 품목이 있다. 따라서 제품 믹스는 열의 집합, 즉 제품 라인의 집합으로 볼 수 있다. 캠벨 수프는 수프 외에 토마토소스, 살사, 야채주스, 쿠키, 크래커도 판매하고 있다.
- **브랜드 믹스**(brand mix)란 특정 판매자가 구매자에게 제공하는 모든 브랜드라인의 집합을 말하며, 이를 브랜드 구색(brand assortment)이라고도 한다. 캠벨 수프의 브랜드라인으로는 프레고(Prego), 페이스(Pace), V8, 페퍼리지팜(Pepperidge Farm)이 있다.

캠벨과 같은 기업은 자사가 얼마나 다양한 제품 라인을 보유해야 하는지(제품 믹스의 폭), 그리고 각 제품 라인에서 얼마나 다양한 종류의 품목을 보유해야 하는지(제품 믹스의 깊이)에 대한 전략적 결정을 내려야 한다.

브랜드-제품 매트릭스를 이해하고 적절한 브랜드 아키텍처 전략을 개발하는 것이야말로 많은 대기업에게 있어서 성공의 열쇠이다. '시장공간(market footprint)'을 결정할 때 기업이 내려야 하는 세 가지 결정이 있다. 어떤 사업 영역에 주력할지와 어떤 세분시장을 표적으로 할지 결정해야 하고, 정해진 표적시장의 니즈에 부합하도록 브랜드 아키텍처를 어떻게 조정할지를 결정해야 한다. 그리고 선택되지 않은 사업 영역을 어떻게 철수할지를 결정해야 한다. 이러한 전략적 결정의 예로 2016년 매출 900억 스위스 프랑 이상, 2~4%의 성장률을 자랑하는 세계 최대의 식품생산업체 네슬레를 들 수 있다. 네슬레는 자사의 조직과 아키텍처를 다음과 같이 발전시켰다.

- *주력 사업 영역의 결정 혹은 재결정* : 네슬레의 주력 사업 영역은 시간이 지남에 따라 바뀌어 왔지만, 설립 이후 지금까지 많은 핵심 사업을 유지했다. 최근 이 기업은 소비자 건강과 웰빙에 더 주력하기로 결정하였고, 이에 따라 고객에게 제공하는 제품 믹스의 폭을 좁히기로 하였다. 이러한 전략적 초점을 지원하기 위해 네슬레의 브랜드 믹스는 옵티소스(Optisource), 노바소스(Novasource), 아이소소스(Isosource) 등으로 구성되었고, 이들 브랜드는 다양한 질병을 안고 살아가는 개인을 대상으로 한 영양제를 내놓고 있다.
- *표적시장 기반의 브랜드 커스터마이징* : 네슬레의 브랜드 믹스는 대상 시장 유형에 따라 다르게 구성된다. 자사만의 독특한 브랜드를 특징으로 하여 해외 시장의 현지 취향에 맞게 어필한다. 예를 들어 네슬레인디아(Nestlé India)는 인도 소비자의 입맛에 맞게 카르다몸, 생강, 흑후추, 정향, 계피, 월계수잎 등 여섯 가지 천연향신료 향이 첨가된 '네슬레 에브리데이(Nestlé Everyday)'를 제공하고 있다. 중국에서 네슬레이양(Nestlé Yiyang)은 중국의 노령 인구에게 어필하기 위해 여러 재료를 첨가한 분유를 출시했다.
- *비주력 사업 영역 철수* : 네슬레가 최근 제과사업에서 그랬던 것처럼, 브랜드 아키텍처를 변경할 때의 핵심은 기업 성장에 기여하지 않는 사업을 전략적으로 철수하는 데 있다.

네슬레는 시간 흐름과 시장 변화에 따라 제품 믹스와 브랜드 믹스를 지속적으로 조정함으로써 성공적으로 브랜드 아키텍처를 관리했다.

출처 : Phillip Kotler and Kevin Lane Keller, *Marketing Management*, 14th ed. (Upper Saddle River, NJ: Prentice Hall, 2012); Beth Kowitt, "Nestle: Tailoring Products to Local Niches," *Fortune*, July 2, 2010, http://archive.fortune.com/2010/07/02/news/companies/nestle_refreshes_brand.fortune/index.htm, accessed November 20, 2018; Ralph Atkins, "Nestle Sales Growth Continues to Fall Short," *Financial Times*, October 20, 2016, www.ft.com/content/abce2c4e-99bb-3c74-86cc-7cd0bed19b3a; Phillip Kotler and Kevin Lane Keller, *Marketing Management*, 14th ed. (Upper Saddle River, NJ: Prentice Hall, 2012); Bloomberg, "Nestle Launches YIYANG Powder to Target China's Ageing Population," May 31, 2017, www.business-standard.com/article/international/nestle-launches-yiyang-powder-to-target-china-s-ageing-population-117053101870_1.html, accessed November 19, 2018.

1단계 : 브랜드 잠재력 파악

아키텍처 전략을 개발하기 위한 첫 번째 단계는 다음과 같은 세 가지 중요한 특성을 고려하여 브랜드 잠재력(brand potential)을 파악하는 것이다.

 A. 브랜드 비전
 B. 브랜드 바운더리
 C. 브랜드 포지셔닝

브랜드 비전의 명확화　브랜드 비전(brand vision)은 브랜드의 장기적인 잠재력에 대한 경영진의 견해를 표현한 것이다. 브랜드 비전은 기업이 현재와 미래의 자사 브랜드자산을 어떻게 인식하는지에 영향을 받는다. 많은 브랜드가, 할 수 있고 해야만 하는 모든 것을 기업이 다 고려할 수 없거나 혹은 꺼리기 때문에 실현되지 않는 잠재적인 브랜드자산을 갖는다.

　브랜드 아키텍처의 주요 변화 측면은 바로 브랜드 바운더리의 변화이다. 많은 기업의 경우 초기에 대상으로 했던 시장범위를 넘어서서 많은 브랜드가 생겨났던 것이다. 이는 바운더리를 재조정해왔던 대기업과 브랜드의 다양한 사례로부터 그 시사점을 얻을 수 있다. 네슬레는 시장 변화를 따라 잡기 위해 브랜드 아키텍처를 수정했는데, 이에 대해서는 나중에 자세히 살펴보고자 한다. 또 다른 예로는 커피 회사에서 보다 다양한 제품을 제공하는 라이프스타일 회사로의 전환을 고민했던 스타벅스를 들 수 있다. 스타벅스는 커피를 뛰어넘는 전환에 있어서 어느 정도는 성공했지만, 확장했다가 실패해서 철수한 제품도 많다(예 : 매장에서의 맥주와 와인 판매, 티바나 차).[1] 이는 기업의 주주가치 손실로 이어졌을 수 있다. 아마도 위험을 감지한 스타벅스가 커피와 커피 경험이라는 핵심 사업에 더 큰 초점을 맞추게 된 계기가 되었을 것이다. 스타벅스의 커피를 넘어서는 확장은 기존 브랜드의 한계로 인해 완전히 성공하지는 못했던 것이다.

　때때로 마케터는 자사의 브랜드를 순차적으로 확장함으로써 브랜드의 의미를 점차 확대해 나간다. 예를 들어 '크레용'으로 유명한 크레욜라(Crayola)는 처음에는 마커, 연필, 페인트, 펜, 붓, 분필과 같은 그림 및 채색 도구에 직접적인 브랜드 확장을 함으로써 브랜드의 의미를 확장하려고 했다. 하지만 크레욜라 초크, 크레욜라 클레이, 크레욜라 도우, 크레욜라 글리터 글루, 크레욜라 가위 등에까지 확장을 함으로써 그림 및 채색에서 더 나아가 예술과 공예로 확장하였다. 크레욜라는 이러한 확장을 시도하면서 '어린이를 위한 다채로운 미술 및 공예'라는 새로운 브랜드 의미를 수립했다. 크레욜라는 회사의 브랜드 본질이 어린이들 각자의 '만약'을 찾는 것이라고 말한다. 브랜딩 브리프 12-1은 구글이 검색엔진을 넘어서 더 넓은 무대로 확장한 데 따른 브랜드 아키텍처의 딜레마를 정리한 것이다.

크레욜라는 다양한 브랜드 확장을 통해 '어린이를 위한 다채로운 미술과 공예'로 브랜드 의미가 확대되었다.

브랜딩 브리프 12 - 1

구글 : 검색엔진을 넘어 무한 확장

구글은 유명한 IT 브랜드로, 검색엔진으로 출발해 야후, 마이크로소프트 빙(Bing)과의 치열한 경쟁에서 승리하면서 10년 이상 검색업계를 지배했다. 구글의 독자적인 검색 알고리즘은 구글 검색엔진 성공의 핵심이었다. 그리하여 지금까지 '구글' 하면 주로 검색엔진이었다. 하지만 이제 구글에는 기업브랜드 이름과 연결된 다양한 서브 브랜드[예 : 구글 어스(Google Earth), 구글 맵(Google Maps), 구글 플레이(Google Play)]와 다양한 인수에 따른 개별브랜드가 있다. 2016년 구글은 구글 브랜드의 스마트폰, 가상현실 헤드셋, 음성인식 홈어시스턴트, 와이파이 라우터 등 일련의 제품을 공개하였다.

구글의 브랜드 아키텍처는 하이브리드 접근방식을 활용했다. 기업브랜드 하우스 접근방식 외에도 구글은 또한 여러 가지 다양한 브랜드네임으로 구성된 브랜드 포트폴리오를 수립했다. 나중에 이를 'HOB(house of brand)' 전략으로 정의했는데, 여기서 구글 브랜드 자체는 네스트(Nest), 칼리코(Calico), 파이버(Fiber)와 같이 브랜드네임의 일부가 아니었다. 브랜드가 지금까지의 핵심 사업을 넘어서 리스크가 있는 다양한 벤처 발굴에 나서면서, 서로 다른 다양한 사업영역에 걸쳐 브랜드네임이 관련성이 부족하다는 것이 문제가 되었다.

그리하여 2016년 구글은 새로운 지주회사인 알파벳(Alphabet)을 설립하여 스스로를 재정비했다. 알파벳의 탄생은 구글이 구글이라는 브랜드 이름의 의미를 손상하지 않으면서 별도의 기업명을 사용하여 무인자동차, 질병 치료와 같은 서로 다른 별개의 영역에서 일하게 해주기에 매우 합리적이었다. 구글 타임라인은 구글이 IT 메가브랜드로 진화하는 과정을 요약하여 보여주고 있다. 구글은 다양한 영역에서 빠르게 성장하였고, 이제 역사상 가장 성공적인 IT 브랜드 중 하나가 되었다. 많은 제품 라인에서 성공을 거둠으로써 구글이라는 브랜드네임의 가치를 강화할 수 있었다. 인터브랜드에 의하면, 2017년 현재 구글은 1,417억 달러의 브랜드 가치를 갖고 있으며 업종불문 전 세계 두 번째로 큰 브랜드로 성장했다.

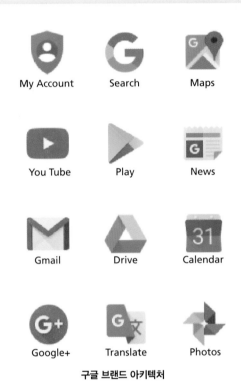

My Account   Search   Maps

You Tube   Play   News

Gmail   Drive   Calendar

Google+   Translate   Photos

구글 브랜드 아키텍처

출처 : Marty Swant, "Google Debuts New Hardware, Including Smartphone and VR Headset, With AI at the Core." *Adweek*, accessed October 04, 2016. http://www.adweek.com/digital/google-debuts-tv-spots-new-smartphone-and-virtual-reality-headset-173894/; K@W Strategic Management, "A Tale of Two Brands: Yahoo's Mistakes vs. Google's Mastery" Knowledge@Wharton, February 23, 2016, accessed April 17, 2017. http://knowledge.wharton.upenn.edu/article/a-tale-of-two-brands-yahoos-mistakes-vs-googles-mastery/; Marketwatch, "Yahoo! vs. Google Signals Return of the Portal Wars," *Marketwatch: Technology* 3, no. 7: 8. Business Source Complete, EBSCOhost (accessed April 16, 2017); Lauren Johnson, "Here's Everything You Need to Know About Mobile Payments." *Adweek*, March 05, 2015, accessed May 02, 2017. http://www.adweek.com/digital/heres-everything-you-need-know-about-mobile-payments-163269/; Martin Reeves, "Google Couldn't Survive with One Strategy," https://hbr.org/2015/08/google-couldnt-survive-with-one-strategy, August 18, 2015, accessed April 23, 2017; Ian Morris, "Google Is Sitting on a Timebomb with Its Nest Disaster," *Forbes*, April 6, 2016, accessed April 23, 2017; 2015, Jonathan Gordon, "How Google Breaks Through" *McKinsey Quarterly*, February 2015; Nicholas Carlson, "A List of Products Larry Page Has Google Working On Other Than Search, Such as Spoons," September 22, 2014, *Business Insider*, http://www.businessinsider.com/a-list-of-google-products-2014-9, accessed July 14, 2018; Wikipedia, "List of Google Products," https://en.wikipedia.org/wiki/List_of_Google_products; Kevin Lane Keller, "The Branding Logic Behind Google's Creation of Alphabet," July 5, 2017; http://interbrand.com/best-brands/best-global-brands/2017/ranking/.

그러나 현재의 브랜드자산에 대한 명확한 이해 없이는 브랜드가 향후 어떻게 구축될지를 이해하기 어렵다. 구글 브랜드의 경우 많은 변화에서 보인 바와 같이, 좋은 전략은 브랜드 비전을 명확히 함으로써 과거와 미래를 모두 고려한 전략이다. 브랜드 비전은 당연히 지향해야 하는 것이고, 브랜드는 미래에 성장하고 개선할 여지가 있어야 하는 것이며, 비전이 꼭 '이루어지지 않을

G	1995	래리 페이지(Larry Page)와 세르게이 브린(Sergey Brin)이 스탠퍼드대학교에서 만나 기숙사에서 범용 검색엔진에 대한 아이디어를 연구하기 시작함
두 사람이 실리콘밸리 투자자로부터 10만 달러를 투자받은 후 구글을 공식적으로 탄생시킴	1998 O	
	1999 O	8명의 직원과 공식 사무실로 이전함. 얼마 후 밴처캐피털로 2,500만 달러를 투자하여 지금의 글로벌 본사 부지인 마운틴뷰(Mountain View)로 이전함
최초로 10억 개의 URL 인덱스를 가진 가장 큰 검색엔진이 됨 애드워즈(Adwords)는 그해 후반에 출시됨	2000 O	
	2002 O	AOL과 파트너 관계를 맺음 구글 뉴스가 4,000개 이상의 소스를 가지고 처음으로 출시됨
지메일(Gmail)이 개시됨. 85달러로 처음 주식 상장 그해 말에 디지털 스캔북을 개시하기 위해 도서관 및 대학과의 제휴를 발표함	2004 O	
	2005 O	구글 어스, 구글 맵, 구글 애널리틱스가 출시됨
웹 기반 동영상 공유 사이트인 유튜브를 인수함	2006 O	
	2007 O	유튜브에 최초로 동영상 광고를 도입함 모바일 사용을 위한 애드센스(AdSense)를 출시함
새로운 웹브라우저인 크롬(Chrome)의 출시로 대중을 놀라게 함 온라인 광고회사인 더블클릭(DoubleClick)을 인수함	2008 O	
	G 2010	구글 최초의 모바일기기인 넥서스 원(Nexus one)이 출시됨. 정부의 개인정보 보호 요구에 응하기 위해 사용자 데이터에 대한 보고서 성격의 웹사이트를 개설함
지주회사 알파벳 탄생 구글의 핵심 사업이 모두 알파벳 산하에 놓이게 됨	2015 L	
	E 2017	전 세계 50개국 6만 명 이상의 직원이 근무하는 구글은 사업 방식에 대한 한계에 계속 도전하고 있음

구글 타임라인

꿈'은 아니라는 것이다. 비결은, 현재 그 브랜드와 '그 브랜드가 이룰 수 있는 것' 사이에 적절한 균형을 맞추고 비전을 달성하기 위한 올바른 단계를 파악하는 것이다.

　기본적으로 브랜드 비전은 소비자의 바람과 브랜드의 실상에 대한 정확한 이해를 바탕으로 수립되어야 하며, 브랜드의 목표 수립에 가이드라인으로 작용하게 된다. 브랜드 비전은 브랜드의 물리적 제품 카테고리에 대한 설명이나 브랜드 바운더리에도 영향을 미치게 된다. P&G의 전설적인 전 CMO인 짐 스텐겔(Jim Stengel)은 성공적인 브랜드에는 '기쁨을 주고, 연결을 가능하게 하고, 탐험을 장려하고, 자부심을 갖게 하고, 사회에 영향을 미치는' 것과 같은 명확한 이상이 있으며, 고객애호도 구축, 수익성장률 증대와 같은 강력한 목적이 있다고 주장한 바 있다.[2]

브랜드 바운더리의 결정　GE, 버진(Virgin), 애플과 같은 세계 최강 브랜드가 여러 제품 카테고리에 걸쳐 브랜드를 확장해왔다. 브랜드 바운더리를 결정한다는 것은 브랜드 비전과 포지셔닝을 기반으로 브랜드가 제공해야 하는 제품이나 서비스, 제공해야 하는 편익 및 충족해야 할 니즈를 결정하는 것을 의미한다.

많은 제품 카테고리가 브랜드 확장을 위한 좋은 후보제품군으로 보일지 모르지만, 마케터는 나이키의 광고 담당 부사장이자 스타벅스의 마케팅 담당 부사장을 지낸 스콧 베드버리(Scott Bedbury)의 '스판덱스 규칙(Spandex Rule)'—"단지…할 수 있다고 해서 반드시 해야 하는 것을 의미하지는 않는다."—에 주의를 기울이는 것이 현명하다. 마케터는 브랜드 확장을 신중하게 고려해야 하며 선별적으로 신제품을 출시해야 한다.

광범위한 제품 카테고리에 걸쳐 있는 브랜드는 여러 제품에 공통으로 적용 가능한 상위 차원의 약속을 지원할 수 있는 추상적인 포지셔닝의 브랜드여야 한다. 여러 믿을 만한 속성으로 인한 편익이 자사 제품들에게 공통적인 것이라면, 제품들 간에 공유 가능한 차별점(point-of-difference, POD)가 존재하는 것이다. 예를 들어 델타포셋컴퍼니(Delta Faucet Company)는 자사의 스타일리시하고 혁신적이라는 핵심 브랜드연상을 수도꼭지에서 다양한 주방제품과 욕실제품으로 이전시킴으로써 성공적으로 확장하였다.

그러나 모든 브랜드에는 바운더리(경계선)가 있다. 예를 들어 델타포셋이 자동차, 테니스 라켓, 잔디 깎는 기계로 확장하는 것은 매우 어려울 것이다. 일본의 자동차 제조업체인 혼다, 닛산, 토요타는 각각 어큐라(Acura), 인피니티(Infiniti), 렉서스(Lexus)라는 새로운 브랜드네임으로 북미에 럭셔리 브랜드를 선보이기로 결정했다. 나이키는 좀 더 드레시하고 격식을 갖춘 슈즈 시장에 진출하기 위해 콜한(Cole Haan)을 인수하기로 결정했다.

시장 커버리지를 확대하기 위해 기업은 다양한 세분시장을 타깃으로 하는 많은 브랜드로 포트폴리오를 구성한다. 그러나 너무 많은 브랜드를 갖고 있지 않도록 주의해야 한다. 최근 몇 년 동안 상위에 랭크되어 있는 기업의 대부분은 적은 수의 보다 강력한 브랜드에 초점을 맞추고 있다. 각 브랜드는 명확하게 차별화되어야 하며 마케팅 및 생산 비용을 정당화할 수 있을 만큼 충분히 큰 규모의 세분시장을 대상으로 해야 한다.

브랜드 포지셔닝 수립　브랜드 포지셔닝은 브랜드 비전을 더 구체화해 수립하게 된다. 2장에서 논의했듯이, 브랜드 포지셔닝 전략을 수립할 때는 주로 다음과 같은 사항, 즉 (1) 경쟁 준거 프레임, (2) 차별점(POD), (3) 유사점(POP), (4) 브랜드 만트라(brand mantra)의 네 가지를 고려해야 한다. 특히 브랜드 만트라는 제품 바운더리 또는 브랜드 가드레일 설정에 매우 유용할 수 있다. 브랜드는 소비자에게 이성적 편익과 감성적 편익을 제공해야 하며, 또한 성장하려면 충분히 강력해야 하고, 소비자와 소매업자의 관심을 유도할 수 있을 만큼 그들에게 유의미해야 하며, 경쟁자들과 충분히 차별화되어야 장수브랜드가 될 수 있다.

2단계 : 브랜드 확장 기회 확인

1단계에서 브랜드 비전, 브랜드 바운더리와 포지셔닝을 결정하는 것은 브랜드 잠재력을 파악하고 브랜드가 나아가야 할 명확한 방향성을 도출하는 데 도움이 된다. 2단계는 브랜드 잠재력을 달성하기 위해 브랜드 확장을 잘 수립하고 실행해야 하는데, 이 브랜드 확장에 어울리는 새로운 제품 혹은 서비스를 식별하는 과정이다.

브랜드 확장은 기존 브랜드네임으로 신제품을 출시하는 것을 말한다. 브랜드 확장에는 기존 제품 카테고리에 속하는 신제품에 기존 브랜드를 활용하는 **라인 확장**(line extension)(예 : 타이드 포 리퀴드 캡슐세제 또는 타이드 토털케어 세탁세제)과, 기존 제품 카테고리와는 다른 제품 카테고리에 속하는 신제품에 기존 브랜드를 활용하는 **카테고리 확장**(category extension)(예 : 타이드 드라이클리닝 체인점)이 있다.

브랜드 잠재력을 달성하려면 처음이 브랜드 확장 순서가 되게끔 신중하게 계획하는 것이 중요하다. 핵심은 POP와 POD 측면에서 각 브랜드 확장이 브랜드자산에 미치는 영향을 파악하는 것이다. 브랜드 약속을 준수하고, 점차 단계들을 밟아 나가면서 신중하게 브랜드를 성장시킴으로써 브랜드가 많은 시장영역을 커버할 수 있도록 해야 한다.

나이키가 그리해왔다. 나이키는 25년 동안 카테고리 확장 전략을 수립하고 일련의 신제품을 출시했다. 이를 통해 나이키는 1980년대 중반 북미 지역의 12~29세 연령대의 주로 남성을 타깃으로 하는 러닝화, 테니스화, 농구화를 판매하는 기업에서 현재는 거의 모든 국가의 모든 연령대 남성과 여성을 타깃으로 다양한 스포츠에 걸쳐 운동화, 운동복, 운동장비를 판매하는 기업으로 성장하였다. 또한 애플과의 공동 브랜딩을 통해 사용자가 자신의 운동량을 추적함으로써 피트니스를 개선할 수 있는 기술이 도입된 '나이키＋아이팟' 활동추적장치 및 모바일 앱을 출시하기도 하였다.

브랜드 확장은 생각보다 어렵다. 많은 신제품이 확장한 제품인데 대다수의 신제품이 실패한다는 것은 너무 많은 브랜드 확장이 실패한다는 것을 시사한다. 시장은 점점 더 경쟁이 치열해지고 있으며, 어설프게 포지셔닝되어 출시된 확장제품은 더욱 설 자리를 잃게 될 것이다. 향후 브랜드 확장의 성공 가능성을 높이기 위해서는 마케터가 브랜드 확장에 대해 더욱 철저하게 분석하고 개발해야 한다. 이 장에서는 성공적인 브랜드 확장 전략을 위해 고려해야 할 사항에 대해 자세히 살펴본다.

3단계 : 신제품 브랜딩을 위한 브랜드 요소 결정

브랜드 아키텍처 개발의 마지막 단계는 특정 신제품에 사용할 브랜드 요소들을 구체적으로 결정하는 것이다. 신제품은 그 브랜드가 무엇인지 매우 명료하게, 그리고 소비자와 고객의 이해를 극대화하는 방식으로 브랜딩되어야 한다. 어떤 한 브랜드의 신제품 혹은 기존 제품에 어떤 이름, 어떤 모양, 기타 어떤 브랜딩 요소를 적용해야 하는가?

브랜드 아키텍처 전략을 구별할 수 있는 한 가지 방법은 기업이 'BH(branded house)'로 알려진 전략, 즉 자사의 모든 제품에 공통의 엄브렐러 브랜드 혹은 패밀리브랜드를 사용하는지, 아니면 'HOB(house of brands)'로 알려진 전략, 즉 모든 제품마다 각각 다른 이름의 개별브랜드를 사용하고 있는지를 살펴보는 것이다.

- BH 전략은 SAP, 지멘스, 오라클, 골드만삭스 등 주로 B2B의 산업재 기업이 많이 사용한다.
- HOB 전략은 P&G, 유니레버, 콘아그라(ConAgra) 등 주로 B2C의 소비재 기업이 많이 사용한다.

실제로는, 대부분의 기업이 이 두 가지 전략 중 하나를 주로 더 사용하되 다양한 유형의 하위브랜드를 함께 사용하는 경우가 많다. **하위브랜드**(sub-brand)는 신제품이 모브랜드네임과 신규 네임을 함께 사용하는 매우 인기 있는 브랜드 확장의 한 형태(예 : 애플 아이팟, 포드 퓨전, 아메리칸익스프레스 블루 카드)이다.

하위브랜드 전략을 통해 기업브랜드 혹은 패밀리브랜드의 연상과 태도를 활용할 수 있고, 동시에 새로운 제품 카테고리로 브랜드 확장을 한 만큼 해당 제품 카테고리와 관련된 새로운 브랜드신념을 창출할 수 있다. 예를 들어 허쉬(Hershey) 키세스는 '허쉬'라는 브랜드의 품질, 전통 및 친근감을 활용하고 있지만, 동시에 엄청 장난기가 많고 재미있다는 브랜드연상도 갖고 있다. 마찬가지로, 페덱스는 자사의 다양한 하위브랜드마다 각각의 아이덴티티를 구축하고 있으며 각 브랜드를 유니크한 컬러 구성으로 표현하고 있다(그림 참조). 앞서 언급했듯이, 구글 또한 수년간 다양한 하위브랜드를 출시해왔다(그림 참조).

하위브랜드는 소비자에게 신제품의 기업 내 다른 제품과의 유사점과 차이점을 예상할 수 있도록 시그널을 보냄으로써 브랜드 아키텍처의 중요한 역할을 수행한다. 그러나 하위브랜드의 이러한 이점을 실현하려면, 일반적으로 하위 브랜딩은 소비자에게 적절한 브랜드 의미를 부여하기 위해 상당한 투자와 체계적이고 일관된 마케팅이 요구된다. 그러나 이를 위한 재정적 지원이 없는 경우, 가능한 가장 심플한 브랜드 하이어라키, 즉 모든 제품에 공통으로 기업브랜드나 패밀리브랜드를 사용하는 BH 접근방식을 취하는 것이 좋을 것이다. 또한 해당 신제품 고유의 추가적인 편익이 있는 경우에만 하위브랜드를 사용해야 하며, 그렇지 않을 경우에는 신제품임을 나타내기 위한 제품 서술어만 사용하는 것이 좋다.

요약

지금까지 살펴본 세 가지 단계는 브랜드 아키텍처 전략을 개발하기 위한 신중하고도 합리적인 접근방식을 제공할 것이다. 이 프로세스를 성공적으로 수행하려면 브랜드 잠재력을 파악하기 위해 브랜드 포트폴리오 분석을 해야 하고(1단계), 브랜드 바운더리 결정 및 신제품 브랜딩을 위한 브랜드 요소 결정을 위해 브랜드 하이어라키 분석을 해야 한다(2, 3단계). 이제부터 브랜드 포트폴리오 분석과 브랜드 하이어라키 분석을 살펴보기로 한다.

브랜드 포트폴리오

브랜드 포트폴리오(brand portfolio)란 특정 제품 카테고리에서 기업이 판매하고 있는 최적의 브랜드 조합을 말한다. 브랜드 포트폴리오는 브랜드자산을 극대화할 수 있는 방향으로 구성되어야 한다. 즉 포트폴리오를 구성하고 있는 어떤 브랜드도 다른 브랜드의 자산을 손상하거나 감소시켜서는 안 된다. 이상적인 포트폴리오는 각 브랜드가 포트폴리오의 다른 브랜드와 시너지효과를 창출할 때이며, 이때 브랜드자산이 극대화될 것이다.

기업은 왜 동일한 제품 카테고리에 여러 브랜드를 갖고 있는 것인가? 주된 이유는 시장 커버리지이다. 복수브랜딩은 원래 GM이 처음 시작했지만, 이를 대중화한 것은 P&G로 널리 알려져 있다. P&G는 이미 성공한 타이드 세제가 있었지만, 타이드 세제의 대안이 되는 치어(Cheer) 세제 브랜드를 또 출시하였다. 그러자 타이드 세제만 있었을 때보다 치어 세제를 추가함으로써 제품 카테고리 전체의 판매가 더 증대하였다. 이후부터 P&G는 복수브랜드를 고수했던 것이다. 기업이 복수브랜드를 출시하는 이유는, 단일의 특정 브랜드가 기업이 표적시장으로 삼고자 하는 모든 세분시장마다 다 호의적으로 평가받는 경우는 거의 없기 때문이다. 복수브랜드를 통해 기업은 다양한 가격대, 다양한 유통 채널을 구축하게 되고, 다양한 지역을 커버할 수 있게 된다.[3]

최적의 브랜드 포트폴리오를 설계하기 위해 마케터는 우선 브랜드들의 표적 세분시장을 정의해야 한다. 브랜드마다 겹치는 세분시장이 얼마나 되며, 각 세분시장에게 제품을 효과적으로 교차판매할 수 있는지 파악해야 한다.[4] 브랜딩 브리프 12-2는 메리어트가 여러 세분시장을 공략하기 위해 다양한 브랜드와 하위브랜드를 어떻게 도입했는지 소개하고 있다.

그 외에 동일한 제품 카테고리 안에 복수브랜드를 도입하는 이유는 다음과 같다.[5]

- 소매점에서 자사의 진열대 입지를 넓히고 소매점의 자사의존도를 높이기 위해
- 소비자의 다양성 추구 성향으로 인한 타 브랜드로의 이전을 막기 위해
- 회사 내에서의 내부 경쟁을 촉진하기 위해
- 광고, 판매, 머천다이징, 유통에서 규모의 경제를 달성하기 위해

마케터는 일반적으로 비용 및 수익성을 고려함과 동시에 시장 커버리지와 이러한 기타 고려사항들 사이에서 균형을 유지할 필요가 있다. 브랜드 수를 축소시킴으로써 이익을 늘릴 수 있다면 브랜드 포트폴리오는 지나치게 큰 것이다. 반면에, 브랜드 수를 추가함으로써 이익을 늘릴 수 있다면 브랜드 포트폴리오는 아직 충분히 크지 않다는 것을 의미한다. 제대로 차별화되지 않은 브랜드들로 이루어진 경우 자사브랜드끼리 자기잠식이 일어날 가능성이 크며, 이 경우 적절한 브랜드 가지치기가 필요하다.[6]

브랜딩 브리프 12 - 2
메리어트 브랜드의 확장

메리어트인터내셔널(Marriott International)은 1920년대에 워싱턴 D.C.에서 존 메리어트(John Marriott)가 아내 앨리스 메리어트(Alice Marriott)와 함께 음료가판대를 연 것이 모체가 되어 오늘날 국제적인 호텔체인으로 성장하였다. 메리어트 가족은 음료가판대에 뜨거운 음식을 추가하고 사업 이름을 핫숍(Hot Shoppe)으로 변경하였다. '핫숍'이라고 불리는 지역 레스토랑의 수가 증가하였고, 이에 따라 메리어트는 1937년부터 이스턴항공(Eastern Airlines), 아메리칸항공(American Airlines), 캐피탈항공(Capital Airlines)에 음식을 제공하면서 기내식으로 확장하였다. 이후 핫숍은 음식 서비스 관리 사업을 시작했고, 그 후 버지니아주 알링턴에 '트윈 브리지스 메리어트 모터 호텔(Twin Bridges Marriott Motor Hotel)'이라는 이름의 첫 번째 호텔을 열

었다. 1967년에 메리어트코퍼레이션으로 개명한 핫숍은 전략적 인수와 새로운 서비스 카테고리 진입을 통해 국내외적으로 성장하였다. 1977년까지 매출은 10억 달러를 돌파했다.

성장을 가속화하기 위해 메리어트는 계속해서 사업을 다각화하였다. 하지만 전통적인 호텔 시장에서 점유율을 아무리 높여 가더라도 성장 기회가 많이 없다는 것을 깨달았다. 그리하여 메리어트는 1983년 합리적인 가격대의 코트야드바이메리어트(Courtyard by Marriott) 브랜드를 선보임으로써 세분시장 마케팅 전략을 시작했다. 합리적인 가격대의 호텔은 홀리데이인(Holiday Inn), 라마다(Ramada), 퀄리티인(Quality Inn)과 같은 기존 경쟁업자들로 가득하였고 미국 숙박업계의 가장 큰 부분을 차지하고 있었다. 메리어트의 조사 결과 이 세분시장에서 고객 불

만족이 가장 컸고, 이에 착안하여 코트야드 호텔은 여행자에게 발코니와 파티오, 대형 책상과 소파, 수영장, 스파와 같은 더 많은 편의시설을 제공하도록 설계되었다.

코트야드의 초기 성공은 메리어트로 하여금 확장에 더욱 박차를 가하게 했다. 1984년에는 아메리칸리조트그룹(American Resorts Group)을 인수하여 리조트 사업에 뛰어들었다. 이듬해에 호텔들을 팔고 레스토랑과 휴게소는 유지하면서 하워드존슨컴퍼니(Howard Johnson Company)를 인수하였다. JW메리어트(JW Marriot) 1호점이 설립자를 기리는 의미로 워싱턴 D.C.의 펜실베이니아 애비뉴에 문을 열었다.

1987년 메리어트는 다양한 세분시장을 공략하고 그 과정에서 성장을 가속화하기 위해 3개의 새로운 체인을 사업 포트폴리오에 추가했다. 풀서비스 스위트 숙박시설인 메리어트스위트(Marriott Suites), 비즈니스 여행객을 위한 장기투숙 객실 레지던스인(Residence Inn), 이코노미 호텔 브랜드인 페어필드인(Fairfield Inn)이 그것이다.

1993년 메리어트는 숙박 전문 부동산 리츠업체인 호스트메리어트(Host Marriott), 그리고 자사의 브랜드들을 프랜차이즈화해서 관리하는 메리어트인터내셔널(Marriott International)의 두 기업으로 분할되었다. 메리어트인터내셔널은 리츠칼튼(Ritz-Carlton) 호텔 그룹의 지분을 인수하였고, 1997년 르네상스호텔그룹(Renaissance Hotel Group)을 인수하여 다시 확장했다. 메리어트 브랜드는 타운플레이스스위트(TownPlace Suites), 페어필드스위트(Fairfield Suites), 메리어트이그제큐티브레지던스(Marriott Executive Residences)로 더 확장했다. 메리어트는 1998년에 스프링힐스위트(SpringHill Suites)도 선보였는데, 이 스위트룸은 일반 호텔 객실보다 25% 더 크고도 더 저렴한 가격의 스위트룸을 제공한다. 이듬해 메리어트는 기업형 단기임대 전문인 이그제큐스테이코퍼레이션(ExecuStay Corporation)을 인수했고, 현재 프랜차이즈 사업인 이그제큐스테이바이메리어트(ExecuStay by Marriott)를 설립했다.

새로운 세기가 시작되면서 새로운 성장 동력을 모색해나갔다. 2007년 메리어트는 스타일리시한 에디션(EDITION) 호텔들을 선보이면서 럭셔리 부티크 호텔 시장에 본격 진출했다. 각 호텔은 저마다 특색이 있었고, 호텔 개발자로 유명한 이안 슈레거(Ian Schrager)에 의해 설계되었다. 2011년에는 최고급 인디펜던트 호텔인 지금까지와는 다른 라이프스타일의 오토그래프 컬렉션(Autograph Collection)을 선보였다. AC호텔바이메리어트(AC Hotels by Marriott)는 스타일리시한 도시형의 숙박시설로, 디자인에 관심이 많은 유럽의 젊은 여행자를 대상으로 한 중상급 호텔 브랜드이다.

오늘날 메리어트인터내셔널은 전 세계 130개 국가 및 지역에 6,700여 개의 호텔을 보유하고 있으며, 2017년에 약 170억 달러의 글로벌 매출을 올렸고, 시가총액이 350억 달러에 달하는 세계 최고의 호텔기업 중 하나이다. 지난 수년간 메리어트는 2014년에 프로티아호스피탈리티그룹(Protea Hospitality Group) 인수, 2015년에 델타호텔앤드리조트(Delta Hotels and Resorts) 인수, 2016년에 스타우드호텔(Starwood Hotels) 인수 등 다양한 인수를 통해 성장해왔다. 메리어트인터내셔널은 브랜드 아키텍처를 개발하였고, 이를 웹사이트에서 잠재고객과 공유함으로써 숙소 결정에 도움을 주고 있다(그림 12-3, https://hotel-development.marriott.com/brands-dashboard/ 참조). 2016년이

브랜드 카테고리	브랜드
아이코닉 럭셔리 (Iconic Luxury)	불가리(Bvlgari) 리츠칼튼(The Ritz-Carlton) 리츠칼튼데스티네이션클럽 (The Ritz-Carlton Destination Club)
럭셔리(Luxury)	JW메리어트(JW Marriott)
라이프스타일 ┃ 컬렉션 (Lifestyle ┃ Collections)	에디션(Edition) 오토그래프컬렉션(Autograph Collection) 르네상스호텔(Renaissance Hotels) AC호텔(AC Hotels)
시그니처(Signature)	메리어트호텔앤드리조트 (Marriott Hotels and Resorts)
모던 에센셜(Modern Essentials)	코트야드(Courtyard) 스프링힐스위트(SpringHill Suites) 페어필드인앤드스위트(Fairfield Inn and Suites)
장기투숙 (Extended Stay)	레지던스인(Residence Inn) 타운플레이스스위트(TownePlace Suites) 이그제큐스테이(ExecuStay) 메리어트이그제큐티브어파트먼트(Marriott Executive Apartments)
베이케이션 클럽 (Vacation Clubs)	메리어트베이케이션클럽(Marriott Vacation Club) 그랜드르네상스(Grand Residences)

그림 12-3

메리어트인터내셔널 포트폴리오 아키텍처

출처 : Marriott International, Inc.

다가오면서 메리어트호텔의 총 예약액은 57% 증가하여 총 30억 달러가 넘었다. 2016년 메리어트는 130억 달러에 스타우드를 인수하여 세계 최대의 호텔 체인이 되었다. 스타우드가 메리어트에 합병되면서 메리어트의 브랜드 아키텍처를 새롭게 완성시킬 여러 가지 방법이 있을 수 있지만, 무엇보다 각 브랜드의 일부 호텔을 통합할 기회이기도 하였다. 전반적으로 메리어트는 브랜드 아키텍처 설계에 체계적으로 접근하여 시장커버리지를 확대하고 중복을 최소화함으로써 업계에서 성공을 거둘 수 있었다.

출처 : Marriott International, www.marriott.com; Kim Clark, "Lawyers Clash on Timing of Marriott's Plan to Split," *Baltimore Sun*, September 27, 1994, http://articles.baltimoresun.com/1994-09-27/business/1994270134_1_marriott-corp-host-marriott-marriott-executive, accessed November 20, 2018; Neil Henderson, "Marriott Gambles on Low-Cost, Classy 'Corporate History,'" *Factbook*, n.d.; "Suburban Motels," *The Washington Post*, June 18, 1994; Neil Henderson, "Marriott Bares Courtyard Plans," *The Washington Post*, June 12, 1984; Elizabeth Tucker, "Marriott's Recipe for Corporate Growth," *The Washington Post*, June 1, 1987; Paul Farhi, "Marriott to Sell 800 Restaurants," *The Washington Post*, December 19, 1989; Stephane Fitch, "Soft Pillows and Sharp Elbows," *Forbes*, May 10, 2004, 66; Associated Press (2016), "Marriott Closes $13-Billion Purchase of Starwood to Become World's Largest Hotel Chain," September 23, 2016, www.latimes.com/business/la-fi-marriott-starwood-20160923-snap-story.html, accessed November 20, 2018.

브랜드 포트폴리오를 설계할 때의 기본 원칙은 잠재고객이 간과되지 않도록 **시장 커버리지를 극대화**하고 자사브랜드가 동일한 고객을 두고 경쟁하는 일이 없도록 **브랜드 중복을 최소화**하는 것이다. 각 브랜드들마다 타깃 세분시장이 달라야 하고 포지셔닝이 달라야 할 것이다.[7]

예를 들어 지난 10여 년 동안 P&G는 신규 브랜드를 많이 도입하기보다는 기존 핵심 브랜드의 유기적 성장을 추구함으로써 시장 커버리지를 극대화하고 브랜드 중복을 최소화하려고 노력했다. 이 기업은 매출이 10억 달러 이상인 이른바 '10억 달러' 브랜드에 혁신 노력을 집중하고 있다. 크레스트(Crest) 화이트닝 제품, 타이드 포드(Tide Pods), 질레트 퓨전 면도기(Gillette Fusion), 팸퍼스 스와들러(Pampers Swaddler)와 같은 수많은 성공적인 시장 선도 브랜드가 있고, 그들의 라인 확장이 이어졌다.[8]

이러한 고려사항 외에도, 브랜드 포트폴리오를 구성하는 브랜드 간에는 역할 분담이 이루어질 수 있다. 그림 12-4는 이 역할에 대해 일부 요약하고 있으며, 이에 대해서는 후술하기로 한다.

방패 브랜드 브랜드 포트폴리오에서 어떤 브랜드는 주력브랜드를 보호하기 위한 '방패(fighter)' 브랜드(투사 브랜드라고도 함)의 역할을 한다.[9] 방패브랜드는 경쟁 브랜드들과의 유사점(POP)을 보다 강력하게 어필한다. 전형적으로 방패브랜드의 목적은 주력브랜드가 경쟁브랜드에 구애받지 않고 계속해서 자신의 포지셔닝을 유지할 수 있도록 하는 데 있기 때문이다. 특히 5장에서 살펴보았듯이, 많은 기업이 자체상표(PB)와 효과적으로 경쟁함으로써 고가의 자사브랜드들을 보호하기 위해 방패브랜드로 할인브랜드를 내놓고 있다. 이러한 전략의 좋은 예로, 호주에서 콴타스(Qantas)항공이 최근 제트스타(Jetstar)항공을 저가격대의 방패브랜드로 출시한 경우를 들 수 있다. 이는 제트스타항공으로 하여금 최근에 출시되어 상당한 성공을 거두고 있는 저가격대의 버진블루(Virgin Blue)항공과 경쟁하게 함으로써 자사의 프리미엄 가격대의 주력브랜드를 보호하기 위해서이다. 기업은 또한 기존의 자사 브랜드들을 재배치하거나 포트폴리오 내에서 방패브랜드의 역할을 할 새로운 브랜드를 인수하기도 한다. 예를 들어 윈덤(Wyndham)호텔은 가치를 중요시하는 세분시장에 어필하기 위해 데이즈인(Days Inn)을 인수했고, 최근에는 중간 규모의 세분시장에서 발판을 마련하기 위해 아메릭인(AmericInn)을 인수했다.[10]

방패브랜드는 주력브랜드를 보호하는 데 중요한 전략적 역할을 수행할 수 있으며, 방패브랜드가 없는 경우 주력브랜드에 위협이 따를 수 있다. 예를 들어 질레트의 고가 면도기는 달러쉐이브클럽(Dollar Shave Club)과 같은 기업이 저가격대의 면도기로 시장에 진입할 기회를 제공했다. 달

1. 회사의 다른 브랜드들이 커버하고 있지 못한 특정 세분시장의 고객을 유인
2. 방패브랜드로서 주력브랜드를 보호
3. 돈줄브랜드로 이익을 창출
4. 염가브랜드로 신규 고객을 브랜드 프랜차이즈에 유인
5. 최고급형 브랜드로 전체 브랜드 포트폴리오의 품격과 신뢰도를 제고
6. 소매점에서 자사의 진열대 입지를 넓히고 소매점의 자사 의존도를 높임
7. 고객의 다양성 추구 성향으로 인한 타 브랜드로의 스위칭을 막음
8. 회사 내에서의 내부 경쟁을 촉진
9. 광고, 판매, 머천다이징, 유통에서 규모의 경제를 달성

그림 12-4
브랜드 포트폴리오에서 브랜드의 역할

러쉐이브클럽은 5%의 시장 점유율을 올렸고, 매출 감소로 인해 질레트의 비용이 크게 증가하였다. 질레트는 더 낮은 가격대의 방패브랜드를 도입하였고, 이는 질레트가 저가 기업들과의 경쟁 위협을 완화하는 데 도움이 되었을 것이다. 예를 들어 P&G는 자사의 프리미엄 기저귀인 팸퍼스 브랜드를 보호하기 위해 루브스(Luvs) 기저귀를 PB브랜드에 맞서는 방패브랜드로 배치하였다. PB제품과의 저가 싸움의 역할을 루브스가 담당하도록 한 것이다.

방패브랜드를 설계할 때 마케터는 신중을 기해야 한다. 무엇보다 방패브랜드가 자사의 고가 주력브랜드를 잠식할 만큼 너무 매력적으로 설계되지 않도록 주의해야 한다. 동시에, 어떤 방식이나 형태로든 자사 포트폴리오의 다른 브랜드와 연결되어 있는 경우(예 : 공통의 브랜드를 사용하는 경우), 해당 브랜드에게 방패브랜드가 부정적인 영향을 줄 수 있을 만큼 지나치게 저가로 설계되어서도 안 된다.

돈줄브랜드 매출이 성장 추세에 있지는 않지만 별다른 마케팅지원을 하지 않아도 많은 수의 고객을 보유함으로써 일정 수준 이상의 수익을 유지하는 브랜드가 있다. 마케터는 이러한 돈줄브랜드(cash cow brand)의 브랜드자산 저수지를 활용함으로써 효과적으로 이익을 짜낼 수 있다. 예를 들어 기술 발전으로 매출의 상당 부분이 스트리밍으로 이동했지만 넷플릭스는 여전히 약 430만 명의 골수팬에게 DVD 서비스를 제공하고 있다. 그들은 우편배송으로 DVD를 받고 DVD 플레이어를 통해 DVD를 보는 것을 선호한다. 스트리밍 서비스 가입자 9,300만 명과 비교해보라.[11] 넷플릭스는 DVD 서비스 홍보에 전혀 비용을 쓰지 않는다. DVD 사업은 50%의 영업이익을 내는 돈줄브랜드로서의 역할을 톡톡히 수행하고 있는 셈이다. DVD 서비스 가입자의 충성도를 감안할 때, 그들을 반드시 스트리밍과 같은 다른 유형의 제품으로 전환시킬 필요가 없으며, 따라서 DVD 서비스를 철수하는 것은 경제적으로 의미가 없을 것이다. 전형적인 돈줄브랜드 전략이 그러하듯이, 넷플릭스는 전통적인 DVD 사업을 유지하는 것이 DVD 사업에서 물러나는 것보다 훨씬 더 많은 이익을 얻는다.

염가브랜드와 최고급형 브랜드 많은 기업이 가격과 품질이 다양한 특정 제품 카테고리에서 라인 확장을 하거나 브랜드 변형을 시도한다. 이렇게 해서 생기는 하위브랜드는 상위브랜드의 연상을 활용함과 동시에 가격과 품질 면에서 차별화한다. 이 경우 브랜드라인의 양극단에 있는 브랜드가 종종 특별한 역할을 수행한다.

브랜드 포트폴리오에서 상대적으로 저렴한 가격대의 브랜드는 고객을 자사의 브랜드 프랜차이즈로 유인하는 역할을 자주 수행한다. 염가브랜드가 고객들로 하여금 저가에서 보다 고가의 브랜드로 유인하는 미끼 역할을 하기 때문에, 소매상들이 염가브랜드 매장을 특집으로 다루곤 한다. 예를 들어 버라이즌이동통신(Verizon Wireless)은 요금제를 통해 고객들은 지금 쓰고 있는 오래된 저가의 휴대전화에서 보다 고가의 (그래도 일반소매가보다는 아직은 저렴한) 새 버전의 휴대전화로 업그레이드할 수 있다.

BMW는 신규 고객을 자사의 브랜드 프랜차이즈로 유인하여 차후에 그들이 자동차를 바꾸고자 할 때에 보다 고가의 자사 모델을 선택하게 하려는 의도로 BMW 3시리즈 모델을 출시하였다. 그런데 3시리즈가 점차 고급시장으로 이동함에 따라 BMW는 2004년에 3시리즈와 동일한 생산라인에서 제작되고, 3시리즈와 MINI 가격 사이에서 가격이 책정된 BMW 1시리즈를 출시하였다.

반면에, 브랜드 패밀리에서 상대적으로 고가격대의 브랜드는 종종 전체 포트폴리오의 품격과 신뢰도를 제고하는 역할을 한다. 예를 들어 한 분석가는 쉐보레의 고성능 스포츠카인 콜벳(Corvette)의 진정한 가치는 '호기심에 가득 찬 고객들을 쇼룸으로 유인하는 동시에, 쉐보레의 다른 자동차들의 이미지를 제고하는 데 기여하는 능력'이라고 주장했다. 또한 그는 'GM의 수익성에 커다란 의미가 있는 것은 아니지만, 이 브랜드가 트래픽 빌더(traffic builder)라는 데는 의심의 여지가 없을 것'이라고 하였다.[12] 콜벳의 고성능, 고품격 이미지는 전체 쉐보레 자동차 모델에게 후광효과를 주고 있다.

요약 복수브랜드는 시장 커버리지를 확대하고, 주력브랜드를 보호하고, 이미지를 제고하는 등 기업을 위해 다양한 역할을 할 수 있다. 브랜드 포트폴리오와 관련된 의사결정 시 고려해야 할 기본적인 기준들은 간단하지만 적용하는 데는 매우 복잡할 수 있다. 타깃 세분시장의 중복을 최소화하고 포트폴리오를 최대한 잘 활용하려면 (1) 각 브랜드마다 수행해야 할 명확한 역할이 있어야 하고, (2) 타깃 소비자가 중요시하는 편익에서 자별화된 포시셔닝이 이루어져야 한다.

브랜드 하이어라키

브랜드 하이어라키(brand hierarchy)란 기업의 전체 제품에 적용되는 브랜드 유형 간의 위계구조를 보여주는 것으로, 복수 제품에 공통으로 사용되고 있는 브랜드 요소와 개별 제품마다 별도로 사용되고 있는 브랜드 요소의 수 및 그 특성을 알 수 있으며 기업의 브랜딩 전략을 도표화하는 데 유용한 수단이다. 브랜드 하이어라키는 기업이 얼마나 많은 신규 브랜드 혹은 기존 브랜드 요소를 사용하고, 한 제품에 그 브랜드 요소들을 어떻게 결합하느냐에 따라 제품을 브랜딩하는 방식이 달라진다는 인식에 기인한 것이다.

예를 들어 델 래티튜드 E7450(Dell Latitude E7450) 컴퓨터는 '델', '래티튜드', 'E7450'의 세 가지 브랜드네임 유형으로 구성되어 있다. 이 중 일부 브랜드네임은 다양한 제품에서 공유될 수 있고, 일부 다른 네임은 제한적으로 사용된다. '델'은 기업브랜드네임으로 기업의 많은 제품에 사용되지만, '래티튜드'는 특정 유형의 컴퓨터(비즈니스 사용자를 위한 '안전하고 관리하기 쉬우며 신뢰할 수 있는' 소형 컴퓨터 및 노트북)에만 사용되고 있으며, 'E7450'은 '래티튜드'의 특정 모델('뛰어난 성능과 프리미엄 기능을 갖춘 얇고 가벼운 노트북')에만 사용되고 있다.

델 컴퓨터 모델들은 하위브랜드네임과 각 모델별 기능에 대한 정보를 제공하는 모델번호를 통해 식별된다.

서로 다른 제품이 공통으로 같은 브랜드 요소를 사용함으로써 어떻게 같은 둥지를 틀고 있는지는 브랜드 하이어라키를 통해 파악할 수 있다. 그림 12-5는 애플의 브랜드 하이어라키의 주요 특징을 보여준다. 그림에서 알 수 있듯이 브랜드 하이어라키에는 여러 위계수준이 포함될 수 있다.

브랜드 하이어라키를 구성하는 브랜드 요소들과 각 위계수준들을 결정하는 데는 다양한 방법이 있다. 위계수준이 최고 수준에서 최저 수준 순으로 브랜드네임 요소를 나열하면 다음과 같다.

1. 기업브랜드(예 : 제너럴모터스)

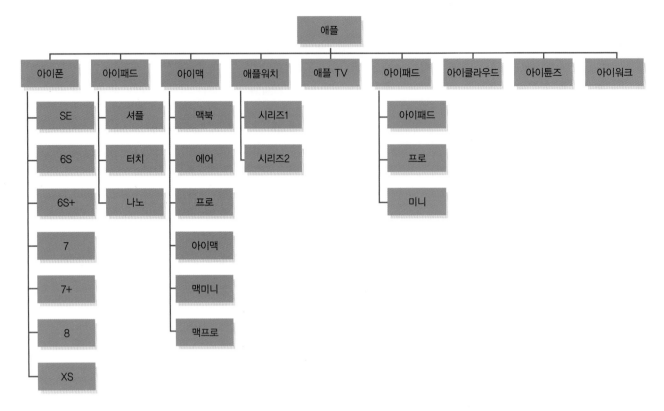

그림 12-5

애플의 브랜드 하이어라키

> **2.** 패밀리브랜드(예 : 뷰익)
>
> **3.** 개별브랜드(예 : 리갈)
>
> **4.** 브랜드 수식어(품목 또는 모델의 표시, 예 : GS)
>
> **5.** 제품 서술어(예 : 중형 럭셔리 스포츠세단 자동차)

브랜드 하이어라키의 위계수준

하이어라키의 위계수준에 따른 다양한 이슈가 있다. 이들 위계수준별로 해당 이슈를 살펴보자.

기업브랜드 수준 브랜드 하이어라키의 최상위 위계수준에는 항상 하나의 브랜드, 즉 기업브랜드나 회사 브랜드만 있을 뿐이다. 소비자는 꼭 **기업브랜드**(corporate brand)와 **회사 브랜드**(company brand)를 구별하지도 않거니와, 기업이 여러 회사를 포괄할 수 있다는 것을 소비자들이 꼭 아는 것도 아니라는 이유로 두 용어는 거의 같은 의미로 사용된다.

법적인 이유 때문에 거의 항상 제품이나 패키지 어딘가에 기업브랜드나 회사 브랜드가 표시되는데, 기업 이름 대신에 자회사 이름이 표시될 수도 있다. 예를 들어 포천브랜즈(Fortune Brands)는 수년 동안 모엔(Moen), 마스터록(Master Lock), 짐 빔(Jim Beam) 위스키, 복스(Vox) 보드카, 엘테소로(El Tesoro) 데킬라와 같은 여러 자회사를 소유하고 있지만, 어떤 사업라인에서도 기업 이름을 사용하지 않는다.

제너럴일렉트릭, HP와 같은 일부 기업의 경우 기업브랜드가 사실상 유일한 브랜드이다. 대

기업인 지멘스(Siemens)의 다양한 전기 엔지니어링 및 전자사업부는 지멘스모빌리티(Siemens Mobility)와 같은 서술형 수식어를 사용하여 브랜드화하고 있다. 어떤 경우에는 엄밀히 따지면 하이어라키의 일부이긴 하지만, 기업 이름이 사실상 보이지도 않고 마케팅 프로그램에서 사실상 주목을 받지 못한다. 블랙앤데커(Black & Decker)는 디월트(DeWalt)라는 전문가용 고급 전동공구에 자사 이름을 사용하지 않는다.

후에 상세히 설명하겠지만, **기업이미지**(corporate image)는 제품을 만들거나 서비스를 제공하는 회사나 기업에 대한 소비자 연상이라고 할 수 있다. 기업이미지는 브랜딩 전략에서 기업브랜드나 회사 브랜드가 두드러진 역할을 할 때 특히 중요하다.

패밀리브랜드 수준   기업브랜드 다음 수준의 브랜드는 **패밀리브랜드**(family brand)로, **범주 브랜드**(range brand) 혹은 **엄브렐러 브랜드**(umbrella brand)로 불리기도 한다. 패밀리브랜드는 하나 이상의 제품군에서 사용되지만 반드시 기업 이름을 패밀리브랜드로 사용하지는 않는다. 예를 들어 콘아그라(ConAgra)의 '헬시초이스(Healthy Choice)'라는 패밀리브랜드는 포장육류, 수프, 파스타 소스, 빵, 팝콘, 아이스크림 등 다양한 식료품에 사용되고 있다. 10억 달러 이상의 매출을 올리는 다른 유명한 기업의 패밀리브랜드로는 네슬레의 퓨리나와 킷캣, 펩시코의 마운틴듀와 도리토스, 퀘이커푸드(Quaker Foods), 몬델리즈인터내셔널(Mondelez International)의 오레오, 캐드버리, 맥스웰하우스 등이 있다.

패밀리브랜드는 기업브랜드와는 별개의 것으로, 패밀리브랜드를 사용하게 되면 기업 차원의 연상이 제품들에 덜 영향을 미칠 것이다. 대부분의 기업은 일반적으로 소수의 패밀리브랜드만 사용한다. 만일 기업브랜드가 다양한 제품에 공통적으로 사용되면 기업브랜드가 패밀리브랜드가 되는 것이고, 이렇게 되면 이들 제품의 경우에는 두 가지 브랜드 수준이 한 가지 수준으로 되는 것이다.

기업브랜드 대신 패밀리브랜드를 사용하는 이유는 다양하다. 특히 제품들 차이가 커질수록 기업브랜드만으로는 제품들의 의미를 표현하거나 서로 다른 제품을 효과적으로 연계시키기가 어려워진다. 반면, 패밀리브랜드는 이 브랜드를 사용하는 제품 전반에 걸쳐 특정 연상을 갖게 할 수 있다.[13]

패밀리브랜드는 공통적인 연상을 여러 개의 별개 제품에 연결하는 효율적인 수단이 될 수 있다. 마케터가 기존의 패밀리브랜드를 신제품에 사용할 경우 신제품의 출시비용이 낮아지고 소비자의 수용 가능성이 높아진다.

반면에, 패밀리브랜드를 사용할 제품들과 그 지원 마케팅 프로그램을 신중하게 고려하고 설계하지 않으면 해당 제품이 패밀리브랜드와의 연관성이 약해지면서 소비자들이 호의적이지 않을 수 있다. 게다가 패밀리브랜드의 어떤 한 제품의 실패는 같은 패밀리브랜드를 사용하는 다른 제품에 악영향을 미칠 수 있다.

개별브랜드 수준   개별브랜드는 꼭 하나의 제품에만 제한적으로 사용되는 브랜드를 말하며, 모델, 패키지 크기, 맛 등에 따라 제품 유형이 다를 수 있다. 예를 들어 솔티 스낵 제품군에서 프리토레이는 프리토스 콘칩, 도리토스 및 토스티토스 토르티야, 썬칩 멀티그레인칩, 레이즈 및 러플스 감자칩, 롤드골드(Rold Gold) 프레첼을 내놓고 있다. 이들 브랜드들은 각각의 해당 제품군에서 압도적인 우위를 차지하고 있다.

개별브랜드의 가장 큰 장점은 브랜드 및 모든 마케팅활동을 표적고객의 니즈를 충족시키는 데 집중할 수 있다는 것이다. 즉 제품 디자인, 마케팅 커뮤니케이션 프로그램, 가격 및 유통 전략뿐만 아니라 네임, 로고 및 기타 브랜드 요소를 모두 특정 대상고객에 초점을 맞춘다. 또한 브랜드가 어려움에 처하거나 실패하게 되더라도 기업이나 기업의 다른 브랜드에 미치는 악영향을 최소화할 수 있다. 반면, 개별브랜드의 단점은 브랜드자산을 구축하기 위해서 개별브랜드마다 별도의 마케팅 프로그램을 개발해야 하는데, 이에 따른 어려움, 복잡성 및 비용이 매우 크다는 것이다.

브랜드 수식어 수준　기업브랜드든 패밀리브랜드든 개별브랜드든, 다양한 종류의 품목이나 모델에 따라 해당 브랜드를 더 구분해야 할 때가 많다. **브랜드 수식어**(modifier)는 특정 품목이나 모델 유형 또는 제품의 특정 버전이나 구성을 표시하는 수단이다. 랜드오레이크스(Land O'Lakes)는 휘핑, 무염, 일반 버터와 같은 품목들을 제공하고 있다. 요플레(Yoplait) 요구르트는 라이트, 커스터드 스타일, 오리지널 맛으로 품목들을 내놓고 있다.

브랜드 수식어를 추가함으로써 품질 수준(조니워커 레드라벨, 블랙라벨, 골드라벨 스카치위스키), 속성[리글리(Wrigley) 스피어민트, 더블민트, 주시

요플레 요거트는 요거트의 종류와 맛을 구별하기 위해 다양한 브랜드 요소를 결합한 브랜드네임을 사용한다.

프루트, 윈터프레시 맛의 껌], 기능[다커스(Dockers) 릴랙스드핏, 클래식핏, 슬림핏, 엑스트라 슬림핏] 등의 요소에서 품목 간 우수성이나 차이점을 알릴 수 있다.[14] 브랜드 수식어로 브랜드네임에 변화를 주게 되면 해당 품목이 동일한 브랜드패밀리의 다른 제품들과 어떻게 관련되어 있는지를 보여줄 수 있다.

브랜드 수식어는 소비자들로 하여금 제품을 보다 이해하기 쉽게 하고 적합한 거래를 하도록 도와준다. 만일 브랜드 수식어가 모브랜드와 함께 유니크한 연상을 개발할 수 있다면 브랜드 수식어도 강력한 브랜드가 될 수 있다. 예를 들어 오로지 엉클벤스(Uncle Ben's)만이 '컨버티드 라이스(Converted Rice)'를 판매하고 있고 오빌레덴바커(Orville Redenbacher)만이 '고메팝콘(Gourmet Popping Corn)'을 판매하고 있는데, '컨버티드 라이스'와 '고메팝콘'이라는 브랜드 수식어는 모브랜드와 연계되어 강력한 브랜드를 구축하고 있다.[15]

제품 서술어　제품에 대한 서술어는 그 자체로는 브랜드 요소에 포함되지 않는다. 하지만 브랜드 전략의 중요한 구성요소일 수 있다. 제품 서술어는 소비자들로 하여금 해당 제품이 무엇이고, 무엇을 하는 데 쓰이는 제품인지를 이해하는 데 도움을 주며, 소비자가 관련 경쟁자들을 파악하는 데 도움을 준다.

경우에 따라서는 제품이 무엇인지 간단명료하게 설명하기 어려울 수 있다. 특히 생소한 기능을 가진 신제

오빌레덴바커의 고메팝콘은 독특한 브랜드연상을 심어주기 위해 브랜드네임에 수식어를 사용하는 것이 얼마나 효과적인지를 보여준다.

품이거나 또는 크게 개선된 기존 제품에 대해서는 더욱 그렇다. 예를 들어 공공도서관은 더 이상 책을 빌리거나 혹은 미취학 아동들에게 이야기를 들려주기만 하는 곳이 아니다. 풀 서비스의 현대적인 공공도서관은 교육, 문화, 사회 및 레크리에이션 커뮤니티 센터의 역할을 한다.

　신제품을 친숙한 제품 서술어를 붙여 시장에 내놓게 되면 소비자에게 친근감이 들게 하고 제품 이해를 용이하게 할 수는 있겠지만, 대신에 해당 신제품이 기존 제품과 어떻게 다른지에 대한 명확한 이해를 어렵게 할 수도 있다.

브랜드 하이어라키 설계

브랜드 하이어라키에는 다양한 위계수준이 있고 기업은 각 위계수준을 어떻게 사용하느냐에 따른 몇 가지 브랜딩 옵션을 갖는다. 알맞은 브랜드 하이어라키를 설계하는 것이 매우 중요하다. 브랜딩 브리프 12-3은 넷플릭스가 시간의 흐름에 따라 브랜드 아키텍처를 어떻게 조정해나감으로써 그 매력과 수익성을 높였는지 설명한다.

브랜딩 브리프 12-3

넷플릭스 : 브랜드 아키텍처 혁신을 통한 브랜드 성장

넷플릭스의 급부상에 대해 언론들이 크게 환영을 하는 것을 보면 넷플릭스의 설립자이자 CEO인 리드 헤이스팅스(Reed Hastings)는 아무런 잘못이 없어 보였다. 1997년에 설립된 넷플릭스는 DVD-by-mail(우편으로 DVD 발송) 카테고리를 개척하여 전통적인 비디오 대여점에 성공적으로 도전하였고, 업계 리더인 블록버스터(Blockbuste)를 파산으로 이끌었다. 넷플릭스의 과감한 성공 공식에는 사용자를 위한 최신영화 추천 엔진과 결합된 완벽한 서비스 제공이 있었다. 이 회사는 추천 알고리즘을 더 잘 작동시킬 수 있는 사람에게 상금 100만 달러를 수여하는 콘테스트를 연 것으로도 유명하다.

　넷플릭스의 비즈니스 철학은 회사 웹사이트에서도 제시하고 있는 다음 두 가지 신조("빠르게 성장하는 비즈니스를 늦출 수 있는 장애물을 피하라", "어려운 결정을 할 때 고민하지 말고 과정보다는 큰 성과에 집중하라")에 담겨 있다. 강력하고 지속적으로 혁신을 추구하는 넷플릭스는 스트리밍 기술이 온라인으로 발전함에 따라 동영상을 다운로드하고 볼 준비가 된 청중들을 빠르게 찾아냈다. 여기서부터 또 문제가 시작되었다.

　우편 주문(37%)과 스트리밍 렌털(65%) 간 총이익률 차이는 컸다. 이러한 수익 차이를 감안하기 위해 경영진은 2011년 4월에 회사를 2개 브랜드와 사업으로 분할하기로 결정했다. 첫 번째 단계로, 2011년 7월 12일에 고객들에게 두 가지 형태 모두에 대해 9.99달러 대신에 7.99달러의 대여료가 부과될 것을 알렸다. 이는, DVD와 스트리밍을 모두 사용하고자 하는 2,400만 가입자의 경우 사실상 가격이 60%나 인상되는 셈이었다. 불행히도 이 시점에 케이블채널 스타즈(Starz)는 영화 및 TV쇼

넷플릭스의 독창적인 방송편성 시도는 '기묘한 이야기(Stranger Things)'와 같은 많은 히트 프로그램으로 이어졌다.

공급과 관련해 더 이상 넷플릭스에 콘텐츠를 제공하지 않겠다고 재계약 거부 의사를 통보하면서 넷플릭스와의 협상을 공개적으로 끝내버렸다.

　더 적은 비용 같지만 실은 더 많은 비용을 지불할 것이라는 사실을 인지한 고객들은 확실히 불만족스러워 했다. 600,000명 이상의 고객이 그다음 달에 넷플릭스 계정을 해지하면서 넷플릭스의 허를 찔렀다.

　이에 CEO인 헤이스팅스는 회사의 우편 영화 서비스를 퀵스터(Qwikster)로 리브랜딩하고 카탈로그에 동영상 게임을 추가할 것이며, 넷플릭스 브랜드는 동영상 스트리밍에만 전념할 것이라고 발표하였다. 이게 문제를 더욱 악화시켰다. 소비자들 반응이 또다시 냉담했던 것이

다. 해당 전략에 대해서도 새로운 이름에 대해서도 부정적인 반응이었다. 몇 주간의 소비자들의 부정적인 비판과 매스컴의 악평 끝에 회사는 방향을 다시 바꾸고 더 이상 서비스를 둘로 나누지 않겠다고 발표하였다.

이러한 브랜드 아키텍처 문제로 인해 넷플릭스는 시장에서의 성장 동력이 둔화했고 문제들이 발생했지만, 회사는 문제가 발생할 때마다 신속하게 해결하였다. 곧 회사는 안정되었고, 분석가들은 넷플릭스가 겪었던 문제들을 과거지사로 돌릴 수 있을 것이라고 조심스럽게 낙관하였다.

분석가들의 말이 옳다는 것이 입증되었다. 과거의 가격 책정 실수에도 불구하고 넷플릭스는 신중하게 실행된 브랜드 확장을 통해 수년 동안 전략적으로 브랜드를 강화했다. 독자적인 프로그래밍으로의 진출은 성공적인 전략으로 비평가들의 찬사를 받았고, 넷플릭스의 수많은 쇼가 많은 관객을 끌어 모았다. 예를 들어 히트 쇼 중 하나는 2013년에 출시된 〈하우스 오브 카드(House of Cards)〉이다. 이 시리즈는 큰 성공을 거두었으며, 여러 번의 프라임타임 에미상을 수상했다. 넷플릭스의 주가도 3배 이상 올랐다. 넷플릭스는 또한 〈오렌지 이즈 더 뉴 블랙(Orange is the New Black)〉과 〈기묘한 이야기(Stranger Things)〉를 포함하여 많은 독창적인 TV 프로그램과 영화를 도입하였다. 넷플릭스는 2014년과 2015년에 여러 새로운 국가에 사업을 확장했고, 2016년에는 전 세계에서 넷플릭스가 이용 가능하게 되었다.

종합하면, 넷플릭스는 브랜드와 성과에 부정적 영향을 미칠 수 있는 가격 변동 등의 문제에도 불구하고 실패에 직면했을 때 방향을 되돌려서 실패로부터 빠르게 배우는 능력을 입증하였다. 또한 신중하게 진행된 브랜드 확장을 통해 엔터테인먼트 부문에서 브랜드 입지를 다지는 동시에 강력한 브랜드로서의 포지션을 구축할 수 있었다.

출처 : Netflix Media Center, "About Netflix," https://media.netflix.com/en/about-netflix, accessed November 20, 2018; Michael V. Copeland, "Reed Hastings: Leader of the Pack," *Fortune*, December 6, 2010, 121–130; Ronald Grover and Cliff Edwards, "Can Netflix Find Its Future by Abandoning the Past?," *Bloomberg BusinessWeek*, September 22, 2011, https://www.bloomberg.com/news/articles/2011-09-22/can-netflix-find-its-future-by-abandoning-the-past, accessed November 20, 2018; Cliff Edwards and Ronald Grover, "Can Netflix Regain Lost Ground?," *Bloomberg Businessweek*, October 20, 2011, https://www.bloomberg.com/news/articles/2011-10-19/can-netflix-regain-lost-ground, accessed November 20, 2018; John D. Sutter, "Netflix Whiplash Stirs Angry Mobs—Again," CNN, October 10, 2011, https://www.kshb.com/money/business-news/netflix-whiplash-stirs-angry-mobs-again, accessed November 20, 2018; Doug Gross, "Customers Fume Over Netflix Changes," September 21, 2011, https://www.cnn.com/2011/09/20/tech/web/netflix-reaction/index.html, accessed November 20, 2018; Logan Burruss and David Goldman, "Netflix Abandons Plan for Qwikster DVD Service," October 10, 2011, https://money.cnn.com/2011/10/10/technology/netflix_qwikster/index.htm, accessed November 20, 2018; Stu Woo and Ian Sherr, "Netflix Recovers Subscribers," *The Wall Street Journal*, January 26, 2012, https://www.wsj.com/articles/SB10001424052970203806504577183303393083214, accessed November 20, 2018.

브랜드 하이어라키의 각 위계수준에서 브랜드 요소는 브랜드 인지도를 창출하고, 강력하고 호의적이며 독특한 브랜드연상과 긍정적인 반응을 형성함으로써 브랜드자산에 기여할 수 있다. 브랜드 하이어라키를 구축하는 데 있어서의 과제는 다음 사항을 결정하는 것이다.

1. 각각의 특정 브랜드를 어떤 제품에 사용할 것인가
2. 하이어라키의 최적의 위계수준 수
3. 각 위계수준에서의 원하는 인지도 수준과 이미지 유형
4. 서로 다른 위계수준의 브랜드 요소를 어떻게 효과적으로 결합할 것인가
5. 하나의 브랜드 요소를 여러 제품에 어떻게 연결시킬 것인가

다음 논의에서는 이 다섯 가지 사항을 살펴본다. 그림 12-6은 브랜드 하이어라키 설계에 도움이 되는 각 영역별 지침을 요약한 것이다.

특정 브랜드를 어떤 제품에 사용할 것인가 다른 장에서의 논의와 마찬가지로, 특정의 한 브랜드를 사용할 제품들로 어떤 제품들을 도입해야 하는지에 대해서는 세 가지 원칙, 즉 성장 원칙, 생존 원칙, 시너지 원칙에 주목할 필요가 있다.

성장 원칙(principle of growth)은 시장 침투 또는 시장 확대를 위해 투자하던가, 아니면 ROI 기회에 따라 해당 브랜드의 신제품 개발에 투자해야 한다는 것이다. 즉 기업은 브랜드의 신제품을 출시하기 위한 비용-편익과, 기존 고객의 구매량을 늘리거나 신규고객을 획득하기 위한 비용-편익을 따져보아야 한다. 시스코가 전통적인 네트워킹 사업이 침체됨에 따라 새로운 인터넷비디

1. **특정 브랜드를 어떤 제품에 사용할 것인가**
   - 성장 원칙 : 시장 침투 또는 시장 확대를 위한 투자 vs. ROI 기회에 따른 제품개발 투자
   - 생존 원칙 : 브랜드 확장은 해당 제품 카테고리에서 브랜드자산을 구축할 수 있어야 한다.
   - 시너지 원칙 : 브랜드 확장은 모브랜드의 자산을 강화할 수 있어야 한다.

2. **하이어라키의 최적의 위계수준 수**
   - 단순성 원칙 : 되도록 적은 수의 위계수준을 사용한다.
   - 명료성 원칙 : 모든 브랜드 요소의 논리와 관계는 명확하고 투명해야 한다.

3. **각 위계수준에서의 인지도 수준과 이미지 유형**
   - 관련성 원칙 : 많은 개별품목에 걸쳐 공유될 추상적인 연상을 창출한다.
   - 차별화 원칙 : 개별품목과 브랜드를 차별화한다.

4. **브랜드네임에 브랜드 요소를 어떻게 효과적으로 결합할 것인가**
   - 현저성 원칙 : 브랜드 요소의 상대적 현저성은 제품 차이에 대한 인식과 신제품 이미지에 영향을 미친다.

5. **어러 제품에 특정 브랜드 요소를 어떻게 연결할 것인가**
   - 공통성 원칙 : 제품들이 공유하는 공통요소가 많을수록 연결고리가 더욱 강해진다.

그림 12-6
브랜드 하이어라키 설계를 위한
주요 지침

오 제품에 투자를 크게 하기로 결정한 것을 예로 들 수 있다. 다른 두 가지 원칙은 13장에서 자세히 설명한 바와 같이 브랜드 확장과 관련이 있다. **생존 원칙**(principle of survival)은 브랜드 확장이 해당 제품 카테고리에서 브랜드자산을 구축할 수 있어야 한다는 것이다. 즉 '미투(me too)' 확장은 피해야 한다는 것이다. **시너지 원칙**(principle of synergy)은 브랜드 확장이 모브랜드의 자산 또한 강화할 수 있어야 한다는 것이다.

하이어라키의 최적의 위계수준 수 브랜드에 대한 제품 바운더리와 확장 전략이 주어지면, 브랜딩 전략을 수립하기 위해 가장 먼저 내려야 할 결정은 브랜드 하이어라키의 위계수준 수에 대한 것이다. 대부분의 기업은 두 가지 중요한 이유로 둘 이상의 위계수준을 사용한다. 기업은 각각의 위계수준을 결합해 사용함으로써 해당 제품에 대한 구체적인 추가 정보들을 전달할 수 있다. 첫째, 하이어라키의 하위 위계수준에 해당하는 브랜드를 사용하면 소비자들에게 특정 제품의 독특하고 구체적인 의미를 전달할 수 있다. 둘째, 상위 위계수준에서의 브랜드를 사용하면, 기업은 복수의 제품에 공통적으로 적용될 수 있는 정보와 공유된 의미를 소비자에게 전달할 수 있을 뿐 아니라 내부적·외부적으로 기업을 경영하는 데 있어 시너지효과를 얻을 수 있다.

전술했다시피, 기존 브랜드와 새로운 브랜드를 결합하여 브랜드네임으로 사용하는 것을 하위브랜딩이라고 한다. 하위브랜드가 상위브랜드를 보완하는 수단이기 때문이다. 하위브랜드 또는 하이브리드 브랜딩 전략을 사용하면 해당 제품 고유의 독특한 브랜드 신념을 만들 수 있을 것이다. 펩시가 게토레이 브랜드를 위한 여러 하위브랜드를 적극적으로 만들고 있는 것도 이 때문이다.

따라서 하위브랜딩은 기업브랜드 혹은 패밀리브랜드에 수반되는 연상을 떠올리게 함과 동시에 해당 제품 브랜드만의 고유한 신념을 창출할 수 있게 한다. 하위브랜딩을 통해 상세한 정보를 고객들에게 전달함으로써 제품이 얼마나 다양한지, 그리고 이들 제품 중 어떤 제품이 자신에게 더 적합한지 이해할 수 있도록 해준다.

또한 하위브랜드를 통해 판매사원이나 소매업자가 자사의 여러 다양한 제품에 대한 판매노력을 보다 체계화해주며 자사의 제품 라인에 대한 이해를 명확히 해준다. 예를 들어 나이키는 에어

맥스 르브론(Air Max Lebron), 나이키 줌 코비(Nike Zoom Kobe), 매우 인기가 있는 조던(Jordan) 라인 등 농구 라인에 하위브랜드를 지속적으로 만들어냄으로써 소매점들의 관심과 열정을 이끌어왔다. 이러한 하위브랜드 전략으로 나이키는 운동화 시장에서 선두 자리를 유지할 수 있었던 것이다. 2016년 기준 나이키는 전 세계 운동화 시장 점유율의 31%를 차지하고 있으며,[16] 농구화 부문에서는 미국 시장의 90%를 차지하고 있다.[17]

게토레이

게토레이(Gatorade)는 플로리다대학교 스포츠팀의 별명인 '게이터스(Gators)'에서 브랜드네임을 따왔다. 게인즈빌(플로리다주 북부 도시)의 강렬한 더위에 운동선수들의 기운이 소진되는 것을 본 플로리다대학교 과학자들이 1960년대 중반에 공동으로 연구해서 땀으로 잃는 전해질과 탄수화물을 보충할 수 있는 음료인 게토레이를 만들었다. 'Gatorade'란 이름은 'Gator를 돕는다(aid)'라는 뜻을 가지고 있다. 이렇게 해서 스포츠음료 시장을 개척했던 게토레이는 코트 안팎에서 모든 운동선수의 필수품이 되었다. 펩시코가 2000년에 퀘이커오츠를 인수하면서 게토레이를 비롯한 퀘이커오츠의 브랜드들을 소유하게 되었는데, 인수한 지 10년이 지난 후에는 게토레이의 매출이 급감하기 시작했다. 새로운 기능성 음료 제품들과 에너지드링크 경쟁자들이 게토레이의 매출을 잠식했던 것이다. 2009년에 전개했던 "What is G?" 광고캠페인은 매출 재점화에 실패했다. 그해, 펩시 마케터들은 게토레이가 '아버지들이 마셨던 스포츠음료'로 비치지 않도록 하기 위해 유명 스포츠 선수들을 다시 기용하여 혁신적인 새로운 'G시리즈'를 출시하기로 결정했다. G시리즈는 '연습훈련 시에, 그리고 시합 전 · 도중 · 후에 몸에 연료를 공급하기 위해' 마시는 음료로 설계되었다. G시리즈는 다음과 같은 세 가지 제품그룹으로 구성되었다.

- 프라임(Prime) : 경기 전에 섭취하는 탄수화물, 나트륨, 칼륨으로 구성된 에너지 공급용 겔 형태의 음료
- 퍼폼(Perform) : 격렬한 운동 혹은 경기 도중에 섭취하는 수분 공급과 재충전을 위한 기존의 기능성 갈증 해소용 음료
- 리커버(Recover) : 운동 후에 섭취하는 수분 공급과 근육 회복을 돕기 위한 단백질 함유 음료

G시리즈의 다른 버전도 출시되었다. G시리즈 프로(Pro)는 처음에는 프로 운동선수만 대상으로 했지만 이후에 아마추어들까지 표적시장이 확대되었다. G시리즈 내추럴(Natural)은 해염, 과일, 천연감미료와 같은 천연 성분을 함유하고 있다. G시리즈 핏(Fit)은 개인 소비자가 운동 전 · 도중 · 후에 섭취할 수 있는 보다 건강하고 칼로리가 낮은 제품 라인이다. 게토레이는 또한 스포츠음료 부문에서 마켓 리더로서의 포지션을 유지 · 강화하기 위해 신제품 개발 연구를 위한 게토레이 스포츠과학연구소를 설립하였다.

출처 : Natalie Zmuda, "Another Gatorade Product Line, Another Dedicated Ad Blitz," *Advertising Age*, May 2, 2011; Natalie Zmuda, "Gatorade Planning Another Facelift, New Products in 2010," *Advertising Age*, December 14, 2009; Beverage Industry, "Sports Drink Sales Get Into Shape," July 12, 2011, https://www.bevindustry.com/articles/84828-sports-drink-sales-get-into-shape, accessed November 20, 2018; Gatorade Sports Science Institute, "About GSSI," accessed July 2, 2017, http://www.gssiweb.org/en/about/about-gssi.

마케터는 이름, 제품 형태, 모양, 그래픽, 컬러, 버전 등 다양한 브랜드 요소를 하위브랜드의 일부로 사용할 수 있다. 새로운 브랜드 요소와 기존 브랜드 요소를 잘 결합함으로써 모브랜드 확장이 유사성 또는 적합성을 토대로 이루어졌음을 효과적으로 전달할 수 있다.

단순성 원칙(principle of simplicity)은 소비자에게 더도 말고 덜도 말고 적절한 양의 브랜딩 정보를 제공해야 하는 필요성에 기반하고 있다. 브랜드 하이어라키의 최적의 위계수준 수는 제품 라인 또는 제품 믹스의 복잡성에 따라 달라질 것이다. 즉 기업이 자사의 제품 라인이나 제품 믹스 내 특정 제품에 얼마만큼 다른 제품들과 공유된 연상을 부여할 것인가 또는 그 제품만의 고유의 연상을 부여할 것인가에 따라 결정될 것이다.

전구, 배터리, 껌과 같은 비교적 단순한 저관여제품의 경우, 브랜딩 전략은 대개 개별브랜드 혹은 패밀리브랜드에 제품 기능상 차이를 설명하는 수식어가 결합되어 구성된다. 예를 들어 GE는 수년 동안 용도(표준/독서용/삼파장), 색상(소프트화이트/데이라이트), 성능(40/60/100와트)과 결합된 세 가지 다용도 전구 브랜드[에디슨(Edison), 리빌(Reveal), 에너지 스마트(Energy Smart)]만을 판매했다. LED기술 혁명으로 GE는 삶과 수면의 질을 높이기 위한, 조명에 특화된 새로운 유형의 전구들을 출시했다. C by GE는 스마트폰과 연결하여 실내조명을 제어할 수 있는 스마트 전구이다. C-Life 전구는 최적의 밝기 수준을 제공하기 위해 집안의 모든 방에 특화되어 있다. 반면, C-Sleep은 어두운 조명을 제공하여 신체의 자연스러운 수면주기를 지원한다. GE는 소비자의 니즈와 원츠에 부응하기 위해 다용도 제품에서 상황별 특화된 제품으로 자사브랜드 제품을 확장하였다.[18]

자동차, 컴퓨터 등의 내구재 제품의 경우에는 하이어라키의 더 많은 위계수준 수를 필요로 한다. 삼성의 경우, 스마트폰 제품군에는 갤럭시(Galaxy), 스마트워치와 피트니스 트래거에는 기어(Gear)라는 패밀리브랜드를 사용하고 있다. 럭셔리 자동차와 같이 비교적 좁은 제품군을 다루는 데 있어서 강력한 기업브랜드를 가진 경우에는 소비자가 제품을 모브랜드와 동일시하는 경향이 강하기 때문에 서술식이 아닌 글자와 숫자를 사용한 제품이름을 주로 사용한다.

하이어라키 위계수준을 3개 이상으로 해서 브랜드네임을 짓게 되면 소비자들이 헷갈리고 혼란스러워하기 십상이다. 더 나은 접근방식은, 동일한 위계수준에 속하는 패밀리브랜드를 몇 가지 도입함으로써 브랜딩 전략의 깊이를 확장하는 것이다.

어큐라

미국에서 최고급 자동차 수입 경쟁업체인 혼다는 태생이 모터사이클 제조업체였다. 1980년대 초, 혼다는 향후 판매성장이 보다 고소득층 고객에게서 나올 것이라는 인식하에, 유럽 고급 자동차들과의 경쟁을 선택했다. 혼다는 신뢰할 수 있고 기능적이라는 이미지도 있었고, 경제적인 차라는 이미지도 있었다. 혼다는 이 부문에 어필할 수 있는 명성이 없었

어큐라의 브랜드네임에는 여러 고급 모델을 구별하기 위해 알파벳과 숫자가 사용된다.

고, 이에 '어큐라(Acura)'라는 새로운 브랜드를 만들었다. 그러나 초기에는 어느 정도 성공을 거두었지만 점차 매출이 감소하였다. 조사 결과 몇 가지 문제점이 발견되었다. 경쟁업체인 BMW, 메르세데스, 렉서스, 인피니티의 알파벳과 숫자로 구성된 브랜딩 체계와는 달리, 어큐라의 레전드(Legend), 인테그라(Integra), 비거(Vigor)라는 하위브랜드네임은 제품 라인의 고급스러움을 잘 전달하지 못했을뿐더러 품목 간 차이를 잘 나타내지 못했던 것이다. 혼다는 브랜드의 강점이 '어큐라'라는 브랜드네임에 있어야 한다고 결정했다. 따라서 지난 8년 동안 어큐라 하위브랜드 광고에 거의 6억 달러를 지출했음에도 불구하고, 결국 기업은 1995년 겨울에 다음과 같이 알파벳과 숫자로 구성된 새로운 브랜딩 계획을 발표했다 — 2.5 TL 및 3.2 TL(투어링 럭셔리용) 세단 시리즈, 3.5 RL, 2.2 CL 및 3.0 CL, RSX 시리즈. 2017년까지 모든 어큐라 자동차는 세 글자 조합, 즉 세단 라인을 나타내는 'L', 스포츠 유틸리티 모델을 나타내는 'D', 스포츠카를 나타내는 'S'로 구분되었다. NSX 슈퍼카의 경우처럼 세 글자 조합은 모두 'X'로 끝난다. 어큐라 대변인 마이크 스펜서(Mike Spencer)는 다음과 같이 말한 바 있다. "예전엔 사람들이 레전드를 구입했다고, 레전드를 운전했다고 말하곤 했다… 이제 그들은 어큐라를 운전한다고 말하고 있고, 그것이 우리가 원했던 바이다." 혼다는 새로운 이름을 갖게 된 모델들을 출시한 후 매출이 증가하는 등 큰 성과를 거두었다. 어큐라가 이렇게 브랜딩 문제를 해결했지만, 최근에는 디자인에 대한 인식 결여로 브랜드가 골치를 썩고 있으며, 최근 몇 년 동안 해외 고급 브랜드는 차치하고 일본의 다른 고급 자동차들을 따라잡기 위해 고군분투하고 있는 실정이다.

출처 : David Kiley, "I'd Like to Buy a Vowel, Drivers Say," *USA Today*, August 9, 2000; Fara Werner, "Remaking of a Legend," *Brandweek*, April 25, 1994, 23–28; Neal Templin, "Japanese Luxury-Car Makers Unveiling Cheaper Models in Bid to Attract Buyers," *The Wall Street Journal*, February 9, 1995; T. L. Stanley and Kathy Tryer, "Acura Plays Numbers Game to Fortify Future," *Brandweek*, February 20, 1995, 3; Michelle Krebs, "Acura: Can Style Save Honda's Luxury Brand," *Edmunds Auto Observer*, March 20, 2008; Alan Ohnsman, "Honda Hopes New Acura ILX Helps Keep Gen-Y Out of Lexus, BMW," *Bloomberg News*, December 12, 2011; Richard Bremner, "BMW Mulls New Naming Strategies for Car Brands," www.insideline.com, July 28, 2011; Stefan Constantinescu, "Nokia to Change How They Name Devices Yet Again, Switching to BMW-like 500/600/700 Series Model Numbers," www.intomobile.com, June 28, 2011.

각 위계수준에서 인지도 수준과 이미지 유형 마케터는 브랜드 하이어라키의 각 위계수준의 브랜드 요소별로 어느 정도의 인지도와 어떤 연상을 창출해야 하는 걸까? 브랜드 인지도, 강점, 호감도, 독특한 연상을 기대 수준까지 끌어올리려면 다소 시간이 걸릴 수 있고 소비자 지각도 상당한 변화가 요구될 수 있다. 마케터가 둘 이상의 위계수준의 브랜드 요소들을 결합하여 하위브랜딩 전략을 사용하는 경우에는 두 가지 일반적인 원칙, 즉 관련성 원칙과 차별화 원칙에 따라 소비자 마음속에 각 브랜드 요소에 대한 브랜드지식을 구축해야 한다.

관련성 원칙(principle of relevance)은 효율성과 경제성에 기반한다. 상위브랜드인 기업브랜드 혹은 패밀리브랜드와 하위브랜드인 개별브랜드를 결합하여 사용하는 경우, 상위브랜드와 결합된 개별브랜드들에 상위브랜드와 관련된 연상을 공유시키는 것이 바람직하다. 특히 상위브랜드가 갖고 있는 연상이 그 기업의 제품들에게 주는 가치가 클수록 모든 제품에 해당 상위브랜드를 사용하여 관련 연상을 공유시키는 것이 더 효율적이고 경제적이다.[19] 예를 들어 나이키의 슬로건 'Just Do It'은 나이키가 판매하는 거의 모든 제품에 성능과 관련된 연상을 심어줌으로써 경쟁제품들과의 차별화에 큰 기여를 하고 있다.

연상이 추상적일수록 이 연상과 연계시킬 수 있는 제품군이 다양해질 것이다. 따라서 기능적 속성보다는 추상적 편익 연상이 여러 제품군에 걸쳐 적용될 수 있는 매우 유익한 연상이다. 기능적 속성 연상이 강하거나 특정 제품 카테고리에 연계된 연상이 강한 브랜드의 경우에는 새로운 제품 카테고리로 확장하기가 어려울 수 있다.

예를 들어 블록버스터는 더 많은 제품에 더 넓은 브랜드 우산을 씌우기 위해 '비디오를 대여해

주는 곳'에서 '이웃 엔터테인먼트 센터'로 자사의 의미를 확장하는 데 상당한 어려움을 겪었다. 결국 블록버스터는 2011년 4월 위성방송 사업자인 디시네트워크(Dish Network)에게 경매로 인수되기도 전에 파산을 선언하면서 더는 브랜드 의미가 확장되지 않았다.[20] 2017년 현재 블록버스터가 운영하고 있는 미국 내 매장은 단지 몇 개에 불과하다.

차별화 원칙(principle of differentiation)은 중복으로 인한 비효율성을 줄이자는 것이다. 마케터는 소비자와 소매업자들이 제품을 잘 구별할 수 있도록 동일한 위계수준의 브랜드끼리는 서로 차별화하는 것이 바람직하다. 만일 브랜드들이 서로 차별화되지 않는다면 소매업자 입장에서 이들 모두를 취급해야 할 필요성을 느끼기 어려울 것이며, 소비자들 또한 브랜드 선택에 있어서 혼란을 느끼게 될 것이다.[21] 제너럴모터스의 마케팅에 대한 비판 중 하나는 GM이 자사의 패밀리브랜드를 적절하게 차별화하는 데 실패했고, 이로 인해 올즈모빌(Oldsmobile), 폰티악(Pontiac), 새턴(Saturn) 브랜드의 종말을 갖고 왔다는 것이다. P&G는 재고관리를 더 강화하고 브랜드가 급증하는 것을 방지하기 위해 60개 이상의 브랜드를 단종했고 그 결과 현금 흐름이 개선되었다.[22]

주력제품(flagship product)이란 해당 브랜드를 가장 잘 대표하는 제품 혹은 가장 잘 상징하는 제품을 말한다. 대개 브랜드가 명성을 얻게 된 가장 첫 번째 제품, 혹은 널리 인정되는 베스트셀러 제품이거나, 소비자에게 높이 평가되거나 수상경력에 빛나는 제품을 일컫는 경우가 많다. 아이보리(Ivory) 비누, 아메리칸익스프레스의 신용카드, 베티크로커(Betty Crocker)의 케이크믹스를 주력제품의 예로 들 수 있다.[23] 브랜드 하이어라키를 설계할 때 중요한 문제는 어떤 제품이 주력제품이어야 하는지를 결정하는 것이다.

주력제품은 브랜드 포트폴리오에서 핵심적인 역할을 한다. 주력제품의 마케팅으로 단기적으로는 매출을 증대시킬 수 있으며, 장기적으로는 브랜드자산을 향상시킬 수 있다. 최근 비아콤(Viacom)은 MTV, 니켈로디언(Nickelodeon), 닉주니어(Nick Jr.), 코미디센트럴(Comedy Central), BET, 파라마운트(Paramount)의 6개 브랜드를 둘러싼 마케팅노력을 통합하겠다고 발표한 바 있다.[24] 때로는 몇몇 제품을 단일 브랜드 우산 아래에 놓게 되면 효율성이 상당히 높아진다. 예를 들어 허쉬는 최근에 자사의 모든 광고를 '허쉬' 대표브랜드로 통합한다는 전략을 발표한 바 있다. 허쉬가 발표한 전략은 최근에 코카콜라가 다양한 코크 제품을 통합하여 'Taste the Feeling' 캠페인을 전개한 것과 같은 전략이다. 이전에 크라이슬러(Chrysler)는 300모델 제품들이 브랜드 전체 판매량의 22%에 불과했지만 해당 모델이 핫셀러였을 때 많은 마케팅노력을 기울였다. 300모델이 다른 크라이슬러 제품 라인에게 후광효과를 주는 것으로 판단했기 때문이다. 그 결과, GM의 판매가 4% 감소했을 때 크라이슬러의 판매는 10% 증가하였다.[25]

브랜드네임에 브랜드 요소를 어떻게 효과적으로 결합할 것인가 브랜드 하이어라키의 서로 다른 위계수준 브랜드 요소를 결합하는 경우, 어느 브랜드 요소를 얼마나 부각시킬 것인지를 결정해야 한다. 예를 들어 하위브랜드 전략을 채택하는 경우, 기업브랜드나 패밀리브랜드를 강조해야 하는가, 아니면 개별브랜드를 강조해야 하는가?

현저성 원칙 **현저성**(prominence)이란 한 브랜드 요소가 다른 브랜드 요소에 비해 상대적으로 더 두드러지게 보이는 정도를 말한다. 현저성은 해당 브랜드 요소의 의미와 관련된 연상뿐 아니라 브랜드네임에서의 브랜드 요소의 순서, 크기, 모양 등 여러 요인에 따라 달라진다. 일반적으로 네임에서 가장 처음 나타날 때, 그리고 더 독특할수록 현저성이 높아진다. 예를 들어 나이키가 하위브랜드 전략을 사용하여 기업브랜드이자 패밀리브랜드인 '나이키'를 '에어맥스'와 같은 새로운 개별브랜드네임과 결합시키는 경우를 생각해보자. '나이키'를 더 강조할 것인가 '에어맥스'를 더 강조할 것인가에 따라 제품 패키지에 적힐 브랜드네임에 '나이키'를 더 부각시킬 수도 있고 '에어맥스'를 더 부각시킬 수도 있다. 만일 '에어맥스'를 더 부각시키기 위해 'Air Max by Nike'라고 제품 패키지에 브랜드네임을 표시한다면, 이는 상위브랜드인 패밀리브랜드보다도 하위브랜드네임을 강조한 것이 된다.

 현저성 원칙(principle of prominence)이란 브랜드 요소의 상대적인 비중에 따라 1차적 요소와 2차적 요소를 결정하자는 원칙이다. 1차적 브랜드 요소는 해당 제품의 포지셔닝과 상위브랜드를 함께 쓰고 있는 다른 제품들과의 차별점(POD)을 나타내는 역할을 수행하며, 2차적 브랜드 요소는 상위브랜드를 함께 쓰고 있는 다른 제품들과의 유사점(points-of-parity, POP) 혹은 추가적인 차별점(POD)과 같은 비교적 제한된 정보의 전달을 통해 1차적 브랜드 요소를 지원하는 역할을 수행한다. 2차적 브랜드 요소가 인지도를 촉진하는 역할을 하기도 한다.

 현저성 원칙에 따르면, 개별브랜드와 기업브랜드의 상대적인 현저성, 즉 어느 브랜드 요소를 더 강조하느냐에 따라 신제품에 대한 지각과 이미지가 달라질 수 있다. '메리어트코트야드 (Marriott's Courtyard)'를 예로 들어보면, 이것은 기업브랜드를 먼저 사용하기 때문에 코트야드바이 메리어트(Courtyard by Marriott)보다 훨씬 더 메리어트호텔로 각인될 것이다. 그러나 기업브랜드 혹은 패밀리브랜드를 더 강조하게 되면 제품의 성패에 따른 피드백 효과가 크게 나타날 것이다.

 경우에 따라서는 브랜드 요소들이 브랜드네임에서 함께 사용되지 않는다. **브랜드 후원 전략** (brand endorsement strategy)에 있어서 한 브랜드 요소(대개 기업브랜드네임 혹은 로고)는 제품 패키지 등에 어떤 방식으로든 표시는 되지만 브랜드네임의 일부로 직접 포함되지는 않는다. 예를 들어 제너럴밀스는 치리오스(Cheerios), 위티스(Wheaties), 럭키참스(Lucky Charms) 등의 개별브랜드 전략을 사용하고 있지만 시리얼 패키지에는 'Big G'라는 로고가 항상 표시되어 있을 뿐이다. 브랜드 후원 전략은 기업브랜드 혹은 패밀리브랜드와 개별브랜드 간의 연관성을 가능한 작게 함으로써 기업브랜드 및 패밀리브랜드는 소비자들에게 신뢰성을 제공하는 등의 후원적 역할만 수행하게 하는 전략이다. 이를 통해 만일 해당 제품이 실패할 경우 기업브랜드나 패밀리브랜드에 미치는 부정적 피드백의 가능성을 최소화하기 위한 것이다.

브랜딩 전략 스크린   마케터는 그림 12-7과 같은 브랜딩 전략 스크린을 이용하여 브랜드 요소의 강조 여부를 결정할 수 있다. 잠재적인 신제품 또는 서비스가 모브랜드와 밀접한 관련이 있어서 모브랜드의 자산이 이전될 가능성이 높고 자산 리스크가 거의 없는 경우에는 모브랜드만 사용하거나 혹은 1차적 요소로 두는 것이 바람직할 것이다.[26]

 반면에, 잠재적인 신제품 또는 서비스가 모브랜드와는 관련성이 거의 없어서 모브랜드의 자산이 이전될 가능성이 낮거나 자산 리스크가 높은 경우에는 모브랜드를 2차적 요소로 두거나 아니면 아예 신규 브랜드가 더 적절할 수 있다. 신규 브랜드를 사용할 경우, 모브랜드는 단지 후원적 역할만 수행하게 되는 경우가 많다.

 이러한 장단점은 BH(branded house)가 적절한 전략인지 아니면 HOB(house of brands)가 더 적절한 전략인지를 결정하는 데 도움이 될 것이다. 소비자가 브랜드에 대해 무엇을 알고 있고, 원하는 것이 무엇인지, 그리고 실제 브랜드를 어떻게 사용할지를 파악하는 것 또한 중요하다.

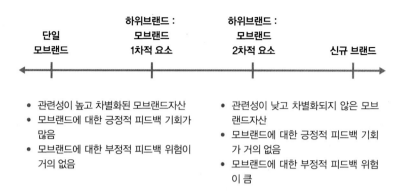

그림 12-7
브랜딩 전략 스크린

여러 제품에 특정 브랜드 요소를 어떻게 연결할 것인가 지금까지 어떻게 서로 다른 수준의 브랜드를 결합하여 하나의 제품에 적용할 것인가 하는 브랜드 하이어라키의 수직적 측면을 살펴보았다. 다음으로 어떻게 하나의 브랜드 요소가 여러 제품에 적용될 수 있는가 하는 브랜드 하이어라키의 수평적 측면을 살펴보기자. **공통성 원칙**(principle of commonality)은 제품들이 공유하는 공통의 브랜드 요소가 많을수록 제품 간 연결고리가 더 강해진다는 것이다.

하나의 브랜드를 여러 제품에 연결하는 방법은 다양하다. 가장 간단한 방법은 관련된 제품들 모두에 해당 브랜드를 있는 그대로 사용하는 것이다. 그 외에 브랜드의 일부 요소만 다수의 제품에 연결하는 방법도 있다.

- HP는 성공적인 레이저젯 프린터 브랜드를 활용하기 위해 데스크젯(DeskJet), 페인트젯(PaintJet), 씽크젯(ThinkJet), 오피스젯(OfficeJet) 프린터 등 자사가 출시하는 신제품에 '젯(Jet)'이라는 접미사를 붙였다.
- 맥도날드는 치킨 맥너겟, 에그 맥머핀, 맥립 샌드위치와 같이 자사의 여러 제품에 '맥(Mc)'이라는 접두사를 붙여 출시하였다.
- 도나카란(Donna Karan)의 DKNY 브랜드, 캘빈클라인의 CK 브랜드, 랄프로렌의 더블알엘(Double RL) 브랜드는 모두 자사 제품에 자사 이니셜을 사용하고 있다.
- 애플은 아이팟, 아이폰, 아이패드와 같이 다양한 제품에 '아이(i)'라는 접두사를 붙임으로써 제품들을 하나로 묶고 있다.

또한 하나의 브랜드와 다수 제품 간 연계는 공통의 심벌에 의해서도 만들어질 수 있다. 예를 들어 나비스코(Nabisco)는 브랜드 후원 전략을 강력하게 전개하기 위해 브랜드네임보다 기업 로고를 더 눈에 잘 띄게 제품에 배치하고 있다.

마지막으로, 한 제품 라인에 속한 여러 브랜드 간에 논리적인 순서 혹은 구분 체계를 확립함으로써 각기 다른 제품이 서로 어떻게 관련이 있는지 전달하고 소비자의 의사결정을 용이하게 해줄 필요가 있다. 동일 제품 라인 브랜드들 간의 상대적인 구분은 색상(예 : 아메리칸익스프레스의 레드, 블루, 그린, 골드, 플래티넘, 블랙, 센추리온 카드), 숫자(예 : BMW의 3, 5, 7시리즈 자동차) 등을 통해 소비자에게 전달될 수 있다. 이 전략은 고객이 브랜드 스위칭을 하더라도 경쟁브랜드

표 12-1 브랜드 아키텍처 설계 원칙 요약

설계 목적/목표	원칙	정의
해당 브랜드 요소를 사용할 제품 결정	성장	ROI 기회에 따라 시장 또는 제품개발에 투자
해당 브랜드 요소를 사용할 제품 결정	생존	브랜드 확장을 통해 해당 제품 카테고리에서 브랜드자산을 구축
해당 브랜드 요소를 사용할 제품 결정	시너지	브랜드 확장을 통해 모브랜드의 자산을 강화
하이어라키의 최적 위계수준 수	단순성	각 위계수준에서 적절한 브랜딩 정보의 양을 제공함으로써 공유 연상과 해당 제품만의 고유한 연상 간에 균형 유지
각 위계수준에서 인지도와 이미지 달성	관련성	하위브랜드 전략을 사용하는 경우 상위브랜드와 관련된 연상을 공유
각 위계수준에서 인지도와 이미지 달성	차별화	동일한 위계수준의 브랜드들끼리는 중복되지 않도록 구분
다양한 위계수준의 브랜드 요소를 결합	현저성	어느 브랜드 요소를 상대적으로 더 부각시키느냐에 따라 소비자 지각이 달라짐
다양한 위계수준의 브랜드 요소를 결합	공통성	제품들이 공유하는 브랜드 요소가 많을수록 제품 간 연결고리가 더 강력해짐

로 스위칭하는 것은 막고 기업이 제공하는 브랜드들 사이에서 브랜드를 스위칭할 수 있도록 '브랜드 마이그레이션 경로(brand migration pathway)'를 개발하는 데 특히 중요하다. 또한 브랜드라인 내에서 브랜드 상대적 위치는 소비자 지각과 선호도에 영향을 미칠 수 있다.[27] 지금까지 살펴본 다양한 원칙이 표 12-1에 요약되어 있다.

기업브랜딩

브랜드 아키텍처의 근본적인 중요성을 감안하여 기업브랜드에 대해 보다 자세히 살펴보자. 기업브랜드는 훨씬 더 광범위한 연상을 심어줄 수 있다는 점에서 특정 제품에 국한되어 사용되는 개별브랜드와는 구별된다. 다음 단락에서 자세히 설명하겠지만, 기업브랜드네임은 대개 그 기업이 판매하고 있는 제품, 그 제품이 공유하고 있는 속성·편익, 종업원/판매원/고객 그리고 그들과의 관계, 프로그램 및 가치, 기업 신뢰도 등과 관련된 연상을 불러일으킬 수 있다.

이러한 연상들은 개별 제품의 브랜드자산과 시장 성과에 중요한 영향을 미칠 수 있다. 예를 들어 한 연구조사에 따르면, 듀폰(DuPont)에 호의적인 기업이미지를 가진 소비자일수록 듀폰의 스테인마스터 카펫 광고에 호의적으로 반응해서 실제로 제품을 구매할 가능성이 더 높다.[28]

강력한 기업브랜드를 구축하고 관리하려면 기업에 대한 추상적인 연상에 영향을 미치는 높은 대중적 인지도를 유지해야 할 것이다. 기업에 대해 많이 알수록 기업에 대한 호감도가 증가할 수 있기 때문이다. 따라서 CEO나 최고경영진은 기업브랜드와 관련이 있는 뉴스나 정보, 현재 마케팅활동 등을 알리는 데 도움이 되도록 적극적으로 대외활동을 해나가는 것이 바람직하다. 동시에 기업은 면밀한 감시체제에 있어야 하며 기업의 가치, 활동 및 프로그램 등에서 매우 높은 수준의 투명성과 개방성을 유지해야 한다.

기업브랜드는 많은 잠재적인 마케팅 이점을 제공하지만, 이는 기업브랜드자산이 구축되고 육성되어야만 갖게 되는 이점들이다. 지금도 향후에도 기업브랜드자산을 잘 구축하고 관리한 기업이 마케팅 승자가 될 것이다. 브랜딩 브리프 12-4는 기업브랜드와 밀접한 관련이 있는 개념인 기

브랜딩 브리프 12-4

기업 평판 : 가장 존경받는 미국 기업

매년 실시되는 2개의 설문조사에서 기업 평판에 대한 통찰력을 얻을 수 있다. 《포춘》은 매년 기업 인식에 대한 포괄적인 조사를 통해 최고의 평판을 받는 기업을 선정하여 발표한다. 2017년 설문조사에서는 미국을 비롯한 전 세계 64개 업종의 1,500개 기업을 대상으로 진행되었다. 약 3,800명의 주요기업 임원과 사외이사, 재무 분석가에게 업종을 불문하고 가장 존경하는 10개 기업을 선정하도록 요청했다. 응답자들은 다음과 같은 9개 평가기준에 따라 기업을 평가했다 - (1) 경영의 질, (2) 제품·서비스 품질, (3) 혁신성, (4) 장기 투자가치, (5) 재무건전성, (6) 인적관리능력, (7) 지역사회와 환경에 대한 책임, (8) 기업자산 활용도, (9) 글로벌 경쟁력.

2010년 랭킹 이후로 많은 기업이 바뀌었다. 그러나 애플과 같은 일부 기업은 수년 동안 상위 10위 안에 머물러 있다. 《포춘》이 선정한 2017년 가장 존경받는 10대 기업과 순위는 아래와 같다.

순위	기업	순위	기업
1	애플	6	알파벳
2	아마존닷컴	7	제너럴일렉트릭
3	스타벅스	8	사우스웨스트항공
4	버크셔해서웨이	9	페이스북
5	디즈니	10	마이크로소프트

해리스인터랙티브(Harris Interactive)와 평판연구소(Reputation Institute) 또한 1999년부터 매년 공동작업으로 기업평판 조사를 실시하고 그 결과를 발표한다. 2017년 기업평판에 대한 평판지수(Reputation Quotient, RQ) 조사를 보면, 기업평판을 결정짓는 요소에는 오랫동안 변함이 없으나, 기업에 대한 평판은 빠르게 변화하고 있음을 알 수 있다. 조사원들은 해리스폴(Harris Poll) 온라인 패널을 활용하여 30,000명 이상의 미국 일반대중을 대상으로 어떤 기업을 평가해야 하는지를 결정한다. 응답자들은 먼저 가장 눈에 띄는 60개 기업을 식별한 후, RQ(평판지수)를 구성하는 20개의 서로 다른 항목에 대해 평가하도록 요청받는다. 이들 20개 항목은 감성소구, 제품·서비스, 사회적 책임, 비전과 리더십, 직장 환경, 재무 성과의 6가지 평판 차원으로 분류된다. 이 조사에는 대중들의 기업평판 인식에 대한 포괄적인 이해를 하는 데 도움이 되는 여러 가지 질문이 포함되어 있다. 2017년 순위는 아래와 같다.

순위	기업	순위	기업
1	아마존	6	UPS
2	웨그맨	7	월트디즈니
3	퍼블릭스	8	구글
4	존슨앤드존슨	9	테슬라
5	애플	10	3M

출처 : *Fortune*, "World's Most Admired Companies," http://fortune.com/worlds-most-admired-companies/, accessed November 20, 2018; "Corporate Reputation Is Politically Polarized: The Reputation of America's 100 Most Visible Companies," *The Harris Poll*, N.D.

업 평판에 대해, 소비자 및 다른 기업의 관점에서 어떻게 측정되고 형성되는지를 중심으로 이야기하고 있다.[29]

기업브랜드자산(corporate brand equity)이란 특정 기업의 말이나 행동, 커뮤니케이션, 제품 혹은 서비스 등에 대해 소비자, 고객, 직원, 타 기업 등 기업을 둘러싼 관계 구성원에게서 나타나는 차별적인 반응을 말한다. 기업브랜드자산이 강력할수록 동일한 제품들을 취급하고 있는 잘 알려지지 않은 기업이나 가상의 기업보다 제품·서비스, 기업광고 캠페인이나 PR자료 등에 대해 관계 구성원이 더 호의적으로 반응한다.

기업브랜드는 기업이 꼭 자사의 특정 제품이나 서비스에 연관시키지 않고도 자사를 표현할 수 있는 강력한 수단이 될 수 있다. 브랜딩 과학 12-2에서는 기업이 브랜드 아키텍처를 어떻게 결정하느냐에 따라 주식시장 수익과 기업 위험 측면에서 기업 성과가 달라질 수 있음을 설명하고 있다.

기업이미지 차원

기업이미지는 기업이 판매하는 제품, 기업이 수행하는 활동, 기업의 소비자들과의 커뮤니케이션

브랜딩 과학 12 - 2

브랜드 아키텍처 전략 : HOB, 아니면 BH?

전술했다시피, 일반적으로 기업은 두 가지 유형의 브랜드 아키텍처 전략을 사용한다. 그중 하나는 BH(branded house)인데, 이는 모든 제품에 단일의 기업브랜드가 사용되는 경우이고(예 : GE, 3M, IBM), 또 하나는 HOB(House of Brands)로, 기업브랜드와 연결되지 않는 별개의 브랜드들이 특정 세분시장들을 대상으로 사용되는 경우(예 : P&G의 타이드 세제와 치어 세제)를 말한다. 그리고 이들 전략 대안을 결합한 혼합 아키텍처가 있다. 한 연구에서 조사원은, BH가 주식시장 수익 면에서 가장 높은 재정적 가치를 창출한다는 결과를 도출하였다. 이들 연구는 투자자들이 HOB의 가치를 낮게 평가하는 것은 그들이 여러 브랜드에 투자하는 것이 위험을 분산시킬 수 있다는 점을 과소평가하기 때문이라고 결론지었다.

이후 연구에서는 브랜드 아키텍처 전략의 영향을 조사하였다. 즉 하위브랜드 전략, 브랜드 후원 전략 등 다양한 브랜딩 전략이 주식시장 수익과 주식시장 위험에 미치는 영향을 조사하였다. 연구 결과, 브랜드 아키텍처 전략은 기업과 관련된 다양한 유형의 위험에 중요한 영향을 미칠 수 있으며, 이들 위험은 대개 기업평판, 이미지 희석, 자기잠식, 브랜드 확장에 미치는 영향과 관련이 있는 것으로 나타났다. 하위브랜드 전략을 사용하여 브랜드를 과도하게 확장하면 기업과 관련된 위험이 악화될 수 있다. 따라서 페덱스와 같은 브랜드는 여러 하위브랜드를 보유함으로써 얻는 이익도 있을 수 있지만, 과도한 확장으로 인한 브랜드네임에 닥칠 잠재적인 위험이나 희석효과도 염두에 두어야 한다.

이 연구에서는 또한 다음과 같은 브랜드 포트폴리오의 특징이 마케팅 및 재무 성과에 미치는 영향에 대해서도 조사하였다 – (1) 소유 브랜드 수, (2) 타깃으로 하고 있는 세분시장의 수, (3) 포트폴리오 내 브랜드들이 서로 경쟁하는 정도, (4) 포트폴리오에 있는 브랜드들의 품질과 가격에 대한 소비자인식. 연구 결과 이러한 특징들이 기업의 시장 성과, 마케팅 지출의 효율성, 전반적인 재무 성과 등에 상당한 영향을 미치는 것으로 나타났다.

종합하면, 기업은 자사가 사용하는 브랜드 아키텍처 전략이 주식 수익은 물론 이러한 수익과 관련된 변동성 및 위험에 영향을 미칠 수 있음을 유념해야 한다는 것이다. BH 전략은 투자자들이 중요하게 생각하는 효율성 면에서 매우 높게 평가되며, 주식시장 수익을 더 높일 것으로 기대된다. 브랜드 아키텍처(예 : 하위브랜딩 전략 사용)가 브랜드네임과 관련된 위험에 미치는 영향은 기업의 전반적인 주식시장 위험에도 영향을 미친다. 마지막으로, 브랜드가 전반적인 기업 성과와 주식의 시장가치에 미치는 영향을 평가하기 위해 타깃고객의 규모 등 맥락요인들을 염두에 두어야 한다. 브랜드는 기업의 미래 잠재력을 형성하는 데 중요한 역할을 하며, 브랜드 아키텍처 전략은 투자자들에게 기업의 브랜드자산이 얼마만큼 가치 있는지 혹은 얼마만큼 위험한지에 대한 시그널이 될 수 있다.

출처 : Vithala R. Rao, Manoj K. Agarwal, and Denise Dahlhoff. "How Is Manifest Branding Strategy Related to the Intangible Value of a Corporation?," *Journal of Marketing* 68, no. 4 (2004): 126–141; Liwu Hsu, Susan Fournier, and Shuba Srinivasan, "Brand Architecture Strategy and Firm Value: How Leveraging, Separating, and Distancing the Corporate Brand Affects Risk and Returns," *Journal of the Academy of Marketing Science* 44, no. 2 (2016): 261–280; Neil A. Morgan and Lopo L. Rego, "Brand Portfolio Strategy and Firm Performance," *Journal of Marketing* 73, no. 1 (2009): 59–74.

공통적인 제품 속성, 편익, 태도
- 품질
- 혁신성

사람과 관계
- 고객 지향

가치와 프로그램
- 환경에 대한 관심
- 사회적 책임

기업 신뢰도
- 전문성
- 신용
- 호감도

그림 12-8
기업이미지 주요 연상 유형

방식과 같은 여러 가지 요인에 의해 결정된다. 이 절에서는 브랜드자산에 영향을 미칠 수 있는 다양한 유형의 기업브랜드연상을 살펴본다(그림 12-8 참조).[30]

공통적인 제품 속성, 편익, 태도 개별브랜드와 마찬가지로 기업브랜드도 소비자에게 제품 속성

(예 : 초콜릿이 들어 있는 허쉬), 사용자 유형(예 : 여피족이 타고 다니는 차 BMW), 사용 상황(예 : 즐거운 시간을 클럽메드와), 전반적인 지각(예 : 혁신적인 3M)과 관련된 강한 연상을 심어줄 수 있다.

만일 기업브랜드가 자사의 많은 제품의 브랜드네임에서 사용되고 있다면, 가장 강력한 연상 중 일부는 서로 다른 범주의 제품들이 공통적으로 갖고 있는 무형적인 속성, 추상적인 편익 또는 태도일 것이다. 예를 들어 고객이 당면한 문제를 해결해주거나(블랙앤데커), 특정 활동에 있어서 재미와 흥미를 주거나(닌텐도), 최고 품질규격으로 생산되거나(모토로라), 첨단적이고 혁신적인 기능을 갖추거나(러버메이드), 시장을 선도하는 제품이거나(허츠)… 등등 많은 제품 카테

3M의 기업브랜드네임은 혁신을 상징한다.

고리의 제품들을 다루는 기업의 경우에는 추상적인 강력한 연상을 소비자에게 심어주는 것이 바람직하다.

특히 고품질과 혁신이라는 두 가지 제품 관련 기업이미지 연상에 주의를 기울일 필요가 있다.

고품질의 기업이미지 연상(high-quality corporate image association)은 소비자들에게 최고 품질의 제품을 만드는 회사라는 인식을 심어준다. J.D.파워 보고서, 《컨슈머 리포트》, 자동차 관련 다양한 업계간행물에서 제품의 순위가 매겨지고 발표된다. 오늘날에는 많은 리뷰와 순위 웹사이트가 제품과 서비스에 대한 품질 점수를 제공하기도 한다. 예를 들어 옐프(Yelp)는 레스토랑 순위 정보를, 트래블로시티(Travelocity)는 여행 부문에 대한 순위 정보를 제공한다. 품질은 소비자의 구매 의사결정에 영향을 미치는 가장 중요한 요소 중 하나이다.

혁신적인 기업이미지 연상(innovative corporate image association)은 특히 제품 출시나 제품 개선 면에서 새롭고 독특한 마케팅 프로그램을 개발하는 회사라는 소비자인식을 심어준다. 켈러와 아커(Keller and Aaker)는 기업이미지 유형(혁신적 이미지, 친환경 이미지, 지역사회 공헌 이미지)에 따라 기업 신뢰도가 어떻게 달라지는지를 조사하였다.[31] 조사 결과, 흥미롭게도 소비자들은 다른 이미지보다도 혁신적인 이미지를 가진 기업에 대해 보다 전문적이고 신뢰할 수 있으며 호감 가는 회사로 인식하는 것으로 나타났다. '혁신적'이라는 것은 현대적이고 항상 최신이며, 연구개발에 지속적으로 투자하고, 가장 최첨단 제조기술을 사용하며, 최신의 제품 기능을 도입하는 것으로 여겨진다.

가오(Kao)와 같은 소비재 기업에서 캐논(Canon)과 같은 기술 지향적인 기업에 이르기까지 많은 일본 기업이 우선시하는 이미지는 혁신적인 기업이미지이다.[32] 지각된 혁신성(perceived innovativeness)은 다른 나라 기업들에 있어서도 기업의 주요 경쟁무기가 되며 경쟁우위 요소가 된다. 미쉐린(Michelin)은 'A Better Way Forward'를 모토로 환경, 안전, 가치, 운전의 즐거움을 위해 매진함으로써 혁신에 박차를 가해왔다. 브랜딩 브리프 12-5에서는 3M이 어떻게 혁신적인 문화와 이미지를 발전시켰는지 설명한다.

사람과 관계 기업에 종사하는 직원들의 특징이 기업이미지 연상에 영향을 미칠 수 있다. 주로 사우스웨스트항공, 에이비스(Avis) 렌터카, 리츠칼튼 호텔과 같은 서비스 기업, 엘엘빈, 노드스트롬

브랜딩 브리프 12 - 5

3M의 기업혁신

3M은 설립 초기부터 혁신과 응용력을 중요시하는 문화를 육성했다. 1904년에 기업 임원들은 광업 운영이 실패하는 상황에 직면했지만, 남은 모래와 폐기물을 이용하여 혁신적인 신제품인 사포를 생산하는 데 성공하였다. 오늘날 3M은 접착제, 콘택트 렌즈 및 광학필름을 포함하여 50,000개 이상의 제품을 만들고 있다. 지난 한 세기 동안 주목할 만한 제품 출시로는 스카치 마스킹테이프와 투명 테이프, 스카치가드 패브릭 프로텍터, 포스트잇 노트 등이 있다.

매년 3M은 수십 개의 신제품을 출시하고 있으며, 매년 기업별 미국 특허등록 순위 10위 안에 들고 있다. 새로운 최고기술책임자인 아시시 칸드푸르(Ashish Khandpur)의 지휘 아래 3M은 R&D 지출예산을 2012년 매출의 5.5%에서 2017년에는 매출의 6%로 늘렸으며, 이는 연간 약 1억 6,000만 달러에 해당하는 증가액이다. 3M은 새로운 발견을 용이하게 하는 기업환경을 조성함으로써 지속적으로 혁신적인 제품들을 생산할 수 있었다.

- 3M은 엔지니어뿐만 아니라 직원 모두가 제품 챔피언이 되도록 장려한다. 이 기업에는 '15%의 시간'이라는 룰이 있는데, 이 룰은 모든 직원이 자신의 업무시간 중 최대 15%를 자신이 원하는 일을 하며 창의적 아이디어와 원하는 프로젝트를 진행하는 데 자유롭게 쓸 수 있도록 했다. 동기부여가 강화된 동료들 간의 건전한 경쟁 문화는 3M이 혁신을 이루고 새로운 것을 창조하는 데 도움이 된다.
- 전망이 좋은 새로운 아이디어들은 여러 전문분야를 다루는 다원적 벤처 팀에 할당된다. 3M은 신제품 출시 후 3년 이내에 미국 매출 200만 달러 또는 전 세계 매출 400만 달러 이상을 달성한 벤처 팀에게 매년 골든 스텝(Golden Step) 상을 수여하고 있다.
- 3M은 실패가 있어도 이를 제대로 된 제품을 만드는 방법을 배우는 기회로 활용한다. 3M은 또한 기업 인수를 유기적 성장과 내부 혁신 및

개발의 보완책이라는 관점을 갖고 있고 실제 인수에 매우 까다로운 행보를 보여 왔다.

- 2010년부터 3M은 혁신 프로세스에 소셜 네트워크를 도입하였고, 매해 75,000명의 글로벌 직원과 그 외에 1,200명 이상의 사람들을 'Markets of the Future' 브레인스토밍 세션에 초대하고 있다. 지금까지 700개 이상의 새로운 아이디어가 도출되었고 9개의 새로운 시장을 개척할 수 있었다.

2017년에 3M이 집중적으로 추진한 혁신으로는 혁신, 경제 성장 및 발전을 위한 정보통신기술(ICTs)의 활용을 들 수 있다. 이를 통해 3M은 서유럽이 추가 전산화를 통해 제조부문을 보다 효율적으로 만들고 조직 인프라 전반에 걸쳐 지속가능성을 높이는 '인더스트리 4.0' 플랜을 달성하도록 지원하고 있다.

출처 : 3M 2010 Annual Report, www.3m.com; Chuck Salter, "The Nine Passions of 3M's Mauro Porcini," *Fast Company*, October 10, 2011, https://www.fastcompany.com/1777592/nine-passions-3ms-mauro-porcini, accessed November 20, 2018; Kaomi Goetz, "How 3M Gave Everyone Days Off and Created an Innovation Dynamo," *Fast Company Design*, February 1, 2011, https://www.fastcompany.com/1663137/how-3m-gave-everyone-days-off-and-created-an-innovation-dynamo, accessed November 20, 2018; Trefis Team, "What Trends Will Ensure Growth for 3M in Western Europe in the Future?," *Forbes*, June 9, 2017, accessed June 19, 2017, https://www.forbes.com/sites/greatspeculations/2017/06/09/what-trends-will-ensure-growth-for-3m-in-western-europe-in-the-future/#6156c5ea1548; Lewis Krauskopf, "3M's New Technology Chief Has a Bigger Budget, Bigger Goal," *Reuters*, June 1, 2015, accessed June 19, 2017, http://www.reuters.com/article/us-3m-research-idUSKBN0OH3BV20150601.

과 같은 소매업체들이 직원과 관련된 연상을 통해 기업이미지를 포지셔닝하지만, 과거에 듀폰과 같은 제조기업도 포지셔닝의 초점을 직원에게 맞췄다. 이러한 전략의 근거는, 직원들에게서 나타나는 특징들이 해당 기업이 제공하는 제품이나 서비스에 대한 소비자 지각에 직간접적으로 영향을 미친다는 것이다. 그런데 직원 만족도가 낮으면 기업이미지에 악영향을 줄 수 있다. 최근에 첨단기술회사인 우버(Uber)가 여직원을 성추행한다는 '유해한 직장문화' 의혹으로 논란의 중심에 섰었다.

소비자들은 특히 서비스와 관련해서 회사 직원들에 대해 추상적인 연상을 가질 수 있다. 어느 주요 공익기업은 고객들로부터 '남성, 35~40세, 중산층, 자녀가 있는 기혼자, 플란넬 셔츠와 카키색 바지를 입고 있으며, 믿음직하고, 유능하고, 전문적이고, 지적이고, 정직하고, 윤리적이며, 사업지향적'으로 묘사되었다. 하지만 단점으로 '냉랭한, 비인간적, 자기중심적'으로 묘사됨으로써 기업브랜드 이미지에 있어서 중요한 개선사항을 제시하고 있었다.

소매업자 또한 자사의 브랜드자산에 있어서 직원들의 영향을 많이 받는다. 예를 들어 작은 신발가게로 출발한 시애틀에 본사를 둔 노드스트롬은 품질, 가치, 엄선된 제품과 특히 서비스에 대한 헌신으로 미국 최고의 패션 전문 소매업체 중 하나로 성장할 수 있었다. 노드스트롬은 개인별 맞춤화된 서비스와 고객 만족을 위한 특별한 의지로 가히 전설적인 기업이며, 주로 판매원들의 노력과 고객관계를 통해 브랜드자산을 창출한다.

따라서 **고객에게 초점을 맞춘 기업이미지 연상**은 고객에게 호응하고 고객을 돌보는 기업이라는 소비자인식을 갖게 한다. 소비자들은 자신들의 목소리가 기업에게 들릴 것이며 기업이 자신들의 최선의 이익을 염두에 두고 있다고 믿는다. 이러한 신조는 때때로 마케팅 프로그램 전반에 반영되기도 하고 광고를 통해 전달되기도 한다.

가치와 프로그램 기업이미지 연상들이 항상 제품과 직접적인 관련이 있는 것은 아니다. 기업이 추구하는 가치 및 프로그램이 반영될 수도 있다. 기업은 기업이미지 광고캠페인을 진개함으로써 조직적 · 사회적 · 정치적 · 경제적 이슈에 대한 자사의 철학과 활동을 사람들에게 알리기도 한다.

예를 들어 최근 많은 기업이 환경 문제와 사회적 책임에 초점을 맞춘 광고캠페인을 전개하고 있다. 대개는 **사회적 책임을 지는 기업이라는 이미지**를 구축하기 위해 지역사회 프로그램에 기여하고 있으며, 예술과 사회 활동을 지원하고, 사회 전반의 복지 증진을 위해 노력하는 기업으로 자사를 묘사하곤 한다. **환경친화적인 기업이미지 연상**을 구축하기 위해 기업은 자사 제품이 환경을 보호하거나 개선하는 데 기여하고 있고, 부족한 천연자원을 보다 효과적으로 사용하는 기업이라는 인식을 심어주고자 한다. 기업의 사회적 책임에 대해서는 후술하기로 한다. 브랜드 포커스 12.0은 영국항공(British Airways)이 개척해온 코즈마케팅(cause marketing, 마케팅에 소비자의 관심이 높은 사회적 이슈를 결합하는 것)의 다양한 이슈를 살펴본다.

영국항공

혁신적인 코즈마케팅 기업인 영국항공은 몇 가지 주목할 만한 공익 프로그램을 성공적으로 도입하였다. 1994년 유니세프와 처음 파트너십을 맺고는 아주 간단한 아이디어를 토대로 재치 있는 제목의 다음과 같은 'Change for Good' 캠

다양한 공익 연계 마케팅을 통해 신망 높은 글로벌 브랜드로서 명성을 쌓은 영국항공

페인을 시작하였다. 즉 영국항공은 외국 동전은 은행과 환전소에서 잘 바꿔주지 않는다는 점에 착안해 기내에 동전 수거함을 배치하고, 남은 외국 동전을 거기에 넣어 줄 것을 승객들에게 부탁했다. 그리고 이 수거함을 유니세프에 기증했고, 유니세프는 이 돈을 국제아동 보호기금으로 활용하였다. 영국항공은 좌석 뒷면, 기내 비디오 및 기내 안내 방송으로 이러한 프로그램을 광고하였고, 영국항공이 가입해 있는 원월드얼라이언스(Oneworld Alliance)의 다른 국제 항공사들도 이 캠페인에 동참하기 시작했다. 2010년 6월, 이 프로그램은 'Flying Start' 프로그램으로 대체되었다. '가난하고 불우한 사람들의 삶에 긍정적이고 지속적인 변화를 가져오는 것'을 목표로 하는 코미디언들의 성공적 자선 단체인 영국 코믹 릴리프(Comic Relief UK)와 파트너십을 맺고 실시한 자선 프로그램이었다. 영국항공은 이 'Flying Start' 프로그램을 홍보하기 위해 '세계 최고의 스탠드업 코미디 공연'을 선보였고 이때 기네스 세계 신기록을 수립하기도 하였다. 3명의 코미디언이 75명의 행운의 승객을 2시간 30분 동안의 샴페인 비행을 하는 동안 즐겁게 해주었던 것이다. 'Flying Start'는 'Change for Good'과 같은 구조를 가지고 있었지만, 기내에서만이 아니라 온라인과 영국공항의 트래블엑스(Travelex) 환전소에서도 기부금을 모금하였다. 이 프로그램은 '영국 및 세계 최빈국에서 살고 있는 수십만 어린이의 삶을 개선'하는 것을 목표로 첫해에 약 300만 달러를 모금했다.[33] 2017년 영국항공은 영국에서 4년 연속으로 가장 선호하는 항공사 브랜드로 선정되었다.[34]

기업 신뢰도 추상적인 브랜드연상에 있어서 특히 더 중요한 요소는 기업 신뢰도이다. 2장에서 정의한 바와 같이, 기업 신뢰도란 소비자들이 기업이 자신의 니즈와 원츠를 충족시키는 제품과 서비스를 만들고 제공한다고 믿는 정도를 말한다. 기업 신뢰도는 기업이 시장에서 달성한 평판과 관련이 깊다. 기업 신뢰도는 다음 세 가지 요소에 달려 있다.

1. **기업 전문성** : 제품을 제조·판매하고 서비스를 수행하는 데 있어서 기업의 전문적 역량에 대해 소비자가 믿는 정도
2. **기업 신용** : 기업이 얼마만큼 정직하고 믿을 만하며 고객의 니즈를 충족시킬 의지가 있는지에 대해 소비자가 믿는 정도
3. **기업 호감도** : 소비자가 기업을 얼마나 마음에 들어 하고 얼마나 좋은 감정을 갖고 있는지의 정도

브랜드를 신뢰하는 소비자는 해당 브랜드를 구매 시 고려하고 선택할 가능성이 높으며, 견실하고 신뢰할 수 있는 기업이라는 평판은 그 외에도 추가적인 이점을 제공한다.[35] 엘엘빈은 기업 신뢰도가 매우 높은 기업이다.

정부나 공공기관과 같은 다른 외부 이해관계자도 신뢰도가 높은 기업에게는 더 호의적으로 대할 것이다. 또한 기업은 더 나은 자질의 직원을 유치하고 기존 직원으로 하여금 더 생산적이고 충성도가 높도록 동기를 부여할 수 있다. 쉘오일(Shell Oil)의 한 직원은 사내 기업 아이덴티티 조사에서 "직장이 정말 자랑스럽다면, 지금의 회사가 있기까지 내가 어떤 도움을 주었는지 생각해보게 된다"고 응답하였다.

강력한 기업 평판은 브랜드가 위기에 처해 있을 때 살아남도록 하고, 판매를 위축시키거나 확장계획을 가로막는 대중의 분노가 있는 상황에서도 이를 돌파하는 데 도움이 될 수 있다. 하버드대학교의 스티븐 그레이서(Stephen Greyser) 교수도 다음과 같이 지적한 바 있다. "기업이 곤경에 처했을 때 충격을 완화하는 데 도움이 되는 호의적 태도의 근저에는… 기업평판이 있다."

엘엘빈

1912년에 설립된 아웃도어 소매업체 엘엘빈은 사전 구매 조언, 안전한 거래, 동급 최고의 배송, 손쉬운 반품 및 교환을 제공함으로써 모든 구매 단계에서 고객의 신뢰를 얻기 위해 노력한다. 엘엘빈의 100% 만족 보장, 그리고 다음과 같은 골든룰도 이러한 노력의 일환이다. "품질 좋은 상품을 합리적인 이윤만 남기고 판매하고, 고객과의 인간관계를 우호적으로 유지하라. 그러면 그들은 항상 다시 우리 제품을 구매해줄 것이다!" 2012년에 창립 100주년을 맞이한 10억 달러 규모의 이 기업은 아웃도어에 대해 열정적이고, 고객에게 정직하게 대하고, 품질 높은 제품을 판매하며, 높은 수준의 고객 서비스를 제공한다는 기업이미지를 지금도 일관되게 유지하고 있다.

최고의 서비스로 고객의 신뢰를 받는 브랜드 엘엘빈

요약 물리적 제품 속성만이 브랜드자산에 영향을 미치는 것이 아니다. 많은 무형의 브랜드연상이 브랜드자산의 가치 있는 원천을 제공하고 유사점 혹은 차별점으로서 중요한 역할을 수행한다.[36] 기업은 직접적이든 간접적이든 이러한 연상을 창출할 수 있는 다양한 수단을 보유하고 있다. 이들 무형의 브랜드연상을 창출하기 위해, 기업은 항상 소비자와 소통하고 소비자가 쉽게 이해하거나 체험할 수 있는 구체적인 프로그램으로 자사가 주장하는 바를 뒷받침할 수 있어야 한다.

기업브랜드 관리

기업브랜드를 관리하는 데는 여러 가지 특수한 문제가 발생한다. 여기에서는 기업의 사회적 책임, 기업이미지 캠페인, 기업브랜드 네임 변경에 대해 살펴본다.

기업의 사회적 책임 일부 마케팅 전문가에 의하면, 기업의 사회적 책임에 대한 소비자의 인식이 그들의 구매 의사결정에 있어서 중요한 기준이 되고 있다고 한다. 예를 들어 기업이 종업원과 주주, 지역주민, 소비자를 어떻게 대우하느냐에 따라 그 기업의 제품이나 서비스에 대한 평가가 달라질 수 있다는 것이다.[37] 한 대형 광고회사의 대표는 다음과 같이 말한 바 있다. "어떠한 기업도 지속가능한 유일한 경쟁우위는 기업 평판이다."[38]

금융분석가를 비롯한 투자계 사람들을 대상으로 한 대규모 글로벌 설문조사에서 응답자의 91%가 기업 평판을 관리하지 않는 기업은 재정적 어려움을 겪게 될 것이라고 응답했다. 또한 96%가

CEO 평판이 자신들이 기업 등급을 매기는 데 상당히 중요한 영향을 미친다고 응답하였다.[39]

소비자가 제품 특성 문제가 아니라 기업의 사회적 책임에 관심을 기울일 수 있다는 인식은 기업이미지를 구축하기 위한 많은 마케팅활동을 촉진했다.[40] 일부 기업은 사회적 책임을 기업존재의 핵심에 두고 있다.[41] 벤앤제리스는 공정무역으로 거래된 재료만을 사용하며 세전 이익의 7.5%를 다양한 공익에 기부함으로써 '선한 기업(do-gooder)'이라는 강력한 연상을 구축하였다. 매년 발표되는 사회환경평가보고서는 기업의 주요 사회적 사명 목표와 이를 달성하기 위한 기업의 노력을 상세하게 명시하고 있다.

탐스슈즈(TOMS Shoes)는 브랜드를 출시하는 데 코즈마케팅을 활용했다.

탐스슈즈

기업가이자 이전에 리얼리티 쇼 참가자였던 블레이크 마이코스키(Blake Mycoskie)는 2006년 아르헨티나를 방문했을 때 단순히 신발 부족으로 인해 건강상의 위험을 겪고 학업을 중단한 수많은 어린이를 보았다. 집에 돌아온 마이코스키는 'Shoes for a Better Tomorrow'라는 슬로건으로 탐스슈즈라는 기업을 만들었다. 기업은 소비자가 한 켤레의 신발을 구입하면 한 켤레의 신발을 제3세계 어린이에게 기부하는 일대일 기부공식을 도입하였다. 아르헨티나의 전통 신발인 '알파르가타(alpargata)'에서 영감을 얻은 가볍고 편한 디자인의 신발들이며, 온라인과 홀푸드, 노드스트롬, 니만마커스와 같은 최고의 소매업체들을 통해 판매된다. 탐스가 기증한 신발은 튼튼한 밑창이 달린 검은색 남녀 공용 캔버스 슬립온으로, 이제는 아르헨티나, 에티오피아와 같은 개발도상국의 3,500만 명이 넘는 어린이들의 발에서 볼 수 있다.[42] 탐스는 또한 페이스북에서 거의 400만 개의 '좋아요'를 기록할 정도로 소셜 미디어 상에서 강한 존재감이 있다. 2017년 현재 탐스는 신발뿐만 아니라 커피, 안경, 가방 판매로도 일대일 기부를 시행하고 있으며, 개발도상국 사람들에게 시력 교정, 깨끗한 물, 안전한 출산, 온정을 선물로 주기 위한 캠페인을 진행하고 있다.

탐스슈즈의 'One for One' 캠페인은 2006년 창립자가 아르헨티나 어린이들이 발을 보호할 만한 신발이 없다는 것을 알게 되면서 시작되었다.

기업이미지 캠페인 **기업이미지 캠페인**(corporate image campaign)은 기업브랜드에 대한 전반적인 연상을 창출하기 위한 것으로, 개별 제품이나 하위브랜드는 강조되지 않는다.[43] 대개 기업브랜드가 제품의 브랜드 전략에서 큰 비중을 차지하는 경우 기업이미지 캠페인에 많은 비용을 지출하기

마련이다. 예를 들어 애플, 구글, GE, 토요타, 브리티시텔레콤(British Telecom), IBM, 노바티스 (Novartis), 도이치은행(Deutsche Bank) 등은 기업이미지 캠페인에 많은 투자를 하는 대표적인 기업들이다.

기업이미지 캠페인은 시간과 비용을 낭비하는 '자아도취'의 의미 없는 커뮤니케이션이라는 비판을 받아왔으며 소비자들에게 무시되기 십상이다. 그러나 강력한 캠페인은 기업브랜드의 의미에 빛을 발하게 하고 기업브랜드를 사용하고 있는 자사 개별 제품들에 대한 연상에 긍정적인 영향을 미침으로써 다양한 마케팅 성과를 기대할 수 있다. 바로 필립스(Philips)가 그러했다.

필립스

최근 몇 년 동안 필립스는 자사가 생산하는 제품들과 사업운영 방식을 단순화하는 데 주력했다. 2013년 11월, 필립스는 단순성의 원칙에 기반을 두어 자사의 혁신 의지가 반영되도록 설계된 새로운 유선형의 쉴드 모양 로고를 공개했다. 필립스는 또한 의미 있는 혁신을 통해 사람들의 삶을 개선한다는 기업사명을 강조하는 'Innovation and You'라는 새로운 슬로건도 공개했다.[44] 최신 제품 중 하나인 노렐코 원블레이드(Norelco OneBlade)의 'You only need OneBlade'라는 슬로건 또한 단순성의 원칙에 기반을 둔 혁신 사명을 반영하고 있다. 보다 소비자 친화적인 브랜드로 회사를 리포지셔닝하기 위해 필립스는 2004년에 수년간 전개했던 글로벌 기업광고 캠페인을 다시 시작했다. 9년 동안 사용했던 'Let's Make Things Better' 슬로건은 'Sense and Simplicity'라는 새로운 슬로건으로 대체되었다. 광고에서는 앰비라이트(Ambilight)가 탑재된 평면 TV, 하드디스크가 내장된 HDRW720 DVD 레코더, 소닉케어 엘리트(Sonicare Elite) 칫솔과 같은 혁신적인 제품들을 선보였으며, 모두 사용자의 세련된 라이프스타일에 자연스럽게 부합하는 제품임을 어필했다. 필립스의 CEO인 헤라르트 클레이스테를레이(Gerard Kleisterlee)는 "혁신을 향한 우리의 길은 복잡성에 있는 것이 아니라 단순성에 있습니다. 우리는 이렇게 가는 것이 새롭고도 멋진 길이라는 걸 믿습니다"라고 말했다.[45]

필립스는 소비자 친화적인 브랜드 포지셔닝의 양대 축을 혁신과 단순성에 두고 있다.

그러나 기업이미지 캠페인의 성공 가능성을 극대화하기 위해 마케터는 기업이미지 캠페인의 목표를 사전에 명확하게 정해야 하고, 캠페인의 결과를 목표에 대비해서 신중하게 측정해야 한다.[46] 기업이미지 캠페인 목표로는 다음과 같은 것이 있다.[47]

- 기업 인지도 제고 및 자사 사업 분야에 대한 인지도 제고

- 기업에 대한 신뢰도와 호의적인 태도 제고
- 자사 제품들의 마케팅에 활용될 수 있는 신념 창출
- 금융계에 우호적인 인상 조성
- 직원들의 사기 진작 및 우수 직원 유치
- 특정 이슈에 대한 여론 형성

고객 기반 브랜드자산 구축 관점에서 보면 처음 세 가지 목표가 특히 중요하다. 기업이미지 캠페인을 통해 기업인지도를 높이고 호의적인 이미지를 구축할 수 있다. 높은 인지도와 호의적인 이미지는 기업에 대한 소비자 평가에 좋은 영향을 미치고, 기업이 판매하고 있는 개별 제품들의 하위브랜드자산 구축에 긍정적 영향을 미친다. 그러나 후자의 세 가지 목표가 더 중요한 경우도 있다.[48]

기업이미지 캠페인은 M&A를 고려하는 경우 유용할 수 있다. 금융 서비스 산업의 통합 움직임으로 취리히 보험, UBS 은행과 같은 기업들이 강력한 기업브랜드 전략을 수립하고 실행한 바 있다.

제품광고와 마찬가지로 기업이미지 캠페인도 더욱 창의적이 되고 있으며, 디지털전략이 이제는 선택이 아니라 필수가 되어가고 있다. 그리고 콘아그라푸드(ConAgra Foods)의 아동 기아 퇴치 캠페인, 존슨앤드존슨의 'Care to Recycle' 캠페인과 같이 공익 소구를 통해 소비자들에게 어필하는 캠페인이 늘고 있다.

자사 제품들에 대한 구체적인 언급 없이 추상적인 용어로 기업브랜드를 표현하는 기업이미지 캠페인과는 달리, **브랜드라인 캠페인**(brand line campaign)은 하나의 특정 브랜드와 연관된 다양한 제품을 어필한다. 동일한 브랜드를 이용하는 여러 제품의 다양한 용도와 편익을 소비자에게 보여줌으로써 해당 브랜드의 인지도를 높이고 브랜드가 지닌 의미를 명확히 하며, 추가적인 용도를 알려주는 역할을 수행한다. 제너럴밀스(General Mills)의 경우처럼, 해당 브랜드의 제품들이 공유하고 있는 공통적인 요소를 강조하는 브랜드라인 캠페인도 종종 볼 수 있다.

제너럴밀스

2004년, 제너럴밀스는 모든 곡물을 100% 통곡물로 만들기로 결정하였고 자사 제품의 각 볼마다 최소 1/2인분(8그램)의 통곡물을 제공하였다. 당시에 심장병, 특정 암 및 당뇨병과 같은 만성질환의 위험을 감소시켜주는 등 통곡물의 많은 이점에도 불구하고, 미국 소비자의 5%만이 미국 식생활 가이드라인에서 권장하는 '매일 최소 3회 섭취' 분량을 먹고 있었다. 소비자들은 통곡물이 무엇인지도 잘 몰랐고 통곡물이 왜 중요한지도 잘 몰랐다. 소비자들이 시리얼 상자를 평균 2.7번 읽는다는 조사 결과를 바탕으로 제너럴밀스는 미국 농무부의 식품가이드를 이용하여 모든 제품 패키지에 100% 통곡물 시리얼의 건강상 이점을 홍보하였다. 또한 통곡물로의 전환을 권장하는 광고 캠페인을 전개하였다. 이 캠페인은 매년 미국 식단에 15억 명 분의 통곡물이 추가되게 하는 등 큰 성공을 거두었다. 2011년 제너럴밀스는 인기 있는 주간 토크쇼 진행자인 트래비스 스토크(Travis Stork) 박사와 협력하여 도움이 필요한 가족에게 100만 명 분의 통곡물을 기부하기도 하였다.[49] 2015년에 제너럴밀스는 2년 이내에 모든 곡물에 천연성분만을 사용하는 것을 목표로, 모든 곡물에서 인공 향과 색소를 제거하겠다고 약속하였다.[50]

기업브랜드네임 변경 기업브랜드네임은 여러 가지 이유로 바뀌게 되는 경우가 있다. 그러나 꼭 바꿔야만 하는 합리적이고도 정당한 이유가 있어야 한다.

변경 이유   합병 또는 인수로 인해 네이밍 전략을 재평가하고 새로운 맥락에서 각 브랜드의 현 자산과 잠재적 자산을 평가하게 된다.[51]

- 합병 또는 인수에 있어서 2개의 기존 기업브랜드가 모두 다 강력한 경우, 두 기업브랜드네임을 조합하여 새로운 기업명이 탄생할 수 있다. 예를 들어 페덱스와 킨코스(Kinko's)가 단일 법인으로 합병되어서 페덱스킨코스(FedExKinko's)로 기업명이 바뀌었고, JP모건앤드컴퍼니(J.P. Morgan & Co)와 체이스맨해튼코퍼레이션(Chase Manhattan Corporation)의 합병으로 JP모건체이스(JPMorgan Chase)라는 새로운 기업명이 탄생하였다.

- 두 기업 간에 브랜드자산이 서로 다른 경우에는 일반적으로 더 강력한 브랜드자산을 갖고 있는 기업브랜드를 선택하고 다른 기업브랜드는 하위브랜드로 전락하거나 혹은 완전히 제거된다. 시티코프(Citicorp)와 트래블러스(Travelers)가 합병했을 때, 트래블러스의 빨간 우산 심벌이 새로운 브랜드 로고의 일부로 남았지만 기업명은 시티코프만 남고 트래블러스는 기업브랜드네임에서 제거되었다. 마찬가지로, 유나이티드(United)와 콘티넨탈(Continental)이 합병했을 때 콘티넨탈의 지구 모양 로고가 새로운 브랜드 로고의 일부로 남았지만 기업명은 유나이티드만 남고 콘티넨탈은 기업명에서 제거되었다.

- 마지막으로, 두 기업 모두 브랜드자산이 변변치 않다면 기업의 새로운 역량을 잘 나타낼 수 있는 완전히 새로운 기업브랜드네임으로 시작할 수 있다.

기업 인수 시에 브랜드네임을 감정하는 데는 확실히 많은 미묘한 차이가 존재하며, 새로 획득한 브랜드의 네이밍 전략 및 새로 획득한 브랜드 관리에 있어서 중요한 고려사항들이 있다. 브랜딩 과학 12-3에서 브랜드 인수에 대해 연구자들이 밝혀낸 내용을 살펴본다.

합병 및 인수로 인해 브랜드네임 변경이 필요할 수 있지만 브랜드 매각, 차입 매수, 자산 매각을 비롯한 다른 요인도 기업브랜드네임 변경을 유발할 수 있다. 아서앤더슨(Arthur Andersen)의 기업컨설팅 부서였던 앤더슨컨설팅(Andersen Consulting)은 중재 재판관의 판결에 따라 아서앤더슨에서 분리할 수 있게 되었을 때 연말까지 이전의 브랜드네임 사용을 중단해야 했다. 광범위한 네이밍 검색 및 리브랜딩 프로젝트 후 회사는 '액센츄어(Accenture)'로 이름을 변경했다. 이는 '미래에 악센트를 두다(accent on the future)'라는 의미로 직원 제안에 따른 것이었다. 2002년, 아서앤더슨이 엔론(Enron)의 회계부정을 고의로 덮어줬다는 스캔들의 여파로 공무집행방해죄로 유죄판결을 받고 사업 운영을 중단했던 바로 그때, 우연하게도 새로운 이름을 갖게 된 것이다. 만일 브랜드네임을 바꾸지 않고 그대로 예전의 앤더슨컨설팅이라는 이름을 사용하고 있었다면, 이 사건으로 인한 아서앤더슨의 일부 부정적인 인식이 앤더슨컨설팅 브랜드로 이전되었을 것이다.

기업 전략을 둘러싼 중대한 변화 또한 기업브랜드네임 변경을 필요로 할 수 있다. US스틸(U.S. Steel)은 철강, 금속 이외에 에너지부문으로 다각화하면서 기업브랜드네임을 USX로 변경했다. 앨러게이니항공(Allegheny Airlines)은 지역항공사에서 국내항공사로 전환되면서 기업브랜드네임을 US에어(US Air)로 변경했으며, 나중에는 국제항공사로 인식되기 위해 US항공(USAirways)로 변경했다. 마지막으로, 기업에게 스캔들이 터졌을 때 기업브랜드네임을 변경하고자 하는 욕구가 생긴다. 그러나 새로운 이름이 기업의 손상된 평판을 복구할 수는 없으며, 전문가들은 나쁜 평판 속에서는 변경하지 말라고 조언한다. 그렇지 않으면 새로운 이름에 오명과 사람들의 의심이 따르게 될 것이라고 한다. 랜스암스트롱재단(Lance Armstrong Foundation)이 설립자이자 사이클 선수

브랜딩 과학 12 - 3

브랜드를 거래하다!

마케팅 세계에는 브랜드를 사고파는 사례들로 넘쳐난다. 제품과 브랜드를 구축하는 것은 시간이 많이 걸리고 비용도 많이 든다. 무엇보다 신제품 실패율이 높다. 한 가지 중요한 것은, 어느 기업이 그 브랜드를 소유하고 있는가에 따라 해당 브랜드의 성장 전망이 달라진다는 것이다. 이는 특히 합병이나 인수 상황에서 고려되는 사항이다. 많은 기업이 경쟁우위를 강화하거나 새로운 세분시장에서 입지를 구축하기 위해 외부 소스로부터 브랜드를 획득한다. 예를 들어 에스티로더(Estee Lauder)는 프랑스 파리에 기반을 둔 프레스티지 향수 브랜드인 바이킬리안(By Kilian)을 비공개 금액에 인수했다고 발표한 바 있다. 또한 현재 닥터페퍼스내플그룹이 소유한 낸터킷넥타(Nantucket Nectars)는 캐드버리슈웹스(Cadbury Schweppes PLC)에게서 인수해온 브랜드이다. 캐드버리슈웹스는 오션스프레이(Ocean Spray)로부터 브랜드를 인수한 바 있다. 표 12-2에는 지난 몇 년 동안 대중의 높은 관심을 받았던 브랜드 인수 예가 인수가격과 함께 나열되어 있다. 브랜드 인수가 빈번해지고 그 범위도 넓어지면서 관련 학술 연구논문이 잇따르고 있다.

인수와 관련해서 드는 핵심적인 의문은, 이러한 브랜드 인수가 시장 점유율을 높이고 주주가치를 증대시킴으로써 인수기업에게 이익이 되는지 여부이다. 그렇다면, 어떤 인수 조건에서 그러할까?

연구자들은 대체로 인수 기업의 마케팅 역량이 높을수록 투자자들이 브랜드 인수 가치를 높게 평가한다는 것을 발견했다. 한 연구에서는 B2C업계에서 있었던 20년 동안의 브랜드 인수 발표에 대한 주식시장 데이터를 수집해, 주주들이 기업의 인수 발표에 어떻게 반응했는지 조사했다. 그들의 조사 결과는, 인수 대상 기업에서 인수 기업으로 브랜드를 성공적으로 이전시키기 위해서는 기업이 내부적으로 사용 가능한 자원의 특성 등을 신중하게 고려해야 한다는 것을 시사하고 있었다. 조사 결과에 따르면, 성공적인 브랜드 이전을 위해서는 다음과 같은 조건을 충족시키는지 확인해야 한다. (1) 인수 대상 브랜드가 강력한 브랜드자산을 가진 브랜드이고, (2) 인수 기업이 조직적인 강력한 마케팅 관리 능력을 보유하고 있고, (3) 인수 기업의 사업다각화 수준이 낮은 경우 성공 가능

성이 높아진다. 브랜드네임 변경에 따른 잠재력도 인수 성공의 한 요인이다. 투자자들은 인수 후 브랜드네임의 대거 변경으로 인한 브랜드자산의 리스크가 꽤 크다는 것을 잘 알고 있기 때문이다.

종합하면, 신제품 개발 비용이 너무 많이 들고 신제품 실패율이 너무 높은 상황에서, 브랜드 인수는 유기적 성장에 대한 실행 가능한 대안이 된다. 인수의 성패는 인수한 브랜드에 포커스를 유지하고 자원을 얼마나 활용하는가에 크게 좌우된다. 인수 후에 경시되거나 잊히는 브랜드도 적지 않다. 특히 기업이 많은 브랜드를 보유하고 있는 경우에는 더욱 그렇다. 인수 성공을 위해서는 인수 브랜드에 대한 포커스 유지와 자원 활용 외에도, 자사 브랜드 아키텍처에 미치는 영향 및 브랜드네임 변경을 신중하게 고려해야 할 것이다. 이 과정에서 당연히 기업의 마케팅 역량 및 브랜드 역량을 함께 고려해야 할 것이다.

출처 : Kevin Lane Keller and Don Lehmann, "Assessing Brand Potential," in special issue, "Brand Value and Valuation," of *Journal of Brand Management* 17, eds. Randall Raggio and Robert P. Leone (September 2009): 6–17; Kevin Lane Keller and David A. Aaker, "The Effects of Sequential Introduction of Brand Extensions," *Journal of Marketing Research* 29 (February 1992): 35–50; Randle Raggio and Robert P. Leone, "The Theoretical Separation of Brand Equity and Brand Value: Managerial Implications for Strategic Planning," *Journal of Brand Management* 14 (May 2007): 380–395; Yana Damoiseau, William C. Black, and Randle D. Raggio, "Brand Creation vs. Acquisition in Portfolio Expansion Strategy," *Journal of Product & Brand Management* 20, no. 4 (2011): 268–281; Michael A. Wiles, Neil A. Morgan, and Lopo L. Rego, "The Effect of Brand Acquisition and Disposal on Stock Returns," *Journal of Marketing* 76, no. 1, (2012): 38–58; S. Cem Bahadir, Sundar G. Bharadwaj, and Rajendra K. Srivastava (2008), "Financial Value of Brands in Mergers and Acquisitions: Is Value in the Eye of the Beholder?," *Journal of Marketing* 72 (November) 49–64; Casey Newmeyer, Vanitha Swaminathan, and John Hulland (2016), "When Products and Brands Trade Hands: A Framework for Acquisition Success," *Journal of Marketing Theory and Practice* 24 (2), 129–146.

표 12-2 연도별 주요 인수 목록

연도	인수 기업	인수 대상	인수가격(단위 : 십억 달러)
2000	제너럴밀스	필스버리	10.5
2005	프록터앤드갬블	질레트	57
2006	존슨앤드존슨	화이자	16.6
2007	코카콜라	비타민워터	4.1
2010	제너럴밀스	마운틴하이요거트	84.8
2013	페어팩스파이낸셜	블랙베리	5
2016	마이크로소프트	링크드인	28.1

였던 랜스 암스트롱(Lance Armstrong)이 도핑으로 명예가 실추되자 그와 거리를 두기 위해 재단의 이름을 리브스트롱재단(Livestrong Foundation)으로 변경했던 사례를 생각해보라.

변경을 위한 가이드라인 기업브랜드네임을 바꾸면 성장기회가 생길 수 있지만 전문가들은 신중하게 접근해야 한다고 입을 모은다. 브랜드네임 변경은 일반적으로 복잡하고 시간이 많이 소요되며 비용이 많이 든다. 따라서 대중을 움직이게 할 수 있는 마케팅과 재정적인 사항이 뒷받침되며 적절한 지원 마케팅 프로그램이 시행될 수 있는 경우에만 브랜드네임을 변경해야 한다. 새로운 기업브랜드 네임으로 제품이나 기타 결함 등을 숨길 수는 없으며, 사용 가능한 네임인지, 적절한지를 확인하기 위해 광범위한 법적 및 URL 검사가 필요하다. 리브랜딩 캠페인을 전개하게 되면 대개 이전 브랜드네임에 대한 인식과 로열티는 상실하게 되는 것으로 봐야 한다.

4장에서 논의한 다양한 브랜딩 문제는 기업브랜드 네임을 선택하거나 변경하는 것과 관련이 있다. 기업 브랜딩 전략 및 마케팅 목표를 감안할 때 기업은 기억 용이성, 유의미성, 호감도, 보호 가능성, 적응 가능성, 이전 가능성 측면에서 브랜드네임 대안을 평가해야 한다. 소비재 시장이 주요 표적시장인 경우 브랜드네임은 제품의 특징, 편익 또는 가치를 반영하거나 암시하는 이름으로 선택할 수 있다. 콘솔리데이티드푸드(Consolidated Foods)는 사라리코퍼레이션(Sara Lee Corporation)으로, 블루리본스포츠(Blue Ribbon Sports)는 나이키로, 스타벅스커피는 스타벅스로, 애플컴퓨터는 애플로 변경되었다. 또한 브랜드네임 변경을 통해 기업의 전략적 방향을 명확히 할 수도 있다. 2015년 구글은 지금까지 진행한 모든 사업을 알파벳이라는 지주회사 아래 자회사로 전부 편입한다고 발표했다. 이를 통해 구글은 검색 서비스의 대명사인 구글이라는 이름에서 탈피해 다양한 새로운 벤처사업을 전개할 수 있게 되었다.

기업이 새로운 이름을 선택하면 직원, 고객, 공급업자, 투자자, 일반 대중에게 새로운 이름을 알리는 실질적인 과업이 시작된다. 종종 새로운 마케팅 캠페인을 시작하고 백지상태에서 일을 시작하게 된다. 기업 리브랜딩은 시간과 자원이 많이 요구되는 프로세스로, 성공을 위해 총력을 기울여야 한다.

리브랜딩을 너무 서둘러서 빨리 진행하지 않는 것도 중요하다. 어떤 형태로든 브랜드 아키텍처를 업데이트할 때는 브랜드자산을 최대한 강화하지는 않더라도 최소한 유지는 하는 것을 목표로 해야 한다. 예를 들어 메이시스(Macy's)가 2005년 8월에 메이백화점(May Department Stores)과 시카고의 소매 아이콘인 마셜 필드(Marshall Field)를 인수했을 때 브랜드 변경 노력은 고객의 호응을 얻지 못했다. 리브랜딩에 대한 초기 반응은 사람들이 대개는 변화에 저항하기 때문에 거의 항상 부정적인 편이다. 특히 반응이 너무 냉혹하면 기업은 결국 새로운 이름을 포기하기도 한다. 갭은 현대적인 느낌을 주기 위해 로고 변경을 시도했다. 그러나 새로운 로고가 별 특징이 없고 너무 단조롭고 저렴해 보이고 조잡해 보인다는 비판을 받았다. 일주일 만에 갭은 원래의 로고로 돌아왔다.

유나이티드항공의 지주회사인 UAL은 허츠 렌터카와 웨스틴(Westin) 호텔, 힐튼인터내셔널(Hilton International) 호텔을 인수하면서, 원스톱 여행옵션을 반영하기 위해 새로운 이름이 필요하다고 판단하였다. 결국, '충성을 다 한다'는 뜻의 'allegiance'와 '방패'를 뜻하는 'aegis'의 합성어인 '알레지스(Allegis)'로 기업브랜드네임을 변경하였다. 대중의 반응은 확실히 부정적이었다. 평론가들은 그 이름이 발음하기 어렵고 가식적으로 들리며 여행 서비스와는 관련이 없다고 비판하였다. 이전에 UAL의 대주주였던 도널드 트럼프는 새 이름이 '차세대 세계적 수준의 질병에 더 어울리는 이름'이라고 혹평하였다. 6주 동안 700만 달러의 연구비와 홍보비용을 지출한 후 기업은 '알레지스'라는 이름을 그들의 호텔 및 자동차 임대사업과 함께 없애버리고, 기업명을 유나이티드항공으로 다시 변경하였다.[52]

하지만, 적절하게 선택되고 잘 관리된 새 브랜드네임은 시간이 지남에 따라 사람들에게 친숙해지고 수용되어 갈 것이다. 브랜드 노출과 사용에 있어서 통일성과 일관성을 높이기 위한 가이드 라인이 있다면 더욱 효과적인 브랜드 관리가 가능하며, 브랜드네임이 바뀌면서 수정되는 브랜드 헌장에 이 가이드 라인 내용이 포함되어야 할 것이다(8장 참조).

브랜드 아키텍처 가이드라인

브랜드 아키텍처를 마케팅의 예술 혹은 마케팅의 과학이라고 한다. 브랜드 아키텍처의 경우 규칙을 수립하고 일관성을 유지하는 것이 중요하다. 그러나 동시에 유연하고 창의적인 것도 중요하다. 브랜드 아키텍처 문제에 대한 완전한 솔루션은 없으며 효과적인 브랜딩 전략은 기업에 따라, 제품에 따라 달라지는 것이어서 어느 기업이든 어느 제품이든 간에 효과적인 유일한 브랜딩 전략은 존재하지 않는다. 한 기업 내에서도 제품에 따라 서로 다른 브랜딩 전략이 적용될 수 있다. 즉 한 기업 내에서도 하이브리드 브랜딩 전략이 효과적인 경우가 많으며, 마케터는 각기 다른 제품들에 대해 서로 다른 브랜딩 전략을 채택할 수 있다.

예를 들어 밀러는 밀러하이라이프(Miller High Life), 밀러라이트(Miller Lite), 밀러제뉴인드래프트(Miller Genuine Draft) 같이 자사가 판매하는 여러 맥주 제품에 대해 기업브랜드와 다양한 하위브랜드를 결합한 형태를 오랫동안 사용했다. 하지만 무알코올의 맥주대체음료에는 '샵스(Sharp's)', 아이스 맥주에는 '아이스하우스(Icehouse)', 저가 맥주에는 '밀워키베스트(Milwaukee's Best)'라는 브랜드로 출시하였으며, 이들 제품에는 '밀러'에서 출시된 제품이라는 것을 식별할 만한 아무런 정보도 명시하고 있지 않다. 해당 제품의 타깃 소비자에게는 기업브랜드를 패밀리브랜드로 사용하는 것이 적절치 않고 좋은 평가를 받지 못할 것이라고 판단했다.

기업의 브랜드 아키텍처는 기업 목표, 소비자 행동, 경쟁 상황에 따라 달라질 수 있으며, 또한 제품과 시장의 성격에 따라 특정 브랜드 요소가 더 강조될 수도 있고 덜 강조될 수도 있다. 듀폰의 경우를 예로 들어보면, 기업브랜드가 더 가치 있게 여겨질 수 있는 산업재 시장에서는 '듀폰(DuPont)'이라는 기업브랜드가 하위브랜드보다 더 강조되고 있다. 반면, 소비재 시장에서는 '듀폰'이라는 기업브랜드보다 '테프론(Teflon)'과 같은 하위브랜드가 더 의미가 있을 수 있기 때문에 하위브랜드가 더 강조되고 있다. 이처럼, 타깃으로 하는 해당 시장에 따라 상대적으로 더 강조되는 브랜드 수준이 달라진다.

브랜드 아키텍처 전략을 평가할 때는 다음과 같은 몇 가지 질문을 해봐야 한다.

- 브랜드 포트폴리오의 경우 모든 브랜드마다 역할 분담이 되어 있는가? 포트폴리오 내의 브랜드들로 시장 커버리지가 극대화되고 브랜드마다 차별화되어 있는가?
- 브랜드 하이어라키의 경우 브랜드 확장 잠재력이 있는가? 동일한 제품 카테고리 내에서의 확장인가, 아니면 다른 제품 카테고리로의 확장인가? 브랜드가 과도하게 확장되지는 않았

는가?

- 모브랜드의 브랜드자산 중 어떤 부분이 개별 제품에 긍정적으로 혹은 부정적으로 이전되는 가? 개별 제품에서 모브랜드로의 피드백 효과는 어떠한가?
- 다양한 브랜딩 배치로 인한 이익흐름은 어떠한가? 각 브랜드는 얼마나 많은 매출을 올리며 얼마나 많은 비용을 지출하는가? 각 브랜드 간에 크로스셀링 기회가 존재하는가?

마케터는 이러한 질문에 답하고 최적의 브랜드 아키텍처 전략을 수립해야 하는데, 이때 다음 여섯 가지 지침을 염두에 두어야 한다.

1. 철저하게 고객 중심적이어야 한다. 고객이 무엇을 알고 있고 무엇을 원하는지, 그리고 어떻게 행동할지 인식하고 있어야 한다.
2. 광범위하고 강력한 브랜드 플랫폼을 만들어야 한다. 강력한 엄브렐러 브랜드는 매우 바람직하 다. 시너지효과와 흐름을 극대화해야 한다.
3. 과도한 브랜딩은 피해야 하며, 너무 많은 브랜드를 갖고 있지 말아야 한다. 예를 들어 하이테크 제품은 종종 모든 기능 혹은 요소마다 지나치게 다 브랜딩함으로써 많은 비판을 받는다. 그 효과라고 해봤자 로고와 스티커가 여기저기 붙어 있는 나스카(NASCAR) 레이싱 카와 다를 바 없다.
4. 하위브랜드를 선택적으로 사용한다. 하위브랜드는 같은 상위브랜드를 사용하고 있는 제품들 과의 관련성과 차별성을 전달할 수 있으며 브랜드를 보완하고 강화하는 수단이다.
5. 브랜드를 선택적으로 확장한다. 13장에서 설명한 바와 같이 브랜드 확장을 통해 새로운 브랜 드자산을 구축하는 동시에 기존 브랜드자산도 강화할 수 있어야 한다.
6. 브랜드 인수가 현재의 브랜드 아키텍처와 잘 맞아야 한다. 인수 후의 갑작스러운 리브랜딩은 부 정적인 결과를 초래해 고객을 잃을 수 있다.

요약

브랜드자산 관리의 핵심은 적절한 브랜딩 전략을 채택하는 데 있다. 제품의 브랜드네임은 일반적으로 서로 다른 이름들과 기타 브랜드 요소의 조합으로 구성된다. 기업의 브랜드 아키텍처 전략은 기업이 판매하는 다양한 제품이나 서비스에 브랜드 요소를 어떻게 적용할 것인가와 관련이 있다. 브랜드 아키텍처 전략을 개발하는 데 도움이 되는 몇 가지 도구가 있다. 고객, 자사 및 경쟁 상황을 고려하여 브랜드-제품 매트릭스, 브랜드 포트폴리오, 브랜드 하이어라키 등의 적절한 도구를 사용한다면 최적의 브랜드 아키텍처 전략을 수립할 수 있을 것이다.

브랜드-제품 매트릭스는 기업이 판매하는 모든 브랜드와 제품을 도표화한 것으로, 매트릭스의 행은 그 기업이 갖고 있는 브랜드로, 열은 그 기업이 판매하는 제품으로 이루어진다. 즉 매트릭스의 행은 한 기업이 보유한 각 브랜드로 판매되고 있는 제품의 숫자와 유형을 보여주는 것으로 브랜드-제품 간의 관계를 나타내는데, 이와 관련된 중요한 의사결정은 브랜드 확장 전략이다. 기존 브랜드로 새로운 제품으로의 확장 여부는 기존 브랜드의 자산이 신제품에 효과적으로 활용되는지 여부, 그리고 브랜드 확장이 기존 모브랜드의 자산에 얼마나 효과적으로 기여하는지에 따라 판단되어야 한다. 매트릭스의 열은 각 제품군에서 그 기업이 보유한 브랜드의 숫자와 특성을 보여주는 것으로 제품-브랜드 간의 관계를 나타내는데, 이와 관련된 중요한 의사결정은 브랜드 포트폴리오 전략이다.

따라서 브랜드-제품 매트릭스를 활용한 브랜드 전략은 다음 두 가지로 구분된다. 첫 번째는 브랜드 전략의 폭에 관한 결정으로, 이는 브랜드-제품 간의 관계를 나타내는 브랜드 확장 전략을 수립하는 것이다. 두 번째는 브랜드 전략의 깊이에 관한 결정으로, 이는 제품-브랜드 간의 관계를 나타내는 브랜드 포트폴리오 전략을 수립하는 것이다.

기업은 서로 다른, 그리고 잠재적으로 상호 배타적인 세분시장들을 공략하기 위해 동일한 제품 카테고리에 복수의 브랜드를 제공할 수 있다. 브랜드 포트폴리오 내에서 각 브랜드들은 매우 전문적인 역할을 담당할 수 있다. 이러한 역할에 따른 브랜드 분류를 해보면 다음과 같다—주력브랜드를 보호하기 위한 방패 브랜드, 고객 프랜차이즈를 확장하기 위한 보급형 염가브랜드, 전체 브랜드라인의 가치를 높이기 위한 최고급형 브랜드, 잠재적으로 실현 가능한 모든 이익을 착유하는 돈줄 브랜드. 마케터는 각 브랜드가 기업을 위해 무엇을 해야 하는지, 더 중요하게는 고객을 위해 각 브랜드가 무엇을 하기를 자기 기업이 원하는지를 정확하게 이해하고 있어야 한다.

브랜드하이어라키는 기업의 전체 제품에 적용되는 브랜드 유형 간의 위계구조를 보여주는 것으로, 대개 하이어라키의 위계수준에 따라 기업브랜드, 패밀리브랜드, 개별브랜드, 브랜드 수식어 네 가지 유형의 브랜드 수준으로 구분된다.

브랜드하이어라키를 설계할 때 마케터는 신제품의 브랜드네임을 결정하는 데 있어서 몇 개의 브랜드 수준을 결합시킬 것인지(일반적으로 2~3개), 복수의 브랜드 수준을 사용한다면 각 브랜드 수준의 상대적인 현저성을 어떻게 둘 것인지를 결정해야 한다. 일반적으로 기업브랜드 혹은 패밀리브랜드와 개별브랜드를 결합하는 하위브랜드 전략이 많이 사용된다. 마케터가 하위브랜드 전략과 같이 복수의 브랜드 수준을 브랜드네임에 사용하는 경우, 각 브랜드 요소의 상대적인 중요도에 따라 현저성이 결정된다. 특정 브랜드 수준이 얼마나 두드러져 보이는가는 전체 브랜드네임에서 차지하는 순서, 크기, 모양, 색상 등 여러 가지 요인에 의해 결정된다. 마케터는 한 브랜드가 여러 제품에 공통적으로 사용될 경우 왜 이들 제품에 이 브랜드를 공통적으로 사용하는지 소비자가 그 의미를 명확히 알 수 있게 해야 하고, 만일 제품마다 각기 다른 브랜드가 사용된다면 이들 제품의 관계 또한 소비자가 명확히 이해가 되게 해야 한다.

브랜드 하이어라키를 효과적으로 반영할 수 있도록 마케팅 프로그램을 설계해야 하는데, 마케터는 하이어라키의 각 위계수준 브랜드를 소비자에게 어떻게 인지시키고, 창출해야 할 바람직한 이미지는 무엇인지를 결정해야 한다. 둘 이상의 브랜드 수준을 결합하는 하위브랜드 전략을 채택한 경우, 브랜드자산 구축을 위해 관련성 원칙과 차별화 원칙에 따라 소비자 마음속에 각 브랜드 수준에 대한 브랜드지식을 구축해야 한다. 일반적으로 하위수준의 개별브랜드들에 기업브랜드나 패밀리브랜드와 관련된 연상을 공유시키는 것이 바람직하고, 동일한 위계수준의 브랜드들끼리는 서로 차별화시키는 것이 바람직하다.

기업브랜드 혹은 패밀리브랜드는 해당 브랜드를 사용하고 있는 제품들의 공통적인 제품 속성이나 편익 또는 태도, 사람과 관계, 프로그램 및 가치, 기업 신뢰도와 같이 브랜드를 차별화하기 위해 여러 가치 있는 연상을 구축할 수 있다. 기업 이미지는 기업이 판매하는 제품, 기업 활동, 기업이 소비자와 소통하는 방식과 같은 여러 요인에 영향을 받는다. 커뮤니케이션 전략은 기업브랜드에 대한 추상적인 연상에 초점을 맞추거나 혹은 브랜드라인을 구성하는 다양한 제품에 초점을 맞출 수 있다. 기업브랜드네임 변경 및 리브랜딩은 신중하게 접근해야 한다. 브랜드 인수 또는 합병으로 인한 기업브랜드네임 변경은 브랜드자산의 손실을 초래할 수 있다. 고객들이 부정적인 반응을 보일 수 있을 뿐만 아니라, 특히 투자자들이 인수 후 발생하는 기업브랜드네임 변경에 따른 리스크에 상당히 민감하게 반응하는 경향이 있다. 이런 경우 대개 브랜드자산에 불리하게 작용하게 된다.

브랜드 관련 영역에서 점점 더 중요해지고 있는 분야가 바로 기업의 사회적 책임이다. 기업은 그들의 말과 행동에 따른 환경적, 경제적, 사회적 영향의 중요성을 점점 더 크게 인식하고 있다. 최근 많은 기업이 자사의 브랜드를 고객들이 중요시하는 대의에 초점을 맞추기 위해 코즈마케팅을 전개하고 있는 것도 바로 그 때문이다. 많은 소비자가 기업의 제품·서비스의 환경적 측면을 고려하고 생산 및 폐기 방법에 대해서도 점점 더 많은 관심을 기울이고 있다.

토의 문제

1. 한 기업을 선택한 후 그 기업의 브랜드 포트폴리오와 브랜드 하이어라키의 특징을 가능한 한 완벽하게 분석하라. 그 기업의 브랜딩 전략을 어떻게 개선하겠는가?

2. IT기업은 그들의 브랜드네임을 어떻게 활용하며, 그들 기업에서 전형적으로 보이는 브랜드 아키텍처의 주요 특징은 무엇인가? 구글과 야후의 수년간의 브랜드 아키텍처를 예로 들어 비교분석하라.

3. 서로 다른 두 업종을 선택하고 각 업계 마켓리더의 브랜딩 전략과 브랜드 포트폴리오를 비교분석하라. 예를 들어 안호이저부시(Anheuser-Busch)의 버드와이저와 같은 브랜드 접근방식을 즉석 시리얼 제품군에서의 켈로그 접근방식과 비교해서 분석하라.

4. 제너럴모터스는 자사 제품들 간 차이점에 대해 소비자에게 더 잘 지각시키려고 한다. 이를 위해 어떤 제품 전략과 커뮤니케이션 전략을 사용하는 것이 바람직한가? 특정 포트폴리오 내에서의 브랜드 간 차별화를 강화하기 위해 온라인 디지털마케팅과 소셜 미디어를 어떻게 활용할 수 있는가?

5. 하이어라키의 여러 수준을 사용하여 브랜드 아키텍처를 구성한 기업을 조사하라. 이 기업들은 표 12-1에 정리된 브랜드 아키텍처 설계 원칙을 따르고 있는가? 그렇지 않다면 해당 기업의 브랜드 아키텍처를 어떻게 개선하는 것이 바람직한가?

6. 브랜드 인수에 관한 최근 뉴스 기사를 검색하라. 인수 기업의 입장에서 인수의 정당성을 제시하고, 인수의 장단점을 설명하라.

7. 브랜딩 브리프 12-3에 나열된 기업들은 대개 강력한 기업 평판을 가졌다. 이들 기업의 웹사이트를 통해 왜 그렇게 강력한 기업 평판을 갖게 되었는지 배경을 조사하라.

브랜드 포커스 12.0

기업의 사회적 책임(CSR)과 브랜드 전략

최근 몇 년 동안 많은 기업이 추진하고 있는 핵심 이니셔티브는 기업의 사회적 책임(corporate social responsibility, CSR)이다. 《포춘》 '500대 기업'에 선정된 미국과 영국의 기업들은 CSR 이니셔티브에 150억 달러 이상을 지출하고 있다.[53] 구글, 마이크로소프트, 오라클, 머크(Merck), 존슨앤존슨 등 많은 기업이 CSR 활동으로 유명하다. CSR 활동은 품질에 대한 시그널을 제공하며, 후광효과로 인해 해당 기업의 제품에 대한 소비자의 선호도를 높일 수 있다.[54] 뿐만 아니라 CSR 활동은 기업의 브랜드 이미지 구축에도 상당한 영향을 미친다. 그러나 이러한 CSR 활동의 시사점을 논하기 전에, 먼저 기업의 사회적 책임이 무엇인지 정의할 필요가 있다.

CSR은 가장 넓은 의미는 '비즈니스 행동이 사회에 미치는 영향'으로 정의되어 왔다.[55] 보다 구체적으로 CSR은 '사회에 대한 긍정적인 영향을 최대화하고 부정적인 영향을 최소화해야 하는 조직의 의무'로 정의된다.[56] 이처럼 CSR 활동은 광범위하게 정의되며, 코즈 연계 마케팅(cause-related marketing), 그린마케팅, 지속가능성 등 여러 관련 활동이 있다. 기업이 적극적으로 CSR 활동을 전개해야 하는 이유는 여러 가지를 들 수 있다. 2015년 닐슨(Nielsen) 보고서에 따르면, 전 세계적으로 66%의 사람이 지속가능성 활동을 전개하는 브랜드에 더 많은 비용을 지출할 의향이 있으며, 특히 밀레니얼 세대의 73%는 사회적 책임

을 다하는 기업의 제품이라면 기꺼이 지출할 의향이 있다고 답했다.[57] CSR 활동이 브랜드 인식을 향상하는 이유로는 다음과 같은 점을 들 수 있다.

- **정당성 증대.** 소비자 관점에서 CSR은 기업에게 정당성을 제공한다. 소비자는 높은 윤리 · 도덕적 기준을 가진 기업과 상호작용하는 것을 선호하며, 코즈마케팅을 전개하는 브랜드는 더 큰 인지도와 배려로 보상을 받는다. 예를 들어 타이드(Tide) 세제는 재난 구호 기금을 모으기 위한 'Loads of Hope' 프로그램을 진행할 때 코즈마케팅도 함께 전개했다. 예를 들어 허리케인 카트리나(Katrina)가 뉴올리언스를 강타했을 때 수백 명의 이재민을 대상으로 많은 양의 옷을 깨끗이 빨아주는 활동을 전개했다. 타이드는 2017년까지 전 세계 20곳 이상의 자연재해 지역을 대상으로 이 프로그램을 확대 실시했다. 'The Loads of Hope Clothing Drive'는 의류를 수집, 리뉴얼해 지역사회 사람들에게 기부하는 데 도움이 되었으며, 타이드 세제에 대한 상당히 긍정적인 퍼블리시티가 생성되었고, 소비자의 브랜드 인식을 강화했다.[58]

- 소비자는 CSR에 적극적인 기업은 적어도 넓은 관점에서 보았을 때 다른 기업들보다 고객을 더 많이 배려하는 기업이라고 생각하며, 신뢰할 수 있고 옳은 일을 하는 기업, 호감이 가는 기업이라고 생각하는

타이드의 'Loads of Hope' 프로그램은 의류 수집, 리뉴얼 및 지역사회 사람들의 기부를 이끎으로써 타이드 브랜드에 대한 긍정적인 퍼블리시티를 생성했다.

경향이 있다. 따라서 CSR은 기업 신뢰성의 여러 차원에 영향을 미칠 수 있다. 월풀(Whirlpool)은 해비타트 운동(Habitat for Humanity, 무주택 서민의 주거 해결을 위한 단체)과 함께 하는 'More Than Houses'라는 코즈마케팅 프로그램을 통해 소비자들로부터 많은 호응을 얻었다. 이 프로그램에서는 새 주택을 지을 때마다 전기레인지와 냉장고를 기부하는 활동을 했다. 월풀은 16년 동안 이 프로그램을 통해 8,500만 달러 이상을 기부했으며, 8,000명 이상의 회사 자원봉사자가 있었고, 10만 명 이상의 가족을 도왔다.[59]

- *브랜드 인지도 구축.* 브랜드 노출 특성으로 인해 CSR 프로그램은 브랜드 회상은 아니더라도 브랜드 재인을 높이는 데는 좋은 수단이 될 수 있다. 스폰서십이나 다른 간접적인 형태의 브랜드 구축을 위한 커뮤니케이션과 마찬가지로, 대부분의 CSR 프로그램은 특정 소비 상황 혹은 사용 상황에 브랜드를 연결 짓기보다는 브랜드 노출을 증가시키는 데 더 적합할 수 있다. CSR에 제품 관련 정보를 포함하는 것이 어렵거나 부적절할 수 있지만, CSR 프로그램을 전개하는 데 있어서 브랜드에 대한 반복적이고 두드러진 노출은 브랜드 재인을 높일 수 있기 때문이다.

- *브랜드 이미지 제고.* 대부분의 CSR 프로그램에는 제품 관련 정보가 많이 포함되어 있지 않기 때문에 보다 기능적이고 성능 관련 사항에는 큰 영향을 미치지 않을 것이다. 하지만 CSR을 통해 두 가지 유형의

추상적이거나 혹은 이미지 관련 연상을 브랜드에 연결할 수 있다. 첫째, CSR을 통해 브랜드 사용자가 친절하고 관대하며 선한 일을 하는 사람이라는 긍정적인 사용자 이미지를 구축할 수 있다. 둘째, CSR을 통해 사람을 배려하고 진실한 브랜드라는 브랜드 개성의 진정성 차원을 확실하게 강화할 수 있다.

- *브랜드감정 유발.* CSR에 특히 적용 가능한 브랜드감정의 두 가지 범주는 사회적 인정과 자기존중이다. 즉 CSR은 소비자가 다른 사람들 혹은 자기 자신에게 자신의 가치를 정당화하는 데 도움이 될 수 있다. CSR 프로그램에는 범퍼 스티커, 리본, 버튼, 티셔츠와 같이 소비자가 자신의 소속을 다른 사람에게 명확히 알리거나 신호를 보낼 수 있도록 소비자에게 일종의 유형적 심벌을 제공하는 것이 포함될 수 있다. CSR 프로그램은 또한 사람들에게 그들이 옳은 일을 하고 있고 그렇게 한 것에 대해 스스로 자부심을 느끼게 될 것이라는 생각을 심어줄 수 있다. CSR 활동과 관련된 이러한 감정을 경험할 수 있는 '내적인 성찰의 순간'을 제공하는 것이 유형적 심벌을 제공하는 것보다 더 중요할지 모른다. 코즈마케팅 프로그램의 긍정적인 결과, 그리고 소비자 참여가 성공에 크게 기여하는 방식을 어필하는 커뮤니케이션은 소비자의 브랜드감정 경험을 창출하는 데 효과적일 것이다. 소비자 참여의 중요성과 필요성을 강조하면서 소비자가 소득의 일정 비율 또는 지정된 금액을 기부하도록 하는 등의 특정 행동이나 성과를 제안해야 할 수도 있다.

- *브랜드 커뮤니티의 형성.* CSR과 잘 선택된 대의명분은 브랜드 사용자를 결집하는 포인트가 될 수 있고, 사용자로 하여금 다른 소비자 혹은 회사 직원들과 연결하는 포인트가 될 수 있으며 그들과 경험을 공유하게 하는 수단이 될 수도 있다.[60] 마음이 맞는 사람들의 커뮤니티는 주로 온라인에서 만들어진다. 마케터는 공익 문제(예 : 알츠하이머병, 암, 자폐증과 같은 의학적 문제)를 둘러싸고 생겨난 아주 긴밀하고 유대감이 강한 온라인 그룹을 활용할 수 있다. 브랜드는 이러한 온라인활동 노력이 보다 긍정적으로 비춰질 수 있도록 중심점 혹은 협력자의 역할을 할 수도 있다. 널리 알려진 CSR 캠페인 중 하나가 바로 ALS 아이스 버킷 챌린지이다.

- *브랜드 참여 유도.* CSR 프로그램의 일환으로 공익 활동에 참여함으

ALS 아이스 버킷 챌린지

아이스 버킷 챌린지(Ice Bucket Challenge)는 양동이에 담긴 얼음물을 자신의 머리 위에 쏟아붓는 독특한 활동이 포함된 캠페인이었다. 이 캠페인은 근위축성 측삭 경화증(ALS, 운동신경 질환으로 미국에서는 루게릭병으로도 알려짐)에 대한 인식을 제고하고 관련 연구에 대한 기부를 장려하기 위해 2014년에 시작되었다. 2014년 중반, 아이스 버킷 챌린지는 소셜 미디어에서 큰 반향을 일으켰고 많은 일반인과 유명인사, 정치인, 운동선수들이 이 이벤트에 참여하는 자신의 동영상을 온라인과 TV에 게시하였다. 《뉴욕타임스》의 기사에서 언급했듯이, 사람들은 페이스북에서 6월 1일부터 8월 13일까지 120만 개 이상의 동영상을 공유했으며, 트위터에서는 7월 29일부터 8월 17일까지 이 챌린지에 대한 언급이 220만 번 이상 있었다. 《뉴욕타임스》에 의하면, 이 챌린지가 확산된 지 몇 주 만에 ALS협회는 7월 29일부터 8월 21일까지 739,000명 이상의 새로운 기부자로부터 4,180만 달러의 기부금을 받았다고 한다. 이 금액은 2012년 2월 1일부터 2013년 1월 31일까지 한 해 동안 받은 1,940만 달러의 2배 이상의 금액이었다. 이 사례는 사회적인 공익과 관련된 경우 소셜 미디어의 영향이 얼마나 큰지를 보여주며, 이는 CSR 이니셔티브에 참여하는 기업에게도 중요한 시사점을 던져주고 있다.

ALS '아이스 버킷 챌린지'로 4,000만 달러 이상의 기부금이 모였다. 인지도를 높이기 위한 소셜 미디어의 중요성을 여실히 보여준 캠페인이었다.

로써 고객들의 적극적인 참여를 유도할 수 있다. CSR 프로그램 전개는 고객 자신이 브랜드 전도사나 홍보대사가 되어 브랜드에 대해 소통하고 다른 사람의 브랜드 유대감을 이끌게 하는 데 효과적이다. 기업 직원이 시간을 할애해 비영리 프로그램 운영을 돕는 식의 전략적 자원봉사 CSR 프로그램은 소비자로 하여금 공익 활동에도 브랜드에도 적극적으로 참여하고 관여하게 하는 데 효과적일 수 있다.

아마도 코즈 연계 마케팅의 가장 중요한 이점은 기업을 의인화함으로써 소비자가 기업과 강력하고 독특한 유대감을 가질 수 있도록 하는 데 효과적이라는 것이다. 주목할 만한 성공 사례는 맥도날드인데, 맥도날드의 각 프랜차이즈점은 지역사회와 긴밀한 관계를 오랫동안 유지해오고 있다. 로날드맥도날드자선재단(Ronald McDonald House Charities)은 전 세계 지역사회에서 약 365개의 로날드맥도날드하우스(Ronald McDonald House)와 로날드 맥도날드 케어 모바일(Ronald McDonald Care Mobile)을 지원하고 있으며, 도움이 필요한 어린이를 돕는 프로그램을 운영하는 비영리 단체에 보조금을 지급함으로써 아픈 어린이들과 그 가족을 위안하고 보살피고 있다. '로날드 맥도날드 캐릭터와 아이들과의 공감대'의 효과적인 활용은 로날드맥도날드하우스의 'do-good' 노력을 구체적으로 잘 보여준다. 잘 알려진 이 공익 프로그램으로 인해 맥도날드는 고객을 위한 기업, 고객을 잘 돌보고 있는 기업이라는 명성을 얻게 되었다.

코즈마케팅 프로그램의 설계

코즈마케팅은 교육, 건강, 환경, 예술 등과 관련된 다양한 형태로 전개될 수 있다. 일부 기업은 마케팅 우위를 점하기 위해 매우 전략적으로 코즈마케팅을 전개했다.[61] 토요타는 수년 동안 기업광고를 했는데, 가장 최근에는 'Moving Forward' 캠페인을 통해 자사가 미국 지역사회에 뿌리를 두고 있음을 어필하고 있다. 토요타에게 이 캠페인은 코즈마케팅의 일환인 동시에 COO(원산지)가 미국임을 어필함으로써 미국 국내 자동차 기업들과의 POP를 자사가 충족하고 있음을 효과적으로 강조하고 있다.

위험도 존재한다. 냉소적인 소비자들이 제품과 공익 사이의 연관성에 의문을 제기하고 결과적으로 기업을 이기적이고 착취적으로 보게 된다면 코즈마케팅 프로그램의 일환인 판촉 노력이 오히려 역효과를 낼 수도 있다. 브랜드자산의 이점을 실현하기 위해서 기업은 코즈마케팅을 효과적으로 브랜드화해야 한다. 특히 소비자에게는 공익과 브랜드 사이에 모종의 연결고리를 느낄 수 있게 해야 한다.[62] 그리고 CSR 활동을 전개하는 데 있어서 직원, 지역사회 혹은 환경의 특정 측면을 소홀히 함으로써 기업에 대한 부정적인 퍼블리시티가 생성된다면 기업이 위선적으로 비춰질 가능성이 있다. 기업에 대해 사람들이 느끼는 위선에 대한 연구 결과,[63] 위선에 대한 인식이 기업에 대한 소비자태도를 악화시킴으로써 기업의 CSR 노력이 약화할 수 있는 것으로 나타났다.

코즈마케팅이 소비자와 직원들에게 공감을 불러일으킴으로써 기업이미지를 개선하고 이들 구성원이 행동할 수 있도록 힘을 실어주는 것이 중요하다. 만일 차별점이라곤 없이 경쟁제품들과 거의 비슷한 제품이라면, 커뮤니티 관여도와 관심을 기반으로 하는 강력한 차별점(POD)으로 제품을 차별적으로 포지셔닝하는 것이 가장 좋은 방법이자 아마도 유일한 방법일 수도 있다.

그린마케팅

코즈마케팅의 구체적인 실현방안 중 하나는 바로 그린마케팅이다. 환경문제가 특히 유럽 쪽에서 마케팅 실무에 오랫동안 영향을 미쳤고, 최근 기업들은 환경이 고객과 주주, 따라서 기업의 수익에까지 중요한 영향을 미친다는 것을 점점 더 크게 인식하고 있다. 연구에 따르면, 환경은 청소년이 가장 신경 쓰는 5대 이슈 중 하나이다.

한 설문조사에 따르면 주요 선도 브랜드 중 3분의 2가 경쟁력을 유지하기 위해 지속가능성 이니셔티브가 중요하다고 생각하는 것으로 나타났다. 킴벌리클라크(Kimberly-Clark), HP, GE 등의 기업은 지속가능성 이니셔티브가 기업의 핵심적인 우선 사항이라고 강조한다. 킴벌리클라크의 한 고위 임원은 "지금 우리에게는 지속가능성의 전체 스펙트럼을 살펴보는 것이 중요하다"고 말했다. 킴벌리클라크는 빠르게 변화하

GE

GE는 친환경 제품을 고성장 사업으로 보고 있다. GE와 CEO인 제프리 이멜트(Jeffrey Immelt)는 2005년 에코매지네이션(Ecomagination)을 출범시켰다. 에코매지네이션이라는 이름은 현재 진행 중인 기업캠페인 'Imagination at Work'에서 따온 것이다. 이 이니셔티브는 '전력과 물을 효과적·효율적으로 생성하고, 연결하고, 사용하는' 방법에 초점을 맞췄으며, GE는 청정 기술에 대한 연구와 기술에 연간 15억 달러를 투자했다. 목표는 환경적 이점을 제공하는 제품과 서비스의 판매로 GE의 수익을 2배로 늘리고, 온실가스 배출을 줄이며, 운영 에너지 효율성을 개선하는 것이었다. GE는 B2B 고객, 투자자, 직원 및 고객을 대상으로 하는 에코매지네이션 광고캠페인을 전개했다. 투자자, 고객, 기타 이해관계자에게 보낸 2011년 서한에 따르면, 프로그램을 실시한 첫 5년 동안 다음과 같은 성과를 달성할 수 있었다.

- 50억 달러의 청정 기술 연구개발
- 에코매지네이션 제품 및 솔루션에서 850억 달러 매출
- 온실가스 배출량 22% 감소
- 물 사용량 30% 감소
- 1억 3,000만 달러의 에너지 효율성 절감

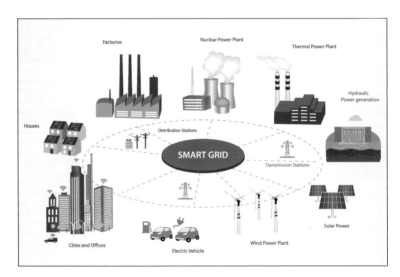

GE는 또한 'GE 기술이 생명을 불어넣는 데 도움을 주고 있는 더 스마트하고, 더 효율적이며, 더 지속가능한 전기에너지 그리드에 대한 비전'이라는 스마트 그리드(Smart Grid) 이니셔티브를 시작했다.[64] GE의 에코매지네이션과 스마트 그리드 이니셔티브는 GE를 세계 최고의 녹색 브랜드 중 하나로 변화시켰다. 풍력 및 태양광 발전과 같은 이니셔티브에 수백만 달러를 투자함으로써 GE의 평판이 바뀌었고, 고객과 투자자들에게 미래지향적이고 투명한 기업이라는 인식을 심어주었다.[65]

스마트 그리드 이니셔티브로 GE는 세계 최고의 브랜드 중 하나로 탈바꿈했다.

는 소비재 시장에서 2015년 자사 순매출의 25%를 지속가능한 제품으로 창출하고자 한다고 말했다.[66] GE가 추진하고 있는 일은 위 박스글에서 살펴볼 수 있다.

환경을 중시하는 많은 기업이 다양한 마케팅 이니셔티브를 수행했다. 자동차업계는 소비자들의 우려와 유가 상승이라는 이중의 문제에 대응하기 위해 저탄소·저배출 하이브리드 모델을 선보였다. 맥도날드는 표백하지 않은 포장지로 교체하고 폴리스티렌 폼 샌드위치 조개껍데기 포장을 종이랩과 경량 재활용 상자로 교체하는 등 이미 잘 알려진 여러 환경 이니셔티브를 수년 동안 도입해왔다.

그러나 브랜딩 관점에서 보면 그린마케팅 프로그램이 늘 성공적이었던 것은 아니다.[67] 대체 어떤 장애물이 있었던 것일까?

과도 노출 및 신뢰성 결여. 너무나 많은 기업이 환경과 관련된 주장을 했기 때문에 대중은 때때로 그 타당성에 회의적이었다. 제품이 유기농, 공정무역, 친환경이라고 주장할 때 그것은 무엇을 의미하는가? 쓰레기봉투의 분해 가능성과 같은 일부 친환경 주장에 대한 정부 조사 및 그 이면의 얼룩진 환경 기록에 대한 언론 보도는 소비자의 의구심을 키워 왔다. 이러한 간극으로 인해 많은 소비자가 환경적인 주장을 단지 마케팅 전략으로 간주하게 되었다.

소비자에게 더 많은 정보를 제공하려는 노력은 때때로 상황을 더 복잡하게 만들 뿐이다. 예를 들어 수백 가지의 다양한 제품 라벨이 도입되

었다. 환경 리더로서 역할을 추구하는 월마트는 2009년 공급업체와 제품들에 대해 환경친화적이고 지속가능한 다양한 요소에 따라 등급을 매기는 지속가능성 지수를 발표했다. 그러나 그러한 공식적인 등급을 실제로 구현하는 것이 어렵다는 것을 알게 된 월마트는 소비자에게 더 많은 제품 정보를 제공하는 데 전념한다고 발표했다.[68]

문제는 제품을 생산하고 소비하는 데는 항상 절충안이 필요하다는 것이다. 모든 제품은 그것이 얼마나 친환경적으로 보이거나 주장하는지 관계없이 어떤 방식으로든 환경에 영향을 미친다. 하나의 제품이 환경에 미치는 전체 영향을 이해하려면 원자재 투입부터 최종 폐기에 이르기까지 전체 생산 및 소비 과정을 이해해야 한다.

그리고 친환경 행동의 결과가 항상 명확한 것은 아니다. 스토니필드팜(Stonyfield Farm)의 설립자이자 CEO인 개리 허시버그(Gary Hirshberg)는 많은 사람이 재활용 가능한 포장지의 사용이야말로 환경친화적이라고 생각하지만, 스토니필드는 재활용이 불가능하고 사용한 후 버려야 하는 요구르트 컵으로 전환하여 탄소발자국을 더욱 줄였다. 매립지에 버려지는 식물로 만든 이 컵은 재활용 플라스틱 용기보다 온실가스를 훨씬 적게 배출한다.

마찬가지로 파타고니아(Patagonia)가 아웃도어 의류라인에서 섬유가 환경에 미치는 영향을 조사했을 때 가장 해로운 것은 석유 기반의 합성 섬유가 아닌 면이었다. 목화를 재배하려면 살충제를 사용해야 하기

때문이다. 파타고니아는 유기농 면으로 전환했지만 물을 너무 많이 필요로 한다는 단점이 있다. 청바지 한 벌을 만드는 데는 1,200갤런의 물이 필요할 수 있다는 것이다.[69]

기업의 환경 관련 주장을 소비자가 해독하는 것은 매우 어렵다. 이에 미국 정부는 기업들에게 보다 구체적으로 환경적인 주장을 입증할 것을 요구했다. 정부의 재활용 관련 인증을 받기 위해서는 제품 또는 포장지가 재활용되는 양, 그리고 재활용해 만들 수 있는 제품인지 아니면 제조 폐기물인지를 명시해야 한다. 연방거래위원회(FTC)는 제3자의 제품 테스트를 요구함으로써 모호하고 근거가 없는 주장에 대해 단속하고 있다. 예를 들어 제3자의 테스트를 통해 일반 제품들보다 더 효율적임을 입증하지 않는 한 기업은 자사 제품에 정부의 'Energy Star' 로고를 사용할 수 없다.[70]

소비자행동 널리 알려진 많은 사회적인 트렌드와 마찬가지로, 기업의 환경에 대한 인식은 현실적으로 상당히 복잡하며, 대중의 인식과 항상 완전히 일치하지는 않는다. 몇몇 연구는 환경에 대한 소비자태도를 파악하는 데 도움이 된다.

소비자들은 종종 친환경 제품을 지원하고 싶다고 말하지만, 그들의 행동이 그런 의도와 항상 일치하는 것은 아니다.[71] 대부분의 제품 부문에서 그들은 친환경 제품을 선택하기 위해 다른 옵션의 이점을 포기하지는 않는 것으로 보인다. 예를 들어 일부 소비자는 재활용 종이와 재활용 가정용품의 성능, 모양 또는 질감을 싫어한다. 일부 사람들은 기저귀와 같은 일회용품의 편리함을 포기하기를 꺼린다.

부실한 이행 그린마케팅의 대세에 뛰어들면서 많은 기업이 처음에는 그 이행에 있어서 매우 부실했다. 제품은 부적절하게 설계되고 가격은 비싸며 판촉은 효과적이지 못했다. 제품 품질이 개선되었다고 하더라도 광고는 여전히 과도하게 공격적이거나 설득력이 없어서 목표를 달성하지 못했다. 한 연구에 따르면, 특정 행동을 하도록 주장하는 식의 환경 메시지는 중요한 환경 대의명분에 가장 효과적이었지만, 그렇지 않은 경우는 부드러운 감화를 주는 메시지가 더 효과적인 것으로 나타났다.[72]

해결방안 유럽과 일본의 환경운동은 미국보다 오랜 역사와 확고한 기반이 있다. P&G는 유럽 시장에서는 세정제와 세제를 포함한 많은 기본적인 생활용품을 일회용 파우치에 들어 있는 리필로 제공하고 있다. P&G는 유럽 고객과 달리 미국 고객은 리필 파우치를 좋아하지 않을 것이라고 한다. 미국에서는 기업이 필요한 수익성을 유지하면서도 제품의 환경적 이점에 관한 소비자들의 바람을 충족시키기 위해 노력하고 있는 중이다.

참고문헌

1. George Anderson, "Starbucks Knows How to Fail Fast, Just Like Amazon," *Forbes*, January 18, 2017, https://www.forbes.com/sites/retailwire/2017/01/18/starbucks-knows-how-to-fail-fast-just-like-amazon/#5529eaba7ea2.

2. Jim Stengel, *Grow: How Ideals Power Growth and Profitability at the World's Greatest Companies* (New York: Crown Business, 2011); WARC Staff, "Ideals Key for Top Brands," *WARC*, January 4, 2012, https://www.warc.com/NewsAndOpinion/news/Ideals_key_for_top_brands/d4ce6d0c-1461-4860-bc28-597ea599a6d1, Data sourced from Financial Times; additional content by Warc staff; Jack Neff, "Just How Well-Defined Is Your Brand's Ideal?," *Advertising Age*, January 16, 2012.

3. Neil A. Morgan and Lopo Leotte do Rego, "Brand Portfolio Strategy and Firm Performance," *Journal of Marketing* 73, no. 1 (January 2009): 59–74.

4. Bharat N. Anand and Ron Shachar, "Brands as Beacons: A New Source of Loyalty to Multiproduct Firms," *Journal of Marketing Research* 41 (May 2004): 135–150.

5. Philip T. Kotler and Kevin Lane Keller, *Marketing Management*, Pearson; Patrick Barwise and Thomas Robertson, "Brand Portfolios," *European Management Journal* 10, no. 3 (September 1992): 277–285.

6. For a methodological approach for assessing the extent and nature of cannibalization, see Charlotte H. Mason and George R. Milne, "An Approach for Identifying Cannibalization within Product Line Extensions and Multi-brand Strategies," *Journal of Business Research* 31, no. 2–3 (1994): 163–170. For an analytical exposition, see Preyas S. Desai, "Quality Segmentation in Spatial Markets: When Does Cannibalization Affect Product Line Design," *Marketing Science* 20, no. 3 (Summer 2001): 265–283.

7. Jack Trout, *Differentiate or Die: Survival in Our Era of Killer Competition* (New York: Wiley, 2000).

8. Patricia Sellers, "P&G: Teaching an Old Dog New Tricks," *Fortune*, May 31, 2004, 166–172; Jennifer Reingold, "CEO Swap: The $79 Billion Plan," *Fortune*, November 20, 2009, http://archive.fortune.com/2009/11/19/news/companies/procter_gamble_lafley.fortune/index.htm.

9. Mark Ritson, "Should You Launch a Fighter Brand?," *Harvard Business Review* 87 (October 2009): 65–81.

10. Nick Hatler, "Wyndham Buying Chanhassen-Based AmericInn Hotel Brand for $170M," *Minneapolis/St. Paul Business Journal*, July 18, 2017, https://www.bizjournals.com/twincities/news/2017/07/18/wyndham-buying-chanhassen-based-americinn-hotel.html.

11. Mike Wehner, "Here's How Many People Still Rent Netflix DVDs By Mail, and Why Netflix Loves It," *Boy Genius Report*, January 20, 2017, http://bgr.com/2017/01/20/netflix-dvd-rentals-subscribers/.

12. Paul W. Farris, "The Chevrolet Corvette," Case UVA-M-320

(Charlottesville, VA: Darden Graduate Business School Foundation, University of Virginia, 1995).

13. Zeynep Gurhan-Canli, "The Effect of Expected Variability of Product Quality and Attribute Uniqueness on Family Brand Evaluations," *Journal of Consumer Research* 30, no. 1 (June 2003): 105–114.

14. Much of this section—including examples—is based on an excellent article by Peter H. Farquhar, Julia Y. Han, Paul M. Herr, and Yuji Ijiri, "Strategies for Leveraging Master Brands," *Marketing Research* 4, no. 3 (September 1992): 32–43.

15. Peter H. Farquhar, Julia Y. Han, Paul M. Herr, and Yuji Ijiri, "Strategies for Leveraging Master Brands," *Marketing Research* 4, no. 3 (September 1992): 32–43.

16. "Statistic Brain Research Company, "Nike Company Statistics 2016," http://www.statisticbrain.com/nike-company-statistics/, accessed July 27, 2018.

17. Drew Harwell, "Sneaker Wars: How Basketball Shoes Became a Billion-Dollar Business," *The Washington Post*, March 17, 2015, https://www.washingtonpost.com/news/business/wp/2015/03/17/how-sneaker-kings-are-fighting-to-win-the-war-for-americas-feet/?utm_term=.f0871fcda934.

18. "A-Series Lighting Control Panel," A-Series Lighting Control Panel | GE Industrial Solutions, July 13, 2017,

19. Tulin Erdem and Baohung Sun, "An Empirical Investigation of the Spillover Effects of Advertising and Sales Promotions in Umbrella Branding," *Journal of Marketing Research* 39, no. 4 (November 2002): 408–420.

20. Ben Fritz, "Dish Network Wins Bidding for Assets of Bankrupt Blockbuster," *Los Angeles Times*, April 7, 2011, http://articles.latimes.com/2011/apr/07/business/la-fi-ct-dish-blockbuster-20110407.

21. Emily Nelson, "Too Many Choices," *The Wall Street Journal*, April 20, 2001, B1, B4.

22. Simon Eskow, "What Is SKU Rationalization and Why Is Everybody Doing It?," *Cin7*, November 3, 2016, https://www.cin7.com/sku-rationalization-everybody-doing/.

23. Deborah Roedder John, Barbara Loken, and Christopher Joiner, "The Negative Impact of Extensions: Can Flagship Products Be Diluted?," *Journal of Marketing* 62, no. 1 (January 1998): 19–32.

24. Georg Szalai, "Viacom Unveils Focus on Flagship Brands, 'Deeper Integration' of Paramount Pictures," *The Hollywood Reporter*, February 9, 2017, http://www.hollywoodreporter.com/news/viacom-unveils-focus-flagship-networks-deeper-integration-paramount-pictures-973795.

25. Derrick Daye and Brad VanAuken, "Creating the Brand Halo Effect," *Branding Strategy Insider*, September 21, 2009, www.brandingstrategyinsider.com/2009/09/building-a-brand-halo-effect.html#.W1d_xGevKLU.

26. Guido Berens, Cees B.M. van Riel, and Gerrit H. van Bruggen, "Corporate Associations and Consumer Product Responses: The Moderating Role of Corporate Brand Dominance," *Journal of Marketing* 69, no. 3 (July 2005): 35–48.

27. France Leclerc, Christopher K. Hsee, and Joseph C. Nunes, "Narrow Focusing: Why the Relative Position of a Good Within a Category Matters More Than It Should," *Marketing Science* 24, no. 2 (Spring 2005): 194–206.

28. "DuPont: Corporate Advertising," Case 9-593-023 (Boston: Harvard Business School, 1992); John B. Frey, "Measuring Corporate Reputation and Its Value," presentation given at Marketing Science Conference, Duke University, March 17, 1989.

29. Charles J. Fombrun, *Reputation* (Boston: Harvard Business School Press, 1996).

30. Several thoughtful reviews of corporate images are available. See, for example, James R. Gregory, *Marketing Corporate Image: The Company as Your Number One Product* (Lincolnwood, IL: NTC Business Books, 1999); Grahame R. Dowling, *Creating Corporate Reputations: Identity, Image and Performance* (Oxford, UK: Oxford University Press, 2001).

31. Kevin Lane Keller and David A. Aaker, "The Effects of Sequential Introduction of Brand Extensions," *Journal of Marketing Research* 29, no. 1 (February 1992): 35–50. See also Thomas J. Brown and Peter Dacin, "The Company and the Product: Corporate Associations and Consumer Product Responses," *Journal of Marketing* 61, no. 1 (January 1997): 68–84.

32. Masashi Kuga, "Kao's Strategy and Marketing Intelligence System," *Journal of Advertising Research* 30 (April/May 1990): 20–25.

33. John Williams, "British Airways Launch Flying Start in Partnership with Comic Relief," UK Business News, February 16, 2011; "BA and Comic Relief Launch Global Children's Charity," *Travel Weekly*, June 30, 2010; http://www.ba-flyingstart.com/; https://www.comicrelief.com/partners/british-airways-flying-start, accessed November 20, 2018.

34. R.L. Team, British Airways Remains UK's Favourite Consumer Brand," *Research Live*, July 19, 2017, https://www.research-live.com/article/news/british-airways-remains-uks-favourite-consumer-brand/id/5019143.

35. Tulun Erdem and Joffre Swait, "Brand Credibility, Brand Consideration and Choice," *Journal of Consumer Research* 31, no. 1 (June 2004): 191–198; Marvin E. Goldberg and Jon Hartwick, "The Effects of Advertiser Reputation and Extremity of Advertising Claim on Advertising Effectiveness," *Journal of Consumer Research* 17, no. 2 (September 1990): 172–179.

36. Majken Schultz, Mary Jo Hatch, and Mogens Holten Larsen, eds., *The Expressive Organization: Linking Identity, Reputation, and the Corporate Brand* (New York: Oxford University Press, 2000); Mary Jo Hatch and Majken Schultz, "Are the Strategic Stars Aligned for Your Corporate Brand?" *Harvard Business Review* (February 2001): 129–134; Mary Jo Hatch and Majken Schultz, *Taking Brand Initiative: How Companies Can Align Strategy, Culture, and Identity Through Corporate Branding* (San Francisco, CA: Jossey-Bass, 2008). See also James Gregory, *Leveraging the Corporate Brand* (Chicago: NTC Press, 1997); Lynn B. Upshaw and Earl L. Taylor, *The Masterbrand Mandate* (New York: John Wiley & Sons, 2000).

37. For some broad discussion, see Bhaskar Chakravorti, Special Issue on Stakeholder Marketing, *Journal of Public Policy and Marketing* 29, no. 1 (April 2010): https://journals.sagepub.com/doi/full/10.1509/jppm.29.1.97, accessed November 20, 2018.

38. Laurel Cutler, vice-chairman of FCB/Leber Katz Partners, a New York City advertising agency, quoted in Susan Caminit, "The Payoff from a Good Reputation," *Fortune*, March 6, 1995, 74. See also Michael E. Porter and Mark R. Kramer, "The Competitive Advantage of Corporate Philanthropy," *Harvard Business Review* 80 (December 2002): 56–69; Steve Hoeffler, Paul Bloom, and Kevin Lane Keller, "Understanding Stakeholder Responses to Corporate Citizenship Initiatives: Managerial Guidelines and Research Directions," *Journal of Public Policy & Management* 29, no. 1 (Spring 2010): 78–88; Frank Huber, Frederik Meyer, Johannes Vogel, and Stefan Vollman, "Corporate Social Performance as Antecedent of Consumer's Brand Perception," *Journal of Brand Management* 19, no. 3 (December 2011): 228–240.

39. Hill & Knowlton, Return on Reputation Study, March 2006.

40. Tillmann Wagner, Richard J. Lutz, and Barton A. Weitz, "Corporate Hypocrisy: Overcoming the Treat of Inconsistent Corporate Social Responsibility Perceptions," *Journal of Marketing* 73, no. 6 (November 2009): 77–91.

41. Raj Sisodia, David B. Wolfe, and Jag Sheth, *Firms of Endearment: How World-Class Companies Profit from Passion and Purpose* (Upper Saddle River, NJ: Wharton School Publishing, 2007); John A. Quelch and Katherine E. Jocz, *Greater Good: How Good Marketing Makes for Better Democracy* (Boston, MA: Harvard Business School Press, 2007).

42. TOMS.com, LLC, "What We Give," https://www.toms.com/what-we-give, accessed November 20, 2018. TOMS.com, LLC "Gift of Shoes," https://www.toms.com/what-we-give-shoes, accessed November 20, 2018.

43. For a review of current and past practices, see David W. Schumann, Jan M. Hathcote, and Susan West, "Corporate Advertising in America: A Review of Published Studies on Use, Measurement, and Effectiveness," *Journal of Advertising* 20, no. 3 (September 1991): 35–56. See also Zeynep Gürhan-Canli and Rajeev Batra, "When Corporate Image Affects Product Evaluations: The Moderating Role of Perceived Risk," *Journal of Marketing Research* 41, no. 2 (May 2004): 197–205.

44. "Philips Unveils New Brand Direction Centered Around Innovation and People," *Philips*, November 13, 2013, https://www.usa.philips.com/a-w/about/news/archive/standard/news/press/2013/20131113-Philips-unveils-new-brand-direction-centered-around-innovation-and-people.html.

45. "Sense and Simplicity: Philips Is Spending 80 Million [Euro] on a Rebranding Strategy That Will Emphasize Simplicity and Give Consumers What They Want," *ERT Weekly*, September 23, 2004; John Zerio, "Philips: Sense and Simplicity," Thunderbird Case # A12-07-013; accessed February 27, 2012, www.philips.com.

46. David M. Bender, Peter Farquhar, and Sanford C. Schulert, "Growing from the Top: Corporate Advertising Nourishes the Brand Equity from Which Profits Sprout," *Marketing Management* 4, no. 4 (1996): 10–19; Nicholas Ind, "An Integrated Approach to Corporate Branding," *Journal of Brand Management* 5, no. 5 (1998): 323–329; Cees B. M. Van Riel, Natasha E. Stroker, and Onno J. M. Maathuis, "Measuring Corporate Images," *Corporate Reputation Review* 1, no. 4 (1998): 313–326.

47. Gabriel J. Biehal and Daniel A. Shenin, "Managing the Brand in a Corporate Advertising Environment," *Journal of Advertising* 28, no. 2 (1998): 99–110.

48. Mary C. Gilly and Mary Wolfinbarger, "Advertising's Internal Audience," *Journal of Marketing* 62, no. 1 (January 1998): 69–88.

49. Bruce Horovitz, "General Mills Cereals Go Totally Whole Grain," *USA Today*, September 30, 2004; Loraine Heller, "General Mill's Whole Grain Cereal Conversion in Retrospect," *FoodNavigator-USA*, September 19, 2006, www.foodnavigator-usa.com; MPR News, "General Mills Chief Marketing Officer Mark Addicks on How Marketing Can Make a Better World," January 25, 2011, https://www.mprnews.org/story/2011/01/20/bright-ideas-with-mark-addicks; General Mills, "General Mills Donates 1 Million Servings of Whole Grain," *General Mills*, February 10, 2011, https://www.generalmills.com/en/News/NewsReleases/Library/2011_archive/February/GeneralMillsDonatesWholeGrainCereals.

50. Hadley Malcolm, "General Mills to Ax Artificial Flavors from Cereals," *USA Today*, June 22, 2015, https://www.usatoday.com/story/money/2015/06/22/general-mills-artificial-ingredients-cereal/29101165/.

51. Richard Ettenson and Jonathan Knowles, "Merging the Brand and Branding the Merger," *MIT Sloan Management Review* (Summer 2006): 39–49; Lucinda Shen, "These Are the 12 Biggest Mergers and Acquisitions of 2016," *Fortune*, June 13, 2016, http://fortune.com/2016/06/13/12-biggest-mergers-and-acquisitions-of-2016/

52. "Allegis: A $7 Million Name Is Grounded," *San Francisco Examiner*, June 16, 1987, C9.

53. Alison Smith, "Fortune 500 Companies Spend More Than $15bn on Corporate Responsibility," *Financial Times*, October 12, 2014, https://www.ft.com/content/95239a6e-4fe0-11e4-a0a4-00144feab7de.

54. Elaine Wong, "Tide's Charitable Makeover," *Adweek*, April 10, 2009, http://www.adweek.com/brand-marketing/tides-charitable-makeover-105580/.

55. The Economist, "Corporate Social Responsibility: The Halo Effect," *The Economist*, June 25, 2015, https://www.economist.com/news/business/21656218-do-gooding-policies-help-firms-when-they-get-prosecuted-halo-effect.

56. Alison Smith, "Fortune 500 Companies Spend More Than $15bn on Corporate Responsibility," Financial Times, October 12, 2014, https://www.ft.com/ content/95239a6e-4fe0-11e4-a0a4-00144feab7de.

57. Sarah Landrum, "Millenials Driving Brands to Socially Responsible

Marketing," *Forbes*, March 17, 2017, https://www.forbes.com/sites/sarahlandrum/2017/03/17/millennials-driving-brands-to-practice-socially-responsible-marketing/#70305f634990.

58. Lee E. Preston, "Business and Public Policy," *Journal of Management* 12, no. 2 (1986): 261–275.

59. William M. Pride and O. C. Ferrell, *Marketing* (International edition). (1995).

60. Matt Walker, "4 Ways Agencies Can Add Meaning to Corporate Social Responsibility Programs," *Adweek*, August 30, 2016, http://www.adweek.com/brand-marketing/4-ways-agencies-can-add-meaning-corporate-social-responsibility-programs-173191/.

61. Leon Kaye, "Whirlpool and Habitat for Humanity Partnership: True Corporate Giving," *TriplePundIt*, April 14, 2015, http://www.triplepundit.com/special/disrupting-short-termism/whirlpool-and-habitat-for-humanity-partnership-true-corporate-giving/.

62. T. Wagner, R. J. Lutz, and B. A. Weitz, "Corporate Hypocrisy: Overcoming the Threat of Inconsistent Corporate Social Responsibility Perceptions," *Journal of Marketing* 73, no. 6 (2009): 77–91.

63. Alexander Haldermann, "GE's Ecomagination Turns 10: How a Brand Can Be a Driver for Change," *Huffington Post*, http://www.huffingtonpost.com/dr-alexander-haldemann/startup-slideshow-test_b_7181672.html, September 16, 2016.

64. David Kiron, Nina Kruschwitz, Knut Haanaes, Martin Reeves, and Ingrid von Streng Velken, "Sustainability Nears a Tipping Point," *MIT Sloan Management Review* (January 2012): 69–74, https://sloanreview.mit.edu/projects/sustainability-nears-a-tipping-point/, accessed November 21, 2018.

65. Geoff Colvin, "Grading Jeff Immelt," *Fortune Magazine*, 163, no. 3 (February 2011): 75–80, http://archive.fortune.com/magazines/fortune/fortune_archive/2011/02/28/toc.html, accessed November 21, 2018; Beth Comstock, Ranjay Gulati, and Stephen Liguori, "Unleashing the Power of Marketing," *Harvard Business Review* (October 2010): 90–98, https://hbr.org/2010/10/unleashing-the-power-of-marketing, accessed November 21, 2018; Bob Sechler, "GE's 'Green' Effort Fails to Strike Investors' Imagination," *Chicago Tribune,* July 6, 2008, 8; Anne Fisher, "America's Most Admired Companies," *Fortune Magazine*, March 19, 2007, 88–94, http://archive.fortune.com/magazines/fortune/fortune_archive/2007/03/19/8402323/index.htm, accessed November 21, 2018; Daniel Fisher, "GE Turns Green," *Forbes*, August 15, 2005, 80–85, https://www.forbes.com/forbes/2005/0815/080.html#1b1593ff2389, accessed November 21, 2018; Mark Egan, "Ecomagination Ten Years Later: Proving That Efficiency and Economics Go Hand-in-Hand," GE Reports, October 29, 2015, https://www.ge.com/reports/ecomagination-ten-years-later-proving-efficiency-economics-go-hand-hand/, accessed November 21, 2018.

66. Sankar Sen, Shuili Du, and C. B. Bhattacharya, "Building Relationships through Corporate Social Responsibility," in *Handbook of Brand Relationships*, eds. Joseph Priester, Deborah MacInnis, and C.W. Park (New York: M. E. Sharp, 2009): 195–211; C.B. Bhattacharya, Sankar Sen, and Daniel Korschun, "Using Corporate Social Responsibility to Win the War for Talent," *MIT Sloan Management Review* 49 (January 2008): 37–44; Xueming Luo and C. B. Bhattacharya, "Corporate Social Responsibility, Customer Satisfaction, and Market Value," *Journal of Marketing* 70, no. 4 (October 2006): 1–18; Pat Auger, Paul Burke, Timothy Devinney, and Jordan J. Louviere, "What Will Consumers Pay for Social Product Features?" *Journal of Business Ethics* 42, no. 3 (February 2003): 281–304; Dennis B. Arnett, Steve D. German, and Shelby D. Hunt, "The Identity Salience Model of Relationship Marketing Success: The Case of Nonprofit Marketing," *Journal of Marketing* 67, no. 2 (April 2003): 89–105; C. B. Bhattacharya and Sankar Sen, "Consumer-Company Identification: A Framework for Understanding Consumers' Relationships with Companies," *Journal of Marketing* 67, no. 2 (April 2003): 76–88; Sankar Sen and C. B. Bhattacharya, "Does Doing Good Always Lead to Doing Better? Consumer Reactions to Corporate Social Responsibility," *Journal of Marketing Research* 38, no. 2 (May 2001): 225–244; Xiaoli Nan and Kwangjun Heo, "Consumer Responses to Corporate Social Responsibility (CSR) Initiatives: Examining the Role of Brand-Cause Fit in Cause-Related Marketing," *Journal of Advertising* 36, no. 2 (Summer 2007): 63–74.

67. Alexander Haldemann, "GE's Ecomagination Turns 10: How a Brand Can Be a Driver for Change, *Huffington Post*, September 16, 2015, updated September 16, 2016, https://www.huffingtonpost.com/dr-alexander-haldemann/startup-slideshow-test_b_7181672.html, accessed November 21, 2018.

68. Joanne Lipman, "Environmental Theme Hits Sour Notes," *The Wall Street Journal*, May 3, 1990, B6.

69. Stephanie Rosenbloom, "Wal-Mart Unveils Plan to Make Supply Chain Greener," *The New York Times*, February 25, 2010, https://www.nytimes.com/2010/02/26/business/energy-environment/26walmart.html, accessed November 21, 2018.

70. Wendy Koch, "Green, Green, It's Green They Say," *USA Today*, April 21, 2011.

71. Katherine White, Rhiannon MacDonnell, and John H. Ellard, "Belief in a Just World: Consumer Intentions and Behaviors Toward Ethical Products," *Journal of Marketing* 76, no. 1 (January 2012): 103–118; Remi Trudel and June Cotte, "Does It Pay to Be Good?," *Sloan Management Review* 50 (January 2009): 61–68, https://sloanreview.mit.edu/article/does-it-pay-to-be-good/, accessed November 21, 2018; Michael G. Luchs, Rebecca Walker Naylor, Julie R. Irwin, and Rajagopal Raghunathan, "The Sustainability Liability: Potential Negative Effects of Ethicality on Product Preference, *Journal of Marketing* 74, no. 5 (September 2010): 18–31.

72. Ann Krorod, Amir Grinstein, and Luc Wathieu, "Go Green! Should Environmental Messages Be So Assertive?," *Journal of Marketing* 76 (January 2012): 95–102, https://www.ama.org/documents/environmental_messages_assertive.pdf, accessed November 21, 2018.

신제품 출시와 브랜드 확장

13

학습목표

이 장을 읽은 후 여러분은 다음을 할 수 있을 것이다.

1. 브랜드 확장의 다양한 유형을 정의한다.
2. 브랜드 확장의 주요 장점과 단점을 설명한다.
3. 소비자들이 확장을 어떻게 평가하는지, 확장이 모브랜드자산에 어떻게 기여하는지 설명한다.
4. 브랜드 확장의 주요 전제조건과 성공기준을 설명한다.

너무 많은 브랜드 확장으로 이미지가 손상되기 시작하자 구찌는 확장을 자제하고 보다 신중하게 접근하고 있다.

출처 : Lou Linwei/Alamy Stock Photo

개요

12장에서 브랜드 아키텍처의 개념 및 개발 프로세스를 살펴보았다. 개발 프로세스에서 중요한 것은 브랜드가 성장하고 잠재력을 달성하는 데 도움이 되는 신제품을 도입하는 것이다. 따라서 이 장에서는 브랜드자산을 구축, 유지, 강화하는 데 있어서 신제품 전략의 역할에 대해 자세히 살펴본다. 특히 신제품 출시에 있어서 브랜드 확장을 성공적으로 이끌기 위한 가이드라인에 대해 공부할 것이다.

우선 간단하게 역사적 관점에서 시작해보자. P&G, 유니레버, 기타 주요 소비재 기업은 기존 브랜드네임을 사용하여 신제품을 출시하는 것을 매우 꺼렸다. 그리고 수년간 많은 기업이 이들 기업의 선례를 따르는 경향이 있었다. 그러나 시간이 지남에 따라 빠듯한 경제 상황, 성장에 대한 필요성, 냉혹한 경쟁 세계로 인해 기업은 '하나의 브랜드-하나의 제품' 정책을 재고해야 했다. 점차 많은 기업이 브랜드가 가장 가치 있는 자산임을 인식하게 되었고, 이들 기업은 자사의 가장 강력한 브랜드네임 아래 많은 신제품을 선보임으로써 브랜드자산의 가치를 활용하기 시작하였다.

많은 기업이 하나의 브랜드 우산 아래에 여러 제품을 두고 여러 세분시장에 어필하면서 광범위한 시장 입지를 구축하는 파워브랜드 혹은 메가브랜드를 추구한다. 유니레버의 도브(Dove) 브랜드는 원래 '비누' 브랜드였는데, '리얼 뷰티(Real Beauty)' 미디어 캠페인에 힘입어 다양한 스킨케어 제품과 보디케어 제품에 성공적으로 진출했다. 하지만 동시에 제품을 너무 많이 다양화하면 역효과가 일어날 수 있고, 무분별한 브랜드 확장으로 인해 소비자가 영영 떠나갈 수도 있다는 것을 깨닫고 있다.

앞서 브랜드 확장 관리의 모범 사례를 살펴보았는데, 이 장에서는 우선 브랜드 확장의 개념과 주요 장단점부터 살펴보고자 한다. 그런 다음 소비자가 기업의 브랜드 확장에 대해 어떻게 평가하는지에 대한 간단한 모형을 살펴보고, 이어서 신제품 출시 시 브랜드 확장을 성공적으로 전개하기 위한 가이드라인에 대해 공부할 것이다. 마지막으로, 브랜드 확장에 대한 주요 학술연구 결과를 살펴보고자 한다.

신제품과 브랜드 확장

먼저 기업의 성장 원천을 생각해보자. 한 가지 유용한 관점은 **성장 매트릭스**라고도 알려진 엔소프(Ansoff)의 제품-시장 매트릭스이다. 그림 13-1에서 보는 바와 같이, 성장 전략은 기존 제품에 의존하는지 신제품에 의존하는지, 그리고 기존 시장을 표적으로 하는지 아니면 신규 시장을 표적으로 하는지에 따라 네 가지 전략대안으로 분류할 수 있다. 브랜딩 브리프 13-1은 맥도날드의 성장 전략을 소개하고 있다.

기업은 기존 제품으로 기존 고객 시장에 더 침투하거나 아니면 추가적인 새로운 시장으로 더 진출할 수 있지만(14장에서 다룸), 기업의 장기적인 성장을 위해서는 신제품 출시가 필수적이다. 이 장에서는 신제품 개발 및 도입을 효과적으로 관리하기 위한 문제들은 다루지 않는다. 이 장에서는 단지 신제품의 브랜드자산 관련 시사점에 대해서만 다룰 것이다.[1]

신제품을 출시할 때 브랜드네임과 관련해 다음과 같은 세 가지 접근법이 있다.

	기존 제품	신제품
기존 시장	시장 침투 전략	신제품 개발 전략
신시장	시장 개발 전략	다각화 전략

그림 13-1
앤소프의 성장 매트릭스

브랜딩 브리프 13 - 1
맥도날드 브랜드의 성장

지난 10년 동안 맥도날드는 어려운 마케팅 환경에 직면해 있었다. 패스트푸드로 인한 건강 문제에 대한 인식이 확산하면서 소비자가 더 건강한 음식을 찾기 시작했다. 뿐만 아니라, 시장은 이미 포화상태에 있었고 경제적 불확실성은 더욱 높아졌다. 이러한 상황을 극복하기 위해 맥도날드는 앤소프의 성장 매트릭스를 활용하여 성장 전략을 모색했다. 이러한 전략의 결과, 회사의 재정상태는 여러 문제와 불확실성에도 불구하고 대체로 안정적으로 유지되었다. 맥도날드 브랜드는 전체 '퀵서비스 레스토랑' 카테고리의 성장을 주도하는 '후광 효과'를 낳는 것으로까지 인정받았다. 맥도날드는 원가 리더십을 통해 차별화를 꾀하고 있고 저소득층 가족에게 가치 있는 식사를 제공하고 있다. 치열한 경쟁에 직면한 맥도날드는 소비자의 니즈에 맞춰 신제품을 계속 공급하는 것은 물론 판매관리비 재정비 및 절감을 통해 비용 절감에 주력하고 있다.

맥도날드의 스낵랩과 스무디는 간식거리를 찾는 새로운 유형의 고객들을 유치하는 데 제격이었다.

시장 침투

오랫동안 맥도날드는 매년 수백 개의 신규 매장을 도입하는 것만으로 시장 침투율을 높였다. 2002년 시장은 포화상태가 되었고 판매는 침체되었다. 2004년 CEO가 되자마자 제임스 스키너(James Skinner)는 '더 큰 기업이 아니라 더 좋은 기업'이라는 새로운 기업 모토를 채택했다. 맥도날드는 새로운 레스토랑을 추가함으로써 성장하려고 하기보다는 현재 있는 기존의 레스토랑에서 더 큰 수익을 창출함으로써 성장을 모색하는 길을 택하였다.

이에 따라 회사는 새로운 점포에 투자하는 대신 기존 매장의 시설과 운영을 업그레이드하는 데 막대한 투자를 하였다. 맥도날드가 고객들로 하여금 더 많은 돈을 더 쉽게 지출할 수 있도록 만든 것은 많은 매장이 24시간 서비스로 영업시간을 확대한 것이었다. 더 긴 시간 동안 영업하기 위해 어떤 식사나 간식 상황에도 적합하도록 지속적으로 메뉴를 조정했다.

아침식사는 맥도날드 수익 방정식의 필수적인 부분이 되었다. 미국 내 매출의 4분의 1(60억 달러 이상)과 수익의 절반은 맥머핀과 맥그리들 샌드위치 등 아침식사 메뉴에서 나온다. 2015년 맥도날드는 하루 24시간 내내 아침식사 메뉴를 제공하기 시작했다. 설문조사에 따르면 아침식사 시간 외에 아침 메뉴를 구입한 고객 중 3분의 1이 지난달에 식당을 이용하지 않은 것으로 나타났다. 아침식사 메뉴는 아침이 아닌 점심이나 혹은 다른 시간에도 에그맥머핀이나 해시브라운 판매를 통해 매출과 수익 성장을 이어갔다.

스낵랩(Snack Wrap)과 스무디는 식간에 고객들을 유혹한다. 스낵랩은 한 손으로 핸들을 잡아야 하는 드라이브 스루 고객(이 제품 매출의 60% 차지)에게 이상적인 메뉴이다. 맥도날드의 10년에 걸친 'I'm Lovin' It' 글로벌 광고 캠페인은 신제품 출시를 지원하고 고객애호도를 높이는 데 성공적이었다. 맥도날드는 각 지역별로 운영되던 20여 개의 광고 플랫폼을 이 광고 캠페인으로 모두 대체했다. 전 세계 여러 언어로 번역되었음은 물론이다.

시장 개발

맥도날드는 수년간 세계 진출을 위해 혼신의 노력을 해왔고 그 발전은 놀라웠다. 현재 전 세계 119개국에 33,000개 이상의 매장이 있으며, 미국, 유럽, 중동, 아시아태평양 지역, 아프리카, 캐나다, 중남미 지역에서 매일 150만 명의 직원이 6,900만 명의 고객을 응대하고 있다.

세계적인 성공 비결 중 하나는 맥도날드가 다양한 문화적 선호도와 지역 취향에 맞춰서 메뉴를 조정하려는 의지였다. 맥도날드 체인점은 일본의 데리야키 버거와 영국의 야채 맥너겟 같은 특화된 메뉴 아이템을 제공하고 있다. 소를 신성시해서 소고기를 먹지 않는 인도에서는 양고기로 만든 마하라자맥(Maharaja Mac)을 선보였다. 맥마살라(McMasala)와 맥임리(McImli)와 같은 매운 소스도 개발했다.

맥도날드는 인구통계학적·심리적 변수로 세분화한 시장도 표적으로 하고 있다. 해피밀은 어린이들과 그들 부모 모두에게 어필하기 위해 수년에 걸쳐 조금씩 수정되었다. 또한 최근에 맥도날드는 새로운 시장을 개발하기 위해 뉴먼스오운(Newman's Own) 드레싱과 함께 제공되는 프리미엄 샐러드 및 기타 가벼운 메뉴 제품으로 20~30세 여성을 공략하였다. 맥도날드는 순식간에 미국 최고의 샐러드 브랜드가 되었다.

제품 개발

2001년 '패스트푸드 네이션'이라는 책과 2004년 영화 〈슈퍼 사이즈 미〉는 패스트푸드 산업의 불편한 진실을 파헤치고 있었다. 패스트푸드로 인한 건강 악화와 비만에 대한 국제적인 우려가 점점 커졌고, 맥도날드는 핵심 시장에서의 맥도날드 인기가 위협받고 있다는 것을 알게 되었다. 이에 맥도날드는 건강을 의식하는 소비자에게 어필할 수 있는 샐러드나 통밀쌈과 같은 건강에 좋은 메뉴 개발에 집중하기 시작했다.

맥도날드는 빨간머리 어릿광대인 로널드 맥도널드를 '최고행복책임자'로 추대하였다. 새 TV 광고에서 그는 노란색과 빨간색의 전통적인 광대복을 입고 스노보드와 스케이트보드를 타면서 과일을 저글링하는 건강전도사로 등장한다. 이 광고에서 알 수 있듯이, 맥도날드는 건강한 식생활과 신체 활동에 대한 초점의 전환을 꾀하면서 이미지 변신을 위한 필사적인 노력을 이어갔다.

맥도날드는 또한 미국에서 성장하는 프리미엄 커피 트렌드에 맞춰 스타벅스 커피 한 잔보다 약 35% 저렴한 프리미엄 로스트 커피를 출시하였다. 또한 피코 과카몰리(Pico Guacamole)와 메이플 베이컨 디종(Maple Bacon Dijon) 버거를 포함한 시그니처 수제 레시피인 프리미엄 햄버거와 치킨 샌드위치의 새로운 라인을 선보였다. 이들 버거에 대한 마케팅 캠페인에는 버거의 모든 토핑을 다 아무지게 먹을 수 있도록 도와주는 감자튀김으로 만든 포크 '프로크(frork : fried+fork)'도 등장한다. 치킨 맥너겟 20조각 제품을 통해 맥도날드는 KFC의 독무대였던 쉐어드밀(shared-meals, 여럿이 함께 먹는 제품) 시장에도 진출하였다.

다각화

맥도날드는 시장 침투, 시장 개발, 제품 개발을 통한 성장에 크게 중점을

두었지만, 새로운 서비스 제품으로 새로운 고객을 공략하기 위한 다각화도 추진하였다. 2001년에는 포르투갈과 오스트리아에서 데뷔한 스타벅스의 성공에서 영감을 받고, 미국 내 첫 커피전문점인 맥카페(McCafé)를 최초로 오픈하면서 브랜드를 확장했다. 초기 성공 이후, 맥도날드는 현재 맥카페를 레스토랑 및 소매체인으로 확장하였고, 해외 시장에 맥카페를 추가로 오픈하는 데 집중하고 있다. 미국에서 프리미엄 커피 판매량이 늘어나고 맥도날드의 패밀리 레스토랑이 생기면서 맥도날드는 스타벅스의 시장 점유율을 빼앗아올 수 있다고 기대하고 있다. 또 다른 다각화 제품은 아이스크림 및 디저트 가게인 맥트릿(McTreat)이다.

스위스에 있는 몇몇 골든아치 호텔이 비록 성공하지 못하고 매각되었지만, 맥도날드의 실험은 계속되고 있다. 홍콩에서는 세 곳의 맥도날드 매장이 웨딩패키지 제품을 판매하고 있다. 50명의 하객을 위한 'Warm and Sweet' 웨딩 기본 패키지를 1,300달러가 채 안 되는 가격으로 제공한다. 165달러를 추가로 지불하면 진줏빛 흰색 풍선의 '가운'을 대여할 수 있다.

출처 : Joanna Doonar, "Life in the Fast Lane," *Brand Strategy*, 186 (October 2004): 20-23; Gina Piccolo, "Fries with That Fruit?" *Los Angeles Times*, July 18, 2005, F1; Pallavi Gogoi and Michael Arndt, "Hamburger Hell," *BusinessWeek*, March 3, 2003, 104; Kate MacArthur, "Big Mac's Back," *Advertising Age*, December 13, 2004, S1; Michael Arndt, "McDonald's 24/7," *Bloomberg BusinessWeek*, February 5, 2007; "McDonald's to Diversify into 'Shared Meals' Segment," www.room54.co, February 13, 2011; Dan Malovany and Maria Pilar Clark, "McSmart and McSnackable: McDonald's New Product Strategy Boosts Bottom Line," *Stagnito's New Products Magazine*, June 2007; Stefan Michel, "McDonald's Failed Venture in Hotels," www.knowledgenetwork.thunderbird. edu, July 11, 2008; Hillary Brenhouse, "Want Fries with That Ring? McDonald's Offers Weddings," *Time*, March 7, 2001; Trefis Team, "Here's Why McDonald's Is Increasing Focus On McCafe," Nasdaq, December 7, 2016, https://www.nasdaq.com/article/heres-why-mcdonalds-is-increasing-focus-on-mccafe-cm718236, accessed November 22, 2018; Sarah Whitten, "McDonald's Invents 'Supremely Superfluous' Frork Utensil to Pitch Its New Burgers," CNBC, May 1, 2017, https://www.cnbc.com/2017/05/01/mcdonalds-invents-the-frork-to-pitch-its-new-burgers.html, accessed November 22, 2018; Gene Marcial, "McDonald's Turnaround Signals Accelerating Long-Term Growth," *Forbes*, January 31, 2017, www.forbes.com/sites/genemarcial/2017/01/31/mcdonalds-turnaround-signals-accelerating-long-term-growth/#794d3d4e6c84; Michal Addady, "McDonald's All-Day Breakfast Is Succeeding," *Fortune*, December 9, 2015, http://fortune.com/2015/12/09/mcdonalds-all-day-breakfast-sales/, accessed May 21, 2017; Team Trefis, "'Healthy' Food Options in the Core Menu Can Drive Revenues for McDonald's, www.forbes.com/sites/greatspeculations/2016/07/25/healthy-food-options-in-the-core-menu-can-drive-revenues-for-mcdonalds/#7726f3e17726, accessed May 31, 2017; Craig Smith, "42 Interesting McDonald's Facts and Statistics (October 2018)," DMR Business Statistics, https://expandedramblings.com/index.php/mcdonalds-statistics/, accessed November 22, 2018; John Kell, "McDonald's Struggles to Repeat Success of All-Day Breakfast Launch," *Fortune Magazine*, January 23, 2017, http://fortune.com/2017/01/23/mcdonalds-us-sales-slow/, accessed November 22, 2018.

1. 신제품에 적합한 신규 브랜드를 개발한다.
2. 자사의 기존 브랜드 중 하나를 사용한다.
3. 기존 브랜드와 신규 브랜드를 결합해 사용한다.

브랜드 확장(brand extension)은 기업이 신제품에 기존 브랜드네임을 활용해서 출시하는 것을 말한다(접근법 2 또는 3). 12장에서 언급했듯이, 브랜드 확장에서 기존 브랜드가 신규 브랜드와 결합하여 사용하는 경우(접근법 3)를 **하위브랜드**(sub-brand) 전략이라고 부르며, 브랜드 확장에서 사용된 기존 브랜드를 **모브랜드**(parent brand)라고 한다. 이때 사용된 기존 브랜드가 이미 브랜드 확장을 통해 여러 제품에 사용되고 있는 경우에는 이 기존 브랜드를 **패밀리브랜드**(family brand)라고 한다.

브랜드 확장은 일반적으로 다음 두 가지 범주로 분류된다.[2]

- 라인 확장 : 모브랜드가 현재 대상으로 하고 있는 제품군과 동일한 제품군에 속하는 신제품에 모브랜드를 활용하는 경우를 라인 확장이라고 한다. 즉 모브랜드가 현재 대상으로 하고 있는 제품 범주 내에서 새로운 세분시장을 겨냥하여 신제품을 출시하는데, 그 신제품에 모브랜드를 활용하는 경우이다. 이러한 라인 확장은 맛이나 재료, 형태, 크기, 용도 등을 달리하여 출시하는 신제품에 자주 활용된다. 2017년, 애플이 새로운 기능을 탑재한 아이폰 8을 출시한 것은 라인 확장의 한 예다. 스타벅스는 동일한 커피 범주 내 라인 확장으로 차가운 커피음료를 출시했다.
- 카테고리 확장 : 모브랜드가 대상으로 하고 있는 제품군과 다른 제품군에 속하는 신제품에 모브랜드를 활용하는 경우를 카테고리 확장이라고 한다. 예를 들어 오프라 윈프리는 자신의 토크쇼 성공을 활용하여 《오프라 매거진》이라는 잡지를 성공적으로 출간하였다. 오레오는 쿠키에서 아이스크림 바까지 브랜드를 확장했다.

특정 연도에 출시된 모든 신제품 중 80~90%는 일반적으로 라인 확장이다.[3] 유럽과 미국에서 소비재 부문 신제품의 실패 비율은 약 80%에 달한다.[4] 잘 구축된 브랜드네임의 부재가 신제품 실패의 핵심 원인으로 떠올랐다. 예를 들어 AC닐슨(AC Nielsen)이 실시한 글로벌 소비자 설문조사에서 60%에 가까운 사람들이 브랜드 인지도와 친숙함 때문에 라인 확장을 선호한다고 응답하였다.[5] 최근 소비재 포장 제품 중에서 눈에 띄는 신제품으로는 크로락스(Clorox) 변기세척제, 올드 스파이스 하이드로 워시(Old Spice Hydro Wash) 보디워시 및 타이드 얼룩 제거 펜과 같은 라인 확장 제품이다.[6] 아이튠즈 라디오, 아디다스 시계, 삼성의 게임모니터 등 다른 제품 범주로의 카테고리 확장도 눈에 띈다.[7] 하지만 여전히 많은 신제품이 매년 신규 브랜드로 출시되고 있다. 서베이몽키(SurveyMonkey) 온라인 설문조사 도구, 스포티파이 음악 웹사이트, 룩아웃(Lookout) 모바일 보안 소프트웨어, 트윌리오(Twilio) 음성/문자 메시지 애플리케이션 퍼실리테이터 등 신기술의 신규 브랜드가 최근 명성을 떨치기 시작했다.

햄버거처럼 오랫동안 확실히 자리를 잡은 제품 범주에서도 최근 몇 년 동안 인앤아웃버거(In-N-Out Burger), 파이브가이즈(Five Guys), 빅보이(Big Boy), 스매시버거(Smashburger), 팻버거(Fatburger), 쉐이크쉑(Shake Shack) 등 많은 신규 경쟁업체가 두각을 나타내고 있다. 이들 체인점은 각각 독특한 틈새시장을 타깃으로 하고 있다. 예를 들어 쉐이크쉑의 '길거리 가판대 버거'는

고품질의 천연 재료와 주문 즉시 요리, 고객과 직원의 행복을 특징으로 하여 성공하고 있다.[8]

앞서 설명한 바와 같이 대부분의 신제품은 기존 브랜드를 활용하여 출시된다. 그 이유를 이해하기 위해서 브랜드 확장의 주요 이점과 단점을 살펴보자.

브랜드 확장의 이점

브랜드를 확장할 것인가 아닌가는 기업에게 더 이상 문제가 아니다. 문제는 브랜드 확장을 언제, 어디서, 어떻게 할 것인가 하는 것이다. 잘 계획되고 실행된 브랜드 확장은 기업에게 많은 이점이 있다. 확장의 이점은 크게 두 가지가 있는데, 첫째, 소비자들의 신제품 수용을 촉진한다는 것, 둘째, 모브랜드 혹은 기업 전체에 긍정적인 피드백을 제공한다는 것이다(그림 13-2 참조).

소비자의 신제품 수용 촉진

신제품 실패율이 높다는 건 잘 알려져 있다. 마케팅 분석가는 신제품 성공률을 10~20% 정도로 낮게 평가하고 있다. 브랜드 확장을 하든 신규 브랜드를 활용하든 신제품은 여러 가지 어려움을 겪게 된다. 하지만 브랜드 확장을 통해서 어느 정도는 신제품의 성공 확률을 높일 수 있다. 왜냐하면 브랜드 확장의 이점들이 소비자의 신제품 수용도를 높이기 때문이다.

브랜드 이미지 향상 소비자에게 잘 알려져 있고 선호도가 높은 브랜드의 장점 중 하나는 소비자가 그 브랜드의 신규 제품 성능에 대해 기대감을 갖는다는 것이다. 특히 소비자가 모브랜드에 대해 이미 자신이 알고 있는 내용, 그리고 그 내용이 확장제품과도 관련이 있다고 느끼는 정도에 따라 확장제품에 대한 추론과 평가를 달리 하는 경향이 있다.[9]

또한 이들 추론과 평가는 모브랜드연상의 호감도, 강력함, 독특성에 영향을 미칠 수 있다. 예를 들어 마이크로소프트가 엑스박스 비디오게임 콘솔을 출시했을 때 소비자들은 이미 마이크로소프트의 다른 제품들에 대해 경험해보았고 지식을 갖고 있기 때문에 신제품 성능에 대해 보다 안심하고 그 제품을 받아들일 수 있었을 것이다. 이러한 확장제품에 대한 추론으로 모브랜드의 연상은 더욱 강력해질 수 있다.

소비자의 지각된 위험 감소 한 연구에 따르면, 패밀리브랜드를 사용한 신제품일수록 소비자의 시용률이 높아진다고 한다.[10] 3M, 아마존, 구글, 애플과 같은 잘 알려진 기업브랜드의 확장은 해당

소비자의 신제품 수용 촉진	모브랜드와 기업에 긍정적인 피드백 제공
브랜드 이미지 향상	브랜드 의미의 명료화
소비자의 지각된 위험 감소	모브랜드 이미지 강화
유통경로 확보 및 시용률 증대	신규 고객 창출과 시장 커버리지 확대
촉진비용의 효율성 증대	브랜드 재활성화
마케팅 프로그램 비용 절감	향후 브랜드 확장의 기초 마련
신규 브랜드 개발비용 불필요	
패키징과 라벨링의 효율성	
소비자의 다양성 추구 충족	

그림 13-2
브랜드 확장의 이점

기업브랜드가 붙은 제품이 다양하게 존재하기 때문에 특정 개별 제품에 대한 고유 연상이 부족할 수도 있다. 하지만 고품질·고성능 제품들의 기업이라는 명성이 해당 신제품을 뒷받침해줌으로써 소비자의 지각된 위험을 줄여줄 수 있다.[11]

기업 전문성이나 신뢰도에 대한 지각은 브랜드 확장을 추진하는 데 있어서 중요한 연상이 될 수 있다.[12] 켈로그, 크래프트, 페퍼리지팜과 같이 브랜드 확장이 많이 실시되는 슈퍼마켓 제품군 브랜드를 그 예로 들 수 있다. 이 경우 역시 특정 개별 제품에 대한 고유 연상이 부족할 수는 있지만, 전문성과 신뢰도가 높은 기업브랜드를 패밀리브랜드로 활용함으로써 소비자의 지각된 위험을 줄여주고 확장제품의 수용을 용이하게 한다.

유통경로 확보 및 시용률 증대 브랜드 확장을 시행한 신제품일수록 소비자 수요가 높아지며, 제조업자 입장에서는 잘 알려진 브랜드를 신제품에 활용함으로써 자사 신제품을 취급하도록 하기 위한 소매업자 설득작업이 보다 용이해진다. 따라서 유통경로 개척비용도 절감할 수 있을 것이다. 한 연구에 따르면, 슈퍼마켓 구매 담당자들에게 가장 중요한 구매 결정 기준의 하나는 브랜드평판이었다.[13]

촉진비용의 효율성 증대 마케팅 커뮤니케이션 관점에서 보면, 잘 알려진 브랜드를 활용한 신제품 출시는 브랜드 인지도를 구축해야 할 부담이 없기 때문에 신제품 출시 캠페인을 신제품의 특성을 강조하는 데 집중할 수 있다.[14]

여러 연구에서 이러한 이점이 입증되었다. 한 연구에 따르면, 브랜드 확장을 이용한 신제품의 매출액 대비 광고비 비율이 10%인 반면, 신규 브랜드를 이용한 신제품의 매출액 대비 광고비 비율은 19%로 나타났다.[15] 다음 '영화 후속편'의 예는 확장을 통해 광고비를 효율적으로 사용할 수 있음을 시사하고 있다.

라인 확장의 예 : 영화 후속편

성공한 영화들은 히트를 쳤던 원작 영화의 판매를 활용하기 위해 종종 후속편을 내놓는다. 후속편의 성공과 인기는 최고 흥행수익을 낸 영화가 후속편 영화에서 나오는 비율이 점점 높아지는 추세를 보면 확실하게 알 수 있다(그림 13-3 참조). 영화 후속편에 대한 논의는 브랜드 확장, 특히 라인 확장에 대한 논의와 거의 동일하다. 영화의 경우, 일반적으로 영화 줄거리와 캐릭터에 대한 기존의 인식을 활용하여 새로운 후속편 영화를 출시할 때 발생하는 위험을 줄인다. 영화 관객의 감소와 높은 실패 가능성을 감안할 때, 이러한 위험을 줄이기 위한 접근법은 상당한 이점을 제공할 수 있다.

게다가 후속편을 홍보하는 데 드는 비용은 새 영화보다 훨씬 적게 든다. 2015년 후속편 영화인 〈스타워즈 에피소드 Ⅶ : 깨어난 포스〉는 그 해 개봉한 모든 영화 중에서 가장 높은 광고 수익률을 올렸는데 미국 내 수익으로만 광고비 1달러당 2,540만 달러를 벌어 들였다. 그다음이 광고비 1달러당 1,580만 달러의 미국 내 수익을 올린 〈쥐라기 월드〉였다. 후속편 영화는 이전 영화의 성공 요인을 효과적으로 활용하여 브랜드 약속을 이행할 수 있을 뿐 아니라, 영화 홍보비용의 절감으로 인해 매우 유리한 광고 수익률을 낼 수 있는 것이다. 게다가 후속편은 원본 영화의 DVD 판매에도 도움이 될 수 있다. 이러한 후속편 영화의 상당한 파급효과는 헤니그-투라우, 휴슨, 헤이트얀스(Henning-Thurau, Houson, and Heitjans)의 연구에서도 입증된 바 있다.

하지만 분명한 것은 모든 후속편 영화가 다 동일한 것은 아니라는 것이다. 또한 후속편의 마케팅에도 저마다 차이가 있다. 수드와 드레제(Sood and Drèze)의 연구에 따르면, 번호가 매겨진 후속편(예 : '데어데블 2')이 이름을 별도로 추가한 후속편(예 : '데어데블 : Taking It to the Street')보다 원작 영화와의 유사성에 더 많은 영향을 받는다고 한다.

후속편들이 전반적으로 인기가 있긴 하지만, 인기에도 불구하고 후속편의 성공이 꼭 보장되는 것은 아니다. 소규모 히트작과 관련된 후속편은 재정적으로 수익성이 좋지 않은 경우가 많아서, 이러한 후속편의 경우에는 할리우드가 관객

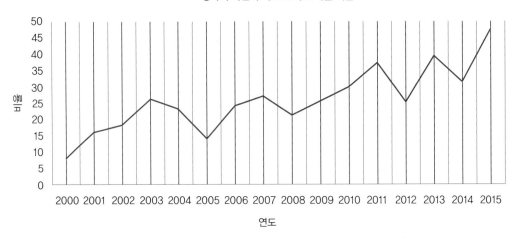

그림 13-3
영화 후속편의 최고 흥행 매출 비율

들의 믿음에 부응하지 못하는 경우가 많다. 제품 · 서비스 확장의 경우와 마찬가지로 영화나 기타 예술작품의 후속편인 경우에도 성공적인 확장을 위한 가이드라인을 사용하여 확장 기회를 심층적으로 평가하는 것이 바람직하다.

출처 : boxofficemojo, jackdaw research; Dawson, Jan "Hollywood Clings to Sequels Despite Diminishing Returns," June 7, 2016. http://variety.com/2016/film/features/hollywood-franchises-sequels-box-office-1201789704/. Accessed June 3, 2017. [1] Sanzo, Nick, "May the Force Be With Your Sequels". Kantar Media. 14 January 2016. www.kantarmedia.com/us/thinking-and-resources/blog/may-the-force-be-with-your-sequels. Accessed May 21, 2017. Thorsten Hennig-Thurau, Mark B. Houston, and Torsten Heitjans, "Conceptualizing and Measuring the Monetary Value of Brand Extensions: The Case of Motion Pictures," *Journal of Marketing* 73 (November 2009): 167–183. Sood, Sanjay, and Xavier Drèze. "Brand extensions of experiential goods: Movie sequel evaluations." *Journal of Consumer Research* 33, no. 3 (2006): 352–360.

마케팅 프로그램 비용 절감　한 기업이 미국에서 새로운 슈퍼마켓 제품을 전국적으로 출시하는 데 드는 비용은 약 3,000~5,000만 달러에 달할 것으로 추산되는데, 브랜드 확장을 통해 신제품을 출시하게 되면 유통업자와 소비자에 대한 마케팅비용의 효율성 증대로 신제품 출시와 관련한 막대한 비용을 약 40~80%까지 절감할 수 있다. 출시 후에도 마케팅 프로그램의 효율성은 지속적으로 나타날 수 있다. 예를 들어 브랜드 확장을 통해 여러 제품에 특정 브랜드가 공동으로 사용되면, 해당 브랜드의 한 제품의 광고효과는 다른 제품에까지 파급효과를 줄 수 있다.

신규 브랜드 개발비용 불필요　하나의 새로운 브랜드를 개발하는 것은 예술인 동시에 과학이다. 소비자 조사가 필요하고 브랜드네임, 로고, 심벌, 패키지, 캐릭터, 슬로건 등의 브랜드 요소를 개발할 수 있는 전문화된 인력이 필요하며, 그렇다고 성공이 보장되는 것도 아니다. 사용 가능한 매력적인 브랜드네임이 계속 줄어들면서 법적 분쟁 가능성도 높아지고 있다. 이를 피하기 위해 세계적으로 상표권을 보호받기 위해서 많은 탐색작업이 필요하다. 브랜드 확장을 통해 신제품 출시를 하게 되면 새로운 브랜드를 개발하는 데 드는 막대한 비용과 수고가 필요없다.

패키징과 라벨링의 효율성　동일한 브랜드네임의 여러 제품에 유사하거나 동일한 패키지를 적용할 경우 이러한 패키지의 공유에서 오는 비용 절감 효과가 크며, 또한 소매점에서 유사한 포장의 여러 제품을 진열함으로써 오는 전시효과도 기대할 수 있다. 예를 들어 캠벨 수프는 시각적으로 유사한 포장의 다양한 제품을 한 냉동실에 함께 진열함으로써 가시성을 높이고 있다. 코카콜라 청량음료와 거버 이유식도 비슷한 효과를 거두고 있다.

소비자의 다양성 추구 충족   라인 확장을 통해 한 제품 라인 안에 다양한 품목을 선보임으로써 자사 제품을 사용하고 있던 소비자가 싫증을 느껴서 다른 브랜드로 전환하는 것을 막을 수 있다. 로레알(L'Oréal)의 사례를 통해 더 살펴보자.

로레알

1907년 창립 이래 뷰티와 퍼스널 케어에만 전념해온 로레알은 광범위한 브랜드 포트폴리오를 통해 세계적인 강자로 자리매김했다. 이 회사는 거의 모든 유통채널, 가격대, 시상을 대상으로 제품을 내놓고 있다. 가르니에(Garnier)는 비교적 저렴한 가격대의 매스 브랜드(mass brand)로 빠르게 성장하고 있다. 로레알파리(L'Oréal Paris)는 고급 화장품을 대중들이 보다 쉽게 접근할 수 있는 저렴한 가격대로 제공함으로써 일반 대중을 표적으로 한 시장에서 선도적인 위치에 있다. 랑콤(Lancôme)은 프리미엄 럭셔리 브랜드이다. 로레알은 전속적 유통 전략을 고수한다. 헤어살롱 전문 제품[매트릭스(Matrix), 레드켄(Redken)]은 미용실에서, 소비재 브랜드(메이블린, 가르니에)는 소매점, 드러그스토어, 식료품 가게에서, 명품(비오템, 랑콤)은 전문점이나 백화점에서, 민감성 피부용 브랜드[라로슈포제(La Roche-Posay)]는 약국이나 피부과 병원에서 판매된다. 로레알은 또한 키엘과 바디샵이라는 2개의 소매 체인 브랜드를 소유하고 있다. 로레알은 지리적으로 광범위한 유통망을 구축한다. 로레알의 많은 브랜드가 130개국 이상에서 판매되고 있고, 랑콤은 160개국에서 판매되고 있다. 최근 신흥시장, 특히 중국과 인도 시장을 공략하기 위해 박차를 가하고 있으며, 현재 전 세계적으로 약 10억 명 수준인 로레알 고객을 2021년까지 2배로 늘릴 계획이다. 과학기술과 제품품질이 성공의 열쇠라는 믿음으로 연구개발에 많은 투자를 하고 있다(순매출의 약 3% 수준). 로레알의 제품 라인 중 약 15~20%에서 매년 제품 개선이나 신제품 출시가 이루어지고 있다. 또한 로레알은 수년간 뷰티 브랜드를 다루어온 전통적인 잡지 인쇄광고를 계속 전개하는 한편, 고객 참여를 유도하기 위해 디지털 및 모바일 전략을 강화하고 있다.[16] 오토매트테크놀로지(Automat Technologies)와 파트너십을 맺은 로레알은 소비자와 대화하는 인공지능 기반의 페이스북 메신저 봇을 출시하기도 하였다. 로레알은 제품 및 서비스 확대 기술에 집중해 2016년 전자상거래 사업이 32% 성장했다.[17]

로레알은 브랜드마다 가격대, 대상 시장, 유통 채널이 다르며 광범위한 브랜드 포트폴리오를 갖고 있다.

모브랜드와 기업에 긍정적인 피드백 제공

브랜드 확장은 소비자의 신제품 수용을 촉진하는 것 외에도 모브랜드와 기업에 여러 가지 긍정적인 피드백 효과를 제공한다.

브랜드 의미의 명료화 브랜드 확장은 소비자에게 브랜드의 의미를 명확히 전달하고 브랜드 아키텍처 프로세스의 중요한 첫 번째 단계인 브랜드 목표시장을 명확히 정의하는 데 도움이 된다. 예를 들어 브랜드 확장을 통해 도브는 '퍼스널 케어', 존슨앤드존슨은 '베이비 케어', 프라다는 '럭셔리', 레고는 '창의력, 상상력, 재미'와 관련된 브랜드라는 것을 소비자에게 심어줄 수 있었다. 그림 13-4는 기업이 실제 브랜드 확장을 통해 브랜드 의미의 폭을 어떻게 넓혔는지 보여주고 있다.

12장에서 언급했듯이, 기업은 '마케팅 근시안(marketing myopia)' 사고에 사로잡혀 브랜드 바운더리를 좁게 한정시켜서 시장기회를 놓치거나 경쟁 전략에 취약해지는 일이 없도록 해야 한다. 브랜드 의미를 보다 광범위하게 넓혀야 한다. 하버드대학교의 테드 레빗(Ted Levitt)이 어느 기사에서 지적했듯이 철도는 단순히 '철도' 사업뿐만이 아니라 더 넓게 '운송' 사업까지 포괄하는 영역으로 봐야 한다.[18]

제품 의미에 대해 좀 더 폭넓게 생각하면 다양한 마케팅 프로그램과 새로운 제품 기회에 대한 영감을 보다 쉽게 얻을 수 있다. 예를 들어 제록스는 브랜드 확장을 통해 제품 라인에 사무용 복사기뿐만 아니라 디지털 프린터, 스캐너, 워드프로세스용 소프트웨어 등의 제품까지 포함시키면서 'The Document Company'라는 새로운 슬로건의 광고 캠페인을 전개했다. GE는 터빈, 엔진과 같은 산업용 제품에서 최종사용자들을 대상으로 더 나은 서비스를 제공하기 위한 디지털 서비스로 전환하면서 사업사명을 확장했다.[19] 인도에서는 유명한 타타그룹 소유의 회사로 시계, 보석, 안경 · 콘택트렌즈 제조회사인 타이탄(Titan Company Limited)이 고급 향수인 스킨타이탄(SKINN Titan) 제품군을 출시하여 개인 라이프스타일 부문에서의 입지를 넓혔다.[20] 제록스, GE, 타이탄은 각자의 업계에서 근본적인 변화에 발맞추기 위해 사업사명을 변경함으로써 고객에게 브랜드 의미를 넓혔고, 이로써 미래 성장 및 브랜드 확장의 발판을 마련하였다.

어떤 경우에는 특정 제품 라인에서 어떤 소비자 니즈도 모두 충족시켜줄 수 있는 제품 포트폴리오를 구축하는 것이 유리할 수 있다. 예를 들어 크로락스, 메소드(Method), 라이솔(Lysol), 코멧(Comet), 미스터클린(Mr. Clean)을 포함하여 특정 용도에 제한되어 있던 많은 세제 브랜드가 다용도 제품 브랜드로 인식될 수 있도록 브랜드 의미를 확장했다.

모브랜드 이미지 강화 고객 기반 브랜드자산 모델에 따르면, 브랜드 확장이 성공했을 경우 바람직한 결과 중 하나는 소비자에게 모브랜드의 기존 연상을 강화하거나, 보다 호의적으로 평가하게

그림 13-4
브랜드 확장을 통한 브랜드 의미의 확대

브랜드	본래 제품	확장 제품	새로운 브랜드 의미
웨이트워처스	피트니스센터	저칼로리 식품	체중 감량 및 유지 관리
썬키스트	오렌지	비타민, 주스	건강
켈로그	시리얼	뉴트리그레인 바, 스페셜 K바	건강한 간식
앤트제미마	팬케이크믹스	시럽, 냉동 와플	아침식사

하거나, 혹은 새로운 연상을 추가시킴으로써 모브랜드의 이미지를 강화할 수 있다는 것이다.

브랜드 확장이 모브랜드 이미지에 도움을 주는 일반적인 방법 중 하나는 핵심 브랜드연상을 구축하는 것이다. 3장에서 정의한 바와 같이, 핵심 브랜드연상이란 그 브랜드가 붙여진 모든 제품을 공통적으로 특징지을 수 있는 속성이나 편익으로, 소비자가 그 브랜드에 대해 갖게 되는 가장 강력한 연상을 말한다. 예를 들어 나이키는 러닝화에서 다른 운동화, 운동복, 운동기구 등으로 브랜드를 확장하는 과정에서 '최고의 성능'과 '스포츠'라는 핵심 연상을 구축하였다.

성공적인 브랜드 확장에 의해 형성될 수 있는 또 다른 긍정적인 연상은 소비자가 지각하는 기업 신뢰도이다. 한 연구 결과, 성공적인 기업브랜드 확장이 그 기업에 대해 소비자가 지각하는 전문성, 신뢰도, 호감도를 향상시키는 것으로 나타났다.[21]

신규 고객 창출과 시장 커버리지 확대   라인 확장을 통해 기업은 시장 커버리지를 확대할 수 있다. 예를 들어 특정 편익을 제공하는 제품이 없어서 자사 제품 구입을 꺼리는 소비자를 위해 라인 확장으로 해당 편익을 제공하는 신제품을 출시할 수 있다. 타이레놀은 '씹어 먹는 진통제'를 출시함으로써 알약이 삼키기 어려워서 타이레놀 구입을 꺼리는 어린이 자녀를 둔 소비자를 유인할 수 있었다.

모브랜드에 대한 뉴스를 생성하거나 관심이 확산되면 패밀리브랜드 전체에 도움이 된다. 패밀리브랜드인 타이드는 라인 확장을 효과적으로 전개함으로써 1950년대부터 현재까지 시장을 계속 주도하고 있으며, 미국에서 시장 점유율 약 40%를 계속 유지하고 있다.[22] 새로운 세분시장을 공략하기 위해 라인 확장을 시도한 예로 2005년 코카콜라의 코크제로(Coke Zero) 출시를 들 수 있다.

코크제로

남성을 대상으로 한 저칼로리, 무설탕 콜라로의 이 확장은 코카콜라가 출시한 가장 성공적인 확장 중 하나가 되었다.[23] 이 새로운 세분시장을 공략하기 위해 코크제로는 충성적인 팔로워들을 모으기 위해 소셜 미디어를 활용했다. 예를 들어 2010년에는 새로운 얼굴 감지 기술을 활용해 팔로워들이 닮은꼴을 찾을 수 있도록 '코크제로 페이스 프로파일러 페이스북 앱'이 도입되기도 했다. 코크제로는 제임스 본드 영화 〈스카이폴〉과도 제휴를 맺었다. 코크제로에 대한 바이럴 동영상은 1,100만 번 이상 시청되었다.[24] 2015년에는 NCAA 파이널 4(NCAA Final Four) 경기가 치러지는 기간 동안 거대한 광고판이 설치되었으며, 이 광고판에서는 4,500피트의 튜브가 받쳐진 병에서 얼음처럼 차가운 코크제로가 분사되었다. 광고에서는 샤잠(Shazam) 앱을 다운로드하도록 권장하고 있었다. 이 앱은 TV 광고에서처럼 코크제로로 가득 채워져 있는 유리잔의 모습을 보여주었다. 전반적으로 코크제로 출시는 브랜드의 성공으로 이어졌고, 2014년에 1.8%의 시장 점유율로 탄산음료 부문 상위 10위권 브랜드가 되었다.[25] 이러한 라인 확장의 성공은 코크제로 브랜드에 대한 세심한 세분화, 표적시장 선정 및 포지셔닝, 효과적인 마케팅믹스 전술이 있었기에 가능한 것이었다. 이러한 라인 확장의 성공으로 코카콜라는 탄산음료 부문에서 우위를 다시 재천명할 수 있었고, 다이어트 펩시와 새로운 경쟁자(예 : 주스음료)로부터의 경쟁 위협을 완화하는 데도 도움이 되었다.

브랜드 재활성화   때로는 브랜드 확장이 모브랜드에 대한 새로운 관심과 호감을 이끌 수 있다. 날렵한 디자인의 CTS 세단과 압도적인 근육질의 에스컬레이드(Escalade) SUV의 등장은 한때 올드하고 초라해보였던 캐딜락(Cadillac)의 브랜드 이미지를 완전히 탈바꿈시켰다.

향후 브랜드 확장의 기초 마련   성공적인 브랜드 확장(특히 카테고리 확장)의 또 다른 이점은 후속 브랜드 확장에 대한 발판이 되어 준다는 것이다. 예를 들어 애플이 아이팟을 출시했을 때 아이팟은 빠르게 마켓리더가 되었고 애플의 가장 성공적인 신제품 중 하나가 되었다. 이는 애플의 기존 컴퓨터와 소프트웨어 제품의 매출을 크게 높이는 후광효과도 제공했다. 아이팟의 성공으로 애플은 아이폰 스마트폰과 아이패드 태블릿 컴퓨터로의 확장이 더 용이해졌다.

브랜드 확장의 잠재적 위험 요인

이러한 잠재적인 이점에도 불구하고, 브랜드 확장에는 수많은 위험 요인이 도사리고 있다(그림 13-5 참조).

소비자 혼란과 불만 야기

지나친 라인 확장은 소비자들로 하여금 어떤 제품이 자신에게 적합한지 혼란을 줄 수 있고 오히려 불만을 야기할 수 있다. 예를 들어 한 연구에서는 24개 품목보다 6개 품목이 있을 때 소비자가 더 구매할 가능성이 높다는 사실을 발견했다.[26] 소비자는 여러 가지 편익으로 구분된 제품을 다 사용해보고 가장 마음에 드는 제품을 찾는 과정을 거부할 수 있다. 소비자는 구매를 오히려 꺼리거나, 기존에 사용했던 제품을 그냥 구매하거나, '다목적' 제품을 선호하게 되기도 한다. 콜게이트 토탈(Colgate Total) 치약은 어떤 소비자 욕구도 충족시키는 모든 편익을 다 담은 '다목적' 치약으로 성공을 거두었다.

  소매업자가 해당 브랜드 제품들을 다 원하더라도 계속해서 소개되는 수많은 신제품을 다 보관할 공간이나 진열 면적이 충분하지 않다. 일부 소비자는 광고된 브랜드 확장 신제품을 소매점포에서 찾을 수 없을 때 실망할 수 있다. 기업이 소비자가 부적절하다고 생각하는 확장 신제품을 계속해서 출시하면 제품에 결함은 없는지 성능은 제대로 된 건지 소비자가 의문을 가질 수도 있다.

소매업자 저항 촉발

소비재 포장제품의 SKU(stock-keeping unit, 상품재고 관리를 위한 최소 분류 단위)의 수는 전년 대비 성장률에서 소매 공간의 성장을 앞지르고 있다. 스토어 브랜드, 즉 PB제품도 전체 식료품 판매에서 차지하는 비율이 계속 성장하고 있다. 현재 너무나 많은 브랜드가 다양한 형태

소비자 혼란과 불만 야기
소매업자 저항 촉발
확장제품 실패에 따른 모브랜드 이미지 손상
확장제품이 성공하더라도 모브랜드의 다른 제품 매출 잠식
확장제품이 성공하더라도 모브랜드의 특정 제품군과의 연계성 약화
확장제품이 성공하더라도 모브랜드의 이미지 손상
브랜드 의미 희석
신규 브랜드 개발 기회 상실

그림 13-5
브랜드 확장의 잠재적 위험

로 출시되고 있다. 예를 들어 캠벨은 고(Go), 콘덴스드(Condensed), 홈쿠킹(Home Cookin'), 청키 (Chunky), 헬시 리퀘스트(Healthy Request), 셀렉트(Select), 심플리 홈(Simply Home), 레디투서브 클래식(Ready-to-Serve Classic), 오리엔탈(Oriental), 휴대용 수프(Soup at Hand) 등 다양한 맛의 수 프를 판매하고 있다.

식료품점이나 슈퍼마켓이 한 제품 카테고리 내 모든 다양한 품종을 취급하는 것은 사실상 불 가능해졌다. 더욱이 소매업자들은 많은 라인 확장 제품이 기존 제품과 큰 차이가 없는 '유사품 (me-too)'이라고 생각하는 경향이 있기 때문에 공간의 여유가 있다 해도 진열하기를 꺼린다. 미 국에서 가장 큰 소매업체인 월마트는 매출이 부진하거나 다른 제품과 중복되는 품목 20%를 매년 진열대에서 치우고 있으며, 대신 가장 잘 팔리는 품목 위주로 진열대를 채운다.[27]

확장제품 실패에 따른 모브랜드 이미지 손상

브랜드 확장의 최악의 시나리오는 확장한 신제품도 실패하고 그 실패로 모브랜드 이미지도 타격 을 입는 경우이다. 불행히도 이러한 부정적인 피드백 효과는 종종 발생한다.

초기 브랜드 확장이 성공하더라도 해당 브랜드를 여러 제품에 연결하다 보면 어떤 한 제품에 예기치 않은 문제가 발생할 수 있다. 그렇게 되면 나머지 일부 제품 혹은 모브랜드의 이미지를 손 상시킬 수 있다. 아우디가 대표적인 예다. 몇 년 전 아우디는 자사가 생산하는 자동차 중 하나인 아우디 5000 모델이 '급발진'이라는 차의 결함으로 인해 안전성에 심각한 문제가 있다는 소문이 퍼지면서 미국 매출이 급감했다. 흥미로운 것은 아우디 5000의 실패로 가장 큰 타격을 받은 모델 은 아우디 4000이었으며 또 다른 모델인 아우디 콰트로는 상대적으로 타격을 덜 받았다는 것이 다. 그 이유는 콰트로라는 브랜드는 상대적으로 아우디 5000과는 다른 범주의 차로 소비자들에 게 지각되고 있었기 때문이다.

실패한 브랜드 확장이 언제, 왜 모브랜드에 손상을 줄 수 있는지 이해하는 게 중요하다. 브랜 드 확장이 실패하더라도 모브랜드에 악영향을 미치지 않는 경우가 있다면 악영향을 미치지 않은 바로 그 이유 때문에 브랜드 확장이 애초에 실패한 것일 수 있다. 모브랜드에 대한 인식이 확장 신제품에 이전이 안 되었기 때문에 브랜드 확장이 실패한 것일 수 있다는 것이다. 즉 애초에 브랜 드 확장이 적절치 않았기 때문에 실패한 것이고, 바로 이 실패 이유로 인해 확장 실패가 모브랜드 에 악영향을 미치지 않는다는 것이다. 이런 경우, 충분한 브랜드 인지도 또는 유통 채널을 확보하 지 못해서 실패했을 수 있으나, 해당 신제품이 실패하더라도 모브랜드는 타격을 입지 않게 된다. 하지만 성능 때문에 확장이 부적절하다고 인식되어서 확장제품이 실패하는 경우는 모브랜드에 대한 인식까지 해칠 가능성이 높다.

확장제품이 성공하더라도 모브랜드의 다른 제품 매출 잠식

확장한 신제품의 매출이 높고 목표치를 달성했다고 하더라도 이는 모브랜드의 다른 제품 판매를 잠식해서 이룬 결과일 수 있다. 모브랜드의 기존 제품들과의 유사점(POP)이 강조되도록 설계된 라인 확장은 특히 더 자기잠식을 초래할 수 있다. 탄산음료 카테고리에서 다이어트 코크의 경우 '저칼로리'라는 차별점(POD)보다 '굿 테이스트(good taste)'라는 유사점을 더 소구함으로써 일반 콜라를 마시는 사람들이 다이어트 코크로 이동했음은 의심할 여지가 없다. 사실, 코카콜라의 콜 라 제품의 미국 매출은 1980년 이후 꾸준히 유지되어 왔다. 하지만 1980년의 매출은 코크 하나에서만 나온 것이었지만, 오늘날은 다이어트코크, 코크제로, 체리코크, 카페인이 없고 향이 첨가되지 않은 형태의 코크 등 많은 제품에서 매출이 이루어지고 있다. 그러나 이러한 라인 확장을 전개하지 않았더라면 코카콜라의 매출 중 일부는 경쟁자인 펩시나 기타 청량음료 브랜드로 넘어갔을 것이다.

동일한 브랜드 제품들끼리의 매출 잠식이 반드시 바람직하지 않은 것은 아니라는 것이다. 소위 '선점적 자기잠식(preemptive cannibalization)'의 한 형태로, 만일 라인 확장을 하지 않았다면 소비자는 경쟁 브랜드로 떠나갔을 수도 있다. 애플의 공동창업자 스티브 잡스도 선점적 자기잠식을 긍정적으로 보았다. 그는 "우리가 스스로를 잡아먹지 않는다면 다른 누군가가 우리를 잡아먹을 것이다"라고 말한 것으로 유명하다.[28]

확장제품이 성공하더라도 모브랜드의 특정 제품군과의 연계성 약화

여러 제품을 단일 브랜드에 연결하면 발생할 수 있는 위험 중 하나는 브랜드와 특정 제품군과의 연계성이 모호해질 수 있다는 것이다. 따라서 브랜드 확장을 많이 하다 보면 원래 브랜드가 속해 있었던 제품군과의 연계성이 약해져서 브랜드 회상률을 감소시킬 수 있다.[29] 질레트가 여성용 면도기인 비너스(Venus)를 출시하고 나서는 질레트의 남성 타깃고객과 관련된 연상이 희석되었을 수 있다.

그러나 이러한 희석효과와는 몇 가지 주목할 만한 반대되는 효과를 내는 기업도 있다. 다양한 제품군에서 동일한 브랜드를 사용하면서도 소비자로부터 높은 수준의 품질로 인식되는 기업의 경우이다. 11장에서 살펴보았듯이 많은 일본 기업이 매우 광범위한 제품에 대해 단일 기업브랜드를 사용하고 있다. 예를 들어 야마하는 오토바이, 기타, 피아노 등 매우 다양한 제품군의 제품을 기업브랜드를 붙여 판매함으로써 강력한 기업 평판을 얻고 있다. 미쓰비시 또한 은행, 자동차, 항공기 등 자사의 모든 제품군에 기업브랜드를 사용함으로써 소비자들로 하여금 더 높은 수준의 품질로 인식되어 왔다. 캐논도 카메라, 복사기, 사무기기를 기업브랜드를 사용하여 성공적으로 판매하고 있다.

이와 유사하게 버진레코드(Virgin Record)의 설립자인 리처드 브랜슨(Richard Branson)은 야심차면서도 어쩌면 위험할 수 있는 브랜드 확장 프로그램을 전개해왔다(브랜딩 브리프 13-2 참조). 그는 특정 제품군과 관련된 강력한 연상 없이도 소비자 마음속에 품질에 대한 연상을 확실히 구축하였다.

브랜딩 브리프 13-2

'버진'이라는 브랜드네임에 경계란 존재하는가?

아마도 최근 몇 년 동안 가장 광범위한 브랜드 확장은 리처드 브랜슨에 의해 수행된 버진 브랜드의 확장일 것이다. 버진의 브랜드 전략은 소비자 니즈가 잘 충족되고 있지 않은 제품 카테고리로 진출해서 해당 세분시장의 소비자들을 더 잘 만족시키기 위해 기존 기업들과는 다른 다양한 작업을 수행하는 것이다.

브랜슨은 21세에 버진레코드를 설립했으며 1984년에 버진애틀랜틱 항공을 설립했다. 이후 그는 자신의 음반사인 버진레코드와 버진레코드 소매 체인, 버진 컴퓨터게임 사업을 매각하여 수백만 달러를 벌었다. 이후 런던-아테네 및 런던-더블린 노선을 운항하는 유럽 스타트업 항공사에 '버진' 브랜드 라이선싱을 해주게 되고, 이를 계기로 브랜슨은 버진 브랜드를 다양한 제품범위에 확장하기 시작한다.

브랜슨은 PC 제품에 버진 브랜드의 라이선싱을 해주었으며, 1994

년 버진보드카와 버진콜라를 판매하기 위한 합작투자회사를 설립했다. 1997년에는 영국 정부 철도노선 6개를 인수하고 버진레일을 설립했다. 1999년에는 도이치텔레콤과의 파트너십을 통해 무선전화 서비스회사인 버진모바일을 설립했다. 같은 해에 버진 브랜드가 제공하는 모든 제품이나 서비스를 구매할 수 있는 버진닷컴을 출시하면서 전자상거래에도 진출했다.

현재 버진그룹은 35개국에서 71,000명 이상의 직원을 고용하고 있으며 여행, 라이프스타일, 머니, 피플 앤 플래닛, 통신 및 기술, 음악, 헬스케어, 알코올 등 다양한 제품 영역에서 60개 이상의 브랜드 회사를 보유하고 있다. 버진의 2016년 매출은 약 150억 파운드로 추산되며, 브랜슨의 2016년 개인 재산은 49억 파운드로 추산된다.

- *여행* : 버진오스트레일리아(Virgin Australia), 버진애틀랜틱항공(Virgin Atlantic Airways), 버진홀리데이(Virgin Holidays), 버진홀리데이+힙호텔(Virgin Holidays + Hip Hotels), 버진홀리데이크루즈(Virgin Holidays Cruises), 버진리미티드에디션(Virgin Limited Edition), 버진베이케이션(Virgin Vacations), 버진갤럭틱(Virgin Galactic), 버진북(Virgin Books), 버진리모바이크(Virgin Limobike), 버진트레인(Virgin Trains)
- *라이프스타일* : 버진액티브UK(Virgin Active UK), 버진액티브오스트레일리아(Virgin Active Australia), 버진액티브이탈리아(Virgin Active Italia), 버진액티브포르투갈(Virgin Active Portugal), 버진액티브남아프리카(Virgin Active South Africa), 버진액티브스페인(Virgin Active Spain), 버진익스피리언스데이(Virgin Experience Days), 버진레이싱(Virgin Racing), 버진열기구(Virgin Balloon Flights), 버진바우처(The Virgin Voucher), 버진스포츠(Virgin Sports)
- *머니* : 버진머니UK(Virgin Money UK), 버진머니오스트레일리아(Virgin Money Australia), 버진머니남아프리카(Virgin Money South Africa), 버진머니기빙(Virgin Money Giving), 버진기프트카드(Virgin Gift Card), 버진스타트업(Virgin Startup)
- *피플 앤 플래닛* : 버진어스챌린지(Virgin Earth Challenge), 버진그린펀드(Virgin Green Fund), 버진유나이트(Virgin Unite)
- *통신 및 기술* : 버진커넥트(Virgin Connect), 버진미디어(Virgin Media), 버진비즈니스(Virgin Business), 버진모바일(Virgin Mobile)
- *음악* : 버진메가스토어(Virgin Megastore), 버진라디오인터내셔널(Virgin Radio International), 버진페스티벌(Virgin Festivals)
- *헬스케어* : 버진헬스뱅크(Virgin Health Bank), 버진펄스(Virgin Pulse), 버진케어(Virgin Care), 버진퓨어(Virgin Pure)
- *알코올* : 버진와인오스트레일리아(Virgin Wines Australia), 버진와인UK(Virgin Wines UK), 버진와인US(Virgin Wines US)

버진의 성장과 확장은 브랜슨의 무분별한 브랜드 확장에 대한 논쟁을 불러일으켰다. 한 브랜드 전문가는 "버진은 말이 안 된다. 완전히 초점을 잃었다"라면서 버진의 급속한 확장을 비판했다. 버진콜라, 버진보드카, 버진PC, 버진진즈, 버진브라이즈, 버진의류 등이 최근 몇 년간 인기를 끌지 못하자 전문가들은 이런 실패한 제품 영역들이 버진의 브랜드

'버진' 브랜드가 너무 많은 범주로 확장되면서 브랜드 확장 전략의 경계 범위에 대한 논란이 일고 있다.

자산에 누적적으로 미치는 악영향에 대해 우려하고 있다. 하지만 버진의 한 마케팅 임원은 출시한 브랜드가 성공하지 못했을 경우의 위험에 대해 다음과 같이 설명했다. "버진열차가 운행이 지연되면 버진애틀랜틱이 궁금해지기 시작하죠. 브랜드의 모든 경험이 중요하며, 부정적인 경험이 훨씬 더 중요합니다." 브랜슨의 견해에 따르면, 소비자에게 가치를 더하고 소비자에게 편익이 있는 한 신제품 출시와 브랜드 확장을 주저할 이유가 없다고 한다.

브랜슨이 최근 출시한 신제품 중에는 해양 탐사를 위한 소형 잠수함 버진오셔닉과 로켓 우주선의 우주 관광을 위한 버진갤럭틱이 있다. 그러나 버진은 최근 몇 년 동안 브랜드 확장에 신중한 자세를 취하고 있다. 이제 버진은 3년 이내에 1억 5,000만 달러 이상의 매출을 창출할 것으로 예상되는 경우에만 신규 사업에 착수한다고 밝혔다. 버진은 또한 지속가능성과 환경에 큰 중점을 두고 있다. 버진의 웹사이트에서는 기업사명을 '지속가능한 행복과 성취감을 주는 삶을 만드는 데 기여하는 것'이라고 적혀 있다. 버진은 또한 확장이 더 이상 재무적 가치나 브랜드 가치를 제공하지 않는 경우 신속한 조치를 통해 확장 실패로 인한 브랜드 손상을 최소화하여 과감하고 혁신적인 입지를 강화할 계획이다.

출처 : Andy Pasztor, "Virgin Galactic's Flights Seen Delayed Yet Again," *The Wall Street Journal*, October 26, 2011; Jenny Wilson, "Virgin Oceanic: Just the Latest in Richard Branson's Massive Ventures," *Time*, April 6, 2011; Alan Deutscham, "The Gonzo Way of Branding," *Fast Company*, October 2004, 91; Melanie Wells, "Red Baron," *Forbes*, July 3, 2000; Quentin Sommerville, "High-Flying Brand Isn't All It Appears," *Scotland on Sunday*, December 24, 2000; Roger Crowe, "Global — A Brand Too Far?," *GlobalVue*, October 28, 1998; Virgin, "Our Purpose," https://www.virgin.com/virgingroup/content/our-purpose-0, accessed November 22, 2018; Media Network Blog, "Smart Brand Extension Allows Virgin to Keep Up Appearances," October 23, 2014, https://www.theguardian.com/media-network/media-network-blog/2014/oct/23/virgin-success-brand-extension-easygroup, accessed November 22, 2018; Virgin, "About Us," https://www.virgin.com/virgingroup/content/about-us, accessed November 22, 2018.

확장제품이 성공하더라도 모브랜드의 이미지 손상

소비자가 확장한 신제품의 속성이나 편익이 모브랜드연상과 일치하지 않거나 심지어 충돌하는 것으로 판단하게 되면 결국 소비자는 모브랜드에 대한 인식을 바꿀 수 있다. 코치(Coach)는 원래 럭셔리 가죽핸드백 제조업체로 시작했지만 이후 여성 및 남성 가죽 액세서리를 비롯한 다양한 제품 범주로 라인 확장을 했고, 더 나아가 카테고리 확장을 전개했다. 코치는 또한 자사 아울렛 매장과 종종 브랜드를 공격적으로 할인하는 백화점에서도 제품을 판매하기 시작했다. 이러한 판매 전략은 '저렴한 럭셔리' 부문의 소비자를 끌어들이긴 했지만 럭셔리 브랜드로서의 코치의 이미지를 손상하기도 했다. 그 결과 코치 브랜드에 대한 소비자인식이 저하되었다. 최근에야 코치는 마진 회복과 진정한 명품브랜드로서의 이미지 회복을 위해 의도적으로 이러한 유통채널에서 벗어나려고 하고 있다.[30]

브랜드 의미 희석

브랜드 확장으로 인해 특정 제품군과 관련된 연결고리가 약화되거나 이미지 약화가 일어날 경우 발생할 수 있는 잠재적인 위험은 고품질 혹은 프레스티지 브랜드에서 더 확실하게 나타난다. 구찌가 어떻게 과잉 확장의 위험에 봉착하게 됐는지 생각해보자.

구찌

전성기에 구찌 브랜드는 럭셔리, 지위, 우아함, 품질을 상징했다. 그러나 1980년대에 이르러 허술한 제조, 수많은 위조품, 심지어 구찌 형제 간의 가정불화로 브랜드는 퇴색해 갔다. 구찌가 취급하는 제품 라인은 22,000개 품목으로 구성되어 있었으며 모든 유형의 백화점에 광범위하게 유통되었다. 품목이 너무 많을 뿐 아니라 일부 품목은 구찌 이미지에도 맞지 않았다. 너무 쉽게 위조되었고, 길거리에서는 더블G 로고가 새겨진 값싼 캔버스 포켓북이 35달러에 판매되곤 했다. 다시 구찌는 오로지 브랜드에만 초점을 맞추기로 했다. 제품 라인을 7,000개의 고급 품목으로만 한정하고 자사 소유의 아울렛을 통해서만 판매하자 매출이 다시 회복되었다. 이 전략으로 구찌는 패션 비즈니스의 정점에 다시 오를 수 있었다. 2016년에 43억 달러의 매출을 올린 구찌는 인터브랜드가 선정한 글로벌 브랜드가치 TOP 50에 지속적으로 선

구찌는 럭셔리, 고품질, 지위를 상징하는 자사 브랜드를 여러 제품 범주로 브랜드 확장을 전개했다.

정되었다.[31]

브랜드 이미지가 희석되지 않도록 패밀리브랜드 관리를 통해 브랜드를 구축하고 보호하려는 많은 신진 패션회사와 디자이너는 이제 단일 소매업체와 독점 라이선스 파트너십을 구축하고 있다. 타깃(Target)의 경우는 건축가이자 디자이너인 마이클 그레이브스(Michael Graves)와의 독점 계약으로 출발하였다. 타깃은 또한 침구, 식기류, 문구류, 장식을 포함한 가정용품은 물론 여성, 남성, 소녀, 유아를 위한 의류 및 액세서리의 한정판 컬렉션에 대해 이탈리아의 전설적인 패션회사인 미쏘니(Missoni)와도 계약을 체결했다.[32] 독점 라이선스를 통해 라이선스 제공자는 제품을 더 잘 관리할 것이고 할인을 피할 것이며, 가장 중요하게는 브랜드를 보호하게 될 것이다.

신규 브랜드 개발 기회 상실

브랜드 확장에서 한 가지 쉽게 간과되는 위험은 신제품을 브랜드 확장으로 출시함으로써 기업이 제품 고유의 이미지와 가치를 지닌 새로운 브랜드를 만들 기회를 상실하게 된다는 것이다. 예를 들어 아마존이 온라인 소매업체라는 기존의 전통적인 영역을 뛰어넘어 전자책 전용 단말기 킨들(Kindle)을 통해 엄청난 성공을 거둔 이점을 생각해보라.

이 브랜드는 자체 연상과 이미지를 만들어 현재 기업에서 판매하는 다른 브랜드들이 대상으로 하는 시장과는 완전히 다른 시장에 진출했다. 신제품을 브랜드 확장을 통해 출시하는 것은 새로운 브랜드 프랜차이즈를 창출할 기회를 상실한다는 측면에서 숨어 있는 비용을 초래할 수도 있는 것이다. 브랜드 확장은 모브랜드 이미지의 일관성을 유지하도록 전개되어야 하기 때문에 브랜드 포지셔닝을 변화시키기가 어렵기 마련이다. 이와는 대조적으로 신규 브랜드의 포지셔닝은 해당 브랜드가 대상으로 하고 있는 시장에서 가장 경쟁에 유리한 방식으로 자체적으로 수립되고 업데이트될 수 있다.

브랜드 확장에 대한 소비자 평가의 이해

브랜드 확장의 이점을 활용하고 잠재적인 위험 요인을 피하거나 최소화할 수 있기 위해서는 어떻게 해야 할까? 그림 13-6은 브랜드 확장 중에서도 카테고리 확장의 성공 사례와 실패 사례를 보여준다. 마케팅 역량이 뛰어난 선도적인 기업들조차 의도는 좋았으나 브랜드 확장에 실패하는 경우가 얼마나 많은지 모른다.

이제 소비자가 브랜드 확장을 어떻게 평가하는지에 대해 알아보고 마케팅 관리자가 브랜드 확장을 성공적으로 이끌기 위해 고려해야 할 요소를 살펴보자.[33]

브랜드 확장의 기본 전제

브랜드 확장에 대한 잠재적인 소비자반응을 분석할 때는 소비자가 모브랜드와 확장제품군에 대해서는 이미 잘 알고 있는 상태이고, 광고, 프로모션 또는 상세한 제품정보에는 아직 노출되기 전인 상황에서 소비자 평가가 이루어진다는 걸 기본 전제로 시작해야 한다. 이 기본 전제가 충족되어야 브랜드 확장에 대한 가장 확실한 테스트가 가능하며, 확장을 진행할지 여부와 진행하게 될 경우 필요한 마케팅 프로그램 유형에 대한 가이드라인을 도출할 수 있게 된다.

소비자는 모브랜드에 대해 갖고 있는 지식과 확장제품군에 대해 알고 있는 정보를 사용하여

카테고리 확장의 성공 사례	카테고리 확장의 실패 사례
도브 샴푸와 컨디셔너	캠벨 토마토소스
바세린 인텐시브 케어 스킨 로션	라이프세이버스 추잉검
허쉬 초콜릿 밀크	크래커잭 시리얼
젤로 푸딩 팝스	할리데이비슨 와인 냉장고
비자 여행자 수표	히든밸리랜치 냉동식품
썬키스트 오렌지 소다	벤-게이 아스피린
콜게이트 칫솔	크리넥스 기저귀
마스 아이스크림 바	크로락스 세탁 세제
암앤해머 치약	리바이스 테일러드 클래식 정장
빅 1회용 라이터	노틸러스 운동화
혼다 잔디깎이	도미노 과일맛 풍선껌
미스터클린 자동 건조 세차시스템	스머커스 케첩
펜디 시계	프루트오브더룸 세탁 세제
포르쉐 커피메이커	쿠어스 로키 마운틴 스프링 워터
지프 유모차	캐드버리 비누

그림 13-6
카테고리 확장의 성공/실패 사례

확장제품이 어떤 것인지 추론할 것으로 예측할 수 있다. 소비자의 이러한 추론이 확장에 대한 호의적인 평가로 이어지려면 일반적으로 다음 네 가지 조건이 충족되어야 한다.

1. 모브랜드에 대한 소비자의 인지도가 높아야 하고 호의적인 연상을 갖고 있어야 한다. 모브랜드에 대한 소비자의 연상이 비호의적이면 확장에 대해 긍정적인 기대를 형성하기는 어렵다.
2. 모브랜드의 긍정적인 연상이 확장제품에 이전되어야 한다. 소비자가 확장제품과 모브랜드와의 유사성 혹은 적합성이 높다고 판단하면 할수록 모브랜드의 호의적이고 강력하고 독특한 연상이 확장제품에 이전될 가능성이 높아질 것이다.
3. 모브랜드의 부정적인 연상이 확장제품에 이전되지 않아야 한다. 이상적으로는 모브랜드에 대해 존재하는 모든 부정적인 연상은 하나도 이전되지 않고 확장에 대한 소비자 평가에 전혀 영향을 미치지 않도록 하는 것이다.
4. 모브랜드연상은 확장제품에서도 긍정적으로 평가되는 것이어야 한다. 이는 기존 제품에서는 긍정적인 연상이 확장 제품에서는 부정적인 연상이 될 수 있기 때문이다. 즉 확장제품에서 소비자가 중요시하는 속성이나 편익은 모브랜드의 기존 제품에서와는 다를 수 있기 때문에, 모브랜드의 기존 제품과 관련된 긍정적 연상이 확장제품에서는 호의적으로 평가되지 않을 수 있기 때문이다.

이러한 네 가지 조건을 다 갖추지 못한다면 브랜드 확장을 성공적으로 이끌기는 어려울 것이다. 위 네 가지 조건에 영향을 미치는 몇 가지 요인과, 브랜드 확장이 브랜드자산에 어떤 영향을 미치는지 자세히 살펴보자.

브랜드 확장과 브랜드자산

브랜드 확장의 최대 성공은 확장제품군에서도 자체 브랜드자산을 구축하고 모브랜드자산에도 긍정적인 영향을 미치는 경우이다.

확장제품군에서의 자산 구축 확장제품군에서 자산을 구축하려면 충분히 높은 수준의 인지도가 있어야 하고 해당 제품군에서 필요로 하는 유사점을 갖추어야 하며, 경쟁브랜드 대비 자사 제품만의 차별점을 갖고 있어야 한다. 브랜드 인지도는 확장된 신제품을 알리기 위한 마케팅 프로그램과 투입자원에 따라 달라질 것이다. 또한 12장에서 설명한 바와 같이, 브랜딩 전략의 유형에 따라서도 달라질 것이다. 브랜드 인지도도 높고 브랜드연상도 호의적인 브랜드를 확장에 사용하기 때문에 확장제품에서 해당 모브랜드를 더 두드러지게 사용할수록 확장제품에 대한 인지도와 이미지 형성에 도움이 될 것이다.

확장에 대한 긍정적인 이미지를 만들 수 있는지 여부는 소비자와 관련된 다음 세 가지 요인에 따라 달라진다.

1. 확장제품 관련 소비자 마음속에 모브랜드연상이 얼마나 **강력하게** 떠오르는가. 즉 소비자가 확장제품을 접하고 모브랜드에 대한 어떤 정보가 얼마나 쉽게 강력하게 떠오르는가.
2. 확장제품을 접하고 떠올린 모브랜드연상이 확장제품에 얼마나 **호의적으로** 작용하는가. 즉 관련 정보가 확장제품에 있어서도 필요로 하는 긍정적인 연상인가.
3. 확장제품을 접하고 떠올린 모브랜드연상이 확장제품군에서 얼마나 **독특한가**. 즉 이 연상이 경쟁자 연상과는 차별화되는 독특한 연상인가.

성공적인 브랜드 확장을 위해서는 확장제품이 해당 업계 제품이라면 반드시 갖추어야 할 유사점과 더불어 경쟁자 대비 차별점을 갖고 있어야 한다. 강력한 차별점이 없으면 기존 경쟁제품과 별반 다를 바 없는 '미투' 제품이 되어버릴 것이고 그렇게 되면 잘 포지셔닝된 경쟁자로부터 공격당하기 쉬워진다.[34] 테이버(Tauber)는 브랜드 확장을 통해 확장제품이 얻을 수 있는 이점으로 '경쟁적 레버리지(competitive leverage)'를 들었다. 즉 그에 따르면, 소비자는 단순히 확장된 그 브랜드를 알고 있다는 것만으로도 확장제품을 해당 제품군에서의 경쟁제품들보다 더 우수할 것이라고 인식한다는 것이다.[35]

페이팔(PayPal)은 온라인 결제 서비스인 스퀘어(Square)와 결제단말기 페이애니웨어(PayAnywhere)의 출시 이후에 모바일결제 솔루션인 페이팔히어(PayPal Here)를 출시했다. 페이팔은 브랜드 인지도, 사용 용이성, 폭넓은 사용자 기반, 재정자원을 활용해 모바일결제 시장에 성공적으로 진출했다.

동시에 마케터는 필요한 모든 유사점을 확장제품에 구축해야 한다. 확장제품이 모브랜드의 기존 제품과 유사하지 않을수록 유사점이 포지셔닝에서 우선순위가 될 가능성이 더 높다. 따라서 해당 제품군에서의 유사점을 확장제품이 충분히 갖추고 있는지 먼저 확인하는 것이 중요하다. 소비자는 확장제품이 기존 브랜드네임(모브랜드)을 사용하고 있기 때문에 해당 제품군에서의 확장제품의 차별점에 대해서는 잘 이해할 수 있다. 그러나 확장제품이 유사점을 갖추고 있는지 재확인이 필요한 경우가 많으며, 마케팅 프로그램의 초점은 이 유사점에 두어야 할 것이다.

예를 들어 니베아는 소비자가 다양한 제품군에서 가치를 두는 '부드러운', '순한', '케어해주는', '보호해주는' 제품이라는 강력한 차별점을 구축함으로써 스킨 크림 제품군에서 마켓리더가 될 수 있었다. 숙련된 제품 개발 및 마케팅을 통해 니베아 브랜드는 다양한 스킨케어 및 퍼스널케어 제품군으로 성공적으로 확장했다. 더 나아가 니베아는 브랜드자산을 탈취제, 샴푸, 화장품과 같은 제품군에서 활용하기로 했고, 이를 위해서는 차별점을 소구하기 전에 해당 제품군에서 필요로 하는 유사점을 구축할 필요가 있다고 판단했다. 소비자가 이들 제품에 대해 탈취성능이 충분하지 않고, 샴푸가 머릿결을 그다지 아름답게 하지 않으며, 화장품이 별로 다채롭지 못하다고 인식하면, 이들 제품은 거의 가치가 없는 것이 돼버린다. 유사점이 구축되고 나서야 니베아의 핵심 브랜드연상으로 경쟁 브랜드 대비 강력한 차별점을 소구할 수 있었다.

모브랜드자산에의 기여   확장이 모브랜드자산에 기여하기 위해서는 확장으로 인해 모브랜드의 호의적이고 독특한 연상이 더욱 강화되어야 한다. 확장이 모브랜드연상에 악영향을 미쳐서는 안 된다. 확장이 소비자의 브랜드지식에 미치는 영향은 다음 네 가지 요소에 따라 달라진다.

1. 확장이 얼마나 **설득력**을 갖추었는가. 즉 모브랜드의 속성이나 편익과 관련된 연상이 확장제품군으로 확장할 만하다는 인식을 소비자에게 심어줄 수 있는가. 확장 정보가 얼마나 소비자의 주의를 끌고 명확하고 이해하기 쉬운가. 강력한 확장 정보는 주의를 끌기 마련이며 모호하지가 않을 것이고, 반면에 약한 확장 정보는 무시되거나 신뢰를 받지 못한다.
2. 소비자는 모브랜드와 확장제품이 서로 얼마나 **관련성**이 있다고 지각하는가. 이에 따라 소비자들이 모브랜드의 기존 제품군에서의 제품 성과나 이미지를 해당 브랜드의 확장제품의 성과나 이미지를 예측하는 데 활용하는 정도가 달라질 것이다. 확장제품과 모브랜드와의 유사성 또는 적합성을 높게 지각할수록 확장이 소비자의 모브랜드 평가에 영향을 미치게 된다.
3. 모브랜드연상이 확장제품에도 **일관성** 있게 유지 가능한가. 모브랜드연상의 일관성이 유지된다면 브랜드 확장을 전개하더라도 소비자들이 모브랜드 평가를 변경할 가능성이 작다. 일관성을 유지 못한다면 연상 강도나 선호도에 따라 모브랜드 평가가 변경될 가능성이 크다.[36]
4. 모브랜드에 대한 기존 속성이나 편익에 대한 연상이 소비자 기억 속에 얼마나 강하게 남아 있는가. 그 연상들은 쉽게 변경될 여지가 있는가 아니면 변경되기 어려운가.

따라서 브랜드지식을 변화시키는 피드백 효과는 소비자가 확장제품과 모브랜드와의 관련성이 높다고 평가할 때, 그리고 모브랜드연상과는 일관성이 없는 연상을 확장제품에서 갖게 될 때 발생할 가능성이 크다.[37] 부정적인 피드백 효과는 제품 관련 성과나 연상에만 국한되지 않는다. 어떤 브랜드에 대해 호의적인 프레스티지 이미지를 갖고 있는 소비자는 이 브랜드의 수직적 확장, 특히 하향 확장(모브랜드의 기존 제품보다 더 낮은 가격의 제품으로 확장)에 대해서는 이를 거부하거나 심지어 분개할 수도 있다. 성공적인 브랜드 확장 전략을 위해서는 시간에 따라 브랜드 성장과 수익성이 보장되도록 카테고리 확장과 라인 확장을 신중하게 잘 계획하고 실행해야 한다. 브랜딩 과학 13-1에서는 브랜드 확장에 대한 기존 연구에서 도출된 시사점을 토대로 브랜드 확장 점수를 매기기 위한 프레임워크를 제공하고 있다. 관련된 연구 결과는 이 장의 뒷부분에 요약되어 있다.

수직적 브랜드 확장

브랜드 확장을 통해 시장 커버리지를 확대하고 새로운 소비자들을 자사의 브랜드 프랜차이즈로 유인할 수 있다. 브랜드를 보다 프리미엄 시장으로 확장하거나 혹은 가격 대비 가치를 중시하는 세분시장으로 확장하는 수직적 브랜드 확장은 새로운 소비자 그룹을 끌어들이기 위해 많이 사용된다. 모브랜드자산이 어느 방향으로든 이전되면 확장하지 않으면 해당 브랜드를 고려하지 않았을 소비자에게 브랜드를 어필할 수 있다.

장점과 단점 수직적 확장은 많은 이점을 제공할 수 있다. 상향 확장(모브랜드의 기존 제품 가격대보다 더 높은 가격대의 신제품에 모브랜드를 활용)의 경우, 브랜드의 프리미엄 버전이 같은 브랜드를 사용하는 제품들에 긍정적인 연상을 가져다줄 수 있기 때문에 전체 브랜드 이미지를 향상

브랜딩 과학 13 - 1
브랜드 확장 점수 매기기

브랜드 확장 기회를 식별하고 평가할 때 실행 가능성을 판단하기 위한 간략한 도구가 있으면 도움이 될 것이다. 다음 체크리스트는 그림 13-7에 요약된 단계와 함께 중요한 지침을 제공한다.

1. 모브랜드는 강력한 브랜드자산을 갖고 있는가?
2. 모브랜드와 확장제품 간 적합성이 높은가?
3. 확장에 필요한 확장제품군에서의 POP와 POD를 갖고 있는가?
4. 확장 제품군에서의 자산을 높이기 위한 마케팅 프로그램이 효과적인가?
5. 확장이 모브랜드자산과 수익성에 어떤 영향을 미치는가?
6. 피드백 효과를 가장 잘 관리하려면 어떻게 해야 하는가?

브랜드 확장에 대한 보다 체계적인 분석을 사용하는 것도 유용하다. 브랜드 확장 후보제품에 대한 평가표는 마케터가 브랜드 확장에 대한 신중하고 철저한 분석을 수행하는 데 도움이 되도록 설계되었다(그림 13-8 참조). 그러나 모든 마케팅 툴이나 프레임워크와 마찬가지로 목적을 위한 하나의 수단으로만 제공되는 것이다. 즉 '흑 아니면 백'처럼 '확장해야

한다' 혹은 '확장해서는 안 된다'와 같은 결정을 제공하는 것이 아니라 의사결정을 위한 정보를 제공하기 위해 설계된 것이다.

평가표에는 네 가지 요인 중 세 가지 요인이 브랜드 포지셔닝[소비자(consumer), 기업(자사)(company), 경쟁자(competitive) 요인]을 판단하는 고전적인 '3C' 관점을 따르고 있다. 네 번째 요인은 이 평가표 고유의 요인이며, 브랜드자산의 피드백 정도에 대한 측정이다.

각 요인에는 두 가지 주요 세부항목과 하나의 부차적 세부항목이 있다. 주요 세부항목은 10점 척도로 점수가 매겨지고 부차적 세부항목은 5점 척도로 점수가 매겨진다. 기업 기준으로든 업계 기준으로든 확장 후보제품이 해당 항목에서 최고치로 평가될 경우 최대 점수가 부여된다.

확장 점수를 매길 때 상대적 평가는 절대적 평가만큼이나 중요하다. 점수를 기준으로 확장 후보들의 순위를 매기면 우선순위를 명확히 알 수 있을 것이다. 하지만 그 전에 우리 브랜드와 경쟁 브랜드의 최근 성공 및 실패한 확장 사례에 대해 왜 성공 혹은 실패했는지 점수를 매겨보고 확장 후보제품들에 대한 컷오프 점수를 먼저 설정해둘 수도 있다. 이 단계를 거치게 되면 마케팅팀은 평가표에 더 익숙해질 수 있을 것이다.

1. 소비자가 실제 갖고 있는 브랜드지식 및 기업이 추구하고 있는 브랜드지식을 파악한다(예 : 지각도 작성 및 브랜드자산의 주요 원천 파악).
2. 모브랜드연상 및 모브랜드와 확장하려고 하는 제품군과의 유사성 혹은 적합성을 토대로 확장 후보들을 파악한다.
3. 확장 후보별로 다음 세 가지 요인을 토대로 자산을 창출할 가능성을 평가한다.
   - 모브랜드연상의 현저성
   - 확장했을 경우 해당 제품군에서 연상의 선호도
   - 확장했을 경우 해당 제품군에서 연상의 독특성
4. 다음 네 가지 요인을 토대로 확장 후보별 피드백 효과를 평가한다.
   - 확장이 얼마나 설득력을 갖추었는가
   - 확장제품이 모브랜드와 얼마나 관련성이 있는가
   - 확장할 경우 모브랜드연상을 일관성 있게 유지할 수 있는가
   - 확장 정보가 얼마나 강력한가
5. 확장했을 경우 해당 제품군에서 소비자가 지각하게 될 확장제품의 경쟁우위 및 예측되는 경쟁자 반응을 분석한다.
6. 성공 가능성과 잠재적인 긍정적 피드백 효과를 극대화할 수 있는 마케팅 캠페인을 수립한다.
7. 확장의 성공 여부를 판단하고 확장이 모브랜드자산에 미친 영향을 평가한다.

그림 13-7
브랜드 확장의 성공적 도입을 위한 단계

다음 사항에 대해 확장 후보제품별로 평가하여 점수를 매긴다.

소비자 요인 : 바람직한 정도

10점 만점 _____ 제품군 매력도(규모, 성장 잠재력)

10점 만점 _____ 브랜드자산의 이전 가능성(지각된 브랜드 적합성)

5점 만점 _____ 지각된 소비자 타깃 적합성

자사 요인 : 실행 가능한 정도

10점 만점 _____ 자산 활용도(제품기술, 조직력, 유통 및 커뮤니케이션의 마케팅 효과)

10점 만점 _____ 이익 잠재력

5점 만점 _____ 확장 타당성

경쟁자 요인 : 차별화 가능한 정도

10점 만점 _____ 우위 비교(보다 많은 우위, 보다 적은 우위)

10점 만점 _____ 경쟁자 반응(공격받을 가능성이 큼, 영향을 받지 않거나 공격을 받지 않음)

5점 만점 _____ 법적/규제적/제도적 장벽

브랜드 요인 : 브랜드자산 피드백 정도

10점 만점 _____ 모브랜드자산 강화

10점 만점 _____ 향후 추가적인 브랜드 확장 기회의 발판 마련

5점 만점 _____ 자산 기반 향상

합계 _____ 점

그림 13-8
브랜드 확장 후보제품 평가표

할 수 있다. 어느 방향으로든 확장하면 소비자에게 다양성을 제공하고 모브랜드에 활력을 불어넣으며, 향후 추가적인 브랜드 확장의 발판이 마련될 수 있다.

그러나 브랜드 확장에 도사리고 있는 많은 위험 요인이 대개 수직적 확장과 관련된 것이다. 더 높은 가격으로의 확장이든 더 낮은 가격으로의 확장이든 모브랜드의 가격대에 익숙한 소비자들로 하여금 혼란스럽게 하거나 혹은 실망을 안겨줄 수 있다. 새로운 속성 추가를 기반으로 상향 확장을 하게 되면, 해당 속성에 경쟁력이 있는 브랜드가 등장하여 어려움을 겪을 수도 있다.[38] 소비자가 모브랜드 기존 제품 가격대보다 더 높은 가격으로의 확장을 거부할 수 있고 모브랜드 이미지에 악영향을 끼칠 수 있다. 특히 프레스티지 브랜드의 경우에는 기업은 소비자로 하여금 항상 해당 브랜드의 고객이 되기를 열망하도록 만드는 한편 소외감을 느끼지 않도록 구입 가능성과 희소성 사이의 균형을 잘 유지해야 할 것이다.

하향 확장(모브랜드의 기존 제품 가격대보다 더 낮은 가격대의 신제품에 모브랜드를 활용)의 경우, 신제품이 성공하더라도 모브랜드 이미지를 훼손할 가능성이 크다. 흥미로운 것은 어떤 연구에 따르면 고가격-고품질로의 확장은 저가격-저품질로의 확장이 모브랜드에 해를 끼칠 수 있는 것보다도 모브랜드에 대한 평가를 더 긍정적으로 개선할 가능성이 크다는 것이다.[39]

하지만 수직적 확장, 특히 하향 확장의 가장 큰 위험 요소 중 하나는 확장한 신제품이 성공하지만 해당 신제품이 모브랜드의 기존 제품 판매를 잠식할 수 있다는 것이다. 해당 제품군에서 브랜드 프랜차이즈에 새로운 소비자를 데리고 올 수는 있지만 그중 많은 소비자가 모브랜드의 기존 제품 고객들일 수도 있다는 것이다.

테크놀로지 업계에서 자주 관찰되는 또 다른 유형의 수직적 확장은 기본 버전의 소프트웨어를 무료로 제공하고 나중에 상당한 가격에 추가 기능이 포함된 제품을 라인 확장을 통해 출시하는 경우이다. 프리미엄 모델은 다양한 소프트웨어 제품에서 매우 성공적이었다. 예를 들어 클라우

드 스토리지 플랫폼인 드롭박스(Dropbox)는 최대 2GB의 공간에 대한 무료 요금제를 제공했는데 나중에 월 9.99달러의 가격으로 훨씬 더 많은 양의 저장 공간이 있는 프로요금제로 업그레이드하여 확장하였다.[40] 이러한 유형의 수직적 확장 효과는 기존 자사 제품과 정기적으로 상호작용하는 대규모 사용자 기반이라는 상당한 이점이 있는 경우에만 잘 작동된다. 자사 기본 제품의 기존 사용자들은 더 높은 가격대 제품으로의 상향 확장 대상이 된다.

사례 수직적 확장의 잠재적 위험 요인에도 불구하고 많은 기업이 브랜드를 확장하여 다양한 가격대의 새로운 시장에 진입하는 데 성공했다. 이들 기업은 모브랜드의 기존 제품과 확장제품 간에 명확한 차별화를 둠으로써 제품 중복 가능성을 최소화하고 그에 따른 소비자 혼란과 브랜드 자기잠식을 최소화하였다. 또한 모브랜드의 핵심 약속에 부응하게끔 확장을 전개함으로써 모브랜드의 이미지를 손상한 가능성을 줄였다. 다음 두 브랜드가 더 많은 잠재고객에게 어필하기 위해 수직적 확장을 어떻게 활용했는지 살펴보자.

- 업그레이드 계획의 일환으로 홀리데이인월드와이드(Holiday Inn Worldwide)는 소비자가 추구하는 편익이 서로 다른 5개 세분시장을 공략하기 위해 국내 호텔을 5개 계열의 체인으로 분리하였다—고급호텔인 크라운플라자(Crowne Plaza), 전통호텔인 홀리데이인(Holiday Inn), 저가호텔인 홀리데이인익스프레스(Holiday Inn Express), 비즈니스호텔인 홀리데이인셀렉트(Holiday Inn Select)(곧 단계적으로 폐쇄될 예정), 홀리데이인호텔앤드스위트(Holiday Inn Hotel & Suites). 이들 호텔 체인은 각각 다른 마케팅 프로그램을 활용하였고 주안점을 각각 다른 데 두었다.

- 테슬라는 2012년 럭셔리 전기 세단으로 모델 S를 출시한 대형 자동차 제조업체이다. 2017년에 이 매우 성공적인 전기 자동차의 가격은 68,000달러였다. 테슬라는 이 자동차의 성공을 활용하여 테슬라 모델 X를 소매가 132,000달러에 풀사이즈 SUV로 출시했다. 테슬라 모델 3의 가격은 35,000달러로 더 큰 규모의 세분시장 고객에게 친환경 브랜드를 제공하는 것을 목표로 하였다.

더 큰 규모의 세분시장 고객에게 어필하기 위한 하향 확장 제품인 테슬라 3

네이밍 전략   기업은 종종 더 낮은 가격대의 시장에 진입하기 위해 하위브랜드 전략을 채택한다. 예를 들어 소매점인 노드스트롬랙(Nordstrom Rack)은 더 저렴한 상품과 할인된 의류를 취급하는데, 일반적으로 높은 가격대의 상품을 취급하는 모브랜드인 노드스트롬에서 취급했던 제품 가격보다 매우 저렴하다. 이러한 하향 확장은 신중해야 하며, 이 경우 일반적으로 모브랜드는 이차적인 역할을 수행한다.

상향 확장은 하향 확장보다 훨씬 더 어렵다. 모브랜드의 기존 제품 가격대보다 더 높은 가격대의 제품에 모브랜드를 사용하는 것이기 때문에 브랜드에 대한 사람들의 인상을 바꾸기가 어려운 것이다. 소비자가 어떤 브랜드에 대해 이미 갖고 있는 지식을 새롭게 갱신하려고 하지 않는다는 사실은 혼다, 토요타, 현대, 닛산이 고급 자동차 모델을 출시하면서 각각 어큐라, 렉서스, 에쿠스, 인피니티라는 신규 브랜드로 출시한 것을 보면 잘 알 수 있다. 결과적으로, 이러한 신규 브랜드의 도입으로 기존의 고급자동차 브랜드들과의 소비자인식 격차를 더 쉽게 메울 수 있었을 것이다.

한편, 아이폰 SE, 울트라 드라이 팸퍼스, 울트라 스트렝스 타이레놀, 파워프로 더스트버스터 플러스처럼 브랜드 수식어를 사용하여 품질이 향상된 제품이란 것을 알릴 수도 있다. 이처럼 한 브랜드를 기존 제품보다 상위 시장으로 확장하고자 할 때에는 브랜드 수식어를 이용한 간접적 확장이나 신규 브랜드를 통한 진출이 직접적인 확장보다 덜 위험할 수 있다.

브랜드의 수직적 확장에 도사리고 있는 잠재적인 위험을 피하기 위해 기업은 때때로 신규 브랜드를 사용하여 수직적 제품 확장을 한다. 갭은 갭이라는 브랜드로는 결코 달성할 수 없는 기존 제품에 비해 40% 더 높은 가격대의 제품을 출시하면서 바나나리퍼블릭(Banana Republic)이라는 신규 브랜드를 사용하였고, 기존제품보다 40% 더 저렴한 가격대의 제품을 출시하면서 올드네이비(Old Navy)라는 신규 브랜드를 사용하였다.

수직적 제품 확장을 추구하는 기업은 독자적인 신규 브랜드네임을 개발함으로써 저가 브랜드에서 고가 브랜드로의 브랜드연상의 부정적인 이전을 피할 수 있지만, 긍정적인 연상이 어느 정도 이전될 수도 있었을 기회를 상실하게 된다. 그러나 갭과 토요타의 경우처럼 신규 브랜드의 소유주 기업이 어느 기업인지를 비밀로 하지 않는 한 기업브랜드가 신규 브랜드의 '그림자 보증인(shadow endorser)'과도 같은 역할을 하기 때문에 일부 연상이 이전될 수도 있을 것이다.[41]

브랜딩 브리프 13-3은 수직적 확장을 통해 어떻게 시장 커버리지를 확대하고 새로운 소비자들을 유치할 수 있는지에 대해 리바이스트라우스앤드컴퍼니(Levi Strauss & Co.)의 사례를 들어 설명하고 있다.

브랜딩 브리프 13-3
리바이스, 브랜드를 확장하다

리바이스트라우스앤드컴퍼니는 청바지 뒷주머니의 독특한 빨간색 탭으로 가장 잘 알려진 미국의 상징적인 브랜드이다. 1853년 바바리아계 이민자인 리바이 스트라우스(Levi Strauss)에 의해 설립된 이 회사는 60억 달러 이상의 매출과 10대들이 입기를 열망하는 멋진 청바지라는 명망과 함께 세계 최대의 의류 회사 중 하나로 성장했다. 1990년

대 후반에 리바이스는 매출 감소와 부채 증대라는 어려움에 직면했다. 내구성이 뛰어난 청바지를 생산한다는 오랜 전통이 패션 이미지에 오히려 걸림돌이 되었고, 부채 상환을 위해 전체 또는 일부를 공개하라는 압력에도 불구하고 비공개 상태를 유지했다.

수년 동안 시장 지배력은 리바이스와 같은 공급업자에서 소매업자로

옮겨 가고 있었다. 대규모 소매상은 미국에서 전체 청바지의 약 3분의 1을 판매하고 있었고 그들이 소매업에서 차지하는 시장 점유율이 증대하고 있었다. 할인점의 등장으로 많은 소비자가 가격에 더욱 민감해졌다. 1999년에 리바이스는 소매상 세분화 전략을 채택하여 다양한 업태의 소매업자(백화점, 전문 체인점, 고급 부티크, 대규모 소매상)가 자사 제품을 취급하도록 했다.

세분화 전략에 따라 리바이스 브랜드는 비교적 저렴한 할인 라인 제품에서부터 150달러 이상의 빈티지 디자인 제품에 이르기까지 다양한 제품을 취급했다. 리바이스 제품들은 이미 JC페니, 시어스, 로벅앤드컴퍼니(Roebuck & Co.)에서 판매하고 있었으며, 이러한 선택은 브랜드를 독점하고 싶어 하고 약간 더 고급스럽게 유지하는 것을 선호하는 일부 주요 소매고객으로 하여금 소외감을 느끼게 하고 있었다. 브랜드평판이 손상될 수도 있다는 경영진의 우려에도 불구하고, 리바이스는 대규모 소매상에서 판매하기 위해 저가의 '리바이 스트라우스 시그니처' 브랜드를 만들었고 2003년에 월마트에서 이 제품을 판매하기 시작했다.

프리미엄 대중 브랜드로 자리 잡은 시그니처는 저렴한 원단으로 제작된 새로운 라벨과 스타일을 선보였다. '리바이스트라우스앤드컴퍼니'라는 네임이 필기체로 표시되었다. 빨간색 탭과 전통적인 리바이스 포켓 바느질과 로고는 사라졌다. 그 당시 리바이스는 시그니처 진의 가격을 23달러로 책정했는데, 이는 리바이스 레귤러 가격보다 29달러 정도 저렴했지만 대량 생산의 매스브랜드보다는 높은 가격이었다.

처음에 세분화 전략은 리바이스 브랜드에 대한 험난한 상황을 초래했다. 리바이스의 경영진이 월마트를 달래기 위해 고군분투하면서 대량 소매상에 적합한 가격대를 찾는 데 어려움을 겪었고 이에 다른 사업 부분도 곤란을 겪었다. 백화점 주문이 감소하고 시그니처 브랜드 론칭 때까지만 해도 안정세를 보였던 리바이스 레귤러 매출이 하락세로 돌아섰다. 게다가 타입원(Type 1)이라는 새로운 하이패션 제품 라인도 실패했다.

그러나 2006년 월마트의 가격 인하 조치가 효과를 발휘했고, 시그니처 청바지의 매출이 급증하기 시작했다. 시그니처 베이비 의류, 가방, 지갑, 남성 카키색 바지 라인도 추가해서 케이마트(Kmart), 메이저(Meijer) 등 다른 대형 소매상에서도 판매하게 되었다.

같은 시기에 리바이스는 프리미엄 부문으로의 확장을 시도하였다. 즉 프리미엄 라인인 리바이스캐피탈트를 출시하여 해당 제품들을 블루밍데일과 바니스뉴욕에서 판매하였다. 상향 확장은 더욱 어려웠다. 리바이스는 최근 자사의 몇몇 프리미엄 브랜드를 2개 브랜드로 통합했다. 더 나은 원단과 핏을 제공하는 프리미엄 데님 라인인 메이드앤드크래프티드와 브랜드의 역사적 아카이브에서 가져온 아이템을 재현한 리바이스빈티지클로딩이 그것이다.

그러나 역대 최대의 론칭은 2010년 아시아에 처음 소개된 리바이스의 데니즌(DENIZEN)이라는 또 다른 할인 브랜드였다. 이 브랜드네임은 '거주자' 또는 '가족 및 친구들의 공동체에 속한 사람'을 의미하기 때문에 선택되었다고 한다. 중국, 인도, 멕시코, 파키스탄, 싱가포르, 한국에서 출시된 후 미국 시장에서도 소개되었으며 처음에는 타깃에서 독

리바이스는 할인브랜드인 데니즌, 501 CT, 501 스트레치, 501 스키니 등 다양한 세분시장에 어필하기 위해 라인 확장을 꾸준히 전개했다.

점 판매되었는데 가격은 17.99~29.99달러였다. 리바이스는 또한 501 브랜드의 라인 확장을 통해 혁신을 계속하고 있다. 예를 들어 2015년과 2016년에 커스터마이즈드(customised)와 테이퍼드(tapered)의 약자로 501i이 완벽한 테이퍼드 핏으로 재탄생했다는 것을 의미하는 501 CT와 501 스트레치, 501 스키니를 80달러에 출시했다. 리바이스는 이 제품들에 대해서는 소비자의 편의와 맞춤형 서비스 제공을 위해 온라인에서 구매할 수 있게 함으로써 전통적인 소매채널은 배제되었다.

출처 : Levi Strauss & Co., "About Us," https://www.levi.com/US/en_US/features/about-us, accessed November 22, 2018; Sandra O'Loughlin, "Levi Strauss Seeing Green with Signature Blues," *Brandweek*, July 25, 2005; "In Bow to Retailer's New Clout, Levi Strauss Makes Alterations," *The Wall Street Journal*, June 17, 2004, A1; Robert Guy Matthews, "Levi Strauss Brushes Up On Its Shakespeare," *The Wall Street Journal*, January 14, 2005; Jacques Chevron, "Tacit Messages: A Lesson from Levi's," *Brandweek*, February 6, 2006; "Strauss & Co.; On the Record: Phil Marineau," *San Francisco Chronicle*, March 6, 2006, https://www.sfgate.com/business/ontherecord/article/LEVI-STRAUSS-CO-On-the-Record-Phil-Marineau-2521804.php, accessed November 22, 2018; Rachel Dodes, "Levi's Shoots for the High-End Hipster," *The Wall Street Journal*, April 14, 2010, https://www.wsj.com/articles/SB10001424052702303695604575182252816707936, accessed November 22, 2018; Purvita Chatterjee, "Levi's Takes on Private Labels with Denizen," *The Hindu Business Line*, May 23, 2011; Denizen, "dENiZEN Jeans from the Levi's Brand Arrive Exclusively at Target," July 19, 2011, https://www.prnewswire.com/news-releases/denizen-jeans-from-the-levis-brand-arrive-exclusively-at-target-125813583.html, accessed November 22, 2018; Barney Jopson and Patti Waldmeir, "Levi's Denizen Brand Poised for U.S. Launch," *Financial Times*, April 11, 2011, https://www.ft.com/content/2345e5c2-648a-11e0-a69a-00144feab49a, accessed November 22, 2018; Vanessa Friedman, "Levi's Responds to Challengers with Revamped Women's Jeans," *The New York Times*, July 7, 2015, https://www.nytimes.com/2015/07/09/fashion/levis-responds-to-challengers-with-revamped-womens-jeans.html, accessed November 22, 2018.

브랜드 확장 기회의 평가

학술 연구 및 업계 실제 사례들을 통해 브랜드 확장을 성공적으로 전개하기 위한 원리가 도출되고 있다. 그림 13-9는 브랜드 확장에 관한 지금까지의 여러 연구 결과를 종합하여 성공적인 브랜드 확장을 위한 보다 구체적인 지침들을 제시하고 있다.

소비자가 실제 갖고 있는 브랜드지식과 기업이 원하는 브랜드지식 파악

소비자의 브랜드 인지도는 어느 정도인지, 브랜드연상은 얼마나 강력하고 호의적이며 독특한지, 그 브랜드에 의해 충족되는 핵심 편익과 포지셔닝은 무엇인지 등이 사전에 파악되어야 한다. 소비자가 실제 갖고 있는 브랜드지식 구조와 기업이 소비자가 가져주기를 바라는 브랜드지식 구조를 파악함으로써 브랜드 확장 기회를 식별하여 성공적인 확장이 기대될 수 있게 해야 한다. 확장을 평가하려면 기업이 추구하고 있는 장기적인 브랜드의 방향성을 이해해야 한다. 브랜드 확장을 도입할 때는 브랜드 의미가 변경될 수도 있기 때문에 향후 모든 마케팅활동에 대한 소비자 반응에 영향을 미칠 수 있다(14장 참조).

확장 후보제품군의 식별

소비자가 모브랜드에 대해, 특히 브랜드 포지셔닝이나 핵심 편익과 관련하여 어떤 연상을 갖고 있는지를 토대로 해서 모브랜드 이미지와 부합하는 제품군으로 어떤 제품군이 있는지를 파악해

1. 브랜드 확장은 모브랜드가 호의적인 연상을 갖고 있고 소비자가 모브랜드와 확장제품과의 적합성(fit)을 높게 지각할수록 성공할 가능성이 크다.
2. 소비자가 적합성을 판단하는 기준에는 많은 요소가 있다. 제품 관련 속성과 편익뿐만 아니라 사용 상황과 사용자 유형과 같은 제품 외적인 속성과 편익도 적합성을 판단하는 기준이 될 수 있다.
3. 소비자의 제품 지식 수준에 따라 생산기술이나 생산노하우의 이전성, 보완성의 정도에 따라 적합성에 대한 지각이 달라질 수 있다.
4. 고품질 브랜드는 보통품질 브랜드에 비해 확장 범위가 더 넓다.
5. 하나의 제품군을 대표하는 전형성이 높은 브랜드는 해당 제품군을 벗어나서 확장하기 어렵다.
6. 구체적 속성과 관련된 연상을 가진 브랜드는 추상적 편익과 관련된 연상을 가진 브랜드보다 확장 범위가 좁다.
7. 모브랜드의 기존 제품군에서의 긍정적인 연상이 확장 제품군에서는 부정적인 연상으로 이전될 수 있다.
8. 모브랜드에 대한 긍정적 연상이 확장제품에 이전되더라도 그 연상으로 인해 다른 부정적인 연상이 창출될 수 있다.
9. 지나치게 쉬워 보이는 제품군으로의 브랜드 확장은 역효과를 초래할 수 있다.
10. 성공적인 확장은 모브랜드 이미지에 기여할 뿐만 아니라 더 넓은 범주로의 브랜드 확장을 가능케 한다.
11. 실패한 브랜드 확장이 모브랜드에 미치는 부정적인 영향은 모브랜드와 확장제품의 적합성이 클수록 더욱 커진다.
12. 확장이 실패했다고 해서, 실패를 되짚어보고 유사한 확장을 다시 시도하는 것을 꺼릴 필요는 없다.
13. 수직적 확장에는 많은 위험 요인이 있으며 하위브랜드 전략이 종종 요구된다.
14. 확장에 대한 가장 효과적인 광고 전략은 모브랜드보다는 확장제품을 강조하는 것이다.
15. 모브랜드와 확장제품과의 적합성에 대한 지각, 확장에 대한 평가는 소비자 개인마다 다를 것이다.
16. 시장 간 문화 차이가 확장 성공에 영향을 미칠 수 있다.

그림 13-9
학술 연구에 기반한 브랜드 확장 가이드라인

야 한다.[42] 브랜드 확장에 적합한 후보제품군의 파악은 소비자 설문조사뿐만 아니라 브레인스토밍을 통해서도 가능하다.

브랜드연상은 종종 적합성에 대한 지각에 영향을 미친다. 알레그라(Allegra)는 알레르기 치료제로 유명한데, 브랜드의 성공을 활용하여 알레그라 안티이치 쿨링 릴리프(Allegra Anti-Itch Cooling Relief)와 안티이치 인텐시브 릴리프(Anti-Itch Intensive Relief)로 브랜드를 확장했다. '알레그라' 연상을 이전시킴으로써 모브랜드와 확장제품과의 적합성을 높게 지각시키기 위해 이들 확장제품의 패키지에는 해당 브랜드의 독특한 색채 배합을 그대로 사용했다. 타이슨(Tyson)의 아침 소시지 브랜드인 지미딘(Jimmy Dean)은 냉동식품 연상을 활용하여 점심 및 저녁 식사를 위해 설계된 새로운 제품 라인을 선보였다.[43] 이들 예에서 알 수 있듯이, 브랜드연상을 식별하는 것은 잠재적인 브랜드 확장 기회를 식별하는 출발점이 될 수 있다.

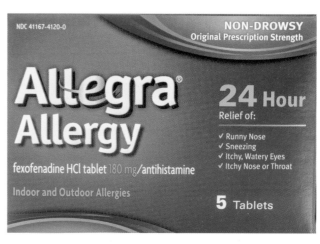

알레그라는 인기 있는 알레르기 치료 제품을 확장해서 가려움 완화를 위한 신제품늘늘 선보였으며, 일관된 브랜드아이덴티티 유지를 위해 모든 제품 패키지에 동일한 색채 배합을 사용했다.

확장 후보제품군의 잠재력 평가

브랜드 확장의 성공 여부를 평가할 때는 각각의 확장 대상 후보제품에 대해 브랜드 확장을 통해 얻을 수 있는 이점(그림 13-2)과 잠재적 위험(그림 13-4)의 가능성을 세밀하게 분석해야 한다. 이 경우 3C(소비자, 자사, 경쟁자) 분석이 유용하게 쓰일 수 있다.

소비자 분석 후보 제품군으로의 브랜드 확장 성공 가능성을 평가하기 위해서는 확장제품이 모브랜드의 기존 자산에 미치는 영향뿐만 아니라 확장제품군에서 어떠한 브랜드자산이 구축될지도 평가되어야 한다. 첫째, 브랜드 확장에 따른 모든 연상의 강도, 호감도, 독특성을 예측해야 한다. 브랜드 확장이 이루어졌을 때 소비자가 모브랜드에 대해 갖고 있는 연상들이 확장제품에서는 어떻게 달라질 것인지, 확장제품에 대해 소비자가 어떤 새로운 연상을 형성하게 될 것인지 등을 예상해보아야 한다. 즉 브랜드 확장을 했을 경우 모브랜드연상의 현저성, 호감도, 독특성뿐만 아니라 확장으로 인해 생기는 또 다른 연상의 강도, 호감도, 독특성에 대해서도 조사해야 한다. 확장 평가의 3요인 모델과 확장 피드백 효과의 4요인 모델은 소비자 반응을 연구하는 데 유용한 지침을 제공한다.

확장제품의 후보 수를 줄이기 위해서 종종 소비자조사가 필요하다(10장 참조). 가령 "다음 확장제품이 모브랜드와 얼마나 어울린다고 생각하십니까?" 또는 "모브랜드에서 다음과 같은 신제품이 출시되길 기대하십니까?"와 같이 소비자에게 직접 물어보는 방법도 있다. 또한 소비자에게 "이 브랜드로 현재 어떤 제품이 판매되고 있다고 생각하십니까?"라고 물어볼 수도 있다. 이때 대다수 소비자가 후보 확장제품이 이미 그 브랜드로 판매되고 있는 것으로 믿고 있다면, 이 제품을 모브랜드로 출시해도 위험은 거의 없을 것이다.

또한 확장제품에 대한 소비자 지각을 이해하기 위해 가령 "다음과 같은 브랜드 확장을 알게 되었을 때 어떤 생각이 드나요?" 또는 "이 브랜드가 다음 제품으로 확장한다는 말을 들었을 때의 첫느낌은 어떻습니까?"와 같은 자유연상기법이 종종 이용되기도 한다. 또한 어떠한 문장에 대해 어느 정도 동의하는지를 선택지 중에서 고르게 하여 점수를 매기게 하는 등급척도(리커트척도)를 이용할 수도 있다. 최근에 흥미로운 통계적 접근방식인 베이지안 요인 분석(Bayesian factor analysis)을 사용할 수도 있다. 이 기법을 통해 모브랜드 효과와 확장제품군에서의 효과를 분리하여 분석함으로써 확장에서의 브랜드 적합성을 보다 효과적으로 평가할 수 있을 것이다.[44]

브랜드 확장 기회를 평가하는 데 있어서 자주 있는 중대한 실수 중 하나는 마케터가 종종 소비자가 갖고 있는 브랜드에 대한 연상 혹은 지식을 모두 고려하지 못한다는 것이다. 그들은 적합성을 판단하기 위한 근거로 한두 가지 정도의 브랜드연상에만 초점을 맞추고 이보다 더 중요한 다른 브랜드연상은 무시해버리는 실수를 범한다.

브랜드 확장을 평가할 때의 또 다른 중대한 실수는 실제 브랜드 확장을 실시했을 때 소비자가 실제 나타내는 반응은 질문에 응답했던 대로의 반응과는 다를 수도 있다는 것을 간과한다는 것이다. 소비자는 궁극적으로 제품 편익에 관심을 갖지만, 실제 확장에 대한 반응에서는 구체적인 속성에 주목하고 평가하는 경향이 있다. 그러나 브랜드 관리자는 소비자 반응을 예측할 때 지각된 편익에만 초점을 맞추고, 그 결과 소비자가 중요시하는 구체적인 속성에 대한 부정적인 연상에 대한 위험을 간과할 수 있다.

빅

프랑스 회사인 소시에테빅(Société Bic)은 저렴한 일회용 제품에 역점을 두고 1950년대 후반에는 일회용 볼펜, 1970년대 초반에는 일회용 라이터, 1980년대 초반에는 일회용 면도기 시장을 개척하였다. 1989년 미국과 유럽에서 향수를 출시하면서 같은 전략을 시도했지만 실패했다. 여성용 향수['Nuit(밤)', 'Jour(낮)']와 남성용 향수('Bic for man', 'Bic Sport for Men')는 뚱뚱한 담배라이터처럼 생긴 4분의 1온스 용량 유리 스프레이 병에 포장되어 개당 5달러에 판매되었다. 제품은 드러그스토어, 슈퍼마켓, 기타 대형 소매상 등 약 100,000개 점포의 계산대 주변 플라스틱 패키지 선반에 진열되었다. 당시 빅 관련자는 이 신제품에 대해 '가격이 저렴하고 구매와 사용이 편리한 고품질의 제품'이며, 빅 브랜드 헤리티지의 확장이라고 설명했다.[45] 브랜드 확장은 'Paris in Your Pocket'이라는 슬로건을 사용하여 향수와 함께 즐기는 세련된 사람들의 이미지를 실은 2,000만 달러의 광고 및 프로모션 캠페인으로 시작되었다. 그럼에도 불구하고 빅은 브랜드 명성의 부족과 부정적인 연상들을 극복할 수 없었다. 일회용 제품이라는 빅의 연상을 활용했지만 향수 제품군에서의 POP를 달성하지 못해 확장이 실패했다. 빅의 다른 브랜드 확장(예 : 빅 일회용 속옷)도 비슷한 이유로 실패로 끝났다.

빅은 '일회용'에 역점을 둔 다양한 브랜드 확장을 성공적으로 전개했지만, 향수로의 브랜드 확장은 그다지 호응을 얻지 못했다.

자사와 경쟁자 분석 마케터는 확장 후보제품군들을 평가하기 위해 소비자 요인뿐 아니라 자사와 경쟁자 요인도 고려한 보다 포괄적인 관점을 가져야 한다. 예를 들어 다음과 같은 사항이 고려되어야 한다. 브랜드 확장에서 기업의 기존 자산이 확장제품 시장에서 얼마나 효과적으로 활용될 수 있는가? 기업의 기존 고객이나 마케팅 프로그램은 확장제품 시장과 얼마나 연관성이 있는가? 소비자들이 지각하는 확장 제품의 경쟁적 이점은 무엇이고 이에 대해 경쟁자의 대응은 어떻게 예상되는가?

확장 신제품을 출시할 때 마케터가 저지르는 가장 큰 실수 중 하나는 경쟁자의 행동과 대응을 제대로 예상하지 못한다는 것이다.[46] 확장제품이 너무 많고 경쟁이 너무 치열하면 기업 자원상 부담이 될 수 있다. 암앤해머의 브랜드 확장 프로그램은 기존 경쟁자들의 반발로 탈취제 등의 제품군에서 큰 저항에 부딪힌 바 있다.

확장 제품군에서의 경쟁 브랜드가 반대로 자사 모브랜드의 기존 제품군에 브랜드 확장을 해올 수도 있어서 이 경우 심각한 위협이 될 수 있나. 허쉬의 딸기 시럽이 출시되자 스머커스의 초콜릿 시럽이 출시되었다. 딕시(Dixie) 종이접시가 출시되자 차이넷(Chinet) 종이컵이 뒤따라 출시되었다. 성공적인 확장은 원래는 상이했던 제품군들에 대한 지각 적합성을 높임으로써 경쟁 브랜드가 더 쉽게 반격할 수 있게 한다.[47]

제품 라인 분석 마케터는 자사 브랜드의 최적 제품 라인 전략을 결정해야 한다. 제품 라인에서 제품들 간 시장과 비용의 상호 의존성에 대한 명확한 이해가 필요한데,[48] 이를 위해서는 각 제품이 제품 라인에서 매출과 이익에 기여하는 비율, 각 제품이 경쟁에 이기고 소비자 니즈를 충족시킬 수 있는 정도를 파악해야 한다.

제품의 수를 추가함으로써 장기적인 이익을 늘릴 수 있다면 현재 제품 라인이 너무 짧은 것이고, 제품의 수를 줄임으로써 이익을 늘릴 수 있다면 현재 제품 라인이 너무 긴 것이다.[49] 새로운 제품을 추가하여 제품 라인의 길이를 늘리면 일반적으로 시장 커버리지가 확장되고 따라서 시장 점유율이 확대되지만 비용도 증가한다. 브랜딩 관점에서 보면, 모든 제품이 동일한 브랜드를 사용하는 경우에는 제품 라인이 길수록 관련 브랜드 이미지의 일관성이 떨어질 수 있다.

레디, 홀락, 바트(Reddy, Holak, and Bhat)는 20년 동안 34개 담배 브랜드의 75개 라인 확장 데이터를 사용한 연구를 통해 라인 확장의 성공 요인을 도출했다.[50] 그들의 주요 연구 결과는 다음과 같다.

- 강력한 브랜드의 라인 확장은 약한 브랜드의 라인 확장보다 더 성공적이다.
- 상징적 브랜드의 라인 확장은 기능적 브랜드의 라인 확장보다 성공 가능성이 더 높다.
- 강력한 광고 및 프로모션 지원을 받는 라인 확장이 미약한 지원을 받는 라인 확장보다 더 성공적이다.
- 제품 하위 범주에 일찍 들어가는 라인 확장이 나중에 진입하는 확장보다 더 성공적이지만, 이는 강력한 브랜드의 확장인 경우에만 해당한다.
- 기업 규모와 마케팅 역량도 확장의 성공에 중요한 역할을 한다.
- 초기 라인 확장은 모브랜드의 시장 확장에 도움이 된다.
- 라인 확장에 의한 매출 증대는 자기잠식으로 인한 매출 손실을 상쇄하고도 남을 만큼 크다.

라인 확장에 도사리고 있는 함정과 이에 따른 많은 고려사항에도 불구하고, 신규 브랜드를 출시하는 데 드는 비용과 위험 때문에 기업에게 라인 확장의 매력은 여전히 강력하다. 한 보고서에 따르면 라인 확장은 신규 브랜드 개발 시간보다 추진하는 데 드는 시간이 절반으로 줄어들고, 출시 비용이 훨씬 저렴하며, 신규 브랜드를 출시할 때보다 2배나 더 성공률이 높다고 한다.[51]

확장제품을 위한 마케팅 프로그램 설계

기업은 확장을 신제품을 소개하는 지름길로만 이용하는 경향이 있다. 브랜드 확장을 통해 모브랜드자산을 강화하고 확장제품에 있어서의 브랜드자산을 극대화하기 위한 브랜딩 전략과 마케팅 전략의 개발에는 충분히 주의를 기울이지 않는다. 신규 브랜드와 마찬가지로 확장제품에 있어서의 브랜드자산 구축과 강화를 위해서는 브랜드 요소 선택과 최적의 마케팅 프로그램 개발, 이차적 연상 활용이 필요하다.

브랜드 요소 선택 확장제품은 기본적으로 모브랜드로부터 브랜드네임을 포함하여 하나 이상의 기존 브랜드 요소를 이어 받는다. 하지만 대부분의 경우 브랜드를 확장한다고 할 때 주로 브랜드네임의 확장만을 생각하며 그 이외의 다른 기존 브랜드 요소의 활용에 대해서는 소홀히 취급하고 있다. 하지만 여러 브랜드 요소의 효과적인 활용은 브랜드 확장의 효과를 더욱 높일 수 있는 기회를 제공한다. 예를 들어 하인즈와 캠벨은 패키지 디자인을 통해 다양한 라인 확장 제품들이 구분되도록 하는 동시에 공통의 로고를 통해 모브랜드의 라인 확장 제품들 간 연결고리를 나타내고 있다.[52]

패키징은 브랜드자산의 중요한 구성요소여서 패키지 없이 확장을 상상하기는 어렵다. 때때로 브랜드 관리자는 실제 딜레마에 빠지게 된다. 만일 동일한 유형의 패키지를 사용한다면 확장제품이 모브랜드 기존 제품과 차별화되지 않을 위험이 있기 때문이다. 다른 패키지를 사용한다면 모브랜드의 자산원천이 잘 이전되지 않을 수도 있다.

확장제품에 모브랜드의 구성요소 중 하나 이상을 이용하거나 또는 수정하여 사용할 수도 있지만, 그 제품만의 독특한 브랜드 요소를 개발할 수도 있다. 새로운 브랜드 요소를 개발할 때는 4장에서 설명한 바와 같이 기억 용이성, 의미 구체성, 법적 보호 가능성, 변경 가능성 등과 같은 지침을 따라야 한다.

새로운 브랜드 요소는 확장제품의 인지도와 이미지를 구축하는 데 필요한 경우가 있다. 12장에서 언급한 바와 같이, 모브랜드의 기존 브랜드 요소와 새로운 확장제품에서 브랜드 요소의 상대적 중요성은 모브랜드가 확장제품으로 이전했을 때의 장점과 더불어 확장제품이 모브랜드에 미치는 피드백 효과의 중요성에 따라 달라질 것이다.

최적의 마케팅 프로그램 개발 브랜드 확장을 위한 마케팅 프로그램은 브랜드자산 구축을 위한 지침을 고려해서 설계해야 한다(5장과 6장 참조). 소비자의 확장 평가에는 제품 관련 연상뿐만 아니라 유통, 가격 등 제품 외적인 연상도 중요한 역할을 한다. 따라서 확장제품에 대한 바람직하고 일관된 이미지를 구축하기 위해서는 마케팅 믹스 요소들 간에 일관성이 유지되도록 마케팅 프로그램을 설계해야 한다. 예를 들어 가격은 소비자가 지각하는 가치에 따라 결정되어야 하고, 촉진전략은 푸시 정책과 풀 정책을 병행해서 사용해야 하며, 통합형 마케팅 커뮤니케이션(IMC)을 전개해야 한다.

포지셔닝전략을 수립할 때는 확장제품과 모브랜드와의 유사성이 낮을수록 해당 확장제품군에서 필요로 하는 유사점을 설정하고 어필하는 것이 중요해진다. 확장제품군에서의 POD는 모브랜드의 특징에서 갖고 오는 경우가 많으며, 소비자는 이러한 차별점은 쉽게 알아차린다. 예를 들어 니베아가 샴푸와 컨디셔너, 데오도란트, 화장품 및 기타 미용제품으로 카테고리가 확장되었을 때 모브랜드의 '순함'이라는 차별점이 비교적 쉽게 이전되었다. 반면에 라인 확장의 경우에는 추가적인 차별점으로 새로운 연상을 창출함으로써 모브랜드의 기존 제품과 확장제품의 차별점이 식별될 수 있도록 해야 한다.

라인 확장의 경우에는 자기잠식이나 소비자 혼란의 위험을 줄이기 위해 소비자에게 확장제품만의 독특한 새로운 연상을 심어주는 것이 중요하다.

이차적 브랜드연상의 활용   브랜드 확장은 종종 모브랜드와 동일한 이차적 연상을 활용하지만 확장제품군 안에서 경쟁하려면 확장제품을 모브랜드 이외의 다른 이차적 연상 요소(기업, 광고모델, COO, 유통 등)를 사용해서 독자적인 이차적 연상을 부여함으로써 추가적인 강화가 필요할 수 있다. 브랜드 확장은 확장제품에 기존 브랜드를 활용한다는 것을 의미한다. 그러나 이러한 기존 브랜드가 확장제품과 연결되는 정도는 기업이 채택한 브랜딩전략과 브랜드를 어떻게 확장하는가에 따라 다르다. 브랜드 요소가 더 공통적일수록 그리고 더 많은 명성을 얻고 있는 요소일수록 핵심 연상이든 이차적 연상이든 모브랜드연상이 이전될 가능성이 더 높아질 것이다.

확장제품과 모브랜드자산에 미치는 효과

브랜드 확장 기회를 평가하는 마지막 단계는 확장제품에서 자산을 구축할 수 있는 정도와 모브랜드자산에 기여할 수 있는 정도를 평가하는 것이다. 고객 기반 브랜드자산 모델 혹은 기타 다른 척도를 이용하여 확장 및 모브랜드에 대한 소비자 반응을 측정할 수 있다. 그다음으로 브랜드 확장 기회를 평가하기 위한 간단한 체크리스트와 평가표를 이용해 확장 후보제품군들을 평가한다.

학술연구에 기반한 브랜드 확장 가이드라인

브랜드 확장에 대한 학문적 연구가 많이 진행되었다. 그림 13-9에 제시된 지침과 관련해서 학문적 연구 결과를 토대로 자세히 살펴보자.

1. 브랜드 확장은 모브랜드가 호의적인 연상을 갖고 있고 소비자가 모브랜드와 확장제품과의 적합성을 높게 지각할수록 성공할 가능성이 크다. 소비자들이 모브랜드와 확장제품 간 관련성을 평가하는 과정을 보다 잘 이해하기 위해 많은 학자들이 '범주화' 개념을 브랜드 확장에 적용하고 있다. 이 관점에 따르면, 사람들은 새로운 자극에 노출되면 이 자극을 독립적 혹은 개별적으로 평가하는 것이 아니라, 사전에 학습을 통해 그 사람의 기억 속에 이미 형성되어 있는 어떤 집단의 한 구성원인 것으로 범주화해서 평가한다는 것이다.

    소비자는 자신을 둘러싼 복잡한 마케팅 환경을 보다 단순화하고 구조화하며 이해하기 쉽게 만들기 위해 자신이 기존에 갖고 있는 여러 브랜드와 제품 카테고리에 대한 지식을 이용한다.[53] 어떤 브랜드와 관련된 범주는 그 브랜드를 공동으로 사용하는 여러 제품으로 구성되며, 따라서 그 브랜드가 갖는 연상은 일반적으로 그 브랜드 범주에 소속된 제품들의 공통된 특징의 집합이 된다.[54] 예를 들어 메소드가 세척제품의 범주를 확장함에 따라 소비자는 현대적인 디자인과 환경친화적이라는 브랜드연상을 더욱 강화할 수 있었다.

범주화 관점에서 본다면, 어떤 브랜드가 그 브랜드 범주의 특징과 매우 유사한 제품군으로 확장한다면 소비자는 모브랜드와 확장제품 간 유사성을 높게 지각하게 되고 따라서 모브랜드에 대해 기존에 갖고 있던 태도를 확장제품으로 쉽게 이전할 것이다. 반면에 만일 소비자들이 모브랜드와 확장제품 간에 유사성을 지각하지 못한다면, 확장제품의 각 속성 정보를 중심으로 보다 세세하게 확장제품을 평가하게 될 것이다. 이 경우 평가는 확장제품이 독자적으로 형성한 브랜드연상의 강도, 호감도, 독특성의 영향을 받게 될 것이다.[55]

아커와 켈러(Aaker and Keller)는 6개 유명 브랜드의 20가지 확장에 대한 소비자 반응을 수집해 분석했다. 그 결과, 소비자는 모브랜드의 기존 제품과 확장제품군 간 적합성을 높게 지각할수록 그리고 모브랜드에 대한 품질을 더 높게 인식할수록 확장제품에 대해 더 호의적으로 평가하는 것으로 나타났다.[56]

이러한 결과가 미국 이외의 시장에서도 일반화될 수 있는지 후속연구들이 진행되었다. 전 세계 7가지 반복연구에서 131개의 브랜드 확장에 대한 포괄적인 분석이 진행되었고, 이 결과를 토대로 보톰리와 홀덴(Bottomly and Holden)은 이러한 조사 결과가 분명히 일반화되었다고 결론지었다.[57]

따라서 일반적으로 브랜드 확장은 소비자들이 확장제품과 모브랜드 간 적합성을 높게 지각하면 확장제품에 대해 소비자들이 더 호의적으로 평가할 가능성이 높다.[58] 하지만 흥미로운 것은 소비자가 적합성을 그다지 높게 지각하지 않는 경우, 소비자가 확장에 대해 크게 관여하거나 혹은 확장제품이 경쟁제품과 차별화되지 않는 경우와 같은 특수 상황에서는 적합성이 고도로 높은 확장보다 오히려 더 유리한 평가를 불러일으킬 수도 있다는 것이다.[59]

2. 소비자가 적합성을 판단하는 기준에는 많은 요소가 있다. 제품 관련 속성과 편익뿐만 아니라 제품 외적인 속성과 편익도 적합성을 판단하는 기준이 될 수 있다. 소비자가 갖고 있는 모브랜드에 대한 어떤 연상도 적합성을 판단하는 기준으로 작용할 수 있다. 대다수 학계 연구자들의 주장에 따르면, 유사성에 대한 소비자의 판단은 모브랜드와 확장제품 간에 공유하고 있는 연상에 따라 달라진다. 특히 공유 정도가 클수록, 구분되는 연상이 없을수록 제품 관련 속성이나 편익이든 제품 외적인 속성이나 편익이든 간에 유사성에 대한 전반적인 인식은 커진다.[60]

박, 밀버그, 로손(Park, Milberg, and Lawson)은 소비자가 느끼는 모브랜드와 확장제품 간의 유사성은 제품과 관련된 속성과 편익 측면에서의 유사성뿐만 아니라 제품 외적인 측면에서의 유사성 역시 존재한다는 것을 실증조사를 통해 밝히고자 했다. 조사 결과 기능적인 이미지를 갖고 있는 타이멕스(Timex) 시계는 제품 속성 면에서 유사한 스톱워치, 건전지, 계산기 등으로 확장할 경우에 효과적이고, 반면에 상징적 이미지를 갖는 롤렉스(Rolex) 시계의 경우에는 프레스티지 이미지가 적용될 수 있는 팔찌, 반지, 기타 액세서리 등의 제품으로 확장이 이루어지는 경우에 호의적인 결과를 갖고 오는 것으로 나타났다.

브로니아지크와 알바(Broniarczyk and Alba)의 연구는 브랜드 확장에 있어서 브랜드연상의 현저성이 얼마나 중요한지를 보여주었다.[61] 이들 연구는 모브랜드의 기존 제품군과 확장제품군이 매우 상이하다 할지라도 확장제품군과 관련된 강력한 연상이 있다면 확장이 성공할 가능성이 높다는 것을 밝혔다. 예를 들어 수많은 국가에서 판매되고 있는 켈로그의 프루트룹스(Froot Loops)는 과일맛, 어린이, 달달한 맛이라는 강력한 브랜드연상을 갖고 있다. 이 프루트룹스는 기존 제품군과 유사한 제품군인 시리얼보다는 롤리팝과 아이스캔디와 같은 기존제품군과는 다른 제품군으로 더 성공적으로 확장할 수 있었다.

따라서 확장 적합성에 영향을 미치는 요인으로 모브랜드와 확장제품 간에 공유되는 독특한 연상만 있는 것이 아니다.[62] 많은 연구가 범주화와 적합성에 대한 더 넓은 관점이 중요하다는 것을 시사하고 있다. 예를 들어 브리지스, 켈러, 수드(Bridges, Keller, and Sood)의 연구에서는 범주일관성(category coherence)을 '함께 어울리는' '이치에 맞는' 구성원이라고 정의하였고, 이 개념을 토대로, 유아용 완구 브랜드인 피셔프라이스(Fisher Price)의 경우 유아용 장난감이나 목욕용품 및 카시트 제품은 '어린이용 제품'으로 함께 성공적으로 연계될 수 있다고 했다.[63]

또한 적합성의 보다 구체적인 측면을 조사한 연구들이 이어졌다. 예를 들어 부시(Boush)의 연구는 브랜드네임의 맥락(예 : "*Time* Magazine is like *Time* books")에서 적합성을 판단할 때와 단순히 제품군(잡지와 책)만 보고 적합성을 판단할 때는 평가가 달라진다는 결과를 보여주었다. 스미스와 앤드루스(Smith and Andrews)는 산업재 마케터를 대상으로 설문조사를 실시했는데 그 결과 적합성과 확장 신제품 평가 간의 관계는 기업이 신제품을 제공할 수 있다는 고객 확신에 의해 영향을 받는 것으로 나타났다.[64]

3. 소비자의 제품 지식 수준에 따라서는 생산기술이나 생산노하우의 이전성, 보완성의 정도에 따라 적합성에 대한 지각이 달라질 수 있다. 아커와 켈러(Aaker and Keller)는 모브랜드와 확장제품 간의 적합성을 수요 측면에서의 '보완성'과 '대체성', 기업의 생산능력을 고려한 공급 측면에서의 '이전성'이라는 세 가지 차원으로 나누어 측정했다.

예를 들어 자동차 생산에 있어서 소비자가 지각하고 있는 혼다의 엔진기술 전문성은 혼다가 출시한 잔디깎이 기계에도 이전될 것이라는 인식을 줌으로써 확장제품의 성공에 큰 역할을 했다. 반면에, 콜게이트가 치약에서 칫솔로, 혹은 듀라셀이 건전지에서 손전등으로 확장했을 때는 생산기술이나 노하우 등의 호환성은 거의 없지만 사용상의 보완성이 높아 성공할 수 있었다. 할리데이비슨 의류 및 코퍼톤(Coppertone) 선글라스는 각각 모브랜드의 기존제품(예 : 오토바이 및 자외선 차단제)이 사용되는 특정 사용 상황을 활용한 확장을 해 호응을 얻을 수 있었다. 비자(Visa) 여행자수표의 경우에서처럼 모브랜드의 기존제품 고객들을 신제품의 고객으로 유인하기 위한 확장도 종종 찾아볼 수 있다.

그러나 이러한 경우 적합성에 대한 지각은 소비자의 제품지식 수준에 따라 달라질 수 있다. 무슈크리슈난과 바이츠(Muthukrishnan & Weitz)가 실증연구를 통해 입증했듯이, 전문적인 지식수준이 높은 소비자는 생산기술이나 기술노하우가 모브랜드 기존제품에서 확장제품으로 이전될 것인가 하는 점에서 적합성을 판단하는 경향이 강한 반면에, 지식이 부족한 초보 소비자는 모브랜드 기존제품과의 공통적인 패키지, 모양, 색상, 크기 및 사용법과 같은 표면적인 사항을 고려해 적합성을 판단하는 경향이 강하다.[65] 장과 수드(Zhang and Sood)에 따르면, 이러한 제품지식 수준에 따른 평가 차이는 연령에 따른 차이에서도 유사한 패턴을 보였다. 조사 결과, 어린이는 주로 표면적인 단서[예 : 브랜드네임의 라임 (rhyme)이 맞는지 맞지 않는지와 같은 언어적 특성]를 토대로 확장을 평가할 가능성이 더 높은 것으로 나타났고, 반면에 성인들은 보다 심층적인 단서(예 : 모브랜드와 확장제품군 과의 유사성)를 토대로 평가할 가능성이 더 높은 것으로 나타났다.[66]

적합성에 대한 인식은 소비자 유형과 소비자들이 확장을 보는 방식에 따라서도 달라질 수 있다. 요크스톤, 누네스, 마타(Yorkston, Nunes, and Matta)는 소비자가 지각하는 브랜드 개성에 따라 확장에 대한 평가가 달라진다는 것을 보여주었다. 조사 결과, 해당 브랜드를 '가변론자', 즉 융통성이 있는 브랜드라고 보는 소비자가 브랜드를 '불변론자', 즉 확고부 동의 브랜드라고 보는 소비자보다 브랜드 확장에 대한 수용도가 더 높은 것으로 나타났다. 또한 커트라이트, 베트먼, 피츠시몬스(Cutright, Bettman, and Fitzsimmons)의 또 다른 연구 결과, 소비자에 대한 **개별고객관리** 인식이 낮을 때 모브랜드와 어울리지 않는 브랜드 확장 을 거부할 가능성이 더 높은 것으로 나타났다. 마지막으로 몽가와 귀르한-칸리(Monga & Gurhan-Canli)는 마인드셋('짝'에 대한 사고방식)에 따라서는 **관계형 처리 방식**으로 인해 그 다지 유사하지 않은 확장에 대해서도 적합성이 높게 나타날 수 있다고 했다.[67]

4. **고품질 브랜드는 보통품질 브랜드에 비해 확장 범위가 더 넓다.** 소비자는 대개 고품질 브랜드 에 더 많은 신뢰와 믿음을 갖게 되며 더 전문적이라고 생각한다. 이 경우 소비자는 그 브랜 드가 유사성이 떨어지는 제품군으로 확장을 하더라도 그 브랜드의 고품질 역량을 믿고 호 의적인 반응을 보이게 되는 경우가 많다.[68]

따라서 강력한 브랜드를 구축해 얻게 되는 한 가지 중요한 이점은 보다 수월하게 여러 다양한 제품군으로 확장할 수 있다는 것이다.[69] 페도리킨, 박, 톰슨(Fedorikhin, Park, and Thomson)의 연구 결과 소비자는 브랜드에 대한 애착이 높을수록 브랜드에 더 많은 비용을 지불할 용의가 있음을 알 수 있었다. 또한 확장제품을 다른 사람에게 추천할 용의가 있으 며 어떤 좋지 않은 일이 있더라도 눈감아줄 용의가 있는 것으로 나타났다.[70] 마찬가지로 영 과 와이어(Yeung and Wyer)의 연구 결과 또한 브랜드가 강한 긍정적인 감정적 반응을 불러 일으킬수록 소비자들이 확장 적합성 정도에 영향을 덜 받는 것으로 나타났다.[71]

그럼에도 불구하고, 터무니없고 심지어 우스꽝스럽고, 가상의 브랜드 확장 가능성까지 들어 가며 '모든 브랜드에는 바운더리가 있다'고 많은 이들이 일침을 가하고 있다. 타우버 (Tauber)가 지적했듯이, 젤로(Jell-O) 신발끈이나 타이드 냉동식품을 원하는 소비자는 거의 없을 것이다!

5. **하나의 제품군을 대표하는 전형성이 높은 브랜드는 해당 제품군을 벗어나서 확장하기 어렵다.** 소 비자들이 특정 브랜드를 어떤 제품군과 강하게 연결하여 인식하고 있다면 해당 브랜드를 다른 제품군과 연결해 생각하기란 좀처럼 쉽지 않다. 특정 제품군을 대표하는 마켓리더의 브랜드 확장 실패 사례는 무수히 많다.[72] 예를 들어 바이엘(Bayer)의 경우 '아스피린=바이 엘'이라는 인식이 아스피린을 함유하지 않은 진통제 바이엘 셀렉트(Bayer Select)를 출시하 는 데 장애물이 되었다.[73] 아마도 가장 극단적인 예는 써모스(Thermos)와 크리넥스처럼 브 랜드가 해당 제품군을 뜻하는 용어가 되어버린 경우일 것이다. 특정 제품군을 대표하는 전 형성이 높은 브랜드가 브랜드 확장을 전개할 때 부딪힐 수 있는 어려움을 크로락스의 사례 를 통해 더 살펴보자.

크로락스

크로락스는 표백제와 사실상 동의어인 유명 브랜드이다. 1988년, 클로락스는 최초의 표백 겸용 세제를 선보이며 거대 소비재 업체인 P&G, 유니레버와 경쟁하게 되었다. 표백 겸용 세제를 개발하고 유통망을 구축하기 위해 3년에 걸쳐 2억 2,500만 달러를 쏟아부은 후에야 3%의 시장 점유율을 달성할 수 있었다. 하지만 소비자들에게 너무나 유명한 타이드 세제를 판매하고 있던 P&G가 표백 겸용 세제인 '타이드 위드 블리치(Tide with Bleach)'를 출시했고 17%의 시장 점유율을 차지하였다. 크로락스는 마지못해 표백 겸용 세제 시장에서 철수하기로 결정하였다. 실패 원인에는 여러 가지가 있었겠지만, 소비자가 크로락스를 표백제로만 인식하는 것도 큰 원인 중 하나가 되었을 것이다. 크로락스가 후발주자인 타이드에게 뒤지게 된 또 하나의 원인은 소비자들이 표백 겸용 세제를 평가할 때 세제를 주성분으로, 표백제를 보조 성분으로 인식하고 있는 점이었다. 이 때문에 세제와 강하게 연결된 '타이드 위드 블리치'가 표백과 강하게 연결된 크로락스보다 유리하게 작용했을 것이다. 이후, 크로락스는 변기세척제 등 표백 성분과 관련성이 높은 가정용 세정제품으로 다양하게 브랜드를 확장하는 데 성공했다.[74]

크로락스가 봉착했던 주성분과 보조성분에 대한 소비자인식 문제는 앤트제미마가 자사의 인기제품인 팬케이크 믹스 제품에서 팬케이크 시럽을 출시하는 데 성공 요인으로 작용했지만, 시럽 제조업체인 로그캐빈(Log Cabin)이 팬케이크 믹스로 확장하는 데는 실패 요인으로 작용했다. 아침식사용 팬케이크에서는 팬케이크 믹스가 주성분이고 팬케이크 시럽은 보조성분으로 인식한 경향이 강했던 것으로 생각된다.

6. **구체적 속성과 관련된 연상을 가진 브랜드는 추상적 편익과 관련된 연상을 가진 브랜드보다 확장 범위가 좁다.** 마켓리더의 경우, 브랜드의 매우 구체적인 제품 속성과 관련된 연상으로 인해 브랜드 확장을 할 때 한계에 직면하는 경우가 종종 있다. 이러한 제품 속성 연상은 리퀴드 페이퍼(Liquid Paper), 치즈위즈(Cheez Whiz)와 같은 브랜드네임으로 인해 더욱 강화될 수도 있다.[75] 예를 들어 레이지보이(La-Z-Boy)는 리클라이너라는 좁은 제품 라인으로 인해 더 광범위한 사용이미지로 확장하는 데 어려움을 겪었다.

    일반적으로 구체적 속성 연상은 추상적 편익 연상에 비해 이전 폭이 좁아진다.[76] 아커와 켈러(Aaker and Keller)는 소비자들에게 가상의 확장제품인 하이네켄 팝콘과 크레스트 추잉검을 제시하고 이들 제품에 대한 태도를 측정했다. 조사 결과 소비자들은 이들 확장제품에 대해 각각 맥주 맛 나는 팝콘, 치약 맛 나는 껌과 같은 연상을 떠올리며 비호의적인 반응을 보였다. 반면에, 추상적인 연상은 무형이라는 특성 때문에 다양한 제품 카테고리로의 이전이 가능하다.

    그러나 몇 가지 주의사항에 유의해야 한다. 첫째, 구체적인 속성 연상도 성공적인 브랜드 확장으로 이어질 수 있다.[77] 예를 들어 모브랜드가 확장제품군에서 매우 가치 있게 여겨지는 속성과 관련된 연상을 가지고 있다면 그러한 브랜드 확장은 소비자에게 호의적인 반응을 얻을 것이다. 파쿼와 헤어(Farquhar and Herr)에 의하면, 이러한 확장의 예로는 타이레놀 축농증 약, 오레오 쿠키앤크림 아이스크림, 암앤해머 카펫 탈취제 등이 있다.[78]

    둘째, 추상적인 연상이라고 해서 항상 쉽게 이전되는 것은 아니다. 브리지스, 켈러, 수드(Bridges, Keller, and Sood)는 추상적인 브랜드연상과 구체적인 브랜드연상의 상대적인 이전 가능성을 조사하였다. 이들은 추상적인 브랜드연상이 더 나은 성과를 보일 것으로 예측했지만, 몇 가지 이유로 두 가지 유형의 브랜드연상은 실험대상 제품군인 핸드백으로 똑같은 정도로 이전되었다. 아마도 가장 중요한 이유 중 하나는 소비자가 모브랜드의 추상적인 편익이 확장제품군에서도 동일하게 나타날 것이라고 생각하지 않았기 때문일 것이다(시계의 내구성과 핸드백의 내구성은 다른 차원이기 때문에 시계에서의 내구성 연상이 핸드백으로 반드시 전달되는 것은 아닐 것이다).[79]

마지막으로 조이너와 로큰(Joiner and Loken)은 실증조사를 통해 브랜드 확장에 있어서의 포함효과를 제시하였다. 그는 소비자들이 종종 특정 제품군(예 : 소니 TV)에서의 속성을 해당 브랜드의 전형적인 제품군(예 : 소니의 모든 제품)의 속성으로도 포함시킨다는 것을 보여주었다. 예를 들어 소니의 경우 카메라가 자전거보다 소니의 전형적인 제품군이라고 할 수 있는데, 조사 결과 소니 TV에서 소니 자전거로 속성이 이전된 것보다 소니 카메라로의 확장이 훨씬 쉽게 속성이 이전됨으로써 '포함효과'가 더 큰 것으로 나타났다.[80]

7. 모브랜드의 기존 제품군에서의 긍정적인 연상이 확장 제품군에서는 부정적인 연상으로 이전될 수 있다. 확장 제품군에서는 모브랜드의 기존 제품군과 구매동기나 용도가 다를 수 있기 때문에 기존 제품군에서 긍정적으로 평가되는 연상이 확장 제품군에서는 부정적으로 작용할 수도 있다. 예를 들어 수프회사인 캠벨이 캠벨의 이름으로 토마토 소스를 테스트 판매했을 때 소비자들은 상당히 부정적으로 반응했다. 그 이유는 소비자들이 캠벨을 수프에 강하게 연결하여 연상하고 있어서 토마토 소스도 왠지 물기가 많을 것이라고 지각하였기 때문이었다. 결국 캠벨은 토마토 소스의 브랜드네임을 마치 이탈리아어처럼 들리는 '프레고(Prego)'로 바꾸어 출시함으로써 성공을 거둘 수 있었다.

8. 모브랜드에 대한 긍정적 연상이 확장제품에 이전되더라도 그 연상으로 인해 다른 부정적인 연상이 창출될 수 있다. 모브랜드의 긍정적 연상이 확장 제품에 이전됨으로써 오히려 확장 제품군에서는 부정적으로 작용될 수도 있다는 것이다. 예를 들어 브리지스, 켈러, 수드(Bridges, Keller, and Sood)의 연구에 따르면 내구성이 뛰어난 시계의 가상 제조업체가 핸드백으로 확장했을 경우, 소비자는 핸드백도 내구성이 우수할 것이라고 인식했지만, 그 연상으로 인해 핸드백이 유행에 뒤처질 것이라고 생각해서 확장 평가에 부정적인 반응을 보였다.[81]

9. 지나치게 쉬워 보이는 제품군으로의 브랜드 확장은 역효과를 초래할 수 있다. 아커와 켈러(Aaker and Keller)에 의하면 높은 기술 수준의 모브랜드를 갖고 있는 기업이 지나치게 낮은 기술 수준을 요하는 제품군으로 확장할 경우, 소비자들은 겉으로 보기에는 적절해 보이는 확장이어도 부정적인 반응을 보일 수 있다. 만일 고품질, 고가격으로 출시할 경우 소비자들은 이러한 확장제품에 대해 해당 기업이 모브랜드의 명성을 활용하여 필요 이상 비싼 가격으로 판매한다고 느낄 수 있다.

반면에 소비자가 모브랜드의 기존 제품에 비해 확장제품이 만들기가 어려운 제품이라고 생각하게 되면 확장제품의 품질 수준에 확신을 갖지 못하는 경향이 있다. 하지만, 이러한 확장을 통해 모브랜드의 품질 관련 연상을 더 향상할 수 있는 기회가 되기도 한다.[82]

10. 성공적인 확장은 모브랜드 이미지에 기여할 뿐만 아니라 더 넓은 범주로의 브랜드 확장을 가능케 한다. 브랜드 확장의 성공은 모브랜드연상의 강도, 호감도, 독특성을 향상시킴으로써 모브랜드 이미지를 개선할 수 있다.[83] 스와미나탄, 폭스, 레디(Swaminathan, Fox, and Reddy)의 연구 결과 소비자에게 보통 수준의 품질로만 인식됐던 브랜드가 확장을 성공적으로 전개할 경우 소비자의 모브랜드 선택률을 높이고 평가를 개선하는 것으로 나타났다.

브랜드 확장으로 기존 브랜드이미지와 의미가 바뀐다면, 전에는 부적절해 보였던 제품군으로의 확장도 적합하게 보일 수 있다. 켈러와 아커(Keller and Aaker)의 연구에 따르면 유사성이 높은 제품군을 중심으로 단계적·지속적으로 확장해 나간다면 처음에는 진입이 어렵거나 불가능하게 여겨졌던 제품군으로의 확장도 가능할 수 있다.[84]

성공적인 브랜드 확장을 통해 해당 브랜드는 다음과 같은 세 가지 중요한 성장 발판을 마련할 수 있게 된다.

1. 브랜드의 신규 시장 안착
2. 브랜드의 기존 시장 강화
3. 브랜드의 추가 신규 시장 진출 가능성 증대

예를 들어 토요타는 프리우스(Prius) 하이브리드 가솔린-전기 차를 성공적으로 출시함으로써 토요타 제품 전체에 혁신적이고 친환경적이라는 연상의 긍정적 후광효과를 주었을 뿐 아니라, 네 가지 또 다른 프리우스 모델을 선보일 수 있는 길을 닦아 놓았다.

다양한 요인이 다중 확장의 성공에 영향을 미친다. 부시와 로큰(Boush and Loken)의 연구 결과는 소비자가 이미 많은 다양한 제품군에 광범위하게 확장되어 있는 브랜드의 확장을 그렇지 않은 브랜드의 확장보다 더 호의적으로 평가한다는 것을 시사했다.[85] 다신과 스미스(Dacin and Smith)의 연구에 따르면, 특정 브랜드 포트폴리오를 구성하는 모든 제품의 지각품질 수준이 높을수록 소비자는 해당 브랜드의 확장을 호의적으로 평가하는 경향이 있다.[86] 이 경우 소비자는 '이 기업은 무엇을 만들던지 잘 만들 것'이라고 믿게 되기 때문이다.

11개 비내구재 카테고리의 95개 브랜드에 대한 설리반(Sullivan)의 실증연구에 따르면, 제품수명주기 단계 측면에서 초기에 진출하는 확장제품이 초기에 진출하는 신규 브랜드 혹은 늦게 진출하는 확장제품보다 성공적이지 못했다.[87]

샤인, 박, 와이어(Shine, Park, and Wyer)의 연구는 다중 확장의 브랜드 시너지 효과를 보여주었다. 브랜드 확장을 2개 제품에 동시에 실시하는 경우(예 : 2개의 디지털 카메라)는 모브랜드(예 : 제록스)와의 유사성 혹은 적합성과 무관하게 확장에 대한 소비자 평가에 영향을 미쳤다. 소비자는 동일 모브랜드의 일련의 확장제품에 대해 본질적으로 매력적이라고 보는 것으로 나타났다.[88] 마오와 크리쉬난(Mao and Krishnan) 역시 한 브랜드가 여러 제품영역에서 제품들을 내놓고 있을 때는 소비자들은 확장 적합성에 대한 인식을 매우 다르게 형성할 수 있다고 지적한다.[89]

11. **실패한 브랜드 확장이 모브랜드에 미치는 부정적인 영향은 모브랜드와 확장제품의 적합성이 클수록 더욱 커진다.** 실패한 브랜드 확장은 모브랜드와 확장제품 간의 적합성이 높은 경우에만 모브랜드에 악영향을 미친다. 동일한 제품 카테고리 내에서의 라인 확장이 실패했을 때와 마찬가지로 높은 수준의 적합성이 지각될 때에만 확장제품이 실패했을 때 모브랜드에 손상을 입힌다.

뢰더 존과 로큰(Roedder John and Loken)의 연구에 의하면 건강/미용 분야의 브랜드가 이와 유사한 제품 카테고리인 샴푸 시장에 낮은 품질의 확장제품을 출시했을 때는 소비자의 모브랜드에 대한 지각품질이 하락한 반면에, 모브랜드와 적합성이 낮은 제품 카테고리

인 티슈 시장에 저품질의 확장제품을 내놓았을 때는 모브랜드의 지각품질에 별 영향을 주지 못했다.[90]

이와 유사하게, 켈러와 아커(Keller and Aaker)의 연구와 로미오(Romeo)의 연구에서도 모브랜드의 기존 제품군과는 다른 제품군으로의 확장은 실패하더라도 모브랜드의 평가에 영향을 미치지 않는 것으로 나타났다.[91] 뢰더 존, 로큰, 조이너(Roedder John, Loken, and Joiner)의 연구 또한 모브랜드의 기존 제품군과는 다른 제품군으로의 확장의 경우에는 희석효과가 주력제품에 나타날 가능성이 적다는 것을 시사하였다. 그들 연구에 따르면, 희석효과는 라인 확장에서 주로 발생하고, 다른 제품군으로의 카테고리 확장의 경우에는 희석효과가 항상 일어나는 것은 아니다.[92]

귀르한-칸리와 마에스와란(Gürhan-Canli and Maheswaran)은 이들 연구 결과를 확장해 소비자 동기부여와 확장 전형성의 조절효과를 실증적으로 분석했다.[93] 동기부여가 높은 조건에서 소비자는 확장 전형성과 상관없이 부적합하다고 생각하는 확장제품에 대해서는 세세히 검토하였고 모브랜드 평가를 수정하는 것으로 나타났다. 그러나 동기부여가 낮은 조건에서는 확장 전형성이 높은 경우가 낮은 경우에 비해 모브랜드에 미치는 영향이 매우 컸다. 소비자들은 해당 브랜드의 제품군으로 보기에는 그다지 전형적이지 않은 제품군으로의 확장은 예외적인 것으로 여겼기 때문에 이 경우에는 모브랜드에 미치는 영향이 그다지 크지 않았다.

밀버그와 동료들(Milberg and colleagues)의 연구 결과는 부정적인 피드백 효과는 (1) 소비자들이 확장제품이 패밀리브랜드연상과는 어울리지 않는 다른 제품군에 속한다고 인식할 때, (2) 확장제품의 속성 정보가 소비자가 갖고 있는 모브랜드 이미지와 일치하지 않을 때 발생하는 것으로 나타났다.[94]

한편, 레인과 제이콥슨(Lane and Jacobson)의 연구 결과 사람들은 특히 인지욕구가 높은 품목에 대해 브랜드 확장의 부정적인 영향이 큰 것으로 나타났다.[95] 키르마니, 수드, 브리지스(Kirmani, Sood, and Bridges)의 연구에서는 고급 이미지의 자동차가 저가격 자동차로 확장했을 경우 이미지의 희석효과가 나타났지만, 서민 자동차나 자동차 무소유자에게는 희석효과가 없는 것으로 나타났다.[96] 마지막으로 모린(Morrin)의 연구에서는 원래 제품군에서 지배적인 위치에 있는 모브랜드의 경우에는 소비자들을 브랜드 확장 정보에 노출시키는 것이 기억 속에 있는 모브랜드연상을 약화시키기보다는 강화시키는 것으로 나타났다.[97]

12. **확장이 실패했다고 해서, 실패를 되짚어보고 유사한 확장을 다시 시도하는 것에 대해 꺼릴 필요는 없다.** 켈러와 아커(Keller and Aaker)의 연구에서 시사하는 바와 같이, 확장이 실패했다고 해서 반드시 기업이 긴축 경영에 들어가거나 향후 유사한 확장을 피할 필요는 없다. 예를 들어 리바이스트라우스앤드컴퍼니의 리바이스테일러드클래식(Levi's Tailored Classics)으로의 확장은 처음에는 선택한 목표 세분시장, 유통경로 및 제품 디자인에 문제가 있었기 때문에 성공하지 못했을지 모른다. 하지만, 아마 가장 근본적인 문제는 리바이스의 캐주얼하고 견고한 아웃도어 이미지와 확장제품 쓰리피스 정장에서 추구하는 이미지가 맞지 않아서 양자 간 적합성이 부족했기 때문일 것이다. 시장에서 결국 철수했지만, 이를 경험삼아 나중에 다커스(Dockers) 팬츠를 성공적으로 출시할 수 있었다. 다커스 팬츠는 지각 적합성

이 뛰어났고 하위브랜드 전략을 사용한 것이 효과적이었다.[98]

브랜드 확장에 대한 이러한 사례에서 알 수 있듯이, 확장이 실패했다고 해서 기업이 앞으로 어떤 확장도 해서는 안 되는 운명에 처한 것은 아니다. 리바이스처럼 강력한 자산의 브랜드가 아닌 경우에도 그렇다. 그러나 확장에 성공하지 못하게 되면 소비자들 마음속에 브랜드의 한계를 드러냈다는 점에서 일종의 지각적 경계를 만들 수 있으며 이는 기업이 극복해야 할 부분이다. 사실, 파커와 그의 동료들(Parker and colleagues)의 연구 결과 확장에 실패한 후 브랜드 콘셉을 변경하여 더 확대한다면 시간이 지나면서 해당 브랜드의 원래 제품군과는 유사하지 않은 다양한 제품군으로의 성공적인 확장을 촉진할 수 있는 것으로 나타났다.[99]

13. **공동브랜드의 형태로 브랜드 확장을 전개할 경우 두 브랜드의 성공과 자산을 활용할 수 있다.** 7장에서 언급했듯이 공동브랜딩은 소비자 지각과 재무 성과 측면에서 주식에 긍정적인 영향을 줄 수 있다. 박, 율 전, 쇼커(Park, Youl Jun, and Shocker)의 연구에 따르면, 공동브랜드 형태의 확장은 여러 브랜드의 강점을 활용하여 브랜드태도를 강화할 수 있다.[100] 예를 들어 앵그리버드 스타워즈 모바일게임은 스타워즈와 앵그리버드 두 브랜드의 인기를 활용한 공동브랜드 형태의 확장이다. 카오와 소레스쿠(Cao and Sorescu)는 공동브랜드 계약 발표에 주식시장이 호의적인 반응을 보였다고 밝혔다.[101]

14. **유사한 브랜드들 간 공동브랜드이든 상이한 브랜드 간 공동브랜드이든 모두 확장을 통해 시너지 효과를 높일 수 있다.** 스와미나탄(Swaminathan) 등의 연구에 따르면, 공동브랜드 형태의 브랜드 확장은 이미지가 비슷한 브랜드들이 함께 결합할 때 두 브랜드 모두에 똑같이 성공을 갖고 온다고 한다. 또한 서로를 보완해줄 수 있는 다양한 강점을 지닌 브랜드들이 함께 결합하는 경우에는 상대 브랜드의 약점을 보완함으로써 더 성공적인 공동브랜드 형태의 확장을 기대할 수 있다. 이미지 유사성에 기초한 공동브랜드 확장과 보완적 취지의 공동브랜드 확장의 상대적인 성공 정도는 소비자가 공동브랜드 제품에 대한 정보를 처리하는 방식에 따라 다르지만 두 가지 형태의 확장 모두 성공할 가능성이 크다고 하겠다.[102] 그러나 두 브랜드의 인지도가 다를 경우, 즉 얼마나 잘 알려져 있는지의 정도가 다를 경우에는 덜 알려진 브랜드는 더 잘 알려진 브랜드에 의해 가려지거나 주목을 받지 못하는 일이 없도록 주의해야 할 것이다.[103]

15. **수직적 확장에는 많은 위험 요인이 있으며, 하위브랜드 전략이 종종 요구된다.** 랜달, 울리히와 라이브슈타인(Randall, Ulrich, and Reibstein)의 연구에서, 브랜드의 가격 프리미엄은 저품질 세분시장에서는 가장 낮은 품질 모델의 품질과 긍정적인 상관관계가 있었으며, 고품질 세분시장에서는 가장 높은 품질 모델의 품질과 긍정적인 상관관계가 있는 것으로 나타났다.[104]

해밀턴과 체르네프(Hamilton and Chernev)의 조사에서는 상향 확장은 브랜드의 가격 이미지를 높이고, 하향 확장은 소비자가 단순히 탐색하거나 둘러볼 때는 가격 이미지를 낮추지만 소비자가 적극적으로 구매를 모색할 때는 반드시 그렇지 않은 것으로 나타났다. 후자의 경우 효과가 역전될 수도 있는 것으로 나타났다. 즉 소비자가 명확한 구매 목표를 가지고 있는 경우에는 상향 확장은 실제로는 가격 이미지를 낮추고 하향 확장은 가격 이미지를 높일 수 있었다.[105]

키르마니, 수드, 브리지스(Kirmani, Sood, and Bridges)의 연구에서는 라인 확장의 경우 제품 소유자가 비소유자보다 확장에 더 호의적인 반응을 보이는 것으로 나타났다. 그들은 이러한 소유효과가 명성이 비교적 낮은 브랜드(예 : 어큐라)의 상향 확장과 하향 확장, 그리고 프레스티지 브랜드(예 : 캘빈클라인, BMW)의 상향 확장에서 발생한다는 것을 발견했다. 프레스티지 브랜드의 하향 확장의 경우에는 브랜드를 독점하려는 소유자의 욕구 때문에 소유효과가 발생하지 않는 것으로 확인되었다. 프레스티지 브랜드의 하향 확장의 경우 하위브랜드 전략을 사용함으로써 소유자의 모브랜드에 대한 이미지나 태도가 희석되는 것을 막을 수 있었다.[106]

16. 확장에 대한 가장 효과적인 광고 전략은 모브랜드보다는 확장제품을 강조하는 것이다. 많은 연구에 따르면, 소비자는 브랜드 확장에 대한 정보에 접하게 되면 해당 브랜드에 대해 자신의 기억 속을 탐색하는 경향이 있다. 따라서 브랜드 확장 정보는 소비자의 의사결정 프로세스와 확장 평가에 영향을 미칠 수 있다. 일반적으로 가장 효과적인 전략은 소비자가 처음 확장제품을 접했을 때 그들의 마음속에 그 브랜드에 대해 이미 뚜렷하게 떠오르는 연상이 무엇인지를 파악하고, 그 연상 이외의 중요한 속성, 하지만 제대로 소비자에게 전달이 안 되면 간과될 수 있는 추가적인 정보를 강조하는 것이다. 소비자에게 이미 잘 알려진 정보를 다시 환기시키는 것은 정보의 중복이라는 면에서 효율성이 떨어지기 때문이다.

아커와 켈러(Aaker and Keller)는 모브랜드의 품질에 대한 지식을 환기시키는 정보보다는 확장제품의 중요한 속성에 대해 어필하는 정보, 특히 소비자가 해당 속성과 관련하여 확장제품에 대해 우려하는 부분을 명료하게 해소해주는 정보가 확장제품의 평가를 높이는 데 효과적이라고 하였다. 브리지스, 켈러, 수드(Bridges, Keller, and Sood), 클링크와 스미스(Klink and Smith)는 모브랜드와 확장제품 간 적합성에 대해 낮게 인식될 경우, 소비자가 적합성을 평가할 때 간과했을 수 있는 속성에 대해 강력하게 어필하거나 혹은 낮은 적합성에 영향을 미친 부정적인 연상을 해소함으로써 적합성 인식을 개선할 수 있다고 했다.[107] 레인(Lane)은 확장제품의 편익과 관련된 브랜드연상을 불러일으키는 광고를 반복하면 브랜드 확장에 대한 모브랜드와 확장제품 간 적합성에 대한 부정적인 인식을 극복할 수 있다고 했다.[108]

확장 마케팅프로그램의 다른 측면을 다룬 연구들도 진행되었다. 수드와 켈러(Sood and Keller)는 브랜드 확장 시 확장제품의 브랜드네임 구조를 어떻게 하느냐에 따라 소비자의 확장제품 평가와 확장으로 인한 모브랜드의 희석효과에 영향을 미친다고 하였다. 이러한 브랜딩효과는 확장제품 경험의 유무에 상관없이 모두 발생하며, 이는 확장된 브랜드네임으로부터 발생하는 정보처리에서의 차이 때문이라고 했다.[109]

뷰캐넌, 시몬스와 비카르트(Buchanan, Simmons, and Bickart)는 확장제품의 소매점 디스플레이의 중요성을 지적하였다. 즉 다스플레이에서의 우선순위가 소비자에게 브랜드 차이나 유사성에 대한 기대를 분명히 안겨주지만, 이제까지와는 전혀 다른 제품군의 제품들과 함께 모브랜드 제품이 진열되면, 낯설게 느껴지는 경쟁제품들의 존재가 고자산 브랜드에 대한 평가를 떨어뜨려 부정적인 희석효과를 줄 수 있다고 지적하였다.[110]

17. 모브랜드와 확장제품과의 적합성에 대한 지각, 확장에 대한 평가는 소비자 개인마다 다를 것이다. 소비자 개인마다 다양한 방식으로 확장 평가를 하게 되는데, 단기적인 또는 장기적인 동기

가 다 다르고 평가 능력이나 기회도 다 다르다. 소비자 차이가 확장 적합성 및 평가에 어떤
영향을 미칠 수 있는지 다양한 연구들이 진행되어왔다.

몽가와 존(Monga and John)은 확장 평가에서 중요한 개인차이 중 하나는 소비자가 분석
적인 성향인지 아니면 전일주의적 성향인지에 따른 차이라고 하였다. 전자에 해당하는 소
비자는 특정 속성을 비교하는 데 초점을 맞추게 되며, 후자에 해당하는 소비자는 오직 모
브랜드와 확장에 대한 전반적인 태도와 판단을 비교하는 데 더 초점을 맞춘다. 연구 결과
양자 모두 프레스티지 브랜드의 확장을 더 수용하는 것으로 나타났지만, 후자에 해당하는
소비자들은 전자에 해당하는 소비자보다 기능적 브랜드의 확장을 더 수용하는 것으로 나
타났다.[111]

이와 유사하게, 요크스톤, 누네스, 마타(Yorkston, Nunes, and Matta)의 연구 결과 또한
브랜드 특성은 변하는 것이라고 믿는 **가변론자**(incremental theorist)인 소비자들이 브랜드
특성은 고정적인 것이라고 믿는 **불변론자**(entity theorist)인 소비자들보다 브랜드 확장을 더
수용하는 것으로 나타났다.[112]

또 다른 중요한 개인차는 **자기해석**(self-construal), 즉 사람들이 삶과 관련하여 자신을 바
라보는 방식과 관련이 있다.[113] **독립적 자기해석**(independent self-construal)의 사람은 개인
에 더 집중하고, **상호 의존적 자기해석**(interdependent self-construal)의 사람은 개인과 개인
사이의 관계에 더 관심이 있다. 알루왈리아(Ahluwalia)의 연구 결과, 독립적 자기해석의 소
비자들보다 상호의존적 자기해석의 소비자들이 확장제품과 모브랜드의 관계에 대해 더 잘
알아내며, 따라서 확장 적합성과 호감도가 더 높은 것으로 나타났다.[114]

유사하게, 풀리가다, 로스, 그루왈(Puligadda, Ross, and Grewal)은 **도식적인**(schematic) 사
고를 하는 소비자들은 그렇지 않은 사람들보다 자신이 갖고 있는 브랜드지식에 따라 정보
를 처리하거나 구성할 가능성이 더 높다고 한다. 반면에 **비도식적인**(aschematic) 사고를 하
는 소비자들은 제품 특성이나 속성과 같은 정보들을 준거 기준틀로 삼는다. 연구 결과, 도
식적인 사고의 소비자가 비도식적인 사고의 소비자보다 브랜드 확장에 있어서의 유사성을
더 발견하고 더 높게 지각하는 것으로 나타났다.[115]

소비자 사이의 또 다른 중요한 개인 차이는 학계에서 이른바 **조절초점**(regulatory focus)
이라고 부르는 것이다. 이는 사람의 동기부여와 목표를 추구하는 성향을 예방초점과 향상
초점의 두 가지로 분류한 것이다. **예방초점**(prevention focus)의 소비자는 목표 추구에 있어
서 부정적 결과에 초점을 두고 안전, 보안, 책임 등을 통해 손실을 피하려고 한다. **향상초점**
(promotion focus)의 소비자는 목표 추구에 있어서 긍정적 결과에 초점을 두고 이익과 즐거
움을 추구하며 기회를 놓치는 것을 피하려고 한다.[116]

여와 박(Yeo and Park)의 연구는 예방초점 소비자가 위험에 대한 서로 다른 해석으로 인
해 향상초점의 소비자보다 유사성이 낮은 확장에 덜 호의적인 것을 시사하였다.[117] 이와
관련해 창, 린, 창(Chang, Lin, and Chang)의 연구는 향상초점 소비자가 확장을 판단할 때
확장제품과 모브랜드의 추상적인 편익 공유에 초점을 맞출 가능성이 더 높은 반면, 예방초
점 소비자는 확장제품과 모브랜드와의 구체적인 유사성에 초점을 맞출 가능성이 더 높다
는 것을 시사하였다.[118]

또한 바론, 미니아드, 로미오(Barone, Miniard, and Romeo)의 연구는 긍정적 성향의 소비

자는 자신이 호감을 갖고 있는 브랜드의 확장에 대해 유사성이 중간 수준일 때 더 긍정적인 평가를 하는 것으로 나타났다. 이와는 대조적으로 유사성이 매우 높거나 유사성이 매우 낮은 제품군으로의 확장에 대해서는 부정적으로 평가하는 것으로 나타났다.[119]

18. **시장 간 문화 차이가 확장 성공에 영향을 미칠 수 있다.** 개인별 차이에 대한 연구를 기반으로 하여, 최근 많은 연구에서 문화적 차이에 따른 브랜드 확장에 대한 소비자 반응 차이를 다루고 있다. 몽가와 존(Monga and John), 응과 휴스턴(Ng and Houston)의 연구에 따르면, 전일주의적 사고를 하는 동양권 문화(예 : 중국)의 소비자가 분석적 사고를 하는 서양권(예 : 미국) 문화의 소비자보다 확장 적합성을 높게 판단하고 호의적으로 평가하는 것으로 나타났다.[120]

　　브랜드 확장이 실패했을 때 나타나는 모브랜드의 희석효과 또한 문화 및 소비자 동기에 따라 다를 수 있다. 동양권 문화의 소비자는 동기가 높게 부여됐을 때 실패로 인한 희석효과가 강하게 나타났고, 서양권 문화의 소비자는 동기가 낮게 부여됐을 때 실패로 인한 희석효과가 강하게 발생하는 것으로 나타났다.[121]

　　또한 토렐리와 알루왈리아(Torelli and Ahluwalia)는 문화적 적합성이 지각된 적합성을 높일 수 있다고 주장하였다. 문화적으로 적합한 브랜드 확장이란 이를테면 '소니 전기자동차'와 같은 것이고, 문화적으로 어울리지 않는 브랜드 확장이란 이를테면 '소니 카푸치노-마키아토 메이커'와 같은 것이다. 이들 연구에 따르면, 소니의 경우 대부분의 전자 제조업체가 전기자동차로 확장할 경우 누릴 수 있는 높은 적합성 수준뿐만 아니라, COO(원산지) 일본과 전자제품과의 강한 연상으로 인해 더욱 높은 적합성 수준과 호의적인 평가를 기대할 수 있다.[122]

요약

브랜드 확장은 기업이 신제품에 기존 브랜드네임을 활용해서 출시하는 것을 말한다. 일반적으로 모브랜드가 대상으로 하고 있는 제품군과 동일한 제품군에 속하는 신제품에 모브랜드를 활용하는 라인 확장과 다른 제품군에 속하는 신제품에 모브랜드를 활용하는 카테고리 확장 두 가지로 분류된다. 브랜드 확장은 브랜드네임 전체를 신제품에 그대로 확장하든 혹은 일부만 확장하든, 혹은 로고를 활용하든 간에 어떤 형태로든 가능하며, 많은 잠재적인 이점을 갖고 있지만, 그 이면에는 많은 잠재적인 위험 요인도 도사리고 있다.

　　브랜드 확장의 기본 가정은 모브랜드에 대한 소비자의 인지도가 높고 호의적인 연상을 갖고 있으며, 확장제품에 이 호의적인 연상 중 일부가 이전될 것이라는 것이다. 그리고 모브랜드로부터 확장제품에 부정적인 연상이 이전되거나 확장에 의해 새로운 부정적 연상이 창출되지는 않을 것이라고 가정한다.

　　확장 제품군에서 자산을 구축할 수 있는지 여부는 확장제품과 관련해 소비자 마음 속에 모브랜드연상이 얼마나 강력하게 떠오르는가, 그리고 떠올린 모브랜드연상이 확장 제품에 얼마나 호의적으로 작용하는가 달렸다. 또한 확장을 통해 모브랜드자산이 더욱 강화되기 위해서는 소비자에게 모브랜드의 속성이나 편익과 관련된 연상이 확장 제품군으로 확장할 만하다는 인식을 심어줄 수 있어야 하며, 확장제품과 모브랜드와의 유사성 또는 적합성에 대해 소비자가 높게 지각해야 하고, 모브랜드연상이 확장제품에도 일관성 있게 유지될 수 있어야 한다. 또한 브랜드 확장을 통해 모브랜드에 대한 기존 속성이나 편익 연상이 강화되어야 한다.

브랜드 확장은 다음과 같은 단계를 거침으로써 체계적으로 신중하게 접근해야 하며, 각 단계에서는 광범위한 소비자 조사와 경영진의 정확한 판단이 요구된다 — 소비자들이 실제 갖고 있는 브랜드지식과 기업이 원하는 브랜드지식 파악, 확장 후보제품군의 식별, 확장 후보제품군의 잠재력 평가, 확장 제품을 위한 마케팅 프로그램 설계, 후보제품군들에 대해 확장제품과 모브랜드자산에 미치는 효과 평가. 마지막으로, 많은 조사연구에서 브랜드 확장을 성공적으로 이끌기 위해 고려해야 할 요인, 즉 확장제품의 성공 및 모브랜드에의 피드백 효과에 영향을 미치는 요인을 다루고 있다. 브랜드 확장을 고려할 때 이들을 참고하는 것도 바람직할 것이다.

토의 문제

1. 브랜드 확장의 예를 하나 선택하라. 이 확장의 경우, 확장 제품군에서 자산을 구축하고 있는가? 모브랜드자산은 더욱 강화되었는가? 이 물음에 대해 이 장에서 제시된 모델을 사용해 평가하라. 만일 당신이 이 브랜드의 매니저라면 무엇을 달리 하겠는가?

2. 버진 브랜드가 지나치게 확장되었다고 생각하는가? 버진 브랜드의 확장을 왜 지지하는가? 왜 반대하는가?

3. 다음 최근의 브랜드 확장 예는 얼마나 성공적일 것이라고 예상하는가? 왜 그렇게 예상하는가?
   a. 몽블랑(펜으로 유명) : 향수 및 기타 액세서리(시계, 커프스 단추, 선글라스, 포켓용 나이프)
   b. 에비앙(물로 유명) : 고급 스파
   c. 스타벅스(커피로 유명) : 영화 제작 및 프로모션
   d. 링크드인(구직자를 위한 소셜 네트워킹 서비스로 유명) : 비즈니스 잡지

4. 다음 브랜드에 대해 각각의 '확장 가능성'에 대해 논의하라.
   a. 할리데이비슨
   b. 레드불
   c. 타미힐피거
   d. 홀푸드
   e. 넷플릭스
   f. 미 해병대
   g. 그레이구스 보드카
   h. 레고
   i. 블랙베리
   j. 라스베이거스
   k. 케이트스페이드
   l. 게임 오브 쓰론
   m. ESPN

5. 다음 브랜드 확장 중 가짜 4개는? (다른 6개 확장제품은 이미 시판되었음)[123]
   a. 벤게이 아스피린 : "한줄기 따뜻한 빛, 통증 완화"
   b. 버버리 유모차 : "안목 있는 신생아를 위해"
   c. 스미스앤드웨슨 산악자전거 : "두려움 없이 달리다"
   d. 애틀랜틱 시티 플레잉 카드 : "쉽게 섞을 수 있도록 활석 코팅"
   e. 폰즈 치약 : "와인으로 인한 치아 착색 감소"
   f. 슬림짐 소고기맛 목캔디 : "노래방을 좋아하는 고기 애호가를 위해"
   g. 프리토레이 레모네이드 : "톡 쏘는 바삭바삭한 갈증 해소제"
   h. 코스모 요거트 : "숟가락으로 떠먹고 허벅지 살빼기"
   i. 리처드시몬스 스니커즈 : "당신의 귀여운 작은 전리품을 구닥다리에게 흔들어주세요."
   j. 마돈나 콘돔 : "짐을 꾸리는 남성을 위해"

브랜드 포커스 13.0

애플 : 테크 메가브랜드 만들기

역사 개요

애플은 1976년 스티브 잡스(Steve Jobs)와 스티브 워즈니악(Steve Wozniak)이 공동 설립했으며, 처음에는 개인용 컴퓨터(예 : 애플 II, 매킨토시) 제조업체였다. 애플은 이후 1990년대에 노트북 부문에 진출했다. 애플의 성공적인 소형 가전제품 진출은 2001년 아이팟(iPod) 출시와 함께 시작되었다. 2003년 아이튠즈(iTunes) 뮤직스토어는 애플의 디지털 유통 진출을 알렸고, 이 기간 동안 애플은 기업 이름에서 '컴퓨터'를 삭제함으로써 컴퓨터뿐만 아니라 다양한 소비자용 전자기기를 만드는 기업으로 바뀐 정황을 알렸다. 컴퓨터가 더는 애플을 대표하지 않는다고 판단하고 대외적으로 이를 천명한 것이다. 이후 애플은 아이폰, 아이패드 출시와 함께 스마트폰 및 태블릿 컴퓨터 범주로 성공적으로 확장하면서 시장 리더로서의 입지를 확고히 했다.

2014년 애플은 애플 워치, 애플 페이를 출시하면서 더 광범위한 가전제품으로의 확장에 박차를 가했다. 애플의 시리(SIRI, 음성 해석 및 인식 인터페이스)는 사용자가 음성 작동 명령을 통해 단말기와 상호작용할 수 있는 지능형 개인 비서로 2011년에 출시되었다. 애플 앱스토어의 경우 2016년 3월 기준으로 아이패드용 앱이 100만 개 이상이다. 2017년 6월 기준으로 애플의 시가총액은 상장기업 중 가장 최고인 8,100억 달러에 이르렀고, 연간 순이익은 450억 달러였다.[124]

그동안 애플은 품질, 디자인, 사용 편의성에 지속적으로 초점을 맞춰왔으며, 휴대전화에서 태블릿, 앱, 운영체제에 이르기까지 다양한 제품 영역으로 브랜드를 확장했다. 다양한 모바일 기기를 통해 쉽게 액세스할 수 있는 애플 뮤직, 아이튠즈, 아이북스(iBooks) 등의 형태로, 방대한 디지털 콘텐츠의 가용성과 함께 하드웨어와 소프트웨어를 원활하게 통합함으로써 고객에게 탁월한 가치를 제공할 수 있었다.

애플의 브랜드이미지

'애플 컴퓨터'에서 '애플'로 기업명이 바뀜에 따라, 애플의 기업 사명도 컴퓨터 제조업체에서 '모바일기기 회사'로 영역이 바뀌었다. 애플의 과거 광고 슬로건이었던 'Think Different'는 단순한 슬로건 그 이상이었다. 이 슬로건은 애플의 기업문화를 구현하고 애플이 소비자에게 어떤 제품을 제공해야 하는지에 대한 가이드 역할을 했으며, 차별성이 없는 제품은 도입하지 않겠다는 애플의 의지를 담고 있었다. 컴퓨터 제조업체가 아닌 모바일기기 회사를 명시한 기업 사명과 함께, 애플이 주력할 제품들과 이들 제품의 해당 제품 카테고리 내에서의 포지셔닝을 규정하고 있는 것이다.

애플 브랜드의 중요한 성공 요인은 애플 기기들 간에 전환이 자유롭고 여러 기기에 걸쳐 동일한 기능을 사용할 수 있다는 것이다. 예를 들어 아이폰의 공유 버튼(위쪽 화살표가 있는 직사각형)은 다양한 인터페이스에서 일관되게 사용이 가능하다. 또 다른 성공 요인은 기기 간에 서로 원활하게 연결되는 기능이다. 예를 들어 맥(Mac) 사용자는 주변에 애플

아이폰이 있으면 인스턴트 핫스팟(Instant Hotspot) 기능을 통해 언제든 인터넷 접속을 할 수 있다. 소비자들이 매일 사용하는 애플 기기들을 서로 긴밀하게 통합되게 하는 기능 탑재는 애플의 공동 창립자 스티브 잡스의 비전이 스며든 결과였다.

애플의 기기들 간 통합 기능은 서체, 로고 등과 같은 브랜드 요소의 일관된 사용으로도 뒷받침된다. 이러한 전략은 12장에서 '공통성의 원칙'으로도 설명된 바 있다. 예를 들어 많은 광고와 제품 이름에 애플 가라몬드(Apple Garamond)로 알려진 글꼴이 일관되게 사용되었다.[125] 애플의 모든 제품에는 동일한 고유 로고가 있으며 제품들 이름은 소문자 i로 시작한다(예 : iMac, iPad, iPhone). 로고는 색상을 변경하긴 했지만 몇 년 동안 같은 이미지를 유지했다.

애플의 브랜드 이미지는 애플의 성공을 주도한 스티브 잡스의 성격과 불가분의 관계에 있다. 그는 탁월함, 혁신, 품질을 강조했으며, 이러한 가치는 애플 기업문화의 핵심이다. 뛰어난 품질 외에도 애플은 프리미엄 브랜드 이미지도 갖고 있다. 애플 제품은 고품질과 고가격으로 인해 사치의 대명사이자 지위의 상징으로 여겨지기도 한다.

애플의 혁신과 라이프스타일 관련 퍼스널리티는 수년간 계속된 신랄한 비교광고(PC 대 맥 광고)를 통해 강화되었다. 이 광고는 PC 사용자와 맥 사용자 모두에게 유튜브에서 일련의 반격 캠페인을 촉발했으며, 마이크로소프트의 '나는 PC입니다'라는 반격 캠페인에 영감을 주기도 했다. 애플의 다른 광고들은 심플하다. 일반적으로 사용자가 이전에 하기 어렵거나 불가능했던 많은 일을 할 수 있도록 하는 마법 같은 기능을 특징으로 한다. 또한 이러한 기기의 미래지향적인 특성을 강조한다. 애플은 또한 광고캠페인을 통해 종종 화제를 일으킨다. 예를 들어 일상 사용자들이 아이폰 카메라로 찍은 사진을 특징으로 하는 최근의 'Shot on iPhone' 캠페인은 소셜미디어에서 상당한 붐을 일으켰다.

시간과 제품범주 전반에 걸친 애플의 브랜드 전략

앤소프 매트릭스(Ansoff matrix)를 활용해 애플이 브랜드와 수익성을 강화하기 위해 오랜 시간 전개해 온 네 가지 유형의 성장전략을 파악할 수 있다.

1. *기존 제품-기존 시장.* 애플은 거의 매년 아이폰, 아이패드 등 기존 제품의 업그레이드를 제공함으로써 기존 고객층을 성공적으로 활용했다. 제품 업그레이드의 예로 더 나은(더 크거나 더 작은) 화면, 더 빠른 프로세서 속도, 더 나은 카메라 등을 들 수 있다. 맥이나 아이폰의 내구성에도 불구하고 소비자들은 3~4년마다 기기를 업그레이드하도록 제안받는다. 애플의 기존 사용자들이 업그레이드 제품에서 제공하는 최신 및 최고급 기능을 누리기 위해서는 더 많은 비용을 지출해야 한다.

2. *기존 제품-신규 시장.* 애플은 시간이 지남에 따라 고가 제품의 가격을 순차적으로 낮추고 기존 제품을 새로운 시장부문에 어필하기

위해 라인 확장을 다양하게 전개했다. 아이팟의 수직적 확장 전략(아이팟 클래식에 이어 아이팟 터치, 아이팟 나노, 아이팟 셔플)이 그 한 예이다. 아이팟 셔플은 아이팟 버전이지만 작고 견고한 특성으로 인해 저가형 사용자와 가격에 민감한 고객을 대상으로 하고 있다.

애플의 라인 확장 전략에 있어서 주목할 만한 것은 다양한 라인 확장으로 인해 자기잠식이 어느 정도 예상되었지만 전략적으로 자기잠식을 자발적으로 일으켜 왔다는 것이다. 예를 들어 아이폰의 출시는 아이팟의 판매를, 아이패드의 출시는 아이폰과 맥북(MacBook)의 판매를 잠식했다. 아이패드 미니(329달러)의 판매는 대형 아이패드(499달러)의 판매를 잠식했다. 이러한 자기잠식 문제에도 불구하고 애플 제품 간에 발생하는 소비자의 브랜드 스위칭은 애플 브랜드 전체에 이익이 되었다. 이는 브랜드 포트폴리오 내에서의 자기잠식이 경우에 따라서는 오히려 바람직하다는 것을 시사한다. 애플의 CEO인 팀 쿡(Tim Cook)은 다음과 같이 말했다. "자기잠식이 우리에게 큰 기회라고 생각한다. 우리의 기본 철학은 자기잠식을 결코 두려워하지 않는 것이다."

3. **신제품–기존 시장.** 애플은 또한 기존 사용자에게 새로운 보완제품을 제공해 왔다. 예를 들어 현재 아이폰 사용자는 애플페이를 사용해 더 쉽고 안전한 방식으로 모바일 결제를 할 수 있다. 애플 뮤직은 다양한 애플 기기에서 음악을 들을 수 있는 기능을 제공한다. 현재 아이폰의 가용대수(installed base)는 놀랍게도 6억 대이며, 애플은 이 6억 명의 고객에게 애플 브랜드로만 다양한 제품을 교차 판매할 수 있다(그림 13-10 참조). 비교적 최근에 시장에 진입한 애플 아이패드도 3억 명의 사용자가 있어서 이들에게 자사의 보완제품 판매를 통해 성장을 꾀할 수 있다.

4. **신제품–신규 시장.** 애플이 주로 하드웨어를 제공하던 초기 몇 년 동안은 소프트웨어(예 : 아이튠즈)로의 다각화는 위험하다는 인식이 팽배했다. 그러나 아이튠즈를 통한 디지털 콘텐츠로의 모험은 사용자들에게 탁월한 가치를 제공하는 애플 제품의 생태계를 만드는 중요한 과정이었다. 애플의 소매업 진출은 전자제품에서 벗어난 다각화로 여겨졌지만 브랜드입지를 구축하고 고객 서비스를 제공하는 데 이들 소매점을 성공적으로 활용하고 있다.

이 네 가지 접근방식은 애플이 시간이 지남에 따라 어떻게 눈부신 성장을 이루었는지를 요약해서 보여주고 있다. 보완제품의 체계적인 도입과 상당한 수의 사용자 기반 성장은 하드웨어 판매가 소프트웨어 판매에 긍정적인 파급효과를 창출하게 했으며, 그 반대의 경우도 마찬가지이다. 예를 들어 아이튠즈 스토어를 통해 액세스할 수 있는 디지털 콘텐츠가 늘어남에 따라, 이 콘텐츠에 액세스할 수 있는 수단을 제공하는 아이폰의 성공을 더욱 촉진했다. 마찬가지로, 최근 몇 년 동안 온라인 게임의 성공은 모바일기기 산업의 성장과 연결되어 있다. 반대로, 수많은 게임 앱을 사용할 수 있게 되면서 게임 및 엔터테인먼트 목적으로 아이패드의 유용성이 증대되었다.

마케팅 프로그램 및 활동

제품

애플의 세품전략은 매우 높은 기준의 성능 및 시각적 디자인과 침단기술 제품을 시장에 출시하는 것이다. 애플은 지속적인 혁신을 추구하며 거의 매년 다양한 제품에 대한 업데이트를 추진한다. 애플은 자사의 핵심 고객뿐만 아니라 미개척 시장의 소비자에게도 어필하기 위해 더 작은 화면 크기의 새로운 아이폰과 아이팟을 출시했다.

가격 책정

애플은 프리미엄 가격 책정과 스키밍 가격 전략을 성공적으로 사용했다. 예를 들어 아이폰이 처음 출시되었을 때 애플은 고급 사용자에게 어필하기 위해 비교적 높은 가격을 책정했고, 이후 시간이 지남에 따라 아이폰의 평균 가격은 일련의 라인 확장을 통해 점점 하락해 더 많은 사람이 사용할 수 있게 되었다. 애플은 또한 경쟁자들을 공략하기 위해 상향 라인 확장과 하향 라인 확장을 성공적으로 추진했다. 이러한 수직적 확장 전략은 아이팟 출시 사례에서 분명히 드러난다. 아이팟은 처음에 고품질, 고성능 제품임을 어필했고 가격은 249~349달러 사이에서 책정되었다. 이어 애플은 고가격 제품으로 아이팟 터치(299~399달러)를, 저가격 제품으로 나노(149~199달러)와 셔플(79달러)을 선보였다. 그렇게 함으로써 애플은 경쟁 위협을 최소화하는 동시에 다양한 고객 세분시장을 공략할 수 있었다.

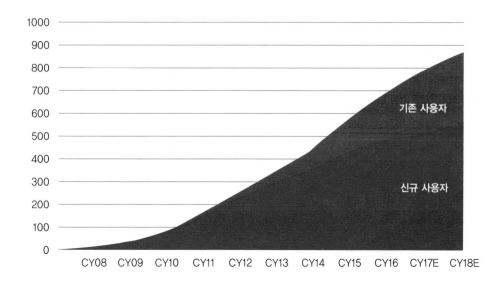

그림 13-10
애플 아이폰의 고객기반 가용 대수(백만 단위) 및 시간 경과에 따른 성장

출처 : P. Elmer-DeWitt (2017), *Apple: A Deep Dive into the iPhone Installed Base.*

마케팅 커뮤니케이션

애플은 전통적인 대중매체 광고를 지양한다. 그러나 과거 애플의 광고캠페인은 애플에게 고무적이었다. 초기 광고캠페인인 'Think Different'는 광고대행사인 TBWA샤이엇데이(TBWA/Chiat/Day)에서 제작했으며 알버트 아인슈타인(Albert Einstein), 밥 딜런(Bob Dylan), 마틴 루터 킹 주니어(Martin Luther King, Jr.)를 비롯한 다양한 상징적 인물의 흑백 영상을 특징으로 했었다. 최근 애플은 25개국에서 'Shot on iPhone' 글로벌 캠페인을 시작했다.[126] 이 옥외 광고에서는 아이폰 사용자들이 실제로 찍은 사진들을 보여주고 있는데, 스마트폰으로 찍은 사진이 하나의 작품이 될 수 있을 만큼 아이폰의 카메라 성능이 뛰어남을 어필하고 있다.

유통

애플의 제품은 온라인 및 오프라인 소매점에서 유통되고 있다. 판매의 대부분이 온라인에서 이루어지긴 하지만, 애플 매장은 애플의 브랜드이미지에 영향을 미치는 중요한 요소이자 고객들과의 주요 접점이다. 애플 매장은 모든 애플 제품에서 볼 수 있는 깔끔한 레이아웃과 디자인을 특징으로 한다.

브랜드 위계 및 확장 전략

그림 13-11은 애플의 브랜드 구조를 보여준다. 그림에서 알 수 있듯이, 시간이 지남에 따라 라인 확장과 브랜드 확장으로 인해 폭이 넓고, 길이가 길고, 깊이가 깊은 제품포트폴리오가 탄생했다.

브랜드 확장과 라인 확장

애플이 확장한 제품 카테고리는 애플의 기존 제품 카테고리와는 다른 새로운 카테고리로 보일지 모른다. 하지만 애플은 기존 제품의 핵심적인 연상, 즉 경쟁자 대비 차별점을 확장제품이 공유할 수 있는지에 포커스를 맞춰서 모든 확장을 추진해왔다. 애플의 차별점으로는 재창조, 혁신 및 탁월한 사용자 경험 제공을 들 수 있다. 애플의 확장은 파급효과가 컸다. 아이폰의 도입으로 스마트폰 사용자들은 아이튠즈 스토어, 앱스토어 등 애플로부터 다양한 관련 보완제품을 구매할 수 있게 되었다. 게다가 아이폰의 도입으로 애플은 신뢰도가 높은 모바일기기 기업이 되었고 태블릿, 워치 등을 출시할 수 있는 길을 열게 되었다.

애플 브랜드의 미래 과제

매출 성장

제품의 수가 대폭 늘어났는데도 불구하고 애플 전체 매출의 거의 90%를 차지하는 상위 3개 제품라인인 아이폰, 아이패드, 맥의 매출이 모두 하락하고 있다. 아이패드의 매출 성장률 하락과 아이폰의 매출 성장률 둔화는 애플이 향후 풀어야 할 과제이다.

경쟁

애플은 다방면으로 치열한 경쟁 상황에 놓여 있다. 애플의 운영체제는 알파벳 구글(Alphabet Google)의 안드로이드 운영체제, 마이크로소프트 윈도우 운영체제와 경쟁하고 있으며, 아이폰은 삼성 갤럭시, 모토로라(Motorola)의 모토 제트(Moto Z) 스마트폰과 경쟁하고 있으며, 아이패드는 파이어 태블릿(Fire Tablets)과 경쟁하고 있다. 애플 브랜드의 미래는 치열하게 전개되고 있는 이들 무한경쟁과 직결된다. 애플은 삼성을 상대로 자사의 특허 디자인 요소를 둘러싼 특허 침해 소송을 벌였는데, 경쟁사들이 애플의 성공적인 디자인 요소를 자사 제품에 적응시키고 접목하는 것을 계속 막기는 어려울 것이다.[127] 애플의 운영체제는 안드로이드보다 사용자를 더 보호하며 다목적용으로 평가된다. 하지만 이러

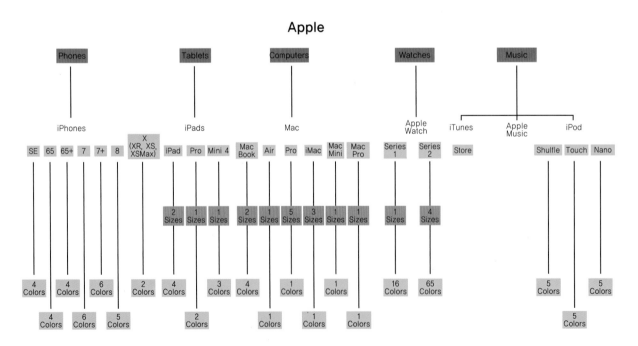

그림 13-11
애플의 브랜드 위계구조를 통해 보는 포트폴리오의 폭, 깊이, 길이

한 점이 소프트웨어 개발자로 하여금 안드로이드 운영체제를 도입하고 있는 기기에서 실행할 새로운 기능이나 테마를 만드는 것에 비해 애플 운영체제 기기에서 실행할 신기능이나 테마를 개발하는 것을 더 어렵게 만든다.[128] 애플의 높은 제품 가격 때문에 새로운 고객층(특히 높은 가격을 감당할 수 없는 개발도상국의 고객)이 애플 제품을 선택하는 것을 더 어렵게 만들고 있으며, 이로 인해 애플의 미래 성장은 제한적이라 할 것이다.

안티브랜드 운동

애플 브랜드의 성공에도 불구하고 애플을 비방하고 안티브랜드 운동을 하는 사람들이 있다. 브랜드를 둘러싼 환경의 이러한 양극화는 특히 디지털기기가 개인으로서 소비자의 정체성과 밀접하게 연결되어 있기 때문에 생겨난 것일 수 있다. iOS의 대안으로 안드로이드가 부상하면서 많은 안드로이드 팬이 애플에 반감을 갖게 되었다.

결론

많은 어려운 과제가 남아 있지만, 애플의 전략은 모바일기기 기업으로서 애플의 성장과 성공을 가져왔다. 인터브랜드(Interbrand)는 애플의 브랜드가치가 1,780억 달러로, 세계에서 가장 큰 가치의 브랜드로 애플을 선정했다.[129] 애플 브랜드의 핵심적인 특징은 브랜드의 이중성이다. 즉 고객에게 이성적이면서도 감정적으로 어필할 수 있는 능력을 애플 브랜드는 갖고 있다. 이러한 이중성은 소비자에게 감동을 준 고품질 제품과 창의적인 광고캠페인의 성과로, 단순함의 미학을 보여주는 사용자 인터페이스와 함께, 많은 소비자가 애플 브랜드와 강력하고 감정적인 연결(즉 브랜드공명)로 이어지도록 했다.

출처 : From annual reports, Apple Inc. *Form 10-K 2015*, page 24; From annual reports, Apple Inc. *Form 10-K 2016*, page 23; Last two rows from https://arstechnica.com/apple/2017/01/apple-sets-revenue-and-iphone-sales-records-in-q1-of-2017/; Andrew Cunningham, "Apple Sets Revenue and iPhone Sales Records in Q1 of 2017," January 31, 2017, https://arstechnica.com/apple/2017/01/apple-sets-revenue-and-iphone-sales-records-in-q1-of-2017/, accessed May 23, 2017; Marketing Minds, Case Study, "Apple's Branding Strategy, http://www.marketingminds.com.au/apple_branding_strategy.html, accessed November 22, 2018; Ashraf Eassa, "Why Apple Inc. Is So Profitable," *The Motley Fool*, March 23, 2017, https://www.fool.com/investing/2017/03/23/why-apple-inc-is-so-profitable.aspx, accessed November 22, 2018; Farhad Manjoo, "Apple Strengthens Pull of Its Orbit with Each Device," *The New York Times*, October 22, 2014, https://www.nytimes.com/2014/10/23/technology/personaltech/devices-with-yosemite-and-ios-8-operating-systems-seamlessly-connect-in-apples-ecosystem.html, accessed November 22, 2018; Wikipedia, "Typography of Apple Inc."; Rob Janoff, "Apple Logo Story," http://robjanoff.com/applelogo/, accessed November 22, 2018; Top 10 Iconic Apple Ads https://www.youtube.com/watch?v=ilarNBQHevA; Susan Fournier and Lara Lee, "Getting Brand Communities Right, *Harvard Business Review*, April 2009 Issue, https://hbr.org/2009/04/getting-brand-communities-right, accessed November 22, 2018; Albert M. Muniz Jr. and Hope Jensen Schau, "Religiosity in the Abandoned Apple Newton Brand Community," *Journal of Consumer Research* 31, no. 4 (March 2005): 737–747; Luke Dormehl, "Apple Reveals How Long Its Devices Typically Last," Cult of Mac, April 15, 2016, https://www.cultofmac.com/423304/apple-reveals-how-long-its-devices-typically-last/, accessed November 22, 2018; Zachary M. Seward, "Yes, the iPad Mini Is Cannibalizing Sales of the Larger iPad," Quartz, January 23, 2013, https://qz.com/47265/apple-ipad-mini-is-cannibalizing-sales-of-the-larger-ipad/, accessed November 22, 2018; Ben Bajarin, "Apple's Uncharted Territory," Recode, May 3, 2016, https://www.recode.net/2016/5/3/11634186/apples-uncharted-territory, accessed November 22, 2018; MacDailyNews, "Apple's iPad Has an Installed Base of Over 300 Million, Far Larger Than the Mac's User Base," March 24, 2017, http://macdailynews.com/2017/03/24/apples-ipad-has-an-installed-base-of-over-300-million-far-larger-than-the-macs-user-base/, accessed November 22, 2018; Dean Takahashi, "Mobile Games Hit $40.6 Billion in 2016, Matching World Box Office Numbers," VentureBeat, February 1, 2017, https://venturebeat.com/2017/02/01/superdata-mobile-games-hit-40-6-billion-in-2016-matching-world-box-office-numbers/, accessed November 22, 2018; DawnNews, "Apple Cuts Prices, Screen Sizes for New iPhone, iPad," March 22, 2016, https://www.dawn.com/news/1247119, accessed November 22, 2018; Brittany A. Roston, "These Magazine Covers Were Swith the iPhone 7 Plus," Slash Gear, April 18, 2017, https://www.slashgear.com/these-magazine-covers-were-shot-with-the-iphone-7-plus-18482648/, accessed November 22, 2018; Dan Moren, "Analysis: Apple's Ads Let Products Speak for Themselves," *Macworld*, April 4, 2011, https://www.macworld.com/article/1159004/apple_advertising.html, accessed November 22, 2018; Li Justi, "Apple's Challenge: Where Is the Future?," Deakin Business School, April 25, 2016, https://mpk732t12016clustera.wordpress.com/2016/04/25/apples-challenge-where-is-the-future/, accessed November 22, 2018; Camila Domonoske, "Supreme Court Sides with Samsung, Against Apple in Patent Infringement Fight," National Public Radio, December 6, 2016, https://www.npr.org/sections/thetwo-way/2016/12/06/504545297/supreme-court-sides-with-samsung-against-apple-in-patent-infringement-fight, accessed November 22, 2018; Josh Smith, "Android vs. iPhone: 14 Reasons Android Is Still Better," GottaBeMobile.com, February 7, 2018, https://www.gottabemobile.com/android-vs-iphone-android-better/, accessed November 22, 2018; Mike Elgan, "Why Does Apple Inspire So Much Hate?," Cult of Mac, June 9, 2012, https://www.cultofmac.com/172428/why-does-apple-inspire-so-much-hate/, accessed November 22, 2018.

참고문헌

1. For a more comprehensive treatment, see Glen Urban and John Hauser, *Design and Marketing of New Products,* 2nd ed. (Upper Saddle River, NJ: Prentice Hall, 1993).

2. Peter Farquhar, "Managing Brand Equity," *Marketing Research* 1, no. 3 (September 1989): 24–33.

3. Kurt Schroeder, "Why So Many New Products Fail (and It's Not the Product)," *The Business Journals,* May 14, 2017, www.bizjournals.com/bizjournals/how-to/marketing/2017/03/why-so-many-new-products-fail-and-it-s-not-the.html.

4. The Nielsen Company, "Looking to Achieve New Product Success?," *Nielsen,* June 23, 2015, www.nielsen.com/us/en/insights/reports/2015/looking-to-achieve-new-product-success.html.

5. Mark Dolliver, "Brand Extensions Set the Pace in 2009," *Adweek,* March 22, 2010, https://www.adweek.com/brand-marketing/brand-extensions-set-pace-2009-101891/.

6. Information Resources, Inc., "IRI Announces the Most Successful New Brands of 2009," IRI, March 22, 2010, https://www.businesswire.com/news/home/20100322006486/en/IRI-Announces-Successful-New-Brands-2009, accessed November 23, 2018.

7. Craig Smith, "42 Interesting McDonald's Facts and Statistics (March 2018)," *DMR,* March 30, 2018, http://expandedramblings.com/index.php/mcdonalds-statistics/.

8. Roy Brunner, "How Shake Shack Leads The Better Burger Revolution," *Fast Company,* June 22, 2015, www.fastcompany.com/3046753/shake-shack-leads-the-better-burger-revolution, accessed May 21, 2017.

9. Byung-Do Kim and Mary W. Sullivan, "The Effect of Parent Brand Experience on Line Extension Trial and Repeat Purchase," *Marketing Letters* 9, no. 2 (1998): 181–193.

10. Henry J. Claycamp and Lucien E. Liddy, "Prediction of New Product Performance: An Analytical Approach," *Journal of Marketing Research* 6, no. 4 (November 1969): 414–420.

11. Kevin Lane Keller and David A. Aaker, "The Effects of Sequential Introduction of Brand Extensions," *Journal of Marketing Research* 29, no. 1 (February 1992): 35–50; John Milewicz and Paul Herbig, "Evaluating the Brand Extension Decision Using a Model of Reputation Building," *Journal of Product & Brand Management* 3, no. 1 (1994): 39–47.

12. See also Jonlee Andrews, "Rethinking the Effect of Perceived Fit on Customers' Evaluations of New Products," *Journal of the Academy of Marketing Science* 23, no. 1 (1995): 4–14.

13. David B. Montgomery, "New Product Distribution: An Analysis of Supermarket Buyer Decisions," *Journal of Marketing Research* 12, no. 3 (1978): 255–264.

14. Tülin Erdem and Baohong Sun, "An Empirical Investigation of the Spillover Effects of Advertising and Sales Promotions in Umbrella Branding," *Journal of Marketing Research* 39, no. 4 (November 2002): 408–420.

15. Mary W. Sullivan, "Brand Extensions: When to Use Them," *Management Science* 38, no. 6 (June 1992): 793–806; Daniel C. Smith, "Brand Extension and Advertising Efficiency: What Can and Cannot Be Expected," *Journal of Advertising Research* 32, no. 6 (November/December 1992): 11–20. See also Daniel C. Smith and C. Whan Park, "The Effects of Brand Extensions on Market Share and Advertising Efficiency," *Journal of Marketing Research* 29, no. 3 (August 1992): 296–313.

16. Jack Neff, "Speichert Looks for Big Growth Bets as First CMO," *Advertising Age,* February 21, 2011, https://adage.com/print/148915, accessed November 23, 2018; Jack Neff, "Zigging Where Others Zagged, L'Oréal Focuses on U.S.—to Beautiful Effect," *Advertising Age,* November 7, 2011, http://adage.com/article/special-report-marketer-alist/marketer-a-list-l-oreal-focuses-u-s-market-beautiful-effect/230833/; "L'Oréal Shifts Marketing Model," *WARC,* October 25, 2010; K@W, "Why L'Oreal's Jean-Paul Agon Believes He Is on the Winning Team," *Knowledge@Wharton,* March 30, 2005, http://knowledge.wharton.upenn.edu/article/why-loreals-jean-paul-agon-believes-he-is-on-the-winning-team/.

17. Leonie Roderick, "L'Oréal on Why Artificial Intelligence Is 'a Revolution as Big as the Internet'," *Marketing Week (Online Edition),* April 24, 2017, https://www.marketingweek.com/2017/04/24/loreal-artificial-intelligence/.

18. Theodore Levitt, "Marketing Myopia," *Harvard Business Review* 38, no. 4 (July–August 1960): 45–46.

19. Jason Bloomberg, "Transformation at Scale at General Electric: Digital Influencer Bill Ruh," *Forbes,* July 25, 2016, www.forbes.com/sites/jasonbloomberg/2016/07/25/digital-transformation-at-scale-at-general-electric-digital-influencer-bill-ruh/#3cebdf46a2fe.

20. TataWorld, "Titan Company Launches SKINN Range of Perfumes," *Tata,* September 16, 2013, www.tata.com/company/releasesinside/zoEU8Oa7AFs=/TLYVr3YPkMU.

21. K. L. Keller and D.A. Aaker, "The Effects of Sequential Introduction of Brand Extensions," *Journal of Marketing Research* 29, no. 1 (1992): 35–50.

22. Demitrios Kalogeropoulos, "The Procter & Gamble Company's Best Product in 2015," *The Motley Fool,* December 27, 2015, www.fool.com/investing/general/2015/12/27/the-procter-gamble-companys-best-product-in-2015.aspx. Robert Klara, "Chances are, the Clothes You're Wearing Right Now Have Been Washed in Tide: How the detergent has reigned for 68 years," *AdWeek,* December 1, 2014, www.adweek.com/brand-marketing/why-clothes-youre-wearing-right-now-have-probably-been-washed-tide-161643.

23. Jay Moye, "How Coke Zero Became a Hero: 10 Facts to Mark the Brand's 10th Birthday," *Coca-Cola,* June 30, 2015, www.coca-

colacompany.com/stories/how-coke-zero-became-a-hero-10-facts-to-mark-the-brands-10th-birthday.

24. Mark J. Miller, "Coca-Cola Woos James Bond Fans with Coke Zero Skyfall Tie-In," *Brand Channel*, September 12, 2012, http://brandchannel.com/2012/09/12/coca-cola-woos-james-bond-fans-with-coke-zero-skyfall-tie-in/.

25. Ben Reynolds, "Pepsi Overtakes Diet Coke as #2 Soda in U.S.—Which Is Best Investment?," SureDividend Blog, March 28, 2015, http://www.talkmarkets.com/content/stocks--equities/pepsi-overtakes-diet-coke-as-2-soda-in-us--which-is-best-investment?post=61756, accessed November 23, 2018.

26. Laura Shanahan, "Designated Shopper," *Brandweek 42, no. 10 (March 2001): 26.*

27. Ibid.

28. Interview with James Allworth, "Why You Should Cannibalize Your Company," interview with James Allworth, *Harvard Business Review*, November 2012, https://hbr.org/2012/11/why-you-should-cannibalize-you.

29. Maureen Morrin, "The Impact of Brand Extensions on Parent Brand Memory Structures and Retrieval Processes," *Journal of Marketing Research* 36, no. 4 (1999): 517–525.

30. Nathan Bomey, "Coach to Acquire Kate Spade for $2.4 Billion," *Forbes*, May 8, 2017, www.forbes.com/sites/greatspeculations/2017/05/09/coachs-acquisition-of-kate-spade-finally-comes-to-fruition/#2a9d90173e26; Based on Insights from Timothy Calkins, "Reviving a Brand That's Lost Its Luster," *Kellogg Insight*, November 2, 2016, https://insight.kellogg.northwestern.edu/article/reviving-a-brand-thats-lost-its-luster.

31. Alessandra Galloni, "Inside Out: At Gucci, Mr. Polet's New Design Upends Rules for High Fashion," *The Wall Street Journal,* August 9, 2005, A1; Interbrand, "Best Global Brands," www.interbrand.com/en/best-global-brands/Best-Global-Brands-2011.aspx.

32. Macala Wright, "Mid-Tier to Luxury Fashion Brands Open Their Doors to Licensing," October 16, 2011, www.macalawright.com/2011/10/fashion-licensing-deals/; Jessica Wohl, "Target Hopes Exclusive Designer Deals Boost Sales," *Reuters*, August 2, 2011, https://www.reuters.com/article/target-exclusives/target-hopes-exclusive-designer-deals-boost-sales-idUSN1E7700FA20110802.

33. For some reviews of the brand extension literature, see Sandor Czellar, "Consumer Attitude Toward Brand Extensions: An Integrative Model and Research Propositions," *International Journal of Research in Marketing* 20, no. 3 (2003): 97–115; Barbara Loken, Rohini Ahluwalia, and Michael J. Houston, eds., *Brands and Brand Management: Contemporary Research Perspectives* (New York: Psychology Press, 2010); Franziska Volkner and Henrik Sattler, "Drivers of Brand Extension Success," *Journal of Marketing* 70, no. 2 (April 2006): 18–34.

34. Kalpesh Kaushik Desai, Wayne D. Hoyer, and Rajendra Srivastava, "Evaluation of Brand Extension Relative to the Extension Category Competition: The Role of Attribute Inheritance from Parent Brand and Extension Category," working paper, State University of New York at Buffalo, 1996.

35. Edward M. Tauber, "Brand Leverage: Strategy for Growth in a Cost-Control World," *Journal of Advertising Research* 28 (August/September 1988): 26–30.

36. Barbara Loken and Deborah Roedder John, "Diluting Brand Beliefs. When Do Brand Extensions Have a Negative Impact?" *Journal of Marketing* 57, no. 7 (1993): 71–84.

37. For another conceptual point of view, see Abishek Dwivedi, Bill Merrilees, and Arthur Sweeney, "Brand Extension Feedback Effects: A Holistic Framework," *Journal of Brand Management* 17, no. 5 (March 2010): 328–342.

38. Fabio Caldieraro, Ling-Jing Kao, and Marcus Cunha, Jr., "Harmful Upward Line Extensions: Can the Launch of Premium Products Result in Competitive Disadvantages?" *Journal of Marketing* 79, no. 6 (November 2015): 50–70.

39. Timothy B. Heath, Devon DelVecchio, and Michael S. McCarthy, "The Asymmetric Effects of Extending Brands to Lower and Higher Quality," *Journal of Marketing* 75, no. 4 (July 2011): 3–20.

40. Sujan Patel, "7 Examples of Freemium Products Done Right," *Forbes*, April 29, 2015, www.forbes.com/sites/sujanpatel/2015/04/29/7-examples-of-freemium-products-done-right/3/#6c4867e82576.

41. Peter H. Farquhar, Julia Y. Han, Paul M. Herr, and Yuji Ijiri, "Strategies for Leveraging Master Brands," *Journal of Marketing Research* 4, no. 3 (September 1992): 32–43.

42. Gillian Oakenfull, Edward Blair, Betsy Gelb, and Peter Dacin, "Measuring Brand Meaning," *Journal of Advertising Research* 40, no. 5 (September–October 2000): 43–53.

43. Erik Oster, "Jimmy Dean Moves Beyond Breakfast in New Ads Campaign" *Adweek*, September 8, 2014, www.adweek.com/brand-marketing/jimmy-dean-moves-beyond-breakfast-new-ads-159972/.

44. Rajeev Batra, Peter Lenk, and Michel Wedel, "Brand Extension Strategy Planning: Empirical Estimation of Brand-Category Personality Fit and Atypicality," *Journal of Marketing Research* 47, no. 2 (April 2010): 335–347.

45. Andrea Rothman, "France's Bic Bets U.S. Consumers Will Go for Perfume on the Cheap," *The Wall Street Journal,* January 12, 1989, B6; Deborah Wise, "Bic Counts on a New Age for Spray Perfume," *The New York Times*, October 17, 1988, https://www.nytimes.com/1988/10/17/business/international-report-bic-counts-on-a-new-age-for-spray-perfume.html; David A. Aaker, *Managing Brand Equity* (New York: Free Press, 1991).

46. Sandra J. Milberg, Francisca Sinn, and Ronald C. Goodstein, "Consumer Reactions to Brand Extensions in a Competitive Context: Does Fit Still Matter?," *Journal of Consumer Research* 37, no. 3 (October 2010): 543–553.

47. Piyush Kumar, "Brand Counterextensions: The Impact of Extension Success Versus Failure," *Journal of Marketing Research* 42, no. 2 (May 2005): 183–194. See also Piyush Kumar, "The Impact of Cobranding on Customer Evaluation of Brand Counterextensions," *Journal of*

Marketing 69, no. 3 (July 2005): 1–18.

48. Glen L. Urban and Steven H. Star, *Advanced Marketing Strategy: Phenomena, Analysis, and Decisions* (Englewood Cliffs, NJ: Prentice Hall, 1991).

49. Kotler and Keller, *Marketing Management.*

50. Srinivas K. Reddy, Susan L. Holak, and Subodh Bhat, "To Extend or Not to Extend: Success Determinants of Line Extensions," *Journal of Marketing Research* 31, no. 2 (May 1994): 243–262. For some conceptual discussion, see Kalpesh Kaushik Desai and Wayne D. Hoyer, "Line Extensions: A Categorization and an Information Processing Perspective," in *Advances in Consumer Research,* Vol. 20 (Provo, UT: Association for Consumer Research, 1993), 599–606.

51. Jack Neff, "Small Ball: Marketers Rely on Line Extensions," *Advertising Age,* April 11, 2005, 10, https://adage.com/article/news/small-ball-marketers-rely-line-extensions/102862/, accessed November 23, 2018.

52. Murphy, *Brand Strategy.*

53. Mita Sujan, "Nature and Structure of Product Categories," working paper, Pennsylvania State University, 1990; Joan Myers-Levy and Alice M. Tybout, "Schema Congruity as a Basis for Product Evaluation," *Journal of Consumer Research* 16, no. 18 (June 1989): 39–54.

54. Deborah Roedder John and Barbara Loken, "Diluting Brand Equity: The Impact of Brand Extensions," *Journal of Marketing,* 57, no. 3 (July 1993): 71–84.

55. David Boush and Barbara Loken, "A Process Tracing Study of Brand Extension Evaluations," *Journal of Marketing Research* 28, no. 1 (February 1991): 16–28; Cathy L. Hartman, Linda L. Price, and Calvin P. Duncan, "Consumer Evaluation of Franchise Extension Products: A Categorization Processing Perspective," *Advances in Consumer Research,* Vol. 17 (Provo, UT: Association for Consumer Research, 1990), 120–126.

56. David A. Aaker and Kevin Lane Keller, "Consumer Evaluations of Brand Extensions," *Journal of Marketing* 54, no. 1 (January 1990): 27–41.

57. Paul A. Bottomley and Stephen J. S. Holden, "Do We Really Know How Consumers Evaluate Brand Extensions? Empirical Generalizations Based on Secondary Analysis of Eight Studies," *Journal of Marketing Research* 38, no. 4 (November 2001): 494–500. See also Jörg Hensler, Csilla Horváth, Marko Sarstedt, and Lorenz Zimmerman, "A Cross-Cultural Comparison of Brand Extensions Success Factors: A Meta-Study," *Journal of Brand Management* 18, no. 1 (2010): 5–20.

58. David Boush, Shannon Shipp, Barbara Loken, Ezra Gencturk, et al., "Affect Generalization to Similar and Dissimilar Line Extensions," *Psychology and Marketing* 4, no. 3 (Fall 1987): 225–241.

59. Specifically, applying Mandler's congruity theory, Meyers-Levy and her colleagues showed that products associated with moderately incongruent brand names could be preferred over ones that were associated with either congruent or extremely incongruent brand names. They interpreted this finding in terms of the ability of moderately incongruent brand extensions to elicit more processing from consumers that could be satisfactorily resolved (assuming consumers could identify a meaningful relationship between the brand name and the product). See Joan Meyers-Levy, Therese A. Louie, and Mary T. Curren, "How Does the Congruity of Brand Names Affect Evaluations of Brand Name Extensions?" *Journal of Applied Psychology* 79, no. 1 (1994): 46–53. See also Eyal Maoz and Alice M. Tybout, "The Moderating Role of Involvement and Differentiation in the Evaluation of Brand Extensions," *Journal of Consumer Psychology* 12, no. 2 (2002): 119–131; Hyeong Min Kim, "Evaluations of Moderately Typical Products: The Role of Within- Versus Cross-Manufacturer Comparison," *Journal of Consumer Psychology* 16, no. 1 (2006): 70–78.

60. Deborah MacInnis and Kent Nakamoto, "Cognitive Associations and Product Category Comparisons: The Role of Knowledge Structures and Context," working paper, University of Arizona, 1990.

61. Susan M. Broniarczyk and Joseph W. Alba, "The Importance of the Brand in Brand Extension," *Journal of Marketing Research* 31, no. 2 (May 1994): 214–228. Incidentally, although a Crest toothbrush was not available at the time that this study was conducted, one was later in fact introduced as Crest Complete.

62. Tammo H. A. Bijmolt, Michel Wedel, Rik G. M. Pieters, and Wayne S. DeSarbo, "Judgments of Brand Similarity," *International Journal of Research in Marketing* 15 (3) (1998): 249–268.

63. Sheri Bridges, Kevin Lane Keller, and Sanjay Sood, "Explanatory Links and the Perceived Fit of Brand Extensions: The Role of Dominant Parent Brand Associations and Communication Strategies," *Journal of Advertising* 29, no. 4 (2000): 1–11.

64. Daniel C. Smith and Jonlee Andrews, "Rethinking the Effect of Perceived Fit on Customers' Evaluations of New Products," *Journal of the Academy of Marketing Science* 23, no. 1 (1995): 4–14.

65. A. V. Muthukrishnan and Barton A. Weitz, "Role of Product Knowledge in Brand Extensions," in *Advances in Consumer Research,* Vol. 18, eds. Rebecca H. Holman and Michael R. Solomon (Provo, UT: Association for Consumer Research, 1990), 407–413. See also Susan M. Broniarczyk and Joseph W. Alba, "The Importance of the Brand in Brand Extension," *Journal of Marketing Research* 31, no. 2 (May 1994): 214–228.

66. Shi Zhang and Sanjay Sood, "'Deep' and 'Surface' Cues: Brand Extension Evaluations by Children and Adults," *Journal of Consumer Research* 29, no. 1 (June 2002): 129–141.

67. E. A. Yorkston, J. C. Nunes, and S. Matta, "The Malleable Brand: The Role of Implicit Theories in Evaluating Brand Extensions," *Journal of Marketing* 74, no.1 (2010): 80–93; K. M. Cutright, J. R. Bettman, and G. J. Fitzsimons, "Putting Brands In Their Place: How a Lack of Control Keeps Brands Contained," *Journal of Marketing Research* 50, no. 3 (2013): 365–377; A. B. Monga and Z. Guhan-Canli, "The Influence of Mating Mind-sets on Brand Extension Evaluation," *Journal of Marketing Research* 49, no. 4 (2013): 581–593.

68. Kevin Lane Keller and David A. Aaker, "The Effects of Sequential

Introduction of Brand Extensions," *Journal of Marketing Research* 29, no. 1 (1992), 35–50; Susan M. Broniarczyk and Andrew D. Gershoff, "The Reciprocal Effects of Brand Equity and Trivial Attributes," *Journal of Marketing Research* 40, no. 2 (May 2003): 161–175.

69. See also Arvind Rangaswamy, Raymond Burke, and Terence A. Oliva, "Brand Equity and the Extendibility of Brand Names," *International Journal of Research in Marketing* 10, no. 1 (1993): 61–75. See also Zeynep Gürhan-Canli, "The Effect of Expected Variability of Product Quality and Attribute Uniqueness on Family Brand Evaluations," *Journal of Consumer Research* 30, no. 1 (June 2003): 105–114; Julio J. Rotenberg, "Expected Firm Altruism, Quality Provision, and Brand Extensions," *Marketing Science* 32, no. 2 (March–April 2013): 325–341.

70. Alexander Fedorikhin, C. Whan Park, and Matthew Thomson, "Beyond Fit and Attitude: The Effect of Emotional Attachment on Consumer Responses to Brand Extensions," *Journal of Consumer Psychology* 18, no. 4 (2008): 281–291.

71. Catherine W. M. Yeung and Robert S. Wyer, Jr., "Does Loving a Brand Mean Loving Its Products? The Role of Brand-Elicited Affect in Brand Extension Evaluations," *Journal of Marketing Research* 42, no. 4 (November 2005): 495–506; H. H. Chun, C. W. Park, A.B. Eisingerich, and D. J. MacInnis, "Strategic Benefits of Low Fit Brand Extensions: When and Why?," *Journal of Consumer Psychology* 25, no. 4 (2015): 577–595.

72. See, for example, Peter H. Farquhar and Paul M. Herr, "The Dual Structure of Brand Associations," in *Brand Equity and Advertising: Advertising's Role in Building Strong Brands,* eds. David A. Aaker and Alexander L. Biel (Hillsdale, NJ: Lawrence Erlbaum Associates, 1993), 263–277.

73. Ian M. Lewis, "Brand Equity or Why the Board of Directors Needs Marketing Research," paper presented at the ARF Fifth Annual Advertising and Promotion Workshop, February 1, 1993.

74. Robert D. Hof, "A Washout for Clorox?" *BusinessWeek,* July 9, 1990, 32–33; Alicia Swasy, "P&G and Clorox Wade into Battle over the Bleaches," *The Wall Street Journal,* January 16, 1989, 5; Maria Shao, "A Bright Idea That Clorox Wishes It Never Had," *BusinessWeek,* June 24, 1991, 118–119.

75. Peter H. Farquhar, Julia Y. Han, Paul M. Herr, and Yuji Ijiri, "Strategies for Leveraging Master Brands," *Marketing Research* 4, no. 3 (September 1992): 32–43.

76. Alokparna Basu Monga and Deborah Roedder John, "What Makes Brands Elastic? The Influence of Brand Concept and Styles of Thinking on Brand Extension Evaluation," *Journal of Marketing Research* 74, no. 3 (May 2010): 80–92; Tom Meyvis and Chris Janiszewski, "When Are Broader Brands Stronger Brands? An Accessibility Perspective on the Success of Brand Extensions," *Journal of Consumer Research* 31, no. 2 (September 2004): 346–357; Stijn M. J. Van Osselaer and Joseph W. Alba, "Locus of Equity and Brand Extensions," *Journal of Consumer Research* 29, no. 4 (March 2003): 539–550; Henrik Hagtvedt and Vanessa M. Patrick, "The

Broad Embrace of Luxury: Hedonic Potential as a Driver of Brand Extendibility," *Journal of Consumer Psychology* 19, no. 4 (2009): 608–618.

77. Peter H. Farquhar, Julia Y. Han, Paul M. Herr, and Yuji Ijiri, "Strategies for Leveraging Master Brands," *Marketing Research* 4, no. 3 (1992).

78. Ibid.

79. S. Bridges, K. L. Keller, and S. Sood, "Communication Strategies for Brand Extensions: Enhancing Perceived Fit by Establishing Explanatory Links," *Journal of Advertising* 29, no. 4 (2000): 1–11.

80. Christopher Joiner and Barbara Loken, "The Inclusion Effect and Category-Based Induction: Theory and Application to Brand Categories," *Journal of Consumer Psychology* 7, no. 2 (1998): 101–129.

81. S. Bridges, K. L. Keller, and S. Sood, "Communication Strategies for Brand Extensions: Enhancing Perceived Fit by Establishing Explanatory Links," *Journal of Advertising* 29, no. 4 (2000): 1–11.

82. Frank Kardes and Chris Allen, "Perceived Variability and Inferences about Brand Extensions," in *Advances in Consumer Research,* Vol. 18, eds. Rebecca H. Holman and Michael R. Solomon (Provo, UT: Association for Consumer Research, 1990), 392–398; Babu John Mariadoss, Raj Echambadi, Mark J. Arnold, and Vishal Bindroo, "An Examination of the Effects of Perceived Difficulty of Manufacturing the Extension Product on Brand Extension Attitudes," *Journal of the Academy of Marketing Science* 38, no. 6 (2010): 704–719.

83. Vanitha Swaminathan, Richard J. Fox, and Srinivas K. Reddy, "The Impact of Brand Extension Introduction on Choice," *Journal of Marketing* 65, no. 4 (October 2001): 1–15; Subramanian Balachander and Sanjay Ghose, "Reciprocal Spillover Effects: A Strategic Benefit of Brand Extensions," *Journal of Marketing* 67, no. 1 (January 2003): 4–13; Sridhar Moorthy, "Can Brand Extension Signal Product Quality?," *Marketing Science* 31, no. 5 (September–October 2012): 756–770.

84. Sandy D. Jap, "An Examination of the Effects of Multiple Brand Extensions on the Brand Concept," in *Advances in Consumer Research,* Vol. 20 (Provo, UT: Association for Consumer Research, 1993), 607–611.

85. David M. Boush and Barbara Loken, "A Process-Tracing Study of Brand Extension Evaluation," *Journal of Marketing Research* 28, no. 1 (1991): 16–28.

86. Peter Dacin and Daniel C. Smith, "The Effect of Brand Portfolio Characteristics on Consumer Evaluations of Brand Extensions," *Journal of Marketing Research* 31, no. 2 (May 1994): 229–242. See also David M. Boush and Barbara Loken, "A Process-tracing Study of Brand Extension Evaluation," Journal of Marketing Research 28, no. 1 (1991): 16–28; and Niraj Dawar, "Extensions of Broad Brands: The Role of Retrieval in Evaluations of Fit," *Journal of Consumer Psychology* 5, no. 2 (1996): 189–207.

87. Mary W. Sullivan, "Brand Extensions: When to Use Them," *Management Science* 38, no. 6 (1992): 793–806; Patrick DeGraba and Mary W. Sullivan, "Spillover Effects, Cost Savings, R&D and the Use of Brand Extensions," *International Journal of Industrial Organization*

13, no. 2 (1995): 229–248.

88. Byung Chul Shine, Jongwon Park, and Robert S. Wyer, Jr., "Brand Synergy Effects in Multiple Brand Extensions," *Journal of Marketing Research* 44, no. 4 (November 2007): 663–670; Ryan Rahinel and Joseph P. Redden, "Brands as Product Coordinators: Matching Brands Make Joint Consumption Experiences More Enjoyable," *Journal of Consumer Research* 39, no. 6 (June 2013), 1290–1299.

89. Huifang Mao and H. Shanker Krishnan, "Effects of Prototype and Exemplar Fit on Brand Extension Evaluations: A Two-Process Contingency Model," *Journal of Consumer Research* 33, no. 1 (June 2006): 41–49. See also Ujwal Kayande, John H. Roberts, Gary L. Lilien, and Duncan K. H. Fong, "Mapping the Bounds of Incoherence: How Far Can You Go and How Does It Affect Your Brand?," *Marketing Science* 26, no. 4 (July–August 2007): 504–513.

90. Deborah Roedder John and Barbara Loken, "Diluting Brand Beliefs: When Do Brand Extensions Have a Negative Impact?," *Journal of Marketing* 57, no. 4 (Summer 1993): 71.

91. Jean B. Romeo, "The Effect of Negative Information on the Evaluation of Brand Extensions and the Family Brand," in *Advances in Consumer Research,* Vol. 18, eds. Rebecca H. Holman and Michael R. Solomon (Provo, UT: Association for Consumer Research, 1990), 399–406.

92. Deborah Roedder John, Barbara Loken, and Christopher Joiner, "The Negative Impact of Extensions: Can Flagship Products Be Diluted?," *Journal of Marketing* 62, no. 1 (January 1998): 19–32.

93. Zeynep Gürhan-Canli and Durairaj Maheswaran, "The Effects of Extensions on Brand Name Dilution and Enhancement," *Journal of Marketing Research* 35, no. 11 (1998): 464–473.

94. Sandra J. Milberg, C. W. Park, and Michael S. McCarthy, "Managing Negative Feedback Effects Associated with Brand Extensions: The Impact of Alternative Branding Strategies," *Journal of Consumer Psychology* 6, no. 2 (1997): 119–140.

95. Vicki R. Lane and Robert Jacobson, "Stock Market Reactions to Brand Extension Announcements: The Effects of Brand Attitude and Familiarity," *Journal of Marketing* 59, no. 1 (1995): 63–77.

96. Amna Kirmani, Sanjay Sood, and Sheri Bridges, "The Ownership Effect in Consumer Responses to Brand Line Stretches," *Journal of Marketing* 63, no. 1 (1999): 88–101.

97. Maureen Morrin, "The Impact of Brand Extensions on Parent Brand Memory Structures and Retrieval Processes," *Journal of Marketing Research* 36, no. 4 (1999): 517–525.

98. David A. Aaker, Managing Brand Equity (New York: Free Press, 1991; Jean-Noel Kapferer, Strategic Brand Management, 2nd ed. (New York: Free Press, 2005); Not By Jeans Alone video, PBS Enterprise, 1983.

99. Jeffrey Parker, Donald Lehmann, Kevin Lane Keller, and Martin Schleicher, "Building a Multi-Category Brand: When Should Dissimilar Products Be Introduced?," *Journal of the Academy of Marketing Science,* 46 (2), 300–316; Timothy B. Heath, Subimal Chatterjee, Suman Basuroy, Thorsten Hennig-Thurau, and Bruno Kocher, "Innovation Sequences Over Iterated Offerings: A Relative, Innovation, Comfort, and Stimulation Framework of Consumer Responses," *Journal of Marketing* 79, no. 6 (November 2015): 71–93.

100. C. Whan Park, Sung Youl Jun, and Allan D. Shocker, "Composite Branding Alliances: An Investigation of Extension and Feedback Effects," *Journal of Marketing Research November* 79, no. 6 (1996): 453–466.

101. Zixia Cao and Alina Sorescu, "Wedded Bliss or Tainted Love? Stock Market Reactions to the Introduction of Cobranded Products," *Marketing Science* 32, no. 6 (November–December 2013): 939–959.

102. Vanitha Swaminathan, Zeynep Gürhan-Canli, Umut Kubat, and Ceren Hayran, "How, When, and Why Do Attribute-Complementary Versus Attribute-Similar Cobrands Affect Brand Evaluations: A Concept Combination Perspective," *Journal of Consumer Research* 42, no. 1 (June 2015): 45–58; Ralf van der Lans, Bram Van den Bergh, and Evelien Dieleman, "Partner Selection in Brand Alliances: An Empirical Investigation of the Drivers of Brand Fit," *Marketing Science* 33, no. 4 (July–August 2014): 551–566.

103. Marcus Cunha, Jr., Mark R. Forehand, and Justin W. Angle, "Riding Coattails: When Co-Branding Helps versus Hurts Less-Known Brands," *Journal of Consumer Research* 41, no. 5 (February 2015): 1284–1300.

104. Taylor Randall, Karl Ulrich, and David Reibstein, "Brand Equity and Vertical Product Line Extent," *Marketing Science* 17, no. 4 (1998): 356–379.

105. Ryan Hamilton and Alexander Chernev, "The Impact of Product Line Extensions and Consumer Goals on the Formation of Price Image," *Journal of Marketing Research* 47, no. 1 (February 2010): 51–62.

106. Amna Kirmani, Sanjay Sood, and Sheri Bridges, "The Ownership Effect in Consumer Responses to Brand Line Stretches," *The Journal of Marketing* 63, no. 1 (1999): 88–101.

107. Sheri Bridges, Kevin Lane Keller, and Sanjay Sood, "Explanatory Links and the Perceived Fit of Brand Extensions: The Role of Dominant Parent Brand Associations and Communication Strategies," *Journal of Advertising* 29, no. 4 (2000): 1–11; Richard R. Klink and Daniel C. Smith, "Threats to the External Validity of Brand Extension Research," *Journal of Marketing Research* 38, no. 3 (August 2001): 326–335.

108. Vicki R. Lane, "The Impact of Ad Repetition and Ad Content on Consumer Perceptions of Incongruent Extensions," *Journal of Marketing* 64, no. 4 (2000): 80–91.

109. Sanjay Sood and Kevin Lane Keller, "The Effects of Product Experience and Branding Strategies on Parent Brand Evaluations and Brand Equity Dilution," *Journal of Marketing Research* (2012).

110. Lauranne Buchanan, Carolyn J. Simmons, and Barbara A. Bickart, "Brand Equity Dilution: Retailer Display and Context Brand Effects," *Journal of Marketing Research* 36, no. 8 (1999): 345–355.

111. Alokparna Basu Monga and Deborah Roedder John, "What Makes Brands Elastic? The Influence of Brand Concept and Styles of Thinking on Brand Extension Evaluation," *Journal of Marketing*

Research 74, no. 3 (May 2010): 80–92. See also Hakkyun Kim and Deborah Roedder John, "Consumer Response to Brand Extensions: Construal Level as a Moderator of the Importance of Perceived Fit," *Journal of Consumer Psychology* 18, no. 2 (2008): 116–126.

112. Eric A. Yorkston, Joseph C. Nunes, and Shashi Matta, "The Malleable Brand: The Role of Implicit Theories in Evaluating Brand Extensions," *Journal of Marketing* 74, no. 1 (January 2010): 80–93.

113. Hazel R. Markis and Shinobu Kitayama, "Culture and the Self: Implications for Cognition, Emotion, and Motivation," *Psychological Review* 98, no. 2 (April 1991): 224–253; Angela Y. Lee, Jennifer L. Aaker, and Wendi L. Gardner, "The Pleasures and Pains of Distinct Self-Construals: The Role of Interdependence in Regulatory Focus," *Journal of Personality and Social Psychology* 78, no. 6 (June 2000): 1122–1134; Angela Y. Lee, Punam Anand Keller, and Brian Sternthal, "Value from Regulatory Construal Fit," *Journal of Consumer Research* 36, no. 5 (February 2010): 735–747.

114. Rohini Ahluwalia, "How Far Can a Brand Stretch? Understanding the Role of Self-Construal," *Journal of Marketing Research* 45, no. 3 (June 2008): 337–350.

115. Sanjay Puligadda, William T. Ross, Jr., and Radeep Grewal, "Individual Differences in Brand Schematicity," *Journal of Marketing Research* 49, no. 1 (February 2012): 115–130; Jochim Hansen, Florian Kutzner, and Michaela Wänke, "Money and Thinking: Reminders of Money Trigger Abstract Construal and Shape Consumer Judgments," *Journal of Consumer Research*, 39, no. 6 (April 2013): 1154–1166.

116. Edward T. Higgins, "Beyond Pleasure and Pain," *American Psychologist* 52, no. 12 (December 1997): 1280–1300; Edward T. Higgins, "How Self-Regulation Creates Distinct Values: The Case of Promotion and Prevention Decision Making," *Journal of Consumer Psychology* 12, no. 3 (2002): 177–191.

117. Junsang Yeo and Jongwon Park, "Effects of Parent-Extension Similarity and Self-Regulatory Focus on Evaluations of Brand Extensions," *Journal of Consumer Psychology* 16, no. 3 (2006): 272–282.

118. Chung-Chau Chang, Bo-Chi Lin, and Shin-Shin Chang, "The Relative Advantages of Benefit Overlap Versus Category Similarity in Brand Extension Evaluation: The Moderating Role of Self-Regulatory Focus," *Marketing Letters* 22, no. 4 (November 2011): 391–404.

119. Michael J. Barone, Paul W. Miniard, and Jean B. Romeo, "The Influence of Positive Mood on Brand Extension Evaluations," *Journal of Consumer Research* 26, no. 4 (December 2000): 386–400.

120. Alokparna Basu Monga and Deborah Roedder John "Cultural Differences in Brand Extension Evaluation: The Influence of Analytic versus Holistic Thinking," *Journal of Consumer Research* 33, no. 4 (March 2007): 529–536; Sharon Ng and Michael Houston, "Exemplars or Beliefs? The Impact of Self-View on the Nature and Relative Influence of Brand Associations," *Journal of Consumer Research* 32, no. 4 (March 2006): 519–529.

121. Sharon Ng, "Cultural Orientation and Brand Dilution: Impact of Motivation Level and Extension Typicality," *Journal of Marketing Research* 47, no. 1 (February 2010): 186–198.

122. Carlos J. Torelli and Rohini Ahluwalia, "Extending Culturally Symbolic Brands: A Blessing or Curse?," *Journal of Consumer Research* 38, no. 5 (February 2012): 933–947.

123. The fakes are Burberry Baby Stroller, Atlantic City Playing Cards, Slim Jim Beef Jerky Throat Lozenges, and Richard Simmons Sneakers.

124. Ashraf Essa, "Why Apple Inc. Is So Profitable," *Fool*, March 23, 2017, www.fool.com/investing/2017/03/23/why-apple-inc-is-so-profitable.aspx.

125. Wikipedia, "Typography of Apple Inc.," https://en.wikipedia.org/wiki/Typography_of_Apple_Inc., accessed July 20, 2018.

126. Brittnay A. Roston, "These Magazine Covers Were Shot with the iPhone 7 Plus," *Slash Gear*, April 18, 2017, www.slashgear.com/these-magazine-covers-were-shot-with-the-iphone-7-plus-18482648/.

127. Camila Domonoske, "Supreme Court Sides with Samsung, Against Apple in Patent Infringement Fight," *National Public Radio*, December 6, 2016, www.npr.org/sections/thetwo-way/2016/12/06/504545297/supreme-court-sides-with-samsung-against-apple-in-patent-infringement-fight.

128. Josh Smith, "Android vs iPhone: 14 Reasons Android Is Still Better," *Gotta Be Mobile*, February 7, 2018, www.gottabemobile.com/android-vs-iphone-android-better/.

129. Interbrand, "Best Global Brands 2016 Rankings," accessed July 20, 2018, http://interbrand.com/best-brands/best-global-brands/2016/ranking/.

브랜드 강화 및 재활성화

시간의 흐름에 따른 브랜드 관리

14

학습목표

이 장을 읽은 후 여러분은 다음을 할 수 있을 것이다.

1. 브랜드 확장의 다양한 유형을 정의한다.
2. 브랜드 확장의 주요 장점과 단점을 설명한다.
3. 소비자가 확장을 어떻게 평가하는지, 확장이 모브랜드자산에 어떻게 기여하는지 간략하게 설명한다.
4. 브랜드 확장의 주요 전제조건과 성공기준을 설명한다.

미국의 대형 서점 체인인 반스앤드노블 등 일부 기업은 온라인 서점, 할인소매점과의 치열한 경쟁에 직면하면서 시장리더십 유지가 쉽지 않다고 판단하고 있다.

개요

브랜드를 효과적으로 관리하는 데 있어서 직면하게 되는 어려움 중 하나는 마케팅 환경의 끊임없는 변화이다. 소비자 행동의 변화, 경쟁 전략과 정부 규제의 변화, 기타 마케팅 환경 요인의 변화는 브랜드의 운명에 결정적인 영향을 미칠 수 있다. 또한 이러한 외부환경 요인 외에도 기업 내부적인 요인으로 인해 기업은 브랜드 관리에 크고 작은 수정을 요하는 다양한 경영 활동과 전략적 변화를 수행하고 있다. 따라서 효과적인 브랜드 관리를 위해서는 이러한 영향 요인하에서 고객기반의 브랜드자산을 더욱 강화하거나 유지하기 위한 적극적인 전략이 필요하다.

마이스페이스(Myspace), 야후, 블록버스터, 반스앤드노블과 같은 브랜드들의 운명을 생각해보라. 2000년대 중반까지만 해도 이 브랜드들은 해당 업계에서 강력한 시장 지위를 누렸다. 그러나 불과 몇 년 만에 페이스북, 구글, 넷플릭스, 아마존에게 시장우위를 뺏기면서 생존을 위해 고군분투하고 있다. 무엇이 문제였을까? 무엇보다 브랜드 관리 방식이 이러한 결과를 초래했다.

이 장에서는 시간의 흐름에 따라 브랜드를 효과적으로 관리하는 방법을 살펴본다. 오늘날 기업의 마케팅활동은 그 어떤 활동도 소비자의 브랜드 인지도와 브랜드 이미지를 변화시킬 수 있으며, 향후 마케팅활동의 성패에 영향을 줄 수 있다(그림 14-1 참조). 예를 들어 판매촉진의 일환으로 일시적인 가격 하락을 자주 시행하게 되면 브랜드에 대한 '할인' 연상이 강화될 수 있으며, 이는 고객애호도 및 향후 가격 변화 더 나아가 비가격의 마케팅 커뮤니케이션 활동에도 부정적인 영향을 미칠 수 있다.[1]

마케터는 미래의 소비자 반응을 예측하는 데 많은 어려움을 겪을 수 있다. 만일 소비자 반응에 영향을 미치는 브랜드 지식구조가 기업이 실제 단기적인 마케팅활동을 수행하고 난 후에야 형성된다면 어떻게 해당 마케팅활동에 대한 소비자 반응을 정확히 예측할 수 있었겠는가? 소비자의 브랜드 지식구조 변화로 인해 소비자 반응과 마케팅활동의 성과를 정확히 예측하기가 어려워진 것이다.

이 장의 주된 내용은 마케터는 브랜드 의미를 더욱 강화하고 브랜드자산의 새로운 원천을 파악함으로써 브랜드자산을 시간의 흐름과 함께 적극적으로 관리하고 강화해야 한다는 것이다. 이와 관련해 이 장에서는 브랜드 강화와 재활성화 전략을 살펴보고자 한다.

브랜드 강화

시간의 흐름에 따라 브랜드자산을 어떻게 강화해나가야 하는 걸까? 이를 위해 마케터는 소비자로 하여금 어떻게 우리 브랜드에 대해 바람직한 지식구조를 갖게 해야 하는 걸까? 소비자에게 브랜드 의미를 일관되게 전달하는 마케팅활동을 통해 브랜드 인지도와 브랜드 이미지를 제고하고 브랜드자산을 강화할 수 있다. 마케터는 브랜드 의미와 관련해 다음 두 가지 질문을 고려해야 한다.

- 해당 브랜드는 어떤 제품을 상징하는가? 어떤 편익을 제공하며, 어떤 소비자 욕구를 충족시키는가? 예를 들어 뉴트리그레인(Nutri-Grain)은 자사 제품을 시리얼에서 아침용 건강식품 및 기타 제품으로 확장함으로써 '건강에 좋은 아침식사와 스낵제품을 만드는 기업'이라는 브랜드 명성을 공고히 했다. 디즈니는 세간의 이목을 끌었던 일련의 기업 인수를 통해 자사의 포

트폴리오를 지속적으로 업데이트했다. 디즈니는 2005년에 픽사(Pixar)를, 2009년에는 마블(Marvel)을 인수했다. 또한 루카스필름(Lucasfilm)과 스타워즈 프랜차이즈 전체를 40억 달러에 인수했다. 이러한 일련의 인수는 디즈니가 경쟁우위를 유지하고 청중들에게 어필하는 데 꽤 효과적이었다.

- 해당 브랜드는 제품을 어떻게 차별화했는가? 소비자들 마음속에 강력하고 호의적이며 독특한 브랜드연상이 심어져 있는가? 블랙앤데커는 신제품 개발과 성공적인 브랜드 확장을 통해 소형 가전제품에서 '혁신적인 디자인'의 생활용품 브랜드로 인식되고 있다.

이들 두 가지 이슈, 즉 제품, 편익, 니즈 측면에서의 브랜드 의미와 제품 차별화 측면에서의 브랜드 의미는 12장과 13장에서 논의한 바와 같이 기업의 제품 개발과 브랜딩 전략의 접근방식에 따라 달라질 것이다.

이 절에서는 브랜드 강화를 위해 필요한 다음 세 가지 주요사항, 즉 (1) 브랜드 일관성 유지의 이점, (2) 브랜드자산의 원천 보호의 중요성, (3) 브랜드 강화와 활용 간의 적절한 균형 유지를 살펴볼 것이다. 오늘날 브랜딩에 대한 한 가지 룰이 있다면, 브랜드는 결코 그 자리에 가만히 있어서는 안 된다는 것이다. 브랜드는 끊임없이 앞으로 나아가야 한다. 그 예로 콜드플레이(Coldplay)가 그들의 최신 앨범을 내면서 어떤 노력을 기울였는지 살펴보자.

콜드플레이

지금까지 5,500만 장의 앨범을 판매한 영국의 록밴드 콜드플레이(Coldplay)는 4집 앨범 출시를 그다지 대수롭지 않게 여겼다. 이들의 4번째 앨범 'Viva la Vida or Death and All His Friends'는 미국에서만 결국 280만 장이 팔렸고 미국 투어는 1억 2,600만 달러 이상의 수익을 올렸다.

그러나 5집 앨범 'Mylo Xyloto'를 출시할 때 리드싱어이자 밴드의 프론트맨인 크리스 마틴(Chris Martin)은 더 적극적으로 앨범 발매에 임해야 할 필요가 있다고 지적했다. 그는 "미디어와 엔터테인먼트의 변화 속도 때문에 모든 앨범을 새로운 행위예술처럼 생각해야 한다"고 주장했다. "그들이 'A Rush of Blood to the Head'를 좋아했다고 해서 이 앨범도 좋아할 거라고 생각해선 안 된다. 그래서 다시 시작한다." 2012년 1년 이상 지속될 예정이었던 월드투어를 시작하기 전, 이 밴드는 2011년 앨범 홍보를 위해 60회에 걸친 출연과 남아프리카공화국에서의 비디오 촬영, 유명 영화감독인 안톤 코르빈(Anton Corbijn)이 촬영한 마드리드에서 라이브 스트리밍된 'Amex Unstaged' 론칭쇼 등을 이어갔다. 유

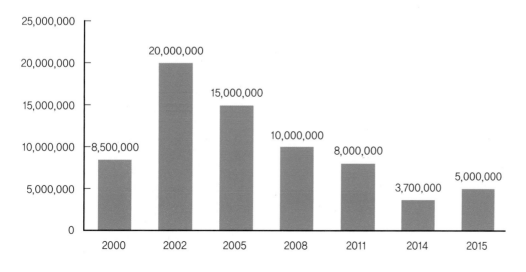

그림 14-1
최근 몇 년간 콜드플레이의 앨범 판매량

리드 싱어 크리스 마틴과 리드 기타리스트 조니 버클랜드가 UCL에
재학 중이었을 때 록밴드 콜드플레이를 함께 결성한다. **1996**

3개의 앨범을 제작해 발매한다.
밴드는 세계적인 인지도를 얻었고 음악 차트에서 정상을 차지한다.
이때까지 5,500만 장의 앨범을 판매한다. **1996~2008**

네 번째 앨범인 'Viva la Vida'를 발매한다.
이 앨범은 약 1,000만 장 팔린 것으로 추산된다.
미국 투어만 해도 1억 2,600만 달러의 수익을 올린다. **2008**

앨범 'Mylo Xyloto'의 공식 발매 며칠 전부터 60회에 걸친 방송 출연,
학교와 교회 방문, 바이럴 캠페인 등 창의적인 방법으로 홍보하기 시작한다.
2011년 10월 24일 'Mylo Xyloto'를 출시한다. **2011**

1년 동안 계속되는 투어를 떠나기 전, 앨범은 17개국에서 1위를 차지한다.
월드투어 티켓은 몇 분 만에 매진된다. 이 공연에서 신호 수신 후
곡에 따라 색상이 바뀌는 RF 구동 자일로밴드 발광 팔찌를
관객에게 나눠 주기로 한다. **2012**

6집 앨범 'Ghost Stories'를 발매한다. 이 앨범에서는
방향을 바꿔 팬들과 훨씬 더 친밀한 분위기를 만들기 위해
6개 장소에서만 공연하기로 한다. 그럼에도 불구하고
이 앨범은 1위에 오르고 370만 장이 팔린다. **2014**

마지막 앨범으로 추정되는 'A Head Full of Dreams'가
발매된다. 밴드는 2016년 3월부터 시작해
2017년까지 이어지는 월드투어를 시작한다. **2015**

슈퍼볼 하프타임 쇼에서 공연한다. 투어를
계속하고 있으며 상반기에만 1억 3,720만 달러를
벌어들인다. 다른 톱 아티스트들과의 경쟁에도
불구하고 이 밴드는 계속해서 큰 성공을 거두고 있다. **2016**

그림 14-2
콜드플레이의 연도별
역사적 이정표

콜드플레이는 여러 히트곡과 스펙터클한 공연 퍼포먼스를 특징으로 하는 일련의 음악앨범을 통해 청중과의 관계를 유지하고 관리했다.

튜브에서도 신곡 공연이 이어졌다. 이 밴드는 또한 팬들의 관심과 참여도를 높이기 위해 바이럴 캠페인도 전개했다. 운에 맡기지 않고 밴드를 위해 다방면의 노력을 기울였다. 'Mylo Xyloto'는 17개국에서 앨범 판매 1위를 차지했고, 월드투어는 단 몇 분 만에 전석 매진되었다. 월드투어는 그야말로 굉장했다. LED나 특수효과를 아끼지 않았다. 특히 공연 참석자들은 신호 수신 후 곡에 따라 색상이 바뀌는 RF 구동 자일로밴드 발광 팔찌를 받았다. 이 발광 팔찌로 밴드와 관객이 하나가 되어 장관을 연출했다.[2]

전반적으로, 신중하게 실행된 일련의 전략은 콜드플레이가 시간이 지남에 따라 브랜드를 효과적으로 관리하는 데 도움이 되었으며 앨범 판매량 향상에도 도움이 되었다(그림 14-2 참조). 6집 앨범인 'Ghost Stories'에서 콜드플레이는 방향을 바꿔 팬들과 훨씬 더 친밀한 분위기를 만들기 위해 6개 장소에서만 공연하기로 결정했다.[3] 이 앨범을 홍보하기 위해 콜드플레이는 트위터를 활용한 국제 보물찾기 게임을 진행했다.[4] 전 세계 9개 국가에 위치한 도서관에 손 글씨로 작성한 신곡의 가사를 숨겨 놓고 팬들이 찾도록 했는데, 거기에는 공연 티켓까지 숨겨져 있었다. 가사와 함께 공연 티켓이 숨겨져 있다는 것을 알게 된 팬들은 더욱 열광했다. 2015년 12월에 발매된 7집이자 마지막 앨범인 'A Head Full of Dreams'를 위해서는 2016년부터 다시 월드투어를 시작했다. 음악 산업은 상대적으로 수명이 짧은 편이다.[5] 하지만 콜드플레이는 세심한 제품과 마케팅 전략을 기반으로 장기적인 성공을 거둘 수 있었다.

브랜드 일관성 유지

브랜드를 강화하기 위해서는 (1) 마케팅지원의 일관성과 (2) 브랜드연상의 일관성이 요구된다. 브랜드를 강화하는 데 있어서 가장 중요한 고려 요인은 대상 브랜드에 대한 마케팅지원의 규모와 내용에 있어서의 일관성이다. 브랜드 일관성은 또한 브랜드연상의 강력함과 호감도를 유지하기 위해 매우 중요하다. 소비자에게 일관된 어필을 할 수 있는 방법으로 복고마케팅(retro-marketing)을 들 수 있다. 당시를 향유하던 세대들에게 향수를 불러일으키면서 전통 있는 브랜드임을 확신시킬 수 있다.

마켓 리더와 마케팅지원의 일관성. 부적절한 마케팅지원에 가격 인상까지 실행하게 되면 그야말로 위험한 전략이다. 델타포셋(Delta Faucet)의 사례에서 알 수 있듯이 브랜드를 제대로 지원하지 못하면 치명적인 타격을 입을 수 있다.

델타포셋

1970년대에 TV에 수도꼭지를 최초로 광고한 회사인 델타포셋은 1980년대에 30% 이상의 시장점유율을 기록하며 시장을 선도했다. 그러나 1990년대 초반부터 시장점유율이 하락하기 시작했는데 이 점유율 하락에는 주로 두 가지 요인이 작용했다. 첫째, 델타는 전문 배관공의 충성도에 기반을 둔 강력한 비즈니스 모델을 구축했는데, 대형 철물점과 온라인쇼핑몰의 출현으로 소비자가 스스로 제품을 선택하고 수리할 수 있는 환경이 조성되었다. 둘째, 한동안 지속되었던 혁신과 광고를 통한 델타의 브랜드 지원이 이 기간 동안 감소했다. 이러한 요소들이 합쳐져 경쟁자인 모엔(Moen)에게 시장점유율을 높일 기회를 주었고, 2005년 두 기업은 각각 미국 수도꼭지 시장의 25%를 점유했다. 이러한 상황이 되자, 같은 해 델타는 광고예산을 60% 늘리고 R&D 활동을 지원하기 위해 수천 건의 인터뷰를 실시했으며 다양한 소비자 조사를 통해 대응방안을 강구했다.[6]

시장점유율 하락은 회복하기 어려웠다. 2015년 미국 건설사의 17.9%가 델타포셋 제품을 사용하는 것으로 추산됐다.[7] 전체 시장 중 20%의 낮은 점유율의 지역에서 시장점유율을 차지함으로써 두 번째로 높은 점유율을 기록했다.[8] 시장점유율을 높이기 위해 델타포셋은 다양한 접근방식을 시도했다. 예를 들어 2015년 워리어 대시(Warrior Dash) 5km 머드 런의 핵심 후원사였으며, 경주 후 주자들을 위해 샤워공간을 제공했고, '단일 장소에서 동시에 가장 많은 사람이 샤워'하는 것으로 기네스 세계기록을 세우기도 했다. 또한 진흙탕 속에서 휴대전화를 들고 다닐 수 없었던 주자들을 위해 포토부스를 제공하고 그 뒤 사진을 이메일로 보내주는데 이때 델타포셋에 대한 추가정보를 수신하는 데 동의한 비율이 50% 이상이었다.[9]

지난 50~100년 동안 시장 리더십을 유지해 온 브랜드들을 보면 브랜드 일관성이 얼마나 중요한지를 알 수 있다. 디즈니, 맥도날드, 메르세데스벤츠 등의 브랜드들을 보면 그들 브랜드들은 시장 리더십의 지위를 구축한 후에 일관된 브랜드 전략을 계속해서 유지해왔다.

이러한 일관성의 중요성은 반복된 리포지셔닝, 광고회사의 잦은 변경 등으로 마케팅활동에 있어서 일관성이 없었던 브랜드들의 운명을 살펴보면 더욱 명확해진다.

일관성과 변화 여기서 '일관성'은 마케터가 마케팅 프로그램에 어떠한 변화도 주어서는 안 된다는 것을 의미하는 게 아니다. 오히려 그 반대이다. 즉 브랜드의 전략적 일관성을 유지하기 위해서 수많은 전술적인 변화가 필요할 수 있다. 시간과 상황에 따라 가장 효과적인 전술은 다르기 때문이다. 소비자 마음속에 일관된 브랜드 지식구조를 만들어내기 위해서는 시간과 상황에 따라 가격이 오르거나 내릴 수도 있고, 제품기능이 추가되거나 삭제될 수도 있고, 크리에이티브 전략이나 슬로건이 달라질 수도 있으며, 다양한 브랜드 확장을 도입하거나 철회할 수도 있다.

많은 선도브랜드가 전술적인 다양성에도 불구하고 마케팅 프로그램의 몇몇 핵심 요소는 변함없이 유지하고 브랜드 의미의 일관성을 꾸준히 유지해왔다. 사실 많은 브랜드가 핵심적인 광고 크리에이티브 요소를 수년에 걸쳐 변함없이 유지함으로써 일종의 '광고자산(advertising equity)'을 효과적으로 창출했다. 브랜딩 브리프 14-1에서 보듯이, 파타고니아(Patagonia)는 지속가능성에 대한 비전과 사명을 끊임없이 추구해왔다.

오래된 전통의 브랜드는 때때로 기존 고객을 유지하거나 혹은 떠나간 고객을 돌아오게 하거나 혹은 새로운 고객을 유치하기 위해 그들의 '뿌리'로 돌아가기도 한다. 인식을 새롭게 하려는 그러한 노력은 분명히 의미가 있다. 오래된 광고요소나 마케팅소구가 나이 든 소비자에게는 의미가 있지만 젊은 세대에게는 어떻게 다가갈지를 파악해야 한다. 브랜드자산에 결정적으로 영향을 미치는 요소들을 파악하고 어떤 요소가 신중히 보호되고 육성되어야 하는지를 결정하기 위해서 전

브랜딩 브리프 14 - 1

파타고니아

파타고니아는 지속가능성에 중점을 둔 사명과 가치를 표방하고 있다. 파타고니아가 밝힌 기업목표는 다음과 같다. "우리는 오래 사용할 수 있고 유용한 것을 디자인하고 판매한다. 우리는 고객에게 필요하지 않거나 실제로 사용할 수 없는 것은 구매하지 않도록 요청한다. 우리는 우리의 터전인 지구를 되살리기 위해 사업을 한다." 이 정신은 기업이 하는 모든 일에 적용되었으며 사회적·환경적으로 책임 있는 브랜드라는 이미지를 심어주었다. 브랜드는 고객들에게 큰 반향을 불러일으켰다. 한 마케팅 분석가는 "파타고니아 고객은 브랜드를 신뢰하고 브랜드 가치를 높이 평가하며 브랜드와 농밀한 원식을 삿고 실기를 힐밍인다. 품질과 가격만으로 경쟁할 수 있는 브랜드는 거의 없다."

파타고니아는 '지속가능성' 사명을 반영하기 위해 비즈니스 관행을 개선했다. 1973년 아웃도어 의류 및 장비 회사로 출발한 이래로 파타고니아는 지속가능성과 환경보호 활동에 대한 의지를 실천해왔다. 예를 들어 1986년에 회사는 매년 수익의 10%를 소규모 풀뿌리 환경보호단체에 기부하기 시작했다. 1993년에 회사는 플라스틱 음료수 병으로 재활용 폴리에스터를 만들기 시작했고 쓰레기를 양털로 바꾼 최초의 아웃도어 의류 제조업체가 되었다. 1994년에 회사는 첫 번째 환경영향평가를 실시한 후 모든 면제품에 유기농 면만을 사용하기 시작했다. 2002년 파타고니아 설립자이자 회장인 이본 취나드(Yvon Chouinard)는 환경보호를 위해 매출의 1%를 기부하도록 장려하는 것을 목표로 하는 '1% for the Planet'을 공동으로 설립했다.

2007년 《포춘》은 파타고니아를 '지구상에서 가장 멋진 기업'으로 선정했다. 같은 해에 회사는 자사의 사회적·환경적 사업 활동을 설명하고 제품 기원에 대한 이야기를 전하는 웹사이트 풋프린트 크로니클(Footprint Chronicles)을 선보였다. 2008년에 파타고니아는 월마트와 손을 잡고 의류의 공급사슬 '녹색화' 전략을 수립·전개하기로 했으며, 원료 단계부터 생산, 배송, 재활용 단계까지의 환경적·사회적 영향력을 측정하는 '지속가능성' 지수를 구축하기 시작했다. 그리하여 파타고니아는 월마트와 공동으로 업계의 지속가능성 지표를 표준화하는 SAC(Sustainable Apparel Coalition)를 창설했다. 또 얼마 지나지 않아 파타고니아는 경쟁업체인 레이(REI), 노스페이스와 협력하기로 하고 블루사인(Bluesign, 친환경 섬유 생산을 위한 독립적인 섬유규격)을 사용해 섬유 공급업체의 염색 및 마감 등급을 매기는 데 합의했다.

2011년 파타고니아는 '이 재킷을 사지 마세요' 캠페인을 벌이며 소비자에게 환경을 위해 중고 재킷을 구매할 것을 소구했다. 또한 중고 옷들을 매립하지 않아도 되도록 옷을 최대한 수선해서 입자는 'Worn Wear' 프로그램을 시작했다. 파타고니아는 또한 100% 소비자 폐기물 골판지를 사용한 새로운 육각형 포장을 선보였으며, 이후 환경 문제에 대응하는 행동을 촉구하는 '더 뉴 로컬리즘(The New Localism)' 캠페인을 전개했다. 최근에는 PETA(세계적인 동물보호단체)가 오비스 21개 농장에서의 잔인함을 담은 영상을 공개하자, 파타고니아는 이들을 양모 공급업체에서 제외시켰다. '지속가능성' 사명과 비전을 더욱 강화하기 위해 파타고니아는 토지 이용 관행 개선 및 동물 보호를 위한 새로운 양모 원칙

파타고니아는 지속가능성을 향한 헌신과 노력의 일환으로 공동자원 활용 운동을 전개하고 있다.

을 발표했다. 2017년 파타고니아는 중고 의류를 스토어 크레딧(이 크레딧으로 파타고니아 제품을 구매할 수 있음)으로 받아서 'Worn Wear'로 수리 및 재판매할 것이라고 발표했다. 전반적으로 파타고니아는 사회적·환경적 책임과 관련된 일관된 브랜드 포지셔닝을 유지하는 데 성공했으며, 이러한 포지셔닝은 다양한 지속가능성 이니셔티브를 추진함으로써 더욱 강화되고 있다.

출처 : Ashley Lutz, "A Clothing Company Discourages Customers from Buying Its Stuff—And Business Is Booming," *Business Insider*, September 8, 2014, https://www.businessinsider.com/patagonia-business-strategy-2014-9, accessed November 24, 2018; Monte Burke, "Wal-Mart, Patagonia Team to Green Business," *Forbes Magazine*, May 6, 2010, https://www.forbes.com/forbes/2010/0524/rebuilding-sustainability-eco-friendly-mr-green-jeans.html#5a3e71d74299, accessed November 24, 2018; Marc Gunther, "The Patagonia Adventure: Yvon Chouinard's Stubborn Desire to Redefine Business," B the Change, September 6, 2016, https://bthechange.com/the-patagonia-adventure-yvon-chouinards-stubborn-desire-to-redefine-business-f60f7ab8dd60, accessed November 24, 2018; Megan Michelson, "Want Ethically Sourced Wool? Buy from Patagonia," Outside Online, July 29, 2016, https://www.outsideonline.com/2101871/want-ethically-sourced-wool-buy-patagonia, accessed November 24, 2018; People for the Ethical Treatment of Animals (PETA), "Patagonia's 'Sustainable Wool' Supplier Exposed: Lambs Skinned Alive, Throats Slit, Tails Cut Off," https://investigations.peta.org/ovis-lamb-slaughter-sheep-cruelty/, accessed November 24, 2018; Poonkulali Thangavelu, "The Success of Patagonia's Marketing Strategy," Investopedia, https://www.investopedia.com/articles/personal-finance/070715/success-patagonias-marketing-strategy.asp, accessed November 24, 2018.

1973	이본 취나드, 파타고니아를 설립하다.
1980년대 초반	새로운 기술의 패브릭과 선명한 색상의 의류로 인기를 끌기 시작하며 연구개발(R&D)에 박차를 가한다.
1985 ~ 1986	폴리프로필렌 속옷의 전 라인을 카필렌(Capilene)으로 옮기고 판매량이 급증한다. 회사는 매년 수익의 10%를 소규모 환경보호단체에 기부하기로 한다.
1993	플라스틱 탄산음료 병으로 재활용 폴리에스터를 만들기 시작한다. 쓰레기를 양털로 바꾼 최초의 기업이 된다.
1994	첫 번째 환경영향평가 보고를 실시한다.
1996	네바다주 리노에 물류센터를 열어 에너지 사용량을 60% 줄인다. 모든 면 제품에 유기농 면만을 사용하기 시작한다.
2002	취나드는 환경 보호를 위해 매출의 1%를 기부하도록 장려하는 것을 목표로 하는 '1% for the Planet'을 공동으로 설립한다. 다운제품을 출시한다.
2005	뮬레징(mulesing, 양의 꼬리 살을 잘라내는 행위)를 행하는 호주 농장에서 공급되는 양모에 대해 PETA(동물보호단체)로부터 비판을 받는다. 취나드의 책 '파도가 칠 때는 서핑을(Let My People Go Surfing)'이 출판되다.
2007	《포춘》이 파타고니아를 '지구상에서 가장 멋진 기업'으로 선정한다. 자사의 사회적·환경적 사업 활동을 설명하고 제품 기원에 대한 이야기를 전하는 웹사이트 풋프린트 크로니클을 선보인다.
2008 ~ 2009	월마트와 손을 잡고 의류의 공급망 '녹색화' 전략을 수립·전개하기로 한다. 월마트와 공동으로 업계의 지속가능성 지표를 표준화하는 SAC(Sustainable Apparel Coalition)를 창설한다.
2010	경쟁업체인 레이, 노스페이스와 협력하기로 하고 블루사인(친환경 섬유 생산을 위한 독립적인 섬유규격)을 사용해 섬유 공급업체의 염색 및 마감 등급을 매기는 데 합의한다.
2011	'이 재킷을 사지 마세요(Don't Buy This Jacket)' 캠페인을 전개하며 소비자들에게 중고 재킷을 구매할 것을 소구한다. 수익이 30% 증가한다.
2012	사회적 책임을 다하는 기업에 수여되는 'B Corp' 인증 기업이 된다. 취나드의 책임 있는 사업 운영 이야기를 다룬 '책임 있는 회사 : 파타고니아의 첫 40년 동안 우리가 배운 것(The Responsible Company: What We've Learned from Patagonia's First 40 Years)'이 출판된다.
2013	100% 소비자 폐기물 골판지를 사용한 새로운 육각형 포장을 선보인다. 제품의 기원을 추적할 수 있는 다운 제품을 출시하고, 아이템을 재사용하기 위한 'Worn Wear' 프로그램을 전개한다.
2014	환경문제에 대한 관심을 촉구하기 위한 새로운 지역주의 캠페인을 시작한다. 세계 최대의 음악 산업 축제인 SXSW에서 강에 쌓는 댐이 초래하는 환경파괴를 다룬 파타고니아의 영화 〈댐네이션(DamNation)〉이 처음 상영된다.
2015	PETA가 오비스 21개 농장에서의 잔인함을 담은 영상을 공개하자, 파타고니아는 이들 업체를 양모 공급업체에서 제외한다. 취나드는 마케팅 명예의 전당에 이름을 올린다.
2016	'지속가능성' 사명과 비전을 더욱 강화하기 위해 파타고니아는 토지 이용 관행 개선 및 동물 보호를 위한 새로운 양모 원칙을 발표한다.

patagonia®

그림 14-3
파타고니아의 연대표
파타고니아의 연대표는 브랜드의 지속 가능성 이니셔티브가 브랜드 성공에 얼마나 큰 역할을 했는지 여실히 보여주고 있다.

체 마케팅 프로그램을 검토해야 한다.

브랜드 플래시백 오랜 전통의 브랜드는 성공적인 새로운 마케팅 캠페인을 개발하기 위해 다양한 방법으로 과거에 접근할 수 있다. 한 가지 방법은 잘 알려져 있고 과거에 사랑을 많이 받았던 광고 캠페인을 다시 찾아보고 해당 광고를 현재 소비자의 기호에 맞게 재해석해 약간의 반전을 주면서 업데이트하는 것이다.

일부 마케팅 전문가에 의해 복고 브랜딩, 복고 광고, 향수 마케팅(nostalgia marketing)이라고 불리는 이 전략은 브랜드자산의 핵심 원천이었고 지금도 여전히 핵심 원천인 과거의 광고와 연계하는 전략이다. KFC의 커널 샌더스(Colonel Sanders)와 같은 광고 아이콘의 귀환은 과거 광고의 잠재가치를 여실히 보여준다. 그는 비록 고전적인 쓰리피스 정장 대신 더 마른 얼굴에 빨간 앞치마를 두르고, 이전과는 매우 다른 태도이긴 하지만 식당의 남부 고향에 초점을 맞춘 새로운 광고와 패키지에 다시 등장했다.

복고 브랜딩은 오늘날 새로운 광고로는 거의 재현하기 어려운 브랜드연상을 활성화하고 강화할 수 있다. 경우에 따라서는 브랜드의 차별점이 제품 관련 차이점이 아니라 전통이나 향수가 되기도 하는 것이다. 전통은 단순히 브랜드의 나이가 아닌 전문성, 지속성, 경험을 어필하는 한 강력한 차별점이 될 수 있다.

장수브랜드의 역사적 기념일은 기념 캠페인을 시작할 수 있는 좋은 기회가 될 수 있다. 물론 마케터는 과거만큼이나 브랜드의 미래에도 초점을 맞춰야 하며, 장차 고객에게 어떤 편익을 안겨줄 수 있는지를 강조해야 할 것이다.

오레오는 100세(2012년)를 맞아 진행한 '내 안의 아이를 깨우자' 캠페인으로 주목을 받았다. 이 광고는 출퇴근 시간이나 지루한 버스 안 등 여러 장소와 상황에서 오레오로 활기를 불어넣는 다양한 장면을 특집으로 다루었다. 광고와 매장 내 콘테스트는 생일파티 분위기를 자아내며 오레오를 우유에 퐁당 빠뜨려 먹는 '비틀고, 핥고, 퐁당' 커뮤니케이션에 초점을 맞췄다. 이번 마케팅 캠페인에는 100일간의 '데일리 트위스트(Daily Twist)' 프로모션도 포함됐다. 100일 동안 매일매일 사람들이 관심을 가질 만한 사건이나 기념일 등을 오레오 쿠키로 시각화하고 이를 오레오 SNS에 올려 공유했다. 오레오 생일 페이지는 2,500만 개의 '좋아요'를 받았고 판매가 25% 증가해 가장 성공적인 브랜드 페이지 중 하나가 되었다. 오레오는 또한 이 캠페인을 각 나라마다 시장에 맞게 수정해서 전개했다. '비틀고, 핥고, 퐁당' 캠페인의 변형으로 오레오와 가족들이 함께 하는 시간을 보여주는 광고를 제작했고, 아빠와 아들이 오레오를 비틀고, 크림을 맛보고, 우유에 퐁당 빠뜨려 먹는 모습을 담았다. 또한 부모가 자녀와 더 많은 더 좋은 시간을 보낼 것을 약속하는 '오레오 투게더니스 서약서(Oreo Togetherness Pledge)'에 참여하도록 권장했다. 또한 인도 시장에서는 오레오 투게더니스 버스가 전국 여러 도시를 누비며 부모와 자녀가 즐거운 가족 시간을 보낼 수 있는 플랫폼을 제공했다.[10]

몇몇 연구에 따르면 향수를 불러일으키는 광고가 보다 긍정적인 소비자 반응을 갖고 올 수 있다. 한 실증연구에서는, 향수를 불러일으키는 광고가 호의적인 광고 태도와 브랜드태도를 갖고 오는 것으로 나타났다. 또 다른 연구에서는 향수로 인한 구매행동이나 브랜드태도에도 세대 간 영향이 작용한다는 것이 확인되었다. 즉 부모의 구매 행동 및 브랜드태도가 아이의 구매 행동 및 태도에 영향을 미치는 것으로 나타났다.

모바일 게임 '포켓몬 고(Pokémon GO)'는 향수를 자극함으로써 엄청난 성공을 거두었다.[11] 포켓몬 고 모바일 게임에 등장하는 캐릭터들은 최초 포켓몬스터라는 콘텐츠가 게임과 애니메이션 등의 형태로 세상에 등장했을 때의 그 포켓몬스터들과 동일했다. 수많은 밀레니얼 세대는 친숙한 캐릭터들과 다시 연결되고 어린 시절 추억을 되살릴 수 있는 게임을 즐겼다.

일부 브랜드는 지속적인 소구가 자사 브랜드를 사용했다가 중단한 사람들에게 효과적이라고 주장한다. 오랫동안 아이들이 가장 좋아하는 음식으로 부모들에게 판매된 크래프트의 마카로니 앤 치즈 디너(Macaroni and Cheese Dinner)는 "당신도 그걸 좋아한다는 걸 잘 알잖아요"라며 부모들에게 자사제품을 좋아했던 어린 시절을 상기시키는 커뮤니케이션 캠페인을 전개했다. TV, 인쇄, 온라인, 옥외 광고, 웹사이트(www.youknowyouloveit.com), 페이스북 및 트위터의 소셜 미디어를 이용한 5,000만 달러 규모의 캠페인이었다. 브랜딩 브리프 14-2는 팹스트(Pabst)가 수년 동안 어떻게 그 매력을 유지해 왔는지 소개한다.

브랜드자산 원천의 보호

일관성은 따라서 어느 한 시점에서 마케팅 프로그램의 전술적 측면이 아니라 브랜드의 전략적 방향성 측면에서 고려해야 한다. 만일 브랜드 포지셔닝을 약화하는 상황(예를 들어 해당 브랜드가 경쟁 브랜드에 비해 더 이상 차별점을 갖지 못하거나 소비자들이 그러한 차별점을 더 이상 바람직한 것으로 받아들이지 않는 상황 등)이 발생하지 않는 한 굳이 기존의 성공적인 브랜드 포지셔닝을 변화시킬 필요가 없다.

기업의 최우선 과제는 브랜드자산의 새로운 원천을 찾는 것보다는 기존 브랜드자산의 원천을 보호하고 지키는 것이다. 종종 브랜드는 돌이킬 수 없는 피해를 초래하는 스캔들이나 법률문제에 휘말릴 수 있다. 이 경우, 브랜딩 브리프 14-3의 폴크스바겐 사례에서 알 수 있듯이 스캔들 여파로 인한 기업평판의 변화를 잘 감시하고 손실된 평판을 회복해야 한다.

브랜드위기 브랜드가 아무리 강해도 위기는 피할 수 없다. 이러한 위기는 제품 또는 서비스 실패로 인해 제품 리콜이 발생하는 것에서부터 소비자들이 기업의 가치에 의문을 갖게 되는 도덕적 위반에 이르기까지 다양하다. 예를 들어 2009년 토요타는 브레이크 페달 결함으로 인한 자동차 가속페달 사고로 큰 위기를 겪었다. 이로 인해 토요타는 2004년부터 2010년까지 거의 900만 대의 차량이 리콜 되는 역사상 가장 큰 규모의 리콜 사태를 겪어야 했다.[12]

이러한 위기 상황은 브랜드평판에 어떤 영향을 미치며 브랜드는 어떻게 회복할 수 있을까? 브랜드위기가 소비자인식과 선호도에 어떤 영향을 미치는지 조사한 연구들이 있다. 브랜딩 과학 14-1은 이들 연구의 주요 결과를 소개하고 있다. 브랜딩 브리프 14-3은 폴크스바겐의 디젤 배출가스 스캔들이 소셜 미디어에서 어떻게 확산되었는지 다루고 있다. 브랜드위기를 극복하기 위한 전략은 무엇일까? 다음 절에서는 브랜드위기를 극복하기 위한 구체적인 대응 전략에 대해 각 접근방식의 사례를 통해 살펴볼 것이다.

브랜드위기 대응 전략 기업은 위기나 스캔들 이후 브랜드평판을 회복하기 위해 다양한 접근방식에 의존한다. 그러나 원하는 결과를 갖고 오기 위해서는 두 가지 원칙을 명심해야 한다. 바로 신속성과 진실성이다. 브랜드위기에 대한 대응은 신속해야 한다. 기업이 위기에 대처하는 데 시간이 오래 걸릴수록 고객이 불리한 언론 보도나 입소문으로 인해 부정적인 인상을 받을 가능성이

브랜딩 브리프 14-2

팹스트

팹스트블루리본(Pabst Blue Ribbon, PBR) 맥주가 보여주듯이 전통을 어필하기 위해 꼭 광고를 해야 되는 것은 아니다. PBR은 원래 브랜드네임이 '셀렉트(Select)'였는데, 1882년 팹스트브루잉컴퍼니(Pabst Brewing Company)가 셀렉트 맥주병에 실크 리본을 묶기 시작하면서 지금의 브랜드네임으로 바뀌었다. 이 회사는 미국의 주요 맥주 브랜드 중 하나가 되었고, 판매량이 1,800만 배럴로 정점을 찍었던 1977년까지 그 자리를 지켰다. 그러나 버드와이저, 밀러와의 경쟁이 심화하면서 PRR 브랜드는 가격 인하, 품질 문제, 소유권 변경 등으로 어려움을 겪게다.

팹스트의 판매는 수년간 하락하다가 2001년 오리건주 포틀랜드 지역에서 갑자기 급증했다. 조사 결과 경영진은 전통적인 관념을 거부하는 젊은 트렌드세터가 부모가 선호하는 빅 브랜드와 크래프트 맥주를 거부하고 그를 대신할 맥주 대안을 찾는다는 사실을 밝혀냈다. 팹스트는 1970년대 이후로 한 번도 하지 않았던 ATL광고를 이용하기보다는 주로 지역 밴드와 콘서트, '힙스터'들을 겨냥한 라이선스 상품에 대한 구전, 현장 프로모션, 이벤트 스폰서십을 통해 이 시장을 잡으려고 했다.

팹스트는 젊은이들 사이에서 저절로 브랜드 이미지가 형성되도록 했고 로컬, 힙, 유기농을 고수함으로써 이후 9년 동안 매출을 증가시켰다. 메트로폴루스(Metropoulus) 패밀리를 새 오너로 맞이하면서, 슐리츠(Schlitz), 쉐퍼(Schaefer), 스트로스(Stroh's), 팔스테프(Falstaff) 등 또 다른 팹스트 브랜드들이 재활성화 전략의 후보가 되었다. 팹스트는 1973년 이래로 총 5개의 상위 10개 브랜드를 소유하고 있다. 최근엔 안호이저부시인베브, 밀러쿠어스와 같은 대규모 맥주회사와의 경쟁에 대응하고 시장입지를 개선하기 위해 다양한 크래프트 맥주회사들과 파트너십을 체결하고 있다.

팹스트는 구전, 현장 프로모션, 이벤트 스폰서십을 통해 시장 입지를 되찾았다.

출처 : Bruce Horovitz, "Southern Finger-Lickin' Roots Help KFC Revamp," *USA Today*, April 20, 2005, 3B; Darrel D. Muehling and David E. Sprott, "The Power of Reflection: An Empirical Examination of Nostalgia Advertising Effects," *Journal of Advertising* 33, no. 3 (Autumn 2004): 25–35; Elizabeth S. Moore, William L. Wilkie, and Richard J. Lutz, "Passing the Torch: Intergenerational Influences as a Source of Brand Equity," *Journal of Marketing* 66, no. 2 (April 2002): 17–37; Stephen Brown, Robert V. Kozinets, and John F. Sherry Jr., "Teaching Old Brands New Tricks: Retro Branding and the Revival of Brand Meaning," *Journal of Marketing* 67, no. 3 (July 2003): 19–33; Katherine E. Loveland, Dirk Smeesters, and Naomi Mandel, "Still Preoccupied with 1995: The Need to Belong and Preference for Nostalgic Products," *Journal of Consumer Research* 37, no. 3 (October 2010): 393–408; Jenn Abelson, "L.L.Bean Marks 100 Years with 'Bootmobile'," *Boston Globe*, January 18, 2012, https://www.bostonglobe.com/business/2012/01/18/bean-marks-years-with-bootmobile-tour/ToAo57TJgsb6NWYi9bOFAN/story.html, accessed November 24, 2018; Stuart Elliott, "Kraft Hope to Encourage Adults to Revert to a Childhood Favorite," *The New York Times*, May 26, 2010, https://www.nytimes.com/2010/05/27/business/media/27adco.html, accessed November 24, 2018; Jeremy Mullman, "Schlitz Tries to Revive '50s Heyday," *Advertising Age*, April 17, 2006, 8; Ann Cortissoz, "Not Your Father's Beer: Your Grandfather's," *Boston Globe*, October 20, 2004, F1, http://archive.boston.com/ae/food/articles/2004/10/20/not_your_fathers_beer_your_grandfathers/, accessed November 24, 2018; Matt Schwartz, "Can This Stay Cool? A Jet-Setting Family Takes Over a Blue Collar Brand," *Bloomberg Business Week*, September 20, 2010; E. J. Schultz, "A Tiger at 60: How Kellogg's Tony Is Changing for a New Age," *Advertising Age*, August 29, 2011, https://adage.com/article/news/kellogg-s-tony-tiger-60-changing-a-age/229493/, accessed November 24, 2018; Lauren Friedman, "Why Nostalgia Marketing Works So Well with Millennials, and How Your Brand Can Benefit," *Forbes Magazine*, August 2, 2016, https://www.forbes.com/sites/laurenfriedman/2016/08/02/why-nostalgia-marketing-works-so-well-with-millennials-and-how-your-brand-can-benefit/#423ed3e93636, accessed November 24, 2018; Jason Notte, "How Pabst Is Taking on Big Beer, Craft Beer and Imported Beer All at Once," MarketWatch, January 10, 2017, https://www.marketwatch.com/story/how-pabst-is-taking-on-big-beer-craft-beer-and-imported-beer-all-at-once-2017-01-10, accessed November 24, 2018.

높아진다. 더 나쁜 결과는 소비자가 결국 브랜드가 마음에 들지 않는다고 마음먹고 다른 브랜드로 영구 전환할 수 있다는 것이다. 디젤 배출가스 위기 상황에서 폴크스바겐은 이번 사건에 대해 사과하는 전략을 취했다. 위기에 대한 좋은 대응이지만(일각에서는 사과가 부실하고 너무 늦었다

브랜딩 브리프 14-3

폴크스바겐

2015년 9월 미국 환경보호청은 미국에서 판매되는 폴크스바겐 자동차 상당수가 배기가스 배출 테스트에서 배출가스 저감 장치를 조작하는 소프트웨어를 탑재하고 있다는 사실을 밝혀냈다. 폴크스바겐은 그 후 혐의를 인정했다. 회사에게 닥친 많은 문제 중 하나는 대중의 인식이었다. 사건 당시의 수많은 일화적 증거(개인 자신의 경험 혹은 타인의 경험에 대한 보고)는 폴크스바겐 브랜드에 돌이킬 수 없는 타격을 입혔다. 그렇다면 단기간에 폴크스바겐은 회복할 수 있었을까? 소셜미디어 상에서 부정적인 뉴스가 확산하고 순식간에 반향을 일으킬 수 있는 시대에 폴크스바겐에 대한 브랜드 인식이 어떻게 바뀌었을까?

학계 연구진이 트위터 데이터를 이용해 폴크스바겐 스캔들에 대한 광범위한 분석을 실시했다. 그들은 스캔들과 관련된 일부 주요 사건이 발생한 기간과 그 이후의 기간을 분석했다. 특히 그들은 다음 세 가지 요소를 중심으로 고객들이 스캔들 정보에 어떻게 반응하는지 조사했다―(1) 폴크스바겐 브랜드네임 언급 빈도, (2) 브랜드에 대한 감정, (3) 다양한 시점에서의 대화 주제. 조사 결과, 폴크스바겐 브랜드의 언급 빈도가 날마다 극적으로 높아졌고, 폴크스바겐이 사과를 위해 취한 특정 조치 또

는 책임을 부과하거나 처벌을 내리기 위해 규제기관이 취한 특정 조치와 관련한 언급이 많았다. 언급 주제와 관련해 처음에는 부정행위 자체에 중점이 있었지만 나중에는 리콜의 초점이 된 비틀(Beetle), 제타(Jetta)와 같은 특정 모델에 대한 토론으로 바뀌었다. 그들의 연구 결과에 따르면 스캔들 초기에는 브랜드감정이 극도로 부정적이었지만, 시간이 지남에 따라 부정적인 언급의 일일 비율이 감소하고 감정이 더 중립적으로 되어 갔다. 브랜드평판의 회복은 위기 이후 기업이 취하는 대응 전략에 크게 좌우된다. 표 14-1은 기업이 위기 이후의 부정적인 결과를 극복하기 위한 다양한 대응 전략을 정리한 것이다.

출처 : Vanitha Swaminathan and Suyun Mah, "What 100,000 Tweets About the Volkswagen Scandal Tell Us About Angry Customers," *Harvard Business Review*, September 2, 2016, https://hbr.org/2016/09/what-100000-tweets-about-the-volkswagen-scandal-tell-us-about-angry-customers, accessed November 24, 2018.

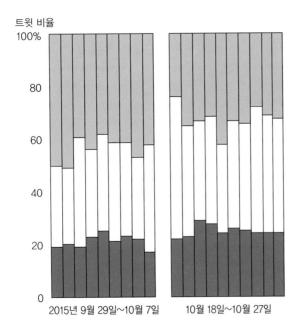
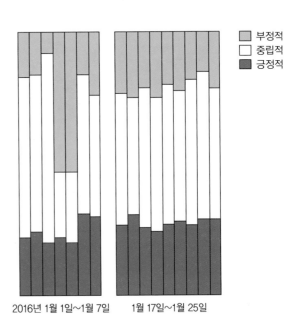

그림 14-4

트위터상에서의 폴크스바겐
배출가스 파문으로 인해 소셜 미디어상에서 폴크스바겐에 대한 부정적인 브랜드감정이 확산되었지만, 시간이 지날수록 브랜드감정이 중립적으로 되어 갔다.

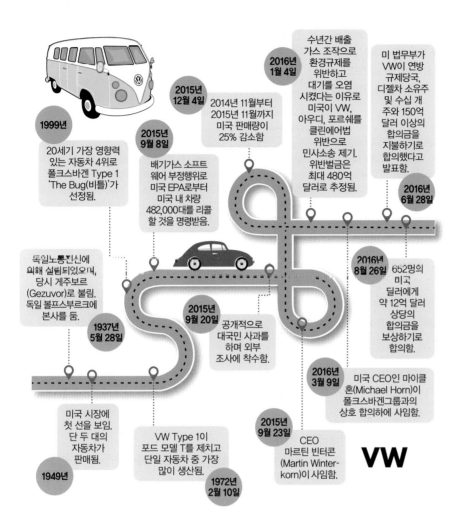

그림 14-5
폴크스바겐 배출가스 사건 연대표

브랜드위기의 이해

1. 브랜드위기가 브랜드자산과 평판에 미치는 영향을 조명한 다양한 연구논문이 있다. 이들 연구에 따르면, 브랜드 유형에 따라 브랜드 위기에 부정적으로 반응하는 정도가 다르다. 아커, 포니에, 브라셀(Aaker, Fournier, and Brasel)은 브랜드에 위기가 발생할 때 특정 유형의 브랜드(예 : '진실한' 브랜드라는 개성을 지닌 캠벨 수프)가 더 많은 영향을 받을 수 있다고 주장했다.

2. 일부 소비자, 특히 브랜드와 강력한 관계를 이어온 소비자는 브랜드 위기 정보를 접한 후 브랜드를 응징할 가능성이 더 높지만 이러한 효과는 소비자가 브랜드의 해당 위기 사항을 직접 경험했을 때만 나타난다. 이런 경우 소비자는 부당함이나 배신감을 느낄 수 있다.

3. 소비자가 브랜드와의 관계가 돈독하고, 위기가 자신에게 직접적으로 영향을 미치지 않을 때는 브랜드를 두둔하려는 의지가 강해지는 경우가 있다. 연구진은 소비자가 브랜드 몰입이 강할 경우 반대 주장을 펼치려 한다는 흥미로운 현상을 발견했다. 즉 이런 소비자는 실제로 해당 브랜드에 책임이 없거나 위기를 초래한 원인이 없음을 이유를 들어 주장하고 나선다는 것이다. 알려진 바에 따르면, 소비자는 브랜드의 부정적인 정보가 자신의 자아와 정체성에 대한 직접적인 도전으로 비쳐지면 반대주장에 의존해서 브랜드를 방어하려고 한다.

4. 브랜드위기는 특히 다양한 라인 확장과 카테고리 확장을 전개해 왔던 브랜드의 경우에는 모브랜드의 평판에 영향을 미치고 확장제품들에도 부정적인 영향을 미칠 수 있다.

5. 브랜드위기는 고객관계를 강화할 수 있는 기회가 될 수도 있다. 위기가 닥치더라도 사과나 보상 같은 대응노력을 통해 잘 대처하면 일부 소비자가 브랜드를 더 긍정적으로 인식하는 계기가 되기도 한다.

대부분의 경우 위기 상황은 브랜드평판에 매우 해롭다. 이는 오늘날 소셜 미디어가 브랜드에 대한 정보 증폭기 역할을 함에 따라 더욱 그렇다. 브랜딩 브리프 14-3은 디젤 배출가스 위기가 폴크스바겐 브랜드의 명성을 어떻게 해쳤는지, 그리고 이 위기가 소셜 미디어상에서 어떤 논란을 불러일으켰는지 다루고 있다.

출처 : Yany Gregoire, Thomas M. Tripp, and Renaud Legoux, "When Customer Love Turns Into Lasting Hate: The Effects of Relationship Strength and Time on Customer Revenge and Avoidance," *Journal of Marketing* 73, no. 6 (2009): 18-32; Rohini Ahluwalia, Robert E. Burnkrant, and H. Rao Unnava, "Consumer Response to Negative Publicity: The Moderating Role of Commitment," *Journal of Marketing Research* 37, no. 2 (2000): 203-214; Rohini Ahluwalia, "Examination of Psychological Processes Underlying Resistance to Persuasion," *Journal of Consumer Research* 27, no. 2 (2000): 217-232; Niraj Dawar and Madan M. Pillutla, "Impact of Product Harm Crises on Brand Equity: The Moderating Role of Consumer Expectations," *Journal of Marketing Research* 37, no. 2 (2000): 215-226; Vanitha Swaminathan, Karen L. Page, and Zeynep Gurhan-Canli, "'My' Brand or 'Our' Brand: The Effects of Brand Relationship Dimensions and Self-Construal on Brand Evaluations," *Journal of Consumer Research* 34, no. 2 (2007): 248-259; Mary Sullivan, "Measuring Image Spillovers in Umbrella-Branded Products," *The Journal of Business* 63, no. 3 (July 1990): 309-329; Matthew Thomson, Jodie Whelan, and Allison R. Johnson, "Why Brands Should Fear Fearful Consumers: How Attachment Style Predicts Retaliation," *Journal of Consumer Psychology* 22, no. 2 (2012): 289-298.

고 비판하기도 함) 폴크스바겐은 위기 초기에 흔들렸다. 대응이 신속하더라도 소비자에게 진실하게 느껴져야 한다. 소비자에게 미치는 영향의 심각성을 인정하고 문제를 해결하기 위해 필요하고 실현 가능한 모든 조치를 취하려는 의지가 보여야만 소비자가 기업에 대한 부정적인 태도를 형성할 가능성을 줄일 수 있다.

표 14-1에서 알 수 있듯이 스캔들 여파로 기업들은 다양한 대응 전략을 사용했다. 특정 접근 방식을 선택하기 전에 기업은 위기 자체의 성격을 신중하게 검토해야 한다.[13] 위기의 심각성과 위기 원인에 따라 대응 전략을 달리 해야 한다.

브랜드자산의 핵심 원천은 지속적인 브랜드 가치이다. 즉 소비자에게 브랜드가 지속적으로 가치 있게 여겨지도록 하는 것이 중요한데, 마케터는 종종 브랜드 의미를 확장하거나 제품 관련 혹은 제품 외적 연상을 추가하려고 할 때 소비자가 지각하는 브랜드 가치를 간과하기 십상이다.

브랜드 강화 vs. 브랜드 활용

4~7장에서는 브랜드 인지도를 높이고 소비자 기억 속에 강력하고 호의적이며 독특한 브랜드연상을 구축함으로써 고객 기반의 브랜드자산을 구축하기 위한 다양한 방법을 살펴보았다. 마케터는 기존의 브랜드자산을 강화하기 위한 마케팅활동과 해당 브랜드자산을 활용함으로써 재정적 이익을 얻기 위한 마케팅활동 간에 균형을 이루도록 해야 한다.

기업은 강력한 브랜드가 갖는 높은 자산가치를 활용하려고 한다. 즉 광고비용을 줄이고 점점 더 높은 프리미엄 가격을 책정하고 또는 여러 확장제품을 출시하는 등 구축된 브랜드자산을 활용해 수익을 극대화하는 마케팅 프로그램을 도입할 수 있다. 그러나 브랜드자산을 활용하려는 시도가 많아질수록 그 과정 속에서 기존 브랜드자산의 원천이 무시되거나 희석될 가능성이 커진다. 즉 이처럼 브랜드자산을 활용하려는 마케팅활동에 초점이 집중되면 기존의 브랜드 인지도나 이미지를 유지하고 향상시키기 위한 마케팅활동을 간과하기 쉽고 그 결과로 브랜드자산이 약화할 수 있다.

마케팅 프로그램의 세부 조정

브랜드의 기본적인 포지셔닝이나 전략적 방향보다는 구체적인 전술이나 마케팅 실행계획을 변

표 14-1 브랜드위기 대응 전략

대응 전략	내용	사례
사과 및 인정	위기상황에 대한 책임을 수용함	2017년 4월 9일, 수백만 명이 켄터키주의 승객인 데이비드 다오(David Dao) 박사가 시카고 공항 보안요원에 의해 유나이티드항공 여객기에서 폭력적으로 끌려가는 것을 지켜보았다. 이 영상은 소셜미디어상에서 수백만 명에게 빠르게 유포되어 대중의 분노와 유나이티드에 대한 반발을 불러일으켰다. 항공사는 이번 사건은 예약 초과로 인한 것이며, 승객이 탑승한 자리는 초과 예약된 자리로 직원 좌석이었다고 밝혔다. 이 사건은 불매운동과 패러디 광고까지 생겼다. 유나이티드항공의 PR 재앙으로 번졌고 브랜드에 심각한 피해를 입혔다. CEO가 사과문을 발표했음에도 유나이티드는 즉각적인 여파로 2억 5,000만 달러의 시장가치를 잃었다.*
브랜드 이미지 방어 태세	긍정적인 퍼블리시티로 부정적인 퍼블리시티에 대응함	매기누들(Maggi Noodles, 네슬레 소유)이 인도 시장에서 라면의 납 성분 발견으로 인해 부정적인 퍼블리시티의 대상이 되었다. 이에 네슬레는 자사 제품이 100% 안전함을 보여주는 자체 시험 결과를 내세우는 광고캠페인에 착수함으로써 부정적인 영향에 신속하게 대응했다. 멕시칸 패스트푸드점 치폴레(Chipotle)는 대장균 발병이 브랜드평판을 위협하자 고객을 유지하기 위해 레스토랑에서 제공되는 음식의 양을 2배로 늘렸다.
경쟁자 끌어들이기	소비자에게 해당 사건이 꼭 자사 브랜드에만 국한된 이야기가 아님을 어필함	2013년 사우스웨스트항공은 비행 지연 문제를 인정해야 했다. "돌이켜보면 우리가 변경한 사항이 너무 과감했고 전반적인 성능에 영향을 미쳤다. 정시도착률이 약 10분 정도 늦춰졌다." 이 항공사는 2013년 후반에 까다로운 날씨와 휴가기간 적재량 증대로 인해 항공 연결 및 선회 시간을 더 일찍 조정한 것이 원인이었다면서 최근의 저조한 실적에 대한 일부 책임을 날씨에 돌렸다. 부정적인 기사로 인한 여파를 완화하기 위해 부분적으로 '우리 기업뿐만 아니라' 식의 대응에 의존했다.
대수롭지 않게 여기기	위기상황에 대한 이유에 대해 변명하거나 사건 피해를 경시하고 축소하려 함. 때때로 손가락질과 비난을 야기함	삼성은 갤럭시노트7의 배터리 폭발 사고에 대해 비난이 일자 문제를 납품업체에게 전가했다.
피해 최소화	위기를 완전히 피할 방법이 없을 경우 특정 제조사, 모델, 제품, 특정 지역으로 피해를 제한하려 함	포드 익스플로러 SUV가 전복 사고로 리콜 대상이 되자, 포드는 파이어스톤 타이어를 장착한 차량으로만 피해를 제한하려고 했다.
전면 부인	해당 사건에 대해 사실이 아니라고 전면적으로 부인함	타미힐피거가 '오프라 윈프리 쇼'에 출연해 "흑인, 라틴계, 유대인, 동양인이 내 옷을 살 줄 알았더라면, 이렇게 멋지게 만들지 않았을 텐데"라며 인종차별주의적인 발언을 했다는 소문이 일파만파 퍼져 나갔다. 이런 소문에 대해 타미힐피거는 "그 방송에 출연한 적도 없고 그런 말을 한 적도 없다. 그런 소문을 믿지 않으며 어쨌든 난 그런 말을 한 적도 앞으로 할 리도 없다"며 단호하게 부인했다. 이는 낭설이었고, 타미힐피거가 오프라 윈프리 쇼에 출연해 거짓이라고 주장하고 나서야 잠잠해졌다.
상대방에 대한 반격	부정적인 정보를 제공한 측을 불신하게 만들 목적으로 공격을 감행함	HP와 제록스는 서로를 상대로 특허 침해 소송을 제기했으며 두 브랜드 모두 부정적인 평판을 받아야 했다.

*출처 : Gita V. Johar, Matthias Birk, and Sabine Einwiller, "Brand Recovery: Communication in the Face of Crisis, Columbia Case Works," April 1, 2010.

경하는 경우가 많다. 하지만 특별한 이유 없이 마케팅 프로그램을 변경해서는 안 된다. 브랜드자산을 유지하거나 강화하는 데 기존 프로그램이 더 이상 바람직하지 않다는 것이 분명할 경우에만 마케팅 프로그램을 변경해야 한다. 브랜드 의미를 강화하는 방법은 브랜드연상의 유형에 따라 달라질 수 있다. 마케팅 프로그램 개발 시 고려해야 할 사항은 제품의 기능적 속성 연상인가 아니면 제품 외적 연상인가에 따라 달라질 것이다.

제품의 기능적 속성 연상 브랜드의 핵심 연상이 주로 제품의 기능적 속성 혹은 편익과 관련된 경우에는 제품 디자인이나 제조, 판매에 있어서의 혁신에 중점을 두는 것이 브랜드자산을 유지하거나 강화하는 데 매우 중요하다.

첨단기술, 장난감, 엔터테인먼트, 개인위생용품, 보험과 같은 다양한 제품군의 기업에게 있어서 성공을 좌우하는 것은 혁신이다. 예를 들어 프로그레시브(Progressive)는 서비스의 지속적인 혁신으로 가장 성공적인 자동차 보험사 중 하나가 되었다. 온라인 다이렉트보험의 선구자인 이 회사는 잠재고객에게 최대 3개의 다른 보험사와의 가격 견적을 즉시 비교할 수 있는 기능을 최초로 제공한 회사였다.

혁신에 실패하면 심각한 결과를 초래할 수 있다. 스미스코로나(Smith Corona)는 급성장하는 개인용 컴퓨터 시장에서 타자기와 워드프로세서를 팔기 위해 고군분투한 끝에 마침내 도산하고 말았다. 한 업계 전문가는 다음과 같이 지적했다. "스미스코로나는 자신이 타자기 사업이 아닌 문서 관련 사업이라는 사실을 전혀 깨닫지 못했다. 그들이 그 사실을 알았더라면 진작에 소프트웨어로 전환했을 것이다."[14] 비디오 대여회사인 블록버스터도 소매점 기반의 비디오·DVD 대여 모델이 구독 기반의 스트리밍 서비스로 빠르게 대체되었을 때 비슷한 운명에 직면했다. 넷플릭스는 구독 기반 서비스 모델을 도입해 비즈니스를 혁신할 기회를 포착하고 강력한 경쟁자인 블록버스터를 효과적으로 추월할 수 있었다.[15]

따라서 제품 혁신은 브랜드자산의 원천이 주로 제품의 기능적 속성과 관련된 연상에 있는 경우 특히 중요하다. 이러한 제품혁신을 통한 브랜드 강화의 방안으로 혁신제품으로의 브랜드 확장을 통한 강화를 고려할 수 있다. 이 경우 확장제품은 기존 제품에 비해 새로운 혹은 개선된 제품 성분이나 기능속성을 갖는 것이어야 하며, 종종 패밀리 하위브랜드 전략을 이용하는 경우가 많다[예 : 윌슨해머(Wilson Hammer) 와이드 보디 테니스 라켓].

경우에 따라서는 제품을 너무 많이 변화시키지 않는 것이 바람직하다. 특히 소비자의 브랜드 애호도가 높거나 오랫동안 소비자 곁에 있어온 브랜드의 경우에는 더욱 그렇다. 예를 들어 1장에서 소개한 뉴코크가 직면했던 소비자 저항을 생각해보라. 뉴코크가 출시되었을 때 소비자는 과거에 그들이 익숙해져 있는 코카콜라와 많이 달라진 맛에 부정적인 반응을 보이며 전통적인 맛으로의 회귀를 갈망했다. 개선된 제품의 발표 타이밍 또한 중요하다. 만약에 개선된 제품이 너무 일찍 소개되면 아직도 시장성이 있는 기존 제품에 악영향을 미칠 수 있으며, 반면 너무 늦게 소개되면 경쟁자들이 시장기회를 선점할 위험이 있다.

제품 외적 연상 브랜드의 핵심 연상이 제품과 직접적으로 관련되지 않은 제품 외적 속성 혹은 상징적 편익이나 경험적 편익의 경우에는 사용자 이미지 혹은 사용 상황 이미지와의 관련성이 특히 중요하다. 무형적인 특성으로 인해 제품 외적 연상은 변경하기가 더 쉬울 수 있다. 예를 들어 광고 캠페인을 통해 다른 유형의 사용자 또는 사용 상황을 전달함으로써 변경이 가능할 것이다.

그럼에도 불구하고, 잘못 기획되거나 리포지셔닝을 너무 자주 하게 되면 브랜드 이미지가 희석되고 소비자를 혼란스럽게 하거나 소외시킬 수 있다. 특히 제품의 기능적 속성 연상과 제품 외적 연상은 각각 필요로 하는 마케팅이나 광고 접근방식이 다르기 때문에 두 연상 사이를 드나들며 변경하는 것은 위험하다. 예를 들어 하이네켄은 제품 중심 광고("It's All About the Beer")와 사용자 중심 광고("Give Yourself a Good Name")를 너무 자주 번갈아 전개한다는 비난을 받았다. JC페니(JCPenney)의 리포지셔닝 사례를 살펴보면 브랜드 이미지 변경이 얼마나 위험한지를 잘 알 수 있다.

JC페니 : 소매업체 브랜드의 리포지셔닝

JC페니는 포지셔닝의 급격한 변화를 시도했다. 2013년까지 JC페니는 여러 매장에서 매해 정기세일과 다양한 쿠폰을 소비자에게 제공하는 것으로 유명한 소매업체였다. 이 회사는 리포지셔닝을 하기 위해 연중 내내 쿠폰을 발행하지 않고 정찰제를 강화하는 등 안정적인 가격모델로 전환하려고 했다. JC페니는 상시 저가 판매 소매업체로 거듭날 뿐만 아니라 애플 매장과 같은 분위기로 매장을 재설계하려고 했다. 안정적인 가격과 더 나은 매장 환경은 JC페니가 이전과는 완전히 다른 유형의 소비자들을 목표로 한다는 것을 의미했다. 판매 쿠폰을 폐지함으로써 브랜드의 중요한 매력, 즉 쿠폰 혜택을 받아서 구매한 이야기를 친구들이나 가족과 공유하기를 좋아하는 소비자들이 JC페니에게서 완전히 떠나갔다. JC페니의 포지셔닝 변화는 목표소비자들에게 어필하지 못했고 매출은 계속 감소했다.[16] 최근 JC페니는 전략을 다시 뒤집고 쿠폰 제공으로 돌아갔지만 손실된 매출을 만회하고 매출 하락을 막기는 어렵다. 포지셔닝을 회귀하는 과정을 통해 상당수 고객을 잃어버린 것이다. 그리고 최근 온라인에서 구매하는 소비자가 점점 더 많아지고 있다. 소비자가 빠르게 온라인 쇼핑에 적응해가고 있으며, 소매시장의 온라인화는 한층 앞당겨질 것으로 예상된다. JC페니가 매장 내 소비자에게 더 잘 어필하기 위해 제품구색을 변경하기 위해 노력하고 있다지만, 이러한 노력이 브랜드에 결실을 맺게 할지는 장담하기 어렵다.[17]

JC페니는 쿠폰을 없애고 상시 저가 판매 소매업체로 리포지셔닝했다.

이처럼 획기적인 리포지셔닝은 위험하다. 강력한 브랜드 이미지는 매우 '끈적끈적'한 것이라 떼려야 뗄 수 없는 것이 되어버린다. 소비자들 마음속에 브랜드연상이 강력하게 형성되면 새로운 포지셔닝을 아예 무시하거나 기억하지 않는 경향이 있다.[18] 클럽메드(Club Med)가 수년 동안 더 많은 다양한 범위의 사람을 유치하기 위해 활동적인 현대인을 위한 휴양지라는 그동안의 이미지를 뛰어넘으려고 부단히 노력한 것도 이 때문이다.

극적인 리포지셔닝 전략이 효과를 거두려면 마케터는 설득력 있는 새로운 브랜드 주장을 제시해야 한다.

요약 브랜드자산을 강화하려면 브랜드를 지원하기 위한 마케팅 프로그램의 규모와 내용에 일관성이 있어야 한다. 상황에 따라 세부적인 마케팅 전술이 변하더라도 브랜드자산의 주요 원천은 보호하고 유지되어야 하며, 필요한 경우에는 확대되어야 한다. 브랜드의 지속적인 가치와 브랜드 의미 확장을 위해서는 지속적인 제품혁신을 추구하고 브랜드와 사용자 간 관계를 유지하는 것이 중요하다. 브랜드 리포지셔닝은 그에 따르는 위험요인을 신중하게 고려한 후 결정해야 한다.

"우리의 브랜드와 마케팅을 혁신하고 사용자와의 관계를 강화하기 위해 우리는 무엇을 했는가?" 매일, 주, 월, 분기 및 연도 말에 마케터는 이렇게 자문해봐야 한다. 두루뭉술한 대답은 부정적인 결과를 초래할 수 있다. 한때 업계의 아이콘이었던 블록버스터와 야후는 최근 몇 년 동안 그들이 속한 시장의 놀라운 기술 변화와 마케팅 변화를 겪으면서 경쟁자들을 따라잡기 위해 필사적으로 고군분투했다.[19] 긍정적인 사례로는 영국 브랜드 버버리를 들 수 있는데, 브랜딩 브리프 14-6에서는 버버리가 패션시장에서 어떻게 스스로를 재탄생시켰는지 소개하고 있다. 다음으로, 보다 과감한 브랜드 조치가 필요한 상황에서는 어떻게 대처해야 하는지 살펴보자.

브랜드 재활성화

한때 독보적이고 선망을 받던 브랜드가 어려운 상황에 빠지거나 혹은 시장에서 완전히 사라져버리는 경우가 종종 있다. 하지만 쇠퇴해가는 브랜드에 새로운 활력을 불어넣음으로써 다시 성공적으로 컴백을 하는 경우도 적지 않다.[20] 그 예로 최근에 성공적으로 브랜드를 리포지셔닝한 마이크로소프트, GE, 올드스파이스(Old Spice)의 경우를 들 수 있다.

성공적인 전환을 위해서는 약화된 브랜드자산의 원천을 되살리거나, 혹은 브랜드자산의 새로운 원천을 개발함으로써 브랜드 의미를 근본적으로 변화시켜야 한다. 어느 방법이든 손상된 브랜드를 재활성화하기 위해서는 마케팅 프로그램의 **점진적인 변화**보다는 대대적인 **혁신**을 단행해야 할 것이다.

브랜드의 운명을 바꾸고자 할 때, 해당 브랜드가 경쟁력을 가질 만한 브랜드자산의 원천을 갖고 있는지, 그 원천은 무엇인지를 가장 먼저 살펴보아야 한다. 브랜드자산의 원천을 파악하기 위해서는 소비자가 그 브랜드에 대해 갖고 있는 인지도와 이미지를 파악하는 것이 중요하다. 브랜드 인지도는 소비자가 그 브랜드에 대해 얼마나 잘 알고 있는가 하는 '인지도의 깊이'와 얼마나 많은 상황에서 그 브랜드를 자주 떠올리는가 하는 '인지도의 폭'이라는 두 가지 측면에서 살펴보아야 한다. 브랜드 이미지를 조사할 때는 소비자가 그 브랜드에 대해 아직까지 갖고 있는 핵심적인 연상이 있는지, 있다면 어떤 연상인지, 이러한 연상은 얼마나 강력하게 호의적으로 소비자 마음속에 남아 있는지, 또한 이 연상이 새로운 제품 영역에서도 유사점으로 작용할 수 있는지와 경쟁브랜드와 비교했을 때 여전히 차별점으로 작용할 수 있는지, 마케팅 환경의 일부 변화로 인해 부정적인 연상이 창출되어 있는 건 아닌지 등을 파악해야 한다. 이러한 브랜드자산 원천의 현재 상태를 파악하는 데는 9장에서 살펴본 브랜드자산 측정 시스템이 도움이 될 것이다.

다음으로 마케터는 브랜드를 과거와 똑같은 포지셔닝으로 유지해 나갈 것인지 혹은 새로운 포지셔닝을 개발할 것인지를 결정해야 한다. 후자의 경우 어떤 포지셔닝전략을 수립할지를 결정해야 한다. 3장에서 살펴본 포지셔닝 관련 고려사항은 소비자, 기업, 경쟁자 분석을 토대로 포지션의 바람직성, 실행 가능성, 차별성을 분석할 때 매우 유용할 것이다.

재활성화 전략은 기본으로 돌아가거나 혹은 완전히 탈바꿈하는 방식으로 진행될 수 있다. 경우에 따라서는 포지셔닝은 적절한데 마케팅 프로그램이 제대로 기능을 못해서 문제가 되는 경우도 있다. 이 경우에는 기본으로 돌아가는 것이 타당할 수 있다. 할리데이비슨은 '기본으로 돌아가기' 전략을 통해 고객들의 브랜드 우상화를 구축했고(브랜딩 브리프 14-4), 마운틴듀는 완전한 리포지셔닝을 선택했다(브랜딩 브리프 14-5). 버버리는 이 두 극단 사이에 있는 전략들을 절충한 방식을 택했다(브랜딩 브리프 14-6).

마지막으로, 브랜드 고객이 많지 않아서 시장에서 실패하는 것은, 브랜드가 근본적으로 소비자와의 약속에 부응하지 못해서 제품에서 실패하는 것보다는 훨씬 덜 해롭다. 후자의 경우에는 강력한 부정적인 연상을 극복하기 어려운 반면, 시장 실패는 재출시로 다시 성공할 수 있기 때문이다.

브랜딩 브리프 14-4

할리데이비슨모터컴퍼니

회사의 로고를 자신의 몸에 문신으로 새기는 헌신적인 충성 고객들을 갖고 있는 회사가 할리데이비슨 말고 또 있을까? 더욱 인상적인 것은 회사가 최소한의 광고로 이러한 충성 고객층을 끌어들였다는 사실이다. 1903년 위스콘신주 밀워키에 설립된 이 회사는 두 번이나 간신히 파산 위기를 모면했으며, 오늘날 세계에서 가장 인정받는 브랜드 중 하나가 되었다.

할리데이비슨은 재정 하락을 만회하면서 브랜드 약속을 더 잘 지키기 위해서는 제품이 중요하다는 것을 깨달았다. 1970년대에는 제품 품질이 말썽이었다. 소비자는 브랜드가 상징하는 것을 사랑했지만, 계속해서 수리해야 되는 것에 난색을 표했다. "할리가 두 대는 있어야 해. 한 대는 항상 수리가게에 있어야 하니까"라는 농담을 주고받을 정도였다.

할리는 재활성화 전략을 수립하는 데 있어서 기본으로 돌아가기로 했다. 즉 공장과 생산 공정을 개선해서 더 높은 수준의 품질을 달성하는 데 중점을 두었다. 이와 함께 회사는 제품 판매를 위해 마케팅노력을 기울였고, 소비자와의 접점을 넓혀 나감으로써 전통적인 바이커 이미지를 훨씬 뛰어넘는 다양한 고객 기반을 구축할 수 있었다.

1980년대 이전부터 할리데이비슨은 입소문을 통한 마케팅 전략과 사용자 이미지 전략에 전적으로 의존했다. 1983년에 회사는 할리오너즈그룹(Harley-Davidson Owners Group, HOG)을 설립했다. 모든 할리 소유자는 www.hog.com 웹사이트에 가입함으로써 무료로 회원이 된다. 첫해에 HOG 회원은 33,000명이었고, 이제는 세계적으로 1,400개 지국에 100만 명 이상의 회원이 있다.

1980년대 초 할리데이비슨은 상표를 보호하고 브랜드를 홍보하기 위해 라이선싱 프로그램을 시작했다. 초기에는 주로 티셔츠, 보석, 작은 가죽 제품 등 라이더에게 어필할 수 있는 제품들로 이루어졌고 이 제품들을 통해 고객의 라이딩 경험을 지원했다. 현재 라이선스 제품의 주요 대상고객은 할리의 딜러 네트워크를 통한 기존 고객이다. 그러나 새로운 고객을 유치하기 위해 아동복, 장난감, 게임 등 아동을 대상으로 하는 여러 품목에 대한 라이선스를 취득했으며 이러한 제품은 딜러숍을 통해 판매되었다. 라이선스 제품의 경우 할리데이비슨은 에버그린 브랜드로 이야기되며 매년 수천만 달러의 매출을 올리고 있다.

할리데이비슨 라이딩 기어는 오토바이와 오랫동안 함께 해왔다. 할리데이비슨은 비즈니스가 성장함에 따라 모터클로스(MotorClothes)를

만들었고, 남성 및 여성 캐주얼 스포츠웨어, 액세서리와 함께 전통적인 라이딩 기어를 생산함으로써 라이더뿐만 아니라 비라이더까지 다양한 고객 기반을 구축할 수 있었다. 할리 모터클로스는 회사의 제너럴 머천다이즈(General Merchandise) 사업부의 핵심 부문으로 2000년 1억 5,100만 달러에서 2011년 2억 7,400만 달러로 매출이 2배 가까이 늘었다.

할리데이비슨은 풀뿌리 마케팅(grassroots marketing)을 통해 자사 브랜드를 지속적으로 홍보하고 있다. 이 회사의 많은 직원과 임원이 할리를 소유하고 있으며 고객과 함께 타는 경우가 많아 전통적인 광고는 거의 불필요하다. 할리 라이더들은 로고가 박힌 재킷과 부츠, 심지어 로고 형태의 문신까지 새기며 스스로 브랜드 광고 매체가 된다. 다른 기업의 많은 마케터들은 할리의 명성을 빌리기 위해 광고에 할리 오토바이를 사용하려고 하는데, 이는 할리데이비슨에게 무료 PPL효과를 주고 있다.

가장 최근에 성장하고 있는 영역 중 하나는 여성 고객이다. 여성과 키가 작은 라이더들을 위해 할리는 낮게 제작된 스포스터(Sportster) 모터사이클과 좁은 시트, 부드러운 클러치, 조절식 핸들바와 윈드실드를 제공한다. 매해 수차례 할리 딜러들은 여성들이 오토바이를 배우는 것을 돕기 위해 '여성만을 위한 할리데이비슨 창고 파티'를 연다. 이러한 이벤트는 예를 들어 2010년 3월 500회 때 27,000명의 여성이 참가했으며 그중 거의 절반이 처음으로 할리 딜러점에 방문했고 3,000대의 새 오토바이가 판매되었다. 1995년에 할리 소유자의 2%에 불과했던 여성은 현재 매출의 약 12%를 차지하고 있다.

할리데이비슨은 미국에서 오토바이 시장점유율을 약 50%로 유지하고 있는 반면, 유럽에서는 오토바이 시장점유율을 약 10% 차지하고 있다. 2015년에는 2020년까지 대리점을 150개 더 추가한다는 계획으로 40개의 신규 해외 대리점을 개설했다. 그러나 2015년은 1970년대의 브랜드위기 상황이 연상되는 리콜 사태로 인해 어려움을 겪기도 했다. 2014년 매출은 3.7% 감소했다. 2016년 초에는 수익은 물론 주가도 하락했지만, 현재 할리는 수익과 주가가 오르면서 반등세를 이어가고 있다. '투어링 바이크에서 무엇을 보고 싶었는지'에 대한 고객 인터뷰를 기반으로 새로운 밀워키에이트(Milwaukee-Eight) 엔진을 선보였고, 할리는 판매가 호조를 보일 것이라고 확신하고 있다. 이 새 엔진은 더 많은 출력, 더 많은 편안함, 더 부드러운 승차감, 더 적은 엔진 소음을 제공한

다. 할리가 젊은 성인, 여성, 아프리카계 미국인 및 히스패닉계 미국인에게 가장 많이 판매되는 온로드 오토바이인 이유 중 하나가 바로 이러한 변화 때문일지 모른다.

출처 : Bill Tucker, Terry Keenan, and Daryn Kagan, "In the Money," *CNNfn*, January 20, 2000; "Harley-Davidson Extends MDI Entertainment License for Lotteries' Hottest Brand," *Business Wire*, May 1, 2001; Glenn Rifkin, "How Harley-Davidson Revs Its Brand," *Strategy & Business*, October 1, 1997, https://www.strategy-business.com/article/12878?gko=ffaa3, accessed November 24, 2018; Joseph Weber, "He Really Got Harley Roaring," *Business Week*, March 21, 2005, 70, https://www.bloomberg.com/news/articles/2005-03-20/commentary-he-really-got-harley-roaring, accessed November 24, 2018; Rick Barrett, "From the Executive Suite to the Saddle," *Chicago Tribune*, August 1, 2004, CN3; Clifford Krauss, "Harley Woos Female Bikers," *The New York Times*, July 25, 2007; Mark Clothier, "Why Harley Is Showing Its Feminine Side," *Bloomberg Business Week*, September 30, 2010, https://www.bloomberg.com/news/articles/2010-09-30/why-harley-is-showing-its-feminine-side, accessed November 24, 2018; Richard D'Aveni, "How Harley Fell Into the Commoditization Trap," *Forbes*, March 17, 2010, https://www.forbes.com/2010/03/17/harley-davidson-commoditization-leadership-managing-competition.html#706481635e87, accessed November 24, 2018; "Harley Motorcycle Sales Up in 2011," *Classic American Iron*, January 25, 2012; Harley-Davidson MotorClothes, https://motorclothes.harley-davidson.eu/education/heritage/, accessed November 24, 2018.

그림 14-6
할리데이비슨의 연대표
할리데이비슨은 수년간 '기본으로 돌아가기' 리포지셔닝을 통해 브랜드 입지를 굳혔다.

마운틴듀의 새 아침

마운틴듀는 1969년에 출시되었다. 펩시코는 처음에 "Yahoo Mountain Dew! It'll Tickle Your Innards"라는 촌스러운 슬로 건에서 잘 나타나듯이 시골풍의 소탈한 이미지로 마케팅을 전개했다. 1980년대 초 MTV 광고를 통해 도시 청소년을 브랜드로 끌어들이려 했지만 실패했다. 하지만 지방에 뿌리를 두었던 이 음료는 그 이후 지방에 국한되지 않고 훨씬 그 무대를 넓혀 나갔다. 1980년대 후반, 광고 장면을 야외로 옮겨 스케이트, 롤러블레이드, BMX자전거 등 액션 스포츠 선수들에게 마운틴듀를 건네는 활동적인 장면으로 바꾸면서 마운틴듀가 다시 살아날 조심을 보이기 시작했다.

이 브랜드는 1990년대에 경이로운 두 자릿수 성장을 이루며 전성기

를 맞았다. 마운틴듀는 1980년 2.7%에 불과했던 시장점유율이 2000년 7.2%로 10년 동안 가장 빠르게 성장한 미국의 메이저 청량음료가 되었다. 펩시코의 광고를 오랫동안 대행해온 BBDO가 광고를 맡으면서 성장이 가속화했다. BBDO는 업템포 음악과 함께 스카이다이빙, 스케이트 보드, 스노보드와 같은 액션 스포츠를 하는 남자들을 등장시켜 재미있고 급진전되는 광고를 선보였다. "Do the Dew"라는 슬로건은 강력한 액션 개시 콜이었고, 광고는 '에너지 최고조의 아드레날린 폭발'이라는 평을 받았다.

그 후 10년 동안 제품 확장, 기존 음료광고의 형식을 벗어난 비전통적 마케팅의 도입, 선구적인 디지털 전략을 전개했다. 2000년 펩시코는

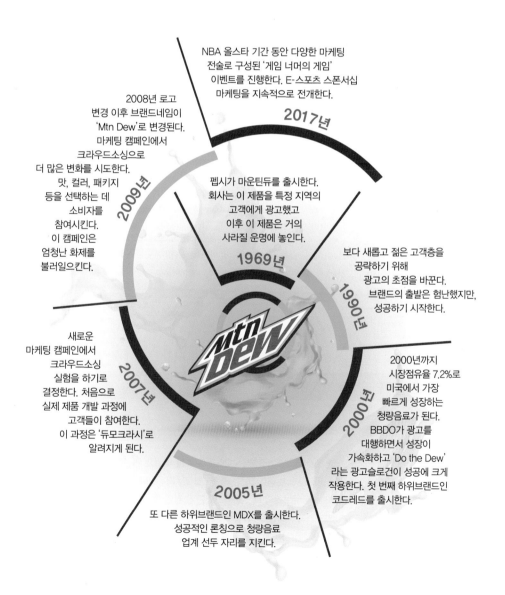

그림 14-7

마운틴듀 연대표
마운틴듀는 타깃고객에게 브랜드 매력을 계속 어필하기 위해 이미지를 쇄신하고 향상시켰다.

1988년 다이어트 마운틴듀 출시 이후 첫 라인 확장인 마운틴듀 코드레드(Code Red)를 출시했다. 새빨간 체리 맛의 이 음료는 풀뿌리 마케팅의 전개와 함께 대중매체를 이용한 전국적인 광고 캠페인을 전개했고 대대적인 성공을 거두었다.

마운틴듀는 핵심 타깃인 10대 청중과 더 잘 소통하기 위해 믹스 테이프(Mix Tape) 길거리 농구 투어와 듀 액션 스포츠 투어(Dew Action Sports Tour)의 후원을 늘렸다. 소비자들이 병뚜껑 아래에 인쇄된 코드를 인터넷 사이트에서 다양한 상품권과 교환하는 듀유(Dew U) 로열티 프로그램도 시작했다.

2005년 마운틴듀는 E3 게임박람회의 공식 청량음료가 되면서 약 1억 8,000만 명의 비디오게임 플레이어를 겨냥한 고카페인 에너지 드링크 MDX를 출시했다. 출시에 앞서 회사는 레시피와 제품이름을 수정하기 위한 '베타 테스트'에 게이머들을 초대했다.

마운틴듀는 10년 동안 미국 탄산음료 부문에서 매출 4위를 유지하고 있다. 2008년 브랜드네임 표기를 'Mountain Dew'에서 더 심플하게 'Mtn Dew'로 변경함에 따라 로고도 변경했다. 더 큰 변화는 고객을 실제 제품 개발 프로세스에 참여시키는 크라우드소싱을 통해 바이럴 마케팅을 전개한 것이었다. 이를 위한 초기 '듀모크라시(Dewmocracy)' 캠페인은 2007년에 시작되었으며 플레이어들이 온라인게임을 통해 새로운 음료를 디자인하는 이벤트도 실시되었다.

2009년에 후속 '듀모크라시' 캠페인이 뒤따랐다. 마운틴듀 마케터들은 소비자가 전국적으로 유통될 새로운 맛 세 가지를 선택할 수 있도록 마케팅 예산의 대부분을 온라인에 쏟았다. 이번 캠페인은 공모전 우승자 50명에게 7가지 맛의 홈 시식 키트를 증정하는 것으로 시작됐다. 이들은 유튜브를 통해 맛본 경험을 영상으로 공유하도록 요청받았다. 소비자는 제품의 맛, 컬러, 이름, 패키지, 심지어 광고회사 선정까지 제품의 거의 전 과정에 참여했다. 기업이 의도한 대로 이 과정에서 실제 사용자들이 전파한 많은 입소문이 뒤따랐다.

2017년 NBA 올스타 기간 동안 마운틴듀는 '게임 너머의 게임' 고객경험을 마련했다. 이 체험은 NBA 선수와 스타일, 예술, 음악 전반의 트렌드세터들이 한자리에 모이는 코트사이드 프로젝트(Courtside Project), NBA 올스타인 러셀 웨스트브룩(Russell Westbrook)과 카이리 어빙(Kyrie Irving)이 명예 총지배인으로 나서는 엘리트 아마추어 선수들을 위한 농구게임 등 다양한 마케팅활동으로 구성됐다. 러셀 웨스트브룩은 "Don't Do 'They' — Do You"라는 새로운 슬로건과 함께 광고에도 주연으로 등장했다.

마운틴듀는 아마추어 게이머를 프로로 만든다는 목표로 세계 최대의 e스포츠회사인 ESL, e스포츠 엔터테인먼트협회(ESEA)와 손잡고 아마추어 E스포츠 리그를 창설했다. 이 리그는 선수들이 '마운틴듀 프로리그'라고 불리는 리그를 통해 참가할 수 있으며, 참가한 팀들 중에 ESP 프로리그에 진출할 수 있는 기회가 제공되었다.

출처 : Theresa Howard, "Being True to Dew," *Brandweek*, April 24, 2000, 28–31; Greg Johnson, "Mountain Dew Hits New Heights to Help Pepsi Grab a New Generation," *Los Angeles Times*, October 6, 1999, http://articles.latimes.com/1999/oct/06/business/fi-19312, accessed November 24, 2018; Michael J. McCarthy, "Mountain Dew Goes Urban to Revamp Country Image," *The Wall Street Journal*, April 19, 1989; John D. Sicher, "Beverage Digest/Maxwell Ranks Soft Drink Industry for 2000," Beverage Online, February 15, 2001, https://www.beverageonline.com/doc/beverage-digestmaxwell-ranks-soft-drink-indus-0001, accessed November 24, 2018; Kate MacArthur, "Mountain Dew Gives Gamers More Caffeine," *Advertising Age*, September 26, 2005, 6; Gregg Bennett, Mauricio Ferreora, Jaedeock Lee, and Fritz Polie, "The Role of Involvement in Sports and Sports Spectatorship in Sponsor's Brand Use: The Case of Mountain Dew and Action Sports Sponsorship," *Sports Marketing Quarterly*, 18 (March 2009): 14–24; Natalie Zmuda, "Why Mtn Dew Let Skater Dudes Take Control of Its Marketing," *Advertising Age*, February 22, 2010, https://adage.com/article/special-report-digital-alist-2010/digital-a-list-2010-mtn-dew-lets-skaters-control-marketing/142201/, accessed November 24, 2018; Simon Landon, "Mountain Dew® Takes Hoops Culture to New Heights During NBA All-Star 2017," PR Newswire, February 13, 2017, www.prnewswire.com/news-releases/mountain-dew-takes-hoops-culture-to-new-heights-during-nba-all-star-2017-300406010.html; Jacob Wolf, "Mountain Dew Launches CS:GO League, Allows Amateur Teams to Qualify for ESL Pro League," ESPN, July 13, 2016, www.espn.com/esports/story/_/id/17050356/mountain-dew-launches-csgo-league-allows-amateur-teams-qualify-esl-pro-league.

브랜딩 브리프 14-6

버버리의 이미지 리메이크

버버리는 1856년 21세의 토머스 버버리(Thomas Burberry)에 의해 설립되었다. 1990년대 중반, 버버리는 브랜드의 시장 퇴출 위기를 맞았다. 그야말로 패션 재앙이었다. 패션과는 거리가 먼 중·장년을 위한 레인코트를 만드는 낡은 브랜드로 여겨지면서 브랜드 노화 현상이 일어난 것이다. 그러나 몇 년 사이에 현대적인 디자인과 업데이트된 마케팅노력으로 고착된 이미지를 떨쳐버리고 다시 패셔너블하게 되었다. 회사는 패션에 민감하고 변덕스러운 소비자에 맞추기 위해 'Never stop designing'이라는 새로운 모토를 내걸고 변신을 추구했다.

버버리의 브랜드 쇄신을 위한 첫 조치 중 하나는 핸드백, 스카프, 헤드밴드 등 버버리의 베스트셀러였던 일련의 액세서리에 고전적인 베이지 체크 격자무늬를 활용하는 것이었다. 다른 하나는 다양한 색상, 패턴, 크기, 소재를 사용해 체크 자체를 젊게 보이게 하는 것이었다. 버버리는 현대 소비자들에게 전통이 여전히 중요시 되고 있다는 판단하에 현대와 전통 사이의 균형을 유지하기 위해 세심한 주의를 기울였다. 또한 버버

1856년

21세의 토머스 버버리가 설립하다.

1900~1990년대

영국의 상징적이고 전통적인 브랜드로 성장한다.
특히 클래식한 체크 무늬와 트렌치코트로 유명해지며
전 세계적으로 인정받는 브랜드가 된다.

1990년대

브랜드 이미지가 고착화하면서 혼란을 겪는다.
패션과는 거리가 먼 중·장년을 위한 낡은 브랜드로
여겨지면서 브랜드 노화 현상이 발생한다.

1997~1999년

브랜드 이미지를 새롭게 하기 위해 새로운 경영진과
디자이너를 영입한다. 클래식한 베이지 체크라인에 핸드백,
스카프, 헤드밴드와 같은 액세서리를 추가하기로 한다.
클래식한 체크에 다양한 컬러 옵션을 추가해
현대와 전통 사이의 균형을 유지하기로 한다.

1998~2000년

광고 전략을 변경하기로 하고, 유명 패션 사진작가인
마리오 테스티노를 기용한다.
버버리 코트를 입은 케이트 모스를 비롯한
슈퍼모델들이 광고에 등장하는데 이들 광고를 통해
'반항적이면서 도회적인 거리의 이미지'를 심어준다.
이 시기가 브랜드의 중요한 터닝포인트가 된다.

2000년대

회사는 성장에 대한 새로운 접근을 위해
'Never Stop Designing'이라는 모토를 내건다.
경영진은 토머스 버버리의 독창성과 창의성은 오늘날의
새로운 패션 트렌드에도 적합하다는 굳은 신념을 갖는다.

2002년

성공적인 IPO(기업공개)로 정점을 찍은 후, 브랜드는
과다 노출과 수많은 위조 제품으로 어려움을 겪는다.
지속가능한 전략의 중요성을 깨닫는다.

2000~2011년

제품 재설계, 고급 런웨이 패션 추가, 인력 변경 등
다양한 마케팅 변화가 이루어진다. 리브랜드를 위한
지속적인 노력 끝에 브랜드는 계속 번창해
20억 달러 이상의 수익을 거둔다. 이는 모든
전략적 계획이 성과를 거두었음을 나타낸다.

2016년

런웨이 컬렉션과 매장 컬렉션의 변경 사항을 발표한다.
미스터 버버리(Mr. Burberry)라는 새로운 향수를 출시한다.

2017년

버버리는 뷰티 사업을 시작하기 위해 코티(Coty)와
파트너십을 체결한다.

그림 14-8
버버리 연대표

를 상징하는 두 가지가 트렌치코트와 프로섬(Prorsum)이다. 후자는 말을 탄 영국의 중세 기사 형상의 버버리 트레이드마크로, 이때 중세 기사가 라틴어로 '전진한다'는 뜻의 'Prorsum'이라고 쓰인 깃발을 들고 있어서 버버리의 상징처럼 여겨져 왔다. 버버리는 이 트렌치코트와 프로섬 깃발과 같은 상징적 이미지를 활용하려고 했다. 이러한 브랜드 아이콘의 활용은 '토머스 버버리의 독창성과 창의성은 오늘날의 새로운 패션 트렌드에도 적합하다'는 경영진의 신념을 반영한 것이었다.

버버리의 또 다른 변신의 핵심은 광고를 새롭게 하는 것이었다. 버버리는 유명 패션 사진작가인 마리오 테스티노(Mario Testino)를 기용했

다. 상징적인 버버리 레인코트를 입은 케이트 모스(Kate Moss)와 같은 엣지 있는 슈퍼모델들이 등장하는 광고들을 통해 버버리의 이미지는 날로 새로워지기 시작했다. 이들 광고는 '반항적이면서 도회적인 거리 이미지'를 브랜드에 심어주었다는 평을 받았다. 버버리는 새로운 디자인의 현대적 느낌에 맞추기 위해 유통에도 변신을 주었다. 세계 각국의 주요 명품거리에 매장을 오픈하고 기존 매장을 과감히 정리하고 라이선싱 계약이 끝난 업체 중 수준에 미달하는 곳과는 계약을 종료하는 등 유통을 대대적으로 개편했다.

이러한 노력들은 회사의 운명을 바꾸었고 거의 성공적이었다. 브랜

버버리의 리포지셔닝 전략은 제품 혁신과 마케팅 전략을 통해 브랜드 이미지를 개선하는 최상의 방법을 보여주는 좋은 예이다.

드 재활성화의 과제 중 하나가 모멘텀을 유지하는 것인데 버버리도 예외는 아니었다. 2002년 성공적인 IPO(기업공개)로 정점을 찍었으나, 브랜드는 과다 노출과 수많은 위조 제품으로 다시 어려움을 겪었다. 2004년 홀리데이 세일 침체 이후 회사는 다시 방향을 재설정해야 한다는 것을 깨달았다.

마케팅에 몇 가지 변화를 주었다. 버버리의 트레이드마크인 체크 무늬는 하향 조정해 더욱 신중하게 브랜드의 다른 아이템의 단지 10% 정도만 생산했다. 대신 매출의 3분의 1을 차지하는 고수익 액세서리와 고급 패션에 더욱 중점을 두었다. 값비싼 프로섬 컬렉션은 브랜드 매출의 5%에 불과했지만, 이 컬렉션은 브랜드의 패션 기수이자 창의적인 신뢰의 원천이 되었다.

중국과 같은 활기찬 신흥시장에서의 성공, 끊임없이 업데이트되는 신제품 회전율, 어떤 명품 브랜드보다도 가장 진보된 디지털 전략으로 버버리는 2011년에 재무 예측치를 훨씬 뛰어넘는 연간 20억 달러를 넘는 매출을 올렸다. 2015년, 버버리는 바니스뉴욕(Barneys New York)과 손잡고 '버버리 XO 바니스 뉴욕(Burberry XO Barneys New York)'이라는 40개 캡슐컬렉션(작은 규모로 자주 발표하는 컬렉션)을 출시했다. 이 컬렉션은 프로섬 컬렉션의 정신에서 영감을 받았으며, 바니스 마이크로사이트의 기능과 디지털 룩북 및 인스타그램 이니셔티브와 함께 출시되었다. 버버리는 애플, 위챗과의 제휴를 통해 모바일 마케팅에도 상당한 투자를 해왔다. 전반적으로, 버버리는 소비자의 패션과 취향의 변화에 발맞추기 위해 지속적으로 브랜드를 재창조했고, 이러한 접근방식은 브랜드에 상당한 성과를 가져다주었다.

출처 : Sally Beatty, "Plotting Plaid's Future," *The Wall Street Journal*, September 9, 2004, B1; Mark Tungate, "Fashion Statement," *Marketing*, July 27, 2005, 28; Sharon Wright, "The Tough New Yorker Who Transformed a UK Institution Gets Her Reward," *The Express*, August 5, 2004, 17; Kate Norton, "Burberry, Plaid in Check, Is Hot Again," *Bloomberg BusinessWeek*, April 16, 2007, https://www.bloomberg.com/news/articles/2007-04-16/burberry-plaid-in-check-is-hot-againbusinessweek-business-news-stock-market-and-financial-advice, accessed November 24, 2018; Kathy Gordon, "Global Demand Buoys Burberry," *The Wall Street Journal*, July 13, 2011, https://www.wsj.com/articles/SB10001424052702304911104576443122620649828, accessed November 24, 2018; Nancy Hass, "Earning Her Stripes: Burberry CEO Angela Ahrendts Balances Life and Work," *WSJ Magazine*, September 9, 2010, http://magazine.wsj.com/features/the-big-interview/earning-her-strips/, accessed November 24, 2018.

소비자가 현재 갖고 있는 브랜드지식 구조 및 기업이 원하는 브랜드지식 구조에 대한 이해를 바탕으로, 기존 브랜드자산의 원천을 강화하거나 혹은 목표로 하는 포지셔닝을 달성하기 위한 새로운 자산 원천을 창출해야 한다. 그리고 이를 효과적으로 수행하기 위해서는 고객 기반 브랜드자산 체계를 살펴보아야 한다. 브랜드 재활성화를 위한 전략적 대안으로 다음 두 가지를 들 수 있다.

1. 소비자가 구매 상황 혹은 사용 상황에서 브랜드를 보다 더 잘 재인하고 회상하게 함으로써 브랜드 인지도의 깊이와 폭을 향상한다.
2. 브랜드 이미지를 구성하는 브랜드연상의 강력함, 호감도, 독특성을 향상한다. 이를 위해 기존 브랜드연상을 강화하거나 혹은 새로운 브랜드연상을 창출하기 위한 마케팅 프로그램이 요구될 수 있다.

이러한 방식으로 브랜드 현저성(brand salience)과 브랜드 의미를 제고함으로써 더 호의적인 소비자 반응과 더 큰 브랜드 공명(brand resonance)을 기대할 수 있다.

전술적인 관점에서 본다면, 브랜드자산의 원천을 처음 창출할 때와 똑같은 세 가지 방식으로 브랜드자산의 손실된 원천을 복구하거나 새로운 원천을 창출할 수 있다. 세 가지 방식이란 브랜드 요소 변경, 지원 마케팅 프로그램 변경, 새로운 이차적 연상의 활용을 가리킨다. 이제 이러한 목적을 달성하기 위한 몇 가지 전략대안을 살펴보자.

페브리즈

P&G가 페브리즈 가정용 악취 제거제를 출시했을 때 지금까지의 광고에서 대부분 그러했듯이 이 제품의 광고 또한 전형적인 문제 해결 방식을 소구하기로 했다. 그러나 한 가지 문제가 있었다. 사람들은 악취에 무관심했고 별다른 문제가 없다고 생각했다! 그들은 다른 사람이 뭐라고 하던 담배, 애완동물, 요리에서 나는 생활악취에 너무나 익숙해져 있었다. 문제 해결 방식을 소구하는 광고가 효과가 없다고 판단한 P&G의 마케터는 심층 조사를 수행했고, 집 정리 후 마무리로 페브리즈를 뿌리며 행복해하는 사람들의 모습을 보여주며 '마무리는 페브리즈'를 소구하는 광고로 재출시했다.

새로운 포지셔닝이 성공하면서 매출이 폭발적으로 증가했다. 현재 수익이 10억 달러를 초과하는 페브리즈는 방향제, 캔들, 세탁세제로 성공적으로 확장했다.[21] 페브리즈이 2017년 첫 슈퍼볼 광고는 근 성공을 거두었다.[22] 이 광고는 슈퍼볼 하프타임 물 사용과 관련된 조사를 바탕으로 하프타임 화장실을 특집으로 다루었다. 숭간휴식 시간을 알리는 휘슬이 울리고 하프타임 공연이 시작되는 사이의 수 분 동안 화장실로 달려가는 미식축구 팬들의 모습을 흥미롭게 연출했다. 용무를 마친 후 화장실에서 페브리즈를 뿌리는 모습까지 담았다. 이 광고는 페브리즈의 새로운 오도르클린(OdorClean) 기술을 소개하고 사람들이 가장 좋아하는 것 역시 악취가 날 수 있다는 페브리즈의 '오도르 오데스(Odor Odes)' 마케팅 캠페인의 일환이었다. 성공적인 슈퍼볼 광고 이후 페브리즈는 확장제품들을 효과적으로 더 출시할 수 있었다.[23]

브랜드 인지도 확대

침체된 브랜드의 경우 인지도와 관련해서 주로 문제가 되는 것은 인지도의 깊이보다는 인지도의 폭이다. 소비자들은 특정 상황하에서는 여전히 그 브랜드를 떠올릴 수 있을 것이다. 하지만 문제는 소비자가 매우 제한된 상황에서만 그 브랜드를 떠올린다는 것이다. 3장에서 살펴본 바와 같이, 브랜드자산을 구축하는 한 가지 강력한 방법은 소비자가 여러 상황에서 해당 브랜드를 떠올리도록 함으로써 브랜드 인지도의 폭을 넓히는 것이다.

브랜드가 상당한 수준의 인지도와 긍정적인 이미지를 갖고 있다면 마케터가 고려할 수 있는 가장 적절한 전략은 사용량을 늘리는 것이다. 이 방법은 소비자 저항도 크고 비용도 많이 드는 브랜드의 기존 포지셔닝이나 이미지 변경 없이 브랜드 현저성과 인지도를 제고할 수 있는 있는 효과적인 방법이다.

소비자의 1회 사용량(브랜드를 얼마나 많이 사용하는지)을 늘리거나 혹은 그 브랜드를 사용하는 빈도(브랜드를 얼마나 자주 사용하는지)를 늘릴 수 있다. 소비자의 1회 사용량을 실제로 늘리는 것보다는 제품을 사용하는 횟수를 늘리는 것이 더 용이할 것이다(제품 구매가 용이할수록 사용량이 증가하는 음료나 스낵과 같은 충동구매 제품은 예외일 수 있음). 사용빈도를 늘리는 전략은 특히 시장점유율이 높은 카테고리 리더에게 매력적인데, 이를 위해서는 브랜드를 사용할 수 있는 상황을 확대하거나 혹은 완전히 다른 새로운 용도를 개발해야 한다. 이 두 가지 방법에 대해 살펴보자.

사용 상황 확대 어떤 브랜드를 소비자가 특정 장소나 상황에서만 사용하는 것으로 인식하고 있다면 그 브랜드의 인지도 폭은 제한된다. 이 경우 마케터는 기존의 상황뿐 아니라 새로운 상황에서 브랜드를 사용하는 것을 제안할 필요가 있다. 이를 위해 마케터는 다음 두 가지를 모두 포함하는 마케팅 프로그램을 설계해야 한다.

- 브랜드를 기존에 사용해 왔던 상황이나 혹은 새로운 상황에서 브랜드를 더 자주 사용함으로써 얻을 수 있는 이점 및 여러 상황에 적합한 브랜드임을 소구한다.
- 브랜드가 사용될 수 있는 여러 상황에서 브랜드가 실제로 사용될 수 있게 상기도를 높인다.

리마인더 광고(예 : V8 야채주스의 "와~! V8을 마실 수도 있었는데" 광고캠페인)를 통해 최초 상기도를 높임으로써 브랜드 사용량을 늘릴 수 있다. 경우에 따라서는 보다 창의적인 인출단서(retrieval cues, 장기기억에 저장된 정보를 탐색하는 데 도움을 주는 단어 및 자극)가 필요할 수도 있다. 브랜드가 적합한 사용 상황에 대한 소비자 생각이 고정적인 경우가 많아서 새로운 사용 상황에서는 쉽게 간과되기 마련이다.

즉 일부 브랜드를 특별한 상황에서만 적합하다고 생각하기 쉬운데, 초바니(Chobani) 그릭 요거트의 경우, 참신한 소셜미디어와 디지털 마케팅 기법을 사용함으로써 다양한 사용상황을 효과적으로 제안할 수 있었다.

브랜드 사용에 대한 소비자인식이 실제와 다른 경우 사용빈도를 높일 수 있는 방법을 강구할 수 있다. 예를 들어 상대적으로 수명이 짧은 제품의 경우 마케팅활동을 통해 제품수명에 대한 소비자 지각을 바꾸는 것이다. 소비자는 제품수명을 과대평가하는 경우가 있기 때문에 시기적절하게 제품을 새 것으로 교환하지 못한다.[24] 이러한 경우, 다음과 같이 두 가지 솔루션을 생각할 수 있다.

- 제품 교체를 특정 공휴일, 행사 혹은 1년 중 어떤 시기와 연관짓는 것이다. 예를 들어 오랄비 칫솔은 서머타임과 관련된 칫솔 재구매 프로모션을 진행한 바 있다.
- 소비자에게 (1) 제품이 처음 사용된 때나 교체해야 할 때 또는 (2) 제품수명의 현재 상태에 대한 정보를 제공한다. 예를 들어 현재 수명이 얼마나 남아 있는지를 보여주는 장치가 내장된 건전지, 색상 변화 표시로 남아 있는 수명을 알려주는 칫솔과 면도기 등을 들 수 있다.

마지막으로, 최적 사용량 혹은 권장 사용량보다 소비자의 사용량 수준이 낮은 경우에는 소비자로 하여금 그 제품을 보다 자주 사용하도록 설득해야 한다. 소비자에게 보다 규칙적으로 제품을 사용할 때의 이점을 전달해야 하고, 손쉽게 사용하기 어려운 제품 디자인이나 패키지 등 사용량을 늘리는 데 걸림돌이 될 만한 것은 개선해야 한다.

초바니

그릭요거트 시장의 마켓리더인 초바니는 최근 출시된 가장 성공적인 브랜드 중 하나이다.[25] 창립자 함디 울루카야(Hamdi Ulukaya)는 2005년 다논(Dannon), 요플레(Yoplait) 등 미국 요거트 브랜드에 대한 새로운 대안으로 그릭요거트를 최초로 선보였다. 새로운 레시피를 기반으로 한 독특한 제품을 출시함으로써 이 브랜드는 요거트 카테고리에서 입지를 다질 수 있었다. 식료품점을 통한 광범위한 유통, 맛, 패키지에 중점을 둔 것이 성공의 열쇠였다. 이 전략으로 브랜드가 출시된 지 불과 몇 년 후인 2010년까지 매출이 10억 달러에 달하면서 상당한 성공을 거두었다. 라인 확장의 일환으로 초바니 플립(Chobani Flip)이 출시되었고, 이 제품은 다양한 새로운 맛이 나는 오후 간식용 요거트로 포지셔닝되었다. 출시는 성공을 거두었고 초바니의 매출 증대에 크게 기여했다. 또한 초바니 메제 딥스(Chobani Meze dips)

초바니 그릭요거트는 최근 가장 성공적인 신규 브랜드로, 선동직인 스넥을 대신할 수 있는 건강한 제품에 대한 소비자 욕구를 효과적으로 활용했다.

요거트(후무스 혹은 살사와 비슷함)를 출시하는 등 그릭 요거트와는 다른 제품 카테고리로 브랜드를 확장했다.[26]

초바니는 또한 브랜드가 다른 제품과 함께 사용되는 상황을 다양화하기 위해 매장 내 프로모션을 적극 활용했다. 뿐만 아니라 초바니 그릭요거트가 여러 제품과 함께 사용될 수 있는 상황을 소셜 인플루언서를 활용해 확산하기 위한 버즈마케팅을 전개했다. 소셜 인플루언서들이 초바니 그릭요거트를 활용해 참신한 레시피를 만드는 '스무디 위크' 챌린지를 후원했다. 소셜 인플루언서들이 만든 독특한 레시피는 초바니가 다양한 스무디 제품의 중요한 재료로 사용되게 했고 브랜드 사용량 증대에 기여했다. 캠페인은 22개의 블로그 게시물에서 33,000개 이상의 참여와 캠페인에 대한 마케팅 지출의 200% 이상을 차지하는 마케팅 투자수익을 가져왔다.[27] 그러나 이와 같은 캠페인이 효과를 거두려면, 소비자에게 다양한 상황에서 우리 브랜드를 사용하는 습관을 갖도록 설득하는 동시에, 브랜드자산의 핵심 원천인 주요 브랜드연상(초바니의 경우 '건강')을 유지하는 것이 중요하다.

코치

코치(Coach)는 지난 10년 동안 미국 여성이 핸드백을 더 자주 구매하도록 하는 데 핵심적인 역할을 했다. 현재 대부분의 소비자는 연간 세 번 새로운 핸드백을 구매한다. 코치의 전략은 기존의 가방으로는 적절하지 않은 상황인 '사용 공백'을 이브닝 백, 백팩, 새첼백, 토트, 서류 가방, 동전 지갑, 더플 백 등 거의 모든 상황별 가방으로 채우는 것이었다. 여성은 제한된 용도에만 맞는 소수의 가방을 소유할 것이 아니라, 핸드백을 '21세기의 신발 : 새로운 옷을 사지 않고도 다양한 스타일로 옷장을 자주 업데이트하는 수단'으로 생각하도록 권장되었다. 2008년 경기침체로 많은 명품 패션 액세서리 기업이 급격한 할인을 실시했을 때, 코치는 예외였다. 코치는 정규 제품라인은 가격을 유지하고 대신 새로운 저가 품목들을 선보였다. 코치는 항상 많은 조사를 실시하는데, 소비자를 대상으로 한 조사에서 다음 두 가지 사실을 확인했다. 첫째, 신제품은 이미지를 저렴하게 하거나 손상하지 않아야 한다. 둘째, 그로 인한 마진 감소는 거래량 증가로 상쇄되는 것 이상일 것이다. 공급업체와의 재협상, 새로운 가죽원단, 패브릭, 금속 공급처 및 기타 단계를 통해 기업은 필요한 가격대에서 적절한 디자인의 핸드백을 생산하고 판매할 수 있다고 자신들에게 확신시켰다. 이러한 판단에 따라, 젊고 다소 절충적인 코치 포피(Poppy) 라인이 일반적인 코치 백보다 약 20% 저렴한 평균가 260달러로 출시되었다. 소비자 지불의향의 변화로 이 저가 핸드백의 매출 비중은 약 3분의 1에서 2분의 1로 증가했다. 코치 매출의 거의 3분의 2는 핸드백이다.[28]

제품 전략에서 성공했지만 시간이 지남에 따라 가격 책정 및 유통전략에서 문제점들이 대두되고 있다. 코치는 소매점과 백화점의 수를 늘려왔지만, 점포당 매출 증대율이 감소하고 있다.[29] 2016년 북미 매장의 매출이 증가했지만 고객들은 핸드백의 가격할인에 익숙해져서 명품 브랜드로서의 브랜드 이미지가 잠재적으로 손상될 수 있었다. 이러한 판단 하에 가격이 400달러 이상이 되는 새로운 고급 라인을 출시했고, 이 제품 라인은 2015년보다 매출이 30% 증가해 코

코치는 핸드백을 주요 패션 액세서리로 촉진하기 위한 마케팅 전략을 전개했다.

치 핸드백 매출의 4%를 차지했다. "수년간의 과도한 확장과 할인으로 코치 이미지가 손상되었고, 이에 명품 브랜드의 포지셔닝을 유지하기 위한 조치의 일환이다. 온라인 아울렛 반짝 세일 축소, 실적이 저조한 매장 폐쇄, 고가격의 신제품 출시 등이 이루어지고 있다."[30] 핸드백 카테고리는 최근 성장이 미미하지만 한정판과 고가격 · 고품질 제품으로 성공을 거두고 있다.[31]

새로운 용도 개발   사용빈도를 늘리는 두 번째 접근방식은 완전히 새로운 다른 용도를 개발하는 것이다. 예를 들어 식품회사들은 자사 제품을 다양한 방식으로 사용하는 새로운 레시피를 오랜 기간 소비자에게 제공해오고 있다. 제품에 대한 새로운 사용법을 창의적으로 개발해 제시한 대표적인 예로 암앤해머 베이킹소다를 들 수 있다. 암앤해머는 베이킹소다의 탈취성분과 세척성분 등을 토대로 새로운 용도를 개발했다. 다른 브랜드도 암앤해머를 따라 했다. 크로락스는 표백제가 주방 냄새를 제거하는 데 효과적임을 강조하는 등 자사 표백제의 다양한 편익을 광고했다. 리글리(Wrigley)는 자사의 추잉검을 흡연 대용품으로 광고했고, 텀스(Tums)는 자사 제산제의 칼슘 보충제로서의 이점을 홍보했다.

　새로운 용도를 제안하기 위해서는 새로운 광고 캠페인이나 머천다이징 그 이상의 것이 필요할 수 있다. 예를 들어 새로운 패키징이 새 용도 제안에 효과적일 수 있다. 암앤해머는 천연 베이킹소다가 냉장고와 냉동고의 신선도를 높이고 탈취력이 뛰어나다는 것을 어필하기 위해 특별히 디자인된 냉장고용 팩을 출시했다.

브랜드 이미지 개선

브랜드 인지도의 변화가 브랜드자산의 새로운 원천을 창출하는 가장 쉬운 수단일지라도 보다 근본적인 변화, 즉 브랜드 이미지의 변화가 필요할 수 있다. 이 경우 브랜드 이미지를 구성하는 브랜드연상의 강도, 호감도, 독특성을 제고하기 위한 새로운 마케팅 프로그램이 필요하다. 기존 포지셔닝의 강화나 리포지셔닝을 통해 브랜드 이미지를 개선하기 위한 노력의 기본 방향은 소비자의 기억 속에서 흐려져 가는 긍정적 연상은 강화하고, 부정적인 연상은 없애며, 또한 추가적인 긍정적 연상이 창출되도록 하는 것이다. 물론 리포지셔닝을 위해서는 경쟁구도의 틀을 설정해야 하는데, 이를 위해서 표적시장과 경쟁의 성격을 명확히 규정해야 한다.

표적시장 선정 브랜드 재활성화 전략은 목표 세분시장과 관련해 대개 다음 네 가지 전략 중 하나 이상의 전략을 전개한다.

1. 취약 고객층 유지
2. 이탈 고객 되찾기
3. 소외 고객층 파악
4. 신규 고객 획득

매출을 호전시키기 위해 일부 기업은 처음에는 위 네 가지 전략 중 신규 고객 획득을 추구하는 네 번째 전략에 집중하는 실수를 한다. 이는 가장 위험한 선택이다. 실패하면 두 가지 나쁜 결과가 발생할 수 있다. 즉 신규 고객을 유치하는 데 실패할 수 있고, 더 나쁜 결과로 기존 고객을 잃을 수도 있다.

교외 지역의 580여 개 매장에서 여성 정장, 블라우스, 드레스를 판매하는 탤벗(Talbot)은 2008년 경기침체로 매출 부진 문제에 봉착했을 때 표적시장을 확장하기로 결정했다. 자사의 기존 고객층인 35세 이상 여성보다 더 젊은 청중에게 다가가기 위해 매장에는 클래식 진주와 계절 스웨터 옆에 대담한 보석과 메탈릭 소재의 수트가 등장했다. 그 결과 기존 고객뿐만 아니라 목표로 했던 새로운 잠재 고객까지 혼란에 빠뜨리면서 매출이 급감했다. 아시아의 대표적인 저가 캐주얼의류 체인인 유니클로도 매장에서 대중적인 베이직 아이템의 비중을 줄이고 유행에 앞선 아이템들 위주로 구비하자 똑같은 곤경에 처했었다.[32]

이러한 이중고를 피하고 매출 감소에 직면했을 때 흔들리지 않기 위해서는 새로운 고객을 좇기 전에 더 이상 기존 고객을 잃지 않도록 해야 한다. 기존 고객을 유지하기 위한 마케팅노력이 이탈한 고객을 다시 되돌아오게 하는 데도 도움이 될 수 있다. 예를 들어 소비자들에게 잊혔거나 소비자들이 당연하게 여기기 시작한 브랜드의 장점을 상기시키는 것도 효과적이다. 1장에서 살펴본 뉴코크의 참패를 생각해보라. 반면, 켈로그의 콘플레이크는 "처음으로 다시 시도하라(Try Them Again for the First Time)"라는 슬로건으로 성공적인 광고캠페인을 전개한 적이 있다.

브랜드 재활성화 전략으로 세 번째 전략을 선택할 수도 있다. 이는 인구통계학적 변수나 기타 다른 변수로 시장을 세분화하고 소외된 고객층이 있는지 확인하는 것이다. 물론, 쇠퇴해가는 브랜드를 재활성화하기 위한 마지막 전략옵션은 완전히 새로운 세분시장을 공략하기 위해 기존에 대상으로 했던 고객층을 다소 포기하는 것이다.

많은 기업이 브랜드자산을 구축하기 위해 새로운 고객층에 손을 뻗고 있다. 홈쇼핑 네트워크(HSN)는 케이블채널을 보다 디자이너 친화적으로 만들기 위해 알려지지 않은 많은 브랜드는 버리고 대신 유명 디자이너들의 미투제품을 대거 내놓으면서 패션지향적인 파워 쇼퍼들을 얻는 데 성공했다.[33]

기업이 목표로 하는 세분시장을 효과적으로 공략하기 위해서는 일반적으로 마케팅 프로그램의 일부 변경, 특히 광고나 기타 커뮤니케이션 전략에서의 변경이 필요할 수 있으며, 변경을 실행할지 여부는 궁극적으로 비용-이익 분석의 결과에 따라 결정된다.

새로운 세분시장을 대상으로 하는 것은 생각했던 것보다 훨씬 어려울 수 있다. 질레트, 할리데이비슨, ESPN과 같은 브랜드는 남성 이미지의 브랜드를 여성에게 매력적으로 어필하기 위해 적절한 제품과 광고 전략을 찾는 데 수년간 고군분투했다. 여성에게 어필할 수 있는 마케팅 프로그램을 개발하는 것은 이제 자동차에서 컴퓨터에 이르기까지 제품 제조업체의 우선순위가 되었다.

마케터는 또한 다양한 인종, 연령층, 소득층을 대상으로 하는 새로운 마케팅 프로그램을 도입하고 있다. 이들 다양한 문화에 따라 메시지, 크리에이티브 및 매체 전략이 달라진다. 그러나 타미힐피거가 깨달았듯이 소비자는 변덕스럽고 유행주기는 짧다. 타미힐피거는 기본으로 돌아가는 재활성화 전략의 일환으로 패션 즉시성(fashion immediacy)에 초점을 맞춘 포지셔닝을 성공적으로 전개했다.

타미힐피거

1990년대 가장 핫한 패션 브랜드 중 하나였던 타미힐피거는 전 세계 매출이 20억 달러에 달했다. 하지만 아무 때나 갖다 붙이는 빅로고 등 과다노출로 인해 2000년대 초부터 무너지기 시작했다. 1990년대에 타미힐피거는 어반 힙합 스타일로 성공을 거두었는데, 이 스타일에 특화된 의류를 제공하는 패트팜(Phat Farm), FUBU, 션존(Sean John), 에코(Ecko)와 같은 브랜드가 시장을 장악하기 시작했다. 블루밍데일은 힐피거 부티크의 수를 23개에서 1개로 줄였고, 2003년 44개의 자사 브랜드 전문점 중 7개를 제외한 모든 매장의 문을 닫았다. 힐피거는 다시 재기하기 위해 대중적인 인기를 끌었던 스타일(박시핏 오버사이즈 의류, 빅 로고, 과도한 도시 아우라)에서 탈피하고, 심지어는 많은 의류 제품에 새겨져 있던 미국 국기 로고까지 제거했다. 힐피거는 하지만 브랜드의 원래 뿌리와 더 밀접하게 연관 있는 고전적인 프레피 스타일로 새로운 방향을 개척했다. 2008년 메이시스와의 독점 유통계약을 통해 마케팅에 집중할 수 있었고, 2010년까지 65개국 1,000여 곳의 매장에서 브랜드가 판매되고 있었다. 힐피거는 이들 나라마다 제품을 현지화했다. 예를 들어 독일 소비자는 어두운색을 선호했고 스페인 소비자는 더 밝고 연한 색조를 원했다. 중국, 인도, 유럽 일부 국가 등 해외 시장에서 타미힐피거의 브랜드 위상은 높았다. 이러한 모든 재활성화 노력은 필립스반휴센(Phillips-Van Heusen, PVH)이 타미힐피거 브랜드를 30억 달러에 구입하면서 검증되었다.[34] PVH에 매각된 후 타미힐피거는 새로운 기술과 브랜드에 혁신을 추구하면서 세계 도처에서 성과를 보이고 있다. 타미힐피거는 비영리단체인 런웨이 오브 드림스(Runway of Dreams)와 손잡고 장애아들이 편하고 쉽게 사용할 수 있는 패션 아이템을 만들어 출시하기도 했다. 타미힐피거는 고객을 위한 매장 내 가상현실 체험을 도입했다. 고객들은 삼성 기어VR(GearVR) 기기를 통해 획기적인 입체 360도 가상현실 속에서 축구를 테마로 한 패션쇼와 비하인드 씬들을 관람할 수 있었다. 이러한 디지털 푸시 전략

타미힐피거의 런웨이는 엔터테인먼트 체험으로 유명하다.

을 통해 주력 매장에서의 쇼핑 경험을 향상시킬 수 있었다.[35]

타미힐피거는 최근 패션의 속도와 즉시성을 위해 브랜드를 재정비하고 있으며, 그 일환으로 Tommy.com 및 소매점에서 즉시 구매할 수 있는 아이템들을 개발했다. 또한 런웨이를 엔터테인먼트 체험으로 탈바꿈함으로써 성공적으로 화제를 불러일으켰다. 패션쇼는 카니발 놀이기구, 화염방사기, 라이브 뮤지컬 공연 등 다채로운 체험거리와 볼거리가 있는 마치 놀이공원과도 같았고 많은 사람들로 붐볐다. 소셜 인플루언서를 활용해 패션 런웨이 쇼와 제품에 대한 구전마케팅을 전개하기도 하였다. 타미힐피거는 이제 패션업계의 '쇼맨'으로 알려지게 되었다.[36]

브랜드 리포지셔닝 브랜드를 리포지셔닝하려면 표적시장의 유형에 상관없이 매력적인 차별점을 구축해야 한다. 어떤 브랜드는 핵심 이미지 차원에서의 유사점을 구축하기 위해 브랜드를 리포지셔닝해야 할 수도 있다.

성숙기 시장에서의 브랜드를 낡낡하고 있는 마케팅 삼고 있는 대부분의 문제는 제품 관련 사용 상황, 혹은 보다 현대적인 사용자 이미지나 브랜드 개성을 만듦으로써 브랜드를 새롭게 만들어야 된다는 것이다. 수년의 역사를 갖고 있는 헤리티지 브랜드는 신뢰할 수는 있지만, 지루하고 흥미롭지 않으며 그다지 호감이 가지 않을 수도 있다.

브랜드를 업데이트하려면 새로운 제품, 새로운 광고, 새로운 판촉, 새로운 패키지를 필요로 할 수 있다. 2013년에 창립 100주년을 맞이한 크로락스는 끊임없이 스스로를 업데이트해야 하는 헤리티지 브랜드이다. 이 브랜드는 정신없이 바쁜 젊은 부모들에게 다가가기 위해 얼룩 제거 전용 스마트폰 앱 '마이스테인(myStain)'을 개발했다. 스파게티 소스로 범벅이 된 아이들의 얼굴 사진과 같은 가정적인 이미지로 앱의 접근성과 재미를 높였다. 또한 얼룩으로 인한 다양한 문제 상황에서의 솔루션 등 크로락스 제품의 편리한 용도들에 대해 제시하고 있다.[37]

브랜드 요소의 변화 제품이나 마케팅 프로그램의 구성요소가 변하면 이러한 변화와 관련된 새로운 정보를 전달하거나 브랜드의 새로운 의미를 알리기 위해 브랜드 요소도 변화시킬 필요가 있다. 브랜드 요소를 변화시키려고 할 때 가장 먼저 고려되는 브랜드 요소 중 하나가 브랜드네임이지만, 브랜드네임을 변경하는 것은 어려운 경우가 많다. 그러나 경우에 따라서는 마케팅 전략의 변화를 반영하기 위해, 또는 해외시장에서 보다 잘 통용되는 이름으로 하기 위해 브랜드네임의 변경을 고려할 수 있다. 이 경우 자주 쓰이는 방법은 이름의 일부를 생략하거나 혹은 첫 글자만 따서 이니셜만 쓰는 등의 기존 이름을 변형해서 사용하는 것이다. 이렇게 함으로써 기업은 기존의 브랜드자산을 잃지 않으면서 동시에 부정적인 연상을 희석하고 브랜드 이미지를 개선할 수 있는 긍정적 효과를 노릴 수 있게 된다.

예를 들어 페더럴익스프레스(Federal Express)는 소비자들이 그 브랜드를 실제로 어떻게 부르는지에 힌트를 얻어서 페덱스(FedEx)로 브랜드네임을 줄이고 새로운 로고도 도입했다.[38] 켄터키 프라이드 치킨은 더 건강한 이미지를 전달하기 위해 브랜드네임을 이니셜 KFC로 줄였고, 전통을 유지하면서 그 이미지를 현대화하기 위해 샌더스 대령의 캐릭터를 구체화하는 새로운 로고도 만들었다. 그러나 이후 광고에서 KFC의 전통적인 뼈 있는 튀김닭보다 치킨과 샌드위치를 강조하기 시작하자, 일부 가맹점이 브랜드가 기업의 뿌리에서 너무 멀어졌다며 소송을 제기한 바 있다.[39]

브랜드네임을 변경하는 것보다 로고나 캐릭터, 패키지, 심벌, 슬로건 등 다른 브랜드 요소를 변경하는 것이 상대적으로 더 용이하다. 시간이 지남에 따라 이들 브랜드 요소를 변경하고 업데이트하는 방법에 대해서는 4장에서 살펴보았다. 브랜드 요소의 큰 틀에서의 변화는 신중을 기해야 하며 무엇보다 브랜드 요소의 가장 중요한 특징은 유지가 되도록 주의해야 할 것이다.

브랜드 포트폴리오 조정

브랜드자산과 브랜드 포트폴리오를 관리하려면 장기적인 관점에서 포트폴리오를 구성하는 다양한 브랜드의 역할을 고려해야 하며, 시간이 지남에 따라 브랜드들 관계가 어떻게 달라지는지도 주의 깊게 살펴보아야 한다. 때로는 브랜드를 다시 새롭게 하기 위해 브랜드 아키텍처를 정리해야 하는 경우도 있다.

　P&G는 2008년 경기침체 기간 동안 매출이 30억 달러에 달하는 헤어케어 브랜드인 팬틴(Pantene)의 매출이 폭락하자 제품 라인 개선을 위한 대규모 연구개발(R&D)에 나섰다. 신제품 개발과 제품 개선을 위해 의학 및 우주 연구에 일반적으로 사용되는 광범위한 소비자 테스트를 통해 다양한 모발 유형에 따른 효과적인 성분들을 조사했다. P&G는 샴푸, 컨디셔너 및 스타일링 보조제의 수를 3분의 1로 줄이고 전체 제품 라인을 네 가지 모발 유형(염색머리, 곱슬머리, 가는 모발, 중간 모발)으로 재구성하고 이들을 색상으로 구분했다.[40]

브랜드 마이그레이션 전략

브랜드 마이그레이션 전략(brand migration strategy)은 시간의 흐름과 소비자 니즈의 변화에 따라 브랜드 포트폴리오를 구성하는 다양한 브랜드 가운데 일부 브랜드의 위치에 변화를 주는 것이다. 마이그레이션 전략으로 포트폴리오를 구성하는 다양한 브랜드에 변화가 생기게 되면 소비자들을 이해시키는 게 중요하다. 즉 새롭게 조정된 포트폴리오 내 브랜드가 어떻게 소비자 니즈를 충족시킬지에 대해 소비자들을 이해시켜야 한다. 특히 제품 기능과 소비자 욕구 측면에서 급속한 변화를 보이는 IT 분야에서는 더욱 그렇다. 일부 소비자는 자신들의 마음속에 브랜드들이 조직화되어서 그들의 니즈나 욕구가 변함에 따라 적어도 브랜드들이 브랜드들 사이에서 어떻게 전환되고 이동될 수 있는지 암묵적으로 다 알 수 있을는지 모른다.

　브랜드들을 체계적으로 구조화하는 데 있어서 기업브랜드 혹은 패밀리브랜드 전략은 브랜드 마이그레이션을 용이하게 하기 위해 소비자의 마음속에 브랜드에 대한 위계구조를 심어줄 수 있다. 이는 특히 자동차 기업들이 많이 사용하는 전략인데, 예를 들어 BMW는 3, 5, 7 시리즈 번호 체계를 사용해 품질이나 성능 차이를 구분 짓고 있다.

신규 고객 획득

모든 기업은 신규 고객 획득과 기존 고객 유지 사이에서 어디에 더 중점을 둘 것인가를 고민하게 된다. 성숙기 시장에서는 일반적으로 신규 고객 획득보다 고객애호도를 구축하고 기존 고객을 유지하는 것이 더 중요하다. 그러나 특별한 이유 없이 고객이 브랜드를 떠나는 어쩔 수 없는 상황은 기업으로선 불가피한 상황이다. 따라서 기업은 신규 고객, 특히 젊은 고객을 유치하기 위한 전략을 적극적으로 개발해야 한다. 이를 위한 마케팅 과제는 브랜드를 매우 다양한 세대와 집단 또는 라이프스타일과 관련이 있는 것처럼 보이게 만드는 데 있다. 그러나 브랜드 개성 혹은 사용자 이미지 연상이 특정 소비자집단과 관련되어 강력하게 형성되어 있는 경우에는 더 어려운 과제가 될 것이다.

불행히도 젊은 세대의 소비자가 그들보다 앞서 살았던 나이 든 소비자와 똑같은 행동과 태도를 보일 것이라는 보장은 없다. 2011년, 제2차 세계대전 이후 베이비부머의 첫 세대가 65세 생일을 맞이하면서 공식적으로 고령화시대에 진입했다. 한 인구통계학 전문가는 다음과 같이 지적한다. "베이비붐 세대가 그 부모처럼 행동할 것이라고 말하는 것만큼 진실과 동떨어진 것은 없다."

타미힐피거가 1990년대에 성공을 거두었던 어반 힙합 스타일을 단념했던 것처럼 일부 마케터는 과거로부터 벗어나려고 시도했다. 신규 고객 획득과 기존 고객 유지를 동시에 노리는 마케팅 전략을 시도하는 브랜드도 있다. 예를 들어 브룩스브라더스(Brooks Brothers)는 중·장년층의 기존 고객의 애호도를 유지하는 동시에 젊은 세대의 신규 고객을 끌어들이기 위해 제품믹스를 업그레이드하고, 매장을 혁신하고, 프랜차이즈를 해외시장으로 확대하고, 최초의 디자이너 브랜드인 블랙플리스(Black Fleece)를 도입하는 등 많은 노력을 기울였다. 또한 노드스트롬과 독점적인 파트너십을 체결해 보다 현대적인 감각의 엄선된 제품들을 판매했다.[41]

브랜드 철수

마케팅 환경의 급격한 변화 혹은 불리한 변화로 인해 일부 브랜드는 계속 유지할 가치가 없게 된다. 그들의 브랜드자산 원천은 본질적으로 고갈되었을 수도 있고, 더 심한 경우 치명적인 부정적인 연상이 창출되었을 수도 있다. 어느 시점에 이르러서는 아무리 고객들의 애호도가 높더라도 마케팅지원을 하기에는 브랜드 프랜차이즈의 규모가 너무 작아져 있다. 이런 상황에서는 브랜드를 확실히 철수시키거나 혹은 수익을 짜내기 위한 결단력 있는 조치가 필요하다.

여러 가지 대응방안이 있다. 쇠퇴해 가는 브랜드를 잘라내는 첫 번째 단계는 제품 유형(패키지 크기 또는 품목)의 수를 줄이는 것이다. 이러한 조치를 통해 브랜드 지원 비용을 줄이고 수익 목표를 보다 쉽게 달성할 수 있다. 마케팅지원에서 아예 배제했는데도 시장규모가 아직 충분히 크고 애호도가 높은 고객들이 있는 경우 캐시카우가 되어서 이익을 얻거나 수확하는 효과적인 수단이 될 수도 있다.

고아 브랜드(orphan brand)란 한때는 인기가 있었지만 모회사가 마케팅지원을 끊음으로써 브랜드자산이 쇠약해지도록 내버려둔 브랜드를 말한다. 일반적으로 이러한 고아 브랜드는 고객 기반이 너무 작아 광고 및 판촉비용을 지원할 수가 없다. 테이크파이브(Take 5)의 경우는 2004년에 처음 출시된 허쉬의 달콤새콤한 초콜릿 브랜드였다. 2011년, 이 브랜드는 인기가 많았음에도 불구하고 허쉬의 마케팅지원 철회 대상이 되었다.[42] 테이크파이브 브랜드에 대한 지원이 철회되었음에도 불구하고 소비자에게 계속 인기를 끌면서 허쉬는 결정을 번복했다. 이 브랜드는 2016년에 새로운 패키지와 밀레니얼 세대를 겨냥한 새로운 마케팅 캠페인을 통해 다시 출시되었다.

마지막으로 영구적인 해결책은 제품을 완전히 중단하는 것이다. 시장에는 적절한 수준의 브랜드자산을 구축하지 못했거나 마케팅 환경의 변화로 인해 브랜드자산의 원천이 바닥난 브랜드들로 가득 차 있다. 토요타는 최근 사이언(Scion) 모델을 출시 13년 만인 2016년에 단종하기로 결정했다. 젊은 세대를 타깃으로 한 이 브랜드는 젊은 세대의 취향이나 태도 변화에 대응하지 못했고, 타깃인 밀레니얼 세대는 이 브랜드를 호의적으로 보지 않았다.[43] 캠벨의 블라식(Vlasic) 피클과 스완슨(Swanson) 냉동식품이 그랬던 것처럼, 매출이 너무 떨어지면 고아 브랜드가 되는 경우가 많

다. 특히 기업의 전략적 목표와 집중하려고 하는 사업영역에 직접적으로 부합하지 않는 브랜드
는 다른 기업에게 브랜드를 판매하는 경우도 적지 않다. 예를 들어 P&G는 포트폴리오 내 주력브
랜드에 더 집중하기 위해 자사의 커버걸(Covergirl), 클레롤(Clairol), 웰라(Wella) 등 뷰티브랜드들
을 125억 달러에 코티(Coty)에 매각한 바 있다.[44] P&G는 또한 버크셔해서웨이에 듀라셀 배터리
브랜드를, 마즈(Mars)에 아이암스 펫푸드 브랜드를 판매했다. 이와 같이 P&G는 느리게 성장하는
브랜드와 쇠퇴하는 브랜드를 매각함으로써 기업 자원을 고성과 브랜드에 집중할 수 있었다.[45]

하버드대학교 교수 낸시 케인(Nancy Koehn)은 소비자들이 어릴 때부터 기억하는 경우가 많기
때문에 장수 브랜드는 유지할 가치가 있다고 설명한다. 케인은 "적어도 무의식적인 연결 고리가
있다"고 말한다.[46] 츄파춥스 크레모사 롤리팝(Cremosa Lollipops)과 같은 수백 개의 특이한 고아
브랜드 제품을 제공하는 웹사이트(www.mybrands.com)가 성공하는 것도 바로 이 때문이다. 코카
콜라의 프룻토피아(Fruitopia)와 같은 브랜드는 여전히 호주와 독일에서 판매되고 있다. 고아 브
랜드라 할지라도 핵심 고객들에게 여전히 인기가 있는 한은 기업은 이 제품들을 판매할 의지는
갖고 있는 것으로 보인다.[47]

기존 제품의 진부화

기술 변화와 소비자 취향의 변화는 시장의 변화를 따라잡지 못한 브랜드에게 종종 문제를 야기할
수 있다. 이런 맥락에서 제품을 적절한 시기에 단종하지 못한 기업의 잘못도 있을 수 있다. 이러
한 브랜드를 단종시키는 것(또는 계획적으로 진부화 시키는 것)은 종종 과감한 조치일 수 있지만,
혁신적인 새로운 브랜드를 도입할 수 있는 기회일 수도 있다. 경쟁자(예 : 애플 아이폰)가 혁신적
인 기능으로 앞서 나간 반면, 블랙베리는 터치스크린 기술 등 변화를 따라잡지 못해 2016년 한때
유명했던 휴대전화 제조를 중단해야 했다.[48] 소비자들이 디지털 카메라로 이동함에 따라 코닥은
중대한 도전에 직면했지만 여전히 전통적인 필름 판매에만 집중했다(디지털 카메라에 대한 기술
이 있었음에도 불구하고). 코닥의 디지털 기술로의 전환은 빠르게 이루어지지 않았고, 반면 후지
는 새로운 디지털 제품을 만들고 도입할 기회를 재빨리 포착해 코닥보다 앞서갔다. 이들 사례에
서 알 수 있듯이, 기존 제품을 폐기하는 것이 빠르게 변화하는 기술 산업에서는 필수적인 전략이
될 수 있다.[49] 브랜드 철수 결정은 여러 요인에 의해 좌우된다.

기본적으로 문제는 브랜드의 기존 자산과 잠재 자산이다. 거대 소비재 기업인 유니레버의 전
대표가 브랜드와 사업단위의 약 75%를 매각할 계획을 발표하면서 다음과 같이 말한 바 있다. "사
업이 가치를 창출하지 못한다면 그 사업을 계속 붙잡고 있지 말아야 한다. 이는 잡초가 무성한 멋
진 정원과도 같다. 가장 잘 자랄 가능성이 있는 꽃에 빛과 공기가 잘 들어갈 수 있도록 깨끗이 청
소해야 한다."[50]

요약

브랜드는 장기적인 관점에서 관리해야 한다. 브랜드의 마케팅 프로그램 변화는 소비자의 브랜드 지식구조를 변화시킴으로써 향후 마케팅 프로그램의 성패에 영향을 미친다. 마케팅을 둘러싼 외부 환경은 끊임없이 변화하며, 마케팅 목표에 따라 마케팅 프로그램의 전략적 변화가 일어나는 등 내부 환경도 변화하기 마련이다. 기업은 장기적인 관점에서 이러한 외부 및 내부 환경의 변화 요인을 고려하면서 고객 기반 브랜드자산을 강화·유지하기 위한 전략을 수립하고 전개해나가야 할 것이다.

마케터는 브랜드 의미를 꾸준하게 전달하는 활동을 통해 브랜드자산을 강화해야 한다. 즉 브랜드가 어떤 제품을 상징하는지, 어떤 편익을 제공하는지, 어떤 소비자 욕구를 충족시키는지, 얼마나 우수한지를 전달해야 하며, 브랜드의 강력하고 호의적이며 독특한 브랜드연상을 강화 혹은 유지해야 한다. 브랜드를 강화하는 데 있어서 가장 중요한 고려 요인은 대상 브랜드에 대한 마케팅지원 규모와 내용의 일관성이다. 일관성은 마케터가 마케팅 프로그램에 어떠한 변화도 주어서는 안 된다는 의미가 아니다. 오히려 그 반대이다. 즉 브랜드의 전략적 일관성을 유지하기 위해서 수많은 전술적 변화가

필요할 수 있다. 그러나 마케팅 환경의 변화나 전략적 방향의 변화가 없는 한 성공적인 포지셔닝을 바꿀 필요는 없다. 브랜드자산의 핵심 원천인 유사점(POP)과 차별점(POD)은 적극적으로 보호되고 방어되어야 한다.

브랜드 의미를 강화하기 위한 전략은 브랜드연상 유형에 따라 달라진다. 핵심 연상이 주로 제품의 기능적 편익인 브랜드의 경우 제품 디자인, 제조, 머천다이징에서의 혁신이 브랜드자산을 유지하거나 강화하는 데 특히 중요하다. 반면 핵심 연상이 제품 외적 속성, 즉 상징적 편익 혹은 경험적 편익인 브랜드의 경우에는 사용자 이미지와 사용 상황 이미지와의 관련성이 브랜드자산을 유지하거나 강화하는 데 특히 중요하다.

브랜드자산을 관리하는 데 있어서 마케터는 기존의 브랜드자산을 강화하기 위한 마케팅활동과 기존의 브랜드자산을 활용함으로써 재정적 이익을 얻기 위한 마케팅활동 간에 균형을 이루도록 해야 한다. 브랜드자산을 활용하려는 마케팅활동에 초점이 집중되면 기존의 브랜드 인지도나 이미지를 유지하고 향상하기 위한 마케팅활동을 간과하기 쉽고 그 결과 브랜드자산이 약화할 수 있다. 그림 14-9는 브랜드 강화 전략을 요약한 것이다.

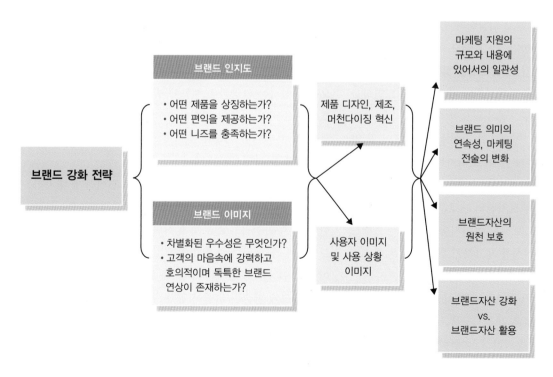

그림 14-9
브랜드 강화 전략

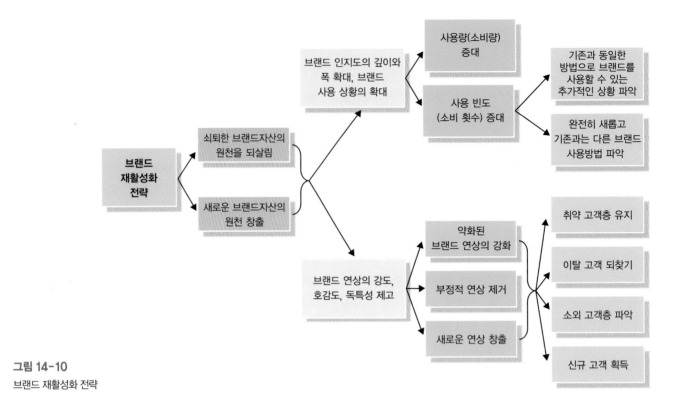

그림 14-10
브랜드 재활성화 전략

성공적인 브랜드 재활성화를 위해서는 잃어버린 브랜드자산의 원천을 되살리거나, 혹은 브랜드자산의 새로운 원천을 개발함으로써 새로운 자산을 구축해야 한다. CBBE 모델에 따르면 브랜드 재활성화를 위한 전략적 대안으로 다음 두 가지를 들 수 있다. (1) 소비자가 구매 상황 혹은 사용 상황에서 브랜드를 보다 더 잘 재인하고 회상하게 함으로써 브랜드 인지도의 깊이와 폭을 향상한다. (2) 브랜드 이미지를 구성하는 브랜드연상의 강력함, 호감도, 독특성을 향상한다. 후자의 경우에는 기존 브랜드연상을 강화하거나 새로운 브랜드연상을 창출하기 위한 마케팅 프로그램이 필요할 수 있다.

침체된 브랜드의 경우 '인지도의 깊이'는 '인지도의 폭'만큼 문제가 되지 않는 경우가 많다. 소비자들은 매우 좁게, 즉 매우 제한된 상황에서만 브랜드를 생각하는 경향이 있다. 브랜드 인지도의 변화가 브랜드자산의 새로운 원천을 창출하는 가장 쉬운 수단일지라도, 브랜드 이미지를 구성하는 브랜드연상의 강도, 호감도, 독특성을 제고하기 위한 새로운 마케팅 프로그램이 필요할 수 있다.

이러한 리포지셔닝의 일환으로 표적시장을 주의 깊게 분석해야 한다. 완전히 새로운 세분시장을 목표로 하기보다는 먼저 신규 고객을 획득 · 유지한 후 이탈한 고객이나 소외된

고객층을 공략하는 것이 가장 바람직하다. 브랜드 이미지에 변화를 주기 위한 리포지셔닝 전략에서 중요한 과제는 이미 존재하는 브랜드자산에 타격을 주어서는 안 된다는 것이다. 그림 14-10은 브랜드 재활성화 전략을 요약한 것이다.

또한 브랜드 포트폴리오를 관리할 때는 포트폴리오를 구성하는 다양한 브랜드의 역할을 고려해야 하며, 시간이 지남에 따라 브랜드들 관계가 어떻게 달라지는지도 주의 깊게 살펴보아야 한다. 특히 브랜드 마이그레이션 전략은 포트폴리오를 구성하는 다양한 브랜드에 변화가 생기는 만큼, 시간이 흐름과 소비자 니즈의 변화에 따라 새롭게 조정된 포트폴리오 내의 브랜드가 어떻게 소비자의 니즈를 충족시킬지에 대해 소비자를 이해시켜야 한다.

브랜드에 위기가 닥쳤을 때 신속하고 진실하게 대처하는 것이 무엇보다 중요하다. 고객에게 반응하지 않거나 무관심한 기업은 필연적으로 문제에 직면하게 된다. 소셜 미디어가 브랜드에 대한 정보 증폭기 역할을 하는 시대이다. 위기 사건이 터지면 급속도로 입소문을 타게 되며, 며칠 이내에 기업 평판이 크게 훼손될 위험이 있다. 기업은 자사 브랜드를 둘러싼 부정적인 퍼블리시티에 주의를 기울여야 하며 다양한 대응 전략을 신중하게 검토하고 활용해야 한다.

토의 문제

1. 브랜드를 하나 선택하라. 지난 5년간 브랜드자산을 관리하기 위한 활동에 대해 평가하라. 어떤 활동이 취해졌는가? 그 활동은 혁신적이었고 적절했는가? 마케팅 프로그램을 변경해야 한다면 어떻게 변경을 추진하라고 제안하겠는가?

2. 제품 범주를 하나 선택하라. 지난 10년간 해당 제품 범주에서 선도브랜드의 마케팅 역사를 살펴보라. 브랜드자산을 강화하거나 재활성화하기 위한 해당 브랜드의 활동에 대해 어떻게 특징지을 수 있는가?

3. 쇠퇴하고 있는 브랜드를 하나 선택하라. 브랜드자산을 재활성화하기 위해 어떤 제안을 할 수 있는가? 이 장에서 살펴본 다양한 접근방식을 적용해보라. 어떤 전략이 가장 효과적일 것 같은가?

4. 기본으로 돌아가기 또는 재활성화 전략을 채택한 브랜드의 추가 사례를 선택해 살펴보라. 전략이 얼마나 효과적이었는가?

5. 최근에 마케팅 위기를 겪은 브랜드를 선택하라. 마케터의 대응을 어떻게 평가하겠는가? 무엇을 잘했고, 무엇을 잘하지 못했는가? 기업은 위기 상황을 통제하기 위해 소셜 미디어를 어떻게 활용했는가? 기업의 대응 방안(특히 소셜 미디어 관련) 중에서 효과가 있었던 것은 무엇인가?

브랜드 포커스 14.0
브랜드위기 대응

타이레놀(Tylenol)은 브랜드위기를 성공적으로 극복한 사례로 잘 알려져 있다.[51] 1959년 맥닐(McNeil) 연구소가 존슨앤드존슨(Johnson & Johnson, J&J)에 인수되었고, 이 연구소가 아스피린(액체)의 대안으로 타이레놀을 탄생시켰다. 타이레놀은 아스피린만큼 통증과 열을 완화하는 효과가 있지만, 아스피린 사용 시 수반되는 위장 자극은 없는 아세트아미노펜(acetaminophen)을 이용해 만들어졌다. J&J는 발매 초기에는 의사들에게 홍보했고 의사들은 타이레놀이 알레르기 반응이 일어났을 때 아스피린 대용으로 처방할 수 있는 알약 형태의 제품임을 지속적으로 홍보했다.

의사들의 지원에 힘입어 타이레놀의 매출은 15년 동안 느리지만 꾸준히 성장했다. 1974년까지 매출은 진통제 시장의 10%인 5,000만 달러에 달했다. 하지만 J&J는 브리스톨-마이어스(Bristol-Myers)의 데이트릴(Datril)이라는 저가 진통제의 대대적인 홍보로부터 타이레놀을 방어하기 위해서는 의사가 아닌 소비자를 대상으로 한 광고를 해야 함을 인식하게 되었다.

J&J는 라인 확장 제품인 정제형과 캡슐형의 엑스트라 스트렝스 타이레놀(Extra-Strength Tylenol)도 성공적으로 출시했다. 1982년 타이레놀의 시장점유율은 진통제 시장에서 37%로 성장했다. 의료 및 화장품 역사상 가장 점유율 규모가 큰 단일브랜드로, 1억 명의 미국 소비자가 타이레놀을 사용한 셈이었다. 타이레놀의 매출은 J&J 총매출의 8% 수준이었지만 순이익에서는 거의 2배였다.

타이레놀의 광고캠페인 전개는 적극적이었다. 1982년 4,000만 달러

독극물 투입 사건에 대한 타이레놀의 대처는 뛰어난 위기 대응이 브랜드이미지 손상을 어떻게 막을 수 있는지 보여주는 좋은 본보기가 되었다.

규모의 미디어 캠페인은 두 가지 다른 메시지를 사용했다. '병원 캠페인'에서는 병원에서 타이레놀을 투여받은 후에 타이레놀을 신뢰하게 된 사람들의 증언을 내보냈다. 이 '병원 캠페인' 광고에서는 'Trust Tylenol—hospitals do'라는 슬로건으로 끝을 맺었다. '몰래카메라' 캠페인은 피험자들 몰래 촬영한 영상을 보여주었는데, 이 영상에서는 피험자들이 두통 증상을 겪고 엑스트라 스트렝스 타이레놀을 복용한 후 효과가 좋아서 다시 두통이 생기면 타이레놀을 사용하겠다고 다짐하는 모습이 담겨

있었다. '몰래카메라' 광고에서는 '타이레놀… 처방전 없이 살 수 있는 가장 강력한 진통제'라는 슬로건으로 끝을 맺었다.

타이레놀 독극물 투입 사건

타이레놀의 성공가도는 1982년 10월 첫째 주 엑스트라 스트렝스 타이레놀을 복용한 후 시카고 지역에서 7명이 사망한 사건이 발생하면서 무너졌다. 누군가 캡슐형 타이레놀 제품에 치사량의 독극물을 넣은 것이다. 이 사건은 비록 미국 시카고 지역에 국한된 사건이고 기업 외부의 비정상적인 사람의 소행이라는 것이 명백해졌지만, 타이레놀에 대한 소비자들의 신뢰는 심각하게 흔들렸다.

마케팅 전문가 대부분이 이 사건으로 타이레놀 브랜드 명성에 대한 손상은 돌이킬 수 없으며, 타이레놀은 결코 완전하게는 회복되지 않을 것이라고 믿었다. 광고계의 거장인 제리 델라 페미나(Jerry Della Femina)는 당시 《뉴욕타임스》에 다음과 같이 언급했다. "이 나라 모든 사람이 타이레놀이 자신을 죽일지도 모른다고 생각한다. 광고비도 마케팅 인력도 충분하지 않다. 아마 1년 이내에 타이레놀이라는 브랜드 이름을 사람들은 볼 수 없게 될 것이다." 그러나 타이레놀은 이러한 도저히 극복할 수 없어 보이는 상황을 돌파했고, 마케팅위기에 가장 잘 대응하기 위한 대표적인 본보기가 되었다.

독극물 투입 사건으로부터의 회복

사건이 발생하자마자 J&J는 신속하게 대응해나갔다. 전 세계 의료계에 경보를 발령하고 24시간 수신자 부담 전화번호를 개통하고 언론과 소비자의 질문에 일일이 답하면서 제공할 수 있는 모든 정보를 신속하게 전달했다. 또한 시카고는 물론 미국 전역에서 판매되고 있는 1억 달러어치의 캡슐형 타이레놀을 모두 회수 조치했다. 독극물을 넣은 범인을 체포하기 위해 10만 달러의 현상금도 내걸었다. 광고를 중단했고 대중과의 모든 커뮤니케이션은 보도자료 형태로 이루어졌다.

J&J는 사건에 대한 소비자 반응을 모니터링하기 위해 1,000명의 소비자를 대상으로 매주 추적 조사를 했다. 1982년 4분기에는 마케팅조사에만 총 150만 달러를 지출했다. 캡슐형 제품의 제조와 판매를 금지할 것을 약속했고, 10월 12일에는 전국 150여 개 주요 시장에서 캡슐형 제품의 교환을 실시한다고 신문 보도를 통해 발표했다. 캡슐형 제품을 우편으로 보내면 그 대가로 정제형 제품을 받을 수 있도록 한다는 것이었는데, 의도는 좋았지만 소비자반응이 좋지 않았다.

10월 24일 한 주 동안 J&J는 TV 광고를 다시 전개했다. 광고는 타이레놀 제품의 안전성에 대한 신뢰도를 회복하고 제품 변조 방지 패키지를 제품에 이용할 때까지 정제형 제품의 사용을 장려하는 것을 목표로 했다. 광고모델은 기업의 의약책임자인 토머스 N. 게이츠(Thomas N. Gates) 박사였다. 그의 굵고 안심되는 목소리는 신뢰감을 주었다. 그는 차분하게 카메라를 응시하며 이렇게 말했다.

최근의 엑스트라 스트렝스 타이레놀 캡슐이 우리 회사의 공장에서 떠난 후 어떤 지역에서 범죄적으로 변조된 비극적 사건을 여러분은 알고 계실 것입니다. 제품을 변조하는 행위는 우리 회사에도 그리고 국민 여러분 모두에게도 피해를 줍니다. 여러분은 타이레놀을 신뢰해주셨고, 우리 회사는 여러분의 신뢰를 얻기 위해 열심히 일했습니다. 우리는 여러분의 신뢰를 유지하기 위해 더 열심히 노력할 것입니다. 우리는 시판되고 있는 모든 타이레놀 캡슐을 자발적으로 회수했습니다. 우리는 가능한 한 빨리 제품 변조가 방지되는 용기로 캡슐 제품을 다시 출시할 것입니다. 그때까지, 모든 타이레놀 캡슐 사용자는 정제형 타이레놀로 사용을 바꿔주시고, 갖고 계신 캡슐이 있다면 정제형으로 교체해주실 것을 제안합니다. 타이레놀은 20년 넘게 의료계와 1억 미국인의 신뢰를 받았습니다. 우리는 그 신뢰를 너무나도 소중하게 여겨서 회사의 그 누구도 제품을 함부로 조작할 수 없습니다. 모쪼록 타이레놀을 계속 신뢰해주시기를 바랍니다.

미디어 스케줄은 빡빡하게 짜였고 광고빈도가 높아서 목표시장의 85%가 한 주 동안 최소 4번 이상 이 광고를 시청했다.

1982년 11월 11일, 독극물 투입 사건 발생 6주 후 J&J 회장은 미국 전 지역의 기자 600명과 실시간 화상회의를 열어 타이레놀 캡슐의 시장 복귀를 발표했다. 제품 변조를 방지하기 위해 3중으로 밀봉한 용기의 캡슐 제품을 출시한 것이다. 소비자들이 새로운 용기의 이 캡슐 제품을 시도하도록 하기 위해 회사는 비즈니스 역사상 가장 큰 쿠폰 프로그램을 시행했다.

1982년 11월 28일, 무료 타이레놀 제품(최대 2.50달러 상당)을 제공하는 6,000만 개의 쿠폰이 전국의 일요신문에 배포되었다. 다음 일요일에는 2,000만 개의 쿠폰이 추가로 배포되었다. 12월 말까지 쿠폰의 30%가 사용되었다. J&J는 또한 중간상 프로모션, 영업 상담 등 소매업체의 지원을 받기 위한 다양한 활동을 전개했다.

시장 상황이 이제 정규 광고를 시작할 수 있을 만큼 안정적이라고 확신한 J&J의 광고대행사는 충성도가 높은 타이레놀 사용자의 증언을 활용해 소비자들에게 타이레놀을 계속 사용할 수 있다는 확신을 주기 위한 세 가지 광고전략을 수립했다. 첫 번째 광고는 독극물 투입 사건에 대한 소비자반응을 발췌한 내용을 담고 있었고, 두 번째 광고는 독극물 투입 사건 이전의 광고캠페인에 등장했던 타이레놀 지지자를 다시 등장시켜 타이레놀에 대한 그녀의 신뢰를 다시 보여주었다. 세 번째 광고는 타이레놀을 병원에서 계속 사용하고 있기 때문에 믿을 수 있다고 주장하는 타이레놀 사용자의 증언을 담았다. 유명한 마케팅조사 회사인 ASI가 광고효과를 측정했는데, 위 세 가지 광고 중 두 가지 광고의 광고회상 점수는 ASI가 역대 기록한 점수 중에 가장 높은 점수 중 하나였다. J&J는 정규 광고를 다시 시작하는 동안 소비자를 대상으로 추가적인 쿠폰 판촉도 실시했다.

놀랍게도, 1983년 2월에 타이레놀의 판매는 브랜드가 6개월 전에 누렸던 독극물 투입 사건 이전의 높은 수준으로 거의 완전히 회복되었다. 극도로 어려운 상황을 J&J가 능숙하게 대응한 것이 브랜드가 재기할 수 있었던 주요 요인이었다. 그러나 또 다른 중요한 재기 요소는 사건 이전에 수년간 구축한 브랜드자산, 그리고 소비자와의 강력하고 소중한 신뢰 관계였다. 분명한 사실은 브랜드가 구축했던 신뢰감이 회복 속도를 높이는 데 도움이 되었다는 것이다('신뢰'라는 단어가 게이츠 박사가 등장했던 타이레놀의 초기 광고에 얼마나 자주 등장했는지 생각해보라).

J&J와 맥닐컨슈머헬스케어(McNeil Consumer Healthcare)는 참사 위기에서 놀라운 회복세를 보이며 시장 리더십의 혜택을 누릴 수 있었다. 10억 달러 규모의 브랜드인 타이레놀은 기침 및 감기 치료제, 야간

진통제 및 어린이용 버전으로 성공적으로 확장했다. 타이레놀 다음 순위 경쟁자의 진통제 시장점유율은 타이레놀 시장점유율의 절반에 불과했다.

그러나 1990년대에 들어서 타이레놀을 권장량 이상 복용하게 되면 간이 손상되고 사망할 가능성이 발견되면서 상황이 바뀌기 시작했다. 일부 분석가들은 J&J가 제품 라벨링에서 발생할 수 있는 제품 위험에 대해 좀 더 적극적으로 대처했어야 한다고 말한다. 이러한 문제는 소비자들이 적절한 복용량과 부작용의 위험에 대한 인식이 미흡하다는 조사 결과가 계속 나오면서 20년 동안이나 지속되었다. 미국 정부는 규제 방안을 계속해서 저울질해왔다.

타이레놀의 품질관리 위기

복용량에 대한 우려는 일련의 처참한 품질관리 스캔들과 문제로 인해 악화했다. 2009년부터 2011년까지 타이레놀은 정부규제기관들로부터 부정적인 평판과 가혹한 비판을 받아야 했다. 독극물 투입 사건과는 달리 이러한 타격은 자초한 것이었고, 사망자는 발생하지 않았지만 타이레놀 고객의 우려, 안위, 신뢰감이 위태로운 상태였다. J&J의 대처 행동에 대해 혹은 대처 행동을 하지 않는 것에 대해 곳곳에서 문제가 제기되었다.

문제는 맥닐컨슈머헬스케어의 일부 제조실의 품질관리 및 규정 준수 과정에서 발생하는 듯했다. 비용 절감과 감독 절차의 변화로 불량품들이 생겨나고 사후 판단의 오류는 문제를 가중시킬 뿐이었다.

J&J는 2009년 어린이용 타이레놀 24종을 회수했는데, 이는 제조시설 중 한 곳에서 박테리아 오염 가능성이 있었기 때문이었다. 이듬해 같은 공장에서 추가 문제가 발생했고, 정부규제 당국은 J&J의 문제 대처에 진전이 없다며 불만을 표명했다.

2010년 1월, J&J는 타이레놀, 모트린(Motrin), 베나드릴(Benadryl), 세인트조셉아스피린(St. Joseph's Aspirin)의 수백 회분을 회수해야 했다. 세인트조셉아스피린은 곰팡이 냄새가 나는 병에 대한 소비자들의 불만을 받기 시작한 것으로 알려진 지 20개월 만에 일부 사람들을 또 부작용으로 아프게 했다. FDA는 J&J가 시기적절하고 포괄적인 조사를 하지 않은 점, 문제의 원인을 신속하게 파악하지 않은 점, 그리고 이 모든 것이 소비자의 건강 취약성을 결국엔 장기화하는 문제에 대해 당국에 통보하지 않은 점을 들어 거세게 비난했다.

범인은 푸에르토리코의 라스피에드라스(Las Piedras) 시설에서 제품 포장의 운송 및 보관용 목재 펠릿을 처리하는 데 사용되는 화학 물질의 고장이었다. 몇 달 후인 2010년 4월에 J&J는 수백만 병의 타이레놀, 베나드릴, 지르텍(Zyrtec), 모트린을 리콜해야 했다. 활성약물, 금속입자 또는 테스트 요구사항에 실패한 성분이 과도하게 높은 수준이어서 안전 위반 가능성이 있기 때문이었다. J&J에 대한 고강도의 조사가 뒤따랐고, 2009년에 맥닐컨슈머헬스케어는 개인 계약업체들을 고용해 결함이 있는 모트린 수십 병을 은밀하게 리콜로 구입했음을 밝혔다. 실제 안전 위험이 없기 때문에 J&J는 정식 리콜은 필요하지 않다는 입장을 고수한 것이다. 연방 규제기관은 J&J의 문제 치리에 다시 이의를 제기했다.

이러한 전례 없는 품질관리 오류로 인해 J&J는 10억 달러의 매출 손실을 봐야 했다. 하지만 더 중요한 것은 1982년에 그토록 열심히 노력해서 구축했던 대중의 신뢰, 존경, 찬사일 것이다. CEO인 윌리엄 웰던(William Weldon)은 독극물 투입 사건 대처 때와 대비되는 품질관리 문제에 대한 대처로 많은 비판을 받게 되었고, 결국 2012년 4월 사임했다.

하지만 타이레놀은 계속해서 다른 논란에도 휩싸였다. 브랜드에 의문을 제기하는 이러한 추가적인 논란에도 불구하고 소비자들은 여전히 이 브랜드를 신뢰하고 계속 구매하는 것으로 보이며, 타이레놀 브랜드는 2013년에도 여전히 2억 달러 가치로 평가되었다. 많은 위기를 겪으면서도 브랜드의 강점으로 타이레놀은 건재할 수 있었다. 높은 매출을 유지하는 데 시장규모가 도움이 되고 있지만, 경쟁은 치열하다. 타이레놀은 PB제품, 애드빌(Advil), 알리브(Aleve)에 이어 진통제 시장에서 4위 브랜드에 머물러 있다. 24시간 동안 2정만 있으면 되는 사용 편의성 때문에 알리브가 최근 타이레놀을 앞질렀다.[52]

참고문헌

1. Leonard M. Lodish and Carl F. Mela, "If Brands Are Built Over Years, Why Are They Managed Over Quarters?," *Harvard Business Review* 85, no. 7/8 (July–August 2007): 104–112.

2. Craig McLean, "Q Live: Coldplay," *Q*, March 2012, 123–125; Ben Sisario, "Chris Martin of Coldplay Asks: What Would Bruce Do?," *The New York Times*, October 13, 2011; Ray Waddell, "Coldplay: The Billboard Cover Story," *Billboard*, August 12, 2011.

3. IFPI Digital Music Report 2015: Charting the Path to Sustainable Growth (PDF), *International Federation of the Phonographic Industry*, http://www.ifpi.org/downloads/Digital-Music-Report-2015.pdf, accessed July 17, 2018.

4. Megan Gibson, "Coldplay Launches Lyric Treasure Hunt for Ghost Stories Album," *Time*, April 29, 2014, http://time.com/80732/coldplay-treasure-hunt-ghost-stories, accessed July 17, 2018.

5. MTN News, "Pollstar's 2017 Mid-Year Report: World's Best Venues and Tours," July 18, 2017, Top 100 Worldwide Tours," *Pollstar*, https://www.mountainproductions.com/blog/2017/07/18/pollstars-2017-mid-year-report-worlds-best-venues-and-tours/, accessed July 17, 2018.

6. J. K. Wall, "Delta Opens Faucet on Marketing with New Ads," *USA Today*, May 4, 2005, 6B; Brooke Capps, "Delta Faucet Co. Names Y&L AOR," *Advertising Age*, February 1, 2007, https://adage.com/article/small-agency-news/delta-faucet-names-y-l-aor/114682/, accessed November 24, 2018; Bridget A. Otto, "Interior News & Notes: Street of Dreams News; High-Tech Bathroom," *The Oregonian*, August 23, 2011, https://www.oregonlive.com/hg/index.

ssf/2011/08/interior_news_notes_street_of.html.

7. Statista, "Faucets Used the Most by Construction Firms in the United States in 2015," https://www.statista.com/statistics/307423/most-used-faucets-brands-in-the-us/, accessed November 24, 2018.

8. Marilyn Alva, "Fortune Brands May Buy What Home Products Next?," *Investor's Business Daily*, August 17, 2015, www.investors.com/research/the-new-america/fortune-brands-sales-rising-on-acquisitions/.

9. Patricia Odell, "Delta Faucet Brand Manager on Events as Part of the Mix," *Promotional Marketing*, http://www.chiefmarketer.com/delta-faucet-brand-manager-events-part-mix/, accessed July 17, 2018.

10. Shirley Brady, "Oreo Turns 100 with 25 Million Facebook Licks and Global Celebration," *Brand Channel*, February 28, 2012, http://brandchannel.com/2012/02/28/oreo-turns-100-with-25-million-facebook-licks-and-global-celebration/; Kylie Jane Wakefield, "Oreo Is One Smart Cookie on Facebook," *Contently*, May 9, 2012, https://contently.com/strategist/2012/05/09/oreo-is-one-smart-cookie-on-facebook/; Candid Marketing, "Oreo Togetherness Bus," http://www.candidmarketing.com/case_study/42/Oreo-Togetherness-Bus, accessed November 24, 2018.

11. Quentin Hardy, "Pokémon Go, Millennials' First Nostalgia Blast," *The New York Times*, July 13, 2016, www.nytimes.com/2016/07/14/technology/pokemon-go-millennials-first-nostalgia-blast.html?_r=0; Marina Villenueve, "'It's Really Nostalgic for Me': Millennials Live Childhood Dreams With 'Pokemon Go,'" *NBC Chicago*, July 20, 2016, www.nbcchicago.com/news/national-international/Millennials-Childhood-Dreams-Pokemon-Go-387700191.html.

12. Scott Evans and Angus MacKenzie, "The Toyota Recall Crisis: A Chronology of How the World's Largest and Most Profitable Automaker Drove into a PR Disaster," *Motor Trend*, January 27, 2010, www.motortrend.com/news/toyota-recall-crisis/.

13. Gita V. Johar, Matthias M. Birk, and Sabine A. Einwiller, "How to Save Your Brand in the Face of Crisis," *MIT Sloan Management Review*, June 11, 2010, https://sloanreview.mit.edu/article/how-to-save-your-brand-in-the-face-of-crisis/, accessed November 24, 2018.

14. Jonathan Auerbach, "Smith Corona Seeks Protection of Chapter 11," *The Wall Street Journal*, July 6, 1995, A4.

15. Greg Satell, "A Look Back at Why Blockbuster Really Failed and Why It Didn't Have To," *Forbes*, September 5, 2014, www.forbes.com/sites/gregsatell/2014/09/05/a-look-back-at-why-blockbuster-really-failed-and-why-it-didnt-have-to/2/#3044a11cbe4a.

16. Panos Mourdoukoutas, "A Strategic Mistake That Haunts JC Penney," *Forbes*, September 27, 2013, www.forbes.com/sites/panosmourdoukoutas/2013/09/27/a-strategic-mistake-that-haunts-j-c-penney/#3215b0c0134c.

17. Tony Garcia, "J.C. Penney Upgraded on Turnaround Strategy That Steers Away from Apparel," *Marketing Watch*, May 17, 2016, www.marketwatch.com/story/jc-penney-upgraded-on-turnaround-strategy-that-steers-away-from-apparel-2016-05-16.

18. Susan Heckler, Kevin Lane Keller, and Michael J. Houston, "The Effects of Brand Name Suggestiveness on Advertising Recall," *Journal of Marketing* 62, no. 1 (January 1998): 48–57.

19. Matthew Lynn, "The Fallen King of Finland," *Bloomberg Business Week*, September 20, 2010; Diane Brady and Hugo Miller, "Failure to Communicate," *Bloomberg Business Week*, October 11, 2010, Issue No. B4196; Elizabeth Woyke, "BlackBerry Battles Back," *Forbes Magazine*, February 9, 2011, https://www.forbes.com/forbes/2011/0228/technology-apple-google-android-rim-blackberry-battles-back.html#27cccbd84b11, accessed November 24, 2018.

20. Larry Light and Joan Kiddon, *Six Rules for Brand Revitalization* (Upper Saddle River, NJ: Pearson Education, 2009).

21. Charles Duhigg, "How Companies Learn Your Secrets," *The New York Times*, February 16, 2012, https://www.nytimes.com/2012/02/19/magazine/shopping-habits.html; Ellen Byron, "Febreze Joins P&G's $1 Billion Club," *The Wall Street Journal*, March 9, 2011, https://www.wsj.com/articles/SB1000142405274870407680457618068333 71307932; Karl Greenberg, "P&G: Febreze Makes Scents That Make Happiness," *Marketing Daily*, July 10, 2011, https://www.mediapost.com/publications/article/153781/pg-febreze-makes-scents-that-make-happiness.html, accessed November 24, 2018.

22. Ace Metric, "Ace Metric Names Lightheartedness the Key to Super Bowl LI Advertising Success," Media Coverage, Ace Metrix, www.acemetrix.com/about-us/company-news/media-coverage/ace-metrix-names-lightheartedness-the-key-to-super-bowl-li-advertising-success/, accessed July 17, 2018.

23. Julien Rath, "People Are Loving Febreze's Ad About Needing to Take a Super Bowl Half-time Bathroom Break," *Business Insider*, February 5, 2017, www.businessinsider.com/people-are-loving-febrezes-ad-super-bowl-half-time-bathroom-break-2017-2; Barrett J. Brunsman, "P&G Reveals Super Bowl Ad Linked to 'National Movement'," *Cincinnati Business Courier*, January 30, 2017, www.bizjournals.com/cincinnati/news/2017/01/30/p-g-reveals-super-bowl-ad-linked-to-national.html.

24. John D. Cripps, "Heuristics and Biases in Timing the Replacement of Durable Products," *Journal of Consumer Research* 21, no. 2 (September 1994): 304–318.

25. Hamdi Ulukaya, "Chobani's Founder on Growing a Start-Up without Outside Investors," *Harvard Business Review*, 91, no. 10 (October 2013): 45–48.

26. Jessica Wohl, "Chobani Makes Its First Move Beyond the Dairy Case," *Advertising Age*, June 20, 2016, http://adage.com/article/cmo-strategy/chobani-offers-unique-home-move-dairy-aisle/304553/.

27. Colleen Vaughan, "The Power of New Usage Occasions for Products," *Collective Bias*, October 31, 2016, http://collectivebias.com/blog/2016/10/power-new-usage-occasions-products/.

28. Ellen Byron, "How Coach Won a Rich Purse by Inventing New Uses for Bags," *The Wall Street Journal*, November 17, 2004, A1; Kevin Lamiman, "Coach, Inc.," *Better Investing*, 60, no. 2 (October 2010): 26; Susan Berfield, "Coach's Poppy Line Is Luxury for Recessionary Times," *Bloomberg Business Week*, June 18, 2009, https://www.

bloomberg.com/news/articles/2009-06-18/coachs-poppy-line-is-luxury-for-recessionary-times, accessed July 17, 2018.

29. Phalguni Soni, "Transformative Change Is Coming to Coach," Premium Brand Power: An Investor's Guide to Coach," *Market Realist*, posted January 16, 2015, http://marketrealist.com/2015/01/transformative-change-coming-coach-inc/.

30. Suzanne Kapner and Joshua Jamerson, "Coach's Sales Slowed by Shift Away from Department Stores," *The Wall Street Journal*, November 1, 2016, www.wsj.com/articles/coach-posts-same-store-sales-growth-amid-turnaround-effort-1478002268.

31. Marie Driscoll, "Coach, Kors & Kate: The Handbag Wars," November 15, 2016, https://www.therobinreport.com/coach-kors-kate-the-handbag-wars/, accessed July 14, 2018.

32. Jenn Abelson, "A Makeover for Talbots," *Boston Globe*, December 11, 2011, https://www.bostonglobe.com/business/2011/12/11/makeover-for-talbots/k30V7AdfcrCNwm5mNsvCyJ/story.html, accessed November 24, 2018; Ashley Lutz, "How Talbots Got the Girl—and Lost the Woman," *Bloomberg Business Week*, June 20, 2011, 31–32; Sean Gregory, "J. Crew and Talbots: Can Michelle Obama Save Fashion Retailing?," *Time Magazine*, May 6, 2009, http://content.time.com/time/business/article/0,8599,1895631,00.html, accessed November 24, 2018; Naoko Fujimura and Shunichi Ozasa, "Asia's Top Clothier Is Back to Basics," *Bloomberg Business Week*, January 10, 2011, 20.

33. Susan Berfield, "The New Star of Sellavision," *Bloomberg Business Week*, May 24, 2010, 60–63,

34. Tracie Rozhon, "Reinventing Tommy: More Surf, Less Logo," *The New York Times*, March 16, 2003, 1; Michael Barbaro, "Macy's and Hilfiger Strike Exclusive Deal," *The New York Times*, October 26, 2007, https://www.nytimes.com/2007/10/26/business/26retail.html; Ali McConnon, "Tommy Hilfiger's Upscale Move to Macy's," *Bloomberg Business Week*, October 22, 2008; Michael J. de la Merced, "Why Phillips-Van Heusen Is Buying Tommy Hilfiger," *The New York Times*, March 15, 2010, https://dealbook.nytimes.com/2010/03/15/behind-phillips-van-heusens-deal-for-tommy-hilfiger/; K@W, "'Keep the Heritage of the Brand Intact': Tommy Hilfiger on Weathering the Ups and Downs of Retail Fashion," *Knowledge @ Wharton*, March 17, 2010, http://knowledge.wharton.upenn.edu/article/keep-the-heritage-of-the-brand-intact-tommy-hilfiger-on-weathering-the-ups-and-downs-of-retail-fashion/.

35. Leanna Garfield, "Tommy Hilfiger Just Launched an Adorable Fashion Line for Disabled Kids," *Business Insider*, February 23, 2016, www.businessinsider.com/tommy-hilfiger-making-clothing-for-disabled-kids-2016-2/#these-changes-can-make-a-world-of-difference-becausethe-identity-of-the-clothing-remains-the-samescheier-says-the-crux-of-it-is-that-were-not-recreating-the-wheel-were-modifying-the-wheel-to-fit-on-all-other-parts-4; Sharon Edelson, "Tommy Hilfiger's Virtual Reality Play," *Women's Wear Daily*, October 20, 2015, http://wwd.com/business-news/retail/tommy-hilfigers-virtual-reality-play-10265078/; Lauren Sherman,

"How Tommy Hilfiger Is Rewiring For Fashion Immediacy," *The Business of Fashion*, September 6, 2016, www.businessoffashion.com/articles/intelligence/tommy-hilfiger-gigi-hadid-fashion-immediacy-direct-to-consumer.

36. BOF Team, "#TommyNow Takes Venice Beach," *The Business of Fashion*, February 9, 2017, www.businessoffashion.com/articles/fashion-show-review/tommynow-takes-venice-beach.

37. Christine Birkner, "Mama's Got the Magic of Mobile, Too," *Marketing News*, September 15, 2011, 12–13.

38. Tim Triplett, "Generic Fear to Xerox Is Brand Equity to FedEx," *Marketing News*, August 15, 1994, 12–13.

39. Burt Helm, "At KFC, a Battle Among the Chicken-Hearted," *Bloomberg Business Week*, August 16, 2010, 19.

40. Mark Clothier, "Procter & Gamble's Root-to-End Pantene Makeover," *Bloomberg Business Week*, May 20, 2010, https://www.bloomberg.com/news/articles/2010-05-20/procter-and-gambles-root-to-end-pantene-makeover, accessed November 24, 2018.

41. Jean E. Palmieri, "Man in the News: I, Claudio," *Menswear*, April 2011.

42. Christopher Steiner, "The Most Undervalued Brand in the World," *Forbes*, May 20, 2013, https://www.forbes.com/sites/christophersteiner/2013/05/20/the-most-undervalued-brand-in-the-world/; Kate Taylor, "Hershey Is Relaunching a Cult Classic That Has Been Called 'Most Undervalued Brand in the World'," *Business Insider*, January 20, 2016, www.businessinsider.com/hershey-is-relaunching-the-take-5-bar-2016-1.

43. Autoweek Editors, "Toyota Dumps Scion: Toyota's Youth-Oriented Sub-Brand Is Put Out of Its Misery," *Autoweek*, February 3, 2016, http://autoweek.com/article/car-news/toyota-dumps-scion.

44. Phil Wahba, "Procter & Gamble Selling Beauty Brands Like Clairol, Covergirl to Coty for $12.5 Billion," *Fortune*, July 9, 2015, http://fortune.com/2015/07/09/procter-gamble-coty/.

45. Alexander Coolidge, "P&G to Spin Off 43 Beauty Brands Including CoverGirl," *USA Today*, July 9, 2015, https://www.usatoday.com/story/money/business/2015/07/09/procter-and-gamble-cover-girl-wella/29903833/, accessed July 14, 2018.

46. Nancy F. Koehn, *Brand New: How Entrepreneurs Earned Consumers' Trust from Wedgwood to Dell* (Boston: Harvard Business School Press, 2001).

47. Betsy McKay, "Why Coke Indulges (the Few) Fans of Tab," *The Wall Street Journal*, April 13, 2001, B1; Devon Spurgeon, "Aurora Bet It Could Win by Fostering Neglected Foods," *The Wall Street Journal*, April 13, 2001, B1; Jim Hopkins, "Partners Turn Decrepit Detergent into Boffo Start-Up," *USA Today*, June 20, 2001, 6B; Matthew Swibel, "Spin Cycle," *Forbes*, April 2, 2001, 118.

48. Paul R. La Monica, "End of an Era: BlackBerry Will Stop Making Its Own Phones," *CNN Tech*, September 28, 2016, http://money.cnn.com/2016/09/28/technology/blackberry-outsource-phones/.

49. Scott Anthony, "Kodak's Downfall Wasn't About Technology," *Harvard Business Review*, July 15, 2016, https://hbr.org/2016/07/

kodaks-downfall-wasnt-about-technology.

50. Tara Parker-Pope, "Unilever Plans a Long-Overdue Pruning," *The Wall Street Journal*, September 3, 1996, A13.

51. The section on Tylenol is based on a series of articles and papers: John A. Deighton, "Features of Good Integration: Two Cases and Some Generalizations," in *Integrated Communications: The Search for Synergy in Communication Voices*, eds. J. Moore and E. Thorsen (Hillsdale, NJ: Lawrence Erlbaum Associates, 1996); O. C. Ferrell and Linda Ferrell, "Tylenol Continues Its Battle for Success," Daniel Funds Ethics Initiative, University of New Mexico, Anderson School of Management, Highlighted Cases and Case Studies, 2011, https://danielsethics.mgt.unm.edu/teaching-resources/highlighted-cases-and-case-studies.asp, accessed November 24, 2018; Mina Kimes, "Why J&J's Headache Won't Go Away," *Fortune*, September 6, 2010, 100; Parija Kavilanz, "Johnson & Johnson CEO: 'We Made a Mistake'," *CNN Money*, September 30, 2010, https://money.cnn.com/2010/09/30/news/companies/hearing_johnson_fda_drug_recalls/index.htm, accessed November 24, 2018; Jonathan D. Rockoff and Joann S. Lublin, "J&J CEO Weldon Is Out," *The Wall Street Journal*, February 22, 2012, https://www.wsj.com/articles/SB10001424052970204909104577237642041667180, accessed November 24, 2018.

52. Sean Williams, "The Surprising Over-the-Counter Pain Reliever Consumers Are Least Loyal To," *The Motley Fool*, September 6, 2014, www.fool.com/investing/general/2014/09/06/the-surprising-over-the-counter-pain-reliever-cons.aspx.

지리적 경계와 세분시장을 넘어선 브랜드 관리

15

학습목표

이 장을 읽은 후 여러분은 다음을 할 수 있을 것이다.

1. 지리인구통계, 인종, 연령에 기반을 둔 마케팅에 초점을 둔 지역 마케팅 전략의 역할을 이해한다.
2. 글로벌 브랜드 개발의 근거를 이해한다.
3. 글로벌 마케팅 프로그램 개발의 장단점을 설명한다.
4. 글로벌 브랜드를 정의하고 글로벌 브랜드 포지셔닝 개발의 전략적 단계를 설명한다.
5. 마케팅 믹스 요소를 글로벌 시장에 어떻게 맞출 수 있는지 설명한다.
6. 중국과 같은 신흥 시장 내 브랜드 개발과 관련한 독특한 특징을 설명한다.

KFC는 중국 내 패스트푸드 브랜드 중 가장 유명한 브랜드로, 전국에 5,000개 이상의 매장이 있다.

개요

앞 장에서는 마케터가 (1) 각기 다른 세분시장을 만족시키기 위한 브랜드 포트폴리오를 만들어야 하는 이유와 방법, (2) 새로운 고객을 끌어들이고 기존 고객층을 유지하기 위한 브랜드 이주 전략을 개발해야 하는 이유와 방법을 논의했다. 이 장에서는 국내외 시장을 포함한 다양한 세분시장에서의 브랜드자산 관리를 살펴본다.

우선 지역적 · 인구통계학적 · 문화적 세분시장에 관한 브랜드 관리 이슈를 다루고자 미국 내 세분시장을 살펴볼 것이다. 이러한 세분시장이 마케터에게 갖는 독특한 특성과 전략적인 연관성을 고려할 때, 인구통계학적 집단으로서 밀레니얼 세대에 관한 심도 있는 논의를 제공할 것이다.

이어서 세계 이슈와 글로벌 브랜딩 전략에 주목할 것이다. 브랜드 해외 진출에 대한 기본적인 논리적 근거를 제시한 후, 글로벌 브랜드 전략 개발에 있어서 광범위한 이슈를 고찰할 것이다. 또한 표준화된 글로벌 마케팅 프로그램 개발의 장단점도 살펴볼 것이다. 후반부에서는 글로벌 고객 기반 브랜드자산 구축에 있어 구체적인 전략 및 전술에 집중하고, 이를 '글로벌 브랜딩을 위한 십계명'이라는 개념으로 정리할 것이다.[1]

지역 세분시장

지역화(regionalization)는 글로벌화와 반대되는 것으로 보인다. 오늘날 마케터는 온라인과 오프라인 상점에서 이루어지는 구매 행동에 대한 양질의 데이터가 존재하기 때문에 지역 마케팅에 더욱 관심을 보이고 있다. 이를테면 페이스북, 구글과 같은 온라인 플랫폼은 지리적 타기팅을 핵심 특징으로 두고 있어 소비자의 정확한 위치를 파악하고 추적할 수 있다. 이러한 타기팅 옵션은 소비자가 원하는 것을 기반으로 제품 특성과 가격 정책을 동태적으로 변화시킴으로써 각기 다른 소비자층을 각기 다른 제품 제공을 통해 공략할 수 있게 해준다. 신디케이트 데이터는 AC닐슨(AC Nielsen)과 같은 기업이 소비자가 어디에 거주하고 어디에서 쇼핑하며 어떤 매체를 사용하는가에 대한 통찰을 제공한다. 그렇기에 지리적 타기팅 전략은 개개인 모두에게 관련성 있고 관심 가질 만한 브랜드를 만들 수 있도록 도와준다. 지역화는 불리한 점도 있다. 마케팅 효율성이 떨어질 수 있고 지역 마케팅에 의해 마케팅 비용이 상승할 수 있다. 또한 지역에 초점을 둔 캠페인은 현지 생산자를 더욱 경쟁적으로 만들거나 브랜드의 국가적 정체성을 흐릿하게 만들 수 있다. 그러나 지역화의 장점은 마케팅이 더욱 강력한 영향력을 발휘할 수 있다는 것이다. 다음은 브랜드 마케터가 어떻게 닐슨의 스펙트라(Spectra) 데이터를 사용해서 지역 세분시장에 대한 이해도를 심도 있게 높일 수 있는지 기술한다.

닐슨 스펙트라 데이터를 사용한 소비자 행동 및 라이프스타일 이해하기

스펙트라는 닐슨이 소유한 소비자 세분화 및 타기팅 도구이다. 스펙트라는 스캐너 패널 데이터와 소매업체 데이터를 기반으로 세분화 및 타기팅 정보를 제공한다. 닐슨은 소비자에 대한 가장 포괄적인 이해를 제공하기 위해 미국의 인구총조사 데이터로 이 정보를 보강하는데, 이는 브랜드 관리자가 다양한 세분 집단의 수요 잠재력을 정확하게 평가할 수 있

스펙트라 라이프스타일 정의

부유한 도시 및 외곽 지역
- 매우 부유한 도시 및 근교 지역 거주
- 인종적으로 다양
- 대졸자 및 대학원졸
- 상위 화이트 칼라 직종

부유한 전원 지역
- 매우 부유한 전원 지역 거주
- 주로 백인/비히스패닉계인
- 대학 교육 수료 비중 높음
- 1/3은 화이트 칼라 직종

중산층 도시 및 주변 지역
- 인종적으로 다양한 중산 계층
- 적당한 수준의 주택
- 80%는 교외 지역 거주
- 고등학교 졸업 혹은 대학교 중퇴

중산층 시골 지역
- 시골 중산 계층 지역의 적당한 수준의 주택 거주
- 주로 백인/비히스패닉계인
- 고등학교 졸업 혹은 대학교 중퇴
- 블루 칼라 직종

가난한 도시 및 변두리 지역
- 저소득 가구
- 도시와 근교 지역 거주
- 주택이나 아파트에 월세로 거주
- 높은 실업률
- 블루 칼라 직종 근무

가난한 시골 지역
- 시골에 거주하는 저소득 가구층
- 보통 노년층 가구
- 실업률이 가장 높음
- 블루 칼라 직종 근무
- 주로 흑인
- 별거, 이혼, 사별 상태 많음

스펙트라 행동 단계 정의

스타트업 가구
- 6세 미만 어린 자녀가 있는 가구
- 활동의 대부분은 자녀 중심

소규모 가구
- 6세 이상 자녀를 둔 소규모 가구
- 2~3인 가구 구성
- 평균 자녀 나이 12세

분주한 청년층 가구
- 6세 이상 자녀를 둔 대규모 가구로, 세대주는 40세 미만
- 가구의 57%는 외벌이
- 가구의 54%는 6세 미만 자녀가 1명 이상

분주한 장년층 가구
- 6세 이상 자녀를 둔 대규모 가구로, 세대주는 40세 이상
- 맞벌이 가구
- 차량 3대 이상 보유

<35 과도기
- 자녀가 없는 35세 미만 가구
- 가구의 55%는 월세로 시골
- 가구의 42%는 룸메이트와 거주
- 가구의 32%는 기혼 상태

35–64 독신
- 자녀가 없는 35세 이상 64세 미만 1인 가구
- 가구의 33%는 미혼
- 가구의 41%는 월세 거주

65+ 독거 노인
- 자녀가 없는 65세 이상 1인 가구
- 가구의 72%는 사별
- 가구의 75%는 여성
- 가구의 42%는 월세 거주

35–54 안정된 부부
- 자녀가 없는 35~54세 2인 이상 가구
- 가구의 20% 이상은 3인 이상 가구
- 가구의 80%는 가구 내 2인 이상 취업 상태
- 가구의 80%는 자가 보유

55–64 빈둥지 부부
- 자녀가 없는 55~64세 2인 이상 가구
- 가구의 33%는 내슬 없는 삭가 보유
- 가구의 25%는 3인 이상 가구

65+ 노년층 부부
- 자녀가 없는 65세 이상 2인 이상 가구
- 가구의 28%는 최소한 배우자가 취업 상태
- 가구의 88%는 자가 보유

닐슨의 스펙트라 세분화는 다양한 인구통계학적 변수를 기반으로 소비자 그룹을 설명하는 행동 단계(BehaviorStages)로 소비자를 특성화한다. 또한 스펙트라 세분화는 소비자 라이프스타일 정보를 통합한다.

출처 : https://www.nielsen.com/us/en/solutions/capabilities/spectra.html, accessed December 18, 2018.

는 능력을 제공한다. 또한 스펙트라의 라이프스타일 및 행동 단계 부문은 기업이 성장을 주도하는 데 유용한 가장 효과적인 마케팅 프로그램을 추적할 수 있는 기능을 제공한다. 이를테면 한 분석 결과 '분주한 장년층' 가구 세분 집단이 성장을 주도하는 데 중요하다는 사실이 밝혀졌다. 이 세분 집단은 전체 미국 가구 인구 중 10%에 불과하지만 평균 가구보다 33% 더 많은 지출을 하며 소비 장바구니 크기가 큰 것으로 나타났다.

스펙트라의 10가지 행동 단계는 가족 집단과 가구 내 아이 수와 연령을 기반으로 한다. 예를 들어 '스타트업' 가구는 6세 미만의 어린 자녀가 있는 가구로 구성되어 있고, '독거 노인' 가구는 자녀가 없는 65세 이상의 1인 가구로 구성되어 있다. 스펙트라의 라이프스타일 세분 집단에는 '코스모폴리탄 센터', '고군분투하는 어반 코어' 등이 포함되어 있으며 이러한 세분 집단은 주어진 브랜드의 고객이 어디에 거주하며 쇼핑을 할지에 대한 평가를 제공한다. 예를 들어 '부유한 교외 지역'의 소비자는 '코스모폴리탄 센터' 집단이나 '가난한 시골 지역' 집단보다 평균 소득이 훨씬 높다.

스펙트라는 어떻게 브랜드 관리자를 돕는가

브랜드 관리자가 스펙트라 데이터를 활용할 수 있는 한 가지 방법은 마케팅과 광고비용에 집중하기 위해 잠재성이 높은 세분 집단과 낮은 세분 집단을 알아내는 것이다. 예를 들어 아임스(Iams) 애완견 식품 같은 브랜드는 스펙트라 데이터를 활용해 고객 수요가 높은 집단(코스모폴리탄 센터와 분주한 장년층 가구)을 알아낼 수 있다. 더 나아가 이 세분 집단의 소비자가 다른 경쟁 브랜드에 얼마나 충성도를 보이는가도 평가할 수 있다. 아임스의 경쟁자는 해당 세분 집단에서는 인기가 없을 수 있고, 이는 브랜드 관리자로 하여금 어디에 마케팅 비용을 투자해야 할지에 대한 유용한 통찰력을 제공한다. 또한 스펙트라는 애완견 식품에 대한 전체적인 수요는 높지만 특정 브랜드에 대한 강한 선호가 없는 세분 집단이 존재하는지에 대한 브랜드 포트폴리오상 틈새를 알아낼 수 있다. 이는 브랜드나 제품군 확장에 대한 중요한 기회

가 존재한다는 것을 나타낸다. 이러한 유형의 분석은 잠재적으로 중복된 점이 있는지 알아내는 데도 도움을 주는데, 특히 여러 브랜드가 특정 세분 집단의 니즈를 충족시키고 있는지를 지적할 수 있다. 스펙트라는 또한 브랜드의 현재 고객이 구매할 가능성이 있는 다른 제품군이 있는지를 식별함으로써 공동 브랜딩 혹은 공동 프로모션 기회가 있는지 알아낼 수 있다. 또한 판매에 있어 부족한 점이 있는지 알아내고 매장 내 프로모션이나 시연을 할 특정 매장을 짚어 주는 데 도움을 줄 수 있다.[2] 이를 통해 브랜드 관리자는 지리 및 인구통계학적 세분 집단에 따라 특정 전략을 발전시킴으로써 다양한 고객 세분 집단에 걸쳐 맞춤형 브랜드 메시지와 제품을 제공할 수 있다.

기타 인구통계학적 · 문화적 세분시장

어떻게 정의하든 간에 관계없이 어떤 세분시장이라도 전문화된 마케팅과 브랜딩 프로그램의 대상이 될 수 있다. 예를 들어 연령, 소득, 성별, 인종 같은 인구통계학적 측면뿐만 아니라 심리통계학적인 고려 사항이 브랜드에 대한 태도나 구매 행동에 있어 근본적인 차이를 가져오는 것과 관련되어 있다. 이러한 차이들은 종종 브랜딩과 마케팅 프로그램을 달리할 근거로 작용한다. 마케팅에 들이는 노력을 맞춤화할 것인가 혹은 덜 맞춤화할 것인가에 대한 결정은 궁극적으로 이에 따른 비용과 편익에 달려 있다.

연령별 마케팅

14장에서는 연령 세분 시장을 고려하는 것이 마케터에게 얼마나 중요한지, 그리고 어떻게 젊은 소비자들을 소비자 프랜차이즈로 이끌 수 있는지 기술했다. 최근 몇 년간 마케터들이 관심을 보인 것은 밀레니얼 소비자 부문이다. 이들은 1980년 이후에 태어났으며,[3] 마케팅 관점에서 보았을 때 다른 소비자와 구분 지을 수 있는 다양한 특징이 있다. 마케팅메모(Marketing Memo)는 밀레니얼 세대의 이러한 특징 중 몇 가지를 강조하고 캠벨 수프가 이 부문에 초점을 맞춘 마케팅 캠페인을 어떻게 발전시켰는지 집중 조명한다.

표 15-1 밀레니얼 세대에게 마케팅하기

핵심 특성	밀레니얼 세대의 주요 특징
크기	밀레니얼 세대는 미국 인구의 4분의 1이 넘는 8,300만 명으로 구성되어 있다.
특성	환경에 관심이 있고, 이상적이며, 관용적이고, 기업가 정신이 있고, 낭비적이고, 자기도취적이고, 냉소적이고, 탐욕적이라는 점이 밀레니얼 세대를 구분하는 특징이다.
테크놀로지 사용	밀레니얼 세대는 테크놀로지 적응력이 높은 것으로 보인다. 대다수가 소셜 미디어 계정이 있고(80% 이상 페이스북 계정 소유),[4] 75%가 스마트폰을 소유하고 사용하며, 44%가 문자 메시지로 대화한다. 그들은 밀레니얼 세대가 아닌 세대보다 스마트폰을 사용해 제품에 대한 정보를 얻을 확률이 2배 높다. 역설적으로 밀레니얼 세대의 83%는 온라인 쇼핑보다는 오프라인 매장을 선호한다.
교육	밀레니얼 세대의 약 63%는 대학 교육에 높은 가치를 두고 있으며 학사 학위를 받을 것을 계획한다.
다양성	밀레니얼 세대는 굉장히 다양하며 영어(31%)나 스페인어(31%)만을 사용하는 사람들에 비해 2개 국어를 사용하는 비중이 38%로 높다.

표 15-1 밀레니얼 세대에게 마케팅하기 (계속)

핵심 특성	밀레니얼 세대의 주요 특징
소비	밀레니얼 세대는 매년 6,000억 달러를 소비한다. 2020년까지 밀레니얼 세대의 소비력이 1조 4,000억 달러에 이를 것으로 예측되었다.
가족과 집에 대한 가치	대다수 밀레니얼 세대는 가족에 대한 의무를 나중으로 미루고 있으며, X세대나 베이비부머 세대와 같은 다른 세대에 비해 자가를 소유하는 밀레니얼 세대가 줄어들 것으로 보인다. 밀레니얼 세대의 60%는 월세로 거주한다. 밀레니얼 세대는 운동과 건강에 중점을 둔다. 70% 이상의 높은 비율로 흡연과 음주를 거부한다. 그들은 건강에 투자하고 운동 기구에 많은 돈을 소비한다.
브랜드	밀레니얼 세대의 75%는 품질이 높은 제품을 찾으며 89%는 브랜드가 사회적 책임을 실천하기를 원한다.
쇼핑 영향	밀레니얼은 제품이나 브랜드 구매에 있어 동료나 친구의 말에 영향을 받는다. 그들은 전통적으로 행해지는 광고에 취의적이긴 하지만 밀레니얼 세대의 60%는 좋아하는 연예인이 광고한다면 제품을 사용해볼 용의가 있다. 밀레니얼 세대의 68%는 SNS 친구들의 포스팅에 영향을 받아 제품을 사용해보기도 한다.

캠벨 수프

캠벨 수프는 고전적이고 전통적인 브랜드지만, 수프라는 굉장히 구식 제품으로 밀레니얼 세대를 겨냥해 브랜드를 마케팅해야 한다는 문제를 해결해야 했다. 이러한 문제를 다루기 위해 캠벨 수프는 밀레니얼 세대가 선호하는 다문화 입맛에 맞추어 카리브해, 중동, 아프리카의 맛을 접목한 새로운 제품군을 출시했다. 새롭게 디자인된 제품 패키지는 밀레니얼 세대의 편의성과 휴대성에 대한 요구에 맞추어 전자레인지 사용이 가능한 파우치 형태로 만들었다. 또한 새롭게 디자인된 웹사이트를 활용한 에지 있는 광고 캠페인을 사용했으며, 소비자로 하여금 수프 맛을 기반으로 한 스포티파이 플레이리스트를 만들도록 권유했다.[5] 캠벨 수프는 또한 뉴욕, 시카고 등 선별된 도시에 거주하는 밀레니얼 세대를 초청하는 '공동 식탁' 캠페인을 시작했는데, 이는 영향력 있고 유명한 연예인들이 진행하는 프로그램으로 캠벨의 '고 커뮤널 테이블(Go Communal Tables)'에 모여 식사를 함께 즐기고 여러 주제에 대해 토의하는 자리였다. 이러한 방식으로 캠벨 수프와 같은 브랜드는 독특한 취향과 특징을 가진 젊은 밀레니얼 세대에게 어필함으로써 전통 브랜드에 다시금 활기를 불러일으킬 수 있었다.[6]

밀레니얼 세대를 겨냥한 캠벨 고 수프(Go Soup)는 새로운 맛과 패키지를 선보였다.

표 15-2 미국 내 인종별 세분시장[7]

인종	인구(미국 내)	구매력(달러)	최적의 마케팅
흑인	4,630만 명	1조 2,000억	흑인이 등장하는 광고를 TV, 라디오, 소셜 미디어에 사용하기 소비자에게 어필하기 위해 흑인 인플루언서 활용하기
히스패닉 및 라틴계 미국인	5,660만 명	1조	이중언어 광고 사용하기 히스패닉과 라틴계로서의 자부심을 대표하기 위한 팝 문화 인플루언서 활용하기 지역적 차이 식별하기
아시아계 미국인	2,100만 명	9,620억	중국계 미국인, 인도계 미국인 등 하위 세분시장에 집중하기 아시아계 연예인의 영향력 활용하기

인종별 마케팅

왜 다른 인종에 대한 마케팅이 효과적인 전략일까? 인종마다 독특한 특성, 취향, 선호를 갖고 있어 인종별로 특화된 브랜드가 소비자의 마음에 더 드는 경향이 있다. 아래에서 인종별 그룹을 차례대로 설명한다. 표 15-2는 미국 내 주요 인종 세분 집단의 주된 특성을 요약한 것이다.

흑인(아프리카계 미국인) 대다수 마케팅이 베이비부머 세대, 밀레니얼 세대, 히스패닉, 기타 인구통계학적·심리통계학적 집단을 대상으로 이루어졌으나, 많은 비평가는 기업이 효과적으로 흑인 시장을 공략하지 못했다고 주장한다.

거의 모든 흑인이 모국어로 영어를 사용하고 TV를 시청하기 때문에 많은 기업은 그들에게 다가가기 위해 일반적인 마케팅 캠페인에 의존한다. 그러나 흑인 소비자는 독특한 태도와 행동 양상을 갖고 있어 다른 소비자와 구별된다. 흑인이 소유한 에이전시 중 미국 최대 규모인 시카고 소재 버렐광고(Burrell Advertising)의 설립자이자 명예회장인 토머스 버렐(Thomas Burrell)과 같은 흑인 언론사 임원들은 "흑인은 그저 피부가 검은 백인이 아니다. 우리는 선호하는 것과 관습이 그들과 다르기에 특별한 노력을 기울여야 한다"고 이야기한다. 관찰을 통해 많은 연구자가 흑인에게 있어 종교, 교회, 가족이 얼마나 중요한 역할을 하는지 주목한다. 흑인은 역사적인 경험의 결과로 인해 종종 강한 연대감을 보이거나 그들의 유산에 자부심을 가진다고 여겨진다. 또한 그들은 특히 젊은 층을 중심으로 패션 트렌드를 선도하는 스타일 리더로 평가되기도 한다. 마케터는 흑인 그룹에 점점 더 많은 초점을 두고 있으며 흑인 소비자에 집중한 광고에 사용된 비용은 2011~2015년 사이 거의 3배 증가했다.[8]

흑인 소비자에게 브랜드자산을 구축하는 데 필요한 과제는 브랜드 개성을 정확하게 묘사하면서도 고정 관념을 형성하거나 불쾌감을 주거나 세분시장을 하나로 묶어버리는 우를 피하는 관련 마케팅 프로그램과 커뮤니케이션 캠페인을 만드는 것이다. 한 흑인 소유 에이전시 사장은 흑인 대상 마케팅의 성공 공식은 관련도, 인정, 존중이라고 이야기한다. 일반적인 글로벌 브랜드 프로그램과 마찬가지로 마케터는 표준화와 맞춤화를 적절히 섞어서 사용해야 한다.[9]

히스패닉과 라틴계인 히스패닉이라는 용어는 스페인어를 사용하는 국가 출신이거나 가계를 둔 사람을 의미하며, 라틴계 미국인은 브라질과 같이 포르투갈어를 사용하는 사람을 포함해 라틴 아메리카 국가 출신을 의미한다. 히스패닉과 라틴계 미국인에 대한 기술을 하기 위해 이 두 그룹을 폭넓게 묶어서 설명하고자 한다. 많은 기업이 특히 이 그룹을 겨냥한 독특한 마케팅과 광고 전략을 고안해왔다. 이를테면 토요타의 '자동차 그 이상(Más Que Un Auto)' 캠페인은 자동차의 특성을 반영해 이름을 붙이는 히스패닉의 전통을 활용해 커스터마이징된 차 번호판을 가진 자동차 소유주들을 캠페인에 등장시켰다. 히스패닉계 미국인처럼 특정 인종 그룹을 위해 개발된 광고는 영어로 된 원 광고를 그저 스페인어로 번역한 광고보다 3배 이상 효과적이라는 연구 결과가 나왔다.[10]

소셜 네트워킹은 미국 내 히스패닉과 라틴계 미국인에게 다른 지역에 거주하는 가족들과 연락하는 수단으로서 특별한 반향을 불러일으킨다. 페이스북 사용과 관련한 최근 연구에 따르면 미국 내 히스패닉과 라틴계 미국인의 페이스북 친구 중 48%는 가족 구성원인 것으로 나타났는데, 이는 미국 페이스북 이용자 중 36%가 가족 구성원인 것과 비교해 높은 수치이다.[11] 히스패닉과 라틴계 미국인은 평균적으로 매달 8시간 이상을 온라인 비디오를 시청하는 데 사용하는데, 이는 미국 전체 평균 대비 90분이나 긴 시간이다. 이러한 중요한 차이에도 불구하고, 특히 디지털 마케팅과 광고 지출과 관련해 히스패닉과 라틴 미국인을 겨냥한 시장은 여전히 충분한 관심을 받지 못하고 있다. SMG 멀티컬추럴(SMG Multicultural)의 상무이자 디지털 이노베이션 담당자인 말라 스키코(Marla Skiko)는 "많은 마케팅 담당자가 미국 내 히스패닉과 라틴계 소비자들이 신기술 사용에 있어 소위 일반 시장을 따라가기만 한다고 생각하지만, 사실 그들은 일반 시장 소비자보다 훨씬 앞서 있기에 마케터가 소비자 기반을 성장시키기 위해서는 그들을 우선 공략해야 할 것"이라고 이야기했다.[12] 히스패닉과 라틴계 시장에서 더욱 많은 관심을 받기 위해서 모에헤네시(Moët Hennessy)와 같은 기업은 나스(Nas), 매니파퀴아오(Manny Pacquiao) 등과 제휴함으로써 젊은 소비자에게 특히 어필하고자 했다. 다른 기업들은 다채널 유튜브 네트워크인 미투(MiTu)나 미 서부 DJ와 힙합 중심 콘텐츠 크리에이터 네트워크인 영캘리포니아(Young California) 등의 디지털 채널로 눈을 돌리기도 했다.[13]

아시아계 미국인 아시아계 미국인 그룹은 2015년 기준 성장률 3.4%로 히스패닉(2.2%), 흑인(1.3%), 백인(0.5%) 대비 미국에서 가장 빠르게 성장하는 그룹에 속한다. 아시아계 미국인 가구의 독특한 측면은 평균치를 웃도는 인터넷 기기 소유율과 더불어 결혼, 육아, 근면함, 직업적 성공에 대한 강조가 크다는 것이다.[14] 코스트코, 토요타와 같은 많은 기업이 아시아계 미국인을 대상으로 한 마케팅 캠페인을 발전시켰다. 표 15-2는 다양한 인종을 대상으로 한 마케팅 모범 사례를 조명한다.

특정 민족이나 문화 집단을 대상으로 하는 데 있어 발생할 수 있는 주요 단점, 즉 역효과를 초래할 수 있는 가능성을 논의하는 것이 중요하다. 마케팅 비평가에 의하면 일부 소비자가 다르다는 이유로 마케팅의 표적이 되는 것을 좋아하지 않을 수 있는데, 이는 외부인이나 소수 집단이라는 그들의 이미지를 강화할 뿐이기 때문이다. 게다가 타깃 집단에 속하지 않는 소비자는 결과적으로 회사나 브랜드로부터 소외되거나 멀어진다는 기분을 느낄 수도 있다.[15]

글로벌 브랜딩

글로벌 브랜딩을 다루는 이 절은 다음 세 질문에 대한 답변을 도출하는 방식으로 구성되었다.

브랜딩 브리프 15 - 1

인종별 마케팅

흑인 : 버라이즌은 '하우 스윗 더 사운드(How Sweet the Sound)'라는 연례 페스티벌을 통해 흑인 소비자에게 효과적으로 어필했다. 이 캠페인은 흑인 커뮤니티에 중요하고 독특한 의미를 지니는 가스펠 음악이라는 것을 버라이즌과 연계시켰기 때문에 효과적일 수 있었다. 이 캠페인은 연주자들의 모습을 담은 호사스러운 그림을 지면 광고에 담았는데, 이는 아프리카계 미국인의 생기 넘치는 그림처럼 보였다. 버라이즌은 이 프로그램이 시행된 도시에서 14%의 판매 증가를 이루었다.

*화장품 브랜드 커버걸(CoverGirl)*은 메이크업 제품에서 독특한 색상으로 흑인을 공략하는 데 성공했다. 이 캠페인은 효과를 거두었는데, 이는 모든 연령대와 소득 계층의 아프리카계 미국인이 그들의 인종을 부각시키는 마케팅에 좀 더 긍정적으로 반응하기 때문이다.

히스패닉 및 라틴계 미국인 : 뷰캐넌(Buchanan)의 위스키는 히스패닉과 라틴계 미국인을 효과적으로 공략한 브랜드의 예다. 이들의 캠페인은 '우리의 시간이다(Es Nuestro Momento)'라는 테마를 중심으로 이루어졌다. 이 캠페인은 세계적인 라틴 음악 슈퍼스타인 J. 발빈(J. Balvin)과 손잡고 라틴 문화의 자부심이 진정한 위대함의 핵심이라는 신념을 신세대 라틴계에게 심어주고자 했다. 발빈은 진정한 위대함이라는 것은 자신이 누구인지, 어디에서 왔는지를 깨닫는 것으로부터 온다는 브랜드의 신념을 구현했다.

아시아계 미국인 : 토요타는 아시아계 미국인을 겨냥한 캠페인을 개시했다. 아시아계 미국인 사이에서 유명한 배우 이민호의 인기를 활용하고자 토요타의 미국 마케팅 팀은 이민호를 웹 시리즈인 〈원앤온리(One & Only)〉에 출연하도록 설득했다. 이 시리즈는 토요타의 세 핵심 시장인 미국에 거주하는 중국, 베트남, 한국 이민자를 끌어들이는 데 성공했다. 설문조사에 응한 아시아계 미국인은 토요타의 자동차를 스마트하다고 보았고, 이들은 스마트함이 매력적이라고 평가했다. 토요타는 캠리 브랜드와 연관되기를 원하는 특징인 매력적이고 스마트함을 가졌다고 아시아계 미국인이 평가하는 연예인을 선정했기 때문에 성공할 수 있었다.

버라이즌은 '하우 스윗 더 사운드'라는 연례 페스티벌을 통해 흑인 소비자에게 어필했다.

커버걸은 메이크업 제품에서 대담한 색조를 선보여 흑인을 공략하는 데 성공했다.

출처 : Esther Franklin, "Multicultural Marketing Requires a Whole-Market Approach," *Adweek*, July 1, 2014, https://www.adweek.com/brand-marketing/multicultural-marketing-requires-whole-market-approach-158613/, accessed November 25, 2018; César Melgoza, "Multicultural Marketing Is All About the Metrics," *Entrepreneur*, January 22, 2016, https://www.entrepreneur.com/article/254347, accessed November 25, 2018; SKULocal, "How to Effectively Target Multicultural Audiences in Your Marketing," January 14, 2016, http://www.skulocal.com/insights/how-to-effectively-target-multicultural-audiences-in-your-marketing/, accessed November 25, 2018; www.multivu.com/players/English/7947751-buchanans-es-nuestro-momento-j-balvin/, accessed February 28, 2017; The Nielsen Co., "The Multicultural Edge: Rising Super Consumers," March 18, 2015, https://www.nielsen.com/us/en/insights/reports/2015/the-multicultural-edge-rising-super-consumers.html, accessed November 25, 2018; www.ana.net/blogs/show/id/30414 accessed February 28, 2017; http://mashable.com/2015/07/24/multicultural-marketing-tactics/#XxeYQ1fpHGqL, accessed February 28, 2017; Glenn Llopis, "5 Steps to Capturing the Hispanic Market: The Last True Growth Opportunity," *Forbes Magazine*, September 3, 2013, https://www.forbes.com/sites/glennllopis/2013/09/03/5-steps-to-capturing-the-hispanic-market-the-last-true-growth-opportunity/#50707ab63406, accessed November 25, 2018; Glenn Llopis, "Don't Sell to Me! Hispanics Buy Brands That Empower Their Cultural Relevancy," *Forbes Magazine*, May 14, 2012, https://www.forbes.com/sites/glennllopis/2012/05/14/dont-sell-to-me-hispanics-buy-brands-that-empower-their-cultural-relevancy/#60427f1c661c, accessed November 25, 2018; www.ahaa.org/Portals/0/Research/Marketing%20&%20Advertising%20Trends/2014%20Hispanic%20Fact%20Pack/2014%20Hispanic%20Fact%20Pack.pdf, accessed March 5, 2017; Hispanic Market Works, "Coca Cola Launches New "Orgulloso De Ser" Campaign, September 13, 2015, http://www.hispanicmarketworks.org/newsletter/coca-cola-launches-new-orgulloso

뷰캐넌 위스키의 캠페인 '우리의 시간이다'는 다른 인종 그룹에게 마케팅할 때는 문화적, 인종적 세분 집단의 다양한 가치와 신념에 대한 깊은 이해를 기반으로 해야 한다는 것을 보여준다.

토요타 캠리는 아시아계 미국인 집단을 겨냥하는 데 같은 인종 연예인과 배우를 광고에 선보였다.

-de-ser-campaign/, accessed November 25, 2018; Lisa Gevelber, "Your Next Big Opportunity: The U.S. Hispanic Market," Think with Google, July 2014, https://www.thinkwithgoogle.com/consumer-insights/us-hispanic-market-digital/, accessed November 25, 2018; Claudia "Havi" Goffan, "Hispanic Market Trends Forecast," Target Latino, https://targetlatino.com/hispanic-market-trends-forecast/, accessed November 25, 2018; U.S. Census Bureau, "Facts for Features: Hispanic Heritage Month 2015," September 14, 2015, https://www.census.gov/newsroom/facts-for-features/2015/cb15-ff18.html, accessed November 25, 2018; Eliana Murillo, "New Research Shows How to Connect with U.S. Hispanics Online," Think with Google, June 2015, https://www.thinkwithgoogle.com/consumer-insights/new-research-shows-how-to-connect-with-digital-hispanics-online/, accessed November 25, 2018; Pew Research Center Hispanic Trends, "Hispanic Population and Origin in Select U.S. Metropolitan Areas, 2014," September 6, 2016, http://www.pewhispanic.org/interactives/hispanic-population-in-select-u-s-metropolitan-areas/, accessed November 25, 2018; www.ahaa.org/Portals/0/Research/The%20Hispanic%20Consumer/Power,%20Influence%20&%20Behavior/The%20Growing%20Hispanic%20Population%202011.pdf, accessed March 5, 2017; Journey Staff, "#OrgullosoDeSer: Coke's Hispanic Heritage Month Campaign Embraces Latino Pride," Coca-Cola Journey, September 16, 2015, https://www.coca-colacompany.com/stories/orgullosodeser-cokes-hispanic-heritage-month-campaign-embraces-latino-pride, accessed November 25, 2018; Roy E. Kokoyachuk, "Advertising and the Bilingual Brain," ThinkNow Research, September 8, 2015, https://thinknowresearch.com/blog/advertising-and-the-bilingual-brain/, accessed November 25, 2018; Kristina Monllos, "Here's Why Brands Are Speaking Spanish in General Market Ads," *Adweek*, June 24, 2014, https://www.adweek.com/brand-marketing/heres-why-brands-are-speaking-spanish-general-market-ads-158448/, accessed November 25, 2018;

MP Mueller, "Marketing Tips for Reaching Hispanic Americans," *The New York Times*, February 1, 2013, https://boss.blogs.nytimes.com/2013/02/01/marketing-tips-for-reaching-hispanic-americans/?mtrref=www.google.com&gwh=F25BD0442EB9439DCAE2F14AA52BC914&gwt=pay, accessed November 25, 2018; Samantha Masunaga, "Target Takes Aim at Latinos with New Marketing Campaign," *Los Angeles Times*, April 18, 2015, https://www.latimes.com/business/la-fi-target-latino-marketing-20150418-story.html, accessed November 25, 2018; Kim Souza, "Wal-Mart to Focus More On Hispanic Shoppers," Talk Business & Politics, March 21, 2013, https://talkbusiness.net/2013/03/wal-mart-to-focus-more-on-hispanic-shoppers-2/, accessed November 25, 2018; Consumer Insights, "African-American Digital Consumers Infographic," Think with Google, October 2011, https://www.thinkwithgoogle.com/consumer-insights/african-american-digital-consumers-infographic/, accessed November 25, 2018; Janie Boschma, "Black Consumers Have 'Unprecedented Impact' in 2015," *The Atlantic*, February 2, 2016, https://www.theatlantic.com/politics/archive/2016/02/black-consumers-have-unprecedented-impact-in-2015/433725/, accessed November 25, 2018; The Nielsen Co., "Connecting Through Culture: African-Americans Favor Diverse Advertising," October 20, 2014, https://www.nielsen.com/us/en/insights/news/2014/connecting-through-culture-african-americans-favor-diverse-advertising.html, accessed November 25, 2018; The Nielsen Co., "Meet the Fastest-Growing Multicultural Segment in the U.S.: Asian-Americans," June 11, 2015, https://www.nielsen.com/us/en/insights/news/2015/meet-the-fastest-growing-multicultural-segment-in-the-us-asian-americans.html, accessed November 25, 2018; Jacob M. Chacko, "Targeting Asian-Indian American Consumers," http://www.aabri.com/manuscripts/08126.pdf, accessed November 25, 2018; MarketingMag, "How Toyota Won Over the Asian American Market with a Korean Web Series," http://marketingmag.ca/uncategorized/how-toyota-won-over-the-asian-american-market-with-a-korean-web-series-75175/, accessed November 25, 2018; Bill Duggan, "Marketing to Asian Americans and Insights from the 3AF Conference," ANA, May 21, 2012, https://www.ana.net/blogs/show/id/23552, accessed November 25, 2018; Luxury Daily, "Gucci Uses Actress Endorsement for China-Area Accessories Campaign," April 25, 2012, https://www.luxurydaily.com/gucci-appeals-to-chinese-consumers-in-latest-accessories-campaign/, accessed November 25, 2018; Gravity Media, "Asian-Americans Represent Significant Opportunities for Hotels and Beverage Brands," February 1, 2016, http://www.mediagravity.com/blog/asian-americans-represent-significant-opportunities-hotels-and-beverage-brands, accessed November 25, 2018.

1. 브랜드가 글로벌 시장에 집중해야 하는 이유는 무엇인가? 국제적으로 시장을 확장하는 것의 장점과 단점은 무엇인가?
2. 글로벌 브랜드의 정의는 어떻게 되는가? 글로벌 브랜드자산에 영향을 미치는 요인에는 어떤 것이 있는가?
3. 브랜드가 제공하는 것을 표준화하거나 맞춤화하는 것의 장단점은 무엇인가? 브랜드가 어떻게 마케팅 믹스의 다양한 측면을 효과적으로 커스터마이징해야 하는가?

마지막으로 중국이 글로벌 시장 내에서 차지하는 규모와 전략적인 중요성에 비추어 글로벌 시장으로서 중국에 대한 논의로 이 절을 마무리한다.

브랜드가 글로벌 시장에 주목해야 하는 이유

애플, 구글, 코카콜라, 마이크로소프트, 토요타와 같은 잘 알려진 다수의 글로벌 브랜드는 해외 시장에서 매출과 수익을 달성했다. 이러한 브랜드들의 성공은 많은 기업이 다음과 같은 이유로 국제 시장에 진출하도록 장려해왔다.

- 내수 시장의 경쟁 증가 및 저성장에 대한 인식
- 해외에서의 성장과 이윤 획득 기회가 높을 것이라는 믿음
- 규모의 경제로부터 오는 비용 절감에 대한 갈망
- 위험 다각화의 필요성
- 고객의 글로벌 모빌리티에 대한 인식

많은 제품군에 있어서 글로벌 프로파일을 확립할 수 있는 기업의 능력이 성공을 위한 전제조건이라고 인식되고 있다. 이상적으로 글로벌 브랜드를 위한 마케팅 프로그램은 브랜드가 판매되는 각 나라를 위해 가장 효과적이고도 효율적인 방안이 될 수 있는 단일 제품 구성, 단일 패키지 디자인, 단일 광고, 단일 가격, 단일 유통 계획 등으로 구성된다. 그러나 불행하게도 이러한 균일화된 최적 전략은 거의 불가능하다.

다음으로 브랜드를 위한 표준화된 글로벌 마케팅 프로그램 개발의 주요 장단점을 고찰해보자.

글로벌 마케팅 프로그램의 장점

글로벌 마케팅 프로그램 개발에 관한 많은 잠재적인 장점이 그림 15-1에 나와 있다.[16]

생산 및 유통에 있어서 규모의 경제 공급자 측면 또는 비용 측면에서 볼 때 글로벌 마케팅 프로그

생산 및 유통에 있어서 규모의 경제
마케팅 비용 감소
힘과 범위
브랜드 이미지의 일관성
좋은 아이디어를 빠르고 효과적으로 활용하는 능력
마케팅 실행의 균일성

그림 15-1
글로벌 마케팅 프로그램의 장점

램의 주요 장점은 증가한 생산 및 유통 물량으로부터 얻는 제조 효율성 및 비용 감소이다. 생산량이 증가함에 따라 제품의 제조 및 마케팅 비용이 감소하는 강력한 경험곡선 효과가 크면 클수록 표준화된 글로벌 마케팅 프로그램으로부터 발생하는 생산 및 유통에서의 규모의 경제가 더 많은 효과로 나타날 것이다.[17]

마케팅 비용 감소 비용 측면에서의 또 다른 장점은 통일된 패키징, 광고, 판매 프로모션 및 다양한 마케팅 커뮤니케이션 활동으로부터 나온다. 이러한 마케팅 전략이 균일할수록 잠재적 비용도 훨씬 더 절감된다. 소니의 경우처럼 글로벌 기업 브랜딩 전략이 제품 및 국가 모두를 망라해 마케팅 비용을 효율적으로 배정할 수 있는 가장 효과적인 수단이 될 것이다. 하나의 브랜드 이름을 사용하면 마케팅 비용 면에서 기업이 1년에 수천만 달러를 절감할 수 있다고 브랜드 전문가들은 말한다.[18]

힘과 범위 글로벌 브랜드는 소비자에게 신뢰성을 전달할 수 있다.[19] 소비자는 제품이 다양한 나라에서 판매된다는 사실이 제조업체가 전문성을 얻고 인정을 받은 것, 즉 제품의 품질이 좋으며 사용하기 편리한 것이라고 믿는다. 존경받는 글로벌 브랜드는 사회적인 지위나 명성을 나타낼 수 있으며[20] 소비자로 하여금 그들의 정체성[21]을 드러낼 수 있도록 해준다.

브랜드 이미지의 일관성 전 세계에 걸쳐 공통된 마케팅 플랫폼을 유지한다는 것은 브랜드 및 기업이미지의 일관성을 유지하도록 도와준다. 이러한 고려사항은 많은 고객 이동이 있거나 미디어 노출이 국경을 초월해 이미지를 전달하는 측면에서 특히 중요하다. 서비스의 경우 종종 소비자의 움직임에 기인하는 동일한 이미지를 전달하고자 한다. 예를 들어 아메리칸익스프레스는 자사 카드에 대한 명망과 유용성을 세계적으로 전달하고 있다.

좋은 아이디어를 빠르고 효과적으로 활용하는 능력 철저히 지역화된 브랜드를 개발할 필요가 없다면 시장 진입의 속도를 높일 수 있다. 마케터는 지식 이전 시스템이 제대로 갖춰져 있다면 시장으로부터 얻은 좋은 아이디어를 활용할 수 있다. 마스터카드의 마케팅 그룹은 조직 전반에 걸쳐 정보와 최우수 사례를 활용한다.[22]

마케팅 실행의 균일성 표준화된 글로벌 마케팅 프로그램은 다른 국가들에 적용할 조정 과정을 단순화하며, 커뮤니케이션 통제력을 증가시킨다. 마케팅 프로그램의 핵심을 지속적으로 유지함으로써 마케팅 프로그램의 효과를 증진하기 위해 시장과 시간을 초월해 마케터가 개선책을 만들어 내는 데 더 집중할 수 있다.

글로벌 마케팅 프로그램의 단점

표준화된 글로벌 마케팅 프로그램의 가장 강력한 단점은 표준화된 글로벌 마케팅 프로그램이 종종 국가 및 문화 간 근본적인 차이를 무시한다는 점이다(그림 15-2 참조). 비평가들은 적용 가능한 모든 시장에 대해 하나의 마케팅 프로그램을 설계하는 것이 종종 '최저의 공통분모'로 조정되는 비효율적이고 상상력이 결여된 전략을 가져올 수도 있다고 주장한다. 국가들 간에 나타날 수 있는 차이점은 다음과 같이 다양한 형식으로 표현된다.

제품에 대한 소비자의 니즈, 욕구, 사용 유형의 차이 국가 간 문화적 가치관, 경제개발 수준, 기타 요

제품에 대한 소비자의 니즈, 욕구, 사용 유형의 차이

브랜드 요소에 대한 소비자 반응의 차이

마케팅 믹스 요소에 대한 소비자 반응의 차이

브랜드 및 제품 개발, 경쟁적 환경의 차이

법적 환경의 차이

마케팅 기관의 차이

행정 절차의 차이

그림 15-2
글로벌 마케팅 프로그램의 단점

소들의 차이 때문에 소비자는 서로 다르게 행동한다. 예를 들어 1인당 알코올음료 소비량은 나라마다 다르다. 국가별 1인당 연간 주류 소비량에 관한 보고서에 따르면 체코 소비자는 8.51리터, 아일랜드 소비자는 7.04리터의 맥주를 소비했고, 프랑스 소비자는 8.14리터, 포르투갈 소비자는 6.65리터의 와인을 소비했으며, 한국 소비자는 9.57리터, 러시아 소비자는 6.88리터의 증류주를 소비했다.[23]

브랜딩 과학 15-1은 다른 문화권에서 나타나는 소비자들의 차이점에 대한 보다 구체적인 증거를 보여주는 연구 결과에 대해 설명한다.

한 나라에서 효과를 보인 제품 전략이 다른 나라에서도 효과가 있는 것은 아니다. 다음의 예시는 글로벌 브랜드를 출시하기 전에 현지 문화와 관습을 이해하는 것의 중요성에 대한 내용을 담고 있다. 크리스피크림(Krispy Kreme)이 2003년 미국에서 영국으로 진출했을 때 영국은 도넛에 그다지 익숙하지 않았다. 크리스피크림은 자사 도넛을 아침 식사로 소개하기보다는 특별한 일이 있을 때 직장에 케이크를 가져가는 영국 전통 문화를 활용하기로 결정했다. 그들은 크리스피크림 도넛을 다량으로 구매해서 직장 동료들과 나눠 먹는 공동체적인 경험으로 포지셔닝했다. 또한 나눠 먹는다는 개념을 알리기 위해 도넛 12개들이 박스와 교환할 수 있는 기프트 카드를 출시하기

크리스피크림이 영국 시장에 진출했을 때, 도넛을 아침 식사로 소비하는 것에 대한 영국인의 거부감을 극복하기 위한 새로운 마케팅 전략을 고안했다.

연구 결과가 보여주는 글로벌 브랜드 전략의 핵심

1. **문화는 자기 자신 혹은 집단에 대해 강조하는 바가 다르고 이는 소비자-브랜드 관계에 영향을 미친다.** 연구자들은 문화를 정의하는 문화적인 차원이 어떻게 소비자가 브랜드와 관계를 형성하는지에 주목해 왔다. 다양한 문화에 대한 중요한 한 가지 차원은 문화가 집단보다 개인을 중시하는 독립적 자아를 강조하는가 혹은 개인보다는 집단을 중시하는 상호 의존적 자아를 강조하는가이다. 독립적인 문화권의 소비자는 브랜드가 개인의 정체성을 강화하기 때문에 브랜드를 사용하는 반면, 상호 의존적 문화권의 소비자는 브랜드가 자신이 사회적인 집단과의 관계를 강화하기 때문에 브랜드를 사용한다고 연구진은 밝혔다. 이러한 문화적 차이에 대응하여 개인주의와 강인한 브랜드 개성을 가진 할리데이비슨은 일본에서 라이더들에게 재미와 공동체 의식을 선사하기 위해 랠리와 모임을 주최한다.

2. **수직적 문화와 수평적 문화는 소비자가 고지위 브랜드와 어떻게 자신을 관계 짓는가에 대한 차이를 만든다.** 권력 거리에 기반을 둔 이러한 비교문화적 차이는 소비자가 브랜드에 어떻게 반응하는가에 대해서도 역할을 수행한다. 권력 거리는 사회가 권력 분배의 불평등을 받아들이는 정도로 정의되고 사회의 수직적이거나 수평적인 성격을 반영한다. 권력 거리가 크면 각 개인마다 사회적 지위가 다르며, 사회적 지위가 높거나 낮은 사람 간의 비교가 흔하게 이루어진다. 권력 거리가 높은 문화에서는 아르마니(Armani)나 벤츠와 같은 글로벌 브랜드들이 소비자가 사회적 지위를 반영하는 데 도움을 준다. 반면 연구에 따르면 수평적 문화에 있는 사람은 평등을 매우 강조한다는 것이 밝혀졌다. 이는 높은 지위가 없이도 브랜드의 고유성을 전달하는 브랜드, 이를테면 애버크롬비앤드피치(Abercrombie and Fitch)와 홀리스터(Hollister)와 같은 브랜드에 대한 선호로 이어질 수 있다.

3. **브랜드는 문화적 상징이 될 수 있고 이는 브랜드 관리자에게 있어서 전략적인 의미를 지닌다.** 브랜드는 문화적 정체성을 상징할 수 있고 그러한 상징성은 글로벌 브랜드 전략에 영향을 미친다. 예를 들어 버드와이저, 리바이스와 같은 브랜드는 미국 문화를 더욱 상징적으로 보여주는 반면, 뉴발란스나 잔스포트(JanSport)는 문화적 상징성이 다소 중립적인 브랜드이다. 학술 연구자들은 문화적으로 상징적인 브랜드는 소비자가 해당 문화와 동일시하는 정도가 높을 때 더욱 선호되거나 그들의 사회적인 정체성에 위협이 가해졌을 때 더욱 선호된다고 밝혔다. 또한 연구에 따르면 브랜드의 문화적인 상징성 혹은 브랜드가 문화 집단을 상징하는 정도는 개개인이 이중언어 광고와 같은 여러 언어를 사용하는 광고에 어떻게 반응하는가에 영향을 미치는 중요한 맥락적인 요인이다.

4. **문화 전반에 걸쳐 브랜드는 다양한 개성을 지닌다.** 연구에 의하면 소비자는 자신의 개성을 글로벌 브랜드에 투영한다. 한 대규모 비교문화 연구에 따르면 미국은 강인함, 일본은 평화로움, 스페인은 열정과 같이 브랜드와 브랜드 개성으로부터 나온 의미는 문화마다 다르다.

출처 : J. B. Nezlek, K. Kafetsios, and V. Smith, "Emotions in Everyday Social Encounters," *Journal of Cross-Cultural Psychology* 39, no. 4, (2008): 366–372; Marieke de Mooij and Geert Hofstede, "Cross-Cultural Consumer Behavior: A Review of Research Findings," *Journal of International Consumer Marketing* 23, no. 3–4, (2011): 181–192; Vanitha Swaminathan, Karen Page, and Zeynep Gürhan-Canli, "My Brand or Our Brand: Individual- and Group-Based Brand Relationships and Self-Construal Effects on Brand Evaluations," *Journal of Consumer Research* 34, no. 2 (2007): 248–259; Chris Betros, "Harley-Davidson Gains Popularity in Japan," *Japan Today*, August 10, 2009, www.japantoday.com/category/executive-impact/view/harley-davidson-gains-popularity-in-japan; Sara Loughran Dommer, Vanitha Swaminathan, and Rohini Ahluwalia, "Using Differentiated Brands to Deflect Exclusion and Protect Inclusion: The Moderating Role of Self-Esteem on Attachment to Differentiated Brands," *Journal of Consumer Research* 40, no. 4, 657–675.; Angela Y. Lee and Carlos J. Torelli, "Crosscultural Issues in Consumer Behavior," *Frontiers of Social Psychology* (2008): 227; Sharon Shavitt, Carlos J. Torelli, and Jimmy Wong, "Identity-Based Motivation: Constraints and Opportunities in Consumer Research," *Journal of Consumer Psychology* 19, no. 3 (2009): 261; Marieke De Mooij and Geert Hofstede, "The Hofstede Model: Applications to Global Branding and Advertising Strategy and Research," *International Journal of Advertising* 29, no. 1 (2010): 85–110; Theodore M. Singelis, Harry C. Triandis, Dharm PS Bhawuk, and Michele J. Gelfand, "Horizontal and Vertical Dimensions of Individualism and Collectivism: A Theoretical and Measurement Refinement," *Cross-Cultural Research* 29, no. 3 (1995): 240–275; H. C. Triandis, *Individualism and Collectivism* (Boulder, CO: Westview, 1995); Michelle R. Nelson and Sharon Shavitt, "Horizontal and Vertical Individualism and Achievement Values: A Multimethod Examination of Denmark and the United States," *Journal of Cross-Cultural Psychology* 33, no. 5 (2002): 439–458; Carlos J. Torelli and Rohini Ahluwalia, "Extending Culturally Symbolic Brands: A Blessing or a Curse?," *Journal of Consumer Research* 38, no. 5 (2012): 933–947; Umut Kubat and Vanitha Swaminathan, "Crossing the Cultural Divide through Bilingual Advertising: The Moderating Role of Brand Cultural Symbolism," *International Journal of Research in Marketing* 32, no. 4 (2015): 354–362; C. J. Torelli, H. T. Keh, and C. Y. Chiu, "Cultural Symbolism of Brands," in *Brands and Brand Management: Contemporary Research Perspectives*, B. Loken, R. Ahluwalia, and M. J. Houston (Eds.) (Psychology Press, 2009); Jennifer Aaker, Veronica Benet-Martinez, and Jordi Garolera, "Consumption Symbols as Carriers of Culture: A Study of Japanese and Spanish Brand Personality Constructs," *Journal of Personality and Social Psychology* 81, no. 3 (2001): 492–508.

도 했다. 이렇듯 영국 시장에 대한 새로운 접근법은 크리스피크림이 영국인에게는 낯선 아침 식사라는 개념에 대한 잠재적인 장애물을 극복할 수 있도록 해주었다.[24]

브랜드 요소에 대한 소비자 반응의 차이 국가 간 언어 차이는 브랜드 이름의 의미를 왜곡하거나 바꿀 수도 있다. 언어마다 다른 음운 체계로 인해 다른 나라에서는 문제의 소지가 없는 단어도 어떤 나라에서는 문제를 일으킬 수 있다. 문화적 배경도 중요하다. 실제로 소비자는 잠재적으로 모호한 연상들을 포함하는 이름에 더 잘 반응하는 경우도 있다. 여기서 문제는 연상들이 어디까지 확장될 수 있는지, 얼마나 즉각적일지, 실제로 얼마나 문제를 일으킬 소지가 있는지다.

잘 알려진 브랜드 컨설팅회사인 렉시콘(Lexicon)은 클라이언트를 위해 이러한 평가를 내리는 데 도움이 되는 언어학자를 고용한다.[25] 이 기관은 콜롬비아 스페인어로 성적 모욕을 줄 수 있고, 힌두어로는 신성모독시 되며, 일본어로는 발기부전을 전달하고, 히브리어로는 매춘부로 번역되는 이름을 밝혀냈다.[26] 이런 점을 감안할 때 연구원들이 중국어와 영어를 사용하는 소비자가 브랜드를 처리하는 방식에서 차이를 발견했다는 것은 놀랄 일이 아닐 것이다. 한 연구에서는 언어 정보의 표현이 중국인에게는 시각적으로 읽히는 반면 영어 사용자 사이에서는 음운론적인 방식으로 읽힌다는 것을 보여주었다. 또 다른 연구는 브랜드 이름의 주변적 특징(사용된 글꼴 종류와 같은 글자 측면 또는 이름이 발음되는 방식과 같은 소리 측면)이 브랜드의 연관성이나 의미와 일치할 때 더 긍정적인 브랜드 특성이 나타난다는 것을 보였다. 중국어 원어민은 주로 글자 매칭에 영향을 받은 반면, 영어 원어민의 태도는 주로 소리 매칭에 영향을 받았다.

마케팅 믹스 요소에 대한 소비자 반응의 차이 세계 각지에 사는 소비자는 마케팅활동에 대한 태도나 의견이 서로 다를 수 있다.[27] 미국 소비자는 광고에 대해 무척 냉소적인 반면 일본 소비자는 긍정적으로 본다는 결과가 나왔다. 이는 두 국가 소비자 사이의 광고 스타일 차이를 보여준다. 일본 광고가 말투에서 보다 부드럽고 추상적인 경향이 있는 반면, 미국 광고는 제품 정보를 보다 상세하게 설명하는 경향이 있다. 또한 소비자가 소셜 미디어를 사용하는 방식에 있어서도 주요한 차이가 존재한다. 라틴 아메리카는 네 번째로 큰 모바일 시장이며, 스마트폰의 과반수가 소셜 미디어를 사용하기 위해 사용된다.[28] 인구의 62%가 소셜 미디어를 사용하는 아르헨티나에서는 기업이 소셜 미디어 캠페인으로부터 얻는 이득이 많다. 버거킹은 다른 경쟁 버거 브랜드를 '불태워버리는' 소셜 미디어 캠페인을 스냅챗(Snapchat)에서 실시했는데, 참가자들이 다른 경쟁사 버거에 그릴 마크를 그려 올리면 공짜 쿠폰을 제공했다. 이 캠페인은 스냅챗에서 410만 명의 팔로워를 새로 얻는 데 성공했다.[29] 종합하자면 디지털 마케팅 기법은 라틴 아메리카 내에서 전통적인 마케팅을 대체할 수 있는 비용 절감형 대체 수단이다.

광고와 소셜 미디어 사용 외에도 가격 민감성, 판촉에 대한 반응, 스폰서십 지원 및 기타 활동 등 모든 것이 국가에 따라 달라질 수도 있으며, 이러한 차이는 소비자 행동이나 의사결정의 동기가 될 수 있다.

브랜드 및 제품 개발, 경쟁적 환경의 차이 제품은 국가마다 제품수명주기상 다양한 단계에 있을 수 있다. 예를 들어 P&G가 자사 세제 브랜드 타이드(Tide)의 전략을 어떻게 수정했는지 생각해보자. P&G는 인도 시장에 진출할 당시 인도 소비자의 10%만이 세탁기를 소유했다는 사실에 고심해야 했다.[30] 인도에서 대부분의 소비자는 빨랫비누와 물로 옷을 세탁한다. 타이드는 많은 선진 시장에서는 세탁기용 세제임에도 불구하고, 손빨래를 선호하는 중산층 소비자를 겨냥했다. 타이드는 또한 재스민과 장미향 세제와 같이 현지에 어필할 수 있는 제품을 선보였고, 더 낮은 가격을 선호하는 소비자에게 어필하기 위해 타이드 내추럴(Tide Natural)이라는 브랜드를 출시했다. 이러한 현지 시장 전략의 변화로 인해 비록 세제 제품군에서는 다른 경쟁 브랜드가 우위를 점하고 있었음에도 불구하고 타이드는 인도 내 세제 브랜드에서 시장 리더가 되었다.[31] 이 예시는 글로벌 브랜드를 출시하기 전에 주어진 제품 범주의 개발 단계를 이해하는 것의 중요성을 강조한다. 게다가 특정 브랜드에 내한 인식과 포지셔닝은 지역 시장 상황에 따라, 혹은 국가마다 상당히 다를 수 있다. 예를 들어 맥도날드와 KFC는 미국에서 저렴한 패스트푸드점으로 여겨지지만, 인도와 중국에서는 프리미엄 포지셔닝을 하고 있다.[32]

타이드는 지역 시장 취향에 맞추기 위해 다양한 향의 세제를 출시했다.

경쟁의 종류도 다를 수 있으며 브랜드 매니저는 각 국가에 대한 경쟁력 있는 포지셔닝에 대해 신중하게 재검토하고, 시장 내 예상치 못한 경쟁상대에 대처할 계획을 고안할 준비를 해야 한다.

법적 환경의 차이 글로벌 광고 캠페인 개발 과제 중 하나는 국가별로 끊임없이 변화하는 법적 규제에 관한 것이다. 캐나다에서는 처방전이 필요한 약의 TV 광고는 법으로 금지했다. 폴란드는 광고노래 가사는 폴란드어로 노래할 것을 요구한다. 스웨덴은 어린이를 대상으로 하는 광고는 금지했다. 말레이시아는 변호사나 로펌이 광고하는 것을 금지했다. 호주에서는 상업용 광고의 어린이 출연에 관하여, 싱가포르에서는 비교 광고에 관하여, 독일에서는 공중파 방송에서의 제품배치(PPL)에 관하여 광고 제한이 있다.

소셜 미디어 광고에 대해서 미국연방거래위원회는 소비자나 제3자가 브랜드로부터 돈을 받고 소셜 미디어 상에서 광고를 해주거나 추천을 해주는 것은 분명히 밝힐 것을 요구한다. 이는 싱가포르와 같은 다른 나라에서도 발견할 수 있는 법적 규제이다.[33] 유럽연합에서는 데이터 프라이버시에 관한 법률도 제정되었는데, 이는 개개인 소비자 수준의 데이터를 활용하고 디지털 마케팅 전략을 개발 및 시행하는 데 있어 마케터의 역량에 영향을 미칠 것이다.[34]

이러한 법적 규제 중 일부는 완화되었거나 또는 완화되고는 있지만 많은 법적 차이가 여전히 존재한다.

마케팅 기관의 차이 유통망 및 소매 관행, 매체 이용 가능성, 비용 등 동일한 마케팅 전략 실행에 관한 것이 국가마다 현저하게 달라질 수 있다. 외국계 기업은 다수의 외국 제품에 대해 규제했던 일본의 엄격한 유통 체계에 진입하기 위해 수년간 투쟁해야 했다. 케이블 TV, 스마트폰, 슈퍼마켓 등의 보급은 특히 개발도상국의 경우 상당히 달라질 수도 있다.

행정 절차의 차이 실질적으로는 표준화된 글로벌 마케팅 프로그램 실행을 위해 필요한 통제를 달성하는 것은 어려울 수도 있다. 지역 사무소는 자신들의 자율성이 위협받는 것에 저항한다. 지역 매니저들은 '여기에서 개발되지 않음'이라는 신드롬에 의해 힘들어할 수도 있고, 글로벌 마케팅 프로그램이 지역 시장의 주요 측면을 놓치고 있다는 사실에 관하여 옳건 그르건 반감을 표시할 수도 있다. 지신들의 자율성이 줄어들었다고 느끼는 지역 매니저들은 동기부여를 잃고 실의에 빠질지도 모른다.

글로벌 브랜드 창출 및 관리 전략

앞서 글로벌 시장을 구축해야 하는 근거와 더불어 글로벌 마케팅 프로그램의 장단점을 보았다. 다음으로는 글로벌 브랜드자산을 구축하는 일련의 핵심 원칙을 설명할 것이다. 전략적인 부분에 대한 고려에 앞서 먼저 글로벌 브랜드가 무엇인지 정의하는 것이 필요하다. 많은 정의가 있지만, 대다수 전문가는 **성공적인** 글로벌 브랜드로 간주되기 위해서는 적어도 절반 이상의 수익을 내수 시장 밖에서 이룩해야 하며 글로벌 시장에서 성장을 확보해야 한다고 입을 모은다.[35]

글로벌 브랜드자산 창출

3장에서 논의한 바와 같이 브랜드는 브랜드 공명을 만드는 것과 마찬가지 방식으로 강력한 브랜드자산을 구축할 수 있다. 글로벌 브랜드자산은 각 글로벌 시장에서 다음과 같은 절차를 달성함으로써 창출할 수 있다.

1. 브랜드 인지도의 폭과 깊이 확립하기
2. 유사점 및 차별점 생성하기
3. 긍정적이고 접근하기 쉬운 브랜드 반응 유도하기
4. 강렬하고 적극적인 브랜드 관계 만들기

마케터가 브랜드를 판매하는 모든 시장에서는 앞서 설명한 목표를 달성하는 데 필요한 핵심 구성요소인 브랜드 현저성, 브랜드 성과, 브랜드 심상, 브랜드 판단, 브랜드 느낌, 브랜드 공명을 어떻게 달성할 것인가를 고려해야 한다. 예를 들어 브랜드 관리자는 브랜드를 도입하는 순차적인 시기가 각기 다른 시장에서의 **브랜드 현저성**과 브랜드 인식에 어떤 영향을 미칠 것인가에 대해 알아야 한다. 도입 순서가 다르면 해당 브랜드의 제품, 제공되는 혜택이나 소비자의 니즈 충족에 대한 소비자의 브랜드 인식에 큰 영향을 미칠 수 있다. **브랜드 심상**에 대한 연상 작용은 브랜드가 갖고 있는 역사나 유산에 따라 시장별로 달라질 수 있다. 나아가 브랜드 이미지 전략을 수립하는 데 있어 한 시장에서의 바람직한 브랜드 개성은 다른 시장에서는 그렇지 않을 수 있음을 상기해야 한다. 나이키의 소비자가 경쟁적이고 공격적인 이미지를 지닌다는 점은 나이키가 1990년대 초반 유럽 시장에 진출하는 데 있어 장애물로 작용했다. 나이키는 이러한 이미지를 다소 누그러뜨리고 팀 콘셉트를 더욱 강조함으로써 더 큰 성공을 거두었다.

브랜드 판단은 새롭게 진출하는 시장에서 긍정적으로 인식되어야 한다. 즉 소비자는 브랜드의 품질이 뛰어나고 믿을 만하며 고려할 만한 가치가 있으며 우수하다고 생각해야 한다. 마지막으로 새로운 시장에서 **브랜드 공명**을 이룩한다는 것은 소비자가 제품을 구매하고 사용하며 기업과 타 소비자들과 상호작용할 수 있고 브랜드와 마케팅에 대해 적극적으로 알고 경험할 수 있는 충분한 기회와 유인을 가져야 한다는 것을 의미한다. 디지털 마케팅과 소셜 미디어를 활용한 소통은 브랜드 공명을 강화하는 데 효율적으로 사용될 수 있다. 그렇다고 해서 이러한 디지털 세계에서의 노력이 소비자와 브랜드를 연결하는 데 있어 근본적인 마케팅 방식을 완전히 대체할 수는 없다.

글로벌 브랜드 포지셔닝

소비자 행동에서의 차이점을 잘 찾아내고 마케팅 프로그램을 수정하는 데 들이는 노력에의 지침을 제공하기 위해서는 기업이 다양한 시장에서 해당 브랜드가 어떻게 포지셔닝되고 있는가에 대한 깊은 이해에 기반을 둔 글로벌 브랜드 포지셔닝을 발전시키는 것이 권장된다. 브랜드 포지셔닝은 멘탈 맵을 창출하고, 핵심 브랜드연상을 정의하며, 유사점 및 차별점을 규명하고, 브랜드 만트라를 가공하는 것을 의미한다는 점을 상기하라. 기업은 다양한 질문을 다루는 브랜드 포지셔닝 문서를 갖고 있다. 이러한 질문에 대한 답은 글로벌 브랜드 포지셔닝을 어떻게 구성할 것인가에 대한 지침을 제공하고 브랜드 포지셔닝의 어떠한 측면이 현지 조건에 맞추어 수정되어야 할 것인가에 대한 도움을 준다. 질문은 다음과 같다.

1. 신규 시장 대비 내수 시장에서의 브랜드 멘탈 맵은 얼마나 유효한가? 포지셔닝은 얼마나 적절한가? 기존의 브랜드 인지도 수준은 얼마인가? 핵심 브랜드연상, 유사점, 차별점은 얼마나 가치가 있는가?

2. 포지셔닝을 하기 위해 어떠한 변화가 이루어져야 하는가? 브랜드와 관련한 새로운 연상을 만들 필요가 있는가? 이미 존재하는 연상을 다시 만들면 안 되는가? 기존의 연상은 수정해야만 하는가?

3. 새로운 멘탈 맵을 어떻게 만들어야 하는가? 동일한 마케팅활동을 여전히 사용할 수 있는가? 어떠한 변화가 이루어질 필요가 있는가? 어떤 새로운 마케팅활동이 필요한가?

브랜드의 글로벌 포지셔닝을 발전시키는 데 있어서 글로벌 맥락에서 브랜드연상의 위계 구조를 정의할 필요가 있다. 이는 전 국가에 걸쳐 소비자들이 갖기를 원하는 브랜드연상이 무엇인지, 특정 국가에만 통용되기를 원하는 브랜드연상이 무엇인지를 정의하는 것을 의미한다. 이러한 다양한 시장 내 브랜드연상이 각기 다른 소비자 지각, 기호, 환경을 반영하기 위해 어떻게 생성되어야 하는지에 관한 결정이 이루어져야 한다. 따라서 마케터는 시장에 따른 유사점과 차이점을 조율해야 한다. 하겐다즈는 현지에 맞는 전략을 갖고 글로벌 브랜드 포지셔닝을 수행한 좋은 예다. 이어서 브랜드가 다양한 글로벌 시장에 어필하기 위해서 마케팅 믹스의 다양한 측면을 어떻게 조정할 수 있는가에 대한 일련의 제안을 하고자 한다.

하겐다즈 글로벌 브랜드 : 다양한 맛의 도락

아이스크림 브랜드로 잘 알려진 하겐다즈는 50개 이상 시장에 진출해 있으며 판매 이익은 2조 900억 달러(약 2,400조 원)에 달한다. 하겐다즈는 제너럴밀스가 소유하고 있으며 일부 시장에서는 네슬레가 판매하고 있다.[36] 글로벌 광고 캠페인은 하겐다즈의 프리미엄 이미지를 이용하며 도락, 비용적으로 감당 가능한 럭셔리, 강렬한 관능의 세 가지 핵심 테마를 중심으로 통합된 글로벌 포지셔닝을 지향한다. 이러한 표준화된 글로벌 포지셔닝 전략은 커스터마이징된 맛, 제품군 확장, 다양한 광고와 결합된다. 이를테면 하겐다즈는 아시아 국가에는 녹차맛, 프랑스에서는 바나나 캐러멜 크레이프와 마카다미아 너트, 중국에서는 월병맛, 그리고 다양한 유럽 시장에서도 맞춤형으로 다양한 맛을 제공하는 등 국가별로 독특한 맛을 제공한다. 브라질과 함께 세계 최대 아이스크림 시장 중 하나인 중국에서는 초밥 아이스크림을 볼 수 있는데, 이는 아이스크림 스쿱이 초콜릿에 감싸져 있어 마치 초밥처럼 보이는 데서 유래했다. 상하이 매장에서 제공되는 소프트 아이스크림은 근처 맥도날드 아이스크림 가격의 7배에 달하는데, 이는 도락을 갈망하는 사람들을 위한 프리미엄 아이스크림 브랜드로서 하겐다즈의 위치를 재차 확인할 수 있는 예시이다. 이러한 논의에서 알 수 있듯이 기업들이 점차 국제적인 마케팅 관점을 도입하고는 있지만, 마케팅 전략의 많은 측면이 현지 시장 조건에 맞추어 조정될 필요가 있다는 것을 보여준다. 글로벌 고객 기반 브랜드자산을 구축하는 방법에 대해 구체적인 전략적 지침을 제공하기 전에 먼저 표준화 대 맞춤화에 대한 논쟁을 강조하고자 한다.

하겐다즈는 지역 시장 취향에 맞추어 다양한 맛의 새로운 아이스크림 바를 출시했다.

글로벌 브랜드의 현지 시장 내 마케팅 믹스 요소 맞춤화

브랜드는 현지 시장 조건의 마음에 들기 위해 마케팅 믹스의 특정 부분을 맞춤화할 필요가 있다. 다음은 마케팅 프로그램의 네 가지 주요 요인인 제품, 커뮤니케이션, 유통, 가격 전략에 대해 현지 적응 문제를 중심으로 다룰 것이다.

제품 전략

많은 기업이 초기 해외 진출 시 어려움을 겪는 이유 중 하나는 그들이 모르고, 혹은 의도적으로 소비자 행동의 차이를 간과했기 때문이다. 소규모 시장은 상대적으로 비용이 많이 들고 마케팅 연구 산업이 부족하기 때문에 많은 기업은 기본적인 소비자 연구를 포기한 채 우선 제품을 진열대에 올려놓고 이후 무슨 일이 벌어지는지 살펴봐야 했다. 그 결과 종종 일이 벌어지고 나서야 소비자들 간 차이를 알아차리게 된다. 이러한 실수를 피하기 위해 마케터는 현지 시장에 대한 조사를 수행해야 한다. 예를 들어 네슬레의 킷캣(Kit Kat)은 300가지 이상의 맛을 연구하고 개발했는데 이 중 상당수는 일본 시장만을 위한 것이었다.[37] 그러나 대다수의 경우 특정 국가에 대한 제품 간 차이는 정당화되지 않는다는 것이 마케팅 연구가 밝혀낸 점이다. 한때 팜올리브(Palmolive) 비누는 22가지 다른 향, 17가지 패키지, 9가지 모양, 수많은 포지셔닝으로 전 세계적으로 판매되었다. 글로벌 마케팅의 이득을 취하고자 마케팅 분석을 실시한 결과 향은 7가지만, 패키지는 하나의 핵심 디자인으로, 3가지 모양만을 채택하기로 했고, 포지셔닝 역시 개발도상국과 선진국을 위한 2가지 관련 포지셔닝만을 수행했다.[38]

기업의 관점에서 글로벌 브랜드와 현지 브랜드 간 트레이드오프에 대한 한 가지 명백한 해결책은 두 가지 유형의 브랜드를 모두 동일 제품 카테고리 내 브랜드 포트폴리오의 일부로서 판매하는 것이다. 글로벌 브랜드로 성공한 기업들조차도 표준화된 글로벌 마케팅 프로그램은 일부 제품, 일부 장소, 일부 시기에만 통용된다는 입장을 고수하고 있으며, 현시에 어필하는 브랜드의 광고를 안전히 대체할 수 없다는 것을 알고 있다.[39] 그러므로 세계화 주세에도 불구하고 좋은 현지 브랜드에 대한 기회는 언제나 있을 것으로 보인다.

네슬레가 일본에서 출시한 녹차맛 킷캣 초콜릿은 제품이 어떻게 각기 다른 세계 시장의 소비자에게 어필하기 위해 맞춤화될 수 있는지 보여준다.

커뮤니케이션 전략

광고는 세계적으로 많은 기업이 어려움에 직면하는 마케팅 커뮤니케이션의 한 분야이다. 각기 다른 국가마다 브랜드 포지셔닝이 같을 수는 있어도 광고에 있어서 창의적인 전략은 어느 정도 달라야 할 수 있다. 나라마다 각기 다른 창의적인 스타일의 광고를 수용하는 정도는 다를 수 있다. 예를 들어 유머의 사용은 독일에서보다 미국과 영국 광고에서 더 흔하다. 프랑스와 이탈리아 같은 유럽 국가는 광고에서 나타나는 성적 어필과 누드에 더 관대하다.[40] 인도에서는 가족 지향성과 소속감이 집단주의적인 인도 문화의 초석이 되기 때문에 많은 광고가 가족이나 '모자간' 관계를 주제로 다룬다. 예를 들어 스미스클라인비참(Smithkline Beecham)의 브랜드인 홀릭스(Horlicks)는 광고에서 "더 크게, 강하게, 영리하게" 전반적인 아이들의 성장을 제안하는 기업의 모토를 담기 위해 엄마와 아이 관계를 강조하는 광고를 사용했다.[41]

소셜 미디어와 디지털 마케팅의 성장과 더불어 기업들은 온라인 미디어를 사용해 소비자와 소통할 수 있는 선택지를 신중히 살펴봐야 한다. 흔히 하는 오해 중 하나는 저소득층 소비자들이 인터넷을 사용하지 못한다는 것이다. 그러나 스마트폰의 확산은 인터넷에의 접근성을 더욱 수월하게 만들었다. 예를 들어 세계은행은 2012년까지 중남미 인구의 98%가 휴대전화 신호에 접근할 수 있었으며 대부분의 가구는 모바일 서비스 요금제에 가입했다고 보고했다. 또한 페루, 멕시코, 에콰도르와 같은 국가의 인터넷 키오스크, 커뮤니티 액세스 센터, 멀티미디어 커뮤니케이션 부스가 인터넷 접속을 증가시켰다.[42]

위성 및 케이블 TV의 보급으로 방송 미디어 선택지가 확대되어 여러 국가에서 동일한 TV 광고를 동시에 방송하는 것이 쉬워졌다. CNN, MTV, ESPN, 카툰네트워크(Cartoon Network) 등 미국 케이블 방송사를 비롯해 영국 스카이방송(Sky Broadcasting), 아시아의 스타/지 TV(Star/Zee TV) 등 방송사들이 광고주들의 글로벌 영역을 넓혔다.

각 국가는 미디어와 관련된 고유한 기회와 도전 과제가 있다. 콜게이트-팜올리브가 인도 시골 지역에 사는 6억 3,000만 명가량의 사람들이 있는 시장 진출을 결정했을 때 이 기업은 전체 마을 사람 중 절반 이상이 문맹이고 오직 3분의 1만이 TV가 있는 가정에서 살고 있다는 사실을 극복해야 했다. 이에 대한 해결책은 비디오 밴을 타고 시골 곳곳으로 움직이는 30분짜리 정보성 광고물을 만드는 것이었다.[43] 스폰서십 프로그램은 미국 이외의 여러 국가에서 오랜 전통을 갖고 운영되고 있는데, 이는 역사적으로 광고 매체가 부족했기 때문이다. 글로벌 기반으로 스폰서십을 수행하는 마케터가 늘고 있다. 예를 들어 피파(FIFA) 월드컵 축구는 아디다스, 코카콜라, 현대, 소니, 비자 등 글로벌 브랜드를 포함한 유명 파트너사와 스폰서가 매우 많다. 엔터테인먼트와 스포츠 협찬은 특히 젊은 관객에게 다가갈 수 있는 효과적인 방법이 될 수 있다.

유통 전략

유통 채널은 많은 기업에게 도전 과제를 제시하는데 이는 글로벌 소매업체, 특히 슈퍼마켓과 식료품점이 거의 없기 때문이다.[44] 특히 아프리카와 같이 소비자가 도시와 농촌에 거주하는 대륙에서는 유통에 대한 어려움이 많다. 이러한 유통 문제를 다루기 위해서 영국 시리얼 브랜드인 위타빅스(Weetabix)는 케냐에 독특한 유통 시스템을 도입했다. 이 회사는 비스킷 2개로 구성된 작은 봉지를 자전거를 통해 소매점에 배포하는 영업사원을 고용하고 있다. 위타빅스가 케냐 시리얼 시장 점유율 70%를 차지하면서 이러한 노력은 성과를 거두고 있다.[45] 이와 유사하게 동아프리카에서 코카콜라는 도로를 통해서는 연결이 쉽지 않은 수천 개의 소규모 시골 점포에 유통 서비스를 제공하는 마이크로 유통 센터(MDC) 네트워크를 개발했다. MDC 소유주는 손수레를 사용해 코카콜라 제품을 해당 지역의 소규모 시골 점포로 운반한다. 코카콜라는 MDC 네트워크가 사업의 80% 이상을 동아프리카 일부 국가에서 유통하고 있으며 이는 1만 3,500명을 고용하는 기회도 더불어 제공하고 있다고 밝혔다.[46]

가격 전략

글로벌 가격 전략을 계획함에 있어 5장에서 다루었던 가치-가격 원칙은 여전히 일반적으로 적용된다. 마케터는 각 나라에서 이루어지는 브랜드 가치에 대한 소비자의 인식, 지불 용의, 가격 변화에 대한 탄력성 등이 어떠한지 이해해야 한다. 종종 이러한 고려 사항에 대한 차이가 가격 전략의 변화를 가져오기도 한다. 리바이스, 하이네켄, 페리에(Perrier)와 같은 브랜드는 내수 시장에서보다 훨씬 높은 가격을 책정할 수 있었는데, 이는 다른 국가에서 소비자가 가치 있게 여기는 브랜드자산의 원천이 되는 브랜드 이미지가 확연히 달랐기 때문이다. 그러나 나라마다 가격을 극단적으로 다르게 책정하는 것은 어려운 문제이다.[47] 국제 가격 조정에 대한 압력이 생겨났는데, 이는 합법적으로 이루어지는 수입과 수출량의 증가와 더불어 국경을 넘나드는 병행 수입을 통해 이루어지는 가격 차이를 이용하려는 소매업자와 공급업자의 능력 때문이다. 상이한 글로벌 시장에서 가격을 달리할 수 있는 데는 세 가지 선택지가 있다. 첫 번째는 국가 간 고유한 차이와 가격 조정 압력을 모두 고려한 국제적인 '가격 통로'를 만드는 것이다. 구체적으로 가격 통로는 개별 국가의 시장 데이터, 국가별 가격 탄력성, 가격 차이에 따른 병행 수입, 환율, 국가별 비용 및 이에 따른 차액 비용, 경쟁 및 유통 데이터 등을 고려해 본사와 자회사가 산출한다. 그러면 어떤 나라도 이 가격 통로 밖에서 가격을 설정할 수 없다. 두 번째는 표준화 대 맞춤화에 의한 상대적인 비용 균형에 따라 고가격, 고소득 국가 및 저가격, 저소득 국가에 서로 다른 브랜드를 도입하는 것이다.[48]

세 번째로 현지 자재를 사용해 현지 시장을 위한 완전히 새로운 제품을 개발하는 것도 경쟁력 있는 제품을 제공하는 또 다른 방법이다. 예를 들어 GE헬스케어(GE Healthcare)는 신흥 시장을 위해 병원 대비 가격이 적당한 대안을 제공하고자 기존의 것보다 훨씬 저렴한 휴대용 초음파 기계를 개발했다.[49]

개발도상국과 선진국 시장 내 소비자에게 마케팅하기

글로벌 브랜드가 진입하는 국가들을 가장 기본적으로 구분 짓는 것은 아마도 진입 국가가 개발도상국 시장인지 혹은 선진국 시장인지일 것이다. 개발도상국 시장과 선진국 시장의 구분은 점차 흐려지고 있는데, 이는 중국과 같이 사회기반시설과 자원이 제한적임에도 불구하고 여타 선진국 시장 대비 GDP가 큰 시장이 존재하기 때문이다. 가장 중요한 개발도상국 중 몇몇 국가는 BRICS(브라질, 러시아, 인도, 중국, 남아프리카)일 것이다.[50] 다음은 개발도상국과 신흥 시장 소비자에 대한 몇 가지 흥미로운 사실이다.

1. 신흥 시장 소비자의 80%는 그들의 옷장보다 작은 크기의 잡화점, 좌판, 키오스크, 구멍가게에서 제품을 구매한다.
2. 소득과 주거 공간이 제한적이면 소규모 포장과 저렴한 제품 가격이 매우 중요하다.
3. P&G나 유니레버 같은 기업은 소비자의 수요에 맞추는 데 있어 적합한 제품을 생산하기 위해 더욱 저렴하고 현명한 방법을 고안해냈다.
4. 스마트폰 보급이 상대적으로 많이 이루어짐에 따라 모바일과 디지털 전략이 더욱 중요해지고 있다.

글로벌 고객 기반 브랜드자산 구축을 위한 십계명

글로벌 브랜드 구축을 위한 마케팅 프로그램을 설계하고 수행하는 데 있어서 마케터는 글로벌 마케팅 프로그램의 이점을 실현할 수 있는 가능성은 극대화하는 반면, 단점으로 피해를 볼 수 있는 가능성은 최소화하기를 원한다.[51] 이 절에서는 강력한 글로벌 브랜드를 어떻게 전술적으로 구축하는지에 대해 보다 자세히 탐구한다. 이는 '글로벌 브랜딩 십계명'으로 요약된다(그림 15-3 참조).

1. 글로벌 브랜딩 환경의 유사성과 차이를 이해하라

가장 근본적인 첫 번째 지침은 국제 시장이 브랜드 개발, 소비자 행동, 마케팅 기반 환경, 경쟁 활동, 법적 제한 등의 측면에서 다양할 수 있다는 것을 인식하는 것이다. 글로벌 브랜드에 관한 가장 좋은 사례는 종종 브랜드 본질의 일관성을 유지하고 각 나라마다 소비자 행동 및 경쟁 상황에 부합하도록 마케팅 믹스의 구체적 요소를 바꾸는 것이다. 또한 마케터는 한 대륙이나 국가를 모두 동일한 선호를 갖고 있는 단일 시장으로 보는 것을 지양해야 한다. 예를 들어 라틴 아메리카는 국가별·지역별 차이가 크다. 맥도날드, 코카콜라, 푸마(Puma)와 같은 기업은 라틴 아메리카 시장에 진출하는 데 있어 현지 혹은 지역 캠페인을 펼치는 것의

1. 글로벌 브랜딩 환경의 유사성과 차이를 이해하라.
2. 브랜딩 구축에 있어서 지름길을 택하지 말라.
3. 마케팅 기반시설을 구축하라.
4. 통합적 마케팅 커뮤니케이션을 채택하라.
5. 브랜드 파트너십을 배양하라.
6. 표준화와 맞춤화의 균형을 잡아라.
7. 글로벌 통제와 현지 통제의 균형을 잡아라.
8. 운영 지침을 설립하라.
9. 글로벌 브랜드자산 관리 시스템을 실행하라.
10. 브랜드 요소를 레버리징하라.

그림 15-3
글로벌 브랜딩 십계

이점을 깨달았다.[52]

2. 브랜딩 구축에 있어서 지름길을 택하지 말라

글로벌 고객 기반 브랜드자산 구축의 측면에서 제2부에서 이미 논의된 기본 전술 중 많은 것이 여전히 적용된다. 특히 브랜드가 판매되는 각 나라에서 브랜드 인지도와 긍정적인 브랜드 이미지를 구축해야 한다. 브랜드자산의 원천을 형성하는 수단은 나라마다 다를 수 있으며 브랜드자산의 실제 원천 자체도 나라마다 다양할 수 있다. 그럼에도 불구하고 각 나라에서 브랜드자산의 원천을 제공하기 위한 브랜드 인지도와 강력하고 호의적이며 독특한 브랜드연상이 충분한 수준에 이르게 하는 것이 매우 중요하다. 폴크스바겐(Volkswagen)은 미국 시장에서 강력한 발판을 마련하기 위해 노력하고 있다. 그 이유는 아시아의 수입 경쟁 업체와는 달리 미국 구매자를 위해서는 자사의 디자인을 수정하는 정도면 충분하기 때문이었다.[53]

신규 시장에서 브랜드를 구축하는 것은 아래에서 위로 이루어져야 한다. 이는 전략적으로 브랜드 이미지 구축 이전에 브랜드 인지도 구축에 먼저 집중해야 함을 의미한다. 전술적 혹은 실행 가능성 측면에서 신규 시장 내에서 브랜드자산의 원천을 가장 잘 구축하는 방법을 결정해야 한다. 심지어는 전반적으로 동일한 이미지의 유지가 바람직할지라도 한 시장 내에서 브랜드가 구축될 수 있는 채널, 커뮤니케이션, 가격 전략이 다른 시장에서는 적합하지 않을 수 있다. 만일 브랜드가 개발 초기 단계라면 현지의 기호에 맞게끔 마케팅 프로그램이 여러 차례 조정되어야 한다. 그러한 상황에서 소비자 교육은 종종 브랜드 개발 노력과 함께 실행되어야 한다.

이러한 지침은 인내심을 필요로 하고 브랜드가 내수 시장을 넘어선 그때부터 행해졌던 일련의 마케팅 프로그램과 활동을 관여해온 브랜드 개발에 대한 역추적 가능성을 제안한다. 마케터는 자국에서 자신들이 어쩌면 수십 년간 신중히 축적해 온 고객들 마음속의 연상을 기반으로 브랜드를 구축하고 있다는 사실을 깨닫지 못할 수도 있다는 것이다. 신규 시장에서 브랜드를 구축하는 데 필요한 기간은 축소될 수도 있지만, 여전히 더 많은 시간이 소요될 것이다.

유혹―종종 실수―은 현재 마케팅 프로그램이 효과가 있는 것처럼 보이기 때문에 수출하려는 것이다. 이것이 사실일 수도 있지만 마케팅 프로그램이 인정을 받고, 또 일부 성공했다는 사실이 곧 강력하고 지속가능한 글로벌 브랜드자산을 구축하는 가장 좋은 방법이 수출이라는 것을 의미하지는 않는다. 성공의 중요한 열쇠는 각각의 소비자를 이해하고 소비자가 브랜드에 대해 알고 있거나 잠재적으로 평가할 수 있는 바를 인식하고 그들의 욕구에 맞게끔 마케팅 프로그램을 맞춤화하는 것이다.

3. 마케팅 기반시설을 구축하라

많은 글로벌 브랜드에 있어 하나의 중요한 성공 요인은 제조, 유통, 물류상의 이점이었다. 이 브랜드들은 원점 상태에서 적절한 마케팅 기반을 구축했을 뿐 아니라 다른 나라에서 기존 마케팅 기반을 자본화하기 위해 개작했음을 의미한다. 채널들은 브랜드 개발 단계에서 특히 다양하다.[54] 유럽 매장의 빈약한 냉장시설을 염려해 하겐다즈는 여러 대륙에 걸쳐 소매상들에게 수천 개의 무료 냉동장치를 공급하기에 이르렀다.[55]

국제 시장은 기존 기반의 측면에서 매우 다양하기 때문에 기업은 제품 품질의 일관성을 보증하기 위해 무슨 일이든 했다. 맥도날드는 원재료의 90% 이상을 현지 공급자로부터 수매하고 있으며 현지 자원이 현지에서 가용하지 않을 경우에는 필요한 인풋을 창출하기 위해 자원을 소비하기까지 한다. 따라서 러시아의 감자 농장을 개선하기 위한 투자는 표준 사례이다. 이는 프렌치프라이는 맥도날드의 핵심 제품이며 브랜드자산의 핵심 근원이기 때문이다. 그러나 그보다 종종 기업들은 해외에서 성공하기 위해 생산과 분배 공정을 개조하거나 해외 파트너들에 투자하거나 아니면 둘 모두를 해야 한다. GM이 여러 해 동안 보통의 성과를 이루다가 1990년대에 브라질에서 거둔 성공은 부분적으로는 빈약한 마케팅 프로그램을 개선하기 위한 노력과 적절한 마케팅 기반시설을 구축하기 위한 건실한 딜러십 전략을 융화시킨 결과였다.[56]

4. 통합적 마케팅 커뮤니케이션을 채택하라

많은 일류 글로벌 기업이 강력한 통합적 마케팅 커뮤니케이션 프로그램을 도입했다. 해외 시장에서는 강력하고 잘 발달된 미국 매체 시장만큼의 광고 기회를 가질 수는 없다. 그 결과 미국에 기반을 둔 마케터는 시장에서 다른 형태의 커뮤니케이션 — 스폰서십, 판촉, PR, 머천다이징 활동 등 — 을 채택해 보다 확실한 글로벌 진출을 꾀했다.

벤앤제리스(Ben & Jerry's)는 전형적인 버몬트주 브랜드를 보다 현지에 적합하도록 만들기 위해 '전형적인 영국 아이스크림 맛'을 구축하기 위한 콘테스트를 영국에서 개최했다. 결승에 오른 맛은 일련의 영국 문화적 스펙트럼을 포괄했는데, 예를 들면 왕족[크림 빅토리아(Cream Victoria)와 퀸 염 맘(Queen Yum Mum)], 로큰롤[존 레몬(John Lemon)과 루비 츄스데이(Ruby Chewsday)], 문학[그레이프 익스펙테이션(Grape Expectations)과 애거서 크리스피(Agatha Crispie)], 스코틀랜드 전통[네시 넥타(Nessie's Nectar)와 초크 네스 몬스터(Choc Ness Monster)]에 대한 내용을 담았다. 결승에 오른 다른 맛들은 민티 파이선(Minty Python), 캐슈 그랜트(Cashew Grant), 제임스 봄(James Bomb)이 있었다. 1등을 한 맛인 쿨 브리타니아(Cool Britania)는 영국의 유명한 군가인 '룰 브리타니아(Rule Britannia)'를 패러디한 것으로 바닐라 아이스크림, 영국 딸기, 초콜릿으로 덮인 스코틀랜드 쇼트브레드로 이루어져 있었다.[57]

글로벌 기업은 다중언어를 사용하는 사람들의 니즈를 만족시키기 위해 통합 마케팅 커뮤니케이션 접근법을 사용할 수 있다. 이를테면 많은 히스패닉계 미국인 가정은 스페인어와 영어를 혼합해 사용한다. 단독 광고로 다양한 인종적·문화적 정체성을 가진 이들의 관심을 끌려는 것에는 잠재적인 위험이 있기는 하지만, 이 접근방식은 강력한 이점이 있기도 하다. 브랜딩 브리프 15-2에서는 이중언어를 사용해 이중문화 소비자에게 마케팅하는 것에 대한 연구를 다룬다.

5. 브랜드 파트너십을 배양하라

대부분의 글로벌 브랜드는 국제 시장에서 합작투자 파트너, 라이선시 및 프랜차이지, 유통업자에서부터 광고대행사, 기타 마케팅지원 인력에 이르기까지 마케팅 파트너를 보유하고 있다. 바와이즈와 로버트슨(Barwise and Robertson)은 새로운 글로벌 시장에 진입하기 위한 다음 세 가지 대안적 방안을 규정했다.[58]

1. 기업의 기존 브랜드를 신규 시장에 수출하는 방법('지리적 확장' 개념 도입하기)
2. 신규 시장에서 이미 판매되고 있는 기존 브랜드를 인수하되, 기업이 소유하지 않는 방법
3. 다른 기업과의 브랜드 제휴 형식(합작투자, 파트너십, 라이선싱 계약)을 창출하는 방법

진입 전략의 선택은 부분적으로 기업의 자원 및 목적이 각 전략의 비용 및 편익과 얼마나 일치하느냐에 달려 있다. P&G는 자신들이 앞서갈 수 있는 제품군(기저귀, 세제, 생리대)의

브랜딩 브리프 15 - 2
이중언어 광고로 이중문화 소비자에게 마케팅하기

남편과 두 살 미만의 어린 두 자녀와 함께 뉴욕에 사는 마리아 페레즈를 생각해보자. 마리아와 그녀의 남편 미구엘은 10대일 때 멕시코에서 이주해 왔고 스페인어를 유창하게 구사한다. 그들은 스페인어로 된 TV 방송인 유니비전(Univision)을 시청하고 페이스북을 통해 멕시코에 있는 가족과 연락을 한다. 마리아, 미구엘과 같은 사람들로 구성된 다문화 소비자 인구는 거대하다. 이들은 미국 인구의 거의 40%를 차지하고 있으며, 전 세계적으로는 거의 2억 3,200만 명이 고국 밖에서 거주한다. 이들은 기업에 독특한 도전 과제를 제시한다.

다문화 인구에게 어떻게 광고할 것인가를 결정함에 있어 첫 번째로 고려해야 할 사항은 이렇듯 인종적으로 다양한 인구 구성원이 현지 문화에 동화되는 단계가 각자 다를 수 있으며, 이는 그들이 다문화 마케팅노력을 수용함에 있어 각자 차이를 보일 수 있다는 것을 의미한다. 이중문화인은 고국과 현지 문화 둘 다를 동등하게 동일시하는 사람들로, 고국의 언어가 혼합되어 사용되는 이중언어 광고는 특정 상황에서 더욱 이들의 관심을 끌 수 있다.

그러나 이중언어 광고는 적절한 브랜드, 혹은 단일문화적인 이미지가 강하지 않은 브랜드와 짝을 이루어야 효과를 볼 수 있다는 점을 아는 것이 중요하다. 예를 들어 맥도날드와 코카콜라는 미국의 문화적 정체성이 강하게 드러나는 브랜드이다. 사람들이 맥도날드나 코카콜라를 볼 때 미국적인 것이 무엇인지를 떠올리게 된다. 그와는 대조적으로 맥주 브랜드 쿠어스(Coors)나 의류 브랜드 갭(GAP)은 문화적 상징성이 중립적이다. 연구에 의하면 미국에 거주하는 이중문화 소비자가 광고에 어떻게 반응하는가에 대해 정반대의 결과가 나오는 것을 발견했다. 이중언어로 이루어진 광고가 문화적 상징성이 높은 브랜드와 함께 사용되었을 때 이중문화 소비자는 이를 외면한 반면, 문화적 상징성이 약한 브랜드와 접목되었을 때는 보다 우호적으로 받아들였다.

요컨대 이중문화인에게 마케팅하는 것은 두 문화적 정체성에 호소하는 것을 의미하며, 이중언어 혹은 다문화 광고의 테마가 브랜드와 잘 어우러지도록 하는 것이 중요하다. 또한 전통적인 광고 방식, 후원, 프로모션, 온라인 디지털 광고, 소셜 미디어 광고 등과 같은 다양한 마케팅활동에 있어서 이중언어와 다문화 테마를 포괄하는 통합 커뮤니케이션 접근 방식을 발전시키는 것이 중요할 것이다.

출처 : "Number of International Migrants Rises Above 23 Million, UN Reports," *UN News*, September 11, 2013, www.un.org/appsnewsstory.aspNewsID=45819#.VeRmS5eYFSN; Umut Kubat and Vanitha Swaminathan, "Crossing the Cultural Divide through Bilingual Advertising: The Moderating Role of Brand Cultural Symbolism," *International Journal of Research in Marketing* 32, no. 4 (2015): 354-362.

신규 시장에 우선적으로 진출해 인프라를 구축한 후에 퍼스널 케어나 헬스케어와 같은 기타 제품군을 들여오는 형태이다. 하이네켄의 진입 전략은 약간 달랐다. 회사는 우선 브랜드 인지도와 이미지를 구축하기 위해 수출을 통해 새로운 시장에 진출했다. 만약 시장의 반응이 만족스러운 것으로 여겨지면, 회사는 판매량을 늘리기 위해 현지 맥주양조 기업에 자신의 브랜드를 라이선스해주었다. 만약 이러한 관계가 성공적이었다면, 하이네켄은 정착된 현지 브랜드에 하이네켄의 고가 브랜드의 판매를 편승시킬 수 있는 지분을 갖거나 합작투자를 하는 것이다.[59] 이러한 전략의 결과, 현재 하이네켄은 250개 이상의 브랜드를 170개국 이상에 판매하는 세계에서 세 번째로 큰 맥주양조 회사로 거듭났다. 대략 70개국에 걸친 양조 영업과 전 세계 수출 활동으로, 하이네켄은 세계에서 가장 큰 국제 맥주양조 그룹이 되었다.[60]

　브랜드 파트너십을 구축하는 한 가지 일반적인 이유는 유통 접근성을 확보하기 위해서이다. 스타벅스는 인도 시장에 진출했을 때 인도 대기업 타타(Tata)와의 합작투자 형태로 시작했다. 타타-스타벅스(Tata-Starbucks)는 타타글로벌베버리지(Tata Global Beverages)와 스타벅스 코퍼레이션(Starbucks Corporation)이 공동 소유한 50:50 합작 벤처 회사로, 인도에서 스타벅스 매장을 공동으로 소유·운영하고 있다. 이것은 스타벅스가 인도 시장에 진출하기 위해 파트너사의 광범위한 유통 전문지식과 지식을 활용하는 데 있어 지역 파트너(타타)가 어떻게 관여하는지를 보여주는 예다.[61]

　파트너십의 또 다른 목표는 해외 시장에서 브랜드 입지를 구축하기 위해 파트너사의 자본과 제휴를 활용하는 것일 수 있다. 예를 들어 언더아머(Under Armour)는 북런던을 연고지로 하는 유명한 프로 축구 클럽인 토트넘 홋스퍼(Tottenam Hotspur)에 신발과 장비를 공급하면서 푸마를 대체했다. 이 캠페인은 2012년부터 5년간의 캠페인으로 시작되었으며 언더아머가 즉각적인 브랜드 인지도를 얻는 데 도움을 주었다.

　때때로 기업들은 중동 국가에 진출하거나 혹은 인도의 보험이나 통신과 같은 특정 시장에 진출할 때와 같이 현지 회사와 파트너십을 맺어야 할 법적 의무가 있다. 다른 경우에는

타타글로벌베버리지와 스타벅스는 합작투자법인 타타-스타벅스를 설립해 인도 내 스타벅스 점포를 공동 소유 및 운영한다.

복잡한 외국 시장에 진입하기 위한 가장 빠르고 편리한 방법으로 회사의 파트너와 합작 투자를 설립하는 것을 선호한다. 합작투자는 복잡한 유통 시스템, 공급업자와의 긴밀한 유대관계, 폐쇄적인 기업관계를 가진 일본에서는 대중적이며, 정부는 외국 기업과 능력 있는 현지 파트너들과의 연결 관계를 오랫동안 장려해오고 있다.[62] 때로 진입 형태는 합병이 되기도 한다.

이러한 예시로부터 알 수 있듯이 다양한 진입 전략이 다양한 기업에 의해 채택되어 왔고, 같은 기업이지만 다른 국가에 진입할 때, 혹은 동일한 기업이 한 국가에 진입할 때조차 다양한 진입 전략이 사용된다. 진입 전략은 시간이 지남에 따라 발전한다.

6. 표준화와 맞춤화의 균형을 잡아라

앞서 논의한 것처럼, 국제 시장 간의 차이와 유사성에 대한 함축적 의미는 마케팅 프로그램에 있어 현지 요소와 글로벌 요소를 융화시키는 것이 필요하다는 것이다. 물론 과제는 어떤 요소를 맞춤화하고 어떤 요소를 표준화할지 올바르게 균형을 맞추는 것이다. 다음 요소는 더 표준화된 글로벌 마케팅 프로그램에 유리한 것으로 제안된다.

- 공통적인 고객 니즈
- 글로벌 고객과 유통
- 호의적인 무역 정책과 공통적인 규제
- 호환성이 있는 기술 표준
- 이전 가능한 마케팅 기술

어떤 유형의 제품이 표준화된 글로벌 마케팅 프로그램을 통해 팔기가 어려운가? 다음은 유사한 마케팅 전략을 유지할 수 있도록 하는 글로벌 캠페인을 보여주는 제품군이다.

1. **강력한 기능적 이미지를 가진 첨단기술 제품** : 예로는 컴퓨터, 시계, 디지털 카메라, 자동차가 있다.
2. **유행, 감각, 부, 지위와 강한 연관성이 있는 고급 이미지 제품** : 예로는 화장품, 의류, 보석, 주류가 있다.
3. **글로벌 마케팅 캠페인을 통해 기업이미지를 강조하는 서비스나 B2B 제품** : 예로는 항공사나 은행이 있다.
4. **상류층 고객을 대상으로 판매하거나, 두드러지지만 충족이 되지 않는 니즈에 전문화된 소매상** : 적당한 가격으로 다양한 장난감을 제공함으로써 토이저러스는 유럽 인형 시장을 변형시켰다. 유럽인이 크리스마스 같은 특별한 날이 아닌 1년 내내 언제나 어린이를 위한 장난감을 사도록 하고, 여러 나라에 걸쳐 가격을 동등하게 만들어 경쟁자들에게 압력을 가했다.[63]
5. **주로 원산지에 기반을 두어 포지셔닝된 브랜드** : 예로는 미국에서 여러 해 동안 'How to Speak Australian'의 광고 캠페인을 사용한 오스트레일리아의 포스터(Foster) 맥주가 있다.
6. **맞춤화가 필요하지 않은 제품이나 정확하게 작동해야 하는 전문 제품** : ITT는 심장박동 조절장치 같은 그 자체만으로도 작동하는 제품은 전 세계에 같은 방식으로 쉽게 팔릴 수 있다는 것을 발견했다. 하지만 통신장비 같은 통합 제품들은 현지의 전화 시스템 내에서 작

동하도록 만들어져야 한다.[64]

7. 글로벌 통제와 현지 통제의 균형을 잡아라

글로벌 환경하에서 브랜드자산을 구축할 때는 그 과정을 주의 깊게 설계하고 수행해야 한다. 글로벌 마케팅 프로그램의 개발에 관한 의사결정에서 가장 핵심은 글로벌 브랜드 관리를 위한 가장 적절한 조직 구조를 선택하는 것이다. 일반적으로 글로벌 마케팅노력을 위한 조직 구성의 세 가지 주요 접근 방법이 있다.

1. 본부 중앙 집중화
2. 현지 외국 시장으로 의사결정 분권화
3. 집중화와 분권화의 적절한 조합

일반적으로 현지화와 글로벌 표준화의 균형을 더 잘 맞추기 위해 집중화와 분권화의 조화를 채택하는 경향이 있다.[65] 조직적으로 킴벌리-클라크(Kimberly-Clark)는 다양한 지역에 걸쳐 조직 내 모범 사례에 대한 정보를 제공하는 글로벌 마케팅 웹사이트 제작을 포함해 지역 간 정보 공유를 용이하게 하는 메커니즘을 만들었다. 나아가 그들은 글로벌 마케팅 대학을 설립했는데, 이는 다양한 지역의 임원을 모으고 지식과 모범 사례에 대한 정보 공유를 증진하는 방법이기도 했다. 전반적인 접근법은 자회사에 자율성을 제공함과 동시에 브랜드 일관성을 강화하기 위해 중앙 집중화된 접근법을 이용하는 것이었다.

킴벌리-클라크와 비슷한 방식으로 렉서스(Lexus)는 글로벌 마케팅 방식을 전면적으로 개편했다.[66] 새로운 통합 글로벌 접근방식을 사용하여 NX 콤팩트 크로스오버와 RC 스포티 쿠페가 출시되었다. 이전에는 광고와 브랜드 메시지가 각 국가에서 별도로 개발되었다. 그러나 NX와 RC의 출시 때는 주제와 메시지의 일관성을 보장하기 위해 글로벌 마케터들이 공동으로 브랜드 포지셔닝을 개발했다. 전략 공유와 창의적 실행 방식은 또한 큰 효율성을 가져왔다. 렉서스의 미국 판매 실적은 전년도에는 경쟁사들인 BMW와 벤츠에 뒤처졌음에도 불구하고 2014년에는 19% 증가하여 경쟁사들을 능가했다.

GE, 인텔, 아스트라제네카(AstraZeneca) 같은 기업들은 대부분의 국가에 동시에 분배하는 이단계 활동(제조, 제품개발, R&D)을 채택하면서 빠르고 상세한 마케팅활동을 가능케 해주는 고객 대면 운영을 현지화하는 T자형 국가 조직을 채택해왔다.[67] 기본적인 개념상 마케팅이 프로그램의 어떤 요소가 어떤 나라를 위해 조정되어야 하는지를 결정하는 데 있어서 비용 및 수익이 첫 번째 고려사항이 되어야 한다.

많은 글로벌 기업은 시장을 5개 정도의 지역(유럽, 아시아, 라틴아메리카, 북아메리카, 아프리카/중동)으로 구분한다. 핵심 주제는 글로벌화 통제와 현지화 통제 사이의 균형을 유지하는 것이 필요하다는 것이다. 예를 들어 코카콜라는 브랜드자산을 희석시키는 현지 마케팅활동과 원하는 만큼의 효과가 없는 현지 마케팅활동을 구분한다. 본사에서는 이의 발생 시에 전자는 중단시키고 후자는 중단시키지 않음으로써 활동의 적절함을 현지 매니저가 판단하도록 해주고 그 판단의 성공에 대한 책임도 부여한다. 마찬가지로, 리바이스는 '온도계' 모델을 통해 글로벌화 통제와 현지화 통제 사이의 균형을 맞추었다. '빙점' 아래의 마케팅 요소는 고정하고 '브랜드 에센스 혹은 브랜드 만트라 같은 브랜드 정신'과 로고는 전 세계적으로 표준화한다. 빙점 위에 있는 제품 품질, 가격, 커뮤니케이션, 채널은 모두 유동적이다. 이것은 각각의 국제부가 해당 지역에 적합할 것 같은 방식대로 마케팅 믹스 요소를 조절할 수 있다는 것을 의미한다.

8. 운영 지침을 설립하라

브랜드 정의와 지침이 수립되고 소통되어야 하며 적절하게 실행되어야 상이한 지역의 마케터가 그들이 하고자 기대하는 것과 기대하지 않는 것에 대한 올바른 이해를 할 수 있다. 목표는 기업 내 모든 구성원이 브랜드의 의미를 이해하고 현지 소비자의 선호도를 만족시키기 위한 수단으로 바꿀 수 있게끔 하는 것이다. 브랜드 정의와 커뮤니케이션은 종종 두 가지 관련된 사항에 초점을 맞추고 있다. 첫째, 브랜드 헌장 같은 문서에서는 브랜드가 무엇인지, 무엇이 브랜드가 아닌지에 대해 자세히 설명되어 있어야 한다. 둘째, 제품 라인은 브랜드 정의와 일치하는 제품들에만 반영되어야 한다.

브랜드 정의로부터 제품 전략을 도출하는 예로 디즈니를 생각해보자. 회사의 모든 사람은 디즈니 브랜드 만트라인 '재미있는 가족 엔터테인먼트'에 노출되어 있다(브랜딩 브리프 2-4 참조). 글로벌 가이드라인을 수립하기 위해 디즈니의 중앙집중식 마케팅 부서는 소비자 제품 부서의 사원들과 수개월 동안 협력해 있을 수 있는 거의 모든 제품을 세 가지 범주 중 하나에 할당했다.

- 허가 없이 라이선스 내는 것이 가능함(예 : 티셔츠)
- 절대 라이선스가 허용되지 않음(예 : 화장지)
- 라이선스를 내기 위해 본사의 검토 필요(예 : 방향제를 포함한 약 20개 항목)

마지막으로 이 모든 계획이 효과가 있으려면 효과적인 커뮤니케이션 라인이 필요하다. 코카콜라는 애틀랜타에 있는 본사와 협력하여 브랜드를 효과적으로 관리할 수 있는 사람을 현장에 배치하는 것이 중요하다고 강조한다. 공동 작업을 용이하게 하기 위해 많은 트레이닝이 본사에서 이루어지고, 정교한 커뮤니케이션 시스템이 마련되어 있으며, 글로벌 데이터베이스가 이용 가능하다. 이렇게 고도로 통합된 정보 시스템의 목표는 현지 관리자가 특정 국가와 관련성이 높은 것이란 어떤 것인지 알아내는 것을 쉽게 활용하고 그러한 이상을 본부에 전달하는 것이다.

9. 글로벌 브랜드자산 관리 시스템을 실행하라

9장에서 논의된 바와 같이 글로벌 브랜드자산 측정 시스템은 적시에 정확하게 실행 가능한 정보를 제공하기 위해 설계된 조사 과정의 집합이며, 브랜드 마케터는 이를 통해 단기적으로는 최상의 가능한 전술적 결정을 만들 수 있고, 장기적으로는 모든 관련된 시장에 전략적 결정을 만들 수 있다. 이 시스템의 한 부분으로 글로벌 브랜드자산 관리 시스템은 글로벌 환경 속 브랜드자산 헌장이 정의하는 것을 실행하는 데 필요하고, 다양한 환경에서 브랜드 포지셔닝을 할지, 어떻게 마케팅 프로그램을 해석할지에 대해 약술한다.[68] 브랜드 트래킹은 특히 원하는 포지셔닝을 만들고 적절한 반응을 도출하고 브랜드 공명을 구축해가는 관점에서 만들어지는 과정을 평가할 수 있다.

10. 브랜드 요소를 레버리징하라

브랜드 요소의 적절한 디자인과 실행은 글로벌 브랜드자산의 성공적인 구축에 중요할 수 있다. 그림 15-2에서 볼 수 있듯이 많은 브랜드가 브랜드 이름, 패키징, 슬로건, 기타 브랜드 요소를 다른 문화로 전이시키는 어려움에 직면해왔다. 일반적으로 다른 언어로 번역될 필요가 있는 언어적 브랜드 요소보다는 로고, 캐릭터 같은 비언어적 브랜드 요소가 적어도 그들의 의미가 시각적으로 명확해지는 한 보다 직접적으로 효과 있게 전이될 것이다. 비언

1. *글로벌 브랜딩 환경의 유사성과 차이를 이해하라.*
   - 다양한 시장에 존재하는 공통점을 가능한 많이 찾으려 노력했는가?
   - 각 시장미디 존재하는 고유한 특성을 파악했는가?
   - 마케팅 환경의 모든 측면(예를 들이 브랜드 개발 단계, 소비자 행동, 마케팅 인프라, 경쟁석 활동, 법적 제약 등)을 검토했는가?
   - 이러한 유사점과 차이점을 가능한 한 비용을 절감하면서 브랜드를 구축할 수 있는 방식으로 살펴보았는가?

2. *브랜딩 구축에 있어서 지름길을 택하지 말라.*
   - 브랜드 이미지를 만들기 전에 브랜드 인지도를 먼저 확립함으로써 브랜드가 밑바닥에서부터 전략적으로 구축되고 있는지 확인했는가?
   - 각 시장 내 특정 전략적 목표 아래 마케팅 프로그램과 마케팅활동을 선정함으로써 브랜드가 밑바닥에서부터 전략적으로 구축되고 있는지 확인했는가?

3. *마케팅 기반시설을 구축하라.*
   - 필요한 경우라면 제조, 유통 및 물류 측면에서 적절한 마케팅 인프라를 맨 처음부터 구축했는가?
   - 다른 나라가 갖고 있는 기존 마케팅 인프라를 활용하는 것에 적응했는가?

4. *통합적 마케팅 커뮤니케이션을 채택하라.*
   - 관습적인 광고를 넘어서는 비전통적인 형태의 커뮤니케이션에 대해 고려해보았는가?
   - 모든 커뮤니케이션이 각 시장에서 통합적으로 운영되는지, 또한 커뮤니케이션이 바람직한 브랜드 포지셔닝과 브랜드 유산과 일관성을 가지는지 확인했는가?

5. *브랜드 파트너십을 배양하라.*
   - 마케팅 프로그램에서 발생할 수 있는 문제점을 개선하기 위해 글로벌 및 현지 파트너와 파트너십을 맺었는가?
   - 파트너십을 맺은 모든 주체가 브랜드 약속을 위태롭게 만드는 것을 방지하고 브랜드자산을 훼손하지 않을 것을 보장했는가?

6. *표준화와 맞춤화의 균형을 잡아라.*
   - 전 시장에 걸쳐 브랜드에 가치를 더하며 관련성 있는 마케팅 프로그램 요소를 유지하는 데 주의를 기울였는가?
   - 이러한 글로벌 요소를 보완해 더욱 현지에 어필할 수 있도록 현지 요소를 추가하거나 조정하는 방안을 모색했는가?

7. *글로벌 통제와 현지 통제의 균형을 잡아라.*
   - 모든 글로벌 관리자가 준수해야 하는 원칙과 조치에 대한 명확한 관리 지침을 수립했는가?
   - 의사결정에 있어서 현지 관리자의 재량권과 자율성이 부여되는 분야에 대해 잘 이야기했는가?

8. *운영 지침을 설립하라.*
   - 브랜드 관리 지침에 대해 모든 글로벌 마케터가 사용하는 문서에 명확하고 간결하게 설명했는가?
   - 본사와 현지 및 지역 마케팅 조직 간 원활한 커뮤니케이션 수단을 구축했는가?

9. *글로벌 브랜드자산 관리 시스템을 실행하라.*
   - 적절한 시점에 해외 시장에 대한 브랜드 감사를 실시하는가?
   - 관련 시장의 브랜드에 대해 시기적절하고 정확하며 실행 가능한 정보를 제공하기 위한 브랜드 추적 시스템을 고안했는가?
   - 브랜드자산 차트, 브랜드자산 보고서, 브랜드자산 감독관 등으로 글로벌 브랜드자산 관리 시스템을 구축했는가?

10. *브랜드 요소를 레버리징하라.*
    - 글로벌 시장 내 브랜드 요소의 관련성을 확인했는가?
    - 시장 경계를 넘어 통용될 수 있는 시각적 브랜드 정체성을 확립했는가?

그림 15-4

글로벌 브랜딩 십계명 자가평가 문항

어적 브랜드 요소는 브랜드 이미지보다 브랜드 인지도 창출에 더 유용한데, 이는 더욱 명확한 의미 및 직접적인 서술이 필요할 수도 있다. 만약 브랜드 요소의 의미가 시각적으로 분명하다면 이는 전 세계적으로 브랜드자산의 가치 있는 자원이 될 수 있다. 브랜드 웹사이트조차도 브랜드자산의 중요한 자원이 될 수 있으며, 웹사이트의 여러 측면은 달리하면서도 몇 가지는 표준화하는 것이 글로벌 시장에 진출하는 브랜드를 관리하는 데 있어 중요한 고려 요소이다.

리바이스트라우스

리바이스트라우스(Levi Strauss & Co.)는 전 세계 대부분의 주요 시장에서 소비자를 둘러싼 브랜드자산을 지속적으로 모니터링한다. 레비스트라우스는 사내 주요 브랜드에 대해 '브랜드 가치 제안(Brand Value Propositions)'을 개발했다. 이는 브랜드를 정의하고 경쟁사와 차별화하는 일련의 지속적인 전략이다. 가치 제안은 준거 기준과 차별점을 포함한 브랜드의 글로벌 포지셔닝, 글로벌 특성, 글로벌 구성요소, 소비자의 요구에 대해 간략하게 나열한다. 브랜드 가치 제안은 모든 브랜드 전략과 활동을 이끌며 전 세계적으로 일관된 플랫폼을 현지와 관련된 제품이나 마케팅활동을 위해 제공하기도 한다. 지속적인 소비자 설문을 통해 브랜드자산을 추적하면서 리바이스트라우스는 브랜드에 대한 소비자의 인식과 브랜드와의 상호작용, 의류나 소매 유통, 마케팅 등 브랜드와의 터치포인트가 소비자에게 미치는 영향, 그리고 이러한 노력이 기업의 브랜드 가치 제안과 일치하는지 여부 등을 모니터링한다. 이러한 노력을 통해 리바이스트라우스는 각 브랜드가 브랜드 본질을 지키면서도 소비자의 요구를 충족하도록 브랜드 전략을 조정할 수 있다.

요약

마케터는 점점 더 글로벌 브랜딩 전략을 적절하게 정의하고 수행해야 한다. 글로벌 마케팅 프로그램의 장점은 생산 및 유통에 있어서 규모의 경제, 마케팅 비용의 감소, 힘과 범주의 커뮤니케이션, 브랜드 이미지의 일관성, 좋은 아이디어를 빠르고 효율적으로 레버리징할 수 있는 능력, 마케팅 사례의 획일화, 기업의 더 높은 경쟁력이다. 일반적으로 마케팅 프로그램이 표준화될수록 이러한 다양한 이점도 실현될 것이다.

이와 동시에 표준화된 글로벌 마케팅 프로그램의 주요 단점은 그것이 잠재적으로 소비자 니즈, 욕구, 제품 사용 유형, 마케팅 믹스 요소에 대한 소비자 반응, 제품 개발 및 경쟁 환경, 법적 환경, 마케팅 기관 및 행정 절차 등에 있어서의 국가별 중요 차이점을 무시할 수도 있다는 것이다.

글로벌 마케팅 프로그램 개발에서 마케터는 이러한 가능한 단점을 최소화하는 반면, 장점은 가능한 한 많이 얻고자 한다. 글로벌 고객 기반 브랜드자산 구축은 브랜드가 판매되는 각 나라에서 브랜드 인지도 및 긍정적인 브랜드 이미지를 창출하는 것을 의미한다. 표준화된 마케팅 프로그램 창출에 있어서 많은 이슈가 언급되었다. 엄격한 의미에서 글로벌 마케팅 개념을 적용하는 회사를 발견하기는 어렵다.

마케터는 점점 더 글로벌 목표를 현지 혹은 지역적 관심사와 융화시키고 있다. 브랜드자산 구축 수단이 나라별로 다르거나, 브랜드자산의 실제적 원천 그 자체가 구체적 속성 또는 편익 연상이라는 관점에서 국가별로 다를 수 있다. 그럼에도 불구하고, 브랜드자산의 원천을 제공하기 위해서 브랜드가 판매되는 각 나라에서는 충분한 수준의 브랜드 인지도와 강하고 호의적이며 독특한 브랜드연상을 창출해야 한다.

글로벌 마케팅에서 가장 큰 차이는 선진국과 개발도상국 혹은 신흥 시장들 간에 발생한다. 개발도상국 시장에서 매우 낮은 소득과 소비자 행동에서 차이 때문에 마케터는 자신의 마케팅 프로그램을 모든 측면에서 근본적으로 다시 생각해야 한다.

일반적으로 신규 시장에 진입하는 경우 소비자 행동의 차이(소비자가 브랜드를 어떻게 구매하고, 사용하고, 무엇을 알고, 어떠한 감정을 갖는가)를 규명할 필요가 있으며 브랜드 요소의 선택, 마케팅 프로그램, 2차적 연상의 레버리징을 통해 적절하게 브랜드 프로그램을 조정할 필요가 있다.

토의 문제

1. 제품 카테고리를 고르라. 선도 브랜드는 어떻게 다른 지리 인구통계적 세분시장을 목표로 하고 있는가? 브랜드는 어떻게 광고로 다양한 인종 집단을 겨냥하고 있는가?

2. 하나 이상의 국가에서 판매되는 브랜드를 고르라. 브랜드가 표준화 기반 혹은 맞춤형 기반으로 마케팅되는지 그 정도를 평가하라. [참고 : 매년 인터브랜드(www.interbrand.com)에서 실시하는 글로벌 브랜드 설문조사는 글로벌 브랜드를 알아보는 좋은 자원이다.]

3. 제품 카테고리를 고르라. 여러 국가의 시장 선도자 전략을 생각하라. 무엇이 어떻게 같고 어떻게 다른가?

4. 소셜 미디어와 디지털 마케팅 채널을 사용하는 소비자의 방식이 시장마다 어떻게 다른지 알아보라. 브랜드 매니저는 어떻게 이 정보를 다양한 글로벌 시장에서 그들의 브랜드 위상을 향상시키기 위해 이용할 수 있는가?

브랜드 포커스 15.0

글로벌 브랜드를 향한 중국의 열망

자국 내 성장

13억 명이 넘는 인구로 세계에서 가장 인구가 많은 나라 중국은 1949년 공산당이 정부를 전복시킨 이후 1978년 점진적인 경제 개혁이 시작되어 2001년 중국이 세계무역기구(WTO)에 가입하면서 개혁이 절정에 달할 때까지는 기본적으로 서구에 문호를 개방하지 않았다. 개혁이 시작된 이후 중국은 놀라운 속도로 산업화되었고, 현재는 세계에서 두 번째로 큰 경제 규모로 2016년에만 410억 달러의 무역 흑자를 자랑하는 거대 제조업 국가가 되었다.[69]

중국의 생산량 통계는 믿기 힘들 정도이다. 중국은 전 세계 제조업의 25%를 차지하고 있으며, 세계 에어컨의 약 80%, 휴대전화의 70%, 신발의 60%를 생산하고 있다. 중국의 제조업 기량의 주요한 이유는 현저하게 값싼 노동력에서 찾을 수 있다. 최근에는 노동력 부족과 파업으로 인해 임금 인상에 대한 요구가 있었다.[70] 중국에서 최저임금이 가장 높은 경제 수도 상하이에서는 2010년 1,120위안(약 21만 원)에서 2016년 2,190위안(약 41만 원)으로 월급이 상승했다.[71] 다음 절에서는 현대 중국을 특징짓는 중국의 성공과 시련을 다룰 것이다.

소비 계층의 성장

중국의 글로벌 경제 초강대국으로의 격상은 많은 시민을 부유하게 했다. 중국은 세계에서 가장 많은 억만장자가 있고, 약 400만 명은 현재 백만장자이다.[72] 이러한 신흥 부유층의 성장과 함께 과시적 소비에 대한 관심이 생겨났고, 이는 해외 명품 제조업계에게 있어서 뜻밖의 횡재였다. 중산층이 급속히 성장하면서 2001년 세계 명품의 1%를 소비하던 중국은 2015년 규모가 20%로 증가해 세계에서 가장 큰 명품 시장이 되었다.[73] 이러한 명품의 약 절반은 본토에서, 나머지 절반은 해외에서 구입되고 있다.[74] 중국의 수많은 외동 자녀는 부모가 애지중지 키워 '작은 황제'로 불리는데, 이들이 앞으로 수년간은 명품에 대한 수요를 촉발할 것으로 예상된다.[75]

고급 브랜드들은 돈을 벌기 위해 중국으로 몰려들었다. 로레알은 중국 내에서 가장 인기 있는 화장품 브랜드인 위에사이(Yue Sai)를 인수했고, 25만 점포가 넘는 소규모 매장 유통망을 갖춘 저가 브랜드 미니너스(Mininurse)를 인수했다. 로레알은 또한 푸동 내 32,000제곱피트 규모의 식품 연구소에 투자해 은행잎과 인삼 등 현지 식재료가 들어간 중국 시장 특화 제품을 개발했다. 중국 내 기업의 가장 큰 도전과제 중 하나는 소비자에게 다양한 화장품의 이점에 대해 교육하는 것이었다. 로레알차이나 사장 파올로 가스파리니(Paolo Gasparrini)는 "다른 나라에

중국에서 시작된 브랜드 레노버는 전 세계 시장 점유율이 가장 큰 PC 제조업체이다.

서는 여성들이 엄마에게 화장품 사용법을 배웁니다. 중국은 그렇지 않습니다. 우리는 엄마를 대신해야 합니다"라고 이야기한다. 여전히 로레알은 11년간 두 자릿수 매출 증가를 보였고 2015년에는 매출이 23억 달러에 육박했다.[76] 로레알은 또한 디지털 마케팅 전략을 효과적으로 활용해 매출을 올렸다. 대부분의 중국 소비자는 정보를 검색하거나(바이두 검색의 80%는 모바일 기기에서 이루어진다) 제품을 구입하거나 심지어 음식을 배달받기 위해 휴대전화를 사용한다. 로레알은 이를 활용해 여성들이 가상으로 메이크업 제품을 시도해보고 '매직'(로레알 브랜드의 이름)이 일어나기를 기다릴 수 있는 독특한 앱 메이크업 지니어스(Makeup Genius, https://youtu.be/iSdU9jmscBg)를 만들었다.[77]

운 좋은 소수의 부자가 있음에도 불구하고 엄청난 수의 빈곤한 사람들이 도시, 특히 시골에 남겨졌다. 시골 근로자는 도시 공장 근로자가 버는 평균 월급의 절반만을 벌고 있는데, 이는 아이들을 학교에 보낼 만큼 충분한 돈은 아니다. 결과적으로 시골의 중국인은 더 나은 임금을 받는 일자리를 찾아 도시로 이동하고 있고, 이는 도시의 혼잡과 실업률을 증가시키고 있다. 2016년까지 인구의 약 55%가 도시에 거주할 것으로 예측되며 이는 도시 문제를 악화시킬 것이다.[78] 이러한 부의 양극화로 인한 우려에도 불구하고 중국의 소비 계층은 여전히 외국 브랜드를 유치하기에 충분한 구매력을 지니고 있다. 다음 절에서는 이에 대해 다룬다.

외국 브랜드 다수가 중국 시장에 진출했다. 인기 있는 미국 브랜드로는 쉐보레, 뷰익, 캐딜락과 같은 제너럴모터스 자동차 브랜드가 있다. GM차이나(상하이자동차 공동 소유)는 시장 점유율이 15%에 달하며 중국에서만 360만 대 이상의 자동차를 판매했다.[79] 중국에서 우세한 또 다른 브랜드는 태블릿 부문에서 83%의 시장 점유율을 가진 애플이다. 스타벅스는 현재 중국에 2,300개의 매장을 보유하고 있으나 2021년에는 5,000점포 이상으로 매장 개수가 증가할 것으로 예상된다. 하워드 슐츠 전 스타벅스 CEO 겸 회장은 "중국이 어느 시점에선가는 미국을 추월할 것이라는 사실에는 의심의 여지가 없다"고 이야기했다.[80] 다음 절에서는 중국 브랜드 레노버(Lenovo)의 강점을 조명하고 이 브랜드가 어떻게 해외 경쟁 브랜드들과 효과적으로 경쟁하고 승리를 거두는지 알아본다.

중국의 레노버

베이징의 전자제품 지구인 중관춘을 방문하면 어디서나 레노버 매장을 발견할 수 있다. 이 전자제품 지구에만 100개가 넘는 매장을 둔 레노버는 15,000개 이상 점포 네트워크를 거느리고 있으며, 전 세계 27,000명가량의 근무자(2017년 기준 전 세계 4,000명의 엔지니어 포함)와 10개의 국제 연구소를 갖추었고 160개국 이상에서 판매되는 브랜드로, 레노버가 중국 내 PC 판매 1위라는 점은 놀라운 일이 아니다. 레노버는 전 세계 시장 점유율 19%를 차지하는 가장 큰 PC 제조업체이다. 최근에는 게임에 대한 소비자의 수요가 많은 한국, 대만, 태국, 인도 등에 '리전

(Legion)'이라는 게임용 노트북을 출시했다. PC나 씽크패드 노트북, 모토로라 스마트폰 외에도 VR 헤드셋, 레노버 스마트 어시스턴트 등 연관된 제품 범주를 다양화했음을 보여주는 제품도 잇따라 선보였다. 2017년 출시해 129달러에 판매 예정인 레노버 스마트 어시스턴트는 스마트 홈이라고 불리는 새로운 제품 라인의 일부이다. 전반적으로 레노버의 제품 포트폴리오는 PC 및 기타 전자제품 분야에서 선도적인 위치를 유지할 준비가 되어 있음을 보여준다.

창업자인 류찬지(Liu Chuanzhi)는 1984년 중국과학원 컴퓨터기술 연구소 신기술 개발사(Chinese Academy of Sciences Computer Technology Research Institute New Technology Development Co.)를 창업해 AST와 파트너십을 맺었다. 레노버는 1990년에 조직을 개편하고 1997년에는 중국에서 가장 많이 팔린 PC 제조업체가 되었다. 2005년 레노버가 IBM의 PC 사업을 17억 5,000만 달러에 인수한 건은 류 회장이 국가적 영웅이 되는 계기였다. 레노버의 성공 핵심은 의사결정 속도이다. 바둑에서와 같이 복기하는 것, 혹은 개선의 관점에서 모든 전략적 움직임을 검토하는 것이 성공의 열쇠이다. 또한 델(Dell), HP와 같은 경쟁사의 전략적 움직임을 살펴보기도 하는데 이 역시 레노버의 성공을 도약시키고자 함이다. 레노버의 글로벌 접근법은 다양한 국가 내 상위 100명 임원과의 회의를 포함한다.

레노버의 광고 캠페인은 '행동하는 사람들을 위하여(For Those Who Do)'라는 슬로건을 중심으로 만들어졌으며, 컴퓨터를 사람들이 각기 다른 방식으로 사용할 수 있도록 힘을 실어주는 '행동 기계(do machines)'로 보여준다. 다른 시장에서는 동일한 테마를 다양한 방식으로 실행한 광고를 선보인다. 일본에서는 노트북을 기차 터미널로 변신시킨 광고를 선보이기도 하고, 인도네시아에서는 옥외광고를 '행동가(doers)'가 사용할 수 있는 등반 벽으로 선보이기도 했다.

종합하면 레노버는 자사 제품에 적합한 시장을 파악하고 현지 요소를 결합한 글로벌 광고 전략을 사용함으로써 매우 신중하게 글로벌 시장에 접근한다. 이러한 '보호와 공격' 접근방식은 레노버에게 많은 보상을 가져다주었고 또한 이 기업의 미래를 보장할 것이다.

출처 : http://economictimes.indiatimes.com/magazines/panache/motorola; Gartner, Inc., "Gartner Says Worldwide PC Shipments Declined 9.6 Percent in First Quarter of 2016," April 11, 2016, www.gartner.com/newsroom/id/3280626; Patrick Moorhead, "Lenovo Enters the Smart Home, Gets Aggressive in Gaming, AR and Premium X1 Line at CES 2017," *Forbes Magazine*, January 3, 2017, www.forbes.com/sites/partrickmoorhead/2017/01/03/lenovo-enters-the-smart-home-gets-aggressive-in-gaming-ar-and-premium-x1-line-at-ces2017/#6f93f23c2471; Chuck Salter, "Protect and Attack: Lenovo's New Strategy," *Fast Company*, November 22, 2011, Issue 161, pp. 116–155, https://www.fastcompany.com/1793529/protect-and-attack-lenovos-new-strategy, accessed November 25, 2018.

참고문헌

1. For a more detailed discussion of branding in Asia, see Pierre Xiao Lu, *Elite China: Luxury Consumer Behavior in China* (Singapore: John Wiley & Sons, 2008); Martin Roll, *Asian Brand Strategy: How Asia Builds Strong Brands* (London: Palgrave Macmillan, 2005); and Paul Temporal, *Branding in Asia: The Creation, Development, and Management of Asian Brands for the Global Market* (New York: John Wiley & Sons, 2001).

2. AC Nielsen, "Spectra: Powerful Insights for Consumer Targeting," *Nielson*, accessed April 16, 2017, www.nielsen.com/content/dam/nielsen/cn_us/documents/pdf/Fact%20Sheets/Nielsen%20Spectra%20Overview%20.

3. Pew Research Center, "Millennials," http://www.pewresearch.org/topics/millennials/, accessed November 26, 2018.

4. Shannon Greenwood, Andrew Perrin, and Maeve Duggan, "Social Media Update 2016," Pew Research Center, November 11, 2016, http://www.pewinternet.org/2016/11/11/social-media-update-2016/, accessed November 26, 2018.

5. Michael Del Gigante, "Campbell's Soup Goes 'All In' on Marketing to Millennials," MDG Advertising, March 2, 2013, https://www.mdgadvertising.com/marketing-insights/campbells-soup-goes-all-in-on-marketing-to-millennials/, accessed November 26, 2018.

6. Campbell Soup Company, "Campbell's Go™ Sets the Table for Millennials with Communal Table Events in New York City and Chicago," Press Release, November 13, 2012, https://www.campbellsoupcompany.com/newsroom/press-releases/campbells-go-sets-the-table-for-millennials-with-communal-table-events-in-new-york-city-and-chicago/, accessed November 26, 2018.

7. Laurel Wentz, "Ad Age's 2016 Hispanic Fact Pack Is Out Now," AdvertisingAge, August 2, 2016, https://adage.com/article/ad-age-graphics/ad-age-s-2016-hispanic-fact-pack/305259/, accessed November 26, 2018; Sam Fahmy, "Despite Recession, Hispanic and Asian Buying Power Is Expected to Surge, According to Annual UGA Selig Center Multicultural Economy Study," *Terry College of Business*, November 4, 2010, https://news.uga.edu/despite-recession-hispanic-and-asian-buying-power-expected-to-surge-in-u-s/; Tom Tindle, "Advertising Strategies for Targeting U.S. Hispanics," *comScore*, October 26, 2011, www.comscore.com/ita/Insights/Blog/Advertising-Strategies-for-Targeting-U.S.-Hispanics.

8. The Nielsen Co. Press Release, "Nielsen 2016 Report: Black Millennials Close The Digital Divide," *Press Room*, October 17, 2016, www.nielsen.com/us/en/press-room/2016/nielsen-2016-report-black-millennials-close-the-digital-divide.html.

9. Based on material from Marlene L. Rossman, *Multicultural Marketing: Selling to a Diverse America* (New York: AMACOM, 1994); and Barbara Lloyd, *Capitalizing on the American Dream: Marketing to America's Ethnic Minorities,* Stanford Business School independent study, 1990; Richard C. Morais, "The Color of Beauty,"

Forbes, November 27, 2000, 170–176, https://www.forbes.com/forbes/2000/1127/6614170a.html#592dc3ac51ec, accessed November 26, 2018; Marcia Pledger, "There's No Debating One Thing: Hair Care Is a Healthy Business," *Cleveland Plain Dealer*, October 27, 2009, http://blog.cleveland.com/pdextra/2009/10/theres_no_debating_one_thing_h.html, accessed August 23, 2018; "Buying Power Among African Americans to Reach $1.1 Trillion by 2012," *Reuters*, February 6, 2008, https://www.huffingtonpost.com/2011/11/10/black-buying-power-to-rea_n_1086369.html, accessed August 23, 2018; Mike Beirne, "Has This Group Been Left Behind?" *Brandweek*, March 14, 2005, 46, no. 11 (2005): 33–36; Natalie Zmuda, "How Coke Is Targeting Black Consumers: Q&A with Yolanda White, Assistant VP of African-American Marketing," *Advertising Age*, July 1, 2009, http://adage.com/article/the-big-tent/marketing-coke-targeting-african-american-consumers/137716/, accessed August 23, 2018; Vernellia R. Randall, "Targeting of African Americans," in *Dying While Black* (Seven Principles Press, 2006).

10. Tom Tindle, "Advertising Strategies for Targeting U.S. Hispanics," *comScore*, October 26, 2011, www.comscore.com/ita/Insights/Blog/Advertising-Strategies-for-Targeting-U.S.-Hispanics, accessed February 22, 2017.

11. eMarketer.com, "Hispanics Make Social a Crucial Part of Digital Lives," *eMarketer*, May 28, 2015, www.emarketer.com/Article/Hispanics-Make-Social-Crucial-Part-of-Digital-Lives/1012534#sthash.8OnL3DA8.dpuf, accessed February 22, 2017.

12. Lisa Gevelber, "Your Next Big Opportunity: The U.S. Hispanic Market," Think with Google, accessed February 20, 2017, www.thinkwithgoogle.com/articles/us-hispanic-market-digital.html.

13. Macala Wright, "4 New Rules for Multicultural Marketing," *Mashable*, July 24, 2015, http://mashable.com/2015/07/24/multicultural-marketing-tactics/#.37eZ9LsjPqx.

14. The Nielsen Co., "Asian-Americans: Culturally Diverse and Expanding Their Footprint," *Nielson*, May 19, 2016, www.nielsen.com/us/en/insights/reports/2016/asian-americans-culturally-diverse-and-expanding-their-footprint.html; Pew Research Center, "Asian Americans: A Diverse and Growing Population," accessed November 26, 2018, www.pewsocialtrends.org/asianamericans-graphics/.

15. Jennifer L. Aaker, Anne M. Brumbaugh, and Sonya A. Grier, "Nontarget Markets and Viewer Distinctiveness: The Impact of Target Marketing on Advertising Attitudes," *Journal of Consumer Psychology* 9, no. 3 (2000): 127–140; Sonya A. Grier and Rohit Deshpande, "Social Dimensions of Consumer Distinctiveness: The Influence of Social Status on Group Identity and Advertising Persuasion," *Journal of Marketing Research* 38, no. 2 (May 2001): 216–224.

16. Shaoming Zou and S. Tamer Cavusgil, "The GMS: A Broad Conceptualization of Global Marketing Strategy and Its Effect on Firm Performance," *Journal of Marketing* 66, no. 4 (October 2002):

40–56.

17. Interbrand, "Best Global Brands 2017 Rankings," https://www.interbrand.com/best-brands/best-global-brands/2017/ranking/, accessed November 26, 2018.

18. David Kiley, "One World, One Car, One Name," *Bloomberg Business Week*, March 13, 2008.

19. Dana L. Alden, Jan-Benedict E. M. Steenkamp, and Rajeev Batra, "Brand Positioning Through Advertising in Asia, North America, and Europe: The Role of Global Consumer Culture," *Journal of Marketing* 63, no. 1 (January 1999): 75–87.

20. Rakeev Batra, Venkatram Ramaswamy, Dana L. Alden, Jan-Benedict E. M. Steenkap, and S. Ramachander, "Effects of Brand Local and Nonlocal Origin on Consumer Attitudes in Developing Countries," *Journal of Consumer Psychology* 9, no. 2 (2000): 83–95; Jan-Benedict E. M. Steenkamp, Rajeev Batra, and Dana L. Alden, "How Perceived Globalness Creates Brand Value," *Journal of International Business Studies* 34, no. 1 (2003): 53–65.

21. Yuliya Strizhakova, Robin A. Coulter, and Linda L. Price, "Branding in a Global Marketplace: The Mediating Effects of Quality and Self-Identity Brand Signals," *International Journal of Research in Marketing* 28, no. 4 (2011): 342–351.

22. Corporate Executive Board, "Overcoming Executional Challenges in Global Brand Management," Marketing Leadership Council, Case Book, March 2001; Bernard L. Simonin and Segül Özsomer, "Knowledge Processes and Learning Outcomes in MNCs: An Empirical Investigation of the Role Of HRM Practices in Foreign Subsidiaries," *Human Resource Management* 48, no. 4 (July–August 2009): 505–530.

23. "World Health Organization Report," *World Health Organization*, accessed March 24, 2012, www.wh.int.

24. Jane Galvez, "Krispy Kreme Introduces the Double Hundred Dozen Doughnuts," *Franchise Herald*, September 23, 2014, www.franchiseherald.com/articles/7169/20140923/krispy-kreme.htm.

25. Emma Jacobs, "No Faux Pas in Any Language," *Financial Times*, February 17, 2012, https://www.ft.com/content/d77459ae-57bc-11e1-b089-00144feabdc0, Accessed August 23, 2018.

26. CBC News, "GM Faces Car-Name Conundrum," October 2, 2009, https://www.cbc.ca/news/gm-faces-car-name-conundrum-1.775246, accessed November 26, 2018.

27. For example, see Niraj Dawar and Philip Parker, "Marketing Universals: Consumers' Use of Brand Name, Price, Physical Appearance, and Retailer Reputation as Signals of Quality," *Journal of Marketing* 58, no. 4 (April 1994): 81–95; and Ayşegül Özsomer, "The Interplay Between Global and Local Brands: A Closer Look at Perceived Brand Globalness and Local Iconness," *Journal of International Marketing*, 2012.

28. Nataly Kelly, "How Marketing Is Evolving in Latin America," *Harvard Business Review*, June 1, 2015, https://hbr.org/2015/06/how-marketing-is-evolving-in-latin-america, accessed March 18, 2017; Ruth Reader, "More Than Half of All Smartphone Users in Latin America Use Twitter, Study Claims," *Venture Beat*, February 16, 2015, http://venturebeat.com/2015/02/16/more-than-half-of-all-smartphone-users-in-latin-america-use-twitter-study-claims/.

29. Digital Training Academy, "Snapchat Case Study: Burger King 'Grills' Competitors with Lenses Competition," May 2016, http://www.digitaltrainingacademy.com/casestudies/2016/05/snapchat_case_study_burger_king_grills_competitors_with_lenses_competition.php, accessed November 26, 2018.

30. Statista, "Household Penetration Rate of Home Appliances in India in 2013," accessed January 9, 2017, www.statista.com/statistics/370635/household-penetration-home-appliances-india/.

31. Laura Wood, Research and Markets, "India Detergent Market Overview 2016–2021," March 14, 2016, https://www.businesswire.com/news/home/20160314006184/en/India-Detergent-Market-Overview-2016-2021---Research, accessed November 26, 2018; Rajni Pandey, "Small Is Big," IndianRetailer, July 2011, https://www.indianretailer.com/magazine/2011/july/Small-is-big.m47-2-3/, accessed November 26, 2018.

32. Nitish Singh, "A Localized Global Marketing Strategy," *Brand Quarterly*, June 25, 2012, http://www.brandquarterly.com/localized-global-marketing-strategy, accessed November 26, 2018.

33. Martin Beck, "FTC Puts Social Media Marketers on Notice with Updated Disclosure Guidelines," *Marketing Gland*, June 12, 2015, http://marketingland.com/ftc-puts-social-media-marketers-on-notice-with-updated-disclosure-guidelines-132017; Marketing Interactive, "ASAS Issues New Guidelines for Digital and Social Media Marketing," *Maximize Social Business*, accessed April 16, 2017, https://www.marketing-interactive.com/asas-issues-new-guidelines-for-online-and-social-media-marketing/.

34. Ronan Shields, "What Does Shake-Up of EU Data Laws Mean for Marketers," *The Drum*, April 14, 2016, www.thedrum.com/news/2016/04/14/what-does-shake-eu-data-laws-mean-marketers-0.

35. Douglas B. Holt, John A. Quelch, and Earl L. Taylor, "How Global Brands Compete," *Harvard Business Review* 82, no. 9 (2004): 68–75; Ayşegül Özsomer, "The Interplay between Global and Local Brands: A Closer Look at Perceived Brand Globalness and Local Iconness," *Journal of International Marketing* 20, no. 2 (2012): 72–95; Jan-Benedict Steenkamp, *Global Brand Strategy World-Wise Marketing in the Age of Branding*, (Palgrave MacMillan, UK, 2017).

36. Yehong Zhu, "The World's Top-Selling Ice Cream Brands," *Forbes*, June 21, 2016, www.forbes.com/sites/yehongzhu/2016/06/21/the-worlds-top-selling-ice-cream-brands-2/#66ecbae66a24.

37. Danny Kichi, "Did You Know There Are Over 300 Flavors of Japanese Kit Kat?," *Dramafever*, September 20, 2016, www.dramafever.com/news/did-you-know-there-are-over-300-flavors-of-japanese-kit-kat/.

38. Maureen Marston, "Transferring Equity Across Borders," paper presented at the ARF Fourth Annual Advertising and Promotion Workshop, February 12–13, 1992.

39. Joanne Lipman, "Marketers Turn Sour on Global Sales Pitch Harvard Guru Makes," *The Wall Street Journal*, May 12, 1988, 1.

40. Martin S. Roth, "The Effects of Culture and Socioeconomics on the Performance of Global Brand Image Strategies," *Journal of Marketing Research* 32, no. 2 (May 1995): 163–175.

41. Arun Bhattacharyya, Ramesh Kumar, and Vanitha Swaminathan, "Cultural Context and Advertising Appeals: The Indian Context," in *Perspectives on Indian Consumer Behavior*, eds. Durairaj Maheswaran and Thomas Puliyel (India: Oxford University Press, 2017).

42. Nicole Tufts, "Latin American Social Media 2015," *The Spark Group*, June 24, 2015, https://thesparkgroup.com/latin-american-social-media/; eMarketer.com, "Latin America Loves Facebook," March 2, 2016, https://www.emarketer.com/Article/Latin-America-Loves-Facebook/1013651, accessed November 26, 2018. Arun Bhattacharyya, Ramesh Kumar, and Vanitha Swaminathan, "Cultural Context and Advertising Appeals: The Indian Context," in *Perspectives on Indian Consumer Behavior*, eds. Durairaj Maheswaran and Thomas Puliyel (India: Oxford University Press, 2017).

43. Miriam Jordan, "In Rural India, Video Vans Sell Toothpaste and Shampoo," *The Wall Street Journal*, January 10, 1996, B1, B5.

44. Jim Prevor, "Tesco's Problem with Fresh & Easy—Why Is It So Hard for Retailers to Cross the Pond?," *Perishable Pundit*, September 9, 2011, http://www.perishablepundit.com/index.php?hot=tesco, accessed November 26, 2018.

45. Weetabix East Africa, http://www.weetabixea.com/, accessed November 26, 2018.

46. Ashutosh Dekhne, "Winning Supply Chain Strategies for African Markets," *Supply Chain*, 2015, www.supplychainquarterly.com/topics/Strategy/20150331-winning-supply-chain-strategies-for-african-markets/.

47. Hermann Simon, "Pricing Problems in a Global Setting," *Marketing News*, October 9, 1995, 4.

48. See also Robert J. Dolan and Hermann Simon, *Power Pricing: How Managing Price Transforms the Bottom Line* (New York: Free Press, 1996).

49. Jeffrey R. Immelt, Vijay Govindarajan, and Chris Trimble, "How GE Is Disrupting Itself," *Harvard Business Review* 87, no. 10 (2009): 56–65.

50. Ruben Farzad, "The BRIC Debate: Drop Russia, Add Indonesia?," *Bloomberg BusinessWeek*, November 18, 2010, https://www.bloomberg.com/news/articles/2010-11-18/the-bric-debate-drop-russia-add-indonesia, accessed August 23, 2018.

51. For more information on global marketing and branding strategies, see George S. Yip, *Total Global Strategy* (Englewood Cliffs, NJ: Prentice Hall, 1996); Johny K. Johansson, *Global Marketing: Foreign Entry, Local Marketing, and Global Management*, 5th ed. (Burr Ridge, IL: McGraw-Hill-Irwin, 2009); Nigel Hollis, *The Global Brand: How to Create and Develop Lasting Brand Value in the World Market* (New York: Palgrave Macmillan, 2010).

52. IMS, "For Marketers, 'One-Size-Fits-All' Doesn't Fit in Latin America," *Mashable*, May 13, 2014, http://mashable.com/2014/05/13/brand-marketing-latam/#96dqIF6Y7Oq3.

53. Alex Taylor III, "VW's Grand Plan," *Fortune*, October 18, 2010, 162.

54. Bill Johnson, "The CEO of Heinz on Powering Growth in Emerging Markets," *Harvard Business Review*, October 2011 Issue, https://hbr.org/2011/10/the-ceo-of-heinz-on-powering-growth-in-emerging-markets, accessed November 26, 2018.

55. Mark Maremont, "They're All Screaming for Häagen-Dazs," *BusinessWeek,* October 4, 1991, 121.

56. Peter Fritsch and Gregory L. White, "Even Rivals Concede GM Has Deftly Steered Road to Success in Brazil," *The Wall Street Journal,* February 25, 1999, A1, A8.

57. William Wells, "Global Advertisers Should Pay Heed to Contextual Variations," *Marketing News,* February 13, 1987, 18.

58. Patrick Barwise and Thomas Robertson, "Brand Portfolios," *European Management Journal* 10, no. 3 (September 1992): 277–285.

59. Julia Flynn, "Heineken's Battle To Stay Top Bottle," *Bloomberg Business Week* 3383 (1994), 60–61.

60. "Michael De Carvalho—On the Rise of the Heineken Empire," *Business Today*, Fall 2011.

61. Piyush Pandey, "Tate, Starbucks to Extend Their Partnership Beyond India," *The Hindu*, June 27, 2016, www.thehindu.com/business/Industry/Tata-Starbucks-to-extend-their-partnership-beyond-India/article14404953.ece.

62. David P. Hamilton, "United It Stands. Fuji Xerox Is a Rarity in World Business: A Joint Venture That Works," *The Wall Street Journal*, September 26, 1996, R19.

63. "Toys"R"Us, Inc. Expands Presence in Europe with Market Entry into Poland," *Business Wire*, October 26, 2011, https://www.toysrusinc.com/press/toysrus-inc-expands-presence-in-europe-with-market-entry-into-poland, Accessed August 23, 2018.

64. George Anders, "Ad Agencies and Big Concerns Debate World Brands' Value," *The Wall Street Journal*, June 14, 1984, 33.

65. For an in-depth examination of how Kimberly-Clark implements its global brand management strategy, see Tandadzo Matanda and Michael T. Ewing, "The Process of Global Brand Strategy Development and Regional Implementation," *International Journal of Research in Marketing* 29, no. 1 (March 2012): 5–12.

66. Hans Greimel, "Lexus Tries Unified Front for Global Marketing," *AdAge,* August 12, 2014, http://adage.com/article/cmo-strategy/lexus-unified-front-global-marketing/294553/, accessed July 7, 2017.

67. Nirmalya Kumar and Phanish Puranam, "Have You Restructured for Global Success?," *Harvard Business Review* 89, no. 10 (October 2011): 123–128.

68. For an examination of brand equity measures across the Chinese and American markets, see Don Lehmann, Kevin Lane Keller, and John Farley, "The Structure of Survey-Based Brand Metrics," in special issue, "Branding in the Global Market-place," of *Journal of International Marketing* 16, no. 4 (December 2008): 29–56.

69. "China's Trade Surplus May Be Gone in Two Years, Adviser Says," *Bloomberg BusinessWeek*, November 21, 2011, www.tradingeconomics.com/china/balance-of-trade.

70. The Economist, "Global Manufacturing: Made In China?," Print

Edition, March 12, 2015, March 12, 2015, www.economist.com/news/leaders/21646204-asias-dominance-manufacturing-will-endure-will-make-development-harder-others-made.

71. China Labour Bulletin, "Employment and Wages." A version of this article was first published in 2008. It was last updated in June 2018: https://clb.org.hk/content/employment-and-wages, accessed November 26, 2018.

72. Lucy Westcott, "China Adds 1 Million Millionaires in 2014," *Newsweek*, June 15, 2015, www.newsweek.com/china-adds-one-million-new-millionaires-2014-343175.

73. Yuval Atsmon, Vinay Dixit, and Cathy Wu, "Tapping China's Luxury-Goods Market," *McKinsey Quarterly*, April 2011, www.mckinsey.com/business-functions/marketing-and-sales/our-insights/tapping-chinas-luxury-goods-market.

74. Wang Zhuoqiong, "Chinese Snap Up Luxury Products," *China Daily*, February 7, 2012, http://www.chinadaily.com.cn/m/hangzhou/e/2012-02/07/content_14635962.htm, accessed November 26, 2018.

75. Clay Chandler, "Little Emperors," *Fortune,* October 4, 2004, 138, https://money.cnn.com/magazines/fortune/fortune_archive/2004/10/04/8186784/, accessed November 26, 2018.

76. Tu Lei, "China Now No. 2 Market for L'Oreal After U.S.," *Global Times*, February 25, 2016, www.globaltimes.cn/content/970486.shtml.

77. Olivier Verot "The Digital Strategy of L'Oreal in China," July 21, 2016, http://marketingtochina.com/powerful-digital-strategy-loreal/, accessed January 9, 2017.

78. AP News, "More Than 55 Percent of Chinese Now Live in Urban Areas," *AP News*, April 21, 2016, https://apnews.com/7238b70e4e7f48a0bdf8a5fb11fcb244

79. David E. Zoia, "Some Market Pressures, But GM China Expects Continued Growth," Wards Auto, April 29, 2016, https://www.wardsauto.com/industry/some-market-pressures-gm-china-expects-continued-growth, accessed November 26, 2018.

80. Rami Grunbaum, "Starbucks CEO Schultz Sees China Market Passing U.S.," *The Seattle Times*, October 19, 2016, www.seattletimes.com/business/starbucks/starbucks-ceo-schultz-sees-china-market-surpassing-us/.

찾아보기

ㄱ

가변론자 557
가치 평가 접근법 442
가치–목표 사슬 72
간접적인 접근방식 352
감성 수식어 77
강렬함 110
경쟁적 유사점 63
고객 기반 브랜드자산 44
고려군 50
고품질의 기업이미지 연상 495
공간 광고 232
공급 측면 방법 242
공동 브랜드 322
공동체 의식 108
공통성 314
공통성 원칙 491
관련성 원칙 488
광고 224
구성요소 브랜딩 327
기업브랜드 480
기업브랜드자산 493
기업 상표 라이선싱 334
기업이미지 481
기업이미지 캠페인 500

ㄴ

내구성 99
뉴로마케팅 402

ㄷ

다차원 척도법 413
단순성 원칙 486
도메인 네임 146
독립적 자기해석 557
동일화 가격 444

ㄹ

라이선싱 332
라인 확장 473
로르샤흐 검사 398

ㅁ

마케팅 감사 353
마케팅 중심적 비교 접근법 437
마케팅 커뮤니케이션 220
마케팅 투자 수익률 352
메시지 전략 226
멘탈 맵 358
모브랜드 521
무형 자산 446
믿음 413

ㅂ

범주 브랜드 481
부분 가치 441
불변론자 557
브랜드 2

브랜드 가치사슬 34, 116
브랜드 가치사슬 모형 92
브랜드 감사 35, 353
브랜드감정 105
브랜드 공명 107
브랜드 공명 모델 34, 92
브랜드 관계 품질 423
브랜드 구축 블록 93
브랜드 기능 77
브랜드라인 캠페인 502
브랜드 만트라 76
브랜드 반응 102
브랜드 성과 98
브랜드 수식어 482
브랜드 신뢰성 104
브랜드 아이덴티티 161
브랜드 아키텍처 전략 466
브랜드 애착 118
브랜드연상 118
브랜드 요소 3
브랜드 위계 36
브랜드 이미지 48
브랜드 인벤토리 355
브랜드 인지도 48, 118
브랜드자산 32
브랜드자산 관리 시스템 35, 372
브랜드자산 측정 시스템 35, 352
브랜드 재인 50
브랜드 중심적 비교 접근법 437
브랜드 추적 연구 35, 364
브랜드태도 118
브랜드 특성 54

브랜드 판단 104
브랜드 포지셔닝 56
브랜드 포지셔닝 모델 33
브랜드 포트폴리오 36, 474
브랜드 하이어라키 479
브랜드 헌장 372
브랜드 현저성 94
브랜드 혜택 54
브랜드 확장 521
브랜드 활동 118
브랜드 회상 50
브랜드 후원 전략 490
브랜딩 사다리 92
비교 평가 방법 437

ㅅ

사다리타기 72
상호관계적 유사점 63
상호 보완성 브랜딩 314
상호 의존적 자기해석 557
생존 원칙 485
서비스 공감성 99
서비스 효과성 99
서비스 효율성 99
서술 수식어 77
성장 원칙 484
소비자 7
수요 측면 방법 244
스토어 브랜드 17
슬로건 153
시너지 원칙 485
시장 57
시장 세분화 57
신뢰성 99

심벌 147

ㅇ

애착 108
엄브렐러 브랜드 481
연상 네트워크 기억 모델 48
영업권 446
예방초점 557
옥외 광고 232
유사점 연상 63
유용성 99
유형 자산 446
이벤트 마케팅 240

ㅈ

자기해석 557
자체 브랜드 17
잔여 접근법 442
전략적 브랜드 관리 33
전략적 브랜드 관리 과정 33
정량적 조사 409
정밀 마케팅 231
정성적 조사 기법 394
제품 3
제품군 구조 94
제품군 유사점 63
조절초점 557
종합적 방법 442
주력제품 489
지역화 614
직접반응 230
직접적인 접근방식 352
징글 156

ㅊ

차별점 62
차별화 원칙 489

ㅋ

카테고리 확장 473
카피 테스팅 227
크리에이티브 전략 226

ㅌ

투사 기법 398

ㅍ

판매 촉진 235
패밀리브랜드 481, 521
퍼블리시티 245
포지셔닝 44

ㅎ

하위브랜드 474, 521
핵심 브랜드연상 358
행동적 충성도 107
향상초점 557
혁신광고 106
혁신적인 기업이미지 연상 495
현저성 489
현저성 원칙 490
형태소 142
활동성 110
회사 브랜드 480

역자 소개

김가은 (10, 11, 15장)

매사추세츠주립대학교 경영학 박사(마케팅 전공)

현재 동아대학교 경영학과 교수

kaeunkim@dau.ac.kr

김지영 (4, 5, 0장)

퍼듀대학교 경영학 박사(마케팅 전공)

현재 성균관대학교 경영학과 교수

alex.kim@skku.edu

박상일 (1, 2, 3장)

조지워싱턴대학교 경영학 박사(마케팅 전공)

현재 숙명여자대학교 경영학부 교수

sipark@sookmyung.ac.kr

서주환 (7, 8, 9장)

조지워싱턴대학교 경영학 박사(마케팅 전공)

현재 동아대학교 경영학과 교수

joohwans@dau.ac.kr

송정미 (12, 13, 14장)

와세다대학교 상학연구과 박사(마케팅이론 전공)

현재 홍익대학교 광고홍보학부 교수

songjm@hongik.ac.kr